KB192878

칼빈
주석

사도행전

칼빈 주석

라 틴 어 원 전 완 역 본

사도행전

신 윤 수 옮 김

19

IOANNIS CALVINI COMMENTARII

크리스찬
다이제스트

제2판 헌 사 獻辭

올리카의 공작, 빌나의 팔라틴 백작, 리투아니아 대공국의 대법관이자
수상, 고명한 제후이신 니콜라스 라드지빌 경 각하께

　나는 일부 무지한 자들이 내가 제2판에 변화를 준 것에 대해서 일관성이 없다는
비난을 하지 못하도록 하기 위해서, 내가 제1판에서 이 주석들을 헌정했던 왕들의
이름을 밝히지 않았던 이유에 대해서 간략하게 해명을 해야 할 것 같습니다(칼빈은
사도행전 제1판의 제1권을 덴마크의 왕인 크리스티안 3세에게, 그리고 제2권은 그의 아들인 프
레데릭에게 헌정했지만, 제1판의 헌사에서는 그들의 이름을 밝히지 않고, 단지 프레데릭에게 보
낸 서신에서만 이러한 사실을 언급했다 — 역주). 나는 작고하신 크리스티안 3세를 지금
도 여전히 기억하고서 합당한 공경을 드리고 있는 것은 물론이고, 그 아들이신 프
레데릭 왕께도 모든 합당한 공경을 드리고 있는데도 불구하고, 어떤 자들의 끈질긴
비방과 중상모략으로 인해서 이 제2판에서는 그분들의 이름을 삭제하지 않을 수 없
었습니다. 그들은 나에 대해 맹렬한 적개심을 불태우고 있던 자들이었기 때문에,
나의 책이 왕들의 권위로 말미암아 사람들로부터 호감을 사게 될 것을 두려워하여,
내가 앞서 언급한 왕들이 성례전에 관한 나의 가르침을 단죄하고 있었던 까닭에, 그
들의 이름이 이 주석들과 결부되는 것에 대해서 극도로 불쾌해했다는 말을 퍼뜨렸
습니다. 나는 그들의 말이 참이든 아니든 개의치 않습니다.
　그리고 사실 나는 그런 것에 관심조차 없습니다. 왜냐하면, 나는 개인적인 이익
이나 호의를 얻고자 한 것이 아니기 때문입니다. 그러나 이 주석들을 읽고자 하는
독자층이 충분히 있는 상황에서, 실제로는 읽고자 하지 않지만 어떤 외적인 요인으
로 인해서 이 주석들을 읽도록 강요당하는 일이 벌어지는 것이 내가 보기에 부적절
하고 부끄러운 일이기 때문에, 나는 그런 생각이나 의도로 두 분의 왕께 이 주석들
을 헌정한 것이 결코 아니었고, 단지 이 두 분이 이 주석들을 헌정받기에 합당하신

분들이라 여겨서 정중한 예의를 갖춰 그렇게 한 것임을 이 자리를 빌려서 밝히는 것이 마땅한 일이라고 생각합니다. 그리고 한편으로는, 내가 나의 충정과 섬김을 멸시하고 비방하는 사람들이 자신들이 하고 싶은 대로 하도록 내버려두어서, 그들로 하여금 자신들이 원하는 즐거움을 마음껏 누리도록 내버려 둔다면, 분명히 그 어떠한 불평도 있을 수 없을 것입니다.

내가 두 분 왕들 대신에 지극히 고명하신 각하를 택한 데에는 그럴 만한 충분한 이유가 있는데, 그것은 나는 그리스도의 성전이라는 영적 건물에 각하의 이름이 드러나게 하는 것이 각하에게 지극히 합당한 일이라고 생각할 뿐만 아니라, 각하가 내게 보낸 지극히 따뜻한 서신에서 망설임 없이 내게 보여주었던 것과 같은 그러한 호의를 나의 이 책에 대해서도 보여주실 것을 믿어 의심치 않기 때문입니다. 그러나 이제 나는 사적인 호의에 관한 것은 일체 고려하지 않고, 오직 다른 것에만 집중하고자 합니다. 이것은 내가 전에 다른 사람에게도 했던 말이고, 이 말은 각하에게도 그대로 적용됩니다.

또한, 나는 여기에서 각하로 하여금 폴란드 왕 전하의 신임과 총애를 받도록 만들어 주었던 그 훌륭한 덕성들을 칭송하려는 것도 아닙니다. 내가 각하께 하고 싶은 것은 권면이고, 그 핵심은 이런 것입니다. 즉, 각하는 처음에 복음의 순전한 교훈을 흔쾌히 수용한 이래로, 지금까지 하나님에 대한 참된 예배를 유지하기 위해서 아주 적극적인 열심과 담대함으로 애써 오신 것처럼, 앞으로도 동일한 열심과 인내로 이 믿음의 경주를 끝까지 완주하셔야 한다는 것입니다.

각하는 신앙에 대한 솔직한 고백과 공공연한 열정이 많은 사람들에게 첫째가는 혐오의 대상이라는 것을 알고 있음에도 불구하고, 그리스도의 복음의 진리가 당신을 비추자마자, 각하는 사람들의 반감을 감수하면서까지 복음에 충성하였고, 이것은 두말할 것도 없이 각하가 보기 드물게 훌륭한 덕을 지니고 있음을 보여주는 확실한 증표였습니다. 그리고 태동 단계에 있던 교회의 양육과 성장을 위해서 쉼 없이 기울인 각하의 충성과 열심은 다수의 귀족들로부터는 인정을 받지 못하고 도리어 큰 반감을 사게 되었지만, 사실은 진정으로 큰 찬사를 받아 마땅한 일입니다. 그러나 각하는 많은 난관들을 헤쳐 나가야 하기 때문에, 막이 내릴 때까지 그 난관들을 극복하기 위해서 수시로 결연한 마음을 다지지 않으면 안 됩니다. 많은 제후들이 교회의 끔찍한 타락상을 보고도 척결하려는 엄두를 내지 못하고 있기 때문에, 지금은 더욱 치열한 노력이 필요합니다. 왜냐하면, 이 개혁은 그들의 뿌리 깊고 흔들림 없는 기득권 속에 있는 모든 악을 타파하는 것으로부터 시작되어야 하는 까닭에, 그들은 개혁을 두려워하고 있고, 위험을 감수하고자 하지 않기 때문입니다. 어떤 사람들은 치유가 불가능한 질병에 손을 대는 것이 말도 안 되는 어리석은 일이라고 생각합니다. 또 어떤 사람들은, 무슨 생각에서 그러는 것인지는 알 수 없지만, 모든 방식의 개혁에 겁을 먹고 도망칩니다. 그러나 각하를 에워싸고 있는 이러한 장애물들에 대해서 논하는 것은 쓸데없는 시간낭비일 것입니다. 각하는 그러한 것들에 대해서 이미 익히 잘 알고 있으니까요. 하지만 사탄이 각하에게 어떠한 공격을 가해 오고 어떤 싸움을 걸어올지라도, 각하는 이 거룩한 싸움에 결코 염증을 느껴서는 안 됩니다. 각하는 이 싸움을 위해서 그리스도의 깃발 아래 자원해서 온 군사입니다. 그리고 각하가 아무리 의욕과 자신감이 넘칠지라도, 하나님께서 나의 손을 통해서 각하에게 공급하는 이 도움을 힘입어서 각하의 열심이 빛을 보는 기분 좋고 유익한 일이 있기를 소망합니다.

세상의 모든 일이 뒤죽박죽인 것처럼 보일 때마다, 지금 우리가 보고 있는 그리스도의 나라를 우리의 눈 앞에 두고, 그 나라가 본래 어떠한 것이었는지, 그리고 처음에 어떠한 상태에 있었는지를 곰곰이 생각하면, 우리는 우리의 연약한 양심을 확고하게 세우기 위한 가장 적절하고 확실한 지주를 발견할 수 있습니다. 우리가 그리스도의 나라에 대해서 말할 때에는 두 가지를 고려해야 하는데, 그 중 하나는 복음의 교훈입니다. 그리스도께서는 이 복음의 교훈을 통해서 교회를 자기에게로 모으시고, 또한 그렇게 모으신 교회를 또다시 복음의 교훈으로 다스리십니다. 다른 하나는 경건한 자들의 교제인데, 그들은 복음을 믿는 참된 믿음으로 하나가 된 자들이고, 진정으로 하나님의 백성으로 여겨지는 자들입니다. 나의 설명이나 다른 어떤 사람의 말을 믿는 것보다도 사도행전 전체를 읽음으로써 누가가 이 책에서 이 두 가지에 대해서 얼마나 생생하게 묘사하고 있는지를 알아보는 것이 더 좋습니다. 왜냐하면, 하나님의 아들께서는 심지어 세상의 처음부터 항상 다스리고 계셨지만, 그가 최후의 심판을 사람들의 눈 앞에 이전보다 더욱 분명하게 제시하시고, 자기 자신을 심판자라는 지엄하신 존재로 드러내 보이신 것은 육신을 입고 이 땅에 오셔서 복음을 전파하시기 시작하신 때부터였기 때문입니다.

우리가 사도행전이라는 이 책에 눈길을 돌린다면, 우리의 눈은 베르길리우스 (Virgilius, 주전 70-19년, 로마의 시인)가 자신의 글인 「아이네아스」(*Aeneas*)에서 말한 것과 같은 공허한 그림이 아니라, 우리에게 생명을 주는 일들에 관한 건전한 지식

을 만끽하게 될 것입니다. 그러니까 내가 말하고자 하는 것은 세상을 뒤흔들고 있
는 요란한 태풍 한가운데에서 우리의 양심이 평안한 안식을 누릴 수 있는 최상의 피
난처는 바로 이 건전한 지식이라는 것입니다.

   마지막으로, 우리가 이러한 생각을 견지하는 것만으로도 너무도 많은 경험들에
의해 옳다는 것이 입증된 말, 즉 아주 오래 전에 엔니우스(Ennius, 주전 239-169년, 고
대 로마의 시인)가 대다수의 사람들과 관련해서 "어떤 일들이 폭력에 의해서 행해지
는 정도만큼 지혜는 사라진다"고 한 말이 우리에게는 일어나지 않을 것입니다. 전
쟁의 열기가 최고조에 이르렀을 때에 감미로운 악기 소리가 스파르타인들에게 감
동을 주어서, 이 호전적인 민족의 타고난 잔인성을 누그러뜨렸고, 심지어 본래 온
유한 심성을 갖고 있던 민족이 전쟁이라는 극한 상황 속에서 걷잡을 수 없이 표출
시켰던 폭력성을 완화시키기까지 했다면, 그리스도의 나라가 하늘에서 들려오는
성령의 음악에 의해서 이런 효과를 훨씬 풍성하게 거두리라는 것은 두말할 필요도
없을 것입니다. 왜냐하면, 이 음악은 야수를 유순하게 길들일 뿐만 아니라, 이리와
사자와 곰을 양으로 만들고, 창을 낫으로, 칼을 보습으로 변화시키는 능력을 지니
고 있기 때문입니다(cf. 사 2:4).

   그러므로 나는 시대가 요구하는 것이 어떠한 것인지를 고명하신 각하께 알려드
리고자 하고, 내가 그러한 책무를 수행하는 것을 각하도 결코 나쁘게 보지 않으실
것이라고 믿습니다. 각하는 누가가 보여주는 교회의 시작을 살펴보는데 있어서 이
러한 확신이 매우 적절하고 유용하다는 것을 알게 될 것입니다. 왜냐하면, 거기에
는 십자가의 수치를 통해서 나타난 하나님의 놀라우신 능력과 엄청난 고난 가운데
에서도 하나님의 종들이 보여준 불굴의 인내심이 잘 나타나 있을 뿐만 아니라, 이
두 가지로 말미암아 세상적인 판단으로는 믿기지 않을 정도로 놀라운 성공이라는
풍성한 열매를 거두고 있기 때문입니다.

   하지만 다른 것들에 관해서는 각하께서 직접 누가의 글을 읽고 찾아내는 것이 유
익할 것으로 생각되어 생략하고, 나는 세상의 제후들과 각국의 통치자들에게 특히
적절할 것으로 생각되는 이 한 가지만을 언급하고자 합니다. 온 세상의 권력이 반
발하고, 세력을 쥐고 있던 당시의 모든 사람들이 복음을 억압하기 위해서 무장하고
있었을 때, 무장을 하지 않은 소수의 비천한 사람들이 오직 진리와 성령의 도우심
만을 의지한 채 그리스도를 믿는 신앙을 전파하기 위해서 온 힘을 다하였고, 어떠
한 고생이나 위험도 마다하지 않았으며, 모든 공격에 담대하게 맞서서, 결국 승리

자로 우뚝 섰습니다. 하나님께서는 권세를 지닌 그리스도인 지도자들에게 그의 아들의 나라를 수호하라고 칼을 주셨기 때문에, 그들이 적어도 그러한 영광스러운 임무를 수행할 만큼의 용기와 믿음을 갖고 있지 못한다면, 그것에 대해서는 그들에게 변명의 여지가 없습니다.

내가 사도행전에 나오는 이 역사를 얼마나 충실하고 정확하게 주석했는지는 내가 할 말은 아닐 것이기 때문에, 나는 나의 노력이 모든 사람에게 유익이 되기만을 간절히 바랄 뿐입니다. 내가 다시 한 번 각하에게 간곡하게 부탁하는 것은 각하가 이전에 기쁜 마음으로 시작했던 그대로, 한편으로는 개인적으로는 그리스도의 주권에 완전하게 복종하고, 다른 한편으로는 신실하고 용맹한 조력자 및 기수가 되어서 훌륭한 가문과 뛰어난 덕성을 자랑하는 수많은 귀족들에게 그리스도의 나라를 전파해 달라는 것입니다.

하나님께서는 폴란드 왕국이 특별한 영광을 받을 만한 자격이 있다고 생각하셨습니다. 왜냐하면, 대다수의 귀족들이 하나님에 대한 예배를 타락시키는 사악한 미신들과 결별하였고, 한 마음으로 참된 경건과 올바른 교회 제도의 회복을 열망하고 있기 때문입니다. 그리고 그들이 각하로부터 큰 영향을 받았다는 것은 잘 알려진 사실입니다. 하지만 각하가 퇴역군인처럼 온전히 평안과 안식을 누리기에는 아직 더 많은 싸움이 각하와 그들을 기다리고 있습니다.

우선, 외부의 적이 각하를 괴롭히지는 않을지라도, 각하가 처리해야 할 내부의 문제가 얼마든지 있습니다. 각하는 교회의 안전을 담보하고 있는 형제들 사이의 거룩한 일치를 깨뜨리기 위해서 사탄이 얼마나 많은 술책을 부리는지를 충분히 경험했습니다. 상황이 어지러울 때에 분란을 일으키는 자들이 끼어드는 것은 어디에서나 흔히 목격되는 일입니다. 그들은 소수의 연약한 사람들이 거대한 다수로부터 괴롭힘을 당하거나 허위라는 짙은 구름으로 가려진 진리를 수호하기 위해 고군분투하는 것을 볼 때, 마치 땅굴을 파듯이 그 사람을 아주 쉽게 기습합니다. 그리고 속임의 대가인 그들은 이러한 교묘한 술책으로 교회의 하나 됨을 갈기갈기 찢어놓거나 그리스도의 이름에 악의적으로 먹칠을 함으로써 자신만만하게 교회를 붕괴시키는 일에 착수합니다. 왜냐하면, 경건한 무리들 속에 사악한 악당들이 잠입하면, 일반 사람들에게는 그 무리 전체가 온갖 오물로 가득 찬 난장판처럼 보이기 때문입니다.

그래서 어디서나 분란을 일으키는 성격을 지닌 프란체스코 스탄카로(Francesco Stancaro, 주후 1501-1574년, 이탈리아의 가톨릭 사제였다가 개신교도로 개종한 신학자)는 열화 같이 타오르는 자신의 야심을 이루기 위해서 여러분 가운데에 자신의 망상을 퍼뜨리고 있고, 그 결과로 논쟁이 확산되어 교회 속에 모종의 분열의 조짐이 나타나고 있습니다. 그리고 그의 분파가 점점 확대되어가는 것처럼 생각되었기 때문에, 각하는 많은 사람들의 비방에 그대로 노출되어 있습니다.

다른 한편으로, 스탄카로보다 더 못된 브란다타(Brandata)라는 의사를 보십시오. 그는 더욱 가증스러운 오류에 매몰되어 있고, 마음에는 더욱 은밀한 독을 품고 있습니다. 그렇기 때문에, 이 의사를 비롯해서 미카엘 세르베투스(Michael Servetus, 주후 1511-53년, 스페인의 의사이자 신학자, 이단으로 몰려 화형 당함)의 불경건한 주장에 갑작스럽게 호감을 갖게 된 자들은 더 큰 비난을 받아 마땅합니다. 왜냐하면, 나는 그들이 사악하고 신성모독적인 견해들을 갖고 있다고는 생각하지 않지만, 그럼에도 불구하고 그들은 좀 더 조심해서 이 여우가 그들의 무리 속에 교활하게 기어들어오지 못하도록 해야 하는데도 그렇게 하지 않았기 때문입니다.

이러한 종류의 역병은 결코 없어지지도 않을 것이고, 사탄도 복음의 우선순위를 혼란하게 하려고 자신을 헌신적으로 섬기는 열혈분자를 최전선으로 보내는 것을 결코 멈추지 않을 것이기 때문에, 우리는 인내심을 갖고 싸움을 준비해야 합니다. 그리고 더 큰 악에 대처하기 위해서 각하는 거룩한 평화를 충실하게 지키기 위한 적절한 통치 방식을 구축해야 합니다. 교리나 가르침의 순수성이 교회의 영혼인 것과 마찬가지로, 권징은 우리 몸의 각 부분을 연결해 주고 힘을 받게 해주는 힘줄에 비유할 수 있습니다.

다른 한편으로, 그 밖의 다른 원수들의 사악함이 각하의 분발을 촉구하고 있습니다. 다른 원수들이라는 것은 지금 로마에 있는 적그리스도의 나팔수들을 지칭하는 것인데, 그들은 무지한 자들을 기만하기 위해서 목청을 높여서 교회라는 말을 쉴 새 없이 내뱉고 있습니다. 교회의 권위가 모든 하나님의 자녀들에 의해서 존중 받아야 한다는 점에 있어서는 우리들 사이에서 그 어떤 이견이나 논란도 없습니다.

하지만 그들과 우리 간에는 한 가지 차이가 있습니다. 그들은 교회의 권세를 자신들의 잘못된 욕심을 이루는 데에 이용하기 위해서 제멋대로 교회라는 이름을 남용하는 것인 반면에, 우리는 우리의 마음으로부터 교회를 존중하고 있다는 것입니다. 그렇기 때문에, 교회라는 거룩한 이름을 남용하는 것이 우리에게는 끔찍한 죄악으로 보입니다. 건전하고 순수한 교리나 가르침을 지닌 다른 경건한 사역자들은 말할 것도 없고, 나 자신도 이 문제에 대해서 이미 많은 곳에서 지겨우리만치 반복해서 다루었습니다. 교회의 머리는 하나님의 아들이시고, 영생의 근원이신 자신의 영을 통해서 언제나 교회에 생명을 주고 계시는데, 교회에 관해서 언급하면서 머리가 없는 몸, 그래서 죽은 몸을 내세우는 것은 얼마나 어처구니없는 일입니까?

교황에게 아첨하는 삯군들은 교회가 자신들의 수중에 있다고 소리 높여 외칩니다. 하지만 그들의 말이 사실인지 아닌지를 알기 위해서는 교회의 머리가 누구인지를 생각해 보는 것보다 더 좋은 방법은 없습니다. 그들의 신성모독적인 폭력으로 말미암아 머리가 몸으로부터 분리된 것이 분명합니다. 권능을 박탈당하시고, 주권을 빼앗기셨으며, 권위를 상실하신 그리스도께서 어떻게 교회의 머리라는 지위를 유지하실 수 있겠습니까? 하늘에 계신 아버지께서 그리스도를 교회의 머리로 세우신 것은 그로 하여금 큰 자로부터 작은 자에 이르기까지 모든 사람을 그의 복음의 교훈으로 다스리게 하시고, 그의 죽음의 제사를 통해서 아버지의 진노를 단번에 제거하시고서 아버지를 우리와 끊임없이 화목하게 하시는 유일한 대제사장이 되게 하시기 위한 것이었고, 또한 그의 죽으심으로 우리의 죄가 영원히 대속함을 받게 하시며, 오직 그의 보혈만이 우리를 정결하게 하는 유일한 통로가 되게 하시고, 그의 순종하심이 온전한 대속을 이루게 하시며, 그를 유일한 중보자로 세우셔서 그의 간구에 의해 우리의 기도가 상달되게 하시고, 우리의 신실하신 수호자로서 우리를 보호하시고 지켜 주시게 하시며, 우리 육신의 악덕들을 억누르고 우리를 의와 거룩함으로 새롭게 하는 일을 하게 하시고, 오직 그에 의해서만 우리 안에서 복된 삶이 시작되고 완성되게 하시기 위한 것이었습니다.

만일 교황주의자들이 이것들 중 어느 하나라도 그리스도로 하여금 교회 속에서 행하시게 남겨 놓았다면, 나는 그들이 교회가 그들의 것이라고 말해도 수긍할 것입니다. 하지만 교황이 무자비한 폭압으로 인간의 양심을 억누르고 그리스도의 통치권을 탈취했고, 복음의 교훈과는 완전히 모순되는 통치 형태를 도입했으며, 한낱 인간에 불과한 그가 하나님과 세상을 이어주는 중보자 역할을 자처하기 위해서 새롭고 이질적인 제사장 직분을 날조했고, 그리스도의 죽음을 대체할 수 있는 매일의 제사를 고안해 냈으며, 죄를 대속할 수 있는 천 가지 수단을 찾아냈고, 하나님의 아들의 보혈을 말려 버리기 위해서 가짜 성수(聖水)를 지옥의 호수로부터 퍼왔으며, 그리스도의 자리에 수많은 수호성인들을 갖다 놓았고, 전적으로 그리스도에게서만 찾아야 하는 의(義)를 수천 갈래로 찢어 놓았으며, 성령 대신에 인간의 자유의지를 우뚝 세웠다면, 참된 그리스도께서 교황주의자들에 의해서 교회로부터 쫓겨나셨다는 것은 추호도 의심의 여지가 없는 사실입니다. 교황주의자들은 교회의 참된 영혼이자 교회에 생명을 주는 유일한 통로인 복음의 교훈을 폐지하였고, 그 결과 그들이 교회라고 하는 것이 과연 교회인지가 의심스러운데도 불구하고, 여전히 그것을 교회라고 자랑하고 있기 때문에, 나는 그들이 그리스도의 몸이라고 자랑하는 것이 사실은 죽은 몸이라고 말한 것입니다.

우리는 복음의 순수성이 그들 가운데에서 얼마나 썩어 버렸고 얼마나 기괴한 오류들로 더럽혀졌는지를 공공연히 말합니다. 그들은 자신들의 모든 썩은 것들을 변명하면서, 그것은 교회가 불완전한 상태에 있기 때문이라고 핑계할 뿐만 아니라, 교회가 잘못되었다는 우리의 말이 교회에 심각한 위해를 가하고 있다고 불평합니다. 하지만 그들은 교회가 무엇인지를 살펴보기 위해서, 무엇보다도 먼저 복음의 교훈을 점검해 보았어야 할 것입니다.

공정하고 정직한 재판관이라면 누구나 "복음의 교훈"이 과연 무엇인지를 잘 살펴서, 어느 쪽이 자신의 잘못된 것들을 은폐하기 위해서 "복음의 교훈"이라는 이름을 사칭하고 있는 것인지를 판단하고자 할 것입니다. 거기에는 그 어떤 속임수도 개입될 여지가 없습니다. 왜냐하면, 복음이라는 지극히 밝은 빛이 비치고 있는 까닭에, 아무리 시력이 나쁜 사람들이라도 누가 자신들을 잘못 인도하고 있는지를 뻔히 알수 있기 때문입니다. 그러나 교황주의자들은 거짓말을 자신들의 폭정의 한 수단으로 거리낌 없이 사용하기 때문에, 가련한 영혼들을 마구잡이로 심하게 우롱하는 것이 아니라면, 그들 자신의 뜻대로 교회를 다스리고 있는 것은 아니라고 여기는 것 같습니다.

우리는 그런 사례를 찾으러 멀리 갈 필요도 없습니다. 지금 우리 시대에 트렌트파 신부들도 있고, 볼로냐파 신부들도 있어서, 그들은 서로 칼을 빼들고 논쟁을 벌이고 있지만, 어느 쪽이나 입에 거품을 물고 상대방을 향해서 퍼붓고 있는 것은 공허한 교회법뿐입니다. 만일 그들이 복음의 교훈들을 거론하고 거기에 동의한다면, 양 진영은 모두가 승리하게 될 것인데도 말입니다. 그 자리에 얼마나 많은 주교들과 수도원장들이 앉아 있는지는 모르지만, 아마도 거기에는 백 명의 뿔 달린 짐승들이 앉아 있을 것입니다. 거기에서 온 세계에서 가장 아름다운 꽃이 빛을 발하며 피어난다고 할지라도, 그것은 하나님에 대항하는 사악한 음모에 지나지 않을 것입니다.

교황이 겨와 쓰레기 같은 자신의 부정하고 추악한 양들을 한 군데에 모아 놓기만

하면, 거기에서 대표성 있는 교회가 갑자기 생겨나는 것입니까? 그리고 그들은 도무지 공의회라고 불릴 만한 가치도 없는 모임을 아직도 거룩하고 보편적이고 합법적인 공의회라고 부르지 않습니까? 그러나 하나님의 성전에 앉아 있는 적그리스도가 주님의 입김으로 무너질 것이라는 약속이 우리들에게 주어져 있기 때문에, 우리는 이렇게 매춘부같이 더럽고 음탕하며 후안무치한 그들이 너무나 우습게 여기는 거룩한 말씀으로 그들을 논박하기를 멈추지 말아서, 그리스도의 정결한 신부와 벨리알의 역겨운 창기, 하나님의 성소와 사탄의 매춘굴, 경건한 자의 신령한 집과 돼지우리, 그리고 마지막으로 참된 교회와 로마 교황청 간에 어떠한 차이가 있는지를 모든 사람들로 하여금 분명하게 알게 해야 합니다.

유클리드나 아르키메데스가 다시 살아난다고 해도, 그들은 이 문제와 관련해서 누가가 묘사하고 있는 교회를 교황의 회당과 비교해 보는 것보다 더 확실하고 분명한 증거를 결코 제시할 수 없을 것입니다. 그리고 교황주의자들의 교훈은 자연의 질서와 인간의 이성이 극도로 꺼리는 무질서한 혼돈 그 자체이기 때문에, 어느 한 군데에서라도 하늘에서 온 사도들의 가르침과 같을 수가 없습니다. 만일 그들이 자신의 교훈들 중 어느 하나라도 사도들의 가르침과 같은 것이 있음을 보일 수 있다면, 그들은 내게 승리한 것이 될 것입니다. 그러나 그들의 모든 교훈은 하나같이 사도들의 가르침과 반대되기 때문에, 대다수의 사람들이 눈 멀어 있는 상황에서도, 적어도 하늘로부터 최소한의 지혜를 받은 우리는 그들의 어리석은 교만을 두려움 없이 정죄할 수 있을 뿐만 아니라, 아무런 거리낌 없이 그들의 교훈을 조롱거리가 되게 할 수 있습니다.

우리에게는 우리를 든든하게 받쳐 주는 크나큰 위로가 있는데, 그것은 교황주의자들은 교회의 이름을 내세우며 거만하게 우리를 압박하지만, 우리는 우리가 싸우는 상대방이 오로지 그리스도의 공적(公敵)들일 뿐이라는 것을 알고 있다는 것입니다. 이제 우리가 무엇보다도 원하는 것은 로마 교황청의 교묘한 속임수들을 지혜롭게도 오래 전에 간파한 폴란드 왕 전하께서 공의회랍시고 모여 있는 저 무익한 황소들에게 사라지라고 명하시고, 궁극적으로는 좀 더 과감하게 교회의 완전한 회복에 전념해 주시는 것입니다. 이제 여러분은 더 이상 우물쭈물하지 말고, 각자가 최선을 다해서, 이처럼 상서롭게 분출되기 시작한 움직임들을 널리 확산시키는 일에 매진해야 합니다.

이제 고명하신 각하께 작별 인사를 고합니다. 주님이 그의 성령으로 언제나 각하를 다스려 주시고, 각하의 위엄을 모든 방법으로 높여 주시며, 각하의 경건한 과업에 끝까지 복 주시기를 기원합니다.

주후 1560년 8월 1일
제네바에서.

사도행전의 주제

모든 경건한 자들로 하여금 더욱 큰 관심과 열의를 갖고 사도행전에 기록된 역사를 읽도록 하게 하기 위해서, 그들이 사도행전이라는 책으로부터 얼마나 큰 유익을 얻을 수 있는지를 간략하게 언급하는 것은 충분히 가치 있는 일이다.

세속적인 작가가 쓴 역사책에 대한 최상의 찬사는 사람들이 그 책을 인생의 스승(magistra vitae)이라고 불러주는 것이다. 사람들에게 역사 속에서 유명한 행위들을 제시하여 무엇을 따르고 무엇을 피해야 하는지에 관한 교훈을 제공해 줄 뿐인 인간의 역사책에 이런 찬사를 돌릴 수 있다면, 거룩한 역사적 사실들을 보여주는 책에는 어떤 위대한 표제를 붙여야 합당한 것일까? 사도행전이 보여주는 역사적 사실들은 인간으로 하여금 바른 삶을 살 수 있도록 해주는 지침을 제공해 주는 데 그치는 것이 아니다. 우리에게 더욱 중요한 것은 그 역사적 사실들이 다음과 같은 것들을 보여주고 있다는 것이다: 하나님께서는 처음부터 자신의 교회에 대해서 각별한 관심을 갖고 계셨다; 하나님께서는 박해와 환난을 피해서 그를 찾는 자들에게 언제나 보호와 도움을 주시는 공의로우신 분이셨다; 하나님께서는 비참하고 가련한 죄인들에게 기꺼이 은혜와 긍휼을 베풀어 주셨다.

사도행전은 이러한 가르침들을 통해서 우리의 믿음에 진보를 가져다주고, 궁극적으로는 우리를 하늘 위로 들어올려 준다. 나는 사도행전에 나타난 역사적 사실들이 우리로 하여금 하나님에 대한 참된 예배와 거짓 예배를 구별할 수 있게 해줄 뿐만 아니라 악덕과 미덕을 철저하게 구별할 수 있도록 해준다는 점에서 보편적인 하나님의 섭리를 보여주고 있다는 사실에 대해서는 굳이 거론하지 않을 것이다. 나는 여기서 일반적으로 거룩한 역사들로 간주되는 내용들에 대해서는 되풀이해서 언급하지 않고, 다만 우리가 탐구해 나아가야 할 이 책에 나오는 독특한 내용만을 간략하게 서술하고자 한다.

사도행전에서 누가는 위대할 뿐만 아니라 보기 드물게 유익한 일들을 우리에게 가르쳐 준다. 그는 사도들에게 성령이 임했던 사실을 최우선적으로 보도한다. 이것을 통해서 누가는 그리스도께서 사도들에게 했던 약속을 신실하게 지키셨음을 증명할 뿐만 아니라, 그리스도께서 자신의 사람들을 언제나 생각하고 계시고 그의 교회의 영원한 통치자라는 사실도 보여준다. 왜냐하면, 성령께서는 그러한 목적을 위해서 임하셨기 때문이다. 이 사실로부터 우리는 그리스도께서는 공간적으로 어디에 계시든, 그가 우리에게 약속하신 대로, 우리와 함께 계신다는 것을 배우게 된다. 사도행전에는 이제 새롭게 출발하는 그리스도의 나라, 말하자면 새로워진 세상(mundi renovatio)이 그려진다. 왜냐하면, 하나님의 아들이신 그리스도께서 이 세상을 떠나시기 전에 선포한 복음을 통해서 어느 정도 교회가 형성된 것은 사실이지만, 사도들이 위로부터 새로운 능력을 받아서 유일하신 목자께서 죽으셨다가 다시 살아나셨고 이전에 유리방황하던 모든 양 무리가 그의 인도하심을 받아서 하나의 우리 안에 들게 되었다고 선포한 때로부터 비로소 본래적인 모습의 기독교회가 존재하기 시작했기 때문이다. 따라서 사도행전은 그리스도께서 하늘과 땅의 가장 높으신 왕으로 선포되신 가운데 승천하시고 나서 그 이후에 이 땅에서 전개된 교회의 탄생과 성장을 우리 눈 앞에 하나하나 보여준다.

아울러, 사도행전에는 그리스도의 놀라운 능력뿐만 아니라, 복음 자체의 위대한 능력이 극명하게 드러난다. 왜냐하면, 그리스도께서는 별다른 능력이 없는 사람들을 택하셔서 복음을 선포하게 하시고, 사탄의 수많은 훼방과 술책에도 불구하고 그들에 의해서 선포된 복음의 소리만으로 아주 손쉽게 세상을 자신에게 굴복시키심으로써, 자신의 신적인 능력에 대한 명백한 증거를 보여주셨기 때문이다. 또한, 우리는 여기서 온 세상의 반대와 저항을 헤치고 나갔을 뿐만 아니라, 도저히 길들여질 수 없을 것처럼 보였던 모든 세력을 굴복시켜서 그리스도에게 순종하도록 만든 복음의 가공할 위력을 엿볼 수 있다. 그래서 이 보잘것없는 소수의 사람들이 세상의 모든 소동과 격동에 맞서서 그들의 투박한 말씨를 통해, 하나님께서 하늘로부터 공공연히 우렛소리를 발하셨더라도 이루어지지 않았을 큰 일을 이루어 낼 수 있었다. 다른 한편으로, 성령께서는 그리스도의 나라가 확장되는 과정에서 사탄의 격렬한 저항이 불가피하다는 점을 우리에게 가르쳐 주신다. 사탄은 그리스도의 나라에 격렬하게 저항할 뿐만 아니라, 그 나라를 뒤집어엎거나 뒤흔들기 위해서 갖은 술책을 일삼으리라는 것이다. 또한, 우리는 그리스도를 대적하는 것이 사탄만이 아니고, 거의 온 세상이 사탄에 버금가는 광기에 빠져서 그리스도의 통치를 받아들이지 않으려고 모든 수단을 동원한다는 사실을 분명하게 알게 된다. 뿐만 아니라, 복음에 대놓고 반기를 드는 사악한 인간들은 사탄의 졸개 노릇을 하는 자들이고, 사탄의 계교에 넘어가서 맹목적인 광기에 빠진 자들임에 틀림없다는 것도 우리는 알게 된다. 그렇기 때문에, 이 사악한 무리들은 복음의 도도한 물결을 막아보려고 그토록 많은 소동과 그토록 많은 음모와 그토록 많은 죄악을 획책하였던 것인데, 이것은 누가가 사도행전의 거의 모든 대목에서 언급하고 있다.

　마지막으로 우리가 주목해야 할 사실이 있는데, 그것은 사도들은 자신들의 실제 경험을 통해서 복음의 교훈이 불과 칼(ignis et gladius)이라는 사실을 알게 되었다는 것이다. 그들의 경험으로부터 우리도 복음에는 항상 수많은 도전과 시련이 뒤따르게 마련이라는 사실을 배워야 하고, 이것은 사탄의 집요한 악의와 인간의 운명적인 완악함으로 인해서 불가피한 일이다. 그러나 다른 한편으로, 누가는 사도들이 자신들의 직분을 하나님께서 주신 것으로 알고 있었기 때문에, 그러한 악조건 아래에서도 불굴의 용기와 인내로 자신들의 직분을 수행했다고 보도하고 있다. 즉, 그들은 헤아릴 수 없이 많은 환난과 수모를 감수해야만 했고, 끊임없이 가해지는 잔학한 박해를 인내로써 참아내야 했으며, 마지막으로 온갖 종류의 비방과 고통을 잠잠히 견뎌내야 했다는 것이다. 이러한 모범들을 통해서 우리는 인내가 무엇인지를 배워야 한다. 하나님의 아들이신 그리스도께서는 자신의 복음에는 언제나 십자가의 고난이 따를 것이라고 선언하셨다. 따라서 우리는 이 땅에 있는 교회에 언제나 평안과 형통만이 있을 것이라는 헛된 소망으로 우리 자신을 속여서는 안 된다. 우리는 사도들이 겪었던 것과 같은 일들을 우리 자신도 감당할 준비를 해야 한다. 그러나 놀랍도록 큰 위로의 메시지도 아울러 우리에게 주어진다. 즉, 하나님께서 오래 전에 자신의 교회를 온갖 고난으로부터 기이한 방식으로 건져 주셨듯이, 오늘날도 우리와 함께 계시며 우리를 도와주신다는 것이다. 사도행전은 끊임없는 죽음의 위협으로부터 교회를 지켜 주시는 분이 오직 한 분 하나님이심을 책 전체에 걸쳐서 보여준다. 이것을 통해서 하나님께서는 교회의 안전을 확보하기 위한 자신의 특별한 섭리가 있음을 친히 우리에게 보여주시는 것이다.

　또한, 사도행전에는 기독교 신앙의 요체를 담고 있는 사도들의 설교가 여러 번 등장한다. 이 설교들은 하나님의 긍휼하심, 그리스도의 은혜, 복된 영생의 소망, 하나님에 대한 기원, 회개, 하나님을 경외함, 그리고 그 밖의 몇 가지 중요한 가르침 등과 같은 믿음의 강령 전체(tota pietatis summa)를 망라하고 있기 때문에, 우리는 기독교 신앙의 핵심을 찾아서 다른 곳을 기웃거릴 필요가 없다. 그러나 지금 나는 건전한 정통 교리에 대해서 설명할 생각이 없다. 여기서는 우리가 무엇보다도 다음과 같은 사실을 아는 것이 필요할 뿐만 아니라 유익하기 때문이다: 기독교회는 어떻게 시작되었는가? 사도들은 어떻게 복음을 설교하기 시작했는가? 그들이 어떠한 결실을 거두었는가? 또한, 그러한 과정에서 그들이 어떠한 싸움을 싸워야 했고, 수많은 난관을 어떻게 헤쳐 나갔는가? 그들이 어떻게 치욕의 십자가 아래서(sub crucis ignominia) 세상의 모든 교만을 무찌르고 빛나는 승리를 거두었는가? 하나님께서 그들을 얼마나 놀랍게 도와 주셨는가?

만일 사도행전이 없었더라면, 이 위대한 사건들이 어둠 속에 묻혀 버렸거나 의문투성이로 남아 있을 수밖에 없었을 것이기 때문에, 우리는 이 책에 최고의 찬사를 돌리는 것이 마땅하다. 우리는 사탄이 사도들의 행적과 관련하여 약간의 허위 사실을 제외하고는 남김없이 지워 버리려고 온갖 술책을 부렸다는 사실을 알고 있다. 사탄의 목적은 우리로 하여금 사도들에 관한 모든 사실에 의심을 품게 만들고, 결국에는 믿는 자들의 마음에서 사도들의 시대에 관한 모든 기억을 말살하는 것이었다. 사탄은 제정신이 아닌 사람들이나 교활한 냉소꾼들로 하여금 가명으로 된 불순한 이야기들을 지어내서 퍼뜨리도록 사주하였다. 그런데 이 이야기들은 너무나 어이없는 것들이어서, 심지어 진정한 역사적 사실들의 신빙성마저도 의심받게 만들었다.

예를 들면, 베드로와 바울에 관해서 리누스(Linus)라는 사람이 지은 것으로 알려진 소책자가 유포된 적이 있는데, 그 내용이 마법 같은 황당한 이야기 일색이어서, 세속적인 사람들에게는 비웃음거리가 되고 신실한 사람들에게는 당혹감을 불러일으키기에 충분하였다. 베드로가 마술사 시몬과 벌였다는 날조된 논쟁도 기독교인의 이름에 먹칠을 하기에 안성맞춤인 어처구니없는 내용이다. 또한, 우리는 클레멘스(Clemens)의 「비평과 강해」(Recognitio et Concilium)라는 글의 서문에 실려 있고 그라티아누스(Gratianus)의 글에도 인용되어 있는 저 온갖 잡동사니 이야기에 대해서도 똑같은 말을 하지 않을 수 없다. 이 이야기들은 옛 사람의 이름을 빙자하여 무지한 자들을 기만하고 있고, 거기에서 사악한 자들은 마법 같은 황당한 이야기를 마치 하나님의 계시의 말씀인 양 자랑스럽게 떠벌리고 있다. 사탄은 우리로 하여금 그리스도께서 승천하신 후의 일에 대해서는 아무것도 확실하게 알 수 없도록 하기 위해서, 이처럼 온갖 터무니없는 거짓말들을 늘어놓았다. 따라서 만일 누가의 사도행전이 전해지지 않았더라면, 사람들은 그리스도께서 승천하신 후에는 그의 죽음과 부활이 아무 소용이 없게 되었다고 생각할 수도 있었을 것이다. 왜냐하면, 사람들은 그리스도의 육신이 이 세상에서 사라짐과 동시에 모든 것도 함께 사라져 버린 것이라고 충분히 생각할 수 있었을 것이기 때문이다. 그리하여 우리는 그리스도께서 온 세상을 다스리시기 위해서 하늘 영광에 들어가셨다는 사실도 알지 못했을 것이고, 복음이 사도들에 의해서 전파되어(물론, 여러 사람의 손을 거치기는 했지만) 우리에게까지 이르게 되었다는 사실도 몰랐을 것이다. 또한, 우리는 사도들이 성령의 감동을 따라 오직 하나님으로부터 온 것들만을 가르쳤고, 그 결과 우리의 믿음이 오직 하나님의 변치 않는 진리만을 토대로 하게 되었다는 사실도 알 수 없었을 것이다. 마지막으로, 우리는 "율법이 시온에서부터 나올 것이요 여호와의 말씀이 예루살렘에서부터 나올 것임이니라"(사 2:3)는 이사야의 예언이 성취되었다는 사실도 알지 못했을 것이다.

의심할 여지 없이 성령으로부터 비롯된 사도행전은 이러한 일들에 대한 우리의 모든 의심을 불식시켜 준다. 따라서 내가 앞에서 이미 정확하게 언급했던 것, 즉 우리는 사도행전을 거대한 진리의 보고로 여겨야 한다는 것을 나는 다시 한 번 힘주어 말하고자 한다.

제 1 장

[1]데오빌로여 내가 먼저 쓴 글에는 무릇 예수께서 행하시며 가르치시기를 시작하심부터 [2]그가 택하신 사도들에게 성령으로 명하시고 승천하신 날까지의 일을 기록하였노라(1:1-2).

누가는 그리스도께서 승천하신 후에 일어난 일들을 다루고 있는 이 책의 첫머리에서 전편인 누가복음에서 다루었던 내용을 간략하게 요약함으로써, 이 책이 누가복음의 속편임을 밝힌다. 누가가 간략하게 기술한 복음의 역사는 그리스도께서 세상에 계실 때에 "행하시며 가르치셨던" 일들에 관한 이야기이다. 일반적으로 이 구절은 그리스도께서는 먼저 "거룩한 삶"을 사셨고 그 후에 "가르침"이 뒤따랐다는 의미로 해석되지만, 그런 해석은 누가의 생각과는 거리가 멀다. 위대한 스승에 관한 이야기를 기술할 때에는 먼저 그의 "삶"을 언급하고 이어서 그의 "말"을 언급하는 것이 통상적인 순서일 것이고, 이 순서가 뒤바뀌는 것은 연극배우에 관한 이야기를 쓸 때에나 있을 수 있는 일일 것이다. 따라서 사도행전의 첫 부분에서 누가는 자신이 쓴 복음서 끝부분에서 언급했던 내용, 즉 그리스도께서는 "하나님과 모든 백성 앞에서 일과 말에 능하신 선지자"(눅 24:19, 한글개역개정에는 "말과 일에"로 되어 있지만, 헬라어 원문이나 칼빈의 사역은 "일과 말에"로 되어 있다 — 역주)이셨다는 것, 다시 말하면 그리스도께서는 "말"에 있어서만이 아니라 "일," 곧 "행함"에 있어서도 뛰어난 분이셨다는 사실을 상기시킨다. 하지만 이 두 본문은 조금 차이가 있다. 왜냐하면, 누가복음 24:19에서 제자들이 칭송한 "일"이라는 것은 그리스도께서 행하신 이적들을 염두에 둔 표현인 반면에, 사도행전 1:1의 "행하시며"라는 표현은, 내 생각으로는, 좀 더 폭넓은 의미로 사용된 것으로서 그리스도께서 공생애 기간 중에 행하신 모든 놀라운 사건들 — 그 중에서 가장 중요한 사건은 그리스도의 죽음과 부활이다 — 을 포괄하는 것으로 보아야 하는데, 이것은 메시아의 직임이 단지 "가르침"에만 머무르는 것이 아니라, 하나님과 인간 사이에서 화평을 이루어서 백성을 구속하는 자이자 나라를 회복하는 자이자 영원한 복을 가져다주시는 자가 되는 것이기도 하기 때문이다. 내가 하고자 하는 말은, 이 모든 일들이 메시아에 관해서 오래 전에 약속되어졌던 것들이기 때문에, 메시아 자신에 의해서 그 일들이 이루어져야만 했다는 것이다.

이제 우리는 복음의 대지(大旨)가 그리스도의 "가르치심"과 "행하심"이라는 두 가지 요소로 구성되어 있음을 알게 된다. 즉, 그리스도께서는 아버지께서 자기에게 명하신 것을 사람들에게 전하셨을 뿐만 아니라, 메시아에게 요구되는 모든 일들을 직접 행하시기도 하셨다는 것이다. 그리스도께서는 하나님 나라의 서막을 여셨고, 자신의 희생제사로 하나님의 진노를 가라앉히셨으며, 자신의 보혈로 인간의 죄를 대속하셨고, 사망과 사탄을 정복하셨으며, 우리에게 진정한 자유를 회복시켜 주셨고, 우리로 하여금 의와 생명을 얻게 해주셨다. 한편, 그리스도께서는 자신이 행하고 말한 것이 확실한 것임을 보여주시기 위해서 수많은 이적들을 행하심으로써, 자신이 "하나님의 아들"이심을 증명해 보이셨다. 따라서 "행하심"이라는 말은 거기에 이적의 행위가 포함되는 것은 물론이지만, 반드시 그것에만 국한되는 것은 아니다. 이러한 사실로부터 우리는 그리스도의 "행하심"이 어떤 열매를 맺었는지를 보여주는 그의 "가르치심"에 대한 지식이 결여된 채로 단지 그리스도의 "행하심"에 관한 역사적 지식만을 갖고 있는 자는 진정한 복음을 소유하고 있는 것이 아니라는 점에 유의해야 한다. 왜냐하면, "행하심"과 "가르치심"의 거룩한 결합은 그 누구도 깨뜨릴 수 없는 것이기 때문이다. 따라서 우리가 그리스도의 "가르치심"을 거론할 때는 언제나 그의 "행하심"과 결부지어서 생각해야 한다. 그리스도의 "가르치심"은 그의 "행하심"에 의해서 그 진정성이 확증될 뿐만 아니라, "가르치심"의 효력도 "행하심"으로 말미암아 구체화되기 때문이다. 말하자면, "행하심"은 "가르치심"을 보증해 주는 인(印)과 같은 것이다. 그러나 다른 한편으로는, 우리가 그리스도의 죽음과 부활로부터 합당한 열매를 거두고, 이적들이 제대로 자신의 역할을 다해서 우리에게 유익한 것이 되기 위해서는, 우리는 말씀하시는 그리스도에게도 똑같이 관심을 기울여야 한다. 이것이 기독교의 진정한 규범(regula)이다.

1. 무릇 예수께서 행하시며 가르치시기를 시작하심부터. 나는 누가가 여기서 "모든 것"이라는 단정적인 표현 대신에 의도적으로 "모든 것에 관해서"라는 표현을 쓴 것이라고 설명하는 일부 주석자들의 견해에 반대할 생각이 없다(헬라어 원문이나 라틴어 본문에는 이 구절이 "예수께서 행하시며 가르치시기를 시작한 모든 것에 관해서"로 되어 있다 — 역주). 왜냐하면, 그리스도께서 행하시고 가르치신 일을 어느 정도 상세하게

보도하는 것은 가능하겠지만, 그 모든 것을 빠짐없이 기록해서 완벽한 이야기를 구성하는 것은 사실상 불가능하기 때문이다. 그래서 요한은 "예수께서 행하신 일이 이외에도 많으니 만일 낱낱이 기록된다면 이 세상이라도 이 기록된 책을 두기에 부족할 줄 아노라"고 말하였다(요 21:25). 또한, 우리는 누가가 그리스도께서 공생애를 시작하신 때를 자신의 이야기의 기점으로 삼았다고 밝히고 있다는 점을 주목할 필요가 있다. 누가는 자신의 복음서에서 먼저 그리스도의 탄생에 관한 기사를 보도한 후에, 곧바로 예수께서 열두 살 되셨을 때에 성전에서 랍비들과 토론을 벌이셨던 사건을 간략하게 기술한다(눅 2:42). 그리고는 그 이후의 18년의 기간에 대해서는 아무런 언급도 없이 건너뛰고, 곧바로 그리스도의 공생애에 관한 본격적인 보도를 시작한다. 그러므로 우리의 구원에 핵심이 되는 그리스도의 행하심과 말씀들은 바로 이 부분에서 보도되고 있음이 분명하다. 왜냐하면, 육신을 입으시고 이 세상에 오신 그리스도께서는 30세가 되실 때까지는 사적인 삶을 사셨고, 30세가 되셨을 때에 아버지 하나님으로부터 새롭게 공적인 삶을 부여받으셨기 때문이다. 하나님께서는 그리스도로 하여금 그의 생애 전반부는 드러나지 않게 살게 하셨기 때문에, 결과적으로 우리의 믿음을 세우는 데는 그 이후의 삶에 대한 지식이 훨씬 더 중요한 역할을 하게 되었다.

1. 내가 먼저 쓴 글에는.   나는 "내가 먼저 쓴 글"에 해당하는 헬라어는 "내가 앞에서 한 강론"이라고 번역하는 것이 좋다고 생각한다. 왜냐하면, 부다이우스(Budaeus)도 지적했듯이, 여기에 사용된 헬라어 '로곤 포이에이스타이'($\lambda\acute{o}\gamma o\nu$ $\pi o\iota\epsilon\tilde{\iota}\sigma\theta\alpha\iota$)는 라틴어의 '베르바 파케레'(verba facere, "말하다") 또는 '세르모넴 하베레'(sermonem habere, "강론하다")에 해당하기 때문이다. 이러한 표현은 복음서 기자가 이제부터 쓰려고 하는 속편이 전편과는 다른 성격을 지닐 것임을 함축하고 있는 것이기 때문에, 우리는 누가는 이제부터 새로운 주제로 글을 쓰기 시작하고 있다는 사실을 알게 된다.

2. 승천하신 날까지의 일을 기록하였노라.   그리스도의 승천은 복음의 역사의 종착역이다. 사도 바울도 말했듯이, 그리스도께서는 "만물을 충만하게" 하시기 위하여 승천하셨기 때문이다(엡 4:10). 이 승천으로 인해서 우리의 믿음은 또 다른 열매를 거두게 되겠지만, 여기에서는 그리스도께서 아버지께로 승천하셨을 때, 우리의 구속(救贖)이 모든 면에서 완벽하게 이루어졌기 때문에, 누가는 그리스도의 "가르치심" 및 "행하심"을 기록하는 복음서 기자로서 자신의 소임을 다했다는 점만을

지적하는 것으로 충분할 것이다. 누가가 그리스도의 승천을 나타내기 위하여 "들리우다"라는 표현을 사용한 것은 우리로 하여금 그리스도께서 진정으로 이 세상을 떠나셨다는 것을 알 수 있게 하여서, 승천에도 불구하고 그리스도가 계신 장소에는 변화가 없다고 생각하는 사람들의 망상에 미혹되지 않도록 하기 위한 것이었다.

2. 성령으로 명하시고. 누가는 그리스도께서 택하신 사도들에게 "성령으로 명하시고" 승천하셨다고 말함으로써, 그리스도께서는 세상을 떠나셨어도 여전히 우리를 돌보고 계신다는 것을 상기시켜 준다. 왜냐하면, 이 말씀을 통해서 그리스도께서는 자신이 영원히 교회를 다스릴 것이라고 선언하심으로써, 그가 우리의 구원에 대하여 여전히 관여하고 계신다는 증거를 보여주신 것이기 때문이다. 그리스도께서는 "세상 끝날까지" 자기 백성과 함께 하시겠다고 약속하셨는데(마 28:20), 그 중의 한 예는 실제로 그가 자신의 사역자들을 통해서 지금도 자기 백성과 함께 하고 계신다는 것이다. 따라서 이 말을 통해서 누가는 그리스도께서 이 세상을 떠나신 순간부터 곧바로 자신의 교회를 다스리고 계신다는 사실을 말하고자 한 것이고, 이러한 사실로부터 우리는 그리스도께서 우리의 구원에 관여하고 계신다는 것을 확인할 수 있다. 앞에서 인용한 에베소서 본문에서 바울도 그리스도의 이러한 섭리를 밝힌다. 즉, 그리스도께서는 "만물을 충만하게 하시려고" 어떤 사람은 "사도"로, 어떤 사람은 "복음 전하는 자"로, 또 어떤 사람은 "목사와 교사"로 삼으셨다는 것이다(엡 4:10-12). 그러나 그리스도께서 자신의 제자들에게 "성령으로 명하신" 것들이 복음 선포와 관련된 것이라고 본다. 이것은 대사(大使)들이 자신들을 파송하는 사람의 뜻에 어긋나는 일을 경솔하게 도모하지 않도록 하기 위하여 임지로 떠나기에 앞서 훈시를 받는 것과 같은 것이다. 누가가 이것을 기술한 것은 사도들이 선포한 모든 가르침에 권위를 부여하기 위한 것이었다. 이제 논점을 하나하나 짚어봄으로써 본문의 내용을 좀 더 분명하게 밝혀보도록 하자. 무엇보다 먼저, 누가는 그들이 그리스도에 의해서 택함을 받은 사람들이었다고 말함으로써, 우리로 하여금 그들이 사도의 직분으로 부름을 받았다는 사실을 확신할 수 있게 해준다. 여기서 누가는 그들이 사도가 된 것은 그들의 어떤 공로로 말미암은 것이 아니라 하나님의 택하심으로 말미암은 것이었다고 말하고자 한 것이 아니라, 단지 그들은 하나님에 의해서 택함을 받은 것이었고, 그들이 자의적으로 이 직분을 맡은 것이 아니라는 점을 분명히 하고자 한 것이었다. 사도들이 아무런 공로 없이 은혜로 택함을 받은 것은 사실이지만, 우리는 여기서 누가의 의도가 무엇이었는지를 물어보아야 한다. 나

는 여기서 누가의 관심사는 오직 하나, 즉 우리로 하여금 사도들이 하나님의 부르심을 받았다는 사실을 확신하도록 하는 것이었다고 생각한다. 이것은 우리로 하여금 사람들에게 관심을 두지 말고, 소명을 주신 분인 하나님의 아들에게 관심을 갖도록 하기 위한 것이었다. 왜냐하면, 그 누구도 자신의 영광을 주장해서는 안 된다는 원칙은 언제나 교회 안에서 살아 있어야 하기 때문이다. 다음으로, 누가는 사도들이 그리스도로부터 자신들이 해야 할 일을 명령받았다고 말한다. 즉, 누가는 사도들이 자신들의 생각을 말한 것이 아니라, 하늘에 계시는 그들의 주께서 명하신 내용을 신실하게(bona fide) 전한 것일 뿐이라고 말하는 것이다. 또한, 누가는 그리스도께서 제자들에게 베푸신 가르침의 권위를 높이기 위해서, 그 가르침이 성령의 명령 또는 지시에 따라 이루어졌다는 내용을 덧붙인다. 그러나 누가는 영원한 지혜(aeterna sapientia)이신 하나님의 아들이 그 누구의 지도를 받으실 필요가 있었다는 뜻으로 이 말을 한 것이 아니라, 다만 그리스도께서도 사람이셨기 때문에, 그가 제자들에게 전해주신 것들이 인간적인 지혜나 이성으로 말미암은 것이라고 생각하는 자들이 생겨나지 않도록 하기 위하여 우리에게 하나님의 권위를 분명하게 상기시켜 준 것이다. 주님은 자신이 제자들에게 가르쳐 준 것들은 모두 다 자신이 아버지로부터 받은 것이었다는 점을 친히, 그리고 아주 분명하게 말씀하셨다. 즉, 주님은 자신의 가르침은 자기 자신의 것이 아니라고 말씀하신 것이다. 그러므로 누가는 복음 선포에 있어서 사람에게서 비롯된 것은 하나도 없고, 모든 것은 성령 하나님의 명령인 까닭에, 온 세상이 거기에 복종하는 것이 마땅하다는 뜻으로 "성령으로 명하시고"라는 표현을 사용한 것이다.

³그가 고난 받으신 후에 또한 그들에게 확실한 많은 증거로 친히 살아 계심을 나타내사 사십 일 동안 그들에게 보이시며 하나님 나라의 일을 말씀하시니라 ⁴사도와 함께 모이사 그들에게 분부하여 이르시되 예루살렘을 떠나지 말고 내게서 들은 바 아버지께서 약속하신 것을 기다리라 ⁵요한은 물로 세례를 베풀었으나 너희는 몇 날이 못되어 성령으로 세례를 받으리라 하셨느니라(1:3-5).

3. 그들에게 확실한 많은 증거로 친히 살아 계심을 나타내사. 누가는 모든 사람이 알아야 할 가장 중요한 일인 그리스도의 부활의 확실성을 증명하기 위해서 이 구절을 덧붙였다. 만일 그리스도의 부활이 없었다면, 모든 복음은 헛것에 지나지 않

게 되고, 믿음도 더 이상 존재할 수 없게 되기 때문이다. 다른 일들은 그만두고라도, 만약 우리가 살아 계신 그리스도께서 하늘로부터 말씀하고 계신다는 사실을 알지 못한다면, 복음의 모든 권위는 산산조각이 나고 말 것이다. 누가가 여기서 가장 염두에 둔 것이 바로 그 점이었다. 따라서 누가는 그리스도의 부활에 대해서 한 점의 의혹도 생기지 않도록 하기 위해서, 그의 살아나심이 확실한 많은 증거에 의해서 증명된 사실이었다고 말한 것이다. 에라스무스(Erasmus)는 옛 라틴역본의 번역자를 따라서 '테크메리온'(τεκμήριον, "증거")을 "논증들"로 옮겼지만, 여기서 나는 이 단어를 "증거들"로 번역했다. 왜냐하면, '테크메리온'은 아리스토텔레스가 자신의 「수사학」 제1권에서 증명을 하기 위해 필요한 사실들을 가리키는 데에 사용한 단어이기 때문이다. 나는 그리스도께서 많은 분명한 표적들을 행하셨고, 이 표적들이 부활에 대한 필수적인 증거의 역할을 함으로써, 사도들이 그리스도의 부활에 대해서 의심을 품지 않게 되었다는 사실을 이미 언급한 바 있다. 그런데 누가는 그러한 표적이나 증거들을 낱낱이 제시하지 않고, 다만 그리스도께서 "사십 일 동안" 사도들에게 나타나셨다고만 말한다. 만일 그리스도께서 사도들 앞에 단 한 번만 나타나셨다면, 그들도 주님의 부활을 의심할 수 있었겠지만, 사십 일 동안 시도 때도 없이 나타나심으로써, 그들이 품을 수도 있었을 모든 의심을 완전히 불식시켜 주셨다. 그리스도께서는 이전에 부활에 대한 제자들의 무지를 책망하신 적이 있었지만, 이제는 그들이 무지하다는 오명을 단번에 벗겨 주심으로써, 사도들의 복음 전도의 신뢰성을 확보해 주셨다.

3. 하나님 나라의 일을 말씀하시니라. 누가는 사도들이 다른 사람들을 가르치기에 앞서 먼저 유일한 선생이신 주님의 가르침을 받았다는 사실을 다시 한 번 상기시켜준다. 그러므로 사도들이 말하고 가르친 모든 내용은, 말로 한 것이건 글로 한 것이건 간에 "하나님 나라"에 관한 일이었다면, 그리스도께서 직접 하신 말씀과 조금도 다를 바가 없었다. 이 표현을 통해서 누가는 복음의 교훈의 목적이 무엇인지를 간략하게 보여준다. 즉, 복음의 교훈은 하나님께서 우리 가운데서 다스리신다는 것이다. 하나님의 나라는 거듭남(regeneratio)에서 시작해서 복된 영생(beata immortalitas)으로 완성된다. 시작부터 끝에 이르는 중간 과정은 거듭남을 완성시켜가는 여정이다. 그러나 이 일을 좀 더 분명하게 깨닫기 위해서 우리가 먼저 알아야할 사실은, 우리가 이 세상에 태어나서 하나님께서 우리를 새 생명(nova vita)으로 다시 빚어 주실 때까지는 하나님의 나라와 상관없는 외인으로 살아간다는 것이다.

따라서 우리가 세상과 우리의 육신과 인간 본성 안에 있는 모든 것들로 하여금 하나님의 나라를 거스르도록 만드는 것은 당연한 일이다. 왜냐하면, 자연 상태에서 인간은 오로지 이 세상일에만 몰입하고, 이 세상에서 복을 구하려고 하며, 이 복만을 궁극적인 선(ultimum bonum)으로 여기기 때문이다. 우리가 이렇게 살아가는 동안 우리는 하나님 나라로부터 유배당해 있는 것과 같고, 하나님도, 말하자면, 우리로부터 유배당해 계시는 것과 같다. 그러나 그리스도께서는 복음의 말씀을 통해서 우리를 들어올리셔서 우리로 하여금 다가오는 하나님 나라의 삶을 바라볼 수 있게 해주신다. 이 일을 이루시기 위하여 그리스도께서는 세상을 사랑하는 우리의 모든 성향을 고치시고 바로잡아 주시며 우리 육신의 악을 제거해 주심으로써 우리를 세상으로부터 분리시키신다. 육신을 따라 살아가는 모든 자들에게는 영원한 사망이 예비되어 있지만, 우리의 속사람이 새로워져서 우리가 영적인 삶을 살아가게 될 때에는, 우리는 하나님 나라의 완전함에 더 가까이 가게 됨과 동시에 하나님의 영광에 참여하게 된다. 그러므로 하나님께서는 우리가 장차 그의 나라에 참여하는 자가 될 수 있도록 하시기 위해서 지금 우리 안에서 다스리시기를 원하신다. 여기서 우리는 그리스도께서 선포하신 주제가 주로 다음과 같은 것들이었음을 알게 된다: 인류의 타락, 우리를 종으로 삼고 있는 죄의 폭정, 우리 모두를 예속시키고 있는 영원한 죽음의 저주와 정죄; 더 나아가, 구원의 방도, 죄 사함, 육신의 부인, 영적인 의로움, 영원한 생명에 대한 소망 등. 우리가 기독교 신앙을 제대로 가르침 받고자 한다면, 우리는 이러한 주제들을 공부하는 일에 힘써야 한다.

4. 사도와 함께 모이사 그들에게 분부하여 이르시되 예루살렘을 떠나지 말고 … 기다리라. 제자들은 이전에도 사도로서의 본분을 수행하기는 했지만 일시적인 것이었고, 그 역할도 유대인들을 일깨워서 그들의 선생이신 그리스도의 말씀을 듣게 하는 일에 국한되어 있었다. 따라서 당시에 그들은 사도직을 수행할 준비가 되어 있지 않았기 때문에, 그리스도께서 세상에 계실 때에 제자들에게 가르치라고 명령하신 것(마 10:7)은 장차 그들이 감당하게 될 사도직에 대비하기 위한 예비적인 성격의 것이었다. 그러므로 그리스도께서 부활하시기 전에는 그들에게 아직 사도로서의 정식 임무가 부여되지 않은 것이었기 때문에, 앞에서 이미 말했듯이, 그들은 마치 전령들처럼 자신들의 동족인 유대인들에게 그리스도의 말씀에 귀를 기울일 것을 촉구하고 다닌 것에 불과하였다. 그러다가 마침내 그리스도께서 부활하신 후에, 그들은 명실상부하게 사도로 거듭나서, 자신들이 받은 가르침을 온 세상을 향

해 선포하였다. 그리스도께서는 그들을 사도로 세우시고 나서도, 그들에게 아직은 사도의 직무를 수행하기 위해 나서지 말 것을 명령하셨는데, 거기에는 그럴 만한 이유들이 있었다. 그들이 수치스럽게도 자신들의 선생을 버리고 떠났던 것이 바로 최근의 일이었고, 그들의 불신앙을 보여주는 많은 증표들이 아직도 그들의 기억에 생생하게 남아 있었다. 그들은 그리스도로부터 그토록 철저한 가르침을 받았음에도 불구하고 모든 것을 금세 잊어버리고 말았는데, 이것이야말로 그들이 얼마나 우매한 자들이었는지를 보여주는 명백한 증거였다. 그들에게는 영적인 나태함(ignavia)의 잘못도 있었고, 그것을 고치기 위해서는 그들에게 약속되었던 은혜를 뒤로 미루어서 그들로 하여금 그 은혜를 갈망하게 만드는 것 외에 다른 방법이 없었다. 그러나 가장 중요한 이유는, 주님께서 우리로 하여금 성령 강림의 이적을 더욱 생생하게 목도하도록 하시기 위해서 어느 정도의 시간이 지난 후에 성령을 보내 주시기로 작정하셨기 때문이라는 것을 우리는 알아야 한다. 다른 한편으로, 그리스도께서는 자신이 그들에게 맡기시려는 사명의 중대성을 감안하셔서, 제자들에게 잠시 동안의 여유 시간을 주는 것이 좋겠다고 생각하셨다. 따라서 사도들은 때가 무르익어 자신들이 온전히 준비가 될 때까지는 복음 선포에 착수할 수 없었지만, 이러한 사정은 복음의 진리가 우리에게 더욱 확실하게 증거될 수 있게 해주는 역할을 하였다.

또한, 그리스도께서는 제자들이 모두 한 성령을 받아야 했기 때문에, 그들에게 한 곳에 모여 있으라고 명하셨다. 만일 그들이 이곳저곳에 흩어져 있었다면, 그들의 하나 됨은 그렇게 분명하게 드러나거나 알려지지 못했을 것이다. 물론, 사도들은 나중에 사방으로 흩어졌지만, 그들이 전한 것은 동일한 원천으로부터 받은 것이었기 때문에, 그들은 여전히 하나였고, 모두 다 항상 한 입으로 말한 것과 다름이 없었다. 또한, "율법이 시온에서부터 나올 것이요 여호와의 말씀이 예루살렘에서부터 나올 것임이니라"(사 2:3)는 예언이 이루어지기 위해서, 사도들은 예루살렘에서부터 복음을 선포해야만 했기 때문에, 그리스도께서는 "예루살렘을 떠나지 말라"고 명하셨다. 여기서 사용된 헬라어 분사형인 '쉬날리조메노스'(συναλιζόμενος)는 여러 가지로 옮겨질 수 있지만, 나는 에라스무스의 번역이 가장 적절하다고 생각한다. 왜냐하면, "함께 모여 있었다"는 그의 번역이 문맥에 가장 잘 어울리기 때문이다.

4. 내게서 들은 바 아버지께서 약속하신 것을 기다리라. 사도들은 "아버지께서

약속하신 것"을 기다려야만 했다. 머지않아서 온 세상의 목에 그리스도의 멍에를 걸어주어야 할 그들로서는 먼저 자신들이 순종하는 것이 최우선적인 일이었기 때문이다. 그들은 자신들의 본을 통해서 우리가 일을 하고 있을 때나 쉬고 있을 때나 오직 그리스도께만 기쁨이 되도록 해야 한다는 것을 우리에게 가르쳐 준다. 왜냐하면, 우리가 일생 동안 그리스도의 깃발 아래서 그의 지휘를 받아 싸움을 수행해야 한다면, 그리스도께서는 이 세상의 지휘관이 자신의 군대에 대해서 갖고 있는 권한보다 더 큰 권한을 우리에게 행사하시는 것이 마땅하기 때문이다. 따라서 사령관의 명령 없이는 전투를 개시할 수 없는 것이 병법(disciplina militaris)의 기본인 것과 마찬가지로, 주님이 우리에게 공격 개시 신호를 주시지 않는 한, 우리는 함부로 싸움에 뛰어들어서는 안 된다. 그리고 그리스도께서 퇴각 명령을 내리시면, 우리는 즉시 전투를 중지해야 한다. 또한, 우리는 소망으로 말미암아 하나님의 은사들에 참여하게 된다는 것을 알고 있지만, 지금 이 본문에서 말하고 있는 소망의 성격을 유의하지 않으면 안 된다. 왜냐하면, 소망은 사람이 자기 마음대로 만들어 내도 되는 것이 아니라, 오직 하나님의 약속에 근거를 둔 것이라야만 하기 때문이다. 그러므로 그리스도께서는 사도들이 그들의 마음에 드는 대로 기대를 품는 것을 허락하지 않으시고, 오직 "아버지께서 약속하신 것을 기다리라"는 말씀을 분명하게 덧붙이셨다. 게다가, 그리스도께서는 "내게서 들은 바" 아버지께서 약속하신 것을 기다리라고 말씀하심으로써, 자신의 말씀에 대해서 자기 자신을 증인으로 삼으셨다. 왜냐하면, 지옥의 세력이 우리를 대적해서 온갖 농간을 부릴지라도, "우리는 하나님을 믿었노라"는 믿음의 고백이 우리의 심령 속에 굳건히 박혀 있어서 요동함이 없어야 하기 때문이다. 바울은 "내가 믿는 자를 내가 알고"라고 말한 바 있다(딤후 1:12). 여기서 그리스도께서는 자신이 사도들에게 주셨던 일련의 말씀을 상기시켜 주신다: "내가 아버지께 구하겠으니 그가 또 다른 보혜사를 너희에게 주사 영원토록 너희와 함께 있게 하리니 그는 진리의 영이라"(요 14:16-17); "보혜사 곧 아버지께서 내 이름으로 보내실 성령 그가 너희에게 모든 것을 가르치고 내가 너희에게 말한 모든 것을 생각나게 하리라"(요 14:25-26); "내가 아버지께로부터 너희에게 보낼 보혜사 곧 아버지께로부터 나오시는 진리의 성령이 오실 때에 그가 나를 증언하실 것이요"(요 15:26); "내가 떠나가지 아니하면 보혜사가 너희에게로 오시지 아니할 것이요 가면 내가 그를 너희에게로 보내리니 그가 와서 죄에 대하여, 의에 대하여, 심판에 대하여 세상을 책망하시리라"(요 16:7-8). 또한, 그리스도께서는 일찍이 "나를 믿는 자는 성경에 이름과 같이 그 배에서 생수의 강이 흘러나오리라"(요 7:38)고 말씀하셨다.

5. 요한은 물로 세례를 베풀었으나 너희는 몇 날이 못되어 성령으로 세례를 받으리라.   그리스도께서는 세례 요한이 했던 말을 자신의 사도들에게 거듭해서 말씀하신다. 왜냐하면, 사도 중 일부는 누가가 자신의 복음서에 기록한 "나는 물로 너희에게 세례를 베풀거니와 나보다 능력이 많으신 이가 오시나니 … 그는 성령과 불로 너희에게 세례를 베푸실 것이요"(눅 3:16)라는 말을 세례 요한의 입에서 직접 들었을 것이기 때문이다. 이제 그리스도께서는 그들이 세례 요한의 말이 사실임을 알게 될 것이라고 선언하신다. 또한, 이 말씀은 그리스도께서 바로 앞에서 하신 말씀을 확증하는 데에도 큰 기여를 한다. 왜냐하면, 이 말씀은 그리스도의 직무로부터 도출된 내용이기 때문이다. 즉, 물로 세례를 베풀라고 보내심을 받은 세례 요한은 하나님의 종으로서 자신의 직무를 완수했지만, 성령으로 세례를 베풀라고 보내심을 받은 하나님의 아들은 아직 그 직무를 완수하신 것이 아니었다. 그러므로 이제 그리스도께서는 아버지가 그에게 행하라고 분부하신 것을 수행해야 하셨다. 그는 이 일을 위해서 이 세상에 오셨기 때문이다. 그러나 "성령으로 세례를 받으리라"는 말씀은 거듭남의 은혜(gratia regenerationis)에 관한 일반적인 언급인데, 이 말씀을 오순절에 가시적으로 성령이 임한 것에만 국한시키는 것은 불합리해 보일 수도 있다. 나의 대답은 이렇다: 그리스도께서는 불의 혀와 같은 형상으로 성령이 임했던 오순절의 성령 강림 때에만 성령으로 세례를 베푸신 것은 아니었다. 그는 전에도 그의 사도들에게 이러한 세례를 베푸신 적이 있으시고, 오늘날에도 매일 같이 택함 받은 모든 자들에게 이러한 세례를 베푸신다. 그러나 오순절에 이렇게 장엄한 모습으로 성령을 보내주신 사건은 주님께서 날마다 그의 택하신 자들에게 성령을 불어넣어 주시는 은밀한 은혜를 시각적으로 보여주는 증거이기 때문에, 그리스도께서 요한의 증언을 오순절의 성령 강림 사건과 연결시키신 것은 적절한 일이었다는 것이다. 그리고 확실히 이것은 모든 교회에서 보편적으로 행해지는 세례와 같은 것이었다. 왜냐하면, 사도들이 성령을 받은 것은 그들만을 위한 것이 아니라 모든 믿는 자들을 위한 것이었고, 그리스도께서 자신의 교회에 성령의 은사들을 풍성하게 부어 주신 것은 교회를 향한 그리스도의 보편적인 은총(universalis Christi gratia)을 보여준 것이기 때문이다.

그러므로 그리스도께서는 날마다 아버지 하나님이 택하신 자들에게 세례를 베풀고 계심에도 불구하고, 다른 무엇보다도 분명하게 기억되어야 할 이 증거를 우리에게 보여주시지 않을 이유가 없었다. 이것은 사도들로 하여금 그들이 요한으로부터 받은 세례는 단지 첫걸음에 불과했지만, 이제 요한의 세례가 완결될 시점이 거의 가까웠기 때문에, 그 첫걸음은 결코 헛된 것이 아니었다는 것을 알게 하기 위한 것이었다. 그러나 이 구절을 비롯하여 다른 비슷한 내용의 구절들을 근거로 해서 사람들이 일반적으로 내리는 결론, 즉 요한의 세례와 그리스도의 세례는 완전히 다른 것이었다는 결론은 별로 고려할 가치가 없다. 왜냐하면, 이러한 구절들의 관심은 두 세례의 차이를 논하고자 하는 것이 아니라, 단지 요한의 신분과 그리스도의 신분을 비교하는 데에 있었기 때문이다. 요한이 자기는 물로 세례를 베풀 뿐이라고 말했을 때, 그것은 자신의 세례가 어떤 종류의 세례인지를 제시하려고 한 것이 아니라, 그리스도께 고유한 것을 자신이 취하지 않기 위해서 자기가 어떤 신분인지를 밝히려 한 것일 뿐이었다. 마찬가지로, 오늘날 세례를 집례하는 사역자들도 세례에 따르는 모든 효과는 그리스도께서 주시는 것이고, 자신들은 오직 세례 의식을 집례하는 자들에 지나지 않는다고 자신을 소개하는 것이 마땅하다. 왜냐하면, 세례는 "중생의 씻음"(딛 3:5), "죄 씻음," "그리스도와 함께 죽고 그리스도와 함께 장사됨"(롬 6:4), "그리스도의 몸에 접붙임 됨" 등으로 불리는데, 이 모든 표현들은 외적인 상징 행위의 집례자의 역할과는 아무런 상관이 없고, 그러한 상징 행위에 능력과 효과를 부여하시는 분인 그리스도께서 무엇을 하시는지를 말해 주기 때문이다. 우리는 이러한 차이를 늘 잘 기억해 두고서, 그리스도께서 받으셔야 할 영광을 빼앗아서 사람에게 주지 않도록 해야 한다.

그러나 여기서 한 가지 질문이 제기된다. 그리스도께서는 여기서 왜 다른 사람이 아니라 유독 세례 요한을 거론한 이유는 무엇일까? 그 첫 번째 이유는, 세례 요한은 자기가 물세례를 맡은 일꾼(minister)이고, 그리스도는 성령 세례의 제정자(autor)임을 분명하게 고백했기 때문이다. 둘째로는, 세례 요한은 "쇠하여야" 하고 그리스도는 "흥하여야" 하는 것이 합당하였기 때문이다(요 3:30). 셋째로, 세례 요한은 당시까지도 사도들 사이에서 존경의 대상이었기 때문에, 그것으로 인해서 그리스도의 영광이 얼마간 가려질 수도 있었기 때문이다. 그러므로 그리스도께서는 자기가 어떤 신분인지를 그들에게 상기시키시기 위해서, 요한은 그들에게 단지 외적인 세례를 베풀어 주었을 뿐이라고 말씀하시면서도, 동시에 그들이 그의 약속을 의심하지 않도록, 자기가 성령으로 그들에게 세례를 베풀어 줄 것임을 다시 한 번 확언하신다. 왜냐하면, 그들은 세례 요한을 대단한 사람으로 생각했고, 그들이 요한에게서 받은 세례가 헛된 것이 아니라고 생각하고 있었기 때문이다. 그러나 이제 세례의 진정한 효과는 그리스도에게서 찾아져야 했기 때문에, 사도들은 요한에게서 예표되었던 것이 그리스도에 의해서 확실하게 성취될 것이라는 소망을 가지는 것이 마땅하였다.

따라서 우리는 사람에게서 받은 물세례가 아무런 효과가 없는 것이라고 생각해서는 안 된다. 왜냐하면, 물세례를 베풀 것을 명하신 그리스도께서 자신의 직무를 다하셔서 우리에게 성령으로 세례를 주실 것이기 때문이다. 이와 같은 외적인 상징 행위로부터 내적인 효과를 이끌어 내는 것은 믿음(fides)이지만, 그 믿음은 상징 행위 자체, 또는 그것을 집례하는 자에게 필요 이상으로 비중을 두는 것이어서는 안 된다. 왜냐하면, 우리의 믿음은 상징 행위 속에서 그리스도의 약속을 바라보고, 그리스도를 유일한 은혜의 창출자(solus gratiae autor)로 인정하는 것이 되어야 하기 때문이다. 그러므로 우리는 그리스도에게 돌려야 할 영광이 조금도 훼손되는 일이 없도록 조화를 모색하는 한편, 여기서 언급된 바와 같이 우리의 세례로 말미암아 맺히게 될 열매를 소망해야 한다. 특히 그리스도께서는 여기서 "너희는 몇 날이 못 되어" 성령으로 세례를 받으리라고 말씀하심으로써, 사도들로 하여금 더욱 큰 기쁨으로 그 열매를 소망하게 하셨다. 그리스도의 죽음은 머지않아 이토록 값진 열매를 맺게 되어 있었기 때문에, 우리는 그 죽음이 결코 슬퍼할 일이 아니었다는 결론을 얻게 된다. 또한, 우리는 여기서 "세례"라는 단어가 "물"과 관련하여 사용되었을 뿐만 아니라, 이 단어의 통상적인 용법과는 어울리지 않게 "성령"과도 관련하여 사용되었는데, 이것은 대구법적인 표현을 위한 것이라는 점도 주목해야 한다. 바울도 로마서에서 "법"이라는 단어와 관련하여 이와 동일한 표현법을 사용한다(롬 3:27). 즉, 바울은 "행위의 법"을 다룬 후에, 그것과 대구를 이루도록 하기 위해서 단순히 "믿음"이라고 말하는 대신에 "믿음의 법"이라는 표현을 사용하였다.

⁶그들이 모였을 때에 예수께 여쭈어 이르되 주께서 이스라엘 나라를 회복하심이 이 때니이까 하니 ⁷이르시되 때와 시기는 아버지께서 자기의 권한에 두셨으니 너희가 알 바 아니요 ⁸오직 성령이 너희에게 임하시면 너희가 권능을 받고 예루살렘과 온 유대와 사마리아와 땅 끝까지 이르러 내 증인이 되리라 하시니라(1:6-8).

6. 그들이 모였을 때에 예수께 여쭈어 이르되 주께서 이스라엘 나라를 회복하심

이 이 때니이까. 누가는 이 질문이 제기된 때가 제자들이 함께 모여 있을 때임을 부각시키고 있다. 이것은 우리로 하여금 이 질문이 한두 제자의 어리석음에서 비롯된 것이 아니라, 그 자리에 모여 있던 모든 제자들의 한결같은 생각에서 비롯된 것임을 보여주기 위한 것이다. 놀라운 것은 3년에 걸쳐서 주님으로부터 철저한 가르침을 받은 사도들이 마치 주님의 말씀을 한 마디도 알아듣지 못한 사람들처럼 이런 질문을 하고 있다는 사실이다. 이 질문에는 거기에서 사용된 단어 수만큼이나 많은 오류가 내재되어 있다. 사도들은 주님에게 "나라"에 대해서 물어보았다. 그러나 그들이 꿈꾸었던 나라는 재물과 산해진미와 외적 평화를 비롯해서 그 밖의 모든 좋은 것들이 차고 넘치는 땅의 나라(regnum terrestre)였다. 또한, 그들은 그 나라가 회복되는 것이 "이 때"냐고 물어봄으로써, 싸움도 시작하기 전에 승리를 맛보고자 하는 속내를 드러내었다. 말하자면, 그들은 맡은 일을 시작하기도 전에 품삯부터 챙기려고 한 것과 같았다. 또한, 장차 세상 끝까지 확장되어야 할 그리스도의 나라를 육신의 이스라엘에 한정시킨 점에서도 사도들은 큰 착각에 빠져 있었다. 한 걸음 더 나아가서, 사도들은 자신들이 알기에 합당하지 않은 일들을 알고 싶어 했다는 점에서, 전체적으로 볼 때에도 그들의 질문은 잘못된 것이었다. 물론, 사도들은 다윗의 나라의 회복에 관해서 선지자들이 예언했던 내용을 모를 리가 없었고, 그들의 선생이신 그리스도께서 이 문제에 관해서 말씀하시는 것도 종종 들었을 것임에 틀림없다. 사실, 비참한 포로 상태 가운데서 신음하는 사람들이 장차 도래할 나라에 대한 소망으로 위로와 힘을 얻는 것은 흔히 있는 일이었다. 그리고 당시에 사도들도 메시아가 오시면 그 나라가 회복될 것이라는 소망을 품고 있었다. 그러던 차에, 그리스도께서 다시 살아나신 것을 보게 되자, 그들은 곧 나라의 회복에 대한 기대가 현실화되고 있다고 생각하기 시작한 것이다. 하지만 다른 한편으로, 이 일은 그렇게 훌륭한 선생 밑에 어떻게 이런 못난 제자들이 있을 수 있는지를 여실히 보여준 것이었다. 따라서 그리스도께서는 제자들의 질문에서 드러난 그들의 모든 오류들을 짤막한 답변을 통해 조목조목 책망하셨는데, 이것에 대해서는 조금 뒤에서 살펴보도록 하자. 여기서 "회복하다"라는 말은 형체를 알아볼 수 없을 정도로 심하게 무너진 것을 다시 일으켜 세운다는 뜻이다. 왜냐하면, 이새의 마른 줄기에서 새 가지가 솟아나고, 무너졌던 다윗의 장막이 다시 세워질 것이었기 때문이다.

7. 이르시되 때와 시기는 아버지께서 자기의 권한에 두셨으니 너희가 알 바 아니요. 이 말씀을 통해서 그리스도께서는 제자들의 질문 전체에 대해서 포괄적으로

책망하셨다. 왜냐하면, 선생인 그리스도께서 감추시려고 하신 것을 알고 싶어 하는 제자들의 호기심이 도에 지나쳤기 때문이다. 주님께서 가르쳐 주고자 하실 때에는 배울 준비를 해야 하고, 주님께서 비밀로 하고자 하시는 일에 대해서는 알려고 하지 말아야 하는 것이야말로 참으로 지혜로운 자의 처신이다. 그러나 우리 중 대부분은 천성적으로 어리석고 부질없는 호기심을 갖고 있을 뿐만 아니라, 후천적으로 획득한 무모함까지 거기에 가세하기 때문에, 우리가 앞의 두 경우 모두에 있어서 잘못을 범하지 않기 위해서는 그리스도의 이러한 책망을 잘 새겨들어야 한다. 그리스도께서 이 말씀을 하신 의도를 정확히 알기 위해서는, 우리는 이 말씀을 "때와 시기는 아버지께서 자기의 권한에 두셨으니"라는 부분과 "너희가 알 바 아니요"라는 부분으로 둘로 나누어서 살펴볼 필요가 있다. 그리스도께서 여기서 "때와 시기"에 대해서 언급하신 것은 사실이지만, "때와 시기"에 관련된 이치는 다른 일들에도 동일하게 적용되는 것이기 때문에, 우리는 "때와 시기는 아버지께서 자기의 권한에 두셨으니"라는 말씀을 다음과 같은 보편적인 교훈으로 받아들여야 한다: 우리는 하나님께서 계시해 주신 것에 만족해야 하고, 그 이상으로 묻는 것은 금기로 여겨야 한다. 이러한 태도가 양 극단 사이의 진정한 중도이다. 교황주의자들은 마치 우리의 모든 믿음과 경건이 하나님의 감추어진 신비들과는 아무런 상관도 없다는 듯이, 자신들은 하나님의 감추어진 신비들을 밝혀내려는 시도를 하지 않는다고 주장하지만, 그것은 그들의 무지를 은폐하기 위한 구실에 지나지 않는다. 만일 우리가 하나님의 감추어진 신비들에 대해서 완전히 눈을 감아야 한다면, 우리는 그리스도와 그의 복음도 다 묻어 두어야 할 것이다. 이미 말했듯이, 우리는 이런 문제를 다룰 때에 중용(mediocritas)을 지켜야 한다. 즉, 우리는 하늘에 계신 아버지께서 우리에게 가르쳐 주고자 하시는 것들은 다 배우려는 열망을 가져야 하지만, 우리가 절제를 아는 가운데 지혜롭게 되기 위해서는, 우리 중 어느 누구도 하나님께서 감추어 두기 원하시는 일들에 대해서는 주제넘게 알려고 해서는 안 된다는 것이다. 따라서 우리는 마땅히 알아야 할 것보다 더 많은 것을 알고 싶어 하는 어리석은 욕망(stulta cupiditas)에 사로잡힐 때마다, 그리스도께서 "너희가 알 바 아니요"라고 하신 말씀을 상기해야 한다. 왜냐하면, 우리가 그리스도의 뜻과 명령을 거스르려는 마음을 먹지만 않는다면, 이 말씀은 우리의 완악하고 무모한 성향을 제어하는 데에 충분한 효력을 발휘할 것이기 때문이다.

　여기서 그리스도께서는 때를 미리 아는 것(praescientia)과 관련해서, 하나님께서 정해 주신 계시의 범위를 넘어서서 알려고 하는 것만을 책망하셨는데, 이것은 내가 앞에서 두 번째 부분이라고 불렀던 "아버지께서 자기의 권한에 두셨으니"라는 구절을 다룰 때에 우리가 살펴보아야 할 것이다. 사실, 하나님께서는 겨울과 여름을 비롯한 계절들, 추위와 더위, 좋은 날씨와 궂은 날씨를 모두 주관하시지만, 계절의 운행이 영원히 계속될 것이라고 선언하셨기 때문에(창 8:22), 우리는 하나님이 사람들에게 계시해 주신 이러한 것들을 "자신의 권한에 두신" 것들이라고 말할 수 없다. 이런 자연 현상들에 대해서는 철학자들이나 농부들이 배워서 알기도 하고, 생각해 보아서 알기도 하며, 경험을 통해서 알기도 한다. 다시 말하면, 하나님께서는 사람들로 하여금 이런 일들에 대해서는 어느 정도 알 수 있도록 허락하셨다. 따라서 우리는 하나님께서 이런 일들을 자신만이 알 수 있는 것으로 유보하신 것이라고 말할 수 없다. 우리는 선지자들에 대해서도 동일하게 생각하여야 한다. 왜냐하면, 선지자들의 소임은 하나님이 그들에게 계시해 주신 일들을 아는 것이었기 때문이다. 그러나 장래와 관련해서는, 우리가 감추어진 사건들에 대해서 모르는 것이 마땅한 일이다. 왜냐하면, 그러한 일들에 대한 우리의 지나친 관심과 탐구만큼 우리로 하여금 현재의 우리의 의무나 본분을 소홀히 여기도록 만드는 일도 없기 때문이다. 우리는 언제나 장래의 결과가 어떠하냐에 따라서 일들을 계획하거나 도모하고 싶어 하지만, 주님께서는 우리에게 그 결과를 감추어 두시고서, 우리로 하여금 우리가 지금 마땅히 해야 할 일들을 하게 하신다. 그러나 여기서 갈등이 생겨난다. 왜냐하면, 우리는 하나님께서 장래의 일들과 관련해서 자신의 고유한 권한을 행사하시는 것을 기꺼이 수긍하려 하지 않고, 도리어 엉뚱한 관심을 갖고서 쓸데없이 개입하고 싶어 하기 때문이다. 간단히 말해서, 그리스도께서는 하나님이 오직 자신에게만 속하는 것이라고 선언하신 일들에 우리가 주제넘게 관심을 갖거나 개입하는 것을 금지하셨다. 하나님께서 우리의 생각과는 전혀 다를 뿐만 아니라 우리의 마음으로는 도저히 헤아릴 수 없는 방식으로 오직 자신의 기뻐하시는 뜻을 따라 주관하시는 일을 우리가 미리 알려고 하는 것(praescientia)이 바로 그런 것이다.

8. 너희가 권능을 받고. 그리스도께서는 사도들에게 하나님의 명령만이 아니라 하나님의 약속도 아울러 상기시킨다. 왜냐하면, 이것이 그들의 호기심에 족쇄를 채우는 가장 좋은 방법이었기 때문이다. 호기심은 거의 언제나 영적 나태함이나 불신에서 비롯되는데, 불신은 하나님의 약속을 묵상할 때에 치유된다. 그리고 하나님의 명령들은 우리가 어떻게 헌신해야 하고 어떻게 열심을 내야 하는지를 가르쳐 준다.

그러므로 그리스도께서는 사도들에게 인내심을 갖고 하나님의 약속을 기다릴 것과 하나님이 그들에게 부여해 주신 자신들의 임무를 성실히 수행할 것을 명하신다. 다른 한편으로, 그리스도께서는 그들이 아직 성령을 받지도 않았는데 성급하게 성령의 특별한 은사들을 기대하고 있던 그들의 조급함을 책망하신다. 또한, 전쟁에 부름을 받은 자들이 힘든 일을 할 생각은 안 하고 편안하게 쉴 생각만을 했다는 점에서, 그들은 바른 길(recta via)을 따른 것이 아니었다. 따라서 그리스도께서 "너희가 권능을 받으리라"라고 말씀하신 것은 제자들로 하여금 때가 이르기도 전에 자신들이 감당할 수 없는 일을 시도하지 않게 하시려고 그들의 연약함을 상기시켜 주시기 위한 것이었다. 이 구절은 "너희가 성령의 권능을 받으리라"로 읽어도 되고, "성령이 너희에게 임하시면"으로 읽어도 되지만, 후자로 읽는 것이 더 적절하다. 왜냐하면, 후자가 성령이 그들에게 임하실 때까지는 그들에게 아무런 능력이 없다는 것을 더 분명하게 표현해 주기 때문이다.

8. 내 증인이 되리라. 이 한 마디 말씀으로 그리스도께서는 제자들의 두 가지 오류를 바로잡아 주신다. 하나는 제자들이 승리를 거두기 위해서는 먼저 싸워야 한다는 것을 보여주신 것이고, 다른 하나는 그리스도의 나라는 제자들이 생각하는 것과는 그 성격이 다르다는 것을 보여주신 것이다. 그래서 그리스도께서는 "너희가 내 증인이 되리라"고 말씀하신다. 말하자면, 이것은 농부가 수확하려면 그 전에 먼저 열심히 일해야 한다는 것과 같다. 그러므로 우리는 내세에 대하여 이런저런 생각과 궁리를 시작하기 전에, 우리가 어떻게 하여야 하나님의 나라에 들어갈 수 있는지를 먼저 고민해야 한다는 것을 배운다. 많은 사람들이 장차 자신들이 천국에 들어가서 어떤 복들을 누리게 될 것인가에 대해서 묻곤 하지만, 자신들이 도대체 어떻게 해야 천국에 들어갈 수 있는지에 대해서는 전혀 신경 쓰지 않는다. 그러나 그들이 가장 먼저 해야 할 일은 세상을 배척하는 것이어야 한다. 그들은 자신들이 그리스도와 함께 누리게 될 장래의 삶이 어떤 것일지에 대해서 이런저런 생각을 하지만, 우리가 장차 그와 함께 살기 위해서 지금 그의 죽음에 참여하여 "그와 함께 죽어야"(딤후 2:11) 한다는 것에 대해서는 생각하지 않는다. 그러므로 우리는 모두 바로 지금 우리 자신에게 맡겨진 본분에 충실하여야 하고, 그리스도의 깃발 아래에서 용감하게 싸워야 하며, 우리가 부르심을 받은 그 길로 담대하게 지침 없이 달려 나가야 한다. 그럴 때에 때가 되면 하나님께서 열매를 맺게 해주실 것이다. 그리스도께서는 제자들이 자신의 증인이 될 것이라는 말씀을 통해서 그들의 또 다른 오류를 바로잡

아 주셨다. 즉, 이 말씀을 통해서 그는 그들이 꿈꿔 왔던 지상 왕국에 대한 어리석고 그릇된 망상을 그들의 마음으로부터 몰아내고자 하셨다. 왜냐하면, 그리스도께서 는 이 짤막한 말씀을 통해서 자신의 나라는 복음이 전파되는 것 속에 있다는 것을 보여주셨기 때문이다. 그리스도께서 복음의 전파를 통해서 온 세상을 자신에게 복 종하게 하시고 다스리신다는 말을 들었을 때, 그들에게서는 재물이나 부귀나 그 밖 의 다른 어떤 세상적인 것들을 꿈꿀 여지가 없어져 버렸다. 그러므로 그리스도의 다스리심은 세상적인 방법을 따른 다스리심이 아니라 영적인 다스리심이라는 말이 된다. 사도들이 생각한 세상적인 나라 또는 육신적인 나라는 그들의 민족 전체가 갖고 있었던 오해로부터 비롯된 것이었기 때문에, 그들조차 모두 다 이런 미망(迷 妄) 속에 빠져 있었다고 해도, 그것은 놀랄 일은 아니다. 왜냐하면, 우리가 이해할 수 있는 것들만을 놓고서 생각한다면, 우리는 세상적인 일들 외에 다른 것들은 생 각할 수 없기 때문이다. 그래서 우리는 짐승들처럼 우리의 감각이 이끄는 대로 육 신을 위한 것들만을 원하게 되고, 결국 우리의 눈 앞에 보이는 것들만을 움켜쥐려 고 하게 되는 것은 어쩌면 당연한 일이다. 따라서 우리는 그리스도께서 이 세상에 서 천 년 동안 왕으로 다스리실 것이라고 믿는 천년왕국설 신봉자들도 오류에 빠진 것임을 알 수 있다. 그들은 "지상 왕국"의 이미지를 빌려서 "그리스도의 나라"를 상 징적으로 기술하고 있는 모든 예언들을 자신들의 육신적인 입맛에 맞게 해석하고 적용하고 있는 것이다. 그러나 그러한 예언들에서 하나님의 목적은 그들의 마음을 더 높은 것들로 들어올리는 것이었다. 이제 우리 자신에 대해서 생각해 볼 때, 우리 도 그런 오류에 빠지지 않으려면, 복음의 선포는 우리의 마음속에 그리스도의 나라 가 들어올 수 있는 자리를 마련해 주는 역할을 하기 때문에, 우리는 온 마음을 드려 서 그 말씀에 귀를 기울여야 한다.

8. 예루살렘과 온 유대와 사마리아와 땅 끝까지. 여기서 먼저 그리스도께서는 사도들이 복음을 선포해야 할 대상 지역이 온 세상이 될 것임을 밝히심으로써, 그 들의 사역이 하루 이틀에 끝날 일이 아님을 암시하신다. 또한, 사도들이 품고 있던 이스라엘 나라에 대한 생각을 간접적으로 반박하신다. 그들은 육신을 따라 아브라 함의 자손인 자들만이 이스라엘 백성이라고 생각했다. 하지만 그리스도께서는 지 리적으로는 가까운 이웃이었지만 심정적으로는 멀리 있던 사마리아 사람들까지 그 들이 모두 추수해야 한다고 말씀하신다. 또한, 그리스도께서는 지리적으로 멀리 떨 어져 있을 뿐만 아니라 하나님을 모르는 모든 이방 백성들까지도 거룩한 백성으로

부르심을 받아서 동일한 은혜에 참여할 수 있게 되어야 한다고 말씀하신다. 유대인이 사마리아인을 얼마나 혐오하고 있었는지는 요한복음 4:9에 나오는 "유대인이 사마리아인과 상종하지 아니함이러라"는 표현에서 잘 드러난다. 그리스도께서는 이제 "중간에 막힌 담"(엡 2:14)이 허물어졌기 때문에, 온 세상에 걸쳐서 그의 나라가 세워질 수 있도록 하기 위하여, 그들이 "한 몸"이 되어야 한다고 말씀하신다. 그리스도께서는 사도들이 승리가 눈 앞에 있다고 더 이상 오해하지 않도록 하시기 위해서, 그들이 자신들의 경험을 통해서 사악한 원수들로 가득 차 있는 것을 알고 있는 "예루살렘과 유대"를 언급하심으로써, 앞으로 그들이 겪어야 할 수고와 고초가 얼마나 클 것인지를 예고하신 것이다. 왜냐하면, 사도들의 입장에서 볼 때, 자신들이 원수들 앞에 등장하는 것은 그들의 분노에 불을 지피는 일일 것인 까닭에, 이 말씀은 사도들에게 적지 않은 공포심을 불러일으켰을 것임에 틀림없기 때문이다. 또한, 그리스도께서는 유대인들에게 맨 앞자리를 주셨는데, 이것은 그들이 하나님의 "장자"(출 4:22)와 같았기 때문이었다. 그럼에도 불구하고, 그리스도께서는 전에는 구원의 소망과는 아무 상관이 없는 "이방인들"(엡 2:11)이었던 모든 족속들을 차별 없이 부르신다. 이 사실로부터 우리는 복음이 그리스도의 지상명령에 따라서 온 세상에 전파되었고, 결국 우리에게도 전해지게 된 것임을 알게 된다.

[9]이 말씀을 마치시고 그들이 보는데 올려져 가시니 구름이 그를 가리어 보이지 않게 하더라 [10]올라가실 때에 제자들이 자세히 하늘을 쳐다보고 있는데 흰 옷 입은 두 사람이 그들 곁에 서서 [11]이르되 갈릴리 사람들아 어찌하여 서서 하늘을 쳐다보느냐 너희 가운데서 하늘로 올려지신 이 예수는 하늘로 가심을 본 그대로 오시리라 하였느니라(1:9-11).

9. 이 말씀을 마치시고 그들이 보는데 올려져 가시니 구름이 그를 가리어 보이지 않게 하더라. 독자들은 나의 「기독교 강요」(Institutio Christianae Religionis)를 통해서 그리스도의 승천이 우리에게 어떤 유익을 가져다주었는지를 배울 수 있다. 그리스도의 승천은 이와 같이 우리의 믿음에서 가장 중요한 요소들 중의 하나이기 때문에, 누가는 이 사실을 입증하기 위해서 각별한 노력을 기울인다. 사실, 주님께서도 자신의 승천에 대한 모든 의심을 불식시키시기를 원하셨기 때문에, 제자들이 지켜보는 가운데 이렇게 공개적으로 하늘로 올라가셨고, 다른 여러 가지 상황들을 통해

서 이 승천의 확실성을 확인시켜 주셨다. 만일 주님이 아무도 모르게 제자들의 눈앞에서 사라지셨다면, 제자들조차도 어떻게 된 영문인지를 몰라 어안이 벙벙할 수밖에 없었을 것이다. 그러나 제자들은 지금 시야를 가로막는 장애물이 전혀 없는 높은 곳에 서서, 자신들과 그토록 친밀하게 지내셨던 그리스도께서 하늘로 높이 "올려져 가시는" 것을 보고 있는 것이다. 그들은 조금 전까지만 해도 그리스도께서 자신들에게 말씀하시는 것을 듣고 있었는데, 지금 그가 하늘로 올려져 가시는 것을 그들의 눈으로 보았고, 구름 속으로 사라지시는 것까지 목격했다. 따라서 제자들로서는 주님이 어디로 가셨는지에 대해서 그 어떤 의구심도 품을 이유가 없었다. 게다가, 흰 옷을 입은 두 천사가 그들 곁에 나타나서 주님의 승천을 증언하기까지 했다. 누가가 그리스도의 승천 기사를 이토록 용의주도하게 기술한 것은 오직 우리를 위한 것으로서, 하나님의 아들이 비록 이 세상에는 안 계시지만 하늘에서 살아 계시다는 것을 우리로 하여금 알게 하기 위한 것이었다. 그리스도께서 하늘 영광에 들어가시기 전에 구름이 그를 가리어 보이지 않게 된 것도 제자들로 하여금 자신들이 본 것으로 모든 궁금증을 해소하게 만들어서 더 이상 의문을 갖지 않도록 하기 위한 것으로 보인다. 사도들의 이 사례를 통해서 우리는 우리의 마음이 그리스도의 영광을 온전히 바라볼 수 있을 만큼 높이 올라갈 수 없다는 것을 배우게 된다. 따라서 우리는 율법 시대에 성막 문 앞에서 계속 피어오르던 연기와 같은 역할을 한 이 "구름"을 우리의 무모함과 만용을 억제하는 수단으로 삼아야 한다.

10. 흰 옷 입은 두 사람이. 누가가 천사들을 "사람"이라고 부른 것은 그들의 모습 때문이었다. 여기에 등장하는 천사들이 실제로 사람의 육신을 지니고 있었을 가능성도 있지만(하지만 나는 이 문제에 관해서 어느 한 쪽의 견해를 지지하지는 않는다), 그들이 사람이 아니었음은 분명하다. 이러한 환유법은 성경, 특히 모세의 첫 번째 책(라틴어 성경에서는 창세기를 모세의 첫 번째 책, 출애굽기를 모세의 두 번째 책 등으로 부른다 — 역주)에서 흔히 나타나기 때문에, 나는 이 문제로 더 이상 시간을 끌지는 않을 것이다. 그들이 입고 있던 "흰 옷"은 그들이 범상치 않은 위엄의 소유자임을 보여주는 징표였다. 하나님께서는 제자들이 이 천사들의 말을 좀 더 경청하도록 하시기 위해서, 그리고 오늘날의 우리가 이 날에 나타났던 "두 사람"이 하나님으로부터 보내진 사자들임을 알도록 하시기 위해서, 그들에게 보통 사람과는 구별되는 분명한 징표를 주셨다.

11. 갈릴리 사람들아 어찌하여 서서 하늘을 쳐다보느냐. 어떤 사람들은 천사들

이 사도들의 무지몽매함을 질책할 목적으로 "갈릴리 사람들"이라는 표현을 사용한 것이기 때문에, 이것이 사도들을 비하하는 호칭이라고 생각하지만, 나는 그런 견해에 동의하지 않는다. 내 생각은 제자들은 이 두 사람을 한 번도 본 적이 없었지만, 그들은 마치 제자들을 대단히 잘 알고 있기라도 한다는 듯이 "갈릴리 사람들"이라는 호칭으로 부름으로써, 제자들로 하여금 좀 더 그들의 말에 집중하도록 하고자 했다는 것이다. 그런데 제자들은 아무런 이유도 없이 "어찌하여 서서 하늘을 쳐다보느냐"라고 책망을 들은 것처럼 보인다. 그리스도께서 방금 하늘로 올라가셨는데, 제자들이 어디를 쳐다볼 수 있단 말인가? 성경도 우리에게 하늘을 바라보라고 종종 권면하지 않았던가? 나의 대답은 이렇다. 즉, 제자들이 책망을 받은 것은 단지 하늘을 쳐다보았기 때문이 아니라, 다음과 같은 두 가지 이유가 있었기 때문이라는 것이다. 그들은 구름이 자신들과 그리스도를 갈라놓았는데도 불구하고, 여전히 육신의 감각으로 그리스도를 보려고 했다는 것이 첫 번째 이유이다. 그리고 그리스도께서는 세상을 심판하시기 위해서 다시 오실 때까지 하늘에 머무르시려고 승천하셨는데, 제자들은 그리스도를 다시 뵙고 싶어서 그가 곧장 되돌아오시기를 원했다는 것이 두 번째 이유이다. 그러므로 여기서 우리는 그리스도를 하늘에서도 찾지 말고, 땅에서도 찾지 말며, 오직 믿음으로만 찾아야 한다는 것을 배우게 된다. 또한, 우리는 그리스도께서 육신으로 이 세상에 우리와 함께 계실 것을 열망해서도 안 된다는 점도 배우게 된다. 왜냐하면, 그런 열망에 사로잡힌 자들은 종종 그리스도로부터 멀어지기 때문이다. 그러나 제자들이 이렇게 책망을 받은 것은 단순히 그들의 열망 때문만은 아니었고, 이 신기한 일(rei novitas)에 놀란 그들의 태도 때문이었다. 우리도 종종 신묘막측한 하나님의 일들을 목도하고서 경악을 금치 못하는 경우가 있지만, 그럴 때에 그러한 일들이 행해진 목적을 진지하게 숙고하지는 않는다.

11. 너희 가운데서 하늘로 올려지신 이 예수는 하늘로 가심을 본 그대로 오시리라. 이 문장은 두 부분으로 나뉜다. 그리스도께서 제자들이 보는 가운데 "하늘로" 올려지셨다는 내용을 말하고 있는 전반부는 제자들로 하여금 그리스도를 이 세상으로 다시 모셔오고 싶다는 어리석은 열망을 품지 않도록 하기 위한 것이다. 바로 이어지는 후반부는 그리스도께서 다시 오실 것이라는 내용인데, 이것은 제자들을 위로하기 위해 덧붙여진 것이다. 이 문장의 두 부분은 때로는 한데 어우러져서, 때로는 따로따로, 그리스도께서 빵과 포도주라는 표징 속에 실제의 육신으로 임재해 계신다고 주장하는 교황주의자들을 비롯한 다른 모든 사람들의 주장을 반박할 수

있는 확고하고도 강력한 증거가 된다. 왜냐하면, 그리스도께서 하늘로 올려지셨다는 말 속에는 공간적인 위치의 변경이라는 개념이 분명히 내포되어 있기 때문이다. 물론, 나는 이 "하늘"이라는 말이 다양하게 해석될 수 있다는 것을 인정한다. "하늘"은 때로는 공기를, 때로는 천체 전체를, 때로는 하나님의 위엄이 원래 있는 곳인 — 하나님의 위엄은 온 세상에 가득하지만 — 영광스러운 하나님의 나라를 가리킨다. 이와 같이 그리스도께서는 온 세상 위에 계시고, 모든 천사보다 우월하시고 그들의 머리가 되시는 까닭에 저 복된 영원한 세계 중에서도 가장 높은 곳에 계시기 때문에, 바울은 그가 모든 하늘보다 높이 계신다고 말한다(엡 1:21-22). 하지만 이러한 사실 때문에, 그리스도께서 우리와 함께 계시지 못하는 것은 아니고, "하늘"이라는 말에 세상과의 분리라는 의미가 내포되어 있는 것도 아니다. 그러나 교황주의자들이 아무리 억지를 부려도, 그리스도께서 올라가신 "하늘"은 이 세상과는 반대되는 세상임이 분명하다. 그러므로 그리스도께서 하늘에 계신다는 말은 당연히 그가 이 세상에는 계시지 않는다는 말이 될 수밖에 없다.

그러나 천사들이 한 말의 의미를 좀 더 온전하게 파악하기 위해서는 그들이 그런 말을 한 목적을 먼저 고찰해 보아야 하는데, 그들의 목적은 그리스도의 육신적인 임재에 대한 사도들의 열망을 단념시키고자 하는 것이었다. 천사들이 그리스도께서 이 세상을 심판하시기 위해서 오실 때까지는 그 이전에는 다시 오시지 않을 것이라고 말한 것은 바로 이런 목적에서였다. 그렇기 때문에, 천사들의 말에는 그 때가 이르기까지는 그들이 그리스도를 찾아도 소용없을 것이라는 뜻이 담겨 있었다. 따라서 이 구절로부터 그리스도께서 육신으로 이 세상에 계시지 않는다는 사실을 깨닫지 못할 자가 누가 있겠으며, 그리스도를 이 세상에 머무르시게 하려는 마음을 품어서는 안 된다는 사실을 알지 못할 자가 누가 있겠는가? 그런데도, 교황주의자들을 비롯한 어떤 사람들은 그리스도께서 다시 오실 "그때는" 눈에 보이게 오실 것이지만, "지금도" 눈에 보이지 않게 매일 오신다고 말하는 교묘한 말장난으로 나의 이러한 질문에서 빠져 나갈 수 있다고 생각한다. 그러나 나는 여기서 그리스도의 임재 형태에 대해서 논의하려는 것이 아니라, 다만 그리스도께서 마지막 날에 이 세상에 다시 모습을 나타내실 때까지는 하늘에 계셔야만 한다는 것을 사도들이 알게 되었다는 사실을 지적하고자 하는 것일 뿐이다. 왜냐하면, 여기서 그리스도의 육신적 임재를 바라는 것은 어리석고 악한 것으로 정죄되고 있기 때문이다. 교황주의자들은 그리스도께서 성례전을 통해서 육신으로(carnalis) 임재하신다는 사실은 부정하면서도, 그리스도의 영화롭게 되신 몸(gloriosum corpus)이 초자연적인 방법과 이적을 통해서 우리에게 임재하신다고 주장한다. 그러나 우리는 그리스도의 영광의 몸에 관한 그들의 주장을 참으로 유치하고 무가치한 발상으로 여겨서 배척하여야 한다. 왜냐하면, 그들이 말하는 이적이라는 것은 전혀 성경에 근거하지 않은 것을 자신들의 생각 속에서 고안해 낸 것에 지나지 않기 때문이다. 부활하신 그리스도께서 제자들과 함께 말씀을 나누실 때, 그의 몸은 이미 영화롭게 되신 영광의 몸이었다. 이 일은 하나님의 특별하고 신비한 능력에 의해서 이루어진 것이었다. 그럼에도 불구하고, 천사들은 제자들에게 이후로는 그리스도께서 그런 식으로 임재하실 것을 바라서는 안 된다고 경고하고, 그리스도께서는 마지막 날까지 다시는 그런 방식으로 사람들에게 임재하시지 않을 것이라고 말한 것이다. 따라서 우리는 천사들이 명령한 것을 그대로 따라야 하고, 우리 자신의 생각을 따라 그리스도를 하늘로부터 끌어내리려고 해서는 안 된다. 또한, 우리는 우리의 눈으로 그리스도를 볼 수 있는 것을 넘어서서, 그리스도를 우리의 손으로 만져볼 수 있다거나, 우리의 다른 감각으로 느낄 수 있다고 생각해서는 안 된다. 나는 지금 계속해서 그리스도의 몸에 대해서 말하고 있는 중이다. 교황주의자들은 그리스도의 몸이 아무런 제약도 받지 않는 무한 상태(infinitum) 가운데 있다고 말하지만, 그것은 참으로 어리석은 잠꼬대 같은 소리이기 때문에, 우리는 그런 주장을 일축해 버리는 것이 마땅하다. 나는 그리스도께서 모든 것을 이루시기 위해서 하늘로 올라가셨다는 것을 진심으로 인정한다. 하지만 나는 그리스도께서 자신의 육신의 본체(carnis essentia)를 통해서가 아니라, 자신의 영의 능력(spiritus virtus)을 통해서 모든 곳에 편재해 계시는 것이라고 본다. 또한, 나는 그리스도께서 말씀 속에서, 그리고 성례전들 속에서 우리와 함께 계신다는 것을 인정한다. 우리는 그리스도의 살과 피의 표징들인 떡과 포도주를 믿음으로 받는 자들은 모두 다 진정으로 그의 살과 피에 참여하는 것이라는 사실을 절대로 의심해서는 안 된다. 그러나 이러한 참여 또는 교통(communicatio)은 교황주의자들의 망령된 주장과 부합하는 것이 결코 아니다. 왜냐하면, 그들은 누마 폼필리우스(Numa Pompilius, 주전 700년경의 전설적인 로마의 제2대 왕)가 그의 신인 유피테르 엘리키투스(Jupiter Elicitus)를 불러내거나, 마법사들이 주문을 외워서 하늘에서 달을 끌어내리듯이, 그리스도를 제단 위에 임하게 만드는 것이라고 주장하기 때문이다. 그러나 그리스도께서는 우리로 하여금 믿음으로 말미암아 그의 살과 피로부터 생명을 얻을 수 있도록 하시기 위해서, 성만찬에서 우리에게 떡을 떼어 주심으로써 우리를 하늘로 초대하셨다. 그러므로 우리가 생명을 얻는 것은 실제로 그리스도의 살을 먹음으로써 그의 살이 우리 안으로 들어오기 때문이 아니라, 그리스도께서 우리에게 자신의 영의 신비한 능력을 통해서 그의 능력을 우리에게 부어 주시기 때문이다.

11. 하늘로 가심을 본 그대로 오시리라. 앞에서도 말했듯이, 우리는 그리스도께서 다시 오실 것이라는 말씀을 들으면, 그리스도의 부재로 인한 우리의 모든 슬픔은 이 위로의 말씀으로 말미암아 많이 가라앉거나, 아니 좀 더 정확히 말하면, 완전히 사라져 버린다. 또한, 우리는 그리스도께서 다시 오시는 목적에 대해서도 주목할 필요가 있다. 즉, 그는 구속주로서 오셔서, 우리를 자기에게로 불러 모아 그와 함께 영원히 복된 삶을 살게 하시기 위하여 다시 오실 것이다. 그리스도께서는 지금도 마치 자신들이 좋아하는 일들만을 하느라 여념이 없는 것으로 묘사되는 호메로스의 신들처럼 하늘에서 아무 일도 안 하시고 빈둥거리시는 것이 결코 아니듯이, 장차 다시 오실 때에도 결코 빈손으로 오시지 않을 것이다. 그러므로 우리가 오직 그리스도의 다시 오심만을 앙망할 때, 우리 육신의 끈질긴 욕망들(desideria)은 억제되고, 우리가 처한 모든 역경 속에서 인내하며, 나아가 우리의 지친 영혼에 새 힘을 얻을 수 있다. 그러나 이러한 역사는 그리스도가 자신의 구주임을 믿는 자들 속에서만 일어난다. 왜냐하면, 그리스도의 다시 오심은 악한 자들에게는 두려움과 공포와 경악만을 가져다줄 뿐이기 때문이다. 그들이 지금은 그리스도께서 오신다는 말을 듣고도 코웃음치고 조롱할지 모르지만, 장래에는 아무리 싫다고 해도 심판대에 좌정하신 그리스도를 뵈올 수밖에 없게 될 것이다. 그러나 지금은 그들이 그리스도의 말씀을 겸손히 귀를 기울여 듣지 않을 것이다. 한편, 그리스도께서 승천하실 때에 어떤 옷을 입고 계셨는지, 그리고 다시 오실 때에 똑같은 옷을 입고 오실 것인지에 관한 질문을 제기하는 것은 하찮고 어리석은 일이다. 나는 아우구스티누스가 콘센티우스(Consentius)에게 보낸 편지(August. ad Con. Epist. 146)에서 언급한 것을 반박할 생각이 없다. 왜냐하면, 명쾌하게 설명할 수 없는 문제는 그대로 놓아 두는 것이 더 낫기 때문이다.

[12]제자들이 감람원이라 하는 산으로부터 예루살렘에 돌아오니 이 산은 예루살렘에서 가까워 안식일에 가기 알맞은 길이라 [13]들어가 그들이 유하는 다락방으로 올라가니 베드로, 요한, 야고보, 안드레와 빌립, 도마와 바돌로매, 마태와 및 알패오의

아들 야고보, 셀롯인 시몬, 야고보의 아들 유다가 다 거기 있어 ¹⁴여자들과 예수의
어머니 마리아와 예수의 아우들과 더불어 마음을 같이하여 오로지 기도에 힘쓰더
라(1:12-14).

12. 제자들이 감람원이라 하는 산으로부터 예루살렘에 돌아오니 이 산은 예루살
렘에서 가까워 안식일에 가기 알맞은 길이라. 누가는 다음 이야기로 넘어가기 위
해서, 제자들이 감람 산으로부터 예루살렘으로 돌아와서 한 방에 모여 있었다는 사
실을 전하고 있다. 집에서 가장 넓은 방은 집 주인이 쓰는 것이 보통이었고, 이 방은
그 집에서 가장 높은 곳에 있는 방으로 임차인에게 세를 주기 위한 방이었다. 이러
한 보도를 통해서 누가는 제자들이 비좁은 방 안에 함께 모여 있었다는 사실을 전
하고 있다. 그러나 이러한 불편함에도 불구하고 그들은 흩어지지 않았다. 만일 그
들이 한 곳에 모여 있지 않았다면, 좀 더 편하게 지낼 수 있었겠지만, 그들은 성령을
받기 전에는 흩어질 수 없었다. 감람 산에서 예루살렘까지의 거리에 대한 누가의
언급은 그의 기사에 신빙성을 더해 준다. 아마도 이 구절을 통해서 누가는 그 집은
그리 크지 않았기 때문에 제자들을 모두 수용하기에 충분하지 않았고, 소문이 새어
나갈 수도 있었지만, 제자들이 그런 위험을 감수하면서까지 감람 산으로부터 돌아
와서 한 집에 머무르고 있었다는 사실을 보여주고 싶었던 것 같다. "안식일에 가기
알맞은 길"은 2마일의 거리에 해당된다(2마일로 옮긴 라틴어 표현은 문자적으로 "2000파
수스[passus]"이고, 1파수스는 5걸음에 해당하는 길이로 약 150cm 정도이다 ― 역주). 이 정도
의 거리는 예루살렘이 베다니로부터 거의 15스타디움(stadium), 즉 약 1900파수스
정도 떨어져 있었다는 요한복음의 보도와 거의 일치한다(요 11:18, 한글개역개정에는
"베다니는 예루살렘에서 가깝기가 한 오 리쯤 되매"로 되어 있다 ― 역주). 감람 산은 베다니
맞은편에 있었다. 율법에는 "안식일에 가기 알맞은 길"에 관한 규정이 없다. 하나님
은 율법에서 단지 백성들에게 안식일을 지키라고 명하셨을 뿐이다. 그러나 유대인
들은 안식일에도 장사하러 이리저리 돌아다니느라 안식일을 지킬 수 없었다(하나
님은 그들이 안식일에도 짐을 지고 성문으로 드나들었다고 책망하셨다[렘 17:24]).
따라서 이러한 행위를 규제할 목적으로 안식일에 2마일 이상의 여행을 금지하는 규
정이 제사장들의 총회, 즉 산헤드린에 의해서 정해진 것으로 보인다. 한편, 제롬은
그의 「알가시아(Algasia)에게 답함」에서 이러한 전통이 아트리바(Atriba)와 시몬 헬
리(Simon Heli)라는 두 랍비로부터 유래하였다고 말한다.

13. 그들이 유하는. 어떤 이들은 이 구절을 "그들이 머무르고 있던"으로 번역한다. 이 번역에 따르면, 그들은 이전부터 그 곳에 머무르고 있었다는 말이 된다. 그러나 나는 그들이 이때 처음으로 이 셋방을 이용하기 시작했고, 성령께서 그들에게 임하실 때까지 그곳에 머물러 있었던 것이라고 생각한다. 교황주의자들은 베드로의 이름이 사도들 중 가장 먼저 언급된 이 구절을 근거로 베드로의 수장권을 주장하지만, 그것은 너무나 터무니없는 주장이다. 우리는 베드로가 열두 사도 중에서 가장 중요한 인물이었다는 사실은 인정하지만, 그런 사실로부터 그가 온 세상을 다스리는 인물이었다는 결론을 도출해 내는 것은 옳지 않다. 만일 베드로의 이름이 사도들의 명단에 가장 먼저 등장하기 때문에, 우리가 그를 사도들의 우두머리로 인정해야 한다면, 우리는 동일한 논리를 적용해서 여기서 가장 나중에 언급되고 있는 "예수의 어머니"가 여자들 중에서 가장 열등한 인물이었다고 결론을 내려야 할 것이다. 하지만 그런 결론은 말도 안 되는 것이고, 교황주의자들은 그러한 결론을 절대로 인정하려 들지 않을 것이다. 따라서 만일 그들이 자신들의 교황제도가 만인의 조롱거리가 되는 것을 원하지 않는다면, 교황제도를 이러한 유치한 자화자찬으로 장식하고 포장하는 일을 그만두어야 한다. 그들의 의도가 무엇인가? 그것은 교회에는 그리스도 다음으로 두 번째의 머리가 존재한다는 사실을 성경을 통해서 증명하고자 하는 것이다. 그러나 성경에는 그들의 허구적인 주장을 지지해 주는 구절이 하나도 없다. 그래서 그들은 자신들의 주장을 강변하기 위해서 성경 속의 여기저기서 구절들을 긁어모아서 자신들의 손에 꽉 쥐고 놓아주고자 하지 않는다. 하지만 아무도 그들의 손에서 그 구절들을 빼앗아가지 않아도, 그 구절들은 그들의 손에서 저절로 빠져 나가고 만다. 그러므로 우리는 이 구절과 관련해서 그들의 주장에는 신경 쓰지 말고, 여기서 누가의 의도가 무엇이었는지를 주목하여야 한다. 제자들은 부끄럽게도 그리스도를 버려 두고 겁에 질린 채 도망쳤기 때문에(마 26:56), 주인을 버리고 도망친 자들로서 욕을 먹고 수치를 당하는 것이 마땅하였다. 따라서 사도들이 하나님의 인도하심 아래에서 다시 모였고, 자신들의 이전의 지위를 회복하였다는 것을 우리로 알게 하기 위해서, 누가는 그들의 이름을 일일이 기록한 것이다.

14. 여자들과 … 더불어. [칼빈은 이 구절을 "아내들과 … 더불어"로 번역한다 — 역주] 어떤 이들은 이 어구에서 누가가 그리스도를 따랐던 바로 그 여자들을 언급한 것이라고 생각해서 "여자들"로 번역한다. 나는 이 문제로 어느 누구와도 다투고 싶은 생각은 없지만, 내가 택한 번역("아내들")이 더 낫다는 사실에 대해서는 한 번도 의심

한 적이 없다. 나는 누가가 사용한 단어가 "여자들"과 "아내들" 중 어느 쪽으로도 해석될 수 있다는 것을 인정한다. 그러나 여기서 누가가 "아내들"을 언급한 것이라고 보는 이유는 바울의 증언에 의하면 나중에 사도들은 "아내들"을 데리고 다니면서 사역을 했는데, 유독 여기에서만 사도들이 아내들과 떨어져 있었다고 볼 이유가 없기 때문이다: "우리가 다른 사도들과 주의 형제들과 게바와 같이 믿음의 자매 된 아내를 데리고 다닐 권리가 없겠느냐"(고전 9:5). 다음으로는, 사도들에게는 아내들이 있었기 때문에 한 곳에 안정적으로 머물러 있는 것이 계속해서 이곳저곳으로 거처를 옮기는 것보다 훨씬 편리하였으리라는 것이다. 또한, 성령 강림을 목전에 두고 있던 사도들에게 그들의 아내들이 이 큰 복에 참여하는 것을 막을 이유가 어디 있었겠는가? 베드로의 아내는 머지않아 그의 조력자가 되었다. 우리는 다른 사도들의 아내들에 대해서도 동일하게 생각해야 한다. 이 여자들이 장차 낙심하거나 실족하지 않을 수 있으려면, 그녀들에게 대단한 용기와 끈기가 필요했다. 그런데도 만일 이러한 사도들의 아내들이 성령의 능력을 받기를 고대하고 있던 그들의 남편들과 떨어져 있었다고 하면, 어느 누가 그것을 믿을 수 있겠는가? 그리고 설령 어떤 이들이 고집하는 대로 이 단어가 "아내들"이 아니고 "여자들"을 뜻하는 것이라고 하더라도, 우리는 그 "여자들" 속에는 사도들의 "아내들"이 포함되어 있었다고 보아야 한다. 어쨌든, 누가가 말하고 싶었던 것은 그들의 마음이 더 좋은 쪽으로 완전히 바뀌어 있었다는 것이다. 왜냐하면, 사도들은 전에 두려움에 사로잡혀서 도망을 쳤는데, 지금은 여자들과 함께 모여 있었고, 그 어떤 위험도 두려워하지 않게 되었기 때문이다. 요한복음에서는 요한이 마리아를 자신의 집에 모셨다고 말하는데, 누가는 마리아가 다른 여자들과 함께 있었다고 말한다. 그러나 내가 앞에서 이미 말했듯이, 마리아와 여자들이 함께 있었던 것은 잠시뿐이었다. 얼마 후에 그들이 서로 헤어져서 살게 되었을 것이라는 데에는 아무런 의심의 여지가 없다. 히브리인들이 모든 친족을 "형제"(한글개역개정에는 "아우")라는 말로 포괄해서 지칭했다는 것은 잘 알려진 사실이다.

14. 마음을 같이하여 오로지 기도에 힘쓰더라. 여기서 누가는 그들이 전심으로 성령 강림을 고대하고 있었음을 보여준다. 그들은 그리스도께서 약속대로 성령을 보내주실 것을 위해서 기도하고 있었다. 우리는 여기서 진정한 믿음은 우리에게 감동을 주어서 우리로 하여금 하나님에게 기도하고 간구하게 만드는 것임을 알게 된다. 믿음으로 말미암은 안심(fidei securitas)은 안일함이나 나태함(socordia)과는 전

혀 다른 것이다. 그러므로 하나님께서 우리에게 확실한 은혜를 약속하신 것은 우리의 마음이 불감증이나 무관심(torpor)에 빠지도록 하시려는 것이 아니라, 도리어 우리에게 기도하고자 하는 열망(precandi studium)을 불어넣어 주시기 위한 것이다. 더욱이, 기도는 우리에게 뭔가 의심이 있음을 보여주는 증표가 아니라, 우리에게 믿음이 있음을 확증해 주는 증거이다. 왜냐하면, 우리는 하나님께서 우리의 기도에 응답해 주시기로 약속하신 것을 알고서 기도하는 것이기 때문이다. 따라서 우리는 그들을 본받아 끊임없이 기도를 함으로써 날마다 성령 안에서 자라가는 것이 합당하다. 내가 여기서 자라가야 한다고 말하는 것은 우리는 먼저 성령의 첫 열매를 받아야만 기도라는 것을 할 수 있게 되기 때문이다. 왜냐하면, 성령은 우리에게 올바르게 기도하는 법을 가르쳐 주시는 유일한 스승으로서, 우리에게 어떠한 말로 기도해야 하는지를 가르쳐 주실 뿐만 아니라 우리 내면의 감정까지도 다스려 주시기 때문이다(롬 8:26).

뿐만 아니라, 누가는 "마음을 같이하여 오로지 기도에 힘쓰더라"는 말을 통해서 진정한 기도가 갖추어야 할 두 가지 요소를 보여준다. 즉, 그들은 "끈질기게" 기도하였고, 모두가 "한 마음으로" 기도하였다는 것이다. 이것은 그들의 인내심을 보여준다. 그리스도께서는 자기가 성령을 보내 주실 수 있을 때까지 그들로 하여금 얼마 동안 인내하면서 기다리도록 하셨다. 이와 같이, 하나님께서는 종종 시간을 끄심으로써 우리를 괴로움에 빠뜨리시는 것처럼 보이기도 하지만, 그것은 우리로 하여금 인내의 연단(perseverantia)을 받게 하시기 위한 것이다. 우리가 기도하면서 조급해 하는 것은 백해무익한 질병과 같다. 따라서 하나님께서 우리의 이러한 연약함을 고쳐주고자 하시는 것은 전혀 놀랄 일이 아니다. 앞에서 이미 말했듯이, 하나님께서는 그렇게 우리의 연약함을 고쳐 나가시면서, 아울러 우리에게 끊임없이 늘 기도하는 훈련을 훈련시키시는 것이다. 그러므로 우리의 기도가 헛되기를 바라지 않는다면, 우리는 기도 응답이 지체된다고 해서 그것을 못 견디고 그만두어서는 안 된다. 그들이 한 마음으로 기도한 것은 두려움에 사로잡혀 뿔뿔이 흩어졌던 이전의 모습과 좋은 대조를 이룬다. 그리스도께서는 각 사람에게 공동체 전체를 위해서 기도할 것을 명하셨고, 나아가 각 사람이 마치 모든 사람을 대표하여 기도하듯이 모든 사람을 위하여 기도할 것을 명하셨다는 점에서도, 우리는 공동체가 함께 기도하는 것이 얼마나 필요한 일인지를 쉽게 알 수 있다 : "우리 아버지여 … 오늘 우리에게 … 우리가 우리에게 … 우리 죄를 … 우리를 …"(마 6:9-13). 그들이 이처럼 한 입으로 기도한 것이 한 성령으로부터 비롯된 것이 아니라면 어디로부터 비롯된 것이 겠는가? 그런 까닭에, 바울은 유대인이나 이방인이나 모든 신자들에게 올바른 기도를 가르쳐 주고자 했을 때에 그들의 기도에서 그 어떤 구별이나 차별도 다 제거하고자 하였다. 즉, 바울은 기도는 "한 마음과 한 입으로 하나님 곧 우리 주 예수 그리스도의 아버지께 영광을 돌리게 하려" 하는 것이라고 말한다(롬 15:6). 그리고 우리가 하나님을 아버지라고 부르려면, 우리 모두는 형제가 되어야 하고, 형제처럼 한마음이 되어야 한다.

¹⁵모인 무리의 수가 약 백이십 명이나 되더라 그 때에 베드로가 그 형제들 가운데 일어서서 이르되 ¹⁶형제들아 성령이 다윗의 입을 통하여 예수 잡는 자들의 길잡이가 된 유다를 가리켜 미리 말씀하신 성경이 응하였으니 마땅하도다 ¹⁷이 사람은 본래 우리 수 가운데 참여하여 이 직무의 한 부분을 맡았던 자라 ¹⁸(이 사람이 불의의 삯으로 밭을 사고 후에 몸이 곤두박질하여 배가 터져 창자가 다 흘러 나온지라 ¹⁹이 일이 예루살렘에 사는 모든 사람에게 알리어져 그들의 말로는 그 밭을 아겔다마라 하니 이는 피밭이라는 뜻이라) ²⁰시편에 기록하였으되 그의 거처를 황폐하게 하시며 거기 거하는 자가 없게 하소서 하였고 또 일렀으되 그의 직분을 타인이 취하게 하소서 하였도다 ²¹이러하므로 요한의 세례로부터 우리 가운데서 올려져 가신 날까지 주 예수께서 우리 가운데 출입하실 때에 ²²항상 우리와 함께 다니던 사람 중에 하나를 세워 우리와 더불어 예수께서 부활하심을 증언할 사람이 되게 하여야 하리라 하거늘(1:15-22).

그리스도께서 사도들을 임명하신 일이 한 사람의 배신으로 말미암아 수포로 돌아간 것처럼 비쳐지지 않도록 하기 위해서, 가룟 유다의 자리에 맛디아가 택함을 받은 것은 불가피한 일이었다. 그리스도께서는 처음부터 뚜렷한 목적 없이 열두 사도를 복음의 전령들(praecones)로 선택하신 것이 아니었다. 왜냐하면, 그리스도께서는 그 열둘이 이스라엘 열두 지파를 심판하실 것이라고 말씀하심으로써, 이 일은 그들로 하여금 온 세상에 흩어진 이스라엘 지파들을 하나의 믿음으로(in unam fidem) 불러모으도록 하기 위한 것임을 보여주셨기 때문이다. 그러나 유대인들이 하나님께서 자신들에게 베푸신 은혜를 거절했기 때문에, 하나님께서는 이후 모든 민족들로부터 하나님의 이스라엘(Israel Dei)을 불러모으실 수밖에 없었다.

그러므로 열둘이라는 숫자는, 말하자면 거룩한 숫자였다. 따라서 만일 유다의 사악한 배신으로 말미암아 사도들의 거룩한 숫자가 줄어든 채로 그대로 두었더라면, 복음의 선포가 시작부터 절름발이 상태를 면하지 못했을 것이고, 그것으로 인해서 복음의 선포는 그때뿐만 아니라 오늘날에도 그 신뢰성에 큰 손상을 입을 수밖에 없었을 것이다. 따라서 비록 유다의 배신이 그리스도께서 제정하신 것을 짓밟았을지라도, 그것은 여전히 훼손되지 않은 채로 굳건하게 유지되어야 했다. 이렇게 해서, 유다는 자신에게 합당한 벌을 받고 멸망의 길로 사라졌지만, 사도적 질서(apostolorum ordo)는 흐트러지지 않고 온전히 유지될 수 있었다.

15. 모인 무리의 수. ["모인 무리"에 해당하는 라틴어 원문은 turba nominum—'투르바 노미눔'이고, 직역하면 "이름들의 무리"이다. 헬라어 원문의 ὄχλος ὀνομάτων-'오클로스 오노마톤'도 동일한 뜻이다 — 역주] 누가는 "모인 무리의 수가 약 백이십 명"이었다고 보도한다. 여기서 "이름들"이라는 표현이 남자들만을 지칭하기 위해 쓰인 것인지(원래 남자들만이 "이름"을 갖고 있었고, 여자들은 남자들의 "이름 밑에" 포괄된다는 점을 감안할 때), 또는 마치 히브리어에서 '네페쉬'["혼"]라는 단어로 사람들을 지칭하는 것처럼, 모든 사람을 지칭하기 위해서 쓰인 것인지는 확실하지 않다. 또한, 그들이 날마다 사도들이 머무르던 그 방으로 갔던 것인지, 아니면 사도들과 함께 그 곳에 계속해서 머물러 있었던 것인지도 분명하지 않다. 그곳은 이렇게 큰 무리가 일상생활을 영위하기에는 너무 협소한 장소였다. 내 생각으로는, 베드로가 이 설교를 할 당시에 그들이 모두 한 곳에 모여 있었음을 우리에게 알려주기 위해서, 누가가 "모인 무리의 수"를 언급한 것이라고 보는 것이 옳을 듯하다. 따라서 우리는 그들이 그곳에 계속해서 머물러 있었던 것은 아닐 것이라고 추측할 수 있다. 이 일과 관련해서 단언할 수 있는 것은 아무것도 없지만, 당시에 처리해야 할 중요한 일이 있었기 때문에 교회 전체가 한자리에 모였던 것이라고 추론해 볼 수는 있을 것이다. "그 때에 베드로가 그 형제들 가운데 일어서서 이르되"라는 구절에서 "일어서서"라는 어구도 이러한 사정을 보여준다.

16. 유다를 가리켜 미리 말씀하신 성경이 응하였으니 마땅하도다. 교황주의자들은 베드로가 무리 앞에서 이 설교를 하였다는 것을 근거로, 그를 보편적 교회의 수장으로 삼으려 든다. 그러나 어떤 사람이 경건한 무리들 앞에서 설교했다고 해서, 그가 곧 교황이 되어야 한다는 법은 없지 않은가? 물론, 어떤 모임에나 지도자가 될 사람은 있어야 하는 것이고, 사도들이 이 모임에서 베드로에게 그러한 영광을 돌

렸다는 사실은 우리도 인정한다. 하지만 이 일과 그들의 교황제도가 무슨 상관이
있단 말인가? 이제 이 문제는 접어두고, 성령께서 베드로의 입을 통해서 무슨 말씀
을 하셨는지를 살펴보자. 베드로는 먼저 유다의 끔찍한 종말은 성경에서 예언한 것
이 성취된 것이기 때문에 이 일로 인해서 혼란스러워할 필요가 없다고 말한다. 왜
냐하면, 그리스도께서 친히 택하시고 그토록 고귀한 직분을 맡겨 주셨던 사도가 자
신의 사역을 채 시작하기도 전에 이토록 비참한 종말을 맞이한 것은 사람들에게 분
명히 이상하게 보일 수 있었기 때문이었다. 그러나 베드로는 이 일이 성경의 예언
에 따라 이루어진 것이라고 말함으로써 그러한 걸림돌을 제거한다. 우리는 이러한
사실로부터 우리의 일상적인 삶과 관련해서 아주 요긴한 교훈을 얻을 수 있다. 즉,
우리가 예상하지 못했던 일이 갑자기 일어났을 때, 우리는 그 일을 성경의 예언에
따른 것으로 여김으로써 그 일로 인한 두려움을 잠재울 수 있다는 것이다. 우리 자
신의 지각이나 오성을 의지할 때에 초래되는 걸림돌보다 우리를 더 곤혹스럽게 만
드는 것은 없다. 그러나 하나님은 이러한 걸림돌을 바로 치워 주실 채비를 이미 하
고 계신다. 즉, 우리를 좀 더 강하게 연단하시기 위해서 하나님께서 미리 아시고 작
정하시고 예언의 말씀을 통해서 주신 일은 그 어떤 것도 이치에 닿지 않는 것이 없
다는 사실을 우리가 굳게 붙잡기만 한다면, 그러한 걸림돌은 즉시 제거된다는 것이
다. 유다가 예언의 말씀대로 그러한 일을 한 것은 사실이지만, 그 일이 예언되어 있
었기 때문에 어쩔 수 없어서 그렇게 한 것이 아니라, 자기 자신의 악한 마음으로 인
해서 그렇게 한 것이기 때문에, 그가 한 일은 용서 받을 여지가 없다. 베드로의 설교
는 두 부분으로 나뉜다. 먼저 전반부에서 베드로는 유다의 실족으로 인해서 경건한
자들의 심령에 생겼을지도 모를 걸림돌을 말끔히 치워준다. 또한, 남은 자들도 하
나님을 두려워할 줄 알아야 한다는 권면을 덧붙인다. 그런 후에, 후반부에서 베드
로는 그곳에 모인 무리들에게 유다를 대신할 사람을 세우는 일이 남아 있다고 말한
다. 베드로는 성경 말씀을 인용해서 이 두 가지를 증명한다.

16. 성령이 다윗의 입을 통하여 … 유다를 가리켜 미리 말씀하신. 베드로의 이러
한 설교 방식은 성경 말씀의 권위를 높여준다. 우리는 여기서 다윗을 비롯한 모든
선지자들이 오직 성령의 지시하심을 따라서만 말한 것임을 알게 된다. 그러므로 예
언의 저자는 다윗이나 선지자 개개인이 아니라, 그들의 혀를 도구로 사용하신 성령
자신이다. 우리는 영적인 무감각함(socordia)은 너무나 도가 지나쳐서, 마땅히 성경
에 합당한 권위를 돌려야 함에도 불구하고 그렇게 하지 못하기 때문에, 하나님의 권

위를 기억함으로써 우리의 믿음을 더욱 확고히 하기 위해서, 베드로의 이러한 설교 방식에 유념하여야 함은 물론이고, 우리 자신도 거기에 친숙해지도록 애써야 한다.

17. 이 사람은 본래 우리 수 가운데 참여하여. 베드로는 유다가 사도의 "수" 가운데 참여했던 자라는 것을 밝히고, 그의 빈자리를 채워서 사도의 "수"가 온전히 유지될 필요가 있음을 역설한다. 유다는 "직무의 한 부분을 맡았던 자"였다. 따라서 유다의 빈 자리가 채워지지 않으면, 사도들의 수는 말하자면 절름발이가 될 것이었기 때문이다. 그리스도에 의해서 존귀하게 되었던 자가 이토록 곤두박질쳐서 파멸에 이른 것은 모든 사람을 놀라게 하기에 충분한 일이었다. 이런 사정이 유다의 죄악의 극악무도함을 한층 부각시켰고, 다른 사람들에게는 스스로 주의하고 두려워해야 한다는 경고의 메시지로서의 역할을 했다. 제자들은 유다라는 이름을 들을 때마다 큰 슬픔과 근심을 느낄 수밖에 없었으리라는 것은 의문의 여지가 없다. 그러나 베드로는 그들에게 유다의 전철을 밟지 않도록 더욱 주의하고 근신할 것을 촉구하기 위해, 유다라는 이름을 거론하며 그가 맡았던 직분의 엄중함을 밝힌다.

18. 이 사람이. 나는 가룟 유다의 죽음에 대한 이 이야기가 누가에 의해서 삽입된 것이라고 생각한다. 따라서 이 부분은 괄호로 묶어서 베드로의 설교와 구분하는 것이 적절해 보인다. 왜냐하면, 제자들이 이미 잘 알고 있는 내용을 베드로가 굳이 여기서 상세히 설명할 필요는 없었을 것이기 때문이다. 게다가, 유다가 그리스도를 배반하고 받은 돈으로 산 밭이 그들의 모국어인 히브리어로 "아겔다마"라고 불린다는 사실을 베드로가 그들 앞에서 말했다고 보는 것은 터무니없기 때문이다. 어떤 사람들은 베드로가 갈릴리 사람들에게 이 말을 한 것이었고, 그들의 말은 유대인들의 말과 같지 않았다고 반론을 제기하지만, 그런 주장은 대꾸할 가치조차 없는 말이다. 양쪽 지역의 말이 발음에서 다소 차이가 있었던 것은 사실이지만, 서로 간에 의사소통이 안 될 정도는 아니었기 때문이다. 그 차이는 프랑스에서 파리 사람들과 루앙 사람들의 말이 다른 정도에 지나지 않았다. 뿐만 아니라, 지금 예루살렘에서 설교를 하고 있는 베드로가 어떻게 자신의 설교 속에 "예루살렘"이라는 말을 쓸 수 있었겠는가? 베드로는 무엇 때문에 유대인들에게 그들 자신의 모국어 단어("아겔다마")를 헬라어("피밭")로 해석해 주었겠는가? 따라서 유다의 죽음에 대한 이 이야기는 누가 자신이 써 넣은 것이고, 그는 이 이야기를 모르는 독자들이 베드로의 말을 이해하는 데에 어려움을 겪지 않도록 그렇게 한 것이다.

18. 밭을 사고. "사고"로 번역된 이 단어는 두 가지 뜻을 나타낼 수 있다. 그러나

여기서는 "얻다, 사다"라는 뜻보다는 "차지하다"라는 뜻으로 쓰였다는 것이 내 생각이다. 그러나 어떤 뜻으로 새기든, 그것은 크게 중요하지 않기 때문에, 나는 이 문제에 대해서는 더 이상 거론하지 않으려 한다. 누가가 이렇게 말한 것은 유다가 그 밭을 소유하고 있었거나 유다 자신이 그 밭을 샀기 때문이 아니다. 왜냐하면, 그 밭은 유다가 죽은 후에 구입되었기 때문이다. 누가가 여기서 말하고 싶었던 것은 유다가 영원한 수치를 당하고 그 밭에 묻히게 된 것이 그 자신의 어리석음과 악행에서 비롯된 자업자득이라는 것이었다. 그는 은 삼십에 그리스도를 판 것이 아니라, 자신의 사도직을 판 것이기 때문이다. 그는 돈을 번 것이 아니라, 단지 밭을 차지하게 되었을 뿐이었다. 게다가, 하나님의 놀라운 섭리에 의해서, 이 밭의 평범했던 이름은 배신자 유다로부터 무죄한 피를 샀던 제사장들의 더러운 이름을 공공연히 드러내주는 상징이 되었다. 누가는 히브리인들이 "그들의 말로" 그 밭을 "아겔다마"라는 이름으로 불렀다고 말하고 있는데, 이것은 누가 자신이 헬라 출신이기 때문이었다. 또한, 누가는 유대인들이 바벨론 포로기 이래로 사용한 언어, 즉 시리아어와 바벨론어가 혼합된 언어를 "히브리어"라고 지칭한다.

20. 시편에 기록하였으되. 베드로는 유다의 죽음이 초래했을지도 모르는 모든 걸림돌을 성경의 권위를 힘입어 제거한다. 하지만 사람들은 베드로가 인용한 성경 구절의 의미가 심하게 왜곡되었다는 인상을 받을 수 있다. 우선, 다윗은 어떤 특정한 인물이 아니라 이 구절에서 복수형으로 표현된 자신의 대적들에게 이 일들이 일어날 것을 간구했다는 점을 들 수 있다. 다음으로, 다윗이 자신의 원수들에 관해서 언급했던 내용을 베드로가 유다에게 적용한 것은 잘못으로 보일 수 있다는 점이다. 첫 번째 걸림돌에 대한 나의 대답은 이렇다. 즉, 이 시편에서 다윗은 자기 자신의 형편과 처지를 빌려서 장차 도래할 그리스도의 나라의 상태를 묘사하고 있다는 것이다.

이 시편에는 하나님의 아들의 몸인 교회 전체의 보편적인 모습이 담겨 있다는 것이 나의 생각이다. 따라서 여기에 묘사된 일들은 교회의 머리이신 그리스도 안에서 성취되어야 할 것들이었고, 복음서 기자들이 증언하고 있는 바와 같이 실제로 그렇게 성취되었다. 다음으로, 다윗의 대적들에 관한 일들을 유다에게 적용한 것은 적절치 못한 것이었다는 반론에 대해서는 나는 이렇게 대답하고자 한다. 즉, 다윗은 이 시편에서 자기 자신을 교회의 몸으로부터 분리된 독립적인 존재로 생각하지 않았고, 도리어 자신이 그리스도의 몸의 지체로서 그리스도의 형상을 지닌 자로 여기고 그리스도의 이름으로 행했기 때문에, 다윗이 말한 그 일들을 유다에게 적용하는 것은 지극히 합당하였다는 것이다.

다윗이 그리스도를 예표하고 있다고 생각하는 사람은 다윗에게서 예표되었던 모든 일들이 그리스도에게 적용된다는 것에 대해서 결코 놀라지 않을 것이다. 이와 같이 다윗은 교회 전체를 예표하고 있지만, 교회의 머리이신 그리스도로부터 시작하고 있고, 특히 장차 그리스도께서 악한 자들에 의해서 어떤 고난을 받게 되실 것인지를 묘사한다. 왜냐하면, 바울의 가르침을 통해서 우리는 경건한 자들이 받는 모든 고난은 그리스도의 고난의 일부분이고, 그리스도의 남은 고난을 채우기 위한 것이라는 사실을 알게 되기 때문이다(골 1:24). 다윗은 이러한 관계와 순서를 간파하고 그대로 지켰다. 아니, 좀 더 정확히 말하자면, 다윗의 입을 통해서 교회 전체를 가르치기 원하셨던 성령께서 다윗으로 하여금 그렇게 하도록 하신 것이었다. 그리스도를 박해한 자들에게 일반적으로 적용될 수 있는 것은 무엇이든지 그들의 선봉장인 유다에게도 그대로 적용된다는 것은 지극히 당연하다. 유다는 불경건함과 사악함에서 으뜸이 되는 자이기 때문에, 하나님께서 그가 무슨 벌을 받게 될지를 미리 성경에 말씀해 놓으신 것은 마땅하다. 만약 어떤 사람이 이 시편에서 말하고 있는 것은 저주이지 예언이 아니기 때문에, 베드로가 그것을 예언으로 보고 성취되어져야 할 것이었다고 결론을 내린 것은 잘못이라는 또 다른 반론을 제기한다면, 우리는 어렵지 않게 거기에 대하여 대답해 줄 수 있다. 다윗은 부패하고 사악한 육신의 소욕을 좇아서 보응을 원하고 간구한 것이 아니라, 단지 성령의 인도하심과 지시하심을 따라 그렇게 했던 것이다. 그러므로 다윗이 성령의 감동을 받아서 기도한 내용은 모두 예언과 동일한 효력을 갖는다. 왜냐하면, 다윗의 입을 빌려서 성령이 요구한 것은 무엇이든지 다 하나님께서 행하시기로 스스로 작정하시고서 우리에게 약속하신 일들뿐이기 때문이다. 베드로는 시편으로부터 서로 다른 곳에 나오는 두 구절을 인용한다. 하나는 "그의 거처를 황폐하게 하시며 거기 거하는 자가 없게 하소서"(시 69:25)라는 구절인데, 이것은 유다가 자신의 이름 및 가문과 함께 완전히 멸망해서 그의 자리가 비게 될 것이라는 의미이다. 다른 하나는 시편 109:8에서 인용한 것으로서 "그의 직분을 타인이 취하게 하소서"라는 구절인데, 이것은 유다의 자리를 물려받기 위해서 다른 사람이 선택될 것이라는 의미이다. 그런데 언뜻 보면, 이 두 구절의 내용은 서로 모순되는 것 같아 보인다. 즉, 거처가 황폐하게 되어 "거기 거하는 자가 없게 된다"는 내용과 그의 직분을 "타인이 취하게 된다"는 내용이 서로 충돌하는 것처럼 보일 수 있다는 것이다. 그러나 첫 번째 구절에서 성령이 말하고 있는 것은 단지 교회의 대적들이 쫓겨나서 그들의 자리는 비게 되고 그곳에 거하는 자가 없을 것이라는 내용이기 때문에, 그것은 나중에 다른 사람이 그의 빈 자리를 취할 수 없다는 의미까지 내포하고 있다고는 말할 수 없다. 도리어, 그의 직분을 타인이 차지하게 될 것이라는 사실은 그들이 받을 벌의 강도(强度)가 한층 커지게 될 것임을 말해 주는 것이라고 할 수 있다.

20. 그의 직분을. [칼빈이 사용한 라틴어 본문은 "그의 감독 직분을"로 되어 있다 — 역주] 시편 109:8에 쓰인 히브리어 단어 '페쿠다'(פקודה)는 내가 제시한 대로 "감독 직분"으로 옮기는 것이 가장 적절하다(한글개역개정에서는 이 단어를 시편과 사도행전에서 모두 "직분"으로 옮겼다 — 역주). 왜냐하면, 이 단어는 "감독하다, 감시하다, 검사하다"라는 뜻을 갖는 동사에서 파생된 명사로서 "감독" 또는 "관리"를 의미하기 때문이다. 이 단어를 "아내"로 옮기는 이도 있지만, 다음 절에 "그의 아내는 과부가 되며"라는 내용이 나오기 때문에, 그런 번역은 문맥상으로 곤란하다. 시편 기자는 악한 자의 목숨을 거두어 주시라고 기원하고 나서(시 109:8의 "그의 연수를 짧게 하시며" — 역주), 그의 존귀함도 박탈해 주시라는 기원을 덧붙인다. 그런 후에, 내가 앞에서 말했듯이, 거기서 한 걸음 더 나아가, 그가 받을 벌이 갑절이 되도록 하기 위해서, 다른 사람이 그의 직분을 취하게 해주시라고 간구한다. 한편, 그는 자신이 말하고 있는 이 악한 배역자가 평범하지 않은 인물로서 높은 지위에 앉아 있지만, 그 지위에서 반드시 떨어지게 될 것이라는 사실을 넌지시 암시한다. 이 본문을 통해서 우리는 하나님의 교회를 박해한 악한 자들은 반드시 거기에 상응하는 형벌을 받을 수밖에 없다는 사실을 알게 된다. 그들 모두에게는 이토록 비극적인 종말이 예비되어 있다.

21. 이러하므로. 베드로의 설교 중에서 여기서부터 시작되는 대목은 얼핏 보면 부자연스러워 보인다. 왜냐하면, 다윗은 유다의 감독 직분을 타인이 취하게 될 것이라고 말했지만, 그렇다고 해서 거기로부터 제자들이 유다의 후임자를 곧바로 선출해야만 했다고 말할 수는 없기 때문이다. 하지만 그렇게 하는 것이 하나님을 기쁘시게 하는 일이라는 것을 베드로가 그들에게 보여주었을 때, 즉시 그들은 교회에 질서를 부여하는 것이 자신들의 책무라는 것을 알게 되었다. 그렇기 때문에, 베드로는 그들 자신이 이 일을 하는 것이 마땅하다는 결론을 내린다. 하나님께서는 우리가 그의 뜻을 따라서 교회를 유지하고 다스리기를 원하시기 때문에, 우리는 하나님의 뜻을 확실하게 알게 되었을 때에는 지체하지 말고 우리의 직분상 요구되는 일

들은 무엇이든지 과감하게 수행하여야 한다. 이것이 교회의 책무라는 것에 대해서는 어떠한 논란도 있을 수 없다. 그것은 마치 오늘날 교회 안에 행실이 바르지 못하고 사악한 자들이 있을 때, 교회가 그들의 직분을 박탈하고 다른 사람으로 하여금 그들의 자리를 대신하게 하는 것이 교회의 책무인 것과 마찬가지이다. 따라서 의심할 필요가 없는 일에 대해서 의혹을 제기하는 것은 쓸데없는 일이다. 우리가 해야 할 일은 하나님의 명령에 순종할 준비를 갖춘 가운데 우리의 직분이 우리로 하여금 어떤 일을 하도록 요구하는지를 늘 생각하는 것이다.

22. 예수께서 부활하심을 증언할 사람. 베드로는 사도가 될 수 있는 자격과 관련해서, 반드시 부활을 목격한 증인이어야만 사도가 될 수 있다고 선언한다. 이 말은 복음을 선포할 수 없는 자는 사도직을 소유할 수 없다는 뜻이다. 이 사실을 통해서 우리는 가면 뒤에 숨어서 복음에 대해서는 단 한 마디도 하지 않으면서 자신들이 사도들의 계승자라고 떠벌리는 교황청 주교들이 얼마나 어리석고 형편없는 자들인지를 분명히 알게 된다. 나는 여기서 베드로가 "이를 본 자가 증언하였으니"(요 19:35)라는 요한의 말처럼 부활하신 주님을 직접 목격한 증인을 사도로 세울 것을 요구하고 있는 것으로 본다. 왜냐하면, 믿음의 확실성을 보증하는 데 있어서 이것보다 더 중요한 요인은 있을 수 없기 때문이다. 베드로는 자신을 비롯한 사도들이 그리스도의 부활의 증인이라고 선언하면서, 사도들은 가르치는 사역을 담당해야 한다고 말한다. 베드로가 여기서 "예수께서 부활하심을 증언할 사람"이라고 말한 것은 그들이 부활만을 증언해야 했기 때문이 아니라, 부활을 증언한다는 말 속에는 무엇보다도 먼저 그리스도의 죽으심에 대한 선포가 포함되어 있기 때문이고, 다음으로는 그리스도의 부활은 우리의 구속의 목적이자 완성을 뜻하기 때문이었다. 또한, 그리스도의 부활로 말미암아, 하늘에서의 그리스도의 통치가 세워지고, 성령의 능력이 임하게 되어서, 그리스도께서는 자신의 백성을 보호하시고, 정의와 공의를 세우시며, 질서를 회복시키시고, 죄악의 지배를 폐하시며, 교회의 모든 대적들을 패주시키는 일이 가능해지기 때문이었다. 따라서 우리는 베드로가 부활만을 언급하였다고 해서, 부활과 필연적으로 연결되어 있는 다른 것들이 배제된 것은 아니라는 점을 알아야 한다. 결국, 베드로가 다른 것들은 다 제쳐두고 오직 부활만을 언급한 것은 사도 바울이 고린도전서에서 우리에게 가르쳐 주고 있듯이(고전 15:17) 부활이 복음의 핵심이기 때문이었다.

그러나 사도들만이 부활의 증인이었는가? 사도가 아닌 다른 제자들도 모두 부활의 증인이 아니었던가? 이 질문을 던지는 까닭은 베드로는 오직 사도들만이 부활의 증인인 것처럼 말하고 있는 것으로 보이기 때문이다. 이 질문에 대한 나의 대답은, 사도들이 부활의 증인이라는 호칭으로 불린 것은 그들은 부활을 증언하기 위해서 특별히 택함 받은 자들이었을 뿐만 아니라, 그 사명을 부여받은 모든 자들 중에서 으뜸이 되는 사람들이었기 때문이라는 것이다. 따라서 그들은 가장 중요한 증인이었지만, 유일한 증인들이었던 것은 아니었다.

22. 항상. 여기서 "항상"은 베드로는 예수께서 공생애를 시작하셔서 자신을 세상에 드러내신 때를 기점으로 해서 늘 함께 한 것을 의미한다. 앞에서도 말했듯이, 우리는 이 점을 유의하지 않으면 안 된다. 베드로가 이렇게 하고 있는 이유는 그리스도께서는 거의 삼십 세가 되시기까지는 사인(私人)으로 사셨고, 우리의 구원을 위해 필요한 정도 이상으로는 자신을 드러내지 않으셨기 때문이다. 따라서 아버지 하나님이 맡겨 주신 사명을 위해서 공생애를 시작하셨을 때, 그리스도께서는 마치 최근에 태어난 새로운 인물인 양 세상에 나타나셨다. 우리는 이러한 사실이 우리의 호기심을 억제하는 데에 매우 큰 효과가 있다는 것을 잘 알고 있다. 그리스도의 생애는 그 전체가 절대적인 완전함을 보여주는 경이로운 거울과 같은 것이었다. 그럼에도 불구하고, 그리스도께서는 우리로 하여금 우리가 반드시 알아야 할 것들만을 연구하고 묵상하도록 하시기 위해서, 자신의 생애의 거의 대부분을 드러나지 않게 영위하셨다. 그리스도께서는 우리의 믿음을 세우시는 데에 필요한 만큼 자신에 관한 지식을 제공해 주신 것인데, 누가 감히 그리스도 밖에서 뭔가를 탐구하고 찾겠다고 만용을 부릴 수 있겠는가?

여기서 쓰인 "출입하다"라는 말은 히브리어의 관용적인 표현으로서 사람들과 더불어 살아가면서 일상적인 삶을 영위하는 것을 의미한다. 한 성의 주민들이 자신들이 사는 성읍의 문을 통해서 출입하며 살아가는 것에서 이 단어의 그런 관용적 의미가 나온 것이라고 할 수 있다. 그리스도께서 "누구든지 나로 말미암아 들어가면 구원을 받고 또는 들어가며 나오며 꼴을 얻으리라"(요 10:9)고 말씀하신 것도 그런 의미를 지닌다. 한편, 역대하 1:10에서 사용된 "출입하다"는 통치하고 치리하는 것과 연관된 표현으로 보인다.

²³그들이 두 사람을 내세우니 하나는 바사바라고도 하고 별명은 유스도라고 하는 요셉이요 하나는 맛디아라 ²⁴그들이 기도하여 이르되 뭇 사람의 마음을 아시는 주여

이 두 사람 중에 누가 주님께 택하신 바 되어 ²⁵봉사와 및 사도의 직무를 대신할 자 인지를 보이시옵소서 유다는 이 직무를 버리고 제 곳으로 갔나이다 하고 ²⁶제비 뽑아 맛디아를 얻으니 그가 열한 사도의 수에 들어가니라(1:23-26).

23. 그들이 두 사람을 내세우니. 그들은 유다를 대신해서 한 사람을 뽑으면 되는 것이었지만, 두 사람을 내세웠다. 여기서 그들이 왜 한 사람을 내세우는 것에 만족하지 못했는가라는 질문이 생긴다. 자격요건에서 두 사람이 너무 엇비슷해서 누가 더 적임자인지를 분간할 수 없어서였을까? 그러나 그것은 그들이 제비를 뽑아서 한 사람을 선택한 데 대한 충분한 이유가 될 수 없다. 한편, 어떤 면에서는 요셉이 더 높은 평가를 받은 것으로 보이기도 한다. 어쨌든, 이 문제를 둘러싸고 사도들의 견해가 갈렸기 때문일까? 그러나 그럴 가능성은 거의 없어 보인다. 누가가 바로 앞에서 보여주었던 그들의 단합된 모습에 비추어 볼 때에 그럴 리가 없기 때문이다. 그들이 제비뽑기라는 방법을 사용한 것은 맛디아가 선택된 것이 사람의 의견이나 투표에 의한 것이 아니라, 하나님의 판단과 결정에 의한 것임을 널리 알리고 증언하기 위한 것이었다.

사도들과 목회자들 간에는 목회자들은 단순히 교회에 의해서 선택된 사람들인 반면에, 사도들은 반드시 하나님에 의해서 부르심을 받은 사람이라야 한다는 차이가 있었다. 그런 까닭에, 바울도 갈라디아서의 첫머리에서 자신의 사도직은 "사람들에게서 난 것도 아니요 사람으로 말미암은 것도 아니요"(갈 1:1)라고 고백한다. 사도직이 이처럼 높고 존귀한 것이었기 때문에, 맛디아를 선택하는 데 있어서 사람들이 자신의 할 도리를 아무리 잘했다고 하더라도 최종적인 결정(summum iudicium)은 마땅히 하나님에게 돌려져야만 했다. 다른 사도들은 모두 그리스도에 의해서 직접 임명됐다. 따라서 만일 맛디아가 사도의 일원으로 선택된 것이 오직 사람들의 결정에 의해서만 이루어진 것이었다면, 그의 사도적 권위는 다른 사도들에 비해 떨어졌을 것임에 틀림없다. 그래서 절충적인 방식이 채택되었다. 즉, 제자들은 가장 적합하다고 생각되는 사람들을 하나님께 사도 후보로 천거하였고, 하나님께서는 가장 적임자라고 생각하는 인물을 친히 선택하셨던 것이다. 하나님께서는 제비뽑기의 결과를 통해서 자신이 맛디아의 사도직을 재가한다고 선언하신 것이다. 그러나 사도들이 이렇게 중대한 문제를 제비뽑기라는 우연한 결과에 맡긴 것은 아주 경솔하고 사리에 맞지 않는 일처럼 보일 수도 있었다. 제비뽑기를 통해서 그들은 어느 정도의 확신을 얻을 수 있었던 것인가? 나의 대답은 그들이 제비를 뽑아 사도를 선택한 것은 오로지 성령의 감동(spiritus instinctus)을 따른 것이었다는 것이다. 누가가 이 점을 명시적으로 밝힌 것은 아니다. 하지만 그의 의도는 제자들이 무분별하고 경솔했다고 비난하려는 것이 아니라, 도리어 그러한 방식에 의한 선택이 합법적일 뿐만 아니라 하나님의 인정을 받은 것이었음을 보여주려는 데 있었다. 누가가 그들이 성령의 감동을 받아서 그러한 방식을 따른 것이라고 말하는 까닭이 여기에 있다. 성령께서 그들의 모든 사역을 지도하시고 지시하셨다는 것은 의문의 여지가 없다. 그런데 그들은 왜 하나님께서 그들의 무리 전체 가운데서 직접 한 사람을 선택해 주시기를 기도하지 않은 것일까? 이 문제를 곰곰이 생각해 보면, 우리는 여기서 누가가 말하고자 한 것이 제자들은 자신들의 의무라고 알고 있던 일들, 또 자신들이 하나님의 명을 받은 것으로 알고 있던 일들 이외의 그 어떠한 일도 감히 하려고 하지 않았다는 것임을 분명하게 알게 된다. 이 문제에 대하여 계속 시비를 거는 자들이 있다면, 우리는 그들이 자신의 마음대로 생각하도록 내버려 둘 것이다.

24. 그들이 기도하여 이르되. 여기서 누가는 기도 내용을 모두 인용하지 않고 골자만을 제시하는 것으로 만족한다. 사도 후보로 선택된 요셉과 맛디아는 둘 다 진실한 사람들이고 거룩함을 비롯한 여러 덕목들에 있어서도 탁월한 사람들이었다. 하지만 가장 중요한 요소는 오직 하나님만이 아시고 또 판단하실 수 있는 흠 없이 온전한 마음(cordis integritas)이었기 때문에, 제자들은 사람들에게는 감추어져 있는 이것에 하나님께서 빛을 비추어 주시기를 기도하였다. 오늘날 목회자를 선택할 때도 이와 동일한 원리가 요구된다. 우리는 한 자리에 두 사람을 세울 수는 없다. 그런데 목회자를 선택할 때에 우리는 너무나 자주 미혹에 빠질 수 있고, 영 분별은 하나님으로부터 오는 것이기 때문에, 언제나 어떤 사람을 목회자로 세우고자 하시는지를 우리에게 보여주실 것을 하나님께 기도하여야 한다. 여기서 우리는 목회자의 선택에 있어서 흠 없이 온전한 것이 얼마나 중요한 요소인지를 알 수 있다. 만약 어떤 사람에게 이러한 요소가 결여되어 있다면, 그가 학식이나 달변이나 그 밖의 어떤 다른 재능을 갖고 있을지라도, 그것들은 다 헛된 것에 불과할 것이기 때문이다.

25. 봉사와 및 사도의 직무를. "봉사"라는 말은 존귀함과는 거리가 멀다. 그래서 누가는 권위와 위엄을 연상시키는 표현인 "사도의 직무"라는 말을 덧붙인다. 그러나 우리가 이 어구를 "사도적 봉사"라고 해석한다면, 그 의미가 한층 분명해질 것이

다. 이러한 환치법은 성경에 자주 등장하는 수사법이다. 누가는 사도직에 더욱 큰 존엄과 권위를 돌리려고 의도했던 것이 확실하고, 아울러 사도들이 매우 고통스럽고 힘든 직분으로 부르심을 받은 사람들이라는 사실도 알려주고자 했다.

26. 제비 뽑아. 우리는 여기서 "제비를 뽑는 것"에 대해서 장황한 설명을 하지는 않을 것이다. 제비를 뽑는 것이 언제나 잘못이라고 생각하는 사람들은 한편으로는 그들의 무지와 무경험으로 말미암아, 다른 한편으로는 이 말이 무슨 의미와 효과를 갖는지를 이해하지 못하기 때문에 실수를 범하고 있는 것이다. 인간의 허영심과 주제넘음은 만용으로 인해서 변질되고 타락하지 않는 것은 세상에 하나도 없는데, 마찬가지로 제비뽑기도 사람들의 남용과 미신적인 사용으로 인해서 그렇게 변질되었다. 왜냐하면, 제비를 뽑아서 점을 치는 것은 철두철미 마귀적인 것이기 때문이다. 그러나 통치자들이 영토를 분할하거나 형제들이 가문의 기업을 나누기 위해 제비뽑기를 이용하는 것은 율법에 어긋나는 것이 아니다. 솔로몬은 잠언에서 제비뽑기의 결과는 하나님께서 주재하시는 것이라고 말함으로써 이러한 사실을 분명히 증언하고 있다: "제비는 사람이 뽑으나 모든 일을 작정하기는 여호와께 있느니라"(잠 16:33). 참되고 자연스러운 천문학을 허황된 점성술로 둔갑시켜 타락시킨 갈대아인들의 사례는 하나님이 정하신 이러한 규례를 사람들이 어느 정도까지 타락시킬 수 있는지 그 극치를 보여준다. 갈대아인들은 자신들의 사악한 호기심을 점성술이라는 이름으로 위장하였고, 나아가 유익하고 권장할 만한 과학의 이름에 먹칠을 하였다. 인간의 운명을 말해 준다는 소위 점쟁이들도 마찬가지이다. 하지만 합법적인 용법과 타락한 용법을 구별하는 것은 우리의 몫이다. 누가는 제비를 뽑았다고 말하는데, 이것은 제비를 단지나 사발 속에 넣고서 그 중의 하나를 무작위로 꺼내는 것이었다. 한편, 여기서 사용된 "제비"라는 말이 앞의 17절에서는 다른 의미로 쓰였다는 데에 유의해야 한다. 누가는 거기에서 유다가 사도의 직무의 한 "부분"을 맡았다고 말했는데, (성경의 통상적인 용례에 따르면) 그 의미는 하나님께서 그에게 한 "몫"을 주셨다는 것이다(칼빈이 이러한 설명을 하고 있는 것은 라틴어 sors가 "제비"라는 뜻 외에 제비 뽑아서 할당 받은 "몫"이라는 뜻도 아울러 지니고 있기 때문이다 — 역주). 누가는 여기서 이 단어를 비유적인 의미가 아니라 본래적인 의미로 사용하고 있다. 히브리어에서도 '고랄'(גורל)이라는 단어가 "제비"라는 뜻과 "몫"이라는 뜻을 둘 다 나타낼 수 있기 때문에, 베드로는 그들이 앞으로 해야 할 "몫"이 무엇인지를 암시하기 위해서 이 단어를 사용한 것이고, 누가도 동일한 생각을 갖고 있었던 것으로 보인다.

26. 맛디아를 얻으니. 제비가 맛디아 위에 떨어진 것은 누구도 예상하지 못했던 결과였다. 왜냐하면, 우리는 바로 앞에 나오는 23절을 읽으면서 맛디아가 다른 사도 후보보다 여러모로 부족하다는 인상을 받기 때문이다. 누가가 "하나는 바사바라고도 하고 별명은 유스도라고 하는 요셉이요 하나는 맛디아라"(행 1:23)고 말하고 있는 데서 알 수 있듯이, 요셉은 그의 이름이 맛디아보다 먼저 언급될 뿐만 아니라, 바사바와 유스도라고 하는 두 가지 이름을 더 갖고 있는 지체 높은 인물이었다. "바사바"는 "맹세의 아들" 또는 "평온의 아들"이라는 뜻이다. 이 별명은 그의 됨됨이를 보여주는 것이기 때문에, 아마도 그는 흠 잡을 데 없는 신실한 인물이었거나 점잖고 겸손한 사람이었을 것이다. 다른 이름인 "유스도"는 그가 고결하고 정직한 성품의 소유자임을 보여준다. 따라서 이 사람은 사람들이 보기에는 어느 모로 보나 맛디아보다 훌륭한 사람이었다. 하지만 하나님께서는 맛디아를 더 좋게 보셨다. 우리는 여기서 사람들이 우리를 아무리 좋게 평가해 주고 우리의 능력을 인정해 준다고 할지라도, 결코 우쭐대거나 자만심을 가져서는 안 되고, 도리어 유일하게 의로우신 재판장이신 하나님으로부터 인정을 받는 데 관심을 기울여야 한다는 것을 배우게 된다. 왜냐하면, 우리가 서느냐 넘어지느냐는 오로지 하나님의 판결(sententia)에 달려 있기 때문이다. 또한, 우리는 하나님께서 사람들에 의해서 가장 뛰어난 것으로 평가되는 사람으로 하여금 자기 자신에 대한 모든 자만심을 내려놓도록 하시기 위해서 그 사람을 무시하고 거들떠보지 않으시는 경우가 종종 있다는 점에도 주목해야 한다. 교회는 맛디아를 하나님께서 택하신 자로 인정하고 받아들였기 때문에, 그는 제비뽑기에 의한 우연한 결과로 사도가 되었다는 오명을 쓰지 않고 사도의 일원으로 받아들여지게 되었다.

제2장

¹오순절 날이 이미 이르매 그들이 다같이 한 곳에 모였더니 ²홀연히 하늘로부터 급하고 강한 바람 같은 소리가 있어 그들이 앉은 온 집에 가득하며 ³마치 불의 혀처럼 갈라지는 것들이 그들에게 보여 각 사람 위에 하나씩 임하여 있더니 ⁴그들이 다 성령의 충만함을 받고 성령이 말하게 하심을 따라 다른 언어들로 말하기를 시작하니라(2:1-4).

1. 오순절 날이 이미 이르매 그들이 다같이. 누가는 "성취되다"를 의미하는 동사를 여기서 "이르다"라는 의미로 사용한다. 왜냐하면, 누가가 여기서 다시 한 번 증언하고 있듯이, 그들은 정해진 때가 이를 때까지 한결같이 한 곳에 모여 있었기 때문이었다. 이것은 "다같이"라는 부사가 잘 보여준다. 또한, 하나님께서 성령 강림을 한 달 반씩이나 지연시키신 까닭에 대해서는 우리가 위에서 이미 다룬 바 있다. 궁금한 것은 하나님께서 왜 하필이면 오순절에 성령을 보내셨는가 하는 점이다. 나는 이것과 관련한 아우구스티누스(Augustinus)의 그 유명한 해석을 반박할 생각은 없다. 그의 해석은 이렇다. 즉, 유월절 오십 일 후에 하나님께서 친히 돌판에 기록하신 율법이 옛 언약 백성들에게 주어졌던 것처럼, 동일한 율법을 우리의 마음에 새겨 주실 성령께서 참 유월절이신 그리스도께서 부활하신 후 오십 일이라는 동일한 기간이 지난 후에 율법의 수여에서 예표되었던 것을 성취하셨다는 것이다. 아우구스티누스는 자신이 쓴「출애굽기에 관한 질문들」과「야누아리우스에게 보낸 두 번째 서신」에서 자신의 그러한 해석이 필연적인 것이라고 주장했지만, 나는 그가 좀 더 신중하고 겸손했어야 하지 않나 생각한다. 하지만 아우구스티누스가 자신의 해석에 만족해하는 것은 어쩔 수 없는 일이다.

어쨌든, 나로서는 다음과 같은 나의 해석이 더욱 단순 명료하다고 생각하지 않을 수 없다. 즉, 수많은 사람들이 예루살렘으로 올라오는 명절에 맞추어서 이 이적이 일어난 것은 이 소식이 더욱 많은 사람들에게 알려지도록 하기 위한 것이었다는 것이다. 우리가 곧 살펴보게 되겠지만, 오순절 사건이 세상의 머나먼 후미진 곳까지도 전파된 것은 틀림없이 그런 이유 때문이었다. 그리스도께서 명절을 맞아서 종종 예루살렘에 올라가신 것도 이와 동일한 목적, 즉 자신이 행한 놀라운 일들이 많은 사람들에게 알려지고, 한 걸음 더 나아가서 자신의 가르침으로 말미암은 풍성한 열매가 더 많은 사람들에게서 맺혀지도록 하기 위한 것이었다(요 2, 5, 7, 10, 12장). 누가는 사도행전 20:16에서 바울이 "오순절 안에 예루살렘에 이르려고" 발걸음을 서둘렀다고 보도하는데, 이것도 그런 맥락 속에서 이해할 수 있다. 즉, 바울이 예루살렘으로 가는 길을 서두른 것은 오순절 명절 때문이 아니라, 그때에 모일 많은 무리들로 말미암아 큰 유익을 얻을 수 있기 때문이었다는 것이다. 따라서 성령 강림의 날짜를 택함에 있어서는 이적의 효용성(miraculi utilitas)이 가장 크게 고려되었다. 다시 한 번 부연설명하자면, 먼저는 유대인들은 이런 명절에 일어난 하나님의 역사에 대해서 더욱 큰 관심을 기울일 것이었기 때문에 이 사건이 예루살렘에서 더욱 큰 주목을 받도록 하기 위한 것이었고, 다음으로는 이 사건의 소문이 먼 곳까지도 전파될 수 있도록 하기 위한 것이었다고 할 수 있다. 유대인들은 이 날을 초실절로부터 계수하여 오십 번째 되는 날, 즉 "오순절"이라고 불렀다.

2. 홀연히 하늘로부터 급하고 강한 바람 같은 소리가 있어. 하나님의 은사가 제자들의 육신적인 감각으로 인지될 수 있는 가시적인 형태로 임한 것은 그들을 뒤흔들어 깨우기 위한 것이었다. 우리는 하나님의 은사를 제대로 알아보는 데에 너무도 아둔하기 때문에, 하나님께서 먼저 우리의 모든 감각을 일깨워 주시지 않으면, 하나님의 능력을 감지하지도 못하고 그냥 흘려보내고 만다. 그러므로 이런 현상은 제자들로 하여금 그리스도께서 약속하셨던 성령이 드디어 오셨다는 것을 금방 알아차릴 수 있도록 하기 위한 예비적인 조치였다. 이런 현상이 일어난 것은 그들을 위한 것이라기보다는 우리를 위한 것이었고, 심지어 "불의 혀처럼 갈라지는 것들"도 그들보다는 오히려 우리와 온 세상의 교회를 고려해서 나타난 현상이었다. 왜냐하면, 하나님께서는 얼마든지 그들에게 그 어떤 징조도 제시하지 않고서도 복음을 선포하는 데에 꼭 필요한 능력을 공급하실 수 있었기 때문이다. 그들은 자신들이 이토록 갑작스럽게 변화된 것이 우연히 일어난 일도 아니고 자신들이 노력해서 일어난 일도 아니라는 것을 스스로 알 수 있었을 것이기 때문에, 여기에 기록된 징표들은, 그것들이 오늘의 우리에게 유익하다는 것을 우리가 알고 있는 것에서 분명하게 드러나듯이, 모든 세대를 위한 것이었다. 한편, 우리는 이 징표들의 유비에 대해서 간략하게 살펴볼 필요가 있다. "급하고 강한 바람"은 그들을 두렵게 만드는 역할을

했다. 왜냐하면, 우리 육신의 자만이 꺾이지 않는 한, 우리는 결코 하나님의 은혜를 올바르게 받아들일 준비가 되지 못하기 때문이다. 우리가 하나님께 가까이 나아가는 통로가 믿음인 것과 마찬가지로, 하나님께서 우리에게 오시도록 우리의 마음 문을 여는 것은 겸손함과 두려움이다. 교만하고 자신만만한 자들은 하나님이 결코 상대해 주지 않으신다. 성령이 "바람"으로 표상되는 것은 드문 일이 아니다. 그리스도께서는 사도들에게 성령을 주실 때에 그들에게 "숨"을 내쉬셨고(요 20:22), 에스겔이 본 환상 속에서도 "폭풍"이 등장한다(겔 1:4). 그런데 성령이라는 단어 자체가 전의어(轉義語)이다. 즉, 성령이라 불리는 삼위일체 하나님의 한 위격은 그 자체로는 파악될 수 없는 존재이기 때문에, 성경은 바람이 부는 것을 나타내는 단어를 차용해서 성령을 표현하고 있다는 것이다. 왜냐하면, 성령은 하나님께서 숨을 내쉬셔서 모든 피조물에 불어넣어 주시는 하나님의 능력이기 때문이다.

3. 마치 불의 혀처럼 갈라지는 것들이. 성령이 "혀"의 모습으로 기술된 것은 이 사건이 유일하다. 그리스도 위에 임했던 "비둘기"의 형상이 그리스도의 본성과 직임에 잘 어울리는 표상이었다면(요 1:32), 이제 여기에서는 하나님께서 앞으로 새롭게 일어날 일, 즉 장차 사도들을 통해서 행해질 성령의 역사를 보여주기에 적합한 "혀"라는 표상을 택하신 것이었다.

다양한 언어는 복음이 널리 전파되는 데에 큰 장애물이 될 수 있었기 때문에, 만일 복음을 전하는 자들이 하나의 언어만을 구사할 수 있었다면, 그리스도께서는 유대 땅의 한 구석에 갇혀 있게 되었을 것이라는 데에 이의를 제기할 사람은 없을 것이다. 그러나 하나님께서는 사도들이 다양한 언어를 구사할 수 있도록 그들의 혀를 갈라놓으심으로써 복음이 널리 전파될 수 있는 길을 열어놓으신 까닭에, 그들은 자신들에게 맡겨진 모든 민족에게로 나아가 복음을 전할 수 있었다. 여기서 인간의 교만으로 초래된 재앙 또는 징벌이 이제 축복의 계기로 바뀐 것을 보면, 하나님의 선하심이 얼마나 놀라운 것인지가 드러난다. 왜냐하면, 언어의 다양성은 하나님께서 악하고 불경건한 인간들의 계획을 수포로 돌아가게 하기 위하여 취하신 조치였기 때문이다(창 11:7). 그러나 이제 하나님께서는 길을 잃고 방황하는 인간들을 다 불러 모아 하나가 되는 복을 주시기 위해서 사도들에게 다양한 언어를 구사할 수 있는 능력을 수여하신다. 이사야가 예언하였듯이, 이제 이러한 "갈라진 혀"로 인해서 모든 사람이 "가나안 방언"을 말할 수 있게 되었다(사 19:18). 왜냐하면, 사람들이 어떤 언어로 말을 할지라도, 그들은 모두 "한 마음과 한 입으로" 하늘에 계시는 동일한 한 분 아버지 하나님을 부를 수 있게 되었기 때문이다(롬 15:6). 앞에서 내가 이 일이 우리를 위한 것이라고 말한 것은 우리가 그 일의 열매를 거두게 되었기 때문만이 아니라, 복음의 빛이 우리에게 비추게 된 것은 우연이 아니라 하나님의 작정하심에 의한 것임을 우리가 알기 때문이다. 즉, 하나님께서는 자신이 사도들에게 위탁하신 가르침을 받지 못하는 민족이 없도록 하시기 위해서 사도들에게 다양한 언어를 수여하셨고, 이것을 통해서 이방인들도 하나님의 부르심을 받게 되었다는 사실을 확증해 주신 것이다. 뿐만 아니라, 이러한 사실로부터 우리는 사도들의 가르침이 참되고 신뢰할 수 있다는 것을 알게 된다. 왜냐하면, 우리는 성령이 그들의 혀에 있었다는 사실로부터 그들의 가르침이 인간적으로 날조된 것이 아니었다는 것을 알게 되기 때문이다.

이제 "불"이 무엇을 의미하는지를 살펴보기로 하자. 두말 할 필요도 없이, "불"은 사도들이 전하는 말씀이 지닌 힘 또는 효력을 상징한다. 만일 사도들이 전하는 말씀이 아무런 효력도 없는 것이었다면, 그들의 목소리가 땅 끝까지 울려 퍼진다고 할지라도, 그것은 공허한 메아리에 그치고 말았을 것이다. 따라서 하나님께서는 사도들의 목소리가 사람의 마음을 불사를 뿐만 아니라, 세상의 허망한 것들을 다 불살라서 만물을 정결케 하고 새롭게 할 것임을 보여주신 것이다. 만일 하나님께서 그들이 전하는 말씀에 능력을 부여해 주시지 않았다면, 그들은 그 험난한 사명을 감당할 엄두도 낼 수 없었을 것이다. 그렇기 때문에 사도들의 가르침은 단순히 허공에 울려 퍼진 것이 아니었다. 그 가르침은 사람들의 마음을 꿰뚫고 들어가서 그들을 천국의 열망(coelestis ardor)으로 가득 채웠다. 이것은 사도들의 입에서만 나타났던 능력이 아니고, 지금도 여전히 역사하는 능력이기 때문에, 우리는 불이 붙었을 때에 우리 자신이 지푸라기처럼 불살라지지 않도록 경계하여야 한다. 하나님은 눈에 보이지 않는 자신의 은혜가 언제나 교회와 함께 할 것임을 우리에게 확신시켜 주시기 위해서, 단 한 번 그들에게 눈에 보이는 형상으로 성령을 주셨다.

3. 각 사람 위에 ⋯ 임하여 있더니. "임하여 있더니"의 주어가 갑자기 단수 형태로 바뀌는 바람에, 누가가 이 어구 속에서도 여전히 불에 관해서 언급하고 있는 것인지의 여부가 불확실해졌다. 왜냐하면, 누가는 앞에서 "불의 혀처럼 갈라지는 것들"이 나타났다고 언급하고 나서, 바로 이어서 "'그것이' 각 사람 위에 임하여 있더니"라고 기술하고 있기 때문이다(3절 전체를 직역하면, "마치 불의 혀처럼 갈라지는 것들이 그들에게 보였고, 그리고 그것이 그들 각 사람 위에 임하여 있더니"가 된다 — 역주). 하지만 나

는 "그것"이 "성령"을 가리키는 것이라고 본다. 왜냐하면, 히브리어에서는 첫 번째 구절에서 생략되었던 주어가 두 번째 절에서 나타나는 경우가 드물지 않기 때문이다. 본문도 그러한 예들 중의 하나이다: "그것(성령)이 그들 위에 임하였고, 그들은 모두 성령으로 충만하였다." 우리는 누가가 헬라어로 기록하였음에도 불구하고 히브리식 표현을 도처에서 사용하고 있다는 사실을 알고 있다. 여기서 누가가 성령을 "혀"로 표현한 것도 성경의 용례와 일치한다. 사도 요한도 성령을 "비둘기"라는 단어를 빌려서 표현하고 있다(요 1:32). 왜냐하면, 하나님께서는 이러한 표상을 통해서 자신의 영의 임재를 증거하기를 원하셨기 때문이다. 만일 그것이 공허한 표상이라면, 그 표상에 거기에서 표상되고 있는 대상의 이름을 부여하는 것은 적절한 것이 아니겠지만, 표상과 대상이 서로 결합되어 있을 때에는, 우리가 지각할 수 있는 표상에 대상의 이름을 부여하는 것은 적절하다. 여기서 누가는 "그들이 다 성령의 충만함을 받았다"고 말하는데, 이것은 그들 모두가 똑같은 분량의 은사를 받았다는 뜻이라기보다는, 각자가 자신의 사명을 감당하기에 필요한 은사를 넉넉하게 받았다는 뜻으로 이해되어야 한다.

4. 다른 언어들로 말하기를 시작하니라. 누가는 성령 충만의 결과가 즉시 나타났다는 것, 그리고 그들이 구사한 언어들이 어떤 역할을 했는지를 보여준다. 누가는 바로 이어서 "천하 각국으로부터" 온 외지인들이 사도들이 말하는 것을 각각 "자기의 방언으로" 듣게 되자 그것을 신기하게 여겼다고 적고 있다. 어떤 이들은 사도들이 다양한 언어가 아닌 하나의 언어로 말을 하였지만, 그것이 외지인들에게는 마치 각자의 모국어처럼 들린 것이라고 본다. 즉, 한 가지의 말이 청중들에게는 여러 가지 다른 말로 들린 것이라고 보는 것이다. 그들이 이렇게 추정하는 또 다른 근거는 베드로가 많은 나라들로부터 모여든 무리들 앞에서 한 가지 언어로 설교를 하였을 것인데, 만일 베드로의 입에서 나온 말이 청중들에게 각기 자신들의 언어로 들린 것이 아니라면, 그들은 그 설교를 이해할 수 없었으리라는 것이다. 그러나 우리가 먼저 주목해야 할 것은 제자들은 실제로 자신들의 모국어가 아닌 방언들로 말했다는 것이다. 만일 그렇지 않았다면, 이적은 그들 안에서 일어난 것이 아니라, 듣는 자들 안에서 일어난 것이 될 것이다. 그렇다면, 누가가 방금 전에 성령 강림과 관련하여 사용한 비유에도 문제가 있고, 성령은 그들이 아닌 다른 사람들에게 임한 것이 될 것이다. 우리는 바울이 모든 사람보다 더 많이 방언을 말할 수 있음을 하나님께 감사한 것에 새삼 귀를 기울이게 된다(고전 14:18). 바울은 누구보다도 지성

(intelligentia)과 그 사용을 옹호한 인물이다. 그러나 바울이 여기서 언급하고 있는 더 많은 방언은 자신의 연구나 노력으로 습득된 것이 아니라 성령의 선물이었다. 동일한 본문에서 바울은 방언은 특별한 은사이기 때문에 모든 사람에게 주어지는 것은 아니라는 점을 분명히 밝히고 있다. 이러한 사실들로 미루어 볼 때, 나는 사도들이 다양한 언어를 구사할 수 있는 능력을 부여받은 것이 분명하다고 생각한다. 그렇기 때문에 그들은 헬라인에게는 헬라어로, 이탈리아인에게는 라틴어로 말할 수 있었고, 나아가서 그들의 청중들과 제대로 의사소통을 할 수 있었다. 그런데 베드로가 아람어로 말을 했을 때에 그 말이 청중들에는 각자의 모국어로 들려서 애굽인과 엘람인이 그의 말을 알아듣는 또 다른 이적이 있었는지에 대해서는 나는 판단을 유보하고자 한다. 왜냐하면, 그랬을 것이라고 추정할 만한 몇 가지 근거들이 있기는 하지만, 그 근거들은 논란의 여지가 없을 정도로 확실한 것들은 아니기 때문이다. 어쨌든 사도들은 자신들이 만나는 상대방의 언어와 상황에 따라서 여러 가지 언어를 구사하였을 것이다. 사도들이 다양한 언어를 구사할 수 있게 된 것이 사람들에게는 이적으로 비쳤음이 분명하다. 베드로의 설교에 대해서 말하자면, 예루살렘에 올라온 사람들 중 상당수가 아람어를 잘 알고 있었을 것이기 때문에, 대다수는 출신지를 불문하고 그의 설교를 이해했을 것이다. 그러나 다시 한 번 말하지만, 베드로가 서로 다른 언어들을 사용해서 설교를 했다고 해도, 이상할 것은 전혀 없다. 사도들의 언어가 실제로 바뀐 것은 확실하기 때문에, 나는 이 문제로 더 이상 시간을 끌고 싶지 않다.

[5]그 때에 경건한 유대인들이 천하 각국으로부터 와서 예루살렘에 머물러 있더니 [6]이 소리가 나매 큰 무리가 모여 각각 자기의 방언으로 제자들이 말하는 것을 듣고 소동하여 [7]다 놀라 신기하게 여겨 이르되 보라 이 말하는 사람들이 다 갈릴리 사람이 아니냐 [8]우리가 우리 각 사람이 난 곳 방언으로 듣게 되는 것이 어찌 됨이냐 [9]우리는 바대인과 메대인과 엘람인과 또 메소보다미아, 유대와 갑바도기아, 본도와 아시아, [10]브루기아와 밤빌리아, 애굽과 및 구레네에 가까운 리비야 여러 지방에 사는 사람들과 로마로부터 온 나그네 곧 유대인과 유대교에 들어온 사람들과 [11]그레데인과 아라비아인들이라 우리가 다 우리의 각 언어로 하나님의 큰 일을 말함을 듣는도다 하고 [12]다 놀라며 당황하여 서로 이르되 이 어찌 된 일이냐 하며 [13]또 어떤 이들은 조롱하여 이르되 그들이 새 술에 취하였다 하더라(2:5-13).

5. 그 때에 경건한 유대인들이 천하 각국으로부터 와서 예루살렘에 머물러 있더니. 누가는 예루살렘에 온 사람들을 "경건한 유대인들"이라고 부름으로써, 그들이 하나님을 예배하기 위하여 왔다는 것을 우리에게 넌지시 보여주고자 하는 것으로 보인다. 하나님께서는 유대인들을 뿔뿔이 흩으신 후에도 예루살렘에 줄곧 그의 깃발을 세워 두시고, 그들의 씨 중에서 남은 자들을 예루살렘으로 모으셨다. 왜냐하면, 성전의 역할은 그때까지 완전히 끝난 것이 아니었기 때문이다. 아울러, 이런 표현을 통해서 누가는 하나님이 자신의 능력을 드러내시기 위하여 행하신 이적들이 어떤 사람들에게 유익하였는지를 보여준다. 왜냐하면, 우리가 곧 살펴보겠지만, 악하고 불경건한 자들은 그러한 이적들을 비웃거나, 그런 것들에 전혀 관심을 기울이지 않기 때문이다. 또한, 누가가 경건한 자들을 증인으로 삼기를 원했던 것은 그들의 증언이 사람들에게 더욱 신빙성 있게 받아들여질 것이었기 때문이었다. 누가가 사용한 "천하 각국으로부터"라는 표현은 이 유대인들이 서로 아주 멀리 떨어져 있는 세상의 많은 지역과 나라로부터 왔음을 보여주기 위한 것이었다. 이어서, 그는 "리비야"와 "본도," "로마"와 "바대"(파르티아), "아라비야" 등 서로 멀리 떨어져 있는 나라들의 이름을 구체적으로 열거한다. 이것은 이 사건이 얼마나 크고 중요한 일이었는지를 부각시키는 역할을 하고 있다. "그레데"와 "아시야"는 인접한 지역이었기 때문에, 그곳에서 온 사람들끼리는 어느 정도 말이 통했겠지만, "로마"에서 온 사람과 "갑바도기아"에서 온 사람, 그리고 "아라비야"에서 온 사람과 "본도"에서 온 사람은 그렇지 못했을 것이다. 하지만 이것은 우리가 꼭 기억해 둘 가치가 있는 놀랍고 기이한 하나님의 역사였다. 왜냐하면, 하나님께서 이토록 광범위한 지역에 흩어진 백성들 가운데서도 모든 곳에서 얼마간의 남은 자(reliquia)를 보존하셨을 뿐만 아니라, 한 걸음 더 나아가서 이방인들로 하여금 이 다 망한 것 같은 비참한 백성에게 합류하도록 하신 것이기 때문이다. 유대인들은 포로로 끌려가서 서로 멀리 떨어져 있는 이 나라 저 나라에 흩어져 살게 되었던 까닭에, 거의 다른 세상들에서 살아갔다고 해도 과언이 아님에도 불구하고, 예전과 다름없이 동일한 신앙으로 하나가 되어 있었다. 그러므로 누가가 그들을 경건한 자들이자 하나님을 경외하는 자들이라고 부른 것은 합당한 일이었다.

6. 이 소리가 나매. 누가의 이 헬라어 표현은 소문이 널리 퍼져서 큰 무리가 모여들게 되었다는 뜻이다. 만일 사람들이 각기 다른 시간에 각기 다른 장소에서 사도들이 서로 다른 언어로 말하는 것을 들은 것이었다면, 그것은 대단한 이적이 아

니었을지도 모른다. 그런데 사람들이 모두 한 곳에 모여 있을 때에 이 이적이 일어났기 때문에, 그들은 사도들이 서로 다른 언어로 말하고 있다는 것을 그 자리에서 확인할 수 있었다. 여기서 주목할 만한 또 다른 정황은, 대다수의 사람들은 사도들이 갈릴리 출신이라는 사실을 알고 있었을 뿐만 아니라, 갈릴리를 떠나 본 적이 전혀 없는 사도들이 다른 나라 말을 배웠을 리 만무하다는 사실도 알고 있었다는 것이다. 그런데도 어떤 사도는 라틴어로, 어떤 사도는 헬라어로, 또 어떤 사도는 아랍어로 말을 했다. 이처럼 그들이 모두 상황에 따라서 자신의 언어를 바꾸어가면서 말을 했기 때문에, 이 사건이 하나님의 역사(opus Dei)라는 사실은 더욱 분명해졌다.

11. 하나님의 큰 일. 천하 각지에서 몰려 온 사람들은 "우리가 다 우리의 각 언어로 하나님의 큰 일을 말함을 듣는도다"라고 말하면서 이 일을 놀랍고 신기하게 생각하였다. 누가는 여기서 사람들이 놀라게 된 두 가지 요인을 지적한다. 첫 번째는, 사도들은 변방에서 태어나서 제대로 된 교육도 받지 못한 사람들인데, 지금 "하나님의 일과 하늘의 지혜에 대해서"(de rebus divinis et coelesti sapientia) 위대한 설교를 하고 있는 것이었고, 두 번째는, 그들이 갑자기 새 언어들을 말할 수 있게 된 것이었다. 만일 사도들의 입에서 나온 말들이 자신들의 생각을 아무렇게나 내뱉은 쓸데없는 것들이었다면, 사람들의 마음이 움직이는 일은 없었을 것이고, 자신들의 눈앞에서 벌어진 이 장엄한 일이 그들로 하여금 이 이적에 대해 곰곰이 생각하도록 만들었을 것임에 틀림없기 때문에, 우리는 이 두 가지 점을 주목할 필요가 있다. 사람들이 이 일에 대해서 놀라고 당황한 것은 하나님께 합당한 영광을 돌린 것으로 생각될 수 있지만, 이 이적의 주된 열매는 그들이 "이 어찌된 일이냐"(12절)고 질문함으로써 이 일에 대해서 더 알고자 하는 마음을 갖게 되었다는 점이다. 만일 그렇지 않았더라면, 그들의 놀람은 그들에게 별다른 유익이 되지 못했을 것이다. 우리가 하나님의 일에 대해서 경탄할 때에는 그 일의 의미를 알아보고 깨닫고자 하는 열망이 반드시 동반되어야 한다.

13. 또 어떤 이들은 조롱하여 이르되 그들이 새 술에 취하였다 하더라. 이것은 사탄의 농간으로 분별력을 잃은 사람들이 어처구니없을 정도로 사악해질 수 있다는 것을 잘 보여준다. 설령 하나님께서 하늘에서 내려오셔서 사람들의 눈 앞에 나타나신다고 하더라도, 하나님의 위엄이 이 이적에서보다 더 분명하게 나타날 수는 거의 없을 것이다. 제대로 된 분별력이 아주 조금이라도 남아 있는 사람이라면 누

구나 다 이 일에 대한 소문을 듣는 것만으로도 틀림없이 온 몸이 움츠러들었을 것이다. 그런데 여기에 나오는 사람들은 이 엄청난 일을 자신의 두 눈으로 똑똑히 보고도 사도들을 조롱하였을 뿐만 아니라, 그렇게 함으로써 하나님의 권능까지도 조롱거리로 만들려 하였으니, 그들은 짐승과 다름없는 자들이 아니겠는가? 그런데 실제로 그런 일이 벌어졌다. 하나님의 돌보심을 전혀 받지 않은 사람들이 조롱거리로 삼을 수 없는 경이로운 일이라는 것은 존재하지 않는다. 왜냐하면, 그들은 자신들의 눈으로 똑똑히 본 명약관화한 일조차도 인식이 되지 않도록 그들 자신의 마음을 의도적으로 완악하게 만들기 때문이다. 그들이 사탄에게 넘겨져서 맹목적인 광기로 치닫게 되는 것은 하나님께서 그들의 교만에 대해서 공의로 보응하시기 때문이다. 마찬가지로, 오늘날에도 대낮 같은 광명 속에서도 눈먼 자들로 살아가는 자들이 아주 많다는 사실은 전혀 놀라운 일이 아니다. 그들은 이처럼 명백한 교훈에도 귀를 닫는 자들이고, 좀 더 정확히 말하면, 자신들에게 주어진 구원을 오만방자하게 거부하는 자들이다. 하나님께서 자신의 놀라운 능력을 보여주신 이적들조차 사람들이 조롱거리로 삼는다면, 그들이 대수롭지 않게 여기는 하나님의 교훈에 대해서는 어떤 식으로 나올지 말할 필요조차 없지 않겠는가? 여기서 누가의 의도는 이 이적을 조롱한 자들에게는 그 어떤 구원의 가망성이나 소망도 없다는 것을 말하고자 하는 것이 아니라, 이 이적에 대한 일반 사람들의 반응이 어떠하였는지를 보여주고자 하는 것이다. 사실, 이런 일은 세상 어디에서나 늘 있어 왔다. 왜냐하면, 하나님께서 자신을 계시하셨을 때, 진실로 하나님을 느끼는 사람은 매우 드물기 때문이다. 이것은 놀라운 일이 아니다. 왜냐하면, 종교심(religio)은 극소수의 사람들만이 소유하고 있는 희귀한 덕성이기 때문이다. 하지만 종교심이야말로 건전한 깨달음의 출발점이다. 대부분의 사람들이 완악하고 목이 곧아서 하나님의 역사를 배척한다고 할지라도, 우리가 사도행전에서 보게 되는 바와 같이, 그 역사는 언제나 열매를 맺는다.

[14]베드로가 열한 사도와 함께 서서 소리를 높여 이르되 유대인들과 예루살렘에 사는 모든 사람들아 이 일을 너희로 알게 할 것이니 내 말에 귀를 기울이라 [15]때가 제 삼 시니 너희 생각과 같이 이 사람들이 취한 것이 아니라 [16]이는 곧 선지자 요엘을 통하여 말씀하신 것이니 일렀으되 [17]하나님이 말씀하시기를 말세에 내가 내 영을 모든 육체에 부어 주리니 너희의 자녀들은 예언할 것이요 너희의 젊은이들은 환상을

보고 너희의 늙은이들은 꿈을 꾸리라 ¹⁸그 때에 내가 내 영을 내 남종과 여종들에게
부어 주리니 그들이 예언할 것이요 ¹⁹또 내가 위로 하늘에서는 기사를 아래로 땅에
서는 징조를 베풀리니 곧 피와 불과 연기로다 ²⁰주의 크고 영화로운 날이 이르기 전
에 해가 변하여 어두워지고 달이 변하여 피가 되리라 ²¹누구든지 주의 이름을 부르
는 자는 구원을 받으리라 하였느니라(2:14-21).

14. 베드로가 열한 사도와 함께 서서 소리를 높여 이르되. 누가는 "서서"라는 말
로 회중 가운데서 행한 베드로의 설교가 중요한 것이었음을 시사한다. 왜냐하면,
그들은 설교할 때에 자신의 말이 회중들에게 잘 들릴 수 있도록 일어서서 했기 때
문이다. 베드로의 설교의 요지는 그들이 목격한 성령의 은사로 미루어 볼 때에 그
리스도께서는 이미 오셨고 나타나셨다는 것이다.

15. 때가 제 삼 시니 너희 생각과 같이 이 사람들이 취한 것이 아니라. 베드로는
결론을 내리기 전에, 먼저 제자들이 술에 취했다는 주장이 왜 잘못된 것인지를 밝
혀서 그 오류를 반박한다. 그의 반박은 사람이 아침에 술에 취하는 일은 거의 없다
는 개연성에 기반을 둔 논증이다. 왜냐하면, 바울이 "취하는 자들은 밤에 취하되"(살
전 5:7)라고 말했듯이, 술 취한 자들은 수치심 때문에 빛을 피하기 때문이다. 술에
취하는 것은 부끄러운 일이어서, 그들이 빛을 싫어하는 것은 당연한 일이다. 하지
만 그런 논증이 언제나 옳은 것은 아니다. 예컨대, 이사야 같은 선지자는 자신의 시
대에 "아침에 일찍이 일어나 독주를 마시며 밤이 깊도록 포도주에 취하는 자들은
화 있을진저"(사 5:11)라고 통렬히 비난하고 있다. 오늘날에도 눈을 뜨자마자 돼지
처럼 술을 퍼마시러 가는 사람이 적지 않다. 그렇다고 하여도, 그런 일은 사람들 가
운데서 흔히 일어나는 일은 아니기 때문에, 베드로는 자신들은 술 취한 사람들이 아
니라고 주장한 것이다. 고대 세계에 대해서 조금이라도 지식을 갖고 있는 사람이라
면, 일출부터 일몰까지의 낮이 열두 시간으로 나뉘어 있어서, 여름의 한 시간은 겨
울의 한 시간보다 길었다는 사실을 알고 있을 것이다. 따라서 그 당시 사람들의 "제
삼 시"는 지금으로 말하면 겨울의 아침 아홉 시, 또는 여름의 아침 여덟 시에 해당한
다. 베드로는 "술에 취하였다"는 어떤 이들의 주장에 대해서 지나치게 예민하게 반
응할 필요성을 느끼지 못했기 때문에, "이 사람들이 취한 것이 아니라"는 말로 그러
한 주장을 간단하게 일축한다. 이렇게 그는 조롱하는 자들을 설득하려고 하기보다
는 확실하게 제압함으로써 이 문제에 대해서 더 이상 논란의 여지가 없게 하였다.

16. 이는 곧 선지자 요엘을 통하여 말씀하신 것이니. 베드로가 그들의 주장을 반박할 때에 사용한 결정적인 근거는 시간과 관련된 정황이 아니라 요엘 선지자의 증언이었다. 베드로는 요엘 선지자에 의해서 예언되었던 것이 지금 성취되었다고 말하면서, 예전에 그들에게 약속된 바 있었고 이제는 그들의 눈 앞에 나타난 이 특별한 은총을 인정하지 않는 것에 대해서 그들의 배은망덕을 힐책한다. 한편, 베드로는 일부 사람들의 잘못과 관련해서 모든 사람을 책망한 것은 사실이지만, 그렇다고 해서 그들 모두에게 동일한 잘못이 있다고 몰아붙인 것은 아니었다. 그는 다만 일부 사람들이 조롱한 일을 계기로 삼아서, 그들 모두에게 가르침을 전해줄 적절한 기회가 왔음을 알고, 그 기회를 놓치지 않은 것이었다.

17. 하나님이 말씀하시기를 말세에. 베드로는 사람들의 눈 앞에서 일어난 이 일을 통해서 메시아가 이미 나타나셨다는 것을 증명한다. 사실, 요엘은 "말세에"라는 표현을 쓰지는 않았다(2:28, "그 후에"). 하지만 요엘이 바로 이어서 교회의 온전한 회복을 다루고 있는 것을 볼 때, 그의 예언이 오직 "말세"에만 해당된다는 것에는 의문의 여지가 없다. 그러므로 베드로가 인용한 것은 요엘이 의도하지 않았던 것이 결코 아니었다. 베드로는 그 당시에 다 무너졌던 하나님의 교회가 성령의 새롭게 하심에 의하지 않고는 회복될 수 없다는 것을 유대인들이 알게 되기를 원하였고, 그러한 사실을 명백히 하려고 이 표현을 덧붙인 것일 뿐이었다. 더욱이 교회의 회복은 새로운 시대(novum saeculum)의 도래를 알리는 것이었기 때문에, 베드로는 그것을 마지막 날, 즉 "말세와 결부시킨" 것이다. 한편, 유대인들은 복되고 정상적인 교회에 관한 모든 영광스러운 약속들이 메시아의 도래로 만물이 회복될 때까지는 성취될 수 없다는 것을 익히 알고 있었다. 따라서 요엘서에서 인용된 구절이 마지막 때와 관련이 있다는 점에 대해서 의심하는 사람은 아무도 없었기 때문에, "마지막 날들" 또는 "때가 찼다"는 표현은 메시아의 나타나심으로 말미암아 교회가 영원하고 복된 상태로 들어가게 되는 때를 가리키는 말이 되었다.

17. 내가 내 영을 모든 육체에 부어 주리니. 앞에서 이미 말했듯이, 베드로는 하나님의 교회의 회복이 오직 성령의 오심으로만 이루어질 수 있다는 것을 증명하고자 한다. 그들은 모두 교회의 회복이 가까이 왔기를 소망하고 있었음에도 불구하고, 그 회복이 어떻게 올 것인지에 대해서는 전혀 생각하지 않고 있었기 때문에, 베드로는 그들의 우매함과 나태함을 꾸짖는다. 요엘 선지자가 "내가 부어 주리라"고 말했을 때, 이 말을 통해서 그가 성령의 완전한 충만을 가리키려 하였다는 것은 의

문의 여지가 없다. 베드로는 "내가 나의 영으로부터 부어 주리라"고 말하고 있지만,
우리는 그러한 표현을 "내가 나의 영을 부어 주리라"라는 의미로 이해해야 한다. 왜
냐하면, 후자의 표현이 요엘 선지자 본인의 표현이기 때문이다. 베드로는 히브리어
본문의 '에트'(אֵת, "−을, −를")를 '아포'(ἀπό, "−로부터")로 번역한 칠십인역 본문
을 따른 것이다. 따라서 이 구절을 두고 이런저런 교묘한 해석을 하는 것은 모두 쓸
데없는 짓이다. 왜냐하면, 우리는 본문의 자구가 어떻게 변하였을지라도, 선지자가
본래 의도했던 의미를 지키고 따라야 하기 때문이다. 그럼에도 불구하고, 하나님께
서 자신의 영을 부어 주실 것이라고 말씀하셨을 때, 나는 그 말씀을 다음과 같이 이
해해야 한다고 본다. 즉, 하나님께서는 무수하게 다양한 은사들이 자신의 영으로부
터 ― 결코 마르지 않는 단 하나의 샘으로부터 흘러나오듯이 ― 사람들에게로 흘러
가게 하신다는 것이다. 왜냐하면, "은사는 여러 가지나 성령은 같고"(고전 12:4)라
는 바울의 증언처럼, 성령의 은사는 다양하지만, 모두 다 한 성령으로부터 나오기
때문이다. 여기서 우리는 하나님으로부터 받을 수 있는 은사들 중에서 성령보다 더
큰 은사는 없고, 성령이라는 은사 없이는 다른 모든 은사는 무가치하다는 귀한 교
훈을 얻는다. 하나님께서는 자기 백성들에게 한 마디로 구원의 약속을 주고자 하셨
을 때에 그들에게 "성령"을 주시겠다고 약속하셨다. 이 사실로부터 우리는 성령을
받을 때까지는 그 어떤 좋은 것도 얻을 수 없다는 결론을 얻게 된다. 성령은 열쇠와
같다. 즉, 우리로 하여금 모든 영적인 은사들이 쌓여 있는 보물창고로 들어갈 수 있
게 해주고, 나아가서 하나님의 나라로 들어갈 수 있도록 문을 열어 주는 것이 바로
성령이다.

17. 모든 육체에 부어 주리니. "모든 육체"라는 보편적 표현은 그 뒤에 이어지는
내용에서 그 뜻이 구체적으로 드러난다. 먼저 "모든 육체"라는 포괄적인 표현이 제
시되고, 이어서 각 부류의 사람들이 열거된다. 이것을 통해서 선지자는 하나님께서
연령이나 성에 따른 어떤 차별도 없이 모든 사람을 받아들여서 그의 은혜에 보편적
으로 참여시키실 것임을 보여주고 있다. 즉, 거기에는 젊은이나 노인이나, 남자나
여자나, 모두가 포함되기 때문에, "모든 육체"인 것이다. 하지만 여기서 한 가지 질
문이 제기될 수 있다. 하나님께서는 태초부터 지금까지 모든 세대에 걸쳐서 자기
백성들에게 늘 주어 오셨던 것을 마치 한 번도 들어보지 못한 새로운 선물인 양 그
들에게 약속하고 계신 것인가? 왜냐하면, 지금까지 성령의 은사를 누리지 못한 세
대는 하나도 없었기 때문이다. 이 질문에 대한 대답은 "내가 내 영을 부어 주리니"

와 "모든 육체에"라는 두 어구에 들어 있다. 우리는 여기서 구약 시대와 신약 시대 간의 이중의 대비에 주목해야 한다. 앞에서 이미 말했듯이, 여기서 사용된 "부어 준다"는 표현은 차고 넘치게 준다는 것을 의미하는 반면에, 율법 아래에서는 성령은 아주 희소하게 주어졌다. 그래서 사도 요한도 그리스도께서 하늘로 올라가실 때까지는 성령이 주어지지 않았다고 말한다. 예전에는 오직 소수의 사람들에게만 자신의 성령을 충만하게 나누어 주셨던 하나님께서는 이제는 제한 없이 모든 사람에게 그렇게 하시겠다는 뜻이 "모든 육체"라는 말 속에 담겨 있다. 다시 한 번 말하지만, 창세로부터 모든 경건한 자들은 분별의 영이자 의롭게 하시는 영이자 성화의 영인 그 동일한 성령을 수여받았고, 오늘날에도 하나님께서는 바로 그 동일한 성령으로 우리를 조명하시고 중생시키신다. 그러나 그리스도께서 오셔서 얼마 안 되는 기간 동안에 모아들이신 믿음의 사람들이 큰 무리를 이룰 정도로 많았다는 사실에 비추어 볼 때, 구약 시대에 성령으로 말미암아 하나님을 아는 지식의 빛을 받은 사람은 극히 적었다. 다시 말하자면, 우리가 오늘날 복음을 통해서 갖게 된 지식, 즉 의의 태양이신 그리스도께서 한낮의 밝음으로 비추어 주시는 지식과 비교해 볼 때, 그들의 지식은 베일로 덮여 있는 것처럼 희미하고 빈약하였다는 것이다. 하지만 그렇다고 해서, 오늘날의 그 어떤 사람도 견줄 수 없을 정도로 위대한 믿음의 소유자가 그 당시에는 전혀 없었다는 것은 아니고, 단지 그들의 믿음에도 불구하고, 그 이해의 수준이 율법의 울타리를 벗어나지 못했다는 것이다. 왜냐하면, 예전의 경건했던 왕들과 선지자들이 그리스도의 오심으로 말미암아 계시된 일들을 보지도 못하고 듣지도 못하였다는 말은 늘 진실일 수밖에 없기 때문이다. 그래서 요엘 선지자는 새 언약(novum testamentum)의 우월성을 보여주기 위해서 성령의 은사가 그 날에는 더욱 풍성할 것이고, 나아가 훨씬 더 많은 사람들에게 임하게 될 것이라고 예언한 것이다.

17. 너희의 자녀들은 예언할 것이요. 선지자는 "예언하다"라는 말을 통해서 희귀하고 특별한 지식(intelligentiae)의 은사가 주어질 것임을 보여주는데, 곧바로 이어지는 "너희의 젊은이들은 환상을 보고 너희의 늙은이들은 꿈을 꾸리라"는 구절도 동일한 의미이다. 왜냐하면, 민수기 12:6에서 알 수 있는 것처럼, "환상"과 "꿈"은 하나님께서 선지자들에게 자기 자신을 계시하시는 두 가지 일반적인 수단이었기 때문이다. 거기에서 여호와께서는 모세를 다른 일반 선지자들과 구분하여 이렇게 말씀하신다: "너희 중에 선지자가 있으면 나 여호와가 이상으로 나를 그에게 알리기

도 하고 꿈으로 그와 말하기도 하거니와 내 종 모세와는 그렇지 아니하니 그는 나의 온 집에 충성됨이라 그와는 내가 대면하여 명백히 말하고 은밀한 말로 아니하며 그는 또 여호와의 형상을 보겠거늘 너희가 어찌하여 내 종 모세 비방하기를 두려워 아니하느냐"(민 12:6-8). 따라서 우리는 요엘 선지자가 "예언하다"라는 말을 사용해서 일반적으로 표현한 뒤에, "환상"과 "꿈"이라는 두 가지 말로 다시 한 번 그것을 확증하고 있는 것임을 알 수 있다. 결국, 이 말씀의 요지는 하늘로부터 성령이 부어지자마자 그들은 모두 선지자가 되리라는 것이다. 그런데 여기서 사도들 자신들에게도 이런 일은 일어나지 않았고, 믿는 자들 모두에게 이런 일이 일어난 적도 없었다는 반론이 제기될 수 있다. 이런 반론에 대한 나의 대답은 선지자들은 통상적으로 자신의 시대에 적합하다고 생각되는 비유를 통해서 그리스도의 나라를 미리 보여준 사람들이었다는 것이다. 선지자들은 하나님에 대한 예배를 말할 때에 제단과 희생제물, 금이나 은 또는 유향의 봉헌에 대하여 언급하지만, 우리는 제단들은 사라졌고 율법 시대에나 소용이 있었던 제사들은 다 폐하여졌다는 것을 알고 있고, 하나님이 우리에게 세상의 그 어떤 보화보다도 더 고귀한 것을 요구하고 계신다는 것도 알고 있다. 이것이 우리가 알고 있는 사실이다. 그러나 선지자들은 우리가 지금은 전혀 다른 방식으로 보고 있는 것들을 자신들의 시대에 자신들이 이해할 수 있는 방식이자 동시대 사람들에게 친숙했던 방식인 상징과 비유를 통해서 이해한다. 그렇기 때문에, 레위인들이 제사장이 되고 보통 사람들이 레위인이 될 것이라는 여호와의 약속(사 66:21)은 그리스도의 나라에서는 아무리 미천한 사람일지라도 존귀한 신분이 될 것이라는 뜻이 된다. 따라서 이 구절의 정확한 참된 뜻을 파악하기 위해서는 옛 율법의 제도에 기반을 둔 이 말씀을 문자 그대로 받아들일 것이 아니라, 비유를 벗겨낸 순수한 진실이 무엇인지를 찾아보아야 한다. 그리고 그 진실은 바로 이것이다: 사도들이 갑작스런 성령의 감동을 받아서 일반 사람들이 결코 알 수 없는 하늘에 속한 신비들을 마치 선지자들처럼 말하리라는 것이다.

따라서 "예언하다"라는 말은 희귀하고 특별한 일들을 아는 지식의 은사(intelligentiae donum)를 가리키는 말에 다름 아니다. 요엘은 이렇게 말한 것과 같다: 그리스도의 나라에서는 하나님께서 자신의 비밀을 계시해 주시는 선지자가 단지 소수에 그치는 것이 아니라, 모든 사람이 선지자에 버금갈 만한 영적 지혜(spiritualis sapientia)를 수여받게 될 것이다. 이것을 예레미야서에서는 이렇게 표현한다: "그들이 다시는 각기 이웃과 형제를 가리켜 이르기를 너는 여호와를 알라 하지 아니하리니 이는 작은 자로부터 큰 자까지 다 나를 앎이니라"(렘 31:34). 지금 베드로는 이 구절을 인용함으로써 자신의 설교를 듣고 있는 유대인들을 동일한 은혜에 참여하도록 초대하고 있는 것이다. 그는 이렇게 말한 것과 같다: "하나님께서는 우리에게 부어 주신 성령을 더 널리 부어 주실 준비를 이미 다 해놓고 계십니다. 그러므로 여러분이 스스로 거부하지만 않는다면 우리와 함께 이 풍성한 은혜를 받게 될 것입니다." 우리는 유대인들에게 주어졌던 이 말씀이 오늘의 우리에게도 주어진 말씀임을 깨달아야 한다. 왜냐하면, 이러한 성령의 가시적인 은사들이 오늘날에는 그쳤다고 할지라도, 하나님께서 자신의 교회로부터 성령을 거두신 것은 아니기 때문이다. 그렇기 때문에, 하나님께서는 이 동일한 약속에 근거해서 우리 모두에게 아무런 차별 없이 매일같이 성령을 부어 주신다. 그러므로 우리가 영적으로 빈한하고 궁핍하다면, 그것은 전적으로 우리의 영적 나태함 탓이다. 또한, 평범한 기독교인으로 하여금 하나님을 아는 지식을 얻지 못하게 만드는 자들은 사악하고 신성모독적인 성령의 원수들이라는 것도 분명하다. 왜냐하면, 하나님은 남녀노소를 불문하고 영접하실 뿐만 아니라, 각자의 이름을 부르며 그들 모두를 초청하셔서, 그들로 하나님을 아는 지식을 얻게 하고자 하시기 때문이다.

18. 내 남종과 여종들에게 부어 주리니. 이 말씀에 따르면, 이 약속은 하나님을 섬기는 자들에게만 효력이 있다. 왜냐하면, 하나님께서는 불신자들과 그를 조롱하는 자들에게까지 성령을 부어 주셔서 성령을 모독하고자 하지 않으시기 때문이다. 우리는 성령으로 말미암아 하나님의 종이 되는 것이기 때문에, 성령을 받을 때까지는 우리가 하나님의 종이 아니라는 것은 확실하다. 그러나 우리가 먼저 알아야 할 것은 하나님께서는 어떤 사람을 자신의 권속으로 택하셔서 자신을 섬길 자로 정하시고 나서, 그 후에 그에게 새로운 은사들을 공급해 주신다는 것이다. 또한, 우리가 알아야 할 것은 선지자들은 자신의 시대를 바라본 것이 아니라, 이 은혜가 오직 교회에만 해당되는 것임을 말하고자 한 것이었다. 그런데 당시에 교회는 오직 유대인들로만 이루어져 있었기 때문에, 요엘 선지자는 그들을 하나님의 "남종과 여종들"이라는 영광스러운 호칭으로 부른 것이다. 그러나 하나님께서 담을 허무시고 사방의 모든 사람들을 자신의 교회로 부르신 이후에는, 언약 공동체(foederis societas)에 받아들여진 사람들은 누구나 다같이 동일한 이름으로 불리게 되었다. 오직 우리가 기억해야 할 것은 성령은 오직 교회를 위하여 있다는 것이다.

19-20. 위로 하늘에서는 기사를 아래로 땅에서는 징조를 … 주의 크고 영화로운

날이 이르기 전에. 먼저 우리는 "주의 크고 영화로운 날"이 무엇을 뜻하는지는 살펴보아야 한다. 어떤 이들은 이 날을 육신으로 오신 그리스도의 초림과 관련지어 해석하기도 하고, 어떤 이들은 부활의 마지막 날을 가리키는 것으로 이해하기도 한다. 하지만 나는 이 두 견해 모두에 찬성하지 않는다. 내 생각으로는, 선지자 자신은 이 표현이 그리스도의 나라 전체(totum Christi regnum)를 가리키는 것으로 이해했던 것 같다. 그렇기 때문에, 그는 하나님의 아들이 우리를 이끌어 그의 나라를 이루기 위하여 육신으로 나타나신 때부터 그 나라가 완성되는 때까지를 "큰 날"이라고 부르고 있는 것이다. 따라서 그가 말한 "주의 날"은 어느 한 날을 가리키는 것이 아니라, 복음이 최초로 선포된 때로부터 마지막 부활의 때까지 이어지는 기간을 가리키는 것이었다. 어떤 이들은 이 절과 바로 앞에 나오는 절을 서로 연결해서, 선지자가 말한 "날"을 사도들의 시대로 한정한다. 그러나 요엘 선지자는 이런 일들이 일어나기 시작하는 때를 부각시키고자 한 것이기 때문에 — 비록 그 일들이 세상 끝날까지 계속되기는 하겠지만 — 나의 견해에는 아무런 문제가 없다.

또한, 선지자는 "해가 변하여 어두워지고 달이 변하여 피가 되리라"는 은유적인 표현을 통해서, 하나님께서 자신의 진노의 징표를 전세계적인 차원에서 보여주실 것이고, 이 일로 인해서 사람들은 천지가 개벽할 때와 같은 두려움을 느끼게 되리라는 것을 보여준다. 왜냐하면, 해와 달이 운행하며 세상에 빛을 비춰 주는 것이 우리를 향하신 아버지 하나님의 은총을 보여주는 증거가 되는 것처럼, 해와 달의 또 다른 모습은 하나님의 진노하심을 보여주는 사자들이 되리라고 선지자는 말하고 있는 것이기 때문이다. 이것이 예언의 두 번째 부분이다. 즉, 선지자는 성령이 모든 육체 위에 부어질 것임을 언급한 후에, 세상이 모두 평온한 가운데 번성할 것이라고 착각하는 사람이 없도록 하기 위해서, 그리스도가 임하실 때에 세상이 혼란과 두려움으로 가득할 것이라는 말을 덧붙이고 있는 것이다. 이것과 관련해서 그리스도께서 마태복음 24장과 누가복음 21장에서 더욱 상세하게 경고하고 계신다.

그러나 만물이 멸망의 위험에 직면했을 때, 누구든지 주의 이름을 부르는 자는 확실하게 구원을 받을 것이기 때문에, 이 구절은 하나님의 은혜를 더욱 부각시키는 효과를 갖는다. 선지자는 해가 어두워지고 달이 변해서 피가 되며 검은 연기가 있을 것이라는 표현을 통해서, 사람들이 위를 쳐다보든지 아래를 쳐다보든지, 그들을 경악과 공포로 몰고 갈 수많은 현상들이 자신이 말한 대로 나타날 것임을 분명하게 밝히고자 하였다. 따라서 결국 이것은 세상이 이보다 더 비참했던 적도 결코 없었고,

하나님의 진노의 징조들이 이보다 끔찍하고 무수하게 나타난 적도 결코 없었다고 말한 것과 다름없다. 이 사실로부터 우리는 우리를 그런 끔찍한 재앙들로부터 지켜 주고 계시는 하나님의 은혜가 얼마나 이루 헤아릴 수 없이 큰 것인지를 알게 되고, 다른 한편으로는 손을 뻗으면 곧 닿을 수 있을 정도로 가까이 있는 구원의 피난처 (salutis asylum)로 몸을 피하지 않는 자들이 얼마나 배은망덕하고 완악한 것인지도 알게 된다. 하나님께서 이처럼 끔찍한 광경을 보여주신 것은 모든 경건한 자들이 더욱 간절한 열망을 품고서 구원을 찾도록 그들을 각성시키시기 위한 것이라는 데 에는 아무런 의문의 여지가 없다. 베드로도 동일한 목적으로 이 구절을 인용하는 데, 그것은 유대인들이 자신들에게 베풀어진 성령의 은혜를 받아들이지 않는다면, 그들 앞에는 더 끔찍한 일들이 기다리고 있는 것을 그들로 하여금 알게 하려는 것 이었다. 하지만 여기서 도대체 그리스도의 나타나심과 이런 불길한 일들이 어떻게 서로 결부되어 얘기될 수 있는가라는 질문이 제기될 수 있다. 왜냐하면, 하늘에 계 신 아버지께서는 그리스도 안에서 자신의 선하심의 모든 것을 드러내 보이셨고 우 리에 대한 자신의 긍휼하심을 아낌없이 베풀어 주신 까닭에, 그리스도는 인류를 향 한 하나님의 사랑에 대한 유일한 보증이 되시는 것인데, 그리스도께서 나타나시는 바로 그때에 하나님의 진노가 하늘과 땅을 단번에 다 태워 버릴 정도로 이전보다 더 격렬하게 타오르게 되어 있다는 것은 앞뒤가 잘 맞지 않는 것처럼 보일 수 있기 때 문이다.

그러나 첫 번째로, 우리는 사람들이 영적으로 너무나 나태해서 이런저런 환난으 로 채찍질을 당하지 않으면 좀처럼 그리스도를 영접하지 않는다는 사실에 유의해 야 한다. 두 번째로는, 그리스도께서는 "수고하고 무거운 짐 진 자들"(마 11:28)을 자기에게로 부르시기 때문에, 우리는 먼저 많은 역경을 겪음으로써 낮아지는 법을 배울 필요가 있다는 것을 알아야 한다. 왜냐하면, 자신이 형통하고 있다고 생각하 는 사람들은 교만의 뿔을 높이 세우기 마련이고, 자기 스스로를 행복하다고 생각하 는 사람들은 그리스도를 심하게 멸시할 수밖에 없기 때문이다. 세 번째로, 우리는 도에 지나칠 정도로 육신의 안일함을 추구하는 경향이 있어서, 수많은 끈들로 그리 스도의 은혜를 현세의 삶에 붙들어 매게 되기 때문에, 그리스도의 나라가 영적인 것 임을 알기 위해서는 우리의 생각을 근본적으로 전환할 필요가 있다는 것이다. 그러 므로 하나님께서는 그리스도로 말미암아 우리에게 주어지는 복들이 하늘에 속한 것임을 가르쳐 주시기 위해서, 우리로 하여금 육신적으로 곤고한 일들을 무수히 겪도록 역사하셔서, 세상 밖에서(extra mundum) 우리의 행복을 찾게 만든다. 또한, 사람들은 자신의 배은망덕함을 통해서 곤경을 자초하기도 한다: "주인의 뜻을 알고도 준비하지 아니하고 그 뜻대로 행하지 아니한 종은 많이 맞을 것이요"(눅 12:47). 아버지 하나님께서 그리스도 안에서 우리와의 사귐을 더욱 친근하게 하면 하실수록, 우리의 불경건함은 점점 더 커져서 노골적인 오만방자함으로까지 나아가게 된다. 따라서 그리스도의 나타나심과 함께, 하나님의 보응을 알리는 많은 징조들이 나타나는 것은 전혀 이상한 일이 아니다. 왜냐하면, 사람들은 불경건함 가운데서 하나님을 멸시하여 하나님의 화를 더욱 돋우고, 결국 하나님의 진노를 촉발시키게 되기 때문이다. 하나님께서 가르침 받기를 싫어하는 우리를 굴복시키시기 위하여 우리의 영적인 우둔함을 고쳐 주시고자 하실 것인가, 아니면 우리의 배은망덕함을 벌하고자 하실 것인가에 따라서, 우리에게 그리스도의 날은 두려운 날이 되기도 하고 그렇지 않은 날이 되기도 하리라는 것은 분명하다. 왜냐하면, 그리스도의 날 자체는 온전히 즐겁고 기쁜 날일 것이지만, 단지 하나님의 은혜를 멸시하여 그의 진노를 촉발한 자에게만 두려운 날이 될 것이기 때문이다.

21. 누구든지 주의 이름을 부르는 자는. 이것은 기가 막히게 놀라운 구절이다. 왜냐하면, 하나님께서는 마치 게으름 피우는 당나귀에게 하시듯이 우리를 겁주시고 위협하심으로써 우리로 하여금 구원을 간절히 바라도록 몰아가시기 위하여 온 천지를 흑암으로 뒤덮으신 후에, 이제 여기서 그 흑암 속에서 찬란하게 빛나고 있는 구원을 얻을 수 있는 한 가지 방법을 "우리가 주의 이름을 부른다면"이라는 말씀으로 우리의 눈 앞에 제시하시기 때문이다. 우리는 그러한 맥락을 잘 헤아릴 줄 알아야 한다. 왜냐하면, 우리는 하나님께서 구원을 약속해 주시는 것만 해도 너무나 큰 은혜인데, 하물며 굽이치는 사망의 골짜기로부터의 구원을 약속해 주신 것은 이루 말할 수 없이 큰 은혜일 수밖에 없다는 것을 알아야 하기 때문이다. 이것은 모든 것이 혼란의 소용돌이에 빠져 들어가고, 모든 것이 죽음의 공포에 사로잡히게 될 바로 그때에 하나님께서는 "나를 부르기만 하면, 너희가 구원을 얻으리라"고 말씀하시는 것이다. 그러므로 사람에게는 아무리 비참한 불행이 닥쳐온다고 할지라도 피할 길이 준비되어 있는 셈이다. 또한, 우리는 "누구든지"라는 보편적인 표현에 주목해야 한다. 왜냐하면, 하나님께서는 모든 사람이 예외 없이 자기에게로 오는 것을 허용하시고, 이렇게 하심으로써 그들을 구원으로 초대하시기 때문이다. 이것은 바울이 로마서 10장에서 도달한 결론과 같고, 일찍이 선지자가 시편 65:2에서 "기도를

들으시는 주여 모든 육체가 주께 나아오리이다"라고 말한 것과 같다. 이처럼 하나님의 이름을 부르는 것에서 배제되는 사람은 아무도 없는 까닭에, 구원의 문은 모든 사람에게 열려 있다. 우리가 그 문으로 들어가는 것을 막는 것은 우리 자신의 불신앙 외에는 아무것도 없다. 하나님께서는 복음을 통해서 모든 사람에게 자신을 계시하신다. 그러나 하나님의 이름을 부를 때에 우리의 구원이 확보되는 것과 마찬가지로, 그렇게 하지 않을 때에 우리는 아주 비참하게 멸망당할 수밖에 없게 된다는 것을 우리는 알아야 한다. 그리고 우리의 구원은 우리가 하나님의 이름을 부르는 것에 달려 있고, 하나님의 이름을 부른다는 것은 오직 믿음에 근거를 두고 있기 때문에, 여기서 믿음과 따로 떼어서 생각할 수 있는 것은 아무것도 없다. 또한, 이것에 못지않게 우리가 주목해야 할 다른 정황이 있는데, 그것은 시편 기자는 하나님의 이름을 부르는 것이 특히 마지막 날들과 연관되어 있다는 것을 보여주고 있다는 것이다. 왜냐하면, 하나님께서는 모든 세대가 그의 이름을 부르기를 원하셨지만, 그럼에도 불구하고 마지막 날에 그리스도 안에서 자신을 아버지로 계시하신 까닭에, 말세를 살아가는 우리는 좀 더 쉽게 하나님께 나아갈 수 있게 되었기 때문이다. 이것으로 말미암아 우리의 확신은 갑절이 되고, 우리의 영적 둔감함은 사라지는 것이 마땅하다. 주님께서도 우리에게 주어진 이 특권을 힘입어서 우리가 기도에 갑절로 열심을 내야 한다고 친히 말씀하셨다: "지금까지는 너희가 내 이름으로 아무것도 구하지 아니하였으나 구하라 그리하면 받으리니"(요 16:24). 이것은 이렇게 말씀하신 것과 같다: "너희는 내가 육신을 입은 중보자로 나타나지 않았을 때에도 기도를 드리고 있었다. 그런데 하물며 나를 중보자로 갖고 있는 지금에 있어서는 너희가 더욱더 열심을 내어 기도를 드리는 것이 마땅하지 않겠는가?"

²²이스라엘 사람들아 이 말을 들으라 너희도 아는 바와 같이 하나님께서 나사렛 예수로 큰 권능과 기사와 표적을 너희 가운데서 베푸사 너희 앞에서 그를 증언하셨느니라 ²³그가 하나님께서 정하신 뜻과 미리 아신 대로 내준 바 되었거늘 너희가 법 없는 자들의 손을 빌려 못 박아 죽였으나 ²⁴하나님께서 그를 사망의 고통에서 풀어 살리셨으니 이는 그가 사망에 매여 있을 수 없었음이라(2:22-24).

22. 나사렛 예수. 이제 베드로는 요엘의 예언을 자신의 설교에 적용해서, 유대인들로 하여금 요엘의 예언에 따른 회복의 때가 왔다는 것과 그러한 목적을 위해서 그

리스도께서 그들에게로 보내심을 받았다는 것을 알게 하고자 한다. 왜냐하면, 그
약속은 중보자의 오심(adventus mediatoris)이 없이는 다른 어떤 방법으로도 성취
될 수 없었기 때문이다. 그리고 우리가 그리스도로 말미암아 갖게 된 모든 은사들
의 합당한 용도는 우리를 근원이신 그리스도에게로 인도하는 것이다. 베드로는 이
것을 유대인들에게 알게 하기 위해서 점진적으로 접근해 나가는 방법을 사용한다.
즉, 그는 처음부터 나사렛 예수가 바로 그리스도라고 선포하는 것이 아니라, 단지
그가 하나님으로부터 보내심을 받은 분이라고 말하고서는 그가 행하신 이적들을
통해서 그러한 사실을 증명할 뿐이다. 그런 후에, 베드로는 나사렛 예수께서 죽임
을 당하셨지만 그 죽음으로부터 다시 살아나셨다고 말한다. 이렇게 해서, 예수는
선지자들 중의 하나가 아니라, 만물을 회복하실 자로 약속되어졌던 바로 그 하나님
의 아들이시라는 사실이 점점 더 분명하고 온전하게 드러난다. 그러므로 나사렛 예
수는 분명한 증언들을 통해서 하나님으로부터 인정받으신 인간이셨기 때문에 미천
한 사람으로 여겨져서 멸시받아도 되는 그런 분이 아니라는 것이 베드로의 설교의
첫 번째 부분(행 2:22-24)의 요지이다. 고대 라틴어 역본의 번역자가 사도행전 2:22
에 나오는 헬라어 '아포데데이그메논'(ἀποδεδειγμένον)을 라틴어로 "인정하셨
다"(한글개역개정에서는 "증언하셨느니라")로 번역한 것은 잘못이 아니다. 도리어 그 번
역자가 이 헬라어 단어를 부정확하게 이해했다고 생각한 에라스무스가 "나타내셨
다"라고 번역한 것이 누가의 참된 의도를 제대로 표현하지 못하는 잘못을 저지른
것이다. 왜냐하면, 헬라인들은 이 단어를 "보여주다, 설명(논증)하다"의 뜻으로 사
용하였던 까닭에, 수학자들도 어떤 사실을 사람들의 눈 앞에 제시하기 위해 사용하
는 증거들을 '아포데익세이스'(ἀποδείξεις)라고 불렀기 때문이다. 결국, 누가가 말
하고자 한 것은, 예수께서는 그 어떠한 증언이나 인정도 받지 못하고 불쑥 나타난
미지의 인물이었던 것이 아니라, 하나님께서 그로 말미암아 이루신 이적들을 통해
서 그가 영화롭고 존귀한 분이라는 것을 증언하시고 인정해 주신 분이었다는 것이
다. 그러므로 누가는, 예수께서 유대인들에게 나타나신 것은 하나님께서 자기 아들
이 그들 가운데서 지극히 위대하고 고귀한 존재로 여기심을 받게 하고자 하셨기 때
문이라는 것이다. 이것은 이 이적들이 다른 민족들을 위한 것이 아니고 유대인들을
위한 것이고, 그들로 하여금 예수께서 하나님으로부터 그들에게 보내심을 받으셨
다는 사실을 인정하도록 만들기 위한 것이었다고 말한 것과 같다

큰 권능과 기사와 표적. 베드로는 이적들을 이 세 가지 명칭으로 부른다. 하나님

께서는 이 이적들을 통해서 지금까지 유례없는 새로운 방식으로 자신의 능력을 나타내셨기 때문에, 또는 적어도 유대인들 가운데서 큰 놀라움을 불러일으키셨기 때문에, 베드로가 이 이적들을 "큰 권능"으로 부른 것은 합당하다. 또한, 뭔가 평범함을 벗어난 기이한 일들이 일어났을 때에 우리의 마음이 더 잘 격동되는 것이 보통인데, 그런 일들은 우리를 깜짝 놀라게 만들기 때문에 "기사(奇事)"라고도 불린다. 그리고 하나님께서는 사람들의 마음이 "기사"에 머물러 있지 않고 좀 더 높은 곳으로 들어 올려지기를 원하시기 때문에, 이적들은 "표적"이라고도 불린다. 베드로는 그리스도의 이적들을 지극히 높이고 찬양하기 위해서, 그리고 사람들로 하여금 그 이적들을 숙고하도록 만들기 위해서 이 세 가지 용어를 중첩적으로 제시한다. 그런데 베드로는 그리스도를 이적들의 일차적인 근원이 되시는 분(primarium autor)이 아니라 단순한 사역자(minister)로 묘사한다. 앞에서 이미 말했듯이, 이것은 그리스도에 대해서 점진적으로 기술하고자 했기 때문이다. 하지만 여기서 한 가지 의문이 생겨날 수 있는데, 그것은 이적들이 신빙성 있는 증거가 되기에 충분한가 하는 문제이다. 왜냐하면, 마법사들도 사람들로 하여금 자신들의 사기극을 믿게 하기 위하여 이적들을 행하는 방법을 쓰기 때문이다. 나의 대답은 사탄의 눈속임은 하나님의 능력과는 전혀 다르다는 것이다. 실제로 그리스도께서는 적그리스도의 나라에서 기적들이 횡행할 것이라고 말씀하시고서는, 바로 이어서 그것들은 다 "거짓 기적"(살후 2:9)이라는 말씀을 덧붙이신다. 만일 어떤 사람이 그리스도께서도 사탄의 기적들은 "할 수만 있으면 택하신 자들도 미혹할"(마 24:24) 수 있을 만큼 겉보기에는 너무나 똑같다고 말씀하셨기 때문에, 우리가 그 둘을 구별할 수 없을 것이라고 반론을 제기한다면, 나의 추가적인 답변은 그 둘을 분별할 수 없는 것은 전적으로 우리 자신의 결함, 즉 우리가 너무나 우매한 까닭이고, 사실 하나님께서는 어떤 이적이 자신의 능력으로 인한 것인지의 여부를 아주 분명하게 보여주신다는 것이다. 그러므로 우리에게 볼 수 있는 제대로 된 눈만 있다면, 하나님께서 베푸시는 이적들 속에는 그것들이 하나님의 역사이자 가르침이라는 것을 보여주는 충분한 증거가 있다는 것을 알 수 있다. 그런데도 불경건한 자들이 그러한 증거를 보지 못하고서 사탄의 "거짓 기적들"에 수시로 속아 넘어가는 것은 그들의 눈이 멀었기 때문이다. 하지만 순전한 마음을 지닌 자들은 누구나 하나님께서 자기 자신을 나타내실 때마다 그들의 순전한 마음눈을 통해서 하나님을 인식하고 알게 된다. 사탄이 우리를 미혹할 수 있는 것은, 우리 마음의 악성(malitia)으로 말미암아 우리의 판단력이 왜곡되고, 우리 자신의 영적 우둔함(segnities)으로 말미암아 우리의 눈이 멀어 있거나 흐릿해져 있을 때 외에는, 사탄은 우리를 속이고 미혹할 수 없다.

23. 그가 하나님께서 정하신 뜻과 미리 아신 대로 내준 바 되었거늘 너희가 법 없는 자들의 손을 빌려 못 박아 죽였으나. 베드로는 유대인들로 하여금 그리스도의 부활을 더욱 확신할 수 있도록 하기 위해서, 어떤 이유로 인해서 그가 죽게 되셨는지를 특별히 언급한다. 그리스도가 십자가에 못 박혀 죽으셨다는 것은 유대인들에게는 아주 잘 알려진 사실이었다. 따라서 그가 다시 살아나셨다는 것은 그의 신적인 능력을 보여주는 강력하고 경이로운 증거였다. 한편, 베드로는 그들의 양심이 죄책감으로 찔림을 받도록 하기 위해서, 그리스도를 죽인 것은 바로 그들이라고 말한다. 이것은 그들이 스스로의 손으로 그리스도를 십자가에 못 박았다는 뜻이 아니라, 온 백성이 한 목소리로 그를 죽이라고 요구하였다는 뜻이다. 그리고 이 설교를 듣고 있던 사람들 중에는 그토록 사악하고 잔혹한 일에 찬성하지 않았던 사람들이 많이 있었을 것임에도 불구하고, 베드로가 그 일을 온 백성의 책임으로 돌린 것은 합당하였다. 왜냐하면, 유대 백성 모두가 침묵(silentium)하거나 무관심(incuria)함으로써 그들 자신을 더럽혔기 때문이다. 또한, 하나님께서 일찍부터 그들에게 그리스도를 분명하게 보여주셨기 때문에, 모르고 그랬다는 변명도 통할 수 없었다. 따라서 베드로가 그들의 죄를 지적한 것은 회개를 위한 정지작업(praeparatio ad poenitentiam)이었다.

베드로는 "하나님께서 정하신 뜻"이라는 어구를 통해서 걸림돌을 제거한다. 왜냐하면, 하나님께서 그토록 존귀하게 하신 인간이 나중에 온갖 모욕을 다 당하고 치욕스럽게 죽임을 당했다는 것은 언뜻 보면 말이 되지 않는 것처럼 보이기 때문이다. 이처럼 그리스도의 십자가는 처음 보았을 때에 우리를 혼란스럽게 만들 수밖에 없기 때문에, 베드로는 그리스도께서 고난을 당하고 죽으신 것은 우연히 된 일도 아니고, 그가 자기 자신을 구원할 능력이 없어서도 아니고, 오직 하나님께서 그렇게 되도록 정하셨기 때문이라고 역설한다. 그리스도의 죽음이 하나님의 영원하신 계획을 따라서 작정된 일이라는 것을 아는 것만으로도, 우리는 온갖 어리석고 악한 생각에서 벗어날 수 있고, 그렇지 않았더라면 생겼을지도 모르는 걸림돌들(offensiones)로부터도 벗어날 수 있다. 왜냐하면, 우리는 하나님께서 작정하신 일에는 경솔한 것이나 헛된 것이 하나도 없다는 것을 확신할 수 있기 때문이다. 이러한 사실부터 우리는 하나님께서 그리스도로 하여금 고난을 겪고 죽게 하신 데에는 정당한 이유(iusta causa)가 있었다고 말할 수 있게 된다. 따라서 하나님의 섭리를 아는 것은 그리스도의 죽음의 목적과 결과를 깊이 생각하게 만드는 첫걸음이다. 왜 냐하면, 우리는 하나님의 계획을 알게 될 때, 의로우신 예수께서 우리의 죄를 위해서 죽으셨고, 그의 피는 우리의 죽음에 대한 속전이었다는 사실을 즉시 알게 되기 때문이다.

또한, 이 구절 속에는 하나님의 섭리(providentia Dei)에 관한 매우 의미심장한 내용이 포함되어 있어서, 우리는 우리의 삶만이 아니라 죽음까지도 하나님의 섭리에 의한 것임을 알게 된다. 여기서 누가는 그리스도에 대해서 말하고 있지만, 그리스도에게 일어난 일들은 하나님의 보편적인 섭리를 우리에게 보여주는 거울이다. 그 섭리는 온 세상에 두루 미치지만, 특히 그리스도의 지체들인 우리에게 빛을 비추어 준다. 누가는 여기서 두 가지 주제를 다루는데, 그것은 하나님의 미리 아심(praescientia)과 작정하심(decretum)이다. 순서상으로는 하나님의 미리 아심이 먼저이다. 왜냐하면, 하나님께서는 실제로 어떤 일을 작정하시기 전에, 자신이 무엇을 작정하실 것인지를 미리 아시기 때문이다. 그러나 누가는 하나님의 작정하심("하나님께서 정하신 뜻")을 먼저 말하고, 그런 후에 미리 아심("미리 아신 대로")을 말함으로써, 하나님께서는 오래 전에 자신의 뜻을 미리 정해 놓으심이 없이는 그 어떤 일도 계획하거나 결정하지 않으신다는 것을 우리로 하여금 알게 한다. 반면에, 사람들은 아무 생각 없이 어떤 일들을 즉석에서 결정할 때가 많다. 그래서 베드로는 하나님의 작정하심은 아무런 이유 없이는 결코 이루어지는 법이 없다는 것을 보여주기 위해서 하나님의 작정하심을 미리 아심과 결합해서 여기에 제시하고 있는 것이다. 이제 우리는 이 둘을 구별하되, 그것도 아주 신중하고 조심스럽게 해야 한다. 왜냐하면, 많은 사람들이 이 대목에서 속아 넘어가기 때문이다. 그런 사람들은 하나님께서 온 세상을 통치하시는 수단인 하나님의 작정하심은 건너뛰고, 오직 하나님의 미리 아심만을 천착한다. 하나님께서는 모든 것을 내다보고 계심에도 불구하고, 자신의 피조물들에게 그 어떤 필연성(necessitas)도 부과하지는 않으셨다고 보는 데서 온갖 편차가 발생한다. 하나님께서는 앞으로 일어나게 될 일이 이렇게 혹은 저렇게 될 것인지를 알고 계신다. 그러나 베드로는 그리스도께 닥칠 일을 하나님이 알고 계셨을 뿐만 아니라 그렇게 되도록 친히 작정하셨다고 가르친다. 이 사실로부터 우리는 하나님께서 그리스도의 죽음을 작정하심에 있어서만이 아니라 온 세상을 통치하심에 있어서도 자신의 섭리를 보여주신다는 일반적인 교훈을 도출할 수 있다. 그러므로 장래에 일어날 일을 미리 아는 것뿐만 아니라 그 장래 일이 무엇이 될지를 자신의 뜻을 따라서 정하는 것도 하나님께 속한 일이다. 베드로는 하나님의 분명하게 결정된 계획 아래에서 그리스도께서 내준 바 되셨다고 말함으로써 이 일이 하나님에 의해서 정해진 일이라는 사실을 지적한다. 그러므로 하나님의 미리 아심(praescientia)은 하나님께서 만물을 통치하시는 수단으로서의 하나님의 뜻(voluntas Dei)과 동일한 것이 아니다.

이것을 좀 더 예리한 시각으로 바라보는 사람들 중에는 하나님께서는 미리 아실 뿐만 아니라 세상에서 일어나는 모든 일을 손짓 하나로 통치하신다는 것을 인정하는 사람도 일부 있기는 하지만, 그런 사람들은 다른 한편으로는 하나님께서 자신의 피조물들에게 그들 자신의 본성을 따를 수 있는 자유를 주셨다는 것도 인정함으로써 간접통치(confusum regimen)가 이루어지고 있다고 생각한다. 즉, 그들은 태양이 하나님께서 한 번 명령하신 대로 우리에게 빛을 주는 자신의 사명을 계속해서 수행해 나가고 있다는 의미에서 태양이 하나님의 뜻에 의해 통치되고 있다고 말하고, 인간의 본성이 선악 간에 자유로운 선택을 할 수 있도록 지음 받았다는 의미에서 하나님께서 인간에게 자유의지를 주셨다고 말한다. 이렇게 생각하는 사람들은 하나님께서 아무 일도 하지 않는 채 하늘에 앉아 계신다고 생각하는 것이다. 이것은 성경이 우리에게 가르치는 것과는 판이하게 다르다. 왜냐하면, 성경은 하나님께서 만물 가운데서, 그리고 사람들의 행위 속에서 구체적인 통치권을 행사하신다고 가르치기 때문이다. 그러나 우리는 성경이 어떤 목적에서 그러한 사실을 가르치고 있는지를 곰곰 생각해 보아야 한다. 성경이 이러한 사실을 우리에게 가르치는 목적은 하나님의 손이 우리를 보호해 주는 한 사탄과 악한 자들이 우리를 해칠 수 없다는 것을 우리로 하여금 알게 하여 우리의 믿음을 강화시키기 위한 것이다. 이 한 가지 사실을 굳게 붙잡는 것은 우리에게 유익하고, 베드로가 이 구절을 기록하면서 의도한 목적도 바로 그것이다. 우리는 그리스도 안에서 우리 앞에 제시된 하나의 사례를 통해서 지혜롭게 되는 길을 배울 수 있다. 왜냐하면, 그리스도의 육신은 자연법칙을 따라서 썩어 부패할 수밖에 없었다는 것에 대해서는 의문의 여지가 없지만, 하나님의 섭리에 의해서 그러한 자연법칙을 벗어날 수 있었기 때문이다. 그리스도의 뼈가 꺾일 수 있었는지 그렇지 않은지를 누군가가 물어본다면, 우리는 자연법칙에 비추어 보았을 때에는 꺾일 수 있었다는 사실을 부인할 수 없을 것이다. 하지만 실제로는 그리스도의 뼈는 하나도 꺾이지 않았다. 왜냐하면, 하나님께서 그렇게 되도록 정하셨기 때문이다(요 19:36). 이 사례를 통해서 우리는 하나님의 섭리를 무엇보다도 가장 중요하게 여겨서, 우리 자신의 한계와 본분을 잘 지키고, 우리의 눈으로 꿰뚫어 볼 수 없는 하나님의 숨겨진 일들(Dei arcana)에 경솔하고 무모하게 개입하려고 해서는 안 된다는 교훈을 배울 수 있다.

23. 법 없는 자들의 손을 빌려.　여기서 베드로는 마치 "악인들"(한글개역개정에는 "법 없는 자들")이 하나님의 뜻에 순종해서 그런 일을 한 것이라고 말하고 있는 것으로 보일 수 있다. 만일 그것이 사실이라면, 두 가지 말도 되지 않는 결론이 거기로부터 도출되는데, 그것은 첫째는 하나님은 악의 원천이라는 것이고, 둘째는 사람들이 저지르는 그 어떤 악행도 죄가 되지 않는다는 것이다. 두 번째 결론에 대한 나의 대답은, 하나님께서 친히 정하신 일을 악인들이 수행한 것이라고 할지라도 그들은 결코 하나님의 뜻에 순종한 것이 아니라는 것이다. 왜냐하면, 순종이라는 것은 자발적인 감정에서 비롯된 것이라야 하기 때문이다. 우리는 악인들이 하나님께서 친히 정하신 일들을 수행했다고 하더라도 하나님의 뜻과는 전혀 다른 목적을 가지고 그렇게 행한 것임을 안다. 다시 한 번 말하지만, 하나님의 뜻을 알고 행한 자가 아니라면, 어느 누구도 하나님의 뜻에 순종한 것이 아니다. 따라서 순종은 하나님의 뜻을 아느냐의 여부에 달려 있다. 그리고 하나님께서는 율법을 통해서 우리에게 자신의 뜻을 계시해 주셨다. 그러므로 하나님의 율법에 부합하는 일을 행하는 자라야 비로소 하나님께 순종하는 자라고 할 수 있다. 그런 자들은 하나님의 통치에 자발적으로 복종하는 자들이다. 우리는 악인들에게서 이런 면모를 결코 찾아볼 수 없다. 하나님께서 그들을 이리저리로 몰고 다니셔도 그들은 그런 사실을 전혀 알지 못한다. 그러므로 그들이 하나님께 순종한 것이기 때문에 용서받아야 마땅하다고 말할 사람은 아무도 없을 것이다. 우리는 율법 안에서 하나님의 뜻을 찾으려고 해야 하는데, 그들은 할 수만 있다면 하나님의 뜻을 거스르려고 하기 때문이다. 첫 번째 결론과 관련해서는 나는 하나님께서 악의 원천이라는 표현 자체를 받아들일 수 없다. 왜냐하면, 그런 표현은 뭔가 왜곡된 함의를 담고 있기 때문이다. 모름지기 어떤 행위가 악한 것인지의 여부는 그 행위의 목적이 무엇이었느냐에 따라서 평가되어야 한다. 사람이 물건을 훔치거나 다른 사람을 죽일 때, 그들의 행위가 죄가 되는 것은 그들이 도둑이거나 살인자이기 때문이다. 절도 행위나 살인 행위에는 악한 목적(sceleratum consilium)이 내포되어 있다. 그러나 그들의 악의(malitia)를 이용하시는 하나님의 경우에는 사정이 다르다. 왜냐하면, 하나님께서는 징계할 자를 징계하

시고 관용할 자를 관용하시는 것일 뿐이고, 그 목적에는 악한 것이 전혀 없는 까닭에, 자신의 본성이신 완전한 의로움에서 벗어나신 것이 전혀 아니기 때문이다. 그러므로 그리스도께서 악인들의 손에 넘겨져서 십자가에 달리게 되셨을 때, 그것은 하나님의 뜻과 섭리에 의해서 일어난 일이었다. 하지만 그 자체로 악한 행위들인 반역이나 살인은 결코 하나님의 일로 여겨져서는 안 된다.

24. 하나님께서 그를 사망의 고통에서 풀어 살리셨으니. 나는 "사망의 고통"이 육체적으로 느끼는 고통 이상의 것을 의미하는 것이라고 본다. 왜냐하면, 사망이 하나님의 저주라는 말을 듣고서 사망의 본질에 대해 진지하게 고민해 본 사람들은 사망에서 하나님의 진노가 드러나는 것이라고 생각하지 않을 수 없는 까닭에, 거기로부터 이루 말할 수 없는 두려움에 휩싸이게 되고, 이것은 그들에게 사망 자체보다 더 큰 고통이 되기 때문이다. 더욱이, 그리스도께서는 우리의 죄를 대신 담당하시기 위해서 죽으신 것이었다. 따라서 그리스도께서 하나님의 심판대 앞에 서셨을 때에 그로 하여금 땀을 피처럼 흘리시게 만들 만큼 그 내면의 양심을 두렵게 하였던 저 공포는 육신의 다른 어떤 고통보다도 더 큰 두려움과 고뇌를 그에게 안겨 주었다. 그러나 베드로는 그리스도께서 이런 고통들과 싸우셔서 마침내 승리를 거두셨기 때문에, 이제 믿는 자들은 사망을 두려워할 필요가 없다고 말한다. 왜냐하면, 그리스도의 승리로 말미암아 하나님의 저주가 삼킨 바 된(고전 15:54) 까닭에, 이제 사망의 본질은 아담의 때와 같지 않게 되었기 때문이다. 우리는 지금도 고통들을 겪으며 살아가고 있다. 하지만 믿음의 방패를 붙잡고 있는 한, 우리는 그런 고통들 때문에 치명적인 상처를 입지는 않는다. 한편, 베드로는 사망이 그리스도를 제압할 수 없었던 이유를 그가 생명의 근원(vitae autor)이셨기 때문이라는 말을 덧붙인다.

²⁵다윗이 그를 가리켜 이르되 내가 항상 내 앞에 계신 주를 뵈었음이여 나로 요동하지 않게 하기 위하여 그가 내 우편에 계시도다 ²⁶그러므로 내 마음이 기뻐하였고 내 혀도 즐거워하였으며 육체도 희망에 거하리니 ²⁷이는 내 영혼을 음부에 버리지 아니하시며 주의 거룩한 자로 썩음을 당하지 않게 하실 것임이로다 ²⁸주께서 생명의 길을 내게 보이셨으니 주 앞에서 내게 기쁨이 충만하게 하시리로다 하였으므로 ²⁹형제들아 내가 조상 다윗에 대하여 담대히 말할 수 있노니 다윗이 죽어 장사되어 그 묘가 오늘까지 우리 중에 있도다 ³⁰그는 선지자라 하나님이 이미 맹세하사 그 자손 중에서 한 사람을 그 위에 앉게 하리라 하심을 알고 ³¹미리 본 고로 그리스도의 부활

을 말하되 그가 음부에 버림이 되지 않고 그의 육신이 썩음을 당하지 아니하시리라
하더니(2:25-31).

25. 다윗이 그를 가리켜 이르되. 그리스도의 부활은 분명하고 확실한 예언들에
의해서 증언되었을 뿐만 아니라, 선지자들의 일관된 가르침으로부터도 추론될 수
있었다. 하지만 베드로는 유대인들에게 마치 그 일이 생소하고 신기한 일이라도 된
다는 듯이 증명해야만 하였다. 그러나 이것은 놀랄 일이 아니다. 왜냐하면, 우리는
그리스도께서 제자들에게 자신의 부활에 대해 여러 차례 가르쳐 주셨지만, 그런 가
르침이 그들에게조차 별 소용이 없었다는 것을 알고 있기 때문이다. 그러나 우리가
곧 살펴보게 되겠지만, 제자들은 그리스도를 아는 지식으로 그들을 인도해 줄 길을
열어 줄 수 있는 참된 가르침의 몇몇 확실한 원리들을 갖고 있었다. 그러므로 베드
로는 그들이 받은 성령이라는 은사가 그리스도의 부활의 열매였던 까닭에, 다윗의
증언을 빌려서 그리스도께서 다시 살아나실 수밖에 없었다는 것을 증명함으로써,
유대인들로 하여금 이 은사의 수여자가 그리스도이심을 알게 하고자 하였다. 베드
로는 그리스도께서 죽음으로부터 다시 부활하신 것은 자기 자신을 위한 것이 아니
라, 자기 사람들을 위한 것이라는 사실을 모든 사람이 알고 있는 것으로 전제한다.
이제 우리는 베드로가 어떤 의도로 이런 말을 한 것인지를 알게 된다. 즉, 부활은 아
주 오래 전에 예언된(praedictum) 일이기 때문에 새로운(novum) 일이라고 생각해
서는 안 되고, 다윗이 그에 관해서 예언하였기 때문에 예수는 교회의 머리 되시는
그리스도시라는 것이다.

무엇보다도 먼저, 우리는 과연 베드로가 주장하듯이 이 시편 구절을 전적으로 그
리스도와 관련지어서 이해하여야 하는 것인지를 검토해 보아야 한다. 그런 후에,
설명이 필요한 부분이 있으면, 차근차근 살펴보기로 하자. 베드로는 "주의 거룩한
자로 썩지 않게 하실 것임이니이다"(시 16:10)는 말씀이 다윗을 가리키는 것이 아니
라고 주장한다. 왜냐하면, 다윗의 시신은 무덤 속에서 썩었기 때문이다. 그런데 이
런 논의는 언뜻 보면 사소한 것처럼 보일 수 있다. 왜냐하면, 여기서 다윗은 단지 자
기가 멸망 받지 않기만을 구한 것일 뿐인 까닭에, 이 말씀에 그렇게 큰 의미를 둘 필
요는 없다는 반론이 즉시 제기될 수도 있기 때문이다. 그러므로 다윗은 썩어짐이
자기를 어떤 식으로 엄습한다고 할지라도, 하나님께서 자기를 구원해 주실 줄을 알
고 있었기 때문에, 자신이 썩어짐의 위험으로부터 안전할 것이라고 아무런 거리낌

없이 예언할 수 있었다. 더구나 히브리어에서 흔하게 사용되는 대구법에서 그러하
듯이, "주의 거룩한 자로 썩지 않게 하실 것임이니이다"라는 하반절은 "내 영혼을
음부에 버리지 아니하시며"라는 상반절의 내용을 그대로 반복해서 표현한 것일 수
도 있다. 그렇다면, 의미는 분명하다. 즉, 하나님께서는 다윗으로 하여금 사망의 권
세에 짓눌리거나 먹히지 않도록 해주시리라는 것이다. 이러한 해석은 다윗이 각각
"음부" 및 "썩음"이라고 번역된 히브리어 '스올'(שׁאול)과 '샤하트'(שׁחת)를 사용한
것에서 확증된다. 이 두 단어는 모두 "무덤"을 뜻한다. 따라서 다윗은 자기가 하나
님의 은혜로 말미암아 사망으로부터 구원받게 될 것이라고 두 번 거듭해서 말한 셈
이 된다. 끝으로, 다윗은 시편 49:15에서 동일한 표현을 사용하고 있다: "내 영혼을
음부의 권세에서 구속하시리로다." 한편, 그는 멸망 받을 자들에 대해서 언급할 때
에는 "무덤 속으로 내려가다"라는 표현을 "멸망하다"라는 의미로 사용한다. 간단히
말해서, 이 구절 속에는 경건한 자가 통상적으로 경험하는 구원들보다 더 큰 일이
표현되어 있다는 것이다. 즉, 다윗은 하나님께서 죽음 이후만이 아니라 살아 있는
동안에도 자신의 영원한 구원자가 되시리라는 것을 약속하고 있는 것이다. 만일 그
가 하나님의 보호하심으로 말미암아 끝까지 안전할 것이라는 소망을 갖고 있지 않
았다면, 설령 한 가지 위험으로부터 구원을 받은 적이 있었다고 하더라도, 그것은
그에게 그리 큰 유익이 되지는 못했을 것이다. 그러나 그가 말하고 있는 안전
(incolumitas)은 사람들의 통상적인 운명을 뛰어넘는 그런 안전이었다. 그가 여기서
하는 말은 마치 하나님이 자기에게 주신 새롭고 특별한 특권에 감격하여 말하고 있
는 것처럼 들린다. 나는 여기에서 반복법이 쓰이고 있어서, 상반절인 "내 영혼을 음
부에 버리지 아니하시며"와 하반절인 "주의 거룩한 자로 썩음을 당하지 않게 하실
것임이로다"는 동일한 내용을 표현하고 있다는 것을 인정하지만, 그렇다고 해서 이
절을 단순히 하나님께서 그의 거룩한 자를 영원한 멸망으로부터 구원하실 것이라
는 뜻으로 이해하여야 한다는 것은 아니다. 왜냐하면, 이 절에서는 "썩음을 당하지
않게 하실 것"(immunitas a corruptione)이 명시적으로 약속되고 있기 때문이다. 상
반절의 '스올'(שׁאול)이 무덤을 의미하는 것처럼, 하반절의 '샤하트'(שׁחת)도 무덤을
의미하는가 하는 것은 별로 중요한 것이 아니기 때문에, 이 단어들을 놓고 논쟁하
고 싶은 생각은 없지만, 그 어원에 대해서는 고찰해 볼 필요가 있다. 무덤은 사람의
육신을 썩게 만든다는 이유로 '샤하트'라고 불리는 것이기 때문에, 다윗이 이 단어
를 통해서 말하고자 했던 것도 바로 그러한 특성이라는 데에는 의심의 여지가 없

다. 따라서 이 단어에 의해서 표현되고 있는 것은 어떤 장소라기보다는 썩어질 수밖에 없는 상황(putrescendi conditio)이다. 그러므로 이것은 하나님께서 이 시편에서 언급되고 있는 사람이 무덤 속에서 썩게 하지 않으실 것이라는 의미이다. 다윗은 썩어짐의 필연성을 비껴가지 못했기 때문에, 다윗에게서는 이 예언이 진정으로 또는 온전히 성취된 것이 아니었다.

이 시편이 철저하게 그리스도에 대하여 말하고 있는 것으로 해석되어야 한다는 것은 그 자체로 증명된다. 다윗은 아담의 후손 중 한 사람이었기 때문에, 인류가 처한 보편적인 숙명으로부터 벗어날 수 없었다: "너는 흙이니 흙으로 돌아갈 것이니라"(창 3:19). 무덤은 아담의 후손들을 집어삼키기 위해서 입을 벌리고 기다리고 있고, 어느 누구도 이러한 썩어짐을 비껴갈 수 없다. 우리가 그리스도로부터 떨어져 있을 때, 우리에게는 무덤이 예비되어 있고, 우리는 이 무덤이 "썩어짐"을 가지고 우리를 위협하고 있다는 것을 안다. 그러므로 만일 다윗이 그리스도로부터 떨어져 있었다면, 자기가 무덤으로부터 안전하게 보존될 것이라는 그의 말은 그에게 적용될 수 없을 것이다. 따라서 다윗은 자기가 무덤과는 관계가 없을 것이라고 기뻐했을 때, 썩어짐과 관련해서 자기가 사망의 나라를 폐하고 사망을 이긴 그리스도의 몸 안에 있는 것이라고 생각했음이 분명하다. 그리고 다윗이 자신은 무덤에서 벗어날 수 있다고 기대한 것이 다른 어떤 이유가 아니라 오직 자신이 그리스도의 지체라는 이유에 기인한 것이라면, 무덤으로부터 자유로워지는 것이 머리 되신 그리스도로부터 시작되어야 한다는 결론이 나온다. 정상적인 판단력을 지닌 사람이라면 누구나 이것이 무리한 논증이 아니라는 것을 쉽게 알 수 있을 것이다. 하나님께서는 인류 전체에 썩어짐의 굴레를 씌우셨다. 따라서 한 인간에 지나지 않았던 다윗이 그것을 피할 수는 없었다. 또한, 이 설교를 듣고 있던 유대인들에게 있어서 만물의 회복은 오직 그리스도에게서만 기대할 수 있다는 것은 논란거리가 될 수 없는 하나의 공리로 받아들여지고 있었음은 의문의 여지가 없다. 그들이 베드로의 말을 순순히 수긍할 수 있었던 까닭이 바로 거기에 있었다는 것은 너무나 분명하다. 왜냐하면, 유대인들은 베드로의 말이 오직 메시아에게만 적용될 수 있다는 것을 알고 있었기 때문이다. 그들은 불 보듯 뻔한 사실을 비웃거나 트집잡을 정도로 무례하고 교만하지는 않았다. 적어도 여기서 언급된 유대인들은 그랬다. 왜냐하면, 당시에 하나님께서는 제자들을 위해서 기꺼이 가르침 받고자 하는 경건한 사람들을 청중으로 예비해 놓으셨기 때문이다. 그들은 구약성경에서 예언된 메시아를 대망하던 유대인들이었

다. 그들은 다윗이 메시아의 모형(typus)이라는 것을 알고 있었다. 또한, 그들에게
는 신앙심과 성경에 대한 경외심이 있었다. 그러나 오늘날에는 거의 모든 민족들이
보여주는 뻔뻔스러움과 후안무치함은 절망적인 수준이다. 그들은 그 어떤 강권함
과 압박을 받아도 요리조리 잘 빠져 나간다. 그러다가 마침내 빠져 나갈 길이 없어
졌을 때도, 그들은 여전히 막무가내이다. 완전히 졌는데도 불구하고, 여전히 굴복
하지 않는다. 그들의 이러한 후안무치함과 주제넘은 건방짐이 그들의 불경건함에
대한 징벌이라는 데에는 의문의 여지가 없다. 이제 베드로의 설교로 다시 돌아가
보자.

다윗은 하나님이 자신의 구원자가 되실 것이라고 단언할 뿐만 아니라, 그 구원의
구체적인 방식, 즉 자기를 무덤에서 썩어짐을 겪지 않게 하실 것이라는 점까지도 분
명하게 밝힌다. 그러므로 베드로가 이 시편에 담긴 내용이 다윗에게 적용되지 않는
것으로 여긴 것은 제대로 된 추론이었다. 왜냐하면, 다윗의 육신은 무덤에서 썩었
기 때문이다. 그러나 베드로는 유대인들에게 대놓고 이런 말을 하기가 어려웠기 때
문에, 완곡한 표현을 사용해서 그러한 어려움을 완화시킨다. 즉, 이 시편에 나오는
말씀이 다윗에게서 성취되었다는 주장을 단도직입적으로 반박하는 대신에, 다윗도
여느 보통 사람들과 다를 바 없이 무덤 속에서 썩어짐을 입은 채로 지금도 누워 있
다는 식으로 넌지시 말하고 있는 것이다. 그러므로 다윗이 그리스도에 대하여 예언
한 내용은 직접적으로는 자기 자신에게 위로가 되는 것이었을 뿐만 아니라, 간접적
으로는 교회 전체에 위로를 가져다주는 것이 되었다. 물론, 이 구절이 다윗이 자기
자신에 대하여 말한 것임을 부인할 수는 없지만, 다윗은 마치 생명의 거울을 통해
서 보듯이 그리스도 안에 감춰진 자기 자신을 보았고, 그렇게 본 자기 자신에 대해
서 말한 것이었다. 다윗은 먼저 그리스도를 바라보고, 그런 후에 자기 자신을 비롯
한 모든 믿는 자들에게로 시선을 돌린다. 따라서 이 구절 속에는 믿음의 본질, 영적
자각의 기쁨, 영원한 구원의 소망에 관한 일반적인 교훈이 우리를 위해 제시되고 있
다.

25. 내가 항상 내 앞에 계신 주를 뵈었음이여. 하나님이 우리와 함께 계시기를
바란다면, 우리가 늘 견지해야 할 원리가 하나 있는데, 그것은 하나님이 우리에게
나타나시기 전이라도, 하나님을 항상 우리 눈 앞에 모시고 있어야 한다는 것이다.
왜냐하면, 믿음의 시계(視界, fidei prospectus)는 우리의 현재적인 경험이 닿을 수
있는 곳보다 훨씬 먼 곳까지 미치기 때문이다. 그러므로 모든 환난과 위험 속에서

도 언제나 하나님을 인도자로 모시고 사는 것이 믿음의 속성이다. 왜냐하면, 하나님이 우리와 함께 하시지 않는다는 생각이 종종 우리를 낙심시키고, 마침내는 우리를 완전히 의기소침하게 만드는 것과 마찬가지로, 하나님이 우리와 함께 계신다는 것을 아는 것은 우리의 마음을 그 무엇보다도 더 든든하게 해주기 때문이다. 다윗은 자기가 성심으로 하나님의 인도하심을 따른 것이 헛되지 않았다는 말을 덧붙인다. 즉, 다윗은 "그가 내 우편에 계시도다"라고 말함으로써, 우리가 하나님을 옆에 모시게 되면, 하나님이 우리를 저버리거나 우리의 믿음을 저버릴 위험이 없다는 것을 보여준다. 왜냐하면, 그럴 때에 우리는 하나님의 즉각적인 도우심을 언제나 느끼게 될 것이기 때문이다. 우리는 하나님의 도우심을 소망함에 있어서 우리의 모든 경험들이나 우리가 감각을 통해서 인식한 모든 것들보다도 믿음을 최우선에 두어야 한다. 비록 하나님께서 우리와 함께 계시지 않고 우리의 눈에 보이지 않는다고 할지라도, 우리가 믿음으로 하나님의 말씀 속에서 하나님을 뵈옵는 영광을 누린다면, 우리는 우리의 믿음에 넘치게 풍성한 도우심을 얻게 될 것이다. 왜냐하면, 우리가 지닌 믿음의 분량(fidei mensura)이라는 것은 하나님의 무한하신 능력과 선하심을 알기에는 너무나 부족하기 때문이다. 다윗은 하나님을 연약한 자들을 붙들어주고 두려움에 떠는 자들에게 힘을 주시기 위해서 그들 편에 서는 자들에 비유한다. 시편 기자가 "하나님이 그 성중에 거하시매 그 성이 요동치 아니할 것이라"(시 46:5)고 말하듯이, "요동하지 않는다"는 말은 흔들림 없이 자신의 위치를 굳게 지킨다는 뜻이다. 경건한 자들도 때로는 격렬하게 동요한다. 하지만 그들은 곧 자신의 본래 모습을 회복하기 때문에 요동하지 않는다고 하는 것이다. 그러므로 하나님의 도우심을 의지하는 자들은 실족(lapsus)을 두려워할 이유가 없다. 반면에, 하나님을 의지하지 않고 다른 데에 힘을 쏟는 자들은 한 줄기 바람에도 요동할 뿐만 아니라, 작은 시험에도 견디지 못하고 무너지게 될 것이다.

26. 그러므로 내 마음이 기뻐하였고. 하나님을 믿고 의지할 때, 심령은 기쁘고, 말에는 즐거움이 넘치며, 온 몸은 평안함과 안전함을 느끼게 된다. 반면에, 하나님의 도우심을 받지 못하는 자들은 그들의 영적 감각이 마비되어 버린 것이 아니라면, 반드시 불안과 염려에 사로잡히게 되고, 그 결과 참담한 고통을 겪지 않을 수 없게 된다. 그러나 우리가 하나님을 믿고 의뢰한다면, 하나님에 대한 그러한 신뢰는 우리를 불안과 염려로부터 건져줄 뿐만 아니라, 우리의 마음을 놀라운 기쁨으로 충만하게 채워 준다. 이 기쁨은 그리스도께서 제자들에게 약속하신 기쁨이자, "너희 기

쁨을 빼앗을 자가 없으리라"고 하셨던 바로 그 기쁨이다(요 16:22; 17:13). 다윗은 "내 마음이 기뻐하였고 내 혀도 즐거워하였으며"라고 말함으로써 그 기쁨이 얼마나 큰 것인지를 표현한다. 즉, 그 기쁨이 너무나 커서, 마음속에만 담아두는 것이 불가능해서, 혀를 통해 저절로 밖으로 터져 나왔다는 것이다. 히브리어 '카보드'(כבוד)는 물론 "영광"을 의미하지만, 여기에서는 다른 많은 본문에서처럼 "혀"라는 의미로 사용되고 있고, 칠십인역도 정확하게 그렇게 옮겼다. 육신의 평안(quies)은 하나님의 보호하심이 우리에게 주는 전인적인 안전(securitas)을 의미한다. 그 어떤 것도 믿음의 사람들로 하여금 끊임없는 불안과 두려움 속에서 떨게 만들지는 못한다. 왜냐하면, 그들은 괴롭고 슬픈 일들의 한가운데 있을 때에도 기쁨을 잃지 않는 까닭에, 그 어떠한 환난도 그들에게서 평안을 앗아갈 수 없기 때문이다. 어떤 이들은 믿는 자들이 누리는 평화는 영에 있는 것이고 육신에 있는 것이 아니라는 반론을 제기한다. 이런 주장에 대한 나의 대답은 믿는 자들이 육신에 평화를 누리는 것은 그들이 어떠한 고통도 겪지 않기 때문이 아니라, 하나님이 그들을 전인적으로 보살펴 주시되, 그의 보호하심을 통해서 그들의 영혼(anima)뿐만 아니라 그들의 육신(corpus)도 지켜 주실 것임을 그들이 믿기 때문이라는 것이다.

27. 이는 내 영혼을 음부에 버리지 아니하시며. 영혼을 음부에 버린다는 것은 멸망하도록 내버려 둔다는 것이다. 여기서 "음부"와 "썩음"으로 번역된 두 개의 히브리어는 모두 무덤을 의미한다. 나는 사람들이 죽음은 결코 만족할 줄 모른다고 생각해서, "요구하다"를 뜻하는 동사 '샤알'(שאל)에서 파생된 '스올'(שאול)을 "음부" 또는 "지옥"을 가리키는 데에 사용한 것이라고 본다. 이런 이유로, "스올이 욕심을 크게 내었다"거나 "스올이 한량없이 그 입을 벌렸다"(cf. 사 5:14) 같은 표현들이 생겨났다. 또 하나의 명사인 '샤하트'(שחת)는 "썩어짐" 혹은 "부패"라는 의미를 지니고 있기 때문에, 다윗은 그 점에 착안하여 무덤을 가리키는 데 이 단어를 사용한 것이다. 어떤 이들은 그리스도께서 음부에 내려가신 것과 이 본문을 연관지어서 논의를 전개하지만, 그것은 시편 기자의 생각이나 의도와는 거리가 멀기 때문에 불필요한 일이다. 왜냐하면, 여기서 "영혼"으로 번역된 히브리어 '네페쉬'(נפש)는 불멸의 존재로서의 "영혼"(anima)을 가리키는 것이라기보다는 생명(vita) 자체를 가리키고, 어떤 사람이 죽어서 무덤 속에 누워 있게 될 때, 사람들은 무덤이 그 사람의 생명을 지배한다고 말하기 때문이다. 칠십인역에서 "거룩한 자"로 번역된 히브리어 '하시드'(חסיד)는 원래 "온유한 자"를 의미하지만, 누가는 그러한 의미가 여기에

서는 적절하지 않다고 보고서 취하지 않았다. 믿는 자들이 자신들의 아버지이신 하나님의 성품을 본받고 닮는 것은 당연한 일이기 때문에, 그들에게 있어서 온유함과 인자함은 흔히 칭송되는 덕목들이다.

28. 주께서 생명의 길을 내게 보이셨으니. 이 말씀을 통해서 다윗은 하나님의 은혜로 말미암아 자기가 죽음에서 벗어나 생명으로 회복되었다는 것을 표현하고 있다. 즉, 그는 자기가 죽었다가 다시 살아난 것은 하나님의 특별한 은총이었다고 고백하고 있는 것이다. 이 모든 것은 그리스도 안에서 하나도 빠짐없이 완벽하게 성취되었다. 즉, 그리스도께서는 "썩음"을 당하지 않으시고, "죽은 자 가운데서 다시 살아나사 잠자는 자들의 첫 열매"(고전 15:20)가 되셨다. 그러나 그의 지체들에게는 이것이 제한적으로 이루어진다. 우리는 "각각 자기 차례대로"(고전 15:23) 그리스도를 뒤따르게 될 것이지만, 그 전에 먼저 썩어서 흙으로 돌아가야 한다(고전 15:42). 이 구절 뒤에 바로 이어지는 "주 앞에서 내게 기쁨이 충만하게 하시리로다"라는 말씀은 "주의 얼굴 빛을 비춰사 우리로 구원을 얻게 하소서"(시 80:3) 및 "주의 얼굴을 들어 우리에게 비춰소서 주께서 내 마음에 두신 기쁨은 저희의 곡식과 새 포도주의 풍성할 때보다 더하니이다"(시 4:6-7)라는 말씀과 일치한다. 왜냐하면, 우리에게 기쁨과 새 생명을 주는 것은 오직 하나님의 평화로운 얼굴빛뿐이기 때문이다. 반대로, 주께서 얼굴을 돌리시거나 찡그리실 때, 우리는 모든 활력을 잃어버릴 수밖에 없다.

30. 그는 선지자라. 베드로는 다윗이 먼 훗날에 일어날 일을 미리 말한 것이 결코 놀라운 일이 아니라는 것을 두 가지 근거를 들어 증명한다. 첫 번째 근거는 다윗이 "선지자"였다는 것이다. 우리는 보통 사람들이 도무지 알 수 없는 장래의 일들에 대해서 선지자들이 계시를 받는다는 것을 알고 있다. 그들은 성령의 인도하심을 따라서 먼 훗날의 일들을 미리 내다보는 사람들이다. 그러므로 다른 사람들의 말을 판단할 때에 사용하는 잣대로 선지자들의 말을 판단하는 것은 옳지 못하다 그래서 그들은 선견자들("보는 자들"이라는 뜻 — 역주)이라고도 불린다. 그들은 높은 망대 위에 앉아 있는 것과 같아서, 너무 멀리 떨어져 있어서 보통 사람들이 볼 수 없는 것들도 그들은 볼 수 있다. 또 다른 이유는 오직 다윗에게만 메시아, 즉 그리스도가 약속되었다는 것이다. 유대인들이라면 이런 사실을 모르는 사람이 없었기 때문에, 그들은 메시아에 대해서 말할 때마다 "다윗의 자손"이라는 말을 빠뜨리지 않았다. 그러나 이런 논거들이 이 예언은 그리스도와 관련하여 해석되어야 한다는 것을 반드시

증명해 주는 것은 아니고, 베드로의 의도도 그런 것이 아니었다. 베드로는 우선적으로, 장래의 미지의 일을 예언할 수 있는 다윗의 그러한 능력이 어디에서 온 것인가와 관련해서 있을 수 있는 반대 견해를 차단하고 싶어 했다. 그래서 그는 다윗이 선지자에게 주어지는 계시를 통해서만이 아니라, 다윗 자신에게 주어진 특별한 약속으로 말미암아 그리스도를 알게 되었다고 말한다. 게다가, 바울이 로마서 10:4에서 천명한 "그리스도는 … 율법의 마침이 되시니라"는 원리는 제대로 된 생각을 지닌 사람들 사이에서는 널리 통용되고 있었다. 그러므로 경건한 자들을 그리스도에게로 인도하는 것이 모든 선지자들의 목표라는 것을 의심하는 사람은 아무도 없었다. 그렇기 때문에, 선지자들이 말한 모든 유명한 내용들은 그리스도와 관련되어 있다는 것이 유대인들의 일반적인 확신이었다. 또한, 우리가 주목해야 할 것은 베드로는 다윗이 모든 계시 중에서 가장 핵심적인 것이 무엇인지를 알고 있었다고 생각했고, 그의 이러한 판단은 충분한 근거가 있었다는 것이다.

30. 하나님이 이미 맹세하사. 하나님께서 맹세하신 것은 다윗으로 하여금 단지 자신의 약속을 믿게 하기 위한 것이 아니라, 자신이 이미 약속하신 것을 더욱더 소중히 여기고 주의를 기울이도록 하기 위한 것이었다. 마찬가지로, 베드로가 여기서 이 사실을 거듭해서 밝히고 있는 것도 유대인들로 하여금 하나님께서 맹세하신 이 약속이 정말 중요한 것이었다는 것을 심사숙고해서 무겁게 받아들이도록 하기 위한 것이었다는 것이 나의 생각이다. 하나님께서 우리에게도 그렇게 맹세로써 말씀을 주신다면, 그것은 우리에게 큰 유익이 될 것이다. 왜냐하면, 하나님께서는 자신의 언약이 얼마나 소중하고 귀한 것인지를 강조하시기 위해서 엄숙한 맹세로써 말씀하신 것이라는 데에는 의문의 여지가 없기 때문이다. 게다가, 하나님의 거룩하신 성호가 마치 보증서처럼 우리 앞에 제시되는 것은 우리의 연약한 믿음을 고쳐서 우리로 하여금 그의 말씀을 더욱 굳건하게 믿을 수 있게 만드는 적절한 치유책이 될 수 있다. "육신을 따라서"라는 말 속에는 그리스도 안에는 육신보다 더 고귀한 그 무엇이 있었다는 선언이 내포되어 있다. 그러므로 그리스도께서는 다윗의 자손인 사람으로 오셨음에도 불구하고 자신의 신성을 여전히 유지하고 계셨다. 그 결과, 두 본성 간의 구별이 분명히 드러났기 때문에, 그리스도는 육신(carnis)을 따라서는 다윗의 자손이라 불리시고, 영원한 본질(essentia)을 따라서는 하나님의 아들이라 불리신다.

³²이 예수를 하나님이 살리신지라 우리가 다 이 일에 증인이로다 ³³하나님이 오른손으로 예수를 높이시매 그가 약속하신 성령을 아버지께 받아서 너희가 보고 듣는 이 것을 부어 주셨느니라 ³⁴다윗은 하늘에 올라가지 못하였으나 친히 말하여 이르되 주께서 내 주에게 말씀하시기를 ³⁵내가 네 원수로 네 발등상이 되게 하기까지 너는 내 우편에 앉아 있으라 하셨도다 하였으니 ³⁶그런즉 이스라엘 온 집은 확실히 알지 니 너희가 십자가에 못 박은 이 예수를 하나님이 주와 그리스도가 되게 하셨느니라 하니라(2:32-36).

32. 이 예수를 … 우리가 다 이 일에 증인이로다. 베드로는 다윗의 증언을 근거로 해서 그리스도께서 다시 살아나셔야 하였다는 것을 증명한 후에, 자기를 비롯해서 거기에 있던 제자들이 그리스도의 부활을 눈으로 목격한 증인들이라고 밝힌다. 여기서 "살리다"라는 단어는 문맥상 다른 뜻으로 이해될 여지가 전혀 없다. 이 사실로부터 다윗이 그리스도에 관해서 예언하였던 것이 나사렛 예수에게서 성취되었다는 결론이 도출된다. 베드로는 그런 결론이 도출된 후에야 비로소 하나님이 그리스도를 살리신 것의 열매 혹은 결과에 대해서 밝힌다. 왜냐하면, 베드로에게는 그리스도께서 살아나셨다는 것을 증명하는 것이 최우선적인 과제였기 때문이다. 만일 그런 사실을 증명하지 못한다면, 그가 그리스도께서 이토록 큰 이적의 원천이라는 말을 해보아야, 그것은 터무니없고 신뢰할 수 없는 허튼 주장으로 들릴 수밖에 없게 될 것이었기 때문이다. 또한, 베드로는 그리스도께서는 자기 자신만을 위해서가 아니라, 온 교회에 성령을 부어 주심으로써 그들로 하여금 그의 생명에 참여하는 자들이 되도록 하시기 위해서 다시 살아나신 것임을 보여준다.

33. 하나님이 오른손으로 예수를 높이시매. "오른손"이라는 단어는 성경의 다른 본문들에서와 마찬가지로 여기에서도 "손"을 의미하거나 힘 또는 능력을 의미한다. 베드로는 그리스도께서 최고의 영광스러운 자리로 높아지신 것이 하나님의 기이한 역사로 말미암은 것임을 밝히기 위해서 이 단어를 사용한다. 왜냐하면, 사람들은 그리스도가 죽음에 의해서 완전히 소멸되었다고 생각하였기 때문이다.

33. 그가 약속하신 성령을 아버지께 받아서. 그리스도께서는 종종 사도들에게 성령을 약속하곤 하셨다. 따라서 베드로의 이 말은 이제 그리스도께서 자기가 약속한 것을 이행할 수 있는 권능을 아버지 하나님으로부터 수여받았다는 것을 의미한다. 그가 이 일이 "약속하신" 일이었다는 것을 분명히 밝힌 것은 유대인들로 하여금

이 일이 갑자기 이루어진 일이 아니라, 오래 전에 하나님이 선지자들을 통해서 주신 말씀들이 이제 비로소 그 참됨이 확증된 것임을 알게 하기 위한 것이었다.

"아버지께 받아서"라는 어구는 중보자의 지위에 있는 이에게 적용될 수 있는 표현이다. 그리스도께서 자기 자신으로부터 성령을 보내셨다고 말하든, 아버지로부터 성령을 보내셨다고 말하든, 둘 다 옳다. 그리스도께서 자기 자신으로부터 성령을 보내셨다고 말하는 것이 옳은 것은 그가 영원하신 하나님이시기 때문이고, 아버지로부터 성령을 보내셨다고 말하는 것이 옳은 것은 그가 사람이신 한에 있어서는 아버지 하나님으로부터 성령을 받아 우리에게 주시는 것이기 때문이다. 베드로는 그리스도의 능력에 대해서 쓸데없는 의문을 제기하는 사람이 없게 하기 위해서 무지한 자들도 알아들을 수 있도록 지혜롭게 말한다. 우리를 아버지 하나님께로 인도하는 것이 그리스도의 직무이기 때문에, 그가 하나님과 우리 사이에 계셔서 자신이 아버지 하나님의 손에서 받은 은사들을 자신의 손으로 우리에게 전해 주시는 것이라고 말한 것은 신앙의 유익을 위해서 아주 적절한 것이었다. 또한, 우리는 베드로가 말한 순서, 즉 그리스도께서 높아지셨다는 것을 먼저 말한 후에 성령이 그에 의해서 보내졌다고 말한 것에도 주목해야 한다. 이것은 다음과 같은 말씀들과도 일치한다: "예수께서 아직 영광을 받지 않으셨으므로 성령이 아직 그들에게 계시지 아니하시더라"(요 7:39); "내가 떠나가지 아니하면 보혜사가 너희에게로 오시지 아니할 것이요"(요 16:7). 그러나 이것은 성령이 이때에 처음으로 주어지기 시작했다는 뜻은 아니다. 왜냐하면, 창세 때로부터 거룩한 조상들은 이미 성령을 수여받았기 때문이다. 따라서 이 구절의 의미는 하나님께서는 그리스도가 보좌에 앉게 될 때까지는 성령이라는 은사를 이전보다 더욱 풍성하게 수여하는 것을 유보하셨다는 것이다. 우리가 방금 전에 본 "부어 주셨느니라"는 단어가 이것을 잘 보여준다. 왜냐하면, 하나님께서는 성령을 물 붓듯이 부어 주시는 것을 통해서 그리스도의 죽음과 부활이 지닌 권능과 효력을 인치시고자 하셨기 때문이다. 이러한 사실로부터 우리는 그리스도께서 비록 육신으로는 우리와 함께 계시지 않지만, 더 나은 방법, 즉 그의 성령을 통해서 우리와 함께 계시기 때문에, 그리스도께서 세상을 떠나심으로 인해서 우리가 잃은 것은 아무것도 없었다는 것을 알게 된다.

34. 다윗은 … 친히 말하여 이르되. 그들은 자신들의 눈으로 목격한 결과들로부터도 그리스도께서 주권(principatus)을 수여받으셨다는 것을 즉시 추론할 수 있었을 것이다. 그럼에도 불구하고, 베드로는 그들로 하여금 그리스도의 영광에 관해서

더 큰 확신을 갖도록 하기 위해서, 그리스도께서 가장 높은 영광스러운 자리에 오르게 되리라는 것이 아주 오래 전에 하나님에 의해서 작정되어 있었다는 사실을 다윗의 증언을 통해서 증명한다. 왜냐하면, 우리가 뒤에서 좀 더 상세하게 살펴보게 되겠지만, "하나님의 우편에 앉다"라는 말은 최고통수권(summum imperium)을 장악한다는 말과 같은 의미이기 때문이다. 그러나 베드로는 다윗이 한 예언을 인용하기 전에, 먼저 그 예언이 오직 그리스도에게만 적용될 수 있다는 것을 보여준다. 따라서 우리가 이 구절을 다음과 같이 이해할 때, 이 구절의 의미는 더욱 잘 통하고 분명해진다. 즉, 다윗은 한 왕이 하나님의 우편에 앉게 될 것이 하나님 자신에 의해서 작정되었다고 선언하고 있다는 것이다. 그러나 이러한 내용은 다윗에게는 해당되지 않는다. 그는 그 정도로 지극히 높여져서 하나님의 우편에 앉게 된 적이 없다. 따라서 다윗이 한 이 말은 그리스도에 대한 것이다. 게다가, 성령의 감동을 따라 예언된 이 말씀은 유대인들에게는 이상한 일로 보이지 않았을 것임이 분명하다. 이러한 사실로부터 "다윗은 하늘에 올라가지 못하였으나"라는 베드로의 말이 무슨 의미인지가 드러난다. 여기서 베드로는 다윗의 영혼이 하늘의 복된 안식처에 들어갔는지 아닌지에 대해서 말하고 있는 것이 아니다. 그는 사도 바울이 에베소서 4장에서 가르치고 있는 것, 즉 "그리스도께서는 만물을 충만하게 하시려고 모든 하늘 위에 오르셨다"(cf. 엡 4:9)고 말한 것과 동일한 의미로 "하늘에 오르다"라는 표현을 사용하고 있는 것이다. 그러므로 이 구절을 근거로 해서 죽은 자들의 상태에 관해서 논의하는 것은 전혀 적절치 않다. 왜냐하면, 여기서 베드로는 하나님의 우편에 앉는다는 예언이 다윗에게서는 실현되지 않았고, 그런 까닭에 이 예언의 성취를 다른 곳에서 찾아야 한다는 것을 확증하고자 한 것일 뿐이기 때문이다. 그리고 그 예언의 성취는 그리스도가 아닌 다른 어느 곳에서도 발견될 수 없기 때문에, 이제 남은 일은 이 예언의 가르침을 알고 있던 유대인들로 하여금 그들에게 오래 전에 주어졌던 그 예언의 말씀이 그들의 눈 앞에서 그리스도를 통해 성취되었다는 것을 알게 하는 것이었다. 물론, 다윗은 하나님의 위임을 받아서 통치했기 때문에, 그가 어떤 의미에서는 하나님의 대리인이었다는 것은 분명하지만, 그렇다고 해서 그가 모든 피조물 위에 군림했던 것은 아니었다. 따라서 온 세상 위에 뛰어난 존재가 아니라면, 하나님의 우편에 앉는다는 말은 어느 누구에게도 적용될 수 없다.

34. 주께서 내 주에게 말씀하시기를. 왕으로 불리든, 아니면 어떤 명칭으로 불리든, 통치자가 하나님의 위임을 받았다는 것이 인정될 때, 그의 통치권의 행사는 합

법성을 확보하게 되기 때문에, 다윗은 그리스도의 이름에 통치권을 위임하는 영이 내려졌다고 선언한다(시 110:1). 이것은 그리스도께서는 무엄하게도 스스로 통치자의 영광을 취한 것이 아니라, 하나님께서 명하셨을 때에 거기에 순종한 것일 뿐이라고 말한 것과 같다(히 5:5). 이제 우리는 베드로의 이러한 추론이 과연 충분한 근거가 있는 것인지를 검토해 보아야 한다. 그는 다윗은 하나님의 우편에 앉은 적이 없다는 사실을 이 구절을 그리스도에게 적용되는 것으로 보아야 하는 근거로 든다. 이 점에 대해서는 논란의 소지가 있어 보인다. 사실, 다윗은 하나님의 특별한 명령에 의해서, 하나님의 이름으로, 그리고 하나님의 도우심을 힘입어 통치한 것이고, 이것은 다윗이 하나님의 우편에 앉아 있었다는 말이 아닌가? 그러나 베드로는 다윗이 행사했던 것보다 훨씬 포괄적이고 엄위한 통치권이 여기서 묘사되고 있다는 것을 모든 사람이 다 알고 있는 것으로 전제하고 있고, 이것이 사실이라는 것은 내가 이미 앞에서 거론한 바 있다. 다윗이 하나님의 명을 받아 하나님을 대리하여 통치하였다고 하더라도, 그러한 권세는 하나님의 우편에 앉는 것에 의해서 나타난 권세에는 훨씬 못 미친다. 이 구절이 그리스도에게 적용되어야 하는 이유는 하나님께서 그리스도를 "모든 통치와 권세와 능력과 주권과 이 세상뿐 아니라 오는 세상에 일컫는 모든 이름 위에 뛰어나게"(엡 1:21) 하셨기 때문이다. 다윗은 천사들보다도 훨씬 낮은 지위에 있었기 때문에 하나님에 버금가는(secundus a Deo) 높은 지위를 결코 차지할 수 없었다. 왜냐하면, 모든 하늘들보다 더 높이 올라간 자만이 하나님의 우편에 앉을 수 있기 때문이다. 따라서 영광과 존엄에 있어서 모든 피조물을 능가하는 자가 아니라면, 그 어느 누구에 대해서도 하나님의 우편에 앉을 자라고 말하는 것은 온당할 수 없다. 피조물에 속한 자는 누구든지 비록 천사의 반열에 드는 자라고 할지라도 그러한 높은 지위에는 도저히 다다를 수 없다. 결국, 이것은 피조물 가운데서 하나님의 우편에 앉을 수 있는 자를 찾아서는 안 된다는 말이 된다. 그는 하늘의 최고 천사들보다도 더 높은 자여야 하기 때문이다.

게다가, "내가 네 원수로 네 발등상이 되게 하기까지"라는 말씀 자체에도 큰 의미가 담겨 있다. 즉, 여기서 왕은 하나님이 자신의 모든 원수들을 자기 앞에 굴복시키실 때까지 최고통수권을 담당하라는 명령을 받고 있다는 것이다. 물론, 나는 이렇게 영광스러운 자리(sessio)를 지칭하는 용어가 세상의 통치자에게 적용될 수 없다고 말하는 것은 아니다. 하지만 다윗이 자신의 모든 원수들을 굴복시킬 때까지 통치했다고 말할 수 없다는 것도 사실이다. 이것으로부터 우리가 그리스도의 나라는 영원할 수밖에 없다는 결론을 내리는 것은 합당하다. 반면에, 다윗의 나라는 현세적인 것이었을 뿐만 아니라, 연약하고 단명한 것이었다.

뿐만 아니라, 다윗이 죽었을 때, 그의 주변에는 원수들이 도처에 널려 있었다. 그는 분명히 사람들의 입에 오르내릴 만한 승리를 많이 거두긴 하였지만, 자신의 모든 원수들을 다 굴복시킨 것은 결코 아니었다. 그는 주변의 많은 나라들을 속국으로 만들기도 하고 패주시키거나 궤멸시키기도 하였다. 그러나 이것이 모든 원수를 굴복시킨 것은 아니지 않는가? 마지막으로, 우리는 시편 110편의 전체적인 맥락에 비추어서, 그리스도의 나라를 도외시하고는 이 시편을 이해할 수 없다는 것을 증명할 수 있다. 다른 것들은 그만두고라도, 영원한 대제사장직에 관해서 이 시편이 언급하고 있는 것은 다윗이라는 인물과는 너무나 거리가 먼 내용이다. 나는 유대인들이 성경의 다른 본문들에서는 왕의 아들들을 제사장들(히브리어로 כהנים – '코하님')이라 부른다고 엉뚱한 소리를 한다는 것을 알고 있다. 그러나 지금 여기서 거론되고 있는 것은 모세에 의해서 멜기세덱 왕에게 돌려진 제사장직이다("여호와는 맹세하고 변치 아니하시리라 이르시기를 너는 멜기세덱의 반차를 좇아 영원한 제사장이라 하셨도다," 시 110:4). 그리고 거룩한 맹세에 의해서 새로운 종류의 제사장직이 세워진다. 따라서 우리는 여기서 어떤 평범한 일을 생각해서는 안 된다. 만일 다윗이 제사장의 직분 중에서 일부라도 자기가 담당하려고 끼어들었다면, 그것은 악한 일이 될 수밖에 없었을 것이다. 그런 다윗이 어떻게 아론보다 더 큰 제사장(히브리어로, כהן – '코헨')이라 불릴 수 있었겠으며, 하나님에 의해서 제사장으로 영원히 성별될 수 있었겠는가? 그러나 나는 지금 여기서 이 시편 전체를 강해하고자 하는 것이 아니기 때문에, 우리는 베드로가 제시한 다음과 같은 근거만으로 만족하는 것이 마땅하다: 하나님께서는 그리스도를 천지의 주재로 삼으시고, 그리스도는 하나님의 우편에 앉아 계신다. 이 절의 하반절(한글개역개정에서는 상반절)인 "내가 네 원수로 네 발등상이 되게 하기까지"에 대해서는 고린도전서 15:25에 대한 나의 주석을 읽어 보라.

36. 그런즉 이스라엘 온 집은 확실히 알지니. "이스라엘 집"은 하나님이 약속하신 그리스도께서 오실 것이라고 고백하기는 했지만, 그가 누구인지는 알지 못하였다. 그러므로 베드로는 그들이 조롱하고 멸시했던 예수, 그들이 그토록 미워했던 이름을 지닌 예수, 바로 그가 그들이 "주"로 인정해야 할 분이자 경외해야 할 분이라고 결론을 맺는다. 베드로는 하나님께서 그를 "주와 그리스도"로 세우셨다고 말

한다. 이 말은 하나님이 세우신 분인 예수 외에 그 어떤 다른 사람을 그들이 기다려서는 안 된다는 것이다. 나아가, 베드로는 예수께서 "주와 그리스도"가 되신 것은 아버지 하나님께서 그에게 그런 영광과 존귀를 수여하셨기 때문이라고 말한다. 유대인들은 구속주가 기름 부음을 받아야 교회의 머리가 되고 만물에 대한 통치권을 부여받게 된다는 것을 잘 알고 있었기 때문에, 베드로는 "주"라는 호칭을 "그리스도"라는 단어와 결합시켜서 "주와 그리스도"라고 표현한다. 이것은 베드로가 "이스라엘 온 집"을 향해서 이렇게 말한 것과 같다: 야곱의 자손에 속한 자, 그리고 약속을 기다리는 자는 누구나 예수가 바로 그분이며 다른 사람은 없다는 것을 분명히 알아야 한다. 그가 "집"이라는 단어를 사용한 것은 하나님께서 이스라엘이라는 이름을 지닌 민족과 가문을 그 밖의 다른 모든 민족과 가문으로부터 구별하셨기 때문이다. 또한, 그가 "확실히"($\dot{\alpha}\sigma\phi\alpha\lambda\tilde{\omega}\varsigma$ – '아스팔로스')라는 단어를 사용한 것은 유대인들로 하여금 그리스도를 확실하게 신뢰하도록 만들기 위한 것이기도 하지만, 불을 보듯 뻔한 일에 대해서도 의심의 눈초리를 보내는 습관이 몸에 밴 자들에게서 그러한 의심을 불식시키기 위한 것이었다. 베드로는 설교를 마무리하면서, 다시 한 번 그들이 그리스도를 십자가에 못 박았다고 책망한다. 이것은 그들로 하여금 양심에 큰 찔림을 받아서 치유책을 열망하도록 만들기 위한 것이었다.

그리고 이제 그들은 그리스도께서 하나님의 기름 부음을 받으신 분이시고, 교회를 다스리는 분이시며, 성령을 주시는 분이라는 것을 알게 되었기 때문에, 베드로의 책망은 더욱 뼈아프게 느껴졌을 것이다. 그리스도를 죽음으로 내몬 것은 극히 잔악한 행위였을 뿐만 아니라, 하나님에 대한 이루 말할 수 없는 불충의 증거이자 신성모독과 배은망덕의 증거였고, 배교의 증거이기도 하였다. 그러나 베드로가 그들의 상처를 이렇게 헤집어놓은 것은 그들이 치유책을 찾는 일에 지체하지 않도록 하기 위해서는 어쩔 수 없는 일이었다. 그들이 자신들의 손으로 그리스도를 십자가에 못 박은 것은 아니었지만, 그들이 그리스도의 죽음을 요구했다는 점에서 그들을 유죄로 판단할 근거는 충분하고도 남음이 있었다. 또한, 히브리 기자가 말한 것처럼, 우리도 이미 영광을 받으시고 하늘에 계시는 그리스도를 우리 안에서 "다시 십자가에 못 박아 드러내 놓고 욕되게"(히 6:6) 한다면, 이러한 책망의 말씀에서 벗어날 수 없다.

[37]그들이 이 말을 듣고 마음에 찔려 베드로와 다른 사도들에게 물어 이르되 형제들

아 우리가 어찌할고 하거늘 [38]베드로가 이르되 **너희가** 회개하여 각각 예수 그리스도의 이름으로 세례를 받고 죄 사함을 받으라 그리하면 성령의 선물을 받으리니 [39]이 약속은 **너희와** 너희 자녀와 모든 먼 데 사람 곧 주 우리 하나님이 얼마든지 부르시는 자들에게 하신 것이라 하고(2:37-39).

37. 그들이 이 말을 듣고 마음에 찔려. 이제 누가는 베드로의 설교가 가져온 결과에 대해서 말하는데, 이것은 성령의 능력이 제자들 가운데서 다양한 방언들이 터진 일에서만이 아니라, 설교를 들은 사람들의 마음속에서도 나타났다는 것을 우리로 하여금 알게 하기 위한 것이었다. 그는 두 가지 결과를 언급한다. 첫 번째는, 그들이 마음의 찔림을 받은 것이고, 두 번째는, 그들이 베드로의 권면에 순종하게 된 것이었다. 우리의 죄로 인해서 애통해하고 우리의 비참함을 깨닫고 아파하는 것 — 이것이 회개의 시작(poenitentiae initium)이고 경건으로 들어가는 입구(ad pietatem ingressus)이다. 왜냐하면, 무사안일에 빠져 있는 한, 사람들은 복음의 교훈에 대하여 그들이 마땅히 기울여야 할 주의를 기울일 수 없기 때문이다. 하나님의 말씀은 우리의 육신을 죽여서 우리로 하여금 하나님께 제물로 바쳐질 수 있게 하는 까닭에 "날선 검"(히 4:12)에 비유된다. 그러나 이러한 마음의 찔림만 있어서는 안 되고, 거기에 기꺼이 순종하고자 하는 마음이 함께 있어야 한다. 가인과 유다는 마음의 찔림을 받긴 하였지만 자포자기하는 심정이 되어 절망하는 바람에 하나님께 자기 자신을 굴복시킬 기회를 놓쳐 버리고 말았다(창 4:1; 마 27:3). 왜냐하면, 두려움에 사로잡힌 마음이 할 수 있는 것이라고는 하나님으로부터 도망치는 일뿐이기 때문이다. 다윗이 통회하는 심령(spiritus contritus)과 낮아진 마음(cor humiliatum)이야말로 하나님께서 받으실 만한 제물이라고 말했을 때, 그는 마음의 찔림을 마다하지 않고 그대로 받아들이는 마음을 염두에 둔 것임에 틀림없다. 왜냐하면, 악한 자들은 자신들의 마음에 찔림이 오면 분노하며 아우성치는 반응을 보이기 때문이다. 그러므로 우리가 우리 자신을 하나님께 드려서, 그가 우리에게 명령하시는 것은 무엇이든 순종할 수 있으려면, 우리는 구원에 대한 확신으로 우리 자신의 마음을 들어올려서 소망 가운데 강하고 담대해지지 않으면 안 된다. 우리는 마음의 찔림을 받은 후에도 여전히 분노하고 아우성치며 완강하게 저항하다가 결국에는 정신이 완전히 돌아버리고 마는 사람들을 매일같이 수없이 본다. 그러므로 이러한 마음의 찔림으로부터 유익을 얻는 사람은 기꺼이 애통해하고자 하면서 동시에 하나님으로부터의

구원을 갈망하는 자들뿐이다.

38. 베드로가 이르되. 우리는 여기서 자신들을 다스려 주시고 가르쳐 주시도록 하나님께 여쭙고 자기 자신을 맡기는 자들은 결코 빈손으로 돌아가지 않을 것이라는 사실을 알게 된다. 왜냐하면, "문을 두드리라 그리하면 너희에게 열릴 것이니"(마 7:7)라는 하나님의 약속이 빈말이 된다는 것은 결코 있을 수 없는 일이기 때문이다. 그러므로 하나님께서는 어떤 사람이 진심으로 배우려는 준비만 되어 있다면 그가 누구이든지 간에 그의 경건한 열망을 결코 실망시키지 않으실 것이다. 왜냐하면, 기꺼이, 그리고 열심히 배우려는 제자들에게 하나님은 가장 훌륭하시고 최고로 신실하신 스승이시기 때문이다. 그러므로 만일 우리가 그의 가르침에 귀를 기울이고자 하고, 그가 우리에게 베풀어 주시는 가르침은 무엇이든지 다 받아들이기를 거부하지만 않는다면, 우리는 그가 우리에게 온전한 지혜를 주시지 않으면 어쩌나 하고 두려워할 까닭이 없다. 또한, 우리는 하나님이 우리에게 보내주신 선생들의 뜻과 권위에 우리 자신을 굴복시켜야 한다. 베드로의 설교를 들은 사람들이 이토록 즉각적으로 자기 자신을 사도들에게 맡기고 순종할 수 있었던 것은 사도들이 자신들에게 구원의 도를 보여주기 위해서 하나님으로부터 보내심을 받은 사람들이라는 것을 그들이 확신했기 때문이었다.

38. 회개하여. "회개하다"라는 헬라어 단어에 강조점이 두어지고 있다. 회개한다는 것은 사람이 전인적으로 새로워져서 완전히 다른 새사람이 되게 해주는 회심(conversio)을 의미한다. 이 가르침은 교황제도 아래에서 참담하게 훼손되었기 때문에, 우리는 이 "회개"를 세심하게 살펴볼 필요가 있다. 교황주의자들은 "회개"를 거의 외적인 종교의식으로 변질시켜 버렸다. 물론, 그들도 비록 거짓되고 허구적인 것일지라도 통회(contritio)에 대하여 말하지 않는 것은 아니지만, 신앙에 있어서의 그런 측면을 아주 가볍게 다루고 넘어가고, 비록 나쁜 것은 아닐지라도 별 유익이 없는 외적인 육신의 수행에 중점을 둔다. 그들은 아무런 유익도 없으면서 사람을 피곤하게만 하는 거짓되고 하찮은 것들만을 강요한다. 그러므로 우리는 사도 바울이 가르쳐 주고 있듯이 "마음을 새롭게 함으로 변화를 받아"(롬 12:2) 새사람이 되는 것이야말로 참된 회개(vera poenitentia)라는 것을 알아야 한다. 베드로가 회개의 효력과 본질에 대해서 분명하게 설교했으리라는 것은 의문의 여지가 없다. 그러나 누가는 그의 설교를 전부 옮기지 않고 단지 요점만을 기록하였다. 따라서 우리는 베드로가 먼저 유대인들에게 "회개"를 촉구하였고, 그런 후에 "죄 사함"에 대한 확

신을 통해서 그들의 마음을 들어올린 것이라고 보아야 한다. 왜냐하면, 그는 그들에게 "죄 사함"을 약속하였기 때문이다. 우리가 잘 알듯이, 이 두 가지는 복음을 이루고 있는 두 부분이다. 그래서 그리스도께서는 복음의 교훈이 무엇을 담고 있는지를 간략하게 가르치고자 하셨을 때에 "죄 사함"을 받게 하는 "회개"가 그의 이름으로 전파될 것이라고 말씀하셨다(눅 24:47). 또한, 우리는 그리스도의 죽으심을 중보로 삼지 않고서는 하나님과 화목하게 될 수 없고, 그리스도의 피가 아닌 다른 그 무엇으로도 우리의 죄가 깨끗하게 제거될 수 없기 때문에, 베드로는 우리에게 "그리스도의 이름"을 상기시켜 주고, 그런 다음에 은혜의 약속을 확증해 주고 인쳐 주는 예식인 "세례"를 네 번째 자리에 둔다.

따라서 우리는 이 짧은 말씀 안에서 기독교의 강요를 거의 다 듣는 셈인데, 그것은 첫째로는, 사람은 어떻게 자기 자신 및 세상을 부인하고 자기 자신을 온전히 하나님께 드릴 수 있는가 하는 것이고, 둘째로는, 사람은 어떻게 값없이 주어지는 죄 사함을 통해서 죽음의 정죄로부터 구원을 받고 하나님의 자녀가 되는가 하는 것이다. 그런데 그리스도 없이는 이 둘 중 어느 것도 우리에게 주어질 수 없기 때문에, 믿음과 회개의 유일한 토대인 그리스도의 이름이 우리 앞에 제시된다. 또한, 우리는 처음으로 하나님께 나아갈 때에 회개를 시작한 이래로 평생토록 계속해서 회개해야 한다는 것을 유념하여야 한다. 따라서 "회개하라"(막 1:15)라는 이 메시지는 교회 안에서 끊임없이 선포되어야 한다. 왜냐하면, 믿는 자로 여김을 받아서 교회 안에서 한 자리를 차지하고자 하는 자들만이 회개로 시작해야 하는 것이 아니라, 이미 믿는 자로서 신앙생활을 하고 있는 자들도 계속해서 회개를 해나가야 하기 때문이다. 사실, 교회 안에 있는 많은 사람들이 회개를 시작한 적이 없으면서도 믿는 자를 자처하고 있는 것이 현실이다. 따라서 우리는 아직 세상과 육신을 따라 살아 왔던 자들은 새사람을 입기 위하여 이제 옛 사람을 십자가에 못 박아야 하고, 이미 회개의 과정에 들어선 사람들은 푯대를 향해서 끊임없이 달려가야 한다는 이러한 가르침의 질서를 지켜야 한다. 더 나아가, 내면적으로 마음에서 이루어진 회심은 삶 속에서 열매가 맺어져야 하기 때문에, 행함을 요구하지 않는다면, 회개는 제대로 가르쳐진 것이라고 할 수 없다. 이때에 행함이란 교황주의자들이 귀하게 여기는 저 하찮은 일들을 말하는 것이 아니라, 책망할 것이 없고 거룩한 삶임을 증언해 주는 제대로 된 행위들을 말한다.

38. 너희가 … 각각 예수 그리스도의 이름으로 세례를 받고. 본문에서는 "세례"

가 "죄 사함"보다 먼저 나오지만, 순서상으로는 "죄 사함"이 "세례"보다 앞선다. 왜 나하면, 세례는 우리가 그리스도로 말미암아 갖게 된 복들이 우리의 양심 안에 확고하게 자리 잡도록 하기 위하여 인을 치는 것에 지나지 않기 때문이다. 따라서 베드로는 유대인들에게 먼저 회개에 대하여 말한 후에, 그들을 은혜에 대한 확신과 구원에 대한 소망으로 초대한다. 누가는 나중에 바울의 설교에서도 믿음과 회개를 결합하고 있는데, 다만 여기에 나오는 "죄 사함"을 거기에서는 "믿음"으로 대체하고 있을 뿐이고, 의미는 서로 동일하다. 구원의 소망은 오로지 거저 주어지는 의의 전가(imputatio)에 있고, 하나님께서 우리에게 거저 "죄 사함"을 베풀어 주실 때, 우리는 하나님 앞에서(coram Deo) 의롭다 여기심을 받게 되는 것인 까닭에, 누가가 그렇게 하고 있는 것은 지극히 합당하다. 나는 앞에서 회개의 가르침이 교회 안에서 매일같이 적용되는 것이라고 말한 바 있는데, 마찬가지로 우리는 죄 사함도 지속적으로 우리에게 주어지는 것이라고 생각해야 한다. 그리고 회개와 죄 사함이라는 이 과정은 우리가 처음으로 교회에 들어올 때나 그 후에 우리의 삶을 평생토록 살아가는 동안이나 그 필요성은 여전히 동일하다. 왜냐하면, 만일 그리스도의 사신으로서의 교회의 활동이 지속적으로 이루어지지 않는다면, 우리가 일단 하나님의 은혜 속으로 받아들여졌다고 할지라도, 그것은 우리에게 아무런 유익도 가져다주지 못할 것이기 때문이다: "우리가 그리스도를 대신하여 사신이 되어 하나님이 우리를 통하여 너희를 권면하시는 것 같이 그리스도를 대신하여 간청하노니 너희는 하나님과 화목하라 하나님이 죄를 알지도 못하신 이를 우리를 대신하여 죄로 삼으신 것은 우리로 하여금 그 안에서 하나님의 의가 되게 하려 하심이라"(고후 5:20-21). 교황주의자들은 복음의 이 부분을 훼손시켜서, 그리스도로 말미암아 얻어져야 할 죄 사함을 완전히 배제해 버린다. 그들은 세례를 통해서 사람들의 죄가 값없이 사함을 받는다는 것을 말로는 인정하지만, 세례 이후의 보속(補贖, satisfactio)을 통해서 사람들의 죄가 속함을 받는 것으로 만들고자 한다. 물론, 그들은 거기에 그리스도의 은혜를 적절히 끼워 넣어서 둘을 혼합시키고 있지만, 실제로는 그리스도의 은혜조차도 인간의 공로로 뒤덮어 버리기 때문에, 이런 식으로 해서 복음의 교훈은 통째로 전복되고 만다. 그들은 먼저 인간의 양심으로부터 믿음의 확신을 빼앗아 버리고, 다음으로는 죄 사함이 그리스도의 죽음과 우리 자신의 보속이라는 두 가지에 의해서 이루어지는 것이라고 말함으로써 그리스도로 말미암는 은혜(beneficium)를 우리에게서 송두리째 빼앗아 버린다. 왜냐하면, 그리스도께서는 우리로 하여금 부분적으로가 아니라 온전히 하나님과 화목하게 만드신 까닭에, 총체적이지도 않고 온전하지도 않은 그리스도로 말미암은 죄 사함이라는 것은 존재하지 않기 때문이다. 또한, 교황주의자들이 세례의 의미와 효력이 마치 죽음 이후에는 미치지 않기라도 하는 것인 양 출생과 죽기 전까지의 일생으로 국한시키고 있는 것도 큰 잘못이다.

그러므로 우리는 죄 사함이 오직 그리스도에만 근거하고 있다는 것과 그리스도께서 자신의 죽음을 제물로 삼아서 이루신 것 외에 그 어떠한 속죄도 생각해서는 안 된다는 것을 알아야 한다. 그런 까닭에, 이미 앞에서 말했듯이, 베드로는 "예수 그리스도의 이름"을 분명히 밝힘으로써, 만일 여기에 언급된 교훈의 의미를 이해할 때에 그리스도를 그 중심에 놓지 않는다면, 그 교훈에 속한 모든 것들은 어느 하나라도 올바르게 가르쳐질 수 없다는 것을 우리에게 보여준다. 베드로가 그들에게 죄 사함을 위해서 세례를 받으라고 명령한 것에 대해서는 긴 설명이 필요하지 않다. 왜냐하면, 하나님께서는 사람들의 죄를 그들에게 돌리지 아니하심으로써 그리스도 안에서 그들을 자기와 화목하게 하셨고(고후 5:19), 이제 그의 성령을 통해서 우리의 마음속에 그러한 화목에 대한 믿음을 새겨 주셨음에도 불구하고, 세례는 하나님이 우리에게 그러한 은총을 확증해 주시는 인침일 뿐만 아니라 우리가 하나님의 자녀라는 사실에 대한 증표이자 보증인 까닭에, 우리에게 죄 사함을 위해서 세례를 받으라고 말하는 것은 합당하기 때문이다. 우리는 믿음으로 말미암아 그리스도께서 은혜로 주시는 것들을 받게 되지만, 세례는 우리의 믿음을 확증해 주고 성장시키는 데에 도움을 주는 것이기 때문에, 베드로는 믿음의 결과인 죄 사함을 믿음보다 열등한 방편 또는 수단인 세례와 결합시킨 것이다. 한편, 베드로는 여기서 세례의 일면만을 다루고 있는 것이기 때문에, 우리는 이 본문을 근거로 해서 세례에 대한 정의를 이끌어 내서는 안 된다. 사도 바울이 가르친 대로, 우리는 새 생명으로 다시 살기 위해서 우리의 옛 사람이 세례를 통해서 십자가에 못 박히는 것이다(롬 6:4, 6). 또한, 우리는 그리스도 자신을 옷 입고 있고(고전 12:13), 성경은 도처에서 세례가 회개의 표징이라고 가르친다. 그러나 베드로는 여기서 세례가 지닌 모든 의미에 대해서 공개적으로 논하고 있는 것이 아니고, 단지 죄 사함에 대하여 말하면서 곁가지로 죄 사함의 확증이 세례에 있다는 것을 보여주는 것일 뿐이기 때문에, 그가 세례가 지닌 다른 의미들을 생략한 것은 전혀 이상한 일이 아니다.

38. 그리스도의 이름으로. 세례는 공허한 상징인 것이 아니라, 참되고 실효적인 증언이긴 하지만, 세례의 효력을 거기에서 사용되는 수단인 물이라는 요소에 귀속

시키는 사람이 없도록 하기 위해서, 베드로는 그리스도의 이름을 명시적으로 제시한다. 이것은 우리로 하여금 세례의 효력을 그리스도 안에서 찾기만 한다면 세례가 유익한 표징이 된다는 것과 그리스도의 피가 우리를 씻어 주기 때문에 우리가 세례를 통해서 씻음을 받는다는 것을 알게 하기 위한 것이다. 또한, 여기서 우리는 세례가 우리로 하여금 지향하게 만드는 목표가 그리스도라는 것도 우리는 알게 된다. 따라서 모든 사람은 그리스도를 바라보는 법을 배운 정도에 비례해서 세례로부터 유익을 얻는다. 그러나 여기서 한 가지 의문이 생기는데, 그것은 그리스도께서 정하신 형식(forma)을 변경할 권한이 베드로에게 있느냐 하는 것이다. 교황주의자들은 그렇게 생각하거나, 그렇게 생각하는 척하면서, 이것을 근거로 그들에게 그리스도께서 제정하신 제도를 변경하거나 폐지할 수 있는 권한(licentia)이 있다고 주장한다. 그들은 본질(substantia)과 관련해서는 그 어떤 것도 변경해서는 안 된다는 것을 인정하면서도, 형식(forma)에 있어서는 교회가 원하는 대로 변경할 수 있는 권한이 있다고 주장한다. 하지만 그들이 늘어놓는 그러한 주장을 반박하는 것은 아주 쉬운 일이다. 먼저, 우리는 교황주의자들이 꿈꾸는 것처럼 그리스도께서 사도들에게 마법을 일으킬 수 있는 주문을 주신 것이 아님을 알아야 한다. 그리스도께서는 단지 신비의 요체(summa mysterii)를 몇 마디 말로 요약하신 것일 뿐이다. 다음으로, 나는 여기서 베드로가 세례의 형식에 대해서 말하고 있는 것이 아니라는 점을 지적하고자 한다. 그는 단지 세례의 효력이 전적으로 그리스도 안에 있다는 것을 선언한 것일 뿐이었다 — 물론, 우리가 믿음으로 그리스도를 알게 되는 것은 그리스도를 우리에게 보내주신 아버지 하나님과 우리를 새롭게 하시고 거룩하게 해주시는 성령 없이는 불가능한 일이기는 하지만. 해답은 오직 여기에 있다. 즉, 베드로는 여기서 어떤 특정한 형식의 세례에 대해서 말하고 있는 것이 아니라, 믿는 자들을 그리스도에게로 부르고 있다는 것이다. 왜냐하면, 세례가 표상하고 있는 모든 것은 그리스도 안에서만 우리에게 주어지고, 우리는 그의 피로 정결하게 될 뿐만 아니라 그의 죽음과 부활을 힘입어서 새 생명으로 들어가기 때문이다.

38. 성령의 선물을 받으리니. 그들은 사도들이 갑자기 이방의 언어들을 말하기 시작하는 것을 보고 크게 놀란 것이기 때문에, 베드로는 그들이 그리스도에게로 온다면, 그들도 동일한 선물에 참여하는 자들이 될 것이라고 말한다. 물론, 최고의 선물은 죄 사함과 새 생명이었다. 따라서 성령의 선물인 방언은 덤(accessio)과 같은 것으로서, 그리스도께서는 가시적인 선물을 통해서 그들에게 자신의 능력을 보여

주시기를 원하셨다. 또한, 우리는 이 어구가 모든 경건한 자들에게 보편적으로 주어지는 성화의 은혜(sanctificationis gratia)를 가리키는 것으로 이해해서는 안 된다. 베드로는 그들에게 "성령의 선물"을 약속하는데, 그들은 이 선물의 한 예를 사도들이 체험한 방언들 속에서 이미 목격한 바 있었다. 따라서 이것을 우리에게 적용하는 것은 합당하지 않다. 왜냐하면, 그리스도께서는 이러한 이적들을 통해서 자신의 나라가 시작되었음을 보여주고자 하신 것인 까닭에, 그 이적들은 한시적으로만 지속될 성질의 것이었기 때문이다. 하지만 그리스도께서 자기 사람들에게 나누어 주셨던 가시적인 은사들은 그가 성령을 주시는 분이라는 사실을 보여주는 것이었기 때문에, 베드로가 말한 "너희가 성령의 선물을 받으리라"는 메시지는 어느 정도까지는 교회 전체에 해당된다. 왜냐하면, 우리가 성령을 받은 것은 방언을 말하거나 선지자가 되거나 병자를 치유하거나 이적을 행하기 위한 것은 아니지만, 이런 것들보다 더 나은 것들을 위하여, 즉 우리로 하여금 "마음으로 믿어 의에 이르고 입으로 시인하여 구원에 이르게" 하기 위하여(롬 10:10), "사망에서 생명으로" 옮겨지도록 하기 위하여(요 5:24), 가난한 우리를 부요하게 하기 위하여, 그리고 사탄과 세상에 대하여 담대하게 맞설 수 있도록 하기 위하여 성령이 우리에게 주어진 것이기 때문이다. 따라서 우리 쪽에 장애물이 있지만 않다면, 성령의 선물은 항상 세례와 결합되어 있다.

39. 이 약속은 너희와 너희 자녀와 … 부르시는 자들에게 하신 것이라. 베드로는 유대인들에게 그리스도의 은혜는 사도들의 것인 동시에 그들의 것이기도 하다는 확신을 주기 위해서 이 말씀을 명시적으로 덧붙일 필요가 있었다. 베드로는 하나님의 약속이 이미 유대인들에게 주어져 있다는 것을 보여줌으로써 이 말씀이 참되다는 것을 증명한다. 왜냐하면, 우리는 언제나 하나님이 하신 말씀에 의거하지 않고서는 결코 하나님의 뜻을 알 수 없다는 것을 유념해야 하기 때문이다. 하지만 그 말씀이 우리에게 어떤 의미를 갖는지를 알지 못하고, 단지 일반적인 의미만을 아는 것으로는 충분하지 않다. 그래서 베드로는 유대인들에게 자기 자신과 자신의 동역자들에게서 그들이 목격한 하나님의 선물들이 이미 오래 전에 그들에게 약속되었던 것이라고 말한다. 왜냐하면, 하나님께서 말씀을 주셨던 자들 속에 자신도 포함되어 있다는 사실을 확신하는 것이야말로 믿음을 굳건히 하는 데에 필수불가결한 요소이기 때문이다. 하나님의 약속의 말씀이 나와 상관이 있는 것이기 때문에 구원이 나의 것이라고 확신하게 되는 것이 믿음을 갖게 되는 참된 법칙이다. 또한, 그 약속

의 말씀이 적용되는 범위가 확대되어서 이전에 멀리 있던 자들에게까지도 해당된다는 것을 알게 되었을 때, 그러한 확신은 더욱 강화된다. 왜냐하면, 하나님께서는 유대인들과 언약을 맺으셨는데, 그 언약의 효력이 이방인들에게까지 미치게 되었다면, 유대인들로서는 자신들에 대한 하나님의 약속이 확고불변하다는 것을 의심할 이유가 없을 것이기 때문이다.

우리는 다음과 같은 3단계에 주목해야 한다. 즉, 그 약속은 먼저 유대인들에게 주어졌고, 다음으로는 그들의 자녀들에게 주어졌으며, 마지막으로는 이방인들에게로 확대되었다. 우리는 다른 민족들보다 앞서서 왜 유대인들에게 제일 먼저 그 약속이 주어졌는지를 알고 있다. 그들은 하나님의 권속 중에서 장자의 신분으로서 특권을 누려 왔다는 점에서 다른 민족들과 차이가 있었다. 따라서 베드로가 유대인들을 제일 앞에 둔 것은 정확한 차서를 따른 것이었고, 그 다음 자리에 그들의 자녀를 둔 것은 다음과 같은 약속의 말씀을 따른 것이었다: "내가 내 언약을 나와 너 및 네 대대 후손 사이에 세워서 너와 네 후손의 하나님이 되리라"(창 17:7). 이 약속의 말씀 속에서 우리는 하나님께서 양자됨의 은총과 관련해서 자녀들을 그들의 부모와 함께 묶어서 생각하시는 것을 보게 된다.

따라서 재세례파는 신자의 어린 자녀들을 마치 교회의 지체들이 아닌 것처럼 취급하여 그들에게 세례를 주어서는 안 된다고 주장하지만, 우리는 이 본문을 근거로 해서 그들의 주장을 충분히 반박할 수 있다. 이러한 반박을 피하기 위해서 그들은 이 본문의 의미를 알레고리적으로 해석해서, 여기서 말하는 "자녀"는 영적으로 태어난 하나님의 자녀들을 가리키는 것이라고 주장한다. 그러나 그렇게 터무니없는 억지를 부려보아야 그들에게 득이 될 것은 하나도 없다. 베드로가 이렇게 말한 것은 하나님께서 특별히 한 민족 전체를 자신의 자녀로 삼아 주셨기 때문이라는 것은 명백하다. 또한, 할례 제도는 양자됨의 권리(ius adoptionis)가 심지어 유아들에게도 공유된다는 사실을 보여주는 증거였다. 따라서 하나님께서 아직 태어나지도 않은 이삭과 언약을 맺으신 것이 그가 아브라함의 자손이었기 때문인 것과 마찬가지로, 베드로는 "나는 네 후손의 하나님이 되리라"는 하나님의 언약의 말씀이 여전히 유효하기 때문에, 모든 유대인 후손들이 이 언약 속에 들어와 있는 것이라고 가르치고 있는 것이다.

39. 모든 먼 데 사람 곧 주 우리 하나님이 얼마든지 부르시는 자들. 이방인들이 제일 마지막으로 언급되고 있는데, 그들은 전에 외인이던 자들이다. 어떤 이들은

여기에 언급되고 있는 자들은 먼 나라들로 쫓겨났던 유대인들을 가리키는 것이라고 주장하지만, 그것은 큰 잘못이다. 왜냐하면, 여기서 베드로는 지리적인 거리에 입각해서 말하는 것이 아니라, 유대인과 이방인이라는 구분에 대해서 말하는 것이기 때문이다. 즉, 유대인들은 처음에 언약으로 인해서 하나님께 속하게 되어, 결과적으로 하나님의 가문이자 권속이 된 최초의 백성이었던 반면에, 이방인들은 하나님의 나라로부터 쫓겨난 백성들이었던 것이다. 사도 바울은 에베소서에서 여기에서와 동일한 표현을 사용하여 약속의 언약들에 대해서 외인이었던 이방인들이 이제 그리스도로 말미암아 하나님과 가까워졌다고 말한다(엡 2:11-13). 왜냐하면, 그리스도께서는 유대인과 이방인을 갈라놓았던 "담"을 허무심으로써 그들을 모두 차별 없이 아버지 하나님과 화목하게 만드셨고, 이 땅에 오셔서 가까이 있던 자든 멀리 있던 자든 그들 모두에게 평화를 선포하셨기 때문이다. 이제 우리는 베드로가 말하고자 한 것이 무엇이었는지를 알 수 있게 되었다. 즉, 그는 그리스도의 은혜를 크게 부각시키기 위해서 이방인들조차 그 은혜에 참여하는 자들이 되었다는 것을 보여주는 방식으로 유대인들에게 그의 은혜를 전하고 있는 것이다. 따라서 그는 "부르다"라는 단어를 사용해서 이렇게 말한 것과 같다: "하나님께서 전에 자신의 음성으로 너희를 부르셔서 자기 백성으로 삼으신 것처럼, 이제 그 동일한 음성이 모든 곳에 울려 퍼져서, 멀리 있던 자들이 하나님의 새로운 칙령을 따라 부르심을 받고 너희에게로 와서 너희와 연합하게 될 것이다."

⁴⁰또 여러 말로 확증하며 권하여 이르되 너희가 이 패역한 세대에서 구원을 받으라 하니 ⁴¹그 말을 받은 사람들은 세례를 받으매 이 날에 신도의 수가 삼천이나 더하더라 ⁴²그들이 사도의 가르침을 받아 서로 교제하고 떡을 떼며 오로지 기도하기를 힘쓰니라(2:40-42).

40. 또 여러 말로 확증하며 권하여 이르되. 누가는 지금까지 베드로의 설교를 그대로 반복하지 않고 중요한 내용만을 간추려서 제시한 후에, 이제 여기서는 베드로가 단순히 가르침만을 전한 것이 아니라 여러 가지 권면의 말씀으로 그들에게 자극을 주고 격려하였다는 사실도 보여준다. 누가는 베드로가 여기서 많은 애를 썼다는 것을 분명하게 표현하고 있다. 누가는 "여러 말로 확증하며 권하여"라고 말함으로써, 베드로가 얼마나 간절하고 간곡하게 유대인들을 권하고 설득하였는지를 보여

준다. 왜냐하면, 그들이 자신들의 몸에 배어 있는 여러 오류들을 단번에 털어내 버리고, 지금까지 익숙해져 있던 제사장들의 지배를 떨쳐 버리는 것이 그들에게는 결코 쉬운 일이 아니었던 까닭에, 베드로가 그들을 그러한 수렁에서 건져내기 위해서는 애를 쓰고 끈질기게 강권하지 않으면 안 되었기 때문이다. 베드로가 어떤 식으로 애를 쓰고 강권하였든, 그가 그들에게 한 권면의 핵심은 그들이 패역한 세대로부터 그들 자신을 지켜야 한다는 것이었다. 왜냐하면, 그들이 그리스도께서 공언하신 원수들과 결별하지 않는다면, 그들은 그리스도의 사람이 될 수 없기 때문이었다. 당시에 제사장들과 서기관들은 대단한 권세를 누리면서, 교회라는 보호막 뒤에서 백성들을 기만하고 있었다. 그리고 이것은 많은 사람들이 그리스도께로 나아오는 데에 큰 장애물이 되어서, 참된 믿음이 흔들리는 사람들도 있었고, 참된 믿음에서 떨어져나가는 사람들도 있었다. 그래서 베드로는 그들이 교회라는 간판을 내걸고 자랑하고 우쭐댈지라도 그들은 "패역한 세대"일 뿐이라고 분명하게 선언하고서, 자신의 청중들에게 경건하지도 않을 뿐더러 오히려 해독을 끼칠 뿐인 그런 자들과의 관계에 얽히지 말고 그들과 결별하라고 권면하고 있는 것이다. "구원을 받으라"는 말 속에는 그들이 그러한 패역한 자들과 계속해서 함께 한다면 반드시 멸망할 수밖에 없을 것이라는 뜻이 담겨 있다. 우리는 목자의 음성과 낯선 자들의 음성을 분별하지 못하는 사람들이 얼마나 비참하게 방황하는지, 그리고 이러지도 저러지도 못한 채 머뭇거리고 있는 많은 사람들의 유약함과 우유부단함이 얼마나 큰 장애물이 되는지를 경험을 통해서 분명하게 알고 있다. 그래서 베드로는 그들이 구원을 받으려면 악한 무리들을 멀리해야 한다고 권면한다. 이것은 우리가 간과해서는 안 되는 중요한 교훈이다. 왜냐하면, 우리가 사람들에게 그들로 하여금 그리스도를 떠나게 만드는 것들을 멀리하는 법을 가르치지 않는다면, 단지 그리스도를 사람들 앞에 제시하는 것만으로는 충분하지 않을 것이기 때문이다. 선한 목자의 임무는 자신의 양들을 이리들로부터 보호하고 지키는 것이다. 따라서 오늘날 우리는 사람들로 하여금 복음의 순수한 교훈에 머물도록 하기 위해서는 교황 제도가 본래의 기독교 신앙과 얼마나 다른지, 그리고 그리스도의 원수들인 패역한 자들과 멍에를 함께 하는 것이 얼마나 큰 해악을 끼치는 것인지를 기회 있을 때마다 폭로하고 증언하지 않으면 안 된다. 베드로가, 당시에 교회에 대한 지배권을 완전히 장악하고 있으면서 사람들로부터 존경 받고 있던 지도자들을 "패역한 세대"라고 부른 것은 조금도 비난 받을 일이 아니다. 왜냐하면, 사람들이 독이 독인 줄을 모른다면 그 독을 경계하지 않을 것인 까닭에, 사람들을 멸망으로 이끌어갈 수 있는 위험들을 구체적으로 제시하는 것은 지극히 마땅한 일이기 때문이다.

41. 그 말을 받은 사람들은. 누가는 베드로의 이 한 번의 설교가 얼마나 큰 열매를 맺게 되었는지를 분명하게 보여준다. 즉, 그의 설교는 "삼천이나" 되는 사람들을 그리스도에게로 이끌었다. 아울러, 누가는 그들이 기꺼이 기쁨으로 베드로가 전한 말씀을 받았다고 보도함으로써 믿음의 본질과 능력을 보여준다. 이와 같이 믿음은 즉시 그리고 기꺼이 순종하려는 열심으로부터 시작되어야 한다. 하지만 처음에는 아주 의욕적인 모습을 보여주다가도 얼마 지나지 않아서 변덕을 부리며 꾸준함을 잃어버리는 사람들이 많이 있기 때문에, 누가는 우리가 모종의 갑작스런 충동이 그들을 일시적으로 사로잡았던 것은 아닌가 하는 의구심을 갖지 않도록 하기 위해서, 바로 이어서 그들이 믿음을 계속해서 꾸준히 이어나가는 모습을 보도하며 그들을 칭찬한다. 즉, 그들은 사도들이 해주는 말들을 기꺼이 받아들이고, 그리스도의 제자들이 되어 교회라는 한 몸에 접붙임이 되어서, 계속해서 사도들의 가르침을 받았다는 것이다. 따라서 우리는 순종하는 데에는 더디고 뒤로 물러나는 데에는 재빠른 자들이 되어서는 안 되고, 도리어 하나님의 가르침을 망설임 없이 즉시 받아들여서 끈질기게 꼭 붙들어야 한다. 한편, 우리는 이 일을 보면서 크게 부끄러움을 느끼는 것이 마땅하다. 왜냐하면, 여기서는 한 번의 설교를 듣고 그리스도께로 돌아오는 사람이 무수히 많았던 반면에, 오늘날의 우리는 백 번의 설교를 듣고도 감동을 받는 사람이 소수에 지나지 않기 때문이다. 또한, 누가는 그렇게 믿게 된 사람들이 초심을 잃지 않았다고 보도하고 있는데, 반면에 우리는 믿음의 진보에 대한 열심을 웬만큼 보여주는 사람을 열 명 중에서 한 명을 찾기도 어렵고, 오히려 대다수는 하나님의 가르침에 이내 염증을 느낀다. 그러므로 세상의 영적 나태함과 경박함에 화가 있으리로다!

42. 그들이 사도의 가르침을 받아. 누가는 그들이 믿음과 경건에 있어서 변함없이 열심을 보인 것을 칭찬할 뿐만 아니라, 그들이 믿음을 든든히 세우는 데 도움이 되는 활동들에 끊임없이 헌신했다는 것도 아울러 보도한다. 즉, 그들은 열심히 사도들의 가르침을 받아서 끊임없이 성장했고 기도하기에 힘썼으며 서로 교제하고 떡을 떼는 일에도 소홀하지 않았다는 것이다.

"가르침"과 "기도"가 어떤 것을 가리키는 것이었는지는 분명하다. 하지만 "교제"와 "떡을 떼는 것"이 무엇을 가리키는 것이었는지를 놓고는 여러 다른 견해들이 있다. 어떤 이들은 "떡을 떼는 것"이 성찬식을 의미하는 것이라고 생각하고, 또 어떤 이들은 구제를 가리키는 것이라고 보기도 하며, 또 어떤 이들은 신자들의 공동 식사를 가리키는 것이라고 생각하기도 한다. 어떤 이들은 '코이노니아'(κοινωνία "교제")가 성찬식을 가리키는 것이라고 생각한다. 하지만 나는 "떡을 떼는 것"이 성찬식을 가리키는 것이고, '코이노니아'는 다른 것을 가리킨다고 보는 이들의 견해에 동의한다. 왜냐하면, 어떤 말도 덧붙이지 않은 '코이노니아'가 성찬식을 가리키는 의미로 사용되는 경우는 결코 없기 때문이다. 따라서 나는 '코이노니아'가 신자들 간의 친교, 구제, 신자 공동체와 관련된 어떤 다른 의무들을 가리키는 것이라고 본다. 그리고 나는 "떡을 떼는 것"을 성찬식을 가리키는 것으로 이해하여야 한다고 생각하는데, 그 이유는 누가는 여기서 교회의 공적인 모습에 해당하는 것들에 대해서 보도하고 있기 때문이다. 이 구절에서 누가는 참된 교회가 보여주는 자연스러운 모습을 이루는 네 가지 표지를 기술한다. 우리는 참된 그리스도의 교회를 찾고 있는가? 여기에 참된 교회의 모습이 생생하게 그려져 있다. 누가는 교회의 혼(anima)인 "가르침"으로부터 시작한다. 그는 그것이 어떤 종류의 가르침인지에 대해서는 구체적으로 말하지 않고, 다만 "사도들의 가르침"이라고만 말하는데, 이것은 하나님의 아들이 사도들의 손을 빌려서 전해주신 가르침이었다. 그러므로 순전한 복음을 전하는 음성이 울려 퍼지는 곳, 복음에 대한 신앙 고백이 끊임없이 이루어지는 곳, 정기적으로 복음을 들음으로써 유익을 얻을 수 있는 곳 — 그런 곳에 교회가 존재한다는 것은 의심의 여지가 없다.

이러한 사실로부터 우리는 교황주의자들이 입에 거품을 물고 득의양양하게 교회의 이름을 요란하게 들먹이는 것이 얼마나 시답잖은 것인지를 쉽게 알 수 있다. 왜냐하면, 제대로 살피고 따져보면, 그들이 하는 말들 속에는 제대로 된 온전한 것이 하나도 없어서, 마치 어둠과 빛이 일치하는 것이 없듯이, 그들의 가르침은 거의 모든 부분에서 사도들의 가르침과 불일치하기 때문이다. 하나님을 예배하는 것과 관련된 규범은 오직 하나님의 말씀으로부터 가져와야 하는 것인데도, 교황주의자들은 인간들이 미신적으로 고안해 낸 여러 잡다한 것들을 짜깁기해서 예배 규범을 만들어 내었다. 구원의 소망은 오직 그리스도에게만 두어져야 하는 것인데도, 그들은 구원을 인간의 공로로 말미암은 것으로 바꾸어 놓았다. 그들이 하나님께 드리는 기도들은 무수한 불경스러운 망언들로 완전히 더럽혀져 있다. 그들에게서 들을 수 있는 것은 한결같이 사도들의 가르침을 왜곡하거나 전도(顚倒)시킨 것들이다. 그러므로 교황주의자들은 교회의 이름을 빌려서 자신들의 행위들을 손쉽게 은폐하고 위장하고 있지만, 마찬가지로 우리도 그들의 어리석은 교만을 손쉽게 증명할 수 있다. 왜냐하면, 문제의 핵심은 그들이 과연 복음의 교훈의 순수성을 유지해 왔느냐 하는 것인데, 지옥이 천국에서 먼 것만큼이나 그들의 교훈은 복음의 순수한 교훈과는 거리가 멀기 때문이다. 하지만 그들은 영악하게도 복음의 교훈과 관련된 논쟁에는 나서려 하지 않는다. 그러나 내가 이미 앞에서 말했듯이, 우리가 그들의 저 거짓된 가면을 벗기고 그들의 위선을 드러내는 것은 지극히 합당하다. 왜냐하면, 성령께서는 "사도들에 의해서 전승된 순전한 교훈"(doctrinae per apostolos traditae simplicitas)이 살아 움직이고 있느냐의 여부가 참된 교회인지 아닌지를 보여주는 첫째가는 표지라고 선언하고 계시기 때문이다.

42. 서로 교제하고. 이 두 번째 표지와 계속 이어지는 세 번째와 네 번째 표지는 첫 번째 표지, 즉 "사도의 가르침을 받아"의 열매 혹은 결과로서 거기로부터 따라 나오는 것들이다. 왜냐하면, "가르침"은 우리 가운데서 형제들 간의 교제를 가능하게 해주는 끈이자 우리로 하여금 하나님의 이름을 부르며 기도할 수 있도록 하나님께 향하는 문을 열어 주는 것이기 때문이다. 그리고 "떡을 떼며"로 표현된 성찬은 가르침을 확증하는 것으로서 가르침에 덧붙여진 것이다. 따라서 누가가 질서가 제대로 잡힌 교회의 상태를 우리에게 보여주기 위하여 이 네 가지 표지를 신중하게 선택해서 제시한 것은 지극히 옳다. 우리가 사람들 앞에서 교회라는 허명만을 자랑하고 싶어 하는 것이 아니라, 하나님과 천사들 앞에서 교회로 인정받기를 진정으로 원한다면, 우리는 이 질서(ordo)를 지키고 유지하기 위해서 애쓰는 것이 마땅하다. 누가는 여기서 신자들이 함께 모여서 기도하는 것에 대해서 언급하고 있는 것이 확실하다. 따라서 신자들이 모두 모여서 함께 기도하지 않고 집에서 개인적으로 기도를 드리는 것만으로는 충분하지 않다. 함께 기도하는 것은 그 자체가 신앙 고백(fidei professio)이다.

⁴³사람마다 두려워하는데 사도들로 말미암아 기사와 표적이 많이 나타나니 ⁴⁴믿는 사람이 다 함께 있어 모든 물건을 서로 통용하고 ⁴⁵또 재산과 소유를 팔아 각 사람의 필요를 따라 나눠 주며(2:43-45).

43. 사람마다 두려워하는데. 누가는 교회의 모습이 그 가르침을 받아들이지 않

은 자들에게도 두려움을 줄 정도였다는 것을 우리에게 보여준다. 하나님의 이러한 역사는 교회를 수호하고 발전시키기 위한 것이었다. 새로운 분파가 출현하면, 모든 사람이 그 분파를 단호하게 배척한다. 만일 하나님이 두려움이라는 재갈을 사용하셔서 그들을 제지하지 않으셨다면, 새로운 것을 혐오하는 성향이 아주 강하였던 유대인들은 그리스도의 교회를 단 한순간이라도 그냥 놓아 두려고 하지 않았을 것이다. 나아가, 누가는 사람들에게 임한 두려움이 어떠한 두려움이었는지에 대해서도 언급한다. 그 두려움은 사람들로 하여금 그리스도께 굴복하도록 만드는 데서 그친 것이 아니라, 그들을 꼼짝할 수 없게 만들어서 그 결과 감히 주의 일(opus Domini)을 훼방할 엄두를 내지 못하도록 만든 그런 두려움이었다. 오늘날에도 복음이 무엇인지를 굳이 알고 싶어 하지 않는 사람들, 아니 이 세상의 염려에 사로잡혀서 그리스도께로 온전히 나아오지는 못하면서도 하나님의 진리가 우리와 함께 한다는 것을 부인할 만큼 마음이 완악하지는 않은 사람들이 많이 있다. 그들은 하나님과 맞서 싸우는 것을 두려워하는 까닭에, 중도적인 위치에 머물러 있고, 악한 자들의 악행에 동조하지 않는다. 누가가 모든 사람을 "모든 심령"(한글개역개정에는 "사람마다")으로 표현한 것은 제유법을 사용한 것이다. 물론, 하나님의 손길을 대수롭지 않게 여긴 자들이 많았고, 교회를 잔인하게 박해하고도 별로 두려워하지도 않은 자들도 어느 정도 있었다는 것은 확실하다. 그러나 누가가 "모든 심령"이라고 말한 의도는 교회 안에 나타난 하나님의 능력으로 말미암아 대대수의 사람들이 할 말을 잃었다는 것을 보여주기 위한 것이었다.

43. 기사와 표적이 많이 나타나니. 이 구절도 사람들이 두려워한 원인을 설명해준다. 하나님의 다른 역사들과 더불어서 이적들도 그들로 하여금 두려움을 갖게 하는 데에 일조하였다. 물론, 이적들은 사람들로 하여금 하나님께서 사도들의 편에서 계시다는 것을 알게 하여서 감히 하나님을 대적하고자 하는 마음을 먹을 수 없도록 두렵게 만든 유일한 원인이 아니라 많은 원인들 중의 하나였다. 이 사실로부터 우리는 이적들은 사람들을 하나님께 순종하도록 만드는 데에 유익할 뿐만 아니라, 불경건한 자들을 어느 정도 유순하게 만들고 그들의 잔악성을 잠재우는 데도 유익하다는 것을 알게 된다. 애굽 왕 바로는 타의 추종을 불허하는 완악함에 있어서 상징적인 인물이었지만, 우리는 그의 마음조차 이적들에 의해서 종종 찔림을 받았다는 사실을 알고 있다. 물론, 그는 시간이 지나면서 이적들을 잊긴 하였지만, 하나님의 손이 그를 짓누를 때에는 두려움에 사로잡혀 꼼짝없이 굴복할 수밖에 없었다.

간단히 말해서, 누가는 하나님께서는 이러한 역사를 통해서 유대인들을 제지하셨고, 그 결과 쉽게 무너질 수도 있었을 교회가 살아 남을 수 있게 되었다는 것을 가르쳐 주고 있는 것이다. 오늘날에도 우리는 이런 일들을 심심치 않게 경험하고 있다. 누가는 유대인들이 두려움으로 말미암아 자신들이 마음먹은 대로 교회에 해악을 가할 엄두를 내지 못하였을 뿐만 아니라, 경외심으로 말미암아 복음의 영광 앞에서 그들 자신을 낮추지 않을 수 없었다는 것을 보여준다.

44. 믿는 사람이 다 함께 있어. "함께"로 번역된 어구는 문자적으로 직역하면 "동일한 것으로" 또는 "하나로"이고, 이것은 장소와 관련된 것으로 해석될 소지가 있다. 즉, 누가는 그들은 동일한 곳에 함께 머물러 있곤 하였다고 말한 것일 수 있다는 것이다. 하지만 나는 누가가 나중에 4장에서 "한 마음과 한 뜻이 되어"(32절)라고 말하고 있듯이, 여기서 "함께 있어"로 번역된 어구를 동일한 생각이나 뜻을 가지고 "하나가 되어" 있었다는 것을 보여주고자 한 것으로 이해하고자 한다. 이렇게 이해한다면, 누가는 처음에 그들의 생각이 하나가 되어 있었고, 그런 후에 그 하나 된 생각이 신자들 간에 서로 간에 유무상통하는 실천으로 열매를 맺게 된 자연스러운 과정을 보여주고자 한 것이 된다. 즉, 누가는 그들이 형제 사랑으로 하나가 되어 있었고, 부유한 자들이 재산을 팔아서 가난한 자들을 도와줌으로써 그들 간에 형제 사랑이 존재한다는 증거를 보여준 것임을 우리로 하여금 알게 하고자 하였다는 것이다. 이것은 사랑의 놀라운 모범이었기 때문에, 누가는 우리의 풍부함으로 형제들의 가난을 구제하는 것이 마땅하다는 것을 우리에게 알게 해주기 위해 이 일을 보도한 것이다.

그러나 재산의 '코이노니아'(κοινωνία) 또는 유무상통을 둘러싸고 모든 국가 질서를 뒤엎을 수도 있는 해석을 도모하는 광신자들이 있기 때문에, 이 구절에 대한 건전한 해석은 필수적이다. 이 시대에도 재세례파는 이 문제로 소동을 일으켜 왔다. 왜냐하면, 그들은 모든 사람이 자신들의 재산을 한 곳에 쌓아놓고서, 각 사람이 자신의 필요를 따라 가져가도록 하지 않았다면, 교회는 존재하지 않았을 것이라고 생각하기 때문이다. 우리는 여기서 두 가지 극단을 모두 경계해야 한다. 한편으로는, 많은 사람들이 시민법 질서를 핑계 삼아, 자신이 가진 것들을 숨겨놓고 가난한 자들을 기만하면서, 자신들은 남의 재물을 취하지 않기 때문에 두 배로 의로운 사람이라고 생각한다. 반면에, 어떤 사람들은 정반대의 오류에 사로잡혀서 모든 것들을 다 뒤섞어 버리려고 한다. 그러나 누가는 무엇이라고 말하는가? 그는 분배가 선택적으로 이루어졌다고 말하고 있다는 점에서 앞에서 말한 것들과 판이하게 다른 제도를 언급하고 있음이 분명하다. 모든 것이 공동의 소유였기 때문에, 어떤 사람도 사유재산을 가질 수 없었다는 반론을 제기하는 사람이 있다면, 우리는 그런 반론을 간단히 반박할 수 있다. 즉, 그러한 공동의 소유는 바로 뒤에서 언급되고 있는 사정, 즉 가난한 사람들이 각자 필요한 대로 구제를 받을 수 있게 하기 위한 것이라는 사정에 의해서 제약을 받아야 한다는 것이다. "친구 사이에는 내 것 네 것이 따로 없다"(Omnia amicorum communia)라는 옛 속담이 있다. 피타고라스학파에서 이렇게 말했을 때, 그것은 개인적으로 가정을 꾸려나가는 것을 금지하려는 것이 아니었고, 아내들을 공유하겠다는 의도를 갖고 있었던 것도 아니었다. 따라서 누가가 칭송하고 있는 이러한 재산의 공유가 독립적으로 가정 경제를 꾸려나가는 것을 배척하는 것은 아니다. 사도행전 4장에 가면 이 점이 더 분명하게 나타나는데, 거기에서 누가는 큰 재산을 소유하였다가 팔아서 교회에 바친 사람을 두 사람만 언급하고 있다. 따라서 내가 방금 말한 대로, 우리는 그들이 자신의 재물을 판 돈을 가져와서 공동의 소유로 내놓은 것은 오직 현재의 궁핍함을 해결하기 위한 것이었을 뿐이라고 추론할 수 있다. 한편, 가톨릭의 사제들은 자신의 소유는 아무것도 없는 까닭에, 자신들은 사도들의 규례를 준수하고 있는 것이라고 공언하는데, 그들의 뻔뻔스러움은 가소롭기가 짝이 없다. 왜냐하면, 그들은 자신의 소유를 팔아서 내놓은 적도 없고, 궁핍한 사람이 있어도 신경 쓰지 않을 뿐만 아니라, 자신들의 빈속을 가난한 사람들의 피로 채우고, 온 세상이 굶주린다 하여도 자신들이 배부르고 사치를 즐길 수만 있다면, 재물을 공유하든 말든 그런 것에는 관심조차 없기 때문이다. 그런 그들이 도대체 초대교회의 제자들과 무엇이 닮았단 말인가? 그런데도 그들은 자신들이 초대교회의 제자들에 비해 손색이 없다는 평가를 받고자 한다.

⁴⁶날마다 마음을 같이하여 성전에 모이기를 힘쓰고 집에서 떡을 떼며 기쁨과 순전한 마음으로 음식을 먹고 ⁴⁷하나님을 찬미하며 또 온 백성에게 칭송을 받으니 주께서 구원 받는 사람을 날마다 더하게 하시니라(2:46-47).

46. 날마다 마음을 같이하여 성전에 모이기를 힘쓰고. 우리는 그들이 성전에 모이기를 힘쓴 이유가 성전이 복음을 전파하는 데에 더 좋은 기회와 여건을 마련해 주는 곳이었기 때문이었다는 것에 주목하여야 한다. 그들은 율법에 속한 그림자들이

이미 걷혔다는 것을 알고 있었기 때문에, 성전이 거룩해서 거기에 모인 것이 아니었다. 또한, 그들은 다른 사람들로 하여금 성전 예배로 나아오도록 권유하기 위해서 직접 모범을 보이려고 한 것도 아니었다. 성전에는 하나님으로부터 멀어지게 만드는 개인적인 관심사들을 다 제쳐두고 오직 하나님을 만나기 위해 찾아온 경건한 사람들이 많이 있었기 때문에, 제자들은 그리스도를 위하여 그런 사람들을 얻고자 늘 성전에 있었던 것이다. 그들이 성전에서 모인 또 다른 이유가 있을 수 있는데, 그것은 가르침을 서로 나누기 위한 것이었다. 왜냐하면, 특히 제자들의 숫자가 급격히 증가하였다는 사실을 고려할 때, 가르침을 나누기 위해 가정집에 모이는 것은 여러모로 불편했을 것이기 때문이다.

46. 집에서 떡을 떼며. 누가는 제자들이 공적으로 참된 경건의 증표들을 보여주었을 뿐만 아니라, 개인적인 삶의 행로에서도 그렇게 하였다는 것을 보여준다. 어떤 이들은 여기서 "떡을 떼는 것"이 성찬을 가리키는 것으로 해석하기도 하지만, 나는 그런 해석은 누가의 의도와는 거리가 멀다고 본다. 누가는 그들이 늘 함께 모여서 식사를 하되, 소박하고 검소하게 그렇게 하였다는 것을 우리에게 보여주고자 하는 것이다. 만일 화려한 잔치에 참석한 자들이었다면, 그렇게 다정하게 식사를 할 수는 없었을 것이다. 또한, 누가가 "마음을 같이하여"라는 어구를 덧붙이고 있는 것도 그들이 함께 모여 식사하는 것이 소박하였다는 것을 보여주는 증표이다. 요컨대, 여기서 누가가 말하고자 한 것은 그들이 우애 있고 검소한 생활을 영위하고 있었다는 것이다. 어떤 이들은 "기쁨과 순전한 마음으로"라는 어구를 그 뒤에 나오는 "하나님을 찬미하며"와 연결시키는데, 사실 문맥상 그렇게 보지 못할 이유는 없다. 하지만 만일 사람들이 삶의 모든 부분에서 "순전한 마음으로" 행하지 않는다면, "하나님을 찬미하는" 데 있어서 "순전한 마음"이란 있을 수 없기 때문에, 누가가 이 어구를 신자들이 언제 어디서나 "기쁨과 순전한 마음으로" 행하였다는 뜻으로 여기에 언급하였음이 분명하다. 또한, 우리는 그들이 여러 위험들에 둘러싸여 있던 상황 속에서도 어떻게 기쁘고 즐거울 수 있었느냐에 대해서도 주목해야 한다. 우리를 향한 하나님의 사랑을 알고 하나님의 보호하심에 대한 확신이 있을 때, 우리는 세상의 그 어떤 위협에도 불구하고 평안한 마음으로 하나님을 찬미할 수 있는 복을 갖게 된다.

누가는 앞서서 교회의 공적인 모습에 대해서 말한 후에, 이제 여기에서는 우리로 하여금 그들의 모범을 보고서 우리의 삶 속에서 검소한 교제를 나누고 소박한 삶을 살아가며 영적 기쁨을 누리고 늘 하나님을 찬미하는 법을 배울 수 있도록 하기 위해서, 신자들이 개인적으로 어떤 삶을 영위했는지를 들려주고 있는 것이다. "순전한 마음"은 폭넓게 이해될 수 있는 표현이지만, 여기에서처럼 "떡을 떼는 것"과 관련이 될 때에는 진솔한 사랑을 의미하는 것으로 이해하여야 할 것이다. 그리고 진솔한 사랑이란 사람이 사람을 솔직하게 대하고, 자신의 이익을 챙기기 위해서 간교한 꾀를 부리지 않는 것이다. 진솔한 사랑과 반대되는 태도는 앞으로 어떤 일들이 있을지를 미리 생각하고 염려하는 것인데, 그런 사람들은 온갖 염려와 근심으로 자기 자신을 지나치게 괴롭힌다. 우리는 여러 가지로 염려하는 삶이 아니라 진솔하게 살아가는 삶을 살아야 한다. 왜냐하면, 우리의 염려와 걱정을 하나님께 맡기지 않을 때, 우리는 불안과 두려움이라는 보응을 받게 될 수밖에 없기 때문이다.

47. 온 백성에게 칭송을 받으니. 그들이 "온 백성," 심지어 이방인들에게까지 칭송을 받은 것은 흠이 없는 그들의 삶이 맺은 결과였지만, 우리는 그들이 많은 사람의 미움을 샀다는 사실도 간과해서는 안 된다. 누가는 "온 백성"이라고 말하고 있지만, 실제로는 증오라는 독에 오염되지 않은 순전한 사람들만을 염두에 두고 그렇게 말한 것이다. 간단히 말하자면, 누가가 여기에서 말하고자 한 것은 사람들이 그들의 행실을 보고 그들에게 동조하고 그들을 인정하였다는 것이다.

47. 주께서 구원 받는 사람을 날마다 더하게 하시니라. 이 말을 통해서 누가는 제자들의 애쓰고 힘쓴 것이 열매가 있었다는 것을 보여준다. 그들은 길을 잃고 방황하던 사람들을 하나님의 양 우리로 모아들이기 위해서 있는 힘을 다해 애쓰고 수고하였다. 누가는 그들의 이러한 수고가 결코 헛되지 않아서 하나님께서 날마다 교회가 성장하게 하셨다고 말한다. 따라서 교회가 부흥하지 않고 쇠퇴하는 것은 우리의 나태함(ignavia), 아니 악함(pravitas) 때문이라는 것은 확실하다. 그러나 누가는 그들이 모두 그리스도의 나라를 확장시키기 위해서 열심으로 수고한 것은 사실이지만, 외인이었던 자들을 교회 안으로 불러모으신 것은 하나님이시기 때문에, 오직 하나님께만 그 영광을 돌린다.

그리고 그것이 하나님 자신의 역사였다는 것은 너무나 분명하다. 왜냐하면, 사역자들이 심고 물을 준다고 할지라도, 하나님께서 성령의 능력으로 자라나게 하시지 않는다면, 그들의 수고를 통해서 얻는 것은 아무것도 없게 되기 때문이다(고전 3:6). 또한, 우리가 주목해야 할 것은 누가는 "구원 받는 사람들"이 교회에 더해졌다고 말하고 있다는 점이다. 즉, 누가는 우리가 교회 속으로 받아들여지는 것이 구원을 얻는 방법이라고 가르치고 있는 것이다. 왜냐하면, 교회 밖에는 죄 사함이 없는 것과 마찬가지로, 교회 밖에는 영생의 소망도 없기 때문이다. 복음이 "모든 믿는 자에게 구원을 주시는 하나님의 능력"(롬 1:16)으로 불리는 것에서 알 수 있듯이, 모든 경건한 자들에게는 그들이 구원을 받기 위하여 교회에 받아들여진 것이라는 사실을 아는 것은 큰 위로가 된다. 하나님께서 모든 사람이 아니라 일부 사람들만을 불러모으시는 데서 알 수 있듯이, 이 은혜는 오직 택함 받은 자들에게만 주어지고, 하나님의 이 택정하심은 우리의 구원의 일차적 원인(prima causa)이다.

제3장

¹제 구 시 기도 시간에 베드로와 요한이 성전에 올라갈새 ²나면서 못 걷게 된 이를 사람들이 메고 오니 이는 성전에 들어가는 사람들에게 구걸하기 위하여 날마다 미문이라는 성전 문에 두는 자라 ³그가 베드로와 요한이 성전에 들어가려 함을 보고 구걸하거늘 ⁴베드로가 요한과 더불어 주목하여 이르되 우리를 보라 하니 ⁵그가 그들에게서 무엇을 얻을까 하여 바라보거늘 ⁶베드로가 이르되 은과 금은 내게 없거니와 내게 있는 이것을 네게 주노니 나사렛 예수 그리스도의 이름으로 일어나 걸으라 하고 ⁷오른손을 잡아 일으키니 발과 발목이 곧 힘을 얻고 ⁸뛰어 서서 걸으며 그들과 함께 성전으로 들어가면서 걷기도 하고 뛰기도 하며 하나님을 찬송하니 ⁹모든 백성이 그 걷는 것과 하나님을 찬송함을 보고 ¹⁰그가 본래 성전 미문에 앉아 구걸하던 사람인 줄 알고 그에게 일어난 일로 인하여 심히 놀랍게 여기며 놀라니라 ¹¹나은 사람이 베드로와 요한을 붙잡으니 모든 백성이 크게 놀라며 달려 나아가 솔로몬의 행각이라 불리우는 행각에 모이거늘(3:1-11).

1. 제 구 시 기도 시간에 베드로와 요한이 성전에 올라갈새. 우리는 앞에서 사도들이 많은 표적을 행하였음을 보았다. 이제 누가는 자신의 통상적인 기술 방식을 따라서 그 표적들 중의 하나를 예시하는데, 그것은 태어날 때부터 앉은뱅이였던 사람이 완전히 정상으로 회복된 사건이었다. 그는 이 이적을 기술하는 데에 도움이 될 만한 모든 세부적인 정황들을 꼼꼼히 수집하여 보도한다. 만일 그가 앉은뱅이가 된 것이 다리의 관절이 어긋나서 그렇게 된 것이거나, 아니면 사고로 인해서 생긴 것이었다면, 치료하기가 좀 더 쉬웠을 것이지만, 선천적인 장애는 그렇게 쉽게 고쳐질 수 있는 것이 아니었다. 누가는 사람들이 그를 "메고" 왔다고 보도하고 있기 때문에, 이 사실로부터 우리는 그가 가볍게 다리를 저는 정도가 아니라, 다리를 전혀 쓸 수가 없어서 평생 앉아서만 살 수밖에 없었던 사람이었을 것임을 알게 된다. 또한, 그가 날마다 구걸을 했다는 사실로 미루어 볼 때, 그는 모든 사람들에게 잘 알려진 인물이었을 것이다. 그가 치유를 받고 걷기 시작한 것이 성전 기도 시간이었

기 때문에, 이 이적에 관한 소문은 더 많은 사람들에게 퍼져나갔을 것이다. 또한, 그가 자신의 발로 서게 되었을 때에 즉시 기뻐서 뛰기도 하고 걷기도 하였다는 것도 소홀히 넘겨 버릴 수 없는 사실이다.

"성전에"로 번역된 '에피 토 아우토'(ἐπὶ τὸ αὐτὸ)라는 어구는 장소를 지칭하는 것일 수도 있고 시간을 지칭하는 것일 수도 있는데, 후자로 해석하는 것이 문맥에 좀 더 잘 부합하는 것으로 보인다. 그러나 이것은 중요한 문제가 아니기 때문에, 나는 여기서 길게 논의하지는 않을 것이다. "제 구 시 기도 시간"은 저녁이 가까워지는 시간을 가리킨다. 내가 다른 곳에서 이미 말했듯이, 일출부터 일몰까지 이어지는 낮은 열 두 시간으로 구분되었고, 아울러 낮 시간 전체는 네 부분, 곧 네 개의 경(更)으로도 구분되었다. 따라서 제 삼 시까지가 일경, 제 육 시까지가 이경, 제 구 시까지가 삼경이었기 때문에, "제 구 시"는 늦은 오후에 해당된다. 따라서 이 시간은 저녁 제사를 드리는 시간이었을 가능성이 많다. 누군가가 사도들이 율법의 제의 규정에 따라서 기도하러 성전에 올라간 것이냐고 묻는다면, 나는 그럴 가능성은 크지 않고, 오히려 복음을 전파할 수 있는 좋은 기회를 얻기 위하여 그렇게 한 것이라고 본다. 그리고 이 구절을 근거로 삼아서 성도들이 미신적인 예배에 참여해도 괜찮다고 주장하는 사람이 있다면, 아무리 우리가 무지하고 연약한 사람들을 상대하고 있다고 하지만, 그런 추론은 어리석기 짝이 없는 것이다. 유대인들은 하나님이 제정하신 규례에 따라서 아침 제사와 저녁 제사를 드리게 되어 있었고(출 29:41), 이런 규례를 지킴으로써 하나님께 기도하고 예배하는 것으로 하루를 열고 마감하는 법을 배웠다(민 28:4). 따라서 베드로와 요한은 하나님께 성별된 장소인 성전에 거리낌 없이 출입할 수 있었고, 거기에서 그들이 하나님의 이름을 부르며 기도하는 것은 그들 자신을 더럽히는 것이 아니라, 도리어 자신들의 경건을 증언하는 것이었다. 하나님께서 자신의 옛 백성들이 정해진 시간을 준수하기를 원하셨다는 사실로부터, 우리는 확실한 규율(certa disciplina)이 없이는 교회가 제대로 설 수 없다는 것을 알게 된다. 오늘날에도 우리의 지독한 나태함으로 방해를 받지만 않는다면, 이런 집회는 매일 갖는 것이 유익하다. 또한, 사도들이 시간에 맞추어 성전에 올라갔다는 사실은 우리가 복음을 전파할 수 있는 기회를 소홀히 하여서는 안 된다는 것을 가르쳐준다.

3. 그가 … 구걸하거늘. 우리는 하나님께서 이 앉은뱅이를 회복시켜 주시는 것을 보게 되는데, 그것은 그가 전혀 기대하지도 않았던 일이었다. 그는 자신의 장애

가 치유될 수 없는 것이라고 생각해서 생계를 위해 오직 구걸하는 데에만 급급해 있었다. 그가 감히 구할 엄두도 내지 못해서 그동안 구하지 않았던 일이 그에게 이루어졌다. 이와 같이 하나님께서는 종종 우리가 그에게 간구할 때까지 기다리시지 않으시고, 우리가 구하기도 전에 먼저 이루어 주신다. 하지만 우리는 이것을 핑계로 우리의 나태함을 변명하거나 정당화해서는 안 된다. 즉, 하나님께서 어련히 알아서 우리를 만나 주실 것이기 때문에, 우리는 하나님이 우리에게 선을 베풀어주실 때까지 두 손 놓고 기다리기만 하면 된다는 식으로 생각해서는 안 된다는 것이다. 왜냐하면, 하나님께서 우리에게 기도하라고 명하신 까닭에, 우리는 우리가 해야 할 몫을 빼먹지 않고 충실히 행하는 것이 마땅하기 때문이다. 그러나 무엇보다 주목해야 할 것은 이 앉은뱅이의 사례 속에서 우리는 아직 믿음으로 말미암아 빛을 받지 못해서 어떻게 해야 올바르게 기도할 수 있는지를 알지 못하는 사람의 예를 본다는 것이다. 그런 경우에 꼭 개입하셔야 할 필요가 있을 때에 하나님께서는 사람들이 구하기도 전에 먼저 행하신다. 그러므로 하나님이 우리의 영혼을 소생시키셔서 건강하게 해주실 뿐만 아니라 영원한 생명도 얻게 해주실 때, 그 모든 역사의 원인자는 하나님 자신이시다. 하나님은 "없는 것을 있는 것으로" 부르시고(롬 4:17), "구하지 아니하던 자에게" 자신을 보여주신다는(사 65:1) 것이야말로 우리를 부르시는 역사의 출발점(vocationis initium)이다. 또한, 하나님께 기도를 드려야 한다는 것을 믿음을 통해서 이미 배웠다고 할지라도, 우리는 우리의 악들을 언제나 자각할 수 있는 것이 아니기 때문에, 치유받기를 구하고자 하는 생각이 우리에게 들지 않게 된다. 그래서 하나님께서는 우리가 구하지 않았는데도 자신의 뜻을 따라 값없이 치유해 주신다. 그리고 마지막으로, 우리가 아무리 많은 기도를 드린다고 할지라도, 하나님의 선하심은 우리가 소망하고 간구하는 것을 훨씬 뛰어넘는다.

4. 우리를 보라. 베드로는 하나님의 뜻과 의도에 대한 확신도 없이 이렇게 말한 것이 아니다. 그가 이렇게 말한 것은 그 앉은뱅이에게 무언가 특별하고 이례적인 은혜가 주어지기를 소망하라고 명령한 것이었음이 분명하다. 여기서 생겨날 수 있는 의문은 사도들에게는 자신들이 원할 때에는 언제든지 이적을 베풀 수 있는 능력이 있었는가 하는 것이다. 나의 대답은 사도들은 자신의 뜻을 따라서나 독자적으로는 아무것도 시도하지 않았고, 하나님께서 어떤 일이 적절하다는 것을 아셨을 때에 그들을 통해서 역사하셔서 그 일을 이루셨다는 한에 있어서, 그들은 하나님의 능력의 사자였다는 것이다. 그런 까닭에, 그들이 치유한 것은 모든 사람이 아니라 단 한

사람이었고, 다른 일들에서와 마찬가지로 이 사건에서도 하나님의 성령이 그들의 인도자와 지도자였다. 그래서 베드로는 그 앉은뱅이에게 일어나라고 명하기 전에 먼저 그를 한동안 주목하였다. 즉, 그가 그 앉은뱅이를 주목하게 된 것은 성령의 특별한 감동으로 된 일이었다. 그래서 베드로는 확신에 가득 차서 이적을 예고하는 말을 할 수 있었다. 나아가, 그가 "우리를 보라"고 말한 것은 그 앉은뱅이를 일깨워서 하나님의 은혜를 받아들일 수 있게 하고자 한 것이기도 하였다. 그런데도 정작 그 앉은뱅이는 오직 구걸하는 일 외에는 안중에 없었다.

6. 은과 금은 내게 없거니와. 베드로는 그 앉은뱅이가 구하는 것이 자기에게 없는 것에 대해서 양해를 구하는데, 이것은 만일 그에게 그 앉은뱅이의 궁핍을 해결해 줄 수 있는 능력이 있기만 하다면 기꺼이 그렇게 할 의향이 있다고 말한 것과 같다. 이와 같이 우리도 무엇으로 이웃을 도울 수 있을지를 알기 위해서, 하나님께서 우리 각자에게 주신 것이 무엇인지를 살펴보아야 한다. 왜냐하면, 하나님께서는 각 사람이 받은 은사가 무엇이든지 간에, 그 은사가 이웃 사랑을 실천하는 도구가 되기를 바라시기 때문이다. 그래서 베드로는 그 앉은뱅이에게 자기가 가지고 있는 것을 주겠다고 말한다. 이것은 처음에는 허황된 말로 우롱하는 것으로 들렸을 것이다. 왜냐하면, 베드로가 뭔가를 해줄 것처럼 그 앉은뱅이의 마음을 소망으로 한껏 부풀려놓은 후에 "은과 금은 내게 없거니와"라고 말한 것은 마치 입을 딱 벌리고 있는 까마귀를 약 올리는 것과 다를 바 없었기 때문이다. 그러나 베드로는 곧 그를 위로하는데, 이것은 대비를 통해서 이적의 가치를 한층 더 부각시키기 위한 것이었다 교황이 취임식에서 부끄러운 줄도 모르고 뻔뻔스럽게 이 구절을 희화화하여 기괴한 광대놀이를 하는 것은 끔찍한 불경죄에 해당한다. 식장에는 돌로 만들어진 두 개의 의자가 놓여 있는데, 교황은 그 중 하나에 앉아 있다가, 사람들이 그에게 구걸해 오면, 베드로의 이 말을 그대로 따라하면서 자신의 손가락으로 공중에 십자가를 긋는다. 그런 후에, 교황은 옆 의자로 옮겨 앉는데, 거기에는 돈이 가득 든 가방들이 놓여 있다. 그 때에 그의 사자들이 그를 향해서 "저가 재물을 흩어 빈궁한 자에게 주었으니"(시 112:9)라고 외친다. 내가 이런 이야기를 하는 것은 모든 사람들로 하여금 거기에서 주인 노릇을 하고 있는 것은 분명히 사탄이고, 거기에서 그들이 거룩한 하나님의 말씀을 공공연히 희롱하고 있다는 것을 똑똑히 알게 하기 위한 것이다. 이제 먼저 하던 이야기로 되돌아가면, 베드로가 자신이 치유의 선물을 갖고 있다고 말하였을 때, 그가 확실한 계시의 인도를 받아 그렇게 말하였다는 것은 너무

나 분명한 사실이다.

6. 나사렛 예수 그리스도의 이름으로. 이것은 베드로가 앉은뱅이로 하여금 두 발로 걷도록 회복시켜 주신 것은 그리스도의 역사이고 은혜라고 말한 것이다. 왜냐 하면, "이름"은 권세와 능력을 나타내기 때문이다. 유대인들은 "여호와"라는 말 자 체 속에 어떤 마법적인 힘이 있다는 망상에 사로잡혀 있었는데, 우리는 어떤 말을 할 때에 나는 소리 자체에 그러한 힘이 있다고 생각해서는 안 된다. 요컨대, 베드로 는 이적을 베푸시는 장본인은 그리스도이시고, 자신은 단지 사역자일 뿐이라는 것 을 증언하고자 한 것이다. 왜냐하면, 베드로의 관심은 오직 그리스도가 세상에 알 려지고 그의 이름이 거룩히 여김을 받게 되는 것이었기 때문이다. 그런데 베드로는 왜 그리스도의 이름에 "나사렛"이라는 말을 덧붙인 것일까? 나는 이 문제를 각자의 판단에 맡기겠지만, 나의 생각은 이렇다. 즉, 그리스도께서 경멸적인 의미에서 "나 사렛 예수"로 불리신 것을 알고 있던 베드로는 그들이 십자가에 못 박고 그 이름을 멸시하고 조롱했던 "나사렛 예수," 심지어 대다수의 유대인들에 의해서 가증스러운 자로 여겨지기까지 하신 바로 그 "나사렛 예수"가 그런 모든 대우에도 불구하고 하 나님께서 약속하신 "메시아"이시고 아버지 하나님께서 모든 권세를 그에게 주셨다 는 사실을 표현하기 위해서 의도적으로 그렇게 한 것이다. 이것은 사도 바울이 "예 수 그리스도와 그가 십자가에 못 박히신 것 외에는 아무것도 알지 아니하기로 작정 하였음이라"(고전 2:2)고 말한 것과 같다.

6. 일어나 걸으라. 다리가 성치 않은 사람에게 걸으라고 명령하는 것은 조롱하 는 말이라고밖에는 생각될 수 없었기 때문에, 그 앉은뱅이는 베드로가 한 이 말을 어처구니없는 말로 받아들였을 수도 있었고, 그 앉은뱅이는 "당신은 내게 먼저 성 한 다리와 발을 주어야 하는 것이 아니오?"라고 즉시 반발할 수도 있는 상황이었다. 그러나 그는 베드로의 말을 믿었다. 그래서 처음에는 의아해하고 주저하던 사람이 이제는 기쁨으로 담대하게 하나님의 선물을 받아들이게 되었고, 그렇게 함으로 말 미암아 말씀의 능력과 믿음의 열매가 확실하게 나타나게 되었다. 말씀의 능력은 이 중으로 나타나서, 먼저는 그 앉은뱅이에게 감동을 주어 즉시 순종하도록 만들었고, 다음으로는 그의 죽은 신체 부위에 생기를 부어서 그를 새사람으로 만들어 주었다. 또한, "일어나 걸으라"는 명령에 순종한 것이 열매를 거둔 것이기 때문에, 그것은 믿 음이 그 상급을 받은 것이다. 여기서 우리는 하나님께서 말씀을 통해서 어떻게 역 사하시는지를 보게 된다. 즉, 하나님은 한편으로는 선포된 말씀이 효력을 발휘하여

사람의 마음을 찌르고 들어가게 하시고, 다른 한편으로는 그 말씀 속에서 약속된 것들을 자신의 손으로 이루심으로써 역사하신다. 또한, 하나님께서는 믿음을 헛되게 하지 않으시기 때문에, 믿음은 자기가 구하고 말씀을 통해 주어지는 모든 좋은 것들을 반드시 얻게 된다. 나는 우리의 영적 회복과 관련된 보편적인 모형을 이 이야기 속에서 발견할 수 있다고 말한 적이 있는데, 지금 우리는 내가 한 그 말을 상기해야 한다. 즉, 말씀을 믿음으로 받았을 때에 앉은뱅이가 회복된 것처럼, 하나님께서는 지금도 우리의 영혼을 회복시켜 주시기 위해서 말씀을 통해 우리의 영혼 속으로 파고 들어오신다는 것이다. 먼저, 하나님께서는 사람의 입을 빌려 말씀하셔서 우리의 마음을 찔러 믿음의 순종으로 이끄신다. 그런 후에, 그의 성령을 통해서 우리의 마음에 내적 감동을 불러일으키시고, 그 말씀이 우리 안에서 생명의 뿌리를 내리게 하신다. 마지막으로, 그의 손을 펼치셔서 온갖 방법을 통해서 우리 안에서 자신의 역사를 완성하신다. 마태복음을 통해서 우리는 이적들이 이렇게 이해되어야 한다는 것을 알게 된다.

9. 모든 백성이 그 걷는 것과 하나님을 찬송함을 보고. 이제 누가는 이적의 결과에 대해서 보도하기 시작한다. 즉, 그 앉은뱅이는 "하나님을 찬송함"으로써 하나님에 대한 감사함을 표현하였고, "모든 백성"은 그런 모습을 보고 경이로움에 사로잡혔다. 여기서 그 결과는 두 가지 방향으로 보도된다. 한편에서는 치유함을 받은 앉은뱅이가 하나님이 베풀어 주신 은택(beneficium)을 고백하고 찬양하고 있고, 다른 한편에서는 백성들이 큰 감동을 받고, 그 소문이 널리 퍼져서, 많은 사람들이 이 광경을 구경하기 위해서 몰려들었다. 누가는 많은 사람들이 경이로워하며 무척 놀랐다고 보도하는데, 사람들의 이런 반응은 그 후에 이루어질 일의 서막에 불과한 것이었다. 왜냐하면, 그들이 경이로워하며 놀란 것이 그들을 하나님께로 인도하는 데에 도움이 된 것이 아니라면, 놀란 것 자체는 별 의미가 없을 것이었던 까닭에, 그들은 앞으로 더 나아가야 했기 때문이다.

따라서 백성들이 놀랐다는 것은 앞으로 일어날 일련의 일들의 토대와도 같은 것이었다. 하나님의 역사들을 아무렇지도 않게 간과해 버린다면, 우리는 거기서 그 어떤 유익도 얻을 수 없다. 한 걸음 더 나아가서, 이 구절은 이적 자체가 사람들에게 어떤 결과를 가져다주는지를 증언해 준다. 즉, 이적을 목격했을 때에 사람들은 너무나 놀라서 뭐가 뭔지를 몰라 넋이 나가 혼란스러워 한다는 것이다. 왜냐하면, 하나님은 이적을 통해서 자신의 능력과 선하심을 분명하게 보여주심으로써 우리를 그에게로 부르시지만, 우리가 말씀의 가르침이 제공해 주는 도움을 받을 때까지는, 연약한 본성을 지닌 우리는 하나님께로 가는 도중에 실족하기도 하고 지쳐버리기도 하기 때문이다.

그러므로 우리는 하나님의 역사들을 경외하는 마음으로 깊이 묵상함으로써, 그 역사들에 대하여 우리가 느낀 경이감이 우리로 하여금 하나님의 가르침을 받아들이는 통로가 될 수 있도록 하여야 한다. 왜냐하면, 하나님의 가르침이 우리에게 냉랭하고 유익이 되지 않을 때, 그것은 하나님의 역사들에서 드러난 그의 영광을 멸시한 우리의 배은망덕함에 대한 합당한 징벌이기 때문이다. 다시 한 번 말하자면, 우리는 분별력이 약해서, 하나님의 역사가 의미하는 것을 그 역사 자체만으로는 충분히 깨달을 수 없기 때문에, 하나님의 가르침이 제공해 주는 도움을 받아서 그 역사를 이해하는 법을 배워야 한다는 것이다. 요컨대, 하나님의 역사는 가르침과 분리되어서는 안 되는데, 이것은 수많은 경험이 증명해 준다. 지금까지 세상이 하나님의 이적들을 악용할 수 있었던 것도 이 둘을 분리한 데에 그 원인이 있다.

교황주의자들은 우리에게 그들 가운데서 일어난 이적들을 끊임없이 제시한다. 하지만 그들이 호들갑을 떨며 자랑하는 모든 이적들이 다 진실이라고 가정할지라도, 다른 목적을 품고 이적들을 왜곡해서, 하나님의 이름을 욕되게 하고, 복음의 순수한 진리를 그들이 지어낸 교훈들로 훼손시킨 것은 여전히 중대한 잘못일 수밖에 없다. 실제로 많은 성인들을 세워서 미신적이고 불경스러운 성인 숭배가 횡행하도록 한 것이 이적들을 악용한 것에서 비롯된 것이 아니라면 어디로부터 비롯된 것이겠는가? 이적이 행해질 때에 사람들은 반드시 감동하게 되어 있지만, 그들이 하나님의 말씀에 귀를 기울이지도 않고, 하나님께서 무엇을 원하시는지에 대해서도 관심을 갖지 않기 때문에, 간교한 사탄이 우리의 우매함을 이용해서, 이적을 악용하여 잘못된 미신을 만들어 낼 기회로 삼는 것이다. 예를 하나 들어 보자. 나는 이적 속에 하나님의 능력이 나타난다는 것을 인정한다. 만일 베드로에 의해서 이적이 행하여진다면, 사탄은 나에게 즉시 이렇게 속삭일 것이다: "너는 이 사람이 신적인 인간임을 알지 못하겠냐? 그러니 너는 당장 그를 신과 같은 존재로 숭배하는 것이 마땅하다." 만일 베드로의 설교가 유대인들을 바른 길로 이끌어 주지 않았더라면, 이와 동일한 일이 그들에게도 일어났을 것이다. 그러나 교황 제도 아래에서는 미신을 단죄하는 사람이 아무도 없기 때문에, 사람에 불과한 성인들을 숭배하는 것이 정말 어처구니없는 일인데도 쉽사리 용인되고 힘을 얻게 되었다. 우리가 이적들에 놀라서 넋이 나가 있을 때에 하나님의 가르침을 통해 바르게 인도하심을 받을 수 있기 위해서는 좀 더 정신을 차리고 간절하게 하나님의 말씀으로부터 치료약을 찾아야 한다.

11. 솔로몬의 행각이라 불리우는 행각에 모이거늘. 이 행각은 한때 "솔로몬의 행각"이 있던 곳에 세워졌기 때문에 그런 이름이 붙은 것 같다. 당시에 옛 성전은 다 파괴되고 없었지만, 스룹바벨과 에스라는 새 성전을 다시 지으면서 최대한 옛 성전을 본떠서 짓고자 하였기 때문이다. 그 후에, 헤롯이 막대한 돈을 쏟아 부어 더욱 웅장한 모습으로 성전을 중건했지만, 그런 노력조차도 백성들의 마음에서 솔로몬에 대한 기억을 지울 수는 없었다. 누가는 평소에도 "솔로몬 행각"에 많은 사람들이 모여들곤 했던 까닭에 그 곳의 이름을 구체적으로 밝히고 있는 것이다.

[12]베드로가 이것을 보고 백성에게 말하되 이스라엘 사람들아 이 일을 왜 놀랍게 여기느냐 우리 개인의 권능과 경건으로 이 사람을 걷게 한 것처럼 왜 우리를 주목하느냐 [13]아브라함과 이삭과 야곱의 하나님 곧 우리 조상의 하나님이 그의 종 예수를 영화롭게 하셨느니라 너희가 그를 넘겨 주고 빌라도가 놓아 주기로 결의한 것을 너희가 그 앞에서 거부하였으니 [14]너희가 거룩하고 의로운 이를 거부하고 도리어 살인한 사람을 놓아 주기를 구하여 [15]생명의 주를 죽였도다 그러나 하나님이 죽은 자 가운데서 그를 살리셨으니 우리가 이 일에 증인이라 [16]그 이름을 믿으므로 그 이름이 너희가 보고 아는 이 사람을 성하게 하였나니 예수로 말미암아 난 믿음이 너희 모든 사람 앞에서 이같이 완전히 낫게 하였느니라(3:12-16).

12. 이스라엘 사람들아. 베드로는 백성을 책망하는 것으로 자신의 설교를 시작한다. 그러나 그가 백성을 책망한 것은 그들이 이 일을 놀랍게 여겨서가 아니고(그것은 유익할 뿐더러 칭찬 받을 만한 일이었다), 하나님의 역사에 돌려야 할 찬양을 사람들에게 돌리는 잘못을 저질렀기 때문이었다. 베드로는 "당신들은 하나님과 그리스도를 바라보아야 함에도 불구하고, 우리에게 눈길을 주는 잘못을 범하고 있소"라고 말한 것과 같았다. 하나님의 경이로운 역사를 보고서 놀란 나머지 그 역사에서 쓰임 받은 사람들에게 우리의 마음을 빼앗기는 것은 잘못된 일인 까닭에 책망을 받는 것이 마땅하다. 우리는 베드로가 유대인들을 책망한 것은 그들이 마치 앉은뱅이를 회복시킨 일이 베드로와 요한의 능력과 힘으로 한 일인 양 사람에게 경의를 표

했기 때문이라는 것을 주목하여야 한다. 그러므로 하나님과 그리스도에게 돌려야 할 것을 사람의 "경건"이나 능력으로 돌리는 것은 잘못일 뿐만 아니라 죄악이기도 하다. 능력의 근원이 하나님에게만 있다는 것은 모든 사람이 동의하고 한 목소리로 고백하는 사실인데도 불구하고, 사람들은 여전히 마땅히 하나님께서 받으셔야 할 것들을 취해서 그것들로 하나님이 지으신 피조물들을 찬양하는 일을 그치지 않고 있다. 교황주의자들은 하나님께 속한 능력을 성인들에게 돌리는 것은 말할 것도 없고, 돌이나 나무로 우상을 만들어서 바르바라(Barbara)나 크리소고누스 (Chrysogonus)라 하고서 하나님께 속한 능력을 그 우상들에게 돌린다. 이런 일들에 서 그들의 잘못이 없다고 한 번 가정해 보자. 그러나 어리석게도 그들은 입으로는 여전히 능력이 하나님께 있다고 고백하면서도, 이적들을 성인들의 "경건"으로 돌리 며, 하나님에 대한 자신들의 의무를 다했다고 생각한다. 만일 성인들이 자신들의 "경건"으로 말미암아 하나님으로부터 특별한 권세를 수여받았다고 그들이 생각하 지 않는다면, 비를 원하거나 청명한 날씨를 원할 때, 또는 질병에서 건짐 받고자 할 때, 왜 그들은 성인들에게로 달려간단 말인가? 그들이 말로는 하나님이 능력의 근 원이라고 인정하면서도, 자신들이 받은 은총들에 대해서는 성인들의 "경건" 덕분이 라며 그들에게 감사한다면, 전자는 유치한 가림막에 지나지 않는 것이 틀림없지 않 은가? 어떤 사람의 거룩함이 이적을 만들어 낸 것이라고 생각하여 그 사람을 쳐다 보는 자들은 그들이 어떤 변명을 늘어놓든지 간에 베드로에 의해서 예외 없이 정죄 를 당했다는 것을 우리는 항상 기억해야 한다. 이것이 베드로의 설교 중에서 첫 번 째 부분이고, 여기서 그는 백성들의 미신을 책망하고 고쳐 주는데, 우리는 그가 가 르치는 방법과 순서에 유의해야 한다. 왜냐하면, 하나님을 바라보던 눈을 옮겨서 그의 피조물들을 바라보게 되는 것보다 사람이 빠지기 쉬운 잘못은 없는 까닭에, 그 러한 잘못을 미연에 방지하는 것은 매우 중요한 일이어서, 그가 가장 먼저 다루고 있는 것이기 때문이다. 백성들이 사도들을 바라보는 것을 금지하였다고 한다면, 하 물며 성령께서는 저 대수로울 것도 없는 성인들의 이름을 부르지 못하도록 우리를 얼마나 만류하며 말리시겠는가!

13-14. 아브라함과 이삭과 야곱의 하나님. 베드로는 사람을 바라보는 잘못된 것에서 돌이켜 이제 그들이 마땅히 해야 할 일이 무엇인지를 제시하는 말을 여기에 덧붙인다. 그것은 그들이 그리스도께로 돌아와야 한다는 것인데, 그 핵심은 하나님 께서 사도들을 통해서 이적들을 행하시는 목적이 그의 아들인 그리스도의 영광을

드러내는 데에 있다는 것이다. 여기서 도출되는 결론은, 모든 사람은 "쇠하여야" 하고 오직 그리스도만이 "흥하여야" 하기 때문에(요 3:30), 베드로를 비롯해서 사람을 찬양하는 자는 누구든지 잘못을 범하고 있는 자라는 것이다. 그리스도와 사도들 간의 차이는 다음과 같은 것들에서 극명하게 드러난다. 첫째, 그리스도께서 이적을 베푸시는 주체이신 반면에, 사도들은 일꾼들에 불과하다. 둘째, 오직 그리스도만이 합법적으로 영광을 받으실 수 있는 반면에, 사도들에게는 영광과 관련하여 어떠한 것도 고려될 여지가 없다. 왜냐하면, 이적과 관련해서 그리스도가 아닌 어떤 다른 사람에게 영광을 돌리는 자들은 하나님의 뜻을 정면으로 거스르는 자들이라는 것은 너무나 분명하기 때문이다.

베드로가 "아브라함과 이삭과 야곱의 하나님 곧 우리 조상의 하나님"이라고 말하는 것은 유대 백성으로 하여금 그들의 조상들로부터 물려받은 참되신 하나님에 대한 저 유서 깊은 예배로부터 떠나게 만들고자 하는 의도가 자신에게는 추호도 없다는 것을 그들에게 증언하기 위한 것이다. 또한, "아브라함과 이삭과 야곱의 하나님"이라는 칭호는 하나님께서 자신을 우상들과 구별하기 위하여 자신을 나타내는 표지로 스스로 택하신 것이다. 왜냐하면, 우리는 눈으로 볼 수도 없고 무한하신 하나님을 그의 본질 그대로 파악할 수 없기 때문이다. 그래서 베드로는 하나님을 아는 지식으로 우리를 이끄는 데에 가장 적절한 방법을 사용한다. 한편, 이슬람교도들은 자신들이 천지의 창조주 하나님을 예배한다고 자랑하지만, 우리가 장차 하늘에 가면, 거기에서 그들의 모습은 보이지 않을 것이다. 그런 까닭에, 하나님께서는 자기 백성을 허탄하고 그릇된 우상들로부터 보호하시기 위해서 그들을 자신의 언약으로 묶어 두셨다. 하나님이 자신을 "아브라함의 하나님"이라고 부르셨을 때, 그것은 모세가 신명기에서 좀 더 자세하게 설명한 것을 간략하게 줄여서 가르쳐 주신 것이다: "네가 이르기를 누가 우리를 위하여 하늘에 올라가서 그 명령을 우리에게로 가지고 와서 우리에게 들려 행하게 할꼬 할 것이 아니요 이것이 바다 밖에 있는 것이 아니니 네가 이르기를 누가 우리를 위하여 바다를 건너가서 그 명령을 우리에게로 가지고 와서 우리에게 들려 행하게 할꼬 할 것도 아니라"(신 30:12, 13). 또한, 유대인들 사이에서 거룩한 조상들의 이름은 매우 존귀하게 여겨지고 있었기 때문에, 베드로는 그들에게 하나님의 독생자가 없다면 그들이 다른 백성들과 다를 것이 아무것도 없다는 점을 암묵적으로 상기시켜 주고 있는 것이다. 그리고 하나님의 뜻은 그가 예수 그리스도의 아버지라 불리시는 그 날에 좀 더 분명한 징표를 통해서 사람들로 하여금 그를 알게 하시는 것이다.

이제 다시 베드로에게로 돌아가 보자. 그는 자기가 유대 백성으로 하여금 율법과 선지자들로부터 멀어지게 하려고 새로운 종교를 소개하는 것이 아니라고 말한다. 신명기를 보면, 거기에서 하나님께서는 그런 일을 하려고 시도하는 자들의 말을 "청종하지" 말 것을 명령하신다(신 13:3). 왜냐하면, 신령한 집을 지을 때에는 단 하나의 "터"(고전 3:11)만을 닦아 두어야 한다는 사도 바울의 가르침처럼, 우리가 그리스도로부터 아주 조금이라도 떠나는 날에는 파멸만이 우리를 기다리고 있을 것이기 때문이다. 또한, 여기서 우리는 베드로가 무슨 의미로 하나님을 "조상들의 하나님"이라고 부른 것인지를 쉽게 알 수 있다. 즉, 교황주의자들은 조상들이 드렸던 예배를 자신들도 그대로 드리고 있다고 어리석은 자랑을 늘어놓지만, 베드로는 여기서 우리가 조상들이 드렸던 예배를 그대로 따라야 한다는 것을 일반적인 공리로 여겨서 그렇게 말하고 있는 것이 아니다. 왜냐하면, 베드로가 하나님으로부터 나온 참된 신앙을 지켜서 후대에 전한 조상들로 "아브라함"과 "이삭"과 "야곱"의 이름을 명시해서 열거하고 있는데, 이것은 조상들 중에서도 많은 이들이 본래의 참된 신앙으로부터 떨어져 나간 까닭에, 모든 조상이 우리의 모범이자 전범이 되어야 하는 것이 아니고, 우리가 오직 하나님의 자녀였던 조상들만을 본받고 그렇지 않은 조상들을 본받아서는 안 된다는 것을 우리에게 보여주고자 한 것이기 때문이다. 또한, 이것은 선지자들의 한결같은 가르침이기도 하다: "너희 열조의 율례를 좇지 말며 그 규례를 지키지 말며"(겔 20:18).

13. 너희가 그를 넘겨 주고. 베드로는 사안의 성격상 가르침과 더불어서 엄중한 책망이 필요하다고 생각해서 여기에 책망을 덧붙인다. 왜냐하면, 만일 그들로 하여금 먼저 자신들의 죄악을 깨닫도록 만들지 않는다면, 그들을 진정으로 하나님께 인도하는 것은 불가능했기 때문이다. 그는 그들의 죄악을 가볍게 건드리고 넘어가는 것이 아니라, 그들이 저지른 죄악이 얼마나 끔찍한 것이었는지를 통렬하고 엄중하게 지적한다. 베드로는 다음과 같은 대비를 통해서 그들의 죄악을 극명하게 드러낸다. 즉, 그들은 빌라도가 "놓아 주기" 원했던 그리스도를 죽음에 "넘겨 주었고," "살인한 사람"을 사면해 주게 하고 "생명의 주"를 죽였으며, "거룩하고 의로운 이를 거부하였다." 사람들은 자신의 죄악을 깨닫고 진지하게 용서를 구하러 나아오기 위해서는 이처럼 통렬한 책망을 받아야 한다. 베드로는 자신의 첫 번째 설교에서도 이처럼 격한 표현을 사용하였다. 나중에, 그는 하나님께서 "죽은 자 가운데서 그를 살

리셨으니"라고 말하는데, 이 말을 듣고 그들은 자신들이 그리스도를 죽임으로써 하나님을 대적하였다는 사실을 인정하지 않을 수 없었을 것이다. 하지만 베드로가 이 말을 하면서 염두에 두고 있었던 것은 그런 것보다 더 중요한 사실, 즉 그들은 그리스도에게 잔인하고 끔찍한 일을 저질렀지만, 하나님께서는 그리스도를 다시 살리셨기 때문에, 그들의 그런 행동은 그리스도의 영광을 조금도 손상시키지 못하였다는 것이었다. 베드로가 자기 자신을 비롯한 사도들을 "부활의 증인"이라고 했을 때, 그것은 그들이 부활을 직접 목격하였다는 뜻이다. 그러므로 "부활의 증인"이라는 말은 사도들의 사명을 표현하는 말일 뿐만 아니라, 사도들은 부활하신 그리스도를 목격한 자들이라는 사실도 아울러 말해 준다. 하지만 베드로가 이 말을 통해서 자기에게 맡겨진 사명을 언급한 것은 다른 한편으로는 자신의 권위를 높이기 위한 의도도 있었던 것으로 보인다.

16. 그 이름을 믿으므로. 베드로는 여기서 "그 이름을 믿으므로"이라고 말하고 나서는, 또다시 "그 이름이"라는 말을 덧붙이고, 이어서 "예수로 말미암아 난 믿음"이라고 다시 한 번 말한다. 이러한 반복적인 표현은 그리스도에 대한 그의 뜨거운 사랑을 보여주는 증거이다. 그는 그리스도의 영광을 드러내기 위해서 온 힘을 쏟고 있었기 때문에, 이처럼 반복적으로 그의 영광에 대해서 말하고 있는 것이다. 우리는 그리스도의 은혜를 선포하고 전하는 데에 그토록 큰 열심을 내었던 사도 바울조차도 자기가 충분히 전하였다고 만족한 적이 결코 없었다는 것을 안다. 우리가 그리스도를 아무리 끊임없이 높이고 찬양한다고 할지라도, 인간의 본성은 너무나 악해서, 그리스도께서 사람들 가운데서 정말 온전히 영광을 받으시고 높임을 받으시는 것은 불가능하다. 그러므로 우리는 베드로가 여러 가지 다양한 표현과 많은 말로 역설하는 이유가 우리를 그리스도 안에 든든히 세우기 위한 것임을 기억하여야 한다. "그 이름을 믿으므로 그 이름이 너희가 보고 아는 이 사람을 성하게 하였나니"라는 말은 앉은뱅이가 치유를 받게 된 원인과 방식을 설명해 준다. 그 앉은뱅이를 "성하게" 해준 것은 그리스도의 능력이었지만, 그것은 그의 믿음으로 말미암아 된 것이기도 하였다. 또한, 그가 사용한 또 다른 표현인 "예수로 말미암아 난 믿음"이라는 것은 그리스도에 기초하지 않는 우리의 믿음은 하나님에게로 상달될 수 없기 때문에, 우리의 믿음은 그리스도를 바라보고 의지하는 것이어야 한다는 뜻이다. 이 말을 통해서 베드로는 "예수로 말미암아 난 믿음" 이외의 다른 그 어떤 믿음도 참된 믿음이 될 수 없다는 것을 보여준다.

앞에서 자신을 비롯한 다른 사도들이 그리스도의 부활 생명의 증인이라고 말했던 베드로는 여기서는 한 걸음 더 나아가서 지금 그 생명이 하나의 징표 또는 결과를 통해서 유대인들에게 분명하게 증거되었다고 선언한다. 왜냐하면, 그들은 앉은 뱅이가 치유되는 이적을 눈 앞에서 보았던 까닭에, 그리스도의 신적 능력이 그 사람 안에서 나타난 분명한 증거를 갖게 되었기 때문이다. 또한, 이 마지막 구절에서 베드로는 앉은뱅이가 치유된 것을 그 사람이 보여준 믿음으로 돌리면서, 사실은 그러한 믿음에 대하여 마땅히 보내야 할 찬사를 보내지 않는 유대인들의 배은망덕함을 넌지시 꾸짖고 있는 것이기도 하다. 그리고 여기서 사도들의 믿음보다는 치유를 받은 사람의 믿음이 언급되고 있는 것에 대해서는 우리가 크게 신경을 쓸 필요가 없다. 왜냐하면, 여기서는 제유법을 통해서 복음의 능력이 표현되고 있는 것이기 때문이다.

17형제들아 너희가 알지 못하여서 그리하였으며 너희 관리들도 그리한 줄 아노라 **18**그러나 하나님이 모든 선지자의 입을 통하여 자기의 그리스도께서 고난 받으실 일을 미리 알게 하신 것을 이와 같이 이루셨느니라 **19**그러므로 너희가 회개하고 돌이켜 너희 죄 없이 함을 받으라 이같이 하면 새롭게 되는 날이 주 앞으로부터 이를 것이요 **20**또 주께서 너희를 위하여 예정하신 그리스도 곧 예수를 보내시리니 **21**하나님이 영원 전부터 거룩한 선지자들의 입을 통하여 말씀하신 바 만물을 회복하실 때까지는 하늘이 마땅히 그를 받아 두리라(3:17-21).

17. 형제들아 너희가 알지 못하여서 그리하였으며. 베드로는 그들이 절망감으로 인해 낙심해서 자신의 가르침을 거부할 것을 우려해서 어느 정도 그들을 다독거려주는 말을 한다. 우리의 설교가 청중들에게 유익을 주기 위해서는 이와 같은 완급 조절이 필요한데, 만일 용서 받을 소망이 완전히 끊어지게 되는 경우에는, 사람들의 마음이 벌을 받을 것을 두려워한 나머지 완악하게 되어 버리기 때문이다. 이런 의미에서 "사유하심이 주께 있음은 주를 경외하게 하심이니이다"(시 130:4)라는 다윗의 말은 지극히 참되다. 이처럼 베드로는 자기 백성이 무지했기 때문에 그렇게 한 것이라는 말로 그들의 죄의 무게를 덜어준다. 왜냐하면, 만일 그들이 하나님의 아들을 의도적으로 부인하고 죽음에 넘겨준 것이었다면, 그들은 베드로의 설교를 듣고서 이렇게까지 양심의 가책과 괴로움을 겪지 않았을 것이기 때문이다. 하지만

베드로가 "너희가 알지 못하여서 그리하였으며"라고 말했다고 해서, 그들을 추켜세울 마음이 그에게 있었던 것은 아니고, 다만 그들이 절망감으로 말미암아 좌절에 빠지지 않도록 하기 위해서 자신의 설교의 수위를 완화시킨 것일 뿐이었다. 다시 한 번 말하지만, 우리는 베드로의 이 말을 백성들이 단지 "알지 못하여서" 범죄한 것이었다고 말한 것으로 이해해서는 안 된다. 왜냐하면, 그런 이해 속에는 위선이 숨겨져 있기 때문이다. 우리는 어떤 행위에서 악의와 무지 중 어느 쪽이 주도적인 것이었느냐를 따져서 그 행위의 성격을 규정하는 것이 마땅하다. 그러므로 우리는 베드로의 이 말을 유대 백성들이 확고한 악의를 가지고 그렇게 했다기보다는 잘못된 생각과 맹목적인 열심 때문에 그렇게 했다는 뜻으로 받아들여야 한다. 그렇다면, 여기서 한 가지 의문이 생기는데, 그것은 고의적이고 의도적으로 범죄한 사람은 완전히 절망적이냐 하는 것이다. 나의 대답은 베드로가 여기서 모든 종류의 범죄에 대해서 언급한 것이 아니고, 단지 그리스도를 부인하고 자신들이 받은 하나님의 모든 은혜를 소멸시킨 죄에 대해서만 언급하고 있다는 것이다. 이 문제에 대해서 좀 더 알고자 하는 사람은 디모데전서 1:13을 보라: "내가 전에는 비방자요 박해자요 폭행자였으나 도리어 긍휼을 입은 것은 내가 믿지 아니할 때에 알지 못하고 행하였음이라."

17. 너희 관리들도 그리한 줄 아노라. 앞에 나왔던 "너희가 알지 못하여서 그리하였으며"라는 말과는 달리, 여기서 베드로가 한 말은 쉽게 수긍할 수 없는 말처럼 보인다. 왜냐하면, 율법에 대한 그릇된 열심이 백성들을 부추겼던 반면에, 서기관들과 제사장들을 몰고 간 것은 사나운 광기와 악한 배역무도함이었기 때문이다. 다시 한 번 말하지만, 백성들은 지도자들이 충동질하고 부추겼기 때문에 그리스도에 대한 적개심에 불타올랐던 것이다. 나의 대답은 "관리들," 곧 서기관들과 제사장들이 모두 같은 마음을 갖고 있었던 것은 아니고, 의심할 여지 없이 그들 중 많은 사람은 바울과 같은 마음이었으리라는 것이다. 바울은 다른 대목에서 이 세상의 권세 잡은 자들에 대해서 말하면서, 만일 그들이 하나님의 지혜를 알았더라면, 결코 영광의 주를 십자가에 못 박지 않았을 것이라고 쓴 적이 있다. 그러므로 여기서 베드로는 모든 지도자들에 대해서 일반적으로 말한 것이 아니라, 그들 중에 있을지도 모르는 교화될 수 있는 자들을 회개에로 초대한 것이다.

18. 그러나 하나님이 모든 선지자의 입을 통하여 ⋯ 미리 알게 하신 것을 이와 같이 이루셨느니라. 앞에서 베드로가 백성들의 무지함에 대해서 언급한 목적이 여기서 좀 더 분명하게 드러난다. 왜냐하면, 그가 하나님께서 자신이 선지자들을 통

해서 미리 알려 주신 일을 이루신 것이라고 말했을 때, 그것은 그리스도를 죽음에 넘겨준 그들의 허물(culpa)을 책망하면서도, 그 허물이 그들의 구원을 이루기 위한 것으로 전환되었다는 의미로 책망한 것이기 때문이다. 즉, 베드로는 "무지가 너희로 하여금 범죄하게 하였으나, 하나님께서는 자신이 작정하신 일을 이루셨으니, 그것은 그리스도로 하여금 자신의 죽음을 통해서 너희를 구속하도록 하신 것이었다"고 말한 것이다. 하나님의 놀라우신 경륜 속에서 우리의 악한 행실이 우리를 위한 다른 목적으로 전환되는 것을 생각할 때, 그것은 참으로 경탄을 금할 수 없는 일이다. 그러나 이것은 결코 우리의 핑곗거리가 될 수 없다. 왜냐하면, 우리는 범죄를 통해서 우리 자신을 멸망에 빠뜨리고 있기 때문이다. 그럼에도 불구하고, 내가 앞에서 말한 바 우리의 악을 우리를 위한 선으로 바꾸시는 하나님의 역사 자체는 하나님의 자비로우심을 보여주는 놀라운 역사이기 때문에, 우리는 겸손히 엎드려 그 자비로우심을 찬양하는 것이 마땅하다. 유대인들은 그리스도 안에 있는 생명에 대한 모든 소망을 말살하기 위하여 그들이 할 수 있는 모든 짓을 다했지만, 그리스도의 죽음은 온 세상에, 곧 유대인들에게도 생명을 가져다주었다. 또한, 우리는 우리가 다른 곳에서 이미 살펴본 사실, 즉 하나님께서 이 모든 일을 주관하신 최고의 주재자(summus autor)이셨고, 독생자 예수께서 고난을 당하신 것은 하나님의 뜻에 의한 것이었다는 사실을 반드시 기억하여야 한다. 그럴 때에만, 그리스도께서 악한 자들의 욕망(libido) 때문에 희생당하신 것이라는 그릇되고 어리석은 생각이 우리 가운데 발붙일 수 없게 된다.

19. 그러므로 너희가 회개하고. 우리는 베드로가 그들에게 회개를 권할 때에 하나님 앞에서 "죄 없이 함을 받는 것"이 그들을 위하여 예비되어 있다는 것도 아울러 밝히고 있는 것을 주목해야 한다. 왜냐하면, 방금 전에 말했듯이, 구원이 예비되어 있지 않다면, 사람들에게 회개하라고 권해도 그 누구도 회개하려고 하지 않을 것이기 때문이다. 죄 사함 받을 가망이 없는 자, 즉 이미 멸망에 넘겨진 자는 완악하게 하나님을 정면으로 대적하기를 주저하지 않는다. 교황주의자들이 회개의 가르침(poenitentiae doctrina)를 전하지 못하는 이유가 거기에 있다. 사실, 그들은 이 가르침에 대해서 아주 많이 지껄이고 있지만, 은혜에 대한 확신(gratiae fiducia)을 포기하였기 때문에, 그들의 제자들로 하여금 회개에 열심을 내도록 설득할 수 없다. 또한, 나는 그들이 죄 사함에 대해서는 거의 지껄이지도 않는다는 것을 공언할 수 있는데, 그들은 인간의 영혼을 불안과 두려움 속에 방치해 둘 뿐만 아니라, 심지어 갖가

지 조작을 통해서 그들의 영혼을 미로에 빠뜨려 놓기 때문에, 죄 사함에 대한 그들의 가르침은 엉망이 되었고, 결과적으로 다른 가르침들도 뒤죽박죽이 되고 말았다.

19. 이같이 하면 새롭게 되는 날이 주 앞으로부터 이를 것이요. 에라스무스와 고대 라틴어 역본 번역자는 이 문장을 일부 내용이 생략된 문장으로 보고서, 빠진 부분을 보충하여 이렇게 읽었다: "새롭게 되는 날이 이를 때 너희도 이 새롭게 됨을 입게 될 것이요 주께서 세상을 심판하러 오실 때 너희는 주가 심판자가 아니라 구속주임을 알게 되리라." 그러나 "새롭게 되는 날이 이른 후에"라고 옮긴 베자(Beza)의 번역이 더 적절하기 때문에, 앞에서처럼 내용이 일부 빠졌다고 보고 빠진 부분을 보충해서 번역하는 것보다는 다음과 같이 풀이하는 것이 바람직하다: "우리의 죄 사함은 최후의 심판의 날을 위한 것이다. 만일 우리가 하나님의 심판대 앞에 서지 않아도 된다면, 우리는 하나님과 화목하게 되는 일에 별 관심을 갖지 않게 될 것이다." 무엇보다도 먼저, 우리는 베드로가 그들 앞에 심판의 날을 정면으로 제시하는 이유는 자기가 앞에서 행한 권면이 좀 더 효과적인 것이 되도록 하기 위한 것임을 주목해야 한다. 우리가 언젠가는 결산하여야 한다는 경고를 받는 것보다 우리로 하여금 정신이 번쩍 들게 만드는 데 있어서 더 따끔한 침은 없다. 우리의 생각과 관심사가 온통 이 세상에 쏠려 있는 동안에는, 우리는 일종의 혼수상태(veternus)에 빠져 있는 것이다. 따라서 우리는 최후의 심판에 대한 메시지를 하나님의 심판대 앞으로 우리를 호출하는 나팔 소리로 들어야 한다. 그렇게 할 때, 우리는 마침내 참으로 깨어나고 각성해서, 새 생명에 대하여 생각하기 시작하게 된다. 그래서 아덴에서 사도 바울도 하나님께서 그리스도를 통해서 온 세상을 심판할 날을 정해 놓으셨기 때문에 지금 모든 사람이 회개하기를 바라시는 것이라고 설교한 것이다(행 17:30, 31). 베드로가 말하고자 한 요지는, 지금 우리에게 선생이 되셔서 복음을 통해 우리를 가르치시는 그리스도께서는 아버지 하나님에 의해 심판주로 임명되셨고, 자신의 때가 되면 이 땅에 다시 오실 것이기 때문에, 심판의 날이 이르러서 우리의 믿음의 열매를 거둘 수 있기 위해서는 우리가 때 늦기 전에 그리스도의 가르침에 순종해야 한다는 것이다.

그러나 "새롭게 되는 날"이라는 어구는 사람들에게 두려움을 불러일으키는 표현이 아니라는 점을 근거로 해서, 베드로는 마지막 날에 대해서 다른 관점에서 말하고 있는 것이라고 반론을 제기하는 사람이 있을 수 있다. 나의 대답은 믿는 자들은 최후의 심판에 대해서 들을 때에 두 가지 방면에서 자극을 받게 된다는 것이다. 먼저, 이 세상에서 믿음의 유익은 두드러지게 나타나지 않고, 경건한 자들의 삶이 비참한 일들로 점철되는 반면에, 도리어 하나님을 멸시하는 자들의 삶은 형통하는 것처럼 보이는 것이 현실이라는 것이다. 그렇기 때문에, 우리가 겪는 온갖 맹렬한 환난들의 열기를 식혀 주고 우리의 비참한 삶을 끝내 주는 안식의 날이 올 것이라는 사실을 늘 기억하지 않는다면, 우리는 용기를 잃고 낙담하게 되고 말 것이다. 다음으로, 또 다른 자극은 하나님의 무시무시한 심판을 기억할 때에 우리는 쾌락과 나태를 떨쳐 버릴 수 있게 된다는 것이다. 그래서 여기서 베드로는 한편으로는 유대인들을 그리스도께로 인도하기 위해서, 다른 한편으로는 그들에게 두려움을 주어 찔림을 받게 하기 위해서 경고와 약속을 함께 제시한다. 성경은 멸망받기로 작정된 자들과 택함 받은 자들 모두를 향한 말씀인 까닭에, "주의 날"을 어떤 때는 두렵고 떨리는 날로 묘사하고, 어떤 때는 기쁨과 소망의 날로 묘사한다는 점에서, 여기서 베드로가 경고와 약속을 함께 제시하고 있는 것은 성경에서 흔히 사용되는 표현법이다. 그러므로 베드로가 유대인들에게 죄 사함에 대한 소망을 심어주고, 그리스도의 날을 기쁜 날로 제시해서, 그들로 하여금 그 날을 열망할 수 있게 한 것은 합당한 일이다.

20. 또 주께서 너희를 위하여 예정하신 그리스도 곧 예수를 보내시리니.   베드로는 복음을 멸시하는 자에게는 반드시 심판이 임하게 될 것임을 알려 주기 위해서, 그리스도께서 심판주로 오실 것임을 분명하게 선포한다. 그리스도께서 어찌 그런 자들을 심판하지 않으시겠는가? 한편, 이것은 믿는 자들에게 큰 위로를 주는 말씀이다. 왜냐하면, 이 말씀을 통해서 그들은 자신들의 구원 여부를 판결하는 권한이 지금 그들에게 구원을 약속하시고 베푸시는 그리스도의 수중에 있다는 것을 알게 되기 때문이다. 또한, 베드로는 지금 복음을 통해서 그들에게 선포되고 있는 바로 그분이 장차 심판주로 오실 분이라는 사실을 덧붙임으로써, 그들로 하여금 알지 못해서 그랬다는 변명을 절대로 할 수 없도록 만든다. 그는 이렇게 말한 것과 같다: "그리스도께서 세상을 심판하러 오시기 전에, 지금 우리가 너희에게 그리스도를 전하고 선포하는 것은 그 날이 왔을 때에 그를 거부하고 배척한 자들로 하여금 불신앙에 대하여 심판을 받게 하고, 그를 영접한 자들로 하여금 믿음의 열매를 거두도록 하기 위한 것이다." "예정하신"으로 번역된 단어는 헬라어 사본에서 두 가지 읽기가 나타나는데, 일부 사본들은 '프로케케뤼그메논'(προκεκηρυγμένον), 즉 "전에 선포된"으로 읽고, 또 다른 사본들은 '프로케케이리스메논'(προκεχειρισμένον), 즉 "그들의 눈 앞에 보여진"으로 읽는다. 그러나 이 두 가지 읽기는 동일한 의미를 보여준

다. 즉, 그들이 지금 자신들의 눈 앞에서 선포되고 있는 그리스도를 자신의 구속주로 영접하지 않는다면, 그리스도께서는 아버지 하나님의 보내심을 따라 원수 갚을 만반의 채비를 갖추시고서 심판주로 다시 오실 것이기 때문에, 지금 복음의 가르침을 통해서 그리스도가 그들에게 선포되고 있는 것은 결코 쓸데없는 헛일이 아니라는 것이다.

21. 하늘이 마땅히 그를 받아 두리라. 인간의 지각이라는 것은 하나님과 그리스도를 언제나 물질적이고 세상적인 관점에서 인식하려는 경향이 있기 때문에, 유대인들은 사도들이 선포한 대로 그리스도가 죽은 자 가운데서 살아나셨다고 한다면 지금 어디에 계신지를 보여주어야 하는 것이 아니냐고 얼마든지 속으로 생각할 수 있었다. 그래서 베드로는 그들의 그런 의구심을 사전에 차단하기 위해서 그리스도께서는 하늘에 계신다고 여기서 말하고 있는 것이다. 따라서 그리스도께서 아무리 먼 곳에 계실지라도, 즉 이 세상을 벗어나 하늘의 영광 중에 계실지라도, 그들은 자신의 마음을 들어올려 높은 곳에 두고서 믿음의 눈으로 그리스도를 찾기만 한다면, 그를 만날 수 있다는 결론이 나온다. 하지만 이 구절의 표현은 애매해서, "그리스도께서 하늘에 받아들여지신다"로 해석할 수도 있고, "그리스도께서 하늘을 받아들이신다"로 해석할 수도 있다. 그러므로 우리는 애매모호한 의미를 지닌 이 구절을 억지로 해석하려고 하지 말고, 다음과 같은 확실한 것을 아는 것으로 만족하는 것이 마땅하다. 즉, 우리의 마음이 이 세상을 초월하여 높은 곳을 바라볼 때까지는, 그리스도께서는 우리로부터 멀리 계실 것이기 때문에, 우리는 만물의 궁극적인 회복을 소망하며 기다리는 동안에, 하늘이 아닌 다른 어느 곳에서도 그리스도를 찾아서는 안 된다는 것이다.

21. 만물을 회복하실 때까지는. 그리스도께서 자신의 죽음을 통해서 이미 만물을 회복하셨다는 것은 실제적으로 만물을 회복해 나갈 수 있는 근거와 능력이 확보되었다는 점에서는 전적으로 타당하지만, 만물의 회복은 아직도 진행 중이며, 우리가 아직도 종살이 가운데서 신음하고 있는 한에서 우리의 구속도 완성된 것이 아니라는 점에서는 그 효과는 아직 온전히 나타난 것은 아니다. 왜냐하면, 그리스도의 나라는 시작은 되었지만, 그 완성은 마지막 날까지 유예되어 있는 까닭에, 그 나라가 완성될 때에 있게 될 일들이 지금은 부분적으로만 나타나기 때문이다. 그러므로 오늘날 세상에서 많은 일들이 혼란스러운 것을 보게 될 때, 우리는 우리의 마음을 들어올려서, 그리스도께서 마침내 오셔서 만물을 회복하실 것이라는 소망을 통해

새 힘을 얻어야 한다. 그 날이 올 때까지는, 우리는 죄의 찌꺼기들(peccati reliquiae)
이 우리에게 남아 있는 것을 보게 되고, 사방으로 온갖 환난에 시달리며, 이 세상은
허랑방탕함으로 가득 차 있는 것을 보게 될 때마다, 우리는 그러한 비참한 현실을
슬퍼하면서도, 회복의 소망을 굳게 붙들어야 한다. 교회가 수행해 나가야 할 싸움
이 아직 끝나지 않았고, 그 기한은 우리가 아니라 하나님께서 정하시는 것이기 때
문에, 그리스도께서는 지금 즉시 나타나지 않으시는 것이다.

21. 선지자들의 입을 통하여 말씀하신. 나는 이 구절이 어떤 특정한 시기들이 아
니라 모든 시대와 관련해서 이렇게 말하고 있는 것이라고 보기 때문에, 이 구절의
의미는 하나님께서 그리스도의 나라와 관련하여 전에 말씀하셨던 모든 것들은 모
든 선지자들이 증언하고 있다는 것이다. 사실, 하나님께서 자기 자신을 세상에 계
시하기 시작하신 때부터 사람들에게 항상 그리스도에 대하여 말씀해 오셨다는 사
실은 복음이 신뢰할 만하다는 것에 대한 엄청난 증언이다. 이것은 하나님께서 조상
들에게 말씀하기 시작하신 이래로 언제나 하나님의 가르침의 토대였다. 동일한 논
거 위에서 사도 바울은 로마서 서두(1:1)와 말미(16:25)에서 복음은 새로운 것이 아
니라 태초로부터 약속되었던 것이라고 말하면서 복음을 상찬한다. 하나님 자신이
복음의 근원이시고, 거룩한 선지자들이 그 증인들이며, 태초부터 지금까지 흘러내
려온 모든 시간이 그 증언을 확증해 준다고 했을 때, 이러한 오래됨은 복음이 신뢰
할 만하다는 것을 진정으로 말해 주는 것이다. 이러한 확증은 유대인들에게 특히
필요하였다. 왜냐하면, 그들은 율법의 가르침 속에서 자라왔던 까닭에, 거기에 부
합하지 않는 것은 어느 것도 인정할 수 없었기 때문이다. 그래서 베드로는 선지자
들이 그리스도에 대해서 증언한 것들만은 그들이 인정해야 하는 것이 아니냐고 그
들에게 말하고 있는 것이다.

²²모세가 말하되 주 하나님이 너희를 위하여 너희 형제 가운데서 나 같은 선지자 하
나를 세울 것이니 너희가 무엇이든지 그의 모든 말을 들을 것이라 ²³누구든지 그 선
지자의 말을 듣지 아니하는 자는 백성 중에서 멸망 받으리라 하였고 ²⁴또한 사무엘
때부터 이어 말한 모든 선지자도 이 때를 가리켜 말하였느니라(3:22-24).

22. 이 논증을 통해서 베드로는 자기가 그들로 하여금 모세를 배신하게 하려고
하는 것이 아님을 증명한다. 왜냐하면, 이 위대한 스승의 말에 귀를 기울이고 순종

하는 것은 율법의 일부였기 때문이다. 하나님께서 전에 그리스도에 대하여 말씀하셨음을 보여주는 다른 분명한 증거들이 많이 있었는데도 불구하고, 베드로가 모세의 이 증언을 인용하는 것이 적절할 것이라고 생각한 이유에 대해서 의문이 생길 수 있다. 하지만 베드로는 여기서 가르침의 권위에 대하여 논증하고 있었던 까닭에, 모세가 말한 것을 거론하는 것이 유대인들을 그리스도의 제자가 되게 하는 데에 적절하다고 생각한 것이었다. 왜냐하면, 만일 그들이 그의 가르침을 권위 있게 여겨서 공경하는 마음으로 받아들여야 한다는 것을 납득하지 못한다면, 그가 전한 다른 모든 내용들도 그들에게 아무런 영향을 미치지 못할 것이었기 때문이다. 그러므로 베드로의 목적은 그들로 하여금 하나님에 의해서 그들의 선생으로 세움 받으신 그리스도께서 가르치신 말씀을 기쁨으로 청종하도록 만드는 것이었다.

그러나 여기서 훨씬 더 어려운 또 다른 문제가 제기되는데, 그것은 모세가 선지자들에 대해서 일반적으로 말한 것을 베드로가 그리스도에게 적용하고 있다는 것이다. 왜냐하면, 모세는 "선지자"라는 단어를 단수형으로 사용하고 있기는 하지만, 이 단어를 비한정적인 용법으로 사용한 것인 까닭에, 문맥상으로 볼 때에 그가 유일한 선지자를 가리키기 위해서 이 단어를 사용한 것이 아니라는 것이 분명하게 드러나기 때문이다. 여기서 모세는 이스라엘 백성이 이방 민족들의 미신을 본받아서 "길흉을 말하는 자나 복술자의 말"에 귀를 기울이는 것을 금지한 후에, 바로 이어서 그들에게 모든 허탄한 일을 피할 수 있는 비책을 제시하는데, 그것은 하나님의 말씀만을 전적으로 의지하라는 것이었다. 따라서 모세는 하나님께서 그들에게 선지자들을 끊임없이 보내셔서 그들을 올바르게 가르치실 것이라고 약속하는데, 이것은 이렇게 말한 것과 같다: "하나님께서는 너희에게 유익한 모든 것을 가르쳐 줄 선지자들이 결코 너희 가운데 없게 하지 않으실 것이다." 그리고 모세가 "너희 형제 가운데서"라고 분명히 못 박아서 말한 것은 하나님께서는 아브라함의 후손 중에서 그들을 가르칠 선생들이 나오도록 정해 놓으셨기 때문에, 하나님의 말씀을 다른 곳에서 찾아서는 안 된다는 것을 그들로 하여금 알게 하기 위한 것이었다. 또한, 모세가 여기에 "나 같은"이라는 어구를 덧붙인 것은 하나님의 말씀은 단 한 번만 들려지고 마는 것이 아니고 한 사람의 입을 통해서만 들려지는 것도 아니며, 도리어 하나님께서는 모든 시대에 걸쳐서 여러 사역자들을 통해서 끊임없이 우리를 가르쳐 주고 계시기 때문에, 우리도 계속해서 말씀에 순종하기를 멈추지 말아야 한다는 것을 그들로 하여금 알게 하기 위한 것이었다. 따라서 당시에 모세를 공경하는 것이 습

관화되어 있던 유대인들에게 베드로는 모세 외의 다른 선지자들에게도 그러한 공
경을 돌리는 것이 마땅하다고 말하고 있는 것이다. 나는 이 구절을 오직 그리스도
에게만 해당되는 것으로 국한시키고자 하는 사람이 많다는 것을 안다. 그들은 신명
기 18:15에서는 모세가 "나와 같은" 선지자가 일어날 것이라고 증언했지만, 성경은
다른 본문을 통해서 "모세와 같은"(신 34:10) 선지자가 일어나지 못하였다고 증언하
고 있다는 것을 근거로 삼는다. 나는 두 본문 모두에서 유사함을 나타내는 "~와 같
은"이라는 표현이 사용되고 있다는 것은 인정하지만, 이 둘은 동일한 의미로 사용
되고 있지 않다. 왜냐하면, 후자의 본문에서는 이 표현이 동등함 또는 대등함의 의
미로 사용되고 있다는 것이 분명하게 드러나 있기 때문이다. 그들이 제시하는 또
다른 논거는 모세는 단지 사자나 전령으로서 그 "선지자"를 증언한 것이기 때문에,
그 선지자는 모세를 훨씬 능가하는 인물이어야 한다는 것이다. 그러나 모세는 누가
하나님의 말씀을 전하든 그 말씀을 믿고 청종할 것을 명령하고자 한 것이기 때문에,
그러한 반론은 설득력이 없다.

따라서 우리는 모세가 여기서 오직 그리스도에 대하여 말한 것이라는 식으로 말
씀을 지나치게 왜곡함으로써 유대인들의 조롱을 자초할 이유가 없다. 하지만 우리
는 베드로가 모세의 이 증언을 인용한 것이 적절한 것이었는지를 살펴보지 않으면
안 된다. 왜냐하면, 베드로가 지닌 권위는 우리의 입장을 정립함에 있어서 토대가
되는 것이 마땅하기 때문이다. 나는 베드로의 설교 속에는 적절하지 않거나 합당하
지 않은 것이 전혀 없다고 본다. 베드로는 모세의 이 증언 속에서 모든 사람이 인정
할 수밖에 없는 것을 간파하였다. 즉, 베드로는 모세의 이 증언이 다른 선지자들에
게도 적용되는 것이기는 하지만, 그리스도가 모든 선지자들의 수장이시라는 점만
이 아니라, 이전의 모든 예언들이 그리스도를 가리키고 있을 뿐만 아니라, 하나님
께서 마지막에 그리스도의 입을 통해서 온전히 말씀하셨다는 점에서도, 그 누구보
다도 우선적으로 그리스도에게 적용되어야 한다고 보았다. 왜냐하면, 하나님께서
는 "옛적에 선지자들을 통하여 여러 부분과 여러 모양으로 우리 조상들에게" 말씀
하셨지만, "이 모든 날 마지막에는 아들을 통하여 우리에게" 말씀하심으로써 그 대
미를 장식하셨기 때문이다(히 1:1-2). 그런 까닭에, 우리가 말라기 선지자의 말에서
분명하게 알 수 있듯이, 그리스도께서 오시기 전 여러 세대 동안 유대인들에게는 선
지자가 없었다. 말라기는 백성들에게 "율례와 법도를 기억하라"고 명령한 후에, 곧
바로 세례 요한과 그리스도에게로 넘어간다(말 4:4-6). 즉, 그는 최후의 계시가 임할

때까지 이제 예언은 끝났다고 말한 것과 같았다. 이것은 "율법과 선지자들은 요한의 때까지 예언하였고, 그 후에는 하나님의 나라가 전파될 것"이라고 말한 것과 부합한다(cf. 마 11:13). 이것은 유대 백성들 사이에서 널리 알려진 사실이었기 때문에, 사마리아 여자도 일반 사람들이 평소에 갖고 있던 생각을 따라서 "메시아 곧 그리스도라 하는 이가 오실 줄을 내가 아노니 그가 오시면 모든 것을 우리에게 알려주시리이다"(요 4:25)라고 말할 수 있었다. 그러므로 우리는 유대 백성들이 바벨론 포로에서 돌아온 후에 그들에게 어떤 선지자도 나타나지 않은 것이 예언의 침묵 또는 계시의 중단을 통해서 그들로 하여금 그리스도의 말씀을 더욱 경청하도록 하기 위한 것임을 알게 된다. 따라서 베드로는 여기에서 모세의 증언을 왜곡하거나 무지로 말미암아 잘못 사용한 것이 아니라, 당시에 모든 사람이 인정하고 받아들이고 있던 근본적인 가르침을 인용한 것이었다. 그 근본적인 가르침이라는 것은 하나님께서 처음에는 자신의 선지자들의 중보를 통해서 가르치시다가, 마지막에는 모든 것을 온전히 드러내실 그리스도를 통해서 자기 백성을 가르치시기로 약속하셨다는 것이다. 아버지 하나님께서 "너희는 그의 말을 들으라"(마 17:5)고 하시며 그리스도를 청종할 것을 주문하신 것도 그런 이유 때문이었다.

23. 누구든지 그 선지자의 말을 듣지 아니하는 자는. 여기서 모든 선지자, 그 중에서도 특히 그리스도의 권위는 말씀을 거역하는 자에게 가해질 혹독한 징벌에 의해서 세워진다. 그리고 이것은 당연한 일이다. 왜냐하면, 하나님께서는 자신의 말씀을 그 무엇보다도 귀하게 여기시는 까닭에, 말씀이 멸시당하는 것을 그대로 묵과하실 수 없으시기 때문이다. 따라서 누구든지 모세의 율법을 무시하는 자는 사형 판결을 받게 되어 있었고, 모세가 "백성 중에서 멸망 받으리라"고 한 말도 이것을 염두에 둔 것이었다. 왜냐하면, 하나님께서는 아브라함의 후손들을 자기 백성으로 택하셨고, "여호와로 자기 하나님을 삼은 나라 곧 하나님의 기업으로 빼신 바 된 백성은 복이 있도다"(시 33:12)라는 시편 기자의 말처럼, 하나님의 백성에 속하는 것은 최고의 복으로 여길 만한 것이었기 때문이다. 그러므로 누구든지 그리스도의 말씀을 듣기를 거부하는 자는 생명책에서 지워지게 되리라는 하나님의 경고가 참되다는 것은 의심할 여지가 없다. 왜냐하면, 하나님께서는 오직 그리스도를 통해서만 우리를 가르치시고, 그리스도를 통해서만 자신의 말씀을 듣도록 하시는데, 그리스도를 자신의 주님으로 받아들이기를 거부하는 자는 교회의 지체가 될 자격이 없기 때문이다. 머리이신 그리스도를 청종하기를 거부하는 자는 자기 자신을 그의 몸인

교회로부터 스스로 베어내는 자이다.

24. 모든 선지자도 이 때를 가리켜 말하였느니라. 모든 선지자들이 자신의 제자들을 그리스도께로 보낸다는 베드로의 이 말은 내가 앞에서 말했던 것, 즉 모세의 증언 속에는 복음을 가리키는 내용이 담겨 있고 특히 예언의 최종적인 종착지가 언급되고 있다는 사실을 더 극명하게 보여준다. 또한, 모든 선지자들이 그토록 긴 세월 동안에 이구동성으로 자신들의 가르침을 통해서 사람들에게 좀 더 낫고 온전한 어떤 것을 소망하라고 증언하였다는 것은 복음의 확실성을 한층 더 강력하게 뒷받침해 주는 데에 기여하고 있다. 그러므로 모세와 선지자들을 믿는 자들은 반드시 그리스도의 가르침에 순복할 수밖에 없다. 왜냐하면, 그리스도의 가르침 없이는 그들의 모든 가르침은 불구가 되어 온전하지 못한 채로 있게 되기 때문이다.

²⁵너희는 선지자들의 자손이요 또 하나님이 너희 조상과 더불어 세우신 언약의 자손이라 아브라함에게 이르시기를 땅 위의 모든 족속이 너의 씨로 말미암아 복을 받으리라 하셨으니 ²⁶하나님이 그 종을 세워 복 주시려고 너희에게 먼저 보내사 너희로 하여금 돌이켜 각각 그 악함을 버리게 하셨느니라(3:25-26).

25. 너희는 선지자들의 자손이요 … 언약의 자손이라. 여기서 베드로는 하나님이 그들의 조상들과 맺으신 언약으로 인한 은혜는 특히 그들을 위한 것이라고 말한다. 그는 앞에서 징벌의 두려움을 상기시키는 방식으로 그들을 찔러서 복음에 순종할 것을 촉구하였지만, 이제 여기서 하나님이 그리스도 안에서 베푸시는 은혜를 받아들일 것을 그들에게 다시 한 번 권고한다. 이것으로부터 우리는 하나님께서 우리를 자기에게로 불러모으시기 위해서 어느 한 가지도 소홀히 하지 않으신다는 것을 알게 된다. 게으르고 굼뜬 자들에게는 가시채로 따끔한 맛을 보여주고, 가르침을 받아들일 준비가 되어 있는 자들에게는 온유함으로 인도하는 것이 지혜로운 사역자가 해야 할 일이다. 또한, 우리는 베드로가 복음이 유대인들을 위하여 예정되어 있었다는 사실을 보여주기 위하여 일련의 가르침을 베풀고 있는 것을 눈여겨보아야 한다. 왜냐하면, 하나님께서 구체적으로 어떤 순서를 따라 그의 긍휼하심을 우리에게 베풀어 주셨는지를 우리가 알지 못한다면, 단지 일반적인 관점에서 우리에 대한 하나님의 긍휼하심을 선포되는 것만으로는 충분하지 않기 때문이다. 바울이 하나님에 의한 이방인들의 부르심을 그토록 역설한 것도 이런 이유 때문이었다(롬

15:18; 엡 3:3, 4). 왜냐하면, 만일 어떤 사람이 마구잡이로 전파된 복음이 우연히 자기에게도 이르게 된 것이라고 생각한다면, 그런 사람에게서는 믿음을 기대하기가 어려울 것이고, 도리어 복음에 대한 의구심만 증폭될 것이기 때문이다. 그러므로 우리가 구원의 약속에 대한 확실한 믿음을 갖기 위해서는, 하나님께서는 애매모호한 말씀들을 허공을 던져놓으셔서 맴돌다가 아무에게나 떨어지게 하신 것이 아니라, 자신의 분명한 경륜과 계획 속에서 우리를 향하여 직접 말씀하신 것임을 아는 것이 꼭 필요하다. 베드로는 유대인들이 좀 더 자원해서 그리스도를 영접할 수 있도록 하기 위해서, 그리스도가 구체적으로 어떤 과정을 통해 그들에게 약속된 분이신지를 그들에게 말해 준다. 그렇다면, 그는 이러한 사실을 어떻게 증명하고 있는가? 그것은 그들이 "선지자들의 자손"이자 "언약의 자손"이라는 것이다. 베드로가 유대인들을 "선지자들의 자손"이라고 부르는 이유는 그들은 선지자들과 동일한 민족에 속한 자들인 까닭에 민족 전체에 주어진 언약을 상속받은 자들이기도 하기 때문이다. 따라서 그의 논증은 하나님께서는 우리 조상들과 언약을 맺으셨기 때문에, 그들의 후손인 우리도 하나님의 언약 안에 포섭된다는 것이다.

이러한 사실에 의거해서 우리는 재세례파 사람들의 정신 나간 말장난을 반박할 수 있다. 그들은 하나님께서 "네 후손의 하나님이 되리라"(창 17:7)고 말씀하셨을 때에 마치 아브라함의 혈통을 따른 육신적인 후손들에게는 아무런 관심이 없으셨다는 듯이 "네 후손"을 오직 알레고리적으로만 해석한다. 베드로는 여기서 율법에 속한 그림자들에 대해서 말하고 있지 않다는 것은 확실하다. 따라서 그는 하나님이 조상들과 함께 그들의 후손들도 자신의 자녀로 삼으셨기 때문에, 구원의 은혜가 아직 태어나지 않은 자들에게까지도 미치는 것은 그리스도의 나라 아래에서도 여전히 유효한 것이라고 단언하고 있는 것이다. 물론, 나는 믿는 자들의 육신적인 자녀들 중에서 많은 수가 자신의 불신앙으로 말미암아 거룩한 후손의 지위를 박차버렸기 때문에(롬 9:7) 적자가 아니라 서자로 여김을 받게 된다는 것을 인정한다. 그러나 현실적으로 그러한 일이 벌어진다고 해도, 그것은 하나님이 경건한 자들의 후손을 자신의 은혜의 공동체로 부르시고 받아들이시는 것을 결코 막을 수는 없다. 따라서 일반 선택(communis electio)이 모든 후손들에게 실제로 효과를 발휘하지는 않을지라도, 특별 선택을 위한 문은 열려 있다. 이것은 바울이 로마서 11:23에서 논증하고 있고, 우리는 이 문제에 대한 해답을 거기서 찾아야 한다.

25. 너의 씨로 말미암아. 베드로는 하나님이 아브라함에게 "땅 위의 모든 족속

이 너의 씨로 말미암아 복을 받으리라"고 말씀하신 것을 근거로 해서, 하나님께서 조상들과 언약을 맺으셨다는 사실을 확증한다. 그러나 우리가 바울의 해석을 받아들인다면, 이 증언은 현재의 문제와는 아무런 상관이 없게 된다. 왜냐하면, 바울은 그리스도가 바로 이 "씨"(갈 3:16)라고 말하고 있고, 만일 그리스도를 통해서 모든 인류에게 "복"이 약속된 것이라면, 그것은 한 민족의 특권과는 아무 상관이 없는 것이 되기 때문이다. 또한, 베드로도 조금 뒤에 그리스도께서 보내심을 받으신 것이 유대인들로 하여금 그로 말미암아 "복"을 받게 하기 위한 것이라고 말함으로써, 스스로 바울의 그러한 해석에 동의하는 것처럼 보인다. 왜냐하면, 만일 그리스도께서 바로 그 복된 "씨"가 아니라면, 그런 일은 있을 수 없기 때문이다. 나의 대답은 바울은 그리스도를 "씨"라고 했을 때에 "씨"라는 단어에 집착한 것이 아니라, 그 단어 속에서 좀 더 심오한 의미를 생각하고 있었다는 것이다. 즉, 머리이신 그리스도 안에서 하나가 되지 않는다면, 그것은 하나의 "씨"가 될 수 없다는 것이다. 이스마엘과 이삭은 둘 다 아브라함의 아들이었지만, 두 민족으로 갈라졌기 때문에 하나의 "씨"가 아니었다. 그러므로 아브라함의 몸에서 난 많은 사람들이 아브라함의 족보로부터 떨어져 나갔음에도 불구하고, 모세는 한 몸이 된 아브라함의 자손을 염두에 두고서, 아브라함의 "씨"에게 임할 복을 약속한 것이다. 그렇다면, 머리 되시는 그리스도로부터가 아니라면, 도대체 어디로부터 하나 됨(unitas)이 올 수 있겠는가? 그런 의미에서 바울은 "씨"라는 명사가 집합명사임에도 불구하고, 그리스도와 관련된 것으로 이해하고 있는 것이다. 왜냐하면, 그리스도가 없는 아브라함의 자손은 찢겨져 나간 지체들과 같을 것인 까닭에, 그들에게는 오직 흩어지는 것 외에는 다른 길이 없을 것이기 때문이다. 베드로는 "복"의 범위를 모든 민족에게로 확장시키면서도 그 근원을 그리스도 안에서 찾고 있다는 점에서, 여기서 그가 한 말은 바울의 이러한 가르침과 일치한다.

그런데 유대인들이 우리를 이 증언의 말씀에서 떼어놓으려고 온갖 술수를 다 쓰고 있는데도, 내가 갈라디아서 3:16을 주석하면서 지적한 바 있듯이, 기독교 저술가들이 이 부분을 너무 안일하게 다루어 왔기 때문에, 경건한 독자들은 유대인들의 궤변에 맞서기 위해서는 스스로 단단히 무장을 하지 않으면 안 된다. 내가 가장 먼저 지적하고자 하는 것은 "씨"라는 단어와 관련해서 유대인들은 바울이 그 단어를 그리스도에게 한정시킨 것이 잘못이라며 떠들어댈 이유가 없다는 것이다. 왜냐하면, 바울은 그 단어를 단순한 의미로 사용한 것이 아니라, 내가 앞에서 언급한 바 있는 그러한 관점에서 사용한 것이기 때문이다. 이 점에 있어서 나는 우리의 라틴 해석자들과 헬라 해석자들이 오류를 범해 왔다는 것을 고백하지 않을 수 없다. 이제 우리는 이방인들이 아브라함의 "씨 안에서"(한글개역개정에는 "씨로 말미암아") 복을 받을 것이라는 말이 무슨 의미인지를 살펴보아야 한다. 우리의 해석자들은 "안에서"로 번역되는 헬라어로 '엔'(ἐν)이 이유를 나타낸다고 보고서, 이 구절이 그 씨로 "말미암아" 이방인들이 복을 받게 될 것을 의미하는 것이라고 해석한다. 반면에, "안에서"라는 표현은 성경의 도처에서 예시 또는 비교를 나타내기 때문에, 유대인들은 이 표현을 가지고 말장난을 많이 하였다. 이를테면, "소돔"을 저주의 주목할 만한 예시로 간주해서, "소돔 안에서 저주를 받다"라고 표현하거나, 소돔 대신에 "이스라엘"이나 "어떤 다른 민족"을 넣어서 그렇게 표현한 것이 그런 예들이다. 나의 대답은 이 표현은 문맥에 따라 다양하게 해석될 소지가 있는 다의적인 표현이라는 것이다. 그런데 유대인들은 간교하게도 이런 사실을 은폐하고, 이 표현이 예시나 비교를 나타낸다는 것을 증명하기 위해서 많은 본문을 끌어와 제시하고서는, 이 구절을 마치 "이방인들은 아브라함의 씨처럼 복 받기를 바라고 있다"는 뜻으로 읽어야 한다고 주장한다. 하지만 성경에는 "나라들이 나로 말미암아(직역하면, '내 안에서') 스스로 복을 빌며"(렘 4:2; 사 65:16)라고 말씀하거나, "여호와의 이름으로(직역하면, '여호와의 이름 안에서') 축복하게 하셨으니"(신 10:8)라고 말씀하는 본문들도 있고, 이와 비슷한 본문들도 있다. 이런 본문들을 볼 때, 거기에 원인이 표현되어 있다는 것을 깨닫지 못할 사람이 누가 있겠는가? 그래서 나는 이 표현은 문맥에 따라서 이해되어야 한다고 말하는 것이다.

지금까지 나는 "아브라함의 씨"가 오직 그리스도 안에서만 발견되어져야 한다는 것을 증명하였다. 이제 우리에게 남은 일은 그리스도의 직임이 무엇인지를 생각해 보는 것이다. 그러한 고찰을 통해서, 그리스도께서는 단순히 하나의 본보기나 모범이 아니고, 그리스도 안에서 진정으로 "복"이 약속되어졌다는 사실이 극명하게 드러나게 될 것이다. 왜냐하면, 그리스도가 없이는, 우리는 모두 저주 받은 존재일 수밖에 없기 때문이다. 그렇지만 여기서 한 가지 어려운 문제가 남는다. 왜냐하면, "그들이 네 안에서(in te) 복을 받으리라"는 말과 "그들이 네 씨 안에서(in semine tuo) 복을 받으리라"라는 말이 동일한 의미라는 것이 분명하다면, 아브라함은 단지 복의 한 유형 또는 반영에 지나지 않았다는 의미가 되기 때문이다. 나의 대답은 하나의 머리를 중심으로 서로 연결되어 있는 한 몸이 아브라함이라는 인물을 통해 표현되고 있다는 것이다.

25. 땅 위의 모든 족속이. 유대인들은 이 구절을 막연하게 해석해서 "모든 민족이 아브라함의 씨처럼 복 받기를 바라게 될 것"이라는 의미로 이해하지만, 그들과는 달리 우리는 "모든 민족이 하나의 공동체로 접붙임을 받게 될 것"이라는 의미로 해석한다. 왜냐하면, 아브라함이라는 이름은 하나님이 모든 민족을 자기에게로 모으실 그 날을 가리키고 있기 때문이다. 또한, 선지자들도 이 구절의 의미를 드러내고자 했을 때, 언제나 장차 이방 민족들이 구원을 유업으로 상속받게 될 것이라고 예언하였다. 이것을 통해서 우리는 하나님의 언약이 당시에는 유대인들에게만 해당되는 것이었지만, 지금은 모든 사람이 공유하게 되었고, 우리의 것이 되었다는 것도 분명하다는 것을 알게 된다. 만일 그렇지 않았다면, 우리가 복음을 통해서 구원의 소망을 확신하게 되는 일은 상상도 할 수 없었을 것이다. 그러므로 이 약속은 하나님께서 거룩한 조상들과 더불어서 우리를 그의 상속자들로 삼으신다는 엄숙한 선언이기 때문에, 우리는 이 약속을 빼앗기지 않도록 해야 한다. 베드로가 바로 뒤에서 그리스도께서 유대인들에게로 "먼저" 보내심을 받았다고 말하는 것도 이 점을 염두에 둔 것이었다. 왜냐하면, 그가 "먼저"라고 말했을 때, 그것은 이방인들이 비록 두 번째일망정 자신들의 순위(ordo)를 갖고 있다는 것을 보여주고자 한 것이기 때문이다.

26. 하나님이 그 종을 세워 복 주시려고. 모세의 말로부터 베드로는 그리스도께서 마침내 나타나시게 되었다는 결론을 이끌어 낸다. 모세의 말 속에는 그런 의미가 들어 있지는 않았지만, 하나님이 약속하신 복은 반드시 메시아로부터 시작되어야만 하였기 때문에, 베드로의 이러한 추론은 조금도 부적절한 것이 아니었다. 우리는 모든 인류가 저주 아래 있다는 것과 우리에게는 오직 그리스도로 말미암아서만 행해질 수 있는 유일한 치유책이 약속되어 있다는 것을 항상 기억해야 한다. 그러므로 그리스도는 복의 유일한 근원이다. 그리스도께서 유대인에게 "먼저" 복을 주시고, 다음으로 우리에게 복을 주시기 위해서 오신 것이라면, 이 점에 있어서 자신이 해야 할 일을 다 하셨다는 것은 의심의 여지가 없다. 그래서 불신앙이 우리를 방해하지만 않는다면, 우리는 그리스도께서 행하신 일의 능력과 효과가 우리 안에서 역사하는 것을 자각하게 될 것이다.

율법 아래에서는 백성을 축복하는 것이 제사장의 직무 중 일부였고, 이것이 공허한 예식이 되지 않도록 하기 위해서, "그들은 이같이 내 이름으로 이스라엘 자손에게 축복할지니 내가 그들에게 복을 주리라"(민 6:27)는 약속이 거기에 더해졌다. 그리고 옛 제사장 제도 아래에서 그림자로 나타났던 것이 이제는 그리스도 안에서 참된 것으로 나타났는데, 이 점에 대해서는 우리가 히브리서 7장에서 좀 더 자세하게 다루었다. 나는 이 구절에 대한 에라스무스(Erasmus)의 번역을 좋아하지 않는다. 왜냐하면, 에라스무스는 "하나님이 그를 세워"를 과거완료로 번역함으로써, 마치 베드로가 오래 전에 있었던 일을 언급하고 있는 것 같은 뉘앙스를 풍기는 반면에, 여기서 베드로의 의도는 그리스도께서 죽은 자 가운데서 일으키심을 받아 복의 근원으로 등장하신 것은 아주 최근에 갑작스럽게 일어난 일이기 때문에 유대인들의 마음에 좀 더 생생하게 다가올 수밖에 없다는 것을 나타내고자 한 것이었기 때문이다. 베드로가 맨 나중에 인용한 모세의 말에서 볼 수 있듯이, 성경은 통상적으로 그렇게 말하고 있다. 선지자를 세운다는 것은 선지자의 직분을 수행하는 데 필요한 은사들을 공급해 줌과 동시에 선지자로서의 지위에 합당한 존귀를 수여한다는 것이다. 그리스도께서는 아버지 하나님이 부여하신 사명을 완수하셨을 때에 세우심을 받은 것이기는 하지만, 지금도 복음을 통해서 매일같이 우리가 그를 영접하여 우리 안에서 가장 높은 자리를 드릴 때마다 그런 일이 일어난다. 앞에서 우리는 순서를 나타내는 "먼저"라는 부사 속에는 장자권이라는 개념이 내포되어 있다고 말한 바 있다. 왜냐하면, 그리스도께서는 유대인들로부터 시작하셔서, 그 후에 이방인들에게로 나아가시는 것이 합당하였기 때문이다.

26. 너희로 하여금 돌이켜 각각 그 악함을 버리게 하셨느니라. 베드로가 여기서 다시 회개의 가르침을 들고 나오는 것은 우리로 하여금 그리스도의 "복" 안에 "새 생명"을 포함시키는 법을 배우도록 하기 위한 것이었다. 이것은 이사야가 "구속자가 시온에 임할" 것이라고 약속하면서, "야곱의 자손 가운데에서 죄과를 떠나는 자에게 임하리라"는 단서를 덧붙인 것과 같다(사 59:20). 왜냐하면, 그리스도께서 믿는 자들에게서 죄악을 제거해 주시는 것은 그들로 하여금 이런 기회를 틈타서 마음껏 죄를 범하도록 하시기 위한 것이 아니라, 그들을 "새사람"으로 만드시기 위한 것이기 때문이다. 우리가 값없이 죄 사함을 받아서 하나님과 화목하게 된 이 토대가 계속해서 유지되도록 하기 위해서는, 우리는 서로 연결되어 있는 이 두 가지 은택을 신중하게 구별하여야 한다. 나는 다른 이들이 이 구절을 달리 이해하고 있다는 것을 알고 있다. 하지만 내가 방금 앞에서 설명한 것이 누가가 의도한 참 뜻이다. 왜냐하면, 그는 모든 사람을 자신의 악에서 돌이키게 하기 위한 것이라고 명시적으로 말하고 있기 때문이다.

제4장

¹사도들이 백성에게 말할 때에 제사장들과 성전 맡은 자와 사두개인들이 이르러 ²예수 안에 죽은 자의 부활이 있다고 백성을 가르치고 전함을 싫어하여 ³그들을 잡으매 날이 이미 저물었으므로 이튿날까지 가두었으나 ⁴말씀을 들은 사람 중에 믿는 자가 많으니 남자의 수가 약 오천이나 되었더라(4:1-4).

우리는 이 기사에서 특히 세 가지를 살펴보아야 한다. 첫 번째는, 사탄은 복음의 진리가 등장하기 무섭게, 자신의 모든 능력과 수단을 다 동원해서 거기에 대적하기를 시작하고, 초기 단계에서 분쇄하기 위하여 모든 노력을 다 기울인다는 것이다. 두 번째는, 하나님께서는 자기 자녀들이 사탄의 모든 술책에 맞서서 흔들리지 않는 꿋꿋함을 견지하고 사악한 무리의 폭력 앞에 굴복하지 않도록 하시기 위해서, 그들에게 불굴의 담대함을 주신다는 것이다. 마지막으로, 우리는 결말에 주목하여야 한다. 즉, 원수들이 형세를 완전히 장악하고 주도하는 가운데 그리스도의 이름을 지워 버리기 위해서 온갖 책동을 일삼는 반면에, 올바른 가르침을 따르는 사역자들은 이리의 입 안에 들어간 양의 신세와 같이 보일지라도, 이 모든 것에도 불구하고, 하나님께서는 자기 아들의 나라를 크게 확장시키시고 계시며, 그의 복음의 빛을 결코 꺼뜨리지 않으시고, 그의 자녀들을 안전하게 지켜주고 계신다는 것이다. 그러므로 복음이 선포되기 시작하면, 거기에 대적하기 위한 다양한 책동들이 등장하여, 무수히 많은 방법을 통해서 복음의 진로를 방해하겠지만, 경건한 자들은 마치 생소한 일을 만나기라도 한 것처럼 마음을 졸이거나 두려워할 이유가 없다. 도리어, 그들은 그런 일들이 사탄의 통상적인 책동이라는 것을 기억해야 한다. 따라서 그런 일들이 일어나기 전에, 우리는 그리스도께서 자신의 가르침을 베푸시기 위하여 전면에 등장하실 때마다 사탄이 반드시 총력전을 펼칠 것이라는 것을 미리 생각해 두어야 한다. 또한, 우리는 사도들의 굴하지 않는 모습이 우리에게 모범으로 제시되고 있는 것은 우리로 하여금 위험이나 협박이나 두려움에 압도당해서, 하나님이 우리에게 요구하시는 신앙 고백으로부터 물러서는 일이 생기지 않도록 하기 위한 것임을 명심하여야 한다. 또한, 우리는 우리가 마땅히 행해야 할 일들을 신실하게 행하기만 한다면, 하나님께서 결국 우리에게 승리를 안겨 주시리라는 것을 추호도 의심할 필요가 없다는 확신 속에서 위로와 힘을 얻어야 한다.

1. 사도들이 백성에게 말할 때에. 이 기사는 악한 무리들이 그리스도의 종들의 입을 틀어막을 만반의 준비를 하고서, 얼마나 신경을 곤두세우고 사도들을 지켜보고 있었는지를 잘 보여준다. 왜냐하면, 그들은 불을 끄고자 하는 자들처럼 아주 급하게 몰려왔음이 분명하기 때문이다. 누가는 그렇게 달려온 자들 중에는 "성전 맡은 자"도 있었다고 말하는 한편으로, 그들은 사도들이 가르치는 것을 몹시 싫어하였다는 말을 덧붙임으로써 이런 사실을 보여준다. 따라서 그들은 우연히 그 곳에 온 것이 아니라, 사도들을 자신들의 권한으로 제압할 목적으로 온 것이었다. 그들의 행동은 합법적이고 정당한 것처럼 보였다. 왜냐하면, 주제넘게 나서는 자들이 있을 때에 그들의 무모한 행동을 제지하고, 사람들로 하여금 율법과 선지자들에게 순종하도록 만들고, 새로운 교훈을 사전에 차단하는 것이 제사장들의 책무였기 때문이다. 따라서 공식적인 권한이 없는 신원 미상의 사람들이 성전에서 백성들에게 설교하는 것을 듣게 되었을 때, 그들은 자신들의 직무상의 요구와 하나님의 계명을 충실하게 따랐던 것으로 보인다. 언뜻 보면, 그들의 행동에는 책망 받을 만한 것이 없어 보이는 것이 사실이지만, 결과적으로 보면 그들의 계획과 의도는 사악한 것이었고, 그들이 품은 감정은 불경건한 것이었다.

반면에, 아무런 공식적인 직함도 없는 하찮은 일개 사인으로서 공적인 권위를 자처하였다는 점에서, 사도들은 비난을 피해가기는 어려웠다. 왜냐하면, 혼돈의 시대에는 일반적으로 인정된 관습을 거스르려는 시도가 많이 나타날 수밖에 없고, 특히 권세를 잡은 자들이 진리에 이르는 모든 길을 차단하고서, 하나님이 그들에게 부여한 직책을 도리어 하나님을 대적하는 데 남용할 때는, 올바른 신앙과 하나님에 대한 참된 예배를 수호할 필요가 있는 까닭에 더욱 그럴 수밖에 없기 때문이다. 그러므로 그리스도의 신실한 투사들은 교황 제도 아래에서 그러한 불명예(ignominia)를 감수할 수밖에 없다. 왜냐하면, 교황주의자들 가운데에서 개혁이나 변화를 위한 때가 무르익으려면 천 년은 더 지나야 할 것이기 때문이다. 누가가 제사장들과 사두개인들이 그리스도의 이름으로 부활을 전하는 것을 싫어하였다고 보도한 것은 이 점을 분명하게 보여준다. 왜냐하면, 누가의 보도에 의하면, 그들은 사도들이 가르치는 교훈이 무엇인지를 알기도 전에 그 교훈을 싫어하였다는 결론이 나오기 때문이다. 누가는 이 문제에 좀 더 관심이 많았던 자들로 "사두개인"을 구체적으로 거론하고 있는 이유는 그들은 대체로 거의 모든 일에서 제사장들과 한통속이긴 하였지만, 지금 여기서 문제가 된 것이 부활과 관련된 것이었기 때문에, 사도들에 대해서 다른 분파들보다 더 큰 적개심을 품고 있었기 때문이다. 유대인들 사이에서 그토록 불경스러운 분파가 그런 권세를 갖고 있을 수 있었다는 사실은 유대 민족이 얼마나 기괴할 정도로 혼란스러운 상황 속에 있었는지를 단적으로 보여주는 증표였다. 영혼 불멸을 우스꽝스러운 이야기 정도로 치부하는 것은 물론이고, 그런 견해를 아무런 거리낌 없이 공개적으로 표현해도 아무렇지도 않게 생각하는 곳에 그 어떤 경건이 남아 있을 수 있겠는가? 하지만 일단 하나님의 순전한 가르침이 무너져 버린 곳에서는, 사람들은 이런 식으로 막무가내로 멸망을 향해 치닫게 되어 있다. 우리는 그렇게 멸망을 향해 치닫는 일이 어느새 우리에게 임하지 않게 하기 위해서 더욱 정신을 차리고 어떤 악한 길로도 향하지 않도록 조심하고 또 조심하지 않으면 안 된다.

어떤 이들은 "성전 맡은 자"가 제사장 중에서 선발된 인물이었을 것이라고 생각하지만, 나는 그가 로마 군대의 지휘관이었을 것이라고 본다. 왜냐하면, 성전이 있는 곳은 자연적으로나 인공적으로 잘 갖춰진 요새였기 때문이다. 헤롯은 유대인들이 폭동을 일으켰을 때에 성전이 피신처로 이용되는 것을 방지하기 위하여, 유사시를 대비하여 거기에 안토니아 요새를 구축해서, 경비대를 주둔시키고, 로마 군대의 지휘관으로 하여금 성전을 경비하도록 하였던 것으로 보인다. 우리는 이런 사실을 요세푸스(Josephus)의 글에서 확인할 수 있다. 그리스도의 원수들이 사회적인 혼란과 소요를 진정시킨다는 명계로 세속적인 권력의 도움을 빌린 것은 여기서 제사장들과 사두개인들이 보여준 행태와 일맥상통한다. 그들은 마치 자신들이 로마 제국의 권리를 수호하는 데 열심이 있는 자들이라도 되는 것처럼 로마인들의 은총을 구하고 있는 것이다.

4. 말씀을 들은 사람 중에 믿는 자가 많으니. 사도들은 옥에 갇혔지만, 그들이 전한 말씀은 어떤 방해도 받지 않고 널리 퍼져나가서 열매를 맺었다. 마찬가지로, 바울도 "하나님의 말씀이 매이지 아니한 것"(딤후 2:9)에 대하여 큰 영광을 돌린다. 여기서 우리는 사탄과 악한 무리들이 하나님의 자녀들을 대적하여 얼마든지 광분할 수 있지만, 하나님이 자기 아들의 나라를 확장시키시는 것이나, 그리스도께서 자신의 양 떼를 모으시는 것이나, 무장을 하지도 않았고 자신들을 지켜 줄 수비대도 갖

추지 못한 소수의 사람들이 그들을 대적하는 온 세상이 갖고 있는 것보다 더 큰 능력을 단지 자신들의 목소리만으로 보여주는 것은 그들이 그 어떤 술책을 써도 막을 수는 없다는 것을 알게 된다. 한 편의 설교가 이처럼 차고 넘치는 풍성한 열매를 거두게 하신 것은 하나님의 놀라운 역사가 아닐 수 없지만, 더욱 놀라운 일은 믿는 자들에게 닥친 그 어떤 위험도 그들로 하여금 믿음으로 그리스도의 십자가를 지는 것을 포기하게 만들 만큼 그들을 두렵게 할 수는 없었다는 사실이다. 왜냐하면, 그런 일은 초신자로서는 감당하기 어려운 일이었기 때문이다. 그리스도께서는 이 한 편의 설교를 통해서 복음의 능력을 보여주심으로써, 사람들로 하여금 그의 몸을 손으로 만져보게 하시고 눈으로 보게 하셨던 것보다도 더욱 분명하고 생생하게 자기가 살아 계신다는 것을 선언하셨다. 본문은 베드로의 설교를 듣고 믿은 자의 수가 "약 오천"이었다고 말하는데, 나는 이것이 새로 늘어난 신자들의 수가 아니라, 전체 신자들의 수를 가리키는 것이라고 본다.

⁵이튿날 관리들과 장로들과 서기관들이 예루살렘에 모였는데 ⁶대제사장 안나스와 가야바와 요한과 알렉산더와 및 대제사장의 문중이 다 참여하여 ⁷사도들을 가운데 세우고 묻되 너희가 무슨 권세와 누구의 이름으로 이 일을 행하였느냐 ⁸이에 베드로가 성령이 충만하여 이르되 백성의 관리들과 장로들아 ⁹만일 병자에게 행한 착한 일에 대하여 이 사람이 어떻게 구원을 받았느냐고 오늘 우리에게 질문한다면 ¹⁰너희와 모든 이스라엘 백성들은 알라 너희가 십자가에 못 박고 하나님이 죽은 자 가운데서 살리신 나사렛 예수 그리스도의 이름으로 이 사람이 건강하게 되어 너희 앞에 섰느니라 ¹¹이 예수는 너희 건축자들의 버린 돌로서 집 모퉁이의 머릿돌이 되었느니라 ¹²다른 이로써는 구원을 받을 수 없나니 천하 사람 중에 구원을 받을 만한 다른 이름을 우리에게 주신 일이 없음이라 하였더라(4:5-12).

5. 이튿날 관리들과 장로들과 서기관들이 예루살렘에 모였는데. 여기서 주목해야 할 것은 악한 무리들이 복음 및 그리스도의 이름을 말살하기 위하여 온갖 간교한 수단들을 다 동원하였지만, 하나님께서 그들의 음모를 분쇄해 버리셨기 때문에, 그들은 자신들이 원하였던 것을 얻을 수 없었다는 것이다. 그들은 공식적인 회합을 갖고, 모든 일을 폭압적으로 처리하기로 결의하였는데, 이것은 그들의 욕망을 법과 정의의 이름으로 포장하고, 자유는 멀리 추방해 버리고, 진리를 단죄하는 것이 정

당해 보이도록 만들기 위한 것이었다. 그렇지만 하나님께서 그들에게 갑작스런 두려움이 임하게 하셨기 때문에, 그들은 자신들이 할 수도 있었음은 물론이고 그토록 하고 싶어 했던 일을 감히 시도할 수조차 없게 되었다. 만일 하나님의 이런 역사가 없었다면, 사도들이 왜 복음을 전하는 것인지를 변증하기 위해서 하고자 했던 말들은 그들을 도와 줄 사람 하나 없는 감옥의 담장 안에 매몰되어서, 진리가 설 자리도 사라지고 말았을 것이다. 하지만 우리는 하나님께서 어떤 식으로 그들의 모의가 수포로 돌아가게 만드셨는지를 본다. 즉, 그들은 백성에 대한 두려움이라는 중압감에 눌려서 꼼짝 못하게 되었고, 결국 자신들의 분노를 잠재우고 적개심을 접을 수밖에 없게 되었다. 그런데 여기서 누가가 안나스를 대제사장이라고 한 것은 의외이다. 왜냐하면, 빌라도가 로마로 복귀하라는 명령을 받은 후부터 비텔리우스(Vitellius)가 예루살렘에 부임할 때까지 대제사장은 여전히 가야바였다는 사실은 요세푸스의 글에 잘 드러나 있기 때문이다. 그리스도께서 티베리우스 제18년에 십자가에 달리셨다는 것은 모두가 인정하는 사실이고, 티베리우스의 재위는 그 후로 4년 간 더 지속되었다. 그리고 빌라도가 로마로 돌아갔을 때에 티베리우스는 이미 세상을 뜬 후였기 때문에, 그리스도께서 죽으신 때로부터 빌라도가 유다 총독의 자리에서 물러나기까지의 기간은 만 삼 년 이상이 경과했음이 분명하다. 따라서 가야바는 그리스도께서 죽으시고 나서 3년 후까지도 여전히 대제사장이었다는 결론이 나온다. 그러므로 누가가 여기서 보도하는 사건들은 그리스도의 부활 직후에 일어난 일은 아닌 것으로 보인다. 하지만 이런 식으로도 모든 난점이 해소되는 것은 아니다. 왜냐하면, 요세푸스는 가야바의 후임자가 요나단이었다고 보도하기 때문이다. 물론, 요나단은 안나스의 아들이었기 때문에, 아버지의 이름인 안나스로 불렸을 가능성도 전혀 배제할 수는 없다. 가야바도 두 개의 이름을 갖고 있어서, 요셉이라고도 불렸다.

7. 무슨 권세와 누구의 이름으로. 그들은 마치 자신들에게 하나님을 향한 열심이 있는 것처럼 행세한다. 즉, 그들은 하나님께 돌려져야 할 영광이 다른 누군가에게 돌려지는 것을 걱정하는 척한다. 여기서 "이름"은 권위를 나타낸다. 한 마디로 말해서, 그들은 자신들이 마치 하나님의 영광을 수호하는 책무를 맡은 최고 책임자의 자리에 앉아 있는 자들처럼 행세하고 있는 것이다. 답이 너무나 뻔한 문제에 대해 계속해서 무수한 질문을 던짐으로써 사도들을 질리게 하여 그들로 하여금 그 답을 부인하도록 만들고, 사도들에게 겁을 주어 그들이 고백한 것과 다른 사실들을 인

정하도록 쥐어짜는 그들의 집요한 추궁은 놀라울 정도였다. 그러나 하나님께서는 그들의 교활한 술책을 허사로 돌아가게 하시고, 그들로 하여금 자신들이 원하지 않던 말을 듣게 만드신다.

8. 이에 베드로가 성령이 충만하여 이르되. 누가는 이처럼 위엄 있고 장중한 발언이 베드로 자신으로부터 나온 것이 아님을 우리에게 알게 해주기 위해서 이 말을 명시적으로 덧붙이는데, 거기에는 그럴 만한 이유가 있었다. 베드로는 어린 여종의 말 한 마디에 겁을 집어먹고 그리스도를 부인했던 전력이 있기 때문에, 만일 성령의 능력이 그를 붙들어 주지 않았더라면, 그 많은 무리들 앞에서 그들의 위세를 보는 것만으로도 완전히 무너지고 말았을 것임은 자명한 일이다. 베드로에게는 지혜와 힘이 절실히 필요하였다. 그런데 여기서 그는 이 두 가지 면에서 탁월함을 보여주고 있기 때문에, 그의 답변은 하나님으로부터 온 것이 틀림없었다. 그는 예전의 베드로가 아니었다. 베드로에 대한 이러한 평가는 우리에게 두 가지로 유익을 준다. 첫 번째는, 바로 뒤에 나오는 베드로의 가르침이 성령으로부터 온 것이라고 했을 때에는 거기에 더 큰 무게가 실리게 된다는 것이다. 다음으로는, 여기서 우리는 신앙을 고백할 때에, 지혜와 능력의 성령께서 우리의 마음과 심령을 인도해 주시도록 하나님께 구하여야 한다는 것을 가르침 받게 된다는 것이다. 성령이 "충만하다"는 것은 성령이 이례적으로 차고 넘치게 부어진 것을 가리킨다.

9. 오늘 우리에게 질문한다면. 베드로가 여기서 자신들이 칭송을 받아야 할 좋은 일을 했는데도 불구하고, 마치 어떤 흉악한 범죄를 저지르기라도 한 것처럼, 제사장들과 서기관들이 자신들을 부당하게 심문하고 있다는 이유로, 그들의 폭압을 규탄하고 있다는 것은 의심의 여지가 없다. "만일 병자에게 행한 착한 일에 대하여 이 사람이 어떻게 구원을 받았느냐고 오늘 우리에게 질문한다면"이라는 베드로의 말은 그가 관심을 두고 있는 것이 그들의 그런 질문 자체가 아니라 그들의 악한 마음가짐이라는 것을 보여준다. 만일 이적을 베풀어서 그것을 빌미로 백성들로 하여금 참되고 올바른 하나님에 대한 예배를 떠나도록 만들려는 것이 사도들의 속셈이었다면, 그들이 심문을 받기 위해서 소환되는 것은 당연한 일이었을 것이다. 왜냐하면, 신앙이라는 것은 이 세상에서 행해지는 그 어떤 선행들보다도 비교할 수 없을 정도로 귀하고 소중한 것이기 때문이다. 하지만 사도들을 고소한 자들은 칭찬을 해주어야 마땅했을 일에 대해서 아무런 근거도 없이 악의적으로 트집을 잡고 나선 것이었기 때문에, 이러한 사실에 자신감을 얻은 베드로는 기지를 발휘해서 그들을

비꼬는 듯한 말로 먼저 포문을 연 것이었다. 왜냐하면, 그들은 재판관 행세를 하면서 선행을 정죄하려 하고 있었기 때문이다.

10. 너희와 모든 이스라엘 백성들은 알라. 내가 앞에서 이미 말했듯이, 만일 베드로가 이 사건에서 발을 빼고 싶었다면, 그는 이런저런 핑계를 대고 빠져 나갈 수도 있었을 것이다. 하지만 사도들에 의해서 행해진 이 이적은 그리스도의 이름이 영광을 받으시게 하기 위한 것이었기 때문에, 그는 물러서지 않았다. 왜냐하면, 베드로는 하나님께서 자기를 일꾼으로 삼으셔서 이 큰 권능을 베풀게 하신 것은 자신이 전한 가르침이 옳다는 것을 인칠 수 있게 하신 것임을 알고 있었기 때문이었다. 이렇게 해서, 결국 악한 무리들은 자신들이 깊숙이 묻어두고 싶었던 말들을 듣지 않을 수 없었다. 그들이 온갖 술책을 다 동원해서 만들어 낸 결과는 자신들이 사람들에게 선포되는 것을 기필코 막고자 했던 바로 그 말을 베드로로 하여금 자신들의 면전에 대고 선포하도록 만든 것이었다. 베드로는 먼저 이적을 일으키신 주체가 그리스도이시라는 것을 밝히고 나서, 다음으로는 죽은 사람이 신적인 능력을 보유하고 있다는 것은 믿을 수 없는 어처구니없는 일로 비칠 수 있었기 때문에, 비록 그들이 그리스도를 십자가에 못 박았지만, 하나님께서 그를 죽은 자 가운데서 일으키셨기 때문에, 그리스도께서는 지금 살아 계신다고 증언한다. 이렇게 이 이적은 베드로에게 그리스도의 부활을 전할 수 있는 좋은 기회가 되었고, 이 증언을 통해서 베드로는 그리스도가 참 메시아라는 것을 증명하고자 하였다. 베드로는 그들이 그리스도를 십자가에 못 박았다는 사실을 상기시켜 주는데, 이것은 그들을 책망해서 자신들의 과오를 시인하도록 만들기 위한 것이었을 뿐만 아니라, 그들로 하여금 자신들이 헛되이 하나님을 대적했다는 것을 깨닫게 만들고, 더 나아가서 쓸데없이 파괴적인 결과만을 가져올 그들의 광분함을 그치도록 하기 위한 것이었다.

11. 이 예수는 너희 건축자들의 버린 돌로서. 베드로는 영광스러운 직함들을 지니고서 하나님의 성전에서 요직을 차지하고 앉아 있는 교회의 지도자들이 그리스도를 배척하는 악을 저지르는 것은 새삼스러운 일이 아니라는 것을 성경의 증언을 통해서 확증한다. 그는 시편 118:22를 인용한다. 거기서 다윗은 자기가 백성의 지도자들에 의해서 버림받았다고 탄식하면서도, 그럼에도 불구하고 하나님께서는 자기를 택하셔서 최고의 자리에 앉히셨다고 자랑한다. 다윗은 교회 또는 나라를 건물에 비유하는데, 이것은 통상적이고 흔한 비유법이었다. 그는 권력을 쥐고 있는 자들을 "건축자"라고 부르고, 자기 자신은 건물 전체를 떠받치고 있는 가장 중요한 돌이라

고 부르는데, 여기서 "모퉁이의 머릿돌"은 바로 그 돌을 가리킨다. 그러므로 다윗에게는 위로가 되고 힘이 되는 사실이 있었는데, 그것은 백성의 지도자들이 그를 배척해서 말석에도 앉지 않으려고 애를 쓸지라도, 그들의 악하고 불경건한 시도가 하나님께서 그를 가장 영광스러운 자리로 높여주시는 것을 막을 수는 없다는 것이었다. 그러나 이것은 하나님께서 메시아를 통해서 온전히 이루어지게 될 것을 다윗을 빌려 예표하신 것이었다. 그러므로 베드로가 이 시편의 증언을 그리스도에 관한 예언으로 보고서 유대인들에게 인용한 것은 지극히 합당한 일이었고, 유대인들도 그 증언이 그리스도에 대한 말씀이라는 것을 잘 알고 있었다. 이제 우리는 베드로가 왜 이 시편을 인용했는지를 알게 된다. 그것은 자신들이 지닌 명목상의 지위와 권세로 인해서 지나치게 마음이 높아지고 교만해져 있던 장로들과 제사장들이 무슨 일이든 자신들의 마음대로 처리할 수 있는 권세와 자유가 그들에게 있다고 생각하는 것은 완전히 착각이라는 것을 알게 하기 위한 것이었다. 왜냐하면, 하나님께서 "건축자들"이 버린 돌을 가져다가, 집 전체를 떠받치는 가장 중요한 자리에 놓으셨다는 것은 분명한 사실이기 때문이다.

게다가, 이런 일은 단지 당시에 일회적으로만 일어난 일이 아니라, 날마다 일어날 수 있는 일이기 때문에, 오늘날에도 건축자들이 그리스도를 버리는 일이 있다고 하더라도, 적어도 우리는 그것을 이상하거나 있을 수 없는 일이라고 생각해서는 안 된다. 이러한 사실로 미루어 볼 때, 그리스도께 돌아가야 할 모든 것들을 몽땅 가로채서 차지하고 누리고 있으면서도 명목뿐인 직함으로 위세를 과시하고자 하는 교황의 헛된 교만과 자랑은 타파되는 것이 마땅하다. 설령 우리가 백 번을 양보해서, 교황과 그의 뿔 달린 수하들이 그들의 주장대로 교회를 돌보는 목회자들로 세움을 입었다는 것을 인정한다고 할지라도, 그들은 기껏해야 안나스와 가야바와 같은 "건축자들"이라고 불릴 수밖에 없는 존재들이다. 그들은 교황이라는 직함이 하늘과 땅을 아우르기에 부족함이 없을 정도로 막강한 것이라고 여기지만, 사실은 기껏해야 안나스와 가야바 같은 "건축자"밖에 안 된다는 것은 너무나 분명하다. 이제 이 구절에서 우리가 주목할 가치가 있는 것들을 몇 가지 살펴보기로 하자. 그들은 교회를 다스리고 감독하는 "건축자들"로 불린다는 점에서, 그들의 이름 자체가 그들이 무슨 일을 해야 하는지를 보여준다. 즉, 그들은 하나님의 성전을 건축하는 일에 전념해야 한다는 것이다. 모든 사람이 자신의 본분을 제대로 신실하게 준행하는 것은 아니기 때문에, 먼저 그들은 하나님의 성전을 제대로 건축하는 방법, 즉 언제나 그리스도를 "터"로 삼아야 한다는 것을 알아야 하고, 다음으로는 바울이 가르치고 있듯이, 건물에 "풀이나 짚"을 섞지 말고 그리스도의 순전한 가르침으로 건물 전체를 지어야 한다(고전 3:10-13). 교회의 목회자들, 또는 적어도 교회에서 영광스러운 직분을 갖고 있는 자들이 그리스도를 추방해 버리기 위해서 사악하게도 그리스도에 대하여 반기를 들고 배신하는 모습을 우리가 볼 때, 건축자들에 의해서 버림받은 그리스도를 하나님께서 높이 들어올리셨다는 말씀은 우리에게 큰 힘과 위로를 주는 말씀임에 틀림없다. 따라서 우리는 그들이 우리를 대적하여 해대는 허황된 망언들을 무시하고, 하나님께서 그리스도에게 수여하신 바로 그 존귀와 영광을 우리도 그리스도께 돌리는 것을 주저할 필요가 없다. 왜냐하면, 하나님의 원수들이 이 땅에서 광분하며 날뛰고 있는 동안에, 하나님께서는 잠시 침묵하시며 묵인하시는 것처럼 보일지라도, 사실은 높은 곳에서 이 땅을 굽어보시며 원수들의 만용을 비웃고 계시기 때문이다. 또한, 그들의 음모가 아무리 강력하고 철두철미하게 잘 준비된 것이라고 하더라도, 우리는 그리스도의 영광과 존귀는 전혀 손상되지 않고 안전하게 보전되리라는 것을 늘 확신하여야 한다. 그리고 하나님께서 친히 자신이 그리스도의 나라의 무적의 수호자가 되어 주실 것이라고 선언하셨기 때문에, 우리는 우리의 그러한 확신이 열매를 맺도록 하기 위하여 그리스도의 나라를 지켜 내는 데에 두려움 없이 담대하여야 한다.

앞에서 우리는 베드로가 일개 평범한 사람에 지나지 않았지만, 적대적인 재판관들을 면전에 두고, 반면에 자기편이라고는 자기와 똑같은 위험에 처해 있던 요한 외에는 전혀 없었는데도 불구하고, 그 광분한 무리들이 잔뜩 모여 있는 가운데서, 그들의 격렬한 반발을 불러일으킬 것이 불 보듯이 뻔한 발언을 두려운 기색도 전혀 없이 당당하게 전하였다는 점에서 불굴의 담대함을 보여준 것이었음을 이미 언급한 바 있다. 베드로가 그들의 죄상을 신랄하게 책망하였다는 사실로부터 우리는 진리를 공공연히 대적하는 자들을 상대해야 하는 경우에 우리가 어떤 식으로 말해야 하는지를 배워야 한다. 그런 경우에 우리는 두 가지 잘못을 범하지 않도록 조심하여야 한다. 먼저, 우리는 입을 다물거나 눈을 감음으로써 그들에게 아부하는 것처럼 비쳐져서는 안 된다. 침묵함으로써 진리에 대하여 눈을 감아 버리는 것은 충성되지 못한 것이다. 다음으로, 우리는 무례하고 공격적이 되거나 지나치게 열을 내어서는 안 된다. 왜냐하면, 논쟁을 하다 보면, 마음이 절제가 되지 않고 부글부글 끓어오르는 일이 흔히 일어나기 때문이다. 그러므로 우리는 중용을 지켜서 차분하게 이치를 따져 나가는 것이 마땅하다. 책망은 기탄없이 솔직하게 하여야 하지만, 화를 내거나 열을 내어 공격하는 일은 없어야 한다. 우리는 베드로가 이 양 극단 사이에서 균형을 잡아서 중용을 지켜 나간 것을 본다. 즉, 베드로는 처음에는 공손한 말로 시작하다가, 핵심적인 문제에 이르자, 그들의 사악한 불경건은 도저히 묵과할 수 없는 것이었기 때문에, 그들을 신랄하게 규탄한다. 이러한 모범을 따르고자 하는 사람들은 베드로만이 아니라 성령도 자신들의 길잡이로 삼아야 한다.

12. 다른 이로써는 구원을 받을 수 없나니. 베드로는 육신적인 은택이라는 제한적인 구원을 다루는 것에서 벗어나서 온전한 구원이라는 보편적인 주제로 옮겨가는데, 이것은 특수에서 보편으로 이행해 나가는 논증방식이다. 그리스도께서 앉은 뱅이를 고쳐 주시는 이 한 가지 징표를 통해서 자신의 은혜를 보여주신 것은 사람들로 하여금 오직 그리스도만이 유일한 생명의 근원이라는 것을 알게 하시기 위한 것임에 분명하다. 하나님께서 우리에게 갖가지 은혜를 베풀어 주실 때마다, 우리는 그러한 은혜들 하나하나가 그리스도가 구원의 원천(salutis fons)이시라는 사실을 보여주고 있다는 것을 깊이 생각하지 않으면 안 된다. 베드로가 구원은 오직 그리스도 안에만 있다고 분명하게 선언한 것은 백성들의 기억 속에서 그리스도를 말살하려고 혈안이 되어 있던 제사장들에게 일침을 가하기 위한 것이었다. 이것은 이렇게 말한 것과 같다: "너희는 하나님이 너희에게 주신 구원을 거부하고 배척하였을 뿐만 아니라, 그 구원을 무위로 돌려서 그 열매와 유익이 모든 백성에게 돌아가는 것을 가로막고자 하였기 때문에, 갑절로 정죄를 당하게 될 것이다." 베드로는 귀 먹은 자들에게 말하는 것처럼 보이는 상황 속에서도, 어쩌면 그들 중에서 자신의 말을 알아듣는 자가 있을지도 모른다는 기대를 품고서, 또는 설령 그런 일이 생기지 않는다고 할지라도, 자신의 이러한 증언으로 말미암아 적어도 그들에게 그 어떠한 변명의 여지도 허용하지 않기 위해서 그리스도의 은혜를 선포하고 있는 것이다.

12. 다른 이름을 우리에게 주신 일이 없음이라. 베드로는 방금 바로 앞에서 자신이 한 말에 대한 보충설명을 여기에 덧붙인다. 즉, 구원이 오직 그리스도 안에만 있는 것은 하나님께서 그렇게 정하셨기 때문이라는 것이다. 여기서 사용된 "이름"이라는 단어는 원인이나 수단을 뜻하기 때문에, 그는 이렇게 말한 것과 같다: "구원은 오직 하나님에게만 속한 것으로서 하나님의 능력으로만 되는 일이기 때문에, 하나님께서는 우리가 오직 그리스도에게서만 구원을 찾게 하셨고, 그 밖의 다른 어떤 방식으로도 우리가 구원에 참여할 수 없게 하셨다." 또한, "천하"라는 말은 일반적으

로 피조물을 가리키기 때문에, 그는 모든 피조물 가운데서 우리를 구원할 수 있는 능력과 권세는 오직 그리스도께만 주어져 있다고 말한 것과 같다. 그렇지만, 나는 베드로가 "천하"라는 어구를 덧붙인 것은 사람이 하늘에 올라가서 하나님을 만날 수는 없다는 것을 염두에 두었기 때문이라고 생각한다. 우리는 하나님의 나라로부터 이처럼 멀리 떨어져 있기 때문에, 우리가 구원을 누릴 수 있게 되기 위해서는, 하나님께서 우리를 그에게로 초대해 주시는 것만으로는 부족하고, 그의 손을 친히 멀리 뻗치셔서 우리가 누릴 구원을 우리에게 주시는 것이 필요하다. 베드로는 하나님께서 그리스도 안에서 행하신 일이 바로 그런 것임을 지금 여기서 우리에게 보여주고 있다. 왜냐하면, 그리스도는 우리에게 구원을 가져다주시기 위하여 이 땅으로 내려오신 분이시기 때문이다. 이것은 그리스도께서 "모든 하늘 위에 오르신 자"(엡 4:10)라는 가르침과 모순되지 않는다. 왜냐하면, 그리스도께서는 우리가 하나님의 양자가 되었다는 사실에 대한 영원한 보증이 되시기 위해서 단 한 번 우리와 같은 육신을 입으시고 이 땅에 오신 것이기 때문이다. 그는 자신의 죽으심으로 제사를 드리심으로써 아버지 하나님과 우리 사이에 영원한 화목을 가져오셨고, 부활하심을 통해서 우리로 하여금 영원한 생명을 얻게 해주셨다. 그리고 우리를 영원한 구속의 열매에 참여하는 자들이 되게 하시기 위해서 지금도 우리와 함께 하고 계신다. 하지만 베드로가 여기서 다루고 있는 것은 구원의 나타남에 관한 것이다. 또한, 우리는 그 구원이 그리스도 안에서 나타난 것을 이미 알고 있기 때문에, 이제 더 이상 "누가 하늘에 올라가겠느냐"(롬 10:6)라고 말할 필요가 없다는 것도 알고 있다. 만일 이 가르침이 모든 사람의 마음속에 깊숙이 각인되어 있다면, 오늘날 교회를 엄청난 혼란 속에 빠뜨리고 있는 구원의 원인들(salutis cause)을 둘러싼 수많은 논쟁들은 일순간에 종식되고 말 것이다. 교황주의자들은 우리가 말하는 것과 마찬가지로 구원은 오직 하나님 안에만 있다고 고백하지만, 그런 후에 구원을 얻을 수 있는 수많은 방법들을 양산해 낸다. 그러나 베드로는 우리를 오직 그리스도에게로 부를 뿐이다. 물론, 그들도 그리스도로 말미암아 구원이 우리에게 주어졌다는 것을 감히 전면적으로 부인하지는 못하지만, 구원을 얻을 수 있는 다른 무수한 샛길들을 날조해냄으로써 구원을 얻음에 있어서 그리스도의 몫을 백분의 일도 남겨놓지 않는다. 그러나 구원은 전적으로 오직 그리스도 안에서만 구하는 것이 마땅하다. 왜냐하면, 베드로는 다른 모든 수단들을 명시적으로 배제하고, 온전하고 총체적인 구원을 오직 그리스도 안에만 두고 있기 때문이다. 그러므로 교황주의자들은 이 가르침을 알고 있는 것이 결코 아니다.

¹³그들이 베드로와 요한이 담대하게 말함을 보고 그들을 본래 학문 없는 범인으로 알았다가 이상히 여기며 또 전에 예수와 함께 있던 줄도 알고 ¹⁴또 병 나은 사람이 그들과 함께 서 있는 것을 보고 비난할 말이 없는지라 ¹⁵명하여 공회에서 나가라 하고 서로 의논하여 이르되 ¹⁶이 사람들을 어떻게 할까 그들로 말미암아 유명한 표적 나타난 것이 예루살렘에 사는 모든 사람에게 알려졌으니 우리도 부인할 수 없는지라 ¹⁷이것이 민간에 더 퍼지지 못하게 그들을 위협하여 이 후에는 이 이름으로 아무에게도 말하지 말게 하자 하고 ¹⁸그들을 불러 경고하여 도무지 예수의 이름으로 말하지도 말고 가르치지도 말라 하니(4:13-18).

13. 그들이 베드로와 요한이 담대하게 말함을 보고 그들을 본래 학문 없는 범인으로 알았다가 이상히 여기며 또 전에 예수와 함께 있던 줄도 알고. 우리는 여기서 악한 양심이 어떤 것인지를 볼 수 있다. 왜냐하면, 그들은 자신들이 폭압을 자행하고 있다는 것을 뻔히 알면서도, 아무런 권한도 없고 이유도 없이 베드로를 비롯한 사도들에게 공공연히 폭압을 자행하고 있기 때문이다. 그래서 누가는 먼저 그들이 거인족(창세기에 나오는 "네피림" — 역주)처럼 자신들이 무슨 짓을 하고 있는 것인지를 잘 알면서도 의도적으로 하나님을 대적하여 행한 것임을 분명히 보여준다. 왜냐하면, 그들은 앉은뱅이였다가 고침 받은 사람을 통해서 하나님의 분명한 역사를 자신들의 눈 앞에서 뻔히 보면서도 하나님을 대적하는 악을 저지르고 있었기 때문이다. 베드로와 요한이 "본래 학문 없는 범인"인 줄 알고 있었던 그들로서는 이 사도들의 담대함 배후에 인간적인 것을 뛰어넘는 무언가가 있다는 것을 인정할 수밖에 없었기 때문에, 그들이 원하였든 원하지 않았든, 놀라움에 사로잡히지 않을 수 없었다. 그런데도, 그들은 너무나 뻔뻔스러운 자들이었던 까닭에, 진리를 억압하기 위해서 폭력적인 수단을 동원하는 것을 전혀 개의치 않았다. 하나님의 역사임을 보여주는 분명한 징표가 있다는 것을 인정하고서도 그렇게 행한 것은 그들이 의도적으로 자신들의 양심을 저버리고 악하게 행한 것임을 스스로 시인한 것이었다. 그들은 "이 사람들을 어떻게 할까 그들로 말미암아 유명한 표적 나타난 것이 예루살렘에 사는 모든 사람에게 알려졌으니 우리도 부인할 수 없다"고 말하는데, 이것은 자신들이 하나님은 안중에도 없고 오직 사람들의 반응만 신경 쓴다는 것을 보여주는 것이다.

이 말은 그들이 부끄러움을 모르는 후안무치한 자들임을 보여준다. 왜냐하면, 그들이 이렇게 말한 것은 그들에게 그 표적을 부인할 수 있는 어떤 빌미가 조금이라도 있었으면, 그들은 아무런 거리낌 없이 즉시 안면몰수하고 그 표적을 부인했을 것임을 보여주는 것이기 때문이다. 또한, 그들이 "이 사람들을 어떻게 할까"라고 물었을 때, 그것은 그들의 완악함과 사악함을 드러낸 것이었다. 왜냐하면, 만일 그들이 마귀적인 광분함에 사로잡혀서 딴 마음을 먹은 것이 아니었다면, 이런 상황에서 순순히 하나님께 굴복했을 것이기 때문이다. 이것은 미혹과 광기의 영이다. 하나님께서는 자신의 원수들을 이런 영에 취하게 만드신다. 그래서 곧이어 그들은 사도들을 위협해서 이 소문이 더 이상 퍼지지 않게 하자고 의견을 모은다. 하지만 이런 생각을 하는 것보다 세상에서 더 어리석은 일이 어디 있겠는가? 왜냐하면, 두 사도의 입을 틀어막는다고 해서, 하나님의 팔이 꺾이는 것은 아닐 것이기 때문이다.

17. 이것이 민간에 더 퍼지지 못하게 그들을 위협하여. 우리는 여기서 하나님을 두려워하지 않을 때에 권세 있는 자들이 얼마나 지독하게 악할 수 있는지를 본다. 왜냐하면, 신앙이 제 역할을 하지 못할 때는, 거룩한 직분을 맡을 자일수록 더 주제넘게 광분하기 때문이다. 교회를 치리하는 높은 자리에 악한 자들이 오르지 못하도록 우리가 항상 경계해야 하는 이유가 여기에 있다. 그러한 직분으로 부르심을 받은 자들은 자신들이 다른 사람들을 해치기 위해서 권세로 무장하고 있는 것처럼 보이지 않도록 늘 공손하고 겸손하게 처신하여야 한다. 그러나 그들이 자신들의 존귀한 직분을 남용하는 일이 생긴다면, 성령께서는 그들이 내리는 명령이나 지시는 어떤 것이든 다 무효로 여겨야 한다는 것을 거울을 보듯 선명하게 보여주실 것이다. 목회자의 권위에도 넘어서는 안 되는 일정한 한계가 있다. 그럼에도 불구하고, 그들이 그 한계를 넘어 행한다면, 우리가 그들에게 순종하기를 거부하는 것은 합당하다. 조금 후에 보게 되겠지만, 그러한 순종은 아주 큰 죄악이 될 것이기 때문이다.

[19]베드로와 요한이 대답하여 이르되 하나님 앞에서 너희의 말을 듣는 것이 하나님의 말씀을 듣는 것보다 옳은가 판단하라 [20]우리는 보고 들은 것을 말하지 아니할 수 없다 하니 [21]관리들이 백성들 때문에 그들을 어떻게 처벌할지 방법을 찾지 못하고 다시 위협하여 놓아 주었으니 이는 모든 사람이 그 된 일을 보고 하나님께 영광을 돌림이라 [22]이 표적으로 병 나은 사람은 사십여 세나 되었더라 [23]사도들이 놓이매 그 동료에게 가서 제사장들과 장로들의 말을 다 알리니(4:19-23).

19. 너희의 말을 듣는 것이 … 옳은가 판단하라. 우리는 베드로와 요한이 누구를 향하여 이런 대답을 하고 있는지를 기억하여야 한다. 여기에 모인 무리는 의심할 여지 없이 교회를 대표하는 자들이었지만, 자신들의 권한을 남용하고 있었기 때문에, 두 사도는 그들의 말에 순종할 수 없다고 말한다. 사실관계가 너무나 분명하여 논란의 여지가 없는 사안의 경우에 사람들이 흔히 그러하듯이, 두 사도는 자신들의 대적들에게 이 문제를 스스로 판단해 보라고 말하는 방식으로 대적들을 책망한다. 또한, 우리가 주목해야 할 것은 두 사도가 대적들이 자신들에게 내린 판결이 하나님의 권위에 정면으로 도전하고 대적하는 것이라고 말하고 있다는 것이다. 만일 대적들이 하나님의 원수들이 아니라 교회의 통상적인 목회자들이었다면, 두 사도의 이런 화법은 분명히 합당치 않은 것이 되었을 것이다. 또한, 사도들은 설령 교회를 치리할 수 있는 합법적인 권세를 부여받은 목회자들이라고 하더라도, 그들이 신실하지 못한 악한 자들이라면, 그들에게 순종하는 것은 하나님을 거역하는 것이 된다는 점을 분명히 한다. 교황은 자기가 기분 내키는 대로 내뱉는 모든 말이 하나님의 말씀이라고 선언함으로써 이 문제를 가볍게 일축해 버린다. 교황은 늘 이런 식으로 자가당착의 위험성을 빠져 나간다. 그러나 오늘날의 주교들이 하나님께서 구약 시대에 제사장들에게 주셨던 것보다 더 많은 권세를 주장한다는 것은 있을 수 없는 일이기 때문에, 자기들로부터는 하나님의 뜻에 부합하지 않는 명령이라는 것은 아예 나올 수 없다는 그들의 주장은 유치하기 짝이 없다. 하지만 그리스도의 가르침을 철저히 짓밟아서 없애 버리고 오직 허황한 욕망들만이 어지럽게 횡행하는 곳에서는 어떠한 갈등도 존재하지 않는 것이 엄연한 현실이다.

그러므로 사람들이 어떤 직함을 갖고 있든, 그런 것과는 상관없이, 그들이 우리를 엉뚱한 곳으로 이끌어서 하나님께 순종하지 못하도록 하지 않는다는 조건이 충족될 경우에만, 우리는 그들의 말을 청종하는 것이 마땅하다. 그런 의미에서 우리는 가톨릭의 모든 전통들을 하나님의 말씀이라는 잣대로 점검하지 않으면 안 된다. 우리는 왕들을 비롯해서 권세 있는 자들에게 순종해야 하지만, 그들이 만왕의 왕이자 아버지이시며 만주의 주이신 하나님의 권세와 권위를 부정하지 않을 때에만 그렇게 하여야 한다. 이러한 단서가 세상의 권세에 대해서도 적용되는 것이라면, 교회를 다스리는 영적 권세에 있어서는 그런 단서가 더더욱 요구된다는 것은 두말 할 나위도 없다. 베드로는 그들이 늘 교만에 젖어 제멋대로 생각해서, 하나님이 자신들보다 더 높임을 받으시게 되면, 자신들의 권위가 떨어지게 될 것이라는 염려를 지

니고 있는 것을 감안해서, 그들로 하여금 아예 애초부터 그러한 생각을 하지 못하
도록 차단하기 위하여, 이 문제는 하나님의 심판대 앞에서 결정되어야 할 것이라고
경고함으로써, 그들이 자신들을 대단한 자들로 여기는 데서 오는 그러한 미혹으로
부터 그들을 깨어나게 하고자 한다. 즉, 베드로는 사람들이 아무리 눈이 멀어 있다
고 할지라도, 그들 자신을 하나님보다 우위에 놓는 일은 하지 않을 것이라고 생각
해서, "하나님 앞에서"(coram Deo)라는 말을 일부러 강조해서 명시적으로 못 박아
말한다. 사도들이 이러한 답변을 할 수 있었던 것은 분명히 성령의 인도하심에 의
한 것이었고, 성령의 이러한 역사는 대적들의 광분함을 제압하기 위한 것이었을 뿐
만 아니라, 교만한 자들이 우리에게서 하나님의 멍에를 벗겨낸 후에 그 자리에 자
신들의 멍에를 얹으려고 할 때, 우리가 어떻게 해야 하는지를 가르치기 위한 것이
기도 했다. 그러므로 그런 때에 우리는 인간의 온갖 허황된 자랑거리를 한 방에 날
려 버리시는 하나님의 거룩하신 권세를 기억하는 것이 마땅하다.

20. 우리는 보고 들은 것을 말하지 아니할 수 없다 하니. 사람들은 자기들이 보
고 듣고서 알게 된 일들에 대해서 침묵하고 넘어갈 때가 많고, 어떤 때는 평화를 유
지하기 위해서 침묵을 지키지 않으면 안 되는 때도 있다. 쓸데없는 것들을 둘러싸
고 불필요한 분란을 일으키는 것은 무례하고 오만하며 악한 일이다. 그러나 여기서
사도들이 "말하지 아니할 수 없다"고 했을 때, 그것은 그런 일반적인 경우에 속한 것
이 결코 아니었다. 왜냐하면, 당시에 그 자리에서 문제가 되고 있었던 것은 하나님
의 영광과 사람들의 구원이 둘 다 걸려 있는 그리스도의 복음에 관한 것이었고, 인
간의 금령으로 복음을 억누르는 것은 결코 용납될 수 없는 불경스러운 죄악이기 때
문이다. 하나님께서는 자신의 복음을 선포할 것을 명령하셨고, 더욱이 그 자리에
있던 두 사도는 자신들이 그리스도의 증인이자 전도자로 택함 받은 자들로서, 하나
님께서 그들의 입을 열어 주셨다는 것을 알고 있었다. 그러므로 그들에게 침묵할
것을 강요하는 자는 누구든지 하나님의 은혜가 아예 나타나지 못하도록 만들어서
인간이 구원받을 가능성을 뿌리뽑기 위하여 온 힘을 기울이는 자가 된다. 우리가
그러한 사악한 금령 때문에 우리의 입을 다문다면, 우리의 비겁함에 화가 있을 것이
다. 따라서 모든 사람은 자신들이 다른 사람들의 눈치를 보느라고 침묵함으로써,
그들의 믿음 없음을 책망하는 두려운 말씀이 그리스도의 입으로부터 나오지 않게
하려면, 하나님께서 자신들에게 어떤 신앙 고백을 요구하시는지를 알아야 한다. 특
히 가르치는 직분으로 부르심을 받은 사람들은 인간적인 어떤 위협이나 어떤 권세

도 두려워하지 말고, 오직 하나님께서 자신들에게 맡겨 주신 직분을 수행함에 있어서 추호의 망설임도 없어야 한다. 바울은 "내가 복음을 전할지라도 자랑할 것이 없음은 내가 부득불 할 일이라 만일 복음을 전하지 아니하면 내게 화가 있을 것이로다"(고전 9:16)라고 말했다. 우리는 하나님의 이 명령을 굳게 붙잡고서, 사람들의 폭압적인 명령들만이 아니라 복음의 진로를 차단하거나 방해하기 위해 사탄이 설치해 놓은 온갖 장애물들과 맞서 싸워야 한다. 왜냐하면, 우리에게는 그리스도의 사역자라면 누구나 겪는 대적들의 그런 맹렬한 공격을 격퇴할 수 있는 강력한 방패가 필요하기 때문이다. 그러나 무슨 일이 있어도 흔들려서는 안 되는 철칙이 있는데, 그것은 복음을 전하는 것은 하나님을 기쁘시게 하는 것이기 때문에 어떤 이유로도 중단되어서는 안 된다는 것이다.

21-22. 다시 위협하여 놓아 주었으니.　　이것이 선동의 결말이다. 악한 자들은 자기들의 분노를 다 삭이지 못하고 여전히 광분하여 씩씩거리며 숨을 내몰아 쉬고 있었지만, 하나님의 은밀한 능력에 의해서 재갈이 물려져 있는 상태였기 때문에, 두 사도를 해칠 방도를 찾을 수가 없었다. 하나님의 능력이 그들을 쇠사슬로 결박해 놓은 것이 아니었다면, 그들이 사도들에게 신체적인 위해를 가하지도 않고, 단순히 위협을 하는 것만으로 만족하는 일이 어떻게 일어날 수 있었겠는가? 그들의 행동에 제동을 건 것은 하나님을 경외하는 마음(그들 속에는 이런 것은 있지도 않았다)이 아니라, 백성들의 반응에 대한 고려였지만, 그들이 전혀 눈치채지 못하였어도, 사실은 하나님께서 자신의 사슬로 그들을 묶어놓으신 것이었다. 누가는 자신의 자녀들을 지키시고 보호해 주시는 하나님의 섭리를 찬양한다. 악한 자들의 눈에는 이 섭리가 보이지 않겠지만, 우리는 믿음의 눈으로 이 섭리를 직시하여야 한다. 또한, 이 일을 통해서 그리스도께서 자신의 가장 악랄한 원수들로 말미암아 영광을 받으셨다는 점에서, 여기에는 하나님의 놀랍고 기이한 계획(consilium)도 드러난다. 제사장들이 회합을 할 때면 사람들 사이에 그 소문이 널리 퍼지게 마련이고, 사람들은 모두 무언가 특별한 일이 일어날 것으로 기대하게 된다. 그런데 붙잡혀갔던 사도들이 아무런 처벌도 받지 않고 자유의 몸이 되어 그곳을 떠난다면, 그것은 대적들이 패배자가 된 것은 물론이고, 그들의 의도와는 달리 그들 스스로 복음이 참되다는 것을 확증한 셈이 된다. 하지만 우리가 다시 한 번 유념해야 할 것은 믿는 자들은 늘 십자가로 인하여 욕을 당하는 가운데서 승리를 얻게 된다는 것이다. 왜냐하면, 그들은 이후로는 그리스도의 이름으로 가르치지 말라는 엄중한 경고를 재차 받

은 까닭에, 그들은 십자가로 인하여 욕을 당하는 가운데 승리한 것이기 때문이다. 누가는 "모든 사람이 그 된 일을 보고 하나님께 영광을 돌림이라"라고 말함으로써, 이 이적의 열매를 또다시 보여준다. 물론, 이렇게 하나님께 영광을 돌린 모든 사람이 온전히 목적지에 도달한 것이라고는 할 수 없다. 왜냐하면, 하나님의 능력을 체험하고서도 그리스도께 나아오지 않거나, 이적을 보고도 제대로 된 믿음을 갖지 않는 사람은 경주를 하다가 중간에 멈춘 것과 같기 때문이다. 하지만 앉은뱅이가 고침 받은 사건을 통해서 하나님의 능력이 인정되어서 대적들이 수치를 당하고 자신들의 광분함을 멈추고 일시적이나마 뒤로 조금 물러선 것은 비록 온전히 만족스럽지는 않지만 꽤 의미 있는 열매였다.

23. 사도들이 놓이매 그 동료에게 가서 … 다 알리니. 베드로와 요한이 자신들에게 일어났던 일을 다른 사도들에게 설명해 준 이유에 대해서는 우리가 곧 살펴보게 될 것이지만, 그것은 사도들이 하나님의 은혜로 말미암아 이후로 더 큰 담대함과 용기를 얻게 하고, 나아가 원수들의 맹렬한 위협에 맞서 기도로 무장하게 하기 위한 것이었다. 하나님의 자녀들은 이렇게 그리스도의 깃발 아래에서 공동의 적을 무찌를 수 있도록 서로서로 격려하고 자극을 주면서 경건함 가운데 혼연일체가 되어야 한다. 그들은 자기들 앞에 어떠한 위험들이 드리워져 있는지를 잘 생각해 보아서, 원수들이 자신들을 압박해 올 때에 좀 더 잘 대처할 수 있도록 대비를 하여야 한다. 또한, 그들은 그때그때 새로운 싸움으로 부르심을 받는 것에 대하여 겁을 먹거나 당황하지 말고, 오히려 이전에 자신들에게 승리를 안겨 주었던 바로 그 동일한 하나님의 능력을 힘입어 자신들이 항상 승리할 것이라는 확신을 가져야 한다. 누가가 명시적으로 언급하지는 않았지만, 사도들은 자신들이 앞서 했던 답변에 만족하고서, 다시는 이 광분한 사람들과 다투지 않았던 것으로 보이지만, 자신들이 앞서 보여주었던 불굴의 담대함을 잃지 않고, 그들의 불경스러운 명령에 비굴하게 굴복하지 않았다.

[24]그들이 듣고 한마음으로 하나님께 소리를 높여 이르되 대주재여 천지와 바다와 그 가운데 만물을 지은 이시요 [25]또 주의 종 우리 조상 다윗의 입을 통하여 성령으로 말씀하시기를 어찌하여 열방이 분노하며 족속들이 허사를 경영하였는고 [26]세상의 군왕들이 나서며 관리들이 함께 모여 주와 그의 그리스도를 대적하도다 하신 이로소이다 [27]과연 헤롯과 본디오 빌라도는 이방인과 이스라엘 백성과 합세하여 하나님께

서 기름 부으신 거룩한 종 예수를 거슬러 ²⁸하나님의 권능과 뜻대로 이루려고 예정하신 그것을 행하려고 이 성에 모였나이다 ²⁹주여 이제도 그들의 위협함을 굽어보시옵고 또 종들로 하여금 담대히 하나님의 말씀을 전하게 하여 주시오며 ³⁰손을 내밀어 병을 낫게 하시옵고 표적과 기사가 거룩한 종 예수의 이름으로 이루어지게 하옵소서 하더라 ³¹빌기를 다하매 모인 곳이 진동하더니 무리가 다 성령이 충만하여 담대히 하나님의 말씀을 전하니라(4:24-31).

우리는 여기서 원수들이 오만불손하게 우리를 위협할 때에 우리가 어떻게 해야 하는지를 사도들의 모범을 통해서 배운다. 왜냐하면, 위험에 처했을 때에 두 손 놓고 웃고만 있어서는 안 되고, 그 위험이 두려운 것일수록, 더욱 간절하게 하나님의 도우심을 구하는 것이 마땅하기 때문이다. 우리가 원수들의 위협 앞에서 두려움에 질린 나머지 우리의 본분을 저버리지 않고 담대하게 맞설 수 있게 해주는 묘약이 거기에 있다. 우리는 이 기사에서 두 가지 교훈을 얻을 수 있다. 먼저, 원수들이 악랄하게 협박하며 압박해 올 때, 그리스도의 제자들은 무심하고 나태한 자들처럼 처신해서는 안 되고, 두려움 가운데서도 신속하게 하나님께로 나아가 그의 도우심을 구하여야 한다. 또한, 두려움으로 인하여 겁을 집어먹고 무너져서 자신들의 본분을 내팽개쳐서는 안 되고, 도리어 불굴의 담대함을 갖게 해 달라고 하나님께 간구하여야 한다.

24. 천지와 바다와 그 가운데 만물을 지은 이시요. 이것은 하나님의 권능을 일반적으로 기술한 것이기는 하지만, 당시의 상황에도 적용되어야 한다. 왜냐하면, 사도들이 온 세계의 창조에 나타난 하나님의 권능을 고백한 것은 그 권능이 당시의 상황에도 그대로 적용된다고 보았던 까닭이기 때문이다. 마찬가지로, 그런 이유에서 선지자들도 흔히 원수들의 능력을 보고서 생겨난 두려움을 극복하기 위해서, 먼저 하나님의 권능을 찬양한 후에, 거기에 하나님이 하신 약속을 결부시켜서, 이 두 가지를 자신들이 확신을 갖고 담대하게 기도하기 위한 토대로 삼는다. 우리가 하나님의 약속들과 권능을 의지해서, 우리의 기도가 응답을 받게 될 것이라는 확신을 갖고 기도할 때, 비로소 우리가 드리는 기도는 하나님이 받으시기에 합당한 기도가 된다. 왜냐하면, 오직 하나님께서 우리를 자신에게로 초대해 주시고 우리를 도와주실 준비가 되어 있다고 약속해 주시고, 우리가 하나님께는 우리를 도와주실 충분한 권능이 있으시다는 것을 인정할 때에만, 우리는 참된 확신을 가질 수 있기 때문이다.

그러므로 믿는 자들은 기도하고자 할 때마다 이 두 가지를 깊이 묵상하여야 한다. 또한, 우리는 여기서 하나님께서 세계를 창조하신 것을 어떻게 바라보아야 하는지를 배운다. 즉, 우리는 하나님께서 만물을 자기 밑에 두시고 자신의 뜻대로 다스리시기 때문에, 온 세상은 스스로가 알아서 모든 것을 하는 것 같지만, 사실은 하나님이 작정하시지 않은 일은 단 하나도 일어날 수 없는 까닭에, 악한 자들이 오만방자하게 행하는 것은 질그릇이 토기장이에게 대드는 것만큼이나 기괴한 일이라는 것을 알 수 있다. 왜냐하면, 하나님께서는 만물을 자신의 장중에 붙들고 계셔서 하늘과 땅의 모든 것들을 조물주인 자신에게 복종하게 만드실 수 있으신 까닭에, 믿는 자들에게 어떤 위험들이 닥쳐오더라도, 무수히 많은 방법을 통해서 그 위험들을 처리하실 수 있으시다는 것은 모든 믿는 자들이 다 알고 있는 것이기 때문이다.

25. 또 주의 종 우리 조상 다윗의 입을 통하여 성령으로 말씀하시기를. 사도들은 이제 두 번째 요소인 약속에 대해서 말하기 시작한다. 즉, 그들이 구하는 것들은 모두 하나님께서 행하시겠다고 전에 약속하신 일들이라는 것이다. 이렇게 그들은 하나님의 뜻과 하나님의 권능을 한데 결합시켜서, 자신들이 구하는 것을 받게 될 것이라는 온전한 확신을 가질 수 있었다. 지금 여기에서 현안으로 떠올라서 다루어지고 있는 것은 그리스도의 나라였기 때문에, 그들은 그 나라를 지켜 주시고 보호해 주시겠다고 하신 하나님의 약속을 거론한다. 즉, 하나님께서 그렇게 약속하셨기 때문에, 온 세상이 그 나라를 무너뜨리기 위해서 온갖 짓을 다 하더라도, 대적들의 모든 시도는 헛된 것으로 끝나게 될 수밖에 없다는 것이다. 사도들의 관심사가 자신들의 개인적인 안전이 아니라 그리스도의 나라의 확장과 진보에 있었다는 사실은 그들의 경건함과 참된 열심을 보여준다.

25. 어찌하여 열방이 분노하며 족속들이 허사를 경영하였는고. 우리는 다윗이 자기 자신과 관련해서 이렇게 말하고 있다는 것을 부인해서는 안 된다. 다윗은 하나님에 의해서 왕으로 택하심을 받고 사무엘에게 기름 부음을 받은 후에, 도처에서 행해진 대적들의 훼방으로 인해서 자신의 나라를 얻기까지 이루 말할 수 없는 어려움들을 겪어야 했다. 우리는 어떤 식으로 관원들과 백성들이 사울 및 그의 가문과 결탁해서 다윗을 죽이고자 하였는지, 그리고 다윗이 왕이 된 후에는 블레셋 사람들을 비롯한 이방 원수들이 새로운 왕을 얕잡아 보고서 경쟁적으로 그에게 싸움을 걸어 왔다는 것을 잘 안다. 그러므로 다윗이 왕들이 광분하여 자신을 죽이려고 공모했고 여러 민족들이 갖가지 일을 꾸몄다고 개탄한 데에는 그럴 만한 이유가 있었

다. 그렇지만 그는 하나님이 자신의 나라를 견고히 붙들고 계신다는 것을 알고 있었기 때문에, 그들의 어리석은 도모들을 조롱하면서, 그들의 소동들이 다 허사가 되리라는 것을 확신하였다. 하지만 다윗의 나라는 그리스도의 나라를 예표하기 위해 세워진 것이었기 때문에, 다윗은 그림자에 불과한 자신의 나라에 머무르지 않고, 확고한 실체를 붙잡는다. 사도들이 여기서 우리에게 상기시켜 주고 있듯이, 성령은 세상의 어리석은 광기를 호되게 책망한다. 왜냐하면, 그들이 다윗의 나라를 공격한 것은 하나님께서 그리스도의 예표인 다윗을 통해서 세우신 그리스도의 나라를 침탈하고자 한 것이기 때문이다. 우리가 그리스도의 깃발 아래 전쟁터로 나갈 때, 하나님께서 우리 편이시라는 말을 듣는 것은 우리에게 특별한 위로가 된다. 높은 자나 낮은 자를 가리지 않고 세상의 모든 사람이 그리스도의 나라에 대항하기 위해 제아무리 사악하고 불경스러운 음모를 꾸민다고 할지라도, 그들이 결코 성공할 수 없을 것임을 우리가 확신할 수 있게 되는 이유가 바로 거기에 있다. 왜냐하면, 온 세상이라고 할지라도 하나님 앞에서는 아무것도 아니기 때문이다. 하지만 우리가 무엇보다도 알고 확신하여야 할 것은 하나님께서는 자신이 친히 세우신 자기 아들의 나라를 영원토록 보존하시리라는 것이다. 따라서 우리는 그 누구도 건드릴 수 없는 하나님의 작정하심(decretum)에 의지하여 인간들의 만용에 맞설 수 있고, 인간들이 아무리 무시무시한 음모들을 꾸민다고 할지라도, 하나님의 도우심의 손길을 의지하여 그 음모들을 가볍게 조소할 수 있다. 또한, 다윗은 원수들이 무수히 많고, 그들이 온갖 술수를 다 쓴다고 말하며, 그들의 술수들을 열거하는데, 이것은 우리로 하여금 원수들의 그 어떤 술수에도 두려워하지 않게 하기 위한 것이다. 한편, 이 시편은 원수들의 온갖 소동에도 불구하고 그리스도의 나라가 영원히 설 것이라고 말하고 있는데, 그 말 속에는 많은 원수들이 그 나라를 무너뜨리려고 달려들 것이라는 의미가 담겨 있다. 다윗은 한 쪽에서는 왕들이 분노하고 다른 쪽에서는 백성들이 소동하고 있다고 말함으로써, 모든 계층의 사람들이 그리스도의 나라를 대적하게 될 것임을 보여준다. 육신을 거스르는 것들 중에서 성령의 검인 복음보다 더 강력한 것은 없기 때문에, 세상 사람들이 너나 할 것 없이 그런 반응을 보이는 것은 전혀 놀라운 일이 아니다. 그리스도께서는 우리로 하여금 그에게 순종하도록 만드시기 위해서 바로 이 성령의 검인 복음으로 우리를 죽이시는 것이다. 그러므로 우리는 이 세상에서 그리스도의 나라가 결코 평온할 수 없다는 것을 확실히 알아서, 우리가 싸워야 할 때에 그 싸움이 무슨 낯설고 이상한 일인 것처럼 두려워하지 않아야 한다.

26. 주와 그의 그리스도를 대적하도다. 이 말씀을 통해서 성령은 그리스도에게 순복하기를 거부하는 자들은 누구든지 하나님을 대적하여 싸우고 있는 자들이라는 것을 가르쳐 준다. 그들은 흔히 이러한 사실을 거의 깨닫지 못하지만, 하나님께서는 오직 자기 아들을 통해서만 다스리시기를 원하시기 때문에, 우리가 그리스도에게 거역하는 것은 하나님의 통치권을 부정하는 것과 같다. 그래서 그리스도께서도 "아들을 공경하지 아니하는 자는 그를 보내신 아버지도 공경하지 아니하느니라"(요 5:23)라고 말씀하신 바 있다. 그러므로 위선자들이 자신들은 하나님을 대적하여 싸울 생각이 추호도 없다고 천 번을 공언한다고 하더라도, 진정으로 복음과 더불어서 그리스도를 영접하지 않는다면, 그들은 하나님이 자신들의 공공연한 적이라는 것을 알게 될 것이다. 이 교훈은 우리에게 두 가지로 유익하다. 먼저, 이 교훈은 복음을 대적하는 자들이 하나님을 상대로 승리하게 되지는 않을까 하는 우리의 우려를 불식시켜 준다는 점에서, 우리로 하여금 모든 육신적인 두려운 생각들에 맞설 수 있도록 우리를 무장시켜 준다. 다음으로, 이 교훈은 우리가 경건한 가르침들을 멸시함으로써 하나님을 대적하게 되어 파멸을 자초하지 않도록 우리에게 경고해 준다는 점에서 유익하다.

27. 과연 헤롯과 본디오 빌라도는 이방인과 이스라엘 백성과 합세하여. 사도들은 우리로 하여금 다윗의 이 예언을 좀 더 확실하게 믿을 수 있도록 하기 위해서, 이 예언이 그들에게 실제로 일어난 여러 가지 일들을 통해서 확증되었다고 분명하게 선언한다. 즉, 그들은 여기서 한 말의 취지는 이런 것이다: "하나님께서는 그렇게 말씀하셨고, 우리는 그 말씀이 참되다는 것을 실제로 경험하였다." 그들은 4년여 전에 일어났던 일들을 기억해 낸다. 이와 같이, 성경에서 예언되었던 일들이 어떤 식으로 이루어졌는지를 밝혀서 우리의 믿음을 견고히 하는 것은 합당한 일이다. 그런데 실제로 일어난 결과는 시편에서 예언된 것과는 판이하게 다른 것처럼 보일 수 있다. 왜냐하면, 원수들은 결국 그리스도를 죽이는데에 성공한 까닭에, 그들의 분노와 소동은 "허사"로 돌아간 것이 아니었고, 게다가 그들의 광분함은 그 후로도 더욱 거세졌기 때문이다. 하지만 사도들은 원수들은 기껏해야 하나님께서 미리 작정하신 것들만을 할 수 있었을 뿐이라고 말함으로써 그러한 걸림돌을 제거한다. 즉, 아무리 악한 자들이 자신들이 마침내 그리스도를 죽여서 없앴다고 기뻐하며 승전가를 불러댈지라도, 사도들은 그들의 광분함이 결국은 다 "허사"가 되었다는 것을 알

고 있는 것이다. 그러나 여기에서 한 가지 질문이 생긴다. 즉, 그들은 다 한통속이었는데도 불구하고, 누가는 왜 그들을 "이방인과 이스라엘 백성"이라고 지칭한 것인가 하는 것이다. 나는 이 표현은 유대인들이 절기를 지키기 위해 여러 나라들로부터 온 것을 가리키는 것이라고 생각한다. 누가는 이렇게 말한 것과 같다: 여러 나라들에서 온 유대인들이 마치 한 패라도 되는 것처럼 하나로 똘똘 뭉쳐서 그리스도의 나라를 공격했지만, 그들의 분노는 아무런 성과도 거두지 못했다.

27. 하나님께서 기름 부으신 거룩한 종 예수를 거슬러. 헬라어 본문에서는 내가 다윗과 관련해서 "종"이라고 번역했던 바로 그 단어를 여기에서 예수에 대해서도 사용한다. 왜냐하면, 헬라어 '파이스'(παῖς)라는 단어는 "종"을 의미하기도 하고, "아들"을 의미하기도 했기 때문이다. 다윗은 백성을 다스림에 있어서나 선지자의 직분을 수행함에 있어서나 하나님의 일꾼이었던 까닭에 "종"이라 불렸다. 어떤 이들은 누가가 그리스도와 다윗 간의 유비를 암시하기 위해서, 이 단어가 갖는 이중적인 의미를 이용한 것이라고 주장하지만, 그리스도와 관련해서는 이 단어를 "아들"로 번역하는 것이 더 적절하다. 왜냐하면, 누가는 여기서 인용한 시편의 내용과 정확한 병행이 되게 하기 위하여, 하나님께서 자기 "아들"에게 기름을 부으셨다고 분명하게 표현하고 있는 것이기 때문이다. 하나님께서는 기름 부음을 통해서 예수를 왕으로 성별하셨다. 그렇지만 우리는 이것이 어떠한 기름 부음이었는지에 유의해야 한다. 왜냐하면, 예수는 눈에 보이는 기름이 아니라 성령으로 기름 부음을 받으셨기 때문이다.

28. 하나님의 권능과 뜻대로 이루려고 예정하신 그것을 행하려고. 나는 이 구절이 언급된 이유를 이미 앞에서 밝힌 바 있다. 즉, 그리스도의 나라는 원수들의 공모에 의해서 무너지기는커녕, 도리어 그때부터 본격적으로 흥왕하게 되었다는 것이다. 그렇지만 여기에는 중요한 교훈이 담겨 있다. 그것은 하나님께서는 자신의 비밀한 계획을 따라 만물을 다스리시고 이끌어 가시는데, 심지어 악한 자들을 통해서도 자신이 작정하신 일들을 이루어 가신다는 것이다. 이것은 악한 자들이 하나님을 그런 식으로 기꺼이 섬기고자 하기 때문이 아니라, 하나님께서 그들의 계획과 의도를 역으로 이용하심으로써, 한편으로는 지극한 공평과 의가 나타나게 하시고, 다른 한편으로는 죄와 악이 드러나게 하시기 때문이다. 우리는 사도행전 2장을 다룰 때에 이 문제에 대해 충분히 살펴보긴 했지만, 여기서도 말이 나온 김에, 하나님의 섭리에 대해서 우리가 어떻게 생각해야 할지를 고찰해서, 오직 하나님의 섭리만이

이 세상에서 일어나는 모든 일을 최종적으로 주관하는 것이고, 하나님께서 마귀와 모든 악인들에게 재갈을 물리셔서 그들로 하여금 우리를 결코 해치지 못하도록 하셨다는 것을 분명히 알 필요가 있다. 악한 자들이 맹렬하게 공격해 온다고 해서, 자신들이 하고 싶은 대로 모든 것을 할 수 있는 것이 아니고, 그들에게 물려져 있는 재갈은 오직 우리에게 유익이 되는 한에 있어서만 느슨해지는 것이다. 하나님의 미리 아심(praescientia)을 인정하면서도, 모든 일이 하나님의 뜻대로 일어나는 것이라고는 고백하지 않는 자들이 있지만, 그들이 잘못이라는 것은 하나님께서는 모든 일어난 일들을 그렇게 일어나도록 미리 정해 놓으셨다는 말로써 쉽게 증명된다. 누가는 "뜻"이라는 말로는 만족하지 못하고 "손"(한글개역개정에는 "권능")이라는 단어를 덧붙이고 있는데, 이것은 모든 일의 결국이 하나님의 "뜻"에 의해서 지배를 받을 뿐만 아니라, 하나님의 손에 의한 능력에 의해서 조율된다는 것을 좀 더 분명하게 보여 주기 위한 것이다.

29. 주여 이제도. 지금까지 그리스도에 대하여 예언한 성경 본문을 인용하여 기도하였던 사도들은 이제 여기서는 그 내용을 그들 자신에게 적용하고 있는데, 이것은 합당하다. 왜냐하면, 그리스도와 복음은 분리될 수 없고, 그리스도의 지체들에게 닥친 고난은 곧 그리스도 자신이 겪는 고난이기 때문이다. 또한, 그들은 하나님께서 원수들의 포악한 박해를 막아 주실 것을 간구하지만, 이것은 그들 자신을 위한 것, 즉 자신들이 평온하고 괴로움 없는 삶을 살기 위한 것이 아니라, 복음을 전파하고자 하는 열심에서 나온 것이었다. 그들이 바란 것은 자신들의 소명을 저버리고서 유유자적하게 사는 삶이 아니었다. 왜냐하면, 그들은 "종들로 하여금 담대히 하나님의 말씀을 전하게 하여 주시오며"라고 기도하고 있기 때문이다. 한편, 우리는 "그들의 위협함을 굽어보시옵고"라는 말에 주목하여야 한다. 왜냐하면, 교만한 자들을 물리치고 그들의 거만함을 꺽는 것은 본래 하나님께 속한 일이기 때문이다. 그러므로 그들이 교만함으로 오만방자하게 굴수록, 그들이 하나님의 진노를 자초할 것임은 두말 할 필요도 없다. 진노하신 하나님께서 그들의 오만불손함을 손보아 주시리라는 것은 의심의 여지가 없는 사실이다. 그런 까닭에, 히스기야는 궁지에 몰렸을 때에 하나님의 도우심을 얻어내기 위하여, 산헤립이 어떤 식으로 오만방자한 협박을 해왔는지를 하나님께 고하였다(사 37:14, 17). 그러므로 우리는 원수들이 우리를 모욕하고 우리에게 포악을 행할 때에, 절망에 빠져서 좌절하여 우리의 본분을 포기할 것이 아니라, 도리어 그들의 그런 행태를 보고서 통분하여 우리 안에 기도

하고자 하는 열망을 더욱 불태우는 것이 마땅하다.

29. 또 종들로 하여금 담대히. 한 번의 이적에도 원수들이 이토록 분노했다는 것을 뻔히 알면서도, 이 거룩한 자들이 매일같이 새로운 이적들이 일어나기를 바라고 있는 것은 도대체 어떻게 된 영문인가? 여기서 우리는 내가 이미 앞에서 언급한 대로, 그들은 하나님께서 영광을 받으시는 것을 너무나 중요하게 생각했기 때문에, 거기에 비해서 나머지 다른 일들은 대수롭지 않게 생각한 것이라는 결론을 얻는다. 그들은 이적들을 통해서 하나님의 권능이 드러나기를 바라는 오직 이 한 가지 일만을 생각하였다. 이와 같이, 원수들이 날뛰고 온 지옥이 분노로 들끓는다고 하여도, 경건한 자들은 늘 이적들을 열망해야 한다. 또한, 우리는 담대하게 복음을 전하는 것과 관련해서도 그렇게 하여야 한다. 사도들은 복음이 일사천리로 퍼져나가게 하는 것이야말로 악한 자들을 가장 분노하게 하고 참을 수 없게 만드는 일임을 알고 있었다. 하지만 그들은 복음이 하나님께서 무슨 일이 있어도 전파하기를 원하시는 생명의 교훈이라는 것과 복음을 전하는 일은 하나님께서 기쁘게 받으시는 일이라는 것을 잘 알고 있었기 때문에, 복음을 전하는 일을 다른 어떤 일들보다도 최우선에 두었다. 이것으로부터 우리는 사도들의 이러한 모습을 보고서 우리가 자극을 받고 힘을 얻어서, 하나님께서는 자기가 시작하신 일을 반드시 친히 견고하게 하실 것이라고 기도한다면, 그것은 하나님의 은혜로 모든 일이 이루어지고 있음을 인정하고 고백하는 합당한 기도가 된다는 것을 알게 된다. 사도들은 앞에서 이미 영웅적인 불굴의 담대함이 무엇인지를 보여주었다. 그런데도 지금 그들은 자신들을 담대함으로 무장시켜 주시기를 다시 한 번 하나님께 기도한다. 마찬가지로, 바울도 이미 모든 곳에서 자신의 목소리가 울려 퍼졌음에도 불구하고, 자신의 입을 열어 복음을 담대하게 전할 수 있게 해주시라고 하나님께 기도해 줄 것을 신자들에게 요청한다 (엡 6:19). 그러므로 우리는 우리가 하는 일들에서 이미 하나님의 도우심을 받고 있다는 것을 깨달을수록, 앞으로 더 전진해 나아갈 수 있도록 해주시라고 하나님의 도우심을 더욱 갈망하고 기도하는 것을 배워야 한다. 특히, 복음을 고백할 자유는 하나님이 주시는 특별한 선물이기 때문에, 우리는 그런 자유가 계속해서 우리에게 있게 해 달라고 끊임없이 기도하여야 한다.

31. 빌기를 다하매 모인 곳이 진동하더니. 이제 누가는 하나님께서 이 기도를 들으셨을 뿐만 아니라, 하늘로부터 온 가시적인 증표를 통해서 그런 사실을 증거하셨다고 보도한다. "모인 곳이 진동한" 것 자체는 그들에게 별 유익이 없었을 것이지

만, 신자들로 하여금 하나님이 그들과 함께 하신다는 것을 알게 해주는 유익을 가져다주었다. 결국, 그것은 하나님의 임재를 보여주는 증표에 다름 아니었다. 이 사건의 결과는 "무리가 다 성령이 충만하여 담대히 하나님의 말씀을 전하니라"는 하반절에서 잘 드러난다. 우리는 상반절보다 하반절에 더 유념하여야 한다. 왜냐하면, 하나님께서 그곳을 진동시키심으로써 자신의 능력을 나타내신 것은 아주 드물고 특별한 사건이긴 하지만, 사도들의 간구가 응답을 받았다는 증거는 이 사건의 결과를 말해 주고 있는 하반절에서 분명하게 드러나고, 우리에게 이것은 기도가 가져다주는 영속적인 유익을 보여주는 모범으로 제시되고 있기 때문이다.

[32]믿는 무리가 한 마음과 한 뜻이 되어 모든 물건을 서로 통용하고 자기 재물을 조금이라도 자기 것이라 하는 이가 하나도 없더라 [33]사도들이 큰 권능으로 주 예수의 부활을 증언하니 무리가 큰 은혜를 받아 [34]그 중에 가난한 사람이 없으니 이는 밭과 집 있는 자는 팔아 그 판 것의 값을 가져다가 [35]사도들의 발 앞에 두매 그들이 각 사람의 필요를 따라 나누어 줌이라 [36]구브로에서 난 레위족 사람이 있으니 이름은 요셉이라 사도들이 일컬어 바나바라(번역하면 위로의 아들이라) 하니 [37]그가 밭이 있으매 팔아 그 값을 가지고 사도들의 발 앞에 두니라(4:32-37).

32. 믿는 무리가 한 마음과 한 뜻이 되어. 이 단락에서는 세 가지 덕목을 칭송한다. 첫 번째는 믿는 자들이 모두 "한 마음과 한 뜻"이 되었다는 것이고, 두 번째는 "모든 물건을 서로 통용한" 것이며, 세 번째는 "사도들이 큰 권능으로 주 예수의 부활을 증언하였다"는 것이다. 누가는 "믿는 무리가 한 마음이 되었다"고 말한다. 왜냐하면, 이것은 일부 사람들이 서로 뜻이 맞는 것보다 훨씬 더 칭송받을 만한 일이었기 때문이다. 앞에서 누가는 믿는 자들의 수가 "약 오천"이었다고 말했다. 그런데 이제 여기서는 이 큰 무리가 "한 마음"이 되었다고 말하는데, 이렇게 말한다는 것은 정말 쉽지 않은 일이다.

분명한 것은 믿음이 지배하는 곳에서는, 모든 사람이 원하고 원하지 않는 것이 동일한 까닭에, 사람들의 마음이 하나로 묶여진다. 왜냐하면, 불화(discordia)는 사람들이 동일한 그리스도의 영에 의해서 지배를 받지 않을 때에 생겨나기 때문이다. 누가가 "마음"과 "영혼"(한글개역개정에는 "뜻")이라는 두 단어를 통해서 나타내고자 한 것이 "의지"(voluntas)였다는 것은 잘 알려져 있다. 악한 자들도 악을 행하기 위해서 종종 뜻을 같이하기 때문에, 이러한 일치(concordia)가 거룩하고 칭송받을 만한 일이 된 것은 그것이 믿는 자들 사이에서 나타난 것이기 때문이다.

32. 모든 물건을 서로 통용하고 자기 재물을 조금이라도 자기 것이라 하는 이가 하나도 없더라. 두 번째 덕목인 이것은 마음속에 있던 형제 사랑이 외적인 실천으로 표출된 것이다. 이러한 유무상통이 어떤 형태를 띠고 있었는지는 우리가 곧 살펴보게 될 것이다. 지금 이 본문 속에서 우리가 주목해야 할 것은 내적으로 마음이 하나 되는 것이 먼저 있었고, 그 뿌리로부터 이러한 유무상통의 열매가 맺어졌다는 것이다. 분명한 것은 우리도 이런 순서를 지켜야 한다는 것이다. 즉, 먼저 우리가 진실한 마음으로 서로를 사랑하고, 그런 후에 우리의 사랑이 외적인 행위들로 나타나야 한다는 것이다. 왜냐하면, 겉보기에 인자하고 너그러운 것처럼 보이는 행위일지라도, 만일 그것이 마음에서 우러나온 것이 아니라면, 하나님이 보시기에 무가치한 것이고, 또한 우리의 사랑이 외적인 행위를 통해서 그 증거를 보여주지 못한다면, 우리가 자랑하는 사랑이라는 것은 헛된 것임이 드러나게 될 것이기 때문이다. 또한, 누가는 부자들이 자신의 이득을 전혀 고려하지 않고서 자기 재물을 거저 나누어 주었다고 말함으로써, 그들이 "한 마음"이 된 것이 결코 그들 자신의 사적인 이익을 위한 것이 아니었음을 보여준다.

33. 사도들이 큰 권능으로 주 예수의 부활을 증언하니. 세 번째 덕목은 복음의 선포와 관련된 것이었다. 즉, 누가는 사도들이 복음을 전함에 있어서 갖고 있던 열심이 줄어들기는커녕, 도리어 새로운 권능을 부여받았다는 것을 보여준다. 누가는 그리스도의 "부활"만을 언급하지만, 여기서 "부활"은 복음 전체를 가리키기 위해서 사용된 것이라는 점에서 제유법적 표현이다. 그러나 누가가 "부활"만을 언급한 것은 먼저는 부활은 복음을 완성시킨 사건이었기 때문이고, 다음으로는 사도들이 당시의 권력층이면서 "부활"을 인정하기 꺼려했던 사두개인들과 이 문제를 놓고 최근에 심각하게 다툰 적이 있었기 때문이다.

33. 무리가 큰 은혜를 받아. 누가는 믿는 자들이 가난한 자들을 아낌없이 도와준 것이 외부인들의 호감을 사게 되었고, 결과적으로 복음을 널리 전파하는 데에 크게 기여했다는 것을 보여준다. 왜냐하면, 누가는 믿는 자들이 아낌없이 구제하고 베풀었던 까닭에 사랑을 받게 되었다고 말하기 때문이다. "그 중에 가난한 사람이 없으니"라는 표현이 그 이유를 잘 보여준다. 그렇지만 그들의 정직함과 절제와 겸손과 인내를 비롯한 여러 덕목들이 많은 사람들의 마음을 움직여서 그들에게 호의

(benevolentia)를 갖도록 만들었다는 데 대해서는 의문의 여지가 없다. 누가는 앞에서 이미 말한 "물건을 서로 통용한다"는 것이 어떤 것이었는지를 여기서 구체적으로 설명하는데, 그것은 부유한 자들이 자신의 "밭과 집"을 팔아서 가난한 자들을 구제한 것이었다.

34. 밭과 집 있는 자는 팔아. 이 어구는 "밭과 집 있는 자"는 누구나 다 그것을 팔았다는 의미로 해석될 수도 있지만, 단지 불특정 다수를 가리키는 표현으로 보아야 할 것이다. 문맥으로부터 추론해 볼 때, "밭과 집 있는 자" 중에서도 자신의 재산을 팔지 않은 사람도 많았을 것이 거의 확실하다. 왜냐하면, 누가가 바로 이어서 다른 사람들에 비해서 특히 기억해야 할 두드러진 사례로서 바나바라 하는 요셉과 관련된 사건을 거론하고 있다는 것은 의심의 여지가 없기 때문이다. 그러므로 누가는 다른 많은 대목들에서 그랬듯이 여기에서도 제자들 중 많은 이들이 행한 것을 그들 모두가 행한 것이라고 표현하고 있는 것이다. 또한, 이런 식의 표현은 성경의 통상적인 화법과 부합한다. 또한, 여기서 누가가 말하고자 한 것은 믿는 자들이 자신의 모든 소유를 다 팔았다는 것이 아니라 필요한 만큼만 팔았다는 것이다. 왜냐하면, 누가가 이런 말을 덧붙인 의도는 부유한 자들이 자신의 집과 밭에서 해마다 생기는 수입으로 형제들의 가난을 구제해 주었을 뿐만 아니라, 심지어 자신의 집과 밭을 팔아서 구제하는 일도 주저하지 않을 정도로 아낌없이 가난한 자들을 도왔다는 것을 강조하기 위한 것이었기 때문이다. 따라서 부유한 자들이 자신의 집과 밭을 팔아 구제했다고 해서, 그들이 완전히 무일푼이 된 것은 아니었고, 다만 그들의 수입이 상당 부분 감소한 것일 뿐이었다. 우리는 부유한 자들이 그렇게 한 것이 믿는 자들 중에 가난한 자가 없게 하기 위한 것이었다는 누가의 말 속에서 그러한 사실을 추론할 수 있다. 또한, 누가는 그들이 지혜를 발휘해서 "각 사람의 필요를 따라 나누어" 주었다는 것도 보여준다. 그러므로 재물은 평등하게 분배된 것이 아니고, 극도의 궁핍을 겪는 사람이 하나도 없도록 합리적인 분배가 이루어졌다. 그리고 누가가 바나바의 이름을 특별히 거론하면서 칭송한 것은 그가 유일하게 소유하고 있던 재산인 밭을 팔았고, 그런 점에서 바나바는 다른 누구보다도 모범적으로 행하였기 때문이었을 것이다. 여기서 "모든 물건을 서로 통용하고 자기 재물을 조금이라도 자기 것이라 하는 이가 하나도 없더라"는 말씀의 의미가 분명하게 드러난다. 즉, 자기 재물이라고 해서 다른 사람은 안중에도 없이 자기 혼자서만 써도 좋다고 생각한 사람은 아무도 없었고, 도리어 그들은 필요할 경우에는 서로 나누어서 쓸 준비가 되

어 있었다는 것이다.

만일 이 기사를 읽고도 우리에게 감동이 없다면, 그것은 틀림없이 우리가 강철보다 더 굳은 마음을 갖고 있기 때문임에 틀림없다. 그때에는 믿는 자들이 자신의 것을 아낌없이 나누어 주고자 하였던 반면에, 오늘날의 우리는 자신의 것을 악착같이 움켜쥐고 베풀려 하지 않을 뿐만 아니라, 인정사정없이 남의 것을 빼앗아 가지고자 한다. 그들은 순전하고 신실한 마음으로 자신의 것을 내놓았던 반면에, 우리는 수단과 방법을 가리지 않고 모든 것을 긁어모으려고 혈안이 되어 있다. 그들은 자신의 것을 "사도들의 발 앞에" 두었던 반면에, 우리는 하나님께 봉헌된 것을 노략질하기를 두려워하지 않는 신성모독적인 담대함을 지니고 있다. 당시에는 자신의 소유물을 팔아 나누어 주고자 하였던 반면에, 오늘날에는 물건을 사들이려는 욕망이 우리를 지배하고 있다. 당시에는 형제를 사랑하는 마음에서 각자의 것을 궁핍한 자들을 위해서 나누었던 반면에, 오늘날에는 가난한 자들이 이 땅에 거하며 물과 공기와 하늘을 공유하는 것조차 못마땅해할 정도로 몰인정(inhumanitas)이 판을 치고 있다.

내가 이런 말들을 하는 것은 우리가 부끄러워하고 책망을 받아야 마땅하다는 것을 알게 하기 위한 것이다. 물론, 가난한 자들도 이런 악에 대해서 일부 책임이 있다. 왜냐하면, 한 마음과 한 뜻 아래에서 경건한 하나됨이 없다면, "물건을 서로 통용하는" 일도 있을 수 없고, 많은 사람들 안에 있는 교만함과 배은망덕함, 나태함과 탐욕과 위선이 구제하고자 하는 열망을 꺼뜨리기도 하고, 구제할 수 있는 능력을 사라지게도 하기 때문이다. 우리는 "우리가 선을 행하되 낙심하지 말지니 포기하지 아니하면 때가 이르매 거두리라"(갈 6:9)는 바울의 권면을 기억해야 한다. 우리의 시대에도 이 구절을 내세워서 그리스도인들에게는 사유재산이 인정되어서는 안 된다고 소란을 피우는 재세례파와 광신자들이 있지만, 그들의 주장에 대해서는 내가 앞에서 2:44을 다룰 때에 이미 반박한 바 있다. 누가는 여기서 모든 사람이 따라야 하는 보편적인 법을 규정하고 있는 것이 아니라, 하나님의 성령의 특별한 능력을 받은 사람들이 무슨 일을 하였는지를 말하고 있는 것이다. 또한, 그는 그리스도인들 중에서 자신의 소유 전부를 팔지 않은 자들은 예외 없이 그리스도인으로 여겨서는 안 된다는 것을 말하고자 한 것도 아니다.

제5장

¹아나니아라 하는 사람이 그의 아내 삽비라와 더불어 소유를 팔아 ²그 값에서 얼마를 감추매 그 아내도 알더라 얼마만 가져다가 사도들의 발 앞에 두니 ³베드로가 이르되 아나니아야 어찌하여 사탄이 네 마음에 가득하여 네가 성령을 속이고 땅 값 얼마를 감추었느냐 ⁴땅이 그대로 있을 때에는 네 땅이 아니며 판 후에도 네 마음대로 할 수가 없더냐 어찌하여 이 일을 네 마음에 두었느냐 사람에게 거짓말한 것이 아니요 하나님께로다 ⁵아나니아가 이 말을 듣고 엎드러져 혼이 떠나니 이 일을 듣는 사람이 다 크게 두려워하더라 ⁶젊은 사람들이 일어나 시신을 싸서 메고 나가 장사하니라(5:1-6).

1. 아나니아라 하는 사람이 그의 아내 삽비라와 더불어 소유를 팔아. 누가가 지금까지 보도한 기사들을 보면, 우리는 그리스도의 이름으로 모였던 무리들이 사람이라기보다는 천사와 같은 존재들이었다는 느낌을 받게 된다. 가난한 사람들을 구제하기 위해서 부자들이 돈은 물론이고 땅까지 내놓았다는 것은 믿기 힘든 덕행이었다. 그러나 이제 누가는 사탄이 이 거룩한 공동체에 침투하기 위해서 계략을 꾸몄고, 그것도 이 놀라운 덕행을 가장해서 그렇게 하였다는 것을 보여준다. 사탄은 공동체의 환심을 사기 위해서 위선이라는 술책을 구사한다. 이것은 공개적인 전투에서 승산이 없을 때에 하나님의 교회를 공격하기 위해서 사탄이 동원하는 방법이다. 그러나 우리가 여기서 특별히 주의를 기울여야 할 것은 성령이 말씀하고자 하는 것이 무엇이냐 하는 것이다. 이 사건을 통해서 성령께서는 두 가지를 분명하게 보여주시기를 원하셨다. 첫 번째는 하나님께서 진실한 마음을 기뻐하시고 거짓과 위선을 미워하신다는 것이고, 두 번째는 하나님께서 교회가 거룩하고 순결하게 치리되는 것을 몹시 원하신다는 것이다. 왜냐하면, 하나님께서 아나니아와 그의 아내에게 내리신 징벌이 이 사건의 핵심이었는데, 그 징벌의 엄중함은 당시에 모든 사람을 두려움에 떨게 만들었음은 물론이고, 아무런 거룩함도 없는 자가 거룩을 빙자하여 하나님을 능멸할 때에 하나님께서는 그러한 불순한 행위를 결코 용납하지 않

으신다는 것을 우리에게 증언하는 것이기도 하기 때문이다. 우리가 모든 정황을 다 헤아려 본 후에 이 사건의 본질이 무엇이냐고 묻는다면, 우리는 누가 아나니아를 정죄한 것은 단 한 가지의 죄, 즉 거짓된 봉헌으로 하나님과 교회를 속이려고 한 죄였다고 대답할 수 있다. 그러나 아나니아의 이러한 거짓과 속임의 배후에는 그의 더 많은 악들이 숨겨져 있었다. 즉, 하나님께서 그의 사악함을 알고 계시는데도 불구하고 하나님을 두려워하지 않고 멸시한 것, 하나님의 것으로 성별된 것의 일부를 빼돌림으로써 신성모독적인 기만행위를 한 것, 하나님의 심판을 대수롭지 않게 여기고 사람들에게 자신을 과시하고 싶어서 악한 망상과 공명심에 사로잡혀 있었다는 것, 하나님에 대한 믿음이 있었더라면 이 금지된 길로 나아가지 않았을 것임에도 불구하고 그에게는 그런 믿음이 없었다는 것, 거룩하고 신성한 제도를 더럽혔다는 것이 그의 악들이었고, 마지막으로 위선 자체가 큰 악이었다. 또한, 거기에 대범하고 일관되게 거짓말을 했다는 점도 추가되어야 한다. 아나니아가 자신의 땅을 팔아서 받은 돈의 절반만 바쳤다고 하더라도, 그것은 어느 모로 보나 길이 기억될 훌륭한 덕행이 되었을 것이다. 부자가 자기 재산 중에서 얼마를 가난한 자들에게 나누어 주는 것은 결코 작은 선행이 아니다. 그러나 하나님께서는 악인의 제사를 미워하시고, 정직한 마음이 결여되어 있을 때에는, 그 무엇으로도 하나님을 기쁘시게 할 수 없다(잠 15:8). 그래서 그리스도께서는 과부가 바친 "두 렙돈"(눅 21:2)을 다른 사람들이 "그 풍족한 중에서" 바친 것보다 더 귀하게 여기셨다. 하나님께서 아나니아에게 이처럼 가혹한 징벌을 내리심으로써 본보기로 삼으려 하신 이유도 거기에 있었다. 이제 하나하나를 세부적으로 살펴보도록 하자.

2. 얼마만 가져다가 사도들의 발 앞에 두니. 야심(ambitio)이 무슨 짓을 하는지를 보라. 아나니아는 자기가 교회에서 가장 훌륭한 인물들 중 하나로 여겨지고 있지 않는 것에 대하여 부끄러워하고 있었다. 그래서 그는 돈에 대한 욕심이 있었음에도 불구하고, 사람들 사이에서 자신의 이름을 내기 위해서 자기 재산의 일부를 내놓았다. 그러면서도, 그는 자기가 하나님 앞에서 거짓말을 하고 속임수를 쓰고 있다는 것과 하나님께서 그의 그런 거짓을 벌하실 것이라는 생각은 하지 않았다. 아나니아는 하나님의 눈보다도 "사도들의 발"을 더 중요하게 생각한 것이었다. 그러므로 우리는 선한 일을 할 때에 사람들로부터 박수갈채를 받기를 구하지 않도록 더욱 주의하여야 한다. 그런 까닭에, 그리스도께서도 "구제할 때에 오른손이 하는 것을 왼손이 모르게"(마 6:3) 하는 것이 유익하다고 충고하신 것이다.

3. 베드로가 이르되. 베드로는 어떻게 아나니아의 속임수를 알아차렸을까? 그것이 성령의 계시에 의한 것이었음은 의심의 여지가 없다. 따라서 누가는 사도들이 하나님을 대리해서 하나님 대신에 그렇게 하였다고 말하고 있는 것이다. 하나님의 성령께서 연약한 인간의 입을 통해서도 덕행으로 교묘하게 위장한 위선자를 이토록 철저하게 응징하시는 것이라면, 멸망 받을 수밖에 없는 자들이 하나님의 심판대 앞에 섰을 때에는 나팔소리가 나는 가운데 들려오는 하나님 자신의 음성을 어떻게 감당할 수 있겠는가? 베드로는 사탄이 아나니아의 마음에 가득하다고 말함으로써, 아나니아의 죄악이 얼마나 두렵고 엄중한 것인지를 지적한다. 사탄의 부추김들로 말미암아 고통당하지 않는 심령은 아무도 없지만, 일반적으로 많은 시험은 사람들에게 은밀하게 찾아와서 그들의 마음속으로 들어간다. 그러나 사탄이 사람들의 마음을 완전히 장악하게 되면, 마치 하나님이 그들의 마음으로부터 쫓겨나시기라도 하신 것처럼, 사탄은 그 사람 전체를 좌지우지하며 자기 마음대로 가지고 놀게 된다. 사탄에게 완전히 넘겨져서 하나님의 성령이 역사할 여지가 남아 있지 않는 것이 멸망 받을 자의 징표이다. "네가 성령을 속이고"라는 어구는 다음 두 가지 중 하나로 이해될 수 있다. 즉, 아나니아가 성령을 받은 것처럼 거짓 행세를 했다는 의미이거나, 그가 성령을 거슬러서 거짓말을 했다는 의미이다. 이 어구는 헬라어 본문에서 문자적으로 분명히 "성령을 속였다"는 것을 의미하지만, 헬라어 '프슈데스타이'(ψεύδεσθαι)는 두 개의 대격 목적어를 취할 수 있고, 또한 그것이 여기서의 문맥에 더 잘 어울린다는 점에서, 나는 이 어구를 아나니아가 속임수를 통해서 성령을 우롱했기 때문에 책망을 받았다는 의미로 이해하고자 한다. 베드로는 조금 뒤에서 아나니아가 사람에게가 아니라 하나님께 거짓말한 것이라고 고소함으로써 이 점을 확인해 준다. 그러므로 우리는 위선이 우리를 지배하지 못하도록 정말 조심하여야 한다. 왜냐하면, 하나님을 속이고자 하고, 속담에서도 말하고 있듯이 그럴 듯한 언행으로 최고의 현자까지도 눈멀게 하고자 하는 사악함이 위선의 본질인 까닭에, 하나님과 사람을 비열하게 우롱하고자 할 때에만 위선이 행해질 수 있기 때문이다. 그러므로 베드로가 아나니아의 마음이 사탄에게 사로잡혀 있어서 이런 일이 일어나게 된 것이라고 한 것은 합당하다. 제정신인 사람이라면, 어떻게 하나님을 이런 식으로 모독할 수 있겠는가? 이렇게 눈이 먼 것(caecitas)은 너무나 끔찍한 일이었기 때문에, 베드로는 마치 괴이한 일을 다루듯이 그를 추궁한다.

4. 땅이 그대로 있을 때에는. 아나니아가 어쩔 수 없는 사정으로 말미암아 죄를

범한 것이 아니었기 때문에, 그의 죄질은 더욱 나쁜 것이었다. 어떤 외적인 사정으로 인해 내몰려서 죄를 지었어도, 그런 사정조차 범죄에 대한 정당한 변명이 될 수 없는 마당에, 군이 죄악을 저지르지 않아도 되는 상황에서 자발적으로 죄악으로 뛰어들어서 고의적으로 하나님의 보응을 자초한 것이라면, 그것은 얼마나 더 악한 일이겠는가? 우리는 여기서 그 누구도 자신의 재산을 팔아서 교회에 바치도록 강제되지 않았다는 것을 알게 된다. 왜냐하면, 베드로는 아나니아에게는 자신의 땅을 팔지 않고 그대로 보유할 수 있는 자유만이 아니라, 땅을 판 후에는 그 돈을 마음대로 할 수 있는 자유도 있었다고 말하고 있기 때문이다. 이 구절의 후반부에서 의미상의 주어인 "땅"은 전반부에서와는 달리 땅을 판 돈을 가리킨다. 따라서 만일 아나니아가 자신의 재산을 그대로 보유하고 있었다고 하더라도, 그는 결코 믿음이 없는 사람으로 여겨지지는 않았을 것이다. 이것을 통해서 분명하게 알 수 있는 것은 믿는 자들이 개인 재산을 소유해서는 안 된다고 주장하는 자들은 분명히 정신 나간 자들이라는 것이다.

4. 사람에게 거짓말한 것이 아니요 하나님께로다. 이 구절은 다양하게 해석될 수 있지만, 나는 이 구절이 앞에 나온 구절을 확증해 주고 있는 것임을 의심하지 않는다. 왜냐하면, 위선자들은 갖가지 포장으로 자신들을 감추고 있는 까닭에, 하나님이 자신들을 상관하셔서 잘못을 따지시거나 추궁하시는 일은 절대로 없을 것이라고 생각하기 때문이다. 베드로가 이렇게 말한 것은 아나니아가 교회를 속였기 때문이기는 하지만, 어쨌든 "두세 사람이 내 이름으로 모인 곳에는 나도 그들 중에 있느니라"(마 18:20)는 그리스도의 말씀을 늘 염두에 두고서, 자신의 회중 가운데서 마치 바로 눈 앞에서 하나님을 뵈옵는 것처럼 모든 일을 처리하여야만 하였다. 왜냐하면, 우리는 하나님께서 자신이 교회 안에서 다스리기를 원하고 계신다는 것을 알고 있는 까닭에, 우리가 진정으로 하나님을 경외하는 것이 사실이라면, 하나님께서 자신의 말씀을 통해서 행하시는 통치를 세심하게 받들어야 하는 것이 마땅하기 때문이다. 사도들은 분명히 사람들이었지만, 하나님께서 그들에게 자신을 대리하도록 위임하셨기 때문에, 사사로운 개인의 자격으로 행한 것이 결코 아니었다. 또한, 우리는 성령께 거짓말을 하는 자는 하나님께 거짓말을 하는 자라는 것을 유념하여야 한다. 왜냐하면, 본문의 표현 방식은 성령의 신성을 분명하게 증언하고 있기 때문이다. 바울도 동일한 취지에서 이렇게 말한다: "너희는 너희가 하나님의 성전인 것과 하나님의 성령이 너희 안에 계시는 것을 알지 못하느냐"(고전 3:16).

5. 아나니아가 이 말을 듣고. 하나님의 말씀이 지닌 능력에 대해서 바울은 "이 사람에게는 사망으로부터 사망에 이르는 냄새요"(고후 2:16)라고 상찬하고 있는데, 아나니아의 죽음은 하나님의 말씀이 지닌 바로 그러한 능력을 제대로 확증해 준다. 사실, 바울은 영혼의 영적인 죽음에 대해서 말하고 있는 것이고, 아나니아의 죽음은 겉보기에는 육신적인 죽음인 것 같지만, 사실 거기에는 사람의 눈으로는 볼 수 없는 그러한 영적인 징벌을 보여주는 가시적인 징표가 있었다. 그는 칼이나 힘이나 손으로 죽임을 당한 것이 아니라, 단지 베드로의 음성을 듣는 것만으로 엎드러져 죽었다. 이 이야기를 들을 때, 아나니아에게 일어났던 일이 우리에게도 일어나지 않도록 하고자 한다면, 우리는 복음이 주는 경고를 두려움 가운데 받아서 즉시 낮아지는 것이 마땅하다. 왜냐하면, "그의 입술의 기운으로 악인을 죽일 것이며"(사 11:4)라는 그리스도에 관한 예언의 말씀은 악인의 괴수에게만이 아니라 모든 악인들에게 적용되는 것이기 때문이다. 하나님의 말씀은 본래 구원을 가져다주는 것이지만, 그의 말씀 가운데서 주어지는 구원을 거부하는 자들에게는 죽음이 임할 수밖에 없는 것은 지극히 당연한 것이다. 사도들이 아나니아에게 육체적인 징벌을 내린 것을 이상하게 생각하는 사람이 있다면, 나의 대답은 첫 번째는 이것은 이례적이고 특별한 사건이었다는 것이고, 두 번째는 이것은 고린도전서 12:10에서 분명히 보여주듯이 성령의 은사들 중 하나였다는 것이다. 우리가 나중에 보게 되겠지만, 마술사 "엘루마"가 바울에게 벌을 받아 맹인이 된 것도 이런 이유에서였다(행 13:8, 13). 따라서 베드로가 성령에 의하여 자신에게 주어진 화살을 적절한 때에 쏜 것은 결코 자신의 직분을 넘어선 행동이 아니었다. 그런데도 이러한 징벌이 너무 가혹한 것이었다고 생각하는 사람이 있다면, 그것은 그들이 아나니아의 죄를 하나님의 저울이 아니라 그들 자신들의 저울로 달아 본 까닭에, 우리가 앞에서 이미 보여주었듯이 그의 행위 속에는 수많은 중대하고 심각한 범죄들이 개재되어 있어서 그의 죄는 극악무도한 것이었음에도 불구하고, 그것을 단지 사소한 허물쯤으로 여겼기 때문이다. 또한, 어떤 이들은 아나니아 못지않게 하나님을 우롱하는 수많은 위선자들이 아무런 벌도 받지 않고 빠져 나가는 것을 매일같이 볼 수 있다는 사실을 들어서, 아나니아에게 일어난 일은 도저히 믿을 수 없는 터무니없는 일이라고 생각한다. 물론, 그들이 이렇게 생각하는 것은 그들 자신이 하나님을 극도로 멸시하는 자들이면서도, 자신들의 불경죄에 대해서 아직 아무런 징벌도 받지 않고 있기 때문일 것이다. 그러나 하나님께서는 자기가 성령의 비밀한 능력에 의해서 우리와 함께 하신다는 것

을 우리로 하여금 알게 하시기 위해서 초기에 자신의 교회 위에 가시적인 은총들을 부어 주셨고, 나아가 우리가 믿음으로 경험해서 내적으로 알게 된 것들을 외적인 징표들을 통해서 공개적으로 보여주셨던 것과 마찬가지로, 여기에서는 얼마나 무시무시하고 끔찍한 심판이 하나님과 교회를 조롱한 모든 위선자들을 기다리고 있는지를 이 두 사람에 대한 가시적인 징벌을 통해서 보여주신 것이다.

5. 이 일을 듣는 사람이 다 크게 두려워하더라. 한 사람을 벌함으로써 나머지 사람들을 두렵게 해서 모든 가식적이고 위선적인 행위를 하지 않도록 조심하게 만드는 것이 하나님의 목적이었다. 그리고 누가는 "이 일을 듣는 사람이 다 크게 두려워하더라"고 말하였지만, 이것은 우리에게도 그대로 적용된다. 왜냐하면, 하나님께서는 모든 사람이 하나님을 진실하고 정직하게 섬기는 법을 배우도록 하시기 위해서 모든 세대에 적용되는 교훈을 주시기 원하셨기 때문이다. 한편, 아나니아에 대한 징벌은 경건한 자들로 하여금 자신들의 재물을 좀 더 아낌없이 하나님과 가난한 자들을 위해 사용하도록 격려하는 역할을 했을 것임에 틀림없다. 왜냐하면, 가난한 자들을 구제하는 일을 욕보인 아나니아가 그토록 엄한 징벌을 받는 것을 보고서, 그들은 구제하는 일이 하나님이 보시기에 얼마나 귀한 일인 줄을 알게 되었을 것이기 때문이다.

[7]세 시간쯤 지나 그의 아내가 그 일어난 일을 알지 못하고 들어오니 [8]베드로가 이르되 그 땅 판 값이 이것뿐이냐 내게 말하라 하니 이르되 예 이것뿐이라 하더라 [9]베드로가 이르되 너희가 어찌 함께 꾀하여 주의 영을 시험하려 하느냐 보라 네 남편을 장사하고 오는 사람들의 발이 문 앞에 이르렀으니 또 너를 메어 내가리라 하니 [10]곧 그가 베드로의 발 앞에 엎드러져 혼이 떠나는지라 젊은 사람들이 들어와 죽은 것을 보고 메어다가 그의 남편 곁에 장사하니 [11]온 교회와 이 일을 듣는 사람들이 다 크게 두려워하니라(5:7-11).

7. 세 시간쯤 지나 그의 아내가. 하나님께서 삽비라에게 내리신 벌에 대해서는, 이 일로 말미암아 일벌백계로서의 효과가 더욱 강화되었다는 점 말고는 새로운 것은 없다. 또한, 하나님의 특별한 섭리로 말미암아 교회는 삽비라도 아나니아만큼이나 불순하고 완악한 마음을 지니고 있었다는 것을 확인할 수 있었다. 왜냐하면, 이 두 사람은 서로 공모해서 동일한 죄를 저지른 것이었기 때문에, 두 사람의 죄가 동

시에 드러날 수도 있었지만, 각자의 사악함이 따로따로 드러나는 것이 교회를 세우는 데 더 적절하고 유익하였기 때문이다. 삽비라가 베드로 앞에서 자신이 저지른 죄에 대하여 시치미를 뗀 것은 종종 그런 것처럼 자신의 남편이 하는 짓을 보면서 그저 따라한 것이 결코 아니었다. 만일 그런 것이었다면, 그녀의 잘못은 남편의 뜻을 거역하지 못하고 마지못해 따라준 소극적인 잘못으로 그쳤을 것이다. 하지만 실제로 그녀는 외부로부터의 그 어떤 압력도 받지 않는 가운데 자발적으로 서슴지 않고 그런 죄를 저질렀다는 점에서 남편보다 나을 것이 하나도 없었다. 또한, 그녀는 베드로의 추궁을 받고서야 자신들의 사기극이 들통 났다는 사실을 안 것이기 때문에, 악한 거짓말로 사도를 속인 것은 두 사람이 전혀 다를 것이 없었다.

8. 그 땅 판 값이 이것뿐이냐 내게 말하라. 하나님께서는 오직 완악하고 고집 센 자들과 죄 사함 받기를 스스로 거부하는 자들에 대해서만 보응하시는 분이시기 때문에, 갑작스런 충동에 이끌려서 벌하시는 것이 아니라, 먼저 합당한 심문 절차를 밟으신다. 삽비라는 자신들의 일이 발각된 것을 전혀 알지 못하였기 때문에, 베드로의 질문을 받고서는, 마치 하나님의 심판대 앞에 소환된 사람처럼 대경실색하였을 것임에 틀림없다. 그녀에게는 자신의 잘못을 깨닫고 정신 차릴 수 있는 시간이 주어졌고, 이것은 사실상 회개로 부르는 무언의 초대 같은 것이었다. 그러나 그녀는 아무 일도 없었다는 듯이 잡아떼는 태도를 취함으로써 자신이 치유 불능임을 보여주었다. 이것은 그녀에게 하나님을 두려워하는 것이 없었기 때문이었다.

그러나 이러한 사실로부터 우리는 죄인을 바른 길로 되돌리기 위해서는 많은 수고가 필요하다는 것을 배운다. 절제하고 인내하는 것은 하나님의 성령의 속성이다. 하지만 어떤 사람이 죄를 저질렀을 뿐만 아니라 완악하게 고집을 부리며 하나님을 정면으로 멸시할 때는 징벌의 때가 무르익은 것이다. 그러므로 하나님께서 너무 가혹하시다고 못마땅해하는 자들은 정말 교만의 극치 가운데 있는 것이기 때문에, 도리어 아나니아와 삽비라에게 일어난 일을 알게 된 자들은 자신들이 언젠가 하나님의 심판대 앞에 어떤 모습으로 서게 될지를 깊이 생각해 보는 것이 마땅하다. 우리가 하나님을 속이고도 벌 받지 않기를 바란다면, 그것은 하나님의 거룩하신 신성을 지독히도 무시하는 일이 될 것이다. 게다가, 내가 앞에서 제시했던 여러 정황들은 아나니아와 삽비라가 한 번이 아니라 백 번 죽어 마땅한 자들이라는 것을 입증해 주고도 남는다. 왜냐하면, 첫 번째는 위선 자체가 하나님께 심히 가증한 것이고, 두 번째는 그들이 하나님께 거짓말하기로 작정한 것은 하나님을 극도로 멸시하는 마음에서 비롯된 것이기 때문이다. 그들은 자신의 회중을 다스리시는 그리스도를 경외하지 않았음은 물론이고, 단지 사람들로부터 수치와 망신을 당하는 것을 모면하고 싶어서, 사람들 앞에서 자신들을 과시하고 뽐내기 위하여 하나님에 대하여 자행한 자신들의 명백한 범죄를 서슴지 않고 부인했다는 점에서 뻔뻔스러움에 불경함까지 갖추고 있었다. 그리고 마지막으로, 그들이 자신들의 죄를 완강하게 부인한 것은 그 극치였다. 한편, 수많은 위선자들이 이 두 사람 못지않게 매일같이 하나님과 교회를 우롱하고 있음에도 불구하고 당장에 벌을 받아 죽지 않는 것을 부조리한 일로 여겨서는 안 되는 이유에 대해서는 내가 이미 앞에서 말한 바 있다. 하나님은 이 세상을 심판하시는 유일한 심판자이시기 때문에, 각 사람을 언제 그리고 어떻게 벌하실 것인가는 오직 하나님만이 결정하실 문제이다. 그러므로 우리가 하나님께 사람들을 구체적으로 이런저런 식으로 벌하셔야 한다고 주문하는 것은 가당찮은 일이다. 그러나 이 두 사람에 대한 육신적인 징벌 속에는 아직은 감춰져 있는 영적인 심판의 엄중함이 마치 거울에 비친 것처럼 우리 앞에 드러나 있다. 만일 우리가 영원한 불 속으로 던져지는 것이 무엇일지를 곰곰이 생각해 본다면, 우리는 사람들 앞에서 쓰러져 죽는 것을 최악의 징벌이자 재앙이라고 생각하지 않을 것이다. 고린도전서 10:5을 보라.

9. 주의 영을 시험하려 하느냐. 베드로는 앞에서 그들이 불경스럽게도 하나님을 멸시하고 우롱하였다고 지적한 바 있는데, 여기서는 동일한 내용을 다른 말로 표현한다. 즉, 그들은 마치 하나님의 성령이 사람들의 마음을 감찰하시는 자가 아니기라도 한 것처럼 아무렇지도 않다는 듯이 마음 놓고 사기극을 획책한 것이기 때문에, 베드로는 그들이 "주의 영을 시험하였다"고 말한 것이다. 왜냐하면, 그들은 자신들의 영적 무감각과 안일함으로 인해서 죄악을 공모하면서도 마치 하나님이 그것을 전혀 모르실 것처럼 여겼고, 성경에서는 사람이 하나님의 권능을 무시하거나, 하나님이 모든 것을 아신다는 것을 부정할 때에, 하나님을 시험한다고 말하기 때문이다. 또한, 베드로의 이 말 속에는 성령께서 사도들을 통해서 교회 안에서 다스리고 계신다는 뜻이 내포되어 있다. 왜냐하면, 그리스도께서 성령이 오셔서 "죄에 대하여, 의에 대하여 심판에 대하여 세상을 책망하시리라"(요 16:8)고 말씀하셨을 때, 그것은 오직 교회의 사역을 통하여 자신의 재판권(iurisdictio)을 행사하시겠다는 의미이기 때문이다.

11. 다 크게 두려워하니라. 누가는 한 사람을 벌한 것이 모든 사람에게 경고가

되었다는 것을 다시 한 번 반복해서 말하고 있는 것이기는 하지만, 여기서 두 종류
의 두려움을 분명하게 언급한다. 먼저, 그는 "온 교회"가 두려워했다고 말한다. 왜
냐하면, 하나님이 행하시는 심판들을 통해 경고를 받는 것으로부터 더 이상의 유익
을 얻지 못할 만큼 하나님을 온전하게 경외하는 신자는 결코 존재하지 않기 때문이
다. 그러므로 우리가 옛적에 불경건한 자들에게 징벌들이 내려진 기사들을 읽거나,
지금도 날마다 내려지고 있는 징벌들을 볼 때, 하나님께서는 거기서 우리가 느끼는
두려움을 통해서 우리를 죄의 유혹과 방종으로부터 벗어나게 하신다. 왜냐하면, 우
리의 육신은 하나의 재갈로는 충분하게 다스려지지 않는 까닭에, 이런 식의 재갈이
많이 필요하기 때문이다. 다음으로는, 교회 밖의 외인들에게는 다른 종류의 두려움
이 있었다. 그 두려움은 그들로 하여금 하나님을 신실하게 섬기도록 만든 그런 종
류의 것은 아니었고, 다만 그들로 하여금 하나님에게 영광을 돌리지 않을 수 없도
록 만든 그러한 종류의 것이었다.

[12]사도들의 손을 통하여 민간에 표적과 기사가 많이 일어나매 믿는 사람이 다 마음
을 같이하여 솔로몬 행각에 모이고 [13]그 나머지는 감히 그들과 상종하는 사람이 없
으나 백성이 칭송하더라 [14]믿고 주께로 나아오는 자가 더 많으니 남녀의 큰 무리더
라 [15]심지어 병든 사람을 메고 거리에 나가 침대와 요 위에 누이고 베드로가 지날 때
에 혹 그의 그림자라도 누구에게 덮일까 바라고 [16]예루살렘 부근의 수많은 사람들
도 모여 병든 사람과 더러운 귀신에게 괴로움 받는 사람을 데리고 와서 다 나음을
얻으니라(5:12-16).

12. 사도들의 손을 통하여 … 표적과 기사가 많이 일어나매. 누가는 여기서 다른
종류의 이적들로 되돌아오는데, 이것들은 복음의 본질에 좀 더 고유한 이적들이다.
그리스도께서는 이러한 이적들을 베푸셔서 자신의 능력만이 아니라 자신의 선하심
도 증거하심으로써, 자신의 달콤한 은택을 통해서 사람들을 자기에게로 불러모으
신다. 왜냐하면, 그리스도께서는 세상을 심판하기 위해서가 아니라, 세상을 구원하
기 위해서 오셨기 때문이다(요 3:17). 그러므로 병든 자들이 치유를 받고, 귀신 들린
자들이 자유를 얻었을 때, 그들의 육신에 주어진 은총은 그리스도의 영적 은혜를 표
상하는 것이었기 때문에, 그 은총은 그리스도 자신의 진정한 직임으로부터 나온 것
이다. 말하자면, 아나니아와 삽비라 사건에서 드러난 저 두려운 징표는 부수적인

것이었다. 누가는 이적들로 말미암아 믿는 자의 수가 많아졌다고 보도한다. 왜냐하면, 우리가 이미 말한 바 있듯이, 이적들은 어떤 사람들에게는 믿음을 준비시켜 주고, 또 어떤 사람들에게는 믿음을 확증해 줌으로써, 그들을 믿음으로 인도하는 조력자 역할을 하기 때문이다. 따라서 내가 다른 곳에서 지적했듯이, 이적들과 하나님의 말씀을 결코 분리해서는 안 된다는 것이 여기서 다시 한 번 증명된다. 누가는 사람들이 병자들을 고침 받도록 하기 위하여 "심지어 병든 사람을 메고 거리에 나가 침대와 요 위에" 누였다고 말함으로써, "표적과 기사"가 많이 일어났다는 것을 보여준다. 하나님께서는 특히 초기에 이런 식으로 자기 아들의 복음을 나타내서서, 자신이 그토록 자주 약속하였던 것임과 동시에 유대인들이 모든 소망을 걸고 있던 (그들은 그렇게 말하였다) 만물의 회복이 지금 도래하였다는 사실을 그들에게 확실히 증거하고자 하셨다. 여기서 "침대"는 옛 사람들이 낮잠을 자기 위해 사용한 작은 침대였다는 것은 잘 알려져 있다. 사람들은 병자를 옮기기 쉽도록 그런 침대에 눕혀 놓았다.

12. 믿는 사람이 다 마음을 같이하여 솔로몬 행각에 모이고. 이것은 믿는 자들이 함께 기도하고 가르침을 받기 위해서만이 아니라, 기회가 주어질 때마다 사람들을 하나님께로 인도하기 위해서 일정한 시간에 모임을 갖곤 하였음을 보여준다. 그들은 각자의 집에서 살고 있었지만, 일정한 장소에서 정기적으로 모임을 가졌다. 만일 그렇지 않았더라면, 교회는 지속될 수 없었을 것임이 분명하다. 왜냐하면, 공적인 모임이나 집회도 없이, 모든 사람이 혼자서 배우고 개인적으로 따로 기도하기를 원한다면, 교회가 아무리 탁월하게 조직되고 구성되어 있다고 할지라도, 결국에는 무너져서 흔적도 없이 사라질 수밖에 없을 것이기 때문이다. 누가는 "믿는 사람이 다 마음을 같이하였다"고 말함으로써, 그들이 모두 교회의 그러한 질서(ordo)를 자원해서 지켰다는 것과, 공적인 모임을 무시한 채 자기 집에만 머물러 있고자 했던 고집쟁이는 한 사람도 없었다는 것을 보여준다. 이런 식으로 그들은 자신을 쳐서 복종시키는 양순함(modestia)뿐만 아니라 변함없는 담대함(constantia)의 모범도 보여주었다. 왜냐하면, 그들이 모인 곳이 유명한 장소라는 점을 감안할 때, 그들은 위험을 감수하고 모임을 가진 것이었기 때문이다. 따라서 그들이 위험을 무릅쓰고 마음을 같이했다는 것은 더욱 칭송 받아 마땅한 일이었다.

13. 그 나머지는 감히 그들과 상종하는 사람이 없으나. 이적이 낳은 두 번째 열매는 믿지 않는 자들이 하나님의 놀라운 능력을 확신하고서, 사도들을 감히 멸시하

지 못하게 되었고, 도리어 교회에 경의를 표하지 않을 수 없게 되었다는 것이다. 하지만 믿지 않는 자들이 사도들에 의해서 이적들이 나타나는 것을 보고서 두려워하여 하나님과 그의 백성들을 피했다는 것은 이상한 일로 보일 수 있다. 나의 대답은 그들은 자신들의 죄악들로 말미암아 하나님과 그의 백성들에게 다가갈 수 없었다는 것이다. 왜냐하면, 하나님께서 이적들을 통해서 사람들을 자기에게로 부르신다는 것은 의심할 여지 없는 사실이기 때문이다. 그러므로 이적들 속에서 밝게 빛나고 있는 하나님의 은혜를 기꺼이 받아들이는 데까지 나아가지 않는 자들은 누구나 자신들의 악한 양심으로 말미암아 나아가지 못하는 것이다. 물론, 누가는 믿지 않는 자들이 두려움을 느낀 것이 단지 이적 탓이라고 말하지는 않고, 교회의 위엄이 커지는 데에 기여한 모든 요인들 때문이라고 말하고 있기는 하지만, 어쨌든 하나님께서 믿지 않는 자들로 하여금 두려워하게 하신 것은 꽤 중요한 열매였다. 하나님께서는 모든 일이 합력해서 교회 가운데서 신적인 위엄이 빛을 발하도록 섭리하셨을 뿐만 아니라, 천사들이 사람들과 다른 것만큼이나 믿는 자들은 믿지 않는 사람들과는 달랐다.

왜냐하면, 거룩한 훈육을 받고 진실한 경건 가운데서 성장한 신자들 속에는 어떤 신비한 위엄(σεμνότης - '셈노테스')이 깃들어 있어서, 이 위엄이 악인들을 제어해서 제멋대로 행동하지 못하도록 하기 때문이다. 그러나 오늘날 우리는 그러한 위엄을 알지 못할 뿐만 아니라, 도리어 우리의 세상적인 방탕함과 악한 삶이 우리 자신뿐만 아니라 복음까지도 멸시받게 만들고 있다. 게다가, 아나니아와 그의 아내 삽비라에게 내려진 징벌은 하나님께서 자신의 교회에서 일어난 죄악에 대하여 아주 단호하고 혹독하게 벌하신다는 것을 보여주었던 까닭에, 이것을 본 불경건한 자들은 엄청난 두려움을 느끼고서, 함부로 믿는 자들의 모임에 뛰어들지 못하게 되었다. 하지만 우리는 여기에 언급되고 있는 사람들은 극악무도한 무리가 아니라 평범한 사람들이었다는 점을 유의하여야 한다. 사실, 당시 예루살렘에는 표적을 보거나, 천사 같은 경건한 자들의 거룩함 앞에서도, 눈 하나 깜짝 하지 않는 자들이 많았다. 따라서 누가는 여기서 하나님을 경외하는 마음의 씨앗이 약간이라도 남아 있는 사람들의 반응을 보여주고자 한 것이다. 오늘날에도 우리는 그런 사람들을 볼 수 있는데, 그들은 세상의 헛된 것들(vanitas)에 연연해서 그리스도의 멍에를 지는 것을 주저하기는 하지만, 우리의 교훈 안에 신적인 것이 있음을 감지하기 때문에, 감히 그 교훈을 멸시하지는 못한다. 하지만 사탄은 그리스도의 영을 갖고 있지 않은 모든 사람들의 목에 무시무시한 사망의 올가미를 씌워 놓고 있기 때문에, 그들은 거기에서 빠져 나올 방도를 스스로 찾기를 두려워하는 것은 물론이고, 자신들을 구원하기 위해 제공된 치유책들까지도 의도적으로 회피해 버린다. 그들은 그 치유책들이 거룩하고 유익하다는 것을 알고 인정하면서도, 점점 더 나쁜 데로 빠져들거나, 자신들이 이미 빠져 있는 수렁 속에서 헤어 나오지 못한다.

15. 베드로가 지날 때에 혹 그의 그림자라도 누구에게 덮일까 바라고. 교황주의자들은 이 본문을 악용해서, 소위 순교자들의 무덤에서 일어났다는 날조된 이적들을 진실이라고 호도하고 속일 뿐만 아니라, 사람들에게 순교자들의 유품을 내보이며 마치 대단한 능력이 있는 물건이라도 되는 것처럼 자랑한다. 그들은 "베드로의 무덤이나 겉옷이나 뼈를 만졌을 때, 그의 그림자와 접촉했을 때와 같은 치유 능력이 나타나지 않을 이유가 어디 있겠는가?"라고 말하지만, 나의 대답은 우리는 누가가 여기서 단지 순전한 신앙을 알지 못하는 무지몽매한 사람들이 저지른 어처구니없는 일을 보도하고 있는 것이라고 속단해서는 안 되지만, 우리에게는 교황주의자들의 주장을 반박할 수 있는 좀 더 확실한 대답이 있는데, 그것은 사도들이 그러한 능력을 부여받은 것은 그들이 복음의 일꾼들이었기 때문이었던 까닭에, 그들은 사람들로 하여금 복음을 믿게 하는 데 도움이 되는 경우에만 이러한 은사를 사용하였다는 것이다. 물론, 하나님께서 사도들의 그림자에 부여하신 능력은 그들의 입에 넣어 주신 능력에 비해 결코 뒤지지 않은 것이었지만, 교황주의자들이 지껄여대는 이적들은 당시에 사도들에게 나타난 이적들과는 전혀 상관이 없고, 도리어 모든 점에서 상반된다고 할 수 있다. 왜냐하면, 그들이 말하는 이적들은 세상 사람들로 하여금 그리스도를 버리고 그들의 성인들에게로 발걸음을 돌리게 만드는 것이 목적이기 때문이다.

[17]대제사장과 그와 함께 있는 사람 즉 사두개인의 당파가 다 마음에 시기가 가득하여 일어나서 [18]사도들을 잡아다가 옥에 가두었더니 [19]주의 사자가 밤에 옥문을 열고 끌어내어 이르되 [20]가서 성전에 서서 이 생명의 말씀을 다 백성에게 말하라 하매 [21]그들이 듣고 새벽에 성전에 들어가서 가르치더니 대제사장과 그와 함께 있는 사람들이 와서 공회와 이스라엘 족속의 원로들을 다 모으고 사람을 옥에 보내어 사도들을 잡아오라 하니 [22]부하들이 가서 옥에서 사도들을 보지 못하고 돌아와 [23]이르되 우리가 보니 옥은 든든하게 잠기고 지키는 사람들이 문에 서 있으되 문을 열고 본즉

그 안에는 한 사람도 없더이다 하니 ²⁴성전 말은 자와 제사장들이 이 말을 듣고 의혹하여 이 일이 어찌 될까 하더니 ²⁵사람이 와서 알리되 보소서 옥에 가두었던 사람들이 성전에 서서 백성을 가르치더이다 하니 ²⁶성전 말은 자가 부하들과 같이 가서 그들을 잡아왔으나 강제로 못함은 백성들이 돌로 칠까 두려워함이더라(5:17-26).

17. 대제사장과 그와 함께 있는 사람 즉 사두개인의 당파가 다 마음에 시기가 가득하여 일어나서. 누가는 지금까지 교회에 사람들의 수가 많아졌고, 다양한 은사들이 차고 넘치게 주어졌으며, 놀라운 이적들이 일어났다는 것, 요컨대 그리스도의 나라가 모든 면에서 활발하게 나타나고 있었다는 것을 우리에게 보여주었다. 이제 그는 이런 일들이 악한 자들의 분노에 새롭게 불을 붙이는 결과를 가져와서, 그들의 분노가 이전보다 더욱 거세고 맹렬해졌다는 것을 보여주기 시작한다. 여기서 우리는 악한 자들이 하나님의 크신 능력을 두려워하지 않고, 마치 하늘이라도 뒤엎을 것 같은 기세로 더욱 대담하고 저돌적으로 자신들의 길로 돌진할 때, 사탄이 그들을 어떻게 맹목적인 분노로 휘몰아 가는지를 알게 된다. 모든 사람은 하나님의 두려운 징벌의 결과로 나타나는 이렇게 지독한 맹목적인 모습(caecitas)을 볼 때, 그것이 하나님의 경고임을 깨달아서, 시기를 놓치지 말고 하나님에게 순복하여야 한다. 만일 그렇게 하지 않는다면, 그들도 미혹의 영에 사로잡혀서, 하나님의 손을 거부하고 뿌리치다가, 결국에는 바로 그 하나님의 손에 의해서 박살이 나고 말 것이다. 한편, 하나님께서는 자신의 교회를 영적으로 선한 것들로 가득 채워 주시기를 원하시지만, 그럼에도 불구하고 교회가 불경건한 자들에 의해 핍박 받는 것을 허락하신다. 오늘날 우리의 상황도 당시와 결코 다르지 않기 때문에, 우리는 늘 싸울 준비를 하고 있어야 한다. 특히, 우리가 하나님이 주신 은사들을 통해서 우리와 함께 하신다는 것을 증언하신다는 것을 알게 될 때, 우리는 담대함을 얻어서, 악한 자들의 광분함과 만용을 두려워하지 않게 된다.

17. 그와 함께 있는 사람. 누가는 대제사장의 측근들로서 그와 아주 가까운 자들을 가리켜 "그와 함께 있는 사람들"이라고 말한다. 대제사장은 모든 계급과 신분의 사람들 중에서 그들을 뽑아서, 그들의 조언을 따라 행하곤 하였는데, 이것은 현안들을 지혜롭게 잘 처리하기 위한 것이 아니라 자신의 파벌을 만들어 세력을 키우기 위한 야심 때문이었다. 왜냐하면, 당시의 유대 백성의 지도자들은 수치심도 잊은 채 자신들끼리 서로 적대적인 파벌들을 형성해서 당파 싸움을 벌이고 있었기 때문

이다. 누가는 당시에 모든 권력이 "사두개인"의 수중에 있었다는 사실을 여기서 또다시 보여준다. 이것은 이와 같은 "당파"가 교회를 장악하고 있었기 때문에, 교회의 치리 전체가 형편없이 무너지고 엉망진창이 되어 버렸다는 것을 우리로 하여금 알게 하기 위한 것이다. 하나님께서 자신의 교회를 회당으로부터 분리하신 후에, 회당이 이렇게 엉망으로 망가져서 지독한 수치와 욕을 뒤집어쓰도록 내버려 두신 것은 복음을 멸시하고서 그런 더러운 쓰레기더미 속에 머무르고 있는 자들에게 일체의 변명거리를 주시지 않기 위한 것이었다. 따라서 내세에 대해서는 아무런 관심도 없는 이런 돼지들을 움직이고 몰아가는 것이 자신들이 움켜쥔 것을 지키기 위한 야심과 욕망이 아니고 무엇이겠는가?

17. 마음에 시기가 가득하여. 나는 헬라어 '젤루'(ζήλου)를 "질투" 또는 "시기"를 뜻하는 라틴어 '아이물라티오'(aemulatio)로 번역하기보다는 동일한 어원을 지닌 라틴어 '젤로'(zelo)로 번역하고자 한다. 왜냐하면, 누가는 여기서 이 위선자들을 움직이고 그들로 하여금 자신들의 잘못된 미신에 집착하도록 만드는 사악하고 강력한 힘을 이 단어를 통해서 보여주고자 하고 있고, 이 단어는 헬라어나 라틴어에서 모두 "질투, 시기"만이 아니라, 바로 그러한 사악한 힘을 암시하는 "열심, 열정"의 의미도 지니고 있기 때문이다. 따라서 이것을 통해서 분명하게 드러나는 것은 사람들의 열심이 이성과 분별력에 의해서 통제되지 않을 때, 즉 하나님의 성령의 인도하심을 받지 않을 때, 그런 열심은 하나님이 보실 때에 악한 것이며 칭찬 받을 가치가 전혀 없다는 것이다. 오늘날에도 우리는 마귀적인 분노에 사로잡혀서, 모든 사람들 중에서 가장 훌륭한 신앙을 갖고 있다는 칭송을 받고자 하여, 무죄한 자들을 피 흘리게 하는 일에 광분하는 자들을 본다. 그러나 우리는 지금 여기서 누가가 말하고 있는 것이 사려 깊지 못함에서 비롯된 시기심, 즉 바울이 당시의 많은 유대인들에게 있다고 단언한 그런 시기심이 아니라, 고삐 풀린 거세고 맹렬한 폭력적인 공격이었다는 것을 알아야 한다. 왜냐하면, 악한 자들은 자신들이 경건한 자들을 의도적으로 공격하고 있는 까닭에 그들 자신이 잘못하고 있다는 것을 뻔히 알면서도, 기존의 정통적인 신앙을 변개하는 시도들을 막는 것은 정당한 일이라는 잘못된 열심에 빠져서 그들 자신을 속이고 있는 것이기 때문이다. 그런 까닭에, 오늘날 거의 모든 교황주의자들은 그들 자신의 배를 채우기 위한 열심만을 지니고 있을 뿐인 데도, 그런 것은 감추어 버리고, 오직 자신들에게 "열심"이 있다는 것만을 자랑한다. 그러나 우리가 백 번을 양보해서 자신들에게는 열심이 있다는 그들의 주장을 받아들인

다고 할지라도, 어떻게 그것이 그들의 맹목적인 열심에서 비롯된 잔혹하고 끔찍한 행위들에 대한 변명이 될 수 있겠는가? 만일 그들이 행하는 모든 잔혹한 행위들에 대한 책임을 밑도 끝도 없이 "열심"이라는 말로 변명하고자 한다면, 그들은 자신들의 마음에 들지 않는 것을 응징하기 위해서는 맹렬하고 잔인한 분노를 억제하지 않고 아낌없이 쏟아 붓는 것이 최고의 미덕이라고 생각하는 것이 아니겠는가? 그러나 사람이 맹목적으로 어떤 것을 배척하지 않기 위해서 가장 먼저 해야 할 일은 무엇이 선한 것이고 악한 것인지를 분별하는 것이다.

19. 주의 사자가. 하나님께서는 사도들을 옥에서 끌어내시긴 하였지만, 그들을 원수들의 손에서 완전히 건져내시는 것이 하나님의 뜻은 아니었기 때문에, 나중에 하나님의 허락 하에서 사도들은 다시 옥에 갇히고 매를 맞는다. 하나님이 원하신 것은 사도들이 자신의 손 안에서 보호받고 있는 까닭에, 복음에 대한 그들의 믿음도 지켜질 수 있다는 것을 이 이적을 통해서 보여주심으로써, 교회로 하여금 이 사건을 통해서 새로운 확증을 발견하게 하시고, 다른 한편으로는 악한 자들에게 변명의 여지가 없게 하시는 것이었다. 그러므로 우리는 하나님께서 우리를 죽음으로부터 구해 주실 것이라고 늘 소망하거나 바라서는 안 된다. 하나님께서는 우리에게 유익이 되는 경우에만 우리의 생명을 지켜 주신다는 이 한 가지 사실로 만족하여야 한다. 따라서 하나님께서는 그럴 경우에만 자신의 "사자" 또는 천사를 일꾼으로 사용하시는데, 천사를 사용하셔서 일하시는 것은 하나님이 일하시는 통상적인 방식이다. 성경은 천사들이 우리에 대한 하나님의 선하신 뜻을 이루는 일꾼들이라는 사실을 도처에서 증언한다. 이것은 공허한 사변이 아니다. 왜냐하면, 하나님께서 우리를 돌보고 계실 뿐만 아니라 하늘의 영적 존재들이 우리를 지켜 주고 있다는 사실을 아는 것은 우리의 연약함을 붙들어 주는 데에 유익하기 때문이다. 하나님께서 우리를 지키고 돌보는 일을 가장 고귀한 피조물인 천사들에게 맡기셨다는 것은 하나님이 우리를 얼마나 사랑하시는지를 보여주는 특별한 보증이다. 한편, 하나님의 사자가 "밤에" 옥문을 연 것은 비록 이적이 일어난 후에 사람들이 그 사실을 알게 하고자 하기는 했지만, 불경건한 자들의 눈 앞에서 이적을 베푸는 것은 그가 원하지 않았기 때문이다.

20. 가서 성전에 서서 … 말하라. 하나님께서 그들을 옥에서 끌어낸 목적은 그들로 하여금 복음을 전하는 일에 매진하도록 하고, 죽을 때까지 당당하고 담대하게 원수들과 맞서도록 하기 위한 것이었기 때문에, 그들이 달려가야 할 길을 다 마쳤

을 때, 하나님께서는 자신의 손을 거두어들이셨고, 결국 그들은 죽음을 맞이하였다. 그러나 하나님께서 지금 그들을 위해서 옥문을 여시고 그들에게 자유를 주셔서, 그들로 하여금 자신들의 사명을 수행할 수 있게 하신 것은 주목할 만한 일이다. 왜냐하면, 우리는 박해를 벗어난 후에는 마치 하나님과는 더 이상 볼 일이 없다는 듯이 꿀 먹은 벙어리가 되거나 그리스도를 부인하고서는 꽁무니를 빼고 자기 길을 가는 사람들을 많이 보기 때문이다. 그러나 하나님께서 자기 사람들에게 자유를 주시는 것은 그들로 하여금 자신들이 시작한 경주를 포기하게 하시려는 것이 아니라, 도리어 앞으로 더욱 큰 열심을 내게 하시기 위한 것이다. 사실, 사도들은 이런 반론을 펼 수도 있었을 것이다: "지금은 우리가 말 한 마디만 잘못 뻥긋해도 목숨이 위험한 상황이기 때문에 당분간은 조용히 지내는 것이 좋을 것이다. 우리는 한 번의 설교 때문에 옥에 갇혔던 것인데, 그런데도 우리가 설교를 멈추지 않고 계속하는 것을 원수들이 알게 된다면, 그들은 화가 머리 꼭대기까지 치밀어 올라서 격분하지 않겠는가?" 그러나 사도들은 그들이 "살아도 주를 위하여 살고 죽어도 주를 위하여 죽어야"(롬 14:8) 한다는 것을 알고 있었던 까닭에 하나님의 명령을 거부하지 않았다. 이렇게 우리는 하나님께서 우리에게 명하신 것들을 준행하는 일에 늘 주의를 기울이지 않으면 안 된다. 만일 우리가 하나님이 명하신 일을 하지는 않고, 하나님이 그 일을 알아서 잘하실 것이라고 생각하는 것에 만족한다면, 우리는 우리를 낙심시키는 일들을 많이 만나게 될 것이다.

20. 이 생명의 말씀. 사람에게 구원을 가져다주고 생명을 주는 교훈이라는 말은 복음에 대한 놀라운 찬사이다. 왜냐하면, 복음 안에는 "하나님의 의"가 나타나 있고(롬 1:17), 그리스도께서 자신의 죽음의 희생제사, 중생의 성령, 하나님의 양자됨에 대한 보증은 물론이고 자기 자신까지 우리에게 주시는 것도 복음 안에서이기 때문이다. 그리고 이렇게 하나님의 사자가 사도들에게 복음을 "생명의 말씀"이라고 명시적으로 말한 것은 그들로 하여금 그들이 영원한 구원의 일꾼들이라는 말을 듣고서, 복음을 위한 그 어떤 싸움에도 더욱 담대하게 뛰어들게 하기 위한 것이었다. 하나님의 사자는 마치 말씀이 우리의 입과 마음속에 있어서 말씀을 찾으려고 멀리 갈 필요가 없다는 것을 알려주기 위하여 자신의 손가락으로 "생명"이라는 단어를 가리키기라도 하려는 것처럼, "생명"이라는 단어를 강조할 목적으로 "이"라는 지시사를 덧붙인다. 어떤 이들은 여기서 "생명의 이 말씀"이라고 할 것을 치환법을 사용해서 "이 생명의 말씀"이라고 표현한 것이라고 볼 수도 있을 것이고, 나도 그런 해석을 거

부하지는 않지만, "이 생명의 말씀"이라는 의미로 이해하는 것이 더 낫다고 생각한다. 왜냐하면, 말씀은 그리스도의 새 계시였고, 거기에는 생명이 현존하고 있었기 때문이다.

21. 대제사장과 그와 함께 있는 사람들이 와서. 이제 대제사장은 다른 분파들을 배제하고 자신의 당파만으로 이 일을 처리했을 때에 거기에 따른 책임을 감당할 수 없을 것이라고 판단해서 온 공회를 소집한다. 따라서 그가 "공회와 이스라엘 족속의 원로들"을 모두 불러모은 것은 형식적으로는 적법 절차를 엄격하게 준수하기 위한 것이기는 하지만, 사실은 그의 두려움에 기인한 것이었다. 이스라엘을 다스리던 "원로들"이 소집된 것은 공회의 판결과 권위 없이는 어떤 일도 행해질 수 없었기 때문이다. 대제사장이 이런 조치를 취했을 때, 거기에서 일이 적절하게 해결될 것이라고 기대하지 않을 사람이 누가 있었겠는가? 그들은 자신들이 진리를 폭력으로 억압하고 있다는 인상을 주지 않기 위해서 자신들의 행위를 합법으로 가장할 수 있는 온갖 수단들을 동원하고 있었다는 것은 확실하다. 그러나 그들은 사도들이 성전에서 가르치고 있다는 말을 들었을 때, 사도들이 어떤 인간적인 속임수가 아니라 기적적인 방법을 통해서 옥에서 나왔다는 것을 그들이 어떤 식으로 이해했든지 간에, 자신들이 애초에 이루고자 했던 목표를 포기하지 않는다. 그 점에서 그들이 하나님을 멸시하고 불경건하게 행하고 있었을 뿐만 아니라 지독한 광기 속에서 행하고 있었다는 것도 여실히 드러난다. 그러므로 그들이 아무리 법과 정의를 내세울지라도, 그들의 위선은 감춰질 수 없었고, 결국에는 그들의 사악함이 백일하에 드러나고 말 것이었다. 분명히 그들은 모든 정황을 종합하여 판단했을 때에 하나님의 역사에 의해서 옥문이 열렸다는 결론을 얻었을 것이 틀림없는 데도 불구하고, 여전히 하나님을 공공연히 대적하는 것을 서슴지 않는다.

이런 일들은 우리 시대에도 그대로 일어나고 있다. 교황주의자들은 합법적인 공의회들은 교회를 대표하기 때문에 모든 사람이 그 결정에 순복해야 한다는 것은 하나의 자명한 공리라고 자랑스럽게 말하지만, 우리는 그런 식의 자랑의 말이 얼마나 교만한 것인지를 알고 있다. 그들이 합법적이라고 부르면서 그렇게 인정받기를 바라는 공의회라는 것은 사실 외형적으로만 하자가 없고 완전할 뿐이다. 그러나 우리는 누가가 지금 여기서 언급하고 있는 공회도 교황주의자들의 저 공의회들과 마찬가지로 외형적으로는 아무런 하자가 없는 합법적인 것이었지만, 실제로는 그리스도의 이름을 말살하기 위한 목적으로 소집되었다는 것을 안다. 당시에 제사장들이 사기나 계략, 또는 그 밖의 다른 부정한 술수를 써서 그 지위를 차지하거나, 심지어 뇌물을 제공하거나 죽고 죽이는 살육을 통해서 그 자리에 나아갔더라도, 제사장 직분에 주어진 권위 자체는 그때까지 유지되고 있었는데, 그 이유는 그리스도께서 아직 계시되지 않으셨기 때문이었다. "원로들"의 모임이 교회를 대표하는 대표성을 지니고 있었다는 것은 분명하지만, 그 모임 속에 하나님의 진리를 추구하는 것이 없다면, 겉으로 합법적이고 온전한 모습을 띤 것은 가면에 지나지 않는다. 그러므로 교황주의자들이 외형적인 합법성을 방패막이로 삼아서 자신들의 가증스러운 소행을 은폐하려고 시도하는 것은 헛된 일이다. 왜냐하면, 실제로 그리스도께서 소집한 것이 아니라면, 단지 교회의 지도자들이 함께 모였다는 것만으로는 결코 합법성을 주장할 수 없기 때문이다. "자기를 광명의 천사로 가장하는"(고후 11:14) 것이 사탄의 상투적인 술책이기 때문에, 교회라는 명목은 사탄에게 최적의 은신처가 된다.

26. 성전 맡은 자가 … 그들을 잡아왔으나 강제로 못함은. 우리는 앞에서 4:1을 다룰 때에 "성전 맡은 자"에 대해서 조금 언급한 바 있다. 나는 유대인들이 성전을 감독할 자를 자신들이 원하는 인물로 정할 수는 없었을 것이고, 유다 총독이 성전의 책임자를 임명했을 것이라고 생각한다. 누가는 "성전 맡은 자"와 그의 수하들이 무력을 사용하지 않고 사도들을 데려왔다고 말한다. 즉, 그들은 소란이 일어날 것을 우려해서 사도들을 "강제로" 끌어오지는 않았다는 것이다. 결국, 그들은 하나님을 두려워하거나 경외하지는 않았지만, 사람은 무서워한 것이었다. 사도들은 자신들이 소란의 장본인이 되는 것을 피하기 위해서 수많은 사람들에게 에워싸인 가운데 관원들에 의해서 순순히 끌려왔는데, 이것은 그 자체로 그들이 사려 깊은 사람들이었음을 보여준다.

²⁷그들을 끌어다가 공회 앞에 세우니 대제사장이 물어 ²⁸이르되 우리가 이 이름으로 사람을 가르치지 말라고 엄금하였으되 너희가 너희 가르침을 예루살렘에 가득하게 하니 이 사람의 피를 우리에게로 돌리고자 함이로다(5:27-28).

28. 우리가 이 이름으로 사람을 가르치지 말라고 엄금하였으되 너희가 너희 가르침을 예루살렘에 가득하게 하니 이 사람의 피를 우리에게로 돌리고자 함이로다. 대제사장은 사도들의 죄를 두 가지로 규정한다. 첫 번째로는, 그들이 공회의 결정을 따르지 않았다는 이유를 들어서 그들에게 항명죄를 적용한다. 두 번째 죄목을

말하는 대목에서는 대제사장은 자신의 악한 양심을 드러내고 있고, 적어도 그가 이 문제를 공무가 아니라 개인의 사사로운 일처럼 다루고 있음을 보여준다. 왜냐하면, 그는 사도들이 그리스도의 죽음의 핏값을 서기관들과 제사장들에게 돌리려 하고 있다고 불평하기 때문이다. 그러므로 무엇이 그들을 격동시키고 있는 것인지를 잘 보라. 사실, 그들은 자신들이 저지른 사악한 살인에 대해서 보응과 벌을 받게 될 것을 두려워하고 있었던 것이다. 대제사장은 처음에 사도들의 가르침을 문제 삼는 척 하였지만, 그가 나중에 한 말을 보면, 우리는 그가 사도들이 무엇을 가르치는가 하는 것에는 별 관심이 없었음을 알 수 있다. 한편, 대제사장은 그리스도가 죽임을 당한 것은 정당한 것이었다는 것을 당연시하고 있었기 때문에, 사도들이 쓸데없이 소란을 피운 것은 선동죄에 해당한다고 고소한다. 그러나 고소의 핵심은 사도들이 제사장들의 명령에 복종하지 않았다는 것이었다. 대제사장에게 복종하지 않은 것도 중죄에 해당하는데, 하물며 모든 질서를 어지럽힌 것은 얼마나 더 큰 죄가 되었겠는가? 그러나 대제사장은 하나님과 교회에 대한 자신의 본분이 무엇인지는 전혀 생각하지 않고, 마치 자신의 권력이 모든 법을 초월해서 존재하기라도 하는 것처럼, 자신의 권력을 폭군처럼 남용한다. 오늘날 교황도 우리를 그런 식으로 대한다. 그는 자신의 권력을 어떤 통제도 받지 않는 것으로 만들어 놓고는, 우리가 그의 칙령을 따르기를 거절하는 것을 보자마자, 우리를 분리주의자라고 매도하기를 서슴지 않는다. 즉, 그는 "너희를 저버리는 자는 곧 나를 저버리는 것이요"(눅 10:16)라는 말씀에 의거해서, 우리가 그리스도를 배역하는 자들이라는 결론을 도출해 낸다. 그러나 그가 그리스도의 대사라는 말을 듣고자 한다면, 먼저 그는 그리스도의 입으로부터 나온 말씀들을 말해야 할 것이다.

그런데 그는 드러내 놓고 사탄의 일꾼 노릇을 하고 있으면서도, 아무런 명분도 없이 후안무치하게 그리스도의 이름으로부터 자신의 권위를 빌려온다. 또한, 대제사장이 사용하는 말투는 영적 폭군들이 하나님의 말씀에도 굴복하지 않는 권력을 스스로 취하고서 안하무인으로 휘두르고 있음을 보여주는 증거가 되는 그런 말투이다. 그는 "가르치지 말라고 엄금하였으되"라고 말한다. 만일 그가 자신들이 무엇을 명령하든 거기에는 무조건적인 순종만이 있을 뿐이라는 생각을 지니고 있지 않았다면, 그의 이러한 오만방자한 발언이 어떻게 그의 입에서 나올 수 있었겠는가?

[29]베드로와 사도들이 대답하여 이르되 사람보다 하나님께 순종하는 것이 마땅하니

라 ³⁰너희가 나무에 달아 죽인 예수를 우리 조상의 하나님이 살리시고 ³¹이스라엘에게 회개함과 죄 사함을 주시려고 그를 오른손으로 높이사 임금과 구주로 삼으셨느니라 ³²우리는 이 일에 증인이요 하나님이 자기에게 순종하는 사람들에게 주신 성령도 그러하니라 하더라 ³³그들이 듣고 크게 노하여 사도들을 없이하고자 할새 (5:29-33).

29. 사람보다 하나님께 순종하는 것이 마땅하니라. 이것이 사도들의 변론의 핵심이다: "사람보다 하나님을 우선하는 것이 옳다. 아니, 반드시 그래야 한다. 그런데 하나님께서는 우리에게 그리스도를 증거하라고 명하신다. 그러므로 너희가 우리에게 침묵할 것을 명령하는 것은 헛일이다." 이것에 대해서는 내가 "하나님 앞에서 너희의 말을 듣는 것이 하나님의 말씀을 듣는 것보다 옳은가 판단하라"(4:19)는 구절을 다룰 때에 이미 설명한 바 있다. 하나님께서는 자신의 권위가 온전히 유지되는 한도 내에서 사람들에게 권세를 주셔서 우리 위에 세우신다. 그러므로 우리는 하나님의 통치권이 침범되지 않는 한에서 우리를 다스리는 자들에게 복종해야 한다. 그들의 권한과 권세가 적법하게 행사되고 있는 경우에는, 하나님과 사람을 비교해서 우선순위를 따지는 것은 옳지 않다. 신실한 목회자가 하나님의 말씀에 근거하여 어떤 일을 명령하거나 금지하는데, 완악한 자들이 자신들은 사람이 아니라 하나님께 순종할 것이라고 반론을 제기하는 것은 헛된 일이 될 것이다. 왜냐하면, 하나님께서는 사람을 세우셔서 말씀하시고 그 말씀에 순종하기를 원하시는 까닭에, 사람은 단지 하나님의 도구에 불과하기 때문이다. 또한, 관원들이 적법하게 자신들의 직무를 수행하는 것이라면, 하나님을 끌어들여서 그들을 견제하는 것은 본말이 전도된 것이다. 왜냐하면, 그들은 하나님이 보시기에 어긋난 일을 한 것이 없기 때문이다. 도리어, 그럴 때에는 정반대의 법칙이 적용되어서, 하나님의 일꾼들인 관원들에게 순종하는 것이 곧 하나님께 순종하는 것이 된다. 이것은 부모와 자녀, 주인과 종의 경우에도 동일하게 적용된다. 그러나 관원들이 불경스럽게도 대담하게 하나님과 맞서서 우리로 하여금 하나님께 순종하지 못하도록 만들 때에는, 우리는 그들을 제자리로 돌려놓아서, 하나님과 그의 권위가 모든 것 위에 우뚝 설 수 있게 하여야 한다. 그랬을 때, 그들의 모든 존귀는 한 줄기 연기처럼 사라지고 말 것이다. 왜냐하면, 하나님께서는 사람들이 그의 영광을 가릴 정도로 존귀를 받는 것을 합당하지 않다고 생각하시기 때문이다. 그러므로 어떤 아버지가 자신의 위치에 만족하

지 못하고, 하나님께서 참 아버지로서 지니고 계시는 최고의 존귀를 자신의 것으로 취하고자 한다고 할지라도, 사실 그는 한낱 사람에 지나지 않을 뿐이다. 어떤 왕이나 제후나 총독이 자기 자신을 높임으로써 하나님의 영광과 권위를 가린다고 할지라도, 그는 여전히 사람일 뿐이다. 목회자들도 마찬가지이다. 자신에게 주어진 직분을 뛰어넘는 자는 하나님께 도전하는 자이기 때문에 가면을 쓰고 사람들을 속이지 못하도록 그 지위를 거두는 것이 마땅하다. 목회자의 직분은 존귀하고, 교회의 권위는 막중하지만, 하나님의 권세와 그리스도의 통치를 훼손하는 정도가 되어서는 안 된다. 이러한 사실로부터 우리는 교황의 오만함과 자랑이 얼마나 어처구니없는 것인지를 쉽게 알 수 있다. 왜냐하면, 그는 그리스도의 나라 전체를 자신의 발로 짓밟고 하나님을 공공연히 대적하면서도, 뻔뻔스럽게도 하나님의 이름 아래 숨고자 하고 있기 때문이다.

30. 우리 조상의 하나님이. 사도들이 지금부터 하는 얘기는 자신들이 아무런 까닭 없이 제사장들의 명령을 무시한 것이 아님을 보여주기 위한 것이다. 이미 말했듯이, 하나님과 사람 사이에 무언가 대립되는 문제가 있는 경우가 아니라면, 굳이 하나님과 사람을 대비시켜 말할 여지는 전혀 없다. 따라서 사도들은 제사장들이 "엄금한" 것이 바로 하나님께서 명하신 것이기 때문에, 자신들은 하나님을 경외하는 마음에서 제사장의 명령을 거부할 수밖에 없었다는 것을 증명한다. 그래서 무엇보다도 먼저, 그들은 성경의 통상적인 표현을 사용해서, 그리스도께서 하나님에 의해서 세우심을 받았다고 말한다. 왜냐하면, 하나님께서 큰 일에 쓰시기로 작정하신 선지자들과 사사들과 그 밖의 다른 사역자들이 하나님에 의해서 세우심을 받았다는 표현은 성경의 도처에서 나타나기 때문이다. 이 표현은 만일 하나님께서 어떤 특별하거나 고귀한 임무를 맡긴 자들에게 비범한 은사들을 부어 주시지 않는다면, 그들의 천부적인 재능이 아무리 뛰어난 것일지라도 그 임무를 수행하기에는 역부족일 수밖에 없다는 것을 보여준다. 또한, 사도들은 베드로가 자신의 첫 번째 설교에서 인용한 바 있는 저 유명한 모세의 말(신 18:15; 행 3:22)을 염두에 두고 있었던 것 같다. 그래서 그들은 자신들이 새로운 형태의 종교를 도입하거나, 백성들에게 어떤 새로운 신을 섬기라고 강요하고 있는 것이 아니라는 점을 분명히 밝히기 위하여, 이 모든 일의 근원이신 "조상들의 하나님"을 명시적으로 언급한다. 왜냐하면, 그들은 자신들이 백성들을 율법과 선지자들로부터 멀어지게 하고 떠나게 만들려고 하고 있다는 거짓된 비방을 받고 있음을 알고 있었던 까닭에, 그러한 비방을 일소

할 필요가 있었기 때문이다. 그러나 그들이 "조상들의 하나님"을 언급했다고 해서, 그것이 그들의 조상들로부터 물려받은 예배 전체를 인정한다는 의미는 아니었다. 즉, 그들은 세상 사람들이 자신들의 조상들이 이러저러하게 가르쳤기 때문에, 자신들은 오직 선조들의 관습과 전통을 따라서만 모든 일을 행할 뿐이라는 이 한 가지 논리로 만족하고 다른 것들은 일체 생각하지 않는다는 그런 의미로 "조상들의 하나님"을 언급한 것이 아니었다는 것이다. 왜냐하면, 여기서 사도들이 언급한 "조상들"은 하나님께서 그들과 더불어 언약을 맺으셨던 바로 그 조상들이었기 때문이다. 이 조상들은 바르고 순전한 가르침을 따르고, 참된 믿음으로 구원의 약속을 받아들여서, 결국 하늘에 계신 하나님으로부터 난 자들이 되었고, 하나님의 독생자로 말미암아 자신들의 후손들과 함께 하나님의 자녀가 된 사람들이었다.

30. 너희가 나무에 달아 죽인 예수를. 여기서 사도들은 교회의 수호자로서의 최고의 영예를 누리고 싶어 했던 자들이 사실은 하나님의 원수들이었다는 사실을 분명하게 제시한다. 이 사실로부터 우리는 그들이 그 어떤 작은 권위도 누릴 자격이 없다는 결론을 얻게 된다. 사도들이 대제사장의 무리들에 의해서 수치스러운 일로 여겨졌던 바로 그 일을 담대하고 당당하게 언급한 것은 그리스도께서 십자가 위에서 수치스럽고 욕된 죽음을 맞으셨다고 해도 그의 영광은 조금도 퇴색되지 않는다는 확신을 보여준 것임과 동시에, 그들로부터 예상되는 반론을 미리 차단하기 위한 것이었다. 이것은 이렇게 말한 것과 같았다: "너희가 그를 죽였다. 잔인한 너희는 그를 평범하게 죽이는 것으로는 만족할 수 없어서 나무에 달아 죽였다. 그러나 죽음이 그의 권능을 소멸시킬 수 없었고, 너희가 그에게 가한 부당한 치욕이 그의 영광을 말소시킬 수 없었다. 따라서 하나님의 부르심은 여전히 확고부동하다." 그러므로 사도들은 죄악을 저지른 장본인들이 마치 승리를 거두기라도 한 것처럼 환호성을 지르지 못하도록 하기 위하여, 그리스도께서 겪으신 죽음이 치욕적인 죽음이라는 것을 선제적으로 인정하고 언급하는 가운데, 그리스도를 죽인 제사장들의 죄악과 사악함을 강력하게 규탄한 것이다.

31. 그를 오른손으로 높이사 임금과 구주로 삼으셨느니라. 사도들은 악한 자들의 그 어떤 계략도 그리스도께서 아버지 하나님으로부터 받은 자신의 직임을 수행하는 것을 가로막을 수 없었다고 말한다. 하나님의 "오른손"은 "권능"을 나타낸다. 여기서는 앞의 2:35의 경우처럼 하나님께서 그리스도를 높이셔서 자신의 "우편"(직역하면, "오른손" — 역주)에 앉게 하셨다고 할 때에 사용된 것과 동일한 비유가 사용되

고 있는 것이 아니다. 따라서 여기서 사용된 "오른손"의 의미는 사람들의 손에 의해 죽임을 당하신 그리스도께서 하나님의 권능에 의해서 높이 들림을 받으셔서 천사들과 사람들을 다스리게 되셨다는 것이다. 사도들은 이것을 사탄과 세상의 모든 음모 및 술수와 은연중에 대비시키고 있는 것으로 보인다. 그들은 이렇게 말한 것과 같다: "그런 음모와 술수는 그 어떤 성공도 거두지 못할 것이다. 왜냐하면, 그들이 하나님의 손을 가로막을 정도로 높은 곳으로 오르는 일은 결코 없을 것인데, 하나님께서는 이미 자신의 손으로 독생자 속에서 강력한 역사를 행하셨고, 앞으로도 그 역사를 결코 멈추지 않으실 것이기 때문이다." 사도들은 하나님이 그렇게 하신 목적이 그리스도를 "임금과 구주"로 삼으시기 위한 것이라는 말도 덧붙인다. 왜냐하면, 하나님께서 자기 백성에게 구원의 소망을 주실 때에는 항상 모든 것을 회복시킬 왕을 보내 주시겠다고 약속하시는 것이 보통이었기 때문이다. 사도들은 그러한 권세가 그리스도에게 수여되었다고 증언한다. 아울러, 사도들은 다른 표현을 사용해서 그리스도의 직임(officium)을 좀 더 분명하게 밝히는데, 그 요지는 하나님께서 그리스도를 최고로 영광스러운 자리에 앉게 하신 것은 자기 백성을 다스리도록 하시기 위한 것일 뿐만 아니라, 그리스도가 구원의 대장 또는 구원의 주가 되게 하시기 위한 것이기도 하다는 것이다.

31. 이스라엘에게 회개함과 죄 사함을 주시려고. 사도들은 여기서 그리스도께서 이스라엘 백성의 구원을 위해서 어떤 식으로 왕권을 행사하시는지를 보여준다. 즉, 그리스도께서는 자기 백성을 회개(poenitentia)로 부르시고, 죄 사함을 통해서 하나님과 화목하게 하신다는 것이다. 우리는 복음 전체가 이 두 가지 속에 담겨 있다는 것을 안다. 따라서 사도들이 여기서 그리스도의 직임을 아주 분명하게 밝히는 이유는 단지 자신들의 입장을 변호하기 위한 것만이 아니라, 할 수만 있다면 심지어 위험하기 짝이 없는 신앙의 원수들 중에서도 몇 사람을 얻기 위한 것이기도 하다. 한편, 우리는 "회개"라는 단어가 무슨 의미인지에 대해서는 앞에서 2:38을 다룰 때에 이미 살펴본 바 있다. 즉, 회개는 사람이 하나님께로 돌아서는 내면적인 회심(conversio)이고, 이러한 회심은 나중에 외면적인 행위들로 나타난다. 왜냐하면, 그리스도께서는 우리에게 중생의 영을 주셔서 내면적으로 새롭게 하시고, 우리의 새로워진 마음과 정신은 나중에 새로운 삶으로 나타나기 때문이다. "회개함을 주시는" 것이 그리스도께 속한 일이라면, 회개라는 것은 사람의 능력 안에 있는 일이 아니라는 결론이 나온다. 회개는 정말 놀랍고 기이한 환골탈태(mirifica reformatio)와

같아서, 우리를 새로운 피조물로 만들어 주고, 우리 안에 하나님의 형상을 회복시켜 주며, 우리를 죄에 대하여 종 노릇 하던 상태로부터 의에 순종하는 상태로 옮겨주는 것이기 때문에, 사람이 스스로 회심하는 것은 사람이 스스로를 창조하는 것만큼이나 불가능한 일이다. 회개가 자발적인 회심이라는 것은 맞는 말이지만, 만일 하나님께서 우리의 마음을 바꾸어 주셔서 돌덩이 같은 마음이 살덩이 같은 마음이 되게 하시고, 딱딱하고 뻣뻣한 마음이 유연하고 나긋나긋한 마음이 되게 하시며, 결국에는 비뚤어진 마음이 정직하고 바른 마음이 되게 하시지 않는다면, 우리의 그러한 의지가 어디로부터 오겠는가? 그리고 그리스도께서 성령을 통해서 우리를 중생시키실 때, 그러한 일이 일어난다. 물론, 이런 일은 한순간에 다 이루어지는 일이 아니라, 우리가 육신을 벗고서 하나님과 온전히 하나가 될 때까지 평생에 걸쳐서 날마다 점진적으로 일어나야 하는 일이다.

전에 하나님을 멀리 떠나 있던 사람이 자기 자신과 세상을 버리고 새 삶을 시작할 때, 회개가 시작된다는 것은 확실하지만, 그것은 단지 길을 떠난 것일 뿐이고, 목적지는 멀리 떨어져 있기 때문에, 우리는 계속해서 앞으로 나아가야 한다. 이 두 가지는 그리스도의 도우심이 있기에 가능하다. 왜냐하면, 우리 안에서 회개가 시작되게 하시는 것도 그리스도이시고, 우리로 하여금 믿음 안에서 계속해서 나아갈 수 있게 해주시는 것도 그리스도이시기 때문이다. 이것은 정말 헤아릴 수 없을 만큼 큰 은혜이긴 하지만, 만일 그것이 죄 사함과 연결되지 않는다면, 우리에게 별 유익이 되지 않을 것이다. 그리스도께서는 애초부터 우리가 하나님의 원수라는 것과 우리 안에 우리와 하나님 사이를 불화하게 만드는 악들이 상존하고 있다는 것을 알고 계시기 때문에, 우리에게 자비를 베풀지 않으시고 진노하신다고 하더라도, 그것은 합당한 일이다. 하지만 우리의 의는 하나님께서 우리의 죄를 우리에게 돌리지 않으시는 데에 있다. 그러므로 이 후자의 은혜는 전자의 은혜와 결코 분리되어서는 안 된다. 만일 복음이 이 두 요소 중 어느 하나를 결여하고 있다면, 다시 말해서, 만일 사람들이 그리스도로 말미암아 값없이 주어지는 의의 전가에 의하여 자신들이 하나님과 화목을 이루게 된다는 것과, 중생의 영을 통해 새 생명 가운데서 새롭게 지음 받는다는 것을 알 수 없다면, 그런 복음은 온전하지 못한 불구에 지나지 않게 될 것이다. 따라서 이 구절 속에서 우리는 그리스도 안에서 어떻게 구원이 이루어지는지에 대한 요점을 알게 된다.

32. 우리는 이 일에 증인이요. 사도들은 자신들의 가르침이 하나님으로부터 온

것임을 증언한 후에, 이제 그 주제의 다른 측면으로 옮겨가서, 자신들이 주제넘게 기분 내키는 대로 말하고 있는 것이라는 인상을 주지 않기 위하여, 자신들은 하나님께서 명령하신 것들만을 말하고 있는 것이라고 증언한다. 왜냐하면, 자신들이 하나님으로부터 받은 것들만을 많은 사람들에게 전하고 있고, 자신들은 이 일을 위해서 부르심을 받은 까닭에, 이 가르침을 전하지 않는 것은 하나님의 명령을 거역하는 일이 된다는 것을 공개적으로 밝히는 것은 모든 복음 사역자들에게 꼭 필요한 일인 까닭에, 그들에게도 꼭 필요한 일이었기 때문이다. 누가는 여기서 히브리어의 어법을 따라서 "말"이라는 단어를 "일"이라는 의미로 사용한다(한글개역개정에서는 "일"로 번역하였다 — 역주). 하지만 이 단어를 "말씀"을 가리키는 것으로 이해한다고 하더라도, 나는 거기에 반대할 생각은 없다. 사도들이 여기서 말하고자 하는 요지는 하나님으로부터 부르심을 받아 증인이 된 자들이 하나님에게 등을 돌리는 것은 옳은 일이 아닌 까닭에, 하나님이 그들에게 명하신 것을 전하는 것이 마땅하다는 것이다.

32. 하나님이 자기에게 순종하는 사람들에게 주신 성령도 그러하니라. 사도들은 자신들이 하나님의 부르심을 받았다는 것을 그 결과를 통해서 확증한다. 왜냐하면, 하나님께서 믿는 자들에게 성령을 주셨다는 사실은 사도들의 가르침을 승인한다고 인치신 것과 같은 것이었고, 아울러 하나님이 복음에 대한 신앙을 허락하실 뿐만 아니라 기뻐하시기까지 하셨다는 것을 분명하게 보여주는 것이었기 때문이다. 사도들이 "그에게 순종하는 사람들"(한글개역개정에는 "그에게"가 "자기에게"로 번역되어 있음 — 역주)이라고 말했을 때, 나는 거기에서 "그"는 그리스도를 가리키는 것이라고 본다. 즉, 그들은 이렇게 말한 것과 같다: "하나님께서는 그리스도를 믿는 사람들에게 그들의 순종에 대하여 풍성한 상을 주신다." 그러므로 하나님께서는 사람들이 그리스도에게 순종하기를 원하시고, 그런 점에서 우리의 사역을 기뻐하신다. 그러나 여기서 한 가지 질문이 생길 수 있다: "우리는 성령의 계시에 의해서 믿음을 갖게 되는데, 왜 여기서는 믿은 후에 성령이 주어진다고 말하고 있는 것인가?" 나의 대답은 여기에 언급된 "성령"은 하나님께서 자신의 교회를 부요하게 해주시기 위하여 차고 넘치게 부어 주셨던 방언의 은사, 예언의 은사, 통역의 은사, 치유의 은사 같은 다양한 은사들을 가리킨다는 것이다. 이것은 바울이 "너희가 성령을 받은 것이 율법의 행위로냐 혹은 듣고 믿음으로냐"(갈 3:2)라고 갈라디아 교인들에게 반문했을 때에 "성령"이 의미하는 것과 같다. 따라서 성령의 조명(illuminatio)은 믿음의

원인이기 때문에 믿음에 선행하지만, "무릇 있는 자는 받아 넉넉하게 되되"(마 13:12)라는 말씀처럼, 그 후에 우리에게 유익이 되는 성령의 은사들이 뒤따른다. 그러므로 우리가 계속해서 성령의 새로운 은사들을 받아서 부요하게 되고자 한다면, 하나님을 향하여 믿음의 품을 활짝 열어젖혀야 한다. 그러나 오늘날 우리는 불신앙으로 말미암아 그런 것과는 판이하게 다른 보상을 받고 있다. 즉, 오늘날의 신자들 중 대다수는 성령을 받지 못한 자들인 까닭에 그 어떤 것도 깨닫지도 못하고 보지도 못한다는 말이다.

33. 그들이 듣고 크게 노하여. 제사장들은 아무리 그들의 마음이 강철 같이 굳어 있었다고 하더라도 큰 감동을 받는 것이 마땅한 일이었지만, 도리어 분노를 폭발시킨다. 이 사실로부터 우리는 이치에 맞는 그 어떤 말로도 멸망 받게 되어 있는 자들에게 감화를 주어 그 마음을 돌이켜서 하나님께 순종하도록 할 수 없다는 것을 알게 된다. 왜냐하면, 하나님께서 안으로부터 말씀하시지 않으면, 밖으로부터의 가르침은 사람들의 귓전을 때릴 뿐이기 때문이다. 사도들은 이치를 따져 말함으로써 원수들로 하여금 할 말이 없게 만들 수는 있었지만, 그들의 광분함은 길들여질 수도 없고 교정될 수도 없는 것이었기 때문에, 결국 광기로 폭발하고 만 것이었다. 그러나 우리는 말씀의 능력에도 주목하여야 한다. 왜냐하면, 말씀은 멸망 받을 수밖에 없는 자들을 변화시키거나 그들의 상태를 더 호전시킬 수는 없다고 할지라도, 그들의 마음속으로 찌르고 들어가서 그들의 양심을 뒤흔들어 놓기 때문이다. 즉, 그들이 크게 분노한 것은 자신들이 심판자에 의해서 압력을 받고 있음을 감지한 데서 비롯된 것이었다. 그들은 복음을 아무것도 아닌 것으로 만들기 위해서 자신들이 할 수 있는 온갖 짓을 다 시도하여 복음의 모든 것을 조롱하며 희희낙락한다. 그러나 복음 안에는 위엄이 숨겨져 있어서, 강력한 힘으로 그들에게서 희희낙락하는 모습을 송두리째 앗아가 버린다. 특히, 나팔 소리가 울려 퍼지고, 그들이 하나님의 심판대 앞으로 호출될 때, 그들의 광분한 모습은 그대로 드러나게 될 것이다.

³⁴바리새인 가말리엘은 율법교사로 모든 백성에게 존경을 받는 자라 공회 중에 일어나 명하여 사도들을 잠깐 밖에 나가게 하고 ³⁵말하되 이스라엘 사람들아 너희가 이 사람들에게 대하여 어떻게 하려는지 조심하라 ³⁶이전에 드다가 일어나 스스로 선전하매 사람이 약 사백 명이나 따르더니 그가 죽임을 당하매 따르던 모든 사람들이 흩어져 없어졌고 ³⁷그 후 호적할 때에 갈릴리의 유다가 일어나 백성을 꾀어 따르

게 하다가 그도 망한즉 따르던 모든 사람들이 흩어졌느니라 ³⁸이제 내가 너희에게 말하노니 이 사람들을 상관하지 말고 버려 두라 이 사상과 이 소행이 사람으로부터 났으면 무너질 것이요 ³⁹만일 하나님께로부터 났으면 너희가 그들을 무너뜨릴 수 없겠고 도리어 하나님을 대적하는 자가 될까 하노라 하니(5:34-39).

34. 바리새인 가말리엘은 율법교사로 모든 백성에게 존경을 받는 자라 공회 중에 일어나 명하여 사도들을 잠깐 밖에 나가게 하고. 이제 누가는 하나님께서 악한 자들의 광기를 어떻게 잠재우셨는지에 대해서 말한다. 즉, 그들이 사도들을 어떻게 죽일까 하고 궁리하고 있을 때, 가말리엘이 개입해서 그들의 광기에 찬 모의를 중단시킨다. 또한, 누가는 우리로 하여금 어떻게 한 사람이 그렇게 많은 사람들을 압도할 정도로 강력한 영향력을 행사할 수 있었는지 의아해하지 않도록 하기 위하여 가말리엘이 어떤 인물이었는지를 말해준다. 누가는 그가 "바리새인"이었다고 말하는데, 우리가 알고 있듯이, 바리새파는 당시에 가장 존경을 받는 당파였다. 그리고 누가는 가말리엘이 "모든 백성에게 존경을 받는 자"였다고 말하는데, 그들은 백성을 두려워하였다. 이것이 그들이 그가 한 말에 감히 맞설 수 없었던 이유였다. 이렇게 하나님께서는 원수들이 예상하지 못하고 있던 두려움을 돌연히 불러일으키심으로써 그들의 포악을 제압하는 경우가 자주 있다. 한편, 가말리엘은 사도들이 자신의 말을 듣고 더욱 담대해질 것을 염려해서 그들을 밖에 나가 있게 한다. 왜냐하면, 그는 복음의 가르침을 인정했거나, 복음을 변호할 의사가 있어서, 그런 식으로 말했을 가능성은 거의 없고, 단지 다른 사람들이 한결같이 광기에 사로잡혀 있는 것을 보고서, 교양 있고 절제할 줄 아는 사람으로서 그들의 과격성을 누그러뜨리기 위해 그렇게 말한 것이기 때문이다.

그러나 우리가 모든 사정을 제대로 헤아려 본다면, 가말리엘이 한 말은 사려 깊은 사람의 입에서 나온 것이라고 보기는 어렵다. 물론, 나는 많은 사람들이 하나님께서 가말리엘의 입을 빌려 말씀하신 것이라고 생각한다는 것을 알고 있다. 하지만 만일 우리가 가말리엘의 말을 액면 그대로 하나님의 말씀으로 받아들인다면, 우리는 그 누구를 처벌해서도 안 되고, 어떤 악행을 바로잡고자 해서도 안 되며, 사람의 목숨을 일 초라도 연장하는 것은 우리의 소관이 아닌 까닭에 목숨을 지키기 위한 그 어떤 조치도 다 거부하여야 한다는 결론이 나오기 때문에, 그들이 그렇게 생각하는 것이 잘못이라는 것은 너무나 분명하다. 가말리엘이 한 말 중에서 두 가지, 즉 사람의 어떤 노력도 하나님으로부터 난 것을 무너뜨릴 수 없다는 것과 사람으로부터 난 것은 무너지지 않을 만큼 견고한 것이 없다는 것은 확실한 사실이다. 하지만 이 두 가지가 사실이라고 해서, 우리는 아무 일도 하지 않아도 된다는 결론을 거기로부터 이끌어 내는 것은 잘못이다. 도리어, 우리는 하나님께서 우리에게 무엇을 하라고 명하시는지를 직시하여야 한다. 왜냐하면, 하나님께서는 우리가 사람들의 악행을 억제하는 데에 힘쓰기를 원하시기 때문이다. 그러한 목적을 위해서 하나님께서는 방백들을 세우셨고 그들을 칼로 무장시키셨다. 그러한 목적을 위해서 하나님께서는 교회에 장로들을 세우셔서, 오만불손한 자들을 바로잡게 하시고, 죄를 짓고도 유야무야 넘어가는 일이 없게 하셨다. 그러므로 하나님께서는 모든 악을 제거하실 수 있는 충분한 능력을 갖고 계시기 때문에, 우리는 아무것도 하지 않아야 한다는 결론을 내리는 것은 잘못이다. 가말리엘의 권면은 전체적으로 이런 것이었지만, 어쨌든 그는 서기관들과 장로들에게 하나님을 대적하지 말라고 경고한다. 하지만 그는 이 사건과 관련해서 어떤 의문이라도 있는 것처럼 말한다. 그가 사도들이 한 일이 선한 일이었는지, 아니면 악한 일이었는지에 대하여 확실한 결정을 내리지 못하고, 다만 상황이 좀 더 분명해질 때까지 이 사건에 대한 판단을 한동안 미루는 것이 좋겠다고 제안하면서, 이 사건의 공과를 놓고 이리저리 흔들리는 모습을 보였다는 점을 감안하면, 이 사건과 관련해서 그에게는 근본적으로 어떤 분명한 확신이 없었다는 것은 분명해 보인다.

요컨대, 가말리엘은 기본 원리를 제대로 파악해서 올바른 전제들을 세우긴 하였지만, 오직 신앙에만 적용되어야 할 원리를 외적인 소임과 행동방식에 적용하는 잘못을 범함으로써 잘못된 결론을 도출해 내고 만 것이다. 따라서 온 세상이 하나님을 대적하고 반대한다고 할지라도, "하나님께로부터" 난 것들은 우리가 반드시 세워야 한다는 것이 우리의 논리가 되는 것이 마땅하다. 그러므로 우리의 신앙이 하나님의 영원한 진리에 의해서 밑받침되고 있기만 하다면, 우리는 사탄과 사람들의 온갖 공격에도 흔들리지 말고 두려움 없이 견고히 서야 한다. 우리의 구원을 시작하신 분이자 지키시는 분은 하나님이시기 때문에, 설령 하늘이 무너진다고 해도, 우리의 구원은 안전할 수밖에 없다. 하나님께서 그리스도의 나라를 지켜 주시기 때문에, 그 어떤 세력도 그 나라를 뒤엎을 수 없다. 또한, 복음의 가르침은 하나님이라는 터 위에 세워진 것이기 때문에, 사람들이 온갖 수단을 동원해서 대적하고 흔들어대도 언제까지나 견고할 수밖에 없다. 다시 한 번 말하지만, 악한 자들이 교회를 무너뜨리기 위해서 있는 힘을 다하고 모든 수단을 다 동원하며, 그리스도와 그의 교회에 맞서서 아무리 맹렬한 도발을 감행한다고 할지라도, 사람들의 계획을 수포로 돌아가게 하시는 것이 하나님의 고유한 역사이고, 하나님께서는 그런 방식으로 그들의 무모함(temeritas)을 벌하시기 때문에, 그들은 결코 성공할 수 없다. 우리는 이 두 가지 원리가 신앙에도 그대로 적용된다는 것을 알고 있다. 하지만, 그렇다고 해서 그리스도의 종들이 진리를 수호하기 위해서 열심을 덜 내도 좋다는 말은 성립되지 않는다. 그리스도의 종들이 어떻게 자신들의 나태함으로 말미암아 교회가 무너지도록 방치할 수 있겠으며, 모든 것을 뒤엎어 버리려고 시도하는 자들의 사악함을 수수방관할 수 있겠는가?

36. 이전에 드다가 일어나. 요세푸스의 글이 신뢰할 만한 것이라고 한다면, 여기서 가말리엘은 실제로 일어난 역사적 사건들의 순서를 뒤바꿔서 말하고 있는 것이 된다. 왜냐하면, 요세푸스는, "구레뇨"가 총독이었을 때에 인구조사가 진행되지 못하도록 하기 위해서 가말라 출신의 "갈릴리 유다"가 자신의 추종자들을 규합해서 소요를 일으켰고, 그 후에 "드다"가 파두스(Cuspius Fadus) 총독 시절에 하나님의 선지자를 자처한 사건이 있었다고 보도하기 때문이다. 파두스는 클라우디우스 황제에 의해서 유대로 파견되었다. 앞의 이야기는 요세푸스의 「유대 고대사」 제18권에 나오고, 뒤의 이야기는 제20권에 수록되어 있다. 그러나 나는 누가가 "그 후 … 갈릴리의 유다가 일어나"라고 했을 때, 그것은 연대기적 순서를 염두에 두고 그렇게 말한 것이 아니라, 단지 가말리엘이 역사상에서 있었던 두 가지 서로 유사한 사건을 언급한 것을 염두에 두고서, 연대기적 순서와는 상관없이 이 두 사건을 차례로 나열하기 위한 것이었다고 생각한다. 따라서 여기서 "그 후"로 번역된 전치사는 "뿐만 아니라" 또는 "그밖에도"라는 의미로 사용된 것이다.

그런데 가말리엘이 자신의 견해를 뒷받침하기 위해서 제시한 이 사례들은 그렇게 썩 어울리는 것들이 아니었다. 왜냐하면, 갈릴리 유다를 즉각적으로 제압하고자 하는 조치가 취해지지 않은 결과, 그가 일으킨 소요 사태는 많은 재앙을 가져왔고, 결국에는 무력으로 진압되었으며, 드다의 경우에도 만일 파두스 총독이 적시에 제압하지 않았더라면, 훨씬 더 큰 재난이 초래되었을 것이기 때문이다. 그러나 가말리엘이 염두에 둔 것은 단 한 가지였다. 즉, 사람들이 앞뒤 가리지 않고 맹목적으로 돌진하게 되면, 하나님의 의로우신 심판에 의해서 나쁜 결과가 초래된다는 것이다. 악한 제사장들은 하나님의 선하신 권고를 들으려 하지 않았기 때문에, 하나님께서 뭐가 뭔지 몰라서 당혹해하며 생각이 왔다 갔다 했던 가말리엘의 어줍잖은 논리를 사용하셔서 그들을 찍 소리조차 할 수 없게 만드신 것은 합당한 일이었다. 또한, 우리가 시간을 따져보게 되면, 사도들이 공회에 끌려가서 태장을 맞은 사건은 그리스도께서 죽으신 지 적어도 12년이 흐른 뒤의 일이었다. 왜냐하면, 그리스도의 사후에 티베리우스가 통치했던 5년이라는 기간에 칼리굴라가 통치한 3년 반이 보태져야 하고, 파두스는 클라우디우스의 재위 2년 또는 3년 이전에는 유대로 파견되지 않았으며, 가말리엘은 사도들이 복음을 전한 것이 아주 최근의 일로 말하고 있지 않기 때문이다. 따라서 내가 앞에서 말했던 그 정도의 기간이 산정된다. 이것이 사도들의 불굴의 신앙이 더욱 빛을 발하는 이유이다. 왜냐하면, 그들은 자신들이 오랫동안 인내하며 수고했던 일이 이렇게 험한 대접을 받았음에도 불구하고, 결코 무너지지 않았을 뿐만 아니라, 자신들이 지금까지 달려온 길을 계속해서 달려가기를 포기하지 않았기 때문이다.

36. 스스로 선전하매. 어떤 사본들에는 "자신이 대단한 인물이라고 말하매"로 되어 있지만, 의미는 동일하다. 왜냐하면, 그는 자기가 요단 강을 마르게 해서, 자기를 따르는 자들이 그 강을 맨발로 건너게 할 수 있는 선지자라고 자랑하였기 때문이다. 한편, 가말리엘이 그리스도의 거룩한 사역자들을 선동가들이나 강도들과 비교하고 있는 것을 볼 때, 우리는 그의 인식이 정확한 사실과 얼마나 동떨어져 있는지를 알게 된다. 나중에, 그는 자신의 어조를 누그러뜨려서 좀 더 호의적인 입장으로 기울기는 하였지만, 과연 사도들이 하나님을 섬기는 가운데 하나님이 명하신 일들을 한 것인지에 대해서는 결정을 유보한다. 하지만 그는 사도들의 일을 더 자세하게 조사해 볼 것을 요청하지 않고, 단지 아무것도 하지 않는 가운데 그저 지켜볼 것을 조언하고 있기 때문에, 그의 말은 여전히 의심스럽다. 그가 한 말 중에서 우리가 인정해 줄 수 있는 단 한 가지는 하나님을 대적하는 것보다 더 두려운 일은 없다는 이유를 들어서, 악한 자들로 하여금 불경스럽고 무모하게 행하는 것을 단념하도록 충고한 것이다.

⁴⁰그들이 옳게 여겨 사도들을 불러들여 채찍질하며 예수의 이름으로 말하는 것을 금하고 놓으니 ⁴¹사도들은 그 이름을 위하여 능욕 받는 일에 합당한 자로 여기심을 기뻐하면서 공회 앞을 떠나니라 ⁴²그들이 날마다 성전에 있든지 집에 있든지 예수는 그리스도라고 가르치기와 전도하기를 그치지 아니하니라(5:40-42).

40절. 채찍질하며 예수의 이름으로 말하는 것을 금하고. 누가는 그들이 가말리엘의 권고를 받아들였다고 말하지만, 사도들은 채찍질을 당하고 가르치는 것을 금지 당했다. 여기서 우리는 원수들의 분노가 얼마나 큰 것이었는지를 짐작할 수 있다. 왜냐하면, 지금 그들의 분노가 풀리거나 적어도 누그러졌는데도, 그들은 여전히 사도들을 이렇게 가혹하게 다루고 있기 때문이다. 또한, 이것은 하나님의 진리는 외면하고서, 오직 사람만을 고려해서 어중간하게 타협적인 권고가 받아들여졌을 때, 이런 불행한 결과가 생겨난다는 것을 분명하게 보여준다. 가말리엘 덕분에 사도들이 목숨을 보전할 수 있었던 것은 분명하지만, 사실 이것은 사도들 안에서 하나님의 아들을 욕보인 것이었다. 원수들은 이제 복음의 진리가 영원한 침묵 속에 묻히게 될 것이라고 생각하였을 것이다. 하나님께서는 놀랍게도 이런 방법으로 자신의 말씀을 전파하지만, 그들의 악한 음모는 그칠 줄을 모른다. 우리가 이것을 주목해야 하는 이유는 오늘날 대다수의 사람들이 복음을 전하다가 위험에 빠진 이들의 목숨을 구해 주거나, 피를 보려고 달려드는 원수들을 회유하여 온건하게 만드는 것이 하나님을 아주 잘 섬기고 순종하는 것이라고 생각하는 반면에, 사람들로 하여금 그리스도를 부인하는 죄를 범하도록 몰아가는 것은 두려워하지 않기 때문이다. 그러나 하나님이 보시기에는, 그리스도를 시인하고 고백하는 것이 모든 사람의 목숨보다 훨씬 더 귀하다. 경건에 대해서는 아무런 관심도 없으면서, 인간적인 의무를 이행함으로써 하나님의 은총을 사고 싶어 하는 사람들이 과연 무엇을 할 수 있겠는가?

41. 사도들은 … 기뻐하면서 공회 앞을 떠나니라. 우리는 사도들이 너무나 둔감해서 수치심도 느끼지 못했고, 자신들이 겪은 고초에 대해서 무덤덤했던 것이라고 생각해서는 안 된다. 그들은 결코 인간의 본성을 완전히 벗어 버린 것이 아니었다. 그러나 그들이 이런 일을 당한 원인을 곰곰이 생각했을 때, 기쁨이 그 모든 것을 압도하였다. 믿는 자들은 복음을 위하여 핍박을 받을 때마다 이렇게 양면적인 감정을 느낄 수밖에 없다. 즉, 그들은 쓰라린 고난에 아파할 수밖에 없긴 하지만, 영적 기쁨을 통해서 그러한 슬픔을 이겨낼 수 있다는 것이다. 왜냐하면, 만일 기쁨으로부터 솟아난 열심과 활력이 그들에게 새 힘을 주지 않았더라면, 그들은 오래 버티지 못하고 항로 수정을 하고 말았을 것이기 때문이다. 주님께서는 죽음이 쓰디쓸 것이라고 말씀하셨지만, 베드로에게는 죽음조차도 달콤하고 기쁜 일이었을 것임은 의심의 여지가 없다. 그러므로 우리가 늘 기쁜 마음으로 십자가로 나아가고, 십자가가

우리 위에 놓이게 되었을 때에 기꺼이 짊어질 수 있으려면, 슬픔이나 염려와 싸워 이겨야 한다는 것을 알아야 한다.

41. 그 이름을 위하여 능욕 받는 일에 합당한 자로 여기심을 기뻐하면서. "능욕 받는 일" 속에 영광이 있다는 누가의 말은 언뜻 보면 말이 안 되는 것 같다. 그러나 그것은 하나님과 세상의 차이에서 비롯된 것이다. 왜냐하면, 사람들이 보기에 가장 수치스럽고 욕된 일이 하나님과 천사들이 보기에는 가장 존귀하고 영광스러운 일이기 때문이다. 우리는 그리스도께서 가장 수치스러운 욕된 종류의 죽음을 당하셨지만, 그럼에도 불구하고 십자가 위에서 가장 고귀한 승리를 이루어 내셨다는 것을 알고 있다. 그런 까닭에, 우리가 그리스도를 본받아 세상에서 수치를 당할 때, 우리는 그것이 사실은 우리에게 지극히 영광스러운 일이라는 것을 당당하게 자랑할 수 있다. 그래서 바울은 자기에게 "예수의 흔적"이 있는 것을 자랑하였다(갈 6:17). 우리는 여기서 우리로 하여금 하나님의 아들과 연합하게 하는 토대가 무엇인지에 주목하여야 한다.

그는 세상에서 수치당하는 것을 자신의 영광으로 바꾸셔서 흡수해 버리셨을 뿐만 아니라, 세상의 질책과 능욕과 조롱을 최상의 존귀로 바꾸어 놓으셨다. 우리는 육신적인 생각에 거의 사로잡혀 있기 때문에, 기꺼이 십자가를 질 수 있을 만큼 강하고 담대한 사람이 이토록 적은 것은 별로 놀랄 일이 아니다. 그리스도를 위하여 당하는 능욕이 세상에서의 모든 승리를 합한 것보다 훨씬 더 값지고 귀하다고 여기는 사람은 백 명 중에 한 명도 되지 않지만, 바로 이러한 사실이 우리가 힘을 얻고 위로를 받을 수 있는 유일한 토대이다. 그렇기 때문에, 우리는 "우리가 그와 함께 영광을 받기 위하여 고난도 함께 받아야 할 것이니라"(롬 8:17)는 말씀을 더욱 진지하게 묵상할 필요가 있다

42. 가르치기와 전도하기를 그치지 아니하니라. 그들의 기쁨에는 불굴의 변함 없는 담대함이 수반되었다. 왜냐하면, 우리가 기쁨 중에 우리 자신의 마음을 들어 올려 그리스도를 바라봄으로써, 결국 승리하리라는 소망을 굳게 붙잡고, 인내할 수 있는 힘을 얻게 된다면, 핍박을 받는다고 해서, 낙심하고 좌절하는 일은 있을 수 없기 때문이다. 그리스도를 위하여 고난을 받는 자신이 복 받은 것이라고 생각하는 자는 아무리 어려운 싸움을 싸운다고 하더라도 결코 물러서거나 배반하지 않는다. 그러므로 어떤 의미에서 사도들은 채찍 맞기를 두려워하기는커녕, 도리어 기꺼이 채찍을 맞고 담대하게 죽음을 향하여 나아간 사람들이었다고 할 수 있다. 반면에,

우리는 극히 작은 핍박을 겪었을 뿐인 데도, 마치 이미 백전노장이라도 된 것처럼, 다른 주자들에게 얼른 횃불을 넘겨주고 신속하게 뒤로 물러나 버리려고 한다. 우리의 이런 나약함에 화가 있을지어다!

제6장

¹그 때에 제자가 더 많아졌는데 헬라파 유대인들이 자기의 과부들이 매일의 구제에 빠지므로 히브리파 사람을 원망하니 ²열두 사도가 모든 제자를 불러 이르되 우리가 하나님의 말씀을 제쳐 놓고 접대를 일삼는 것이 마땅하지 아니하니 ³형제들아 너희 가운데서 성령과 지혜가 충만하여 칭찬 받는 사람 일곱을 택하라 우리가 이 일을 그들에게 맡기고 ⁴우리는 오로지 기도하는 일과 말씀 사역에 힘쓰리라 하니 ⁵온 무리가 이 말을 기뻐하여 믿음과 성령이 충만한 사람 스데반과 또 빌립과 브로고로와 니가노르와 디몬과 바메나와 유대교에 입교했던 안디옥 사람 니골라를 택하여 ⁶사도들 앞에 세우니 사도들이 기도하고 그들에게 안수하니라(6:1-6).

누가는 여기서 집사 제도에 대해서 보도하면서, 이 제도가 어떤 계기로 생겨나게 되었고, 어떤 목적을 갖고 있었으며, 어떤 방식으로 운영되었는지를 보여준다. "좋은 법은 나쁜 관습에서 생겨난다"는 격언처럼, 제자들 사이에서 생겨난 "원망"을 진정시키기 위한 해결책으로 집사 제도가 모색된 것이라고 그는 말한다. 집사 직분이 매우 중요하고 필수적인 교회의 제도라는 점을 감안할 때, 지금 불가피한 상황으로 내몰려서 이 제도를 도입하지 않을 수 없게 되었을 것이라면, 왜 사도들은 처음부터 집사들을 세울 생각을 하지 않은 것이었고, 성령께서는 사도들에게 미리 그런 지혜를 주시지 않은 것이었을까 하는 의구심이 들 수 있다. 하지만 성경에 보도된 과정을 통해서 집사 제도가 도입된 것이 당시로서도 더 좋은 일이었고, 오늘날의 우리에게도 하나의 본보기로서 더 유익한 일이었다. 만일 집사들을 세울 필요성이 대두되기도 전에, 사도들이 이 문제에 대해 말을 꺼냈더라면, 사람들은 이 제도를 받아들일 마음의 준비가 되어 있지 않았을 것이기 때문에, 사도들이 귀찮고 수고로운 일을 다른 사람들에게 떠맡기려고 그러는 것이라고 은연중에 생각해서, 그 일을 사도들이 아닌 다른 사람들에게 맡기는 것을 탐탁지 않게 여겼을 것이다. 따라서 신자들은 자신들의 직접적인 경험을 통해서 집사들이 없으면 안 되겠다는 것을 깨닫고서, 집사들을 진작 세우지 않은 것은 자신들의 불찰이었다는 사실을 인정하고, 흔쾌히 집사들을 택해서 세워야 한다는 확신을 가질 필요가 있었다.

이 이야기를 통해서 무엇보다도 먼저, 우리는 교회가 아무것도 고칠 것이 없을 만큼 완벽하게 형태를 갖추는 것이 단번에 될 수는 없다는 것과 교회라는 거대한 건축물이 아무것도 추가될 것이 없을 만큼 하루 아침에 완벽하게 완성될 수도 없다는 것을 배우게 된다. 다음으로, 우리는 인간의 과오로 인해서 타락되거나 무용지물이 되는 일이 없을 만큼 거룩하고 칭송을 받을 만한 하나님의 제도(Dei institutum)는 존재하지 않는다는 것을 배우게 된다. 우리는 이 세상에서는 모든 일들이 결코 완벽하게 선할 수 없어서, 선한 일에도 늘 어느 정도의 악한 것이 섞여 있다는 것에 대하여 의아해할 수 있지만, 사실 모든 것을 그렇게 만드는 것은 우리의 부패하고 악한 본성(ingenii nostri pravitas)이다. 누가는 앞에서 모든 사람의 재물이 하나님께 봉헌된 후에 공평하게 분배되었고, 사도들이 하나님과 가난한 자들의 청지기로서 헌금과 구제를 관리하였다고 보도했는데, 이러한 일들이 하나님의 뜻을 따라 이루어진 질서였다는 것은 두말 할 필요가 없다. 그러나 얼마 지나지 않아서 원망이 생겨났고, 결과적으로 이러한 질서는 엉망이 되고 만다. 내가 앞에서 언급한 인간의 악성(vitiositas hominum)이 여기서 드러나는데, 이 악성으로 말미암아 우리는 하나님께서 우리에게 주신 선한 것들조차 활용할 수 없게 된다. 아울러, 우리는 우리로 하여금 하나님의 은사들을 선용하지 못하게 만드는 사탄의 교활한 술책을 경계하여야 한다. 왜냐하면, 사탄은 그러한 은사들의 효용(usus)이 순수하고 온전하게 유지되지 못하도록 하기 위해서, 거기에 모종의 이질적인 요소를 혼입하여, 우리로 하여금 처음에는 의심을 품게 만들고, 다음으로는 염증을 느끼도록 만들며, 결국에는 폐기하도록 만들려고 온 힘을 쏟기 때문이다. 사도들은 자신들의 본보기를 통해서 우리가 사탄의 그러한 술책에 굴복해서 안 된다는 것을 가르쳐 준다. 사도들은 신자들이 원망하는 것을 보고서 언짢기는 하였지만, 구제 사역이 하나님을 기쁘시게 하는 일임을 알고 있었기 때문에, 이 사역을 없애서는 안 된다고 생각하고, 신자들의 원망을 잠재울 수 있는 묘안을 찾아내서, 하나님이 원하시는 일이 교회에 계속해서 존속될 수 있게 하였다. 사도들이 그렇게 한 것은 전적으로 합당한 일이었다. 왜냐하면, 사탄이 매일같이 우리 앞에 어떤 걸림돌을 갖다놓든지 간에, 우리는 다른 면들에서는 우리에게 유익이 되는 제도들을 사탄의 농간에 의해서 없애 버리는 어리석음을 범하지 않도록 각별한 주의를 기울이는 것이 마땅하기 때문이다.

1. 그 때에 제자가 더 많아졌는데. 하나님께서 자신의 교회를 성장시키시고, 가

능한 한 많은 사람들을 사방에서 불러서 자기 백성으로 삼으시는 것보다 더 좋은 일은 없지만, 우리의 부패한 본성으로 말미암아 세상에는 모든 점에서 다 좋은 일이란 존재할 수 없다. 교회가 성장하다 보면, 동시에 문제도 많이 발생한다. 왜냐하면, 위선자들이 회중 속으로 슬금슬금 들어오는 것을 완벽하게 막는 것도 어려울 뿐더러, 그들의 사악함은 곧장 드러나는 것이 아니라, 회중의 일부가 그들의 사악함에 감염이 된 후에야 드러나기 때문이다. 또한, 거짓으로 회개한 척하고 숨어 들어오는 사악하고 후안무치하며 방종한 자들도 많이 있다. 다른 수많은 요인들은 다 그만두고라도, 많은 사람들의 마음이 하나로 합쳐지는 것은 결코 쉬운 일이 아니다. 도리어, 사람들의 습관이 다양한 것만큼이나 각자가 추구하는 것도 다르기 때문에, 한 가지 동일한 일이 모든 사람을 똑같이 만족시킬 수는 없다. 이런 걸림돌 때문에 많은 사람들은 교회를 대신해서 일할 소수의 사람을 뽑아서 교회의 일을 맡겨 버리고 싶어 하고, 회중에 대해서는 혐오하거나 심지어 증오하는 마음까지 품게 된다. 그러나 교회에 문제들이 생기는 것을 성가시게 생각하거나 혐오하는 정도가 지나친 나머지, 교회의 성장을 바람직하지 못한 것으로 여기거나, 교회를 선전하기 위해서 애쓰지 않거나, 공동체 전체와 하나가 되는 것을 소중히 여기고 그렇게 하기 위하여 최선을 다하는 것을 포기해서는 안 된다.

1. 헬라파 유대인들이 … 히브리파 사람을 원망하니. 인종이나 나라가 다른 것을 불화의 계기로 삼는 자들은 하나님의 성령으로 완전히 거듭난 것이 아니라는 사실이 여기서 명백하게 드러난다. 왜냐하면, 그리스도 안에서는 "유대인"도 없고 "헬라인"도 없는 까닭에(갈 3:28), 이러한 경쟁이나 질투는 육신과 세상의 냄새를 풍기는 것이기 때문이다. 따라서 우리는 그런 것들이 우리를 불시에 사로잡지 못하도록 더욱 조심하여야 한다. 또한, 그들은 "원망"을 통해서 자신들의 분노를 드러냈다는 점에서, 그들에게는 또 다른 잘못도 있었다. 게다가, 그들의 "원망"이 정당한 것이었는지도 확실하지 않다. 왜냐하면, 누가는 "헬라파 유대인들"이 교회가 자신들의 "과부들"을 홀대한 것을 원망하였다고 보도하고 있기는 하지만, 누가는 실제로 헬라파에 속한 과부들이 홀대를 당했다고 보도한 것이 아니라, 그들이 그렇게 생각하였다는 것만을 보도한 것이기 때문이다. 즉, 사도들은 유대파 과부들을 잘 알고 있었던 까닭에 그들을 더 세심하게 배려할 수 있었던 것뿐인데도, "헬라파 유대인들"은 자신들의 과부들이 이방인이라 무시당했다고 잘못 생각했을 수 있다는 것이다. 그리고 이것은 얼마든지 있을 법한 일이었다. 또한, 여기서 "구제"로 번역된 헬라어

'디아코니아'(διαχονία)는 "구제하는 일"이라는 능동적인 의미로도 해석될 수 있고 "구제받는 일"이라는 수동적인 의미로도 해석될 수 있다. 왜냐하면, 우리는 초기에는 과부들이 교회의 집사로 선출되어 구제하는 일을 담당했었다는 것을 알고 있기 때문이다. 그러나 나는 헬라파 유대인들이 불평한 것은 자기 파에 속한 과부들이 제대로 구제받지 못한 것이 원인이었을 것이라고 생각한다. 따라서 여기서 "구제"는 당시 관행적으로 행해지고 있던 매일의 배급을 가리키는 것이었을 것으로 보인다.

2. 열두 사도가 모든 제자를 불러 이르되. 사도들이 여기서 화를 내거나 흥분하지 않은 것은 그들의 관용함과 공정함을 보여주는 증표였고, "원망"이 불거지자마자 해결책을 찾는 일을 뒤로 미루지 않고 초기에 악의 싹을 잘라 버리기 위해 신속하게 대처한 것은 그들의 지혜롭고 사려 깊음과 경건한 신중함을 보여주는 증표였다. 왜냐하면, 온갖 분열과 갈등이 축적되면, 그것은 치유하기 어려운 상처가 되기 때문이다. 이러한 회합이 있었다는 사실로부터 분명한 것은 초대 교회가 질서 있고 이치에 맞게 치리되고 있었던 까닭에, 사도들은 교회 내에서 최고의 권위를 갖고 있었음에도 불구하고, 회중들에게 자신들의 생각과 계획을 알려주며 잘 소통하였다는 것이다. 또한, 우리는 "믿는 자들" 또는 "그리스도인들"이라는 말 대신에 "제자들"이라는 말이 사용되고 있는 것에 주목하여야 한다. 왜냐하면, "네 모든 자녀는 여호와의 교훈을 받을 것이니"(사 54:13)라는 이사야의 예언과 "작은 자로부터 큰 자까지 다 나를 앎이니라"(렘 31:34)는 예레미야의 예언이 그들의 그러한 호칭 속에서 성취되고 있는 것임에 틀림없기 때문이다.

2. 마땅하지 아니하니. 여기서 "마땅하지 아니하다"로 번역된 헬라어는 '우크 아레스톤'(οὐκ ἀρεστόν)이다. 헬라어에서 '아레스토스'(ἀρεστός)라는 단어는 "다른 것들보다 좋거나 선호되는 것"이라는 뜻으로 사용되기도 하고, "마음에 들거나 작정된 것"이라는 뜻으로 사용되기도 한다. 만약 여기서 사도들이 구제하는 일에 관여하는 것이 유익한 일이 아니라고 말한 것이라면, 지금 그들은 자신들이 이제까지 구제하는 일에 관여해 온 것에는 뭔가 문제가 있다는 것을 시인하는 것으로 보인다. "경험이 지혜의 아버지이다"라는 말은 분명히 옳다. 따라서 사도들이 경험을 통해서 구제하는 일을 자신들이 맡아서 하는 것은 합당하지 않다는 것을 알게 되었고, 그래서 그들에게서 그 짐을 덜어 줄 것을 교회에 부탁한 것이라고 본다면, 거기에는 이치에 맞지 않는 점은 하나도 없을 것이다. 그리고 만일 이 일과 관련해서 어떤 잘

못이나 실수가 있었다면, 그것은 사도들의 탓이라기보다는 어쩔 수 없는 일이었다고 해야 한다. 왜냐하면, 사도들은 구제하는 일을 자신들이 맡으려고 욕심을 낸 것이 아니라, 자신들이 그 일을 하는 것 말고는 다른 방도가 딱히 보이지 않았던 까닭에, 가난한 사람들의 어려운 처지를 모르는 척하는 것보다는 많은 부담이 되더라도 그 짐을 지는 것이 낫겠다고 생각한 것이었기 때문이다. 그런데 이제 그들은 "하나님의 말씀을 제쳐 놓고" 가난한 자들을 돌보는 일에만 몰두하는 것은 "마땅하지 아니하다"라고 말함으로써, 자신들이 이 두 가지 짐을 모두 다 질 수는 없기 때문에, 어느 하나는 포기할 수밖에 없다는 뜻을 내비친 것이다. 그들은 이렇게 말한 것과 같다: "너희가 복음을 전하는 우리의 사역을 기뻐한다면, 가난한 자를 돌보는 일로부터 우리를 풀어 주는 것이 마땅하다. 왜냐하면, 우리가 이 두 가지 일을 모두 다 감당할 수는 없기 때문이다." 하지만 그들은 구제하는 일을 맡아서 해오면서도, 말씀을 가르치는 직무를 유기한 적이 없었다는 점에서, 그들의 말은 딱히 적절해 보이지 않을 수 있다. 나의 대답은 사도들은 구제하는 일도 소홀히 할 수 없었기 때문에, 말씀을 가르치는 사역에 전념했어야 함에도 불구하고, 마음이 나뉘어서 만족스러울 정도까지 전념할 수는 없었다는 것이다. 그래서 구제하는 일은 그들로 하여금 가르치는 일에 온 힘을 다해 진력할 수 없게 만드는 까닭에, 그들은 그 일을 벗을 수 있기를 바란 것이다. 하지만 우리는 사도들이 가난한 자에 대한 관심을 완전히 접었다고 생각해서는 안 된다. 그들은 자신들의 본연의 직무에 집중하기 위해서 일을 덜어줄 것을 바란 것뿐이다. 한편, 사도들은 말씀 사역이 지극정성을 들여야 되는 일이기 때문에, 거기에만 전적으로 매달려야 하고, 다른 일에 신경을 써서는 안 되는 사역이라는 것을 보여준다. 만일 처음부터 이 점이 제대로 고려되었더라면, 교회에서의 직무 분담은 완전히 다르게 이루어졌을 것이다.

교황의 주교들은 몸이 열 개라도 감당할 수 없을 만큼 갖가지 일에 관여하는 바쁘신 몸인데도, 구제하는 일을 자신들이 도맡아 총괄한다는 미명 하에 막대한 재물을 집어삼킨다. 하지만 그들의 말과 행위가 상반된다는 것은 삼척동자도 알 수 있을 정도인데도, 그들은 입으로는 끊임없이 자신들은 사도들의 계승자라고 자랑하면서, 자신들이 그렇게까지 깊이 교회의 일에 개입해야만, 비로소 교회가 존속할 수 있다고 주장하는 뻔뻔스러움을 보인다. 실제로 그들은 식탁 봉사를 하느라고 자신들의 식탁에서 진수성찬을 먹는 즐거움을 포기해야 하는 일이 벌어지지 않도록 신경을 쓴다. 왜냐하면, 자신의 식탁에 신경을 많이 쓰는 사람은 누구든지 다른 사람들의 식탁에는 아무런 관심이 없는 사람이기 때문이다.

　그러나 그런 일들은 이 정도로 하고, 이제 이 구절이 우리에게 어떤 교훈을 주는지를 살펴보자. 우리는 가난한 자들을 돌보는 것이 얼마나 거룩한 일인지를 알고 있다. 그렇기 때문에, 사도들이 복음을 전하는 일을 구제하는 일보다 우선하였을 때, 우리는 하나님께 순종하여 행하는 일들 중에서 복음을 전하는 일보다 하나님을 더 기쁘시게 하는 것은 없다는 결론을 얻게 된다. 그런데 사도들은 자신들이 이 두 가지 직무를 다 감당할 수는 없다고 말하고 있기 때문에, 우리는 난관에 봉착하게 된다. 우리가 어떤 식으로든 사도들보다 더 나을 것이 없다는 것은 확실하다. 그러므로 가르치는 사역으로 부르심을 받은 자는 누구든지 격언이 말해 주듯이 자신의 강점을 갈고 닦는 일에 혼신의 힘을 기울이는 것이 마땅하다. 왜냐하면, 우리에게는 곁길로 빠지는 것보다 더 쉬운 일은 없기 때문이다. 게다가, 육신은 그럴싸한 핑곗거리를 충분히 제공하기 때문에, 자신과는 상관없는 일에 푹 빠져 있는 사람들은 자신들이 본래 해야 할 일에서 멀리 떠나 있다는 것을 금세 깨닫지 못한다. 그런 까닭에, 말씀 사역자들은 사도들이 자신들은 가르치는 직분으로 부르심을 받았기 때문에 가난한 자들을 돌보는 일을 포기할 수밖에 없다고 한 이 구절을 수시로 상기해서, 자기 자신을 채찍질하여야 한다. 따라서 우리가 하나님을 섬기는 일에서 중요한 부분으로 여겨질 수 있는 일도 포기해야 하는 마당에, 세상적인 일들을 하는 데에 마음을 쓰고, 그것도 개인적인 이득을 얻기 위해서 그런 일들에 관여한다면, 무슨 변명을 할 수 있겠는가?

　3. 형제들아 … 일곱을 택하라. 우리는 여기서 교회가 어떤 목적으로 집사들을 세우게 되었는지를 알게 된다. "집사"가 일반적인 용어라는 것은 분명하지만, 가난한 자들을 돌보는 청지기를 "집사"라고 부르는 것은 적절하다. 이 구절을 통해서 우리는 교황주의자들이 얼마나 제멋대로 오만방자하게 하나님과 사람들을 우롱하고 있는지를 분명히 알게 된다. 왜냐하면, 그들이 집사들에게 맡기는 일은 성반과 성배를 관리하는 일이 유일하기 때문이다. 우리가 집사들에 대한 교황주의자들의 처사가 사도들이 집사들을 세운 목적과 그 어떤 점에서도 일치하지 않는다는 것을 증명하기 위해서, 굳이 여기서 길게 논쟁을 벌일 필요는 없을 것이다. 그렇지만 이 문제에 대해서 좀 더 자세하게 알고자 하는 독자들은 나의 「기독교강요」(4.3.9)를 참조할 수 있을 것이다. 먼저, 본문에서는 집사를 세울 수 있는 권한이 교회에 있음을 보여준다. 왜냐하면, 어느 한 사람이 자기 마음대로 직분자들을 임명하는 것은 폭

군이나 하는 짓이기 때문이다. 따라서 교회에서 공적인 직분을 맡게 될 사람들은 교인 전체가 참여하는 선거를 통해서 선출하는 것이 가장 합당하다. 그러나 사도들은 어떤 사람들이 선택되어야 하는지를 미리 제시한다. 즉, "성령과 지혜가 충만하여 칭찬 받는 사람"이 집사 직분을 맡을 자격이 있다는 것이다. 이것은 교회의 모든 일은 회중의 동의와 승인 하에 행해져야 하지만, 목회자는 회중이 자신들의 한계를 넘어서서 일탈하지 않도록 하기 위하여 자신의 권위로써 그들의 충동적인 행태를 적절히 제어할 수 있음을 의미하는 것이기 때문에, 독재도 아니고 무질서한 방종도 아닌 중도적인 방식이다. 아울러, 우리는 교회가 오직 적임자들만을 택하여 세울 수 있도록 하기 위해서, 신자들에게 한 가지 원칙이 부과되고 있다는 사실을 주목할 필요가 있다. 왜냐하면, 아무 사람이나 선택해서 하나님의 집을 관리하도록 하는 것은 하나님을 심각하게 모독하는 것이기 때문이다. 그러므로 우리는 검증되지 않은 사람은 단 한 사람도 교회의 거룩한 직분으로 택함 받는 일이 없도록 하기 위해서 심혈을 기울여야 한다. "일곱"이라는 숫자는 당시의 필요에 따른 것이었기 때문에, 우리는 그 숫자 속에 무슨 신비한 뜻이 숨어 있는 것처럼 생각할 필요가 없다. 나는 "성령과 지혜가 충만하여"라는 누가의 말을 집사들이 자신들에게 맡겨진 직무를 제대로 수행하기 위해서는 성령의 여러 가지 은사만이 아니라 슬기로움도 필요하다는 의미로 해석한다. 즉, 집사들은 형제들의 곤궁함을 덜어주기 위해 필요한 재물을 집어삼킬 가능성이 몹시 큰 자들의 사기나 협잡을 막아낼 수 있어야 할 뿐만 아니라, 끊임없이 근거 없는 험담을 늘어놓는 자들의 중상모략에도 대처할 수 있어야 하기 때문에, 그들에게는 슬기로움도 꼭 필요한 것이었다. 왜냐하면, 집사라는 직분은 힘들고 고될 뿐만 아니라, 악의에 찬 원망도 받기 쉬웠기 때문이다.

4. 우리는 오로지 기도하는 일과 말씀 사역에 힘쓰리라. 여기서 사도들은 다른 여러 가지 일들에 관여하다 보면 평생토록 해도 끝이 없을 것이라는 점을 다시 한 번 지적한다. 한때 거룩한 의식에서도 사용되었던 "이것을 하라"는 옛 말이 이런 상황에 딱 들어맞는다. 그런 까닭에, 사도들은 "어떤 일에 몰두해서 분주하고 바쁘게 움직이다"라는 의미를 지닌 '프로스카르테레사이'(προσκαρτερῆσαι, "힘쓰다")라는 동사를 사용한다. 목회자들은 매일 약간의 시간을 가르치는 데에 썼다고 해서, 자신이 해야 할 일을 다 했다고 생각해서는 안 된다. 가르치는 일에 열심을 내서 부지런히 애쓰고 힘쓸 때에야, 비로소 그들은 자신들이 가르치는 일에 힘쓰고 있다고 제대로 자랑할 수 있을 것이다. 사도들이 "말씀 사역" 말고도 "기도하는 일"을 덧붙여

언급한 것은 기도해야 할 사람들이 오직 그들만이기 때문이 아니라(기도는 모든 경건한 자들이라면 누구나 해야 하는 것이다), 그들에게는 다른 누구보다도 기도해야 할 특별한 이유들이 있었기 때문이었다. 사실, 신자들이라면, 교회가 전반적으로 잘되도록 하기 위해서 관심을 쏟지 않아도 되는 사람은 아무도 없다. 그러므로 그런 소임을 명시적으로 명령 받은 목회자들은 거기에 얼마나 더 신경을 써야 할 것인지는 말할 필요도 없지 않겠는가? 그래서 모세는 백성들에게 뒤에서 기도하도록 명령하고서는, 자신은 깃발을 들고 앞장서서 길을 선도하는 역할을 맡았다. 바울이 자신의 서신들 속에서 자기가 기도한 것들에 대하여 그토록 빈번하게 언급하고 있는 것도 우연한 일이 아니다. 또한, 우리는 "심는 이나 물 주는 이는 아무것도 아니로되 오직 자라게 하시는 이는 하나님뿐이니라"(고전 3:7)는 말씀대로, 하나님께서 자라나게 하시지 않는다면, 우리가 쟁기질 하고 파종하고 물 주는 일들은 다 소용없게 될 것임을 항상 기억하여야 한다. 그러므로 우리의 수고가 무용지물이 되지 않으려면, 가르치는 일에 열심을 내는 것만으로는 충분하지 않고, 아울러 하나님께서 복 주시기를 구하는 것도 병행되어야 한다. 이것은 기도에 열심을 내라는 권면이 말씀 사역자들에게 얼마나 유효적절한 것인지를 분명하게 보여준다.

5. 믿음과 성령이 충만한 사람 스데반. 누가는 마치 "믿음"이 "성령"의 한 은사가 아닌 것처럼 "믿음"과 "성령"을 구별해서 별개로 언급하고 있는 것이 아니라, 스데반이 받은 다른 은사들, 곧 열심, 슬기로움, 솜씨, 형제 사랑, 부지런함, 선하고 온전한 양심 같은 은사들을 총체적으로 가리키는 데에 "성령"이라는 말을 사용하고 있는 것이다. 따라서 누가는 스데반에게 특출 났던 은사로서 "믿음"을 언급한 것이다. 그러므로 누가가 여기서 말하고자 한 요지는 스데반은 먼저 믿음에 있어서 탁월하였고, 다음으로는 다른 미덕들에 있어서도 탁월했기 때문에, 그가 성령의 은사를 차고 넘치게 받은 사람임에 틀림없다는 것이다. 또한, 누가가 다른 사람들에 대해서는 스데반만큼 칭찬하지 않고 있는 까닭은 그들이 스데반보다 못했기 때문임은 의심의 여지가 없다. 더구나, 옛 저술가들은 일곱 집사들 중 하나인 "니골라"가 요한계시록에 거론된 추잡하고 외설적인 "니골라 당"(2:15)의 창시자로서 여자들로 하여금 음행하게 한 바로 그 인물이었다고 이구동성으로 전한다. 그런 까닭에, 우리는 교회의 일꾼들을 택할 때에 불감증이나 타성에 빠져서는 안 된다. 왜냐하면, 극도로 주의하며 경계의 끈을 늦추지 않는 사람들까지도 사람들의 위선과 가식에 속아 넘어가는데, 하물며 부주의하고 무관심한 사람들에게 무슨 일이 일어날지는 불

을 보듯 뻔한 노릇이기 때문이다. 하지만 우리는 합당한 관심과 노력을 기울였는데
도 불구하고 속임수에 넘어갈 수 있기 때문에, 그런 일이 생겼을 때에 지나치게 혼
란스러워 해서는 안 된다. 누가는 사도들조차도 그러한 실책을 범하였다고 말하고
있지 않는가. 따라서 이렇게 질문하는 사람이 있을 수 있다: "실제적인 결과 자체가
집사들을 선택한 것이 하나님의 성령에 의해서 전적으로 인도되지 않았다는 것을
보여준다고 했을 때, 이 일에 있어서 권면이나 기도가 과연 유익했던 것일까?" 나의
대답은 성령께서 회중의 판단력을 인도하셔서 니골라를 제외한 여섯 집사를 선택
하게 하신 것이 큰 역사였다는 것은 말할 필요도 없지만, 다른 한편으로 교회로 하
여금 일곱 번째 집사의 선택에 있어서 실수하도록 내버려 두신 것은 결코 어처구니
없는 일이 아니었다는 것이다. 왜냐하면, 우리는 여러 가지 경로를 통해서, 곧 때로
는 악하고 불경건한 자들의 손에 연단을 받거나, 때로는 악한 자들의 행실을 보고
서 경고를 받아 우리 자신을 철저하게 점검하여 우리 안에 은밀한 속임수들이 자리
잡지 못하도록 하는 법을 배우거나, 때로는 사기꾼들과 협잡꾼들이 우리 주변을 맴
돌지 못하도록 우리가 분별하는 일에 더욱 주의를 기울여서 끊임없이 경계를 늦추
지 않게 됨으로써 낮아질 필요가 있기 때문이다. 또한, 니골라의 사역이 한동안은
유익하였지만, 나중에 그가 그런 끔찍한 과오에 빠진 것일 가능성도 있다. 만일 그
토록 영광스러운 지위에 있던 그가 그렇게 타락한 것이 사실이라면, 우리는 거기에
서 교훈을 받아, 높임을 받는 지위에 있을수록, 겸손함과 두려움으로 자기 자신을
하나님께 굴복시키는 것이 마땅하다.

6. 사도들이 기도하고 그들에게 안수하니라. 율법 아래에서 "안수"는 성별을 나
타내는 엄숙한 상징이었다. 사도들은 이제 일곱 집사들에게 안수한 것은 그들로 하
여금 자신들이 하나님께 바쳐졌다는 것을 알게 하기 위한 것이었다. 그러나 안수라
는 의식은 그 자체로는 형식적인 것에 지나지 않기 때문에, 거기에 기도가 더해
졌다. 이 기도를 통해서 사도들을 비롯한 회중은 자신들이 선택한 일꾼들을 하나님
께 바쳐드리고 맡겨드린다. 누가는 사도들이 안수하고 기도했다고 분명하게 말하
고 있기 때문에, 회중 전체가 집사들에게 안수한 것은 아니었지만, 사도들이 교회
의 이름으로 기도할 때에 회중도 그들의 기도에 동참한 것이었다. 이러한 사실로부
터 우리는 안수는 사도들에 의해서 시행되었다는 점에서 교회의 규례에 부합한 합
당한 예식이긴 하지만, 그렇다고 해서 그 자체로 어떤 효험이나 능력을 지니고 있
는 것은 아니고, 그 능력과 효력은 오직 하나님의 성령에 달려 있다는 결론을 얻게

된다. 또한, 우리는 모든 예식에 대해서도 이와 동일하게 생각하여야 한다.

^{7}하나님의 말씀이 점점 왕성하여 예루살렘에 있는 제자의 수가 더 심히 많아지고 허다한 제사장의 무리도 이 도에 복종하니라 ^{8}스데반이 은혜와 권능이 충만하여 큰 기사와 표적을 민간에 행하니 ^{9}이른바 자유민들 즉 구레네인, 알렉산드리아인, 길리기아와 아시아에서 온 사람들의 회당에서 어떤 자들이 일어나 스데반과 더불어 논쟁할새 ^{10}스데반이 지혜와 성령으로 말함을 그들이 능히 당하지 못하여(6:7-10).

7. 하나님의 말씀이 점점 왕성하여 예루살렘에 있는 제자의 수가 더 심히 많아지고. 누가는 하나님의 은혜와 능력이 점점 더 강력하게 나타났다는 것을 좀 더 분명하게 보여주기 위해서, 다시 한 번 교회의 폭발적인 성장에 대하여 언급한다. 교회가 갑작스럽게 일순간에 폭발적으로 성장한 것은 하나님의 놀라운 역사가 분명하였다. 한편, 이 일이 더욱 놀라운 이유는 하나님께서 자기 자신이 시작하신 역사를 수많은 난관과 장애에도 불구하고 이루어 나가셨다는 것과 세상은 믿는 자들이 늘어나지 못하도록, 아니 심지어 그들의 기둥뿌리까지 다 뽑아 버리려고 안간힘을 쓰는데도 신자들의 수가 더욱 많이 늘어났다는 것이다. 누가가 "하나님의 말씀이 점점 왕성하였다"고 한 것은 "말씀"이 더욱더 멀리 전파되었다는 의미이다. 우리는 두 가지 경우에 "하나님의 말씀이 왕성하다"고 말할 수 있는데, 첫 번째는 말씀에 순종하는 새로운 제자들이 늘어날 때이고, 두 번째는 우리 각자가 말씀 안에서 진보를 보일 때이다. 누가는 이 말을 한 직후에 "제자의 수"를 언급하고 있는 까닭에, 여기서는 전자에 속한 성장을 말하고 있는 것이 분명하다. 하지만 누가는 한 도시에만 국한해서 믿는 자들이 많아졌다고 말한다. 왜냐하면, 제자들이 다른 곳들에도 흩어져 있었던 것이 사실이기는 하지만, 믿는 자들이 확실한 실체(certum corpus)로서 존재한 것은 오직 예루살렘뿐이었기 때문이다.

7. 허다한 제사장의 무리도 이 도에 복종하니라. 정확히 말해서, 우리의 믿음은 복음의 가르침에 순종하는 것이기 때문에, 누가가 그들이 "믿음에 복종하였다"(한글개역개정에는 "이 도에 복종하니라")고 말한 것은 환유법적 표현이다. 즉, 그는 "하나님의 말씀" 또는 "기독교의 신앙 고백"이라는 표현 대신에 "믿음"이라는 단어를 사용한 것이다. 누가가 "제사장의 무리"를 명시적으로 언급한 것은 그들이 대체로 복음을 대적했던 자들이었기 때문이다. 그런 까닭에, 그들 중 다수가 개종한 것은 말

할 것도 없고, 단지 일부만이라도 개종했더라도, 그것은 하나님의 놀라운 역사가 아닐 수 없었다. 왜냐하면, 그들은 처음부터 그리스도를 대적하면서, "당국자들이나 바리새인 중에 그를 믿는 자가 있느냐 율법을 알지 못하는 이 무리는 저주를 받은 자로다"(요 7:48-49)라고 조소하던 자들이었기 때문이다.

8. 스데반이 은혜와 권능이 충만하여. 누가는 여기서 교회가 직면한 새로운 싸움에 대해서 보도한다. 이것을 통해서 우리는 복음의 영광에는 십자가를 비롯한 여러 가지 고난들이 늘 따라다녔다는 것을 분명하게 알게 된다. 이 기사의 요지는 교회에 대한 공격이 한 사람 안에서 이루어졌다는 것이다. 따라서 대적들은 더욱 담대해져서, 무죄한 피로 자신들을 물들였고, 지금까지 해 왔던 것보다도 더욱 잔혹하게 자신들의 분노를 표출하였다. 왜냐하면, 이 사건이 일어나기 전까지는 기껏해야 믿는 자들을 감옥에 가두거나 매를 때리는 정도가 다였기 때문이다. 그러나 누가는 스데반의 삶을 통해서만이 아니라 그의 죽음을 통해서도 그리스도의 이름이 영광을 받게 되었다는 것을 우리로 하여금 알 수 있도록 하기 위해서, 스데반이 "은혜와 권능"(칼빈의 라틴어 본문에는 "믿음과 권능"으로 되어 있다 — 역주)이 충만하였다는 말로 이야기를 시작한다. 이 말은 스데반의 "믿음"이 뛰어났고, "표적"을 행하는 "권능"도 뛰어났다는 뜻이다. 우리는 누가가 스데반이 "믿음이 충만하였다"고 말했다고 해서, 그의 "믿음"이 완전한 것이었다고 생각해서는 안 된다. 왜냐하면, 성경에서는 하나님의 어떤 은사를 풍성하게 받은 사람에 대해서 그 은사가 "충만하였다"고 표현하는 일이 혼하기 때문이다. 나는 "권능"이라는 말을 "표적"을 행할 수 있는 능력으로 이해해야 한다는 것에 대하여 전혀 의심이 없다. "믿음" 속에는 분별의 은사만이 아니라 불타는 열심도 들어 있다. 스데반이 사악한 무리의 집중적인 분노의 표적이 된 것은 그가 이렇게 뛰어난 인물이어서 그의 이름이 유명해졌기 때문이었다. 왜냐하면, 성령의 능력과 은사가 강하게 나타날수록, 사탄의 광분함도 동시에 맹렬해지는 것이 보통이기 때문이다. 문맥상으로 보면, 스데반은 복음의 교훈을 담대하게 전파하는 일에 온 힘을 쏟았음이 분명하지만, 누가는 여기서 그 점에 대해서는 전혀 언급하지 않고, 다만 그 누구도 잠재울 수 없었던 그의 믿음을 칭송하는 것으로 만족한다.

9. 어떤 자들이 일어나 스데반과 더불어 논쟁할새. 이제 박해가 시작된다. 악한 자들은 처음에는 논쟁을 통해서 그리스도를 대적하고자 하였지만, 그러한 시도가 별다른 소용이 없다는 것을 알게 되자, 다음으로는 중상모략과 소동을 일삼았고, 결

국에는 폭력과 살육으로까지 나아가게 된 것이다. 따라서 누가가 사용한 "일어나" 라는 단어는 그가 지금 언급하고 있는 자들이 말로 복음을 공격하였다는 것, 즉 그들이 스데반을 즉각적으로 재판정으로 끌고 간 것이 아니라, 일단 그와 논쟁을 벌였다는 것을 뜻한다. 한편, 누가는 그들 중에서 어떤 사람들은 구레네에서, 또 어떤 사람들은 알렉산드리아에서, 또 어떤 사람들은 길리기아에서, 또 어떤 사람들은 아시아에서 왔다고 말함으로써, 그들이 장사를 하거나 공부를 하러 유대 땅에 와 있던 이방인들이었음을 밝힌다. 누가는 그들이 모두 자유민들의 회당(synagoga Libertinorum)에 속해 있었다고 말한다. 이 회당은 로마 시민권을 소유한 "자유민들"이었던 각지의 유대인들이 자신이 살던 지역에서 예루살렘을 방문했을 때에 이용하도록 자비를 들여서 건축했던 회당이었던 것으로 보인다.

그들은 하나님의 은혜로 그런 회당을 지어서 함께 예배할 수 있게 된 사람들이었기 때문에, 그리스도를 더욱 열렬하게 영접하는 것이 마땅했는데도 불구하고, 도리어 그리스도를 앞장서서 공격하였고, 마치 전투 개시를 알리는 나팔을 불듯이, 다른 사람들의 분노에 불을 지폈다. 누가는 지금 여기에 언급된 지역들의 유대인들이 그리스도의 교훈에 가장 적대적이었고 소동을 일으키는 데에 가장 극렬했다는 것을 뒤에 나오는 많은 본문들에서 보여준다. 누가가 이 사건에 대해서 상세하게 언급한 것은 여러 지역에서 모여든 많은 사람들이 한 사람 스데반을 상대로 논쟁을 벌였는데도 꼼짝없이 굴복할 수밖에 없었음을 보여줌으로써 진리가 승리한다는 사실을 더욱 분명하게 드러내기 위한 것이었다. 왜냐하면, 그들은 스데반과의 논쟁에서 망신을 당하고 잠잠할 수밖에 없었을 것임은 의심의 여지가 없기 때문이다.

10. 스데반이 지혜와 성령으로 말함을. 스데반은 자신의 믿음과 자기가 행한 이적들을 통해서 이미 사람들로부터 신임과 명성을 얻고 있었지만, 지금 여기서 자기와 논쟁하러 온 자들에게 한 대답을 통해서 자신이 얼마나 탁월한 인물인지를 유감없이 보여준다. 누가는 스데반이 "지혜와 성령으로 말함을 그들이 능히 당하지 못하였다"고 말하지만, 여기서 "지혜와 성령"을 별개의 것으로 여겨서 그렇게 말한 것은 아니다. 따라서 우리는 이 구절을 "그들은 성령께서 스데반에게 주신 지혜를 당해낼 수 없었다"는 의미로 해석하여야 한다. 왜냐하면, 누가는 스데반과 그의 대적들이 양쪽 다 단순히 인간으로서 싸운 것이 아니라, 복음의 대적들은 스데반의 입을 통해 말씀하시는 하나님의 성령과 싸운 것인 까닭에 패할 수밖에 없었다는 것을 말하고자 한 것이기 때문이다. 그리스도께서는 자신의 모든 종들에게 이 동일한 성

령을 약속하셨기 때문에, 우리가 오직 진리를 수호하기 위해서 신실하게 싸우는 가운데 성령으로부터 주어지는 말과 지혜를 구하기만 한다면, 우리는 논쟁에 나설 수 있도록 충분한 무장을 갖추게 되어서, 대적들의 그 어떠한 예리함이나 달변 앞에서도 결코 부끄러움을 당하지 않게 될 것이다 그러므로 성령은 우리 시대에 화형장으로 끌려간 순교자들의 입을 통해서 강력하게 역사하셨고, 또한 지금도 매일같이 동일하게 역사하시기 때문에, 믿는 자들은 아무리 무식한 자들이라 할지라도, 뇌성과 다를 바 없는 자신의 목소리 하나만으로 교황에게 속한 최고의 신학자들을 경악하게 하고 있다.

[11]사람들을 매수하여 말하게 하되 이 사람이 모세와 하나님을 모독하는 말을 하는 것을 우리가 들었노라 하게 하고 [12]백성과 장로와 서기관들을 충동시켜 와서 잡아 가지고 공회에 이르러 [13]거짓 증인들을 세우니 이르되 이 사람이 이 거룩한 곳과 율법을 거슬러 말하기를 마지 아니하는도다 [14]그의 말에 이 나사렛 예수가 이 곳을 헐고 또 모세가 우리에게 전하여 준 규례를 고치겠다 함을 우리가 들었노라 하거늘 [15]공회 중에 앉은 사람들이 다 스데반을 주목하여 보니 그 얼굴이 천사의 얼굴과 같더라(6:11-15).

11. 사람들을 매수하여 말하게 하되 이 사람이 모세와 하나님을 모독하는 말을 하는 것을 우리가 들었노라 하게 하고. 대적들은 성령의 능력을 감당할 수 없게 되자, 논쟁을 그만두고, 비방과 중상모략으로 스데반을 모해할 거짓 증인들을 동원한다. 여기서 그들이 악한 양심을 갖고 이 일을 자행해 왔다는 것이 분명하게 드러난다. 왜냐하면, 자신들의 주장을 옹호하기 위해서 거짓을 동원하는 것보다 더 수치스런 일은 없기 때문이다. 어떤 사람이 범죄 혐의가 있다고 하더라도, 거짓 증인을 세워서 죄인으로 몰아가는 것은 있을 수 없는 일이다. 그러나 위선자들은 하나님에 대한 열심이라는 핑계를 대고서 태연하게 그런 일을 저지른다. 오늘날 우리는 교황주의자들이 우리에게 불리한 증거를 날조해 내기 위해서 그 의미가 너무나 분명한 성경 본문들을 고의적으로 왜곡하고 있다는 것을 알고 있다. 나는 그들의 과오가 대부분 무지 때문에 생겨난 것이라고 생각하기는 하지만, 그들 중에서 우리의 가르침을 비난할 목적으로 성경 본문들의 의미와 어구를 왜곡하지 않는 사람은 단 한 사람도 찾아볼 수 없다. 심지어 그들은 강대상에서도 우리에 대한 기괴한 중상모략과

비방을 그치지 않는다. 만일 당신이 그들에게 사람을 비방하는 것이 옳은 일이냐고 묻는다면, 그들은 사람을 비방하는 것은 일반적으로 옳지 않다고 분명하게 대답할 것이다. 하지만 구체적으로 우리를 비방하는 문제로 넘어가게 되면, 그들은 하나님에 대한 선한 열심을 근거로 들어서, 우리와 우리가 전하는 복음을 억제하고 저지하는 것은 그 어떤 것도 불법이 아니라고 말한다. 그러므로 그들은 거짓말과 기만과 개 같은 파렴치함으로 스스로를 속이고 있는 것이다. 그러한 위선은 스데반을 파멸시키기 위해 거짓 증인들을 매수하였다고 누가가 여기서 말한 자들의 눈도 멀게 만들었다. 왜냐하면, 사탄은 멸망 받을 자들을 완전히 장악했을 때, 그들을 잔인하게 행동하도록 부추길 뿐만 아니라, 그들의 눈을 멀게 만들어서, 그들로 하여금 자신들이 원하는 것은 무엇이든지 자기 마음대로 다 할 수 있다고 착각하게 만들기 때문이다. 특히, 이 사례를 통해서 우리는 선한 열심이라는 것이 하나님의 성령의 지배를 받지 않을 때에는 얼마나 위험한 핑곗거리가 될 수 있는지를 알게 된다. 왜냐하면, 그러한 열심은 항상 분노에 찬 광기가 되어 터져 나오게 될 뿐만 아니라, 동시에 모든 종류의 죄악을 덮어 버리는 괴이한 가면(mira larva)이기 때문이다.

14. 그의 말에 이 나사렛 예수가 이 곳을 헐고 또 모세가 우리에게 전하여 준 규례를 고치겠다 함을 우리가 들었노라. 스데반이 모세나 성전에 대해서 불경스런 발언을 전혀 하지 않았다는 것은 그의 변증에서 충분히 밝혀질 것이다. 물론, 그는 율법이 폐지되었다고 가르쳤기 때문에, 이런 고발이 전혀 이유가 없었던 것은 아니었지만, 이 증인들은 그가 선하고 경건한 의도로 말한 것을 고의적으로 왜곡하였다는 점에서 대적들에게 매수되어 거짓 증언을 한 것이었다. 그래서 그리스도께서도 율법의 예식들이 폐하여졌다고 하셨을 때, 악한 자들이 마치 그가 율법 전체를 폐하고자 하였다는 듯이 다른 목적을 갖고서 의도적으로 왜곡하였기 때문에, 자기는 율법을 폐하러 온 것이 아니라고 스스로를 변호하셔야 했다. 또한, 원수들은 그리스도께서 자기 몸을 가리켜 하신 말씀도 마치 예루살렘 성전에 대한 것인 양 악의적으로 왜곡하였다. 바울도 "선을 이루기 위하여 악을 행하자"(롬 3:8)고 가르치고 있는 것이라는 악의적인 비방을 받지 않았던가?

그러므로 우리는 오늘날 경건하고 올바르고 유익한 우리의 가르침이 해롭고 그릇된 것으로 해석되고 받아들여지고 있는 것에 대해서 이상하게 여길 필요가 없다. 도리어, 우리는 복음의 가르침은 우리가 아무리 신중하고 세심하게 전한다고 하여도 비방과 중상모략을 피할 수 없다는 것을 당연한 일로 받아들여야 한다. 왜냐하면, "거짓의 아비"(요 8:44)인 사탄은 자신의 본연의 일인 "거짓"을 말하는 데에 늘 온 힘을 기울이기 때문이다. 또한, 복음의 가르침에는 육신의 생각(carnis ratio)과 맞지 않는 것이 많기 때문에, 사람들은 복음의 가르침이 지닌 참되고 순수한 의미를 왜곡하는 비방과 중상모략을 들을 때에 귀가 솔깃해질 수밖에 없기 때문이다. 따라서 우리는 사탄의 이러한 악의와 궤계들을 더욱 경계하고 긴장을 늦추지 않고 있다가, 대적들이 앞뒤가 뒤바뀐 말이나 정확하지 않은 말로 우리를 공격해 올 때, 그런 말들을 단 한 마디도 놓치지 않고 다 잡아내서, 악한 자들이 엿보고 있는 기회를 세심하게 다 차단해야 한다. 그러나 우리가 신실하게 전한 가르침이 거짓된 해석들을 통해서 부서지고 망가지고 갈기갈기 찢기는 것을 보게 되더라도, 우리는 우리가 시작했던 일을 후회하거나, 차후로는 좀 더 신중해져야 하겠다고 생각할 필요가 없다. 왜냐하면, 사탄이 독을 머금은 이빨들로 우리를 악랄하게 물어뜯고자 했을 때, 하나님의 아들이셨던 그리스도조차도 물어뜯기는 것을 피하실 수 없었는데, 하물며 우리가 아무런 해악도 입지 않는다고 생각하는 것은 가당치 않은 일이기 때문이다. 또한, 그리스도께서 복음의 가르침을 지키셔서 부당하게 욕을 당하지 않게 하셨던 것처럼, 하나님의 진리를 짓밟는 거짓말들을 소탕하고 일소하는 것은 우리의 몫이자 책임이다. 오직 우리가 해야 할 일은 사탄의 그런 비열한 짓이 우리의 달려갈 길을 방해하지 못하도록 일편단심과 큰 열심으로 우리 자신을 무장시키는 것뿐이다.

우리는 사람들이 너무나 타락하고 부패해서 죄와 악한 욕망의 노예가 되었다고 가르친다. 그런데 원수들은 이것을 왜곡해서, 사람들은 자신의 의지를 따라 죄를 범하는 것이 아니라, 다른 그 무엇으로 말미암아 죄를 범할 수밖에 없는 까닭에, 사람들에게는 자신의 죄에 대하여 아무런 책임도 없다고 주장한다. 심지어 그들은 우리가 선을 행하고자 하는 사람들의 열망에 찬물을 끼얹는다고 비난하기까지 한다. 우리는 성인들이 행한 일들이라고 해도 거기에는 늘 흠이 있고 불완전할 수밖에 없기 때문에 공로가 될 수 없다고 말한다. 그런데 그들은 우리가 선인과 악인의 차이를 제거해 버렸다고 트집을 잡는다. 우리는 사람의 의(iustitia)는 오직 하나님의 은혜로 말미암는 것이고, 경건한 영혼은 오직 그리스도의 죽으심 속에서만 안식을 발견할 수 있다고 말한다. 그런데 그들은 그럴 경우에 육신에 대한 통제가 느슨해져서, 율법이 아무 소용이 없게 되어 버린다고 반박한다. 우리가 모든 영광을 그리스도께 돌릴 때, 그들은 그리스도의 영광을 마치 노획물처럼 천 갈래로 찢어서 자기들 마음대로 이곳저곳에 나누어 주면서도, 우리가 거룩한 일들을 훼방하는 원수라고 거짓 주장을 늘어놓는다. 또한, 그들은 우리가 영혼의 자유(libertas) 대신에 육신의 방종(licentia)을 추구한다고 거짓말한다. 우리가 그리스도의 성찬을 그 순수하고 본래의 용도로 회복하고자 애쓸 때, 그들은 우리가 성찬 예식을 짓밟으며 뒤엎어 버리고 있다고 뻔뻔스럽게 고함을 지른다. 또한, 플라톤 학파의 방식대로 모든 것들을 허물고 무너뜨리는 자들이 있다. 그들은 하나님의 비밀한 예정(praedestinatio)에 관한 우리의 성경적인 가르침이 자신들의 마음에 들지 않는다고 해서 우리를 신랄하게 비난한다. 즉, 우리가 하나님께서는 아직 태어나지도 않은 사람들에게 영원한 사망의 판결을 이미 내려놓으셨다고 가르침으로써, 하나님을 무죄한 자들의 죽음을 기뻐하는 폭군으로 만들어 버렸다는 것이다. 하지만 우리가 경외심을 갖고 하나님에 대해서 생각하고 있고, 하나님께서 친히 자신의 입을 통해 가르쳐 주신 것들만을 말하고 있다는 것은 그들도 너무나 잘 알고 있다. 그들의 그러한 적대적인 태도를 참아내는 것은 분명히 괴롭고 힘든 일이기는 하지만, 우리는 선한 교훈을 전하는 일을 결코 그만두어서는 안 된다. 왜냐하면, 하나님의 진리는 멸망 받을 자들에게는 "사망으로부터 사망에 이르는 냄새"(고후 2:16)이지만, 하나님이 보시기에 보배로운 것이고, 우리에게도 보배로운 것이 되어야 하기 때문이다.

이제 다시 스데반에 대한 그들의 고소로 되돌아가 보자. 그 고소의 핵심은 스데반이 "하나님과 모세"를 모독하는 말을 했다는 것이다. 하나님과 모세가 똑같이 모독을 받았다는 그들의 말은 옳다. 왜냐하면, 모세의 가르침 속에는 하나님으로부터 오지 않은 것이나 자기 자신이 생각해 낸 것은 하나도 없었기 때문이다. 거짓 증인들은 스데반이 오만불손하게도 성전과 율법을 거슬러 말하였고, 그의 그러한 말이 하나님과 모세를 모독한 증거라고 주장한다. 또한, 그들은 그리스도가 오심으로써 성전과 제의들이 끝났다고 한 스데반의 말도 신성모독죄에 해당하는 것이라고 주장한다. 우리는 스데반이 거짓 증인들이 증언한 대로 말했다는 것을 믿을 수 없다. 도리어, 우리는 스데반이 선하고 경건한 의도로 한 말들을 이 거짓 증인들이 악의적으로 왜곡하고 그럴 듯하게 포장해서 거짓으로 증언한 것으로 보아야 한다. 설령 그들이 스데반의 말들을 가감 없이 전한 것이라고 하더라도, 그 말들은 스데반이 성전과 율법에 해악을 가하기는커녕, 오히려 거기에 최고의 진정한 찬사를 보낸 말들이었을 것이다. 성전과 율법의 제의는 그림자들에 불과한 것이었는데도, 유대인들은 성전이 영원히 지속되지 않는다면 성전의 영광은 없는 것이라고 생각하였고, 율법에 따른 제의들이 영원히 시행되지 않는다면 모세의 율법은 무용지물이라고 생각하였다. 그러나 성전과 율법의 제의들은 그것들의 원형인 그리스도를 만났을 때에 그 위대함과 유익함이 드러난다. 그러므로 그들이 어떤 구실을 들이대며 고소하든, 그것은 불의하고 악한 일이다. 그리고 거짓 증인들이 스데반을 고소하면서도 제시한 말들이 과연 사실이었느냐 하는 것도 문제이기는 하지만, 정말 중요한 문제는 스데반이 한 말들이 어떠한 성격을 갖고 있었느냐 하는 것이다. 왜냐하면, 그들은 스데반이 그때까지 지켜져 오던 하나님에 대한 예배 방식을 수정해야 한다고 가르쳤다고 말하고서는, 그의 이런 가르침을 하나님과 모세에 대한 신성모독으로 해석해서 그를 고소하고 있기 때문이다. 따라서 논쟁의 초점은 사실에 관한 것이 아니라 해석에 관한 것이다. 왜냐하면, 어떤 사람이, 눈에 보이는 성전은 하나님의 영광으로 충만한 참된 성전의 모형에 불과하고, 율법에서 말하는 그림자들은 일시적인 것들이라고 가르칠 때, 그것이 하나님과 모세를 부당하고 불경하게 대적한 것이 되느냐 하는 것이 문제의 본질이기 때문이다.

14. 이 나사렛 예수가. 그들은 마치 기억해 내는 것조차 역겹다는 듯이 이런 식으로 그리스도에 대해서 말한다. 하지만 그들의 참소를 통해서 우리는 스데반이 율법의 폐기를 통해서 그림자 대신에 실체를, 모형 대신에 본체를 제시했다는 결론을 얻을 수 있다. 왜냐하면, 그리스도를 통해서 제의들이 폐기된 것이라면, 그 제의들이 지니고 있던 참된 본질은 영적인 것이었다는 말이 되기 때문이다. 율법의 제의들이 영원히 지속되기를 바랐던 유대인들은 그 제의들 속에서 오로지 눈으로 볼 수 있는 것들, 즉 물질적이고 육신적이며 세상적인 것들만을 생각하였다. 요컨대, 만일 제의들이 계속해서 행하여졌다고 하더라도, 그것들은 결국 덧없이 사라지고 말았으리라는 것이다. 왜냐하면, 제의들은 외형적인 모습만을 갖추고 있었을 뿐이고, 그 기저에 어떤 영속적인 것도 존재하지 않았기 때문이다. 그러므로 율법의 제의들은 그리스도께서 오심으로써 폐하여질 때에 실제로는 진정한 영속성을 얻게 된다. 왜냐하면, 그때부터는 이 제의들의 의미와 효력은 그리스도 안에서 영원한 것이 되기 때문이다.

14. 모세가 우리에게 전하여 준 규례를. 스데반이 "모세가 우리에게 전하여 준 규례"를 오직 제의와 관련된 부분으로 이해했다는 것에 대해서는 의심의 여지가 없다. 그러나 사람들은 외적으로 드러난 표현에 집착하는 성향이 있기 때문에, 마치 스데반이 율법 전체를 부정한 것처럼 그의 말을 받아들였다. 율법에서 가장 중요한

가르침들은 분명히 하나님에 대한 영적 예배와 믿음, 의와 공의이다. 그러나 이 거짓 증인들은 외적인 제의들을 더 중시하였기 때문에, 희생 제사에 관한 규정들을 가장 탁월한 모세의 "규례"라고 부른다. 이것은 창세 이래로 사람의 타고난 본성(ingenium)이었고 세상 끝날까지도 변하지 않을 것이다. 오늘날의 교황주의자들이 자신들의 가장행렬 외에는 하나님에 대한 예배를 인정하지 않는 것이 그것이다. 그러나 그들은 하나님의 규례가 아니라 인간이 만들어 낸 천박한 규례를 좇는다는 점에서 유대인들과 다르다.

15. 공회 중에 앉은 사람들이 다 스데반을 주목하여 보니. 사람들이 재판이 열리기를 기다리면서 피고인의 얼굴을 주목하여 보는 것은 재판정에서 흔히 있는 일이다. 누가가 스데반의 얼굴이 "천사의 얼굴"과 같았다고 말한 것은 그의 본래의 "얼굴"에 대한 것이 아니라, 그의 당시의 용모에 대한 것이었다. 왜냐하면, 누가는 피고인으로 법정에 서는 경우에는 얼굴이 창백해지고 말은 어눌해지며 두려워하는 기색이 나타나는 것이 보통인데, 스데반의 경우에는 그런 것들이 전혀 나타나지 않았고, 도리어 무슨 위엄 같은 것이 그에게서 비쳐 나왔다는 것을 보여주고 있는 것이기 때문이다. 성경에서는 천사의 비유를 그런 의미로 차용하는 경우가 종종 있다 (삼상 29:9; 삼하 14:17; 19:27).

제7장

¹대제사장이 이르되 이것이 사실이냐 ²스데반이 이르되 여러분 부형들이여 들으소서 우리 조상 아브라함이 하란에 있기 전 메소보다미아에 있을 때에 영광의 하나님이 그에게 보여 ³이르시되 네 고향과 친척을 떠나 내가 네게 보일 땅으로 가라 하시니 ⁴아브라함이 갈대아 사람의 땅을 떠나 하란에 거하다가 그의 아버지가 죽으매 하나님이 그를 거기서 너희 지금 사는 이 땅으로 옮기셨느니라(7:1-4).

1. **대제사장이 이르되 이것이 사실이냐.** 대제사장과 공회는 지금까지 공평을 가장하고 있지만, 그의 말 속에는 지극히 불공평한 예단이 숨어 있다. 왜냐하면, 대제사장은 스데반이 무엇을 근거로 그렇게 가르쳤는지에 대해서는 질문하지 않을 뿐만 아니라, 그에게 중요했던 변론권조차 보장하지 않은 채, 오직 스데반이 그런 말을 했는지의 여부만을 불문곡직하고 묻고 있기 때문이다. 오늘날 교황주의자들도 당시의 대제사장과 마찬가지로 누가 왜 그런 가르침을 베푸는 것이고, 그 가르침이 성경 말씀에 근거한 것인지의 여부에 대해서는 물으려고 하지 않는다. 그들의 관심은 오직 자신들의 미신들에 반대해서 불평을 하는 자가 누구인지를 색출해내서, 감히 자신들을 반대한 혐의가 확인되기만 하면, 그 즉시 그 사람을 화형에 처해 버리고자 하는 것뿐이다. 한편, 스데반의 답변은 얼핏 보면 현재의 상황과 맞지 않는 동떨어진 말처럼 들릴 수 있었다. 주제와 동떨어진 말들을 길게 늘어놓는 것은 큰 실수를 하는 것일 텐데도, 먼저 그는 유대 민족의 기원으로부터 말을 시작해서, 현재의 문제와 거의 관련이 없는 듯한 이야기를 장황하게 늘어놓는다. 그러나 이 긴 이야기를 꼼꼼하게 살펴 본 사람은 거기에 불필요한 내용이 하나도 없고, 스데반이 시의적절하게 말하고 있다는 것을 쉽사리 알아차릴 수 있다. 왜냐하면, 그는 하나님에 대한 신앙과 예배를 무너뜨리고자 한 배교자라는 죄목으로 기소되었던 까닭에, 자신이 섬기는 하나님은 그들의 조상들이 항상 섬겨오던 바로 그 동일한 하나님이라는 것을 역설함으로써, 사악한 자들이 주장하는 배교 혐의를 반박하고 있는 것이기 때문이다. 아울러, 그는 자신의 대적들은 하나님의 영광을 높이는 것 외에는 자

신들에게 다른 목적이 없는 것처럼 위장하고 있지만, 사실은 단지 율법에 대한 열심에 사로잡혀서 휘둘리고 있는 것일 뿐임을 보여줌으로써, 그들로 하여금 더 이상 그러한 거짓된 자랑을 하지 못하도록 만든다. 그들은 툭 하면 조상들을 들먹거렸고, 자기 민족의 영광스러움에 대한 자부심으로 가득 차 있었다. 하지만 스데반은 그러한 것들이 그들의 자부심의 근거가 될 수 없음을 보여준다. 즉, 조상들이 잘못한 일들(vitia)이 너무나 많고 크기 때문에, 도리어 그들이 조상들을 부끄럽고 수치스럽게 생각하는 것이 마땅하다는 것이다.

우리는 이제 이 사건의 핵심에 이르렀다. 스데반은 자기를 둘러싼 이번 사건은 성전과 제의에 관한 문제라는 것을 잘 알고 있었기 때문에, 성전이 세워지기 전에, 그리고 모세가 태어나기 전에, 하나님께서 그들의 조상들을 자기 백성으로 선택하셨다는 것을 그들에게 분명하게 상기시켜 준다. 좀 더 면밀하게 살펴보면, 우리는 스데반의 연설에서 전반부는 바로 그러한 사실을 그들에게 일깨워 주기 위한 것이었음을 알게 된다. 그런 후에, 후반부에서 스데반은 하나님께서 모세를 통해서 그들에게 주신 모든 외적인 제의는 하늘에 있는 원형을 본떠서 만들어진 것이라고 말한다. 이것으로부터 제의에 관한 규례들은 제의 자체를 목적으로 하는 것이 아니라 다른 목적을 지니고 있는 것이기 때문에, 참된 실체는 외면하고 표상(signum)에만 집착하는 자들은 어리석고 그릇되게 행하고 있는 것이라는 결론이 도출된다. 독자들이 스데반의 연설 전체를 이 두 가지 요점과 연관 지어 읽는다면, 그 안에 현재 문제되고 있는 것과 무관한 내용이 하나도 없다는 것을 알게 될 것이다. 나는 나중에 뒤에서 다시 한 번 이 점에 대해서 간단하게 언급할 것이다. 우리는 설교 전체의 요지에 대해서는 이미 살펴보았지만, 세부적인 내용들도 주목할 필요가 있다.

2. 여러분 부형들이여 들으소서. 스데반은 공회에 앉아 있는 자들이 복음의 불구대천의 원수라는 것을 너무나 잘 알고 있었지만, 백성들에 대한 합법적인 통치권이 그들의 수중에 있어서, 그들은 하나님께서 아직까지는 저버리지 않으신 신앙 공동체를 다스리는 자들이었기 때문에, 주저 없이 그들을 "부형들"이라고 부른다. 그러나 이것은 스데반이 자기 자신을 위해서 그들에게 아부한 것이 아니라, 질서가 바뀌어 그들의 권세가 박탈될 때까지는, 하나님께서 정하신 제도와 통치권에 경의를 표한 것이었다. 스데반은 그들이 차지하고 있던 지위를 존중하긴 했지만, 그것이 그가 가는 길을 방해하거나, 그의 입을 다물게 할 수 있는 것은 아니었다. 여기서 교황주의자들이 얼마나 터무니없는 생각을 하고 있는지가 드러난다. 왜냐하면, 그들

은 우리에게 자신들의 공허하고 날조된 직함들(titulus)을 앞세워서, 그들의 입맛에 맞는 사악한 주장들을 순순히 따르는 것이 우리의 도리라고 압박하기 때문이다.

2. 영광의 하나님. 서두에서 스데반은 자기는 그들이 따르는 참된 신앙의 조상들을 저버린 것이 결코 아니라고 증언한다. 왜냐하면, 모든 신앙과 하나님에 대한 예배, 율법의 가르침과 모든 선지자들은 하나님께서 아브라함과 맺은 언약에 근거를 두고 있었기 때문이다. 따라서 스데반이 하나님께서 아브라함에게 나타나셨다고 고백한 것은 원천으로서의 저 최초의 나타나심으로부터 비롯된 율법과 선지자들도 인정한 것이었다. 또한, 그는 홀로 영광을 받으셔야 할 하나님을 다른 거짓 신들이나 조작된 신들과 구별하기 위해서, 하나님을 "영광의 하나님"이라고 부른다.

2. 메소보다미아에 있을 때에. "메소보다미아"라는 지명이 티그리스 강과 유프라테스 강 사이에 있는 지역을 가리킨다는 것은 잘 알려져 있다. 스데반은 아브라함이 "메소보다미아"에 있었던 것은 그가 "하란에 있기 전"이었다고 말한다. 왜냐하면, 아브라함은 하나님의 계시를 받고서, "갈대아"로부터 "하란"으로 이주한 것이었기 때문이다. 플리니우스(Plinius)는 "하란"을 아라비아에 있는 것으로 생각하였지만, "하란"은 "메소보다미아"에 있는 성읍이었고, 크라수스(Crassus)가 이끄는 로마군이 패전한 곳으로 유명해졌다. 또한, 여기서 "메소보다미아"를 "갈대아"로 지칭하고 있는 것은 이상한 일이 아니다. 왜냐하면, 엄밀하게 말해서, "메소보다미아"는 티그리스 강과 유프라테스 강으로 둘러싸인 지역만을 의미하지만, 지리학자들은 통상적으로 앗시리아와 갈대아를 합쳐서 "메소보다미아"로 부르기 때문이다.

스데반이 여기서 한 말의 요지는 아브라함은 하나님의 분명한 명령을 따라 자신의 고향을 떠났고, 고향에서 그에게 약속으로 주어졌던 것을 찾아가는 여정 속에서는 오직 하나님의 선하심만이 그의 앞을 인도하였다는 것이다. 여호수아서의 마지막 장(24장)을 보라. 그러나 창세기에서 모세가 보도하고 있는 것은 스데반의 이러한 설명과는 다소 차이를 보인다. 왜냐하면, 모세는 창세기 11장 끝부분에서 아브라함이 고향을 떠나서 "하란"에 이르렀다고 말한 후에, 다시 12장 앞부분에서 하나님께서 아브라함에게 나타나셔서 말씀하셨다고 덧붙이고 있기 때문이다. 하지만 이 문제는 쉽게 해결된다. 즉, 모세는 창세기 12장에서 아브라함이 고향을 떠난 후에 일어난 일을 기술한 것이 아니라, 경박하고 사려 깊지 못한 사람들이 흔히 그러하듯이, 아브라함이 경솔하게 고향을 떠나서 객지를 떠돈 것이라고 생각하는 사람이 없도록 하기 위해서, 아브라함이 고향을 떠나게 된 동기, 즉 그가 하나님으로부터 다른 곳으로 떠나라는 명령을 받았다는 사실을 회고적으로 밝힌 것이라는 것이다. 창세기 12장에서 하나님이 아브라함에게 나타나셔서 하신 말씀은 그러한 사실을 잘 보여준다. 왜냐하면, 만일 아브라함이 이미 고향을 떠나와 객지에서 이방인이 되어 있었던 것이라면, 하나님께서는 그에게 "너의 고향과 친척과 아버지의 집을 떠나"라고 말씀하지 않으셨을 것이기 때문이다. 따라서 우리는 스데반의 연설에 나오는 내용이 창세기에 나오는 모세의 보도와 완전히 일치한다는 것을 알게 된다. 모세는 아브라함이 "하란"으로 출발하였다고 말한 후에, 이 여정이 인간적인 경솔한 결정에 의한 것이 아니라 하나님의 명령에 따라서 행해진 것임을 보여주기 위해서, 자신이 앞에서 빠뜨렸던 내용을 뒤에서 추가한 것이고, 이러한 기술 방식은 히브리어 저작들에서 흔히 사용된 것이었다.

3. 이르시되 네 고향과 친척을 떠나. 마치 고향 땅을 떠나는 것이 그렇게 괴로운 일이 아니기라도 하다는 듯이, 하나님께서는 아브라함의 마음에 고통을 더해 줄 수 있는 내용들을 거침없이 말씀하신 것은 그의 믿음을 시험하기 위한 것이었고, 그가 장차 살게 될 땅에 대해서 구체적으로 설명해 주지 않으심으로써 한동안 그를 불안정하고 긴장된 상태로 두신 것도 마찬가지로 그의 믿음을 시험하기 위한 것이었다. 아브라함은 고향에서의 안락한 삶을 포기하고 유배길 같은 여정을 기꺼이 떠나고자 했고, 장래의 확실한 거주지가 눈에 보이지 않는데도 불구하고 얼마 동안 나그네 신세로 살아가라는 명령에 순종하여 의심하지 않고 하나님의 말씀을 따랐다는 점에서, 그의 순종은 더욱 칭찬 받을 만한 것이었다. 왜냐하면, 하나님께서 아브라함에게 장차 살게 될 땅을 보여주시는 것을 뒤로 미루신 것은 거의 속임수(frustratio)나 다름없는 일이었기 때문이다.

우리는 아브라함이 이렇게 차근차근 연단을 받은 것이 얼마나 유익한 일이었는지를 우리 자신의 매일의 경험을 통해서 깨닫게 된다. 왜냐하면, 많은 사람들이 경건한 열심에 사로잡혀서 거창한 일을 시도하지만, 그 열심이 식으면, 오래지 않아서 자신들의 계획을 후회하고서 결국 주저 없이 발걸음을 돌리고 말기 때문이다. 따라서 아브라함이 여정 중간에 자기가 두고 떠나온 것들에 대한 그리움으로 인해서 마음이 약해져서 무너져 버리거나, 합당하지 않은 것을 경솔하고 무분별하게 붙들지 않도록 하기 위해서, 하나님께서는 아예 처음부터 그의 마음을 혹독하게 체질하시고 시험하시는 것이다. 그리스도께서 말씀하신 망대를 건축하는 것에 대한 비유(눅 14:28)는 아브라함의 경우에도 잘 들어맞는다. 왜냐하면, 그리스도께서는 건축이 시작된 후에 공사가 중단되는 망신을 당하지 않기 위해서는 먼저 "비용을 예산해야" 한다고 가르치시기 때문이다. 한편, 자신의 본토를 떠나서 먼 나라로 가라고 지시를 받은 것과 이곳저곳으로 유랑하게 하신 것이 모두 아브라함에게만 해당되는 것이라고 할지라도, 그러한 말씀 속에는 우리 모두의 부르심에 대한 모형(typus)이 존재한다. 우리 모두가 본토를 떠나라는 분명한 명령을 받는 것은 아니지만, 우리 모두는 우리 자신을 부인하라는 명령을 받는다. 우리 모두가 아버지의 집을 떠나라는 명령을 받는 것은 아니지만, 우리는 우리 자신의 뜻(propria voluntas)과 육신의 욕심들(carnis desideria)에 결별을 고하라는 명령을 받는다. 또한, 우리가 하나님을 따르는 데에 부모나 처자가 방해가 된다면, 우리는 그들을 포기할 수 있어야 한다. 아브라함은 무조건적으로 떠나라는 명령을 받았지만, 우리는 일정한 조건 하에서 동일한 명령을 받는다. 왜냐하면, 우리가 어떤 곳에서 하나님을 섬길 수 없는 경우에는, 둥지 안에서 빈둥거리기보다는 차라리 그곳을 떠나는 쪽을 선택하는 것이 마땅하기 때문이다. 그러므로 우리는 아브라함의 모범을 늘 우리 눈 앞에 두어야 한다. 아브라함은 믿는 자들의 조상으로서 온갖 연단을 다 받았다. 그럼에도 불구하고, 그는 자기 자신을 하나님께 드리기 위해서, 자기 본토와 친척들과 자기 자신을 다 버렸다. 우리가 하나님의 자녀로 인정받기를 원한다면, 아브라함보다 못해서는 안 된다.

3. 내가 네게 보일 땅으로. 우리는 내가 앞에서 말했던 것, 즉 하나님께서 아브라함에게 장차 살게 될 땅을 알려주시지 않음으로써 그의 인내를 시험하셨다는 것에 주목하여야 한다. 마찬가지로, 하나님께서는 우리로 하여금 온전히 하나님의 말씀만을 의지하는 법을 배우도록 하시기 위하여 우리에게도 그렇게 하신다. 가장 좋은 믿음의 훈련(fidei exercitium)은 우리가 아무것도 볼 수 없을 때조차도 하나님을 확실하게 의뢰하는 것이다. 물론, 하나님께서 우리에게 땅을 허락해 주셔서 우리의 일시적인 거처(domicilium)로 삼게 하시는 경우가 종종 있는 것은 사실이지만, 우리는 이 세상에서 나그네이기 때문에, 그 어느 곳도 우리의 영원한 처소(sedes)가 될 수는 없다. 바울이 말하고 있듯이, "우리의 생명은 하나님 안에 감추어져"(골 3:3) 있기 때문에, 세상에 대하여 죽은 우리는 하늘에 감추어져 있는 구원을 소망한다. 그러므로 하나님께서 우리에게 우리의 본향이 아닌 이 땅에서 나그네로 살아가라고 지시하시는 것은 우리로 하여금 우리의 영원한 처소(habitatio)에 관한 하나님의 약속만을 의지하도록 만드시기 위한 것이다. 본향을 향한 긴 여정 속에서 낙심하지

않기 위해서는, 우리는 다음과 같은 믿음의 보편적인 원리 하나를 굳게 붙들어야 하는데, 그것은 하나님께서 약속하신 것을 아직 우리에게 구체적으로 나타내지 않을지라도, 우리는 그때그때 하나님께서 부르시는 곳으로 늘 달려가야 한다는 것이다.

4. 아브라함이 갈대아 사람의 땅을 떠나. 이것은 아브라함이 믿음으로 즉시 순종한 것을 칭송하는 구절이다. 왜냐하면, 아브라함은 부르심을 받자마자 조금도 지체함이 없이 자신의 모든 감정을 하나님의 말씀에 복종시켜서 지시를 준행하였기 때문이다. 아브라함이 하란에 머문 이유는 확실하지 않지만, 그가 하란에 도착하고 나서 얼마 지나지 않아 그의 아버지가 죽은 것으로 보아서, 그의 아버지가 노쇠하였던 것이 이 여정을 지체시켰을 가능성이 있다. 또는, 하나님께서 그의 여정을 분명히 보여주실 때까지, 그는 이 여정을 계속해 나갈 엄두가 나지 않은 것인지도 모른다. 내 생각으로는, 아브라함이 그의 아버지가 죽은 후에 즉시 "하란"을 떠났다고 스데반이 분명하게 말하고 있는 것으로 보아서, 아브라함은 그의 아버지가 지치고 병들었기 때문에 일시적으로 그곳에 체류하였던 것 같다.

[5]그러나 여기서 발 붙일 만한 땅도 유업으로 주지 아니하시고 다만 이 땅을 아직 자식도 없는 그와 그의 후손에게 소유로 주신다고 약속하셨으며 [6]하나님이 또 이같이 말씀하시되 그 후손이 다른 땅에서 나그네가 되리니 그 땅 사람들이 종으로 삼아 사백 년 동안을 괴롭게 하리라 하시고 [7]또 이르시되 종 삼는 나라를 내가 심판하리니 그 후에 그들이 나와서 이 곳에서 나를 섬기리라 하시고 [8]할례의 언약을 아브라함에게 주셨더니 그가 이삭을 낳아 여드레 만에 할례를 행하고 이삭이 야곱을, 야곱이 우리 열두 조상을 낳으니라(7:5-8).

5. 그러나 여기서 발 붙일 만한 땅도 유업으로 주지 아니하시고 다만 이 땅을 아직 자식도 없는 그와 그의 후손에게 소유로 주신다고 약속하셨으며. 우리는 여기서 세 가지를 주목하여야 한다. 첫 번째는, 하나님께서는 자신의 종을 그의 본토로부터 이끌어 내셔서 가나안 땅에서 이방인으로 살아가게 하심으로써 그의 인내심을 단련시키셨다는 것이다. 아브라함은 "발 붙일 만한 땅"도 소유하지 않았다. 그에게는 자기 소유의 땅이라고는 오직 자신의 매장지로 사용하기 위해 산 밭만이 있었지만, 이 세상에 살아 있는 동안에 아무 소용도 없는 밭을 소유물이나 재산이라고 볼 수는 없을 것이다. 따라서 그 밭은 돈을 주고 산 것이기는 하지만, 하나님께서 아

브라함에게 "발 붙일 만한 땅도" 주시지 않았다는 스데반의 말은 정확하다. 왜냐하면, 아브라함이 하나님의 약속으로부터 기대한 것은 돈이나 다른 인간적인 방법으로 얻을 수 있는 것이 아니었기 때문이다.

두 번째로 우리가 주목해야 할 것은, 하나님께서는 아브라함에게 약속하신 것을 아직 구체적으로 보여주시지 않고 있는 동안에도, 자신의 말씀으로 그를 붙들어 주고 계셨다는 것이다. 하나님께서 우리를 위해 예비해 놓으신 것이 있다고 약속하셨을 때에는, 비록 우리가 하나님이 약속하신 것을 아직 소유하고 있지 않더라도, 그 약속 자체가 우리에게 든든한 버팀목이 된다. 그러므로 하나님이 약속하신 것, 즉 자기가 장차 그에게 땅을 주어 거기에 살게 하시겠다는 약속이 아직 현실화되지 않았을 때에도, 아브라함은 하나님의 약속을 버팀목으로 삼고서 오직 그 약속만으로 만족하였기 때문에, 가나안 땅에서 이리저리 떠돌며 불안정한 거처에 기거하며 살아가는 것 이상의 것을 바라지 않았다.

'에팡겔레스타이'(ἐπαγγέλλεσθαι)는 단순히 "약속하다"를 뜻한다. 그렇기 때문에, 나는 에라스무스처럼 이 어구를 "다시 약속하셨으며"라고 번역할 이유가 없다고 생각한다. 왜냐하면, 나는 아브라함에게 주신 하나님의 약속의 말씀 속에는 속임수 비슷한 것이 있었다는 것을 나타내기 위하여, 이 어구를 역접으로 보고서, "약속하셨음에도 불구하고"로 번역하고자 하기 때문이다. 어쨌든 누가 이 어구를 하나님께서 반복적으로 약속하셨다는 것을 나타내는 것으로 보고자 하지만 않는다면, 나는 그 밖의 점들에 대해서는 가타부타 말하지 않겠다.

세 번째로 우리가 주목해야 할 것은, 하나님의 약속이 조롱(ludibrium)과 별반 다를 게 없었다는 것이다. 하나님께서 그 땅을 아브라함의 후손들에게 주시겠다고 약속하신 것은 그가 팔십 살이 되고 그의 아내는 임신을 할 수 없는 나이가 되어서 자손을 볼 소망이 그에게서 끊어졌던 때였다. 그 땅을 아브라함의 후손들에게 주시겠다고 하신 하나님의 약속은 정말 말이 안 되는 것처럼 보였다. 왜 하나님께서는 차라리 아브라함에게 후손을 주시겠다고 약속하시지 않은 것일까? 그러나 이것은 아브라함의 믿음을 연단시키기 위한 엄청난 시험이었다. 그런데 여기서 아브라함은 뭔가가 잘못된 것이 아니냐며 의문을 제기하거나 시비를 가리려고 하는 모습을 전혀 보이지 않고, 자기가 하나님의 입으로부터 들은 것을 순종하는 마음으로 순순히 받아들였다. 그러므로 우리는 하나님께서 약속하신 일을 미루실 뿐만 아니라 어떤 의미에서는 자신의 종을 조롱하시는 말씀을 하시는 것처럼 보일지라도, 사실은 자신의 말씀을 통해서 자기 종에게 힘과 위로를 주시는 것임을 명심하여야 한다. 이 것은 아브라함에게만이 아니라 우리에게도 어느 정도 적용된다. 왜냐하면, 하나님 은 우리를 세상의 상속자라고 부르시지만, 우리에게 최소한의 양식이나 필수적인 생활수단이 결핍되어 있는 때에도 그것을 종종 내버려 두시기 때문이다. 그러나 그 것은 하나님께서 우리로 하여금 그 어떤 것도 우리의 육신적인 지혜 덕분으로 돌리 지 못하게 하시기 위하여 의도적으로 그렇게 하시는 것이다. 만일 하나님께서 그렇 게 하지 않으시면, 우리는 마치 우리의 지혜로 된 것인 양 착각해서 하나님의 말씀 에 합당한 영광을 돌리지 않게 될 것이기 때문이다.

6. 그 후손이 다른 땅에서 나그네가 되리니. 스데반은 유대인들에게 그들의 조 상들이 애굽에서 얼마나 비참하고 부끄러운 상태에 놓여 있었는지를 상기시켜 주 고, 그 조상들이 겪었던 강압적인 종살이는 하나님께서 오래 전에 계시를 통해서 미 리 말씀해 주신 것인 까닭에 결코 우연한 일이 아니었다는 것도 보여준다. 애굽에 서의 종살이에 관한 이야기는 한편으로는 유대인들의 사나운 심령을 길들여서 절 제를 배우게 하였고, 다른 한편으로는 언제나 유대 민족을 돌보고 계셨던 하나님의 은혜를 찬미하도록 만들었을 것이었음에 틀림없다. 왜냐하면, 한 민족이 마치 죽음 에서 생명을 얻듯이 기적적으로 회복된 것은 특별한 은혜일 수밖에 없기 때문이다. 아울러, 유대인들은 하나님의 교회가 그들이 살고 있는 땅이 아닌 다른 곳에 있다 는 것과 그들의 조상들이 하나님의 백성으로 선택을 받아서, 성전이 건축되거나 율 법의 외적인 의식들이 제정되기 전부터 이미 하나님의 신실하신 돌보심에 의해서 안전하게 보호를 받아 왔다는 것을 기억하게 되었다.

이러한 내용들은 설교 주제로서 일반적인 것들이긴 하지만, 이것들로부터 우리 는 유익한 교훈을 얻게 된다. 즉, 종살이는 그 자체로도 힘들고 괴로운 일이지만, 그 주인이 가혹한 경우에는 정말 참을 수 없는 일이 된다는 것이다. 그렇기 때문에, 자 신의 후손들이 종이 될 것이고, 치욕스럽고 가혹한 괴롭힘을 당할 것이라는 말씀을 들었을 때, 경건한 아브라함의 마음은 몹시 고통스러웠을 것임에 틀림없다. 더욱 이, 가나안 땅을 기업으로 받을 것이라는 기존의 약속과 이방 땅에서 오랜 세월 동 안 종살이를 하게 될 것이라는 예언이 서로 모순되는 것처럼 보이는 상황은 결코 만 만한 시험이 아니었다. 왜냐하면, 하나님께서 아브라함에게 그의 후손들이 비참한 종살이를 할 것이라고 말씀하셨을 때, 하나님께서 자신이 앞서 하신 말씀을 잊어버 린 것이라고 생각하지 않을 사람은 아무도 없을 것이기 때문이다. 하나님께서는 처음에 아브라함의 후손에게 그 땅을 주시겠다고 말씀하셨다. 그러나 아브라함의 후손은 아직 태어나지도 않았을 뿐만 아니라, 지금은 도리어 후손을 볼 소망마저 끊어진 것 같은 상황이었다. 그런데 거기에 한술 더 떠서, 하나님께서는 그 땅을 언제 주시겠다고 말씀하고 계시는 것인가? 아브라함이 죽고 난 다음에 주시겠다고 하신다. 아울러, 하나님께서는 아브라함의 후손들이 다른 곳으로 끌려가서 이방인들을 섬길 것이라고 말씀하신다. 얼마 동안? 사백 년 동안! 따라서 이것은 얼마든지 하나님께서 자신이 약속하신 것을 이행하시지 않기 위해서, 이런 식으로 손을 떼려고 하시는 것처럼 보일 수 있었다.

우리는 이런 일이 한 번만 일어났던 것이 아님을 알아야 한다. 왜냐하면, 하나님께서는 스스로 모순되게 행하시는 것이 아닌가 생각될 정도로 우리를 대하시는 경우가 흔히 있기 때문이다. 하나님께서는 심지어 자신이 약속하신 것을 철회하시는 것처럼 보이도록 말씀하시기도 한다. 이렇게 우리가 육신적으로 판단할 때는, 하나님께서 스스로 모순되게 행하시는 것처럼 보일 수 있지만, 믿음의 눈으로 바라보면, 하나님의 말씀이 그가 하신 다른 말씀들과 결코 모순되지 않을 뿐만 아니라, 그의 행하시는 일들과도 아주 잘 조화된다는 것을 알게 된다. 우리로 하여금 믿음의 눈으로 길게 보도록 하시기 위하여, 오랜 시간 간격을 두고서 일찌감치 자신의 약속을 보여주시는 것이 하나님의 뜻이다. 그러므로 수많은 좌절과 온갖 난관을 헤치고 먼 길을 달려가면서, 심연의 한가운데도 건너고, 마침내 죽음 그 자체도 뛰어넘어 우리에게 주어진 구원을 향하여 전진하며 고군분투하는 것은 우리의 몫이다. 또한, 우리는 하나님께서 택하신 백성들이 애굽인들에게 비인간적인 대우를 받으며 혹독한 종살이를 겪은 것을 알고 있기 때문에, 동일한 상황이 오늘의 우리에게 닥칠지라도 결코 절망해서는 안 된다. 왜냐하면, 하나님의 교회가 폭군의 압제 아래 놓이고 불경건한 자들의 발에 짓밟히는 것은 새삼스럽거나 특별한 일이 아니기 때문이다.

7. 종 삼는 나라를 내가 심판하리니. 애굽에 대한 이러한 심판은 유대 백성의 해방과 연결되어 있다. 왜냐하면, 하나님께서는 자신이 보호하시기로 약속하신 백성을 지켜 주심으로써, 자기가 교회의 구원자이심을 보여주시기 위하여, 애굽인들의 압제와 포악을 벌하고자 하신 것이기 때문이다. 따라서 우리는 불경건한 자들에게 부당한 고통을 받을 때마다, 세상의 심판자이신 하나님께서 그 어떤 불의도 묵과하지 않으시리라는 것을 기억하고서, '나는 세상의 심판자이신 하나님의 보호하심 아

래에 있고, 하나님은 모든 불의에 보응하시는 분이시기 때문에, 지금 나를 괴롭히는 자들은 하나님의 보응을 피할 수 없을 것이다'라고 생각하여야 한다. 신명기 32:35에도 비슷한 내용이 나오는데, 거기에서 하나님께서는 "원수 갚는 것이 나의 것"이라고 선언하신다. 바울은 그러한 사실을 근거로 해서, 우리가 "하나님의 진노하심"에 맡겨야 할 것이라는 결론을 도출해 낸다(롬 12:19). 그는 이렇게 말한 것과 같다: "하나님께서 친히 우리의 원수를 갚아 주실 것이라고 약속하셨으니, 우리는 조급한 마음과 억울하다는 생각을 버려야 한다. 왜냐하면, 스스로 원수를 갚는 자는 하나님이 하실 일을 빼앗는 것이기 때문이다." 시편에서도 "나의 기름 부은 자를 손대지 말며 나의 선지자들을 해하지 말라"(시 105:15)고 말씀하고 있는 것에서 알 수 있듯이, 우리는 내가 앞서 말했던 것, 즉 하나님께서 자기 백성이 당한 해악에 대하여 원수 갚아 주시는 일에 각별한 관심을 갖고 계신다는 것을 늘 기억하여야 한다.

7. 그 후에 그들이 나와서 이 곳에서 나를 섬기리라. 여기서 하나님께서 이스라엘 백성을 구원하신 사건이 시간적으로 성전과 율법 제사에 앞서서 이루어졌다는 사실로부터 우리는 하나님의 은혜는 율법의 제의와는 무관하다는 결론을 얻게 된다. 아울러, 스데반은 하나님께서 이스라엘 백성을 애굽에서 구원하신 목적을 지적한다. 즉, 하나님께서는 자신이 택한 백성이 자기가 택한 곳에서 자신의 이름을 참되게 예배하도록 하시기 위하여 이스라엘 백성을 구원하셨다는 것이다. 이러한 사실로부터 우리는 하나님께서 무엇을 물리치시고 무엇을 받으시는지를 숙고하지 않으면 안 된다는 결론을 다시 한 번 얻게 된다. 다른 민족들도 하나님을 섬기려고 하지 않은 것은 아니었지만, 그들의 제의가 타락하고 부패했기 때문에, 하나님께서는 나머지 다른 민족들로부터 유대 민족을 구별하시고 그들에게 한 장소를 정해 주셔서 그들로 하여금 참되고 바른 예배를 드리도록 하셨다. 여기서 우리는 하나님께서 은혜를 베풀어 주시는 목적이 사람들로 하여금 그들 자신을 하나님께 온전히 드리도록 하시려는 것임을 알게 된다. 지금은 하나님께서 자신의 은혜의 곳간을 온 세상에 활짝 열어 놓으셨기 때문에, 우리는 어느 나라에 살고 있든지, 우리가 살고 있는 바로 그곳에서 하나님께 순전하고 거룩한 예배를 드림으로써 하나님의 거룩하심을 높여 드리기 위하여 힘쓰는 것이 마땅하다.

8. 할례의 언약을 아브라함에게 주셨더니. 스데반이 "할례의 언약"은 하나님으로부터 주어진 것이라고 고백했을 때, 그는 자신에게 씌워졌던 거짓되고 무고한 고

소를 이미 충분히 벗고도 남은 것이었다. 하지만 스데반은 거기에서 그치지 않고, 유대인들이 자신들의 구원의 근원을 외적 징표에 두고 있다면, 그것은 잘못된 것임을 아울러 보여준다. 왜냐하면, 아브라함이 하나님의 부르심을 받은 것과 그의 후손들에게 땅과 구원의 약속이 주어진 것이 그가 할례를 받기 이전의 일이라면, 온 인류의 영광이 할례에 달려 있지 않다는 것은 너무나 분명한 사실이기 때문이다. 바울도 로마서 4장에서 이와 동일한 논증을 전개한다(롬 4:11). 바울의 논증에 따르면, 아브라함은 "무할례자"였을 때에 "의롭다 하심"을 얻었고 하나님을 기쁘시게 해드린 것이기 때문에, "할례"가 "의롭다 하심"의 원인이 아니라는 것이다. 유대인들로 하여금 하나님께서 그들을 그들의 조상들과 함께 어떤 식으로 양자로 삼으신 것인지를 기억하게 하는 것은 이 사건과 아주 밀접한 관련이 있는 것이었기 때문에, 우리는 스데반이 횡설수설하거나 실없는 이야기를 늘어놓고 있는 것이 아님을 알게 된다. 스데반은 여기서 할례가 하나님에 의해서 은혜의 징표로 주어진 것은 사실이지만, 하나님께서 이스라엘 백성을 양자로 삼으신 것은 순서상으로나 시간상으로나 할례보다 앞선 것이었음을 분명하게 밝히고자 한 것으로 생각된다. 하지만 우리는 여기서 할례의 효과나 성격에 대해서 더 이상 논할 필요는 없고, 단지 하나님께서 먼저 아브라함에게 약속하신 일들을 나중에 할례라는 징표를 통해서 확증해 주신 것은 말씀(verbum)이 선행되지 않은 징표(signum)는 공허하고 무가치한 것에 지나지 않는다는 것을 우리로 하여금 알게 하시기 위한 것이라는 이 한 가지 사실만을 유념하면 될 것이다. 또한, 우리는 "언약"이라는 단어에도 유익한 가르침이 내포되어 있다는 것을 주목할 필요가 있다. 즉, 하나님께서는 우리에 대한 자신의 사랑을 나타내시기 위해서, 성례전들을 통해서 우리와 언약을 맺으셨다는 것이다. 따라서 성례전들은 먼저는 사람들 앞에서 행하는 외적인 신앙 고백(professio)의 징표일 뿐만 아니라, 하나님 앞에서 내적인 신앙을 확증하는 효력도 갖고, 다음으로는 참되신 하나님께서는 자신이 행하시는 일들만을 성례전들 속에서 보여주신다는 점에서 공허한 형식들(figura)이 결코 아니라는 것이다.

⁹여러 조상이 요셉을 시기하여 애굽에 팔았더니 하나님이 그와 함께 계셔 ¹⁰그 모든 환난에서 건져내사 애굽 왕 바로 앞에서 은총과 지혜를 주시매 바로가 그를 애굽과 자기 온 집의 통치자로 세웠느니라 ¹¹그 때에 애굽과 가나안 온 땅에 흉년이 들어 큰 환난이 있을새 우리 조상들이 양식이 없는지라 ¹²야곱이 애굽에 곡식 있다는 말을

듣고 먼저 우리 조상들을 보내고 ¹³또 재차 보내매 요셉이 자기 형제들에게 알려지게 되고 또 요셉의 친족이 바로에게 드러나게 되니라 ¹⁴요셉이 사람을 보내어 그의 아버지 야곱과 온 친족 일흔다섯 사람을 청하였더니 ¹⁵야곱이 애굽으로 내려가 자기와 우리 조상들이 거기서 죽고 ¹⁶세겜으로 옮겨져 아브라함이 세겜 하몰의 자손에게서 은으로 값 주고 산 무덤에 장사되니라(7:9-16).

9. 여러 조상이 요셉을 시기하여 애굽에 팔았더니. 스데반은 이제 이스라엘 민족의 역사상 가장 추악한 사건을 언급하는데, 그것은 여러 형제들이 사악하고 가증스럽게도 서로 공모해서 자신들의 죄 없는 형제를 없애 버리고자 한 것으로서, 이러한 잔악한 행위는 인간의 본성에 반하는 일이었다. 유대인들은 이 사건을 소수의 사람들에 의해서 저질러진 개인적인 죄악으로 치부할 수 없었다. 왜냐하면, 베냐민 한 사람을 제외한 모든 족장이 이 패역한 행위에 연루되어 스스로를 더럽힘으로써, 모든 민족이 이 일과 관련된 오명을 뒤집어쓸 수밖에 없게 되었기 때문이다. 따라서 스데반이 그들을 영광스러운 호칭으로 부른 것은 도리어 그들 민족의 수치를 더욱 부각시키는 것이었다. 왜냐하면, 그들은 그런 조상들을 지극히 자랑스럽게 여겨왔기 때문이다. 스데반은 그들의 조상들 중 주요 인물들이 어떠한 인간들이었는지를 보여주는데, 그들은 철두철미 형제살인범들(fratricida)이었다. 왜냐하면, 노예가 되는 것이 일종의 죽음이나 다를 바 없다는 사실은 그만두고라도, 우리는 그들이 처음에 요셉을 죽이기로 공모하였음을 알고 있고, 요셉이 겪었던 혹독한 고통도 모두 자신의 형제들로 인한 것이었음을 알고 있기 때문이다. 여기서 분명한 것은 하나님께서는 자신의 뜻을 거역하고 대적한 자들에게 은혜를 베푸시고 자비로우셨다는 것이다. 왜냐하면, 그들은 장차 그들을 구원할 도구로 쓰임 받게 될 형제를 죽여 없애 버리고자 한 자들이었기 때문이다. 따라서 그들이 하나님이 주신 온갖 은혜를 받지 못하게 된 것은 다른 사람 탓이 아니라 바로 그들 자신이 잘못한 탓이었다. 그래서 스데반은 뒤에서 그들은 하나님에 의해서 그들의 구원자로 보내심을 받은 모세도 거부하였다고 말한다. 그러므로 유대인들에게는 자기 민족의 우월성을 내세우며 자랑할 이유가 전혀 없었다. 그들이 해야 할 것은 오직 하나, 즉 자신들의 행위가 부끄러워서 몸 둘 바를 몰라 하며, 그들이 지금 어떤 모습이든, 그 모든 것은 오로지 하나님의 긍휼하심 덕분이라는 것을 고백하고, 율법이 주어진 것도 하나님의 긍휼하심으로 말미암은 것임을 묵상하는 것이다.

9. 하나님이 그와 함께 계셔. 하나님이 요셉과 함께 하셨다고 해서, 하나님께서는 늘 자신의 능력을 나타내셔서 요셉을 도우심으로써, 요셉이 별 고생을 하지 않는 삶을 산 것이 결코 아니었다. 왜냐하면, 시편에서 "그의 몸은 쇠사슬에 매였으니"(시 105:18)라고 말씀하고 있는 것에서 알 수 있듯이, 요셉이 겪은 고난은 결코 가벼운 것이 아니었기 때문이다. 요셉은 그 어떤 도움도 기대할 수 없는 처지가 되었을 때에 극심한 슬픔에 빠졌을 것임이 확실하고, 사슬에 매이는 치욕과 사악한 자에게서 벌을 받는 일까지 당하였다. 그러나 하나님께서는 자기 백성과 함께 하시면서도, 일시적으로 자기 자신을 숨기시곤 하신다. 하나님의 임재의 증거가 분명히 나타났지만, 처음에 요셉은 그것을 알지 못하였다. 또한, 우리는 요셉이 성전이 아니라 머나먼 애굽 땅에서 하나님의 이름을 불렀고 구원을 받았다는 사실도 항상 기억하여야 한다.

10. 그 모든 환난에서 건져내사 ⋯ 바로가 그를 애굽과 자기 온 집의 통치자로 세웠느니라. 스데반은 하나님께서 어떻게 요셉으로 하여금 바로에게 총애를 입게 하셨는지를 덧붙인다. 물론, 하나님께서는 다른 방법으로도 요셉을 구원하실 수 있었지만, 요셉이 애굽의 총리가 되어서 그의 아버지와 온 가족을 데려오게 되는 것을 포함해서 좀 더 큰 계획을 염두에 두시고 그렇게 하신 것이었다. "은총과 지혜"라는 어구에서는 단어의 순서를 뒤바꾸는 수사법인 환치법이 사용되었다. 왜냐하면, 이 둘은 별개의 것이기는 하지만, 요셉이 하나님으로부터 받은 "지혜"가 바로에게서 "은총"을 받는 원인이 된 것이기 때문이다. 요셉이 해몽을 잘하고 신적인 지혜가 뛰어난 사람이긴 했지만, 만일 하나님께서 바로의 마음을 감동시키셔서 그 마음에 평소에 없던 사랑의 감정을 일으키시지 않았다면, 기고만장한 애굽의 군주가 요셉을 그렇게 높은 지위에 기용했을 리가 만무하였다. 우리는 하나님께서 어떤 일들을 차례로 일으키셔서 요셉으로 하여금 바로의 은총을 입게 하셨는지를 잘 살펴보아야 한다. "지혜"는 꿈을 해석함에 있어서 예언의 은사를 뜻하기도 하지만, 조언을 함에 있어서 현명한 것을 뜻하기도 한다. 창세기에서 모세는 요셉에게 이 두 가지가 다 있었음을 보여준다. 스데반이 여기서 요셉 한 사람에 대해서 말하고 있는 것은 모든 사람에게 다 적용되어야 한다. 왜냐하면, 우리는 각 사람이 갖고 있는 능력은 하나님의 은사인 까닭에, 각자에게 특별히 주어진 은사로 생각해야 하고, 불공평하게 분배되었다고 생각해서는 안 되기 때문이다. 또한, 하나님께서는 자신이 주신 은사를 각 사람이 그 은사의 본래의 목적에 합당한 일에 사용하는 경우에는 그

일을 형통하게 해주신다. 따라서 요셉을 애굽의 "통치자"로 임명한 것은 애굽 왕 바로인 것 같지만, 사실은 요셉을 높이셔서 그러한 존귀한 자리에 앉게 하신 것은 하나님이셨고, 하나님의 손(Dei manus)이 그렇게 하신 것이었다.

11. 그 때에 애굽과 가나안 온 땅에 흉년이 들어. 요셉이 구원을 받은 것은 야곱의 온 가족으로 하여금 하나님이 준비하신 은택에 참여하게 하기 위한 것이었음이 여기서 밝혀진다. 왜냐하면, 흉년이 다가오고 있을 때, 요셉은 장차 기아에 허덕일 사람들을 먹여 살릴 양식을 준비할 수 있도록 적절한 시점에 미리 보내심을 받은 것이었기 때문이다. 요셉 자신도 이 점에 있어서 하나님의 놀라운 계획을 인정한다(창 45:5-8). 요셉의 형제들은 그를 머나먼 타국에 노예로 팔아먹고는 이 땅에서 완전히 사라졌을 것이라고 생각하고 있었지만, 하나님께서는 바로 그런 형제들을 먹이고 입힐 자로 그를 세우셨다는 것을 생각할 때, 우리에게 값없이 주어지는 하나님의 선하심과 인자하심은 요셉이라는 인물 속에서 더욱 찬란하게 빛을 발한다. 요셉은 자신을 구덩이에 집어 던지고, 숨도 쉬지 못하게 만들었던 형제들의 입 속에 음식을 넣어 준다. 요컨대, 그는 자신의 생명을 빼앗기에 주저함이 없었던 자들의 목숨을 살펴주고 잘 먹이고 입혀준 것이다. 아울러, 스데반은 족장들이 자신들에게 기업으로 주어졌던 땅을 어쩔 수 없이 떠났고, 그 후 객지에서 죽음을 맞이했다는 사실을 유대인들에게 환기시켜 준다. 그들은 그곳에서 나그네 신세가 되었고, 결국 그때부터 유배 생활을 한 것이다.

14. 요셉이 사람을 보내어 … 일흔다섯 사람을 청하였더니. 야곱과 함께 애굽에 온 사람이 "일흔다섯"이었다는 스데반의 말은 창세기에 나오는 모세의 보도와 일치하지 않는다. 왜냐하면, 모세는 "일흔"이었다고 말하기 때문이다. 히에로니무스(Hieronymus)는 누가가 스데반이 한 말을 문자적으로 기록한 것이 아니라, 헬라어로 번역된 모세의 글, 곧 칠십인역 창세기 46:27에서 이 숫자를 가져온 것으로 보고서, 누가는 개종자였던 까닭에 히브리어를 해독할 수 없었거나, 이방 그리스도인들 사이에서 그러한 읽기가 통용되고 있었던 까닭에 그렇게 한 것이라고 말한다. 하지만 칠십인역 번역자들이 의도적으로 "일흔다섯"으로 표기한 것이었는지, 아니면 원래는 "일흔"으로 표기되어 있었던 것이 나중에 실수로 잘못 표기되게 된 것인지는 확실하지 않다. 헬라인들은 문자를 사용해서 숫자를 표기했기 때문에, 후자일 가능성이 더 크다고 본다. 「하나님의 도성」(De Civitate Dei) 제26권에서 아우구스티누스는 이 숫자에 요셉의 손자들과 증손자들이 포함된 것으로 이해한다. 따라서 그는

"야곱이 애굽으로 내려갔다"(15절)는 말을 야곱이 살아 있던 기간 전체를 의미하는 것으로 본 것이다. 그러나 이러한 추측은 결코 받아들여질 수 없다. 왜냐하면, 그런 식으로 말한다면, 그 기간 동안에 다른 족장들에게도 많은 자녀들이 태어났을 것이기 때문이다. 나는 칠십인역 번역자들이 모세의 글을 정확하게 "일흔"으로 번역한 것이 거의 확실하다고 생각한다. 왜냐하면, 애굽으로 내려간 사람들의 수가 기록되어 있는 또 다른 본문인 신명기 10:22은 오늘날 인쇄된 사본들에는 "일흔다섯"으로 되어 있지만, 적어도 히에로니무스의 시대에 신명기의 이 구절이 아무런 논란 없이 읽혔다는 것을 생각할 때, 원래는 창세기의 히브리어 본문과 똑같이 "일흔"으로 되어 있었던 것이 분명한 까닭에, 우리는 칠십인역 번역자들이 정신이 오락가락해서 창세기에서는 "일흔다섯"으로 했다가 신명기에 와서는 "일흔"으로 한 것이라고 말할 수는 없기 때문이다. 따라서 애굽으로 내려간 사람들의 숫자에 관한 이러한 차이는 필사자들의 실수에서 비롯되었다는 것이 나의 결론이다. 그러나 이것은 그리 중요한 문제가 아니었기 때문에, 누가는 헬라어로 씌어진 칠십인역을 사용하였던 이방인들에게 이것이 혼란을 야기할 것이라고 보지는 않았던 것 같다. 또는, 누가 자신은 정확하게 "일흔"이라고 기록하였지만, 누군가가 칠십인역의 출애굽기 1:5에 근거해서 "일흔다섯"이라고 잘못 수정한 것일 수도 있다. 왜냐하면, 신약 성경은 히브리어를 알지 못하고 헬라어만을 잘 아는 사람들에 의해서 형성되었기 때문이다.

따라서 그들이 스데반의 말과 모세의 글을 일치시키기 위해서, 칠십인역의 창세기 46:27에 나오는 잘못된 숫자("일흔다섯")를 이곳에도 옮겨 적었을 가능성이 크다. 만약 이 문제를 가지고 줄기차게 따지고 드는 사람이 있다면, 우리는 바울이 우리에게 "족보 이야기"(딛 3:9)에 지나치게 호기심을 갖지 말라고 명한 것은 다 그럴 만한 이유가 있기 때문이었다는 것을 기억하고서, 그 사람으로 하여금 혼자 무한한 지혜를 발휘하도록 내버려 두도록 하자. 한편, 애굽으로 내려간 야곱의 가족이 지극히 적었다는 것을 구체적으로 기록한 것은 이렇게 적은 수의 사람들이 그토록 큰 무리를 이루는 데에 그다지 긴 세월이 걸리지 않았다는 것을 보여줌으로써, 하나님의 능력을 더욱 분명하게 드러내기 위한 것이었다. 왜냐하면, 이렇게 적은 수의 사람들이 단순히 인간적인 생식 수단을 통해서 이백오십 년이라는 세월 동안에 출애굽기에 언급된 것과 같은 대규모의 무리로 번성한다는 것은 불가능한 일이기 때문이다. 우리는 글자 하나 차이 때문에 "일흔"인지 "일흔다섯"인지를 결정하지 못하고 씨름하며 고민하는 것보다는 성령께서 우리에게 일러주신 이 이적을 곰곰이 묵상해 보는 것이 더 좋을 것이다. 그런데 스데반의 설교를 보도하고 있는 누가의 기사 속에서는 이것보다 더 답을 찾기 어려운 문제들이 생겨난다.

16. 세겜으로 옮겨져 아브라함이 세겜 하몰의 자손에게서 은으로 값 주고 산 무덤에 장사되니라. 스데반은 족장들이 죽은 후에 그들의 시신이 가나안 땅으로 옮겨졌다고 말하지만, 모세는 "요셉의 유골"에 대해서만 그렇게 말하고(출 13:19), 여호수아 24:32에서도 "요셉의 뼈"가 가나안 땅에 장사되었다고만 언급할 뿐, 다른 족장들에 대해서는 아무런 언급이 없다. 어떤 이들은 요셉이 자신의 유골에 대해서 명시적으로 유언을 하였던 반면에, 다른 족장들은 그렇게 유언하였다는 기록이 나타나지 않기 때문에, 모세가 요셉을 존중해서 그의 이름만을 기록한 것이라고 대답한다. 히에로니무스(Hieronymus)는 파울라의 순례에 관한 글에서는 그녀가 세겜 지방을 여행하다가 거기서 열두 족장의 무덤을 보았다고 확실하게 말하고 있으면서도, 또 다른 곳에서는 요셉의 무덤에 대해서만 언급하고 있다. 따라서 요셉을 제외한 나머지 족장들의 경우에는 '케노타피아'(κενοτάφια, "가묘")가 만들어졌을 가능성이 있다. 나는 이 문제에 대해서는 확실하게 말할 만한 어떤 근거를 갖고 있지 않기 때문에, 여기에서 제유법이 사용된 것이거나, 아니면 유대인들에게는 조상대대로 전해져 내려온 많은 것들이 있었음을 감안할 때, 누가가 모세의 글이 아니라 고대의 전승을 인용해서 보도한 것일 가능성이 있다는 것만을 말할 수 있을 뿐이다. 스데반은 계속해서 요셉을 비롯한 조상들이 "아브라함"이 "하몰의 자손"에게서 산 무덤에 묻혔다고 말하지만, 여기서 "아브라함"이라는 단어는 오류임이 분명하다. 왜냐하면, "아브라함"은 그의 아내 사라를 묻기 위하여 헷 족속 "에브론"에게서 막벨라 굴을 샀고(창 23:9), 요셉은 그의 아버지 "야곱"이 양 백 마리를 주고 "하몰의 자손"에게서 산 밭에 묻혔기 때문이다. 따라서 이 구절은 수정되어야 한다.

17하나님이 아브라함에게 약속하신 때가 가까우매 이스라엘 백성이 애굽에서 번성하여 많아졌더니 18요셉을 알지 못하는 새 임금이 애굽 왕위에 오르매 19그가 우리 족속에게 교활한 방법을 써서 조상들을 괴롭게 하여 그 어린 아이들을 내버려 살지 못하게 하려 할새(7:17-19).

17. 하나님이 아브라함에게 약속하신 때가 가까우매 이스라엘 백성이 애굽에서

번성하여 많아졌더니. 스데반은 이스라엘 백성의 구원에 관한 이야기로 옮겨가는데, 그 서곡에 해당하는 것이 아주 오랜 세월이 흐른 것이 아님에도 불구하고 짧은 시간에 통상적인 정도를 뛰어넘어 생육하고 번성해서 이스라엘 자손이 무수히 많아졌다는 것이었다. 따라서 스데반은 이스라엘 백성이 번성하게 된 것이 통상적인 방식이나 일반적인 자연 질서를 따라 이루어진 것이 아님을 우리로 하여금 알게 하기 위해서, 이것을 하나님의 특별한 역사로 기술하고 있는 것이다. 하지만 다른 한편으로는, 하나님께서 유대인들로부터 모든 소망을 앗아가 버리시는 것처럼 보였다. 왜냐하면, 애굽 왕 바로가 그들을 압제하며 괴롭혀서, 그들의 종살이가 날로 힘들어져 갔기 때문이다. 드디어 애굽 왕 바로가 사내아이들을 찾아내서 죽이라는 명령을 내리자, 이스라엘 민족 전체가 멸망할 날이 임박한 듯싶었다. 모세의 등장으로 또 다른 구원의 신호가 주어지긴 하였지만, 그는 곧 쫓기는 몸이 되어 도망칠 수밖에 없었고, 이스라엘 백성들에게는 절망만이 남게 된다. 스데반이 말하고자 한 요지는 하나님께서는 자신이 아브라함에게 맹세하셨던 일을 이루시기 위해서 자신의 약속을 기억하시고, 때가 되자 이스라엘 백성을 번성하게 하셨지만, 배은망덕하고 완악했던 유대인들이 하나님의 은혜를 거부한 것이었기 때문에, 그들이 하나님의 은혜를 받지 못하게 된 것은 그들 자신의 잘못이었다는 것이다. 또한, 우리는 여기서 하나님께서는 언제나 시대의 흐름과 변화를 조절하심으로써 자신이 역사하실 기회를 만들어 내시는 것이 하나님의 섭리라는 것을 주목할 필요가 있다. 하지만 사람들은 자신의 욕심 때문에 앞뒤를 분간하지 못하고 허둥대면서, 하나님께서 자신의 손길을 보여주실 때까지 끈기 있게 소망을 품고 기다리지 못하는데, 이것은 내가 앞에서 말한 것 같이 시대의 흐름과 변화를 조절하셔서 역사하시는 하나님의 섭리를 명심하지 않기 때문이다. 한편, 하나님께서는 자기 백성의 믿음을 연단시키시기 위해서, 장차 베푸실 은혜의 징표를 보여주실 때마다, 구원의 소망을 갑자기 끊어 버리는 다른 일들이 그들의 눈 앞에서 일어나게 하신다. 모든 히브리인 남자 아이들을 죽이라는 애굽 왕 바로의 명령이 떨어졌을 때, 이제 히브리인들은 완전히 끝장이 났다고 말하지 않을 사람이 누가 있었겠는가? 그러므로 우리는 하나님은 죽이기도 하시고 살리기도 하시며, 지옥에 빠뜨리기도 하시고 거기서 다시 꺼내 주시기도 하신다는 가르침을 묵상할 필요가 더욱 절실하다.

19. 그가 … 교활한 방법을 써서. 불가타 역본의 번역자가 "교활한 방법을 써서"라는 어구를 "교활하게 속여서"로 옮긴 것은 적절하다. 왜냐하면, 스데반이 이 어구

를 통해서 말하고자 한 것은 애굽 왕 바로가 이스라엘 백성들에게 더욱 무거운 짐을 지우기 위해서 교활하게도 새로운 꾀를 짜내고 말도 안 되는 구실을 만들어 냈다는 것이기 때문이다. 거의 모든 폭군들이 그런 식으로 행한다. 왜냐하면, 그들은 자신의 백성을 혹사시키는 것이 너무나 명백하게 부당한 일인데도, 마치 그것이 정당한 일이라는 듯이, 대단히 지능적으로 구실을 만들어 내기 때문이다. 애굽 왕 바로는 겉보기에는 전혀 흠잡을 데 없는 구실을 내세워서 활용하였음이 분명하다. 그구실이라는 것은 거류민에 불과한 유대인들이 바로의 나라에 아무런 대가도 없이 머물며 호의호식하면서도 나라를 위해 아무 일도 하지 않는 것은 형평에 어긋난다는 것이었다. 이런 식으로 애굽 왕 바로는 "교활한 방법을 써서" 이스라엘 백성들을 자유민에서 싸구려 노예들로 전락시켜 버렸다. 이 폭군이 "요셉을 알지 못하는 임금"이었다고 한 스데반의 말은 사람들이 은혜를 얼마나 빨리 잊어버리는지를 분명하게 보여준다. 왜냐하면, 모든 사람이 이구동성으로 배은망덕을 비난하지만, 세상에서 배은망덕만큼 흔한 잘못도 없기 때문이다.

19. 그 어린 아이들을 내버려 살지 못하게 하려 할새. 내 생각에는 에라스무스의 번역은 적절하지 않은 것 같다. 왜냐하면, '조오고네이스타이'(ζωογονεισθαι)라는 단어는 어떤 민족의 생명은 언제나 그 자손들을 통해서 유지되고 존속한다는 개념에서 생겨난 것인 까닭에, "아이들이 살지 못하게 하려"라는 의미 이상의 것을 나타내기 때문이다. 스데반은 애굽 왕의 폭정을 낱낱이 열거하는 대신에, 히브리인들로하여금 남자 아이가 태어났을 때에 내버리게 한 일을 가장 잔혹한 사례로 제시하고 있다. 이러한 사실로부터 우리는 아브라함의 씨가 모두 말라 버리게 될 날이 얼마나 임박해 있었는지를 쉽게 알 수 있게 된다. 왜냐하면, 애굽 왕은 이 끔찍한 칙령을 통해서 이스라엘 백성 모두를 마치 단칼에 베어 버리듯이 몰살시키려고 했던 것으로 보였기 때문이다. 하지만 이런 폭력적인 야만성은 인간으로서는 예측할 수 없고 믿기 힘든 하나님의 기이하고 놀라운 능력과 더욱 분명한 대비를 보여준다. 왜냐하면, 애굽 왕 바로는 자기가 동원할 수 있는 온갖 수단들을 다 동원해서 하나님과 맞섰지만, 결국 자신이 원했던 것을 하나도 얻지 못하였기 때문이다.

²⁰그 때에 모세가 났는데 하나님 보시기에 아름다운지라 그의 아버지의 집에서 석달 동안 길리더니 ²¹버려진 후에 바로의 딸이 그를 데려다가 자기 아들로 기르매 ²² 모세가 애굽 사람의 모든 지혜를 배워 그의 말과 하는 일들이 능하더라 ²³나이가 사

십이 되매 그 형제 이스라엘 자손을 돌볼 생각이 나더니 ²⁴한 사람이 원통한 일 당함을 보고 보호하여 압제 받는 자를 위하여 원수를 갚아 애굽 사람을 쳐 죽이니라 ²⁵그는 그의 형제들이 하나님께서 자기의 손을 통하여 구원해 주시는 것을 깨달으리라고 생각하였으나 그들이 깨닫지 못하였더라 ²⁶이튿날 이스라엘 사람끼리 싸울 때에 모세가 와서 화해시키려 하여 이르되 너희는 형제인데 어찌 서로 해치느냐 하니 ²⁷그 동무를 해치는 사람이 모세를 밀어뜨려 이르되 누가 너를 관리와 재판장으로 우리 위에 세웠느냐 ²⁸네가 어제는 애굽 사람을 죽임과 같이 또 나를 죽이려느냐 하니 ²⁹모세가 이 말 때문에 도주하여 미디안 땅에서 나그네 되어 거기서 아들 둘을 낳으니라(7:20-29).

20. 그 때에 모세가 났는데. 스데반이 "그 때에"라고 시기를 분명하게 언급하는 데에는 이유가 있었다. 즉, 애굽 왕 바로가 히브리인들이 낳은 모든 남자 아이들을 죽이라는 명령을 내렸을 때에 모세가 태어났다는 것이다. 따라서 구원을 가져다줄 자는 태어나기도 전에 이미 죽은 목숨인 것처럼 보였다. 하지만 인간적인 노력이나 계획이 소용없게 된 그 때가 바로 하나님이 일하실 최적의 때이다. 또한, 이것은 하나님께서 사람들이 약할 그 때에 자신의 능력을 온전히 드러내신다는 사실을 아주 분명하게 보여준다(고후 12:9). 모세의 부모는 "석 달" 동안 그를 숨겨서 기르지만, 자신들의 목숨을 보존하기 위해서 부득이 그를 강가에 내다버리게 된다. 다만, 그가 바로 죽지 않도록 하기 위해서, 그를 작은 상자 안에 넣어 둔다. 바로의 딸이 그를 데려 갔을 때, 그가 죽음을 피하게 된 것은 사실이지만, 그는 이스라엘 자손으로부터 단절되어 다른 민족의 손에 넘겨진 것이다. 만일 하나님께서 그의 마음을 붙잡고 계시지 않으셨다면, 그는 자신의 동족을 누구보다도 가장 괴롭히는 원수가 되었을 것이다. 하지만 사십 년이라는 세월이 흐르고 난 뒤에, 그에게 이스라엘 백성에 대한 동포애가 있음이 드러난다.

22. 모세가 애굽 사람의 모든 지혜를 배워. 모세가 "애굽 사람의 모든 지혜"를 배웠다는 누가의 보도는 사실 그의 탁월성을 드러내기 위한 것이었지만, 흔히 그러하듯이, 그는 세속적인 학문을 배우고 우쭐해져서, 못 배운 평범한 사람들을 멸시할 수도 있었다. 그러나 하나님께서는 애초부터 자기 백성을 구원하기로 작정하셨기 때문에, 자신의 일을 이루시기 위하여 다른 모든 일들과 마찬가지로 모세의 마음도 준비하셨다 여기서 다음과 같은 육신적인 생각들이 고개를 쳐들 수 있다: "왜 하나

님께서는 자기 백성의 고난에 대해서 그렇게 오랫동안 눈을 감고 계셨던 것인가?";
"왜 하나님께서는 날로 흉포해지는 애굽 왕 바로를 그냥 내버려 두셨던 것인가?";
"왜 하나님께서는 모세로 하여금 자신의 동족 속에서 성장하지 못하게 하신 것인
가?"; "왜 하나님께서는 모세를 이스라엘의 자손에게서 단절시키시고 바로의 딸의
아들로 자라게 하신 것인가?"; "왜 하나님께서는 모세가 사십 살이 될 때까지는 왕
궁 생활의 쾌락에 빠져 살게 하신 것인가?" 그러나 하나님께서 그렇게 하신 결과가
너무나 경이로운 것이었기 때문에, 그 결과를 보았을 때, 우리는 하나님께서 자신
의 영광을 나타내고자 하시는 이 한 가지 목적을 위해서 이 모든 일들을 주관하신
것이라고 고백하지 않을 수 없게 된다.

내가 이미 말했듯이, 누가는 여기서 애굽 학문이 뛰어난 것이었다는 칭송의 의미
로 그런 말을 한 것이긴 하지만, 우리는 이 말을 애굽 학문은 그 어떤 결함도 없는
완벽한 것이었다는 뜻으로 받아들여서는 안 된다. 천문학은 별들의 위치나 다양한
특징들, 별들의 움직임과 힘, 은밀한 기능들을 관찰함으로써, 하나님이 행하신 놀
랍고 기이한 일들을 연구한다는 점에서 유익하고 높이 평가할 만한 가치가 있는 학
문이다. 애굽 사람들은 특히 천문학 연구에 심혈을 기울였지만, 단순히 자연의 질
서를 이해하는 데서 만족하지 못하고, 갈대아 사람들과 마찬가지로 수많은 어리석
은 사변들에 빠져들었다. 모세가 이러한 미신적인 학문의 영향을 받았는지의 여부
는 확실하지 않다. 실상이 어땠든지 간에, 우리는 모세가 경건에 속한 일들을 세상
학문이라는 틀 속에서 순진하게, 아니 미숙하게 탐구할 수밖에 없었다는 것을 알게
된다. 학식이 뛰어나고 영특한 자들을 상대해서 자연의 신비에 관해서 논쟁을 벌일
만한 능력이 있는 사람이 뛰어난 언변을 사용하지 않고 지극히 평범한 사람들의 눈
높이에 맞추어서, 학식 없는 사람들이 경험을 통해서 깨닫게 되는 일들에 관해서 그
들에게 평범한 화법으로 설명해 주는 것은 대단한 겸손이 아닐 수 없다. 유스티누
스(Iustinus)는 모세를 요술과 마법을 부려서 이스라엘 백성으로 하여금 홍해를 건
너게 만든 마술사로 묘사한다. 이렇게 사탄은 하나님의 능력을 지워버릴 뿐만 아니
라, 거기에 어떻게든 오점을 남기려고 광분한다. 그러나 우리는 모세가 애굽의 술
사들과 마술 시합을 벌인 것이 아니라, 오직 하나님께서 자신에게 명령하신 일들만
을 수행한 것뿐이라는 사실을 알고 있다.

애굽 사람들도 자신들의 어리석고 허황된 생각들과 괴이하고 가증스러운 행위들
을 그럴 듯한 논리로 위장시켜서, 마치 자신들이 미치광이가 된 것이 까닭 없이 된

것이 아님을 증명하기라도 하려는 듯이, 그들만의 신비 종교를 가지고 있었다. 오늘날 교황주의자들도 미사를 비롯한 여러 무미건조한 예전들을 통해서 연기를 펼치고 있으면서도, 거기에는 하나님으로부터 비롯되지 않은 것이 하나도 없다는 것을 사람들에게 설득시키기 위해서 신비한 일들을 날조해 낸다는 점에서 애굽 사람들과 흡사하다. 다수의 평범한 사제들은 그러한 경지까지는 이를 수 없었지만, 사제들 중에서 똑똑한 자들은 지극히 유치하고 연극 같은 예전을 행할 때에도 거기에 영적인 신비를 부여하는 것을 결코 놓치지 않았다. 가톨릭교회의 예전들 속에 들어 있는 신비적인 의미를 알레고리적으로 해설해 놓은 책들 속에 그러한 황당한 속임수들이 집대성되어 있다. 그러나 애굽 사람들 중에서도 제의를 집례하는 사제들만이 그런 얼빠진 짓을 한 것이기 때문에, 왕궁에서 인문학 교육을 받은 모세는 그런 일들과는 상관이 없었을 것이다.

22. 그의 말과 하는 일들이 능하더라. 히브리인들에게 이 표현은 이중의 탁월성을 나타낸다. 즉, 재능과 학식이 뛰어난 사람이 큰 일들을 해내는 데에도 뛰어날 때, 이런 표현이 사용된다. 따라서 스데반은 모세가 뛰어난 자질을 갖추고 있었고, 그가 특출한 인물이라는 것은 누구나 다 인정하였다고 말하고 있는 것이다. 그러나 그가 이렇게 대단한 인물이었기 때문에, 이스라엘 백성들은 그가 자신들의 구원을 위해 일해 줄 자가 될 것이라는 희망을 거의 가질 수 없었다.

23. 나이가 사십이 되매 그 형제 이스라엘 자손을 돌볼 생각이 나더니. 많은 이들이 이 구절을 근거로 모세가 자신의 동족을 전혀 생각하지 않고 살아온 것은 아니라고 추측한다. 그러나 스데반의 말은 오히려 그 반대의 뜻을 지니는 것으로 보아야 한다. 즉, 하나님의 영이 마침내 모세의 잠자던 혼을 깨워서, 오랫동안 잊고 지냈던 자기 형제들을 돌아볼 생각을 하게 하였다는 것이다. 모세는 자신의 혈통에 대해서 모르고 있었던 것이 아니었다. 왜냐하면, 그의 몸에는 히브리인임을 나타내는 징표가 있었고, 그것에 대한 소문이 왕궁에 널리 퍼져 있었기 때문이며, 게다가 만일 그의 혈통이 알려져 있지 않았더라면, 바로의 딸은 그를 입양하고자 했을 때에 사생아를 낳은 것이라는 의심을 피할 수 없었을 것이기 때문이다. 하지만 오랜 세월 동안 모세는 동족에 대한 자신의 사랑을 공개적으로 밝힐 만한 용기가 없었다. 그러나 모세가 자신의 소명을 깨닫지 못하고 오랜 세월을 바로의 왕궁에서 허비하다가, 나중에 자기 자신을 비롯해서 모든 사람의 예상과는 달리 갑작스럽게 하나님의 부르심을 받게 되었다는 사실은 하나님의 영광을 드러내는 데에 대단한 기

여를 한다. 그러므로 모세의 마음에 스며든 자신의 형제들에 대한 이 새로운 관심은 그가 지금까지 경험하지 못했던 하나님의 성령의 새로운 감화에 의해서 촉발된 것이었다.

24. 한 사람이 원통한 일 당함을 보고. 모세가 이 일을 목격하게 된 것은 우연이 아니었다. 하나님께서는 모세를 자기 백성의 구원자로 세우셨기 때문에, 모세로 하여금 이런 식으로 자신의 사명을 드러내게 하신 것이었다. 왜냐하면, 스데반이 분명하게 밝히고 있듯이, 모세는 이 일을 아무 생각 없이 충동적으로 행한 것이 아니라, 자신의 소명을 자각하고서, 이스라엘 백성의 구원자로서 마땅히 해야 할 일을 한 것이었기 때문이다. 만일 하나님께서 모세를 격동시키신 것이 아니었다면, 어떤 사람이 아무리 흉악한 자였을지라도, 모세가 살인을 한 것은 결코 용납될 수 없는 불의한 일이었을 것이다. 악한 자들을 대적하고, 그들의 폭력을 제압하며, 그들이 가하는 위해로부터 선량한 자들을 보호하는 것은 경건하고 칭찬을 받을 만한 일이긴 하지만, 개인이 사적으로 보복에 나서는 것은 용납되지 않는다. 따라서 하나님께서 모세를 부르셔서 그의 손에 칼을 쥐어 주시기 전에는, 그에게는 애굽인을 죽일 권리가 없었다. 그러나 모세로 하여금 이렇게 엄청난 일을 담대히 행하게 하신 것은 성령의 역사였다. 하나님께서는 자신의 큰 일을 위하여 세우신 자들로 하여금 그 소임을 제대로 수행할 수 있도록 하시기 위해서 자신의 능력을 부어 주시기 때문이다. 요컨대, 스데반은 하나님께서 아브라함에게 약속하신 그 날이 가까워졌음에도 불구하고, 이스라엘 백성은 그 어떤 소망도 가질 수 없는 처지에 놓여 있었기 때문에, 하나님은 이때에 이스라엘 백성에게 모세가 바로 구원자로 보내심을 받은 자임을 나타내셨다는 것을 보여주고자 한 것이었다.

26. 이튿날 이스라엘 사람끼리 싸울 때에 모세가 와서. 이제 스데반은 이스라엘의 조상들이 하나님의 은혜를 무시했을 뿐만 아니라, 악의적으로 거부했다는 것을 보여준다. 비록 여기서 거론된 악행은 단 한 사람이 저지른 것이었지만, 스데반이 그 잘못을 이스라엘 백성 모두에게 돌리고 있는 것은 합당하다. 왜냐하면, 만일 그들이 하나님의 은혜를 아는 백성들이었다면, 그들은 두말 할 필요도 없이 모두 다 함께 그 자의 오만불손한 행동을 제기하였을 것임에 틀림없기 때문이다. 하지만 그들은 모두 침묵을 지켰고, 모세가 그들을 위해 선한 일을 하고도 도리어 비난받고 있는 것인데도 뒷짐만 지고 있었다. 더 나아가, 그들은 자신들의 손을 내밀어 보호했어야 마땅한 사람을 오히려 최악의 위험에 빠뜨리기 위해 자신들이 할 수 있는 일

을 다한다. 스데반이 말하고자 한 요지는 이스라엘 백성이 좀 더 일찍 애굽에서 구원받지 못한 것은 전적으로 그들의 잘못 때문이었다는 것이다. 이렇게 사람들의 악함(pravitas)이 하나님께서 하시고자 하시는 일을 가로막거나 지체시키는 일은 흔히 일어난다. 하나님께서는 적절한 때에 자기 백성을 도와주실 준비를 하고 계시지만, 우리는 온갖 장애물들로 길을 차단해서 하나님으로 하여금 우리의 손을 잡지 못하시게 해놓고서는, 나중에는 하나님이 너무 느리시다 등 가당치도 않은 불평을 늘어놓는다. 이러한 배은망덕함은 하나님에 대한 지독한 불경임과 동시에 모세에게는 지독하게 잔인한 짓이었다. 이스라엘 백성들은 하나님께서 그들을 위해서 믿음직한 후원자를 바로의 왕궁에 있게 하신 것에 대해서 감사하고, 모세에게도 사랑과 존경을 보이는 것이 마땅한 일이었다. 그러나 모세에게 돌아온 것은 형편없는 푸대접과 모욕과 위협뿐이었다. 나아가, 모세가 애굽 사람을 죽인 일이 애굽 왕의 귀에 들어가게 된 것도 모세를 못마땅하게 여겼던 이스라엘 백성들의 배신 때문이었다고 보는 것이 옳을 것이다. 이 때문에, 나중에 이스라엘 백성들이 가나안 땅을 눈 앞에 두고도, 자신들의 잘못으로 말미암아 거기로 들어갈 수 없었던 것과 마찬가지로, 지금도 모세라는 한 인물을 통해 주어진 하나님의 은혜를 거부함으로 말미암아, 그들의 구원의 때가 사십 년이나 뒤로 미뤄지게 된다. 하나님께서 자신이 하시고자 하시는 일을 미리 정해 놓으시고 안배해 놓으신다는 것은 사실이지만, 그 일이 지체되는 것에 대한 책임은 모세를 방해해서 자신의 직분을 수행하지 못하게 한 자들에게 돌아가는 것이 합당하다.

26. 너희는 형제인데 어찌 서로 해치느냐 하니. 사람들은 서로 다 연결되어 있기 때문에, 서로를 공손하고 정중하게 대하며, 아껴주고 해치지 말아야 한다는 것은 당연한 일이다. 하물며 가까운 사이끼리 서로를 해친다면, 그것은 참으로 부끄럽고 용납될 수 없는 일이다. 따라서 모세가 그들에게 이렇게 말한 것은 그들로 하여금 서로를 해치려는 마음을 버리게 하기 위하여 사람들 간의 일반적인 도리를 말한 것일 뿐만 아니라, 그들이 친족이자 혈육이라는 사실을 언급해서 그들의 사나움을 누그러뜨리고자 한 것이었다. 하지만 이웃에게 해를 끼친 그 자는 모세를 거칠게 밀어냈을 뿐만 아니라 위협까지 하였기 때문에, 모세의 모든 노력은 허사가 되고 말았다. 악한 양심을 가진 자가 더욱 격분하고, 자신이 하는 일에 대한 정당한 명분이 약한 자일수록 오히려 오만방자하고 사납게 나오는 법이다. 그렇다면, 이 악한 자는 도대체 어떤 빌미를 붙잡고서 모세에게 이처럼 거칠고 사납게 대든 것인가? 그

는 모세가 "재판장"이 아니라고 말한다. 하지만 모세는 권한 여부를 따져서 그 사람을 책망한 것이 아니었고, 단지 좋은 마음으로 그에게 조언한 것일 뿐이었다. 우리가 잘못했을 때, 우리에게 충고해 주는 의무가 오직 "재판장"에게만 있는 것은 아니지 않는가? 그러나 힘과 권력 앞에서 마지못해서 하는 경우를 제외하고는, 그 어떠한 충고에도 꿈쩍도 하지 않는 것이 완악하고 고집센 자들이 범하는 공통적인 잘못이다. 그런 자들은 자신을 고쳐 주고자 하는 의사에게 화를 내며 달려드는 정신병 환자들과도 같다. 그런 까닭에, 우리의 잘못을 바로잡아 주고자 하는 사람을 향해서 맹목적인 분노를 발하지 않고자 한다면, 우리의 욕망들(cupiditas)에 재갈을 물리기 위해 더욱더 힘쓰지 않으면 안 된다. 또한, 이 사례를 통해서 우리는 하나님의 종들은 이런 식으로 끊임없이 해악들을 받고, 푸대접을 당하며, 위험들을 감수하고, 그리고 무엇보다도 선한 일들을 행하고서도 비방과 욕을 듣지 않고는, 자신의 소임을 다할 수 없다는 교훈을 배우게 된다. 하나님의 종들은 그러한 부당한 일들조차도 하나님께서 자신들에게 허락하신 일이라고 믿고서 그 수치와 모욕을 다 감내하는 가운데, 그런 것들을 하나님이 자신들에게 맡기신 사명을 포기하는 구실로 삼지 않는 것이 마땅하다. 이스라엘 사람들은 여기서 모세가 관원을 사칭하여 법적인 권한을 행세하고자 했다는 소름끼치는 비방과 거짓 고소를 할 뿐만 아니라, 심지어 모세에게 반역죄를 뒤집어씌우고, 더 나아가서 모세가 애굽 사람을 죽인 것을 파렴치한 행위로 몰아간다. 그들이 모세에게 행한 이 두 가지는 극히 가증스러운 것들이었다. 이것으로부터 우리는 이 소름끼치는 시험 앞에서 이 거룩한 사람의 마음이 얼마나 초죽음이 되었을지를 충분히 짐작할 수 있다. 그러나 모세는 자신이 나라 밖으로 도망해야 할 처지가 되거나, 다른 그 어떠한 해악을 당할지라도, 그런 고난들에 결코 굴복하지 않고, 자신의 정당한 행동을 후회하지 않았기 때문에, 그러한 모범으로부터 우리도 불굴의 담대함을 지니고서, 모세에게 행하였던 것과 같은 사탄의 모든 계략들에 맞서서 흔들림 없이 우리의 소임을 다할 수 있어야 한다는 것을 배우게 된다.

[30]사십 년이 차매 천사가 시내 산 광야 가시나무 떨기 불꽃 가운데서 그에게 보이거늘 [31]모세가 그 광경을 보고 놀랍게 여겨 알아보려고 가까이 가니 주의 소리가 있어 [32]나는 네 조상의 하나님 즉 아브라함과 이삭과 야곱의 하나님이라 하신대 모세가 무서워 감히 바라보지 못하더라 [33]주께서 이르시되 네 발의 신을 벗으라 네가 서 있

는 곳은 거룩한 땅이니라 ³⁴내 백성이 애굽에서 괴로움 받음을 내가 확실히 보고 그 탄식하는 소리를 듣고 그들을 구원하려고 내려왔노니 이제 내가 너를 애굽으로 보내리라 하시니라(7:30-34).

30. 사십 년이 차매. 모세가 바보가 아닌 이상, 그가 도피 생활을 하면서 많은 것들을 생각하며 곱씹어 보면서, 자신의 소명에 대하여 무수히 회의적인 생각을 품었으리라는 것은 누구라도 쉽게 짐작할 수 있다. 사탄의 계략은 교활하고 음흉하며, 우리는 본성적으로 불신(diffidentia)의 성향을 갖고 있기 때문에, 하나님의 말씀에 대해서 어떤 의심이 생기기 시작하면, 거기에 쉽게 넘어가고 만다. 왕궁의 쾌락과 호사스런 생활에서 쫓겨나서 천하고 고단한 목자의 삶으로 내려온 것은 모세에게 감당하기 힘든 변화였다. 특히, 모세가 자신이 광야에 외롭게 버려진 채로 오랜 세월이 덧없이 흘러가 버린 것을 알았을 때, 하나님께서 그에게 약속하신 것이 공허한 장난이었다는 생각 외에 다른 어떤 생각을 할 수 있었겠는가? 장인의 양 떼를 치다 보니 어느덧 모세의 나이가 팔십이 되었는데, 자기가 지금까지 해온 일이 이스라엘 백성을 해방시키는 데에 쓰임 받게 될 날이 언젠가는 오리라는 희망을 과연 그가 품을 수 있었겠는가? 하나님께서 우리가 생각했던 것보다 훨씬 더 오랫동안 우리를 기다리게 하실 때, 우리가 낙심하여 무너지지 않기 위해서는, 경건한 인물들의 이러한 고군분투들을 우리의 기억 속에 철저하게 각인될 때까지 생각하고 또 생각하는 것이 유익하다. 또한, 모세는 사십 년이라는 기나긴 세월 동안 내내 그 어떤 소란이나 분란을 일으키지도 않았고, 골칫덩어리들이 흔히 그렇듯이, 무슨 수를 써서라도 높은 지위를 차지하려고 나서지도 않았다는 점에서 절제(modestia)의 뛰어난 사례를 제시하고 있기도 하다. 도리어, 모세는 마치 더 큰 일로 부르심을 받은 적이 전혀 없다는 듯이, 목자로서의 소임에 전념한다. 그러나 그가 이렇게 묵묵히 기다리고 있을 때, 하나님께서는 정하신 때에 그에게 나타나신다.

30. 천사가 시내 산 광야 가시나무 떨기 불꽃 가운데서 그에게 보이거늘. 첫 번째 질문은 이 천사가 누구였냐는 것이고, 두 번째 질문은 이 천사가 왜 그러한 모습으로 나타났느냐는 것이다. 이러한 질문들이 제기되는 이유는 누가가 여기서는 그를 "천사"라고 부르는 반면에, 뒤에서는 "나는 네 조상의 하나님 즉 아브라함과 이삭과 야곱의 하나님"(32절)이라고 말하고 있기 때문이다. 이것에 대해서 어떤 이들은 하나님께서는 종종 자신에게만 속한 것들을 자신의 사자들에게 돌리시거나 나

누어 주시는 까닭에, 그 사자들이 하나님의 이름을 자신들에게 적용하는 것은 전혀 이상한 일이 아니라고 설명한다. 하지만 이 천사는 자기가 영원하신 하나님이고, 스스로 존재하는 자이며, 자기로 말미암아 만물이 존재하는 것이라고 분명하게 선언하고 있고, 이러한 묘사는 천사에게는 결코 해당될 수 없으며, 오직 하나님 자신에 대한 묘사라고 하여야 한다. 따라서 여기에 나타난 천사는 마치 자신이 하나님인 양 하나님의 역할을 맡아서 하나님의 말씀을 단어 하나 틀리지 않고 그대로 하고 있는 것이라고 말하는 것이 더 정확할 것이다. 선지자들이 이런 식으로 말하는 것은 매우 흔한 일이었다. 나중에 누가는 모세가 이스라엘 백성을 해방시키는 과정에서 이 동일한 천사가 그들을 도와주고 인도하였다고 말하고 있고, 바울도 고린도전서 10:4에서 그 인도자가 바로 그리스도였다고 선언하고 있기 때문에, 우리는 이 천사가 오직 하나님에게만 속한 것들을 취하여 자기에게 적용하고 있는 것을 이상하게 여길 이유가 없다.

그러므로 우리는 하나님께서는 처음부터 그리스도를 통하지 않고서는 인간과 그 어떠한 소통도 하지 않으셨다는 것을 무엇보다도 먼저 확실히 해두지 않으면 안 된다. 왜냐하면, 만일 하나님과 우리 사이에 중보자가 계셔서 우리를 하나님과 화해시켜 주지 않는다면, 우리는 하나님과 아무런 상관이 없는 존재들일 뿐이기 때문이다. 따라서 이 구절은 그리스도의 영원한 신성(divinitas)을 명백하게 증언하는 동시에, 그리스도께서 아버지 하나님과 동일한 본질(essentia)을 지니고 계신다는 것을 가르쳐 준다. 그리스도께서 "천사"라고 불리는 것은 하나님께서는 언제나 "천사들"을 자신의 수행원이나 보좌관으로 부리시기 때문만이 아니라, 이스라엘 백성의 구속은 우리 모두의 구속에 대한 예표인데, 이 구속을 위해서 그리스도께서는 우리와 같이 "종의 형체"를 입으시고 아버지 하나님으로부터 보내심을 받아야 했기 때문이기도 하다. 하나님께서 사람들에게 원래의 모습 그대로는 결코 나타나시지 않으셨고, 사람들이 알아볼 수 있는 어떤 형태를 취하시고서 나타나셨다는 것은 확실하다. 그러나 내가 앞에서 말했듯이, 그리스도께서 이 이름으로 불리시는 데에는 또 다른 이유가 있는데, 그것은 그가 아버지의 영원하신 경륜(consilium)에 의해서 인간을 위한 구원의 사자로 임명되셨고, 그런 목적을 위해서 모세에게 나타나신 것이었기 때문이다. 이것은 그리스도께서 "천사들을 붙들어 주려 하심이 아니요 오직 아브라함의 자손을 붙들어 주려 하심이라"(히 2:16)는 가르침과 모순되지 않는다. 왜냐하면, 그리스도께서는 이때에 일시적으로 천사의 모습을 입으셨을지라도 천사의 본성까지 취하신 것은 아니었고, 나중에 정하신 때가 되자 참 인간이 되셨다는 것은 우리가 잘 알고 있기 때문이다.

이제 "가시나무 떨기 불꽃"에 대해서 잠깐 살펴보기로 하자. 하나님께서는 흔히 일종의 유사성을 활용하셔서, 특정한 표징으로써 어떤 실체를 표상하시는데, 이것은 성례전들에 사용되는 원리이기도 하다. 더욱이, 자신이 수행해야 할 사명을 목전에 둔 모세의 믿음을 견고히 하는 데 있어서 이러한 표징을 보여주는 것보다 더 좋은 것은 없었다. 그는 자신의 동족을 자기가 어떤 상태로 팽개쳐 두었는지를 잘 알고 있었다. 즉, 그들은 수는 많았지만, "가시나무 떨기"와 다를 바 없는 신세였다. "가시나무 떨기"는 가지가 많고 빽빽하며 무성할수록, 불이 붙기가 쉽고, 일단 불이 붙으면, 그 전체가 불길에 휩싸이게 된다. 이스라엘 백성도 이 "가시나무 떨기"처럼 온갖 종류의 해악에 그대로 노출되어 있는 연약한 무리였다. 그들은 전쟁에 적합하지 않았을 뿐만 아니라, 그들 자신에게 지워진 짐도 감당하지 못하는 무리였으나, 단지 끊임없이 그 수가 늘어남으로 말미암아 애굽 왕 바로의 잔인한 압제를 불러왔던 것이다. 따라서 무시무시한 폭정에 시달리고 있던 이스라엘 백성은 사방의 모서리에 불이 붙기 시작한 장작더미와 같았기 때문에, 만일 하나님께서 그 불을 꺼주시지 않으신다면, 그들이 잿더미로 변해 버리는 것을 막을 도리가 없었다. 비록 당시는 유례없는 박해의 불길이 타오르고 있었던 때이기는 하지만, 하나님의 교회는 세상에서 환난으로부터 완전히 벗어날 수 없게 되어 있다는 사실을 생각하면, 우리는 이 땅에서 살아가는 교회의 모습이 여기에 어느 정도 묘사되고 있다는 것을 알게 된다. 왜냐하면, 모든 세대에서 하나님의 교회의 모습은 땔감(pabulum) 외에 다른 것이 아니기 때문이다. 우리의 육신뿐만 아니라 우리의 영혼까지 불사르기 위해서, 사탄의 수많은 불꽃이 쉬지 않고 하늘을 누비고 다닌다. 그러나 하나님께서는 우리가 불살라지지 않도록 하시기 위하여, 자신의 경이롭고 특별한 선하심으로 우리를 구원하시고 보호하신다. 그러므로 현세의 삶 속에서 우리를 불살라 버리고자 하는 불길이 일어나는 것은 어쩔 수 없는 일이지만, 시편 46:5에 기록된 바와 같이, 하나님께서는 우리 가운데 거하셔서 그 어떤 환난도 우리에게 해를 입히지 못하게 하신다.

31. 모세가 그 광경을 보고 놀랍게 여겨. 우리는 하나님께서 조상들로 하여금 자신의 위엄을 분명하게 깨닫도록 하시기 위해서 그들에게 이와 같이 행하셨다는 것을 알아야 한다. 왜냐하면, 여기서 하나님께서는 자신이 보여주는 계시들과 사탄의

눈속임들은 명백히 다르다는 것을 모세로 하여금 알게 해주고자 하신 것이기 때문이다. 이것을 확실히 아는 것이 필요하다는 것은 두말 할 필요조차 없다. 만일 이것을 확실히 알지 못한다면, 영생에 관한 언약이 담긴 하나님의 말씀이 참되다는 것을 다른 어떤 방법으로 믿을 수 있겠는가? 하나님을 믿음의 원천(autor)으로 삼는 것이 믿음을 유지할 수 있게 해주는 유일하게 참된 버팀목이기 때문에, 하나님께서는 여기서 말씀하시는 이가 하나님 자신이라는 것을 명명백백하게 보여주셔야 하였다. 한편, 사탄은 끊임없이 어슬렁거리며 돌아다니면서 놀라운 술수들로 사람들의 환심을 사고 있고, 사탄에게는 사람들을 속일 수 있는 다양한 수단들이 있을 뿐만 아니라, 특히 교묘하게 하나님의 이름을 사칭하기 때문에, 우리는 사탄에게 농락당하지 않도록 경계를 소홀히 하지 말아야 한다. 우리는 사탄이 과거에 모든 민족들만이 아니라 교황주의자들까지도 미혹시켰다는 것을 알고 있다. 왜냐하면, 과거에 존재했을 뿐만 아니라 오늘날까지도 교황 제도 아래에서 위세를 떨치고 있는 온갖 미신적인 괴담들과 그릇된 미망들은 허황된 꿈들과 망령들과 거짓 계시들로부터 생겨난 것들이기 때문이다. 재세례파도 자신들의 환상에 사로잡혀 있는 것임은 두말 할 필요가 없다. 따라서 유일한 해결책은 하나님께서 자신의 고유한 속성을 보여주는 징표들을 주심으로써 자신의 계시라는 것을 확증해 주시는 것이다. 왜냐하면, 하나님께서 자신의 위엄을 우리에게 보여주실 때, 우리는 오류에 빠질 위험에서 벗어날 수 있기 때문이다. 모세의 마음이 경이로움에 사로잡혀서 자세하게 살펴보려고 더 가까이 다가간 것은 이렇게 하나님의 위엄이 나타났기 때문이었다. 모세가 이렇게 가까이 다가갔을 때, 하나님께서는 그로 하여금 자신의 임재(praesentia)를 더욱 생생하게 느끼게 하셨고, 그는 경외심에 사로잡히게 되었다. 내가 분명히 말하건대, 여기서 하나님께서 보여주신 것들 중에서 사탄이 그대로 따라할 수 없는 것은 하나도 없다. 사탄은 그저 원숭이처럼 흉내만 낼 뿐이다. 하나님께서는 이러한 징표들을 통해서 말씀하시는 이가 자신이라는 것을 보여주실 뿐만 아니라, 우리의 우둔함을 일깨워 주시고 우리의 눈을 뜨게 해주셔서 미혹에 빠지지 않게 해주신다. 또한, 성령께서는 우리의 마음에 하나님의 임재의 표지들과 징표들을 새겨 주셔서, 우리에게 조금의 의심도 남아 있지 않게 하신다.

32. 나는 네 조상의 하나님 즉 아브라함과 이삭과 야곱의 하나님이라. 우리는 이제 하나님께서 왜 모세에게 그러한 "광경"을 보여주신 것인지를 알게 되었다. 즉, 하나님께서는 자신의 말씀의 권위를 확보하기 위해서 그렇게 하신 것이었다. 왜냐

하면, 가르침이 덧붙여지지 않는 단순한 환상(visio)은 별 유익이 없기 때문이다. 그러나 가르침은 단지 부차적인 것으로 덧붙여지는 것이 아니라, 모든 환상들의 원인이자 목적으로 덧붙여지는 것이다. 하나님께서 자신을 "아브라함과 이삭과 야곱의 하나님"으로 소개하신 데에는 두 가지 이유가 있었다. 하나님의 위엄은 무한하기 때문에, 우리의 지각으로 그 위엄에 다가가고자 하는 경우에는 우리의 지각이 삼켜져 버리고, 우리가 그 위엄에 도달하고자 하는 경우에는 우리 자신이 소멸되어 버리고 만다. 따라서 하나님께서 이러한 호칭을 사용하시는 것은 우리로 하여금 우리의 지각의 한계 내에서 하나님을 이해할 수 있도록 하시기 위한 것이다. 그러나 우리는 하나님께서 자신을 지칭하시는 데에 이러한 호칭을 선택하신 것은 우리에게 그의 말씀을 상기하도록 하시기 위한 것이기도 하다는 것을 유의하여야 한다. 왜냐하면, 하나님께서 "아브라함과 이삭과 야곱의 하나님"이라 불리시는 것은 세상으로 하여금 그를 알게 하시기 위하여 이 거룩한 조상들에게 구원의 교훈(salutis doctrina)을 맡기셨던 까닭이기 때문이다. 하지만 하나님께서는 특히 현재의 상황을 염두에 두시고서, 모세에게 이러한 호칭으로 자신을 소개하신 것이었다. 왜냐하면, 지금 불붙은 가시나무 떨기에 관한 환상, 이스라엘 백성의 구원에 관한 소망, 이제 모세에게 주어질 명령 등과 같은 이 모든 것은 하나님께서 옛적에 이 거룩한 조상들과 맺었던 언약에 따른 것이었기 때문이다. 이렇게 해서, 모세의 마음속에서는 무언가 새로운 일이 일어나고 있는 것이 아닌가 하는 의구심은 사라지고, 그 대신 하나님의 옛 약속에 토대를 둔 구속에 대한 소망이 고개를 들게 된다.

따라서 하나님께서는 이 구절을 통해서 이렇게 말씀하신 것과 같다: "나는 옛적에 네 조상들에게 나타나서, 은혜의 언약을 통해서 아브라함의 후손을 보호해 주고 그들을 구원해 줄 것이라고 약속하였는데, 지금이 네 백성의 종살이를 끝나게 할 때로 정했기 때문에, 내가 전에 약속했던 것을 신실하게 이행하기 위해서 네 앞에 나타난 것이다." 마찬가지로, 하나님의 모든 약속들이 오늘날의 우리에게도 이와 같이 확실하고 견고한 것이 되려면, 하나님께서는 그리스도 안에서 우리를 양자로 삼으셔서 우리의 아버지와 우리의 하나님이 되어 주신다고 약속하셨다는 것이 그 토대가 되어 있어야 한다. 한편, 그리스도께서 이 구절을 근거로 해서, 경건한 자들은 죽었어도 여전히 살아 있는 것이라고 결론을 내리신 것(마 22:32)은 지극히 합당하다. 왜냐하면, 만일 죽음으로 말미암아 사람이 전인적으로 소멸하는 것이라면, 하나님께서 "나는 아브라함의 하나님"이라고 말씀하신 것은 이치에 맞지 않아 도무지 말이 되지 않을 것이기 때문이다. 예컨대, 로마가 더 이상 존재하지 않는데도 불구하고, 어떤 사람이 자기가 로마의 집정관이라고 말한다면, 그런 말은 웃음거리밖에 더 되겠는가? 왜냐하면, 관계라는 것은 양 당사자가 존재해야만 성립하는 것이기 때문이다. 우리가 생각해 보아야 할 다른 한 가지는 하나님께서는 생사를 주관하는 분이시기 때문에, 자신이 아버지가 되어서 자녀로 삼기 원하시는 자들을 살아 있게 하실 것임은 의문의 여지가 없다는 것이다. 따라서 아브라함과 이삭과 야곱은 비록 육신으로는 죽었지만, 영으로는 하나님과 함께 살고 있는 것이다.

32. 모세가 무서워 감히 바라보지 못하더라. 모세가 위로로 가득한 하나님의 말씀을 듣고서 기뻐하기보다는 무서워한 것이 좀 이상해 보일 수 있다. 그러나 모세가 하나님의 임재에 이처럼 두려움을 느낌으로써 하나님을 더욱 경외할 수 있는 마음을 갖게 된 것은 좋은 일이었다. 또한, 모세는 단지 하나님의 음성을 들었기 때문만이 아니라, 불타는 가시나무 떨기를 통해서 나타난 하나님의 위엄을 보았기 때문이기도 하였다. 사람이 하나님을 보고서 두려워 떠는 것은 전혀 이상한 일이 아니다. 출애굽기 20:18-20에서 말씀하고 있듯이, 우리는 하나님께서 그를 경외할 수 있도록 사람의 마음을 준비시키시기 위하여 그렇게 하신다는 것을 기억하여야 한다. "너희가 표적들을 보고 나팔소리를 들은 것은 너희로 하여금 하나님을 경외하는 법을 배우게 하기 위함이다."

여기서 어떤 이는 "왜 모세는 앞에서는 망설이지 않고 가까이 다가갔는데, 지금은 무서워서 감히 바라보지 못하는 것인가?"라고 반문할지 모른다. 나의 대답은 우리가 하나님께 가까이 다가갈수록 그 영광이 더욱 찬란하게 빛나기 때문에 더욱 두려움을 느끼게 되는 것은 당연하다는 것이다. 하나님께서 모세로 하여금 자기를 두려워하도록 만드신 유일한 이유는 그로 하여금 자기에게 복종하도록 하기 위한 것이었다. 이러한 두려움은 더 큰 믿음으로 나아가는 데에 큰 도움이 된다. 곧이어서 하나님께서 모세에게 "네 발의 신을 벗으라"고 말씀하신 이유도 그런 것이었다. 왜냐하면, 하나님께서는 이러한 상징적 행위를 통해서 모세에게 경외하는 마음으로 자신의 명령을 받고, 언제 어디서든 자기에게 합당한 영광을 돌려야 한다고 경고하신 것이기 때문이다.

33. 네가 서 있는 곳은 거룩한 땅이니라. 하나님께서는 모세가 서 있는 장소에 관한 이 말씀을 통해서, 그의 마음을 하늘 위로 들어올리셔서, 그가 세상일에 전혀 마음을 두지 않게 되기를 원하셨다. 하나님께서 이렇게 많이 모세를 찌르시고 자극

하시고 나서야, 비로소 모세가 세상일을 잊고서 하나님의 말씀에 귀를 기울이게 된 것이라면, 모세보다 백 배나 더 둔감한 우리는 얼마나 더 무수히 찔림과 자극을 받아야 하겠는가? 그런데 모세가 서 있었던 곳은 이제까지는 다른 곳과 마찬가지로 거룩한 곳이 아니었기 때문에, 그곳이 어떻게 거룩하게 된 것인가라는 질문이 제기될 수 있다. 나의 대답은 거룩함이라는 영광은 그 장소에 주어진 것이 아니라, 하나님의 임재에 주어진 것이고, 하나님께서 그곳이 거룩하다고 말씀하신 것은 사람들을 위한 것이었다는 것이다. 왜냐하면, 하나님의 임재가 장소조차 거룩하게 만들고 있는 것이라면, 사람들은 하나님의 임재를 훨씬 더 강력하게 느끼는 것이 마땅하기 때문이다. 또한, 우리는 하나님께서 그곳에 자신의 영광을 영속적으로 붙들어 매어 두신 것이 아니라, 단지 일시적으로 그곳을 영광스럽게 하신 것일 뿐임을 유의하여야 한다. 따라서 하나님께서 벧엘에서 야곱에게 나타나셨을 때, 야곱이 그곳을 "하나님의 전"이라 부르며 제단을 쌓고 제사를 지낸 것은 복된 일이었지만, 나중에 후손들이 야곱을 모방하여 거기에 제단을 쌓고 드린 예배는 타락한 것이 되고 말았다. 다음으로, 하나님께서는 오직 모세만을 위해서, 즉 모세로 하여금 하나님을 경외하고 하나님께 순종하는 일에 더 집중하도록 하시기 위하여 그곳을 거룩하다고 하신 것이다. 오늘날 하나님께서는 어디에서나 그리스도 안에서 자신을 우리에게 보여주실 뿐만 아니라, 희미한 모습으로가 아니라 충만한 빛과 완전한 진리 가운데서 보여주시기 때문에, 우리는 우리의 발에서 신발을 벗을 뿐만 아니라, 모든 것을 다 벗어 버리고 벌거벗은 모습으로 하나님 앞에 나아가는 것이 마땅하다.

34. 내가 확실히 보고 … 내려왔노니. 하나님께서는 이제 친히 자기 백성을 구원하실 것이라고 약속하시고서는, 최초의 약속이 있었던 때로부터 아주 긴 세월이 흘렀기 때문에, 전면적으로 새롭게 모세를 자신의 사자로 세우신다. 하나님께서 우리를 돌아보시고 우리의 안전을 지켜주실 때, 우리는 하나님이 우리의 환난을 보셨다고 말하고, 반면에 하나님께서 우리의 처지를 돌아보시지 않으시는 것처럼 보일 때에는, 하나님이 눈을 감으셨고 등을 돌리셨다고 말한다. 하나님께서 "내려왔다"는 말씀도 우리는 그러한 맥락에서 이해하여야 한다. 즉, 하나님의 손은 하늘과 땅에 모두 닿아 있어서, 우리를 도우시기 위해서 친히 내려오실 필요가 없으신데도, 하나님께서는 우리의 이해 수준에 맞춰서 그렇게 말씀하신 것이라는 말이다. 왜냐하면, 하나님께서 자기 백성의 고통을 덜어주지 않고 계셨을 때에는, 그것은 그들에게 하나님이 그들로부터 멀리 떨어진 저 머나먼 하늘에서 다른 일들로 분주하신 것

처럼 보였을 것이기 때문이다. 이제 하나님께서는 이스라엘 백성들이 그가 그들 가까이에 있다는 것을 알게 될 것이라고 선언하신다. 지금까지 하나님께서 하신 말씀의 전체적인 취지는 모세가 하나님의 뜻을 좀 더 확실하게 알게 된 후에는 하나님을 인도자로 삼아 따라나서는 데에 주저하지 않을 것이고, 이스라엘 백성을 구원하는 일이 하나님의 역사(Dei opus)라는 것을 알게 되어 더욱 확신을 갖고 그 일에 헌신하게 되리라는 것이다. 또한, 우리는 하나님께서 "그 탄식하는 소리를 듣고"라고 말씀하신 것을 주목하여야 한다. 왜냐하면, 하나님께서는 불쌍한 자들과 부당하게 압제 당하는 자들을 돌아보시지만, 특히 우리가 하나님 앞에서 "탄식하고" 하소연할 때, 그의 자비심이 발동되기 때문이다. 하지만 여기서 "탄식"이라는 단어는 다른 곳들에서 흔히 그러하듯이, 하나님을 향하지 않은 맹목적이고 두서없는 넋두리를 가리키는 것으로 해석될 수도 있다.

³⁵그들의 말이 누가 너를 관리와 재판장으로 세웠느냐 하며 거절하던 그 모세를 하나님은 가시나무 떨기 가운데서 보이던 천사의 손으로 관리와 속량하는 자로서 보내셨으니 ³⁶이 사람이 백성을 인도하여 나오게 하고 애굽과 홍해와 광야에서 사십 년간 기사와 표적을 행하였느니라 ³⁷이스라엘 자손에 대하여 하나님이 너희 형제 가운데서 나와 같은 선지자를 세우리라 하던 자가 곧 이 모세라(7:35-37).

35-36. 이 사람이 백성을 인도하여 나오게 하고 애굽과 홍해와 광야에서 사십 년간 기사와 표적을 행하였느니라. 스데반이 많은 내용들을 생략하고 여기서 이러한 결론으로 직행하는 것은 유대인들로 하여금 자기가 말하고자 하는 핵심, 즉 이스라엘 민족의 조상들이 구원을 받은 것은 그들에게 그런 구원을 받을 만한 신앙이 있었기 때문이 아니라, 도리어 아무런 자격이 없었음에도 불구하고 구원의 은택을 받았다는 것을 깨닫게 하고, 그러한 인식을 출발점으로 해서 더욱 온전한 것들을 소망할 수 있게 하기 위한 것이었다. 모세가 전에 하나님에 의해서 그들의 원수를 갚아줄 자와 구원자로 세우심을 받고서 이미 어느 정도 준비를 갖추었을 때, 그들은 그의 길을 가로막았었기 때문에, 이제 하나님께서는 어떤 의미에서는 그들의 의사와는 상관없이 그들을 속량하고자 하시는 것이다. 스데반이 "기사와 표적"에 대해서 언급한 것은 하나님의 은혜를 부각시키고 칭송하기 위한 것이기도 하지만, 모세가 하나님의 부르심을 받은 것이 분명하다는 것을 보여주기 위한 것이기도 하다. 하

나님께서 이처럼 배은망덕한 백성들을 위해서 여러 가지 "기사와 표적"을 통해서 자신의 권능을 드러내신 것은 확실히 놀라운 일이다. 하지만 하나님께서는 아울러 그러한 "기사와 표적"을 통해서 자신의 종의 권위를 세워 주시고자 하셨다. 유대인들은 그에게 순종하기는커녕, 도리어 그를 비방하고 멸시하며, 트집을 잡아 싸우거나 그의 일을 방해하고, 아우성을 치며 대들고 반항해서 그를 곤경을 빠뜨리고자 함으로써, 자신들이 얼마나 악한 자들이고, 하나님의 은혜를 얼마나 가볍게 여기고 멸시하는 자들인지를 여실히 보여주었다. 그들의 후안무치한 행동은 날이 갈수록 심해졌기 때문에, 하나님께서도 이처럼 완악하고 목이 곧은 백성을 다루는 데에 놀라운 인내심을 발휘하셔야만 했다.

35. 관리와 속량하는 자로서 보내셨으니. 스데반이 이스라엘이 한 일과 하나님께서 하신 일을 대비시킨 것은 그들의 죄악을 더욱 부각시키기 위한 것이다. 만일 어떤 폭군이 모세를 그들의 "재판장"으로 세웠다면, 그들은 모세에게 기꺼이 복종하였을 것이다. 그런데 하나님께서 모세를 "관리"로 세우실 뿐만 아니라, 그들을 "속량하는 자"로 세우셨을 때에는, 그들은 오만불손하게도 모세를 멸시하고 배척하였다. 그들은 모세의 다스리는 권세를 멸시했다는 점에서 사악한 자들이었고, 하나님의 은혜를 거부했다는 점에서 배은망덕한 자들이었다. 모세에게 "속량하는 자"라는 영광스러운 칭호가 주어졌다고 해서, 하나님께서 자신의 고유한 권세와 영광 가운데 일부를 떼어내서 인간에게 넘겨 주신 것은 아니다. 왜냐하면, 여기서 모세가 "속량하는 자"라고 불린 것은 그가 하나님의 일꾼(Dei minister)이었다는 말을 달리 표현한 것에 지나지 않기 때문이다. 그런 까닭에, 하나님의 모든 역사와 거기에 따르는 영광은 늘 변함없이 전적으로 하나님께만 있다. 따라서 성경에서 사람들에게 신적인 호칭이 수여되는 적이 간혹 있을지라도, 하나님 자신의 영광은 조금도 변함이 없고, 다만 사람들의 손을 빌려서 하나님의 역사가 수행되는 까닭에, 사람들이 그러한 호칭으로 불린다는 것을 우리는 알아야 한다. 따라서 스데반이 말하고자 한 것은 하나님께서 "천사의 손"을 빌려서 모세에게 그러한 소임을 맡기셨다는 것이다. 즉, 이런 식으로 스데반은 모세가 여기서 나타나신 "천사"이신 그리스도께 종속되어, 그리스도의 인도하심과 보호하심 아래에서 하나님께 순종하여 자신의 소임을 수행한 것임을 보여주고 있는 것이다. 왜냐하면, 여기서 "손"은 섬김이나 사역(ministerium)이 아니라 통치권(principatus)을 뜻하는 것으로 해석되어야 하기 때문이다. 따라서 하나님께서는 모세보다 더 탁월한 그리스도의 권세를 드러내시기

위하여, 모세의 섬김이나 사역을 사용하신 것이었다. 마찬가지로, 오늘날에도 하나님은 교회의 구원을 이루어 가시는 데 있어서 여전히 최고 통치자(summus moderator)이시다. 하나님은 사람들을 일꾼으로 삼아서 역사하시지만, 그 능력과 결과는 전적으로 하나님의 손에 달려 있다.

37. 너희 형제 가운데서 나와 같은 선지자를 세우리라. 비록 스데반이 분명하게 표현하고 있진 않지만, 이 말을 통해서 그가 그리스도께서 "율법의 마침"이 되신다는 사실을 증명하고자 했다는 데는 의심의 여지가 없다. 우리가 앞에서 이미 말했듯이, 누가는 중요한 요점만을 제시하는 것으로 충분하였기 때문에, 스데반이 당시에 했던 말을 한 마디도 빠뜨리지 않고 다 기록한 것은 아니었다. 또한, 우리는 앞에서 3장을 다룰 때에 이 증언은 원래는 그리스도에게 적용되어야 하지만, 다른 선지자들에게도 적용될 수 있다고 말한 바 있다. 왜냐하면, 모세는 이스라엘 백성이 이방 민족들의 가증스러운 미신들에 휘둘려서 이리저리 쫓아다니는 것을 금지한 후에, 앞으로 반드시 일어날 일을 보여준 것이기 때문이다. 즉, 모세는 "하나님께서 장차 너희에게 선지자들을 주셔서 장래의 일들을 신실하게 가르쳐 주게 하실 것이기 때문에, 너희가 길흉을 점쳐 주는 자들을 찾아갈 이유가 없게 될 것이다"라고 말한 것이다. 이것은 선지자들의 사역도 율법과 마찬가지로 그리스도께서 세상에 온전한 지혜를 가져오실 때까지 일시적으로만 효력이 있었다는 것을 분명하게 보여준다. 따라서 스데반의 연설의 취지는 모세가 이스라엘 백성 앞에 또 다른 선생을 천거한 것은 그들이 오직 자기를 떠받들고 오로지 자기에게만 헌신해서는 안 된다는 것이었다. 사실, 선지자들은 율법의 해석자들이었고, 그들의 모든 가르침은 모세가 전해준 것들에 대한 일종의 부록 같은 것이었다. 하지만 그리스도께서는 율법과 선지자들보다 더 온전한 가르침을 가져오셔서, 모든 예언에 종지부를 찍으신 분이기 때문에, 그가 가장 높은 자리에 앉아 계시는 것은 당연한 일이다. 또한, 그리스도는 최고의 스승이라는 자리(praecipuum magisterium, 만일 우리가 이렇게 부를 수 있다면)에 앉아 계시기 때문에, 복음의 신빙성에 대해서는 그 어떠한 의심도 있을 수 없다. 이제 우리는 스데반이 왜 자신의 연설에 모세의 증언을 포함시켰는지를 알게 된다. 그것은 모세로 하여금 다음과 같은 사실을 증명하도록 하기 위한 것이었다. 즉, 유대인들은 모세가 자신들의 유일한 스승이라고 허풍을 떨며 자랑해 왔지만, 사실은 그가 살아 있던 저 옛적에는 그토록 악랄하고 뻔뻔스럽게 그를 배척했을 뿐만 아니라, 그가 죽은 지금도 그가 살아 있을 때에 못지않게 그를 부당하게 멸시하고

있다는 것이다. 왜냐하면, 모세는 그리스도께서 오실 것을 알리는 전령사(praeco)였던 까닭에, 모세를 믿은 자는 누구나 그리스도의 제자가 되기를 거부하지 않게 되기 때문이다. 이 주제와 관련된 나머지 내용들에 대해서는 3장을 참조하라.

³⁸시내 산에서 말하던 그 천사와 우리 조상들과 함께 광야 교회에 있었고 또 살아 있는 말씀을 받아 우리에게 주던 자가 이 사람이라 ³⁹우리 조상들이 모세에게 복종하지 아니하고자 하여 거절하며 그 마음이 도리어 애굽으로 향하여 ⁴⁰아론더러 이르되 우리를 인도할 신들을 우리를 위하여 만들라 애굽 땅에서 우리를 인도하던 이 모세는 어떻게 되었는지 알지 못하노라 하고 ⁴¹그 때에 그들이 송아지를 만들어 그 우상 앞에 제사하며 자기 손으로 만든 것을 기뻐하더니(7:38-41).

38. 시내 산에서 말하던 그 천사와. 스데반은 계속해서 백성들의 악에 대해서 얘기하면서, 그들은 하나님의 은택을 그토록 많이 입었음에도 불구하고, 악의적으로 하나님을 조롱하며 배척하기를 멈추지 않았다고 말한다. 설령 전에는 하나님께 불순종하고 배은망덕하였을지라도, 이렇게 놀라운 구원을 경험한 후에는 마음가짐이 어느 정도는 달라졌어야 했지만, 그들의 품성은 조금도 달라지지 않았다는 것이다. 하나님께서 그들을 위해 베풀어 주셨던 수많은 이적들은 그들의 마음에서 지워지지 않았을 뿐만 아니라, 여전히 그들의 눈 앞에 어른거리고 있었을 것임에 틀림없지만, 그들은 그런 것들을 죄다 잊어버리고, 재빠르게 애굽의 미신들로 돌아가 버렸다. 그들은 홍해를 건너서 혹독했던 노예 생활에서 간신히 빠져나왔고, 그 기억은 아직도 그들의 마음속에 생생하게 남아 있었다. 그러나 그들은 자신들을 가혹하게 탄압했던 그 압제자들을 자신들을 노예 생활에서 건져내신 구속자보다도 더 좋아하였다. 그들의 완악함은 하나님의 무수한 은택들로도 깨지거나 극복될 수 없었고, 그들은 언제나 자신들의 본성으로 되돌아갔기 때문에, 결국 그들의 불경건은 극에 달해서 절망적인 상태에 이르렀다. 스데반이 그때에 모세가 그들과 함께 광야에 있었는데도 그들이 그렇게 했다고 말한 것은 그들의 죄악이 얼마나 극악무도한 것이었고 구제불능이었는지를 더욱 똑똑히 보여준다. 왜냐하면, 하나님께서 그들을 오래 참아주심으로써, 유례를 찾아보기 힘들 뿐만 아니라 헤아릴 수조차 없는 선하심과 인자하심을 그들에게 분명히 베풀어 주셨다는 사실은 그만두고라도, 사방으로 수많은 곤경에 처하고, 모든 것이 부족하고 궁핍해서 쩔쩔매는 상황에서, 그들

의 여정의 인도자와 그들의 삶의 신실한 보호자로 모세가 있었음에도 불구하고, 그들이 하나님을 배반하고 벗어나려고 했다는 것은 변명의 여지가 있을 수 없기 때문이다. 요컨대, 그들은 마치 들짐승들과 같았고, 하나님께서는 그 많은 사슬로도 그들을 제어할 수가 없으셨다. 따라서 모세가 광야에 있던 기간 내내 천사의 인도와 보호를 받으면서 그들을 다스리고 있었음에도 불구하고 이러한 금송아지 사건이 일어났다는 사실로 미루어볼 때, 우리는 그들의 부패하고 악한 심성이 참으로 완악하고 치유될 수 없는 것이었음을 쉽게 알 수 있다. 그 많은 재난들을 겪고 죽음까지도 목격하였음에도 불구하고 그들이 낮아지지 않은 것은 그들의 불가사의한 완악함과 고집을 보여주는 것이었다.

　스데반은 모세가 천사 및 조상들과 함께 하였다고 말하지만, 두 경우는 사정이 매우 달랐다. 즉, 그가 조상들과 함께 하였던 것은 하나님의 명령에 따라 그들의 지도자(dux)로서 행하기 위한 것이었던 반면에, 천사에 대해서는 사역자(minister)로서 함께 한 것이었다. 이러한 사실로부터 우리는 그들이 모세도 공경하지 않고 천사도 공경하지 않고서 사악한 패역을 자행한 것은 모세 개인에게 불순종한 것이 아니라 하나님의 통치에 불순종한 것이었다는 결론을 얻게 된다. 우리는 이 "천사"에 대해서 이미 언급한 바 있다. 그러나 여기서 분사 '랄룬토스'(λαλοῦντος, "말하던")의 의미가 모호하다. 왜냐하면, 이것은 모세가 이스라엘 백성의 구원을 위해서 부르심을 받았던 때에 본 저 최초의 환상과 관련된 것으로 이해될 수도 있고, 홍해를 건넌 후에 하나님께서 모세와 나누었던 대화와 관련된 것으로 이해될 수도 있기 때문이다. 그러나 그리스도께서는 이 두 가지 경우에서 모두 자신이 구원의 근원이심을 분명히 보여주신 것이기 때문에, 우리가 어느 해석을 택하느냐는 중요하지 않다. 또한, 어느 해석을 택하더라도 문제가 될 것은 아무것도 없다. 왜냐하면, 모세에게 이스라엘 백성을 구원하시기 위하여 애굽으로 보내겠다고 처음으로 말씀하신 바로 그분이 계속해서 모세와 함께 하여 그 구원의 일을 완성하신 것이기 때문이다.

38. 살아 있는 말씀을 받아. 에라스무스는 이 어구를 "살아 있는 말씀"으로 번역하였지만, 헬라어를 잘 아는 이들은 "살아 있는 계시의 말씀들"이라는 나의 번역이 스데반의 의도를 더 잘 살려서 번역한 것임을 알 것이다. 왜냐하면, "계시의 말씀들"(oracula)이라는 표현이 "말씀"(sermo)이라는 표현보다 더 큰 위엄을 지니기 때문이다. "계시의 말씀"은 하나님으로부터 들은 음성(vox)을 뜻하고, 하나님의 입에서 나오는 것들은 무엇이든지 다 "계시의 말씀"이다. 스데반은 이러한 표현을 사용

함으로써 모세의 가르침에 권위를 덧입혀 준다. 왜냐하면, 그것은 모세가 하나님의
입으로부터 받은 것들 외에는 이스라엘 백성에게 전하지 않았다는 것을 의미하기
때문이다. 이러한 사실로부터 도출되는 결론은 유대인들은 모세에게 반역한 것이
라기보다는 모세라는 인물을 통해서 계시된 하나님께 반역한 것이고, 그러한 반역
을 통해서 그들의 사악함과 후안무치함을 적나라하게 드러냈다는 것이다. 하나님
께서 사람들에게 명하신 것들만을 전하는 것이야말로 사람들을 가르칠 때에 지켜
져야 할 일반적인 원리이다. 감히 사람들 중에서 자기가 모세보다 뛰어나다고 말할
수 있는 자가 있을 수 있겠는가? 왜냐하면, 성령께서는 모세가 하나님으로부터 받
은 것들만을 이스라엘 백성에게 충실하게 가르쳤다는 이 한 가지 이유 때문에, 모
세를 신뢰하는 것이 마땅하다고 선언하고 계시기 때문이다. 그러나 여기서 스데반
이 왜 율법을 "살아 있는 말씀"이라고 불렀는지에 대하여 질문이 제기될 수 있다.
왜냐하면, 이러한 표현은 율법이 "죽음에 이르게 하는 직분"(고후 3:7)이고, "진노를
이루게 하는 것"(롬 4:15)이며, "죄의 권세"(고전 15:56)라고 한 바울의 말들과 부합
하지 않는 것처럼 보이기 때문이다. 우리가 이 어구에서 "살아 있는"이라는 단어를
"사람들이 아무리 무시한다고 해도 결코 무력화시킬 수 없는 절대적인 효력을 지
닌"이라는 의미를 지닌 것으로 해석한다면, 이 어구와 관련해서 특별히 논란이 될
것은 없다. 하지만 나는 이 단어가 "생명을 주는"이라는 적극적인 의미를 지니는 것
으로 본다. 왜냐하면, "율법"은 경건하고 거룩한 삶을 살기 위한 완전한 규범(regula)
이고, 하나님의 의를 분명하게 드러내어 보여주는 까닭에, 마땅히 생명과 구원의 가
르침(vitae et salutis doctrina)으로 여겨져야 하기 때문이다. 그런 까닭에, 모세도 천
지를 불러서 증인으로 삼고서, 자기가 생명과 사망의 도(via vitae et mortis)를 이스
라엘 백성 앞에 제시한 것이라고 엄숙하게 증언하였다(신 30:19). 동일한 맥락 속에
서 하나님께서는 에스겔 20:13에서 율법에 속한 것들을 행하는 자는 그것들로 인하
여 살 것이라고 말씀하셨는데도, 이스라엘 백성이 자신의 선한 율법을 무시하고 그
계명들을 준행하지 않았다고 질타하셨다. 따라서 율법은 그 자체 속에 생명을 내포
하고 있다. 하지만 "살아 있는"이라는 단어를 효능과 능력이 충만하다는 뜻으로 이
해하고자 하는 사람이 있다고 할지라도, 나는 거기에 이의를 제기하고 싶은 생각은
없다.

한편, 율법을 "죽음에 이르게 하는 직분"이라고 하는 것은 율법이 인간의 부패한
본성을 만났을 때에 초래되는 결과라는 관점에서 그렇게 불리는 것인 까닭에, 죽음

또는 사망은 율법의 본래적인 효과가 아니라 부수적인 효과일 뿐이다. 율법 자체가 죄를 낳는 것이 아니라, 율법은 우리 안에서 죄를 찾아낼 뿐이다. 율법은 생명을 주지만, 우리 인간은 모두 타락했기 때문에, 우리가 율법으로부터 거둘 수 있는 것은 죽음뿐이다. 따라서 율법 자체 속에 원래부터 죽음이 있는 것이 아니라, 단지 인간을 만났을 때에만 죽음을 가져오는 것이다. 그럼에도 불구하고, 여기서 스데반은 좀 더 깊은 것을 염두에 두고 있었다. 왜냐하면, 그는 율법의 계명들에 대해서만 말하고 있는 것이 아니라, 값없이 주어지는 은혜에 관한 약속들 및 사람들의 생명과 구원의 유일한 주이신 그리스도 자신을 포괄하고 있던 모세의 가르침 전체에 대해서 말하고 있기 때문이다. 우리는 스데반이 어떤 사람들을 상대해야 했는지를 기억하여야 한다. 그들은 율법에 대하여 본말이 전도된 열심을 갖고 있었고, 오직 죽어 있고 죽음을 가져다줄 뿐인 율법의 문자에만 집착했던 자들이었다. 아울러, 그리스도는 율법의 영혼(anima)이라는 것이 사실인데도 불구하고, 그들은 스데반이 율법 속에서 그리스도를 찾았다는 이유로 그에게 격노했던 자들이었다. 따라서 스데반은 그들의 고집스럽고 악한 무지를 넌지시 건드리면서, 율법 속에는 그들이 지금까지 알고 있던 것보다 더 크고 놀라운 것이 숨겨져 있다는 사실을 지적한다. 왜냐하면, 그들은 육신적인 자들이어서 겉으로 드러난 것들에 만족하고 있었던 까닭에, 율법 속에 들어 있는 영적인 것들을 찾고자 하지도 않았고, 자신들이 그런 것들을 알게 되는 것도 원하지 않았기 때문이었다.

38. 우리에게 주던 자가 이 사람이라. 이 구절은 스데반에 대한 비방이 근거 없는 것임을 증명해 줄 수 있는 것이었다. 왜냐하면, 지금 스데반은 이 말을 통해서 자신이 율법의 멍에를 지고 있는 모세의 제자들 중 하나라고 공언한 것인 까닭에, 그가 사람들 가운데서 모세의 권위를 떨어뜨렸다는 비방은 근거 없는 것임이 드러났기 때문이다. 도리어, 스데반은 지금까지 자신에게 덧씌워진 고소, 즉 율법을 훼방했다는 고소를 받아 마땅한 것은 자신을 무고한 자들이라고 역공을 펼친다. 왜냐하면, 스데반이 그들의 조상들이 율법을 순종하고자 하지 않았다고 고소한 것은 어떤 식으로든 유대 백성 전부를 고소한 것이나 다름없는 것이었기 때문이다. 또한, 스데반은 모세는 자신의 세대만을 위해서 세움 받은 선지자가 아니었기 때문에, 그가 죽은 뒤에도 그의 권위는 다음 세대들에게도 동일하게 지속된다는 것을 그들에게 상기시킨다. 왜냐하면, 사역자가 죽는다고 해서, 하나님의 가르침이 그 사역자와 함께 소멸하는 것은 아니기 때문이다. 만일 하나님의 가르침이 우리에게는 영원한

생명을 가져다주지만, 그 가르침 자체는 소멸될 수밖에 없다고 한다면, 그것보다 더 모순된 일이 어디 있겠는가? 따라서 오늘날의 우리는, 선지자들과 사도들은 하나님의 가르침을 단지 당시 사람들에게만 선포했던 것이 아니라, 우리를 위해서도 기록했던 것이고, 그들의 가르침은 사역자들인 그들에게서 나온 것이 아니라 하나님으로부터 나온 것이기 때문에 영원히 살아 있다는 것을 명심하여야 한다. 아울러, 스데반은 그들에게 주어진 말씀을 거부하는 자가 있다면, 그것은 하나님의 뜻을 거부하는 것이라고 경고한다.

39. 우리 조상들이 모세에게 복종하지 아니하고자 하여 거절하며 그 마음이 도리어 애굽으로 향하여. 스데반은 유대인들의 조상들이 모세를 거절하였다고 말하면서, 그들이 왜 모세를 버리고 애굽의 미신을 따라갔는지도 설명한다. 얼마 전까지만 해도 애굽에서 모진 고생을 했던 그들이 애굽의 생활 방식을 몹시 그리워한 것은 맹목적인 광기 그 이상의 가증스러운 일이었다. 스데반이 그들의 "마음"이 도로 애굽으로 향했다고 말한 것은 그들이 애굽으로 돌아가고자 한 것이 아니라, 그들의 "마음"이 애굽의 타락한 것들로 되돌아갔기 때문이었다. 사실, 그들은 애굽에 대해서는 가증스러워하고 혐오하는 마음 외에는 그 어떤 미련도 있어서는 안 되는 것이었다. 이스라엘 백성들 사이에서는 한때 애굽으로 돌아가고자 하는 움직임이 있었던 것은 분명한 사실이지만, 여기서 스데반은 거기에 대해서 일체 언급하지 않는다. 따라서 그들의 마음이 돌아섰다고 그가 말했을 때, 그것은 그들의 고집스럽고 완악한 마음을 부각시킨 것이다. 왜냐하면, 그들은 하나님을 인도자와 통치자로 삼아서 바른 길로 가다가, 마치 기수(騎手)의 말을 듣지 않고 제멋대로 역행하는 고집 센 말처럼, 느닷없이 엉뚱한 방향으로 내달리기 시작한 것이었기 때문이다.

40. 아론더러 이르되 우리를 인도할 신들을 우리를 위하여 만들라. 광야에서 유대인들이 어긋난 길로 간 것이 한두 번이 아니었지만, 스데반은 여기서 그들의 추악하고 가증스러운 변절을 보여주는 사건들 중에서 특히 꼭 기억해야 할 사례 하나를 선택하는데, 그것은 그들이 하나님 대신에 섬길 목적으로 자신들을 위해서 "송아지"를 만든 사건이었다. 그가 이 사건을 선택한 이유는 이 사건 속에서 드러난 그들의 배은망덕함보다 더 추하고 수치스러운 일은 도저히 생각할 수 없었기 때문이다. 그들은 자신들이 애굽으로부터 속량함을 받았다고 고백할 뿐만 아니라, 그 일이 하나님의 은혜와 모세의 사역을 통해서 이루어졌다는 것도 굳이 감추지 않으면서도, 이와 같이 엄청난 복의 근원이신 하나님과 그의 사역자를 냉정하게 거부한

다. 그렇다면, 그들은 무슨 핑계를 둘러대고 그렇게 한 것인가? 그들은 모세가 "어떻게 되었는지 알지 못한다"고 강변한다. 그러나 그들은 그가 산 위에 있다는 것을 모르지 않았다. 왜냐하면, 그들은 그가 산 위로 올라가는 것도 보았고, 하나님께서 구름으로 그를 덮어서 자기에게로 이끌어 가시는 것도 보았기 때문이다. 더욱이, 그들은 모세가 하나님으로부터 율법을 받아서 그들에게 전해주기 위해서 때가 되면 돌아올 것이라고 약속하면서, 조금만 기다리라고 명하고서는, 그들로 하여금 잘되게 하기 위해서 산 위로 올라갔다는 것도 잘 알고 있었다. 그런데도 그들은 모세가 떠난지 얼마 지나지 않아서 갑자기 까닭 없이 소란을 피우기 시작했고, 자신들의 광기를 그럴듯한 구실로 포장하기 위해서, 마치 하나님께서 지금까지 그들에게 자신의 임재의 징표를 전혀 보여주지 않으시기라도 한 것처럼, 그들에게는 그들 곁에 있어 줄 신들이 필요하다고 강변하였다. 그러나 구름 기둥과 불 기둥 속에서 하나님의 영광은 날마다 그들에게 분명하게 나타났다. 따라서 우리는 그들이 악의적으로 하나님을 멸시하고서 신속하게 우상 숭배에 빠져들었던 것임을 알게 된다. 그들이 세상 끝날까지라도 기억했어야 마땅한 이적들을 그렇게 잠깐 사이에 잊어버렸다는 점에서, 그들의 배은망덕함이 얼마나 파렴치하고 사악한 것이었는지에 대해서 나는 더 이상 말하고 싶지도 않다. 그러므로 이 한 번의 배신만으로도 그들이 얼마나 완악하고 패역한 백성이었는지가 충분히 드러난다.

또한, 내가 덧붙여 말하고자 하는 것은, 이스라엘 백성이 하나님을 배신하고 반역한 다른 사례들보다 이 사건을 언급한 것은 스데반과 관련된 현재의 사건에 더 적절했다는 것이다. 왜냐하면, 이스라엘 백성은 하나님에 대한 예배를 공공연히 뒤엎고, 율법의 가르침을 거부하며, 이방의 불경스러운 종교를 끌어들였기 때문이다. 아울러, 이 구절은 온갖 종류의 미신들이 흘러나오는 최초의 근원이 어떤 것인지, 특히 사람들이 우상을 만들게 된 주된 이유가 무엇이었는지를 보여준다는 점에서 중요하다. 즉, 온갖 미신과 우상은 육신에 속한 사람들은 육신으로 파악할 수 있는 방식으로 신(神)을 자신들의 곁에 두고 싶어 하는 것에서 생겨난다는 것이다. 바로 이것이 사람들이 세대를 불문하고 우상을 만드는 데에 그토록 열중했던 이유였다. 하지만 분명히 하나님께서는 자신을 낮추시고 우리의 어리고 미숙함을 감안하셔서, 우리로 하여금 수많은 상징들(figura)을 통해서 자신을 볼 수 있게 하셨다. 왜냐하면, 하나님의 임재를 증언해 주는 수많은 상징들이 율법 아래에서 있었기 때문이다. 오늘날에도 하나님께서는 세례와 성찬, 그리고 더 나아가서 말씀 선포를 통해서 우리에게 임하신다. 하지만 사람들은 여기서 두 가지로 죄를 범한다. 첫 번째는 사람들은 하나님께서 제정하신 수단들(media)에 만족하지 못하고, 자신들을 위해서 새로운 것들을 찾느라 혈안이 되어 있다는 것이다. 사람들이 한도 끝도 없이 새로운 제도들을 만들기 위해 항상 안달하고, 하나님께서 정해 놓으신 한계를 서슴없이 넘어 버리는 것은 결코 작은 악(vitium)이 아니다. 그러나 하나님께서 친히 제정하신 것들 외에 하나님을 보여주는 참된 형상은 그 어디에도 존재할 수 없다. 그러므로 하나님의 말씀에 의하지 않고 사람들이 제멋대로 고안해 낸 것들은 한결같이 거짓된 것들이고 가짜들이다.

이것과 관련해서 사람들이 두 번째로 범하는 도저히 묵과할 수 없는 범죄는 사람들의 마음은 하나님을 오로지 현세적으로 조잡하게 생각할 뿐이기 때문에 하나님의 임재를 나타내는 모든 상징들을 모조리 조잡한 것들로 만들어 버린다는 것이다. 사람들은 어이없게도 자신들이 만든 우상들을 즐거워할 뿐만 아니라, 하나님께서 제정하신 모든 것들을 정반대의 목적을 위해서 악용함으로써 타락시키고 망가뜨린다. 내가 이미 말했듯이, 하나님께서는 분명히 우리에게 내려오시지만, 그 목적은 우리를 하늘 위로 들어올리시기 위한 것이다. 그러나 땅에 들러붙어서 살아가는 우리는 하나님께서 우리처럼 땅 위에 계시기를 원한다. 이렇게 해서, 하늘에 속한 하나님의 영광은 훼손되고, 이스라엘 백성들이 여기서 말한 대로 "우리를 위하여 신들을 만들라"는 것이 그대로 현실화된다. 왜냐하면, 하나님을 영적으로 섬기지 않는 자들은 자신들을 위해서 새로운 신을 만들고 있는 것이기 때문이다. 그러나 우리가 이 모든 일을 자세하게 들여다보면, 이스라엘 백성들은 자신들이 독자적으로 만들어 낸 어떤 신을 갖고자 한 것이 아니라, 금송아지라는 우상을 통해서 참되고 영원하신 하나님을 소유하고자 한 것이었다. 왜냐하면, 그들은 희생제사를 드리기로 합의하고서 그 희생제사에 엄숙하게 나아와서, 아론이 이 금송아지들이 그들을 애굽으로부터 인도해 낸 신들이라고 말하자, 거기에 한 목소리로 "아멘"을 하였기 때문이다. 그러나 하나님께서는 그런 천박한 상상력으로 만들어 낸 것들에는 눈 하나 까딱 하지 않으시고, 하나님의 말씀에서 아주 조금이라도 벗어나자마자 그 즉시 하나님의 자리에 이방의 신들을 갖다놓는 것이 바로 사람이라는 존재라고 탄식하신다.

41. 그 때에 그들이 송아지를 만들어 그 우상 앞에 제사하며. 앞에 나온 구절들로부터 우리는 이스라엘 백성들이 다른 무엇보다도 "송아지" 형상을 좋아한 이유를

쉽게 추측할 수 있는데, 그것은 애굽에는 수많은 우상들이 들끓고 있었지만, 그 중에서도 으뜸으로 여겨진 것은 황소였기 때문이었다. 그러나 스데반이 이미 말했듯이, 그들의 "마음이 도리어 애굽으로 향하였기" 때문이 아니라면, 무엇이 그들에게서 우상을 만들고자 하는 열망을 일으켰겠는가? 그러나 우리는 이스라엘 백성들은 아론이 그들에게 하나님을 예배하기 위해서 모두 모이라고 명하였기 때문에, 함께 모여서, "송아지" 우상에게 제사를 드렸다는 스데반의 말을 주목하여야 한다. 이것은 그들은 "송아지" 우상을 여호와 하나님으로 여기고서 기만적인 제사를 드린 것임을 보여준다. 그들은 송아지 우상을 세워놓기는 하였지만, 정말 여호와 하나님을 예배하려고 한 것이 아니겠느냐고 말하는 사람이 있을지도 모르겠다. 그러나 그들은 송아지 우상을 만들었을 때에 이미 여호와 하나님을 버리고 떠난 것이고, 하나님께서는 자신이 세우시지 않은 모든 제사들을 받지 않으시기 때문에, 그들이 그 후에 한 모든 것은 다 우상에게 바쳐진 것으로 간주될 뿐이다. 하나님께서 명하시지 않은 것들을 하나님께 드리는 것은 합당하지 않다. 또한, 하나님께서는 자기를 눈에 보이는 신상으로 만들어서 세우는 것을 명시적으로 금지하셨기 때문에, 사람들이 그렇게 한 후에 그 신상에 바치는 모든 공경은 신성모독일 뿐이다.

41. 자기 손으로 만든 것을 기뻐하더니. 이 구절은 이사야서에서 가져온 것이다. 하지만 이스라엘 백성들이 자기 손으로 만든 것들을 기뻐한 것에 대해서 이사야와 마찬가지로 다른 선지자들도 그들을 책망하였기 때문에, 이 구절을 다른 선지자들의 글에서 가져온 것이라고 해도 무방하다. 사람들이 "자기 손으로 만든 것"을 보고 기뻐하며 그 우상을 신으로 섬기면서, 자기들에게도 신적인 것들이 있다고 자부하는 것은 참으로 정신 나간 짓이 아닐 수 없다. 나는 "기뻐하였다"는 표현이 모세가 출애굽기 32장에서 말한 제의적인 춤을 가리키는 것으로 본다. 하지만 여기서 스데반은 우상 숭배자들이 빠져 있는 공통적인 잘못을 책망하기 위해 이 표현을 사용하고 있다. 왜냐하면, 하나님께서 정해 주시지 않은 것을 종교 의식에 끌어들이는 것이 인간들에게 허용되지 않는데도 불구하고, 우상 숭배들은 하나님의 말씀은 아랑곳하지 않고서, 자신들이 기뻐하는 것들을 마구 만들어내서 자신들의 손으로 만든 것들을 섬기기 때문이다. 스데반은 그들이 그러한 방종(licentia)을 즐기면 즐길수록, 그만큼 더 하나님의 진노를 불러일으키고 있는 것임을 보여준다. 따라서 우리의 예배가 하나님께 열납되기를 원한다면, 우리는 우리 자신의 손으로 만든 것들, 즉 우리가 고안해 낸 모든 것들을 멀리하여야 한다. 왜냐하면, 우리 인간이 생각해

서 만들어 낸 모든 것들은 참람한 것들이자 하나님을 모독하는 것들이기 때문이다. 그 어떤 이유로도 사람이 신(神)을 만들어내는 것은 용납될 수 없는 일이기 때문에, 우리는 우상이라는 말을 입 밖에 내는 것조차도 끔찍하고 꺼림칙한 일로 여기는 것이 마땅하다.

⁴²하나님이 외면하사 그들을 그 하늘의 군대 섬기는 일에 버려 두셨으니 이는 선지자의 책에 기록된 바 이스라엘의 집이여 너희가 광야에서 사십 년간 희생과 제물을 내게 드린 일이 있었느냐 ⁴³몰록의 장막과 신 레판의 별을 받들었음이여 이것은 너희가 절하고자 하여 만든 형상이로다 내가 너희를 바벨론 밖으로 옮기리라 함과 같으니라(7:42-43).

42. 하나님이 외면하사 그들을 그 하늘의 군대 섬기는 일에 버려 두셨으니. 스데반은 여기서 유대인들의 범죄가 금송아지 사건 하나로 끝나지 않았고, 그들의 사악한 범죄의 여정이 훨씬 오래 지속되었다는 것을 보여준다. 그래서 그들의 첫 번째 범죄는 마치 미로 속으로 내디딘 첫 걸음과도 같았다. 그때 이후로 그들의 광기는 점점 심해져서, 하나의 우상에 만족하지 않고 그 수를 한없이 늘려나갔는데, 스데반은 이것을 하나님의 의로우신 보응의 결과로 돌린다. 이 사례를 통해서 우리는 하나님이 정하신 규범을 따름에 있어서 조금도 주의를 게을리해서는 안 된다는 것을 배우게 된다. 왜냐하면, 우리가 거기로부터 조금이라도 벗어났을 때에는, 온갖 광기에 사로잡혀 이리저리 휘둘리게 되고, 잡다한 많은 미신들에 얽히게 되며, 거대한 오류의 구덩이에 깊이 빠질 수밖에 없게 되기 때문이다. 하나님께서 자신의 말씀에 순종하기를 거부하는 자들에게 그러한 벌을 내리시는 것은 합당하다. 그러므로 스데반은 "하나님이 외면하셨다"고 말하는데, 이것은 "하나님이 등을 돌리셨다"는 뜻이다. 왜냐하면, 하나님께서 자기 백성을 각별하게 돌보시고 인도하실 때에는, 우리는 하나님께서 그들을 응시하신다고 표현하기 때문이다. 이제 그들의 변절과 배신에 진노하신 하나님께서는 다른 곳으로 얼굴을 돌려 버리신다.

또한, 이러한 사실로부터 우리는 하나님께서 우리를 지켜 주시고 인도해 주실 때에만, 우리가 바른 길을 갈 수 있고, 하나님께서 그 얼굴을 우리에게서 돌리시는 순간, 우리는 그 즉시 오류들로 빠져들게 된다는 것을 알게 된다. 하나님께서는 이스라엘 백성들이 송아지를 만들었을 때에 이미 그들을 버리셨던 것이지만, 스데반은 하나님으로부터 버림받는 것이 얼마나 큰 벌인지를 여기서 보여주고자 하였다. 그는 마치 "하나님께서 그들을 그 상실한 마음대로 내버려 두사"(롬 1:28)라고 말한 것 같았다. 마찬가지로, 바울도 하나님께서 자기 자신을 분명히 보여주셨는데도 불구하고 하나님께 영광을 돌리지 않는 자들은 하나님의 의로우신 심판으로 인해서 눈 멂(caecitas)과 우매함(stupor)과 부끄러운 욕심(cupiditas)에 넘겨지게 된다고 가르친다(롬 1:28). 신앙이 타락하기 시작하자, 몇몇 미신들로부터 무수한 가증스러운 일들이 생겨났고, 사소한 부패들로부터 엄청난 우상 숭배 행위들이 야기되었다. 이것은 사람들이 자신들을 비추는 빛을 무시했을 때, 그들의 양심은 하나님의 의로운 심판에 의해서 완전히 마비되어서, 그들의 판단력은 들짐승들보다 더 나을 것이 없게 되기 때문이다. 하나의 거짓 신으로부터 금방 일백의 거짓 신이 생겨나고, 하나의 미신으로부터 일천의 미신이 쏟아져 나오는 것을 볼 때, 우상 숭배의 번식력은 확실히 강력하다. 그러나 사람들의 이러한 광기는 하나님께서 그들을 사탄에게 넘겨주셔서 복수를 하시기 때문에 생겨난다. 하나님께서 우리를 다스리시게 된 이래로 하나님은 변함이 없으시기 때문에, 오직 우리의 경박함과 천박함이 우리를 하나님으로부터 멀어지게 만들 뿐이다.

42. 너희가 광야에서 사십 년간 희생과 제물을 내게 드린 일이 있었느냐. 이 구절은 선지자 아모스의 글에서 가져온 것이다(암 5:25). 스데반의 강론은 모든 예언들이 한 덩어리로 묶여져 있음을 보여준다. 아모스는 이스라엘 백성들의 우상 숭배와 여러 죄악들을 호되게 질책한 후에, 조상들이 이미 광야에서 참 하나님을 버리고 떠났기 때문에, 유대인들이 하나님을 거역한다고 해서, 그러한 죄악이 새삼스러운 것은 아니라는 말을 덧붙인다. 또한, 하나님께서 그들이 자기에게 희생 제물을 바치지 않았다고 말씀하시는 것은 그들이 광야에서 제물을 전혀 바치지 않았기 때문이 아니라, 그들의 예배가 거짓되고 부패해서, 하나님께서 그들의 예배를 받지 않으셨기 때문이었다. 마찬가지로, 하나님께서는 이사야서에서도 이스라엘 백성의 잘못을 지적하시면서, 그들이 제물로 자기를 공경하지 않았다고 말씀하신다: "야곱아 너는 나를 부르지 아니하였고 이스라엘아 너는 나를 괴롭게 여겼으며 네 번제의 양을 내게로 가져오지 아니하였고 네 제물로 나를 공경하지 아니하였느니라 나는 제물로 말미암아 너를 수고롭게 하지 아니하였고 유향으로 말미암아 너를 괴롭게 하지 아니하였거늘 너는 나를 위하여 돈으로 향품을 사지 아니하며 희생의 기름으로 나를 흡족하게 하지 아니하고 네 죄짐으로 나를 수고롭게 하며 네 죄악으로 나

를 괴롭게 하였느니라"(사 43:22-24). 유대인들이 하나님께 희생 제물을 드리는 일을 하루도 빠짐없이 행하였다는 것은 분명한 사실이지만, 하나님께서는 불경건하고 악한 자들이 마음에도 없이 그저 비위를 맞출 목적으로 바치는 그 어떠한 제물도 받지 않으시고 용납하지도 않으신다. 요컨대, 하나님께서는 억지로 바치는 모든 것들을 가증스럽게 여기신다. 이렇게 아모스는 유대인들의 조상들이 어떤 방식으로 배교자가 되었는지를 분명하게 보여준다. 그 뒤에 이어지는 내용은 조상들을 가리키는 것일 수도 있고, 그들의 후손을 가리키는 것일 수도 있다.

43. 몰록의 장막과 신 레판의 별을 받들었음이여. 어떤 이들은 여기에서 사용된 연결사 '카이'(καὶ, 한글개역개정에는 번역되어 있지 않다 — 역주)를 역접을 나타내는 것으로 보고서, 아모스 선지자가 "도리어 너희는 몰록의 장막과 신 레판의 별을 받들었도다"라고 말한 것으로 이해하기도 하고, 이 연결사를 원인을 나타내는 것으로 보고서, 이 구절을 "왜냐하면, 너희는 몰록의 장막과 신 레판의 별을 받들었기 때문이다"로 해석하기도 한다. 그러나 나는 조금 다르게 해석한다. 즉, 여기서 아모스는 하나님께서 조상들을 책망하셨음에도 불구하고, 그들의 후손들은 돌이키기는커녕 도리어 미신들에 더욱 깊이 빠져들어서 자신들을 위하여 여러 새로운 우상들을 만들어 내었다고 말함으로써, 당시의 유대인들의 죄악상을 더욱 극명하게 드러내고자 하였다는 것이다. 아모스 선지자는 하나님을 대신해서 이렇게 말한 것과 같았다: "야곱의 집이여, 너희 족속이 내게 어떻게 행하였는지를 처음부터 다시 한 번 되짚어 본다면, 너희 조상들은 내가 명한 예배를 이미 광야에서부터 타락시키고 왜곡시키기 시작한 것은 사실이지만, 너희는 너희 조상들보다 한 술 더 떠서 헤아릴 수 없을 만큼 많은 신들을 무더기로 끌어들여서 섬기는 극심한 불경건을 저지르고 있다." 그리고 이렇게 이해하는 것이 스데반이 말하고자 한 의도와도 더 잘 부합된다. 왜냐하면, 우리가 이미 말했듯이, 스데반의 의도는 이스라엘 백성들이 부패하고 타락한 이방 제의에 빠져든 후에, 그들의 범죄는 멈출 줄 몰랐고, 게다가 하나님께서 그들로 하여금 눈멀게 하신 까닭에, 그들은 새로운 우상 숭배들을 만들어 내어 자신들을 더욱더 더럽혔고, 마침내 그들의 불경건은 절정에 이르게 되었다는 것을 증명하고자 하는 것이었기 때문이다. 따라서 스데반은 불경건하고 패역한 자들을 조상으로 두었던 유대인들이 점점 더 악한 길로 빠지기를 멈추지 않았다는 자신의 판단이 옳다는 것을 확증해 줄 증거로 아모스 선지자의 증언을 들고 있는 것이다. 아모스 선지자가 했던 말들은 표현에 있어서는 여기에 인용된 것과 다소 차이가 있지

만 의미는 대동소이하다. 유대인들을 상대로 말한 스데반은 예언서의 내용을 문자 그대로 인용하였지만, 헬라어를 사용한 누가가 스데반의 설교를 기록할 때에는 칠십인역을 따랐을 가능성이 크다. 아모스는 "너희가 너희 왕 식굿과 너희 우상 기윤 … 신으로 삼은 별 형상"을 섬겼다고 말하는 반면에, 칠십인역은 고유명사인 "식굿"을 "장막"을 뜻하는 보통명사 "숙곳"으로 번역하였다. 왜냐하면, 히브리어 본문에서 "식굿"과 "숙곳"은 철자가 סכות로 동일하기 때문이다. 한편, 칠십인역 번역자가 어디서 "레판"이라는 단어를 가져왔는지에 대해서는 우리가 알 수 없지만, 나는 다만 그러한 이름이 당시에 널리 사용되었을 가능성이 있다고 말할 수 있을 뿐이다.

43. 이것은 너희가 절하고자 하여 만든 형상이로다. 아모스 선지자가 사용한 "형상"이라는 단어는 그 자체가 나쁜 뜻을 지니고 있었던 것은 아니다. 헬라인들 사이에서 '튀포스'(τύπος, "형상")는 좋은 뜻으로 사용되었고, 하나님께서 제정하신 모든 예식들도 '튀포이'(τύποι)라고 불렸다. 그럼에도 불구하고, 아모스 선지자가 유대인들이 만든 "형상들"(τύποι – '튀포이')을 명시적으로 단죄한 이유는 하나님께서는 사람들이 눈에 보이는 외형적인 "형상"을 통해서 자기를 예배하는 것을 원하지 않으셨기 때문이다. 어떤 사람이 아모스가 여기서 우상들을 "별들"이라고 말하고 있지 않느냐고 반론을 제기한다면, 나는 선지자가 그렇게 말하고 있는 것은 사실이지만, 내가 역설하고자 하는 것은 설령 선지자가 우상들을 다소 영예로운 이름으로 불렀다고 할지라도, 부패하고 타락한 예배를 엄중하게 단죄하고 있는 것에는 변함이 없다는 것이다. 우리는 교황주의자들의 어리석고 유치한 궤변을 여기와 동일한 논리로 반박할 수 있다. 그들은 자신들이 섬기는 형상이나 조각상들이 우상이라는 사실을 부인하기 때문에, 자신들이 정신 나간 채로 드리는 예배는 '에이돌로둘레이안'(εἰδωλοδουλείαν, "우상 숭배")이 아니라 '에이코노둘레이안'(εἰκονοδουλείαν, "형상숭배")이라고 말한다. 그러나 그들은 궤변으로 하나님을 우롱하고 있는 것이기 때문에, 그들이 이런 말도 안 되는 어처구니없는 짓들을 행함으로써 그들 자신을 천하의 웃음거리로 만들고 있다는 것은 일반적인 상식을 갖춘 사람이라면 누구나 다 안다. 나는 그들과 단어를 가지고 논쟁을 벌일 생각은 없지만, '튀포스'(τύπος)가 '에이콘'(εἰκον)보다 더 존귀함을 지닌 말인 것은 확실하다. 그러나 선지자는 여기서 사람들이 스스로 만들어 낸 모든 '튀포이'(τύποι, "형상들"), 즉 그들이 "예배하기 위해서"(πρὸς τήν λατρείαν – '프로스 텐 라트레이안') 만든 것들뿐만

아니라, 어떤 종류의 경배이든 "경배하기 위해서"(πρὸς τὴν προσκύνησιν – '프로스 텐 프로스퀴네신') 만든 것들을 모두 다 단죄한다. 따라서 교황주의자들이 자신들의 잘못을 은폐하기 위하여 어려운 용어들을 써서 교묘하게 회피할 수단으로 만들어 낸 이러한 현학적인 구별은 여지없이 무너져서 설 자리를 찾지 못한다.

43. 바벨론 밖으로. 아모스는 "다메섹"이라는 지명을 언급하고 있고(암 5:27), 칠십인역도 다르지 않다. 따라서 "바벨론"이라는 지명은 착오로 여기에 들어왔을 가능성이 있지만, 의미에 있어서는 아무런 차이가 없다. 왜냐하면, 하나님께서는 이스라엘 백성들을 "바벨론"으로 끌려가게 하실 것이었지만, 그들은 "다메섹"을 수도로 한 아람 왕국에 자신들의 난공불락인 요새가 있어서 절대로 끌려갈 리가 없다고 늘 생각했던 까닭에, 아모스는 하나님께서 그들을 저 먼 곳으로 쫓아내시는 데에 "다메섹"이 장애물이 될 수 없다고 선포한 것이기 때문이다. 그는 이렇게 말한 것과 같다: "너희는 다메섹이 대적들로부터 너희를 지켜주는 방패막이가 되는 한, 너희가 절대로 무사할 것이라고 생각하고 있지만, 하나님께서는 너희를 더 먼 곳, 즉 앗수르나 갈대아로 끌고 가실 것이다."

44광야에서 우리 조상들에게 증거의 장막이 있었으니 이것은 모세에게 말씀하신 이가 명하사 그가 본 그 양식대로 만들게 하신 것이라 45우리 조상들이 그것을 받아 하나님이 그들 앞에서 쫓아내신 이방인의 땅을 점령할 때에 여호수아와 함께 가지고 들어가서 다윗 때까지 이르니라 46다윗이 하나님 앞에서 은혜를 받아 야곱의 집을 위하여 하나님의 처소를 준비하게 하여 달라고 하더니 47솔로몬이 그를 위하여 집을 지었느니라 48그러나 지극히 높으신 이는 손으로 지은 곳에 계시지 아니하시나니 선지자가 말한 바 49주께서 이르시되 하늘은 나의 보좌요 땅은 나의 발등상이니 너희가 나를 위하여 무슨 집을 짓겠으며 나의 안식할 처소가 어디냐 50이 모든 것이 다 내 손으로 지은 것이 아니냐 함과 같으니라(7:44-50).

44. 광야에서 우리 조상들에게 증거의 장막이 있었으니. 여기서 스데반은 유대인들이 갖가지 미신들로 그들 자신을 더럽힌 것이기 때문에, 마치 하나님께서 그들로 하여금 그들의 생각대로 행하도록 허락하기라도 하셨다는 듯이, 하나님께 책임을 전가할 수 없다는 것을 보여준다. 왜냐하면, 스데반은 하나님께서 그들이 자기에게 어떻게 예배드리기를 원하셨는지를 분명하게 명하셨다고 말하고 있기 때문이

다. 이러한 사실로부터 우리는 그들이 무수한 잘못들을 범한 것은 그들이 하나님께서 정해 주신 예배 방식을 따르고 싶어 하지 않았기 때문이라는 이 한 가지 이유밖에 없다는 결론을 얻게 된다. 스데반은 두 가지 점에서 그들의 잘못을 책망한다. 첫 번째는 하나님이 정해 주신 규례만으로는 만족하지 못하고 제멋대로 이방의 제의들을 끌어들였다는 것이고, 두 번째는 하나님의 성전과 하나님이 제정하신 예식들의 참된 목적을 올바르게 헤아리지 못하였다는 것이다. 왜냐하면, 성전과 그 예식들은 그들로 하여금 영적인 예배를 드리는 훈련을 받게 하기 위한 것이었는데도 불구하고, 천성적으로 둔감했던 그들은 거기서 현세적이고 육신적인 것밖에는 보지 못하였기 때문이었다. 다시 말해서, 그들은 실체(corpus)는 보지 못하고, 단지 그림자(umbra)만 본 것이었다.

따라서 우리는 유대인들이 책망과 비난을 받는 이유가 먼저는 그들이 하나님의 순전한 말씀에 만족하지 못하고 자신들이 날조한 것들을 맹목적으로 따라간 그들의 만용(audacia) 때문이고, 다음으로는 참되고 순전한 예배를 왜곡하고 악용하여 영 대신에 육을 좇아갔기 때문이라는 것을 알게 된다. 스데반은 그들에게 "증거의 장막"이 있었다고 말한다. 따라서 그들이 죄악을 범하게 된 것은 오로지 그들 자신이 잘났다고 생각해서 제멋대로 만용을 부리며 행하였기 때문이었다. 왜냐하면, 그들은 하나님을 예배하는 바른 법도를 가르침 받은 자들이었던 까닭에 알지 못해서 그랬다는 핑계를 댈 여지가 없었기 때문이다.

우리는 바로 그러한 사실을 주목할 필요가 있다. 왜냐하면, 하나님께서 우리에게 자신의 뜻을 알게 하신 것은 우리에게 일종의 굴레를 씌워 주신 것인 까닭에, 우리가 하나님의 계명을 받은 후에도 이곳저곳을 기웃거리는 것은 갑절로 범죄하는 것이 되기 때문이다. 그래서 그리스도께서도 "주인의 뜻을 알고도 그 뜻대로 행하지 아니한 종은 많이 맞을 것"(눅 12:47)이라고 말씀하셨다. 바로 이것을 성령께서는 모든 타락하고 부패한 제의들과 참되고 순전한 예배를 구별하시는 일차적인 기준으로 삼으신다. 요컨대, 참된 예배와 우상 숭배의 근본적인 차이는 이것이다. 즉, 경건한 자들은 하나님의 말씀에 부합하지 않는 것은 아무것도 행하지 않는 반면에, 하나님께서는 자신이 정하신 것 외에는 그 어떤 것도 받지 않으시는데도 불구하고, 불경건한 자들은 자신들의 마음에 들기만 하면 무엇이든지 다 할 수 있다고 생각하기 때문에, 자신들의 뜻이 곧 법이라고 생각한다는 것이다. "증거"라는 단어도 이러한 사실을 여실히 보여준다.

여기서 "증거"로 번역된 히브리어 '모에드'(מועד)는 원래 지정된 장소와 때, 또는 사람들의 모임을 뜻하지만, 모세의 글에서는 이 명사의 다른 용례를 보여준다. 왜 냐하면, 모세의 글에서는 하나님께서 거듭해서 "내가 거기서 너희를 만나리라"고 말씀하고 계시기 때문이다. 따라서 "증거의 장막"은 하나님의 언약과 말씀에 의해서 성별된 곳으로서, 거기서는 하나님의 음성이 끊임없이 들려오기 때문에 다른 모든 속된 장소와는 구별되는 곳이다.

44. 모세에게 말씀하신 이가 명하사 그가 본 그 양식대로 만들게 하신 것이라. 이 구절은 내가 앞에서 유대인들이 책망을 받은 두 번째 이유라고 말한 것과 연관되어 있다. 왜냐하면, 하나님께서는 외적인 예식들이 하늘에 속한 실체를 나타내는 상징들로 올바르게 사용되는 경우에만 그 예식들을 받으시는 까닭에, 사람들은 하나님께서 정해 주신 예식들을 행하면서도 얼마든지 잘못된 방식으로 하나님을 섬길 수가 있기 때문이다. 그런 까닭에, 하나님께서는 유대인들로 하여금 저 옛적의 성막을 그 원형인 하늘에 있는 성전을 본떠서 만들게 하셔서, 그들에게 외적인 것들에 집착해서는 안 된다는 것을 깨닫게 해주고자 하셨다. 모세의 글(출애굽기 25:40)에서 언급되고 있는 이 "양식"이 무엇을 뜻하는지를 알고자 하는 사람은 나의 히브리서 주석(8:5)을 참조하라. 여기서 스데반은 하나님께서 유대인들에게 명하신 예배는 영적인 예배였지만, 그들은 육신적인 우매함(carnalis stupor)으로 말미암아 왜곡되고 악하게 해석하였다는 사실만을 간략하게 훈계한다. 그러므로 우리가 이미 말했듯이, 하나님의 명령에 토대를 두지 않은 예배는 하나님으로부터 인정을 받지 못한다. 따라서 우리는 여기서 하나님이 명하신 예배를 드리기 위해서는 거기에 반드시 영적인 실체가 있어야 한다는 것을 배우게 된다. 이것이 논란의 여지가 없는 사실이라고 할 때, 율법의 예식들이라는 그림자들이 참된 실체에 자리를 내주어야 한다는 것도 논란의 여지가 있을 수 없다. 모세가 "양식"을 보았다는 말을 통해서, 하나님의 영이 우리에게 가르쳐 주고자 하는 것은 우리가 자의적으로 "양식들"을 날조하는 것이 허용되지 않기 때문에, 우리의 모든 지각이 하나님께서 보여주신 "양식"에 전념하여, 우리의 신앙 전체가 그 "양식"을 따라 형성되어 나가도록 하여야 한다는 것이다. 여기서 "양식"이라는 단어는 원형(primarium exemplar), 즉 영적 실체(spiritualis veritas)를 가리킨다.

45. 우리 조상들이 그것을 받아. "장막"이 이스라엘 백성과 함께 있었고, 그들이 어디를 가든지 장막을 가지고 이동했음에도 불구하고, 그들은 하나님의 언약의 테

두리 안에 머물러 있지 못하고, 경박함과 배역함으로 말미암아 이방인들의 불경스러운 제의들에 빠져들었을 뿐만 아니라, 실제로는 그들이 하나님으로부터 그렇게 멀리 떠났고, 하나님께서 그들에게 주셨던 기업으로부터 하나님을 쫓아냈으면서도, 마치 하나님께서 그들 가운데 계시는 것처럼 큰소리를 쳤다는 점에서, 그들의 완악함은 더욱더 분명하게 드러났다. 또한, 우리가 덧붙여 말할 수 있는 것은 거룩한 역사의 곳곳에서 분명하게 볼 수 있듯이, 하나님께서는 유대인들로 하여금 많은 전쟁들에서 이기게 하셔서 가나안 땅을 점령할 수 있게 해주심으로써 온갖 이적들로 자신의 "장막"을 영화롭게 하시고 그 위엄을 확증하셨는데도, 그들은 이렇게 무수히 확증된 예배를 거듭거듭 마다하고 떠나갔다는 점에서도, 그들의 완악함은 여실히 입증되었다는 것이다.

45. 다윗 때까지 이르니라. 여호와의 궤는 오랫동안 실로에 안치되어 있었지만, "다윗 때"까지는 어느 한 곳에 영구적으로 안치되어 있었던 것이 아니었다. 왜냐하면, 법궤를 안치할 처소는 사람들이 아무렇게나 정해서는 안 되는 것이었고, 모세가 여러 차례 언급한 대로, 여호와께서 보여주신 곳에 안치해야 했기 때문이다. 사실, 다윗 자신도 대적들로부터 법궤를 되찾기는 했지만, 하늘로부터 보내심을 받은 사자를 통해서 "아라우나의 타작 마당"이 하나님이 선택하신 장소라는 말을 들은 후에야 법궤를 그곳으로 옮길 수 있었다(삼하 24:16). 그러나 스데반이 하나님께서 이스라엘 백성들이 나중에 그를 예배하게 될 장소를 다윗에게 보여주신 것은 하나님의 특별한 은혜라고 생각한 것은 지극히 합당하다. 그래서 다윗은 시편에서 이 일을 기뻐하며 이렇게 노래한다: "사람이 내게 말하기를 여호와의 집에 올라가자 할 때에 내가 기뻐하였도다 예루살렘아 우리 발이 네 성문 안에 섰도다"(시 122:1-2). 이스라엘 나라는 제사장 제도와 불가분의 관계에 있었기 때문에, 법궤를 안치한다는 것은 다윗의 통치를 굳건히 한다는 의미를 지니고 있었다. 그리고 이것이 다윗이 법궤를 안치하는 일에 다음과 같이 서원할 정도로 뜨거운 열망을 품고 있었던 이유였다: "내가 내 장막 집에 들어가지 아니하며 내 침상에 오르지 아니하고 내 눈으로 잠들게 하지 아니하며 내 눈꺼풀로 졸게 하지 아니하기를 여호와의 처소 곧 야곱의 전능자의 성막을 발견하기까지 하리라"(시 132:3-5). 하지만 하나님께서는 성전이 지어져야 할 곳을 다윗에게 보여주시긴 하셨지만, 거기에 성전을 짓도록 허락받은 것은 솔로몬이었다(왕상 5:5).

47. 솔로몬이 그를 위하여 집을 지었느니라. 스데반이 여기서 하는 말을 들어보

면, 그는 마치 솔로몬이 성전 건축과 관련된 하나님의 의도를 제대로 헤아리지 못하기라도 하였다는 듯이, 솔로몬을 은근히 책망하는 것처럼 보일 수 있다. 하지만 성전 건축은 하나님의 명령에 따라서 이루어진 일이었을 뿐만 아니라, 하나님께서는 거기서 자기 백성과 함께 하실 것이라고 약속하기까지 하셨다. 따라서 나의 대답은 스데반이 "지극히 높으신 이는 손으로 지은 곳에 계시지 아니하시나니"라고 한 말은 솔로몬을 겨냥한 것이 아니었다는 것이다. 솔로몬은 하나님을 하늘에서 찾아야 한다는 것과 사람들의 마음이 신앙심으로써 하늘로 들어 올려져야 한다는 것을 알고 있었다. 또한, 그는 장엄한 봉헌기도의 서두에서 "하늘과 하늘들의 하늘이라도 주를 용납지 못하겠거든 하물며 내가 건축한 이 전이오리이까"(왕상 8:27)라고 말함으로써, 자신이 그 점을 분명하게 인식하고 있음을 보여준다. 여기서 스데반이 책망하고 있는 것은 마치 하나님이 성전에 매여 계시기라도 한다는 듯이 생각하였던 이스라엘 백성들의 우매함이다. 이것은 그가 여기에서 다음과 같은 취지로 이사야의 증언을 덧붙여 놓은 것에서 좀 더 분명하게 드러난다(사 66장): "하나님께서는 솔로몬으로 하여금 자신을 위해서 성전을 짓도록 하셨지만, 이스라엘 백성들은 하나님께서 성전이라는 건물 안에 갇혀 계시다고 생각하는 큰 잘못을 범함으로써, 자기가 거기에 갇혀 있다고 생각하는 그런 모욕을 자기에게 가하고 있다고 선지자를 통해서 한탄하셨다." 하지만 이사야 선지자가 유대인들을 호되게 책망한 것은 그들이 하나님의 신성이 성전에 고착되어 있다고 생각하고서는 하나님을 미신적으로 섬겼기 때문만이 아니었고, 거기에는 또 다른 이유가 있었다. 즉, 그들은 하나님의 생각을 자기들 마음대로 추측하고 단정해서, 희생제사를 드리고 거창한 의식을 치른 후에 이제 자신들과 하나님은 화해하였을 뿐만 아니라, 하나님이 자신들에게 빚을 졌다고까지 생각한 것이 그 이유였다. 이와 같이 하나님을 섬기는 데 있어서 냉랭하고 경직된 예식들로 충분하다고 생각한 것은 거의 모든 세대에서 사람들이 범한 보편적인 오류였고, 사람들이 그런 오류를 범하게 되는 이유는 육신을 입고 있고 세상에 묶여 있는 인간이 하나님도 자신들과 같을 것이라고 생각하기 때문이다. 그러므로 하나님께서는 사람들의 그러한 우매함을 불식시키시기 위하여, 자신은 어느 한 곳에 매여 있는 것이 아니라 온 만물에 충만해 있다고 선언하신다.

49. 하늘은 나의 보좌요 땅은 나의 발등상이니. 하나님이 이렇게 말씀하셨다고 해서, 우리는 하나님께서 인간들처럼 몸을 갖고 계신다거나 여러 부분으로 나뉠 수 있다고 생각해서는 안 된다. 이 말씀의 의미는 단지 하나님은 무한하신 분이기 때

문에 그 어떤 특정한 공간 속에 갇혀 있지 않으신다는 것일 뿐이다. 따라서 하나님
이나 하나님에 대한 예배를 자신들의 인간적인 본성을 따라 판단하는 자들은 잘못
된 것이다. 그러나 선지자는 여기서 외식하는 자들을 상대하고 있는 것이기 때문
에, 단지 하나님의 본질을 논하고 있는 것이 아니라, 하나님은 사람들과는 근본적
으로 다른 분이신 까닭에, 사람들처럼 이 세상의 헛된 영광에 좌우되지 않으신다는
것을 일반적으로 가르치고 있는 것이다. 여기서 다음과 같은 질문이 제기된다: "성
령은 다른 곳에서 '이는 나의 영원히 쉴 곳이라'(시 132:14)고 분명하게 단언하고 있
는데, 왜 선지자는 하나님은 이 세상에 '안식할 처소'가 없다고 말하고 있는 것인
가?" 게다가, 이사야는 분명히 성전을 염두에 두고서, 교회를 하나님의 영광스러운
처소라고 칭송하고 있다. 나의 대답은, 옛적에 하나님께서 성전과 제사들 속에 자
신의 임재를 나타내는 상징들을 두신 것은 자기 자신과 자신의 권능을 그러한 것들
에 고착시키기 위해서 그렇게 하신 것이 아니었기 때문에, 이스라엘 백성들이 그러
한 상징들에 마음을 쏟아서 그들 자신을 위한 땅에 속한 신을 날조해 낸 것은 잘못
이었다는 것이다. 또한, 그들이 마치 하나님이 정하신 제사들이 하나님의 진노를
손쉽게 무마할 수 있는 수단이라도 된다는 듯이, 자신들이 죄를 지어도 그러한 제
사들을 드리면 그만이라고 여겨서, 죄를 지어도 좋다는 허가장을 받은 것처럼 생각
한 것도 잘못이었다. 세상은 늘 이런 식으로 하나님을 우롱하고 가지고 놀려고 하
는 것이 습관화되어 있다.

　하나님께서 외적인 상징들을 통해서 자기 백성과 함께 하시고 그들 가운데 거하
시겠다고 선언하신 것은 자기를 영적인 방식으로 찾도록 그들을 높은 곳으로 초대
하신 것이었다. 그런데도 세상에 취한 외식하는 자들은 도리어 하나님을 하늘로부
터 끌어내리고 싶어한다. 또한, 그들에게는 실체는 없고 오직 상징들만이 있는 까
닭에, 그들은 어리석은 자만심에 부풀어서 마음 놓고 죄에 탐닉한다. 오늘날에는
그들은 교황 제도 아래에서 기상천외하게도 그리스도를 떡과 포도주 속에 가두어
놓고서는, 자신들의 우상을 향해서 한바탕 굿판처럼 예배를 드리고, 마치 자신들이
천사의 거룩함에 비해서 조금도 뒤지지 않는다는 듯이, 교만을 떨면서 우쭐해한다.
우리는 다음과 같은 두 가지 오류를 각별히 조심하여야 한다. 첫 번째 오류는, 사람
들은 자신들이 땅에 꼭 붙어 있고 하늘을 바라보지 않아도 되게 하기 위하여, 미신
에 빠져서 하나님을 그들에게로 끌어내어, 그들 자신을 위한 세상적이고 육신적인
신을 날조해 낸다는 것이다. 두 번째 오류는, 사람들은 자신들이 외적인 제사나 예

배를 거창하게 드리기만 하면, 하나님께서는 금방 화를 푸시고 마음이 누그러지실 것이라는 망상에 사로잡혀 있다는 것이다. 그런 까닭에, 그들은 눈에 보이는 상징들에 푹 빠져서, 경건(pietas)이라는 것은 아예 망각한 채, 유치한 방법을 따라 아무 짝에도 쓸모없는 것들을 동원해서 하나님을 그들에게 빚진 자로 만들기 위해 야단법석을 떤다.

이제 우리는 하나님이 이 세상에 "안식할 처소"가 없다고 한 선지자의 말이 무엇을 뜻하는 것인지를 알게 되었다. 하나님께서 성전을 자신의 임재에 대한 상징과 보증으로 삼고자 하신 것은 분명한 사실이지만, 그것은 마음을 들어올려서 하늘을 바라보고자 하고 순수한 믿음으로 하나님을 영적으로 예배하고자 하는 경건한 사람들을 위한 것이었다. 따라서 하나님은 자신들이 날조한 어리석은 것들을 동원해서 하나님을 세상의 것들에 묶어두고자 하거나, 어리석게도 하나님을 예배한답시고 세상적인 제의를 만들어서 하나님께 치성을 드리는 미신적인(superstitiosus) 자들과 우상 놀음을 하고나서는, 마치 자신들이 기특하게도 하나님께 할 도리를 다 하고 아주 잘하기라도 한 것처럼, 자만심에 도취한 위선적인 자들(hypocritas) 가운데서는 "안식할 처소"가 없으시다. 요컨대, 우리가 하나님의 이 약속의 말씀을 믿음으로 받기만 한다면, 하나님께서는 성전에서 우리에게 귀를 기울이시고, 성례전들 속에서도 마치 거기에 친히 임재하시는 것처럼 자신의 능력을 우리에게 베풀어 주시지만, 우리가 믿음으로 하나님께 올라가지 못하는 경우에는 성전이나 성례전들 속에서 하나님의 임재를 결코 경험할 수 없다는 것이다. 이러한 사실로부터 하나님께서 자기 백성 가운데 거하신다는 말씀은 그들이 믿음으로 하늘에 계신 하나님을 바라볼 때에 영적으로 만나게 될 것임을 뜻하는 것이기 때문에, 하나님이 땅에 매여 있다는 뜻도 아니고, 어떤 장소에 갇혀 있다는 뜻도 아니라는 결론이 쉽사리 도출된다.

50. 이 모든 것이 다 내 손으로 지은 것이 아니냐. 이 말을 통해서 선지자 이사야는 하나님께는 금도 필요 없고, 성전의 진귀한 장식물들도 필요 없으며, 제물도 필요 없다는 것을 일깨워 준다. 이 말의 결론은 하나님에 대한 참된 예배는 예식들에 달려 있지 않다는 것이다. 왜냐하면, 하나님께서는 우리가 바치는 것들 자체를 원하시는 것이 아니라, 그러한 경건의 연습들을 통해서 우리의 경건을 훈련시키고자 하시는 것이기 때문이다. 시편 50편은 이 주제를 좀 더 상세하게 다루고 있다. 희생 제물로 하나님을 공궤하려고 하는 것은 수치스럽고 어리석은 생각이다. 만일 외

식하는 자들이 그런 망상에 빠져 있지 않고, 영적인 예배에서 벗어난 것은 무엇이
든지 하나님이 보시기에 가증스러운 것임을 안다면, 그들은 자신들의 우스꽝스러
운 장난 같은 예배를 무슨 대단한 것으로 생각하지는 않게 될 것이다. 그러므로 우
리는 하나님께서 찾으시는 것이 우리가 갖고 있는 것들(nostra)이 아니라 우리(nos)
자신이라는 사실을 깨달아야 한다. 왜냐하면, 우리가 갖고 있는 것들은 하나님께서
우리에게 은혜로 주신 것들에 불과하기 때문이다. 이러한 사실로부터 참된 종교와
사람들이 만들어 낸 육신적인 종교가 얼마나 다른 것인지도 분명하게 드러난다.

[51]목이 곧고 마음과 귀에 할례를 받지 못한 사람들아 너희도 너희 조상과 같이 항상
성령을 거스르는도다 [52]너희 조상들이 선지자들 중의 누구를 박해하지 아니하였느
냐 의인이 오시리라 예고한 자들을 그들이 죽였고 이제 너희는 그 의인을 잡아 준
자요 살인한 자가 되나니 [53]너희는 천사가 전한 율법을 받고도 지키지 아니하였도
다 하니라(7:51-53).

51. 목이 곧고 마음과 귀에 할례를 받지 못한 사람들아. 스데반은 아직 자신에
대한 고소의 핵심적인 내용들에 대해서는 분명한 답변을 내놓지 않고 있기 때문에,
만일 소란이 일어나서 그의 연설이 중단되지 않았더라면, 그가 더 길게 말을 이어
갔을 것이라고 생각하는 사람들이 있는데, 나는 그들의 생각에 기꺼이 동의한다.
우리는 스데반을 재판하고 있는 무리들이 어떤 자들인지를 알고 있기 때문에, 그들
이 광분하여 미친 듯이 고함을 질러서 스데반을 침묵시킨 것은 전혀 놀랄 일이 아
니다. 또한, 우리는 스데반이 성난 들짐승 같은 그들을 진정시키기 위해서 의도적
으로 정곡을 찌르지 않고 변죽만 울리는 연설을 길게 끌어간 것임을 알게 된다. 하
지만 스데반이 그들은 헛된 상징들에만 집착하고, 하나님을 영적으로 예배하지 않
으며, 그들의 예식들을 하늘에 있는 원형과 연결시키지 않음으로써, 율법을 극도로
타락시켰고, 성전을 그들의 미신들로 더럽혔기 때문에, 그들 가운데는 온전한 것이
하나도 남아 있지 않게 되었다는 사실을 지적했을 때, 결국 그들의 분노는 폭발하
고 말았다. 또한, 비록 스데반이 그들의 격한 마음을 서서히 누그러뜨리려고, 단도
직입적으로 자신에 대한 고소에 대하여 답변하지 않고, 에둘러서 자신을 변호하려
고 애썼다고 할지라도, 그의 논증은 자신에 대해서 제기된 혐의들을 스스로 벗는 데
에 적절한 것이었다.

내가 이미 언급했듯이, 스데반에 대한 심문의 핵심은 하나님과 성전을 모독했다는 것과 율법을 폐기하려고 시도했다는 것, 이 두 가지였다. 그러한 거짓된 비방에서 벗어나기 위해서, 스데반은 먼저 하나님이 아브라함을 부르신 일에 대한 얘기를 꺼내서, 유대인들이 이방인들보다 우월한 것은 그들의 본성이나 천부적인 권리나 공로 때문이 아니라, 하나님께서 전적인 은혜로 아브라함이라는 인물을 통해서 그들을 양자로 삼아 주신 특권 때문임을 보여준다. 성전이나 예식들이나 심지어 할례도 존재하지 않았던 때에 하나님께서 아브라함과 구원의 언약을 맺으셨다는 사실도 스데반의 이러한 주장을 뒷받침해 준다. 유대인들은 그러한 것들에 대한 자부심이 대단하였고, 그러한 것들 없이는 하나님에 대한 예배도 있을 수 없고 그 어떠한 거룩함도 있을 수 없다고 생각하였다. 다음으로, 스데반은 아브라함의 후손들을 향한 하나님의 선하심은 너무나 놀랍고 풍성했던 반면에, 이스라엘 백성들은 하나님의 은혜를 사악하고 완악하게 배척하였다는 것에 대하여 얘기한다. 이것은 하나님께서 그들을 자기 백성으로 삼으신 것은 그들의 공로로 말미암은 것이 아니라, 하나님이 아무런 자격이 없는 그들을 친히 선택하시고, 그들의 배은망덕에도 불구하고 그들에게 은혜를 베푸시기를 멈추지 않으신 덕분이었음을 잘 보여준다. 스데반이 이 정도로 얘기했으면, 그들의 거만하고 교만한 마음이 낮아지고 고분고분해져서, 풍선처럼 부풀어 올라 있던 그들의 어리석은 허영심도 바람이 빠짐으로써, 중보자에게로 나아올 만도 하였지만, 그들은 그렇게 하지 않았다. 스데반이 세 번째로 얘기한 것은, 율법을 가져다주고 이스라엘 백성을 구속한 일은 "천사"가 담당한 것이었고, 모세는 자기에게 맡겨진 일을 충실히 감당하는 가운데, 자기가 죽은 후에 다른 선지자들이 나타날 것이지만, 그들 중에서 가장 위대한 "한 선지자"가 나타나서, 모든 예언을 끝내고 온전히 이루게 될 것이라고 말하였다는 것이다. 이것은 율법 속에서 약속되고 칭송된 가르침과 그 가르침이 가리키고 있는 분을 거부한 자들은 다름 아닌 모세의 제자들임을 보여준다.

마지막으로, 스데반은 모세에 의해서 정해진 모든 옛 예배는 하늘에 있는 원형(archetypum)을 본떠 만들어진 것이기 때문에, 유대인들은 그 자체를 숭배해서는 안 되었고, 반드시 원래의 실체를 염두에 둔 가운데 행하여야 했는데도, 율법에서 육신적이고 현세적인 것만을 생각했던 그들은 늘 율법을 왜곡해서 해석하였다는 것을 보여준다. 이러한 사실로부터 분명해지는 것은 그리스도를 성전과 율법의 마침(finis)이자 실체(veritas)로 굳건히 세우는 것은 성전과 율법에 그 어떤 해도 될 수 없다는 것이다. 결국, 이 사안의 핵심은 하나님에 대한 예배가 본래 희생제사를 비롯한 제의들에 있지 않고, 모든 제의들은 그리스도를 예표하는 것에 불과하다는 것이었기 때문에, 만일 유대인들이 허용하기만 한다면, 스데반의 의도는 이 점을 집중적으로 부각시키는 것이었다. 하지만 그의 연설이 핵심에 가까이 이르렀을 때, 유대인들은 분노가 극에 달해서 더 이상 스데반의 말을 듣고 있을 수 없는 지경이 되어 버렸기 때문에, 스데반이 자기가 지금까지 말했던 것들을 구체적으로 이 사안에 적용할 기회는 없었다. 그래서 그는 결론적으로 "너희들은 목이 곧은 사람들"이라고 호된 책망을 덧붙일 수밖에 없었다. 우리는 스데반이 귀머거리들에게 아무리 말해봐야 소용없다는 것을 깨닫고서 가르치기를 중단하고 갑자기 거룩한 열심에 불타올라서 그들을 강하게 책망한 것임을 알게 된다. "목이 곧다"는 것은 말(馬)이나 소의 행태로부터 가져온 비유로서, 모세가 이스라엘 백성이 완악하고 하나님에게 불순종하며 길들이기 힘들다는 것을 묘사하기 위해서 종종 사용했던 은유적인 표현이었다(출 32:9).

스데반이 계속해서 "마음과 귀에 할례를 받지 못한 사람들아"라고 책망한 것은 그들에게 더 충격적인 말이었다. 왜냐하면, 그들에게 있어서 "할례"는 그들의 모든 허물을 덮어주는 가림막 같은 것이었기 때문이다. 따라서 "마음에 할례를 받지 못한 사람들"이라는 말 속에는 그들이 하나님을 배역하는 강퍅한 사람들이라는 뜻만이 아니라, 그들이 그토록 자랑하는 할례의 징표를 그들의 몸에 갖고 있다고 할지라도, 그들은 언약을 배반하고 파기한 자들에 지나지 않는다는 뜻도 담겨 있었다. 결국, 스데반은 유대인들이 대단한 자부심으로 여기고 있던 바로 그 증표를 역으로 활용해서 기가 막히게 그들에게 수치를 안겨준 것이다. 왜냐하면, 그는 "너희는 하나님의 언약을 깨뜨린 자들인 까닭에, 너희의 할례는 부정하게 되고 무효가 되어 버렸다"고 말한 것과 같기 때문이다. 한편, 스데반은 율법과 예언자들의 글로부터 가져와서 이렇게 말한 것이다. 하나님께서는 할례라는 표징을 주실 때에, 자신이 그들의 몸에 할례를 행하라고 명하신 것은 그들로 하여금 그들 자신의 마음에 할례를 행하여 그 마음으로부터 모든 악한 성정을 잘라내 버려야 한다는 것을 깨닫게 하시기 위한 것이었다. 하나님의 이러한 의도는 "너희는 마음에 할례를 행하고"(신 10:16)라는 말씀 속에 잘 나타나 있다. 따라서 바울이 말한 "율법 조문을 따른 할례"(롬 2:29)는 하나님이 보시기에 공허하고 무익한 껍데기일 뿐이다. 우리의 육체와 영혼은 더럽기 때문에 우리는 결코 세례에 참여한 자가 아니라는 반론이 오늘날에도 제기될 수 있지만, 우리가 받는 세례의 본질은 영적인 씻음(spiritualis ablutio)에 있는 것이기 때문에, 우리는 그런 반론에 신경 쓰지 않아도 된다.

51. 너희도 너희 조상과 같이 항상 성령을 거스르는도다. 처음에 스데반은 자신이 지금 호되게 책망하고 있는 자들이 "부형들"(7:2)로 불릴 만하다고 생각했기 때문에, 그들의 마음이 유순해질 수 있다는 희망이 있는 한, 그들을 친근하게 대했을 뿐만 아니라, 공손하게 말을 했던 것이었다. 하지만 그들의 완악함이 구제불능이라는 것을 깨닫고 나서는, 이제 그는 더 이상 그들에게 경의를 표하지도 않을 뿐만 아니라, 자신이 그들과 아무런 상관이 없다는 것은 분명히 하기 위해서 그들을 이민족을 대하듯이 한다. 그는 "너희도 너희 조상과 같이 항상 성령을 거스르는도다"라고 말한다. 물론, 스데반 자신도 그들과 동일한 조상의 후손이었지만, 그리스도와 연합되기 위하여, 자신의 민족이 불경을 저지르고 있는 한에 있어서는 자신의 뿌리를 떠난다. 그러나 그는 유대 민족 전체를 다 싸잡아서 그런 식으로 매도하고 있는 것이 아니라, 그 자리에 있던 무리들에게만 이 말을 하고 있는 것이다.

"성령을 거스르는" 자들은 선지자들을 통해서 말씀하시는 성령을 거부하는 자들이다. 이것은 하나님께서 각 사람의 내면에 주시는 성령의 은밀한 계시는 해당되지 않고, 오직 성령의 외적인 사역에만 해당되는 것인데, 우리는 후자에 각별히 유의하여야 한다. 스데반은 유대인들에게 그 어떠한 변명의 여지도 주지 않기 위해서 변명의 빌미가 될 만한 것들을 다 제거하고자 하고 있다. 따라서 그는 그들이 무지해서가 아니라, 의도적으로 힘써서 하나님을 거역하였다고 책망한다. 이것으로부터 하나님께서 자신의 말씀을 얼마나 소중하게 여기시는지, 그리고 우리가 그것을 받아들이기를 얼마나 간절하게 원하시는지가 분명하게 드러난다. 그러므로 우리가 거인족들처럼 하나님을 대적하지 않기 위해서는, 하나님께서 사역자들의 입을 통해서 우리에게 가르침을 주실 때에 거기에 잠잠히 귀 기울이는 법을 배워야 한다.

52. 너희 조상들이 선지자들 중의 누구를 박해하지 아니하였느냐. 당시의 유대인들이 자기 조상들의 죄악을 담당할 이유는 없었기 때문에, 스데반이 이것을 자신의 말을 듣고 있는 사람들의 죄로 돌린 것은 부당한 것처럼 보일 수 있다. 그러나 그가 이렇게 말한 데에는 다 그럴 만한 이유가 있었다. 먼저, 그들은 자신들이 아브라함의 거룩한 후손이라는 사실을 자랑하며 교만하였기 때문에, 그것이 얼마나 헛된 것인지를 그들에게 가르쳐 주는 것은 가치 있는 일이었다는 것이다. 왜냐하면, 스

데반은 "너희는 선지자들을 죽인 사악한 자들의 후손이기 때문에, 너희의 조상들을 자랑하며 거드름을 피울 이유가 전혀 없다"고 말한 것과 같기 때문이다. 그래서 그는 선지자들의 글 속에 좀 더 분명하게 나타나 있는 내용, 즉 그들은 선지자의 아들들이 아니고 천한 사생아들이며 가나안의 자손들이라는 것을 넌지시 언급한다. 이 것은 오늘날 자신들의 조상들을 자랑하며 추앙하는 교황주의자들에게도 그대로 해당되는 말들이다. 또한, 스데반은 진리를 거부하는 것이 그들에게는 새삼스러운 일이 아니라고 하면서, 그들은 자신들의 조상들로부터 그러한 악습을 유업으로 물려받았다고 말한다. 이 말은 지금까지 그가 해왔던 말을 한층 더 강화시키는 역할을 하고 있다. 더욱이, 그들은 교회라는 가면을 쓰고서 스데반을 고소한 것이기 때문에, 그는 이렇게 함으로써 그들에게서 교회라는 가면을 벗겨내야만 했다. 왜냐하면, 그들은 자신들이 하나님의 교회이고, 기나긴 계승을 통해서 교회라는 영광스러운 칭호는 늘 자신들의 것이었다고 자랑함으로써, 복음의 가르침에 큰 해악을 끼쳐왔기 때문이다. 따라서 스데반은 선지자들을 이유 없이 멸시하고 박해하며 올바른 가르침을 증오함으로써 선지자들을 핍박한 것은 그들만이 아니라 그들이 그토록 자랑하는 조상들도 마찬가지였다고 역공한다. 마지막으로, 자손들이 그들의 조상들과 동일한 죄를 저지른 경우에는 자손들과 조상들의 죄를 한데 묶어서 다루는 것은 성경의 변함없는 관례였다. "아벨로부터 사가랴에 이르기까지 의로운 피가 너희에게 돌아갈 때까지 너희가 너희 조상의 분량을 채우라"(마 23:32, 35)는 그리스도의 저 유명한 말씀도 이것을 잘 보여준다.

52. 의인이 오시리라 예고한 자들을 그들이 죽였고. 이러한 사실로부터 우리는 모든 선지자들이 자신의 민족을 "율법의 마침"이신 그리스도께로 인도하기 위해서 얼마나 애를 썼는지를 알게 된다. 그리스도가 오실 것이라고 한 예언은 일일이 열거할 수 없을 정도로 많지만, 우리는 모든 선지자들의 공통적인 소임이 그리스도의 은혜로 말미암아 얻게 되는 구원을 약속하는 것이었다는 사실을 아는 것만으로 충분할 것이다. 여기서 그리스도를 "의인"이라고 하는 것은 그의 죄 없으심을 나타내기 위한 것이기도 하지만, 그가 세상에서 이루신 일 때문이기도 하다. 왜냐하면, 세상에 "의"를 세우는 것이 그리스도의 본연의 사명이었기 때문이다. 스데반은 여기서도 유대인들이 구속의 은혜를 받을 자격이 전혀 없는 자들이라는 것을 분명하게 입증한다. 왜냐하면, 과거에 그들의 조상들은 선지자들이 증언한 말씀을 거부하고 은혜의 사자들을 잔인하게 죽였고, 그 자손들은 그들에게 오셨던 의와 구원의 주이

신 그리스도를 죽이려고 했기 때문이다. 이러한 비교를 통해서 그리스도께서는 자신의 원수들의 저 사악한 음모가 마지막으로 그들의 모든 죄악의 분량을 채우는 일이었다는 것을 우리에게 가르쳐 주신다.

53. 너희는 … 율법을 받고도. 그들은 스데반을 향한 자신들의 분노를 "율법에 대한 열심"(zelus legis)이라고 불렀다. 이것은 그들이 스데반을 율법을 버린 자이자 배교자로 규정하고서, 그가 다른 사람들을 동일한 배교로 몰아가고 있다고 생각하였음을 보여주는 것이었다. 스데반은 자신에게 덧씌워진 이러한 부당한 혐의를 벗고 싶어 했지만, 결국 자신의 답변을 끝마치지 못하였다. 왜냐하면, 그들은 그의 말을 들으려고 하지 않았고, 귀를 막은 자들에게 아무리 많은 말을 해봐야, 그것은 소용없는 일이었기 때문이다. 그러므로 그는 그들의 위선을 몇 마디 말로 폭로하는 것으로 만족한다. 그는 이렇게 말한다: "너희는 항상 율법을 범하고 어기면서도, 마치 율법에 대한 열심(legis studium)이 있는 것처럼 위장하지만, 그것이 거짓임은 너무나 명백하다." 스데반은 앞 절에서 "의인을 살인한 자"라며 그들을 비난했던 것처럼, 이제 여기서는 그들을 향해서 "율법을 지키지 아니하였도다"라며 책망한다. 어떤 이들은 유대인들이 율법을 범했다는 스데반의 지적은 그의 사건에 전혀 도움이 되지 않는다고 말할 것이다. 그러나 우리가 이미 말했듯이, 스데반이 그들을 책망한 것은 자신을 변호하기 위한 것이 아니라, 그들이 기만적인 자부심으로 우쭐대지 못하도록 하기 위한 것이었다. 외식하는 자들은 실제로는 아무런 거리낌 없이 하나님을 멸시하면서도, 마치 자신들이 가장 열렬하게 하나님의 영광을 수호하는 자들인 체하기 때문에, 그들은 이런 식으로 다루어지는 것이 마땅하다. 그들은 자신들에게 주어진 율법에 겉으로는 복종하는 척하였지만, 실제로는 오만불손하게 율법을 멸시한 자들이었다는 점에서, 우리는 그들에게서 표리부동의 두드러진 예를 볼 수 있다.

53. 천사가 전한. "천사가 전한"은 문자적으로는 "천사에게 맡겨진"을 뜻하지만, 의미는 대동소이하다. 이 구절과 관련해서 우리는 바울 이외의 해석자를 찾을 필요가 없는데, 그는 율법이 "천사들에게 맡겨진" 것이라고 말한다(갈 3:19). 거기서 바울은 여기에서 사용된 명사와 어근이 같은 분사를 사용한다. 즉, 바울은 하나님께서 율법을 반포하실 때에 천사들로 하여금 전령사와 증인의 역할을 하게 하서서 율법의 권위를 확고하게 세우셨다고 이해한 것이었다.

하나님께서는 이렇게 유대인들에게 자신의 율법을 수여하실 때에 천사들을 부르서서 거룩한 증인들이 되게 하셨기 때문에, 이 동일한 천사들은 그들의 배역에 대한 증인들도 될 것이었다. 여기서 스데반이 천사들을 언급한 것은 그들 앞에서 유대인들을 율법을 어긴 자들로 단죄하기 위한 것이었다. 이러한 사실로부터 우리는 율법보다 훨씬 더 우월한 복음을 멸시함으로써, 바울이 고린도후서 3장에서 말하고 있는 것처럼 복음의 영광을 가리는 자들에게 무슨 일이 일어날 것인지를 짐작할수 있다.

[54]그들이 이 말을 듣고 마음에 찔려 그를 향하여 이를 갈거늘 [55]스데반이 성령 충만하여 하늘을 우러러 주목하여 하나님의 영광과 및 예수께서 하나님 우편에 서신 것을 보고 [56]말하되 보라 하늘이 열리고 인자가 하나님 우편에 서신 것을 보노라 한대 [57]그들이 큰 소리를 지르며 귀를 막고 일제히 그에게 달려들어 [58]성 밖으로 내치고 돌로 칠새(7:54-58a).

54. 그들이 이 말을 듣고. 처음에 재판 절차는 어느 정도 공정하게 진행되는 듯했지만, 결국 재판관들은 자신들의 분노를 억누르지 못하게 된다. 스데반의 연설이 먼저 반감 어린 웅성거림과 소란으로 인해서 중단되더니, 급기야는 적개심으로 가득 찬 야유가 쏟아져 나오고, 결국 아무 소리도 알아들을 수가 없게 되었다. 그런 후에, 그들은 이 거룩한 사람을 죽이기 위해 끌고 간다. 여기서 누가는 말씀에 대적하는 자들을 사탄이 얼마나 강력하게 사로잡아서 휘몰아 가는지를 아주 실감나게 묘사한다. 누가가 그들의 "마음이 찢어졌다"고 말한 것은 그들이 단순히 분노하였다는 뜻이 아니라 광기에 사로잡혔다는 뜻을 담고 있다. 그리고 그러한 분노는 마치 불이 타올라서 불길로 치솟아 오르듯이 "이를 가는" 행동으로 표출되었다. 사탄의 지배를 받는 자들, 즉 멸망 받게 되어 있는 자들은 하나님의 말씀을 들을 때에 필연적으로 이런 반응을 보일 수밖에 없다. 평소에는 점잖아 보였던 위선자들을 광기로 몰아가는 것이 복음의 본질이다. 이것은 마치 잠자고 싶어 하는 술 취한 사람을 계속 흔들어 깨워서 잠을 못 자게 하면 갑자기 흥분해서 날뛰는 것과 같다. 따라서 시므온은 "여러 사람의 마음의 생각을 드러내는 것"(눅 2:35)을 그리스도의 고유한 사역으로 돌리고 있다. 하지만 우리는 이것을 구원의 가르침이 지닌 고유한 속성이라고 말해서는 안 된다. 왜냐하면, 구원의 가르침의 본질은 사람들의 심령을 사로잡아 변화시켜서 하나님께 순종하도록 하는 것이기 때문이다. 그러나 사람들의 심령

이 사탄에 의해 사로잡혀 있을 때에는, 하나님의 말씀으로 압박하면, 불경건이 드러나지 않을 수 없게 된다. 그러므로 이것은 복음의 부수적인 해악(accidentale malum)이다. 이러한 예들을 통해서 우리는 하나님의 말씀이 모든 사람을 올바른 심령으로 인도할 것이라는 소망을 품어서는 안 된다는 교훈을 받게 된다.

그리고 이 교훈은 우리의 믿음을 지키는 데에 매우 필요하다. 가르치는 직분을 맡은 자들이 자신의 직분을 신실하고 충성되게 수행한다면, 반드시 하나님을 멸시하는 자들과 첨예하게 충돌하지 않을 수 없게 된다. 하나님의 위엄을 가볍게 여기는 사악한 자들은 언제나 있기 때문에, 말씀을 가르치는 자들은 흔히 스데반과 같이 격정적으로 말씀을 전하지 않을 수 없게 된다. 왜냐하면, 사악한 자들이 하나님의 영광을 짓밟을 때, 말씀을 가르치는 자들은 그것을 눈감아 줄 수는 없기 때문이다. 그렇다면, 그 결과는 어떻게 될까? 물론, 그들의 불경건은 더욱 극렬해질 것이기 때문에, 우리는 불에 기름을 붓는 격이 아니냐는 말을 듣게 될 수도 있다. 그러나 결과가 어떠하든, 비록 불경건한 자들이 지옥의 모든 분노를 다 분출해 낸다고 하더라도, 우리는 불경건한 자들이 기고만장해서 제멋대로 하게 내버려 두어서는 안 되고, 더욱 강하게 그들을 압박하여야 한다. 불경건한 자들의 귀에 달콤한 말을 들려주고자 하는 자들은 열매를 거두려는 자들이 아니라 위험을 두려워하는 나약한 자들임이 확실하다. 다른 사람들은 어떠하든지, 우리로서는 그 결과가 언제나 우리가 바라던 대로 이루어지지 않을지라도, 우리가 경건의 가르침을 담대하게 증언하는 것이야말로 하나님이 흠향하실 만한 향기로운 제사라는 사실을 알아야 한다.

55. 스데반이 성령 충만하여 하늘을 우러러 주목하여. 그리스도의 종 스데반이 처한 곤경을 말로 표현하는 것은 불가능하다. 그는 광란에 빠진 원수들이 자신을 사방으로 에워싸는 것을 보았다. 그의 선한 명분은 한편으로는 비방과 악의에 의해서, 다른 한편으로는 폭력과 광기에 찬 야유 앞에서 꺾이고 말았다. 그의 눈 앞에 보이는 것이라고는 그를 위협하는 험상궂고 싸늘한 얼굴들뿐이었다. 무시무시한 죽음의 위협이 눈 앞에 있는데도, 도움이나 구원의 징조는 그 어디서도 보이지 않았다. 사람의 도움을 전혀 기대할 수 없는 고립무원의 상황에 처하자, 그는 하나님을 바라보았다. 우리가 가장 먼저 주목해야 할 것은 절체절명의 위기가 다가오고 죽음이 눈 앞에 임박한 시점에서 스데반은 사람과 세상을 바라보던 눈길을 거두고, 삶과 죽음을 주관하시는 하나님께로 자신의 눈길을 돌렸다는 사실이다. 다음으로 우리가 주목해야 할 것은 그 순간에 그리스도께서 그에게 나타나셨기 때문에, 그의 기

대는 수포로 돌아가지 않았다는 것이다. 하지만 여기서 누가가 말하고자 하는 것은 스데반이 지금 성령의 막강한 능력을 덧입고 있어서, 그 어떤 것도 그가 하늘을 바라보는 것을 막을 수 없었다는 것이다. 이렇게 해서 "하늘을 우러러 주목하게" 된 스데반은 그리스도를 목도함으로써 마음의 평정을 회복하고, 죽음을 통해서 사망 권세를 이기는 놀라운 승리를 거두게 된다. 그러나 우리는 이 땅에 너무 견고하게 매여 있기 때문에, 그리스도께서 우리에게 나타나지 않으시는 것은 이상한 일이 아니다. 그래서 우리는 죽음 앞에서는 물론이고, 위험을 암시하는 아주 가벼운 소문에도, 아니 심지어 나뭇잎 떨어지는 소리에도 절망한다. 이것은 당연하다. 왜냐하면, 우리는 오직 그리스도 안에서만 불굴의 담대함을 얻을 수 있기 때문이다. 그런데도 우리는 마치 이 세상 외에는 우리의 도움이 없기라도 하다는 듯이 하늘을 바라보려고 하지 않는다. 본성적으로 땅을 지향하는 우리의 이런 악습은 오직 하나님의 성령이 우리를 높이 들어올려 주실 때에만 고쳐질 수 있다. 따라서 누가는 스데반이 "하늘을 우러러 주목한" 것은 그가 "성령 충만"하였기 때문이라고 말한 것이다. 우리는 세상에서 환난을 당할 때마다, 우리의 영으로 하여금 우리의 인도자와 안내자이신 성령을 따라 하늘 위에 이르도록 하여야 한다. 확실한 것은 성령이 우리를 조명해 주시기 전에는 우리의 눈은 하늘에 이를 만큼 밝지 못하다는 것이다. 아니, 우리의 육신의 눈은 너무나 둔해서 하늘을 바라볼 생각조차 할 수 없다.

55. 하나님의 영광과 및 예수께서 하나님 우편에 서신 것을 보고. 내가 앞에서 말했듯이, 누가는 스데반이 하늘을 우러러 주목했을 때에 그 즉시 그리스도께서 그에게 나타나셨다는 것을 보여준다. 그러나 누가는 스데반이 육신적인 눈 이상의 것을 갖고 있어서, 하늘 높이 올라가서 하나님의 영광을 볼 수 있었던 것임을 이미 앞에서 우리에게 일깨워 주었다. 이러한 사실로부터 우리는 우리 모두에게 일반적으로 힘과 위로가 될 수 있는 결론, 즉 우리가 세상을 뒤로 하고 우리의 모든 지각을 하나님을 찾는 데에 집중할 때에 하나님께서 우리와 함께 하신다는 결론을 도출해 낼 수 있다. 그러나 하나님께서는 스데반에게 하셨던 것처럼 외적인 환상을 통해서 우리에게 나타나시는 것이 아니라, 우리 안에서 자신을 계시하셔서 우리로 하여금 그의 임재를 실제로 지각할 수 있게 하신다. 그리고 우리는 이러한 방식으로 보는 것에 충분히 만족해야 한다. 왜냐하면, 하나님께서는 그런 식으로 자신의 권능과 은혜로 말미암아 그가 우리 가까이에 계신다는 것을 보여주실 뿐만 아니라, 그가 우리 가운데 거하고 계신다는 것을 증명하시기 때문이다.

56. 보라 하늘이 열리고 … 보노라. 하나님께서는 자신의 종을 개인적으로 돌보시고자 하셨을 뿐만 아니라, 스데반으로 하여금 자신에게 이적이 일어났다고 공공연하게 선언하게 하심으로써 자신의 원수들의 심기를 건드려서 분노와 괴로움을 맛보게 하고자 하셨다. 하늘이 어떻게 열렸는지에 대해서 질문하는 사람이 있을 수 있다. 내 생각으로는, 하늘은 조금도 달라진 것이 없었고, 다만 스데반에게 새롭게 밝은 눈이 주어져서, 온갖 장애물을 통과하여 눈에 보이지 않는 하나님 나라의 영광까지도 보게 된 것이었다. 왜냐하면, 설령 우리가 하늘이 실제로 갈라졌다고 인정할지라도, 사람의 눈으로 그렇게 먼 곳을 보는 것은 불가능하기 때문이다. 다시 말하지만, 하나님의 영광은 오직 스데반에게만 보였다. 왜냐하면, 그러한 광경은 그곳에 있던 불경건한 자들에게 감추어져 있었을 뿐만 아니라, 내면적으로 눈이 멀어 있던 그들은 드러난 진리의 빛도 볼 수 없었기 때문이다. 그러므로 스데반이 하늘이 자신에게 열렸다고 말한 것은 그 어떤 것도 그가 하나님의 영광을 보는 것을 방해할 수 없었다는 뜻이다. 지금까지 살펴본 것을 종합해 보면, 우리는 이적은 하늘에서 일어난 것이 아니라, 스데반의 눈에서 일어난 것이라고 말할 수 있다. 우리가 육신의 눈에 어떤 것들이 보여졌느냐를 놓고서 길게 논쟁할 필요가 없는 것은 이 때문이다. 왜냐하면, 그리스도께서는 자연적인 질서나 방법을 통해서가 아니라 새롭고 특별한 방식을 따라 스데반에게 나타나신 것이기 때문이다. 여러분은 하나님의 영광이 무슨 색깔이어서 육신의 눈으로도 자연스럽게 볼 수 있다고 생각하는 것인가? 그러므로 우리는 스데반이 본 것들 속에 신적인 것이 아닌 것이 단 하나라도 있을 것이라고 생각해서는 안 된다. 또한, 우리는 스데반에게는 하나님의 영광이 온전한 형태로 나타난 것이 아니었고, 오직 사람의 능력으로 감당할 수 있는 정도로만 나타났다는 점도 유념할 필요가 있다. 왜냐하면, 하나님의 영광의 광대무변함(immensitas)은 피조물의 능력으로는 결코 파악될 수 없는 것이기 때문이다.

56. 인자가 하나님 우편에 서신 것을 보노라. 스데반은 낮아지셨을 때의 몸을 입고 계신 채로 만물을 다스리시는 그리스도를 보았고, 이것은 승리가 바로 이 한 사람에게 있다는 것을 분명하게 보여주는 것이었다. 그러므로 그리스도께서 스데반에게 나타나신 것은 결코 불필요한 일이 아니었다. 그리고 스데반이 이렇게 나타나신 그리스도를 "인자"라고 부른 것도 그 때문이었다. 스데반은 이렇게 말한 것과 같았다: "너희는 그 사람이 죽어서 멸망했다고 생각하지만, 나는 그가 하늘의 통치권을 장악하고 계시는 것을 보고 있다. 그러므로 너희들이 아무리 이를 갈고 떠들어

대도, 죽음을 각오하고 그를 위해 싸우는 것을 두려워할 이유가 내게는 없다. 왜냐하면, 그는 자신의 명분만이 아니라 나의 구원도 끝까지 지켜 주실 것이기 때문이다.” 그런데 성경의 다른 곳들에서는 보통 그리스도께서 앉아 계시는 것으로 묘사되는데, 왜 스데반은 그리스도께서 서 계시는 것을 본 것인가라는 질문이 제기될 수 있다. 종종 필요 이상으로 기발한 생각을 하는 아우구스티누스는 심판자(iudex)로서의 그리스도는 앉아 계시지만, 이때는 변호자(advocatus)로 나타나신 것이기 때문에 서 계신 모습을 보이신 것이라고 말한다. 하지만 나는 이 둘은 표현의 차이에도 불구하고 의미는 동일하다고 본다. 왜냐하면, 앉는 것이나 서는 것은 둘 다 그리스도의 자세를 나타내는 것이 아니라, 그의 권능과 통치권을 가리키는 것이기 때문이다. 왜냐하면, 하나님께서는 “그의 우편”이라고 말할 수 있는 곳이 없을 만큼 만물 안에 충만해 계시는 까닭에, 우리가 그리스도께서 아버지 하나님의 우편에서 앉으실 보좌를 어디에 놓아야 할지를 안다는 것은 불가능하기 때문이다.

따라서 그리스도께서 아버지의 우편에 서 계신다거나 앉아 계신다는 말은 전체적인 맥락에서 보면 비유적인 표현이고, 그 의미는 모든 권능이 그리스도께 주어져서, 낮아지셨을 때에 입고 계셨던 바로 그 몸을 지니신 채로 아버지를 대신하여 제2인자로서 다스리고 계신다는 것이다. 한편, 어떤 이들은 그리스도의 이 권능이 온 하늘과 땅에 두루 다 미치는 것인 까닭에, 그리스도께서는 인성을 입고 모든 곳에 계신다고 잘못 생각한다. 그런 생각이 잘못인 이유는 그리스도께서는 장소의 제약을 받으셔서 특정한 장소에 의해서 계시기는 하지만, 그럼에도 불구하고 그의 권능은 온 세상에 두루 미치기 때문이다. 따라서 그리스도께서는 하늘로부터 스데반에게 자신을 계시하였던 까닭에, 우리가 그리스도의 은총의 효력을 통해서 그의 임재를 느끼고자 한다면, 우리는 그를 하늘에서 찾지 않으면 안 된다. 또한, 어떤 이들은 이 절을 근거로 해서, 그리스도께서 스데반에게 가까이 오셨기 때문에, 스데반이 그리스도를 볼 수 있었던 것이라고 주장하지만, 그것은 정말 어처구니없는 일이다. 왜냐하면, 나는 이미 앞에서 스데반의 눈이 성령의 능력과 믿음으로 말미암아 높이 들려져서, 공간적인 거리가 그의 시각을 방해할 수 없었던 것이라고 말하였기 때문이다. 철학적으로 정확히 말하자면, 나는 하늘 위에는 그 어떤 공간도 존재하지 않는다는 것을 인정한다. 그러나 하늘이 아닌 다른 어떤 곳에, 그리고 이 세상의 어떤 요소 위에 그리스도가 계신다고 말하는 것은 사악하고 미친 짓이라는 것만으로도 내게는 충분한 답이 된다.

57. 그들이 큰 소리를 지르며. 이것은 열심을 과시하기 위한 것일 수 있다. 위선자들은 거의 언제나 과시욕으로 말미암아 이처럼 도에 넘치는 격렬한 반응을 보인다. 그리스도께서 "이후에 인자가 권능의 우편에 앉아 있는 것과 하늘 구름을 타고 오는 것을 너희가 보리라"(마 26:64)고 말씀하시자, 대제사장 가야바가 마치 그 말씀이 자기로서는 도저히 용납할 수 없는 신성모독이라는 듯이, 분노의 표시로 자신의 옷을 찢은 것이 그 한 예이다. 또는, 이것은 스데반이 그리스도의 영광에 대하여 하는 말을 듣고 있다가, 그들이 참기 힘들 만큼 너무나 괴롭고 힘들어서 광기를 폭발시킬 수밖에 없었던 것일 수도 있다. 나는 이 두 번째 설명에 더 끌린다. 왜냐하면, 누가는 뒤에서 그들이 격렬한 충동에 사로잡혀서, 마치 자제력을 상실한 사람들처럼 갑자기 사납게 달려들었다고 말하기 때문이다.

58. 성 밖으로 내치고 돌로 칠새. 신명기 13장에 나와 있듯이, 하나님께서는 거짓 선지자들에게 이러한 형벌을 가하도록 율법에 정해 놓으신 동시에, 누가 그러한 형벌을 받아야 할 자들인지도 거기에 정해 놓으셨는데, 백성들로 하여금 다른 신들을 섬기게 하려고 꾀는 자들이 거기에 포함되어 있었다. 따라서 거짓 고소로 말미암아 무고하게 정죄당한 스데반을 돌로 쳐서 죽인 것은 불의하고 사악한 행위였다. 이렇게 그리스도의 순교자들은 범죄자들과 동일한 형벌을 받아야만 하였고, 단지 원인에 있어서만 범죄자들과 차이를 보일 뿐이었다. 그러나 하나님과 그의 천사들은 이 차이를 아주 중요하게 여기시고, 순교자들이 겪는 치욕은 세상의 모든 영광을 능가하는 것이다. 그런데 여기서 한 가지 의문이 드는 것은 유대인들에게는 사형을 집행할 권한이 없었는데, 어떻게 스데반을 돌로 쳐 죽일 수 있었는가 하는 점이다. 왜냐하면, 그리스도의 경우에는 유대인들이 빌라도에게 "우리에게는 사람을 죽이는 권한이 없나이다"(요 18:31)라고 분명하게 말하였기 때문이다. 나의 대답은 스데반에게 일어난 일은 군중에 의해서 자행된 폭거였다는 것이다. 그러나 총독이 그러한 악행을 방치했을 가능성도 있다. 왜냐하면, 총독은 그리스도라는 이름에 대한 유대인들의 적개심이 자신에게로 향하지 않게 하기 위해서, 유대 백성들 사이에서 은밀하게 자행된 소란스럽고 거의 통제 불가능한 소요 사태를 묵인하는 경우가 많았기 때문이다. 우리는 로마 총독들이 특히 유대 민족의 내분에 대해서 자기들끼리 서로 싸우게 내버려 두면, 모든 파당들이 다 힘이 소진되어서 자기에게 좀 더 쉽사리 굴복하게 될 것이라는 계산 하에서 고의로 묵인하는 경우가 흔히 있었다는 것을 알고 있다.

⁵⁸증인들이 옷을 벗어 사울이라 하는 청년의 발 앞에 두니라 ⁵⁹그들이 돌로 스데반을 치니 스데반이 부르짖어 이르되 주 예수여 내 영혼을 받으시옵소서 하고 ⁶⁰무릎을 꿇고 크게 불러 이르되 주여 이 죄를 그들에게 돌리지 마옵소서 이 말을 하고 자니라(7:58b-60).

58. 증인들이 옷을 벗어 사울이라 하는 청년의 발 앞에 두니라. 여기서 누가는 이런 소란의 와중에서도 어느 정도 재판(iudicium)의 형식은 준수되고 있었다는 것을 보여주고자 한다. 증인들이 먼저 돌을 던져야 한다는 율법의 규정은 타당한 이유가 있다. 왜냐하면, 자신들의 위증으로 무죄한 사람이 죽을 수 있다는 사실에 대하여 거의 두려움을 갖고 있지 않았던 많은 사람들도 이 규정에 따라서 자신들의 손으로 돌을 던져서 사람을 죽여야 한다는 현실에 직면해서는 양심의 가책을 느끼고 위증을 하지 않게 되기 때문이다. 하지만 우리는 스데반 사건과 관련해서는 그 증인들이 얼마나 눈멀고 야만적이었는지를 알게 된다. 왜냐하면, 그들은 자신들의 혀로 이미 스데반을 죽였을 뿐만 아니라, 자신들의 피 묻은 손을 서슴없이 이 무죄한 사람에게 댔기 때문이다. 누가는 증인들이 옷을 벗어서 "사울이라 하는 청년의 발 앞"에 두었다는 말을 통해서, 사울이 배역한 마음에 빠져서 다른 유대인들과 함께 멸망하지 않게 된 것이 사울 자신이 잘 처신한 덕분이 아님을 보여준다. 왜냐하면, 이런 끔찍한 일로 자신의 청년기를 더럽힌 자에게 소망이 있다고 생각할 사람은 아무도 없을 것이기 때문이다. 일부 무식한 자들이 어떻게든 사울의 죄책을 완화시켜 보려고 그의 나이를 들먹이지만, 그의 나이는 여기서 언급되지 않고 있다. 왜냐하면, 사울은 이미 몰라서 그랬다는 핑계가 더 이상 통하지 않을 정도의 나이에 도달해 있기 때문이다. 그리고 누가는 조금 뒤에서 사울이 대제사장에 의해서 기독교 신자들을 박해하기 위해서 파송되었다고 말한다. 따라서 그는 이미 소년기를 지나서 어른으로 간주될 수 있는 나이였을 것이다. 그렇다면, 사울이 "청년"이었다는 것은 왜 언급된 것일까? 그것은 만일 그리스도께서 적절한 때에 사울을 제지하지 않으셨다면, 그가 교회에 얼마나 큰 해악을 끼쳤을지를 모든 사람으로 하여금 생각해 보도록 하기 위한 것이었다. 그리고 하나님께서 야수와 같은 사울을 그가 가장 사납게 날뛸 때에 순식간에 길들이셨고, 죄악으로 말미암아 이미 거의 지옥에 떨어져 있는 것이나 마찬가지였던 이 가련한 살인자를 영광스럽게 높여 주셨다는 점에서, 이것은 하나님의 능력과 은혜가 동시에 나타난 주목할 만한 사례이다.

59. 스데반이 부르짖어 이르되. 스데반은 별 소득을 거두지는 못했을지라도 이미 사람들에게 자기가 하고 싶은 말을 다했기 때문에, 이제 그가 이 일을 끝까지 잘 감당해 나가기 위하여 하나님을 바라보고 기도로써 자기 자신을 무장한 것은 합당한 일이었다. 우리는 우리가 싸우는 매 순간마다 하나님의 도우심을 구해야 하지만, 특히 싸움의 과정 중에서 가장 힘든 마지막 순간에 하나님을 부를 필요성은 가장 절실하다.

누가는 그들이 그리스도의 종이 간절하게 기도하는 것을 보고도 자신들의 포악함을 조금도 누그러뜨리지 않았다는 것을 보도함으로써, 그들이 얼마나 지독한 광기에 사로잡혀 있었는지를 다시 한 번 분명하게 보여준다. 여기에 나오는 스데반의 기도는 두 부분으로 이루어져 있다. 그는 자신의 영혼을 그리스도께 맡기는 전반부에서는 자신의 변함없는 믿음을 보여주고, 자신의 원수들을 위해서 기도하는 후반부에서는 사람들에 대한 자신의 사랑을 증언한다. 우리의 완전한 경건이 이 두 가지에 달려 있다는 점을 생각할 때, 우리는 스데반의 죽음 속에서 경건하고 거룩한 죽음의 희귀한 사례를 보게 된다. 스데반은 다른 말들도 많이 했겠지만, 그의 모든 말들은 결국 이 두 가지로 귀결된다.

59. 주 예수여 내 영혼을 받으시옵소서. 나는 이 기도가 그의 확고한 믿음을 증언해 주는 것이라고 이미 말한 바 있다. 그의 담대함은 확실히 엄청났다. 왜냐하면, 자신을 죽이려는 돌들이 날아오고 저주와 욕설이 난무하는 상황 속에서도 그는 평안한 마음으로 자기 자신을 그리스도의 은혜에 맡기고 있었기 때문이다. 이렇게 하나님께서는 때때로 자신의 종들의 구원이 더욱 경이로운 것이 되게 하시기 위하여, 사람들이 그들을 마치 만물의 찌꺼기 같이 다루는 것을 허용하신다. 우리는 이 구원의 의미를 우리의 육신적인 생각을 따라서가 아니라 믿음으로써 설명하여야 한다. 우리는 스데반이 육신적인 생각에 자신을 내주지 않고, 도리어 죽음 앞에서도 자신이 결국 구원받게 될 것을 확신하면서, 평안하게 죽음을 맞이하는 것을 본다. 그가 그렇게 할 수 있었던 것은 자신의 "생명이 그리스도와 함께 하나님 안에 감추어져"(골 3:3) 있다는 사실을 아무런 의심 없이 확신하고 있었기 때문이었다.

따라서 그는 자신의 육체에 대해서는 더 이상 걱정하지 않고, 자신의 영혼을 그리스도의 손에 맡기는 것으로 만족한다. 만일 그가 현세에서의 삶을 다 잊고 세상 염려를 다 떨쳐 버리지 않았더라면, 이와 같이 진심에서 우러나오는 기도를 할 수 없었을 것이다.

우리는 이 세상에서 살아가고 있는 한, 수많은 죽음의 위협에 항상 둘러싸여 살아갈 수밖에 없기 때문에, 하나님께서 우리의 생명을 모든 위험으로부터 건져 주실 수 있도록, 다윗처럼 우리의 영을 날마다 하나님의 손에 의탁하는 것이 마땅하다(시 31:5). 그러나 우리가 죽음으로 부르심을 받았다는 것이 확실한 때에는, 우리는 그리스도께서 우리의 영혼을 받아주시도록 이 기도를 드려야 한다. 왜냐하면, 그리스도께서 자기 자신의 영혼을 아버지의 손에 맡기신 것은 우리의 영혼의 영원한 수호자(custos)가 되시기 위한 것이었기 때문이다. 우리의 영혼이 육신을 떠날 때, 우리가 우리의 영혼을 그리스도의 손에 맡기기만 하면, 우리의 영혼이 정처 없이 떠돌지 않고 즉시 그리스도의 안전한 보호하심 속으로 받아들여진다는 것을 아는 것은 우리에게 무한한 위로가 된다. 이러한 확신이 우리로 하여금 평안한 마음으로 죽음을 맞이할 수 있도록 준비시켜 줄 것임에 틀림없다. 또한, 진정으로 의뢰하는 마음으로 자신의 영혼을 그리스도에게 맡기는 자는 아울러 자기 자신을 전적으로 그의 뜻에 복종시키는 것이 마땅하다. 또한, 이 구절은 사람의 심령(anima)이라는 것이 어떤 미치광이들이 생각하듯이 숨이 끊어짐과 동시에 사라져 버리는 것이 아니라, 현세에서의 죽음 이후에도 살아 있는 실체로서의 영혼(spiritus)이라는 것을 분명하게 증언해 준다. 뿐만 아니라, 우리는 이 구절에서 우리가 그리스도를 부르며 도우심을 요청하는 것이 합당한 것임을 알게 된다. 왜냐하면, 모든 능력이 아버지에 의해서 그리스도에게 주어진 까닭에, 모든 사람이 그리스도의 보호하심에 자신을 맡길 수 있게 되었기 때문이다.

60. 무릎을 꿇고 크게 불러 이르되 주여 이 죄를 그들에게 돌리지 마옵소서. 이것은 스데반의 기도의 후반부이다. 여기서 그는 인간에 대한 자신의 사랑과 그리스도에 대한 자신의 믿음을 연결시킨다. 우리가 그리스도에게로 가서 구원을 받고자 한다면, 우리에게는 이러한 마음을 지녀야 한다. 스데반은 실로 죽어 마땅한 자신의 원수들을 위해서 기도한다. 더욱이, 그들의 포악함을 보고서 얼마든지 복수심이 불끈 하고 일어날 수 있는 바로 그 순간에, 그는 다른 모든 사람들을 향해서 품고 있는 자신의 감정이 어떠한 것인지를 분명하게 보여준다.

우리는 그리스도께서 우리 모두에게 누가가 보도한 스데반의 모습과 같이 행할 것을 명하고 계신다는 것을 알고 있다. 그러나 우리가 망하게 하고자 하는 자들이 우리에게 끼친 해악을 용서하고 그들이 잘되기를 빌어주는 것보다 더 어려운 일은 없기 때문에, 우리는 언제나 스데반을 우리의 생생한 모범으로 삼아야 한다. 그는 분명히 큰 소리로 외치고 있지만, 그 말은 사람들에게 뭔가 보여주기 위해서 그렇게 하고 있는 것이 아니라, 하나님께서 친히 신실하고 진실된 말이라고 증명해 주실 수 있는 그런 말들만을 하고 있는 것이다. 그럼에도 불구하고, 그가 큰 소리로 외친 것은 끝까지 원수들의 포악함을 가라앉히기 위한 노력을 다하기 위한 것이었다. 이러한 노력으로 인한 즉각적인 결과가 나타난 것은 아니었지만, 그의 기도가 헛된 것이 아니었음은 분명하다. 그리고 하나님께서 스데반을 죽인 죄를 거기에 있던 모든 사람들에게 돌리지 않으셨음을 보여주는 명백한 증거는 바울이다. 아우구스티누스는 만일 스데반의 기도가 없었다면, 교회는 결코 바울을 갖지 못했을 것이라고 말하지만, 이것은 너무 단정적인 해석이기 때문에, 나는 그의 말에 동의하지 않는다. 내가 말할 수 있는 것은 하나님께서 바울을 용서하셨다는 사실로 미루어 볼 때, 스데반의 기도가 헛되지 않았다는 사실뿐이다. 여기서 한 가지 질문이 생기는데, 그것은 스데반은 자신이 방금 전에 성령을 거역하는 자들이라고 말했던 바로 그런 자들을 위해서 어떻게 기도할 수 있었는가 하는 점이다. 왜냐하면, 스데반이 언급한 죄는 성령을 훼방하는 죄(contra spiritum peccatum)로서 영원히 사함을 받을 수 없는 죄로 보이기 때문이다. 이 문제에 대한 대답은 쉽다. 즉, 스데반이 말한 죄는 거기에 있던 많은 사람들에게 무차별적으로 적용되는 것이긴 하였지만, 단 한 사람의 예외도 없이 모든 사람에게 적용되는 것은 아니었다는 것이다. 따라서 그는 성령을 거역한 죄가 거기 있던 모든 사람들에게 예외 없이 다 해당된다고 말한 것은 아니었다. 다음으로, 나는 스데반이 성령을 거역하는 죄라고 단죄했던 행위가 어떤 종류의 것이었는지를 앞에서 설명한 바 있다. 즉, 어떤 사람이 잠시 동안 성령을 거역하였다고 해서, 그가 성령을 계속해서 훼방하고 있다고 말할 수는 없다는 것이다. 따라서 스데반이 "이 죄를 그들에게 돌리지 마옵소서"라고 하나님께 기도한 것은 그들이 계속해서 그런 죄에 머물러 있어서 정죄당하는 일이 생기지 않게 해 달라는 것이었다.

60. 이 말을 하고 자니라. 누가는 우리로 하여금 그가 "이 말"로 기도하면서 숨을 거두었다는 사실을 알게 하기 위해서 이 구절을 덧붙였다. 이것은 그가 놀랍도록 평안한 가운데 죽었음을 보여주는 증거이다. 왜냐하면, "잔다"는 말은 그가 평안한 죽음을 맞이했음을 보여주는 것이기 때문이다. 그가 이 기도를 했을 때, 그는 이미 죽어가고 있었다. 따라서 그는 이런 식으로 해서 그들로부터 용서를 받음과 아울러 자신의 대적들을 진정시키기 위해서가 아니라, 단지 그들로 하여금 제정신을

차리도록 하기 위해서 이렇게 기도한 것이었다. 성경이 "죽었다"는 의미로 "잔다" 는 말을 사용할 때, 우리는 이 말을 육신의 죽음을 가리키는 것으로 이해하여야 하고, 일부 무식한 자들의 어리석은 생각처럼 영혼도 육신과 마찬가지로 자게 되는 것으로 이해해서는 안 된다.

제8장

¹사울은 그가 죽임 당함을 마땅히 여기더라 그 날에 예루살렘에 있는 교회에 큰 박해가 있어 사도 외에는 다 유대와 사마리아 모든 땅으로 흩어지니라 ²경건한 사람들이 스데반을 장사하고 위하여 크게 울더라 ³사울이 교회를 잔멸할새 각 집에 들어가 남녀를 끌어다가 옥에 넘기니라 ⁴그 흩어진 사람들이 두루 다니며 복음의 말씀을 전할새(8:1-4).

이 기사 속에서 우리는 무엇보다도 먼저 경건한 자들이 이 세상에서 어떤 상황에 처해 있는지를 보게 된다. 즉, 경건한 자들은 시편 44:22에서 말씀하고 있듯이 "도살할 양 같이 여김"을 받으며 살아가고 있고, 특히 하나님께서 원수들의 고삐를 풀어 주셔서 자신들이 마음먹은 대로 잔혹하게 행할 수 있도록 허용하실 때에는 더욱 그러하다는 것이다. 다음으로, 우리는 교회가 박해를 받았을 때에 그 결과가 무엇인지를 알게 된다. 즉, 박해는 복음의 진보를 방해하는 것이 아니라, 도리어 하나님의 놀라우신 계획에 의해서 복음이 확장되는 데에 도움을 준다는 것이다. 누가가 "사도 외에는 다 유대와 사마리아 모든 땅으로 흩어지니라"고 보도한 이 사건으로 말미암아, 전에 하나님으로부터 멀리 있던 많은 사람들이 그리스도께로 나아와서 믿음으로 하나가 되는 역사가 일어났고, 이것은 분명히 기적이 아닐 수 없었다. 이제부터 이러한 내용들을 하나씩 살펴보도록 하자.

1. 그 날에. 박해는 스데반에서 시작되었다. 스데반을 돌로 쳐서 죽인 일로부터 촉발된 그들의 광기가 모든 그리스도인들에게 무차별적으로 표출되었다. 왜냐하면, 사악한 자들은 마치 피 맛을 본 야수들처럼 피를 더 원하게 되었고, 사람들을 죽일수록 더욱더 잔혹해져 갔기 때문이다. 모든 잔혹함의 아비인 사탄은, 일단 사악한 자들이 무죄한 피로 더럽혀지게 되면, 먼저 그들에게서 인간성을 말살시키고, 그런 후에는 그들을 피에 굶주린 이리로 만든다. 살육에 대한 강한 충동은 여기서 비롯되는 것이기 때문에, 일단 살육이 시작되고 나면, 그들은 자신의 의지로는 절대로 멈출 수 없게 된다. 게다가, 어떤 제재도 받지 않고 사람을 해칠 수 있는 권세까

지 손아귀에 틀어쥐고 있는 경우에는 갈수록 잔악무도하게 되고, 결국 그런 자들의 광란은 걷잡을 수 없는 상태에 빠지게 된다. 누가가 "교회에 큰 박해가 있어"라고 말한 것은 그러한 사정을 보여주고 있는 것이다. 물론, 이전에도 교회가 조용했던 것은 결코 아니었고, 불경건한 자들의 괴롭힘이 아주 없었던 것도 아니었지만, 하나님께서 자기 백성들을 한동안 지켜 주셨기 때문에, 그들이 어느 정도 숨쉴 만하였는데, 이제 훨씬 혹독한 박해가 그들에게 닥치기 시작한 것이었다.

이러한 설명은 오늘날 우리 시대에도 그대로 해당된다. 우리 원수들의 맹렬한 분노가 잠들어 있는 것처럼 보이고 그 불꽃이 크게 일어나지 않는다면, 우리는 하나님께서 우리의 연약함을 돌아보아 주고 계신다는 것을 알아야 한다. 하지만 우리는 원수들과의 싸움이 영원한 휴전에 들어갔다고 생각해서는 안 되고, 원수들이 갑자기 맹렬한 공격을 해올 것을 미리 예상하고서 거기에 대비하고 있어야 한다. 또한, 한 사람의 꿋꿋한 믿음으로 말미암아 원수들의 잔혹한 박해가 촉발되었다고 할지라도, 그 사람이 뭔가를 잘못했다는 책임을 묻는 것은 옳지 않다는 것을 우리는 명심해야 한다. 왜냐하면, 누가는 스데반의 일로 인해서 교회가 이전보다 더 혹독한 시련을 겪게 되었다고 보도하면서, 스데반으로 말미암아 교회가 시련을 겪게 되었다고 책망하거나 불명예를 씌우는 것이 아니라, 도리어 스데반이 다른 신자들로 하여금 그를 본받아서 더욱 담대하게 싸울 수 있도록 용기를 북돋아 준 선봉장 (antesignanus)이 되었다고 칭찬하기 때문이다. 누가가 "예루살렘에 있는 교회"라는 표현을 쓴 것은 당시에 다른 곳들에도 교회가 있었기 때문이 아니라, 이 사건 이후에 여러 곳에 생겨나게 될 교회들을 미리 예상하고서, 예루살렘에 있던 신자 공동체를 그런 명칭으로 부른 것이었다. 왜냐하면, 당시에 이 세상에 존재했던 신자들의 유일한 공동체가 박해를 받아 흩어짐으로써 갈기갈기 찢어지게 되었지만, 여기저기로 뿔뿔이 흩어진 신자들을 통해서 더 많은 교회들이 이내 생겨났기 때문이다. 이렇게 해서, 예루살렘 성벽 안에 갇혀 있던 그리스도의 몸(corpus Christi)은 더 멀리 그리고 더 넓게 퍼져나가게 되었다.

1. 사도 외에는 다 … 흩어지니라. 그들 모두가 흩어졌던 것이 아님은 확실하지만, 성경은 이럴 때에도 관행적으로 "다 흩어졌다"는 표현을 사용한다. 누가가 이런 식으로 표현한 취지는 일부 신자들에게만 위험이 닥친 것이 아니라, 원수들의 포악이 교회 전체를 다 헤집어 놓았다는 것이다. 많은 사람들이 소심해서 별것 아닌 소문에도 겁을 먹고 줄행랑을 치는 것이 다반사이긴 하지만, 예루살렘 교회의 경우에

서 신자들이 도망을 친 이유는 그런 것과는 판이하게 달랐다. 왜냐하면, 그들은 두려움에 사로잡혀서 혼비백산하여 도망친 것이 아니라, 원수들의 광기를 다른 어떤 방법으로도 가라앉힐 수 없다는 것을 알고서 그들 스스로 흩어지게 된 것이었기 때문이다. 누가는 그들이 "유대"뿐만이 아니라 "사마리아 모든 땅"으로도 흩어졌다고 보도한다. 이렇게 해서, 유대인과 이방인을 나누고 있던 "중간에 막힌 담"(엡 2:14)이 허물어지기 시작했다. 왜냐하면, 사마리아인들과 하나님의 백성들은 둘 다 할례를 행하기는 하였지만, 그 의미가 서로 크게 달랐던 까닭에, 사마리아인들의 회심은 이방인에 대한 부르심의 첫 열매와 같은 것이었기 때문이다. 그리스도께서 사마리아인들은 하나님을 참되게 예배하는 것이 아니라 단지 무의미한 흉내(insipida aemulatio)만 내고 있을 뿐이라고 말씀하셨다는 점에서, 이것은 일리가 있다. 따라서 하나님께서는 예루살렘을 떠난 그리스도의 규(sceptrum)가 이방인들에게 닿도록 하시기 위해서 이때에 복음의 문을 여신 것이었다. 누가가 보도하고 있듯이, 신자들은 흩어졌지만 사도들이 예루살렘에 남은 것은 그들이 위험에서 벗어나 있었기 때문이 아니고, 이리의 습격으로부터 양들의 안전을 지키는 것이 선한 목자의 본분이기 때문이었다.

그러나 여기서 한 가지 질문이 제기될 수 있는데, 그것은 사도들은 땅 끝까지 복음을 전파하라는 명령을 받았음에도 불구하고, 예루살렘에서 강제로 쫓겨날 수밖에 없는 처지가 되었으면서도 왜 거기에 머물러 있었던 것인가 하는 것이다. 나의 대답은 그리스도께서는 그들에게 예루살렘으로부터 복음 전파를 시작할 것을 명하셨기 때문에, 그들은 그리스도께서 그들의 안내자가 되셔서 그들의 손을 잡아 다른 곳으로 이끄신다는 것을 확실하게 알게 되기까지는 거기에 머물러 있기로 했다는 것이다. 우리는 그들이 복음을 전파하는 일을 얼마나 조심스럽고 신중하게 진행해 나갔는지를 알고 있다. 이것은 그들이 자신들에게 부여된 소임을 기피하고자 했기 때문이 아니라, 이 일이 그들에게는 새롭고 낯선 일이어서 조금은 얼떨떨했기 때문이었다. 그러므로 예루살렘에서 복음이 강력한 저항에 부딪히고 있는 것을 보게 된 그들은 이 최초의 거대한 난관들을 돌파할 때까지는 복음을 전하러 감히 다른 곳으로 갈 엄두를 낼 수 없었던 것이다. 그들이 예루살렘에 머문 것은 그들 자신의 안전이나 편안함을 위한 것이 아니었음은 확실하다. 왜냐하면, 그들은 힘겨운 과제를 안고 있었고, 끊임없이 위험에 직면해야 했으며, 큰 어려움들에 시달리고 있었던 까닭에, 만일 자신들의 역할을 수행하겠다는 굳은 결의가 없었다면, 그런 것들을 감

당할 수 없었을 것이 틀림없기 때문이다. 특히, 다른 신자들이 모두 피신했을 때에
도 그들이 거기에 머물러 있었다는 것은 그들의 불굴의 의지를 보여주는 분명한 증
거였다. 만약 어떤 사람이 "사도들이 모두 예루살렘 한 곳에서 사역하는 것이 아니
라, 여러 지역들로 흩어져서 각자가 한 지역씩을 맡아 사역하였다면, 더 좋았을 수
도 있지 않았겠느냐"고 이의를 제기한다면, 나의 대답은 예루살렘 한 곳에서 해야
할 사역만 해도 모든 사도들이 다 매달려서 해야 할 정도로 할 일이 많았다는 것이
다.

한 마디로 말해서, 여기서 누가는 신자들은 박해를 피하기 위해 자발적으로 예루
살렘을 떠났던 반면에 사도들은 그렇게 하지 않은 것에 대하여 사도들을 칭송하고
있는 것이다. 그렇다고 해서, 사도들에 비해서 좀 더 자유로운 입장에 있었던 신자
들이 피신한 것을 누가가 책망하고 있는 것은 결코 아니다. 왜냐하면, 사도들은 늑
대가 양들을 공격할 때에 자신들의 자리(statio)를 지키는 것이 자신들에게 주어진
특별한 소명이라는 것을 알고 있었고, 그러한 소명을 따르기 위해 예루살렘에 머물
러 있기로 한 것이었기 때문이다. 테르툴리아누스(Tertullianus)와 그의 추종자들은
박해가 두려워서 피신하는 것은 무조건 옳지 않다고 주장하지만, 그런 주장은 너무
지나치다. 나는 목자들이 떠난 교회(교인)들이 원수들에게 굴복하지 않게 하기 위
해서 피신하는 것은 허용된다고 말한 아우구스티누스(Augustinus)의 견해가 더 낫
다고 본다. 이 견해가 가장 균형 잡힌 최선의 생각임이 확실하다. 왜냐하면, 이 견해
는 육신이 소심하여 겁을 집어먹는 것을 지나치게 관대하게 봐주지도 않고, 자신들
의 목숨을 굳이 버릴 필요가 없는 사람들을 죽음으로 내몰지도 않기 때문이다. 관
심이 있는 독자는 「호노라투스에게 보낸 180번째 서신」을 읽어보라.

다시 본문으로 돌아와서, 사도들의 경우를 생각해 보자. 만일 사도들이 박해가
일어나자마자 두려워서 그 즉시 사방으로 흩어졌다면, 그들을 삯꾼(mercenarius)이
라고 말하지 않을 사람이 누가 있었겠는가? 만일 사도들이 그때에 자신들의 자리를
이탈했다면, 그것은 너무나 해롭고 수치스러운 일이었을 것임은 말할 것도 없고, 모
든 신자들의 마음에 지독한 절망감을 안겨 주었을 것이고, 그들의 사례는 후대에 아
주 큰 부정적인 영향을 주지 않았겠는가? 물론, 때로는 목자들도 몸을 피하는 것이
허용될 때가 있는데, 그것은 목자 한 사람만이 공격을 받고 있고, 그의 부재로 말미
암아 교회가 뿔뿔이 흩어지게 될 염려가 없을 때이다. 그렇지만 만일 목자 자신뿐
만 아니라 그의 양 떼가 모두 곤경에 처해 있는 상황인데도, 목자가 끝까지 자신의

자리를 지키지 않는다면, 그것은 자신의 직무를 유기하는 것이 된다. 반면에, 신자 개개인들은 좀 더 자유롭게 행할 수 있다.

2. 경건한 사람들이 스데반을 장사하고. 누가는 박해의 와중에서도 경건한 자들이 낙심하여 맥을 놓고 있지 않고 열심을 다해서 자신들의 본분을 행하고 있다는 것을 보여준다. 스데반을 장사하는 일은 별로 중요하지 않은 일로 보일 수 있었지만, 그들은 그 일을 소홀히 하지 않고, 죽을 위험을 무릅쓰고서 자신들이 마땅히 해야 할 일을 행한다. 당시의 상황이 그들로 하여금 담대하게 죽음을 불사하고 그들이 해야 할 일을 행하도록 하였을 것이 분명하지만, 다른 한편으로는 그들이 스데반을 장사하는 일에 이렇게 깊은 관심을 가진 데에는 분명히 또 다른 아주 중요하고 절실한 이유가 있었을 것이다. 즉, 그리스도로 하여금 복음의 영광에 걸맞은 찬란한 승리를 거두시도록 자기를 내어드린 이 거룩한 순교자의 몸을 짐승의 먹이가 되도록 길거리에 그대로 방치해 두지 않기 위해서 목숨을 걸고 그 시신을 매장하는 것은 그들의 믿음을 연단함에 있어서 아주 중요한 일이었다는 것이다. 왜냐하면, 그들에게 스데반을 따라서 함께 죽을 각오가 되어 있지 않다면, 그들은 결코 진정으로 그리스도를 따라서 살 수 없을 것이었기 때문이다. 따라서 그들이 순교자를 장사하기 위해 보여준 열정은 그들에게 있어서 자신들의 신앙을 공개적으로 고백함과 아울러서, 자신들은 무슨 일이 있어도 불굴의 의지로 신앙을 지키겠다고 천명한 것이었다. 따라서 그들은 무분별한 열심에 사로잡혀서 쓸데없는 일을 벌임으로써 원수들을 자극한 것이 결코 아니었다. 그렇지만 경건한 자들 가운데서 언제 어디서나 유효한 보편적인 이유도 그들에게 중요하였다는 것은 분명하다. 왜냐하면, 매장 의식은 부활의 소망과 연관된 것으로서, 하나님께서 태초부터 그런 목적으로 죽은 자들을 매장하도록 정하신 것이기 때문이다.

그렇기 때문에, 고의로 시신을 매장하지 않는 것은 항상 야만적인 행위로 여겨졌다. 세상 사람들은 그들이 매장 의식을 왜 그토록 신성한 일로 여겨야 하는지를 모르지만, 우리는 그 목적을 분명히 알고 있다. 즉, 죽은 자들을 매장하는 것은 살아 있는 자들로 하여금 죽은 자들의 육신은 마치 감옥처럼 땅 속에 안치되어 있다가 마지막 날에 다시 일으켜지게 될 것임을 알게 하기 위한 것이다. 이러한 사실로부터 매장 의식이 죽은 자들보다는 산 자들에게 더 유익한 것임이 분명하게 드러나지만, 복된 영생이 약속된 시신들에 합당한 경의를 표하는 것은 인간의 본성에 속한다.

2. 크게 울더라. 누가는 그들이 애도하는 것 속에서도 그들의 경건과 믿음이 드

러난 것을 칭송한다. 왜냐하면, 대부분의 사람들은 어떤 일을 기쁨으로 행하다가도 슬프고 불행한 결과를 겪게 되면 그 일을 포기하게 되는 것이 보통인데, 여기서 그들은 스데반의 죽음이라는 슬픈 일을 겪고도 전혀 겁내지 않고, 도리어 자신들이 믿는 도리를 더욱 굳게 붙잡은 것은 물론이고, 스데반 한 사람의 죽음이 하나님의 교회에 얼마나 큰 손실인지를 생각하며 애도하였기 때문이다. 우리는 사람이 현명해지려면 모든 감정을 완전히 물리쳐야 한다고 주장하는 정신 나간 철학을 배격하여야 한다. 옛적에 모든 감정을 멀리해야 한다고 가르친 스토아학파 사람들은 상식(sensus communis)이 결여된 자들이었음이 분명하다. 오늘날에도 교회 안에서 그와 같은 망언을 일삼는 광신자들이 없지 않다. 그런 자들은 다른 사람들에게는 철심장을 요구하지만, 정작 자신들은 세상에서 가장 연약하고 나약하다. 그들은 다른 사람이 눈물 한 방울 흘리는 것도 용납하지 못하지만, 어떤 일이 자신의 뜻대로 되지 않으면, 한도 끝도 없이 눈물을 흘린다. 하나님께서는 그들의 주장이 심지어 아이들에게조차 놀림감이 되게 하심으로써, 그들의 웃기는(이렇게 말해도 좋을지 모르겠지만) 오만함을 벌하셨다. 우리는 인간의 감정은 하나님께서 인간의 본성에 심어 주신 것으로서, 사람에게 감정을 주신 하나님이 악하지 않으신 것과 마찬가지로 사람의 감정 그 자체도 악한 것이 아니기 때문에, 감정이 선한 것인지 악한 것인지를 평가할 때에는 먼저 그 감정을 야기시킨 원인이 무엇인지를 살펴야 하고, 다음으로는 그 감정이 적절한 한계를 지키고 있는지를 살펴야 한다. 하나님의 선물들을 우리가 기뻐하여야 한다는 사실을 부인하는 자는 사람이라기보다는 목석이라고 해야 한다. 따라서 우리가 하나님의 선물들을 잃게 되었을 때에 슬퍼하는 것은 합당한 일이다. 다음 절로 넘어가기 전에 내가 지적하고 싶은 것은 바울은 신자들이 자신들의 지체가 죽은 것을 슬퍼하는 것을 완전히 금지한 것이 아니라, 다만 신자들에게는 소망이 있는 것이 위로가 되고 슬픔을 치료해 줄 약이 된다는 점에서, 신자들과 불신자들이 똑같이 슬퍼하는 것 같아도 사실은 똑같은 것이 아님을 말하고자 한 것일 뿐이라는 것이다(살전 4:13). 우리는 죽음이 우리에게 임하게 된 근원적인 이유를 알기 때문에 죽음을 슬퍼하는 것은 당연한 일이지만, 그리스도 안에서 우리의 생명이 회복된다는 것을 알고 있는 까닭에 그 슬픔을 충분히 이길 수 있는 이유를 갖고 있다. 마찬가지로, 교회가 특출한 인물을 잃은 것에 대해서 우리가 슬퍼하는 데에는 타당한 이유가 있다. 다만, 우리에게는 우리로 하여금 지나치게 슬퍼하지 않게 해줄 수 있는 소망과 위로가 있다.

3. 사울이 교회를 잔멸할새. 여기서 우리는 두 가지를 주목하여야 한다. 하나는 원수들이 얼마나 잔인했는가 하는 것이고, 다른 하나는 바울에게 은혜를 베풀어서 이토록 잔인한 늑대를 목자로 만드신 하나님의 선하심이 얼마나 놀라운가 하는 것이다. 왜냐하면, "교회를 잔멸하려는" 바울의 열망으로 인해서 교회는 모든 소망이 다 끊어져 버린 것처럼 보였기 때문이다. 따라서 그가 나중에 회심하게 된 것은 더욱 극적인 사건이 되었다. 그가 다른 불경건한 자들과 공범이 되어 스데반을 죽음으로 몰아넣은 후에 이런 잔인한 일에 앞장서게 된 것이 하나님께서 그에게 내리신 벌이었다는 것은 의심의 여지가 없다. 왜냐하면, 하나님께서는 흔히 택하신 자들의 죄를 멸망받게 되어 있는 자들의 죄보다 더 엄하게 벌하시기 때문이다.

4. 그 흩어진 사람들이 두루 다니며 복음의 말씀을 전할새. 누가는 여기서 믿는 자들의 흩어짐이 많은 사람들을 믿음으로 하나 되게 만들었고, 그것은 하나님의 놀라운 섭리였다고 말한다. 어둠을 빛으로 바꾸시고 사망을 생명으로 바꾸시는 것은 하나님께서 통상적으로 행하시는 일이다. 이렇게 해서, 오직 한 곳에서만 들려지던 복음이 이제는 모든 곳에서 울려 퍼지게 되었다. 이 사례로부터 우리는 어떠한 박해에도 굴복해서는 안 되고, 도리어 우리의 심령을 더욱 담대하게 하여야 한다는 가르침을 받는다. 왜냐하면, 신자들은 예루살렘으로부터 피신하긴 하였지만, 당장 눈앞에 닥친 불행이나 장차 유랑생활을 해야 할 것에 대한 염려로 인해서 절망하고 자포자기하거나 비굴해진 것이 아니라, 오히려 고난 가운데서도 마치 전혀 고통을 겪지 않고 있다는 듯이 여전히 그리스도를 전하는 일에 열심을 내었기 때문이다. 누가는 그들이 거처를 수시로 옮겨가며 떠돌이 생활을 하고 있었음을 암시하고 있는 것으로 보인다. 그러므로 우리가 그들의 형제로 여겨지기를 바란다면, 우리는 더욱 열심히 우리 자신을 채찍질해서, 십자가의 고통이나 두려움이 우리의 신앙 고백을 좌절시키지 못하도록 함으로써, 그리스도의 가르침을 전파하는 일에서 결코 지치는 일이 생기지 않게 하는 것이 마땅하다. 왜냐하면, 순교로 가는 길목에서 가장 먼저 겪게 되는 망명과 도피로 인하여 우리가 벙어리와 겁쟁이가 되는 것은 어처구니없는 일이기 때문이다.

[5]빌립이 사마리아 성에 내려가 그리스도를 백성에게 전파하니 [6]무리가 빌립의 말도 듣고 행하는 표적도 보고 한마음으로 그가 하는 말을 따르더라 [7]많은 사람에게 붙었던 더러운 귀신들이 크게 소리를 지르며 나가고 또 많은 중풍병자와 못 걷는 사

람이 나오니 ⁸그 성에 큰 기쁨이 있더라 ⁹그 성에 시몬이라 하는 사람이 전부터 있어 마술을 행하여 사마리아 백성을 놀라게 하며 자칭 큰 자라 하니 ¹⁰낮은 사람부터 높은 사람까지 다 따르며 이르되 이 사람은 크다 일컫는 하나님의 능력이라 하더라 ¹¹오랫동안 그 마술에 놀랐으므로 그들이 따르더니 ¹²빌립이 하나님 나라와 및 예수 그리스도의 이름에 관하여 전도함을 그들이 믿고 남녀가 다 세례를 받으니 ¹³시몬도 믿고 세례를 받은 후에 전심으로 빌립을 따라다니며 그 나타나는 표적과 큰 능력을 보고 놀라니라(8:5-13).

5. 빌립이 사마리아 성에 내려가. 누가는 앞에서 그들 모두가 두루 다니며 하나님의 말씀을 전했다고 말하고 나서, 이제 여기서는 특히 빌립에 대하여 언급하고 있는데, 이것은 그가 전한 말씀이 다른 사람들보다 더 많은 열매를 맺었기 때문이기도 하지만, 뒤에서 기술되고 있듯이, 그와 관련된 유명한 사건이 있었기 때문이었다. 사마리아 성은 히르카누스(Hircanus)에 의해 파괴되었다가 헤롯에 의해서 재건되어 세바스테(Sebaste)라고 불리고 있었지만, 누가는 여전히 사마리아 성이라고 부른다. 이것에 대해서는 요세푸스의「유대 고대사」제13권과 제15권을 참조하라. 누가가 빌립이 그리스도를 전하였다고 말한 것은 복음의 내용 전체가 그리스도 안에 담겨 있다는 것을 의미하는 것이었다. 누가는 조금 뒤인 12절에서 좀 더 자세한 표현을 사용하고 있기는 하지만, 그 의미는 동일하다. 12절에서는 누가가 "하나님 나라"와 "그리스도의 이름"을 함께 제시한다. 그러나 하나님께서 우리 안에서 다스리시게 되는 복을 우리가 받는 것, 우리가 영적인 의로움으로 새롭게 되어서 세상에 대하여 죽고 하늘에 속한 삶을 살게 되는 것은 모두 그리스도를 통해서 이루어지기 때문에, 그리스도를 전한다는 것 속에는 이 모든 것들이 다 포괄되어 있다. 그러나 누가가 그리스도를 전한다고 말했을 때, 그 취지는 먼저는 그리스도께서 우리를 아버지 하나님과 화목하게 만들어 주실 때에 죄로 인하여 파괴되고 타락한 세상이 그의 은혜로 말미암아 회복되고, 다음으로는 그리스도께서 그의 성령으로 우리를 거듭나게 하실 때에 사탄이 패주하면서 하나님의 나라가 우리 안에 세워진다는 것이다. 한편, 누가는 앞에서 사도들은 예루살렘 밖으로 한 발자국도 나가지 않았다고 말하였기 때문에, 여기에 나오는 빌립은 누가가 그의 딸들이 예언하는 자들이었다고 소개한(행 21:8-9) 일곱 집사 중의 한 사람이었을 가능성이 높다.

6. 무리가 빌립의 말도 듣고. 누가는 사마리아 사람들이 어떻게 빌립의 가르침

을 받아들이게 되었는지를 설명한다. 즉, 그들은 그의 말을 듣고서 약간의 흥미를 갖게 되었는데, 거기에 다른 자극제로서 "표적들"이 추가되어서, 결국 그를 따르게 되었다는 것이다. 이것이 믿음에 이르는 정상적인 과정이다. 왜냐하면, 믿음은 들음에서 나는 까닭에(롬 10:17), 복음을 듣지도 않고 거부하는 자들이 믿음에 이른다는 것은 있을 수 없는 일이기 때문이다. 사마리아 사람들이 기꺼이 들을 준비가 되어 있었던 것은 복음에 대하여 경외심을 갖게 되고 더 나아가 복음을 따르는 것으로 나아가는 첫 단계였다. 그러므로 오늘날 이 세상에서 믿음이 이토록 희귀한 것, 아니 사실상 거의 찾아볼 수 없는 것은 결코 놀랄 일이 아니다. 왜냐하면, 겸손하게 하나님의 말씀을 듣고자 하는 자가 별로 없기 때문이다. 그런 까닭에, 대다수의 사람들이 진리에 대하여 아무것도 알지 못하고 조금도 맛을 보지 못 한 채로 진리를 거부해 버리는 일이 비일비재하게 일어난다. 듣는 것이 믿음의 시작이기는 하지만, 만일 가르침 속에 우리의 마음을 감화시키는 힘이 없다면, 듣는 것만으로는 충분하지 않을 것이다. 또한, 자기 자신이 하나님과 관계가 있다는 사실을 생각해 온 사람은 누구나 하나님의 말씀을 가볍게 들을 수 없고, 하나님의 말씀 속에 담겨 있는 가르침은 그 자체 속에 권세를 지니고 있기 때문에, 우리가 듣기만 하면, 우리의 관심을 저절로 불러일으키게 된다. 우리는 "표적" 또는 이적이 두 가지 용도를 갖고 있는 것을 안다. 즉, 이적은 복음을 듣도록 우리를 준비시켜 주는 한편, 우리에게 확증을 주어서 복음을 믿도록 이끈다. 부사 "한마음으로"는 "듣고"에 걸리는 것으로 해석될 수도 있고 "따르더라"에 걸리는 것으로 해석될 수도 있다. 나는 후자를 더 선호한다. 즉, 그들이 한마음으로 빌립의 말에 따랐다는 것이다. 따라서 누가는 많은 사람들이 갑자기 한마음으로 빌립의 말을 경청하게 된 것을 보도하면서, 복음의 능력과 효력을 칭송하고 있는 것이다.

7. 더러운 귀신들이 크게 소리를 지르며 나가고. 누가가 여기서 몇 가지 표적들을 간단하게 언급하는 것은 사마리아 사람들이 어떤 표적들을 보고서 빌립의 권위를 인정하게 되었는지를 우리로 하여금 알게 하기 위한 것이다. "더러운 귀신들이 크게 소리를 지른" 것은 그들의 저항을 보여주는 징표였다. 따라서 빌립이 완강하게 저항하는 귀신들을 제압하고 명령하여 나가게 한 것은 그리스도의 능력을 보여주는 중요한 사건이었다.

8. 그 성에 큰 기쁨이 있더라. 누가가 말한 "기쁨"은 믿음의 열매이다. 왜냐하면, 하나님이 우리에게 은혜를 베푸셨음을 깨닫게 되면, 우리의 마음은 그 무엇과도 비

교할 수 없는 기쁨, 즉 인간의 모든 지각을 뛰어넘는 기쁨(빌 4:7)으로 충만할 수밖에 없기 때문이다.

9. 그 성에 시몬이라 하는 사람이 전부터 있어. 시몬이 오래 전부터 "마술을 행하여" 사마리아 사람들의 마음을 미혹시켜서, 그들의 미혹이 아주 심하였기 때문에, 이것은 사마리아 사람들에 대한 복음 전파를 가로막는 장애물이 될 수 있었다. 긴 세월에 걸쳐서 뿌리 내린 오류를 사람들의 마음으로부터 제거하고, 더 나아가 이미 그런 오류가 몸에 배어 버린 사람들을 온전한 정신으로 회복시키는 것이 얼마나 힘든 일인지는 경험이 잘 가르쳐 준다. 그들은 시몬을 하나님의 선지자로 여겼을 뿐만 아니라 하나님의 영 자체로 여겼기 때문에, 이러한 미신은 오류에 빠진 그들을 더욱 고집불통으로 만들었다.

10. 낮은 사람부터 높은 사람까지 다 따르며 이르되 이 사람은 크다 일컫는 하나님의 능력이라 하더라. 시몬은 "큰 능력"이라는 별명으로 불렸다. "크다"라는 형용사가 덧붙여진 것은 그의 능력이 다른 어떤 신적인 능력도 다 압도해서 하찮은 것으로 만들어 버릴 정도로 대단했음을 보여준다. 이것은 빌립이 그러한 장애물을 타파했을 때, 그리스도의 능력이 더욱 찬란하게 빛을 발하게 해주는 역할을 해주었다. 누가는 모든 사람, 즉 "낮은 사람부터 높은 사람까지" 다 놀랐다고 말함으로써 이러한 사실을 부각시킨다. 즉, 신분의 고하를 막론하고 모든 사람들을 미혹시킬 정도로 대단한 사기극에 사마리아 사람들이 모두 놀아나고 있었는데, 거기에 복음이 뚫고 들어갈 길이 어떻게 있을 수 있었겠는가? 왜냐하면, 그들은 다 시몬의 마술에 "놀라서" 분별력을 상실하였기 때문이다. 이 사례를 통해서 우리는 진리의 힘이 얼마나 강력한지를 분명하게 확인함과 동시에, 빌립에게서 불굴의 신앙의 모범을 발견하게 된다. 왜냐하면, 그는 그 어떤 길도 보이지 않는 상황 속에서도 하나님께서 역사하실 것을 믿고서 추호의 흔들림도 없이 하나님의 일에 매진하였기 때문이다. 그러므로 우리가 할 일은 비록 우리의 노력이 아무 소용이 없을 것처럼 보일지라도, 하나님께서 우리에게 명하신 모든 것을 담대하게 행하는 것이다. 또한, 우리는 사마리아 사람들이 빠졌던 것과 같은 사탄의 미혹은 불신자들에게 내려지는 공통적인 징벌(poena)이라는 것을 깨달아야 한다. 물론, 모든 사람이 마술사의 요술에 미혹되는 것도 아니고, 시몬과 같은 사기꾼이 어디에나 있는 것도 아니다. 다만 내가 말하고자 하는 것은 사탄이 어둠 속에 있는 사람들을 다양한 방법으로 농락하는 것이 이례적이거나 특별한 일이 아니라는 것이다. 왜냐하면, 하나님의 빛으로

다스림을 받지 않는 사람은 누구나 온갖 미혹에 빠질 수밖에 없기 때문이다. 뿐만 아니라, 모든 사람이 미혹을 받았다는 누가의 말에서, 우리에게 아무리 비상한 재주가 있고, 우리가 대단한 이성과 지혜를 갖고 있어도, 사탄의 궤계를 막아내기에는 역부족이라는 것을 우리는 깨닫게 된다. 또한, 우리는 세상에서 다른 사람들보다 더 두각을 나타냈던 사람들이 얼마나 어리석고 어처구니없는 오류에 빠졌었는지도 확실하게 보게 된다. 사탄은 하나님의 이름을 빙자하여 사람들을 속이는데, 이것은 도저히 용서받을 수 없는 짓이고, 이런 사기는 사람들에게 가장 큰 해악을 끼친다. 시몬이 자신을 "하나님의 큰 능력"이라고 칭한 것은 마치 햇빛이 모든 별빛을 무색하게 만들어 버리듯이, 다른 모든 신적인 능력들을 제압하기 위한 것이었음은 우리가 앞에서 이미 언급한 바 있다. 이것은 하나님의 이름을 더럽히는 극악무도한 신성모독이었다. 그러나 여기에 나오는 모든 일들은 지금도 날마다 벌어지고 있다. 왜냐하면, 하나님께 속한 것들을 사탄에게 넘겨 주는 것보다 사람들에게 더 쉬운 일은 없기 때문이다. 사마리아 사람들은 시몬에 대한 숭배를 종교로 가장했지만, 그것이 그들에게 무슨 도움이 되었겠는가? 그러므로 하나님께서 자신의 능력을 그리스도 안에서 우리에게 계시해 주시고, 그것을 다른 곳에서 찾아서는 안 된다는 것을 보여주시며, 우리를 자신의 울타리 안에 두시기 위해서, 우리가 반드시 피해야 할 사탄의 속임수들과 사기극들을 드러내 주시는 것은 우리에게는 참으로 복된 일이 아닐 수 없다.

12. 그들이 믿고 남녀가 다 세례를 받으니. 내가 앞에서 말했듯이, 시몬에게 완전히 미혹되어 있던 자들이 빌립의 말을 경청하게 되고, 우매하고 아둔하던 자들이 하늘의 지혜를 소유하게 된 것은 기적이었다. 이렇게 해서, 그들은 지옥에서 나와서 천국으로 들어가게 되었다. 그들이 믿은 후에 세례를 받은 것은 외인들에 관한 그리스도의 가르침과 부합한다(마 28:19; 막 16:16). 왜냐하면, 그들은 세례라는 징표를 받기 전에, 먼저 믿음으로 교회의 몸에 접붙임을 받아야 하기 때문이다. 하지만 재세례파가 그러한 구절들을 근거로 해서, 유아에게 세례를 베풀어서는 안 된다는 것을 증명하려고 하는 것은 참으로 어리석은 짓이다. 성인이 된 남자나 여자는 공개적인 신앙 고백 없이는 세례를 받을 수 없었다. 그러나 유아들의 경우에는 자신의 가족이 하나님께 성별되었다는 사실을 전제로 세례가 허용되었다. 왜냐하면, "내가 너와 네 후손의 하나님이 되리라"(창 17:7)는 것이 하나님의 언약이었기 때문이다.

13. 시몬도 믿고. 마술을 행하여 온 성을 농락해 왔던 시몬도 다른 사람들과 함께 하나님의 진리를 받아들였다. 자기 자신이 하나님의 큰 능력이라고 자부하였던 자가 그리스도에게 굴복하였다. 그러나 하나님께서 시몬에게 빛을 비추셔서 복음을 알게 하신 것은 단지 시몬 자신을 위한 것이라기보다는 사마리아 사람들 전체를 위한 것으로서, 무지한 자들을 걸려 넘어지게 할 수도 있는 걸림돌을 제거하시기 위한 것이었다. 누가가 시몬이 표적들을 보고 놀랐다고 말한 것은 이것과 관련이 있다. 왜냐하면, 하나님께서는 사마리아 사람들이 거의 신적인 존재로 여겼던 시몬을 굴복시키기 원하셨고, 그런 일은 시몬이 하나님이 베푸시는 참된 이적들을 보고서, 그의 헛된 자만심이 제거되고, 그가 하나님께 영광을 돌리지 않을 수 없게 될 때에 일어나게 될 것이지만, 만일 그가 사악하고 더러운 속셈으로 성령의 은사들만을 받아 챙기고자 하는 야심을 버리지 않는다면, 진실한 마음으로 그리스도께 자신을 드리지 않을 것이기 때문이다. 많은 사람들은 그가 진정으로 믿은 것이 아니라 단지 믿는 척한 것일 뿐이라고 생각하지만, 나는 그런 생각에 동의하지 않는다. 누가는 그가 믿었다고 분명히 말하고 있을 뿐만 아니라, 빌립이 행하는 "표적과 큰 능력을 보고 놀란" 것이 시몬이 믿게 된 이유라는 말까지 덧붙이고 있다. 그렇다면, 어떻게 조금 뒤에서 그가 위선자라는 것이 드러난 것인가? 나의 대답은 믿는 것과 믿는 척하는 것 사이에 어중간한 상태가 있다는 것이다. 에피쿠로스주의자들과 루키아누스주의자들은 자신들이 믿는다고 공언하지만, 속으로는 영생의 소망을 동화 같은 이야기라며 신앙을 비웃으며, 그들의 경건은 개나 돼지의 경건보다 나을 것이 없는 자들이다.

이처럼 양자의 영으로 거듭나지도 않았고, 마음에서부터 우러나온 진실한 사랑으로 자기 자신을 하나님께 드린 것이 아닌데도, 하나님의 말씀의 능력에 압도되어 자신이 배운 것들이 참된 진리임을 인정하고, 더 나아가 하나님에 대한 두려운 마음에서 그 가르침을 받아들이는 사람들이 많이 있다. 그들은 하나님이 구원자이자 심판주라는 것을 알고, 그렇기 때문에 하나님께 순종해야 한다는 것도 안다. 그러므로 그들은 사람들에게 보이려고 실제로는 믿음이 없으면서 있는 척하는 것이 아니다. 그들은 자기가 믿고 있다고 생각하는 것이다. 이것은 그리스도께서 마가복음 4장에서 말씀하신 것처럼 잠시 동안만 지속되는 믿음이다. 즉, 마음에 뿌려진 말씀의 씨앗이 세상의 온갖 염려와 악한 욕심에 막혀서 결실을 거두지 못하고 무익한 잡초가 되어 버리는 것이다. 시몬의 믿음이 그런 것이었다. 그는 복음의 가르침이 참되다는 것을 알았기 때문에, 자신의 양심이 시키는 대로 복음을 받아들일 수밖에 없었다. 그러나 그에게는 근본적인 것, 즉 자기부인(sui abnegatio)이 없었다. 따라서 그의 마음은 위선에 빠져 있었고, 이것은 곧 드러날 수밖에 없었다. 그러나 우리는 시몬의 위선은 스스로도 속은 그런 위선이었을 뿐이고, 자신들이 하나님을 멸시한다는 사실조차도 인정하려고 하지 않는 에피쿠로스주의자들 같은 부류의 사람들이 보여준 그런 뻔뻔스러운 위선이 아니었다는 것을 알아야 한다.

13. 세례를 받은 후에. 시몬의 사례를 통해서 볼 때, 세례가 표상하는 은혜가 세례를 받는 모든 사람에게 동일하게 수여되는 것이 아니라는 것이 분명하게 드러난다. 하지만 사함 받을 수 없는 죽을 죄를 지은 자가 아니라면, 모든 사람이 표징을 받을 때 그 실체와 효력까지도 함께 받게 된다는 것이 교황주의자들이 내세우는 교리이다. 즉, 그들은 마치 성례전들에는 마술적인 힘이 있어서, 믿음이 없는 사람들도 그 효력을 받게 된다고 여기는 것이다. 그러나 우리가 반드시 알아야 할 것은 우리가 그리스도를 믿는 믿음의 인도를 받아서 성례전들이 약속하고 있는 것들을 그리스도께 구할 때에만, 하나님께서는 그 약속하신 것들을 성례전들을 통해서 우리에게 주시고, 우리에게 이렇게 주어진 것들만이 효력이 있다는 것이다. 비록 세례를 받은 것이 당시에는 그에게 아무런 효력이 없었다고 할지라도, 그가 나중에 회심을 하게 되었다면, 어떤 이들이 주장하는 것과는 달리, 세례의 효력이 완전히 소멸된 것은 아니다. 왜냐하면, 오랜 시간이 지난 후에 마침내 하나님의 성령이 역사하셔서, 과거에 받았던 성례전들의 효력이 실현되는 경우가 종종 있기 때문이다.

13. 전심으로 빌립을 따라다니며. 빌립이 시몬을 받아들였다는 사실은 위선자를 식별해 내는 것이 얼마나 어려운 일인지를 보여준다. 이것은 우리의 인내에 대한 시험이다. 마찬가지로, "데마"도 한동안 바울의 동역자였지만, 나중에는 "이 세상을 사랑하여" 바울을 "버리고" 떠났다(딤후 4:10). 남들을 잘 속이는 사악한 자들이 우리 가운데 종종 끼어드는 것은 우리가 어쩔 수 없는 재앙이다. 또한, 불경건한 자들이 교묘하게 우리 가운데로 슬쩍 들어와서 죄악들을 저지르면, 잘난 척하며 혹평하기 좋아하는 자들은 마치 그들이 저지른 모든 죄악들이 우리의 책임이라도 된다는 듯이 우리를 향하여 부당한 비난을 퍼붓는다. 따라서 우리의 경솔함(facilitas) 때문에 복음이 비방을 듣지 않도록 우리는 각별히 조심하지 않으면 안 된다. 또한, 위대한 인물들도 속아 넘어갔다는 말을 들을 때마다, 우리는 아무나 선별하지 않고 마구잡이로 받아들이지 않도록 더욱 주의를 기울여야 한다. 누가가 시몬이 빌립으

로 인해서 나타나는 표적과 큰 능력을 보고 "놀랐다"고 말한 것은 시몬이 그토록 자랑스럽게 여겼던 그 큰 능력이 사실은 단지 신기루와 같은 것이었음을 우리로 하여금 알게 하기 위한 것이었다. 왜냐하면, 누가가 여기서 시몬이 "놀랐다"고 한 것은 단지 경탄을 금치 못한 정도의 놀람을 가리키는 것이 아니라, 넋이 나가서 탈혼 상태가 될 정도의 놀람을 의미하기 때문이다.

¹⁴예루살렘에 있는 사도들이 사마리아도 하나님의 말씀을 받았다 함을 듣고 베드로와 요한을 보내매 ¹⁵그들이 내려가서 그들을 위하여 성령 받기를 기도하니 ¹⁶이는 아직 한 사람에게도 성령 내리신 일이 없고 오직 주 예수의 이름으로 세례만 받을 뿐이더라 ¹⁷이에 두 사도가 그들에게 안수하매 성령을 받는지라(8:14-17).

14. 예루살렘에 있는 사도들이 사마리아도 하나님의 말씀을 받았다 함을 듣고 베드로와 요한을 보내매. 여기서 누가는 하나님께서 믿는 자들을 성령의 큰 은사들로 끊임없이 부요하게 하심을 따라, 하나님의 은혜가 사마리아 사람들 사이에서 퍼져나가고 있었다고 보도한다. 우리는 누가가 보도하고 있는 일들이 빌립의 손을 통해서 사마리아에서 이미 자신의 일을 시작하신 하나님의 감동(instinctus)을 따라 된 것이 아니라, 사도들의 계획(consilium)에 의한 것이라고 생각해서는 안 된다. 하나님께서는 자신의 도구들을 자신의 여러 가지 일들에 맞춰서 그때그때 서로 다른 방식으로 자신의 뜻을 따라 사용하신다. 하나님께서는 빌립의 사역을 통해서 사마리아 사람들을 믿음으로 인도하셨고, 이제는 베드로와 요한을 그들에게 성령을 수여할 일꾼들로 세우신다. 이런 식으로 하나님은 그들로 하여금 서로 손을 내밀어 서로를 돕게 하심으로써, 자신의 교회가 연합하여 하나가 될 수 있도록 이끌어 가신다. 하지만 하나님께서는 사람들만이 아니라 교회 전체를 하나가 되게 하신다. 물론, 하나님께서는 자신이 시작하신 일을 빌립을 통해서 마무리하실 수도 있으셨지만, 사마리아 사람들이 예루살렘 교회와의 형제적인 연합을 이루어가는 법을 배우도록 하시기 위해서 이 둘을 마치 사슬로 묶듯이 이렇게 묶어 놓기를 원하셨던 것이다. 다음으로, 하나님께서는 "온 천하에 다니며 만민에게 복음을 전파하라"(막 16:15)는 명령을 자신으로부터 받았던 사도들에게 성령을 수여하는 특권을 주셔서 존귀를 더하심으로써, 모든 신자들이 복음의 한 믿음 안에서 함께 자라가도록 하시고자 하셨다. 또한, 유대인들과 사마리아인들은 오랫동안 서로 다른 기질과 관습을

갖고 살아 왔기 때문에, 사마리아인들이 계속해서 그렇게 따로 떨어져 있는 경우에는 그리스도를 나누거나, 아니면 적어도 교회를 따로 만들 위험성이 있었다.

아울러, 사도들은 요청을 받기도 전에 자발적으로 먼저 나서서 이러한 조치를 취하였다는 점에서, 우리는 사도들이 형제들을 돕기 위해서 얼마나 세심한 주의를 기울이고 있었는지를 알게 된다. 사도들은 빌립의 능력을 불신해서 그가 자신의 소임을 제대로 다하지 못할 것을 우려했기 때문이 아니라, 빌립의 사역을 도와주기 위해서 그렇게 한 것임이 분명하다. 또한, 베드로와 요한은 단지 빌립과 동역하기 위해서가 아니라, 그의 사역을 승인하기 위해서 온 것이었다. 한편, 빌립은 자신이 시작한 건축을 다른 사람들이 마무리짓는 것에 대해서 자신이 무시당했다고 불평하지 않는다. 그들은 사마리아 사람들의 믿음을 세우기 위해서 서로를 진심으로 도우며 각자가 해야 할 일들을 신실하게 행한다. 야심(ambitio)이 거룩한 동역을 어렵게 만든다는 것은 분명한 사실이다. 베드로가 다른 사도들에 의해서 보냄을 받았다고 말하는 누가의 보도 속에서, 우리는 베드로가 다른 사도들을 통솔하고 있었던 것이 아니라, 사도들 중에서 탁월한 위치에 있었으면서도 그리스도의 몸인 교회에 순종하였다는 것을 알게 된다. "예루살렘에 있는 사도들"이라는 어구는 두 가지로 해석될 수 있다. 즉, 모든 사도들이 당시에 예루살렘에 머물러 있었다는 뜻일 수도 있고, 일부 사도는 이곳저곳으로 떠났고 일부 사도들만 거기에 머물러 있었다는 뜻일 수도 있다. 나는 후자의 의미를 선호한다. 왜냐하면, 사도들은 두 그룹으로 나뉘어서, 일부는 다른 지역들에서 일어난 여러 가지 일들을 처리하도록 그때그때 파송되었고, 일부는 본부 역할을 하였던 예루살렘에 머물러 있었을 가능성이 높기 때문이다. 또한, 사도들은 각각 일정 기간 동안 각 지역들로 흩어져서 일을 본 후에 다시 예루살렘에서 모이곤 했을 가능성도 있다. 우리가 확실하게 말할 수 있는 것은 먼저는 사도들은 예루살렘에 머무는 동안에 빈둥거리며 시간을 보내지 않았고, 다음으로는 그리스도께서 그들에게 온 천하를 다니며 복음을 전하라고 명하셨기 때문에(막 16:15), 그들은 어느 한 곳에 둥지를 틀고 머물지 않았다는 것이다.

15. 그들이 … 기도하니. 사도들이 기도하기에 앞서서 먼저 가르치는 일을 수행하였을 것임은 의심의 여지가 없지만, 누가는 그들과 빌립이 공통적으로 수행한 일은 생략하고, 다만 그들이 와서 사마리아 사람들에게 새롭게 일어난 일, 즉 사마리아 사람들이 마침내 성령을 받게 되었다는 사실만을 보도한다.

16. 이는 아직 한 사람에게도 성령 내리신 일이 없고. 여기서 한 가지 질문이 생

긴다. 누가는 사마리아 사람들이 그리스도의 이름으로 세례를 받았을 뿐이어서, 아직 성령을 받지는 못했다고 말한다. 그렇다면, 세례는 아무런 능력이나 은혜가 뒤따르지 않는 공허한 것이거나, 세례가 갖는 모든 효력은 전적으로 성령으로부터 오는 것이라는 말이 된다. 우리는 세례를 통해서 죄 씻음을 받지만, 바울은 우리가 죄 씻음을 받는 것은 성령의 역사라고 가르친다(딛 3:5). 세례의 물은 그리스도의 피를 상징하지만, 베드로는 성령이 우리를 그리스도의 피로 씻어 주시는 것이라고 말한다(벧전 1:2). 세례를 통해서 우리의 옛 사람은 십자가에 못 박히고, 우리는 새 생명으로 들어가게 된다(롬 6:6). 이 모든 것이 성령의 거룩하게 하시는 역사로부터 오는 것이 아니라면, 다른 어디로부터 오겠는가? 결국, 세례가 성령으로부터 분리된다면, 세례에는 아무것도 남아 있지 않게 된다. 따라서 세례를 받고서 그리스도를 옷 입고 있던 사마리아 사람들이 이미 성령을 덧입고 있었다는 사실은 부인될 수 없다. 그리고 확실한 것은 누가는 여기서 성령의 일반 은총이 아니라 성령의 특별한 은사들에 대해서 말하고 있다는 것이다. 하나님께서는 성령의 일반 은총을 통해 우리를 거듭나게 하셔서 자신의 자녀로 삼으시지만, 복음의 초창기에는 그리스도의 나라에 존귀와 영광을 더하시기 위하여 일부 사람들에게 성령의 특별한 은사들을 수여하셨다. 우리는 그리스도께서 아직 세상에 계셨기 때문에 성령이 아직 제자들에게 주어지지 않았다는 요한의 말(요 7:39)도 이런 의미로 이해하여야 한다. 왜냐하면, 그들의 믿음과 그리스도를 따르고자 하는 경건한 열망은 성령으로부터 온 것이어서, 그들에게 성령이 전혀 함께 하지 않은 것이 아니었던 까닭에, 그들은 단지 그리스도의 나라의 영광을 더욱 온전히 빛내줄 성령의 특별한 은사들을 받지 않은 것일 뿐이었기 때문이다. 결론적으로 말하자면, 사마리아 사람들은 이미 양자의 영을 수여받은 상태였고, 이제 성령의 특별한 은사들이 덤으로 그들에게 주어진 것이었다. 하나님께서는 복음의 권세를 영원토록 견고히 세움과 동시에, 성령이 언제까지나 믿는 자들의 주관자와 인도자가 될 것임을 증언하시기 위해서, 한동안 이러한 특별한 은사들을 수여하셔서 자신의 영이 임재하고 있다는 가시적인 징표를 자신의 교회에 보여주신 것이었다.

16. 세례만 받을 뿐이더라. 우리는 이 구절이 세례를 폄하하는 것이라고 보아서는 안 된다. 왜냐하면, 누가는 사마리아 사람들이 이때까지는 세례를 받는 모든 경건한 자들에게 주어지는 양자됨과 중생의 일반 은총만을 받은 상태였다고 말하고 있는 것일 뿐이기 때문이다. 그리스도의 나라와 복음의 영광을 빛내줄 성령의 은사

들이 그들 중 일부에게 주어진 것은 분명히 특별한 일이었다. 왜냐하면, 은사들의 가치는 각 사람으로 하여금 자신이 받은 은사의 분량을 따라 교회에 유익을 끼치는 것이기 때문이다. 우리가 이 점에 유의해야 하는 이유는 교황주의자들이 자신들의 허구적인 견진성사(confirmatio)를 치켜세우기 위해서, 아직 안수(견진)를 받지 않은 사람들은 반쪽짜리 그리스도인에 지나지 않는다는 참람한 말을 서슴없이 내뱉기 때문이다. 이런 일은 이제는 용인될 수 없다. 왜냐하면, 성령의 특별한 은사들은 하나님께서 교회에 한시적으로 주신 징표였는데, 교황주의자들은 마치 성령이 자신들의 손아귀에 있기라도 하다는 듯이 교회 안에서 영원한 통용되는 법으로 고착시켰기 때문이다. 그들이 하나님의 은혜를 증언하고 보증한 것이 실체가 전혀 없는 공허한 것으로 드러났을 때, 그것은 너무나 치욕적인 웃음거리가 될 수밖에 없기 때문에, 그들은 이제라도 교회에 성령의 특별한 은사들이 주어진 것은 단지 한시적인 것이었을 뿐임을 인정하여야 한다. 이러한 사실로부터 우리는 사도들이 행하였던 안수는 하나님께서 본래 정해 주셨던 목적을 이미 달성하였기 때문에 지금은 효력이 상실되었다고 결론을 내릴 수 있다. 나는 교황주의자들이 안수하면서 기름을 바르는 것(막 6:13)에 대해서는 여기서 언급하고 싶지 않고, 다만 내가 하고 싶은 말은 사도들이 당시에 한시적으로 행하였던 안수를, 이미 실체 자체가 더 이상 존재하지 않게 된 후에도 그 표징 자체를 영원히 지속되도록 하기 위해서, 그들이 보편적인 성례전으로 제정하여 교회의 영원한 법이 되게 한 것은 오만방자한 짓이라는 것이다. 더 나아가, 그들은 세례를 통해서는 단지 죄 사함을 받을 뿐이고, 하나님의 말씀이 없는데도 불구하고 그들이 감히 도입한 저 썩은 기름을 발라야만 중생의 영을 받게 된다고 말함으로써 가증스러운 신성모독을 더하였다. 성경은 우리가 세례를 통해서 그리스도를 옷 입고, 그의 몸에 접붙임 되어서, 우리의 옛 사람이 십자가에 못 박히고, 우리는 의를 덧입어서 새로워지게 된다고 증언한다. 그런데 하나님을 모독하는 이 강도들은 하나님께서 세례에 부여한 효력을 박탈해서, 자신들이 날조해 낸 거짓된 성례전에 귀속시키고서는, 이러한 일은 한 사람에 의해서 된 것이 아니라, 한 공의회의 칙령에 의해서 된 것이라고 자신들의 모든 학교에서 날마다 귀가 따갑게 지껄여댄다.

17. 이에 두 사도가 그들에게 안수하매. 사도들은 기도에 이어서 안수를 행함으로써, 외적인 예식이 행해지면 성령이 저절로 임하는 것이 아니라, 성령을 주시라고 하나님께 간절히 구하고 있는 것임을 보여준다. 하지만 그들은 하나님이 이 모

든 것의 근원이심을 고백하면서도, 하나님에 의해서 그러한 용도로 사용하도록 그들에게 맡겨진 예식을 소홀히 여기지도 않고, 경솔하게 남용하지도 않고 있기 때문에, 예식 자체와 예식의 효과는 서로 연결되어 있다. 표징들이 유용하고 효과가 있는 것은 오직 하나님께서 은혜를 어떤 식으로 나누어 주실 것인지에 대한 유일한 판단자이심은 물론이고, 실제로 자신의 재량대로 그 표징들 속에서 역사하셔서 은혜를 나누어 주시기 때문이다. 그러나 우리는 안수가 하나님께서 자기 백성들에게 성령의 은사들을 가시적으로 수여하고자 하셨던 때에 활용하셨던 도구였지만, 이제는 교회에 그러한 은사들을 주시는 때가 이미 지나갔기 때문에, 안수는 공허한 껍데기일 뿐임을 기억하여야 한다.

¹⁸시몬이 사도들의 안수로 성령 받는 것을 보고 돈을 드려 ¹⁹이르되 이 권능을 내게도 주어 누구든지 내가 안수하는 사람은 성령을 받게 하여 주소서 하니 ²⁰베드로가 이르되 네가 하나님의 선물을 돈 주고 살 줄로 생각하였으니 네 은과 네가 함께 망할지어다 ²¹하나님 앞에서 네 마음이 바르지 못하니 이 도에는 네가 관계도 없고 분깃 될 것도 없느니라 ²²그러므로 너의 이 악함을 회개하고 주께 기도하라 혹 마음에 품은 것을 사하여 주시리라 ²³내가 보니 너는 악독이 가득하며 불의에 매인 바 되었도다 ²⁴시몬이 대답하여 이르되 나를 위하여 주께 기도하여 말한 것이 하나도 내게 임하지 않게 하소서 하니라 ²⁵두 사도가 주의 말씀을 증언하여 말한 후 예루살렘으로 돌아갈새 사마리아인의 여러 마을에서 복음을 전하니라(8:18-25).

18. 시몬이 사도들의 안수로 성령 받는 것을 보고. 이제 시몬의 위선이 드러난다. 내가 이렇게 말하는 것은 그가 전에 진심으로 그리스도께 굴복했었고 결코 믿는 척한 것이 아니었다고 보기 때문이다. 이와 같이, 많은 사람들이 하나님과 싸움을 벌이지 않기 위해서 복음에 굴복하지만, 참된 믿음에는 자기 부인이 있어야 하는데도, 여전히 계속해서 자기 자신을 버리지 못한다. 가르침이 우리의 심령 깊은 곳에 감추어져 있는 성정(cordis affectus)에 닿지 못해서, 내면의 더러움이 거기에 마치 무덤 속에 매장되어 있듯이 숨겨져 있다면, 그것은 그리스도와 사탄이 뒤섞여 있는 것이다. 그러므로 하나님께서는 시몬이 계속해서 그리스도의 이름을 고백하여 자기 자신과 남들을 속이지 못하도록 하시기 위해서, 이제 그의 외식(fucus)을 벗겨 버리신다. 왜냐하면, 사도들과 같이 되고 싶어 하는 그의 열망 속에서 지금까지

감추어져 있던 그의 야심이 이제 정체를 드러냈기 때문이다. 여기에 이미 그의 한 가지 잘못이 있었다. 또 하나의 잘못은 그가 하나님의 은혜를 돈 주고 살 수 있는 것으로 생각하고서 이득을 챙길 목적으로 매수하고자 한 것이었다. 이것은 그가 참된 신앙의 기본도 깨닫지 못한 세속적 인간임을 분명하게 보여준다. 즉, 그는 하나님의 영광에는 아무런 관심도 없었고, 하나님의 사역자가 된다는 것이 무엇을 의미하는 것인지도 전혀 생각해 보지 않았기 때문이다. 시몬은 자신이 지금까지 마술을 이용해서 돈을 번 것처럼, 성령의 은사들을 나누어 주는 법을 배우면 자신이 큰 이득을 챙길 수 있게 될 것이라고 생각하였다. 왜냐하면, 그가 추구한 것이 재물과 세상에서 칭송을 받고 영광을 얻는 것이었음은 의심의 여지가 없기 때문이다. 아울러, 그는 이러한 하늘에 속한 능력이 자신의 마법과 아무런 차이가 없는 것이라고 생각함으로써 하나님을 심하게 모독하였다. 이제 우리는 시몬이 어떤 죄들을 범하였고, 얼마나 많은 죄를 범하였는지를 대략 알게 되었다. 그는 성령의 은사들을 통해 드러난 그리스도의 능력을 인정하지도 않았고 거기에 영광을 돌리지도 않았다. 그는 사도들이 하늘의 능력을 받은 것이 그들의 사역을 통해서 그리스도의 영광을 밝히 드러내기 위해서라는 것을 깨닫지 못한 채, 개인적인 야심에 사로잡히고 휘둘려서, 하나님을 밀어내고 자기가 대신 그 자리에 앉아서 세상을 자신에게 복종시켜야겠다는 헛된 꿈을 꾸고서, 마치 성령에 정가라도 매겨져 있다는 듯이 성령을 돈으로 사고자 하였다.

20. 베드로가 이르되. 여기서 베드로는 일언지하에 그의 제안을 거절한 후에, 단순한 책망에서 그치지 않고, "네 은과 네가 함께 망할지어다"라는 섬뜩한 저주를 덧붙인다. 하지만 이것은 그가 망하기를 바란 것이라기보다는, 그에게 두려운 마음이 들게 하려고, 하나님의 의로우신 보응이 즉시 임할 것이라고 선언한 것이다. 간단히 말해서, 베드로는 하나님의 성령을 추악한 매매(nundinatio)의 대상으로 삼은 시몬이 어떻게 되어야 마땅한지를 보여준 것이다. 그는 이렇게 말한 것과 같다: "너는 하나님의 성령을 이토록 모독하였으니 네 돈을 끌어안고 함께 죽는 것이 마땅하다." 우리는 뒤에 이어지는 내용을 통해서, 베드로가 시몬이 멸망받기보다는 구원 받기를 바랐다는 것을 쉽게 알 수 있다. 하지만 베드로는 재판관의 역할을 자처해서, 시몬의 불경건이 어떠한 벌을 받아야 마땅한지를 선언한다. 왜냐하면, 시몬은 자신의 죄가 얼마나 엄청난 것인지를 깨닫기 위해서는, 자신의 그러한 죄에 대한 보응이 이루 말할 수 없이 혹독할 것임을 알아야 했기 때문이다. 베드로가 시몬에게 그의 돈

도 그와 함께 망할 것이라고 말한 이유도 거기에 있었다. 왜냐하면, 그는 그 돈이 사악한 용도에 사용되게 되어 있었던 까닭에 죄로 오염된 돈이라는 뜻으로 그렇게 말한 것이기 때문이다. 분명한 것은 그 자체로 아무런 가치가 없는 것들이 하나님의 영광을 가리도록 내버려 두는 것보다는 차라리 온 세상이 망하는 것이 낫다는 것이다. 우리가 여기서 한 가지 유의할 것은 베드로가 신성모독을 저지른 사람을 이와 같이 저주한 것은 그 사람 자체보다는 그의 소행을 겨냥한 것이었다는 것이다. 왜냐하면, 우리는 사람들의 죄악에 대해서는 분노하여야 하지만, 사람 자체는 긍휼히 여기는 것이 마땅하기 때문이다. 하나님의 판결도 마찬가지이다. 왜냐하면, 하나님께서 간음하는 자들, 도둑들, 주정뱅이들, 불한당들에게 멸망을 선고하실 때(고전 6:9; 엡 5:5), 그 판결들은 그런 죄를 저지른 사람들에게서 구원의 소망을 완전히 끊어 버리는 것이 아니라, 단지 그들의 현재 상태에만 적용되는 것으로서, 그들이 그러한 악행을 계속한다면 어떤 결말이 그들을 기다리고 있는지를 선언하는 것이기 때문이다.

21. 이 도에는 네가 관계도 없고 분깃 될 것도 없느니라. 어떤 이들은 이 구절을 20절에 나오는 이유를 설명하는 구절과 연결시켜서, "네가 하나님의 선물을 돈 주고 살 줄로 생각하였으니 이 도에는 네가 관계도 없고 분깃 될 것도 없느니라"로 읽는다. 하지만 나는 20절에 나오는 이유를 설명하는 구절을 그 직후에 나오는 구절과 연결시켜서, "네가 하나님의 선물을 돈 주고 살 줄로 생각하였으니 네 은과 네가 함께 망할지어다"로 읽는 쪽을 택하였다. 왜냐하면, 이 읽기는 좀 더 일반적인 읽기일 뿐만 아니라, 그렇게 읽었을 때에 본문의 의미가 더 잘 통하기 때문이다. 여기서 "이 도에는"으로 번역된 어구는 불가타 역본에서는 "이 말씀에"라고 옮긴 반면에, 에라스무스는 "이 일에"라고 옮겼는데, "이 일에"라는 번역이 좀 더 적절하다. 왜냐하면, 베드로는 성령의 선물을 불경스럽게 세속화시키는 신성모독을 행하는 자들은 사도들의 사역에 동참할 여지가 없다는 뜻으로 이렇게 말한 것이기 때문이다.

한편, 교황주의자들과 옛 신학자들은 성직매매 또는 성물매매를 의미하는 '시모니아'(simonia)라는 말을 만들어 내서 장황하게 논의해 왔지만, 그들이 '시모니아'라고 부른 것은 실제로는 "시몬"이 행한 일과는 아무런 상관이 없다. 왜냐하면, 시몬은 돈으로 성령을 사고자 한 것인 반면에, 교황주의자들은 불로소득에 '시모니아'의 죄를 적용하기 때문이다. 이렇게 말한다고 해서, 내가 오늘날 교황제도 하에서 횡행하고 있는 성직매매라는 파렴치한 범죄를 가볍게 본다는 뜻은 아니다. 하나님의 교회에서 그런 거래가 자행되고 있는 것 자체가 이루 말할 수 없이 추악한 범죄이다. 하지만 우리는 '시모니아'에 대한 제대로 된 정의도 알아야 하는데, 자신의 야심이나 다른 어떤 불순한 목적에 이용하려고 성령의 은사들이나 그것들과 유사한 것들을 매매하는 추악한 행위가 '시모니아'이다. 그럼에도 불구하고, 사악한 수단으로 교회를 지배하려고 하는 자들은 모두 다 시몬과 같은 범죄를 저지르고 있는 자들이라는 것이 나의 생각이다. 우리는 이런 파렴치한 일들이 오늘날 도처에서 마치 당연하다는 듯이 벌어지고 있는 것을 본다. 이런 관점에서 볼 때, 우리는 시몬의 길을 따르지 않는다고 분명히 말할 수 있는 사제를 교황 제도 전체 속에서 단 한 사람도 찾아보기 어렵다. 왜냐하면, 부정한 수단을 통하지 않고 정정당당한 방법으로는 그 누구도 그들의 일원이 될 수 없기 때문이다. 하지만 우리는 너무나 부끄럽지만 어린아이들도 다 아는 사실을 고백하지 않을 수 없는데, 그것은 그런 일들이 거짓 복음전도자들 사이에서도 결코 덜하지 않다는 것이다.

우리가 "시몬"에게 물들지 않으려면, 우리는 무엇보다도 성령의 은사들은 돈으로 얻을 수 있는 것이 아니고, 순전히 하나님의 은혜로 말미암아 값없이 주어지는 것이며, 그것은 교회를 세우기 위한 것임을 기억하지 않으면 안 된다. 교회를 세운다는 것은 각자가 자신의 힘이 닿는 한 형제들을 돕기 위해서 애쓰고, 자신이 받은 은사를 교회의 공동의 유익을 위해 겸손하게 사용하며, 개인의 탁월함이 그리스도만이 모든 사람 위에 뛰어나다는 사실을 가리지 않도록 하는 것이다. 성령의 특별한 은사들과 관련해서, 시몬이 성령에 참여할 수 없는 것이 그의 마음이 "하나님 앞에서 바르지 못하기 때문"이라고 한 베드로의 말이 이상하게 들릴 수 있다. 왜냐하면, 유다는 사악했지만, 그에게는 성령의 은사들이 풍성하게 주어졌고, 만일 고린도 교인들이 하나님이 보시기에 바른 마음을 가지고 있었더라면, 성령의 은사들이 그들 가운데서 그토록 악용되지 않았을 것이기 때문이다. 따라서 마음이 깨끗하지 않은 많은 사람들이 성령의 은사에 있어서 뛰어난 경우가 흔히 있기 때문에, 베드로가 제시한 이유는 충분하지 않은 것처럼 보인다. 하지만 먼저 말해 둘 것은 하나님께서 자격도 되지 않은 자들에게 풍성한 은사들을 주신다고 하여도, 거기에는 잘못된 것은 없다는 것이다. 다음으로, 베드로는 여기서 일반적인 기준을 제시한 것이 아니라, 성령의 은사들에 참여하는 것은 오직 교회의 특권이기 때문에, 그리스도께 속한 자가 아닌 시몬은 하나님의 권속인 신자들과 더불어 성령의 은사들에 참여할 자격이 없다고 선언한 것일 뿐이라는 것이다. 게다가, 시몬은 성령의 은사들을 모독하였기 때문에, 베드로는 그런 그가 성령의 은사들에 참여하는 것은 불가하다고 천명한 것이다.

22. 그러므로 너의 이 악함을 회개하고 주께 기도하라. 베드로는 시몬에게 회개하고 기도하라고 촉구함으로써, 그가 죄 사함 받을 수 있음을 보여준다. 왜냐하면, 하나님께서 자신을 긍휼히 여겨 주실 것이라는 확신이 있을 때에 회개하고 싶은 마음이 들 것이었기 때문이다. 반면에, 절망은 사람을 항상 자포자기하게 만든다. 또한, 성경은 믿음으로만 하나님께 올바르게 기도할 수 있다고 가르친다. 그러므로 우리는 베드로가 시몬을 무시무시한 말로 두렵게 만든 후에, 이제 그에게 자기도 구원받을 수 있다는 확신을 심어 주어서 그의 마음을 들어올려 주는 것을 보게 된다. 하지만 시몬의 죄는 절대로 가벼운 죄가 아니었다. 하지만 가능성이 조금이라도 남아 있는 한, 우리는 지옥에서라도 사람들을 이끌어 내는 것이 마땅하다.

따라서 아무리 사악한 사람들일지라도, 그들이 멸망 받게 되어 있는 자들이라는 명백한 증거가 드러나기까지는, 그 어떤 사람도 마치 죄 사함이 그에게는 허락되지 않는다는 듯이 그렇게 가혹하게 다루어져서는 안 된다. 호된 책망을 받아 마땅한 뻣뻣하고 완악한 자들을 상대할 때, 우리는 한 손으로는 그들을 내치면서도, 다른 한 손으로는 그들을 붙들어서 일으켜 세워 주는 것이 옳다. 왜냐하면, 하나님의 성령은 우리가 사람들을 파문하는 것을 허락하지 않기 때문이다. 그러나 "혹"이라는 단서를 붙인 것으로 보아서, 베드로는 단정적으로 말하고 있는 것이 아니라, 시몬에게 두려움과 의구심을 불러일으키고자 하고 있는 것처럼 보일 수 있다. 교황주의자들은 이 구절을 비롯한 다른 비슷한 구절들을 근거로 삼아서, 사람들은 기도할 때에 자신의 기도가 반드시 좋은 결과를 가져올 것이라고 섣불리 확신하는 경향이 있기 때문에, 우리가 기도할 때에는 염려하고 의심하는 마음으로 기도하여야 한다고 주장한다. 그러나 이 문제는 간단하게 해결될 수 있다. 왜냐하면, 헬라어로 '에이 아라'(εἰ ἄρα)라는 표현은 "어떻게 해서든지 하나님께서 너를 사하시도록"이라고 말한 것과 마찬가지이기 때문이다. 베드로가 "혹"이라는 말을 사용한 것은 시몬의 마음을 당혹스럽게 하려는 것이 아니라, 그가 더욱 간절하게 기도하도록 자극을 주기 위한 것이었다. 왜냐하면, 어떤 일이 쉬워 보일 때에 우리는 무사안일함과 나태함에 빠지기 쉬운 반면에, 어려운 일은 그 자체로 우리에게 강력한 분발을 촉구하기 때문이다. 따라서 베드로는 시몬에게 두려움을 불러일으켜서, 그의 마음속에서 죄 사함에 대하여 확신하지 못하게 하거나 그를 혼란스럽게 만들고자 한 것이 아니었고, 도리어 만일 그가 겸손하고 진실되게 용서를 구하면, 소망이 있다는 확신을 주는 동시에, 오직 그로 하여금 열심을 내도록 하기 위해서, 그의 죄가 엄중하기 때문에 죄 사함을 받는 것이 그리 쉽지 않은 일임을 일깨워 준 것이었다. 왜냐하면, 우리가 하나님에게 나아갈 때에는, 믿음이 우리를 인도해 주는 빛이 되어야 하고, 우리의 기도의 어머니가 되어야 하기 때문이다.

23. 악독이 가득하며 불의에 매인 바 되었도다. 베드로는 다시 시몬을 엄하게 책망하며, 하나님의 심판으로 그를 몰아세운다. 왜냐하면, 만일 그가 자기 자신을 철저하게 돌아보지 않는다면, 결코 진정으로 하나님께로 돌아서지 못할 것이었기 때문이다. 지각이 없는 자들을 상대할 때에는, 따끔하게 혼을 내주어야 하는데도 불구하고, 단순히 변죽만 울리거나 그들의 비위를 맞춰 주는 것보다 더 나쁜 것은 없다. 따라서 죄인이 자신의 죄를 깨닫고서 진정으로 괴로워하고 애통해할 때까지, 우리는 그의 마음에 상처가 될 정도의 그러한 엄한 태도를 보여야 한다. 그렇게 하지 않으면, 그의 내면에서 상처가 점점 더 깊이 곪아서 차츰차츰 그를 갉아먹게 될 것이다. 하지만 우리는 이 모든 것이 그를 구원으로 이끌기 위한 것임을 늘 명심해서, 엄한 정도가 지나치지 않도록 항상 유의해야 한다. 베드로가 한 말 속에는 두 가지 탁월한 은유가 들어 있다. 그 중 하나인 "악독이 가득하며"는 모세의 글에서 가져온 것으로 보이는데, 거기서 모세는 "독초와 쑥의 뿌리"가 우리 안에 생기는 것을 경계하고 있다(신 29:18). 이 표현은 마음의 내적인 악(malitia)을 의미한다. 즉, 불경건의 독(virus)이 마음에 침투해서 퍼지게 되면, 거기서는 쓰디쓴 것밖에는 나올 것이 없다는 것이다. 또한, "불의에 매인"이라는 말도 동일한 취지로서, 마음 전부가 사탄에게 완전히 사로잡혀 있다는 것이다. 왜냐하면, 평소에는 경건하고 마음의 중심이 독으로 오염되지 않은 사람들이 불쑥 악행을 저지르는 경우도 흔히 있기 때문이다. 우리는 위선이 인간의 본성 속에 내재되어 있다는 것을 알고 있다. 하지만 하나님의 성령이 우리의 마음을 비추게 되면, 우리는 내면에 죄악들을 몰래 품고 있을 정도로 여전히 죄악에 대하여 눈먼 자들로 남아 있지 않게 된다. 따라서 베드로의 말이 뜻하는 것은 시몬이 어느 한 가지에서만 죄악을 저질렀다는 것이 아니라, 그의 마음의 뿌리 자체가 썩었다는 것, 즉 그가 사탄의 올무에 걸려서 한 가지 죄를 저지른 것이 아니라, 그의 존재 전체가 사탄에게 완전히 넘겨지고 단단히 붙잡혀 있어서, 죄악의 노예가 되어 있다는 것이다. 이것은 어떤 사람의 죄악의 경중은 겉으로 드러난 행위가 아니라 마음의 성정(affectus cordis)에 의해서 평가되어야 한다는

것을 우리에게 가르쳐 준다.

24. 시몬이 대답하여 이르되 나를 위하여 주께 기도하여 말한 것이 하나도 내게 임하지 않게 하소서 하니라. 시몬의 대답을 통해서 우리는 그가 베드로의 경고를 진심으로 받아들인 것이 아니라, 사도들이 자기를 구원하고자 한다는 것을 알아차린 것일 뿐임을 알게 된다. 시몬에게 실제로 말한 것은 베드로 한 사람이었지만, 시몬은 사도들이 모두 한 마음일 것이라고 생각해서, 그들 모두가 말한 것으로 여기고서 대답한다(시몬의 말은 헬라어 원문으로 남성 복수 명령형으로 되어 있다 — 역주). 이제 한 가지 질문이 생기는데, 그것은 우리가 시몬을 어떻게 생각하여야 하는가 하는 것이다. 성경은 시몬에 대해서 더 이상 말해 주고 있지 않기 때문에, 우리는 다만 추측할 수밖에 없다. 그는 책망을 달게 받아들였고, 죄책감을 느꼈으며, 하나님의 심판을 두려워하였다. 그리고 그런 후에, 하나님의 긍휼하심을 바라보며, 교회의 기도에 자신을 맡겼다. 이러한 행위들은 분명히 회개의 뚜렷한 징표들이기 때문에, 우리는 그가 회개하였을 것이라고 추측할 수밖에 없다. 하지만 옛 저술가들은 한결같이 그가 나중에 베드로를 심각하게 대적하였고, 로마에서 베드로와 사흘에 걸쳐 논쟁을 벌였다고 기록하고 있다. 클레멘스(Clemens)의 이름으로 된 문헌을 통해 지금까지도 전해지고 있는 이 논쟁은 그리스도인들이 차마 귀로 들을 수 없을 정도로 역겨운 내용을 담고 있다. 또한, 아우구스티누스는 야누아리우스(Ianuarius)에게 보낸 서신에서 이 논쟁과 관련해서 자신의 시대에 로마에서 떠돌던 여러 가지 믿기 어려운 소문들에 대해서 언급한다. 그러므로 확실하지도 않은 소문들에 귀를 기울이기보다는 성경에 기록된 사실들만을 받아들이는 것이 제일 안전할 것이다. 성경 이외에 시몬에 관한 여러 기록들은 몇 가지 이유로 말미암아 그 신빙성이 의심스럽다고 보는 것이 옳을 것이다.

25. 두 사도가 주의 말씀을 증언하여 말한 후. 이 구절을 통해서 누가는 베드로와 요한이 온 목적을 보여준다. 즉, 그들은 성령의 은사들을 통해서 사마리아 사람들을 풍성하게 해줄 뿐만 아니라, 빌립의 가르침을 확증해 줌으로써, 그들이 이미 받은 믿음 위에 견고히 서도록 하기 위하여, 사마리아 땅에 왔다는 것이다. 두 사도가 "주의 말씀을 증언하였다"고 한 누가의 표현은 이 두 사도의 증언을 통해서 하나님의 말씀이 참되고 온전한 권위를 확보하게 되었고, 정통적인 가르침이라는 것을 확증받은 참된 진리로서의 효력을 얻게 되었다고 말한 것과 같았다. 아울러, 두 사도가 하나님의 말씀을 증언하였다는 것을 누가가 덧붙인 것은 그들이 하나님의 신

실한 증인들이라는 것을 우리에게 일깨워 주고 있는 것이기도 하다. 자기 자신이나 다른 사람이 생각해 낸 것이 아닌 주님으로부터 배운 것을 신실하게 전하는 것이 사도들의 가르침의 핵심이었다. 누가는 두 사도가 사마리아 성에서만이 아니라 시골 마을들에서도 복음을 전하였다고 보도한다. 따라서 우리는 그들이 그리스도의 영광을 높이는 일에 큰 열심을 지니고 있어서, 어디를 가든지 그리스도를 입에 달고 살았다는 것을 알게 된다. 이렇게 해서, 생명의 씨앗은 사마리아 성으로부터 시작해서 그 지역의 방방곡곡에 이르기까지 뿌려지기 시작하였다.

²⁶주의 사자가 빌립에게 말하여 이르되 일어나서 남쪽으로 향하여 예루살렘에서 가사로 내려가는 길까지 가라 하니 그 길은 광야라 ²⁷일어나 가서 보니 에디오피아 사람 곧 에디오피아 여왕 간다게의 모든 국고를 맡은 관리인 내시가 예배하러 예루살렘에 왔다가 ²⁸돌아가는데 수레를 타고 선지자 이사야의 글을 읽더라 ²⁹성령이 빌립더러 이르시되 이 수레로 가까이 나아가라 하시거늘 ³⁰빌립이 달려가서 선지자 이사야의 글 읽는 것을 듣고 말하되 읽는 것을 깨닫느냐 ³¹대답하되 지도해 주는 사람이 없으니 어찌 깨달을 수 있느냐 하고 빌립을 청하여 수레에 올라 같이 앉으라 하니라(8:26-31).

26. 주의 사자가 빌립에게 말하여 이르되. 이제 누가는 새로운 이야기, 즉 복음이 "에디오피아"에 전해진 경위에 관한 이야기로 넘어간다. 누가는 여기서 한 에디오피아 사람이 회심하여 그리스도를 믿게 된 것에 대해서만 보도하고 있지만, 그 사람은 자기 나라에서 막강한 영향력을 갖고 있던 인물이었기 때문에, 그의 믿음은 에디오피아의 모든 지역으로 그 향기를 발산하였을 것이다. 왜냐하면, 우리는 복음은 아주 작은 것에서 시작되어 성장해 나갔고, 한 알의 씨앗이 짧은 시간에 광대한 지역을 가득 채우게 되는 과정에서 성령의 능력이 더욱 빛을 발하였다는 것을 알고 있기 때문이다. 먼저 빌립은 "주의 사자"로부터 남쪽으로 가라는 명을 받지만, "주의 사자"는 그렇게 하는 것이 어떤 이익이 있는지, 또는 무슨 목적으로 그렇게 하라고 하는 것인지를 빌립에게 밝히지 않는다. 하나님께서 자기 백성들에게 종종 이렇게 하시는 것은 그들의 순종을 시험하시기 위한 것이다. 하나님께서는 그들이 어떻게 행하기를 원하시는지를 보여주시고, 그들에게 이렇게 하라거나 저렇게 하라고 지시하시지만, 그렇게 해서 생겨날 결과에 대해서는 자기 자신만 아시고 알려 주지 않

으신다. 그러므로 우리는 하나님께서 어떤 일을 명하시는 이유가 무엇인지, 또는 우리가 순종하였을 때에 어떤 결과가 나오게 될 것인지가 즉시 분명하게 드러나지 않는다고 할지라도, 하나님께서 명령하셨다는 것 그 자체로 만족하고 순종할 줄 알아야 한다. 왜냐하면, 비록 하나님께서는 어떤 명령을 하실 때에 명시적으로 그 이유나 결과를 말씀해 주시지 않으신다고 할지라도, 하나님의 모든 명령 속에는 우리가 순종하여 행하는 일들은 반드시 선을 이룰 것이라는 암묵적인 약속이 포함되어 있기 때문이다. 아울러, 우리는 하나님의 명령 없이는 경솔하고 성급하게 그 어떤 일도 행하지 않을 때, 우리의 수고는 하나님에 의해서 인정받는다는 사실에 만족하여야 한다. 만약 어떤 사람이 천사들이 매일같이 하늘로부터 내려와서 우리가 해야 할 일을 가르쳐 주는 것은 아니지 않느냐고 이의를 제기한다면, 우리는 즉시 이렇게 대답할 수 있다. 즉, 우리는 하나님의 말씀을 통해서 우리가 무엇을 해야 할지를 충분히 배울 수 있고, 하나님께 묻고 성령의 인도하심에 자신을 맡기는 자는 누구나 충분한 지혜를 얻을 수 있기 때문에, 우리로 하여금 하나님을 즉시 따르지 못하도록 방해하는 것은 오직 우리 자신의 나태함과 무관심뿐이라고 말이다.

26. 가사로 내려가는 길까지 가라. 여기에 나오는 "가사"라는 지명이 히브리어로 '아자'(עזה)라 불리는 곳을 가리킨다는 것에 대해서는 학자들 간에 이견이 없다. 따라서 폼포니우스 멜라(Pomponius Mela)가 이 도시에 "가사"라는 이름이 붙은 것은 페르시아 왕 캄비세스(Cambyses)가 이집트와 전쟁할 때에 군수물자들을 그곳에 쌓아 두었기 때문이라고 말한 것은 잘못된 것이다. 물론, 페르시아어에서 '가사'라는 단어가 "보물"이나 "재물"을 가리키는 것은 분명하다. 누가는 바로 뒤에 나오는 절에서 이 단어를 그런 의미로 사용해서, 빌립이 만난 에디오피아 내시가 그 나라의 여왕이었던 간다게의 "국고"를 맡은 관리였다고 말한다. 그러나 이 히브리어 지명은 캄비세스가 태어나기 전부터 사용되고 있었기 때문에, 나는 히브리어 지명인 '아자'의 첫 번째 자음인 '아인'(ע)이 헬라어에서 '감마'(Γ)로 바뀌어 표기된 이후에, 그러한 잘못된 해석이 생겨난 것이라고 생각한다. 이 성읍에 "광야"라는 별칭이 덧붙여진 것은 고대의 '가사'가 마케도니아의 알렉산더 대왕에 의해서 폐허로 변하였기 때문이다. 콘스탄티누스(Constantinus, 주후 274-323년)를 제2의 새로운 "가사"의 건설자로 보는 자들의 견해도 누가의 이 보도에 의해서 반박된다. 왜냐하면, 누가는 콘스탄티누스가 등장하기 백오십 년 전에 이 성읍이 존재했음을 확증해 주고 있기 때문이다. 하지만 콘스탄티누스 황제가 "가사"의 기존의 성읍을 개량하고 확

장했을 가능성은 있다. 마지막으로, 이 성읍이 해양 도시였고, 옛 시가로부터 4km 정도 떨어져 있었다는 것에 대해서는 이론이 없다.

27. 일어나 가서 보니 에디오피아 사람. 누가는 그를 "남자"(한글개역개정에서는 "사람")라고 부른 후에, 바로 뒤에서는 그가 "내시"였다고 말한다. 근동에서는 왕이나 여왕이 내시들에게 자신의 가장 중요한 사무들을 맡기는 것이 관례였기 때문에, 나중에는 비록 정상적인 남자들일지라도 큰 권세를 지닌 자들은 모두 "내시"라 불리게 되었다. 빌립은 이제 드디어 자기가 하나님께 순종한 것이 결코 헛된 것이 아니었음을 실감하게 된다. 이처럼, 결과는 하나님께 맡기고, 하나님이 명하신 대로 앞으로 나아가는 자는 하나님의 보호하심 아래에서 그의 명령대로 행한 모든 일이 유종의 미를 거두게 된다는 것을 마침내 경험하게 될 것이다. "간다게"라는 명사는 어느 한 여왕만을 지칭하는 이름이 아니다. 플리니우스에 의하면, 모든 로마 황제가 "가이사"라 불린 것처럼, 에디오피아 사람들은 자신들의 여왕을 "간다게"로 불렀다고 한다. 또한, 에디오피아가 당시에 위세를 떨치던 부강한 왕국이었다는 역사가들의 기술도 이 사건과 관련이 있다. 왜냐하면, 우리는 에디오피아가 부강하였다는 사실로부터 이 내시의 위상과 권세가 얼마나 대단하였는지를 좀 더 잘 짐작해 볼 수 있기 때문이다. 에디오피아의 수도이자 가장 중요한 도시는 메로에(Meroe)였다. 에디오피아에서는 대대로 여왕이 다스렸다는 세속 역사가들의 기술도 누가의 증언과 일치한다.

27. 예배하러 예루살렘에 왔다가. 머나먼 땅에도 하나님을 섬기는 사람이 얼마간 있었다는 사실은 당시에도 참 하나님의 이름이 널리 퍼져 있었다는 것을 보여준다. 분명히 이 에디오피아 내시는 자기 민족과는 다른 종교 의식을 공개적으로 행해 왔을 것이다. 왜냐하면, 이러한 고위 관리가 은밀하게 유대 땅에 올 수는 없었을 것임은 물론이고, 틀림없이 대규모 수행원을 거느리고 왔을 것이기 때문이다. 사실, 이스라엘 민족이 이방 나라들로 흩어져 살게 된 이후로 하나님을 아는 참된 지식의 향기가 이방 민족들 사이에 퍼져 나갔기 때문에, 동방 지역 전체에 걸쳐서 참 하나님을 섬기는 사람들이 얼마쯤 있었다는 사실은 놀라운 일이 아니다. 아울러, 이스라엘 백성들이 포로로 잡혀 간 것은 참된 신앙이 확산되는 계기가 되었다. 또한, 우리는 로마인들이 유대교를 범죄시하는 가혹한 법령들을 공포하였음에도 불구하고, 수많은 사람들이 유대교로 개종하는 것을 막을 수 없었다는 것을 알고 있다. 이러한 일들은 그리스도께서 영광 중에 오셔서, 율법의 그림자를 걷어내시고,

유대인과 이방인 간의 차별을 철폐하셔서, 중간에 막힌 담을 허무시고, 모든 곳에서 하나님의 자녀를 불러모으실 때까지(엡 2:14), 하나님께서 장차 이방인들을 부르실 것임을 예고하는 서곡들이었다.

우리는 에디오피아 내시가 예루살렘에 예배하러 온 것을 미신으로 여겨서는 안 된다. 사실, 그는 자기 나라에서도 얼마든지 하나님께 기도할 수 있었다. 하지만 이 경건한 남자는 하나님께서 자기를 섬기는 자들에게 명하신 규례들을 소홀히 하고 싶지 않았던 것이다. 따라 그가 예루살렘을 방문한 목적은 단지 자신의 개인적인 경건을 은밀하게 내적으로 함양하기 위한 것이 아니라, 그 믿음을 사람들 앞에서 공개적으로 고백하기 위한 것이었다. 하지만 그는 자기가 자기 민족과 다른 길을 갔을 때에 많은 사람들로부터 미움을 받게 되리라는 것을 잘 알면서도, 그에게는 하나님께서 요구하신 대로 공중 앞에서 자신의 신앙을 고백하는 일이 자기 민족으로부터 호의를 얻는 것보다 더 중요한 일이었기 때문에, 예루살렘 행을 감행하였을 것이다. 율법에 대한 지식이라는 작은 불씨가 에디오피아 내시의 내면에서 이토록 강력한 불길로 타올랐다는 것을 생각할 때, 복음의 충만한 빛을 받은 우리가 사람들의 눈치를 보며 침묵함으로써 그 빛을 꺼뜨린다면, 그것은 얼마나 수치스러운 일이겠는가? 만약 어떤 사람이 당시에도 희생 제사는 이미 폐지된 상태였고, 장소에 관계없이 모든 곳에서 사람들이 하나님을 부를 수 있었던 때였다고 반론을 제기한다면, 나의 대답은 복음의 진리를 아직 계시받지 못해서 여전히 율법의 그림자들 속에 있었던 사람들은 미신 가운데 있었던 것이 결코 아니었다는 것이다. 왜냐하면, 제의들이 관련된 한에 있어서 율법이 그리스도에 의해서 폐기되었다는 말은 그리스도께서 오시기 전에 그를 표상했던 옛 제의들은 그가 자신을 분명하게 보여주실 때에 소멸된다는 의미로 이해되어야 하기 때문이다. 하나님께서 에디오피아 내시에게 복음 전할 자를 보내시기 전에, 그가 예루살렘에 오는 것을 허락하신 이유는 율법 속에 담긴 초보적인 가르침들을 신실하게 배우고 지키는 것이 나중에 복음의 가르침을 좀 더 쉽고 올바르게 받아들이는 데에 도움이 될 것이었기 때문이었을 것이다. 하지만 하나님께서 이 내시로 하여금 예루살렘에서 그 어떤 사도도 만나지 못하도록 하신 이유는 하나님의 비밀스러운 경륜 속에 감추어져 있지만, 어쩌면 그가 기대하지도 않은 보물을 갑자기 발견하게 되었을 때에 그 보물을 훨씬 더 소중히 여기게 될 것이었기 때문일 수도 있고, 겉으로 화려하게 펼쳐졌던 예루살렘의 예식들이나 성전의 웅장한 모습이 그의 눈 앞에서 사라지고 나서, 그가 고요하게 구원의 길을 찾고 있을 때, 그에게 그리스도를 제시하는 것이 더 좋았기 때문이었을 수도 있다.

28. 선지자 이사야의 글을 읽더라. 에디오피아 내시가 선지자 이사야의 글을 읽고 있었다는 사실은 그가 자기 멋대로 생각한 하나님을 경솔하게 섬긴 것이 아니라, 율법의 가르침을 통해서 알게 된 하나님을 섬긴 것임을 보여준다. 하나님을 올바르게 섬기는 길은 공허한 제의들만을 붙들고 있는 것이 아니라, 거기에 말씀을 결합시키는 것이다. 그렇지 않았을 때에는, 신앙의 핵심을 알지 못해서 부수적인 것들만을 붙잡고서 뭐가 뭔지를 몰라 갈피를 잡지 못하는 일이 벌어지게 된다. 사실, 율법에서 정한 예배 형태는 하나님께서 자신의 말씀을 거기에 비추셔서 참된 진리를 드러내시지 않는 경우에는 사람들이 고안해 낸 다른 예배 형태들과 아무런 차이가 없다. 따라서 하나님을 올바르게 제대로 섬기는 자들은 오직 하나님의 학교에서 그의 말씀으로 가르침을 받은 문도들뿐이다. 한편, 에디오피아 내시는 선지자 이사야의 글을 읽고도 그 의미를 알 수 없어서 아무런 유익을 얻지 못했기 때문에, 그의 수고는 쓸데없는 것이었던 것으로 보일 수 있다. 왜냐하면, 그는 자기를 도와주는 선생이 없어서 선지자의 말을 이해할 수 없다고 고백하고 있기 때문이다. 나의 대답은 그는 배우고자 하는 열망을 가지고서 선지자의 글을 읽은 것이었기 때문에, 당연히 얼마간의 유익을 얻기를 소망하였고, 실제로도 유익을 얻고 있었다는 것이다. 그렇다면, 그는 왜 자기가 읽고 있는 글을 깨달을 수 없다고 말한 것일까? 그가 그렇게 말한 것은 자신이 이사야서에 나오는 몇몇 난해한 구절들을 이해할 수 없다고 겸손하게 말한 것이다. 왜냐하면, 이사야서에는 하나님의 선하심과 능력에 대해서 선포함으로써, 사람들을 믿음으로 초대하거나 거룩한 삶을 살도록 교훈하고 격려하는 긴 설명이 필요 없는 평이한 구절들이 많이 있어서, 그는 분명히 그런 구절에서 감화를 받았을 것이기 때문이다. 따라서 무지한 자라고 할지라도 성경을 읽으면 어느 정도는 유익을 얻을 수 있고, 다만 아마도 십분의 일 정도를 완전하게 이해하지 못할 것이다. 에디오피아 내시가 바로 그런 경우였다. 그는 자신의 힘이 닿는 한에 있어서 성경을 읽는 것으로부터 자신의 덕을 세우는 데에 도움이 되는 깨달음을 얻을 수 있었을 것이었기 때문에, 성경에 대한 연구는 그에게 분명히 유익이 되었다. 또한, 비록 많은 것들이 그에게 감추어져 있었다고 할지라도, 이해가 되지 않는 것이 너무 많아서 지겨운 나머지 성경을 내팽개칠 정도는 아니었을 것이다. 우리도 성경을 그렇게 읽어야 한다. 즉, 명백한 내용들, 그리고 하나님께서 자신의 마음을

보여주신 내용들은 진지하고 열린 마음으로 받아들여야 하는 반면에, 즉시 깨우치지 못한 내용들은 분명한 빛이 비췰 때까지 뒤로 미뤄두는 것이 옳다. 포기하지 않고 꾸준히 읽어 나간다면, 우리는 결국 성경을 점점 더 잘 알게 될 것이다.

31. 어찌 깨달을 수 있느냐. 내시는 놀라울 정도로 겸손하다. 그는 평범한 사람에 불과했던 빌립이 자기에게 한 질문을 담담하게 받아들였을 뿐만 아니라, 자신의 무지를 솔직담백하게 인정한다. 우리가 확실하게 말할 수 있는 것은 자신의 능력에 대하여 자신만만해하는 사람은 순순히 가르침을 받아들일 가망성이 거의 없다는 것이다. 오늘날 성경을 읽고 유익을 얻는 사람이 이렇게 적을 수밖에 없는 것은 가르침을 기꺼이 받아들이려는 자가 백 명 중에서 한 명이 될까말까 하기 때문이다. 거의 모든 사람들은 자신의 무지를 수치로 여기기 때문에, 다른 사람의 제자가 되고자 하지 않고, 자존심을 세우며 마치 자신이 무지하지 않는 것처럼 행세하는 것을 선호한다. 아니, 거기에서 한 걸음 더 나아가, 대다수의 사람들은 건방지게도 남을 가르치는 선생 행세를 하려고 한다. 그러나 우리는 내시가 자신의 무지를 인정하였기 때문에, 성경을 읽고서 하나님의 제자들 중 하나가 되었다는 사실을 명심하여야 한다. 성경 속에는 우리의 모든 지각을 뛰어넘을 뿐만 아니라 우리의 모든 지각이 도저히 미치지 못하는 지혜가 감추어져 있음을 인정하고서, 자신의 무지가 드러날 것이 두려워서 성경을 혐오하는 것이 아니라, 도리어 성령의 조명을 의지하여 성경을 부지런히 읽고, 우리에게 성경을 깨닫게 해줄 해석자를 보내 주시기를 바라는 것이야말로 진정으로 성경을 경외하는 것이다.

31. 빌립을 청하여 수레에 올라 같이 앉으라. 이 구절은 에디오피아 내시가 겸손한 자였음을 증명해 줄 또 하나의 예를 보여준다. 왜냐하면, 여기서 그는 자신에게 성경을 해석해 주고 가르쳐 줄 사람을 찾고 있었음이 드러나기 때문이다. 그는 부유층 사람들이 흔히 그러하듯이, 코웃음치면서 빌립을 물리쳤을 수도 있었다. 왜냐하면, "읽는 것을 깨닫느냐"라는 빌립의 질문 속에는 그의 무지에 대한 모종의 암묵적인 질책이 담겨 있었기 때문이다. 부유한 사람들은 다른 사람이 자신에게 스스럼없이 말을 걸어오면, 자기가 모욕을 당했다고 생각해서, "버릇없이 이게 무슨 짓이냐?"라거나 "네가 무슨 상관이냐"라는 말들을 쏟아붙이며 즉시 반발한다. 그러나 에디오피아 내시는 기탄없이 빌립에게 가르침을 청한다. 우리가 하나님을 스승으로 모시고자 한다면, 하나님의 영은 겸손하고 온유한 자들 위에 임하는 까닭에(사 66:2), 우리도 그런 마음가짐을 가져야 한다. 우리가 스스로는 잘 모르겠어서 남에

게 가르침을 받고자 하는 태도를 보이기만 한다면, 하나님께서는 우리가 헛수고를 하도록 내버려 두지 않으시고, 하늘로부터 천사들을 보내서서 우리를 가르쳐 주실 것이다. 하지만 우리는 에디오피아 내시의 경우처럼 성경을 깨닫기 위해서 하나님이 우리에게 허락해 주신 모든 도움들을 다 활용하는 것이 마땅하다. 광신자들은 하나님의 사역자들의 다스림을 받는 것이 마땅한데도 불구하고, 도리어 무시하고서, 하늘로부터 오는 직통 계시나 영감(ἐνθουσιασμούς — '엔투시아스무스')을 구한다. 또 어떤 자들은 자신의 통찰력만을 의지하고서, 다른 사람들의 말은 들으려 하지 않고, 그 어떤 주석책도 읽지 않으려 한다. 그러나 하나님께서는 자신이 우리에게 허락하신 도움들을 우리가 무시하는 것을 원하지 않으실 뿐만 아니라, 우리의 그런 태도를 벌하신다. 우리는 여기서 우리에게는 성경뿐만이 아니라 우리를 돕기 위한 해석자들과 선생들도 함께 주어졌다는 것을 유념하여야 한다. 그렇기 때문에, 하나님께서는 에디오피아 내시에게 천사가 아니라 빌립을 보내신 것이다. 만일 하나님께서 천사를 내시에게 직접 보내지 않으시고, 천사의 음성을 통해서 빌립을 부르셔서 내시에게 보내신 것이 우리로 하여금 사람들의 말을 경청하는 것에 익숙해지도록 하시기 위한 것이 아니었다면, 그러한 우회적인 방법을 사용하실 필요가 어디 있었겠는가? 하나님께서 우리의 구원을 위해서 사람들의 입을 통해 그의 음성을 전하시고 천사들에게는 침묵하게 하신 것은 하나님의 사역자들이 외적으로 전하는 설교에 큰 존귀를 더하신 것임에 틀림없다. 나는 이 문제에 대해서 9장과 10장을 다룰 때에 좀 더 자세하게 설명하고자 한다.

³²읽는 성경 구절은 이것이니 일렀으되 그가 도살자에게로 가는 양과 같이 끌려갔고 털 깎는 자 앞에 있는 어린 양이 조용함과 같이 그의 입을 열지 아니하였도다 ³³그가 굴욕을 당했을 때 공정한 재판도 받지 못하였으니 누가 그의 세대를 말하리요 그의 생명이 땅에서 빼앗김이로다 하였거늘 ³⁴그 내시가 빌립에게 말하되 청컨대 내가 묻노니 선지자가 이 말한 것이 누구를 가리킴이냐 자기를 가리킴이냐 타인을 가리킴이냐 ³⁵빌립이 입을 열어 이 글에서 시작하여 예수를 가르쳐 복음을 전하니 (8:32-35).

32. 읽는 성경 구절은 이것이니. 여기서 "성경 구절"이라고 말한 것은 좀 더 정확히 말하자면, 연속되어 있는 구절들 또는 여러 구절들로 되어 있는 단락을 가리

킨다. 내시가 이 단락을 읽게 된 것은 우연이 아닌 하나님의 놀라운 섭리에 의한 것이었다. 즉, 하나님께서는 빌립으로 하여금 기독교의 모든 요체를 내시에게 설명해 줄 수 있게 해줄 발판을 얻게 해주시기 위하여, 바로 그때에 내시로 하여금 그러한 주제나 기본교리를 담고 있는 단락을 읽고 있도록 섭리하신 것이었다. 이렇게 해서, 첫째는 복음을 온전히 가르칠 수 있게 해줄 성경 본문이 성령의 은밀한 지도하심에 의해서 빌립에게 주어졌고, 둘째는 빌립이 내시에게 복음을 전하기에 적절한 모양새가 분명하게 갖추어졌다. 여기에 인용된 이사야서 본문은 그리스도에 관한 예언들 중에서도 최우선적으로 기억되어야 할 뛰어난 예언이었다. 왜냐하면, 거기에서 이사야는 하나님의 아들이 자신의 죽음을 통해서 사람들로 하여금 생명을 얻게 하시고, 인간의 죄를 대속하기 위해서 자기 자신을 희생 제물로 드리시며, 우리가 멸망으로부터 구원을 얻은 후에 우리를 천국으로 들어올리시기 위해서 자기 자신이 지옥에까지(ad inferos ipsos) 내려가심으로써, 교회를 속량하게 되실 것임을 아주 분명하게 예언하고 있기 때문이다. 요컨대, 이사야서의 이 단락은 인간이 하나님과 어떻게 화목을 이루고, 어떻게 의롭다 함을 받게 되며, 어떻게 사탄의 지배와 죄의 멍에로부터 풀려나서 하나님의 나라에 이르게 되는지를 명료하게 다루고 있다. 간단히 말해서, 이 본문은 구원의 모든 요소들이 어디로부터 흘러나오는 것인지를 다루고 있다.

하지만 나는 누가가 여기서 인용하고 있는 부분들에 대해서만 설명할 것인데, 그것은 두 부분으로 이루어져 있다. 먼저, 이사야는 교회를 구속하고 그 생명을 회복시키기 위해서는, 그리스도께서 마치 철저히 버림받고 멸망받을 자인 양 분쇄되어야만 한다고 가르친다. 다음으로는, 그리스도의 죽음은 교회에 생명을 가져다주기 위한 것이고, 절망의 심연으로부터 전무후무한 승리가 도래할 것이라고 단언한다. 이사야가 그리스도를 도살자에게로 끌려가는 어린 양과 털 깎는 자 앞에서 잠잠한 양에 비유한 것은 그리스도의 희생이 자발적인 것임을 의미한다. 그가 순종하는 모습을 보여준 것은 하나님의 진노를 누그러뜨리는 길이었음이 확실하다. 사실, 그리스도께서 빌라도 앞에서 하신 말씀(요 18:34, 36)을 보면, 그는 자신의 목숨을 구하고자 하신 것이 아니라, 도리어 자기 자신을 자발적으로 희생 제물로 바치고자 하신 것임이 드러난다. 그리스도께서는 아버지 하나님이 정하신 대로, 우리가 받아야 할 징벌을 대신 감당하신 것이었다. 따라서 이사야 선지자는 우리에게 두 가지를 가르쳐 준다. 하나는, 그리스도께서는 우리로 하여금 생명을 얻도록 하시기 위해서 죽으셔야만 했다는 것이고, 다른 하나는, 그리스도께서는 자신의 순종을 통해서 인간의 완악함(contumacia)을 꺾으시기 위하여 자발적으로 자기 자신을 죽음에 내주셨다는 것이다. 이것으로부터 우리는 베드로가 권면한 바와 같이(벧전 2:18-25) 인내에 관한 가르침을 배우는 것이 마땅하지만, 내가 앞에서 설명한 믿음에 관한 가르침을 먼저 배우는 것이 합당하다.

33. 그가 굴욕을 당했을 때 공정한 재판도 받지 못하였으니. 여기에 인용된 이 구절은 이사야서 53:8에 대한 칠십인역 읽기와 일치하는 것으로 보아서, 우리는 에디오피아 내시가 칠십인역 성경을 갖고 있었던 것이거나, 누가가 자신의 습관대로 당시 통용되던 읽기를 여기에 기록해 놓은 것임을 알 수 있다. 이사야 선지자는 그리스도께서 "굴욕"을 당하시고 "재판"을 받으시겠지만, 거기로부터 들어올려지실 것이라고 말함으로써, 그리스도께서 버려지신 후에 곧이어서 놀라운 승리를 거두게 되실 것을 송축하고 있다(칼빈은 이 구절을 "그의 굴욕 속에서 그의 공의가 높이 들림을 받았다"로 번역한다 ― 역주). 왜냐하면, 만일 그리스도께서 죽음을 이기지 못하셨더라면, 그에게서는 아무것도 바랄 것이 없게 되었을 것이기 때문이다.

따라서 선지자는 그리스도께서 하나님의 손에 의해서 징계를 받고 죽음에 넘겨진 것이라고 말한 후에, 그리스도를 믿는 우리의 믿음을 견고히 하기 위해서, 이제 그리스도에게 새로운 인격(nova persona)을 부여한다. 즉, 그리스도는 죽음의 심연을 벗어난 승리자이시고, 지옥 그 자체를 깨뜨리고 나오신 영원한 생명의 주인이시라는 것이다. 물론, 나는 이 구절이 다양하게 해석되고 있다는 것을 알고 있다. 어떤 이들은 "그리스도께서 감옥에서 십자가로 끌려가셨다"고 말하고 있는 것이라고 이해하기도 하고, 또 어떤 이들은 "그리스도께서 곤욕을 치르시며 재판을 받으신 후에 죽임을 당하셨다"는 뜻으로 이해하기도 한다. 이사야서 히브리어 본문에서 사용된 '라카흐'(לקח)도 여기서 사용된 헬라어 '아이레스타이'(αἵρεσθαι) 못지않게 그 의미가 모호하다. 하지만 문맥을 좀 더 자세히 살펴본 사람이라면, 내가 한 말에 동의할 것이다. 즉, 선지자는 슬프고 참혹한 장면을 우리 앞에 제시한 후에, 이제 사람들이 기대하지 못했던 영광이 출현하는 장면으로 옮겨가고 있는 것이다. 따라서 칠십인역 본문은 이사야서의 히브리어 본문과 그 실질적인 내용에 있어서 별로 다르지 않다. 왜냐하면, 그리스도께서 철저히 분쇄되시는 것처럼 보였을 때, 아버지 하나님께서는 그의 의로우심을 변호하셨던 까닭에, 그의 낮아지심, 또는 버려짐 속에서 그의 공의가 높이 들림을 받은 것이기 때문이다. 이와 같이, 여기에서 사용된 "재판"이라는 단어는 다른 많은 구절들에서처럼 "의로움"을 가리키는 데에 사용된다. 그러나 히브리어 본문에서 이 단어는 "정죄"를 의미한다. 왜냐하면, 선지자는 그리스도께서 극심한 곤욕을 치르고 정죄를 당해 죽으신 후에, 아버지 하나님의 손에 의해서 세우심을 받게 될 것이라고 말하기 때문이다. 따라서 본문의 의미는 아버지 하나님께서 그리스도를 높이 들어올리셔서 그의 나라의 영광으로 들어가게 하시기 전에, 먼저 그리스도께서 죽음에 넘겨져야만 했다는 것이다. 이러한 가르침은 교회의 모든 지체에게 적용되어야 한다. 왜냐하면, 모든 경건한 자들이 죽음에 의해서 삼켜지지 않기 위해서는 하나님의 손에 의해 경이롭게 들림을 받아야 하기 때문이다. 그러나 하나님께서는 자기 백성의 억울함을 풀어 주시는 자(vindex)로 나타나셔서, 그들의 생명을 회복시켜 주실 뿐만 아니라, 많은 사람들로 하여금 죽음에 대하여 놀라운 승리를 거두게 하신다. 이것은 사도가 골로새서 2장에서 말하고 있는 바와 같이, 그리스도께서 십자가 위에서 영광의 승리를 거두신 것과 같다.

33. 그의 세대. 선지자는 승리를 가져온 그리스도의 죽음을 송축한 후에, 그의 승리가 한두 세대에 그치는 것이 아니라 모든 세대에 이어질 것이라고 말한다. 왜냐하면, "누가 그의 세대를 말하리요"라는 선지자의 경탄은 사람의 혀로는 그리스도의 나라의 영속성을 표현할 수 없다고 말한 것과 같기 때문이다. 그러나 해석자들은 이 구절의 의미를 형편없이 왜곡해 왔다. 옛 교부들이 아리우스(Arius)에 대항해서 이 구절을 근거로 하나님의 말씀에 의거한 영원한 세대를 증명하려고 시도한 것은 선지자의 의도와 완전히 동떨어진 것이었고, 크리소스토무스(Chrysostomus)가 "그의 세대"를 인간의 세대와 결부시켜서 설명한 것도 전혀 맞지 않는다. 또한, 선지자가 당시 세대에 속한 사람들을 비난한 것이라고 생각하는 자들도 선지자의 의도를 제대로 파악한 것이 아니다. 어떤 이들은 "그의 세대"를 교회를 가리키는 것이라고 보는데, 그들이 "세대"라는 단어를 자손 또는 후손을 뜻하는 것으로 생각하는 점을 제외하면, 이 견해는 그래도 좀 나은 편이다. 선지자가 사용한 히브리어 '도르'(דור)라는 단어는 사람의 "나이" 또는 "수명"을 뜻한다. 따라서 선지자가 말하고자 한 것은 그리스도께서 아버지 하나님의 은혜로 말미암아 죽음에서 단번에 건지심을 받게 되실 때에 그의 생명이 영원하리라는 것임은 의문의 여지가 없다. 하지만 그리스도께서는 자기 자신만을 위해서가 아니라 자기 백성들 모두를 위해서 다시 살아나신 것이기 때문에, 그리스도의 영원한 생명은 교회 전체에 미친다. 그러므로 선지자는 교회가 자신의 머리로 말미암아 거둔 저 승리의 열매와 효과를 모든

지체들 가운데서 송축하는 것이다. 따라서 이 구절로부터 모든 신자들은 먼저는 영생에 대한 확실한 소망을 품을 수 있게 되었고, 다음으로는 교회의 영속성이 그리스도의 인격 안에서 보장되고 있음을 알게 되었다.

33. 그의 생명이 땅에서 빼앗김이로다. 그리스도께서 죽임을 당하셨기 때문에 하늘과 땅에서 이토록 영광스럽게 다스리시게 되었다고 말하는 것은 정말 터무니없는 추론처럼 보인다. 죽음(interitum)이 생명을 가져다주는 원인이 된다는 말을 어느 누가 믿겠는가? 그러나 지옥이 그리스도께서 하늘로 오르시기 위한 계단이 되게 하시고, 굴욕이 생명으로 나아가는 통로가 되게 하시며, 십자가의 두려움과 어둠으로부터 구원의 찬란한 광채가 나타나게 하시고, 죽음의 심연으로부터 복된 영생이 흘러나오게 하신 것은 하나님의 놀라우신 경륜(consilium)을 따라 일어난 일들이었다. 그리스도께서는 자기를 비워 스스로를 낮추셨기 때문에 아버지께서 그를 지극히 높이셔서 "모든 무릎"으로 그 앞에 꿇게 하셨다(빌 2:10). 이제 우리는 우리가 그리스도와 어떠한 사귐(societas)을 갖고 있는지를 깊이 생각해서, 우리 중 누구도 그리스도와 동일한 길을 걸어가는 것을 고통스럽거나 힘든 일로 여기지 않도록 하여야 한다.

34. 그 내시가 빌립에게 말하되. 배우고자 한 내시의 열망이 얼마나 뜨거운 것이었는지가 여기서 분명하게 드러난다. 그는 마치 미로를 헤매듯이 이사야의 많은 예언들 속에서 배회하고 있었음에도 불구하고, 그 예언들을 읽는 것을 지겨워하지 않았다. 그는 자신의 능력에 대해서 교만하지 않았기 때문에, 자신의 모든 재주를 동원해서 전력을 기울였을 때에 얻을 수 있었던 것보다 더 큰 소득을 갑자기 예기치 않게 올리게 된다. 마찬가지로, 우리가 우리 자신의 무지를 깨닫고 배우기를 거부하지만 않는다면, 하나님께서는 어린아이 같은 우리의 스승이 되어 주실 것이다. 우리가 성경을 읽어나갈 때에는, 처음에는 마치 땅에 뿌려진 씨앗이 얼마 동안은 땅속에 묻혀 있는 것처럼 열매도 없고 무미건조해서 지루하기만 할 뿐일지라도, 때가 되어 하나님께서 성령으로 우리를 조명해 주시면, 우리의 눈이 밝아져서, 성경이 확연하게 깨달아지기 시작한다. 사실, 하나님께서는 결코 자기 백성의 눈이 감겨진 채로 있게 내버려 두지 않으시기 때문에, 그들은 성경에 발을 내딛는 즉시 그 안에서 구원의 길을 보게 되고, 성경을 읽을 때마다 유익을 얻게 된다. 하지만 하나님께서는 종종 마치 장애물을 그들 앞에 놓아 두신 것처럼, 그들로 하여금 앞으로 나아가지 못하고 교착 상태에 빠지게도 하시는데, 그것은 그들의 믿음의 인내를 시험하

시기 위한 것일 때도 있고, 그들의 무지를 깨우쳐 주심으로써 낮아지게 하시기 위한 것일 때도 있으며, 그들의 나태함을 떨쳐내고 좀 더 정신을 차리도록 만드시기 위한 것일 때도 있고, 그들에게 기도의 불을 지펴 주시기 위한 것일 때도 있으며, 그들로 하여금 진리를 더욱 갈망하고 사모하도록 하시기 위한 것일 때도 있고, 그들이 가볍게 여기는 하늘의 지혜가 얼마나 탁월한 것인지를 느끼게 하여 거기에 합당한 존귀를 드리도록 하시기 위한 것일 때도 있다. 그러나 신자들은 비록 온전한 지식이라는 목표에 단번에 이르지는 못한다고 할지라도, 스스로 교만과 냉소로 그 길을 차단하지만 않는다면, 그들의 수고가 헛되지 않다는 것을 항상 깨닫게 될 것이다. 즉, 우리는 하나님께서 온전한 계시를 주실 때까지, 우리가 하나님을 아는 지식을 아주 조금씩 맛보는 덕분에, 우리 안에서 하나님을 경외하는 마음이 점점 커져가고 믿음의 진보가 있게 되는 것으로 만족하는 것이 마땅하다는 것이다.

35. 빌립이 입을 열어. 성경에서 "입을 열다"라는 표현은 중대한 문제에 관한 긴 이야기를 시작한다는 뜻이다. 따라서 누가가 말하고자 하는 것은 빌립이 그리스도에 대해서 내시에게 자세하게 설명하기 시작했다는 것이다. 누가는 빌립이 이사야의 예언으로부터 시작하였다고 말한다. 그것은 성경 속에서 이 예언보다 그리스도를 더 명쾌하게 묘사한 구절이 없었기 때문이기도 하였고, 이 예언은 빌립이 당시에 가장 자연스럽게 활용할 수 있는 본문이었기 때문이기도 하였다. 따라서 빌립은 먼저 선지자 이사야의 예언을 통해서, 그리스도께서 어떤 식으로 오시게 되어 있었고, 그리스도께서 오셨을 때에 우리가 거기에서 무엇을 기대할 수 있는지를 보여준 후에, 에디오피아 내시로 하여금 거기서 약속되었던 그리스도께서 이미 나타나셨다는 것을 알게 하고, 그리스도의 능력을 덧입도록 하기 위해서, 그 예언이 실제로 어떻게 성취되었는지를 설명하고자 한 것이었다. 내가 "그리스도를 전하였다"고 번역한 대목은 헬라어 본문에는 "복음을 전하였다"로 되어 있는데, 그 의미는 빌립이 그리스도께서 자신의 복음을 통해서 우리에게 알게 하심과 아울러 만천하에 전하라고 명하신 대로 그리스도를 내시에게 가르쳤다는 것이다. 이것으로부터 우리는 그리스도를 아는 것이 곧 복음의 모든 것을 아는 것이라는 결론을 얻게 된다.

[36]길 가다가 물 있는 곳에 이르러 그 내시가 말하되 보라 물이 있으니 내가 세례를 받음에 무슨 거리낌이 있느냐 [37](없음) [38]이에 명하여 수레를 멈추고 빌립과 내시가 둘 다 물에 내려가 빌립이 세례를 베풀고 [39]둘이 물에서 올라올새 주의 영이 빌립을

이끌어간지라 내시는 기쁘게 길을 가므로 그를 다시 보지 못하니라 [40]빌립은 아소도에 나타나 여러 성을 지나 다니며 복음을 전하고 가이사랴에 이르니라(8:36-40).

36. 내가 세례를 받음에 무슨 거리낌이 있느냐. 이제 내시가 세례 받는 내용이 이어진다. 우리는 그가 자원하여 그리스도께 자신을 내어드리는 모습 속에서, 짧은 시간 동안에 그가 이룬 성취가 얼마나 큰 것이었는지를 알게 된다. 왜냐하면, 그가 서슴지 않고 자신의 신앙을 외적으로 고백하는 것을 보면, 그의 마음에 이미 어느 정도 성숙한 신앙이 자리 잡은 것이 확실하기 때문이다. 크리소스토무스 (Chrysostomus)는 에디오피아 내시가 겸손하여서 단도직입적으로 세례를 요청하지 못한 것이라고 설명하지만, 나는 거기에 동의하지 않는다. 왜냐하면, 내시가 빌립에게 던진 질문은 "나는 당신에게서 세례를 받고 싶다"고 직설적으로 말한 것보다 더 간절한 마음을 담고 있기 때문이다. 뿐만 아니라, 우리는 빌립이 내시에게 그리스도를 전하면서, 세례가 그리스도 안에서의 새 생명의 징표이고, 말씀과 분리될 수 없을 정도로 결합되어 있다는 것을 알려 주었기 때문에, 내시는 세례 받는 것을 가볍게 여기지 않았던 것임을 알게 된다. 따라서 그는 그리스도에 관해서 들었을 때에 그 말씀을 흔쾌히 받아들였던 것처럼, 이제는 경건한 열정으로 자신의 신앙을 밖으로 고백하고자 한 것이다. 왜냐하면, 그리스도인이라는 것을 사람들 앞에서 증언하지 않은 채로, 하나님 앞에서 내면적으로 믿음을 지니고 있는 것만으로는 충분하지 않다. 세례 받는 것을 망설이게 만드는 많은 것들이 그의 마음에 있었을 것이고, 에디오피아 여왕과 자기 나라 백성들로부터 미움과 수모를 당하고 싶지 않은 마음도 들었겠지만, 그는 그 어떤 것도 그리스도의 제자가 되고 싶어 하는 자신의 열망을 막을 수 없다고 생각하였다. 그는 신앙의 초보적인 원리들을 겨우 몇 시간 배우고도 이러한 진보를 보여주고 있다. 그렇다면, 5년, 10년, 아니 20년을 배우고도, 신앙을 마음에만 간직한 채로 밖으로는 나타내고자 하지 않는 자들의 무기력한 모습은 얼마나 수치스러운 일이겠는가?

37. 빌립이 이르되 네가 마음을 온전히 하여 믿으면 가하니라 대답하여 이르되 내가 예수 그리스도께서 하나님의 아들인 줄 믿노라(한글개역개정에는 37절이 없음). 우리는 내시가 자신의 신앙을 고백하고 나서야 빌립이 그에게 세례가 베풀었다는 사실로부터 하나의 일반적인 규범을 도출해 낼 수 있는데, 그것은 이전에 외인이었던 사람들은 자신이 그리스도를 믿는다고 증언하기 전에는 교회에 받아들여서는

안 된다는 것이다. 왜냐하면, 세례는 믿음에 덧붙여진 것으로서, 순서상으로 믿음 보다 나중이기 때문이다. 세례는 믿음을 인치는 것인 까닭에, 믿음도 없는데 세례 를 주는 것은 사악한 일일 뿐만 아니라 지독한 신성모독이기도 하다. 하지만 광신 자들이 이러한 사실을 빌미로 유아세례를 공격하는 것은 무지의 소치이고 잘못된 것이다. 내시의 경우에 믿음이 세례보다 앞서야 했던 이유는 무엇이었을까? 그것은 그리스도께서 교회의 권속이 된 자들만을 이 징표로써 구별하시는 까닭에, 세례를 받을 자들은 먼저 교회에 접붙임이 되어 있어야 하기 때문이다. 성인들이 믿음으로 말미암아 교회에 접붙임이 되는 것은 확실하다. 하지만 경건한 자들의 자녀들은 교 회의 아들로 태어나고, 모태로부터 그리스도의 지체로 여김을 받는다는 것이 나의 생각이다. 왜냐하면, 하나님께서는 우리를 양자로 삼으신 바로 그때부터 우리의 자 녀들에 대해서도 아버지도 되시기 때문이다. 따라서 성인들의 경우에는 믿음이 요 구되는 것이 당연하지만, 이것을 유아들에게도 적용하는 것은 잘못이다. 유아들의 경우에는 적용되는 원리 자체가 성인들의 경우와는 판이하게 다르기 때문이다. 한 편, 어떤 유명한 이들이 세례는 믿음을 확증해 주는 것이 아님을 증명하기 위하여, 이 구절을 증거 본문으로 삼은 것은 잘못된 것이다. 왜냐하면, 그들은 빌립이 내시 에게 세례를 받으려면 온전한 믿음(perfecta fides)이 있어야 한다고 말한 것으로 보 아서, 세례가 믿음에 더해 주는 것은 아무것도 없음이 분명하다는 논리를 펴 왔기 때문이다. 그러나 성경은 흔히 "두 마음"과 반대되는 "온전한 마음"이라는 표현을 "거짓이 없이 진실된"이라는 의미로 사용한다. 따라서 우리는 빌립이 내시에게 요 구한 "마음을 온전히 하여 믿는" 것을 온전한 믿음을 요구한 것이라고 생각할 이유 는 없다. 왜냐하면, 연약하고 보잘것없는 믿음을 갖고 있는 사람일지라도 얼마든지 그 마음에 가식이 없고 순수할 수 있기 때문이다. 다윗이 자기가 "온전한 마음으로" 하나님을 사랑한다고 말한 것도 우리는 그러한 관점에서 이해하여야 한다. 사실, 빌립은 이전에도 사마리아 사람들에게 세례를 준 적이 있었지만, 그들이 온전한 신 앙이라는 목표와는 거리가 멀다는 것을 알고서도 세례를 준 것이었다. 따라서 "온 전한 마음으로 믿는다"는 것은 마음속에 살아 있는 믿음의 뿌리를 내리고 있으면서 날마다 성장해 가기를 열망하는 것이다.

37. 내가 예수 그리스도께서 하나님의 아들인 줄 믿노라. 세례가 그리스도 위에 세워져 있고, 세례의 능력과 실체도 그리스도 안에 있기 때문에, 에디오피아 내시 는 오직 그리스도만을 내세운다. 이전에도 내시는 하나님이 한 분이시고, 그 하나

님이 아브라함과 언약을 맺으셨으며, 모세를 통해서 율법을 주셨고, 열방 중에서 한 민족을 구별하여 택하셨으며, 온 세상에 은혜를 베푸시기 위하여 그리스도를 약속 하셨다는 것을 알고 있었다. 하지만 이제 내시는 예수가 세상의 구원자이자 하나님 의 아들이시고, 성경이 그리스도에 대하여 말한 모든 것이 다 예수로 귀결된다는 것 을 인정하고 고백하고 있는 것이다. 바울이 말한 대로, 예수가 옛적에 약속되었다 가 마침내 계시되신 그리스도이시라는 것을 온 마음을 다하여 거짓 없이 믿고 영접 하는 것이야말로 방금 전에 빌립이 말한 온전한 믿음이다. 성인이 되어서도 그러한 믿음을 소유하지 못한 자들은 자기가 유아세례를 받았다고 자랑해 보아야 헛일이 다. 왜냐하면, 그리스도께서 유아들을 세례를 통해 받아들이신 것은 그들로 하여금 나이가 들어서 분별력이 생기게 되었을 때에 자기 자신을 그리스도의 제자로 드려 서 성령으로 세례를 받고, 믿음으로 말미암은 지각을 통해서 세례 속에 표상된 그 리스도의 능력을 깨달을 수 있도록 하시기 위한 것이기 때문이다.

38. 빌립과 내시가 둘 다 물에 내려가. 여기서 우리는 옛 사람들이 세례 의식을 어떻게 행하였는지를 알게 된다. 즉, 그들은 온 몸을 물 속에 담그는 침례를 행하였 다. 오늘날에는 목회자가 단지 몸이나 머리에 물을 뿌리는 방식이 통용되고 있다. 그러나 우리는 세례 의식에 있어서의 이런 작은 차이를 빌미로 삼아서 교회를 분열 시키거나 혼란에 빠뜨려서는 안 된다. 세례 의식은 그리스도께서 우리에게 전해 주 신 것이기 때문에, 우리가 그 의식을 박탈당하게 될 상황을 맞이하게 된다면, 그 의 식을 지키기 위해서 죽음도 불사하고 백 번이라도 싸우는 것이 마땅하다. 하지만 지금 우리에게 존재하는 세례 의식 속에는 세례의 본질(substantia)을 구성하는 모 든 것이 다 갖추어져 있다. 왜냐하면, 물(aqua)이라는 상징은 우리가 죄 씻음을 받 고 새 생명을 받았음을 증언해 주고, 그리스도께서 우리를 위해 흘리신 피를 표상 해서 우리로 하여금 그 피로 죄 씻음을 받은 것임을 증언해 주며, 그리스도께서 우 리로 하여금 죄에 대해서는 죽고 의에 대해서는 살게 하시기 위하여 그의 성령으로 우리를 거듭나게 하셨다는 것을 가르쳐 주기 때문이다. 그렇기 때문에, 이러한 본 질(substantia)에 관한 것이 아닌 한, 의식(ritus)과 관련한 사소한 차이들에 대해서 교회는 처음부터 관대하였다. 예컨대, 동일한 침례라고 하여도 물 속에 세 번을 담 그는 경우도 있었고, 한 번만 담그는 경우도 있었다. 따라서 후대에 들어온 의식일 지라도, 그것이 그리스도께서 제정하신 제도를 훼손하는 것이 아닌 한, 우리는 비 본질적인 요소들에 대해서는 지나치게 예민할 필요가 없다.

39. 둘이 물에서 올라올새 주의 영이 빌립을 이끌어간지라. 누가는 이제 내시와 관련된 이야기를 마무리짓기 위해서, 빌립이 내시의 시야에서 홀연히 사라졌다고 말한다. 이 일은 에디오피아 내시에게 확신을 주는 데 있어서 아주 중요하였다. 왜냐하면, 그는 빌립이 마치 천사처럼 하나님에 의해 보내심을 받아 자기에게 왔다가, 수고에 대한 보답을 하기도 전에 홀연히 사라져 버린 것을 보았고, 빌립이 돈 한 푼 받지 않고 사라진 것에서 그가 돈이나 얻으려고 그렇게 한 것이 아니었음을 쉽게 알 수 있었기 때문이다. 빌립이 에디오피아 내시로부터 아무런 보답도 받지 않았다는 사실로부터, 그리스도의 종들은 아무런 보상이 없어도 그리스도를 섬겨야 한다는 것을 배워야 한다. 아니, 그들은 아무 대가도 바라지 않고 사람들을 섬김으로써 하늘의 상급을 소망할 수 있어야 한다. 물론, 하나님께서는 복음의 사역자들이 자신들이 가르친 자들로부터 보수를 받는 것을 허락하시기는 하지만(고전 9:9), 이득 때문에 일을 하는 삯꾼이 되는 것을 금하신다(요 10:12). 왜냐하면, 하나님을 위하여 사람들을 얻는 것이 그들의 목적이 되는 것이 마땅하기 때문이다.

39. 내시는 기쁘게 길을 가므로. 믿음과 하나님을 아는 지식은 항상 이러한 열매를 낳는다. 왜냐하면, 하나님께서 우리를 위해서 그의 긍휼의 곳간을 열어 주실 뿐만 아니라, 우리에게 그의 마음을 쏟아 부어 주시고(이렇게 표현하는 것이 가능하다면), 그의 아들 안에서 자기 자신을 우리에게 주셔서, 우리가 온전히 행복해지는 데에 부족한 것이 아무것도 없게 하신다면, 그것보다 더 기쁜 일은 있을 수 없기 때문이다. 그때에 하늘은 청명해지기 시작하고, 땅은 평온해지기 시작한다. 그때에 우리의 양심은 하나님의 진노하심을 느끼고서 우울해하고 두려워하는 것에서 벗어나 자유를 얻고, 사탄의 폭압에서 풀려나며, 사망의 어둠에서 벗어나서 생명의 빛을 보게 된다. 따라서 선지자들은 그리스도의 나라에 대해서 말할 때마다 언제나 우리에게 환희와 승리의 찬가를 부르라고 촉구하는 것이 몸에 배어 있었다. 그러나 세상의 헛된 기쁨들에 마음을 뺏겨 버린 자들은 이런 영적인 기쁨의 경지에 올라올 수 없기 때문에, 그리스도께서 우리로 하여금 참된 기쁨으로 기뻐하게 하실 수 있도록 하기 위해서는, 우리는 세상과 세상에 속한 모든 유혹들을 멸시하는 법을 배워야 한다.

40. 빌립은 아소도에 나타나. 우리는 여호수아 11장에서 "아소도"가 여호수아가 가나안 땅에서 쫓아내지 못하였던 아낙 사람들의 성읍들 중의 하나였다는 것을 알 수 있다. 그 곳은 "아스글론"에서 40km 가량 떨어져 있었고, 히브리어로는 "아쉬

돗"(אשדוד)이라 불렸다. 하나님은 성령은 빌립을 "아소도"로 옮겨놓으셨고, 빌립은 거기서부터 인간의 통상적인 방식대로 걸어다니면서 가는 곳마다 복음의 씨앗을 뿌렸다. 이곳저곳으로 다니면서 신앙을 전파하는 것은 분명히 흔치 않은 일로서 힘들고 고된 일이었다. 누가는 빌립이 "여러 성을 지나 다니며 복음을 전하고 가이사랴에 이르니라"고 분명하게 언급하는 반면에, 그가 사마리아로 돌아왔다는 말을 하고 있지 않기 때문에, 우리는 그가 한동안 가이사랴에 머물러 있었을 것이라고 추측해 볼 수 있지만, 이 문제는 미해결인 채로 남겨 둔다.

제 9 장

[1]사울이 주의 제자들에 대하여 여전히 위협과 살기가 등등하여 대제사장에게 가서 [2]다메섹 여러 회당에 가져갈 공문을 청하니 이는 만일 그 도를 따르는 사람을 만나면 남녀를 막론하고 결박하여 예루살렘으로 잡아오려 함이라 [3]사울이 길을 가다가 다메섹에 가까이 이르더니 홀연히 하늘로부터 빛이 그를 둘러 비추는지라 [4]땅에 엎드러져 들으매 소리가 있어 이르시되 사울아 사울아 네가 어찌하여 나를 박해하느냐 하시거늘 [5]대답하되 주여 누구시니이까 이르시되 나는 네가 박해하는 예수라 (9:1-5).

1. 사울이 주의 제자들에 대하여 여전히 위협과 살기가 등등하여. 누가는 바울의 회심과 관련하여 특별히 기억할 가치가 있는 저 유명한 이야기, 즉 바울이 사나운 야수처럼 날뛰고 있을 때, 하나님께서 어떻게 바울로 하여금 자신의 명령을 따르게 만드셨고, 어떻게 그를 이전과는 전혀 다른 새로운 사람으로 만드셨는지에 대한 이야기를 여기에 기록한다. 누가는 이 사건이 우리가 기억해야 할 하나님의 역사라고 여겨서, 거기에 걸맞게 시간 순서를 따라 일어난 모든 일들을 상세하게 기록하고 있기 때문에, 우리도 그가 기록한 순서를 따라 내용을 살펴보다가, 그때그때 필요한 설명을 덧붙이는 것이 바람직할 것이다. 사울이 "여전히 위협과 살기가 등등하였다"고 누가가 말한 것은 일단 자신의 손에 무죄한 피를 묻히게 된 사울은 그 후에도 잔혹한 일들을 거침없이 행하는 일을 멈추지 않음으로써, 스데반이 죽을 때에 불행히도 이 일에 처음으로 발을 들여놓은 이래로 항상 피에 굶주린 포악한 교회의 박해자로 기세를 떨치고 있었다는 뜻이다. 그렇기 때문에, 그가 이처럼 갑자기 고분고분해질 수 있었다는 것은 더더욱 믿기 어려운 일이었다. 그러나 우리는 그토록 사나운 늑대가 온순한 양으로 바뀌었을 뿐만 아니라 목자의 성품(pastoris ingenium)까지 갖추게 된 것 속에서, 하나님의 놀라운 손길을 분명히 보게 된다.

2. 공문을 청하니. 누가는 사울이 그리스도인을 박해할 수 있는 권한까지 수여받았다고 보도한다. 즉, 누가는 사울이 대제사장으로부터 "공문"을 받았기 때문에,

그리스도를 고백하는 자들을 모두 잡아서 예루살렘으로 압송할 수 있는 권한이 그에게 있었다고 말하고 있는 것이다. 여기서 여자들이 언급되고 있는 것은 "남녀를 막론하고" 죽이고자 한 사울의 열정이 얼마나 대단한 것이었는지를 좀 더 분명하게 보여주기 위한 것이다. 왜냐하면, 아무리 격렬한 전투의 와중에서도 무장 군인이 여자들을 죽이는 것을 삼가는 것이 통례였는데, 사울은 그런 것조차 아랑곳하지 않았기 때문이다. 이와 같이, 그는 우리에게 사납고 잔인한 짐승의 모습으로 등장한다. 그는 마음대로 폭력을 휘두르며 광분할 수 있었을 뿐만 아니라, 더 나아가 경건한 자들을 죽이고 멸할 수 있는 권한까지 부여받아서, 마치 손에 칼을 쥐게 된 미치광이 같았다. 누가가 사용한 "도"라는 단어는 성경에서 아주 흔히 은유인데, 나는 "종파"라고 번역하였다. 따라서 믿는 자들을 한 사람도 남김없이 잔인하게 박멸해서 그리스도의 이름을 멸절시키는 것이 바울의 의도였다.

3. 사울이 길을 가다가 다메섹에 가까이 이르더니. 사울은 대제사장에게 "공문"을 청해서 받은 후에 그리스도를 대적하러 길을 재촉하였지만, 이제 자신의 뜻과는 반대로 그리스도께 굴복할 수밖에 없게 된다. 정도가 지나친 열정으로 파멸을 향해 달려가던 사람이 자신의 의도와는 반대로 구원으로 부르심을 받는 것은 분명히 하나님의 아주 특별한 은총이다. 하나님께서 사울이 "공문"을 받아서 "다메섹"에 가까이 이르는 것을 허락하셨다는 사실로부터, 우리는 어떤 일이 행해져야 할 최적의 때를 하나님이 얼마나 잘 알고 계시는지를 알게 된다. 하나님께서는 만일 경건한 자들을 아예 처음부터 두려움과 염려로부터 해방시켜 주는 것이 선한 일이라고 생각하셨다면, 얼마든지 좀 더 일찍 사울을 제지하실 수도 있으셨지만, 늑대가 침을 삼키며 양의 우리에 진입하는 바로 그 순간에 그 입을 틀어막아 버리는 쪽을 택하심으로써, 자신이 의도적으로 개입하셔서 은혜를 베풀고 계시는 것임을 더욱 밝히 드러내신다. 또한, 우리는 사람이 고집을 부리면 부릴수록, 이상하게도 그 고집이 점점 심해진다는 것을 알고 있다. 따라서 바울은 계속해서 분노를 품고 있음으로써 더욱 완악하게 되었기 때문에, 그의 회심은 점점 더 어려운 일이 되어 가고 있었다.

3. 홀연히 하늘로부터 빛이 그를 둘러 비추는지라. 이처럼 대단한 자부심을 꺾고, 날뛰는 야수 같은 충동들을 깨부수며, 왜곡된 열심에서 비롯된 맹목적인 열정을 잠재워서, 고삐 풀린 짐승을 마침내 붙들어 매는 것은 결코 쉬운 일이 아니었기 때문에, 그리스도께서는 자신의 위엄(maiestas)을 나타내는 모종의 징표를 보여주셔야 했는데, 이것은 바울로 하여금 자기가 상대하는 존재가 유한한 인간이 아니라

하나님 자신이라는 것을 깨닫도록 하기 위한 것이었다. 하지만 거기에는 그를 낮추기 위한 목적도 있었다. 왜냐하면, 그는 그리스도께서 곧장 성령이라는 편안한 멍에를 메워 주시면 즉시 고분고분하게 순종하도록 길들여질 수 있는 그런 인물이 아니었고, 그의 공격적인 성향이 철저하게 파괴되기 전에는, 그렇게 점잖은 대접을 받을 만한 자격이 없는 사람이었기 때문이다. 인간의 지각으로는 그리스도의 신적 영광을 있는 그대로 파악할 수 없기 때문에, 하나님께서 흔히 어떤 형상들을(forma) 취하셔서 자기 자신을 나타내셨듯이, 여기서 그리스도께서도 자신의 임재를 보여주는 징표(specimen)를 통해서 바울에게 자신의 신성을 나타내셨고, 이것은 바울을 경악하게 만들었다. 왜냐하면, 경건한 자들도 하나님을 보았을 때에 두려워 떨지만, 바울의 경우에는, 자기가 그리스도의 신적 능력에 직면해 있다는 것을 깨달았을 때, 훨씬 다른 방식으로 크게 두려워할 수밖에 없었기 때문이다.

4. 땅에 엎드려. 누가는 바울이 땅에 엎드러졌다고 말한다. 왜냐하면, 하나님의 영광을 직접적으로 맞닥뜨리고 그 임재를 느꼈을 때, 혼비백산하여 엎드러져서 거의 죽게 된 사람처럼 되는 것 외에, 사람이 달리 어떻게 할 수 있겠는가? 그러나 이것은 하나님께서 바울로 하여금 예전 같았으면 말 위에 거만하게 앉아서 멸시했을 그리스도의 음성을 고분고분 듣고서 가르침을 받을 수 있도록 그를 낮추기 시작하신 역사였다.

4. 사울아 사울아. 나는 하늘에서 섬광들이(fulgetra) 번쩍였다는 것을 의심하지 않지만, 누가는 사방에서 바울을 비추었던 빛을 "번개"(fulgur)에 비유한다. 그리스도께서 그의 교만을 깨뜨리기 위해서 발하셨던 이 소리는 "우렛소리"라고 해도 좋을 것이다. 왜냐하면, 그 소리는 바울을 엎드러지게 하고 대경실색하게 만들었을 뿐만 아니라, 그를 완전히 무너뜨렸기 때문이다. 조금 전까지만 해도 그는 자부심이 대단하였고, 자기에게는 복음을 말살할 권세가 있다고 여겨 기세등등했는데, 이제는 자기 자신이 아무것도 아니라는 것을 알게 되었다. 이 구절에서 누가가 바울의 이름을 히브리식으로 "사울아 사울아"라고 표현하고 있는 것은 그리스도의 입에서 나온 말씀을 그대로 전달하기 위한 것이었고, 그리스도께서는 바울에게 유대 백성들이 당시에 사용하던 언어로 말씀하셨던 것이 확실하기 때문이다.

5. 대답하되 주여 누구시니이까 이르시되 나는 네가 박해하는 예수라. 이제 우리는 어느 정도 고분고분하게 길들여진 바울을 보게 되지만, 아직 그는 그리스도의 제자가 아니다. 그의 안에 있던 교만은 교정되었고, 그의 공격성은 사그러들었지

만, 그리스도께 순종할 만큼 온전히 치유된 것은 아니었다. 이전에는 참람한 말을 내뱉던 사람이 명령을 따를 준비가 된 것일 뿐이었다. 이것은 충격과 경악에 빠져서 어떻게 할지를 몰라서 혼란스러워 하는 사람의 모습이다. 하나님의 임재를 나타내는 이러한 징표들을 보고서, 여기서 말씀하시는 분이 하나님이시라는 것을 모를 사람이 누가 있겠는가? 그러므로 그의 당혹스러워 하는 심령으로부터 "주여 누구시니이까"라는 외침이 터져 나왔다. 이렇게 그리스도께서는 그를 점점 회개로 몰아 가신다. 바울에게 나타나신 분이 "나는 예수라"고 하였을 때, 우리는 그 음성이 하늘로부터 들려왔다는 것을 기억하여야 한다. 그 음성은 바울의 마음을 후벼팠을 것임에 틀림없다. 왜냐하면, 그 순간 그는 자기가 지금까지 하나님을 상대로 전쟁을 벌여 온 것임을 깨달았을 것이기 때문이다. 또한, 그 음성은 그를 그 즉시 진심으로 굴복시켰던 것임이 분명하다. 왜냐하면, 그는 자기가 계속해서 하나님을 대적하게 되면, 하나님의 손은 피할 수 없는 까닭에, 자신이 무사할 수 없으리라고 생각하였을 것이기 때문이다.

또한, 이 구절 속에는 아주 유익한 교훈이 담겨 있고, 그 교훈은 여러모로 유익하다. 먼저, 그리스도께서는 복음이 자신의 일이고, 자기와 복음은 결코 분리될 수 없다고 선언하심으로써, 그가 자신의 복음을 얼마나 귀하게 여기시는지를 보여주신다. 그러므로 그리스도께서 복음을 변호하기를 포기하신다는 것은 그리스도께서 자기 자신을 부정하는 것만큼이나 불가능한 일이다. 다음으로, 경건한 자들은 자신들이 복음을 증거하기 위해서 고군분투할 때, 하나님의 아들이신 그리스도께서는 그들과 함께 십자가를 지시고, 그들의 짐을 어느 정도 덜어 주시기 위해서, 자신의 어깨로 그들의 십자가를 떠받쳐 주실 것이라고 말씀하시는 것 속에서 지극한 위로를 얻게 된다. 왜냐하면, 그가 우리와 함께 고난을 받으신다고 하시는 말씀은 결코 빈말이 아니고, 그리스도께서는 전에 복음의 원수들에 의해서 우리가 당해야 마땅한 해악들을 대신하여 자신의 손과 발과 옆구리를 상하게 하셨듯이, 이제는 늘 우리와 함께 동고동락하신다는 것을 우리가 확신하기를 진정으로 바라시기 때문이다. 그렇기 때문에, 바울은 오늘날 신자들이 복음을 지키기 위해서 당하는 모든 박해는 "그리스도의 남은 고난"(골 1:24)이라고 말한다. 또한, 이러한 위로는 우리로 하여금 우리의 머리가 되시는 그리스도와 함께 받는 고난이 결코 무거운 짐이 아니라는 것을 알게 하기 위한 것일 뿐만 아니라, 우리와 함께 자기도 고난을 겪으신다고 하늘로부터 말씀하신 분이 우리의 모든 고난을 신원해 주실 것이라는 소망을 갖게 하기 위한 것이기도 하다. 한편, 여기서 우리는 교회를 박해하는 자들에게 얼마나 두려운 심판이 기다리고 있는지를 알게 된다. 그들은 옛적에 거인족들이 그랬던 것처럼, 하늘을 대적하여 싸우는 자들이고, 조만간에 자신들의 머리로 되돌아와서 그들 자신의 목을 치게 될 창을 휘두르고 있는 자들이다. 그들은 하늘을 어지럽힘으로써 하나님의 진노의 벼락을 자초하는 자들이다. 또한, 우리는 그 누구도 자기 형제를 불의하게 해침으로써 그리스도를 대적해서는 안 되고, 특히 그 누구도 경솔하게 하나님에 대한 열심을 내세워서 맹목적인 광기에 빠져 진리에 대적해서는 안 된다는 보편적인 가르침을 받는다.

5. 가시채를 뒷발질하기가 네게 고생이니라(한글개역개정에는 이 구절이 없다 — 역주). 이것은 소나 말이 가시채로 맞을 때에 거기에 반발해서 뒷발질을 해봐야 가시가 더 깊이 박혀 들어가서 고통만 배가될 뿐인 데서 나온 격언이다. 그리스도께서 이러한 비유를 그를 대적하는 것에 적용하신 것은 지극히 적절한 것이었다. 왜냐하면, 사람들에게 요구되는 것은 그들이 원하든 원하지 않든 그리스도의 통치에 복종하는 것인데도, 그들은 도리어 그리스도를 대적함으로써 갑절로 고생을 자초하기 때문이다. 그리스도께 자원하여 복종하는 자들은 결코 그에게 가시채로 맞지 않고, 오히려 그에게서 자신의 모든 상처를 즉시 치료해 줄 약을 얻게 된다. 반면에, 그리스도를 향해서 독침을 쏘려고 하려는 모든 불경건한 자들은 자신들이 가시채로 맞는 나귀나 소와 같다는 것을 결국에는 깨닫게 될 것이다. 그러므로 그리스도는 경건한 자들에게는 편히 쉴 만한 반석이 되시지만, 그를 막무가내로 대적하는 멸망 받을 자들에게 그 엄청난 무게로 그들을 짓눌러 으깨버릴 바위가 되신다. 이 격언은 일차적으로 복음의 원수들에게 적용되는 것이지만, 그 교훈은 우리에게 확대해서 적용될 수 있다. 즉, 우리는 하나님께서 우리에게 가시(negotium)를 주실 때마다, 우리가 거기에 반항해서 떨쳐내려고 사납게 날뛰면 뭔가 해결이 될 것이라고 생각해서는 안 되고, 도리어 온순하게 길들여진 소나 말처럼, 하나님의 손이 이끄시는 대로 묵묵히 순종하고 나아가야 한다는 것이다. 하나님께서 우리를 가시채로 치실지라도, 우리는 그 가시채로 맞는 것을 순순히 받아들여서, 재갈과 굴레로 단속해야만 날뛰지 못하게 할 수 있는 길들여지지 않은 말이나 노새 같은 신세가 되지 않게 하여야 한다(시 32:9).

또한, 이 이야기 속에서 우리는 하나님께서 우리를 부르실 때에 날마다 보여주시는 은총이 어떤 것인지에 대한 보편적 모형을 보게 된다. 사실, 모든 사람이 이렇게 복음에 대하여 지독하게 적대적인 것은 아니지만, 모든 인간은 교만(superbia)과 하나님을 거슬러 반역하는 마음(rebellio contra Deum)을 갖고 태어난다. 즉, 우리 모두는 천성적으로 사악하고 잔인하다. 따라서 우리가 하나님께로 회심하는 것은 하나님의 기이하고 은밀한 능력으로 말미암아 우리의 본성을 거슬러서 일어나는 일이다. 교황주의자들도 우리의 회심이 하나님의 은혜로 말미암아 가능한 것이라고 말하는 것은 분명하지만, 그들은 하나님과 우리가 "협력해서"(cooperari) 회심이 일어나는 것이라고 생각하는 까닭에, 하나님의 은혜는 회심을 일으키는 데에 관여하는 단지 하나의 요소에 불과한 것으로 취급한다. 그러나 사실은 어떠한가? 하나님께서는 바울의 경우와 정확히 똑같이, 하나님을 대적하는 우리의 육신(carnis)을 죽이시고 우리를 자기에게 굴복시키시는 것이 아니던가? 즉, 하나님께서 우리 마음의 교만을 깨뜨리시고, 우리로 하여금 고분고분하게 자원해서 그에게 순복하도록 만드실 때까지는, 우리의 의지는 바울의 의지보다 눈곱만큼도 더 순종적이지 않다는 말이다. 따라서 우리의 회심은 우리가 하나님을 부르지도 않고 찾지도 않는 가운데 길을 잃고 방황할 때, 그런 우리를 하나님께서 전적으로 자신의 뜻을 따라 먼저 찾아오셔서, 우리가 그의 가르침을 잘 받아들일 수 있도록 우리의 완고한 성정(affectus)을 바꾸어 놓으실 때에 시작된다.

또한, 이 사건은 바울의 가르침(doctrina)를 확증하는 데에 지극히 중요하다. 만일 바울이 처음부터 그리스도의 제자들 중 한 사람이었다면, 사악하고 오만불손한 자들은 그리스도에 대한 그의 증언의 권위를 크게 폄하하였을 것이다. 만일 바울이 처음부터 성격 좋고 유순한 인물로 등장했더라면, 우리는 그에게서 인간적인 것 말고는 아무것도 찾아보지 못했을 것이다. 그렇지만 그리스도의 지독한 원수, 복음의 반역자, 자신의 지혜에 대한 자부심으로 가득했던 자, 참된 믿음에 대한 증오심으로 불타올랐던 자, 위선으로 눈이 멀어 있던 자, 진리를 말살하려는 일념에 사로잡혔던 자 ─ 바로 그런 자가 돌연히, 그리고 지금까지 보지 못했던 방법에 의해서 새사람으로 변화되어서, 늑대가 양이 되었을 뿐만 아니라 목자의 성품까지도 갖추게 되었을 때, 그것은 마치 그리스도께서 하늘로부터 보내심을 받은 천사를 자신의 손으로 이끄셔서 세상의 한복판에 세우신 것만 같았다. 왜냐하면, 우리는 이제 다소의 사울이 아니라, 하나님의 성령에 의해서 지음 받은 새 사람을 보고 있고, 이제 그의 입에서 나오는 말은 하늘로부터 오는 말이 되었기 때문이다.

⁶너는 일어나 시내로 들어가라 네가 행할 것을 네게 이를 자가 있느니라 하시니 ⁷같이 가던 사람들은 소리만 듣고 아무도 보지 못하여 말을 못하고 서 있더라 ⁸사울이 땅에서 일어나 눈은 떴으나 아무것도 보지 못하고 사람의 손에 끌려 다메섹으로 들어가서 ⁹사흘 동안 보지 못하고 먹지도 마시지도 아니하니라(9:6-9).

6. 너는 일어나 시내로 들어가라 네가 행할 것을 네게 이를 자가 있느니라 하시니. 우리는 그리스도께서 바울을 호되게 책망하신 것이 그의 마음을 철저하게 뒤흔들어서 그의 완악함을 무너뜨리는 결과를 가져왔음을 알게 된다. 왜냐하면, 얼마 전까지만 해도 그리스도를 멸시하였던 그가 지금은 그리스도께서 무엇을 명하시든 다 준행할 준비가 되어 있음을 보여주고 있기 때문이다. 그가 그리스도께서 무엇을 원하시는지를 물을 때, 그것은 그리스도의 권위와 권능을 인정하고 있는 것이다. 사실, 멸망 받을 자들도 하나님의 경고에 겁을 집어먹고서, 마지못해 하나님을 공경하고 하나님의 명령에 굴복한다. 하지만 마음속에서는 불평하는 것과 완악함을 키우는 것을 멈추지 않는다. 하나님께서 바울을 낮추셨을 때에는, 그의 마음속에서도 역사가 일어났다. 바울이 애굽 왕 바로보다 더 고분고분하게 하나님께 순복하게 된 것은 그의 성품이 선하였기 때문이 아니었다. 애굽 왕 바로는 대장간에서 달군 쇠를 울려놓고 두드릴 때 받침으로 쓰는 쇳덩이인 모루와 같이 완악하였기 때문에, 마땅히 망치질과 같은 하나님의 채찍질에 굴복했어야 했는데도 그렇게 하기를 거부한 자였다(출 7:13). 그러나 성령에 의해서 바울의 마음에 원래 없던 부드러움이 주어지자, 그의 마음은 돌연 쇳덩이에서 살덩어리로 바뀌었다. 우리도 우리의 내면에서 날마다 똑같은 일을 경험한다. 하나님께서는 자신의 말씀으로 우리를 책망하시고 경고하시고 두렵게 만드실 뿐만 아니라, 거기에 회초리를 더하심으로써, 다양한 방식으로 우리를 압박하셔서 자원해서 순복하도록 종용하신다. 그러나 하나님의 성령이 우리의 마음을 내면에서 부드럽게 만들지 않으시면, 이 모든 수단들은 우리로 하여금 선한 열매를 맺게 할 수 없다.

바울의 뻣뻣하던 목이 그리스도의 멍에를 메게 되자, 그리스도께서는 이제 자신의 손으로 그를 이끌어 가신다. 왜냐하면, 그리스도께서는 출발점에서나 도중에서나 우리를 길에다 버려 두지 않으시고, 한 걸음씩 우리를 목적지로 인도하시기 때문이다. 여기서 누가는 하나님께서 바울을 어떻게 인도해 가시는지 그 일련의 과정을 우리에게 보여준다. 즉, 하나님께서는 먼저 바울로 하여금 자신의 인도하심을 자원해서 받아들이게 만드신 후에, 그를 인도하기 시작하셨다. 하나님께서는 바울을 인도하시기 위하여 아나니아라는 사람을 사용하셨다고 해도, 그것은 곧 하나님의 인도하심과 다를 바가 없었다. 왜냐하면, 하나님께서 사람을 사용하셔서 자신의 일을 이루실지라도, 권위와 권능은 여전히 하나님의 장중에 있기 때문이다. 하지만 하나님의 영원한 지혜이신 그리스도께서, 이제는 청종할 준비가 되어 있고 가르침을 받으려고 갈급해하고 있는 자신의 제자를 직접 가르치지 않으시고, 다른 사람에게 보내어 가르침을 받도록 하신 것은 이상해 보일 수 있다. 나의 대답은 거기에는 합당한 이유가 있었다는 것이다. 왜냐하면, 하나님께서는 마치 아직은 그에게 친밀하게 말씀하실 의향이 없으시다는 듯이, 그가 최근까지 오만방자하게 멸시하고 잔인하게 박해하였던 자신의 종들 중 한 명에게 보내셔서 가르침을 받도록 하심으로써, 바울의 겸손(modestia)을 시험하고자 하신 것이기 때문이다.

또한, 그의 사례를 통해서 우리는 겸손에 대한 가르침을 받는다. 그리스도께서 바울로 하여금 평범한 제자로부터 가르침을 받도록 하셨다는 것을 생각할 때, 하나님께서 우리 위에 세우셔서 실제 사역을 통해 하나님의 사역자임이 증명된 선생의 말을 듣기를 우리가 꺼려한다면, 그것이 가당키나 한 일이겠는가? 따라서 우리는 하나님께서 바울을 아나니아에게 보내신 것은 교회의 사역에 존귀를 더하시기 위한 것임을 깨달아야 한다. 하나님께서 우리 가운데서 몇몇 형제들을 선택하셔서 자신의 뜻을 해석하고 가르칠 자들로 삼으시고, 원래 부정할 뿐만 아니라 거짓과 허망한 말들만을 내뱉을 뿐이었던 그들의 입을 통해 자신의 거룩한 말씀을 전하게 하시는 것은 지극히 큰 영광임에 틀림없다. 하지만 사람들은 누구나 천사가 자기에게 날아오기를 바라거나, 하늘이 자기 눈 앞에서 갈라져서 하나님의 영광이 눈에 보이게 나타나기를 바랄 뿐이고, 사람들의 입을 통해서 하나님께서 하시는 말씀을 기꺼이 들으려고 하는 자는 아무도 없다는 사실에서, 다시 한 번 세상의 추악하고 배은 망덕한 모습이 적나라하게 드러난다. 그러한 잘못된 기대는 우리가 사악하고 교만해서 하나님의 말씀을 멸시하는 데서 생겨나기 때문에, 많은 망상들을 만들어 낼 뿐만 아니라, 신자들 간의 일치와 연대를 무너뜨린다. 따라서 하나님께서는 우리가 사람들을 통해서 자신의 가르침을 받는 것을 기쁘게 여기신다고 분명하게 말씀하실 뿐만 아니라, 자신이 세우신 이러한 질서를 권장하시고 확증하신다. "너희 말을 듣는 자는 곧 내 말을 듣는 것이요"(눅 10:16)라는 말씀도 이것과 관련이 있는데, 그리스도께서는 사람들로 하여금 하나님의 말씀에 대하여 합당한 공경을 드리도록 하시기 위하여 그런 말씀을 하신 것이다.

그리스도께서는 "네게 이를 자가 있느니라"는 말씀으로 가르치는 일과 관련해서 아나니아를 자신을 대신할 자로 세우신다. 이것은 그리스도께서 자신의 권위를 그에게 넘겨 주신 것이 아니라, 그가 복음의 신실한 사역자가 되어 바울을 가르치게 하시기 위한 것이다. 따라서 우리는 하나님의 사역자들을 통해서 오직 그리스도 안에서 말씀하시는 하나님의 음성만을 들어야 한다는 원칙을 늘 지켜야 한다. 또한, 우리는 두 가지 악, 즉 사역자들이 이러한 막중한 직분을 빌미로 교만해지거나, 자신의 안 좋은 상태 때문에 하늘의 지혜를 훼손시키는 것을 경계하여야 한다.

7. 같이 가던 사람들은. 누가가 여기서 바울과 "같이 가던 사람들"에 대해서 간단하게 언급하는 이유는 그들은 바울이 본 것에 대한 증인들이었기 때문이다. 하지만 여기에 나오는 기사는 나중에 22장에 나오는 바울의 말과 완전히 일치하지는 않는다. 왜냐하면, 거기서 바울은 자신의 동료들이 빛을 보고 두려워하였지만 음성은 듣지 못하였다고 말하기 때문이다. 어떤 이들은 이것은 필사자의 무지로 말미암아 부정어가 잘못된 위치에 놓이게 된 것으로서 필사상의 오류였을 것이라고 생각한다. 하지만 나는 이 문제를 해결하는 것은 별로 어려운 일이 아니라고 본다. 왜냐하면, 그들이 실제로 소리를 듣기는 했지만, 누가 무슨 말을 하는지는 들을 수 없었을 것이고, 그들이 "나에게 말씀하시는 이의 소리는 듣지 못하더라"(22:9)고 한 바울의 말도 오직 자신만이 그리스도께서 하시는 말씀을 알아들었다는 것을 의미하는 것임이 분명하기 때문이다. 따라서 우리는 바울과 함께 있던 다른 사람들의 귀에는 그 소리가 무슨 말씀인지 알아들을 수 없는 애매모호한 소리로 들린 것이라고 할 수 있다. 누가가 여기서 "같이 가던 사람들"이 "소리만 듣고 아무도 보지 못하였다"고 말한 것은 그 소리가 사람으로부터 나온 것이 아니라 하나님으로부터 나왔다는 것을 보여주고자 한 것이었다. 그러므로 바울의 동료들은 번개와 같은 빛을 보았고, 바울이 땅에 엎드러지는 것을 목격하였으며, 비록 무슨 말인지를 알 수 있을 정도로 명료하지는 않았지만, 하늘로부터 들려오는 소리도 들었는데, 이것은 하나님께서 이 이적의 확실성을 사람들로 하여금 알게 하시기 위한 것이었다. 그러나 오직 그리스도로부터 무엇을 해야 하는지를 가르침 받은 사람은 오직 바울뿐이었다.

8. 사울이 땅에서 일어나. 이제 누가는 바울이 너무 큰 충격을 받아서 스스로는 일어날 수도 없었다는 사실을 덧붙인다. 뿐만 아니라, 하나님께서는 바울로 하여금 그가 이전에 지녔던 총명함을 다 잊어버리도록 하시기 위하여 일시적으로 아무것

도 볼 수 없게 만드셨다. 누가가 바울이 "눈은 떴으나 아무것도 보지 못했다"고 한 것은 그의 눈이 "비늘 같은 것"(9:18)으로 덮여 있었다는 바로 뒤에 나오는 말과 부합하지 않는 것처럼 보일 수 있지만, 이 구절이 말하고자 한 것은 그가 정말 눈이 멀어 버렸다는 것이다. 실제로, 뒤에서 누가는 바울은 눈이 멀어서 시력을 잃은 상태로 사흘을 지내야 했음을 보여준다.

9. 사흘 동안 … 먹지도 마시지도 아니하니라. 누가는 바울이 사흘 동안 먹지도 마시지도 않았다고 말하는데, 우리는 이것도 이적의 일부로 여겨야 한다. 왜냐하면, 비록 동방 사람들이 우리보다 더 굶주림을 잘 견딘다고 하더라도, 먹을 것이 없는 사람이거나, 어쩔 수 없는 사정이 있는 사람 말고는, 사흘 동안 굶은 사람이 그들 중에 있었다는 것을 우리가 읽어 본 적이 없기 때문이다. 따라서 우리는 바울이 마치 죽은 사람처럼 사흘 동안 식음을 전폐하고 있었다는 사실로부터, 그가 받은 충격이 엄청났던 것임을 알게 된다.

[10]그 때에 다메섹에 아나니아라 하는 제자가 있더니 주께서 환상 중에 불러 이르시되 아나니아야 하시거늘 대답하되 주여 내가 여기 있나이다 하니 [11]주께서 이르시되 일어나 직가라 하는 거리로 가서 유다의 집에서 다소 사람 사울이라 하는 사람을 찾으라 그가 기도하는 중이니라 [12]그가 아나니아라 하는 사람이 들어와서 자기에게 안수하여 다시 보게 하는 것을 보았느니라 하시거늘(9:10-12).

10. 그 때에 다메섹에 아나니아라 하는 제자가 있더니. 그리스도께서 바울을 다른 쟁쟁한 사도들이 아니라 이 사람에게 붙이신 것은 오만함을 벗어버린 바울로 하여금 가장 작은 자에게 청종하는 법을 배우게 하고, 기고만장하던 자리로부터 가장 낮은 서열로 내려오게 하기 위한 것임은 우리는 이미 앞에서 말한 바 있다. 한편, 그리스도께서 아나니아에게 환상을 주신 것은 그가 두려움으로 말미암아 바울을 가르쳐야 하는 소임을 회피하지 않도록 하기 위한 것이었다. 왜냐하면, 아나니아는 비록 그리스도께서 자신을 그런 소임으로 부르셨다는 것을 알았더라도, 그 소임을 맡지 않으려고 피하거나 핑계할 수도 있었기 때문이다. 따라서 그리스도께서는 아나니아로 하여금 자기가 명하신 일을 열심으로 담대하게 준행하도록 하기 위해서는, 자신이 그를 부르셨다는 것에 대한 명확한 확증을 주시고, 그의 수고가 형통하여 좋은 열매를 맺게 될 것임을 약속해 주시는 것이 필수적이었다. 또한, 그리스도

께서는 환상 중에 아나니아에게 나타나셔서 확신과 힘을 주신 것에서 그치신 것이 아니라, 바울을 잘 준비시키셔서 아나니아를 마치 하늘에서 내려 온 천사처럼 공경하며 그의 가르침을 청종할 수 있게 해놓으신다. 그리스도께서는 바울을 아나니아에게 곧장 보내실 수도 있었고, 그의 집을 보여주실 수도 있었지만, 이 방법이 바울을 견고히 세우는 데에 더 적절하였다. 왜냐하면, 바울은 그리스도께서 자기에게 얼마나 큰 관심을 갖고 계시는지를 더 잘 알게 될 것이었기 때문이다. 아울러, 그리스도께서 앞에서는 친히 바울에게 나타나시더니, 이제는 자신의 사역자를 통해서 다시 한 번 그에게 손을 내미신 것은 그리스도의 은혜가 얼마나 큰 것인지를 우리에게 깨닫게 해준다. 한편, 우리는 바울의 사례를 통해서 우리도 잃은 양을 찾기 위해서 더욱 분발해야 한다는 가르침을 받는다.

10. 주께서 환상 중에 불러 이르시되. 여기서 "환상"은 하나님의 임재를 증거하기 위해서 사람들의 눈 앞에 제시되는 모종의 상징(symbolum)을 의미한다. "환상"의 유용성은 말씀의 권위를 확증해서 사람들 가운데서 말씀이 신뢰를 얻게 하는 데에 있다. 하나님께서는 자기가 환상이나 꿈을 통해서 자기 종들에게 말씀하신 대로, 흔히 꿈과 환상을 통해서 선지자들에게 확증을 주곤 하셨다. 하나님께서 사탄이 거짓 환상을 이용해서 불신자들을 미혹하도록 허용하신 것은 사실이다. 하지만 사탄의 미혹은 오직 어둠 속에서만 활발하고, 하나님께서는 자기 백성들의 마음에 빛을 비추어 주시기 때문에, 그들은 자신들이 속아 넘어갈 염려가 없다는 것을 안다. 그래서 아나니아는 자기에게 나타나신 분이 하나님이심을 알고서는, "주여 내가 여기 있나이다"라고 대답한 것이다.

11. 다소 사람 사울이라 하는 사람을 찾으라 그가 기도하는 중이니라. 누가는 바울이 사흘 동안 기도에 몰두하고 있었음을 보여주는데, 우리가 이미 말한 바와 같이, 탈혼상태에 빠진 사람들이 흔히 그러하듯이, 바울이 감각을 상실해서 그렇게 오랫동안 먹지 못했던 것이 확실함에도 불구하고, 이렇게 기도해야 했던 것도 그가 금식을 한 이유 중 하나였을 것이다. 분명한 것은 그리스도께서 여기서 말씀하신 것은 바울이 짤막하게 잠깐 기도하였다는 것이 아니라, 마음의 평정이 온전히 회복될 때까지 끈질기게 계속해서 기도하였다는 것이다. 왜냐하면, 다른 두려움의 이유는 그만두고라도, "사울아 사울아 네가 어찌하여 나를 박해하느냐"라는 음성이 계속해서 그의 귓전을 울렸을 것이기 때문이다. 또한, 우리에게는 그리스도께서 사흘이라는 유예 기간을 두시고서, 그동안에 바울로 하여금 초조하고 괴로운 마음으로 온전

한 계시를 기다리게 하신 것이 이상해 보일 수도 있겠지만, 그것은 그의 내면에서 기도의 열망이 더 강력하게 불타오를 수 있도록 하시기 위한 것이었음은 의심의 여지가 없다.

12. 그가 아나니아라 하는 사람이 … 보았느니라. 이 구절이 누가가 계속해서 그리스도의 말씀을 보도하고 있는 것인지, 아니면 자신의 설명을 덧붙인 것인지는 확실하지 않다. 이 구절을 누가의 것으로 돌리는 자들은 여기서 뭔가 어색한 것을 느끼고서, 그리스도께서 이런 말씀을 하셨을 것 같지 않다고 생각한다. 하지만 이 문제는 쉽게 해결될 수 있다. 즉, 그리스도께서는 아나니아에게 다음과 같이 확신을 주고 계신다는 것이다: "바울은 환상을 통해서 네가 어떻게 생겼는지를 이미 알고 있기 때문에, 그가 너를 기꺼이 맞아줄 것임을 네가 의심할 이유가 없다. 또한, 나는 그에게 네 이름과 및 네가 그에게 하게 될 모든 일들도 다 알려 주었다." 그러나 어느 쪽을 선택하든, 그것은 독자의 자유이다.

¹³아나니아가 대답하되 주여 이 사람에 대하여 내가 여러 사람에게 듣사온즉 그가 예루살렘에서 주의 성도에게 적지 않은 해를 끼쳤다 하더니 ¹⁴여기서도 주의 이름을 부르는 모든 사람을 결박할 권한을 대제사장들에게서 받았나이다 하거늘 ¹⁵주께서 이르시되 가라 이 사람은 내 이름을 이방인과 임금들과 이스라엘 자손들에게 전하기 위하여 택한 나의 그릇이라 ¹⁶그가 내 이름을 위하여 얼마나 고난을 받아야 할 것을 내가 그에게 보이리라 하시니(9:13-16).

13. 주여 이 사람에 대하여 내가 여러 사람에게 듣사온즉. 아나니아는 사울이 위험한 인물임을 이유로 들어서 그리스도께서 하신 말씀에 이의를 제기함으로써 자신의 믿음이 연약하다는 것을 드러낸다. 이와 같이, 우리는 성도들과 그리스도의 종들이 죽음에 대한 두려움에 사로잡혀서, 자신의 직분을 제대로 수행하지 못하고, 때로는 신앙까지도 흔들리는 경우가 있음을 알고 있다. 아나니아는 자기가 이 일을 맡지 않았으면 좋겠다고 생각했을 것임에 틀림없다. 하지만 두려움에 굴복해서 그리스도께 순종하지 않는 데까지 나아가지는 않는 것이 참된 믿음을 지닌 자의 특징이다. 따라서 참된 경건을 보여주는 증표는 처음에는 죽음에 대한 두려움으로 말미암아 망설일지라도, 이내 자기 자신은 잊어버리고, 그리스도께서 자신을 부르신 곳으로 신속하게 달려간다는 것이다. 하지만 아나니아가 이렇게 말했다고 해서, 자신

이 받은 명령을 드러내놓고 거부한 것은 아니었고, 단지 다음과 같이 은근히 항변을 하고 있는 것이다: "주님, 저를 사형집행인에게 보내시고자 하시는 이유가 무엇입니까?" 따라서 우리는 그에게 순종하고자 하는 마음과 두려움이 병존했음을 알게 된다.

14. 주의 이름을 부르는 모든 사람을 결박할 권한을 … 받았나이다. 아나니아가 이렇게 말한 것으로 미루어 볼 때, 우리는 사울이 계획하고 있던 박해에 관한 소문이 아주 광범위하게 퍼져 있어서, 나중에 그의 회심은 더욱 유명하게 될 수밖에 없었다는 결론을 얻게 된다. 하나님께서 때때로 자신의 신실한 자들로 하여금 끔찍한 고통을 겪도록 하시는 것은 나중에 그들이 갑작스럽게 구원을 받게 되었을 때에 거기에서 보여진 하나님의 은혜가 더욱 빛나도록 하시기 위한 것이다. 우리는 누가가 경건한 자들을 그리스도의 이름을 부르는 자들이라고 표현한 것에 주목하여야 한다. 왜냐하면, 우리가 이 표현을 그들이 그리스도에게 속한 사람임을 고백하고서 그리스도를 자랑하였다는 의미로 이해하든, 아니면 그들이 그리스도의 도우심을 구하기 위하여 그 이름을 부르곤 하였다는 의미로 이해하든, 그리스도를 믿고 의지하는 것이 없이는 그 이름을 부른다는 것은 있을 수 없기 때문이다. 이 표현을 어떤 쪽으로 이해하든지, 그리스도의 신성은 분명하게 증명된다. 뿐만 아니라, 좀 더 유력한 견해라고 할 수 있는 후자를 취한다면, 우리가 그리스도를 알게 된 후에는, 여기에 나오는 믿는 자들이 보여준 모범을 따라 그리스도의 이름을 불러야 한다는 것을 배우게 된다.

15. 가라 이 사람은 … 택한 나의 그릇이라. 그리스도의 명령이 반복되고 성공에 대한 약속이 주어지면서, 모든 의심은 말끔히 사라진다. 따라서 만일 회초리를 많이 맞고도 전혀 고쳐지지 않는다면, 그것은 전적으로 게으름 탓이기 때문에 핑곗할 수 없게 된다. 우리는 그런 부류의 사람들을 무수히 찾아볼 수 있다. 그들은 하나님이 아무리 끈질기게 부르셔도 평생 빈둥대기만 할 뿐 아니라, 오히려 온갖 핑곗거리를 대면서 점점 더 게을러져 간다. 이것이 그리스도께서 두 번째로 명령하시자 이번에는 조금도 지체하지 않고 두말없이 따르는 아나니아의 모범에 우리가 더욱 주목해야 하는 이유이다. 오늘날에는 주께서 환상을 통해 말씀해 주시지 않는다는 핑계를 대며 이의를 제기하는 자가 있다면, 나의 대답은 우리에게는 환상보다도 더 권위 있고 분명하게 말씀해 주는 성경이 있기 때문에, 우리는 거기에서 하나님의 음성을 들어야 한다는 것이다.

에라스무스가 "택한 도구"로 번역한 "택한 그릇"은 뛰어난 종을 의미한다. "도구"
라는 말은 하나님께서 자신의 뜻을 따라 그들의 수고를 사용할 뿐이고, 그들 자신
이 할 수 있는 것은 아무것도 없다는 것을 보여준다. 왜냐하면, 우리가 도구라면, 엄
밀하게 말해서, 하나님만이 행위 주체(autor)이시고, 행하실 수 있는 능력도 하나님
의 장중에 있기 때문이다. 그리스도께서 여기서 바울에 대해서 말씀하신 것은 모든
사람에게도 동일하게 적용된다. 따라서 사람이 아무리 열심히 노력하고 탁월하게
자신의 소임을 수행한다고 하더라도, 그에게는 으쓱대거나 자랑할 이유가 티끌만
큼도 없다. "그릇"이라는 단어를 가지고 궤변을 늘어놓는 자들은 히브리어에 대한
무지로 말미암아 헛소리를 하고 있는 것이다. 누가가 형용사 대신에 속격을 사용한
것도 히브리어의 통상적인 어법을 따른 것이다. 또한, 누가는 이 표현을 통해서 그
의 탁월함을 드러내고자 하였다. 그는 이렇게 말한 것 같다: "이 사람은 평범한 그
리스도의 종이 되지 않을 것이고, 다른 어떤 종들보다도 더 뛰어난 능력을 부여받
게 될 것이다." 아울러, 우리가 유의해야 할 것은 사람이 어떤 뛰어난 능력을 지니
고 있든지 간에, 그것은 하나님께서 값없이 주신 은혜의 선물이라는 사실이다. 바
울 자신이 다른 곳에서 그렇게 가르치고 있다: "누가 너를 남달리 구별하였느냐 네
게 있는 것 중에 받지 아니한 것이 무엇이냐 네가 받았은즉 어찌하여 받지 아니한
것 같이 자랑하느냐"(고전 4:7).

15. 내 이름을 이방인과 임금들과 이스라엘 자손들에게 전하기 위하여. 이전에
그리스도의 이름을 말살하려고 했던 자에게 이제 그 이름을 전할 사명이 주어진다.
헬라어 '스큐오스'(σκεῦος)를 "그릇"이라고 이해하게 되면, 그 은유적인 의미가 여
기에도 적용된다. 왜냐하면, 복음의 사역자는 그리스도의 이름을 담아 나르는 그릇
과 같은 역할을 수행하는 것으로 묘사되고 있는 것이 되기 때문이다. 그러나 이 헬
라어에 해당하는 히브리어는 도구 일반을 의미하기 때문에, 나는 "이름을 전한다"
는 어구를 그의 이름을 "들어올리거나 높여서" 존귀하게 해드린다는 의미로 단순
하게 이해하고자 한다. 왜냐하면, 복음을 전해서 세상을 그리스도의 통치 아래로 이
끌어 오는 것은 어떤 의미에서는 그리스도를 그의 보좌에 앉혀 드리는 것이기 때문
이다.

**16. 그가 내 이름을 위하여 얼마나 고난을 받아야 할 것을 내가 그에게 보이리라
하시니.** 누가는 사탄과 세상이 가만히 있거나 고분고분히 굴복하지 않을 것이기
때문에, 바울이 십자가를 지는 법을 가르침 받게 될 것이라는 말을 덧붙인다. 이 구

절의 의미는 이런 것이다: "내가 그로 하여금 고난을 감당하고 비난을 감수하며 온 갖 싸움을 견뎌나갈 수 있게 할 것이기 때문에, 그 어떤 것도 그가 그의 직임을 수행 하는 것을 방해하지 못하게 될 것이다." 사실, 그리스도께서 이 일에 있어서 친히 바 울을 가르쳐 주시는 선생이 되시겠다고 하셨을 때, 그것은 누구든지 그리스도의 학 교에서 잘 배울수록 십자가를 더 잘 지게 될 것임을 일깨워 주신 것이다. 왜냐하면, 그리스도께서 우리의 마음을 다스리셔서 고분고분하고 유순한 상태(mansuetudo) 로 만들어 주시기 전에는, 우리는 십자가를 가장 괴로운 일로 여겨서 거부하고 거 기서 도망하려고 하기 때문이다. 또한, 이 구절은 세상이 복음을 적대하는 상황에 서, 고난을 받을 각오가 되어 있지 않은 사람은 복음을 전하기에 합당한 사람이 될 수 없다는 것을 보여준다. 따라서 우리가 그리스도의 신실하고 충성된 사역자가 되 고자 한다면, 그리스도께 지식과 지혜의 영을 구해야 할 뿐만 아니라, 결코 변치 않 는 끈기(constantia)와 불굴의 담대함(fortitudo)의 영도 구해야 한다. 그래야만, 우 리는 경건한 자들의 운명인 끔찍한 고난 앞에서 좌절하지 않을 수 있게 된다.

[17]아나니아가 떠나 그 집에 들어가서 그에게 안수하여 이르되 형제 사울아 주 곧 네 가 오는 길에서 나타나셨던 예수께서 나를 보내어 너로 다시 보게 하시고 성령으로 충만하게 하신다 하니 [18]즉시 사울의 눈에서 비늘 같은 것이 벗어져 다시 보게 된지 라 일어나 세례를 받고 [19]음식을 먹으매 강건하여지니라(9:17-19a).

17. 아나니아가 … 그에게 안수하여 이르되. 유대인들 가운데서는 어떤 사람을 하나님께 맡겨드릴 때, 그에게 안수하는 것이 엄숙한 통상적인 의식이었다는 것을 우리는 다른 곳에서 언급한 바 있다. 사도들은 희생제사로부터 유래한 이 관행을 자신들의 용도에 맞게 계승해서, 눈에 보이는 성령의 은사들을 수여할 때나, 교회 의 사역자를 세울 때에 사용하였다. 아나니아가 지금 바울에게 안수를 하고 있는 것도 한편으로는 그를 하나님께 성별해드리기 위한 것이었고, 다른 한편으로는 그 로 하여금 성령의 은사들을 받게 하기 위한 것이었다. 하지만 여기에 가르침에 대 한 명시적인 언급은 없지만, 나중에 바울 자신이 한 말로 미루어 볼 때, 아나니아에 게 바울을 가르치라는 소임도 부여되었음이 분명하다. 그리고 세례가 순서상으로 가르침이 주어진 뒤에 행해졌다는 사실을 감안할 때, 우리는 아나니아가 바울에게 믿음에 대한 가르침을 베풀었을 것이라고 추론하게 된다. 안수라는 의식이 성령을

수여하는 데에 어떠한 효과를 지니는지에 대해서는 내가 8장에서 이미 설명한 바 있다. 한편, 바울은 아나니아의 안수로 성령을 받은 것이기 때문에, 오직 주교들만이 안수할 수 있다고 하는 교황주의자들의 주장은 가소롭기 짝이 없다.

18. 즉시 사울의 눈에서 비늘 같은 것이 벗어져 다시 보게 된지라. 앞에서 이미 말했듯이, 바울의 눈이 멀게 된 것은 단지 두려움이나 놀람 때문만이었던 것이 아니라, 그리스도께서 바울로 하여금 자신이 전에 눈이 멀어 있었다는 것을 깨닫게 하셔서, 지금까지 그를 사로잡고 있었던 자부심이나 자긍심을 완전히 벗어 던질 수 있게 하시기 위한 것이었다. 바울은 가말리엘의 문하에서 교육 받은 것을 자랑으로 여겼고(행 22:3), 자신의 안목(perspicacia)에 대해서도 대단한 긍지를 갖고 있었을 것임은 의심의 여지가 없지만, 그런 안목이라는 것은 한낱 눈먼 것(caecitas)에 불과한 것이었다. 그래서 그리스도께서는 그로 하여금 마음눈으로 보는 법을 배우게 하시기 위하여, 그의 육안의 시력을 사흘 동안 박탈하신 것이었다. 왜냐하면, 스스로 지혜 있다고 여기는 자들은 우매한 자가 되어야만, 참으로 지혜로운 자로 새롭게 빚어질 수 있기 때문이다. 그리스도는 "의의 해"(sol iustitiae)이시기 때문에, 우리는 그가 없이는 아무것도 볼 수 없고, 우리의 마음 눈을 열어 주시는 분도 바로 그리스도이시다. 그리스도께서는 바울의 눈을 일시적으로 멀게 하심으로써 이 두 가지를 그에게 보여주셨고, 아울러 그를 통해서 우리에게도 보여주셨다. 즉, 그리스도께서 바울의 눈이 비늘로 덮이게 하신 것은, 먼저 그로 하여금 자신의 모든 총명이 무지일 뿐임을 알게 하셔서, 전에 그에게 없던 새로운 빛이 자기에게 필요하다는 것을 깨닫게 하시고, 다음으로는 참 빛은 그리스도가 아닌 다른 어느 곳에서도 찾을 수 없다는 것과 그리스도의 은혜 외에는 그 어떤 다른 방법으로도 그 참 빛이 그에게 주어질 수 없다는 것을 배우게 하시기 위한 것이었다. 한편, 그가 사흘 동안 먹지 못해서 기력이 많이 소진된 상태였는데도, 세례를 받고 난 후에야 음식을 먹었다는 사실로부터, 가르침을 받고자 한 그의 열정이 얼마나 강렬한 것이었는지가 분명하게 드러난다. 왜냐하면, 그는 자신의 영혼이 먼저 힘을 얻게 될 때까지는, 음식을 먹고 몸의 기력을 회복시키려고 하지 않았기 때문이다.

¹⁹사울이 다메섹에 있는 제자들과 함께 며칠 있을새 ²⁰즉시로 각 회당에서 예수가 하나님의 아들이심을 전파하니 ²¹듣는 사람이 다 놀라 말하되 이 사람이 예루살렘에서 이 이름을 부르는 사람을 멸하려던 자가 아니냐 여기 온 것도 그들을 결박하여

대제사장들에게 끌어 가고자 함이 아니냐 하더라 ²²사울은 힘을 더 얻어 예수를 그리스도라 증언하여 다메섹에 사는 유대인들을 당혹하게 하니라 ²³여러 날이 지나매 유대인들이 사울 죽이기를 공모하더니 ²⁴그 계교가 사울에게 알려지니라 그들이 그를 죽이려고 밤낮으로 성문까지 지키거늘 ²⁵그의 제자들이 밤에 사울을 광주리에 담아 성벽에서 달아 내리니라(9:19b-25).

20. 즉시로 각 회당에서 예수가 하나님의 아들이심을 전파하니. 이제 누가는 바울의 회심이 어떠한 열매를 맺게 되었는지를 보여주기 시작한다. 즉, 그는 즉시 대중들 앞에 모습을 드러내서, 자기가 그리스도의 제자가 되었음을 선언할 뿐만 아니라, 담대하게 복음을 옹호함으로써, 원수들의 증오와 분노에 자신을 내맡겼다. 따라서 얼마 전까지만 해도 그리스도에게 맹렬한 공격을 퍼붓던 사람이 그의 명령을 고분고분 따를 뿐만 아니라, 그의 영광을 드러내기 위해서 선봉에 서서 죽을 위험을 무릅쓰고 맞서 싸우고 있는 것이다. 그가 이렇게 신속하게 변화된 것은 아나니아 덕분이 아니라, 사람의 입에서 나온 복음의 기본적인 가르침들이 그의 심령에 닿았을 때, 하나님께서 그를 더 깊은 가르침들로 이끄셨기 때문이었을 것임은 의심의 여지가 없다. 누가는 여기서 바울이 사람들에게 전한 것을 그리스도는 하나님의 아들이셨다는 말로 요약하고, 조금 뒤에서도 동일한 맥락에서 그가 전한 것이 예수가 그리스도이셨다는 내용이었다는 말을 덧붙인다. 하지만 우리는 바울이 율법과 예언서를 근거로 해서, 메시아가 와서 해야 할 일들이 무엇이었는지에 대하여 말하고 난 후에, 하나님께서 메시아에 관하여 약속하신 모든 것이 그리스도 안에서 이루어졌음을 가르친 것이라고 이해하여야 한다. 왜냐하면, 바로 이것이 누가가 바울이 그리스도는 하나님의 아들이라고 전하였다고 말한 의미이기 때문이다. 하나님께서 만물을 복된 상태로 회복시키시기 위하여 한 구속주를 보내시리라는 것은 유대인들 사이에서는 논란의 여지가 있을 수 없는 자명한 일이었다. 바울은 나사렛 예수가 이 구속주라고 가르쳤지만, 유대인들이 꿈꾸어 왔던 세상적인 메시아 왕국을 둘러싼 엄청난 오류들을 그들로부터 몰아내지 않고는, 그들이 그런 가르침을 받아들인다는 것은 불가능한 일이었다. 따라서 바울이 율법을 인용해서 하나님께서 어떤 목적으로 그리고 어떤 식으로 메시아를 약속하신 것이었는지를 설파하지 않을 수 없었으리라는 것은 분명해 보인다. 그러나 마리아의 아들 예수가 율법과 선지자들이 증언해 왔던 바로 그 메시아라는 것을 증명하는 것이 바울에게 있어서 이 모

든 것의 최종적인 목표였던 까닭에, 누가는 바울이 전한 것을 오직 "예수"라는 이 한 단어로 요약해도 충분할 것이라고 여긴 것이었다.

21. 듣는 사람이 다 놀라 말하되. 누가는 사람들이 바울의 모습 속에서 하나님의 능력을 알아차렸다는 사실을 우리에게 보여주기 위해서 이 구절을 덧붙이고 있다. 왜냐하면, 복음을 대적하였던 바울의 열심은 공공연하게 알려진 사실이었던 까닭에, 사람들은 그가 그렇게 갑자기 돌변한 이유를 하나님의 역사 외에 다른 것들 속에서 찾을 수 없었기 때문이다. 따라서 사람들이 갑자기 새사람으로 변한 바울을 보고서 모두 다 놀랐기 때문에, 그의 가르침이 그들의 마음에 큰 영향을 주게 된 것도 이적의 한 열매였다. 또한, 그들은 그가 광분해서 그리스도인들을 닥치는 대로 잡아들여서 잔인하게 박해하였고, 최근에는 자신의 의도를 관철하기 위해서 다메섹에 왔다고 수군거렸는데, 그들이 말한 이러한 상황도 그가 갑자기 변화된 이적의 놀라움을 증폭시키는 역할을 하였다. 우리는 "이 이름을 부르는 사람"이라는 표현에도 주목하여야 한다. 왜냐하면, 경건한 자들이 그리스도의 이름을 불렀다는 것은 자신들의 구원에 대한 모든 확신을 전적으로 그리스도에게 두었다는 것을 의미하기 때문이다. 이것은 시편 20:7이 잘 보여준다: "혹은 병거, 혹은 말을 의지하나 우리는 여호와 우리 하나님의 이름을 자랑하리로다." 성경에서 하나님의 이름을 부르는 것과 관련하여 말하고 있는 모든 것은 그리스도의 이름을 부르는 것에도 그대로 적용된다.

22. 사울은 힘을 더 얻어 예수를 그리스도라 증언하여. 여기서 누가는 그리스도에 대한 믿음을 고백함에 있어서 바울이 보여준 끈질긴 열심을 칭송할 뿐만 아니라, 바울이 유대인들을 설복시키기 위하여 강력한 논증으로 맞서 싸웠다는 것도 보여준다. 누가는 바울이 "힘을 더 얻었다"고 말한다. 즉, 그가 논쟁에서 우위에 서게 되었고, 그의 고백에는 힘과 활기가 넘쳤다는 것이다. 물론, 이것은 성경의 증언들과 성령의 도우심으로 무장한 그가 자신의 모든 대적들을 제압할 수 있었기 때문이었다. 누가가 사용한 "당혹하게 하다"라는 단어는 바울이 그들을 극도로 압박했기 때문에, 그들이 넋이 나갈 정도로 경악하였다는 뜻이다. 아울러, 누가는 그들이 당혹한 것은 바울이 예수가 그리스도라는 것을 증명하였기 때문이라고 말한다. 유대인들은 바울의 논증을 끝까지 거부하고 싶었지만, 결국 아무런 반박도 할 수 없게 되어서 당혹할 수밖에 없었다. 이와 같이, 바울은 "책망"을 할 때에 성경이 유익하다는 자신의 가르침(딤후 3:16)이 참되다는 사실을 여기서 실제로 보여주었다. 또한,

그는 감독과 교사에 대해서 자신이 요구한 조건들, 즉 그들은 "능히 바른 교훈으로 권면하고 거슬러 말하는 자들을 책망할" 수 있어야 한다고 말한 것(딛 1:9)을 여기서 실제로 시범을 보여주었다. 왜냐하면, 그는 하나님의 말씀으로 무장해서 진리를 변호하였기 때문이다. 누가의 보도는 바울이 논쟁에서 승리하여서 유대인들을 무너뜨렸지만, 그들의 완악함이 깨어져서 고분고분해진 것이 아니었기 때문에, 그들은 진리에 굴복하지 않았음을 보여준다. 이것은 그들의 마음이 여전히 진리를 거슬러 격동하고 있었고, 자신들의 잘못된 생각들에 붙들려서 거기에서 빠져 나오지 못하고 있었던 까닭에, 그들이 그리스도께 굴복하지 않으려 하였기 때문이었다.

바울이 이렇게 승리하게 된 것은 성경이 그의 검이 되어 주었기 때문이 아니면 무엇 때문이었겠는가? 따라서 이단들이 일어나서 참된 신앙을 대적하거나, 불경건한 자들이 모든 경건을 무너뜨리려고 발악하거나, 멸망 받을 자들이 완강하게 저항할 때마다, 우리는 성경 안에서 무기를 찾아야 한다는 것을 명심하여야 한다. 교황주의자들은 성경 안에서 무기를 찾지 않기 때문에, 아니 성경 전체가 자신들에게 불리하다는 것을 알기 때문에, 그들은 이단들과는 논쟁해서는 안 되고, 성경으로부터는 그 어떤 사실도 확증할 수 없다는 초라한 변명을 늘어놓으며 숨어 버린다. 그러나 말씀의 검으로 사탄도 굴복시킬 수 있는데, 말씀의 검이 이단들을 물리칠 수 없다는 것이 말이 되는 소리인가? 교황주의자들은 자신을 낮추어서 혼란을 피하고 평온한 삶을 살고자 하는 것이 아니라, 성경을 근거로 해서 이단들과 논쟁을 하게 되면, 자신들이 잘못되었다는 것이 드러날 것이 두려워서 조용히 엎드려 있고자 하는 것이다. 하지만 그들이 진정으로 모든 혼란을 피하여 평온한 삶을 살고자 하는 것이라면, 하나님을 대적하는 그 어떤 소란도 획책하지 말고, 성경이 그들에게 주는 평안을 고요하고 유순한 마음으로 받아들이는 것이 마땅한 일이다.

23. 여러 날이 지나매 유대인들이 사울 죽이기를 공모하더니. 누가가 여러 날이 지났다고 말하는 것은 선한 사역을 수행하는 데 필요한 시간이 바울에게 허락되었음을 우리로 알게 하기 위한 것이다. 왜냐하면, 유대인들은 비록 첫날부터 바울이 전하는 말씀을 즉시 배척하고 나서긴 하였지만, 하나님께서는 바울이 시작한 선한 경주가 그렇게 빨리 중단되도록 내버려 두고자 하지 않으셨기 때문이다. 그래서 하나님께서는 자신의 놀라운 경륜을 따라서 원수들의 계획을 저지하시고, 그들의 도모를 지체시키시며, 그들의 악의와 광기를 제압해서서, 바울에게 복음을 전할 시간을 주신 것이다. 아울러, 여기서 우리는 복음에 대한 증오가 어떤 결과를 불러오는

지도 보게 된다. 불경건한 자들은 자신들이 바울과 논쟁해서는 승산이 없을 것임을 알게 되자, 피에 굶주린 광기에 휩싸인다. 그들은 할 수만 있으면 언제든 망설임 없이 하나님의 말씀을 멸시하는 자들이었지만, 싫든 좋든 바울이 전한 하나님의 말씀이 지닌 능력을 느끼지 않을 수 없었기 때문에, 야수 같은 충동에 사로잡혀서 맹목적이고 저돌적으로 변해 버린 것이다. 사람들이 하나님의 말씀이 지닌 권세에 굴복하지 않는 경우에는, 그들의 무분별한 열정은 거의 언제나 이러한 야만적인 모습으로 표출되어 나오게 되어 있다. 이러한 맹목적이고 야만적인 모습은 정말 끔찍한 것이다. 왜냐하면, 그들의 양심에 가해진 상처가 그들을 고문하여 괴롭힌 것이 아니라면, 그들이 이토록 광분하여 미쳐 날뛸 이유가 없을 것이기 때문이다. 하지만 이것이 하나님께서 참된 믿음을 증오하고 어둠의 친구가 되어 빛을 피하는 자들의 위선(hypocrisis)을 벌하시는 방식이다.

뿐만 아니라, 우리는 앞뒤를 분간하지 못하는 그들이 일단 사탄으로부터 진리를 박해하도록 사주를 받고 난 후에는, 정말 신이 나서 광분하여 자신들이 하고 싶은 대로 행한다는 것을 알고 있다. 왜냐하면, 그들은 사람을 죽이는 것이 얼마나 흉악한 짓임을 알면서도, 하나님에 대한 열심이라는 명분을 내세워서, 사람을 죽이려는 음모를 꾀하기를 주저하지 않기 때문이다. 오늘날의 교황주의자들이 바로 그 같은 자들인데, 그들은 복음의 가르침을 말살할 수만 있다면, 무슨 짓을 해도 상관이 없다고 생각한다. 그들은 우리를 말살하기 위해서 칼을 들고 설쳐댈 뿐만 아니라, 음모와 배신을 비롯해서 흉악하기 이를 데 없는 술수들을 은밀하게 동원해서 우리를 멸망시키려고 광분하고 있다. 따라서 그들의 음모에 걸려들어서 멸망을 당하지 않기 위해서는, 우리는 무엇보다도 먼저 악한 일들에 연루되지 않도록 주의를 기울여야 하고, 다음으로는 선한 일들을 적극적으로 도모하여야 한다.

24. 그들이 그를 죽이려고 밤낮으로 성문까지 지키거늘. 그들은 바울을 죽이려고 처음에는 은밀하게 덫을 놓고 기다렸을 것이지만 별 다른 소득이 없자, 다음으로는 다메섹 성을 다스리는 왕에게로 가서 허락을 얻은 후에, 무슨 수를 써서라도 그를 잡으려고 성문 앞을 지키고 있었을 것이다. 왜냐하면, 누가가 여기서 유대인들의 소행이라고 설명한 일과 관련해서, 바울은 고린도후서 11:32에서 "다메섹에서 아레다 왕의 고관이 나를 잡으려고 다메섹 성을 지켰다"고 말하고 있기 때문이다.

25. 제자들이 밤에 사울을 광주리에 담아 성벽에서 달아 내리니라. 여기서 한 가지 질문이 생기는데, 그것은 제자들이 이런 식으로 바울을 구출한 것이 과연 적법

한 일이었으며, 그리고 바울이 이런 방법으로 위험에서 벗어난 것이 옳은 일이었는
가 하는 것이다. 왜냐하면, 법에서는 도시의 성벽이나 성문은 신성불가침한 것이라
고 선언하고 있는 까닭에, 바울은 자신의 목숨을 건지기 위해서 공공질서를 파괴하
느니 차라리 죽음을 받아들였어야 마땅한 것으로 생각되기 때문이다. 나의 대답은
법이 벌칙 조항을 두면서까지 성벽이나 성문의 침범을 금지하고 있는 목적이 불법
적인 강탈이나 반역이 일어나서 성과 그 주민을 해치는 것을 막기 위한 것임을 생
각한다면, 무죄한 자를 구출하는 일에 대해서까지 이러한 법조항을 적용할 근거는
없다는 것이다. 따라서 신자들이 바울을 광주리에 담아 성벽에서 달아 내린 행위는
불법이 되지 않는다. 왜냐하면, 어떤 개인이 갑작스러운 공격을 피하기 위해서 성
벽을 넘는 것은 적법한 행위로 간주되기 때문이다. 키케로(Cicero)는 이 후자의 사
례를 얘기하면서, 외지인이 성벽을 넘어서 들어오는 것이 법에 의해서 금지되어 있
을지라도, 성을 구하기 위한 목적으로 그렇게 한 것이라면, 법은 언제나 공평
(aequitas)을 지향해야 하기 때문에, 그 행위는 불법이 되지 않는다고 설명하는데,
그의 설명은 옳다. 따라서 바울은 악한 자들의 음모에 의해서 생명의 위협을 느끼
는 상황 속에서 사람들에게 그 어떤 혼란도 야기함이 없이 은밀하게 성벽을 넘어 성
을 빠져 나간 것이기 때문에, 그에게는 전혀 잘못이 없다. 아울러, 우리는 여기서 하
나님께서 자기 백성을 어떻게 낮추시는지를 보게 된다. 왜냐하면, 바울은 무사히
성을 빠져 나오기 위해서는, 성문을 지키던 자들을 피해 몰래 성벽을 넘는 굴욕을
당할 수밖에 없었기 때문이다. 그래서 바울은 고린도후서에서 자신의 "약한 것을
자랑한다"고 말할 때에 이 사례를 언급한다(고후 11:32-33). 바울은 이 최초의 고난
을 통해서 일찌감치 십자가를 지는 훈련을 받은 셈이다.

²⁶사울이 예루살렘에 가서 제자들을 사귀고자 하나 다 두려워하여 그가 제자 됨을
믿지 아니하니 ²⁷바나바가 데리고 사도들에게 가서 그가 길에서 어떻게 주를 보았
는지와 주께서 그에게 말씀하신 일과 다메섹에서 그가 어떻게 예수의 이름으로 담
대히 말하였는지를 전하니라 ²⁸사울이 제자들과 함께 있어 예루살렘에 출입하며 ²⁹
또 주 예수의 이름으로 담대히 말하고 헬라파 유대인들과 함께 말하며 변론하니 그
사람들이 죽이려고 힘쓰거늘 ³⁰형제들이 알고 가이사랴로 데리고 내려가서 다소로
보내니라 ³¹그리하여 온 유대와 갈릴리와 사마리아 교회가 평안하여 든든히 서 가
고 주를 경외함과 성령의 위로로 진행하여 수가 더 많아지니라(9:26-31).

26. 사울이 예루살렘에 가서. 아직 신참병이었던 바울은 호된 신고식을 치르고 있다. 즉, 그는 원수들의 손아귀에서는 겨우 빠져 나오긴 했지만, 아직 제자들에게 는 받아들여지지 않고 있는 상태여서, 마치 동네북처럼 이리 채이고 저리 채이면서, 그 어디서도 쉴 곳이 없는 처지가 된 것 같아 보였기 때문이다. 그는 그리스도의 이름 때문에 자신의 동족 전체의 적이 되어 버렸는데도, 여전히 그리스도인 형제들에 게는 거부를 당하고 있었다. 이렇게 사람들의 공동체로부터 완전히 쫓겨난 신세나 다름없었던 그가 용기와 희망을 잃어버리지 않을 수 있었을까? 우선, 교회로부터 거부당한 상황에서 교회를 떠나는 것 말고, 그가 할 수 있는 일이 무엇이 있었겠는 가? 하지만 그는 지금까지의 자신의 삶을 돌이켜보고서, 자신이 그들에게 두려움의 대상이 되어 있는 것에 대하여 놀라지 않았다. 그들에게는 그를 두려워할 만한 정당한 이유가 있었기 때문에, 그는 형제들이 자기를 멀리하는 현실을 참을성 있게 받아들인다. 이것은 그의 진정한 회심을 보여주는 증거였다. 왜냐하면, 그는 전에는 광분하여 사납게 날뛰었지만, 지금은 박해의 폭풍을 담대한 마음으로 받아들일 줄 아는 자가 되어 있었고, 신자들 중에 자신의 자리가 허락되지 않는 것을 보았을 때에는, 하나님께서 형제들을 자기와 화해시키실 때까지 묵묵히 기다릴 줄 아는 자가 되어 있었기 때문이다. 또한, 우리는 그가 열망하고 있었던 것, 즉 그리스도의 제자 중 하나로 여김을 받는 것이 그의 열망이었다는 것을 특히 주목하여야 한다. 하지만 그의 그러한 열망은 결코 야심에서 나온 것이 아니었음에도 불구하고 이루어지지 않았는데, 그 이유는 하나님께서 그로 하여금 그리스도의 제자들 중에서 가장 낮은 자리에 앉는 것이 배교하여 부패한 회당의 그 어떤 높은 직책에 앉는 것보다 더 소중하다는 것을 깨닫게 하시기 위한 것이었다. 그리고 실제로 그는 이러한 낮아짐 (submissio)을 통해서 가장 영광스러운 곳까지 도달해서, 세상 끝날까지 교회의 제일가는 선생이 될 수 있었다. 기쁜 마음으로 스스로 낮아져서, 다른 제자들과 같이 되지 않는 사람은 교회 안에서 선생이 될 자격이 없다.

27. 바나바가 데리고 사도들에게 가서. 우리는 제자들이 이토록 심하게 바울을 피하려고 했던 것은 지나치게 겁을 먹은 것이 아니냐고 말할 수 있을지 모른다. 더구나, 그를 이렇게 피한 것은 평신도들이 아니라 사도들이었다. 하지만 그가 얼마나 위험한 인물인지를 경험했던 그들로서는 그를 의심하는 것이 당연한 일이었다는 것을 생각하면, 그들의 잘못이 어느 정도는 줄어들거나 가벼워질 수 있다는 것도 사실이다. 왜냐하면, 그들은 너무 쉽게 그를 믿고 순순히 받아주었다가 위험을

자초하게 될 수도 있을 것이라고 염려해서 신중하게 행한 것임에 틀림없기 때문이다. 따라서 그들이 두려워한 데에는 합당한 이유가 있었기 때문에, 나는 그들이 비난이나 정죄를 받아서는 안 된다고 생각한다. 왜냐하면, 만일 우리가 그들을 불러서 그들의 믿음이 어떠한지를 알아본다면, 그들은 바울에 대해서만이 아니라 지옥의 모든 분노에 대해서도 두려움 없이 맞설 믿음이 있음을 보여줄 것이기 때문이다. 이러한 사실로부터 우리는 모든 두려움이 아니라, 단지 우리로 하여금 우리의 본분으로부터 돌아서게 만드는 그런 두려움만이 단죄되어야 할 두려움이라는 결론을 얻게 된다. 누가는 사도들에게 바울에 관한 이야기를 한 것은 바울 자신이 아니라 바나바였다고 말한다. 하지만 나는 바울이 자기가 겪었던 일들을 사도들에게 직접 설명했을 것이라고 생각한다. 물론, 바울이 예수를 "담대히" 전하였다고 말한 부분은 바나바의 입에서 나왔다고 해야 더 잘 어울리는 표현이기는 하다.

28. 사울이 제자들과 함께 있어 예루살렘에 출입하며. 누가는 바울이 제자들과 함께 "출입하였다"고 말한다. 성의 주민들이 성문을 "출입한다"고 말하는 것에서 알 수 있듯이, 히브리어에서 이것은 일상적인 친밀한 교제를 뜻하는 관용표현이다. 따라서 우리는 바울이 바나바의 증언과 천거에 힘입어서 신임을 받고 성도로 인정을 받기 시작해서, 교회 안에 완전히 알려지게 되었다는 것을 알 수 있다. 또한, 누가는 바울이 "주 예수의 이름으로 담대히" 말했다고 보도함으로써, 복음을 담대히 선포한 바울의 용기를 칭송한다. 왜냐하면, 만일 그의 마음이 보기 드물게 견고한 확신으로 가득 차 있지 않았더라면, 그가 자신 앞에 놓여 있는 그토록 수많은 장애물들을 무릅쓰고서, "주 예수의 이름으로 담대히" 말할 수는 없었을 것이기 때문이다. 하지만 하나님께서는 각 사람이 지닌 믿음의 분량을 따라 그때그때 무엇을 해야 할지를 가르쳐 주시고 정해 주신다. 왜냐하면, 우리 모두가 바울 같을 수는 없을지라도, 그리스도를 믿는 믿음은 우리 마음속에 우리가 말해야 할 때에 완전히 꿀 먹은 벙어리가 되지 않을 정도의 확신을 생겨나게 해줄 것이기 때문이다. 나는 바울이 "주 예수의 이름으로 말하였다"는 것은 그가 그리스도를 강력히 옹호하는 가운데 복음이 옳다는 것을 고백하고 전하였음을 의미하는 것이라고 본다.

29. 헬라파 유대인들과 함께 말하며. 에라스무스가 여기서 "헬라파"라 불린 사람들이 헬라인 혈통의 사람들이 아니라, 당시에 각지에 흩어져 살던 유대인들을 가리키는 것이라고 말한 것은 옳다. 그들은 성전에서 예배를 드리기 위하여 자신들이 살던 지역으로부터 무리를 이루어 예루살렘에 올라오곤 하였다. 따라서 우리는 바

울이 유대 땅에 거주하는 유대인들이 아니라, 이방 나라들에 흩어져 살고 있던 디아스포라 유대인들과 얘기를 나누었던 것이라고 보아야 한다. 왜냐하면, 유대 땅에 살고 있던 유대인들은 바울을 결코 용납할 수 없었을 것이고, 바울로서도 그들의 눈앞에 나타나는 것이 지혜로운 일은 아니었을 것이기 때문이다. 그러므로 바울은 전부터 자기를 알고 있던 사람들은 멀리한 채, 자기를 모르는 사람들 가운데서 모종의 성과를 거둘 가능성이 있는지를 알아보는 중이었던 것으로 보인다. 이와 같이, 그는 불굴의 의지로써 용맹한 병사가 할 수 있는 모든 역할을 수행하고 있었다.

29. 그 사람들이 죽이려고 힘쓰거늘. 우리는 여기에서 또다시 열심이 아닌 분노를 본다. 위선과 맹신은 항상 야만적이고 잔인할 뿐이다. 경건한 자들은 하나님의 순전한 진리가 거짓되고 사악한 가르침들로 더럽혀지는 것을 볼 때에 거룩한 분노 (sancta iracundia)로 불타오르는 것이 마땅하지만, 그 열심을 절제하고서, 문제가 된 것을 꼼꼼하게 잘 살펴보고서 어떤 결정을 내려야 하고, 잘못된 길에 빠진 자들을 옳은 길로 인도하고자 하여야 한다. 또한, 문제를 일으키고 있는 자들이 구제 불가능한 완악한 자들이라는 것을 알게 되었을 때에도, 경건한 자들은 하나님께서 자신들에게 스스로 직접 복수할 권한을 주신 것이 아님을 명심하고서, 스스로 칼을 들어서 그들을 처단하고자 해서는 안 된다. 반면에, 위선자들은 문제가 된 일을 잘 알아보지도 않은 채 즉시 사람들의 피를 보려고 광분한다. 왜냐하면, 잘못된 신앙은 맹목적인 분노를 일으켜서 막무가내로 피를 보고 싶어 하는 법이기 때문이다. 최근까지도 경건한 자들을 박해하기 위해서 동분서주했던 바울은 이제 어느 곳에도 발붙일 수 없는 신세가 되었다. 하지만 사실 이러한 처지가 된 것은 그가 도처에서 폭군으로 군림해서는 신자들을 그들의 보금자리로부터 몰아내는 일을 자행하면서도 아무런 거리낌도 없이 태연하게 살았던 것보다는 그에게 훨씬 다행스러운 일이었다.

30. 형제들이 … 다소로 보내니라. 그가 "다소"로 간 것은 틀림없이 거기서 복음을 전하기 위한 것이었다. 왜냐하면, 그의 고향 땅이었던 "다소"에서는 그의 이름이 알려져 있었고, 어느 정도 우호적인 분위기 속에서 권위를 가지고서 복음을 전할 수 있을 것이라는 희망이 있었기 때문이었다. 하지만 그가 "다소"로 가게 된 것은 예루살렘 교회의 형제들이 그를 죽이고자 했던 자들의 손아귀에서 그를 빼내어 다소로 보냈기 때문이었다.

31. 그리하여 교회가 평안하여. 누가가 여기서 말하고자 한 것은 바울의 존재가

복음의 대적들에게 심각한 도발이 되었다는 것이다. 왜냐하면, 바울을 보기만 해도 대적들이 분노한 것이 아니라면, 그가 떠난 후에, 교회에 갑자기 "평안"이 찾아온 이유가 무엇이겠는가? 그렇다고 해서, 마치 그가 전쟁 개시를 알리는 나팔이라도 되는 양, 그에게 책임을 물으며 그를 책망하는 것은 옳지 않다. 도리어, 누가는 그가 자신의 존재만으로도 불경한 자들을 광기로 몰아간 것은 칭찬 받아 마땅한 일로 여긴다. 왜냐하면, 그리스도의 뜻은 그가 자신의 교회에 영광이 되든 고통이 되든 그를 통해서 승리하시는 것이기 때문이다.

따라서 이 사례를 통해서 우리는 불경건한 자들의 광기에 남들보다 더 불을 잘 붙이는 사람이라고 해서 즉각 비난받아야 하는 것은 아니라는 교훈을 얻는다. 이것은 결코 사소한 교훈이 아니다. 왜냐하면, 우리는 너무나 유약하고 편안하게 살아가는 것을 사랑하는 까닭에, 심지어 오늘날에도 최고로 훌륭한 그리스도의 종들이 과감하게 행하여, 사악한 자들이 그들의 과격함에 자극을 받아 교회에 해코지를 하게 된 것이라고 생각했을 때에는, 그 종들에게 화를 내고 그들을 비난하기 때문이다. 그러나 대적들을 광분하게 만드는 것은 그 종들을 통한 성령의 역사인 까닭에, 우리가 그 종들에게 화내는 것은 하나님의 성령을 거스르는 일이다.

누가는 교회 안에 "평안"이 있었다고 말하지만, 우리는 그것이 영속적인 것이 아니었고, 단지 하나님께서 자신의 종들에게 잠시 동안의 휴식(relaxatio)만을 허락하신 것임을 알아야 한다. 왜냐하면, 박해의 소용돌이와 태풍이 우리가 감당할 수 있는 한계를 넘어설 정도로 지속되지 않도록, 하나님께서 그것들을 가라앉히시거나 누그러뜨리심으로써 우리의 연약함을 도우시기 때문이다. 교회의 평안이라는 것은 결코 무시해도 좋을 만큼 평범한 복이 아니었지만, 누가는 더욱 귀한 다른 복들을 거기에 덧붙인다. 즉, 교회들이 든든히 세워져갔고, 하나님을 경외하는 가운데 행하였으며, 성령의 위로로 충만하였다는 것이다. 왜냐하면, 우리는 평화로운 때에는 사치와 허영에 빠지게 되기 쉬운 까닭에, 대체로 교회들은 자신들이 바라던 대로 지극히 평안한 때보다도 전쟁의 소용돌이 속에 있을 때에 더 행복하기 때문이다. 그러나 교회들을 행복하고 형통하게 만들어준 원인이 되었던 성도들의 거룩한 행실과 성령의 위로가 사라져 버리는 경우에는, 교회들은 행복을 잃을 뿐만 아니라, 아무것도 아니게 되어 버린다. 따라서 우리는 하나님께서 잠시 원수들을 막으시고 교회에 평안을 주신 경우에는, 그 시간을 향락을 누리고 나태하게 지내는 것으로 허비하지 말고, 경건의 진보를 위해 힘쓰는 기회로 삼아야 한다. 또한, 하나님께서 사악한 자들의 고삐를 풀어 놓으셔서 그들이 우리를 괴롭히게 된 경우에는, 우리는 성령의 내적인 위로로 충분히 만족하여야 한다. 다음으로, 평화로운 때에나 전쟁 때에나 우리는 늘 우리를 주관하시는 하나님을 향하여 열심으로 달려가야 한다.

"든든히 서 가고"라는 말은 교회에 믿는 자들의 수가 늘어났다는 의미에서 교회의 성장(incrementum)을 가리키는 것으로 볼 수도 있고, 이미 교회에 들어온 사람들이 새로운 은사들을 받아서 그들의 신앙과 경건이 더욱 깊어지고 견고해졌다는 의미에서 신앙의 진보(profectus)를 가리키는 것으로 볼 수도 있다. 전자의 해석은 믿는 자들의 수가 늘어난 것과 관련되고, 후자의 해석은 성령의 은사들이 풍성히 주어진 것과 관련되는데, 나는 "든든히 서 가고"라는 말 속에는 이 두 가지가 다 포함되어 있는 것으로 본다. 왜냐하면, 전에는 외인이었던 사람들이 계속해서 교회로 모여들었고, 이미 교회의 권속이었던 사람들은 경건함이나 다른 덕목에 있어서 더 진보하고 자라갔기 때문이다. 아울러, "서 가다" 또는 "세워져 가다"라는 비유는 아주 적절하다. 왜냐하면, 교회는 하나님의 성전과 집이고, 신자들 각자도 하나님의 성전이기 때문이다(딤전 3:15; 고전 3:16). 누가가 "교회가 든든히 서 갔다"고 말한 후에, 계속해서 언급하고 있는 두 가지 사실, 즉 그들이 "주를 경외함" 가운데서 행하였고, "성령의 위로"로 충만했다는 것은 "교회가 든든히 서 간 것"을 이루는 부분들임이 분명하다. 따라서, 우리는 교회들이 평안하였을 때에, 그들이 쾌락들이나 세상적인 기쁨에 도취된 것이 아니라, 도리어 하나님의 도우심을 의지해서 더 큰 담대함을 지니고서 확신에 넘쳐서 하나님께 영광을 돌렸다는 것을 알게 된다.

³²그 때에 베드로가 사방으로 두루 다니다가 룻다에 사는 성도들에게도 내려갔더니 ³³거기서 애니아라 하는 사람을 만나매 그는 중풍병으로 침상 위에 누운 지 여덟 해라 ³⁴베드로가 이르되 애니아야 예수 그리스도께서 너를 낫게 하시니 일어나 네 자리를 정돈하라 한대 곧 일어나니 ³⁵룻다와 사론에 사는 사람들이 다 그를 보고 주께로 돌아오니라(9:32-35).

32. 그 때에 베드로가 사방으로 두루 다니다가 룻다에 사는 성도들에게도 내려갔더니. 누가는 이적들을 통해서 교회에 많은 사람들이 들어오게 된 이야기를 들려준다. 그가 두 가지 이적을 소개하는데, 하나는 여덟 해를 중풍병으로 침상에 누워 있다가 일순간에 고침 받은 남자에 관한 이야기이고, 다른 하나는 죽었다가 다시 살

아나게 된 여자에 관한 이야기이다. 먼저, 누가는 베드로가 "모든 자들 가운데로 두루 다니다가"(한글개역개정에는 "사방으로 두루 다니다가") 룻다에 이르렀다고 말한다. 왜냐하면, 의미상으로는 별 차이가 없긴 하지만, 여기서 "모든 자들"(한글개역개정에는 "사방으로")로 번역된 헬라어는 남성인 까닭에, 교회들이 아니라 신자들을 가리키는 것으로 보아야 하기 때문이다. 사도들은 한 곳에 머물면서 사역을 한 것이 아니었기 때문에, 그때그때 기회가 생길 때마다 이곳저곳으로 옮겨 다닌 것은 적절한 일이었다. 다른 사도들은 여러 가지 일들을 나누어 맡았고, 베드로는 그 지역 전체를 두루 돌아다니며 살피는 일을 맡았다. 이것은 교황주의자들이 베드로가 그 지역 전체를 두루 살피는 일을 맡았다는 사실을 근거로 해서 베드로의 수장권(primatus)을 주장하는 것이 얼마나 어리석은 것인지를 보여준다. 그들의 주장은 마치 베드로가 교회를 순시하고 있을 때에 나머지 사도들은 공인이 아닌 사인처럼 예루살렘에서 한가롭게 빈둥거리며 지내기라도 한 것처럼 생각하는 것이다. 또한, 성경이 종종 보여주듯이, 베드로가 수석 사도였다는 것을 우리가 인정한다고 하더라도, 과연 그러한 사실로부터 그가 온 세상의 머리였다는 결론이 도출될 수 있는 것인가? 우리가 바라는 것은 베드로의 계승자로 인정받기를 바라는 로마의 주교가 진정으로 베드로를 본받아서 이곳저곳을 돌아다니며 형제들을 격려하고, 가는 곳마다 자신이 그리스도의 사도라는 것을 행동으로 증명해 주었으면 좋겠다는 것이다. 하지만 자신의 보좌에 앉아서 폭군보다 더 악한 통치로 모든 교회를 탄압하는 자가 자기는 베드로를 본받아 교회들을 돌아보느라고 많은 고생을 하고 있다는 변명을 늘어놓고 있는 것이 바로 엄연한 현실이다.

33. 거기서 애니아라 하는 사람을 만나매. 후에 디오스폴리스(Diospolis)로 불리게 된 "룻다"는 많은 절경들과 유서 깊은 역사를 자랑하던 도시로서 지중해에서 그리 멀지 않은 곳에 위치해 있었고, 인근에는 바위투성이로 되어 있던 저 유명한 항구 "욥바"가 있었다. 이 성읍은 고지대 절벽 위에 지어져 있었고, 거기에서는 예루살렘이 한눈에 들어왔다. 지금은 사람들이 흔히 "야벳"이라 부르는 항구가 남아 있는 것을 제외하면, 이 고대 도시는 폐허가 되어 있다. 누가는 룻다의 인근에 있던 어떤 성읍을 지칭하는 명칭으로 "앗사론"(한글개역개정에는 "사론")이라는 단어를 사용한 것으로 보인다. 히에로니무스(Hieronymus)는 누가가 "앗사론"이라고 한 것을 "사론"으로 고쳐서 읽고, "사론"은 가이사랴와 욥바 사이에 걸쳐 있던 평원 전체를 가리키는 것으로 생각하였다. 그러나 히에로니무스는 자신이 일반적으로 인정된

읽기를 수정한 이유를 제시하지 않기 때문에, 나는 누가의 본문이 분명하게 보여주는 것을 그대로 받아들여서, 이 단어를 룻다 인근의 성읍을 가리키는 이름이었던 것으로 해석하고자 한다. 하지만 나는 이 문제를 쟁점화해서, 내가 옳다는 것을 증명해 줄 자료들을 수집하고 제시하여, 나의 헛된 공명심을 만족시키고자 하는 짓은 하지 않을 것이다. 왜냐하면, 경건한 독자들이라면 누가가 말하고자 하는 바를 파악하는 데 필요한 만큼만을 아는 것으로 충분할 것이기 때문이다.

34. 베드로가 이르되 애니아야 예수 그리스도께서 너를 낫게 하시니. 모든 결과가 달려 있는 하나님의 뜻에 대해서 확신이 있는 경우 외에는 사도들이 이적을 행하려고 하지 않았다는 것은 확실하다. 왜냐하면, 그리스도께서는 자신이 이적을 베푸시는 데에도 한계를 두셨던 것처럼, 그의 사도들도 오직 유익한 경우에만 이적을 행하게 되기를 바라셨던 까닭에, 그들에게 모든 병자를 그들의 마음대로 고쳐줄 수 있는 성령의 능력을 수여하지 않으셨기 때문이다. 베드로는 이 말을 경솔하게 한 것이 결코 아니었다. 왜냐하면, 만일 하나님의 뜻이 이미 그에게 분명하게 계시된 것이 아니었다면, 그는 웃음거리가 되었을 것이기 때문이다. 따라서 아마도 그는 이 문제를 놓고 따로 기도했을 것이다. 물론, 모든 이적의 근원(autor)이셨고 베드로를 통해 역사하셨던 성령이 이때에 베드로의 혀를 주장하셨고 은밀한 감동으로 그의 마음을 움직이셨으리라는 것은 확실하다. 또한, 베드로는 이 말을 통해서 자신은 이적을 수행하는 일꾼에 지나지 않을 뿐이고, 이적은 그리스도의 능력으로부터 오는 것임을 분명하게 보여줌으로써, 오직 그리스도의 이름에 영광을 돌린다.

34. 일어나 네 자리를 정돈하라 한대 곧 일어나니. 여기에 보도된 정황들도 이 이적이 지닌 영광을 더욱 배가시켜 준다. 왜냐하면, 전에는 사지가 마비되어 꼼짝할 수도 없었던 사람이 원기를 회복해서 일어났을 뿐만 아니라, 자신이 누워 있던 자리까지 정돈할 수 있게 되었기 때문이다. 또한, 오랜 투병생활도 동일한 효과를 낳고 있다. 왜냐하면, "중풍병"으로 "여덟 해"나 앓아 온 병자가 고침 받는 것은 결코 쉬운 일이 아니었기 때문이다. 아울러, 그가 간이침대 위에 눕혀져 있었던 것도 마찬가지였다. 왜냐하면, 간이침대는 사람들이 낮잠을 잘 때에 이용하는 작은 침대였던 까닭에, 이것을 통해서 우리는 그가 사지를 전혀 쓰지 못했다는 것을 알게 되기 때문이다. 또한, 애니아는 베드로의 말을 듣자마자 곧 자신의 사지를 움직여서 일어나려고 함으로써 자기에게 순종하는 믿음(fidei obsequium)이 있음을 증명해 보였다. 왜냐하면, 비록 그가 자신의 사지에 힘이 회복되는 것을 느꼈을지라도, 그

로 하여금 일어나도록 만든 가장 큰 동력은 "일어나라"고 한 베드로의 말에 믿음으로 순종하고자 한 것이었기 때문이다.

35. 룻다와 사론에 사는 사람들이 다 그를 보고. 이것은 이적에 관한 소문이 널리 퍼져서 온 성에 잘 알려졌다는 뜻이다. 왜냐하면, 성경에서 "다"라고 했을 때, 그것은 거기에서 지칭된 사람들 전부를 가리키는 것이 아니라, "다수"나 "대다수," 또는 많은 무리를 가리키기 때문이다. 그러므로 이 구절의 의미는 그곳에는 믿는 자가 많지 않았지만, 이 이적을 보고서 주민 중 많은 무리가 교회로 모여들었다는 것이다. 즉, 누가는 이 이적의 결과로 많은 사람들이 그리스도와 그의 복음을 받아들였다는 사실을 보도하는 것을 이 기사의 결론부로 삼고 있는 것이다. 따라서 그리스도의 능력과 은혜를 알게 하기 위한 목적으로 이적이 베풀어졌다는 것을 알고 난 후에도, 오직 그리스도만을 붙들지 않고, 그 이적을 행한 사람을 쳐다보는 자들은 모두 이적을 잘못 사용하는 자들이다. 왜냐하면, 그리스도께서는 사람들로 하여금 자기에게로 회심하고 돌아오도록 준비시키기 위하여 자신의 신적인 능력을 보여주는 증표로서 이적을 허락하시는 것이기 때문이다.

³⁶욥바에 다비다라 하는 여제자가 있으니 그 이름을 번역하면 도르가라 선행과 구제하는 일이 심히 많더니 ³⁷그 때에 병들어 죽으매 시체를 씻어 다락에 누이니라 ³⁸룻다가 욥바에서 가까운지라 제자들이 베드로가 거기 있음을 듣고 두 사람을 보내어 지체 말고 와 달라고 간청하여(9:36-38).

36. 욥바에 다비다라 하는 여제자가 있으니 … 선행과 구제하는 일이 심히 많더니. 이제 그리스도의 능력을 더욱 분명하게 보여주는 증표가 주어진다. 왜냐하면, 병든 자를 고치는 것보다 죽은 사람을 살려내는 것이 훨씬 더 어렵다는 것은 분명한 사실이기 때문이다. 그러나 누가는 이 이적이 베풀어진 당사자였던 "다비다"를 두 가지 면에서 칭찬하는 것으로 시작하는데, 먼저는 그녀가 그리스도의 "여제자"였다고 말하고, 다음으로는 "선행과 구제"를 통해서 자신의 믿음의 증거를 보여주었다는 것이다. 누가는 이미 여러 번에 걸쳐서 남자 그리스도인들에게 "제자"라는 호칭을 사용한 바 있는데, 우리가 이 호칭이 남자들에게만 사용되는 것으로 생각하지 않도록 하기 위해서, 여기에서는 여자에 대해서도 동일한 호칭을 사용한다. "제자"라는 호칭은 기독교가 가르침(doctrina) 없이는 존재할 수 없다는 것, 그리고 그

가르침은 동일한 그리스도께서 모든 사람에게 유일한 선생(solus magister)이 되셔서 베푸시는 가르침이라는 것을 우리에게 보여준다. 하나님의 아들로부터 무엇이 살아가는 도리이고 참된 삶이 무엇인지를 배웠다는 것 — 이것이 최고의 칭찬이고, 이것이 거룩한 삶의 시작이고, 이것이 모든 덕의 뿌리이다. "선행"이라는 열매는 나중에 믿음으로부터 맺혀진다. 나는 "선행"이라는 것은 우리가 사랑에서 우러나와서 자발적으로 이웃을 돕는 행위들을 의미한다고 본다. 누가는 그런 행위들 가운데서 중요한 것으로 "구제"를 들고 있다. 자선 행위(beneficientia)를 뜻하는 "구제"는 분명히 높이 칭송받아 마땅한 일이다. 왜냐하면, 성령의 증언에 의하면, "구제"라는 행위 속에는 경건하고 흠 없는 삶 전체가 담겨 있기 때문이다. 이제 우리는 누가가 다비다를 어떤 식으로 칭송했는지를 알게 된다. 즉, 무엇보다도 먼저 그녀에게는 하나님을 경외하는 마음 또는 믿음이 있었고, 다음으로는 그런 믿음을 토대로 해서, 형제들을 돕는 일, 특히 가난한 자들의 궁핍을 덜어 주는 일에 헌신하였다는 것이다. 왜냐하면, "구제"라는 단어는 통상적으로 가난하고 불쌍한 사람들에게 도움을 베푸는 것을 의미하기 때문이다. "다비다"는 히브리어가 아닌 아람어인데, 누가는 그 이름을 헬라어로 "도르가"라고 번역해서 제시하고 있다. 그가 이렇게 그녀의 이름을 번역해서 소개한 것은 그녀의 이름이 미덕들을 행한 거룩한 여인에게 어울리지 않았다는 것과 그녀는 존귀함과는 거리가 먼 이름 때문에 비천한 여인 같은 인상을 주었다는 것을 우리로 하여금 알게 하기 위한 것이었다. 왜냐하면, "도르가"라는 헬라어는 "야생염소"를 가리키는 것이었던 까닭에, 그녀의 거룩한 삶은 그 이름이 갖는 부정적인 인상을 말끔히 씻어주기에 충분하였기 때문이다.

37. 그 때에 병들어 죽으매. 누가는 그녀가 죽었다는 것을 좀 더 확실하게 보여주기 위해서, 그녀가 병에 걸려서 죽은 것이라고 죽은 이유를 구체적으로 언급한다. 사람들이 그녀의 "시체"를 씻어서 "다락"에 두었다고 말한 것도 동일한 목적을 위한 것이었다. 따라서 이러한 정황들은 이 이적의 신빙성을 더해 주는 역할을 한다. 사람들이 그녀의 시신을 즉시 무덤으로 옮기지 않고, 집의 다락에 누이고 지켜보고 있었다는 것은 그녀가 다시 살아나리라는 희망을 그들이 얼마간 갖고 있었다는 것을 보여주는 증거이다. 누가가 언급한 시체를 씻는 의식은 매우 오래된 의식이었을 것이다. 이 의식은 경건한 자들로 하여금 죽음 자체 속에서 부활에 대한 가시적인 표상을 보고서 자신들의 마음을 들어올려 부활의 선한 소망을 지니게 하기 위하여, 거룩한 족장들로부터 마치 손에서 손으로 전해지듯이 세대를 이어가면서

대대로 전해졌을 것임을 나는 의심하지 않는다. 즉, 영생에 대한 관념이 아직은 아주 분명하게 드러나지 않았고, 특히 영생의 보증이시자 실체이신 그리스도께서 아직 이 땅에 나타나지 않으셨던 시절에는, 가르침의 모호성과 그리스도의 부재를 그러한 보조적인 수단들로 보완하는 것은 부득이한 일이었다. 그래서 그들은 죽은 자들이 언젠가 하나님의 심판대 앞에 깨끗한 몸으로 출두할 수 있도록 하기 위해서 죽은 자들의 시체를 씻는 의식을 대대로 전하였다. 결국, 죽은 자를 씻기는 이유는 산 자가 씻는 이유와 동일한 것이었다. 왜냐하면, "결례"라고 하는 매일의 씻음은 사람들에게 자신의 모든 더러움에서 깨끗하게 될 때까지는 그 누구도 하나님을 기쁘시게 할 수 없다는 것을 일깨워 주는 수단이었기 때문이다. 하나님께서는 이렇게 사람들의 매장 관습 속에 하나의 표징을 두셔서, 사람들로 하여금 이 표징을 볼 때마다 자신들이 세상에서 살아가면서 얻은 더러움으로 인해서 더러운 상태로 현세의 삶을 마감하게 된다는 사실을 상기할 수 있게 하셨다. 사실, 시체를 씻기는 것이나 매장하는 것은 죽은 자들에게는 별 유익이 되는 것이 아니었고, 도리어 살아 남은 자들을 가르치고 교훈하기 위한 것이었다. 왜냐하면, 죽음은 마치 모든 것이 다 소멸된다고 선언하는 표징 같아 보이는 까닭에, 사람들이 죽음을 보았을 때에 부활에 대한 믿음을 잃어버리지 않게 하기 위해서는, 죽음 속에 생명을 표상하는 정반대의 표징들을 둘 필요가 있었기 때문이다. 이방인들도 이 의식을 받아들여서 행하였기 때문에, 우리는 엔니우스(Ennius)가 "한 착한 여인이 타르퀴니우스(Tarquinius)의 시신을 씻고 기름을 발랐다"고 말한 것을 보게 된다. 하지만 그들이 모방해서 행한 이 의식은 다른 모든 의식들의 경우와 마찬가지로 본래의 취지가 사라진 채 본말이 전도된 타락한 것이었다. 기독교인들조차도 마치 율법 아래에서의 상징적인 의식들이 영원토록 행해져야 한다는 듯이 분별없이 이 의식을 본받아 행해 왔다. 왜냐하면, 복음이 전파된 초기에는, 이 의식의 필요성이 소멸되었음에도 불구하고, 시간이 흘러서 자연스럽게 행해지지 않게 될 때까지, 이 의식을 행하는 것을 허용한 것은 어쩔 수 없는 일이었다고 해도, 오늘날의 수도사들은 예전에 이방인들이 그랬던 것처럼 앞뒤 가리지 않고 유대교를 모방해서, 죽은 자들의 시체를 물로 씻고 있기 때문이다. 그렇게 하는 것은 율법의 의식이라는 그림자들은 그리스도의 무덤 속으로 사라지고 난 후에는 기독교에서 결코 사용되어서는 안 되는 것임에도 불구하고, 그 그림자들을 다시 불러내어 그리스도를 죽여서 그 그림자들 속에 그리스도를 매장하는 것이다.

38. 제자들이 베드로가 거기 있음을 듣고. 그녀의 시체를 씻었다는 것은 매장할 준비를 한 것이라는 점에서 제자들이 그녀가 다시 살아나게 될 것에 대해서 확신이 없었음을 보여준다. 하지만 그들이 그녀의 시체를 다락에 누이고 베드로에게 사람을 보낸 것은 그들이 소망을 갖고 있었음을 보여주는 증표였다. 또한, 그들은 그녀가 죽은 것은 말도 안 되는 일이 일어난 것이라고 소리치며 하나님을 원망한 것이 아니라, 하나님의 도우심을 구하면서 겸손하게 기도할 뿐이었다. 왜냐하면, 그들은 다비다가 이 땅에서 영원히 살기를 바란 것이 아니라, 조금 더 살아서 교회에 더 많은 유익을 끼칠 수 있게 되기를 바란 것이기 때문이다.

[39]베드로가 일어나 그들과 함께 가서 이르매 그들이 데리고 다락방에 올라가니 모든 과부가 베드로 곁에 서서 울며 도르가가 그들과 함께 있을 때에 지은 속옷과 겉옷을 다 내보이거늘 [40]베드로가 사람을 다 내보내고 무릎을 꿇고 기도하고 돌이켜 시체를 향하여 이르되 다비다야 일어나라 하니 그가 눈을 떠 베드로를 보고 일어나 앉는지라 [41]베드로가 손을 내밀어 일으키고 성도들과 과부들을 불러 들여 그가 살아난 것을 보이니 [42]온 욥바 사람이 알고 많은 사람이 주를 믿더라 [43]베드로가 욥바에 여러 날 있어 시몬이라 하는 무두장이의 집에서 머무니라(9:39-43).

39. 베드로가 일어나. 그들이 베드로를 데리러 온 이유를 설명했는지는 분명하지 않지만, 베드로에게 이적을 베풀어 달라고 분명하게 요청하였을 가능성이 높다. 하지만 여기서 또 다른 질문이 생기는데, 그것은 베드로가 하나님의 뜻을 알고 있었느냐 하는 것이다. 왜냐하면, 만일 그녀가 살아나게 될 것이라는 확신이 없었다면, 그가 그들을 따라 출발한 것은 경솔한 행동이 될 수밖에 없었을 것이기 때문이다. 나의 대답은 하나님께서 어떻게 하려고 하시는지에 대해서는 아직 확실하게 알지는 못했더라도, 그가 형제들의 간청을 들어주기 위해 함께 길을 떠난 것은 결코 비난할 수 있는 일이 아니었다는 것이다. 뿐만 아니라, 그가 그들에게로 가야 했던 또 다른 이유들도 있었다. 즉, 그는 그들의 슬픔을 덜어주고, 하나님의 권면으로 그들을 강건하게 하여서, 한 경건한 여인의 죽음으로 인하여 좌절하고 절망하지 않도록 해줄 필요가 있었고, 또한 아직도 어린아이처럼 연약하기 만한 교회를 굳건히 세워줄 필요도 있었다. 마지막으로, 다음과 같은 단 한 가지 사실만으로도 그가 그들에게 가는 것이 마땅했음을 우리는 알 수 있다. 즉, 만일 그가 그들의 간청을 거부했

다면, 그는 형제들을 멸시하며 거만하게 군 것처럼 보일 수 있었다는 점이다. 아울러, 우리가 알아야 할 것은 하나님께서는 사도들을 통해서 이적으로 자신의 능력을 베푸시기로 하셨을 때마다, 성령의 은밀한 감화로 그들을 이끄셨다는 것이다. 비록 베드로가 여전히 다비다가 다시 살아날 수 있을지에 대해서는 확신을 갖고 있지는 않았지만, 하나님이 그의 안내자와 인도자가 되셔서 그를 이끌어 가고 계신다는 것을 틀림없이 느끼고 있었을 것임을 나는 추호도 의심하지 않는다. 따라서 비록 염려되기도 하고 결과도 불확실하긴 했지만, 그럼에도 불구하고 그가 그들을 따라 나선 것은 결코 경솔한 것이 아니었다.

39. 모든 과부가 베드로 곁에 서서 울며. 여기서 누가는 다비다가 다시 살아날 수 있었던 이유를 지적한다. 즉, 그것은 하나님께서 가난한 자들을 불쌍히 여기셔서, 이 거룩한 여인을 살려 달라는 그들의 기도를 들어주셨기 때문이라는 것이다. 또한, 하나님께서 그녀를 다시 살리신 데에는 다른 목적들도 있었다. 그 중 하나는 그녀가 두 번의 삶을 살게 될 때, 누가가 앞에서 칭송한 바 있는 그녀의 덕성들이 그녀 안에서 활짝 꽃피울 것이기 때문이었다. 그러나 가장 중요한 목적은 그리스도의 영광이 분명하게 드러나도록 하는 것이었다. 왜냐하면, 만일 그런 목적이 아니었다면, 하나님께서는 아예 처음부터 그녀가 아주 오래오래 살도록 하실 수도 있었기 때문이다. 그런데 하나님께서 마치 후회라도 하시듯이 그녀를 곧 다시 살려내신 것은 자신이 당초에 정하신 뜻을 바꾸신 것이 아니었고, 단지 당시에 제자들 중 많은 수가 좀 더 큰 신앙의 확신을 필요로 하는 연약한 초신자들이었기 때문에, 다비다를 다시 살리셔서 하나님의 아들 예수 그리스도가 생명의 주인(vitae autor)이라는 것을 밝히 보여주신 것이었다. 따라서 하나님께서는 가난한 자들과 과부들을 생각하셔서, 곤경에 처한 그들을 도우심으로써, 복음에 대한 믿음이 그들의 심령 속에 확고하게 심겨지도록 하셨다. 왜냐하면, 하나님께서는 이 이적을 통해서 그들로 하여금 믿음의 진보를 이룰 수 있게 해줄 수 있는 것들을 풍부하게 그들에게 주셨기 때문이다.

40. 베드로가 사람을 다 내보내고 무릎을 꿇고 기도하고. 베드로가 무릎을 꿇고 기도할 때에는, 무슨 일이 일어날지에 대해서 아직도 확신이 없었던 것처럼 보인다. 앞서 애니아를 고쳤을 때에는, 그는 즉시 "애니아야 예수 그리스도께서 너를 낫게 하시니 일어나 네 자리를 정돈하라"고 확신 있게 외쳤었다. 성령의 역사는 언제나 한결같이 동일한 방식으로 이루어지는 것이 아니었기 때문에, 그는 하나님의 능

력을 잘 알고 있었으면서도, 이번에는 점진적으로 이적을 향하여 나아간 것일 수 있다. 하지만 그가 모든 성도들을 다락방에서 내보낸 것은 이상해 보일 수 있다. 왜냐하면, 그들을 목격자로 삼는 편이 더 좋았을 것이기 때문이다. 그가 그렇게 한 것은 하나님께서 자신의 권능을 베푸실 시간과 방법을 아직 그에게 계시하지 않으셨기 때문에, 그가 기도하기에 더 적합하도록 혼자 있고자 했던 것이겠지만, 우리는 알지 못하고 오직 그만이 아는 다른 이유가 있었을 수도 있다. 성경에 기록된 거룩한 역사를 보면, 엘리사도 죽은 아이의 어미조차 들어오지 못하게 하고 혼자서 죽은 아이 위에 몸을 세 번 펴서 엎드리며 기도하였다(왕상 17:21). 왜냐하면, 하나님의 성령은 격렬한 움직임을 보이는데, 만일 어떤 사람이 그것을 인간의 상투적인 기준에 따라서 평가하고자 하거나, 육신의 지각을 따라 판단하고자 한다면, 그는 부당하게 잘못 평가하고 판단하게 될 것이기 때문이다. 우리는 베드로가 머뭇머뭇하며 혼자 있고자 했을 때, 그는 미신을 경계해서, 자신은 하나님이 시키시는 대로 한 것에 불과한데도, 하나님이 일으키신 이 이적이 마치 일꾼에 지나지 않는 자기에게 능력이 있어서 일어난 것처럼 생각하는 사람이 없도록 하기 위한 것임을 알아야 한다. 왜냐하면, 목격자들과 증인들을 밖으로 내보낸 뒤에 안절부절못하고 기도에 매달리고 있는 베드로의 모습은 그 자체가 이 일이 자신의 수중에 있지 않다는 것을 충분히 고백하고 있는 것이기 때문이다. 따라서 그는 하나님이 기뻐하시는 뜻이 무엇인지를 초조하게 기다리면서, 오직 하나님만 이 일을 주관하시는 분이시라는 것을 고백한 것이었다. 기도할 때에 무릎을 꿇는 것은 자신을 낮추는 표시이고, 두 가지 점에서 유익하다. 즉, 우리 몸의 모든 부분들이 하나님을 예배하게 해주고, 우리 몸의 이러한 외적인 자세는 우리의 연약한 정신을 붙들어 주는 데도 도움이 된다. 그러나 우리가 무릎을 꿇을 때마다 유념해야 할 것은 내적으로 순복하는 마음이 있을 때에만 이러한 외적인 의식이 거짓 없는 진실한 것이 된다는 것이다.

40. 돌이켜 시체를 향하여 이르되 다비다야 일어나라. 베드로가 아무런 지각이 없는 시체를 향하여 말한 것도 사리에 맞지 않는 것처럼 보인다. 하지만 그가 생명이 없는 시체에 대고 이렇게 말한 것은 하나님의 성령이 그 안에서 격렬하게 움직여서 그로 하여금 그렇게 하지 않을 수 없게 만든 여러 역사들 중의 하나였다. 그러나 그 이유를 꼭 알고 싶어 하는 자가 있다면, 우리는 그런 식으로 말하는 것이 3인칭 화법을 사용해서 "이 육신으로 하여금 생명을 받아 다시 살아나게 하라"고 말하는 것보다 죽은 자를 살리시는 하나님의 능력을 더욱 분명하게 나타낼 수 있어서 그

렇게 한 것이라고 말할 수 있을 것이다. 에스겔이 이스라엘 백성이 장차 해방될 것을 부활이라는 표상을 빌려서 표현하고자 했을 때, "마른 뼈들아 여호와의 말씀을 들을지어다"(겔 37:4)라고 말한 이유도 거기에 있었다. 또한, 그리스도께서도 "죽은 자들이 하나님의 아들의 음성을 들을 때가 오나니"(요 5:25)라고 말씀하셨다. 왜냐하면, 베드로의 입을 통해 나와서 다비다의 몸에 영혼(spiritus)을 되돌려 준 것은 사실 그리스도의 음성이었기 때문이다. 누가가 이후에 설명하고 있는 여러 정황들은 이 이적을 확증하기 위한 것이다.

41. 성도들과 과부들을 불러 들여 그가 살아난 것을 보이니. 누가는 베드로가 다시 살아난 다비다를 "성도들과 과부들"에게 보여주었다고 말한다. 이것으로부터 우리는 하나님께서 그녀를 다시 살리신 것이 그녀 자신을 위한 것이라기보다는 다른 사람들을 위한 것이었다는 결론을 얻게 된다. 인간의 영혼은 단지 숨이나 바람(flatus)에 지나지 않아서 부활의 날까지는 사라지고 없다는 잠꼬대를 하고 있는 일부 광신자들은 이 구절을 자신들의 정신 나간 주장을 증명하는 데에 써먹는다. 그들은 "만일 다비다의 영혼이 복된 안식에 들어간 것이라면, 수많은 비참한 일들과 힘겹게 씨름해야 하는 곳인 육체의 감옥으로 되돌아올 이유가 어디 있었겠느냐?"고 말한다. 그것은 하나님은 우리의 삶에서와는 달리 우리의 죽음과 관련해서는 자신의 영광을 드러내서서는 안 된다는 듯이 말하는 것이고, 사는 것도 하나님을 위하여 살고 죽는 것도 하나님을 위하여 죽는 것이 경건한 자들의 참된 복이라는 것을 부정하는 것이며, 우리가 그리스도에게 헌신되어 있을 때에는 살아 있으나 죽으나 둘 다 우리에게 유익이라는 것(빌 1:21)을 믿지 않는 것이다. 따라서 하나님께서 다비다의 유익보다 자신의 영광을 더욱 고려하셨다고 하더라도, 그것은 하등 이상할 것이 없다. 그러나 신실한 자의 유익은 언제나 하나님의 영광과 결부되어 있기 때문에, 그녀가 다시 살아나서 하나님의 선하심과 능력을 더욱 밝게 드러내는 도구가 된 것은 그녀에게 큰 복이 아닐 수 없었다.

42. 온 욥바 사람이 알고 많은 사람이 주를 믿더라. 이 이적은 많은 열매를 맺었다. 하나님께서는 가난한 자들을 위로해 주실 수 있으셨고, 한 경건한 부인의 죽음으로 큰 손실을 겪을 뻔하였던 교회는 그녀를 다시 갖게 되어 손실을 겪지 않아도 되었으며, 많은 사람들이 믿음을 갖게 되었다. 왜냐하면, 베드로는 이처럼 대단한 능력의 일꾼이었음에도 불구하고, 사람들을 자기에게 붙들어 놓지 않고 그리스도께로 인도하였기 때문이다.

43. 시몬이라 하는 무두장이의 집에서 머무니라. 베드로가 "무두장이의 집"에 머물렀다는 누가의 보도로부터, 우리는 욥바 교회가 어떤 부류의 사람들로 이루어졌는지를 짐작할 수 있다. 왜냐하면, 만일 그 성읍의 유력인사들 중에서 그리스도께로 돌아온 사람들이 있었다면, 그리스도의 사도를 소홀히 대접하는 것은 큰 결례였을 것인 까닭에, 그들 중 한 사람이 베드로를 영접하였을 것이기 때문이다. 따라서 하나님께서는 다른 곳에서와 마찬가지로 여기서도 평범한 사람들을 교회로 모으셨는데, 이것은 육신의 교만(carnis superbia)을 깨뜨리시기 위한 것이었다. 또한, 베드로가 이런 신분의 주인을 멸시하지 않은 데서도 그의 사람됨(humanitas)이 잘 드러난다. 하지만 누가가 뒤에서 시몬의 집에서 베드로를 시중든 사람들이 있었다고 말하고 있는 것으로 보아서, "시몬"은 하류층의 수공업자가 아니라 중산층의 상인이었고, 베드로를 정성껏 예를 갖추어 대접했던 것으로 보인다.

제10장

¹가이사랴에 고넬료라 하는 사람이 있으니 이달리야 부대라 하는 군대의 백부장이라 ²그가 경건하여 온 집안과 더불어 하나님을 경외하며 백성을 많이 구제하고 하나님께 항상 기도하더니 ³하루는 제 구 시쯤 되어 환상 중에 밝히 보매 하나님의 사자가 들어와 이르되 고넬료야 하니 ⁴고넬료가 주목하여 보고 두려워 이르되 주여 무슨 일이니이까 천사가 이르되 네 기도와 구제가 하나님 앞에 상달되어 기억하신 바가 되었으니 ⁵네가 지금 사람들을 욥바에 보내어 베드로라 하는 시몬을 청하라 ⁶그는 무두장이 시몬의 집에 유숙하니 그 집은 해변에 있다 하더라(10:1-6).

1. 가이사랴에 고넬료라 하는 사람이 있으니 이달리야 부대라 하는 군대의 백부장이라. 누가는 이제 영원히 기억될 유명한 이야기로 넘어가는데, 그것은 하나님께서 할례 받지 않은 한 이방인 남자를 모든 유대인들보다 더 큰 존귀와 영광을 받기에 합당한 자로 여기셔서, 자신의 천사를 그에게 보내셨을 뿐만 아니라, 그가 복음 안에 세움을 받도록 하기 위해서, 베드로를 가이사랴로 보내신 것에 관한 이야기이기 때문이다. 먼저, 누가는 하나님께서 하늘로부터 천사를 보내셨을 뿐만 아니라 환상 속에서 베드로에게 말씀하셨던 고넬료라는 사람이 어떤 인물이었는지를 소개한다. 그는 "이달리야 부대"라 하는 로마 보병대의 "백부장"이었다. 일개 보병대는 천 명의 보병으로 구성되었고, 그 우두머리는 천부장이라 불렸다. 그 아래로 백 명씩을 지휘하는 지휘관인 백부장이 있었다. 군단은 대체로 다섯 개의 보병대로 구성되었다. 그 부대는 "이달리야" 부대라고 불렸다. 로마인들은 속주들이나 동맹국들로부터도 병사들을 징집했지만, 정예병은 이탈리아 출신 중에서 선발하였다. 따라서 고넬료는 이탈리아 출신이었다. 그는 자신의 백인대(百人隊)와 함께 가이사랴에 머물고 있었다. 로마인들은 갑작스런 폭동을 진압하기 위해서 모든 중요한 도시에 군대를 주둔시켜 놓고 있었다. 그는 하나님에 대해서는 아주 깊은 경건을 지녔고 사람들에 대해서는 정직하고 예의 바른 군인이었기 때문에, 보기 드물게 모범적인 인물이었다. 왜냐하면, 당시에 여러 속주들에 파견되어 주둔한 이탈리아 병사

들은 굶주린 늑대처럼 노략질하기에 혈안이 되어 있어서, 대체로 그들의 도덕의식은 짐승보다 나을 것이 없었고, 죄에 대해 무감각한 것도 떼강도들과 흡사하였기 때문이다. 따라서 당시에 극도로 타락했던 군대 속에 있으면서도, 경건하게 하나님을 섬겼고, 사람을 괴롭히거나 해치지 않았다는 점에서, 고넬료의 덕은 더더욱 칭송을 받을 만한 것이었다. 더구나, 그가 미신 속에서 태어나서 자랐으면서도 미신을 거부하고, 참 하나님에 대한 순전한 예배를 받아들인 것은 크게 칭송받을 일이었다. 왜냐하면, 우리는 이탈리아인들이 얼마나 교만하게 우쭐대고 다른 사람들을 멸시했는지를 알고 있기 때문이다. 당시에 유대인들은 모든 사람들로부터 경멸과 증오를 받고 있었기 때문에, 그들로 말미암아 참된 신앙조차도 불명예를 안게 되었고, 더 나아가 거의 혐오의 대상이 되어 있었다. 이러한 모든 상황들에도 불구하고, 그가 자신의 우상을 버리고, 한 분 하나님에 대한 참된 예배를 받아들인 것을 보면, 그는 보기 드물게 특별하고 탁월한 정직성(sinceritas)을 지니고 태어났음에 틀림없다. 뿐만 아니라, 당시에는 율법에 대한 얕은 지식이라도 갖추고 있는 자는 유대인들 중에서 천 명에 한 명도 안 될 정도였기 때문에, 고넬료는 유대인들의 언행을 보고서, 자기도 그들처럼 경건한 신앙을 추구하여야 하겠다고 자극을 받을 수 있는 요인이 거의 전무하였다. 따라서 고넬료가 하나님을 정직하고 올바르게 섬기는 자, 즉 거짓 가르침들에 물들지 않아서, 그 어떤 누룩도 첨가함이 없이 신실하게 있는 그대로 율법을 그에게 설명해 줄 수 있었던 베드로를 만나게 된 것은 하나님의 특별한 은혜였음은 의심의 여지가 없다. 그러나 누가는 고넬료를 여러 가지로 칭송하고 있기 때문에, 우리는 먼저 그 각각에 대하여 살펴보지 않으면 안 된다.

2. 그가 경건하여 … 하나님을 경외하며. 누가는 먼저 고넬료가 경건하여 하나님을 경외하고, 선한 가장으로서 가족들을 훈육하는 데에 애썼다고 말한 후에, 다음으로는 그가 많은 사람들을 구제하고 후히 베풀었다고 칭송하고, 마지막으로, 그는 하나님께 항상 기도하는 사람이었다고 말한다. 요컨대, 고넬료는 경건한 자들이 흠 없고 온전하기 위해서 갖추어야 할 모든 덕목들에서 탁월한 사람이었기 때문에, 그의 삶은 모든 면에서 하나님께서 우리에게 명하신 규범에 합당한 삶이었다는 것이다. 그러나 율법이 두 개의 돌판에 담겨 있었기 때문에, 누가는 먼저 고넬료의 경건을 칭송하고 나서, 다음으로 두 번째 부분, 즉 그가 이웃 사랑과 관련된 본분들을 행한 것으로 나아간다. 우리가 이것에 특히 주목해야 하는 이유는 고넬료라는 인물을 통해서 올바르게 살아가는 방식(recte vivendi ratio)이 우리에게 제시되고 있기

때문이다.

따라서 올바른 삶이 정립되기 위해서는 믿음과 경건이 기본적이어야 한다. 왜냐하면, 이 두 가지가 빠져 있으면, 다른 모든 덕성들은 신기루에 지나지 않게 되기 때문이다. 누가가 고넬료가 하나님을 경외하고 하나님께 늘 기도한 것을 그에게 경건함과 하나님을 섬기는 것이 있음을 보여주는 열매들이자 증거들이라고 여긴 것은 지극히 합당하다. 왜냐하면, 경건은 하나님을 경외하고 공경하는 것과 분리될 수 없고, 하나님을 아버지와 주로 인정하고 전적으로 순복하지 않는 자는 결코 경건한 자일 수 없기 때문이다. 그러나 우리는 여기서 칭송되고 있는 것이 자원해서 하나님을 경외하는 것, 즉 하나님을 어떻게 섬기는 것이 합당한지를 깊이 묵상해서 진심에서 우러나와서 기쁜 마음으로 하나님께 자기 자신을 드리고 순복하는 것임을 알아야 한다. 또한, 세상의 대부분이 말도 안 되는 날조된 것들로 하나님에 대한 예배를 혼잡하게 하고 타락시키고 있기 때문에, 고넬료가 하나님께 항상 기도했다는 말을 누가가 덧붙인 것은 합당한 일이었다. 왜냐하면, 이 말을 통해서 누가는 고넬료가 율법의 외적인 의식들을 통해서도 자신의 경건을 나타내 보였을 뿐만 아니라, 홀로 기도할 때마다 영적으로도 하나님을 예배했다는 것을 보여주고자 한 것이기 때문이다. 아울러, 우리는 그가 "항상" 기도했다는 점에 주목하여야 한다. 왜냐하면, 그러한 사실로부터 우리는 그가 사람들이 흔히 그러하듯이 습관적으로 의무감에서 냉랭하게 기도한 것이 아니라, 하나님이 끊임없이 베풀어 주시는 은혜에 감사해서, 믿음의 능력이 나타나는 진실한 기도를 늘 드리기에 힘썼다는 것을 알게 되기 때문이다. 그러므로 우리 모두는 고넬료를 본받아 분발해서, 늘 기도에 힘써야 한다.

2. 온 집안과 더불어. 우리는 고넬료 가정 자체가 교회였다는 이 칭송을 가볍게 보아 넘겨서는 안 된다. 분명한 것은 하나님을 진실하게 예배하는 자는 하나님이 자신의 가정에서 나가 계시는 것을 두고 보지 못하리라는 것이다. 한 집안의 가장이 되어서, 자신의 아내와 자녀들과 남녀 종들에게 자신의 권리를 주장하며 자기에게 순종할 것을 강력하게 요구하면서도, 그들이 하나님을 멸시하는 것에 대해서는 못 본 척하며 눈을 감는다면, 그것은 얼마나 본말이 전도된 것이겠는가! 물론, 경건한 사람이 자신의 아내조차 자기에게 순종하도록 만들지 못하는 경우도 간혹 있지만, 다른 사람들을 다스리는 자리에 있는 사람은 어떻게든 하나님으로부터 주어지는 권세를 지니기 위하여 애쓰는 것이 마땅하다. 그리고 그렇게 하기 위한 최선의

방법은 우리 자신은 물론이고 우리에게 속한 모든 것을 다 하나님께 드리는 것이다. 그러므로 경건한 사람에게 자신과 같지 않은 아들들이 있거나, 행실이 나쁜 고약한 아내가 있거나, 버릇 없고 못된 종들이 있다면, 그들에 대하여 눈을 감아서는 안 되고, 자신의 나태함으로 말미암아 집안 식구들이 망가지고 타락하도록 방치해서는 안 된다. 고넬료의 경우에 누가가 칭송하고 있는 것은 그가 신실하다는 것(sedulitas)만이 아니라, 하나님으로부터 복을 받아서(benedictio Dei), 그의 온 집안이 그의 경건을 따르도록 만들었다는 것이다. 우리가 여기서 간과해서는 안 될 것은 그가 온 집안으로 하여금 하나님을 경외하도록 만들었을 때에 그것으로 인하여 장차 닥칠 수도 있을 위험을 기꺼이 감수하고자 하고 두려워하지 않았다는 것이다. 왜냐하면, 유대교는 극도의 혐오의 대상이었을 뿐만 아니라, 로마인들은 그들이 이방 종교라 부른 것을 받아들였을 때에는 불이익과 제재를 받지 않는 채로 그냥 넘어갈 수는 없었기 때문이다. 그러므로 오늘날 복음에 대한 신앙을 진실하게 고백하였을 때, 세상에서 지독하게 욕을 먹고 비난을 당한다고 해서, 사람들의 그러한 부당한 증오가 두려워서 자신의 가족을 하나님께 제물로 드리지 못한다면, 그것은 지극히 악하고 비겁한 일이 아닐 수 없다.

2. 백성을 많이 구제하고. 이 구절에는 제유법이 사용되고 있다. 즉, 누가는 앞에서 고넬료가 하나님을 진심으로 섬기는 인물이라는 것을 그가 하나님께 늘 기도하였다는 사실을 들어서 증명하였던 것과 마찬가지로, 이제 여기서는 고넬료가 너그럽고 인자하며 후히 베푸는 인물이었다는 것을 보여주기 위하여, 그가 "백성을 많이 구제하였다"는 사실을 한 가지 대표적인 사례로 언급하고 있다는 것이다. 왜냐하면, 우리가 하나님을 경외한다는 것은 사람들에게 후히 베푸는 것과 의롭게 행하는 것을 통해 증명되고, 그런 식으로 우리의 경건은 사람들에게 드러날 수밖에 없기 때문이다. "구제" 또는 "자선"으로 번역될 수 있는 헬라어는 원래 마음의 내적인 감정, 즉 사람들을 불쌍히 여기는 자비심(misericordia)을 가리키는 것이었지만, 가난한 자들을 물질적으로 도와주는 외적인 행위를 가리키는 것으로 그 의미가 바뀌었다. 왜냐하면, 우리가 형제들의 곤궁함을 보고서 불쌍히 여기는 마음이 일어나서, 그리스도께서 모든 형제를 하나 되게 하신 것을 기억하고서, 그들을 우리 몸처럼 아끼고 돌보며, 그들을 우리 몸의 지체로 여겨 도움을 주고자 한다면, 이러한 원천으로부터 진정한 "자선"(beneficentia)이 생겨나기 때문이다. 물론, 위선자들도 때로는 관대하거나 너그러울 수 있다. 하지만 그들이 가난한 자들에게 물붓듯이 쏟아

부어 도움을 준다고 해도, "자선"이라는 이름은 거기에 어울리지 않는다. 왜냐하면, "사람이 자기에게 있는 모든 것을 가난한 자들에게 나누어 줄지라도, 그에게 사랑이 없으면, 그는 아무것도 아니다"(고전 13:3, 한글개역개정에는 "내가 내게 있는 모든 것으로 구제하고 또 내 몸을 불사르게 내어 줄지라도 사랑이 없으면 내게 아무 유익이 없느니라")라고 한 바울의 말은 지극히 옳기 때문이다. 따라서 우리가 정말 불쌍히 여기는 마음으로 가난한 자들을 도와주고, 하나님께서 우리에게 후히 주신 것을 가지고서 다른 사람들에게 후히 베풀 때, 우리의 자선(beneficentia)은 하나님의 인정을 받게 된다는 것을 우리는 이 단어를 통해서 배워야 한다.

누가는 고넬료가 "모든 백성을 구제하였다"(한글개역개정에는 "백성을 많이 구제하고")고 말하는데, 이것은 주변의 모든 가난한 사람들을 구제하였다는 뜻이다. 왜냐하면, 부자들도 꽤 있었을 것이지만, 그들까지 구제하였다는 것은 말이 안 되기 때문이다. 그가 이렇게 유대인들을 헌신적으로 돌보았다는 것은 그들의 종교로 말미암아 그들과 깊은 공감대를 형성하고 있었음을 반증해 준다. 그런 까닭에, 누가는 조금 뒤에서 그가 "유대 온 족속"에게 "칭찬"을 받았다고 말한다. 고넬료는 초보적이고 연약한 신앙을 갖고 있었으면서도 수많은 장애물들을 뛰어넘어서 이토록 훌륭한 덕성과 거룩함을 보여주고 있는데, 기독교 신앙의 선생이라는 말을 듣고 싶어하는 우리가 경건을 행하는 데에 이토록 무기력하다면, 부끄러움을 느끼는 것이 마땅하지 않겠는가? 고넬료 안에 있던 신앙의 작은 불꽃(modica fidei scintilla)이 그에게서 이처럼 큰 일을 이루어 냈다면, 우리 안에 있는 하나님을 아는 지식의 충만한 빛(plenus scientiae fulgor)은 어떤 일들을 이루어 내는 것이 마땅하겠는가? 우리는 말로만 그리스도를 자랑할 뿐이고, 우리 중 대다수는 이 거룩한 사람이 보여준 모범과는 너무나 거리가 멀어서, 그가 그토록 풍성하게 보여주었던 덕성들의 그림자조차 우리에게서는 거의 찾아볼 수 없다. 왜냐하면, 우리는 나태해서 거의 기도하고자 하지 않고, 다른 사람들을 구제하는 일에 인색하고 그런 일을 잘 하지 않으려고 하기 때문이다. 또한, 많은 사람들이 천박한 탐욕으로 말미암아 다른 사람들에게 후히 나누어 주어야 할 자신의 소유물을 꼭 끌어안고 있을 뿐만 아니라, 광적인 소유욕에 사로잡혀서 수단과 방법을 가리지 않고 가난한 자들의 재물을 노략질하고 그들의 살까지도 먹어치우기를 서슴지 않는다.

3. 하루는 제 구 시쯤 되어 환상 중에 밝히 보매. 누가가 하나님의 말씀이 "환상"을 통해서 고넬료에게 주어졌다고 말하는 것은 우리로 하여금 고넬료가 하늘의 인

도하심을 받아서 그리스도를 믿게 되었다는 것을 알게 하기 위한 것이다. 그러나 사람들은 환각에 속는 경우가 흔히 있기 때문에, 누가는 모든 의심을 제거하기 위해서 "제 구 시"라고 시간을 구체적으로 적시한다. 왜냐하면, 당시의 관습은 일출에서 일몰까지의 낮을 열두 시간으로 나누는 것이었고, "하나님의 사자"가 출현한 것은 한낮이었던 까닭에, 고넬료가 본 것은 환각이 아니라 환상이었다는 것이 아주 명확하였기 때문이다. 또한, 환상에는 하나님의 종들로 하여금 환각이 아니라는 확신을 갖도록 하기 위해서 언제나 표징이 주어졌고, 꿈을 통해서 하나님이 친히 나타나셨을 때에도 하나님의 종들이 의심을 갖지 않게 하기 위하여 그들의 마음에는 하나님의 계시임에 틀림없다는 확신이 깊이 새겨졌다.

4. 고넬료가 주목하여 보고 두려워 이르되. 누가는 이 환상이 고넬료가 졸고 있거나 멍 하고 있을 때에 자신도 모르게 갑자기 공상에 빠져든 것이 아니었음을 우리로 알게 하기 위해서, 고넬료가 정신을 집중하고 있었다는 사실을 명시적으로 설명한다. 고넬료가 "두려움"에 사로잡혔던 것은 하나님의 위엄(divina maiestas)을 감지하였기 때문이었다. 왜냐하면, 사람은 하나님의 임재(Dei praesentia)를 느끼는 순간에 대경실색하여 두려움에 사로잡혀서 엎드러질 수밖에 없기 때문이다. 우리가 하나님의 말씀에 두려움을 느끼지 못한다면, 그것은 우리의 둔감함(socordia)으로 인해서 우리에게 말씀하시는 분이 하나님이시라는 것을 깨닫거나 알아차리지 못하기 때문이다. 그러나 경건한 자들은 선지자 이사야가 말하였듯이(사 66:2, 5) 하나님의 말씀을 들을 때에 그 말씀 속에서 하나님의 임재를 느끼고서 두려워 떨게 된다. 하나님을 보는 것(Dei conspectus)이 그들을 두려워 떨게 만드는 것은 그들로 하여금 두려움에 사로잡혀서 어찌 할 바를 모르게 하기 위한 것이 아니라, 단지 자신을 낮추고서 하나님을 경외하도록 그들을 준비시키기 위한 것이다.

4. 주여 무슨 일이니이까. 고넬료의 이 대답은 그의 마음과 생각이 이미 유대교의 영향을 많이 받아서, 자신이 하나님을 대하고 있다는 것을 알고 있었음을 분명하게 보여준다. 따라서 라틴어 역본에서 이 구절을 "주여 누구시나이까"라고 옮긴 것은 잘못이다. 헬라어 본문 속에는 애매모호한 점이 전혀 없어서, 번역자가 착각해서 잘못 번역할 가능성은 없기 때문에, 아마도 그러한 통상적인 번역은 실수로 생겨난 것으로 보인다. 모든 헬라어 사본들에서 이 구절은 한결같이 '티 에스티'(τί ἐστι, "무슨 일이니이까")로 되어 있다. 말씀하시는 분이 하나님이심을 감지한 고넬료는 순종할 준비를 갖추고서 이런 질문을 한 것임이 분명하다. 왜냐하면, 이 질문

에 대한 천사의 대답은 곧 명령이나 다름없을 것이었기 때문이다.

4. 네 기도와 구제가 하나님 앞에 상달되어 기억하신 바가 되었으니. 우리의 기도가 하나님의 즉각적인 응답을 받지 못할 때에는, 마치 하나님께서 귀를 막고 계신 것처럼 보였기 때문에, 우리의 기도가 하나님 앞에 상달되었다거나, 하나님이 우리의 기도를 기억하셨다는 표현들이 생겨났다. 천사는 하나님께서 고넬료의 기도를 들으셨고 그의 구제를 받으셨기 때문에, 그를 복음의 충만한 빛을 받기에 합당한 인물로 여기신 것이라고 말한다. 이것으로부터 우리는 어떤 사람의 덕성들과 선행들은 하나님을 기쁘시게 해드릴 뿐만 아니라, 거기에는 빛나는 상급이 보상으로 주어진다는 것, 즉 하나님께서는 "무릇 있는 자는 받아 넉넉하게 된다"(마 13:12)는 말씀대로 그 사람에게 더 큰 은사들을 주셔서 그 사람을 부요하게 하신다는 것을 알게 된다. 또한, "잘 하였도다 착하고 충성된 종아 네가 적은 일에 충성하였으매 내가 많은 것을 네게 맡기리니"(마 25:21)라는 말씀도 있다. 하나님께서는 이런 방식으로 일련의 은사들을 주셔서 자기 백성들을 끌어올리심으로써, 그들이 점진적으로 확실한 단계들을 밟아서 정상에 이르도록 인도하신다. 그러나 교황주의자들은 이 구절을 두 가지 방식으로 악용한다. 먼저, 그들은 하나님께서 고넬료의 "기도와 구제"를 보시고서 그에게 복음을 믿는 믿음을 주셨다는 사실을 왜곡해서, 고넬료의 "기도와 구제"가 자신들이 날조해 낸 믿음을 얻기 위한 준비 행위에 해당한다고 주장하고, 마치 사람이 자신의 노력과 덕성으로 믿음을 얻을 수 있고, 행위로 말미암은 공로(meritum)를 통해서 하나님의 은혜를 얻어낼 수 있다고 말한다. 다음으로, 그들은 선행은 공로를 쌓는 것이기 때문에, 선행을 많이 하면 할수록 하나님의 은혜도 많이 받게 된다는 것은 하나의 보편적인 원리라고 주장한다. 먼저, 그들이 고넬료가 믿음으로 말미암아 빛을 받기 전에 행한 일들이 하나님께 열납되었다고 추측한 것은 지독하게 유치한 오류를 범하고 있는 것이다. 우리는 그들의 무지를 반박하기 위한 증거를 멀리서 찾을 필요가 없다. 왜냐하면, 오직 믿음만이 우리에게 기도의 문을 열어 주는 까닭에, 만일 고넬료에게 믿음이 선행되지 않았다면, 그가 기도를 해서 얻을 수 있는 것은 아무것도 없었을 것이기 때문이다. 또한, 아우구스티누스가 믿음이 전혀 없는 사람일지라도 기도를 함으로써 믿음을 갖게 된다고 말한 펠라기우스(Pelagius)를 조롱하면서, 자신의 몸 중에서 이미 어느 한 곳이라도 고침을 받아 본 사람이 아니면, 누가 의사를 찾겠느냐고 반문한 것은 지혜롭게 잘 생각해서 말한 것이다. 왜냐하면, 우리에게 문을 두드리라고 가르쳐 주는 것은 믿음

으로 말미암은 건강함이기 때문이다. 게다가, 고넬료에게 있던 하나님을 경외하는 마음과 경건함은 그가 성령으로 거듭났음을 보여주는 분명한 증거이다. 왜냐하면, 에스겔은 오직 성령만이 사람들의 마음을 움직여서 하나님을 경외하게 할 수 있다고 말하며 성령을 찬양하고 있고(겔 36:26), 이사야도 "여호와를 경외하는 영"(사 11:2)이 그리스도 안에 머물 것이라고 말함으로써, 우리로 하여금 성령은 그리스도의 지체들 외에는 그 어디에서도 발견될 수 없다는 것을 알게 하고 있기 때문이다. 따라서 고넬료라는 인물을 본성(natura)의 인도를 따라서 영생을 열망하거나 추구하는 사람이라고 생각하는 것은 너무나 어리석은 일이고, 그들이 사람은 행위로 말미암은 공로를 통해서 하나님의 은혜를 얻을 수 있다고 결론을 내리는 것은 터무니없다.

또한, 그들이 저지르고 있는 두 번째 오류, 즉 각 사람은 자신이 쌓은 공로가 크면 클수록 하나님으로부터 받는 은혜도 더 커진다고 말하는 그들의 주장도 우리는 어렵지 않게 반박할 수 있다. 먼저, 우리는 하나님께서 우리에게 은혜로 값없이 주신 것 외에는 우리에게 그 어떤 선행도 없다는 것을 인정한다. 다음으로는, 우리가 하나님의 은사들을 올바르게 사용할 수 있는 것도 전적으로 하나님의 은혜로 말미암은 것이기 때문에, 우리로 하여금 하나님의 일차적인 은혜로 말미암아 받은 은사들을 합당하게 사용할 수 있게 해주시는 것을 우리는 하나님의 이차적인 은혜라고 말한다. 마지막으로, 우리는 언제나 흠과 허물로 가득한 우리의 행위들로 인해서 우리가 하나님으로부터 어떤 대접을 받을 가치가 있다는 것을 인정하지 않는다. 우리가 선행들을 행할 때에 우리에게 주어지는 은혜가 더 크고 풍성해지는 것은 사실이지만, 그것은 결코 선행들이 지닌 공로 때문이 아니다. 왜냐하면, 우리의 선행들은 우리의 믿음으로 말미암아 얻게 된 죄 사하심(venia)이 토대가 되어 있지 않은 경우에는 하나님께 열납될 수 없는 까닭에, 하나님께서는 오직 우리의 믿음을 보시고서 우리의 선행들을 가치 있는 것으로 받으시는 것이기 때문이다. 마찬가지로, 고넬료는 "기도와 구제"를 통해서 그리스도를 아는 지식에서 더 자라갈 수 있었지만, 하나님께서 그의 "기도와 구제"를 좋게 보시고 받으신 것은 그에게 이미 믿음이 있었기 때문이었다.

또한, 하나님께서 우리의 믿음을 보시고 선행들을 가치 있게 여기신다고 할지라도, 하나님께서 우리의 선행들의 가치를 인정하시는 것은 그 선행들 속에 어떤 공로가 있어서가 아니라, 단지 하나님이 너그럽고 관대하게 보아 주시는 덕분이다.

왜냐하면, 우리가 믿음의 눈으로 바라보게 되면, 우리 자신 속에는 하나님을 기쁘시게 할 만한 것을 조금도 찾을 수 없어서, 우리는 우리에게 없는 것들을 그리스도로부터 빌려 왔고, 하나님께서는 바로 그것들만을 기뻐하시기 때문이다. 그런데도, 교황주의자들이 "공로"(meritum)라는 말을 입에 달고 살면서, 순박한 사람들에게 헛된 확신을 주어 그들의 마음을 부풀려 놓기만 할 뿐, 정작 사람들로 하여금 선을 행하도록 만드는 데에는 아무런 도움도 주지 못하는 것은 지독하게 사악한 일이 아닐 수 없다. 왜냐하면, 그들은 사람들의 양심으로 하여금 언제나 불안에 떨게 만들고, 사람들에게 자신들의 행위가 하나님을 기쁘시게 하고 있는지 그렇지 않은지를 늘 의심해 보라고 강요하기 때문이다. 사람들의 마음이 그러한 두려움에 사로잡혀 있게 될 때, 그들이 결국 지치고 무기력해져서 자포자기하게 되는 것은 필연적이지 않겠는가? 반면에, 우리는 사람들의 행위 속에 공로(meritum)가 있다는 것을 부정하지만, 선행들에는 상급(merces)이 예비되어 있다고 가르침으로써, 사람들에게 가장 좋으면서도 예리한 자극을 주어서, 올바른 삶을 살아 가고자 하는 열망을 고취시킨다. 왜냐하면, 사람들은 자신의 수고가 결코 헛되지 않을 것임을 확실했을 때, 기꺼이 하나님을 열심으로 섬길 결심을 하게 되기 때문이다. 그런데 오늘날 성령의 은사들이 풍성하고 차고 넘치게 나타나지 않고, 도리어 대부분의 은사들이 시들해져 버린 것은 우리 자신의 배은망덕함 탓이라고 하여야 한다. 왜냐하면, 하나님께서 고넬료의 기도와 구제와 경건을 보셨을 때, 거기에 하나님의 복음이라는 가장 귀한 보석을 둘러 주셨듯이, 우리가 복음이라는 보물을 아무렇게나 불경건하게 다루는 것을 보셨을 때, 우리로 하여금 기아와 궁핍으로 고통 받다가 마침내 굶어죽게 만드신 것은 합당하신 일이기 때문이다.

한편, 여기서 한 가지 질문이 생길 수 있는데, 그것은 믿음이라고 말하기 위해서는 그리스도를 아는 지식이 있어야 하는 것인가, 아니면 하나님의 긍휼하심에 대한 소박한 확신만으로도 충분한 것인가 하는 것이다. 왜냐하면, 고넬료는 그리스도에 대해서 아무것도 몰랐던 것처럼 보이기 때문이다. 이 문제는 믿음은 결코 그리스도와 분리될 수 없다는 것을 보여주는 확고한 사실에 의해서 해결될 수 있다. 왜냐하면, 만일 우리가 오로지 하나님의 엄위하심(Dei maiestas)만을 직면한다면, 그의 선하심을 맛보고 느끼는 것이 아니라, 도리어 그의 영광에 짓눌려 버리게 될 것이기 때문이다. 따라서 그리스도께서 중보자가 되어 주셔야만, 사람들의 심령은 하나님이 좋으신 분임을 깨달을 수 있게 된다. 그리스도께서 "보이지 아니하는 하나님의 형상"(골 1:15)이라고 불리는 데는 타당한 이유가 있는데, 그것은 하나님께서는 오직 그리스도의 얼굴 속에서만 자신을 보여주시기 때문이다. 뿐만 아니라, 그리스도는 "길이요 진리요 생명"(요 14:6)이시기 때문에, 그리스도 없이 길을 가는 자들은 어디를 가든지 사방으로 오류들과 속임수들의 덫에 둘러싸이게 되고, 도처에서 사망을 맞닥뜨리게 된다. 이제 고넬료와 관련된 난해한 매듭(nodus)이 쉽게 풀리게 되었다. 모든 영적인 은사들은 그리스도 안에서 우리에게 주어진다. 특히, 거듭남 (regeneratio)은 어디서 오는 것인가? 그것은 우리가 그리스도의 죽으심과 연합할 때에 우리의 옛 사람이 십자가에 못 박히기 때문이 아닌가(롬 6:5-6)? 고넬료가 그리스도의 성령에 참여하고 있었다면, 우리는 그에게 그리스도를 믿는 믿음이 전혀 없었다고 생각할 이유가 없다. 왜냐하면, 고넬료가 하나님이 약속하신 중보자 (mediator)에 관해서 아무것도 알지 못한 채로, 오직 유대인들이 섬겼던 참 하나님을 섬기고 있었던 것은 결코 아니었기 때문이다. 그리스도를 아는 그의 지식이 비록 모호하고 혼란스러운 것이었을지라도, 그에게는 그리스도를 아는 지식이 어느 정도는 있었다. 당시에 유대 땅에 온 사람들은 누구든지 메시아에 관하여 듣지 않을 수 없었고, 메시아에 관한 소문은 심지어 아주 멀리 떨어져 있던 나라들에까지도 상당히 널리 퍼져 있었기 때문에, 우리는 고넬료를 아직 나타나지는 않으셨지만 하나님께서 끊임없이 약속하셨던 구속주(redemptor)로 말미암은 구원에 대한 소망을 지니고 있었던 옛 조상들과 같은 반열에 두는 것이 마땅하다. 또한, 아우구스티누스가 고넬료의 믿음의 토대가 베드로에 의해서 놓여진 것이라고 말한 것은 옳지 않다. 왜냐하면, 그의 믿음은 그전부터도 확고한 토대를 갖고 있었기 때문이다. 하지만 본질적인 문제와 관련해서는, 아우구스티누스의 생각은 우리와 동일하다. 그는 「성도들의 예정에 대하여」라는 자신의 책을 비롯한 여러 곳에서, 만일 고넬료에게 믿음이 없었다면, 그는 결코 기도할 수 없었을 것이라고 분명하게 말한다.

5. 네가 지금 사람들을 욥바에 보내어. 놀랍도록 자애로우신 하나님께서는 고넬료에게 직접 가지 말고 사자들을 베드로에게 보내라고 명하심으로써, 고넬료는 자기 집에서 조용히 기다리게 하시는 반면에, 베드로에게 여행하는 수고를 감수하게 하신다. 그러나 우리는 하나님께서 고넬료를 이렇게 배려하신 것을 이상하게 여길 필요는 없다. 왜냐하면, 하나님께서는 이사야를 통해서 "나는 나를 구하지 아니하던 자에게 물음을 받았으며 나를 찾지 아니하던 자에게 찾아냄이 되었으며"(사 65:1)라고 말씀하신 것처럼, 하나님을 별로 찾고자 하지 않는 자들에게로 자신의 말

쯤 사역자들을 매일같이 등을 떠밀어 보내시기 때문이다. 그런데 고넬료에게 나타난 "하나님의 사자"는 왜 스스로 선생의 역할을 수행하지 않은 것일까? 왜냐하면, 이 천사가 자신의 소임을 죽을 수밖에 없는 존재인 사람에게 넘긴 것은 어딘지 사리에 맞지 않는 것처럼 보이고, 또한 사람의 입을 통해서가 아니라 천사가 직접 고넬료에게 복음을 전해 주었다면, 하나님의 말씀은 더 큰 권위를 갖게 되었을 것이기 때문이다. 분명한 것은 그리스도께서는 환상을 통해 바울에게 나타나셨을 때에 친히 가르치실 수도 있으셨는데도 아나니아에게 바울을 가르치는 역할을 맡기심으로써, 자신의 복음을 전하고 가르치는 사역을 교회에 맡기셨다는 것을 다시 한 번 확증하셨고, 마찬가지로 지금도 "하나님의 사자"가 베드로에게 그리스도께서 그에게 맡기신 소임을 행할 수 있도록 양보하고 있다는 것이다. 그러므로 그리스도의 제자가 되고자 하고, 하늘의 지혜의 빛을 받고자 하는 자는 누구든지 그리스도께서 그에게 믿음을 주시기 위하여 자신의 도구로 사용하시는 사람들로부터 가르침을 받고 그 음성을 경청하는 것을 주저하거나 꺼려해서는 안 된다. 또한, 우리는 사람들이 전하는 것은 경멸한 채로, 하늘로부터 오는 계시만을 구하는 자들의 얼빠진 교만을 하나님께서 얼마나 끔찍한 방법으로 벌해 오셨는지를 안다. 왜냐하면, 하나님께서는 사람들을 사용하셔서 말씀하고자 하시는 까닭에, 자신의 말씀을 맡은 사역자들을 경멸하는 것은 하나님 자신을 멸시하는 것이기 때문이다. 물론, 나는 우리가 그리스도의 사역자로 위장한 자들이 하는 말들까지도 다 경청하고 받아들이는 일이 없도록 하기 위해서, "영들이 하나님께 속하였나 분별하여야"(요일 4:1) 한다는 것을 인정한다. 그러나 "믿음은 들음에서 나는" 까닭에(롬 10:17), 사람들이 전하는 말씀을 배척하고 멸시하는 자들은 결코 믿음에 이를 수 없다.

[7]마침 말하던 천사가 떠나매 고넬료가 집안 하인 둘과 부하 가운데 경건한 사람 하나를 불러 [8]이 일을 다 이르고 욥바로 보내니라 [9]이튿날 그들이 길을 가다가 그 성에 가까이 갔을 그 때에 베드로가 기도하려고 지붕에 올라가니 그 시각은 제 육 시더라 [10]그가 시장하여 먹고자 하매 사람들이 준비할 때에 황홀한 중에 [11]하늘이 열리며 한 그릇이 내려오는 것을 보니 큰 보자기 같고 네 귀를 매어 땅에 드리웠더라 [12]그 안에는 땅에 있는 각종 네 발 가진 짐승과 기는 것과 공중에 나는 것들이 있더라 [13]또 소리가 있으되 베드로야 일어나 잡아 먹어라 하거늘 [14]베드로가 이르되 주여 그럴 수 없나이다 속되고 깨끗하지 아니한 것을 내가 결코 먹지 아니하였나이다 한대

15또 두 번째 소리가 있으되 하나님께서 깨끗하게 하신 것을 네가 속되다 하지 말라 하더라 16이런 일이 세 번 있은 후 그 그릇이 곧 하늘로 올려져 가니라(10:7-16).

7. 마침 말하던 천사가 떠나매. 누가는 여기서 고넬료가 얼마나 신속하게 순종하는지를 보여준다. 그는 한순간도 지체하지 않고, 하나님이 명하신 것을 세심하게 수행한다. 그가 이처럼 신속하게 순종할 수 있었던 이유는 하나님이 약속하신 것에 대한 믿음이 그에게 있었기 때문이다. 마찬가지로, 우리로 하여금 하나님을 따르기를 주저하고 꾸물대게 만드는 원인은 우리의 불신앙이다. 물론, 지금 우리에게는 천사가 하늘로부터 날아와서 특정한 사람을 지목하여 말해 주는 것은 아니지만, "찾으라 그리하면 찾아낼 것이요 문을 두드리라 그리하면 너희에게 열릴 것이니"(마 7:7)라는 그리스도의 음성이 우리 모두의 귓전에 울리고 있다. 다른 사람들이 주저하고 꾸물대며 앞으로 나아가지 못할 때, 백 명 중에서 한두 사람이 발걸음을 재촉한다면, 그것은 그들이 약속의 말씀을 굳게 믿었기 때문이 아니면 무엇 때문이겠는가? 그러므로 우리는 하나님의 음성이 들려왔을 때에 지체하지 말고 부르심을 받은 곳으로 달려가야 한다는 것을 명심하여야 한다.

7. 집안 하인 둘. 고넬료가 믿음직하고 정직한 하인들을 갖게 된 것은 자기 집안 사람들을 부지런히 가르친 데에 따른 상급이었다. 하인들은 주인을 기쁨으로 섬겼고, 주인도 하인들에게 안심하고 모든 일을 맡길 수 있었다. 반면에, 집안사람들을 가르치는 일을 등한시한 주인들은 하나님으로부터 종종 응분의 벌을 받게 된다. 즉, 집안사람들에게 경건과 하나님을 경외하는 것을 가르치기를 게을리한 주인들은 집안사람들의 불순종과 불성실을 보게 될 것이 뻔하고, 심지어 배신을 걱정해야 하는 처지로 내몰리게 되기도 하기 때문이다.

7. 부하 가운데 경건한 사람 하나. 누가가 이 "부하"를 "경건한 사람"이라고 소개한 것을 보면, 고넬료는 이 군인과 각별한 사이여서, 자기 집안의 하인들에게 그랬듯이 이 군인에게도 하나님을 경외하도록 가르쳤을 것이다. 여기서 내가 앞에서 언급한 바 있는 것을 다시 한 번 생각해 보는 것이 좋을 것 같은데, 그것은 그 어떤 종류의 삶이든 하나님을 순전하게 섬길 의무를 면제받은 삶은 없다는 것이다. 왜냐하면, 당시에 로마 군대는 옛날과는 달리 기강이 해이해져서 부도덕하고 방종한 생활에 빠져 있었기 때문에, 군인들의 생활은 극도로 타락해 있었지만, 하나님의 성령은 여기서 경건한 군인들에 대해서 증언하고 있기 때문이다. 따라서 어떻게 해서라

도 모든 올바른 삶에서 벗어나고 싶어 하는 자들이 군복무를 하고 있다는 핑계를 대면서 하나님을 섬기는 일에서 면제해 달라고 요구하는 것은 합당하지 않다. 그런 자들이 군인이라는 이유로 하나님을 섬길 수 없다고 말한다면, 마지막 날에 여기에 언급된 이 두 군인이 증인과 심판자가 되어서 그들을 정죄할 것이다. 아울러, 이 두 군인은 그리스도인이 무기를 드는 것은 불법이라고 소리치는 정신 나간 자들도 단죄하고 있다. 왜냐하면, 이 두 사람은 군인의 신분으로 신앙생활을 하며 경건하게 행하고 있었고, 그리스도를 영접한 후에도 자신들의 이전의 생활을 버리거나, 자신들이 지닌 무기를 마치 해로운 물건이라도 되는 양 팽개쳐 버리거나, 당시에 자신들에게 주어진 군인의 신분을 버리지 않았기 때문이다. 고넬료가 이 일과 관련된 모든 것을 하인들과 부하 군인에게 설명해 준 것은 그들에게 이 일이 사람이 아니라 하나님으로부터 주어진 것임을 알게 하여서, 하나님께서 명하신 것을 완수할 수 있도록 더욱 격려하기 위한 것이었다. 그는 과거에 그들을 가르칠 때에도 솔직하였던 것과 마찬가지로, 그들에게 이 크고 막중한 일을 맡길 때에도 모든 것을 다 알려 주는 것을 주저하지 않는다.

9. 이튿날 그들이 길을 가다가 그 성에 가까이 갔을 그 때에. 누가는 앞에서 천사가 고넬료에게 나타나서 사람들을 보내어 베드로를 불러오라고 명하였다는 것을 보도했는데, 이제 여기서는 베드로가 환상 속에서 고넬료에게로 가라는 지시를 받았다고 보도한다. 이것으로부터 이 일 전체가 하나님의 놀라운 계획에 의해서 주관되고 있다는 것이 더욱 분명하게 드러난다. 왜냐하면, 우리는 하나님께서 한편으로는 고넬료로 하여금 복음의 가르침을 기꺼이 받아들일 수 있도록 준비시키시고, 더 나아가 가르침을 받고자 하는 열심과 열망으로 불타오르게 만드실 뿐만 아니라, 베드로의 경우에도 가르치는 소임을 잘 감당할 수 있도록 그의 마음을 준비시키시는 것을 보기 때문이다. 따라서 우리는 누가가 어떤 정황들을 통해서 이 일이 하나님의 역사라는 것을 밝혀 나가는지를 주목해 보아야 한다.

9. 베드로가 기도하려고 지붕에 올라가니 그 시각은 제 육 시더라. 베드로가 기도를 드리려고 지붕에 올라간 것은 홀로 한적한 곳에 있는 것이 기도하는 데에 큰 도움이 되기 때문인데, 그리스도께서도 이 점을 무시하지 않으셨다. 왜냐하면, 한적한 곳으로 가서 기도할 때, 우리 마음을 산란하게 만드는 것들로부터 벗어나서 아무런 방해를 받지 않고 하나님께 더 집중하여 기도할 수 있기 때문이다. 유대인들은 우리와는 다른 형태로 집을 지어서, 지붕 위에는 사람이 걸어다닐 수 있는 공간

이 있었다. 당시에 "제 육 시"가 정오였다는 점을 감안하면, 베드로는 당시의 관습을 따라서 정해진 시간에 기도를 드린 것이 분명하다. 우리는 하루의 거의 대부분을 잡다한 일들에 마음을 빼앗기고 있고, 우리 자신에게 재갈을 물려 놓지 않으면 늘 분주한 까닭에, 기도 시간을 따로 정해 놓는 것이 유익하다. 이것은 우리가 시간을 정해 놓고 의무적으로 기도하라는 것이 아니라, 다른 어떤 일들보다도 더 우선하여야 할 기도를 잊지 않기 위한 것이다. 따라서 우리는 한적한 장소를 택해서 기도하는 것이 중요한 것과 마찬가지로, 시간을 정해 놓고 기도하는 것도 중요하다는 것을 알아야 한다. 즉, 시간을 정해 놓고 기도하는 것은 우리의 연약함을 도와준다는 것이다. 심지어 사도들조차도 이렇게 장소와 시간을 중요하게 생각하여 기도하였다면, 게으르고 나태한 우리에게는 한적한 장소를 택하고 시간을 정해 놓고 기도하는 것이 얼마나 더 절실히 필요하겠는가?

10. 황홀한 중에. 우리의 마음은 땅에 고착되어 있기 때문에, 베드로가 계시의 말씀을 받을 수 있기 위해서는, 그의 마음이 땅에서 들어올려져서 높은 곳으로 옮겨져야만 하였다. 베드로는 이렇게 아주 특별한 방식에 의해서 그 마음이 세상 위로 들어올려짐으로써 계시의 말씀을 받을 준비가 되었다(한글개역에서 "비몽사몽간에"로 번역한 것을 한글개역개정은 "황홀한 중에"로 바꾸었는데, 헬라어 '엑스타시스'와 불가타 및 칼빈의 라틴어 번역인 '멘티스 엑스케수스'[mentis excessus]는 "심령의 이탈," 즉 '탈혼'을 의미한다 — 역주).

11. 하늘이 열리며. 나는 여기에 나오는 "하늘이 열리며"라는 표현은 7:56에 나온 "하늘이 열리고"라는 표현과는 다른 의미라고 생각한다. 왜냐하면, 거기에서는 하늘이 스데반에게 열렸고, 그가 그리스도의 영광을 보았다고 보도된 반면에, 여기서 베드로는 우리의 육안으로 볼 수 있는 하늘이 갈라지고 거기로부터 보자기가 내려오는 것을 본 것이기 때문이다.

12. 그 안에는 … 각종 네 발 가진 짐승과. 베드로가 어떻게 한 번에 이렇게 어마어마하게 많은 각종 짐승들을 볼 수 있었던 것이냐고 누가 묻는다면, 그 대답은 어렵지 않다. 왜냐하면, 누가가 "각종"이라고 말한 것은 서로 다른 종류의 짐승들이 서로 분간이 안 될 정도로 마구 뒤섞여 있었다는 뜻이기 때문이다. 따라서 베드로는 첫 번째 종류의 짐승부터 세기를 시작해서 마지막 종류의 짐승까지 다 센 것은 아니었다. 다시 한 번 말하지만, 베드로는 황홀경 속에서 육안과는 다른 눈을 갖게 된 것이기 때문에, 우리는 이 광경을 인간적인 방식으로 판단해서는 안 된다. 그러

나 우리는 다른 것들을 살펴보기 전에, 하나님께서 베드로에게 이 환상을 보여주신 목적이 무엇이었는지를 확실하게 해둘 필요가 있다. 왜냐하면, 어떤 이들은 본문이 말하고자 하는 것을 뛰어넘어서 이 환상을 놓고서 지나치게 세밀하고 교묘하게 논의를 펼치기 때문이다. 따라서 내 생각은 옛적에 하나님께서 정하셨던 구별이 이제 제거되었다는 사실을 베드로에게 보여주기 위한 것이 이 환상의 목적이었다는 것이다. 하나님께서는 동물들을 정한 짐승과 부정한 짐승으로 구별하셨듯이, 사람들과 관련해서도 오직 자기가 택한 한 백성만이 거룩하고, 다른 모든 민족은 부정하고 속된 것으로 여기셨었다.

그러나 이제 하나님께서는 동물들 간의 구별이 사라진 것은 물론이고, 예전과는 달리 사람들 간의 구별도 사라져서, 유대인과 헬라인은 차별이 없다고 가르치신다. 이것으로부터 베드로는 앞으로는 이방인들을 부정하다고 혐오해서는 안 된다는 가르침을 받는다. 하나님께서는 베드로가 고넬료에게 가는 것을 두려워하지 않도록 하시기 위해서, 그에게 용기를 주고자 하셨던 것이 확실하다. 그러나 하나님께서는 한 백성을 자신의 소유로 삼으셔서 다른 민족들로부터 구별하셨는데, 모세의 노래는 이 사실을 잘 보여준다: "여호와의 분깃은 자기 백성이라 야곱은 그 택하신 기업이로다"(신 32:9). 그래서 하나님은 이 백성을 자신의 기업이며 자신의 소유라고 부르셨다.

이러한 질서를 따른다면, 베드로가 이방인들에게 구원의 언약을 전하는 것은 율법을 어기는 것이었다. 왜냐하면, 그것은 "자녀의 떡을 취하여 개들에게 던지는 것"(마 15:26)이었기 때문이다. 따라서 이방인들은 할례를 받고서 유대교로 개종하는 경우에만, 그들을 받아들이는 것이 허용되었다. 그렇기 때문에, 사도들이 복음을 전하기 위해 처음으로 파송되었을 때, 그들은 "이방인의 길로 가는 것"(마 10:5)이 허용되지 않았다. 복음 전도는 지극히 거룩하고 중대한 일이었기 때문에, 베드로는 그것과 관련된 모든 문제에 대해서는 신중하고 조심스럽게 접근하지 않을 수 없었다. 사정이 이러하였던 까닭에, 하나님께서는 베드로로 하여금 자신이 받은 소명에 확신을 갖도록 하기 위해서, 정결함과 부정함에 관한 율법의 구별이 폐지되었다는 것을 그림처럼 생생하게 그에게 보여주신다. 하나님이 주신 이 환상을 보고 나서, 베드로는 유대인과 이방인 사이에 놓여 있던 이전의 담이 이제는 허물어졌다는 결론을 내릴 수 있었다(엡 2:14). 바울은 이방인들이 하나님의 백성 이스라엘과 더불어 동일한 구원에 참여하고 한 몸에 접붙임 되는 것이 "영원부터 감추어졌던 비밀"이었다고 말한다(엡 3:6, 9).

따라서 하나님께서 친히 중간에 막힌 담을 허무서서, 모든 사람에게 길을 열어 주시고 들어오게 해주시지 않는 한, 베드로는 이방인들에게 감히 하늘 문을 열 수 없었던 것이다. 나는 이방인들이라도 해도 할례를 받기만 한다면 하나님을 섬기고 예배하는 것이 허용되지 않은 때가 없었다고 조금 전에 말한 바 있다. 하지만 할례를 받지 않는 한, 그들은 늘 하나님에 대해서 외인들이었다. 그러나 이제 하나님께서는 지금까지 숨겨둔 보물처럼 한 민족에게만 맡겨 두셨던 생명의 언약(foedus vitae)을 온 세상으로 하여금 공유하게 하셨다. 이러한 사실로부터 우리는 이 환상이 우리에게 엄청난 의미를 지닌다는 결론을 얻게 된다. 왜냐하면, 이 환상은 유대인과 이방인 간의 구별이 단지 일시적인 것이었을 뿐이라고 가르치고 있는데, 이것은 하나님께서 세상 모든 사람들의 하나님이 되시기 위해서, 그들을 자신의 은혜 속으로 모으고 계신다는 것을 하늘로부터 선언하신 것과 같기 때문이다. 또한, 이 환상은 우리를 영생의 소망으로 초대하는 하늘로부터의 확실한 선포이다.

그런데 베드로와 다른 제자들에게는 "온 천하에 다니며 만민에게 복음을 전파하라"(막 16:15)는 주님의 명령이 이미 주어졌던 까닭에, 베드로는 이 문제에 대해서 이미 가르침을 받은 것이었다는 반론이 제기될 수 있다. 따라서 베드로가 자신의 소명에 대해서 무지했거나, 아니면 이 환상은 불필요한 것이었거나, 둘 중의 하나였다는 말이 된다. 나의 대답은 새롭고 낯선 환경 속에서 너무 많은 어려움들이 있었기 때문에, 그들은 이러한 상황에 즉시 익숙해질 수 없었다는 것이다. 사실, 그들은 선지자들의 예언과 그리스도의 최근의 명령을 통해서, 하나님께서 복음을 통해 이방인들을 부르신다는 것을 알고는 있었지만, 정작 현실에 맞닥뜨리자, 낯선 상황에 압도되어 실행에 옮기기를 망설이고 주저하게 되었다. 그런 까닭에, 하나님께서 베드로에게 새로운 징표를 보여주셔서 확신을 심어 주신 것은 이상한 일이 아니었다. 이 문제에 대해서는 다음 장에서 좀 더 다루게 될 것이다.

13. 또 소리가 있으되 베드로야 일어나 잡아 먹어라. 하늘에서 보자기가 내려오고 나서, 곧이어 소리가 들려왔을 때에야, 비로소 베드로는 이 모든 것이 하나님으로부터 온 것임을 알게 되었을 것이다. 만일 하나님께서 이 말씀으로 전에 부정했던 것들을 정결하게 해주지 않으셨다면, 이 환상을 본 것은 베드로에게 아무 쓸모가 없었을 것이다. 어떤 이들이 "죽여"(한글개역개정에는 "잡아")라는 단어로부터 알레고리적인 해석을 이끌어 내서, 하나님께서 베드로에게 사람들을 복음이라는 영적

인 검으로 죽어서 자기에게 제물로 바칠 것을 요구하신 것이라고 주장하는 것에 대해서는, 나는 논쟁할 생각이 없고, 다만 이 말씀을 통해서 하나님께서는 동물들을 정한 짐승과 부정한 짐승으로 구별했던 율법 규정을 폐기하심으로써, 자신이 유대인이든 이방인이든 그 어떤 사람도 거부하지 않을 것임을 가르치고자 하신 것이라는 단순한 견해를 따르고자 한다. 왜냐하면, "죽여" 또는 "잡아"라는 첫 단어가 희생 제사를 의미하는 것이라면, "먹어라"는 단어는 무엇을 의미하는지가 의문으로 남게 될 것이기 때문이다.

14. 베드로가 이르되 주여 그럴 수 없나이다. 이 말은 하나님의 명령을 거부한 것이라기보다는 반대한다는 의견을 제시한 것이다. 왜냐하면, 하나님의 율법에 의해서 금지된 것을 하라는 명령을 들었을 때, 베드로가 그렇게 하기를 두려워한 것은 지극히 당연한 일이기 때문이다. 따라서 베드로는 자기가 본 환상과, 율법에서 정한 것 간에 모순이 있는 것으로 보였기 때문에, 하나님이 친히 제정하신 율법을 제시하면서, 함부로 그 율법을 범하지 않으려고 한 것이다. 베드로는 결코 서두르지 않고, 부정한 짐승과 정한 짐승을 구별한 율법을 지키기를 그만두기 전에, 먼저 자신의 마음에 있는 거리낌을 하나님이 제거해 주시기를 원한다. 하지만 먹는 음식과 관련해서 하나님의 명령을 받은 베드로가 아들 이삭을 죽이라는 명령을 받은 아브라함보다 더 강력하게 저항하는 것이 이상해 보일 수 있다. 왜냐하면, 하나님의 명령에 이의를 제기할 만한 이유는 아브라함에게 더 많았기 때문이다. 여기서 나는 베드로가 보인 반응이 사람들에게서 지극히 흔히 일어나는 일, 즉 율법의 핵심들보다는 외면적이고 사소한 것들에 더 집착한 것이었다고는 감히 말할 수 없다. 나의 대답은 아브라함의 마음에는 확신이 있었음은 물론이고, 즉시 성령의 능력을 공급받았기 때문에, 그는 자신을 가로막고 있던 온갖 장애물들을 고귀하고 영웅적인 불굴의 담대함으로 극복할 수 있었던 반면에, 베드로의 경우에는 하나님의 성령이 천천히 역사했던 것임에 틀림없다는 것이다. 이러한 사실로부터 우리는 두려움을 극복할 수 있는 결단력과 인내심을 하나님으로부터 공급받지 않는 경우에는 지극히 사소한 일에도 불안해할 수밖에 없다는 교훈을 얻는다. 그렇지만 베드로는 여러 가지 생각들 사이에서 망설이면서, 자기가 따라야 할 길이 좀 더 분명해지기 전에는 어떤 일도 무모하게 시작하지 않았다는 점에서 경건하고 진지하게 행한 것이다. 여기서 사용된 "통속적인"이라는 단어는 "속된"을 의미한다(한글개역개정에는 "속되고"로 번역됨 — 역주). 왜냐하면, 이미 말했듯이, 하나님께서는 유대인들을 자신의 특별

한 백성으로 택하시고, 그들에게 거룩한 예식과 생활 방식을 정해 주심으로써, 그
들을 "속된" 민족들로부터 구별하셨기 때문이다. 따라서 유대인들은 하나님께서 자
기 백성들이 사용하라고 정해 주신 것 외에는 거룩하거나 정결한 것이 아무것도 없
었기 때문에, 이방인들이 사용하는 것들, 즉 율법의 잣대에 어긋나는 것은 무엇이
든지 다 부정한 것으로 여겼다.

15. 하나님께서 깨끗하게 하신 것을 네가 속되다 하지 말라. 이 말씀은 음식에
관한 것이지만, 인간의 삶의 모든 영역으로 확대해서 적용되어야 한다. 이 구절은
문자적으로는 "하나님께서 깨끗하게 하신 것을 네가 속되다 하지 말라"로 번역되지
만, 그 의미는 이런 것이다: "어떤 것을 용납하든 정죄하든, 그것은 우리의 소관이
아니다. 우리의 서는 것이나 넘어지는 것이 오직 하나님의 결정에 달려 있는 것처
럼, 모든 것을 판단하시는 분은 하나님이시다"(cf. 롬 14:4). 음식과 관련해서, 하나
님께서는 율법이 폐기된 후에는 모든 것이 깨끗하고 정결하다고 선언하셨는데도,
만일 어떤 인간이 일어나서 사람들에게 어떤 것을 먹어서는 안 된다고 하면서 또다
시 음식의 부정함과 정함을 구별한다면, 그 자는 참람하게도 하나님의 권한과 주권
을 찬탈하여 자신의 것인 양 휘두르고 있는 것이 된다. 이러한 불경을 행하였던 오
래된 이단들로는 몬타누스파, 프리스킬리아누스파, 도나투스파, 타티아누스파, 엥
크라테이아파(이단 역사에서 육식·술·성행위를 금하였던 특정 분파 — 역주)가 있었고, 나
중에 교황은 이 모든 불경스러운 분파들의 주장을 하나로 묶어서 음식에 관한 법을
제정하였다. 이러한 불경을 옹호하는 자들은 자신들이 음식을 부정한 것과 정한 것
으로 나눈 것이 아니라, 단지 육성(carnis)을 죽이기 위해서 사람들에게 특정한 날들
에 고기 먹는 것을 금지한 것일 뿐이라고 변명하며 허튼 소리를 하지만, 그들의 그
런 변명은 핑계로 둘러대는 말일 뿐이다. 왜냐하면, 그들은 몸에 좋고 맛있는 진수
성찬이라면 사족을 못 쓰는 자들인데, 그들이 돼지고기를 먹는 것을 마치 큰 죄라
도 짓는 것인 양 꺼리는 이유가 그들의 우상인 교황이 제정한 법에 의해서 금지된
더럽고 부정한 음식이라고 생각해서 그렇게 하는 것이 아니라면, 도대체 그들이 맛
있는 돼지고기를 먹지 않을 이유가 전혀 없기 때문이다. 교황은 사람들의 삶의 모
든 영역에서 이와 같은 교만으로 폭압을 자행하고 있다. 왜냐하면, 사람들의 가련
한 양심을 옭아매기 위해서 그가 덫을 놓지 않은 곳이 없기 때문이다. 그러나 우리
는 하늘로부터 계시된 말씀을 의지하기 때문에, 그의 모든 금지령을 비웃고 멸시할
수 있다. 우리는 베드로조차도 하나님의 말씀에 의해서 허락된 것들을 속되다고 하

는 것이 허용되지 않았다는 사실을 명심하고서, 우리에게 무엇이 허용되어 있고, 어떤 것들을 우리가 자유롭고 거리낌 없이 행할 수 있는지를 알기 위해서, 하나님이 무엇이라고 말씀하시는지를 늘 물어보지 않으면 안 된다.

또한, 이 구절은 자신의 악한 생각을 따라 사람들에 대하여 제멋대로 판단하는 것에 재갈을 물리는 데도 유익하다. 왜냐하면, 다른 사람들의 행실에 대해서 자기 마음대로 판단하지 않는 사람은 거의 없기 때문이다. 우리는 사소한 일에도 화를 내고 트집을 잡는 악한 근성을 지니고 있기 때문에, 남들의 좋은 면보다는 좋지 않은 면을 보는 데로 더 잘 기울어지고, 그렇게 해서 하나님의 권한을 빼앗아 자신의 것인 양 휘두르게 된다. 이러한 만용(audacia)을 교정할 수 있는 것은, 오직 이런저런 것을 부정하다고 판단하는 것은 우리의 소관이 아니고, 그렇게 할 수 있는 권한은 하나님께만 있다는 말씀뿐이다. 또한, 이 말씀 속에는 유대인들이 하나님의 거룩한 백성이 된 것은 그들 자신에게 어떤 자격이 있어서가 아니었고, 오로지 전적으로 자신의 뜻을 따라 그들을 양자로 삼으신 하나님의 은혜로 말미암은 것이었다는 뜻도 함축되어 있다.

16. 이런 일이 세 번 있은 후. 하나님께서 동일한 환상을 세 번이나 반복해서 보여주신 것은 베드로에게 분명한 확신을 주었기 때문에, 그의 마음에는 더 이상 의심이나 염려나 거리낌이 남아 있지 않게 되었다. 이러한 사실로부터 우리는 율법을 지켜야 한다는 관념이 베드로의 마음속에 얼마나 뿌리 깊게 박혀 있었던 것인지를 짐작하게 된다. 하나님께서 베드로가 곧이어 일어난 일을 통해서 이 환상이 자신에게 주어진 목적을 알게 될 때까지 뭐가 뭔지를 몰라서 얼떨떨해하며 당혹감 속에 있도록 내버려 두신 이유는 무엇이었을까? 나는 그가 너무나 놀라고 정신이 없어서 이 환상이 무엇을 의미하는지를 보여 달라고 구하는 것도 잊어버렸기 때문일 것이라는 이유 말고 다른 이유를 생각할 수 없지만, 베드로가 이 환상을 보고 난 직후에, 고넬료가 보낸 사자들이 그에게 도착해서, 이 환상의 의미를 해석할 수 있게 된 것은 기가 막히게 때가 잘 맞아떨어진 것이었다. 마지막으로, "그 그릇이 곧 하늘로 올려져" 간 것은 베드로로 하여금 이 메시지가 하나님으로부터 온 것임을 더욱 확신할 수 있도록 하기 위한 것이다.

[17]베드로가 본 바 환상이 무슨 뜻인지 속으로 의아해 하더니 마침 고넬료가 보낸 사람들이 시몬의 집을 찾아 문 밖에 서서 [18]불러 묻되 베드로라 하는 시몬이 여기 유숙

하느냐 하거늘 [19]베드로가 그 환상에 대하여 생각할 때에 성령께서 그에게 말씀하시되 두 사람이 너를 찾으니 [20]일어나 내려가 의심하지 말고 함께 가라 내가 그들을 보내었느니라 하시니 [21]베드로가 내려가 그 사람들을 보고 이르되 내가 곧 너희가 찾는 사람인데 너희가 무슨 일로 왔느냐 [22]그들이 대답하되 백부장 고넬료는 의인이요 하나님을 경외하는 사람이라 유대 온 족속이 칭찬하더니 그가 거룩한 천사의 지시를 받아 당신을 그 집으로 청하여 말을 들으려 하느니라 한대 [23]베드로가 불러 들여 유숙하게 하니라(10:17-23).

17. 환상이 무슨 뜻인지 속으로 의아해 하더니. 베드로는 환상뿐만 아니라 하나님의 말씀을 통해서도 가르침을 받았지만, 성령께서 해석해 주실 때까지는, 자신이 본 것이 무엇을 의미하는지를 깨닫지 못하였다. 비록 우리는 베드로에게 훨씬 못 미치기는 하지만, 이것은 우리의 둔감함(tarditas)을 분명하게 보여주는 거울이다. 왜냐하면, 우리는 하나님께서 무엇을 원하시는 것인지, 또는 하나님께서 왜 우리에게 그런 말씀을 하시는 것인지를 즉시 깨닫지 못할 뿐만 아니라, 이런저런 수많은 해석을 들어도 잘 깨닫지 못하기 때문이다. 아울러, 우리는 누가가 덧붙인 말, 즉 베드로가 당혹감에서 벗어난 후에 "환상이 무슨 뜻인지 속으로 곰곰이 생각하였다"(한글개역개정에는 "의아해 하더니")는 말에 주목할 필요가 있다. 왜냐하면, 그가 환상을 소홀히 여기거나 무시하지 않았다는 것은 그의 경건함과 하나님을 공경하는 마음을 보여주는 증표이기 때문이다. 그러므로 하나님께서는 그가 문을 두드렸을 때에 그에게 문을 열어 주셨다(마 7:7). 그러나 우리에게는 하나님께 무엇을 구하고자 하는 열심이 별로 없어서, 우리가 하나님의 말씀 속에서 별 유익을 얻지 못하는 것은 우리의 영적 나태함에 대한 하나님의 의로우신 징벌이다.

20. 의심하지 말고 … 가라. 성경은 믿음으로 순종하는 것이 어떠한 것인지를 보여주고자 할 때에 종종 이 구절을 사용한다. 따라서 바울은 로마서 4:19-20에서 아브라함의 믿음을 칭송할 때, "그가 백 세나 되어 자기 몸이 죽은 것 같고 사라의 태가 죽은 것 같음을 알고도 믿음이 약하여지지 아니하고 … 하나님의 약속을 의심하지 않고"라고 말하고, 14:23에서는 음식에 관련해서 "의심하고 먹는 자는 정죄되었나니"라고 말한다. 어떤 일에 대해서 이렇게 하는 것도 합당한 측면이 있고 저렇게 하는 것도 합당한 측면이 있는 경우에는, 우리가 이렇게도 생각해 보고 저렇게도 생각해 보는 것은 문제가 되지 않는다. 그러나 하나님을 따를 때에는, 우리는 의심하

거나 흔들리는 마음이 아니라 확고하고 평안한 마음으로 하나님을 따라야 한다. 요컨대, 하나님께서는 우리가 하나님의 명령을 들었을 때에는, 그 명령에 대해서 왈가왈부하며 시간을 끌지 말고, 하나님이 명하신 것을 지체 없이 무조건적으로 준행하기를 원하신다는 것이다. 분명한 것은 우리에게서 모든 의심의 구름이 다 걷혔을 때, 하나님의 뜻이 우리를 인도하는 빛이 되어서 우리의 길을 밝혀 주고, 우리 속에서 모든 논란이 잠재워졌을 때, 우리는 전심으로 하나님의 뜻에 기꺼이 순종하게 된다는 것이다. 이러한 사실은 그 뒤에 이어지는 말씀을 통해서 더 잘 확인된다. 왜냐하면, 누가는 어떤 일이 불확실하다고 해서 판단을 유보하는 것이 베드로에게 허락되지 않은 이유를 덧붙이면서, 하나님이 그 일의 주체(autor)이신 까닭이라고 말하는데, 이것은 오직 하나님이 명령하셨다는 사실만으로도 우리는 그 명령에 무조건적으로 순종하는 것이 마땅하다고 말한 것과 같기 때문이다. 이것으로부터 우리는 하나님의 말씀에 의한 지시하심이 있을 때에는 그 지시하신 것을 무조건적으로 행하고, 하나님의 인도하심과 지시하심이 없을 때는 아무것도 행하지 않기로 결단하였을 때에 비로소 사람의 양심은 평안을 얻게 된다는 것을 알게 된다.

21. 내가 곧 너희가 찾는 사람인데 너희가 무슨 일로 왔느냐. 누가는 여기서 베드로가 순종할 준비가 되어 있었다는 것과 자기를 찾아온 사자들을 통해서 마침내 자기가 본 환상이 무슨 의미인지를 깨닫게 되었다는 것을 보여준다. 왜냐하면, 베드로는 이방인인 고넬료가 자신을 초청했다는 말을 듣게 되었을 때, 만일 "하나님께서 깨끗하게 하신 것을 네가 속되다 하지 말라"라는 말씀을 통해서 그의 생각이 교정되어 있지 않았더라면, 고넬료를 자기가 교제해서는 안 될 부정한 사람으로 여겼을 것이기 때문이다. 우리의 모든 헛된 자신감이 비워지고, 우리의 완악함이 교정되며, 우리의 마음이 하나님의 뜻에 붙잡혀서 그 지배를 받아, 하나님의 뜻이 우리에게 지시한 것 외에는 우리가 그 어떤 것도 옳은 것으로 여기지 않을 때, 그것이 참으로 지혜로운 것이다.

22. 백부장 고넬료는 의인이요 하나님을 경외하는 사람이라. 고넬료의 하인들이 자신들의 주인을 칭송한 것은 환심을 사거나 아부하기 위한 것이 아니라, 베드로로 하여금 자신들의 주인을 만나는 데에 거부감을 덜 갖게 하기 위한 것이었다. 그래서 그들은 그가 진실로 참되고 경건한 신앙의 소유자라는 것을 베드로가 알 수 있도록 하기 위해서, 그가 유대인들에게 칭찬을 받는 사람이라고 말한다. 왜냐하면, 미신을 좇는 사람들조차 실제로는 우상을 섬기고 있으면서도 말로는 자신들이

하나님을 예배하는 자들이라고 자랑하는 일은 얼마든지 있었지만, 만일 고넬료가 유대인들과 더불어서 아브라함의 하나님을 예배하고 자신의 신앙을 고백하지 않았더라면, 한 분 하나님을 섬기고 있던 유대인들로부터 자신의 경건에 대한 칭찬을 듣는 일은 있을 수 없었을 것이기 때문이다. 게다가, 이방인이 이렇게 유대인들의 칭찬을 받는 경우는 아주 드문 일이었기 때문에, 베드로는 더 큰 감동을 받았을 것임에 틀림없다. 하지만 그들이 자신들이 원하는 것을 들어주게 하기 위하여 베드로를 설득할 때에 가장 크게 의지한 논거는 이 모든 일이 하나님의 명령에 의해서 주관되고 있다는 것이었다. 이것은 베드로가 한 사람의 초청을 받고 있는 것이 아니라, 천사들을 시켜서 자신의 명령을 전하신 하나님의 부르심을 받고 있는 것이라고 말한 것과 같았다. 하나님의 권위 앞에서 아무런 할 말도 없어진 베드로는 더 이상 이것저것을 생각하지 않고, 그들과 함께 곧 길을 떠나기로 결정하고서, 그들을 불러들여 유숙하게 한다. 이와 같이, 우리는 군말 없이 묵묵히 하나님께 순복하는 것이 마땅하기 때문에, 하나님의 뜻을 알게 된 후에 우리가 해야 할 일은 오직 그가 부르시는 곳으로 지체없이 달려가는 것 외에는 없고, 그 밖의 다른 것들은 문제가 되지 않는다.

²³이튿날 일어나 그들과 함께 갈새 욥바에서 온 어떤 형제들도 함께 가니라 ²⁴이튿날 가이사랴에 들어가니 고넬료가 그의 친척과 가까운 친구들을 모아 기다리더니 ²⁵마침 베드로가 들어올 때에 고넬료가 맞아 발 앞에 엎드리어 절하니 ²⁶베드로가 일으켜 이르되 일어서라 나도 사람이라 하고 ²⁷더불어 말하며 들어가 여러 사람이 모인 것을 보고 ²⁸이르되 유대인으로서 이방인과 교제하며 가까이 하는 것이 위법인 줄은 너희도 알거니와 하나님께서 내게 지시하사 아무도 속되다 하거나 깨끗하지 않다 하지 말라 하시기로 ²⁹부름을 사양하지 아니하고 왔노라 묻노니 무슨 일로 나를 불렀느냐(10:23-29).

23. 이튿날 일어나 그들과 함께 갈새. 고넬료가 보낸 사람들은 저녁 무렵에 베드로에게 당도한 것으로 보인다. 왜냐하면, 그들은 정오까지는 성에 들어오지 않았고, 베드로에게 환상이 세 번 반복해서 나타난 데에도 상당한 시간이 경과했을 것이기 때문이다. 그래서 그들은 하룻밤을 쉬면서 기력을 회복한 후에 돌아갈 채비를 한다. 또한, 욥바에 있던 교회에서는 사도에 대한 예를 다하기 위해서 일부 "형제

들"을 보내어 가이사라까지 베드로를 수행하게 한다. 이 형제들이 베드로를 수행하게 된 것은 사도에 대한 호의와 경의에서 비롯된 것임은 물론이지만, 사실은 하나님께서 자신의 은혜에 대하여 증언할 증인들로 삼으시기 위해서 그들을 베드로에게 보내신 것이었다. 이렇게 해서, 사도를 극진하게 대접했던 그들은 그리스도의 나라가 이방인들에게로 확장되는 것을 목격하게 됨과 동시에 그들 자신의 믿음이 더욱 견고하게 되는 풍성한 상급을 받는다.

24. 고넬료가 그의 친척과 가까운 친구들을 모아 기다리더니. 누가는 고넬료가 베드로의 도착을 간절하게 기다렸을 뿐만 아니라, 그의 친척과 친구들도 불러서 그와 함께 믿음에 동참하기를 바란 것에 대해서 그의 경건한 태도를 칭송한다. 새로운 종교를 받아들이도록 하기 위해서 많은 사람들을 불러모으는 것은 분명히 큰 위험이 초래될 수 있는 일이었다. 사실, 그에게는 굳이 그렇게 하지 않아도 될 핑곗거리들이 얼마든지 있었다. 왜냐하면, 그는 다른 사람들을 이 모임에 부르라는 명령을 받은 적이 없었고, 오직 그만이 이 큰 복에 참여할 자로 선택되었고, 다른 사람들은 이 선택에서 제외되어 있었기 때문이다. 하지만 그는 자신이 하나님께 영광을 돌리고 자신의 형제들을 구원으로 인도해야 할 큰 빚을 지고 있다고 생각하고 있었고, 다른 사람들은 어떻게 되든 상관하지 않고 오로지 자기 자신만을 생각하는 것은 불의하고 비인간적인 처사라는 것도 알고 있었다. 그는 복음이라는 보물을 땅 속에 묻어 두는 것은 수치스러운 나태함(socordia)을 보여주는 증표라고 생각하였다. 따라서 그는 하나님께서 이사야와 미가를 통해서 모든 사람들에게 명하신 것, 즉 각 사람은 자신의 형제들의 손을 이끌어서 믿음으로 인도하여야 한다고 명하신 것을 준행한 것이었다.

고넬료가 자신의 모범을 통해서 우리에게 가르쳐 준 것은 하나님께서 우리에게 자기 자신을 계시해 주셨을 때, 우리는 나태함이나 두려움으로 인해서 하나님을 아는 지식의 빛을 꺼버려서는 안 되고, 도리어 우리의 믿음이 다른 사람들에게 길을 보여주고 비추어 주는 빛이 되게 하기 위하여 애써야 한다는 것이다. 왜냐하면, 하나님 나라의 유업은 많은 사람이 참여한다고 해서 우리의 몫이 줄어드는 것이 아니라, 정반대로 함께 유업을 받을 자들이 늘어날 때에 우리의 영광도 더 커지기 때문이다. 또한, 고넬료는 스스로 배울 준비를 다 갖추고서는, 함께 배우기 위해서 사람들을 부른 것이라는 점에서, 우리는 그가 체면이나 과시 따위와는 얼마나 거리가 먼 사람이었는지를 알게 된다. 이렇게 하나님을 향한 열심(zelus)에 하나님의 입에서 나오는 말씀을 의지하며 살아가는 것을 전혀 부끄러워하지 않는 순전한 마음 (simplicitas)이 더해질 때, 그것이야말로 경건을 향한 진정한 열망이 된다. 왜냐하면, 많은 사람들이 야심에 이끌려서 자기가 직접 무식한 자들을 가르쳐야 한다고 생각하여, 어리석게도 욕심 사납게 혼자서만 많은 말들을 쏟아내면서, 자신들의 악을 드러내고 있지만, 자기 자신과 온 세상을 하나님께 복종시킴으로써 사람은 진실로 낮아지고 하나님만이 홀로 높아지시도록 하는 것이 모든 사람에게 부과된 마땅한 도리이기 때문이다. 가르치는 재능과 은사가 있는 사람은 형제들을 위해서 선생이 되기를 거부해서는 안 되지만, 자랑하고자 하고 남들보다 더 뛰어나고 싶어 하는 마음은 버려야 한다. 선생이 되는 것이 허락되지 않은 사람은 자신의 본분을 지켜야 하기 때문에, 야고보 사도의 경고처럼, 선생이 되고 싶어 해서는 안 된다(약 3:1). 가르치는 자나 가르침을 받는 자나 각자 자신의 위치를 부끄러워하지 말고 서로를 세워주기 위하여 힘써야 한다.

그런데 여기서 고넬료는 군인이라는 직업상 일시적으로 먼 나라에 파견된 외국인인데, 어떻게 그의 친척이 유대 땅에 있을 수 있느냐 하는 질문이 제기된다. 이 질문과 관련해서 확실하게 말할 수 있는 것은 아무것도 없지만, 내가 볼 때에 가장 가능성 있는 설명은 그의 부대원 중에 몇몇 친척들이 있었다고 보는 것이다. 왜냐하면, 당시에는 친척이나 지인은 같은 부대에 편성하는 것이 관례였기 때문이다. 고넬료가 백부장이었기 때문에, 그의 친척들이 그의 부대에서 복무하기를 원하였으리라는 것은 의심의 여지가 없다. 누가는 "가까운 친구들"을 '아낭카이우스'(ἀναγκαίους)라고 표현하는데, 이것은 라틴어에서 밀접한 유대 관계를 맺고 있는 사람들을 '네켓사리'(necessarii, 어원적으로 "꼭 필요한 자들"이라는 뜻 — 역주)라 부른 것과 같다.

25. 베드로가 들어올 때에 고넬료가 맞아 발 앞에 엎드리어 절하니. "절하니"로 번역된 '프로세퀴네센'(προσεκύνησεν)은 무릎을 굽히거나 고개를 숙이는 동작을 통해서 존경이나 경배를 표시하는 것을 뜻한다. 우리는 여기서 베드로가 고넬료의 절을 받기를 거절한 것이 단지 그의 겸손함 때문이었던 것인지, 아니면 그것을 해서는 안 될 금지된 일로 생각했기 때문이었던 것인지를 물을 수 있다. 베드로가 "일어서라 나도 사람이라"고 말한 것으로 볼 때, 고넬료의 그런 행동이 베드로를 언짢게 만든 것은 분명하다. 이것으로부터 우리는 고넬료가 베드로에게 절한 것이 신에게 경배하는 것과 같은 것이었음을 짐작할 수 있다. 따라서 고넬료는 오직 하나님

께만 돌려야 할 영광을 사람에게 돌린 것이 된다. 하지만 우리는 고넬료가 베드로를 신으로 여긴 것이라고 생각해서는 안 된다. 만일 그가 하나님의 영광을 사람에게 돌린 것이라면, 누가가 앞에서 칭송한 그의 경건과 믿음은 온데간데없이 사라져 버렸다는 것인가? 따라서 나의 생각은 고넬료는 하나님께만 합당한 경배를 사람에게 드리려고 한 것이 결코 아니었고, 다만 선지자이자 그리스도의 사도인 베드로에게 특별한 경의를 표하고 싶은 마음에 사람을 경배하는 것 같은 인상을 줄 정도로 과도하게 경의를 표하는 실수를 저질렀다는 것이다.

그리스도의 사역자들에게 하나님을 섬기는 것과 조금이라도 비슷하게 보일 정도의 영광이 주어질 때, 사람들이 얼마나 쉽게 미신에 빠져들게 되는지는 말로는 거의 표현할 수 없다. 왜냐하면, 사람들은 자신이 잘 알지 못하는 일에 대해서는 쉽사리 잘못된 생각에 빠지게 되기 때문이다. 왕을 비롯해서 세상의 위대한 인물들에게 절하는 것은 이 땅에 속한 세속적인 영광을 그들에게 돌리는 것이기 때문에 위험이 덜하지만, 그리스도의 사역자들에게 절하는 경우에는 사정이 달라지는데, 그들의 직분은 분명히 영적인 것이기 때문에, 누군가가 그들의 발 앞에 엎드려 절을 한다면, 그것은 그들에게 영적인 영광을 돌리는 것이 된다. 우리는 정치 질서를 존중해서 권세자들에게 존귀를 돌리는 세속적인 경배와, 종교적인 배경 속에서 하나님의 영광과 직결되는 그러한 경배를 구별해야 한다. 이것은 법에도 구별이 있어서, 세상을 통치하는 데에 필요한 법이 있고, 양심을 규율하는 법이 있는 것과 같다. 왜냐하면, 일부 어리석은 사람들은 여기서 사람에게 엎드려 절하는 것 자체가 단죄되고 있는 것이라고 생각하는 큰 잘못을 범하기 때문이다. 내 말의 요지는 고넬료는 세속적인 법도를 따라서 총독이나 황제를 영접한 것이 아니라, 베드로를 보고서 경탄하여 마치 하나님이 임재하신 것처럼 그에게 절하여 경의를 표함으로써, 정신이 없는 상태에서 사람에게 어울리지 않는 과도한 공경을 바친 셈이 되어 버렸다는 것이다. 내가 이미 말했듯이, 고넬료는 하나님의 영광을 탈취해서 사람에게 돌리려고 한 것이 결코 아니었다. 하지만 사람에 대한 공경 속에 하나님에 대한 경배의 요소가 조금이라도 섞이게 되었을 때에는, 사람들은 자신들의 기대나 생각과는 달리 자신도 모르게 곧장 오류 속으로 빠져 들어가서, 사람을 사람 이상으로 찬양하게 되고 하나님께만 합당한 영광을 돌리게 된다.

교황주의자들은 이러한 구별을 무시하고, 오직 한 부분, 즉 종교적 경배만을 다루고, 더 나아가 그러한 경배의 일부를 피조물에게 돌리는 것을 정당화하기 위하여,

종교적 경배를 '라트리아'(latria, 하나님께만 바치는 최고의 경배 — 역주), '둘리아'(dulia, 천사나 성인에 대한 공경 — 역주), '휘페르둘리아'(hyperdulia, 성모 마리아에 대한 특별한 공경 — 역주)로 세분한다. 그들은 '라트리아'는 오직 하나님만을 위한 것이라고 말하는데, 이것은 예배와 경배는 오직 하나님께만 합당하다고 말하는 것과 같다. 또한, 그들의 주장에 의하면, '둘리아'는 성인의 시신 및 그 유골, 성상 및 성화에 바치는 공경이고, '휘페르둘리아'는 성모 마리아 및 그리스도께서 달리셨던 십자가에 바치는 공경이다. 내가 그들이 무지해서 유치하기 짝이 없는 이런 주장을 나불거리고 있는 것이라고 굳이 말하지 않더라도, 그들도 이런 구별이 역겨운 짓인지를 알 사람은 다 알지 않는가? 나는 지금 일반 평신도들이 아니라 종교 지도자들에 대해서 말하고 있다. 그들은 무모하게도 피조물들을 하나님과 동등한 반열에 올려놓는 짓을 자행하고 있기 때문에, 그들이 행하는 온갖 형태의 예배와 공경은 악한 미신에 감염되어 썩어 문드러진 것들에 지나지 않는다는 것은 틀림없는 사실이다. 누가는 여기서 단지 "경배"라는 일반적인 단어를 사용할 뿐이고, 고넬료가 베드로에게 절한 것이 '라트리아'였다고는 말하지 않지만, 그가 베드로를 사람에게 합당한 정도 이상으로 높였기 때문에 책망을 받았다는 말을 덧붙인다. 분명한 것은 이른바 '둘리아'에 속하는 경배에 관한 새로운 교리를 제정할 수 있는 여지가 조금이라도 있으려면, 베드로가 고넬료에게 '둘리아'를 넘어서서는 안 된다고 경고했어야 한다는 것이다. 하지만 종교 또는 하나님에 대한 공경과 연관되어서 사람에게 드려진 모든 경배는 어떤 이름으로 위장되어 있든지 간에 하나님의 영광을 훼손하는 것이 되기 때문에, 베드로는 "나도 사람이라"는 이 한 가지 이유를 대는 것으로 충분하였다. 아울러, 나는 교황주의자들에게 사도 요한이 하나님께 드려야 할 '라트리아'를 취해서 천사에게 바칠 만큼 어리석은 자였다고 생각하는지를 꼭 묻고 싶다. 요한이 "천사의 발 앞에 경배하려고 엎드리게"(계 22:8) 된 것은 본말이 전도된 과도한 경외심 때문이었고, 비록 천사에게 경배하는 것 같은 모양새를 취하였어도, 사실은 천사에게서 하나님의 영광이 빛나는 것을 보고 하나님을 경배한 것이었지만, 그런데도 그의 행동은 단죄를 받았다(계 22:9). 따라서 하나님께 속한 것을 하나님께만 돌려드리기 위해서는, 우리는 신앙을 토대로 한 영적 경배는 오직 하나님께 온전히 드려야 한다.

28. 위법인 줄은 너희도 알거니와. 베드로는 그들이 부정한 백성이기 때문에 그들과 "교제하며 가까이 하는 것"은 거룩한 자들을 더럽히는 것임을 지적하는 것으

로 말문을 열었는데, 이 말은 전혀 우호적으로 보이지도 않았고, 그들의 환심을 사기보다는 신경을 건드리는 말이었으며, 극도로 모욕적인 말이었다. 사실, 베드로가 이런 식으로 말문을 열 수밖에 없었던 것은 자신이 이방인의 집을 방문한 것이 조상들로부터 내려오는 전통에 어긋나는 일이었던 까닭에, 자기가 율법을 무시하는 악한 양심의 소유자로 비쳐질 것을 우려하였기 때문이었다. 어쨌든 베드로가 자기는 하나님으로부터 보내심을 받은 사람이라고 밝히자, 여러 가지 의혹들은 눈 녹듯이 사라졌다. 또한, 베드로는 옛적부터 유대인과 이방인의 구별에 따라 이방인들에 대하여 마음의 거리낌을 지니고 있어서 처음부터 이방인들의 신경을 거슬리게 하는 말로 말문을 열어야 했지만, 이제 이 말을 통해서 그러한 거리낌을 씻어내 버린다. 왜냐하면, 그는 지금까지 부정한 자들로 여겨졌던 이방인들이 이제는 하나님에 의해서 깨끗하게 되었고, 그런 까닭에 그들과 성도들 간에 교제가 가능해졌다고 선언한 것이기 때문이다. 또한, 베드로는 "유대인으로서 이방인과 교제하며 가까이 하는 것이 위법"이라고 말했지만, 그러한 판단은 율법 자체가 아니라 조상들의 전통에서 온 것임을 우리는 알아야 한다. 하나님께서 유대인들이 이방인들과 혼인을 하거나 조약을 맺어서 서로 얽히는 것을 금지하신 것은 분명하지만(신 7:3), 그들과 식사를 하거나 일상적인 거래를 하는 것까지 금지하신 것은 아니었다. 그러나 일상적인 일들이 자주 반복되다 보면 금지된 일을 하려는 유혹을 받을 수 있기 때문에, 유대인들은 조상들로부터 전해져 온 관습대로 이방인들과 일체의 친분을 맺지 않았다. 유대인들의 이러한 전통이 사람의 양심을 규율할 수 있는 권위를 지니고 있는 것인가 하는 것은 여기서 다루어지고 있는 문제가 아니다. 왜냐하면, 베드로는 여기서 무엇이 하나님의 뜻에 따른 합법적인 것이냐를 가르치고 있는 것 아니라, 단지 유대인들이 관례적으로 어떻게 행해 왔는지를 지적한 것일 뿐이기 때문이다.

28. 아무도 속되다 하거나 깨끗하지 않다 하지 말라. 베드로는 음식에 관해 주어진 말씀을 사람에게 적용함으로써, 자신이 본 환상의 요지와 목적을 좀 더 분명하게 제시한다. 하지만 우리는 깨끗하지 않은 사람은 아무도 없다는 그의 말이 개개인에게 적용되는 것으로 이해되어서는 안 된다. 왜냐하면, 모든 불신자들은 정결하지 않은 양심으로 더럽혀져 있어서, 본래 깨끗하던 것도 그들이 손을 대기만 하면 오염되는 것이 확실하기 때문이다. 바울도 신자의 자녀들이 믿음으로 거룩하게 되기까지는 깨끗하지 않다고 말한다(고전 7:14). 요컨대, 사람의 영혼을 깨끗하게 하는 것은 오직 믿음이고, 사람의 영혼을 더럽히고 오염시키는 것은 불신앙이라는 것

이다. 따라서 베드로는 여기서 유대인과 이방인을 서로 비교해서, 이제 그들을 구별하던 담이 무너졌을 뿐만 아니라, 생명과 구원의 언약이 그들 모두에게 주어졌기 때문에, 이방인일지라도 하나님께서 양자로 삼으시기만 하면 더 이상 외인이 되지 않는다고 선언한 것이다.

29. 부름을 사양하지 아니하고 왔노라. 우리는 베드로가 자신은 어떤 이의도 제기하지 않고 왔다는 말을 덧붙이고 있는 것에 주목하여야 한다. 하나님께서 우리에게 명하신 일이 우리의 이성이나 생각에 맞지 않더라도, 아무런 불평 없이 그 명령에 묵묵히 따를 때, 그것은 믿음으로 말미암은 거룩한 침묵(sanctum silentium)이 된다.

³⁰고넬료가 이르되 내가 나흘 전 이맘때까지 내 집에서 제 구 시 기도를 하는데 갑자기 한 사람이 빛난 옷을 입고 내 앞에 서서 ³¹말하되 고넬료야 하나님이 네 기도를 들으시고 네 구제를 기억하셨으니 ³²사람을 욥바에 보내어 베드로라 하는 시몬을 청하라 그가 바닷가 무두장이 시몬의 집에 유숙하느니라 하시기로 ³³내가 곧 당신에게 사람을 보내었는데 오셨으니 잘하였나이다 이제 우리는 주께서 당신에게 명하신 모든 것을 듣고자 하여 다 하나님 앞에 있나이다(10:30-33).

고넬료의 이 대답은 이미 보도되었던 이야기를 반복한 것이기 때문에, 거기에 대해서 길게 설명할 것은 없고, 요지는 자기가 하나님의 명령에 따라서 베드로를 초청하였다는 것이다.

30. 내가 … 금식하며 … 기도를 하는데. 많은 헬라어 사본들에는 '헤멘'(ἤμην, "내가 앉아 있었다")이라는 단어가 들어가 있다. 또한, 불가타 역본에 "금식하며"라는 단어가 빠져 있는 것은 모든 헬라어 사본들에 이 단어가 나타나는 것으로 볼 때에 실수나 부주의로 그렇게 되었다는 것이 나의 생각이다. 고넬료가 여기서 자기가 "금식하고" 있었다는 사실을 명시적으로 언급한 것은 한편으로는 자기가 당시에 냉랭하게, 또는 건성으로 기도하고 있었던 것이 아니라는 것을 우리로 알게 하기 위한 것이고, 다른 한편으로는 자신이 본 환상의 신빙성을 높이기 위한 것이다. 왜냐하면, 적정한 선을 지키며 금식을 하는 사람의 뇌는 환각에 빠져서 헛것을 보는 경우가 극히 드물기 때문이다. 따라서 고넬료가 말하고자 하는 것은 자기가 전심으로 기도하는 중에 천사가 자기에게 나타났다는 것과 자기 마음속에는 자기로 하여금

유령이나 허깨비를 보게 만들 수 있는 그 어떤 요인도 없었다는 것이다. 이 일이 아직 한낮일 때, 그러니까 해가 지기 세 시간 전에 일어났다는 시간적인 정황도 고넬료의 말이 옳다는 것을 방증해 준다.

30. 한 사람이 빛난 옷을 입고 내 앞에 서서. 고넬료는 자기에게 나타난 존재가 하나님의 천사인 것을 알고 있었지만, 지금 그 천사를 "사람"이라고 부른다. 이와 같이, 눈에 보이는 어떤 형태로 나타난 하나님이나 천사를 그 형태를 가리키는 이름을 사용해서 부르는 것은 흔한 일이었다. 따라서 모세는 사람의 몸을 입고 아브라함에게 나타났던 존재를 "사람"이라고 부르기도 하고 "천사"라고 부르기도 한다. 천사가 입고 있던 "빛난 옷"은 천상의 영광을 보여주는 표시였고, 하나님의 위엄을 드러내는 징표였다. 복음서 기자들은 그리스도께서 변화산 위에서 세 제자에게 그의 영광을 보여주셨을 때에 그의 옷이 "빛과 같이 희어졌다"고 증언하고(마 17:2; 막 9:3), 그리스도의 부활을 증언하기 위하여 나타났던 천사들에 대해서도 동일한 말을 사용하고 있다(마 28:3; 막 16:5). 왜냐하면, 하나님께서는 우리의 연약함을 생각하셔서, 천사들에게 우리와 같은 육신을 입고 땅으로 내려가라고 명하는 동시에, 그가 그들에게 분부하신 명령이 사람들로부터 경외감과 신뢰감을 얻을 수 있도록 하시기 위해서, 그들에게 자신의 영광의 빛을 어느 정도 부여해 주시기 때문이다. 여기서 한 가지 질문이 생기는데, 그것은 천사의 몸이 실제의 자연적인 몸이었고 천사가 입은 옷도 진짜 옷이었는가, 아니면 단지 고넬료의 눈에 그렇게 비친 것이었는가 하는 것이다. 우리가 이 문제를 반드시 알아야 할 필요성이 있는 것도 아니고, 이것에 대해서 우리가 확실하게 단언할 수 있는 것도 거의 없기는 하지만, 나는 만물의 창조주이신 하나님께서 천사에게 실제의 몸을 주셨고 빛나는 옷도 입혀 주셨을 가능성이 대단히 높다고 본다. 그러다가 천사가 사자로서의 자기 직무를 다했을 때에는, 그의 몸이나 옷은 사라지고, 자신의 본래의 본성으로 되돌아간다. 하지만 천사가 인간의 형상으로 있는 동안에도 인간으로서의 속성을 지니고 있는 것은 아니다.

33. 이제 우리는 … 듣고자 하여 다 하나님 앞에 있나이다. 고넬료는 베드로가 그들을 가르치는 일에 더욱 적극적이고 의욕적으로 나설 수 있도록 하기 위해서, 자신을 비롯한 모든 사람이 기꺼이 가르침을 받아 하나님께 순종할 준비가 되어 있다고 밝힌다. 왜냐하면, 자기가 가르칠 사람들로부터 확실한 열매를 거둘 수 있다는 기대가 있을 때, 그것은 가르치는 선생으로 하여금 그들에게 더욱 열성을 쏟도록 만

드는 데에 큰 도움이 되기 때문이다. "하나님 앞에"(coram Deo)라는 어구는 두 가지 의미로 해석될 수 있다. 하나는 일종의 맹세를 표현한 것으로 이해하는 것이고, 다른 하나는 베드로가 가르치는 말을 하나님 자신의 입에서 나오는 말씀처럼 듣기 위해서, 모든 사람이 하나님의 목전에 있는 것처럼 자신의 집에 모여 있다고 말한 것으로 이해하는 것이다. 어떤 쪽으로 이해하든, 결국 의미는 동일하다. 왜냐하면, 고넬료는 베드로에게 자신의 진실성을 더욱 확실하게 보여주기 위해서, 그 누구도 거짓된 것으로 우롱할 수 없는 하나님 앞에 자신들이 모여 있는 것이라고 증언한 것이기 때문이다. 분명한 것은 우리는 하나님의 말씀을 들을 때마다, 죽을 수밖에 없는 존재인 사람을 상대하는 것이 아니라, 하나님이 거기에 임재해 계셔서 우리를 부르고 계시는 것이라는 생각이 우리 마음속에 깊이 각인되어 있어야 한다는 것이다. 왜냐하면, 우리가 하나님의 말씀을 들을 때마다 하나님의 임재 앞에 있다는 생각을 지녀야만, 말씀의 엄중함(verbi maiestas)에 대한 자각은 물론이고, 말씀을 듣는 것에 대한 경외심이 우리 속에서 생겨나게 되기 때문이다. 하지만 이렇게 중대한 일에 있어서 고넬료는 자기 자신은 물론이고 남들까지도 다 그럴 것이라고 경솔하게 단정하고 있는 것처럼 보일 수 있다. 왜냐하면, 다른 사람들의 믿음에 대해서 보증인이 될 수 있는 사람은 아무도 없기 때문이다. 그렇다고 할지라도, 거기에 모인 사람들이 스스로 순종을 약속했기 때문에, 그들도 자신들이 하나님 앞에 있는 것처럼 말씀을 들을 것이라고 그가 믿은 것은 합당하다. 그들은 베드로가 도착해서 전할 말씀에 전적으로 순종하고, 각자가 그 말씀을 확증하기로 이미 약속했던 것이 분명하다.

33. 주께서 당신에게 명하신 모든 것을 듣고자. 우리는 드디어 여기서 참된 믿음을 만나는데, 그것은 하나님의 말씀을 반쯤만 받아들이는 것이 아니라 우리 자신을 말씀 앞에 전적으로 굴복시키는 것이다. 하지만 이렇게 온전한 믿음은 세상에서 거의 찾아볼 수 없다. 왜냐하면, 대다수의 사람들은 하나님의 말씀이 그들을 기쁘게 하는 것이 아닐 때, 마치 하나님과 협상이라도 하려는 듯이, 거기에 전적으로 굴복하지 않고, 또한 자신들의 마음에 들지 않는 것이 조금이라도 있을 때, 말씀을 무시하거나 거부하는 것을 아무렇지도 않게 여기기 때문이다. 고넬료는 지혜롭게도 하나님과 사람을 구별해서, 가르침의 근원(autor)은 하나님이시고, 사람에게는 사역자 또는 사자의 직분만이 허용되는 것이라고 생각한다. 즉, 그는 이렇게 말한 것이다: "우리는 하나님 앞에 문도로 모여서, 하나님께서 당신에게 명하신 모든 것을 경

청하고 순종하고자 한다. 모든 권세는 오직 하나님께 있고, 당신은 하나님의 사역자일 뿐이다. 오직 하나님께서 말씀하시는 것이고, 다만 당신의 입을 사용하실 뿐이다." 그래서 하나님께서는 선지자 에스겔을 통해서 그의 모든 종들에게 이렇게 말씀하셨다: "너는 내 입의 말을 듣고 나를 대신하여 그들에게 경고할지어다"(겔 33:7).

³⁴베드로가 입을 열어 말하되 내가 참으로 하나님은 사람의 외모를 보지 아니하시고 ³⁵각 나라 중 하나님을 경외하며 의를 행하는 사람은 다 받으시는 줄 깨달았도다 ³⁶만유의 주 되신 예수 그리스도로 말미암아 화평의 복음을 전하사 이스라엘 자손들에게 보내신 말씀 ³⁷곧 요한이 그 세례를 반포한 후에 갈릴리에서 시작하여 온 유대에 두루 전파된 그것을 너희도 알거니와 ³⁸하나님이 나사렛 예수에게 성령과 능력을 기름 붓듯 하셨으매 그가 두루 다니시며 선한 일을 행하시고 마귀에게 눌린 모든 사람을 고치셨으니 이는 하나님이 함께 하셨음이라(10:34-38).

34. 베드로가 입을 열어 말하되. 우리는 하나님의 중대한 말씀이 주어질 때에 성경에서는 그것을 암시하기 위해서 "입을 열어"라는 표현이 사용한다는 것을 앞에서 이미 지적한 바 있다. 마태복음 5장은 그리스도께서 제자들에게 지극히 중요한 것들을 말씀하고자 하셨다는 것을 보여주기 위해서, "입을 열어"라고 하고 있는데, 우리가 이 구절을 풀어서 번역해 본다면, "예수께서 전부터 생각해 두셨던 것들을 비로소 작심하고 말씀하시기 시작하셨다"가 될 것이다.

34. 내가 참으로 하나님은 사람의 외모를 보지 아니하시고 … 깨달았도다. "깨닫다"로 번역된 헬라어 '카타람바네스타이'(καταλαμβάνεσθαι)는 이성이나 징표, 추측을 통해서 어떤 것을 파악하거나 추론하는 것을 가리킨다. 고넬료는 이방인이었지만, 하나님께서는 그의 기도를 들으시고, 그를 복음의 빛을 받기에 합당한 자로 인정하셔서, 특별히 그에게 천사를 보내셨다. 이런 일들을 통해서 베드로는 경건하고 흠 없는 삶을 사는 자는 누구든지 그 사람의 "외모," 곧 외적인 조건과는 상관없이 하나님이 기뻐하신다는 것을 깨닫는다. 왜냐하면, 베드로는 유대인만이 모든 민족 중에서 선택된 민족인 까닭에 하나님의 사랑을 받을 수 있다는 선입견에 사로잡혀 있어서, 하나님의 은혜가 다른 민족에 속한 사람들에게 임할 수 있다고는 생각한 적이 없었기 때문이다. 물론, 어떤 사람이 경건하고 흠 없는 삶을 살고 있는데

도, 그가 이방인이라는 이유만으로 정죄를 받는다고 생각할 정도로 베드로가 어리석었던 것은 아니었다. 그렇지만 유대인들에게 있어서 무할례는 모든 덕성을 다 무가치한 것으로 만들어 버리는 것으로 생각되었기 때문에, 베드로는 모든 무할례자들은 하나님의 나라에서 배제된 속되고 부정한 사람들이라는 선입견에 사로잡혀서, 무할례자들의 경우에는 아무리 하나님께 정결한 예배를 드리고 거룩한 삶을 산다고 할지라도, 그들의 그런 삶은 하나님으로부터 멸시를 받을 수밖에 없다고 여기는 어리석은 오류에 빠져 있었다. 이 사례는 우리로 하여금 판단을 그르치게 만들어서 정확한 판단을 하지 못하게 하는 선입견들을 우리가 얼마나 경계해야 하는지를 잘 보여준다.

또한, 많은 이들이 사람들 간에는 우열이 없다는 것을 말해 주고자 한 "외모"라는 단어를 잘못 이해해 왔기 때문에, 우리는 "외모"라는 단어가 무엇을 의미하는지에 유의하여야 한다. 오래 전에 펠라기우스(Pelagius)는 하나님에 의해서 어떤 자는 선택받고 어떤 자는 버림받는다는 사실을 부인하면서, 하나님께서는 사람을 "외모"로 보시지 않기 때문이라고 그 이유를 설명한 것이 좋은 예이다. 하지만 우리는 "외모"라는 단어가 외적인 조건이나 모습뿐만이 아니라, 부나 신분, 많은 하인을 거느리는 것과 명예 등과 같이 사람을 존경받게 만들어 주는 것들과 가난이나 미천한 신분 등과 같이 사람을 멸시받게 만드는 것들도 다 포함하는 것으로 이해하여야 한다. 하나님께서는 이러한 것들을 근거로 해서 사람을 받아들이거나 거부하는 것을 한결같이 금하신다. 왜냐하면, 이러한 외적인 것들을 고려하게 되면, 실체를 제대로 보지 못하게 되어서, 올바로 판단에 이를 수 없게 되기 때문이다. 이 구절에서 "외모"는 종족이나 민족을 가리키고, 그 의미는 무할례가 하나님께서 이방인 속에 있는 의로움을 기뻐하시고 인정하시는 데에 그 어떤 장애도 될 수 없다는 것이다. 그러나 이런 식으로 이해하면, 하나님께서 지금까지는 사람을 "외모"로 보시고 차별하신 것처럼 보일 수 있다. 왜냐하면, 하나님께서 이방인들은 모두 물리치시고, 오직 유대인만을 자기 백성으로 택하신 것은 사람의 "외모"를 보신 것으로 비칠 수 있기 때문이다. 나의 대답은 하나님께서 이전 시대에 이방인과 유대인을 구별하신 이유는 사람들의 "외모"에 있었던 것이 아니라, 전적으로 하나님의 비밀스러운 경륜에 있었다는 것이다. 하나님께서 애굽인들은 택하지 아니하시고 아브라함을 택하셔서 언약을 맺으셨을 때에 어떤 외적인 요소를 고려해서 그렇게 하신 것이 결코 아니었고, 하나님이 그렇게 하신 이유는 전적으로 그의 놀라운 경륜 속에 감추어져 있다. 그러므로 하나님은 "외모"에 얽매이는 분이 아니다.

그럼에도 불구하고, 모든 난점이 해결된 것은 아닌데, 하나님께서 할례를 기뻐하셔서, 이 성별의 징표를 몸에 지닌 자들을 자기 백성으로 여기셨다는 사실은 부인할 수 없기 때문이다. 이 문제에 대한 대답은 쉽다. 즉, 할례는 하나님께서 아브라함에게 은혜를 주신 때보다 나중에 이루어진 일로서, 은혜의 원인이었던 것이 아니라 은혜를 인친 것이었다는 것이다. 유대인들에게 있어서 할례는 하나님이 전적인 은혜로 그들을 양자로 삼으셨음을 보증하는 징표였지만, 그렇다고 해서 하나님께서 원하시는 경우에 이방인들을 구원의 공동체로 받아들이시는 데에 무할례가 장애물이 될 수는 없었다. 그러나 그리스도의 오심(Christi adventus)은 새롭고 특별한 변화를 가져왔는데, 그것은 "중간에 막힌 담"이 허물어지고(엡 2:14), 하나님께서 온 세상을 아무런 구별 없이 받아들이시게 된 것이었다. 이러한 변화는 "각 나라 중"이라는 어구에 내포되어 있다. 왜냐하면, 아브라함의 자손이 하나님의 거룩한 기업인 동안에는, 이방인들은 하나님의 나라에서 완전해 배제된 것처럼 보였을 것이지만, 그리스도께서 이방인들의 빛으로 나타나셨을 때, 영원한 생명의 언약은 유대인이든 이방인이든 모든 사람이 아무런 차별 없이 대등하게 참여할 수 있게 되었기 때문이다.

35. 하나님을 경외하며 의를 행하는 사람. 어떤 삶이 흠 없고 온전한 삶인지가 이 두 어구 속에 담겨 있다. 왜냐하면, "하나님을 경외하는" 것은 경건한 믿음을 의미하고, "의"는 사람들 가운데서 공정하게 행하여 다른 사람에게 해악을 끼치지 않으려고 애쓸 뿐만 아니라 모든 사람에게 열심으로 선을 행하는 것을 의미하기 때문이다. 선한 삶을 살기 위한 규범으로 주어진 하나님의 율법은 이 두 부분으로 구성되어 있기 때문에, 자신의 모든 행위의 기준을 거기에 두지 않는 사람은 결코 하나님의 인정을 받을 수 없고, 그의 삶 전체가 하나님을 경외하는 것에 토대를 둔 것이 아닐 때에는, 그가 아무리 자신의 본분이나 의무들을 행하는 것처럼 보여도, 그러한 행위들은 참된 것이 될 수 없다. 이 구절은 행위로 말미암은 공로가 구원의 이유라고 말하는 것처럼 보인다. 왜냐하면, 우리가 행위를 통해서 하나님의 은총을 얻을 수 있는 것이라면, 하나님이 우리를 사랑하실 때에 주시는 영원한 생명도 우리가 얻을 수 있게 될 것이기 때문이다. 따라서 어떤 이들은 여기에 언급된 "의를 행하는"이라는 표현은 우리가 믿음으로 말미암아 값없이 의롭다 하심을 얻는 것이 아니라 행위를 통해서 의롭다 하심을 얻는다는 것을 증명해 주는 것이라고 주장한다.

그러나 그러한 주장은 지독하게 어리석고 경박한 것이다. 왜냐하면, 우리가 이미 앞에서 말한 대로, 여기서 말하는 "의"는 율법 전체를 온전히 다 지켰다는 것을 의미하는 것이 아니라, 단지 두 번째 돌판에 기록된 이웃 사랑의 의무들을 다했다는 것을 의미하는 것이기 때문이다. 즉, 여기서 "의를 행하였다"는 것은 하나님과 사람에 대하여 모든 면에서 다 의로워서 하나님이 보시기에 의로운 자로 여김을 받기에 충분하였다는 뜻이 아니라, 사람들에 대하여 정직하고 바르게 행함으로써 사람들과 관련된 자신의 마땅한 도리를 다하였다는 뜻이다.

따라서 이제 남은 질문은 우리의 행위들을 통해서 하나님의 은총(favor Dei)를 얻을 수 있느냐는 것이다. 이 질문에 답하기 위해서 우리가 무엇보다도 먼저 유념해야 할 것은 하나님께서 사람들을 사랑하신다고 할 때에 거기에는 두 가지 측면이 존재한다는 것이다. 첫 번째 측면은 우리는 모두 "진노의 자녀"(엡 2:3)로 태어나는 까닭에, 우리 속에는 하나님께서 사랑하실 만한 것이 전혀 없고, 우리의 본성 전체는 하나님으로 하여금 우리를 증오하시도록 만들 뿐이라는 것이다. 바울이 모든 사람은 그리스도로 말미암아 하나님과 화목을 이루게 되기까지는 하나님의 원수들일 뿐이라고 말한 이유가 거기에 있다(롬 5:10). 따라서 하나님께서 먼저 나서셔서 우리를 그의 은혜 안에 받아주신 것은 전적으로 값없이 주어진 것이다. 왜냐하면, 사람의 모든 행위는 원죄로 말미암아 사악하고 부패하여 고약한 냄새를 풍기는 까닭에, 행위로 말미암는 공로는 주장될 수 없기 때문이다. 그런데도 하나님께서는 사람들을 자신의 자녀로 삼으시고, 성령으로 거듭나게 하셔서, 그들 안에 자신의 형상을 새롭게 창조하시는데, 이러한 것들은 하나님이 사람들을 사랑하실 때의 두 번째 측면을 보여준다. 왜냐하면, 이때에는 하나님께서 어떤 사람을 보실 때에, 거기에서 모든 은혜로부터 떨어져나간 벌거벗은 인간을 보시는 것이 아니라, 자신이 지으신 존재, 아니 자기 자신(se ipsum)을 보시기 때문이다. 따라서 하나님께서는 믿는 자들이 경건하고 의로운 삶을 살기 때문에 그들을 열납하시고 기뻐하시는 것이다. 우리는 성도들이 행하는 선한 일들이 하나님을 기쁘시게 한다는 사실을 부인하는 것이 결코 아니다. 여기서 또 다른 질문이 생겨나는데, 그것은 사람이 자신의 공로에 의해서 하나님의 은혜를 얻어 그의 사랑 안으로 들어가게 되는 것인가, 아니면 사람은 오직 미운 짓만을 할 수 있을 뿐이기 때문에, 자신의 행위와는 상관없이 처음부터 은혜로 하나님의 사랑 안에 들어가게 되는 것인가 하는 것이다. 사람은 자신의 타고난 본성(ingenium)에 머물러 있는 한 그 본성으로부터는 하나님께 미움 받을 것 외에는 나올 것이 없기 때문에, 사람이 하나님의 사랑을 받을 수 있는 유일한 길은 은혜로 말미암는 것뿐이다. 이러한 사실로부터, 하나님이 우리를 사랑하시는 이유는 오직 하나님 자신 속에 있고, 하나님께서는 우리의 공로에 의해서가 아니라 전적으로 자신의 긍휼하심으로 인해서 우리를 사랑하시는 것이라는 결론이 나온다. 따라서 우리가 유념해야 할 것은 믿는 자들이 거듭난 후에 선행을 하거나 선행에 마음을 두는 것이 하나님을 기쁘시게 한다는 것은 사실이지만, 그들의 선행 속에 어떤 공로가 있어서, 그것이 하나님을 기쁘시게 하는 것은 아니라는 것이다. 왜냐하면, 사람의 행위는 하나님을 기쁘시게 해드릴 만큼 온전하고 깨끗한 것이 결코 아니고, 도리어 거기에는 언제나 악한 요소가 섞여 있어서, 하나님께서 그 행위를 받으시는 것을 거절하시는 것이 마땅하기 때문이다. 따라서 사람의 행위의 가치를 결정하는 것은 행위 자체가 아니라 믿음인데, 그것은 사람이 자신의 행위에 결여되어 있는 의를 믿음을 통해서 그리스도로부터 가져오기 때문이다.

36. 이스라엘 자손들에게 보내신 말씀. 이 구절의 헬라어 본문은 구문이 불완전하게 되어 있어서, 어떤 이들은 대격 명사인 '톤 로곤'(τὸν λόγον, "말씀을")이 주격 명사 대신에 사용된 것으로 보고서, 이 구절을 "이것이 하나님이 이스라엘 자손들에게 보내신 말씀이다"로 번역하기도 하고, 어떤 이들은 이 대격 명사는 그 뒤에 나오는 동사인 "너희가 알거니와"의 목적어인데, 누가가 이 단어를 강조하기 위해서 그 위치를 앞으로 옮긴 후에, 뒤에는 이 단어와 뜻이 비슷한 '레마'(ῥῆμα, 한글개역개정에는 "그것")를 두는 수사법을 사용한 것이라고 설명하기도 한다. 하지만 헬라어에서는 전치사를 보충하여 읽는 것이 흔한 일이기 때문에, "하나님이 이스라엘 자손들에게 보내신 말씀에 관하여"라고 해석하는 것이 내게는 더 적절해 보인다. 물론, 누가의 거친 문체를 좀 더 자연스럽게 해석할 수 있는 방법이 있다면, 나는 기꺼이 그런 해석을 따를 것이다 . 따라서 나는 하나님께서 이스라엘 자손들 가운데서 행하신 이 놀라운 역사, 즉 "그리스도로 말미암아 화평을 전하신" 것을 언급하고 있는 이 구절이 베드로의 설교에서 서론으로서의 역할을 하고 있는 것이라고 본다. 이 서론 후에 본론이 이어지고, 이 설교의 결론에서는 베드로가 그리스도께서 이 세상에 오신 목적을 설파한다. 특히, 그는 의도적으로 하나님께서 "이스라엘 자손들"에게 자신의 "말씀"을 보내셨다는 것을 상기시키는 것으로 자신의 설교를 시작한다. 왜냐하면, 히브리어에서 "말씀"이라는 단어는 사건이나 일이라는 의미로도 사용되기 때문이다. 하나님께서 "이스라엘 자손들"과 영원한 언약을 맺으셨다는 것은 당

시의 유대인들에게 널리 알려져 있었다. 무너지고 쇠락했던 것들을 다시 일으켜 세워서 형통하고 복된 상태로 회복시켜 줄 구속주가 오시리라는 약속이 오래 전에 열조들에게 주어졌다는 것보다 유대인들 사이에서 더 잘 알려진 일은 없었다. 뿐만 아니라, 유대인들과 가까이 지냈던 이방인들도 이러한 사실을 알고 있었다. 따라서 베드로는 자신의 설교에 신빙성을 더하기 위해서, 자기가 지금까지 알려지지 않았던 새로운 일에 대해서 말하려는 것이 아니라, 오래 전에 주어진 하나님의 영원한 언약을 따라 이제 너무나 분명하게 나타나서 이미 많은 사람들의 입을 통해서 두루 전파된 교회의 회복(ecclesiae restitutio)에 대해서 말하려는 것임을 서론에서 밝히고 있는 것이다.

36. 화평의 복음을 전하사. 베드로는 "화평"을 이루기 위하여 무슨 일이 있었고, 어떤 말씀이 두루 선포되었는지를 보여준다. 나는 여기서 말하는 "화평"을 하나님과 사람 간의 화해(reconciliatio)를 가리키는 것으로 보지만, 거기에는 교회의 온전한 구원이 내포되어 있다. 왜냐하면, 사람들이 하나님으로부터 멀어지고 소외된 후에 극도의 혼란과 끔찍한 혼돈이 지배해 왔지만, 이제 아버지이신 하나님께서 다시 은혜를 베푸셔서 흩어졌던 교회를 모으시면서, 사람들에게도 참된 행복이 다시 찾아오게 된 것이기 때문이다. 따라서 베드로가 말하고자 한 것은 하나님께서는 그리스도 안에서 자기 백성을 향하여 긍휼하심을 보여주시고, 한동안 버리셨던 것처럼 보였던 아브라함의 자손들을 다시 품어 주셔서, 그들을 행복하고 형통한 상태로 회복시켜 주셨다는 것이다. 그는 하나님이 이 "화평"의 원천(autor)이시고, 그리스도가 이 "화평"의 보증(pignus)이시라는 것을 공개적으로 천명함으로써, 이 "화평"은 거룩한 것이고 결코 변개될 수 없는 것임을 보여준다. "전하는 것"은 그리스도로 말미암아 얻게 된 화해의 열매를 우리로 하여금 누릴 수 있게 만들어 주는 유일한 수단이기 때문에, 베드로는 "화평"과 "전하는 것"을 명시적으로 결부시킨다. 마찬가지로, 바울도 "그리스도는 우리의 화평"(엡 2:14)이시라고 선언한 직후에, "또 오셔서 먼 데 있는 너희에게 평안을 전하시고 가까운 데 있는 자들에게 평안을 전하셨으니"(엡 2:17)라는 말을 덧붙인다.

37. 너희도 알거니와. 베드로의 설교는 크게 두 부분으로 나뉘는데, 전반부에서는 세례 요한의 때로부터 일어난 일들에 대하여 말하고 있고, 후반부에서는 그 일들이 가져다준 결과를 설명하는 것으로 넘어간다. 왜냐하면, 그리스도께서 이 세상에 오셔서 죽으셨다가 부활하신 것은 우리의 구원의 토대인 까닭에, 그리스도께서

우리의 구원이 되게 하기 위해서는, 우리는 그리스도께서 우리와 같은 육신을 입고 오셨고, 사람들 사이에서 거하시면서 자신이 하나님의 아들이심을 확실한 증거들을 통해 보여주셨으며, 결국에는 십자가에 달리셨고, 하나님의 능력으로 죽음에서 다시 살아나셨다는 사실을 먼저 알아야 하기 때문이다. 뿐만 아니라, 이러한 일들을 아는 것이 무미건조하고 무익한 지식이 되지 않게 하려면, 우리는 그리스도께서 왜 하늘 영광을 버리시고 이 땅에 내려오셔서, 사람의 눈으로 볼 때에 가장 수치스러운 죽음이자 하나님으로부터 저주받은 것으로 여겨질 십자가의 죽음을 감당하셔야 했는지도 알지 않으면 안 된다. 또한, 우리는 그리스도께서 부활하신 이유를 알아야 한다. 왜냐하면, 다음과 같은 것들이 효력을 발휘하고 열매를 맺게 된 것은 부활로 말미암은 것이기 때문이다. 즉, 그리스도께서 자신을 비우시고 낮아지심으로써 영원히 멸망 받게 되어 있었던 우리를 회복시키셔서 온전한 복을 누리게 하신 것, 우리와 같은 몸을 입으심으로써 우리를 형제로 대하시고 사랑해 주신 것, 우리의 연약함을 친히 담당하심으로써 우리의 짐을 대신 져주신 것, 자신의 죽음의 제사를 통해서 우리의 죄를 대속해 주심으로써 우리로 하여금 아버지의 사랑을 입게 해주신 것, 죽음을 이기고 승리하심으로써 우리로 영원한 생명을 얻게 해주신 것, 친히 하늘에 들어가심으로써 우리에게 하늘 문을 열어 주신 것, 성령의 충만한 능력을 입으심으로써 자신의 부요하심으로 우리를 부요하게 하신 것이 모두 다 부활로 말미암아 효력을 얻게 되었다는 것이다.

베드로는 이러한 것들을 순서대로 가르치는 방식으로 복음을 전한 후에, 그리스도께서 이 세상에 오셔서 죽으시고 부활하신 것이 우리에게 무엇을 가져다주었는지를 분명하게 보여준다. 먼저, 그는 나사렛 예수께서 요한으로부터 세례를 받으시고 난 직후부터 공생애를 시작하셨다고 말한다. 하나님의 경륜에 따라서, 세례 요한은 백성들의 마음을 뒤흔들어서 그리스도를 대망하도록 준비시키기 위하여 세우심을 받은 인물이었기 때문에, 베드로는 그에 관한 언급을 빠뜨릴 수 없었다. 백성들은 그를 하나님의 위대한 선지자로 여겼기 때문에, 특히 나이 어리고 배움이 없는 사람들로 하여금 그리스도를 믿게 하는 데에 그의 권위는 중요한 역할을 하였다. 우리는 "요한이 세례를 반포하였다"는 표현에 주목할 필요가 있다. 누가가 요한의 사역 전체를 "세례"라는 단어로 포괄하고 있는 것은 사실이지만, "반포하였다"는 표현을 사용함으로써, 세례가 아무런 교훈도 담고 있지 않은 무의미한 상징이 아니었다는 것을 보여준다. 사실, 모든 성례전들에서 가장 중요한 것은 그 성례전에 담겨진 하나님의 말씀이 빛을 드러내고 분명한 음성을 발하는 것이다. 교황 제도 속에서 발견되는 불경스러운 세속화가 더욱 가증스러운 이유는 그들이 말씀의 "선포"는 도외시한 채로 마술적인 주문을 읊조리는 예전에만 몰두하기 때문이다.

38. 하나님이 나사렛 예수에게. 베드로는 여기서 그리스도를 "나사렛 예수"라고 칭하는데, 이것은 그가 "나사렛" 출신이라서가 아니라, 거기에서 자신의 사역을 시작하셨을 뿐만 아니라, 이 호칭이 일반적으로 통용되고 있었기 때문이었다. 베드로가 그리스도께서 "성령과 능력"으로 기름 부음을 받으셨다고 말한 것은 의미를 강조하기 위해 앞에서 한 말을 뒤에서 다시 한 번 다른 적절한 말로 바꾸어 표현하는 환치법이라는 수사법이 사용된 것이다. 그리스도의 뛰어난 능력은 다름 아닌 성령으로부터 온 것이기 때문에, 천부께서 자기 아들에게 기름을 부어 주셨다는 것은 그에게 자신의 성령의 능력을 공급해 주셨다는 말과 같다. 곧이어, 베드로는 이 능력이 이적들 속에서 나타났다고 말하면서, 한 가지 사실만을 분명하게 지적한다. 즉, 그리스도께서는 세상에서 "두루 다니시며 선한 일을" 행하시기 위하여, 자기가 성령의 능력을 공급받았다는 것을 증언하셨다는 것이다. 왜냐하면, 그리스도 안에서 나타난 하나님의 능력은 두려움을 불러일으키는 것이 아니라, 세상으로 하여금 하나님의 선하심과 인자하심의 달콤함을 맛봄으로써 하나님을 사랑하고 바라도록 만드는 것이 되는 것이 합당하였기 때문이다. 기름 부음이라는 은유는 성령의 수여와 관련해서 아주 흔히 사용되는데, 지금 여기서는 그리스도에 대하여 사용되고 있다. 왜냐하면, 그리스도께서는 이렇게 기름 부음을 받으셔서, 아버지 하나님에 의해서 왕과 제사장으로 성별되셨기 때문이다. 우리는 율법 아래에서 기름은 성별의 상징이었음을 알고 있다. 그리스도께서 "두루 다니셨다"는 표현은 그에게 주어진 소명을 따라 달려갈 길을 다 달려가셨다는 뜻이다. 이것은 그리스도께서는 미리 정해진 기간 동안에 자신의 소임을 다하셨다고 말한 것과 같다. 이 비유는 여행자들이 목적지에 도착할 때까지 여정을 계속해야 했던 것으로부터 유래한 것이었다. 그러나 베드로는 그리스도께서 삼 년 동안 온 유대 땅을 여행하셨던 까닭에, 선한 일을 행하시기 위하여 내디딘 그의 발걸음이 닿지 않은 곳이 없었다는 사실도 아울러 암시하고 있다.

38. 마귀에게 눌린 모든 사람을 고치셨으니. 그리스도께서 평범한 병에 걸린 사람들뿐만이 아니라, 절망적인 병들도 고쳐 주셨다는 것은 그리스도 안에 하나님의 능력이 있었음을 더욱 분명하게 보여주는 증거였다. 사실, 모든 질병은 하나님께서

우리를 훈육하시고 징계하시는 회초리와 같다. 하나님께서 아버지 같은 사랑으로 우리를 좀 더 온유하게 징계하실 때, 우리는 하나님이 그의 손으로 우리를 치신다고 말한다. 반면에, 하나님께서 우리를 더욱 가혹하게 채찍질하실 때에는, 사탄을 진노의 도구로, 즉 사형집행인으로 사용하신다. 우리는 이러한 차이에 각별히 유의하여야 한다. 왜냐하면, 열이 좀 있거나 다른 흔한 병에 걸린 사람을 두고 마귀로 인해서 고통 받는다고 말하는 것은 어불성설이기 때문이다. 하지만 실성한 것이나 광분하여 미쳐 날뛰는 것이나 그 밖의 괴이한 질환들은 사탄의 소행이라고 하는 것이 합당하다. 성경이 마치 야수가 된 것처럼 미쳐서 난폭하게 날뛰며 광분하는 자들을 "귀신 들린 자"라고 부르는 이유도 거기에 있다.

38. 이는 하나님이 함께 하셨음이라. 베드로는 그리스도의 손을 통해서 능력들이 베풀어진 목적이 무엇이었는지를 간단히 언급하는데, 그것은 하나님의 임재를 목격한 사람들로 하여금 그리스도를 믿도록 하기 위한 것이었다. 이것이 이적들의 진정한 용도이다. 이것에 대해서는 우리가 이미 앞에서 여러 차례 말한 바 있고, 또한 나중에 적당한 곳에서 다시 살펴보게 될 것이다. 왜냐하면, 하나님께서 이적들을 통해서 자신의 종이라는 것을 보여주신 사람들을 우리가 인정하지도 않고 존중하지도 않는다면, 그것은 하나님의 위엄을 훼손하는 것이 된다는 것은 두말 할 필요가 없기 때문이다. 따라서 하나님의 능력들이 나타남으로써, 그리스도께서 하늘로부터 오신 분임이 분명해졌을 때, 그리스도의 권위는 사람들이 무엇이라고 왈가왈부하든 그 모든 생각과 판단을 뛰어넘어 확고하게 증명된 것이다.

³⁹우리는 유대인의 땅과 예루살렘에서 그가 행하신 모든 일에 증인이라 그를 그들이 나무에 달아 죽였으나 ⁴⁰하나님이 사흘 만에 다시 살리사 나타내시되 ⁴¹모든 백성에게 하신 것이 아니요 오직 미리 택하신 증인 곧 죽은 자 가운데서 부활하신 후 그를 모시고 음식을 먹은 우리에게 하신 것이라 ⁴²우리에게 명하사 백성에게 전도하되 하나님이 살아 있는 자와 죽은 자의 재판장으로 정하신 자가 곧 이 사람인 것을 증언하게 하셨고 ⁴³그에 대하여 모든 선지자도 증언하되 그를 믿는 사람들이 다 그의 이름을 힘입어 죄 사함을 받는다 하였느니라(10:39-43).

39. 우리는 … 증인이라. 베드로는 고넬료의 집에 모인 사람들로 하여금 자신의 말을 믿도록 하게 하기 위하여, 자신을 비롯한 동역자들은 자신들이 그리스도에 관

하여 전하고 있는 이 모든 일의 목격자이자 증인이기 때문에, 자신들의 직접적인 경험을 통해서 알게 된 일들에 대해서 확신 있게 말하는 것이라고 선언한다. 조금 후에, 베드로는 하나님께서 "증인"들을 미리 택하셔서 세우셨다고 말하는데, 거기에서는 "증인"이라는 말이 다른 의미로 사용된다. 왜냐하면, 거기에서 "증인"이라는 말을 통해서 그는 하나님께서 특별히 선택하신 자들을 사도로 세우셔서 공적인 사역을 맡기신 까닭에, 사도들은 전도를 통해서 사람들을 그리스도를 믿는 믿음으로 인도하기 위해 하나님에 의해서 차출된 사람들이라는 것을 보여주고자 하는 것이기 때문이다. 따라서 바울은 만일 그리스도께서 죽은 자 가운데서 다시 살아나신 것이 아니라면, "우리가 하나님의 거짓 증인으로 발견되리니 우리가 하나님이 그리스도를 다시 살리셨다고 증언하였음이라"(고전 15:15)고 말한다. 또한, 그리스도께서도 "너희가 … 예루살렘과 온 유대와 사마리아와 땅 끝까지 이르러 내 증인이 되리라"고 친히 말씀하신 바 있다(행 1:8). 하지만 지금 베드로가 여기서 자기 자신을 역사적 증인이라고 부르는 것은 자기가 지금까지 일어났던 일들의 목격자였기 때문이다. 그가 그리스도의 죽음에 대해서 아주 간단하게만 언급하는 것은 그 사실이 사람들 가운데서 널리 알려져 있었기 때문인 반면에, 부활에 대해서는 상당히 길게 언급하고 있는 것은 부활과 관련해서는 많은 의심이 있었고, 부활에 대한 지식이 믿음을 위해서 훨씬 중요하였기 때문이다.

41. 모든 백성에게 하신 것이 아니요 오직 … 우리에게 하신 것이라. 하나님께서는 왜 자기 아들을 부활 후에 모든 사람들에게 공공연히 보여주시지 않았느냐고 묻는 사람이 있다면, 나의 대답은 그 이유가 성경에 제시되어 있지 않다고 할지라도, 정신이 제대로 박힌 사람들은 거기에는 하나님의 목적이 있었다는 사실 하나만으로도 충분하다고 생각해서, 하나님께서 그렇게 하시기로 결정하셨다면 그 결정이 최선이라는 것을 추호의 의심 없이 확신할 수 있다는 것이다. 하지만 하나님께서 부활하신 주님을 모든 사람들에게 보이지 않으신 것이 선한 의도로 말미암은 것이었다는 것은 의심의 여지가 없다. 왜냐하면, 실제로 주님이 부활하셨다는 것이 확실하다는 사실은 많은 확고한 증언들에 의해서 증명되었을 뿐만 아니라, 경건한 자들의 믿음을 연단시키는 데에는 자신의 눈을 믿기보다 복음을 믿는 것이 더 유익할 것이었기 때문이다. 불경건한 자들과 그리스도의 원수를 자처하는 자들의 경우에는, 그들은 그토록 자주 권면과 경고를 받고도 결코 하나님께 굴복하지 않았던 자들이었기 때문에, 그리스도께서는 그들에게 자신의 부활의 영광을 볼 수 있는 자격

을 허락하지 않으셨다. 또한, 그들은 자신들이 병사들을 보내서 그리스도의 무덤을 지키게 하였던 까닭에, 무덤이 비어 있는 것을 본 병사들의 보고를 듣는 것만으로 도 충분히 그리스도의 부활을 확신할 수 있었던 자들이다. 내가 여기서 언급하지 않은 다른 이유들에 대해서는 공관복음서에 대한 나의 주석을 참조하면 될 것이다. 따라서 우리는 하나님께서 그리스도의 부활이 사실이라는 것을 확고히 하시기 위해서, 사도들을 택하셔서 증인들로 세워 증언하게 하셨다는 것을 확신하여야 한다. 만일 우리의 이러한 논증을 순순히 받아들일 수 없다고 생각하는 자가 있다면, 베드로가 여기서 우리에게 말해 준 하나님의 작정하심, 즉 그 어떤 존재도 흔들 수 없고 범할 수 없도록 작정하신 일을 어디 한 번 뿌리째 뽑아내서 파괴해 보라. 이제 우리에 관해서 말해 본다면, 우리가 하나님을 우리의 믿음의 확실한 원천으로 삼고자한다면, 우리는 하나님께서 창세 전에 친히 택하셨다가 때가 되자 자신의 손으로 이끌어서 세상에 보내셨던 증인들이 전하는 증언으로 만족하는 법을 배워야 한다.

41. 그를 모시고 음식을 먹은 우리. 이것으로부터 그리스도께서 우리의 미숙함과 무지함을 얼마나 배려하셨는지가 드러난다. 왜냐하면, 그리스도께서는 이미 하늘 영광을 받으셨는데도 불구하고, 우리를 위해서 자기 자신을 낮추셔서, 마치 죽을 수밖에 없는 존재인 인간처럼 먹고 마시기까지 하셨기 때문이다. 그러므로 우리는 그리스도의 부활이 모호하거나 의심스럽다고 불평할 이유가 전혀 없다. 왜냐하면, 그리스도께서는 부활에 대한 충분한 확증을 갖고 있었던 자신의 제자들조차도 그 사실을 믿기 어려워하고 믿게 되기까지 시간도 꽤 걸렸지만, 결국에는 온전하게 확신하게 되었음을 보여주시는 과정에서, 그들로 하여금 우리가 품을 수 있는 모든 의심을 품게 하신 후에, 그 의심들을 하나하나 제거해 주심으로써, 아울러 우리에게 있을 수 있는 모든 의심도 다 해결해 주셨기 때문이다. 따라서 우리는 우리의 악의와 배은망덕함으로 인해서, 우리를 향하신 하나님의 아들의 이 놀라운 관용하심(indulgentia)이 빛이 바래지 않도록 조심하여야 한다. 성경이 부활하신 그리스도께서 음식을 잡수셨다고 보도하고 있기 때문에, 호기심 많은 자들은 "그리스도께서 잡수신 음식물은 어떻게 되었을까?"라는 의문을 제기한다. 그러나 대답은 간단하다. 즉, 그것은 "무에서" 창조된 것이었기 때문에, 그리스도의 신적인 능력에 의해서 쉽게 "무로" 되돌아갔으리라는 것이다. 육체의 생존을 위해서 섭취하는 음식은 소화를 거친 후에 배설되지만, 그리스도께서 잡수신 이 음식은 우리의 믿음을 살찌우기 위한 것이었기 때문에, 그러한 목적이 이루어진 후에는 소멸되었다. 한편, 그

리스도께서 잡수시는 시늉만 낸 것이라고 생각하는 자들이 있지만, 그것은 잘못이다. 그렇게 시늉만 하는 것이 도대체 무슨 유익을 가져다줄 수 있겠는가? 나는 그런 식으로 궁색하게 변명을 해야 할 이유를 도무지 찾을 수 없다. 왜냐하면, 그리스도께서는 반드시 음식을 잡수실 필요가 없으셨지만, 단지 제자들을 배려해서 그렇게 하신 것이라고 우리가 말한다면, 사람들이 만들어낸 어리석은 궤변들은 설 자리를 잃게 되기 때문이다.

42. 우리에게 명하사 … 증언하게 하셨고. 베드로는 이제 그리스도께서는 세상을 심판하시기 위해서 다시 살아나신 것이라고 말함으로써, 그리스도의 통치에 관해서 거론하기 시작한다. 왜냐하면, 하늘과 땅에 대한 통치권 및 교회에 대한 영원한 주권이 그리스도의 것이 되었기 때문이다. 베드로가 그리스도께서 "살아 있는 자와 죽은 자의 재판장"이 되실 것이라고 말하는 것은 바울이 고린도전서 15:51-52과 데살로니가전서 4:17에서 가르치고 있듯이, 죽은 자들이 다시 살아날 때에 살아 있는 자들도 순식간에 변화될 것이기 때문이다. 여기에서는 "증언하다"라는 단어에 무게가 실려 있다. 왜냐하면, 사람들은 본성적으로 불신하는 성향을 갖고 있어서, 만일 하나님께서 자기 자신을 증인으로 삼아서 확증해 주시지 않으면, 복음을 단순히 전하는 것만으로는 큰 효과가 나타나지 않기 때문이다. 특히, 세상이라는 덫에 걸려서 옴짝달싹하지 못하는 우리의 마음을 들어올려서 그리스도의 오심을 소망하도록 만들고, 끊임없이 이런저런 생각에 휩쓸리는 우리의 경박한 마음을 고정시켜서 언제나 그것을 생각하는 것이 얼마나 어려운 일인지 우리 모두가 잘 알고 있다.

43. 그에 대하여 모든 선지자도 증언하되 … 죄 사함을 받는다 하였느니라. 이 구절은 베드로가 지금까지 한 설교의 핵심을 간략하게 요약해서 제시한 것이기 때문에, 내용이 아주 간략하게 압축되어 있다. 따라서 우리는 이 구절은 베드로가 한 말을 그대로 옮겨놓은 것이 아니라, 단지 그가 어떤 내용을 다루었는지만을 보여준 것임을 알아야 한다. 우리가 여기서 살펴볼 것은 세 가지이다. 첫 번째는, 사람들의 죄를 멸하시고 하나님과 화해시키는 것이 그리스도의 고유한 소임이라는 것이고, 두 번째는, 우리가 믿음으로 말미암아 죄 사함을 얻는다는 것이며, 세 번째는, 이 교훈은 새로운 것이거나 최근에 만들어진 것이 아니라, 이미 오래 전부터 하나님의 모든 선지자들이 증언해 왔다는 것이다.

첫 번째와 관련해서, 하나님께서 그리스도로 말미암아 우리의 죄를 우리에게 돌리지 않으시고 우리와 화해하게 되신 것이라면, 그렇게 우리의 죄를 값없이 사하셔서 우리를 받아주시기 전까지는, 온 인류는 하나님의 진노하심 아래에 있는 것이 분명하다. 따라서 우리는 모두 죄 아래 있어서, 하나님의 진노에 그대로 노출되어 있고, 영원한 사망의 죄책에 묶여 있다. 우리 안에는 아무런 의(iustitia)도 없기 때문에, 우리는 유일한 피난처인 하나님의 긍휼하심을 의지하지 않으면 안 된다. 베드로가 "믿는 사람들"이 "죄 사함을 받는다"고 말했을 때, 거기에는 사람들과 하나님 간의 암묵적인 대비(antithesis)가 전제되어 있다. 왜냐하면, 베드로가 한 말은 하나님께서 먼저 주도하셔서 사람들의 죄를 사하여 주셔야만, "믿는 사람들"은 "죄 사함"을 받을 수 있다는 의미이기 때문이다. "죄 사함"이 "그리스도의 이름"을 힘입어서 주어지는 것이라고 그가 말한 것은 그리스도의 은택으로 말미암아서만 우리가 하나님의 은총을 회복할 수 있다는 것을 뜻한다. 왜냐하면, 그리스도께서 자신의 죽음을 통해서 하나님과 우리를 단번에 화목하게 만드셨기 때문이고, 좀 더 일반적인 표현을 사용하자면, 다른 중보자가 아니라 오직 그리스도의 중보를 통해서만 우리가 "죄 사함"을 받을 수 있기 때문이다.

사탄은 사람들의 마음에서 죄책감을 결코 씻어줄 수 없었기 때문에, 사람들은 하나님으로부터 죄 사함을 받기 위해서 애를 썼다. 하지만 죄 사함을 받는 길은 오직 하나뿐인데도 불구하고, 가련한 인간들은 사탄의 속임수들에 넘어가서 미혹되어, 그들 스스로 경이로운 미로들을 고안해 내어서, 그 미로들 속을 헤매다가 녹초가 되곤 하였다. 사람들로 하여금 올바른 길에서 벗어나게 만든 첫 번째 오류는 그들은 값없이 주어지고 믿음으로만 받을 수 있는 죄 사함을 스스로의 노력으로 얻으려 하였고, 그 결과 하나님을 만족시키기 위해서 무수히 많은 종류의 속죄 제사들을 고안해 냈다는 것이다. 물론, 사람들은 하나님의 말씀을 토대로 그러한 속죄 제사들을 고안해 낸 것이었다. 그러나 하나님께서는 그리스도에 대한 예표로서 족장들에게 희생 제사를 비롯한 여러 가지 제의들을 맡겨 주신 것이었는데도 불구하고, 불경건한 자들은 눈이 멀어 있었기 때문에 그리스도를 옆으로 제쳐놓고 오직 헛된 그림자만을 좇음으로써, 하나님께서 제정하신 희생 제사의 성격을 완전히 변질시켜 버렸다. 따라서 창세 이래로 이방인들이 드렸던 모든 희생 제사들을 비롯해서 오늘날 이슬람교도들과 유대인들이 거행하는 모든 희생 제사들은 그리스도와는 전혀 상관없는 것들로서 그리스도를 대적하는 것들이다. 또한, 교황주의자들은 희생 제물들 위에 그리스도의 피를 뿌린다는 것을 제외하고는 하나도 나을 것이 없고, 도리어 그리스도 한 분만으로는 만족할 수가 없어서 사방으로부터 수천 가지 방식의 속죄 제사들을 끌어 모으는 너무나 어처구니없는 짓을 하고 있다. 따라서 죄 사함 받기를 원하는 자는 누구든지 그리스도에게서 조금이라도 돌아서지 말아야 한다.

두 번째와 관련해서, 베드로는 믿음으로 죄 사함을 받는다고 말하였기 때문에, 우리는 마치 그리스도를 어떻게 믿어야 하는지를 베드로가 상세하게 설명해 주기라도 한 것처럼, 믿음의 능력과 본질을 이해하고 있지 않으면 안 된다. 그러나 믿음이라는 것은 다름 아니라 복음 안에서 계시된 그리스도를 진실한 마음으로 받아들이는 것이다. 따라서 믿음은 약속들을 전제한다. 그런데 여기서 베드로는 한 가지 실수를 범한 것처럼 보일 수 있다. 왜냐하면, 그는 그리스도께서 우리에게 일러주신 두 가지 지극히 중요한 것 중에서 하나만을 언급하고 있기 때문이다. 즉, 복음의 핵심을 제시할 때에 결코 생략해서는 안 되는 회개와 새 생명에 대한 언급이 여기서 전혀 나타나지 않고 있다는 것이다. 그러나 이 문제에 대한 대답은 쉽다. 즉, 성령으로 거듭나는 것은 믿음의 결과이기 때문에, 베드로는 그것을 "믿음"이라는 말로 포괄하고 있다는 것이다. 왜냐하면, 우리가 그리스도를 믿는 것은 한편으로는 그리스도께서 자신의 의를 값없이 우리에게 전가시켜 주셔서 아버지 하나님의 은총을 우리에게 회복시켜 주시도록 하기 위한 것이고, 그의 성령을 통해서 우리를 거룩하게 해주시도록 하기 위한 것이기 때문이다. 또한, 우리는 하나님께서 우리를 양자로 삼으신 것이 그의 성령을 통해서 우리를 다스리시기 위한 것임을 알고 있다. 따라서 베드로는 태어날 때부터 본성적으로 하나님으로부터 소외되어 있던 사람들이 어떻게 해서 다시 하나님의 은총을 회복할 수 있게 되는지를 보여주는 것으로 충분하다고 여긴 것이다.

세 번째와 관련해서는, 하나님께서 우리로 하여금 죄 사함을 받도록 하시기 위하여 그리스도를 중보자로 세우셨다는 사실에 대해서는 선지자들의 글들을 모두 다 살펴볼 볼 필요는 없고, 다만 끊임없이 모든 경건한 자들에게 하나님께서 아브라함과 언약을 맺으실 때에 장차 그 언약을 이룰 중보자를 약속하셨다는 사실을 환기시키는 것이 그들의 가르치는 방식이었다는 것만을 말해 두는 것으로 충분할 것이다. 아울러, 우리가 반드시 알아야 할 것은 그리스도에 의해서 마침내 주어진 이 은혜가 율법과 선지자들이 오래 전부터 조상들에게 소망을 품고 기다리라고 했던 바로 그 은혜와 동일한 것이라는 사실이다. 특히, 율법과 선지자들을 존귀하게 여겼던 고넬료 등과 같은 사람들에게 있어서는 선지자들의 예언에 의해서 증언되었던 일들이 그리스도 안에서 실제로 성취되었음을 아는 것은 매우 중요하였다. 따라서 교회의 사역자들은 자신들의 가르침이 선지자들의 가르침과 동일한 것이 되도록 하기 위해서는, 자신들의 말씀 선포를 통해서 그리스도께 영광을 돌리는 일에 힘써야 하고, 값없이 주어지는 "죄 사함"은 오직 그리스도 안에서만 찾을 수 있다는 것을 끊임없이 증언하여야 한다. 이것이야말로, 교황주의자들이 그리스도의 피가 있어야 할 자리에 자신들이 날조해 낸 썩어빠진 제사들을 끌어들여 놓고서도 자신들은 초대 교회의 옛 전통을 잇고 있다고 자랑하는 것과는 판이하게 다르게, 진정으로 옛 전통을 이어가는 것이다.

⁴⁴베드로가 이 말을 할 때에 성령이 말씀 듣는 모든 사람에게 내려오시니 ⁴⁵베드로와 함께 온 할례 받은 신자들이 이방인들에게도 성령 부어 주심으로 말미암아 놀라니 ⁴⁶이는 방언을 말하며 하나님 높임을 들음이러라 ⁴⁷이에 베드로가 이르되 이 사람들이 우리와 같이 성령을 받았으니 누가 능히 물로 세례 베풂을 금하리요 하고 ⁴⁸명하여 예수 그리스도의 이름으로 세례를 베풀라 하니라 그들이 베드로에게 며칠 더 머물기를 청하니라(10:44-48).

44. 베드로가 이 말을 할 때에. 하나님께서는 이제 유대인이든 이방인이든 모두가 똑같이 복음의 가르침에 참여할 수 있다는 것을 새로운 이적을 통해 확증해 주신다. 이 이적은 하나님께서 이방인들도 부르고 계심을 인쳐 주신 아주 특별한 증표였다. 왜냐하면, 하나님께서 이방인들에게 성령을 부어 주셨다는 것은 이방인들을 택하셔서 언약 공동체로 받아들이셨음을 보여주는 증거였기 때문이다. 누가가 여기서 언급하고 있는 성령의 은사들은 중생의 은혜와는 다른 것이지만, 하나님께서 이런 방법으로 베드로의 가르침뿐만 아니라 그것을 들은 사람들의 믿음과 경건을 인쳐 주셨다는 것은 의심의 여지가 없다. 우리가 앞에서 이미 보았듯이, 그들 모두는 가르침을 받고 순종하고자 하는 열망에 품고 있었기 때문에, 누가는 그들 모두가 성령을 받았다고 말한다.

이와 같은 눈에 보이는 징표는 복음을 전하는 것이 하나님의 능력의 도구로서 효력이 있는지를 마치 그림처럼 우리에게 보여준다. 왜냐하면, 하나님께서는 공허한 말들로 허공을 치게 하기 위하여 가르치는 자들을 보내신 것이 아니라, 그들의 말을 통해서 자신이 강력하게 역사하셔서, 성령의 능력으로 그들의 말을 힘있게 하여 경건한 자들을 구원하시기 위하여 그들을 보내신 것임을 보여주시려고, 베드로가 말을 하는 동안에 성령을 부어 주신 것이기 때문이다. 이러한 이치를 따라서 바울은 갈라디아 교인들에게 그들이 복음을 듣고 믿음으로써 성령을 받은 것임을 상기시켜 주었고(갈 3:2), 다른 곳에서는 자기가 "율법 조문"을 따라서가 아니라 "영"을 따라 일하는 사역자라고 말하기도 하였다(고후 3:6). 방언의 은사를 비롯한 성령의 여러 은사들은 오랫동안 교회 안에서 끊어졌지만, 분별과 중생의 성령은 지금도 활동하고 있고, 앞으로도 늘 활동할 것이다. 하나님께서는 우리로 하여금 그의 말씀을 높이게 하시고, 광신자들이 말씀을 버리고 정체불명의 잘못된 영에 사로잡혀서 치명적으로 위험한 망상에 빠지는 것을 방지하시기 위해서, 분별과 중생의 성령을 외적인 복음 선포와 결합시키신다. 여기에 한 가지 덧붙일 것은 사람이 전하는 복음을 귀로 듣는다고 해서 늘 모두가 성령을 받는 것은 아니라는 것이다. 실제로, 사역자들은 베드로와 함께 했던 사람들처럼 한 마음이 되어서 하나님을 따르려고 하는 청중을 거의 만나지 못한다. 하지만 모든 택함 받은 자들은 외적으로 말씀을 들을 때에 동시에 자신의 내면에서 성령의 은밀한 역사를 느끼게 된다.

45. 베드로와 함께 온 할례 받은 신자들이 … 놀라니. 누가는 아직도 여전히 악하고 잘못된 오류에 사로잡혀 있는 자들을 "신자들"이라고 부른다. 이와 같이, 하나님께서는 자기 백성들로부터 모든 무지의 구름들을 단번에 몰아내지 않으신다. 또한, 이런 구름들이 끼어 있다고 해서, 하나님께서는 그들의 믿음을 가치 없는 것으로 여기시는 것이 아니라, 도리어 그들의 믿음 속에 있는 오류들을 눈감아 주시고, 마치 거기에는 구름 낀 것도 없고 아무런 흠도 없다는 듯이, 그들의 믿음이 자신의 은혜를 받기에 합당한 가치가 있다고 인정해 주신다. 그런데 이 "신자"들이 베드로가 하나님으로부터 보내심을 받았다는 것과 하나님께서는 그리스도를 영접하는 자들에게 성령을 부어 주신다는 것을 알고 있었음에도 불구하고, 마치 전혀 생소한 일을 보기라도 한 것처럼, 이렇게 크게 놀란 것은 이상해 보일 수 있지만, 사실 그들이 그렇게 놀란 것은 너무나 갑작스러운 변화로 인한 것이었다. 즉, 바로 조금 전까지만 해도 이방인들을 외인으로 여기시고서, 자기 백성들과 구별하고 계셨던 하나님께서 갑자기 지금 이방인들에게 유대인과 동일한 은혜와 존귀를 수여하시는 것을 그들이 바로 눈 앞에서 목격하였기 때문이다. 아울러, 이 사례를 통해서 우리는 사람이 한 번 오류에 빠지게 되면, 거기서부터 벗어나는 것이 얼마나 어려운 일인지, 게다가 그렇게 오류에 빠져서 오랜 세월이 흐른 경우에는 더더욱 그러하다는 것을

깨닫게 된다.

46. 이는 방언을 말하며 하나님 높임을 들음이러라. 누가는 그들에게 성령의 어떤 은사들이 주어졌고, 그 은사들이 어떤 용도로 사용되었는지를 여기서 말해 준다. 즉, 그들은 다양한 방언들을 받아서, 여러 언어로 하나님을 찬양하였다는 것이다. 이것으로부터 우리는 그들에게 방언들이 주어진 것은 각기 다른 언어를 사용하는 사람들에게 복음을 전해야 할 필요성이 있었기 때문이기도 하였지만, 복음 자체에 영광과 존귀를 더하시기 위한 목적도 있었다는 것을 알게 된다. 하지만 방언의 이 두 번째 용도는 사람들의 야심으로 말미암아 훼손되고 말았다. 왜냐하면, 많은 사람들이 하늘의 지혜가 지닌 위엄을 드러내도록 하기 위하여 받은 방언을 허세와 과시를 위해서 남용하였기 때문이다. 바울이 고린도 교인들에게 그들이 그러한 잘못을 저지르고 있다고 따끔하게 질책한 것이 한 예이다. 따라서 하나님께서 방언을 주시고 나서 오래 지나지 않아 다시 거두어 가심으로써 더 이상 방언이 악용되고 훼손되는 일이 없게 하신 것은 전혀 이상한 일이 아니다.

47. 이에 베드로가 이르되 … 누가 능히 물로 세례 베풂을 금하리요 하고. 베드로는 실체를 근거로 삼아서 징표(signum)에 대하여 말한다. 왜냐하면, "세례"는 영적인 은혜에 수반되는 것인 까닭에, 성령을 받은 사람은 세례를 받을 자격을 갖춘 것이기 때문이다. 이것이 올바른 순서이기 때문에, 사역자는 어떤 사람이 하나님께서 성령의 보증과 증거를 통해서 자신의 자녀로 확증하신 사람인지를 확인한 후에, 그 사람에게 외적인 징표를 수여하여야 한다. 이렇게 가르침과 믿음이 먼저 있어야 한다. 무지한 자들은 이러한 사실을 근거로 해서 유아들에게 세례를 주어서는 안 된다고 주장하지만, 그것은 전혀 근거 없는 것이다. 물론, 나는 교회 밖에 있는 사람들은 양자됨의 징표인 세례를 받기 전에 가르침을 받아야 한다는 것을 인정한다. 하지만, 교회 안에서 태어난 신자의 자녀들의 경우에는 사정이 달라서, 그들은 모태로부터 하나님 나라의 권속이라는 것이 나의 주장이다. 오히려, 나는 그들의 주장은 부당하고 터무니없는 것을 넘어서서 적반하장이라고 말하고 싶다. 왜냐하면, 하나님께서는 신자들의 자녀들을 태어나기 전부터 이미 양자로 삼으셨다는 사실을 근거로 삼아서, 나는 신자들로부터 태어난 유아들이 외적인 징표를 부당하게 박탈당해서는 안 된다고 주장하고자 하기 때문이다. 만일 유아들에게 세례 베풀기를 거부한다면, 하나님께서 그들에게 허용하신 것을 사람들이 감히 박탈하는 것이 될 것이다. 성령의 은혜가 주어지는 것과 관련해서는, 그들이 세례를 받고 난 후에, 때가

되어 성령을 받는다면, 거기에는 그 어떤 불합리한 점도 없을 것이다.

또한, 교황주의자들은 마치 오래 전에 마녀들이 자신들의 주문으로 달을 끌어올 수 있다고 생각했던 것과 비슷하게, 성령이 주어지는 것과 표징들, 즉 성례전들은 서로 결합되어 있다고 여기고서, 축귀를 위한 성례전을 행하면 성령을 하늘로부터 불러올 수 있다고 생각하지만, 이 본문의 증언은 그들이 저지르고 있는 오류를 밑받침해 주기는커녕, 그들의 미신을 강력하게 성토하고 반박한다. 왜냐하면, 누가는 아직 세례를 받지 않은 사람들에게 이미 성령이 임했다고 말함으로써, 성령이 주어지는 것과 세례는 별개라는 것을 보여주기 때문이다. 또한, 우리는 사도들이 세례를 베풀 때에 물만으로 충분하다고 여겼다는 것에 유념하여야 한다. 그들의 후손들도 이러한 단순함을 그대로 유지해서, 교황 제도 하에서 무수히 많은 쓸데없는 것들을 사방에서 끌어 모아서 세례 의식 속에 꽉꽉 채우는 일이 벌어지지 않았더라면, 얼마나 좋았겠는가! 기름과 소금, 침과 밀랍양초 같은 것들을 세례에 더하는 것은 그리스도께서 원래 제정하신 본래의 순전한 세례 의식을 타락시키는 더럽고 가증스러운 것들인데도, 그들은 그런 것들이 세례에 권위와 위엄을 더해 준다고 생각한다.

48. 명하여 예수 그리스도의 이름으로 세례를 베풀라 하니라. 베드로가 직접 세례를 베풀어야 했던 것은 아니었다. 바울도 고린도 교회에서 자신에게서 세례를 받은 사람은 얼마 되지 않는다고 말한 바 있다. 왜냐하면, 사역자들은 누구나 세례를 베풀 수 있었기 때문이다. 또한, 우리는 3:6을 다룰 때에 이미 말했듯이, 누가가 사용한 "예수 그리스도의 이름으로"라는 표현을 문자에만 얽매여서 이해하면 안 된다. 즉, 그리스도는 사람들이 세례를 받는 진정한 목표이기 때문에, 누가는 그의 이름으로 세례를 받는다고 말하고 있는 것이다. 누가가 마지막으로 고넬료와 그의 친지들이 베드로에게 "며칠 더 머물기를 청했다"고 말한 것은 신앙의 진보를 이루고자 하는 그들의 열망을 칭찬한 것이다. 왜냐하면, 그들이 성령을 받은 것은 확실하였지만, 그들의 신앙을 더욱 견고히 할 필요가 없을 정도의 높은 경지에 도달한 것은 결코 아니었기 때문이다. 우리는 그들을 본보기로 삼아서 신앙의 진보를 이룰 수 있는 기회가 있을 때마다 그 기회를 놓치지 말고 부지런히 활용하여야 하고, 우리로 하여금 가르침을 받는 것을 가로막는 교만에 빠지지 않도록 주의하여야 한다.

제11장

¹유대에 있는 사도들과 형제들이 이방인들도 하나님의 말씀을 받았다 함을 들었더니 ²베드로가 예루살렘에 올라갔을 때에 할례자들이 비난하여 ³이르되 네가 무할례자의 집에 들어가 함께 먹었다 하니 ⁴베드로가 그들에게 이 일을 차례로 설명하여 ⁵이르되 내가 욥바 시에서 기도할 때에 황홀한 중에 환상을 보니 큰 보자기 같은 그릇이 네 귀에 매어 하늘로부터 내리어 내 앞에까지 드리워지거늘 ⁶이것을 주목하여 보니 땅에 네 발 가진 것과 들짐승과 기는 것과 공중에 나는 것들이 보이더라 ⁷또 들으니 소리 있어 내게 이르되 베드로야 일어나 잡아 먹으라 하거늘 ⁸내가 이르되 주님 그럴 수 없나이다 속되거나 깨끗하지 아니한 것은 결코 내 입에 들어간 일이 없나이다 하니 ⁹또 하늘로부터 두 번째 소리 있어 내게 이르되 하나님이 깨끗하게 하신 것을 네가 속되다고 하지 말라 하더라 ¹⁰이런 일이 세 번 있은 후에 모든 것이 다시 하늘로 끌려 올라가더라 ¹¹마침 세 사람이 내가 유숙한 집 앞에 서 있으니 가이사랴에서 내게로 보낸 사람이라 ¹²성령이 내게 명하사 아무 의심 말고 함께 가라 하시매 이 여섯 형제도 나와 함께 가서 그 사람의 집에 들어가니 ¹³그가 우리에게 말하기를 천사가 내 집에 서서 말하되 네가 사람을 욥바에 보내어 베드로라 하는 시몬을 청하라 ¹⁴그가 너와 네 온 집이 구원 받을 말씀을 네게 이르리라 함을 보았다 하거늘 ¹⁵내가 말을 시작할 때에 성령이 그들에게 임하시기를 처음 우리에게 하신 것과 같이 하는지라 ¹⁶내가 주의 말씀에 요한은 물로 세례를 베풀었으나 너희는 성령으로 세례를 받으리라 하신 것이 생각났노라 ¹⁷그런즉 하나님이 우리가 주 예수 그리스도를 믿을 때에 주신 것과 같은 선물을 그들에게도 주셨으니 내가 누구이기에 하나님을 능히 막겠느냐 하더라 ¹⁸그들이 이 말을 듣고 잠잠하여 하나님께 영광을 돌려 이르되 그러면 하나님께서 이방인에게도 생명 얻는 회개를 주셨도다 하니라(11:1-18).

1. 유대에 있는 사도들과 형제들이 … 들었더니. 누가가 여기서 보도하듯이, 한 가정의 회심에 관한 소식이 도처에 있는 형제들에게 널리 알려지게 된 것은 유대인

들은 이방인들이 자기들과 하나가 되었다는 것을 돌로 사람을 만들었다는 말을 들은 것만큼이나 놀랍고 신기한 일로 여겼기 때문이었다. 그들의 지나친 민족애는 심지어 하나님의 역사를 인정하는 데에도 걸림돌로 작용하였다. 왜냐하면, 그들은 하나님께서 이방인들을 그들과 동등하게 대우하신다는 사실 자체를 자존심이 상해서 도저히 받아들일 수 없는 일로 여겼고, 그들의 이러한 야심과 교만이 교회를 어려움에 빠뜨렸기 때문이다. 이방인들이 자신들과 같은 멍에를 지는 것에 대해서 그들이 그토록 고집스럽게 반대했던 이유도 거기에 있었다. 하지만 메시아가 오신 후에는 모든 민족들이 교회로 모여들 것이라고 선지자들이 수없이 예언하였고, 그리스도께서도 사도들에게 온 세상에 복음을 전하라고 명령하셨는데, 겨우 몇 사람의 이방인이 회심하였다는 말을 듣고서, 유대인 형제들이 마치 그런 일을 난생 처음으로 듣는다는 듯이 어리둥절해하거나, 기괴한 일을 들은 것처럼 두려워하였다는 것이 과연 있을 수 있는 일이었을까? 나의 대답은 유대인들은 하나님께서 이방인들을 부르실 것이라는 모든 예언을 이방인들이 개종하여 모세의 율법에 복종하는 방식으로 교회에 들어오게 될 것이라고 해석해 왔었기 때문에, 당시에 그들이 처음으로 목격하고 알게 된 이방인들의 부르심의 방식은 전혀 생각지도 못한 것이었을 뿐만 아니라, 아무리 생각해도 도무지 이치에 맞지 않는 것처럼 보였다는 것이다. 왜냐하면, 그들은 율법의 목적은 유대인과 이방인을 구별하기 위한 담으로 주어진 것이라고 생각하였던 까닭에, 하나님께서 율법을 따른 모든 제의들을 다 폐지하신 후에 이방인들을 아브라함의 자손들과 하나로 묶어서 한 몸을 이루게 하신다는 것은 하나님의 거룩한 언약을 심각하게 훼손하는 것이라고 여겼기 때문이었다. 뿐만 아니라, 그들은 평생 동안 그러한 구별에 익숙해져 있었기 때문에, 예상치 못하게 닥친 새로운 상황은 그들의 마음으로부터 모든 것을 앗아가 버릴 만큼 그들을 공황 상태에 빠뜨렸다. 마지막으로, 그들은 바울이 가르쳐 주고 있듯이, 창세 이래로 천사들에게도 감추어져 있던 "비밀의 경륜"(엡 3:9)을 즉시 이해할 수는 없었다는 것이다.

2. 베드로가 예루살렘에 올라갔을 때에 할례자들이 비난하여. 오류에는 완악함이 수반되는 것이 보통이다. 이미 그들은 자신들의 지독한 무지 때문에, 믿음으로 동일한 성령을 받아서 자신들과 연합하게 된 이방인들을 진심으로 따뜻하게 맞이하지 못한 잘못을 범하였다. 그런데 그들은 이방인들을 받아들이는 데에 소극적이었을 뿐만 아니라, 베드로가 한 일은 크게 칭찬 받아야 마땅한 일인데도, 베드로가 돌아오자마자 마치 멱살을 붙잡고 싸움이라도 벌일 듯한 기세로 그를 비난하고 나

섰다. 그들은 이방인들이 하나님의 말씀을 받았다는 소식을 들었을 때에 이방인들을 받아들여서 한 분 동일한 하나님의 통치 아래에서 연합하여 서로 사귐을 가졌어야 마땅했는데도 불구하고, 그렇게 하지 못한 이유가 무엇이었는가? 도대체 모든 사람이 한 마음이 되어서 하나님께 붙어 있는 것보다 더 거룩한 연합이 있을 수 있겠는가? 또한, 하나님이 보내신 메시아가 자신들의 머리라고 생각하는 사람들이 왜 하나의 몸으로 연합하려고 하지 않았던 것인가? 그들은 율법이 외적으로 지켜지지 않고 범해지는 것을 보고서, 이것은 하늘과 땅이 뒤범벅이 된 것이라고 생각했던 것이다.

우리가 주목해야 할 것은 누가가 바로 앞 절에서 사도들과 형제들이 이 소식을 들었다고 말하면서도, 그들이 화를 내거나 격앙되었다고는 보도하지 않았지만, 이제 여기서는 베드로와 논쟁을 벌이는 새로운 무리의 사람들을 소개하고 있다는 것이다. 누가는 "형제들이 들었다"고 말한 후에, 그들의 반응에 대해서는 아무 말도 덧붙이지 않고, 바로 이어서 "베드로가 예루살렘에 올라갔을 때에 할례자들이 비난하였다"고 보도하는데, "할례자들"은 앞의 "형제들"과는 다른 무리의 사람들이었음이 분명하다. '페리토메스'($\pi\epsilon\rho\iota\tau o\mu\tilde{\eta}s$, "할례자들")라는 단어는 일반적인 유대인들이 아니라, 율법의 의식들을 지키는 데에 특별한 열심을 지니고 있던 유대인들을 가리킨다. 왜냐하면, 당시에 예루살렘에서 그리스도를 따르는 무리들 중에는 할례자가 아닌 사람이 없었기 때문이다. 그렇다면, 누가는 이 사람들을 누구와 구별하려한 것이었을까? 한편, 사도들과 좀 더 온건했던 신자들이 이 논쟁에 뛰어들었을 가능성은 별로 없어 보인다. 왜냐하면, 그들은 설령 화가 났다고 하더라도, 베드로와 개별적으로 접촉을 갖고서, 그에게 자신의 행동에 대해 해명을 요구할 수 있었을 것이기 때문이다. 이상의 추론에 근거해서, 나는 "할례자들"이라고 일컬어진 사람들은 할례를 매우 중시했던 자들로서, 율법에 대한 신앙 고백과 거룩한 할례 의식을 통해서만 교회에 받아들여질 수 있고, 그런 후에 율법에서 요구한 모든 부정한 것에서 벗어나 정결함을 유지한 자들만이 하나님의 나라에 들어갈 수 있다고 생각하였던 자들이었을 것이라고 본다.

3. 이르되 네가 무할례자의 집에 들어가 함께 먹었다 하니. 이것은 하나님의 율법에 의해서 금지된 사항이 아니었고, 조상들로부터 물려받은 전통일 뿐이었다. 그럼에도 불구하고, 베드로는 자신이 이 문제와 관련해서 너무 심한 추궁을 당하고 있다거나, 인간의 규례로 자신을 얽어매는 것은 옳지 않다고 반박하지 않는다. 그는

자신을 변호하는 말을 모두 생략한 채, 고넬료를 비롯한 이방인들이 먼저 자기를 찾아 왔고, 하나님께서 그들을 자기에게 보내신 것이었다고만 대답한다. 여기서 우리는 베드로가 극도로 자제하고 있는 모습을 본다. 그는 자신이 올바르게 행하였다는 것을 확신하고 있었기 때문에, 부당하게 소란을 피우는 이 무지한 자들을 상대도 하지 않고 쫓아내 버릴 수도 있었지만, 자신에게 일어났던 일을 마치 형제를 대하듯 친절하게 설명해 준다. 그가 하나님께 충성스럽게 순종하였다는 이유만으로 이렇게 수치스러운 비난을 받은 것은 결코 사소한 시험이 아니었다. 하지만 그는 모든 신자는 상황에 따라 필요할 때에는 언제나 자신이 가르침 받은 바가 무엇이고 자기가 어떤 삶을 살고 있는지에 대해서 진술할 준비가 되어 있어야 한다는 원칙이 교회 전체에 부과되어 있다는 것을 알고 있었고, 자기 자신도 그리스도의 양 무리의 일원임을 기억하고 있었기 때문에, 이러한 교회의 질서에 순종하는 것은 물론이고, 자발적으로 교회의 판단에 자신을 맡기고 있다. 사실, 하나님으로부터 온 가르침 (doctrina)은 인간의 판단을 초월하는 것이지만, 하나님께서는 신자들이 예언을 판단하고 분별할 것을 원하시기 때문에(고전 14:29), 하나님의 종들은 그런 상황을 만났을 때에 거부해서는 안 되고, 자신이 하나님의 예언을 따라 합당하게 행하였다는 것을 스스로 입증할 수 있어야 한다. 그러나 우리는 하나님의 가르침을 따라 행하였다는 것을 변호하는 일이 얼마나 힘든 일인지를 곧 보게 될 것이다. 현재로서 우리가 알아야 할 것은 베드로는 자신이 행한 일(factum)에 대한 비난이 제기되었을 때에 기꺼이 사실대로 진술하였다는 것이다.

그렇다면, 만일 로마 교황이 베드로의 후계자라고 한다면, 왜 그는 동일한 법을 따르려고 하지 않는 것인가? 베드로가 보여준 것이 자발적인 순복(submissio)이었다고 할 때, 왜 그의 후계자는 그가 자기에게 보여준 이 겸손의 모범(modestiae exemplum)을 본받지 않는 것인가? 그러나 이것에 대해서는 긴 설명이 필요하지 않다. 왜냐하면, 역대 교황들이 자신들의 신성모독적인 칙령들을 통해서 내뱉은 것들이 진리라면, 베드로는 자신의 지위에 따르는 특권을 포기하고 직무 유기를 한 것이고, 따라서 로마 교황청을 배신한 자가 되기 때문이다. 그들이 교황을 온 세상의 재판장으로 세운 후, 교황은 인간적인 판단에 구애받지 않는 존재가 되었다. 그들이 그를 하늘 꼭대기까지 높임을 받는 자로 만든 후, 그는 어떠한 해명도 할 필요가 없는 자가 되었고, 자신의 뜻과 자기가 하고 싶은 것이 그대로 법이 되었다. 그리고 나서, 그들은 그를 로마 교황청의 수호자로 세우고서, 그들의 특권들을 강력하게 옹호하는 자로 삼았다. 반면에, 과연 베드로가 보여준 것은 사람들에게 너무 쉽게 비굴하게 굴복해서, 하나님께서 자기에게 부여하신 권한을 내팽개친 것으로서, 자신의 직무를 유기한 죄로 비난 받아 마땅한 일이었던 것인가? 그렇다면, 적어도 그는 자신이 율법의 속박을 받지 않는 사람이고, 일반적인 질서에서 열외인 사람이라고 반박이라도 했어야 하는데, 왜 그렇게 하지 않은 것인가? 하지만 베드로는 그렇게 할 생각은 아예 처음부터 하지도 않고, 즉시 자기를 비난하는 사람들을 만나서, 자신이 행한 일을 자세하게 설명하고 해명한다. 우리는 교황은 무소불위의 권력으로 폭정을 자행함으로써 스스로 주교이기를 포기한 자이기 때문에, 우리가 저 교황이라는 우상을 비난하고 단죄해도 하나도 겁날 것이 없다는 사실을 기억하여야 한다.

4. 베드로가 그들에게 이 일을 차례로 설명하여. 이것은 우리가 앞 장에서 살펴본 것과 같은 이야기이고, 문자적으로도 거의 동일하게 반복되고 있기 때문에, 설명이 필요한 독자는 앞 장을 참조하면 될 것이다. 베드로의 의도와 그가 한 말의 요지는 결론 부분에 분명하게 드러나지만, 우리는 그렇게 하기 전에 먼저 무엇이 복음의 선포를 구원의 원인이 되게 만드는 것인지에 대해서 간단하게 살펴보지 않으면 안 된다. 고넬료에게 나타난 천사는 베드로를 지칭하면서 "그가 너와 네 온 집이 구원 받을 말씀을 네게 이르리라"고 말해 주는데, 이것은 사람이 전하는 말씀 속에 구원이 들어 있기 때문이 아니라, 하나님께서 그 말씀을 통해서 자기 아들을 우리에게 주셔서 영원한 생명에 이르게 하심과 동시에, 우리로 하여금 믿음으로 말미암아 그 아들을 향유하게 하시기 때문이다. 사람은 오직 죽음의 속성만을 갖고 있어서 자신이 죽을 수밖에 없는 존재일 뿐만 아니라 다른 사람들까지 죽이는 존재인데도, 하나님께서 사람을 생명의 일꾼으로 삼으셨다는 것은 정말 놀라운 선하심을 보여주는 것이다. 또한, 세상 사람들이 얼마나 배은망덕한지도 아울러 확연하게 드러난다. 왜냐하면, 사람들은 하나님께서 자신들에게 제시하신 참되고 확실한 구원을 혐오하고 배척하여 길바닥에 내팽개치고는, 망상 속에서 각양각색의 허황된 구원들을 꿈꿀 뿐만 아니라, 자신들이 쉽게 얻을 수 있는 하나님의 은혜로 배부른 것보다는 굶주림으로 허기지고 힘들어도 그러한 허황된 구원들을 좇는 것을 더 좋아하기 때문이다.

16. 내가 주의 말씀에 … 생각났노라. 그리스도께서 "요한은 물로 세례를 베풀었으나 너희는 성령으로 세례를 받으리라"고 말씀하신 것은 두 종류의 세례를 비교하신 것이 아니라, 자기 자신이 요한과 어떻게 다른지를 지적하고자 하신 것이었다

는 것에 대해서는 우리가 이미 1:5을 다룰 때에 자세하게 살펴보았다. 왜냐하면, 우리가 표징(signum)와 실체(veritas)를 구별해야 하는 것과 마찬가지로, 종과 주인을 구별함으로써 죽을 수밖에 없는 존재인 사람이 오직 하나님께만 속한 것을 가로채지 않도록 하는 것은 중요한 일이기 때문이다. 사람에게는 표징이 주어져 있지만, 사람을 씻어 주시고 거듭나게 하시는 이는 오직 그리스도이시다. 사람이 하나님의 은혜를 구할 때에 그 마음이 어디를 향하느냐가 매우 중요한데, 사람은 그리스도를 떠나서는 단 한 방울의 은혜도 받을 수 없기 때문이다. 따라서 그리스도와 교회의 모든 사역자들 사이에는 다음과 같은 일반적인 구별이 존재한다. 즉, 사역자들은 물이라는 외적인 표징을 수여하는 반면에, 그리스도께서는 자신의 성령의 능력으로 그 표징이 상징하고 있는 것을 이루신다는 것이다. 독자들은 여기서 이 문제에 대해서 다시 한 번 주의를 기울일 필요가 있다. 왜냐하면, 그리스도께서는 성령을 자신에게로 돌리시고 요한에게는 오직 물만을 남겨 두셨는데도 불구하고, 이 구절로부터 요한의 세례가 우리가 받는 세례와 다른 것이라고 잘못 생각하는 사람들이 많기 때문이다.

또한, 이 증언에 의거해서 어떤 사람이 세례는 겉치레에 불과한 것이고 거기에는 성령의 은혜가 전적으로 결여되어 있다고 여긴다면, 그것은 크게 잘못 생각하고 있는 것이다. 다른 곳에서도 말한 적이 있지만, 성례전과 관련해서 성경은 양면적으로 말하는 것이 보통이다. 왜냐하면, 그리스도께서는 자신의 약속에 있어서 늘 신실하신 까닭에, 자신이 세우신 제도가 껍데기만 남아서 공허한 것이 되는 것을 결코 용납하지 않으시기 때문이다. 따라서 성경이 씻음과 중생의 능력을 세례에 돌릴 때, 그것은 이 모든 것을 그리스도에게 돌리고 있는 것이고(딛 3:5), 그리스도께서 사람의 손과 가시적인 표징, 그리고 자신의 성령을 통해서 역사하고 계신다는 것을 가르치고 있는 것이다. 즉, 성경은 그리스도께서 세례를 베푸는 사역자와 연합되시고, 성령의 능력이 표징과 연합될 때에 일어나는 역사를 모두 다 성례전의 효력으로 돌리고 있다는 것이다. 그러나 우리는 하나님께서 그러한 연합을 허락하신 것은 사람들의 마음은 썩어 없어질 것들이나 자신과 비슷한 것들이나 세상에 속한 것들에 이끌리는 까닭에, 그리스도 안에서만 구원을 찾고 성령의 능력만을 바라보는 것을 배울 수 없기 때문이라고 착각해서는 안 된다. 왜냐하면, 성령으로부터 벗어나서 표징으로 조금이라도 기울어진 자는 믿음의 과녁(fidei scopus)에서 벗어난 자이고, 사람에게 영광을 돌리기 위해서 그리스도의 영광을 티끌만큼이라도 감소시키

는 자는 신성을 모독하는 자이기 때문이다. 또한, 우리는 그리스도께서 "성령"이라
는 단어로써 방언을 비롯한 여러 은사들만이 아니라, 우리를 새롭게 하시는 모든 은
혜를 지칭하셨다는 것을 기억하여야 한다. 그러나 이러한 은사들은 그리스도의 능
력을 보여주는 탁월한 증거이기 때문에, 이 구절은 은사들을 가리킨다고 할 때에 가
장 잘 들어맞는다. 내가 좀 더 분명하게 말해 두고 싶은 것은 그리스도께서 사도들
에게 성령의 가시적인 은사들을 수여하신 것은 성령이 자신의 손 안에 있다는 것을
분명하게 선언하심으로써, 자기가 의로움과 정결함과 온전한 중생의 유일한 근원
이심을 증언하셨다는 것이다. 이제 베드로는 이것을 자신의 일에 이런 식으로 적용
한다. 즉, 그리스도께서 세례의 실제적인 능력을 가지고 앞서 가셨기 때문에, 자신
은 세례의 부수물, 즉 외적인 표징인 물을 가지고 그 뒤를 따르면 되었다는 것이다.

17. 내가 누구이기에 하나님을 능히 막겠느냐.   이제 우리는 베드로가 지금까지
이 이야기를 왜 했는지를 알게 된다. 즉, 그는 하나님께서 이 사건 전체를 시작하시
고 주관해 오신 분이라는 것을 증언하고자 했던 것이다. 따라서 사람들의 주된 관
심은 이방인들과 함께 음식을 먹은 것에 있었을지라도, 실제로 문제의 핵심은 하나
님의 권세에 관한 것이었다. 베드로는 자신은 하나님께 순종한 것일 뿐이기 때문
에, 자기가 한 모든 일은 정당하고 합법적인 것이었다고 주장하면서, 그리스도께서
성령의 은혜들을 부어 주신 자들에게 자기가 복음의 교훈을 전한 것은 결코 잘못되
거나 경솔한 일이 아니었다고 말한다. 사람들이 우리의 모든 가르침이나 행위의 근
거를 댈 것을 우리에게 요구할 때, 우리의 언행의 정당성 여부는 이러한 잣대에 비
추어서 판단되어야 한다. 왜냐하면, 하나님의 명령을 따라서 행한 자는 충분한 정
당성을 확보하고 있는 것이기 때문이다. 만약 사람들이 그런 해명에 만족하지 못한
다면, 우리는 더 이상 그들의 악한 판단을 갖고서 왈가왈부하며 시간을 소모할 이
유가 없다. 이것으로부터 우리는 하나님의 말씀을 신실하게 전하고 가르치는 사역
자들은 자신들의 가르침이 하나님에 의해서 그들에게 맡겨진 것임을 보여줌으로
써, 그 가르침이 신뢰할 만하고 확실하다는 것을 증명할 수 있다는 결론을 얻게 된
다. 그러나 하나님을 경외하는 마음이 없어서 하나님의 명령이었다고 하여도 승복
하지 않는 자들을 우리가 상대하고 있는 것이라면, 우리는 그들을 주의 날에 맡겨
버리고, 그들이 하고 싶은 대로 하게 내버려 두어야 한다.

또한, 우리는 공공연히 하나님께 대적하는 것만이 아니라, 우리의 부르심에 합당
하게 행하지 않는 것도 하나님을 거역하는 것임을 유념하여야 한다. 왜냐하면, 여

기서 베드로는 만일 자신이 이방인들에게 세례를 베풀고 형제로서의 교제를 나누는 것을 거부하였다면, 자기는 하나님의 원수가 되었을 것이라고 말하고 있기 때문이다. 하지만 그는 이 일이 하나님의 은혜를 명백하게 거스르는 일이었다면 결코 이 일을 하지 않았을 것이다. 이것이 사실이라는 것은 두말 할 필요도 없다. 그러나 하나님께서 보내신 자들을 받지 않거나, 하나님께서 여신 문을 닫아 버리는 자는 하나님의 일을 훼방하는 자이다. 그래서 오늘날 우리는 유아 세례에 반대하는 자들은 하나님을 대적하는 자들이라고 말하는 것이다. 왜냐하면, 그런 자들은 하나님께서 자신의 약속을 통해서 교회 안으로 받아들인 자들을 교회로부터 가차없이 몰아내고, 하나님께서 자녀라는 이름을 주어 존귀하게 하신 자들로부터 외적인 표징을 박탈하는 짓을 자행하고 있는 것이기 때문이다. 방백의 자리에 앉아서 그리스도의 순교자들을 도왔어야 할 많은 위선자들이 도리어 순교자들의 입을 막고 그들의 자유를 억누르기를 밥 먹듯이 하는 것도 또 다른 종류의 거역이다. 왜냐하면, 그들은 진리를 미워해서 억눌러 버리고자 하는 것이기 때문이다.

18. 그들이 이 말을 듣고 잠잠하여. 이러한 결과는 베드로와 논쟁을 벌였던 자들이 악의에서 그렇게 한 것이 아니었음을 보여준다. 왜냐하면, 그들은 하나님의 뜻이 무엇이었는지를 듣고서는 즉시 논쟁을 중지했는데, 이것은 그들의 경건을 보여주는 분명한 징표였기 때문이다. 이 사례를 통해서 우리는 사려 깊지 못한 열심 때문에 화가 난 나머지 어떤 일을 그릇되게 비난하는 자들을 무시해서는 안 되고, 오류로 교란된 그들의 양심을 하나님의 말씀으로 진정시켜 주거나, 적어도 그들이 하나님의 말씀에 순종하고자 하는지를 시험해 보아야 한다는 가르침을 받는다. 또한, 우리와 관련해서는, 이 사례는 우리의 판단이 무엇을 근거로 해야 하는지를 가르쳐 준다. 즉, 우리는 오직 그리고 전적으로 하나님의 뜻이나 명령에 근거해서 판단해야 한다는 것이다. 왜냐하면, 하나님의 뜻이야말로 우리에게 공의와 진리가 무엇인지를 가르쳐 주는 최고의 확실한 기준이라는 이 영광은 오직 하나님께만 속한 것이기 때문이다. 우리가 하나님께서 어떤 일을 우리에게 명하시는 이유를 아는 것이 꼭 필요할 때마다, 하나님께서는 그 이유를 결코 감추지 않으시지만, 우리로 하여금 오직 믿음을 의지해서 무조건적으로 순종하는 법을 배우게 하시기 위해서, 이 일 또는 저 일이 자신이 기뻐하시는 일이라고만 간단하게 말씀하실 때가 종종 있다. 그런데 그런 경우에 호기심에 이끌려서 더 많은 것을 알고 싶어서 계속해서 묻는 자가 있다면, 그는 마귀적인 무모함으로 자신의 추락을 자초하는 것일 뿐이다. 누가

는 그 사람들이 "잠잠하여"졌을 뿐만 아니라, "하나님께 영광을 돌렸다"고 분명하게
보도한다. 어떤 사람들은 하고 싶은 말이 있어도 감히 입으로 꺼내어 표현하지를
못하고, 마음속에만 내내 담아두고 있으면서, 수치심 때문에 마지못해 잠잠히 있기
도 하지만, 이것은 기꺼이 가르침 받고자 하는 것이 아니라, 단지 겸손한 척하는 것
일 뿐이다. 하지만 이 사람들은 하나님께 철저하게 순복하고, 즉시 베드로에 대한
자신들의 비난을 철회하는 것을 주저하지 않았다.

18. 하나님께서 이방인에게도 생명 얻는 회개를 주셨도다. 이 말을 통해서 누가
는 복음의 내용과 목적을 간단하게 보여준다. 그것은 하나님께서 사람들을 자신의
성령으로 새롭게 하시고, 그들을 자신과 화목하게 만드시는 것이다. 여기서 누가는
"회개"라는 단어만을 쓰고 있지만, 거기에 "생명 얻는"이라는 어구를 덧붙임으로써,
"회개"가 "믿음"과 분리된 것이 아님을 분명하게 보여준다. 그런 까닭에, 복음 안에
서 올바른 진보를 이루고자 하는 자는 누구든지 "옛 사람을 벗어 버리고"(엡 4:22)
새 생명을 묵상하여야 하고, 더 나아가 회개로 부르심을 받은 것이 아무런 이유가
없는 것이 아니고, 그리스도 안에서 예비된 구원 때문이라는 것을 분명하게 알아야
한다. 따라서 구원의 확실성은 오로지 값없이 주어지는 하나님의 긍휼하심에 달려
있고, 죄 사함은 나태함과 안일함을 정당화시켜 주는 핑곗거리가 되어서는 안 된
다. 여기서 "회개를 주셨도다"라는 어구는 두 가지로 설명될 수 있다. 즉, 하나님께
서 이방인들에게 복음이 전파되기를 원하셨기 때문에, 그들에게 회개의 기회를 허
락해 주셨다는 뜻으로 해석될 수도 있고, 하나님께서 자신의 성령으로 그들의 "마
음에 할례를" 베푸셨다거나(신 30:6), 그 몸에서 "굳은 마음"을 제하시고 "부드러운
마음"을 주셨다(겔 11:19)는 뜻으로도 해석될 수 있다. 왜냐하면, 사람을 다시 태어
나게 하고 다시 빚으셔서 새로운 피조물이 되게 하시는 것은 오직 하나님께만 속한
일이기 때문이다. 여기서는 두 번째 해석이 덜 부자연스러워서 더 적절하고 성경의
용례와도 더 잘 부합한다.

[19]그 때에 스데반의 일로 일어난 환난으로 말미암아 흩어진 자들이 베니게와 구브
로와 안디옥까지 이르러 유대인에게만 말씀을 전하는데 [20]그 중에 구브로와 구레네
몇 사람이 안디옥에 이르러 헬라인에게도 말하여 주 예수를 전파하니 [21]주의 손이
그들과 함께 하시매 수많은 사람들이 믿고 주께 돌아오더라 [22]예루살렘 교회가 이
사람들의 소문을 듣고 바나바를 안디옥까지 보내니 [23]그가 이르러 하나님의 은혜를

보고 기뻐하여 모든 사람에게 굳건한 마음으로 주와 함께 머물러 있으라 권하니 ²⁴ 바나바는 착한 사람이요 성령과 믿음이 충만한 사람이라 이에 큰 무리가 주께 더하여지더라(11:19-24).

19. 그 때에 스데반의 일로 … 흩어진 자들이. 누가는 여기서 앞에서 했던 이야기로 되돌아간다. 앞에서 그는 스데반이 순교한 후에 불경건한 자들의 살기가 등등해졌고, 그 결과 많은 사람들이 두려움에 질려서 사방으로 흩어져서, 예루살렘에는 거의 사도들만 남아 있게 되었다고 말했었다(행 8:1). 교회가 이런 식으로 산산조각이 나고, 도망친 신자들이 외인들에 대한 두려움이나 외인들의 멸시 때문에 침묵을 강요당하고 있을 때에, 누가는 그 누구도 예상하지 못했던 후속 사건이 일어났음을 보여준다. 왜냐하면, 씨앗이 흩어지고 심겨져서 결실을 가져오는 것처럼, 신자들이 흩어져서 도망친 사건이 이전에는 마치 곳간 안의 씨앗처럼 한 도시의 성벽 안에만 갇혀 있던 복음을 먼 곳까지 확산시키는 결과를 가져왔기 때문이다. 이렇게 해서 그리스도의 이름이 산을 넘고 바다를 건너서 세상의 가장 먼 끝까지 도달하게 되었다. 만일 이 많은 신자들이 예루살렘으로부터 쫓겨나지 않았다면, "구브로"(키프로스)와 "베니게"(페니키아)는 그리스도에 대해서 아무것도 듣지 못했을 것이고, 하물며 훨씬 더 먼 곳인 "이달랴"(이탈리아)와 "서바나"(스페인)는 더더욱 복음을 들을 수 없었을 것이다. 하나님께서는 찢어진 지체들로부터 더 많은 몸이 생겨나게 하셨다. 난민과 도망자가 되었던 소수의 신자들이 복음을 가지고 들어가지 않았다면, 어떻게 로마와 "보디올"(행 28:13)에 교회가 생길 수 있었겠는가? 우리는 하나님께서 당시에 사탄의 방해 공작을 기적적으로 무산시키셨던 것처럼, 오늘날에도 교회로 하여금 비록 십자가와 박해 가운데서 흩어진다고 하여도 결국에는 더욱 잘 연합되고 성장해 나감으로써 승리하게 하시리라는 것을 의심하지 말아야 한다. "베니게"는 수리아 접경 지역이면서 갈릴리에 인접해 있었고, "안디옥"은 수리아에서 가장 유명한 도시로 그 일부가 길리기아에 접해 있었다.

19. 유대인에게만 말씀을 전하는데. 그들이 이방인들에게 말씀을 전할 엄두를 내지 못했던 것은 박해가 두려워서이기도 했지만, 그리스도께서 부활하신 후에 복음이 온 세상에 전파되어야 할 것이라고 친히 명하셨음에도 불구하고, 이방인에게 복음을 전하는 것을 "자녀의 떡을 취하여 개들에게 던지는 것"(마 15:26)이라고 생각한 그들의 저 어리석은 믿음 때문이기도 하였다.

20. 헬라인에게도 … 주 예수를 전파하니. 마침내 누가는 그들 중 몇 사람이 이 보물을 이방인들에게도 전했다고 보도한다. 그런데 누가는 이 이방인들을 '헬레네스'('Ελληνες, "헬라인들")가 아니라 '헬레니스타이'('Ελληνισταί, "헬라파 유대인")라고 부른다. 따라서 많은 이들이 이 이방인들은 헬라 지역에 거주하고 있던 유대인들의 후손이었을 것이라고 보지만, 나는 그런 식으로 보는 것을 도저히 수긍할 수 없다. 왜냐하면, 그런 식으로 본다면, 누가가 바로 앞 절에서 언급했던 "유대인들"(19절) 중 일부는 구브로 출신이었고, 유대인들은 구브로를 헬라의 일부로 여겼던 까닭에, 그들도 '헬레니스타이'라고 하여야 하기 때문이다. 그러나 누가는 그들을 자신이 20절에서 '헬레니스타이'('Ελληνισταί)라고 부른 사람들과 구별하고 있다. 게다가, 그는 말씀이 처음에는 "유대인들"에게만 전파되었다고 말했었고, 또한 본국에서 쫓겨나서 구브로와 베니게에 살고 있던 디아스포라들을 가리키기 위해서 "유대인들"이란 말을 사용한 것이었기 때문에, 마치 자기가 한 말을 조금 수정하려는 듯이, 그들 중 몇 사람이 '헬레니스타이'를 가르쳤다고 말한 것이다. 누가가 이렇게 "유대인들"과 '헬레니스타이'라는 표현을 서로 대비해서 사용하고 있는 것은 여기서 '헬레니스타이'가 이방인들을 가리키는 것임을 분명하게 보여주는 것이다. 왜냐하면, 여기서 누가가 말하고자 한 것은 일부 신자들이 하나님께서 이방인들도 부르신다는 것을 이미 알고 있었던 까닭에, 복음의 가르침을 좀 더 자유롭게 이방인들에게도 전하였다는 것이기 때문이다. 어쨌든 예루살렘에서 피신한 신자들이 불굴의 인내로 신앙을 지키고 복음을 전한 것은 크게 칭송 받아 마땅하다. 왜냐하면, 그들은 죽음의 위기에서 가까스로 벗어났는데도 불구하고, 위험이 여전히 상존하는 가운데서도, 하나님에 대한 자신들의 본분을 이행하는 데에 조금도 주저함이 없었기 때문이다. 이것으로부터 우리는 그리스도인들이 어떤 목적으로, 그리고 어느 정도까지 박해를 피하는 것이 허용되는지를 알게 된다. 즉, 그리스도인들은 하나님의 영광을 더 널리 드러내기 위하여 자신의 남은 삶을 바치기 위한 경우에만 박해를 피하는 것이 정당화될 수 있다는 것이다. 낯선 땅에 온 지 얼마 되지도 않았을 뿐만 아니라, 예루살렘에서 도망쳤다는 전력 때문에 모든 유대인들에게 의심과 미움을 받을 수 있었던 그들이 이렇게 큰 확신을 가지고 있을 수 있었던 원천이 무엇이었느냐고 누가 질문한다면, 나의 대답은 그들의 그런 확신과 행동은 육신적인 생각을 따라 심사숙고해서 된 일이 아니라, 하나님의 특별한 감화로 말미암아 된 일이었기 때문에, 그들은 자신들에게 주어진 상황 속에서 자신들이 어떻게 해야 하는지

에 대해서 즉각적인 지혜를 얻을 수 있었다는 것이다.

21. 주의 손이 그들과 함께 하시매 수많은 사람들이 믿고 주께 돌아오더라. 누가는 여기서 구브로와 구레네에서 온 형제들이 이방인들에게도 복음을 전파한 것이 큰 성공을 거두었다는 것을 보여줌으로써, 그들의 행동은 결코 경솔하거나 사려 깊지 못한 것이 아니었고, 도리어 유익하고 열매가 있는 수고였다는 것을 증명한다. 이러한 결과는 하나님의 명령과 은총이 없이는 결코 이루어질 수 없는 일이었기 때문에, 결국 이방인들이 부르심을 받고 돌아온 것은 하나님이 기뻐하시는 일이었다고 말할 수 있다. 우리가 잘 알고 있듯이, "손"은 힘과 권능을 뜻한다. 따라서 누가가 여기서 말하고자 한 것은, 하나님께서는 형제들이 이방인들에게 복음을 전할 때에 거기에 즉각적으로 역사하셔서 열매가 있게 하심으로써, 이방인들이 유대인들처럼 부르심을 받아 그리스도의 은혜에 참여하게 된 것은 하나님의 인도하심을 따라 된 것임을 친히 증언하셨다는 것이다. 하나님께서 이러한 복을 내려 주신 것이 그들 모두에게 큰 힘과 격려가 되었음은 의심의 여지가 없다. 여기서 우리는 하나님의 사역자들이 복음을 전파하려고 아무리 애쓰고 노력한다고 할지라도, 하나님께서 하늘로부터 그들의 수고에 복을 내려 주시지 않으면, 그 모든 수고가 다 허사요 무용지물이 된다는 교훈을 얻게 된다. 왜냐하면, 사람의 마음은 하나님의 손 안에 있어서 하나님의 뜻대로 움직이는 까닭에, 바울이 말했듯이(고전 3:6), 우리가 할 수 있는 일은 심고 물 주는 것뿐이고, 자라게 하시는 분은 오직 하나님이시기 때문이다. 따라서 믿음이 필요할 때마다, 우리는 하나님께서는 자신의 사역자들을 통해서 역사하시고, 자신의 손, 즉 성령의 은밀한 감동에 의해서 사역자들이 전한 가르침이 효력을 발휘할 수 있게 하신다는 것을 기억하여야 한다. 따라서 사역자는 자신의 재능이나 성실함을 믿고서 어떤 일을 시도하는 것이 아니라, 일의 성패를 주관하시는 하나님께 모든 일을 맡겨 드려야 하고, 가르침을 받아서 믿게 된 자들은 그들이 믿음을 갖게 된 것에 대해서 사역자가 아니라 하나님께 감사하는 것이 마땅하다. 또한, 우리는 "수많은 사람들이 믿고 주께 돌아오더라"는 누가의 말을 주목하여야 한다. 왜냐하면, 그는 여기서 "믿음"의 능력과 본질을 아주 잘 표현하고 있기 때문이다. 즉, 믿음은 냉랭하고 쓸데없는 지식이 아니라, 전에 하나님을 멀리 떠나 있던 사람들을 하나님께로 돌아와서 그 다스리심을 받게 하고 하나님의 의로우심을 덧입게 하는 것이라고 그는 말한다.

22. 예루살렘 교회가 이 사람들의 소문을 듣고 바나바를 안디옥까지 보내니. 만

일 베드로가 고넬료와 관련된 자신의 일을 해명하기 전에, "이 사람들의 소문"이 예루살렘 교회에 전해졌더라면, 하나님께서 성령의 은혜로 이방인들에게 복음을 전한 "형제들"의 사역을 인치셨다고 해도, 그들은 많은 사람들로부터 호된 질책을 받았을 것이다. 그러나 하나님께서 분명한 징표들을 통해서 이방인들을 속된 자들로 여겨서는 안 된다는 것을 이미 보여주신 후였기 때문에, 이제 그러한 잘못된 미신은 예루살렘 교회의 신자들의 마음에서 깨끗이 사라지고 없었다. 따라서 그들은 더 이상 이의를 제기하며 문제를 삼으려고 하지도 않았고, 제멋대로 이방인들에게 그리스도를 전하였다고 질책하지도 않았으며, 도리어 형제들이 이방인들에게 복음을 전한 것을 잘한 것으로 여기고서 그 형제들에게 도움의 손길을 내밀었다. 예루살렘 교회가 바나바를 안디옥에 보낸 이유는 당시에 사도들은 그리스도의 나라의 모든 짐을 짊어지고 있어서, 도처에 교회를 설립하는 것, 모든 곳에 있는 신자들을 순전하고 거룩한 믿음으로 하나가 되게 하는 것, 신자들이 몇 명이라도 있는 곳이면 어느 곳이든 사역자들과 목회자들을 세우는 것이 모두 그들이 해야 할 일이었기 때문이다. 사탄이 얼마나 교활한지는 잘 알려져 있다. 사탄은 복음의 문이 활짝 열린 것을 보자마자, 그 즉시 모든 수단을 동원해서 순전한 복음을 타락시키려고 애를 쓰는 까닭에, 그리스도의 가르침이 있는 곳에는 온갖 이단들이 거의 동시에 기승을 부리게 된다. 따라서 더욱 큰 은사들을 받은 교회일수록, 사탄이 무지한 자들과 아직 올바른 믿음 안에 굳게 서지 못한 자들 속에서 어떠한 책동도 부리지 못하도록 하기 위해서, 더 큰 주의를 기울여야 한다. 왜냐하면, 싹이 나오자마자 뽑아 버리는 것은 쉬운 일이기 때문이다. 요컨대, 예루살렘 교회가 바나바를 파송한 것은 새 신자들에게 믿음의 기본을 가르쳐서 신앙의 진보를 이루게 하고, 각종 제도와 질서들을 확실하게 정비해서 미완성의 건물과 같은 교회로 하여금 교회다운 모습을 갖추도록 하기 위한 것이었다.

23. 그가 이르러 하나님의 은혜를 보고. 이 말을 통해서 누가는 먼저 그들이 받은 복음이 참된 것임을 보여주고, 다음으로 바나바가 오직 하나님의 영광만을 구하였다는 것을 보여준다. 왜냐하면, 바나바가 "하나님의 은혜를 보고 기뻐하였으며", 그들에게 "굳건한 마음으로 주와 함께 머물러 있으라 권했다"는 누가의 보도로부터, 우리는 그들이 가르침을 잘 받았다는 것을 알 수 있기 때문이다. 바나바가 "기뻐한 것"은 분명히 그의 참된 경건을 보여주는 증거다. 야심을 지닌 자는 언제나 시기와 앙심을 품기 때문에, 우리는 많은 사람들이 남을 비난함으로써 자기가 칭찬을

차지하고자 하는 것을 보게 된다. 왜냐하면, 그런 자들은 그리스도께 영광을 돌리고자 하는 것이 아니라 자기 자신이 영광을 얻기 위해서 혈안이 되어 있는 자들이기 때문이다. 하나님께서 자기 이름을 빛내시기 위하여 어떤 사람을 사용하시든지 간에, 그리스도의 충성된 종들은 바나바를 본받아서 복음이 널리 전파되어 많은 열매를 맺는 것 속에서 기쁨을 찾는 것이 마땅하다. 분명한 것은 사람들이 협력해서 일을 해서 어떤 열매를 맺게 되었든, 그 열매가 하나님의 역사라는 것을 인정할 때에는, 그들은 결코 서로 시기하거나 트집을 잡지 않을 것이고, 도리어 한 마음과 한 목소리로 오직 하나님의 능력만을 찬양하게 된다는 것이다.

누가가 안디옥 사람들의 믿음에 칭찬할 만한 점이 무엇이 있었든지 간에 그 모든 것을 하나님의 은혜로 돌린 것은 우리가 다시 한 번 주목할 가치가 있다. 왜냐하면, 그는 안디옥 사람들의 칭찬거리가 될 수 있는 여러 덕목들을 나열할 수도 있었을 것이지만, 그렇게 하지 않고, 안디옥 교회가 지니고 있던 모든 훌륭한 점들을 "은혜"(gratia)라는 한 단어로 포괄해서 표현하고 있기 때문이다. 또한, 우리는 바나바가 한 권면을 주목하여야 한다. 바나바가 안디옥 교인들이 받은 가르침을 인정하고 동의하였다는 것은 우리가 이미 앞에서 말한 바 있다. 그러나 이미 받은 가르침이라고 할지라도 퇴색되지 않도록 하기 위해서는, 지속적인 권면을 통해서 신자들의 마음속에 철저하게 각인시키는 것이 필수적이다. 왜냐하면, 우리는 수많은 강력한 원수들과 계속해서 싸움을 해야 하는데, 우리의 마음은 늘 실족하기 쉬운 까닭에, 각자가 세심하게 자신이 이미 받은 가르침을 잘 지키지 않는다면, 그 가르침은 곧 유실되어 버리게 되기 때문이다. 실제로 수많은 사람들이 매일같이 실족하고 있는 것은 이것이 너무나 분명한 사실이라는 것을 잘 보여준다. 바나바가 믿음을 지키기 위해서는 "굳건한 마음"을 가져야 한다고 권면하고 있는 것 속에서, 우리는 믿음이 마음속에 터를 잡고서 견고하게 뿌리를 내릴 때에만 믿음을 끝까지 지켜낼 수 있다는 것을 알게 된다. 따라서 믿음을 고백한 사람들 중에서 끝까지 참고 견디는 사람이 열 명 중에 한 명도 되지 않는 것은 전혀 놀랄 일이 아니다. 왜냐하면, "굳건한 마음," 즉 결연하고 변함없는 의지를 가진다는 것이 무엇을 의미하는 것인지를 아는 사람이 거의 없기 때문이다.

24. 바나바는 착한 사람이요 성령과 믿음이 충만한 사람이라. 바나바를 칭찬한 것은 분명히 성령이시지만, 우리는 그 칭찬이 바나바 자신을 위한 것이 아니라 우리의 유익을 위한 것임을 알아야 한다. 왜냐하면, 다른 사람들의 수고를 시기하고

그들의 성공에 화를 내는 자들은 불경건하고 악한 자로 비난받는 것이 마땅하기 때문이다.

또한, 우리는 누가가 "착한 사람"이라고 말한 후에, "성령과 믿음이 충만한 사람"이라는 말을 덧붙인 것에 주목하여야 한다. 왜냐하면, 그는 바나바가 흠이 없고 선량한 사람이라고 말하고 나서, 그러한 선함의 원천(fons)이 무엇이었는지를 보여주고 있는 것이기 때문이다. 즉, 바나바는 육신의 소욕을 버리고 성령의 인도하심을 따라서 전심으로 경건을 훈련하였다는 것이다. 그런데 누가는 왜 "믿음"과 그 선물인 "성령"을 구별해서 따로 말한 것일까? 나의 대답은 믿음이 따로 언급된 것은 성령과 별개라서가 아니라, 오히려 바나바가 성령으로 충만하였음이 분명하다는 것을 보여주는 중요한 증거로 제시되고 있다는 것이다.

24. 이에 큰 무리가 주께 더하여지더라. 믿는 자의 수는 이미 많았지만, 누가는 바나바가 오고 나서 그 수가 크게 늘었다고 말한다. 이와 같이, 교회는 사람들이 마음을 합하여 서로 돕고, 다른 사람이 시작한 것을 정직하게 인정할 때에 세워져 간다.

²⁵바나바가 사울을 찾으러 다소에 가서 ²⁶만나매 안디옥에 데리고 와서 둘이 교회에 일 년간 모여 있어 큰 무리를 가르쳤고 제자들이 안디옥에서 비로소 그리스도인이라 일컬음을 받게 되었더라(11:25-26).

25. 바나바가 사울을 찾으러 다소에 가서. 우리는 여기서 다시 한 번 바나바의 순수함(simplicitas)을 본다. 왜냐하면, 그는 바울이 없어야 자신이 안디옥 교회에서 최고의 지위를 차지할 수 있다는 것을 알고 있었고, 바울을 데려오면 자기보다 더 중요한 인물이 될 것임을 알았으면서도, 바울을 데리러 길리기아로 갔기 때문이다. 따라서 우리는 바나바가 자기 자신은 전혀 생각하지 않았고, 그의 관심은 오로지 그리스도만이 홀로 존귀하게 되는 것과 교회를 세우는 것과 복음을 성공적으로 전파하는 것에 있었음을 알게 된다. 따라서 바울이 그리스도를 영광스럽게 하기만 한다면, 그가 와서 자신의 모든 것을 다 가져간다고 할지라도, 그는 두렵지 않았던 것이다.

26. 둘이 교회에 일 년간 모여 있어 큰 무리를 가르쳤고 제자들이 안디옥에서 비로소 그리스도인이라 일컬음을 받게 되었더라. 누가는 곧이어서 두 사람의 거룩

한 연합이 하늘의 복을 받았다는 내용을 덧붙인다. 왜냐하면, "그리스도인"이라는 거룩한 이름이 바로 이곳에서 태동되어서 전 세계를 향해 뻗어나가게 된 것은 결코 작은 영광이 아니었기 때문이다. 사도들이 오랫동안 예루살렘에서 가르쳐 왔음에도 불구하고, 하나님께서는 예루살렘 교회의 성도들이 자기 아들의 이름을 딴 이 영광스러운 이름으로 불릴 만하다고 인정해 주지 않으시고 안디옥 교회에 그 영광을 주신 것은 안디옥에서는 많은 유대인들과 이방인들이 한데 어우러져서 하나의 몸을 이루어 자라갔기 때문인가, 아니면 거기서는 교회가 평안한 가운데 더 잘 세워져갈 수 있었기 때문인가, 아니면 안디옥 교인들이 더욱 담대하게 자신들의 신앙을 고백했기 때문인가? 물론, 그 이전에도 예루살렘뿐만 아니라 사마리아에도 그리스도인들이 있었다. 또한, 우리는 예루살렘이 기독교의 진정한 원천이고, 거기로부터 기독교가 최초로 분출되어 나왔다는 것을 알고 있다. 그리고 그리스도의 제자가 된다는 것은 그리스도인이 된다는 것이 아니면 달리 무엇이란 말인가? 그러나 그들이 자신들의 정체성에 걸맞은 이름으로 공공연하게 불리기 시작한 것은 그리스도의 영광을 높이는 데에 큰 기여를 했다. 왜냐하면, 그때부터 이 신앙(religio) 전체는 오직 그리스도의 이름으로 지칭되었기 때문이다. 그리스도께서는 안디옥이라는 도시로부터 마치 군기를 들고 나오시듯이 자신의 이름을 들고 나오셨고, 그 결과 그리스도를 대장으로 모시는 사람들이 있다는 것과 그의 이름을 영광스럽게 생각하는 사람들이 있다는 사실이 온 세상에 널리 알려지게 된 것은 안디옥에게는 대단한 영광이었다.

그런데 오늘날 로마 교회가 안디옥 교회 같은 흉내를 내며 교만하게 거들먹거린다면, 어느 누가 교황과 그의 수하들의 그런 교만을 참아줄 수 있겠는가? 그러면, 그들은 정색을 하고서, 로마 교회가 모든 교회의 어머니이자 머리라고 버럭 소리를 지를 것이다. 그러나 그들은 모든 것을 자신들을 위하여 그렇게 하고 있는 것이기 때문에, 실체를 파헤쳐 보면, 그들이 완전히 빈껍데기임이 드러날 수밖에 없다. 그러나 안디옥 교회 자체가 어느 한 교회의 상황이 결코 영원히 동일할 수 없다는 것을 보여주는 너무나 분명한 증거를 제공해 준다. 설령 로마 교회가 "우리는 일찍부터 존재하고 있었다"고 자랑스럽게 말하는 것을 그대로 받아준다고 할지라도, 그들이 안디옥 교회가 행하였던 것의 절반만이라도 행해 왔다고 감히 말할 수 있는가? 또한, "그리스도인"이라는 이름이 거기서부터 유래했다고 해서, 안디옥 교회가 지금 다른 교회들보다 더 큰 권위를 가지고 있는가? 천만의 말씀이다! 오히려 안디옥 교회는 하나님의 끔찍한 징벌을 보여주는 거울이다. 우리가 거기서 찾아볼 수 있는 것은 흉물스러운 폐허뿐이기 때문에, 우리에게 이제 남은 일은 하나님의 강력한 손 아래에서 우리 스스로를 낮추는 것을 배우는 것과 배은망덕한 자들이 하나님을 마음대로 우롱해도 괜찮은 것이 결코 아님을 아는 것이다.

²⁷그 때에 선지자들이 예루살렘에서 안디옥에 이르니 ²⁸그 중에 아가보라 하는 한 사람이 일어나 성령으로 말하되 천하에 큰 흉년이 들리라 하더니 글라우디오 때에 그렇게 되니라 ²⁹제자들이 각각 그 힘대로 유대에 사는 형제들에게 부조를 보내기로 작정하고 ³⁰이를 실행하여 바나바와 사울의 손으로 장로들에게 보내니라(11:27-30).

27. 그 때에 선지자들이 예루살렘에서 안디옥에 이르니. 여기서 누가는 안디옥 교인들이 자신들의 믿음의 열매를 보인 것을 칭송한다. 왜냐하면, 그들은 도와 달라는 요청을 받은 것이 아닌데도 불구하고, 자신들에게 복음을 전해 준 교회의 궁핍함을 자신들의 풍족함으로 구제하기 위해서 열심을 냈기 때문이다. 형제들에 대한 이러한 배려와 관심은 그들이 모든 교회의 머리이신 그리스도를 얼마나 진실하게 섬기고 경외하는지를 여실히 보여준 것이었다. 유명한 사람들이 예루살렘으로부터 안디옥에 왔다고 한 누가의 보도를 통해서, 우리는 안디옥 교회의 명성이 널리 알려졌음을 알게 된다. "선지자"라는 단어는 고린도전서에서 볼 수 있듯이 신약에서 여러 가지로 이해되는데, 여기서 "선지자들"이라고 불린 사람들은 나중에 빌립의 네 딸이 "선지자"로 불린 것과 마찬가지로(행 21:9) 예언의 은사를 받은 사람들을 가리킨다. 기근에 관한 예언은 아가보 한 사람이 한 것으로 되어 있기는 하지만, 여기서 우리는 예언의 은사를 받은 사람들에게는 장래의 일에 대해서 어느 정도 아는 것이 허락되어 있었음을 알 수 있다.

28. 그 중에 아가보라 하는 한 사람이 일어나 성령으로 말하되. 누가는 이 예언의 원천이 하나님의 성령임을 명시적으로 밝힘으로써, 이 예언은 아가보가 별이나 그 밖의 다른 자연 현상을 보고서 거기에서 추정되는 어떤 결론을 인간적인 궤변으로 늘어놓은 것이 아니라, 성령의 은밀한 감동을 받아서 하나님께서 작정하신 일을 예언한 것임을 우리로 하여금 알게 하고자 한다. 물론, 별자리를 보고서 "흉년"을 예측하는 것이 가능할 때도 있지만, 그러한 예측들에는 확실성이 결여되어 있다.

왜냐하면, 때로는 별의 운행이 예상을 벗어나서 예측이 틀리게 되기도 하고, 때로는 사람들로 하여금 별을 쳐다보는 악습에서 벗어나도록 하시기 위하여, 하나님께서 땅 위의 일들을 사람들이 별의 운행으로부터 추측할 수 있는 것과는 판이하게 다르게 자신의 뜻대로 움직여 나가심으로써 예측이 틀리게 되기도 하기 때문이다. 또한, 그런 예측들이 나름대로의 효용성을 갖고 있다고 할지라도, 성령의 예언은 그런 예측들을 훨씬 뛰어넘는다. "흉년"에 관한 예언은 매우 비참하고 바람직하지 못한 일처럼 보일 수 있다. 왜냐하면, 불길한 일이 일어나기 전에 미리 그 일을 알려줌으로써 사람들을 비참하게 만들 이유가 과연 있는 것인지에 대해서 회의가 들 수 있기 때문이다. 나의 대답은 하나님의 심판이나 사람들의 죄악으로 인한 징벌이 임박했을 때에는 사람들에게 사전에 경고해 주는 것이 여러 가지 이유에서 유익하다는 것이다. 나는 모든 예언에 공통된 다음과 같은 내용들에 대해서는 자세한 언급을 생략하고자 한다. 즉, 예언은 하나님의 진노를 촉발시키고 있는 자들로 하여금 하나님의 심판을 미리 예견하고 회개할 기회를 주고, 신실한 자들이 적절한 때에 경고를 받고서 인내할 준비를 할 수 있게 해주며, 불경건한 자들의 완고한 사악함을 억제하고, 재앙은 우연히 일어나는 것이 아니라 하나님께서 세상의 죄악을 벌하시는 징벌이라는 것을 악인들만이 아니라 선한 자들도 알 수 있게 하며, 이런 식으로 해서 악행을 저지르면서도 태평한 자들의 무감각하게 마비된 양심을 일깨우는 역할을 한다는 것이다. 지금 행해진 "흉년"에 관한 이 예언의 유익은 안디옥 교인들로 하여금 비참한 상황에 처해 있는 형제들을 돕도록 자극제 역할을 했다는 데서 특히 분명하게 드러난다.

28. 천하에 큰 흉년이 들리라 하더니 글라우디오 때에 그렇게 되니라. 수에토니우스(Suetonius)도 이 "흉년"에 대해서 회고하면서, 이런 일화를 전한다. 즉, "글라우디오" 황제가 광장을 지나가는데 빵조각이 그의 머리로 날아들었고, 이 일로 인해서 그는 돌에 맞아 죽지는 않을까 하고 극도로 겁을 집어먹게 되어서, 그 후로는 일평생 동안 백성들에게 식량을 제대로 공급하는 일에 각별한 관심을 기울였다는 것이다. 또한, 요세푸스(Iosephus)는 자신이 쓴 「유대 고대사」 제15권에서 계속되는 가뭄으로 인해서 유대 땅이 극심한 식량난을 겪었다고 말한다.

29. 유대에 사는 형제들에게. 여기서 한 가지 질문이 생기는데, 그것은 이 재앙은 모든 사람들이 공통적으로 겪었을 것인데, 다른 사람들은 놓아두고 한 특정한 부류의 사람들에게만 도움이 주어져야 했느냐는 것이다. 나의 대답은 유대 땅은 전쟁

을 비롯한 여러 재난으로 황폐한 상태에 있었기 때문에, 안디옥 교인들이 거기에 사는 형제들의 고난에 더욱 마음을 쓰게 된 데에는 그럴 만한 이유가 있었다는 것이다. 다음으로는, 원수들의 박해가 유대 땅에서 특히 극심하였기 때문에, 거기에 사는 형제들의 사정이 좀 더 곤고하였다는 것이다. 마지막으로, 갈라디아서에서 바울은 유대 땅이 특별히 어렵고 힘든 상황에 처해 있었기 때문에, 다른 모든 신자들이 거기에 관심을 갖는 데에 아무런 이의가 없었다는 것을 분명하게 보여준다. 안디옥 교인들이 자신들에게 복음을 전해준 곤궁한 형제들을 도움으로써 자신들의 감사하는 마음을 전해야 한다고 생각한 것은 큰 칭찬을 받아 마땅한 일이었다. 왜냐하면, 영적인 것들을 뿌린 사람이 땅의 것들을 거두는 것보다 더 공평한 일은 없기 때문이다. 누구나 다 자기 자신의 문제에 신경을 곤두세우고 있기 때문에, "나 혼자 먹고 사는 것도 힘든데, 왜 남들까지 신경을 써야 하나?"라고 반문하기가 너무나 쉽다. 하지만 자기가 형제들에게 얼마나 큰 빚을 지고 있는지를 생각하게 되면, 사람들은 그런 예민한 반응을 떨쳐 버리고서 형제들을 돕기 위해서 팔을 걷어 부치게 된다. 요컨대, 안디옥 교회의 "부조"는 두 가지 의미를 지니고 있었다. 왜냐하면, 그것은 가난한 형제들에 대한 사랑(caritas)의 본분을 이행한 것임과 동시에, 복음이 흘러나온 원천에 대해 경의를 표함으로써 자신들이 복음을 얼마나 귀하게 여기는지를 증명한 것이었기 때문이다.

29. 제자들이 각각 그 힘대로. 여기서 우리는 안디옥 교회가 바울이 고린도 교인들에게 제시한 방법(고후 8:3)을 따르고 있음을 본다. 그들은 자발적으로 그렇게 했든지, 아니면 바울의 조언을 따라서 그렇게 했을 것이다. 어쨌든 바울이 이 두 곳에서 일관되게 행하였다는 것은 의심의 여지가 없다. 따라서 우리가 따라야 할 규범은 각 사람은 자기가 하나님으로부터 얼마나 많이 받았는지를 생각해서, 장차 하나님과 결산을 해야 한다는 것을 염두에 두고, 거기에 맞추어 형제들에게 후히 나누어 주어야 한다는 것이다. 그럴 때, 가난한 사람일지라도 후히 베푸는 넉넉한 마음을 갖게 되어서, 그가 작은 것을 드렸다고 해도, 그것은 후히 드린 것이 될 것이다. 누가가 사용한 "작정하고"라는 표현 속에는 그들의 "부조"가 자발적인 것이었다는 뜻이 함축되어 있다. 바울도 "각각 그 마음에 정한 대로 할 것이요 인색함으로나 억지로 하지 말지니"라고 가르친다(고후 9:7). 또한, 누가가 "각각"이라고 말한 것은 그들은 서로가 서로에 대해서 율법을 강요하거나, 자신들의 편견을 따라서 서로에게 짐을 지우지 않았고, 도리어 각자가 자신이 어느 정도를 드려야 마땅한지를 스

스로 판단하는 감독자이자 심판자 역할을 하였다는 뜻이다. 아울러, 우리는 '디아 코니아'(διακονία)라는 단어에 주목하여야 한다. 왜냐하면, 이 단어를 통해서 우리는 부자들이 더 많이 소유하고 있는 것은 그들로 하여금 하나님께서 그들에게 맡겨 주신 청지기 직분에 따라서 가난한 자들을 섬기는 자가 되도록 하기 위한 것임을 알게 되기 때문이다. 끝으로, 누가는 이 복이 모든 사람들에게 주어진 것이 아니라 오직 믿음의 권속들에게만 주어졌다는 것을 보여준다. 이것은 사랑은 모든 사람에게 미치는 것이 마땅한 일인 까닭에, 불신자들이 언제나 우리의 자비(beneficentia)나 인정(humanitas)에서 배제되어야 하기 때문이 아니고, 하나님에 의해서 우리와 좀 더 밀접하고 거룩한 연대로 연합된 사람들에게 우선순위가 주어졌기 때문이다.

30. 바나바와 사울의 손으로 장로들에게 보내니라. 우리가 여기서 유념해야 할 것이 두 가지가 있다. 첫 번째는, 안디옥 교회는 자신들이 모금한 구제 헌금을 전달할 사람으로 신실성과 정직성이 검증된 사람을 선택하였다는 것이고, 두 번째는, 자신들의 구제 헌금을 지혜롭게 나누어 주는 일에 적임자였던 "장로들"에게 보냈다는 것이다. 왜냐하면, 만일 구제 헌금을 무리들에게 맡기거나 공공장소에 놓아둔다면, 모든 사람이 마치 임자 없는 약탈물인 양 그것을 순식간에 제멋대로 가져가게 될 것이어서, 가장 뻔뻔스러운 사람들이 궁핍한 사람들을 속여 먹을 것이고, 게다가 자신들의 탐욕으로 말미암아 굶주린 사람들의 숨통을 끊어놓게 될 것이기 때문이다. 따라서 우리는 어떤 선택을 할 때나 모든 사무를 처리함에 있어서는 신의와 성실이 고려되어야 할 뿐만 아니라 어느 정도의 질서와 현명함이 요구된다는 것을 이 구절들이 가르치고 있다는 것에 주목하여야 한다. "장로들"은 교회를 다스리는 자들에게 붙여진 명칭이었는데, 그들 중에서 가장 높은 지위에 있는 사람들이 사도들이었다. 안디옥 교회가 가난한 자들을 위해서 모금한 거룩한 헌금은 "장로들"에게 맡겨졌다. 사도들이 식탁 봉사를 통한 구제와 말씀을 가르치는 일을 동시에 감당할 수 없었다고 한 것(행 6:2)을 근거로 해서, 구제 헌금을 집행하는 일은 집사들에게 맡겨졌어야 하는 것이 아니냐고 반론을 제기하는 사람이 있다면, 거기에 대한 대답은 쉽다. 즉, 식탁 봉사를 맡은 것은 집사들이기는 했지만, 그들은 여전히 장로들의 밑에 있었고, 장로들의 감독 아래에서만 직분을 수행하였다는 것이다.

제12장

¹그 때에 헤롯 왕이 손을 들어 교회 중에서 몇 사람을 해하려 하여 ²요한의 형제 야고보를 칼로 죽이니 ³유대인들이 이 일을 기뻐하는 것을 보고 베드로도 잡으려 할새 때는 무교절 기간이라 ⁴잡으매 옥에 가두어 군인 넷씩인 네 패에게 맡겨 지키고 유월절 후에 백성 앞에 끌어 내고자 하더라 ⁵이에 베드로는 옥에 갇혔고 교회는 그를 위하여 간절히 하나님께 기도하더라(12:1-5).

1. 그 때에 헤롯 왕이 손을 들어 교회 중에서 몇 사람을 해하려 하여. 이제 헤롯이 일으킨 새로운 박해가 뒤따른다. 우리는 하나님께서 교회에 짧은 휴전 기간을 주신 것을 보았는데, 그것은 전투를 앞두고 전열을 가다듬기 위해 잠깐 동안 호흡을 고르는 것과 같았다. 따라서 오늘날에도 신실한 자들은 한두 번의 전투를 치러낸 후에 영원한 휴식이 주어지기를 바라거나, 퇴역 군인이나 누릴 수 있는 휴가를 청원할 이유가 전혀 없고, 도리어 하나님께서 자신들에게 원기를 다시 회복할 시간을 얼마간이라도 허락하신 것으로 만족할 줄 알아야 한다. 여기에 나오는 헤롯은 자신의 아버지에 의해서 죽임을 당한 아리스토블루스(Aristobulus)의 아들인 아그립바였다. 요세푸스는 자신의 글 중 그 어디에서도 아그립바를 헤롯이라고 부르지 않는데, 그것은 아마도 그의 동생인 칼키스(Chalcis)의 왕이 헤롯이라고 불렸기 때문일 것이다. 누가가 "헤롯"이라고 부른 아그립바 왕은 교회를 박해하는 일에 열을 올렸는데, 그가 그렇게 한 것은 유대교를 열렬히 신봉하였기 때문이 아니라, 한편으로는 자신에게 그다지 호의적이지 않았던 유대인들로부터 지지를 얻어내고, 다른 한편으로는 모든 폭군들이 그러하듯이, 자신의 기존의 통치를 어지럽힐 수 있다고 판단되는 어떤 새로운 움직임에 대하여 두려움을 갖고서 예민하게 반응하여 가차없이 잔인하게 짓밟아 버리고자 한 것이었다. 하지만 교활한 왕들이 늘 그러하듯이, 헤롯은 그리스도인들에 대하여 분노를 품고 있던 백성들을 만족시키기 위해서 무죄한 피를 흘린 것일 가능성이 높다. 왜냐하면, 누가는 조금 뒤에서 유대인들이 기뻐하는 것을 보고서 헤롯이 베드로를 잡아서 옥에 가둔 것이었다고 보도하기 때

문이다.

2. 요한의 형제 야고보를 칼로 죽이니. 하나님의 비밀한 능력이 이 미치광이의 잔혹성에 제동을 걸었다는 것은 의문의 여지가 없다. 왜냐하면, 만일 하나님께서 손을 들어 자신의 양 무리를 보호하지 않으셨다면, 그는 한두 명을 죽이는 것으로 만족하고서 나머지 사람들에 대한 박해를 멈추기는커녕, 수많은 순교자들을 양산하였을 것이 뻔하기 때문이다. 따라서 우리는 분노에 가득 찬 믿음의 원수들이 끔찍한 피의 살육을 감행하지 않는 것을 볼 때, 그것이 그들의 절제력이나 자비심 때문이 아니라, 하나님께서 자기 양들을 지키심으로써 그들로 하여금 자기들 마음대로 해악을 가하지 못하도록 하시기 때문이라는 것을 알아야 한다. 분명한 것은 이 헤롯은 치안을 유지하거나 대중의 호감을 사기 위해서라면 수백 명을 엄벌에 처하는 것을 망설일 만큼 그렇게 인정 있는 사람이 결코 아니었다는 것이다.

따라서 우리는 하나님의 강력한 능력이 헤롯의 혈기와 충동을 제압하였기 때문에, 그는 교회를 더 가혹하게 억압할 수 없었다는 결론을 얻게 된다. 헤롯이 야고보를 칼로 죽인 것은 반란이 일어났을 때에 일반 가담자들로 하여금 공포에 질리게 하기 위해서 통상적으로 지도자들과 주모자들을 먼저 처단하는 것과 같은 것이었다. 한편, 하나님께서 야고보를 불굴의 믿음으로 무장시켜 주시고서도 죽임을 당하도록 내버려 두신 것은 그로 하여금 죽음 앞에서도 굴하지 않고 담대하게 신앙을 지킴으로써 믿음으로 죽음을 이기고 승리하게 하시기 위한 것이었다. 이와 같이, 하나님께서는 폭군들의 의도와는 상관없이, 자신의 복음을 굳건히 세우시기 위해서 때로는 자기 백성을 향기로운 희생 제물로 삼으시기도 한다. 누가는 죽임을 당한 이 야고보를 "알패오의 아들" 야고보와 구별하기 위해서 "요한의 형제"라고 부른다. 어떤 이들은 제자들 중 하나였던 그리스도의 친척인 제3의 야고보를 상정하지만, 나는 거기에 동의하지 않는다. 왜냐하면, 이 둘 외에 다른 야고보는 없었다고 믿을 만한 강력한 근거들이 있기 때문이다. 그 이유를 알고 싶은 사람은 갈라디아서 2장을 보라. 따라서 나는 야고보 사도와 알패오의 아들이 동일 인물이라고 생각한다. 유대인들은 성전 꼭대기에서 그를 던져 죽였는데, 그의 죽음은 그의 놀라운 거룩함으로 말미암아 사람들 사이에서 큰 칭송을 받았다.

3. 유대인들이 이 일을 기뻐하는 것을 보고. 이것으로부터 우리는 헤롯이 교회를 박해한 것이 모세의 율법에 대한 열심이나 복음에 대한 증오 때문이 아니라 자신의 사적인 이해관계 때문이었다는 것을 더욱 분명하게 알게 된다. 즉, 그는 유대

인들의 지지를 얻어내기 위해서 이 잔악한 박해를 계속했던 것이다. 따라서 우리는
교회가 사방에서 공격을 받는 데는 다양한 이유가 있다는 것을 알아야 한다. 물론,
빗나간 열심을 품은 불경건한 자들이 자신들의 미신을 위해서 거침없이 싸움에 나
서고, 더 나아가 무죄한 피를 흘려서 자신들의 우상에게 제물로 바치는 경우가 종
종 있다. 하지만 대부분의 경우에 사람들은 자신의 사적인 이해관계에 따라서 움직
인다. 예를 들면, 오래 전에 네로 황제는 로마에 화재가 나서 불에 타버린 후에 시민
들이 자신을 증오하고 있다는 것을 알고서는, 수천 명의 그리스도인들을 살해하는
교묘한 술수를 통해서 시민들의 호감을 사거나, 적어도 그들의 비난과 불평을 잠재
우려 하였다.

　마찬가지로, 헤롯은 자신에게 비우호적인 백성들의 마음을 얻기 위해서, 즉 백성
들의 환심을 사기 위한 대가로 그리스도인들을 죽음으로 내몰았다. 오늘날 우리의
시대도 사정은 크게 다르지 않다. 왜냐하면, 모든 사람들이 그리스도의 지체들을
못마땅해하며 미쳐 날뛰고 있음에도 불구하고, 미신에 사로잡혀서 그렇게 하는 사
람은 거의 없고, 어떤 사람들은 로마의 적그리스도에게 자신을 돈 받고 종으로 팔
아넘겨서, 또 어떤 사람들은 수도사들과 평민들의 아우성에 굴복해서 그렇게 하고
있는 것이기 때문이다. 우리는 그들의 조롱과 모욕을 감내할 수밖에 없지만, 우리
를 지탱해 주는 한 가지 위로가 있는데, 그것은 세상이 하찮게 여겨서 모욕하는 우
리의 피가 하나님이 보시기에는 귀하다는 것, 그리고 우리가 불경건한 자들에게 수
치와 멸시를 받을수록 하나님의 선하심이 결코 우리를 떠나지 않을 것임을 우리가
알고 있다는 것이다.

　4. 군인 넷씩인 네 패에게 맡겨 지키고. 누가는 이러한 상황 묘사를 통해서, 베
드로가 감옥에 갇혀서 마치 무덤 속에 들어가 있는 사람처럼 옴짝달싹할 수 없는 처
지에 있었음을 보여준다. 왜냐하면, 당시에 군대에는 밤과 낮을 세 시간씩 넷으로
나누어서 보초를 세우는 관례가 있었는데, 헤롯은 그러한 관례를 따라서 네 명의 군
인을 한 조로 해서 세 시간마다 교대로 베드로를 감시하도록 하였기 때문이다. 누
가는 베드로에 대하여 형이 곧바로 집행되지 않은 것은 유월절 기간 동안 사람을 죽
이지 않는 종교적 금기 때문이었다고 보도한다. 따라서 헤롯은 어떻게 해야 할지를
몰라서 시간을 끌고 있었던 것이 아니라, 단지 기회를 엿보고 있었던 것일 뿐이었
다. 실제로 유대인들의 명절에는 사방으로부터 많은 사람들이 모여들었기 때문에,
헤롯은 베드로에 대한 자신의 사형 집행의 효과가 극대화될 수 있는 시점, 즉 유월

절 직후가 이 일을 처리하기에 가장 적절하다고 판단한 것이었다.

5. 교회는 그를 위하여 간절히 하나님께 기도하더라.　여기서 누가는 베드로가 감옥에 갇혀 있는 동안에 신자들이 자신들이 마땅히 해야 할 본분을 행하는 데에 게을리하지 않았음을 보여준다. 물론, 최전선에는 베드로가 홀로 서 있었지만, 다른 모든 신자들도 기도로써 그와 함께 싸우면서 자신들이 할 수 있는 모든 것으로 그를 돕고 있었다. 또한, 여기서 우리는 그들이 결코 낙심하지 않았다는 것도 알게 된다. 왜냐하면, 베드로가 목숨을 걸고 신앙을 지키고 있는 동안에, 그들도 바로 그 신앙을 지키기 위하여 최대한의 노력을 기울이고 있다는 것을 자신들의 기도로써 증명하고 있기 때문이다. 먼저, 이 구절은 우리의 형제들이 복음을 증거하다가 불경건한 자들로부터 박해를 받는 것을 볼 때, 우리가 어떤 반응을 보여야 하는지를 가르쳐준다. 왜냐하면, 우리가 그들이 처한 위험을 모른 체하고 아무것도 하지 않는다면, 그것은 그들에 대한 합당한 사랑의 의무에 눈을 감는 것일 뿐만 아니라, 우리의 신앙 고백마저도 저버리는 것이기 때문이다. 또한, 우리가 그들과 동일한 믿음을 갖고 있고, 게다가 그들이 우리의 안전을 위해서 싸우고 있는 것이라면, 그것은 그들에게만이 아니라 우리 자신과 그리스도에게도 등을 돌리고 있는 것이다. 그리고 그리스도인이라면 누구나 절박한 상황에 처했을 때에는 보통 때보다도 훨씬 더 뜨겁게 기도하여야 하는 것은 당연한 일이다. 우리는 형제들이 극심한 궁지에 몰린 후에 추방되기도 하고, 차꼬에 채워지고 결박당하며, 냄새나고 더러운 지하 감옥에 투옥되기도 하고, 화형에 처해지는 것을 보고, 심지어 오랜 시간 동안 극심한 고통을 느끼다가 서서히 죽어가게 만드는 새로운 고문 도구들이 수시로 개발되는 것을 보기까지 한다. 우리를 기도하지 않으면 안 되게 몰고 가는 이러한 일들이 일어나고 있는데도 불구하고, 우리 속에서 기도하여야 하겠다는 열망이 일어나지 않는다면, 그것은 무감각하고 둔하다는 말로도 부족할 것이다. 따라서 박해가 일어나는 순간, 우리는 즉시 기도에 매달리지 않으면 안 된다.

또한, 교회가 베드로의 안위에 대해서 특히 근심을 한 것은 그가 죽는다면 교회가 입을 손실이 너무 클 것으로 생각되었기 때문일 것이다. 누가는 그들이 "기도를 했다"고 말할 뿐만 아니라, "간절히" 기도했다고 말한다. 이 말이 뜻하는 것은 신자들이 냉랭하고 무성의하게 기도에 임한 것이 아니라, 베드로가 힘든 싸움을 하고 있는 것을 생각해서, 그를 돕기 위해 자신들이 할 수 있는 한 최선을 다해서 자발적으로 기도에 매달렸다는 것이다. 성경에서 사람들이 기도하는 것에 대하여 말할 때마다, 우리는 여기서도 분명하게 언급되고 있는 "하나님"이라는 단어를 늘 잘 이해하지 않으면 안 된다. 왜냐하면, 기도는 오직 하나님 한 분께만 드려져야 한다는 것은 신앙의 기본원리들 중 하나이기 때문이다. 하나님께서도 "환난 날에 나를 부르라"(시 50:15)고 말씀하심으로써, 우리에게 기도라는 이 특별한 예식(cultus)을 하나님께 드릴 것을 친히 주문하셨다.

⁶헤롯이 잡아 내려고 하는 그 전날 밤에 베드로가 두 군인 틈에서 두 쇠사슬에 매여 누워 자는데 파수꾼들이 문 밖에서 옥을 지키더니 ⁷홀연히 주의 사자가 나타나매 옥 중에 광채가 빛나며 또 베드로의 옆구리를 쳐 깨워 이르되 급히 일어나라 하니 쇠사슬이 그 손에서 벗어지더라 ⁸천사가 이르되 띠를 띠고 신을 신으라 하거늘 베드로가 그대로 하니 천사가 또 이르되 겉옷을 입고 따라오라 한대 ⁹베드로가 나와서 따라갈새 천사가 하는 것이 생시인 줄 알지 못하고 환상을 보는가 하니라 ¹⁰이에 첫째와 둘째 파수를 지나 시내로 통한 쇠문에 이르니 문이 저절로 열리는지라 나와서 한 거리를 지나매 천사가 곧 떠나더라 ¹¹이에 베드로가 정신이 들어 이르되 내가 이제야 참으로 주께서 그의 천사를 보내어 나를 헤롯의 손과 유대 백성의 모든 기대에서 벗어나게 하신 줄 알겠노라 하여(12:6-11).

6. 헤롯이 잡아 내려고 하는 그 전날 밤에. 베드로의 처형 날짜가 이미 잡혔고 그 날까지는 하루밖에 남지 않은 상황이었기 때문에, 얼핏 보면, 교회가 기도한 것이 응답을 받지 못한 것 같이 보였다. 하지만 그들은 하나님께서 자기 백성을 돕고자 하실 때에는 그가 정하신 때가 있고, 그의 수중에는 다양한 구원의 방법이 있다는 것을 알고 있었기 때문에, 기도하기를 멈추지 않았다. 다음으로, 우리는 그들이 기도에 전념했던 것이 단지 베드로의 목숨을 살리기 위한 것이 아니라, 하나님께서 복음의 영광을 위하여 그를 불굴의 담대함으로 무장시켜 주시고, 불경건한 자들로 하여금 그의 아들의 복음을 욕보이지 못하게 해주시도록 하기 위한 것이었다고 생각할 수 있다.

6. 그 전날 밤에 베드로가 … 누워 자는데. 이 모든 정황들은 하나님의 놀라운 능력을 더욱 분명하게 보여준다. 왜냐하면, 베드로가 아직 숨이 붙어 있다고 하더라도, 죽음의 사자들이 그를 둘러싸고 있었고, 빠져 나갈 구멍이라고는 도무지 보이지 않는 상황에서, 그가 이미 죽은 목숨이라고 생각하지 않을 사람은 아무도 없었

기 때문이다. 하지만 베드로는 죽음의 한가운데에서 벗어났고, 사형집행인의 손아귀로부터 무사히 빠져 나왔으며, 그를 묶고 있던 쇠사슬이 녹아서 벗겨졌고, 철창문이 그를 위해서 저절로 열렸다. 그렇다면, 이 모든 일은 이 구원이 진정으로 하나님으로부터 온 것임을 분명하게 보여주는 것이 아닌가? 베드로는 이런 표적들을 통해서 배운 것이 그에게 유익이 되어서, 자신이 이렇게 해서 알게 된 하나님의 은혜를 그 후에 더 큰 확신을 가지고 사람들에게 전할 수 있었다. 마지막으로, 헤롯이 베드로를 이렇게 철저하게 감금했다는 것은 그에게는 베드로를 살려서 내보낼 의도가 전혀 없었음을 분명하게 보여준다.

7. 홀연히 … 옥중에 광채가 빛나며. 이 빛을 본 것은 베드로뿐이었고, 군인들은 잠을 자고 있었거나 너무 놀란 나머지 무슨 일이 일어났는지도 몰랐던 것으로 생각된다. 하나님께서 광채가 빛나게 하신 데는 두 가지 이유가 있을 수 있다. 하나는 베드로로 하여금 어둠 속을 헤매지 않고 길을 찾을 수 있도록 하려는 것이었고, 다른 하나는 그에게 하늘 영광의 징표를 보여주시는 것이었다. 우리는 천사들이 백주 대낮에도 빛나는 광채와 함께 나타났다는 글을 종종 읽는다. 베드로는 이 특이한 빛을 보고서 하나님이 임재해 계심을 알았고, 아울러 그 빛을 이용해서 감옥에서 빠져 나올 수 있었음이 분명하다. 한편, 하나님의 사자가 "베드로의 옆구리를 쳐서 깨웠다"는 사실에서, 하나님께서 자기 백성들을 얼마나 극진하게 보살펴 주시는지가 분명하게 드러난다. 즉, 하나님께서는 그들이 잠을 자는 동안에 지켜 주시다가, 때가 되면 깨워 주시는 것이다. 만일 우리가 깨어 기도하는 동안에만 하나님께서 우리를 지켜 주시는 것이라면, 우리에게 그것보다 더 비참한 일은 없을 것이다. 왜냐하면, 우리가 육신의 연약함으로 인해서 지쳐 쓰러지고, 우리의 마음이 딴 데로 쏠려서 하나님을 찾지 않게 될 때, 사실은 그 때가 우리에게 그의 도우심이 가장 필요한 때이기 때문이다. 우리의 지각과 의식은 잠을 자는 동안에 활동을 멈추기 때문에, 잠은 어떤 면에서 죽음이라고 할 수 있다. 그렇다면, 우리가 잠을 자고 있는 동안에 하나님께서 우리를 돌보아 주시지 않는다면, 우리는 어떻게 되겠는가? 그러나 신자들은 잠을 잘 때에도 자신의 안전을 하나님께 맡기고 자는 것이기 때문에, 심지어 잠자는 동안에도 하나님을 부르고 있는 것이다.

누가는 천사의 말이 끝나자마자 베드로를 묶고 있던 "쇠사슬"이 그의 손에서 "벗어졌다"고 보도한다. 이것으로부터 우리는 하나님의 말씀 속에는 모든 종류의 장애물을 제거할 수 있는 능력이 있어서, 모든 길이 다 완전히 막혀 있는 것처럼 보이는 상황에서도 하나님의 말씀 한 마디면 길이 열린다는 것을 알게 된다. 그렇기 때문에, 하나님께서 전쟁의 소동을 가라앉히기를 원하시면, 비록 온 세상이 무장을 하고 있다고 하더라도, 그들의 손에서 창과 칼이 즉시 떨어지게 될 것이다. 반대로, 하나님께서 전쟁을 통해서 우리와 우리의 죄를 응징하고자 하시면, 어제까지도 평화롭게 지내던 사람들의 마음이 즉시 격동되어서 칼을 움켜쥐게 될 것이다. 누가가 천사의 말뿐만이 아니라 사건의 전개 과정을 낱낱이 보도하고 있는 것은 이 이야기에 확실성을 더해 주고, 베드로를 옥에서 건지신 것이 하나님께서 하신 일이었다는 것을 모든 면에서 분명하게 해준다.

9. 베드로가 … 천사가 하는 것이 생시인 줄 알지 못하고. 베드로는 자기가 사탄이 사람들을 속이기 위하여 종종 사용하는 환각을 보고 있다고 생각한 것은 아니었지만, 자기에게 일어나고 있는 일이 환상 속에서가 아니라 "생시에서" 일어나고 있는 일이라는 것은 알지 못한 것이었다. 왜냐하면, 누가는 실제로 일어나고 있는 일과 "환상"을 대비시키고 있기 때문이다. 하지만 베드로는 그것이 환상이라고 생각했을지라도 주저하지 않고 순종하였을 것이다. 그가 천사의 명령이라는 사실 자체만으로 충분하다고 여겨서, 천사가 자기에게 한 말을 온전히 신뢰하고, 더 이상 묻거나 따지지 않고 즉시 그 명령을 준행한 것은 하나님께 기꺼이 순종하는 그의 마음을 여실히 보여준다.

10. 이에 첫째와 둘째 파수를 지나. 하나님께서는 베드로를 한순간에 감옥에서 이끌어 내실 수도 있었지만, 이 이적의 영광을 더욱 높이시기 위해서, 여러 가지 난관들을 하나하나씩 극복해 가신다. 마찬가지로, 하나님께서 여섯 날에 걸쳐서 세상을 창조하신 것도 그에게 그러한 시간이 필요하였기 때문이 아니라, 우리로 하여금 그의 창조 역사를 묵상하도록 하시기 위한 것이었다. 왜냐하면, 하나님께서는 우리가 받아들일 수 있는 수준과 우리의 믿음의 진보를 고려하셔서 거기에 맞춰서 어떻게 행하실지를 결정하시기 때문이다. 만일 베드로가 감옥으로부터 형제들이 모여 있던 집으로 단번에 옮겨졌다면, 우리는 단 한 번의 구원만을 보게 되었을 것이지만, 실제로 여기서는 베드로가 열 번도 넘게 구원받은 것을 마치 우리 자신의 눈으로 직접 보는 것처럼 그렇게 생생하게 보고 있는 것이다.

11. 이에 베드로가 정신이 들어 이르되 내가 이제야 … 알겠노라. "정신이 들었다"로 번역된 어구는 문자적으로 직역하면 "자신 안에 있게 되었다"를 의미하기 때문에, 베드로는 그 이전에는 도무지 예상할 수도 없고 믿을 수도 없는 일에 놀란 나

머지 "자신 밖에 있었다"는 것을 보여준다. 마침내, 그는 탈혼 상태에서 빠져 나온 사람처럼 자기가 죽음에서 벗어났다는 것을 깨닫는다. 누가가 보도하고 있는 베드로의 말 속에는 하나님께 감사하는 마음이 담겨 있다. 즉, 그는 다른 사람들을 만나기에 앞서 자신이 경험한 하나님의 은혜를 혼자서 찬송하고 있는 것이다. 그는 "천사"가 하나님에 의해서 보내심을 받은 것이라고 말하는데, 이것은 하나님께서 천사를 보내서서 그들의 안전을 돌봐주게 하신다는 경건한 자들의 통념을 따른 것이다. 만일 그런 확고한 관념이 그의 마음속에 있지 않았다면, 그는 천사에 대해서 언급하지 않았을 것이다. 하지만 그는 자기에게 은혜를 주신 장본인이 천사라고 여겨서 천사를 높이고 있는 것이 아니고, 모든 영광을 오직 하나님께 돌린다. 또한, "천사들"도 우리로 하여금 하나님의 영광 중 아주 작은 부분이라도 자신들에게로 돌리도록 하기 위하여 우리를 돕는 것이 결코 아니다. 베드로가 하나님께서 "헤롯의 손"에서 그를 건져 내셨다고 말한 것은 하나님의 은혜를 원수의 능력에 대비시켜서 더욱 부각시키고 있는 것이고, "유대 백성"을 언급한 것도 동일한 취지이다. 왜냐하면, 원수가 많을수록, 하나님께서 자신의 종에게 베푸신 은혜도 더욱 커지게 되기 때문이다. 하나님 한 분이 베푸시는 은혜 때문에, 온 세상의 증오와 적개심이 무력화된다는 것은 참으로 놀라운 일이 아닐 수 없다.

[12]깨닫고 마가라 하는 요한의 어머니 마리아의 집에 가니 여러 사람이 거기에 모여 기도하고 있더라 [13]베드로가 대문을 두드린대 로데라 하는 여자 아이가 영접하러 나왔다가 [14]베드로의 음성인 줄 알고 기뻐하여 문을 미처 열지 못하고 달려 들어가 말하되 베드로가 대문 밖에 섰더라 하니 [15]그들이 말하되 네가 미쳤다 하나 여자 아이는 힘써 말하되 참말이라 하니 그들이 말하되 그러면 그의 천사라 하더라 [16]베드로가 문 두드리기를 그치지 아니하니 그들이 문을 열어 베드로를 보고 놀라는지라 [17]베드로가 그들에게 손짓하여 조용하게 하고 주께서 자기를 이끌어 옥에서 나오게 하던 일을 말하고 또 야고보와 형제들에게 이 말을 전하라 하고 떠나 다른 곳으로 가니라 [18]날이 새매 군인들은 베드로가 어떻게 되었는지 알지 못하여 적지 않게 소동하니 [19]헤롯이 그를 찾아도 보지 못하매 파수꾼들을 심문하고 죽이라 명하니라 헤롯이 유대를 떠나 가이사랴로 내려가서 머무니라(12:12-19).

12. 마가라 하는 요한의 어머니 마리아의 집에 가니. 이 여인이 특별한 경건의

소유자였음은 분명하고, 그녀의 집은 형제들이 수시로 모임을 갖던 하나님의 성전과 같은 곳이었다. 누가는 그곳에 많은 사람이 모여 있었다고 말한다. 이것은 모든 신자들이 동시에 한 곳에 모이는 경우에는 소란이 야기될 염려가 있었기 때문에, 도시의 각 구역별로 각각의 형편에 맞게 따로따로 모임을 가졌다는 것을 보여준다. 다른 곳들에서도 신자들이 모임을 갖고 있었다는 것은 의심의 여지가 없다. 왜냐하면, 마리아의 집에서 많은 신자들이 기도하고 있었다는 것을 볼 때, 다른 사도들도 분명히 여러 곳에서 신자들을 모아놓고서 기도하고 있었을 것이 틀림없고, 모든 신자들이 한 집에 모일 수는 없었을 것이기 때문이다. 한편, 당시의 상황을 고려할 때, 우리는 경건한 자들이 원수들의 잔학함이 극에 달해 있는 순간에도 여전히 모이고 있었다는 것을 알 수 있다. 왜냐하면, 신자들이 모이기를 힘쓰는 것은 어느 때나 늘 유익하고 필요한 일이지만, 치열한 싸움이 임박한 시점에서는 더더욱 절실한 일이기 때문이다.

13. 베드로가 대문을 두드린대. 마리아의 집에 모인 신자들이 베드로가 돌아왔다는 것을 알린 "여자 아이"를 제정신이 아니라고 생각했다는 사실에서, 우리는 그들이 베드로가 풀려날 것을 전혀 예상하지 못하고 있었다는 것을 알 수 있다. 하지만 우리는 그들이 믿음 없이 기도한 것이라고 말해서는 안 된다. 왜냐하면, 그들은 베드로가 하늘의 능력으로 무장되어서, 살든지 죽든지 그리스도의 이름을 영화롭게 함으로써, 하나님께서 박해의 태풍을 잠재우시고, 그리스도의 양 떼가 늑대들의 습격을 받고 혼비백산하지 않게 하시며, 연약한 자들이 실족하지 않게 하시기를 구한 것이었던 까닭에, 베드로가 갑자기 이렇게 돌아오게 될 줄은 전혀 예상할 수 없었기 때문이다. 그러나 하나님께서는 그의 무한하신 선하심으로 말미암아 그들이 바란 것 이상을 허락하시고 그들이 기도한 것 이상으로 응답해 주셨다. 이제 그들 앞에서 믿기 어려운 일이 일어났고, 그들은 하나님의 권능을 더더욱 찬양할 수밖에 없었다.

15. 그들이 말하되 그러면 그의 천사라 하더라. 그들이 여기서 말한 "그의 천사"는 하나님께서 베드로의 안전을 지키고 돌봐주도록 하시기 위하여 보내신 천사를 뜻한다. 이런 의미에서, 그리스도께서도 "그들의 천사들이 하늘에서 하늘에 계신 내 아버지의 얼굴을 항상 뵈옵느니라"(마 18:10)고 말씀하셨다. 이것으로부터 사람들은 각 사람에게는 수호천사가 지정되어 있다고 추론하는 것이 보통이지만, 그런 추론은 근거가 너무 희박하다. 왜냐하면, 성경의 증언에 따르면, 하나님께서는 때

로는 큰 무리에게 한 천사를 보내시기도 하시고(출 14:19), 때로는 단 한 사람에게 어마어마한 무리의 천사들을 보내시기도 하시기 때문이다. 여호와께서 "엘리사의 사환"의 눈을 열어 주셨을 때, 그는 선지자 엘리야를 지키기 위한 "불병거"가 하늘에 가득 포진되어 있는 것을 보았다(왕하 6:17). 또한, 다니엘서를 보면, "바사국 군"과 "헬라 군"에 대해서 단 한 천사, 즉 "미가엘"만이 배치된다(단 10장). 성경은 각 개인을 지켜 주고 돌보아 주는 고유한 수호천사가 있다고 말하지 않고, 도리어 하나님께서 자신의 "사자들"을 명하셔서 그들로 하여금 믿는 자들을 지키게 하시고(시 91:11), "주를 경외하는 자를 둘러 진치게" 하신다고 말한다. 따라서 한 사람에게 수호신이 둘씩 붙어 있다는 믿음이 도처에 팽배해 있지만, 그것은 완전히 날조된 미신이다. 우리는 모든 천군천사들은 교회의 안전을 지키는 존재들이고, 필요에 따라서 그때마다 한 천사나 많은 천사가 우리를 도와 주고 지켜 준다는 것을 아는 것으로 충분하다. 하나님께서 신령한 광채를 발하는 천사들을 우리를 지키고 돌봐 주는 종으로 세우신 것은 하나님의 헤아릴 수 없이 크신 선하심을 보여주는 것임이 분명하다.

17. 야고보와 형제들에게 이 말을 전하라. 나는 여기서 베드로가 말한 "형제들"은 교회의 모든 권속이 아니라 사도들과 장로들만을 가리키는 것이라고 본다. 왜냐하면, 이 이적은 모든 사람들에게 알려질 필요가 있었지만, 베드로는 이 영광스러운 일을 다른 누구보다도 자신의 동역자들이 가장 먼저 알아야 한다고 생각했기 때문이다. 유세비우스(Eusebius) 이후의 교회사가들은 거의 한 목소리로 이 "야고보"가 제자들 중 한 명이었다고 말한다. 그러나 바울이 이 "야고보"를 교회의 세 기둥 중 하나로 여기고 있는 것으로 보아서(갈 2:9), 나는 사도들이 뒷전으로 밀려나고, 제자들 중 하나가 이렇게 존귀한 지위에 오르게 되었을 가능성은 거의 없다고 생각한다. 따라서 나는 이 "야고보"가 그 거룩함으로 인해서 유대인들로부터 아낌없는 칭송을 받았던 "알패오의 아들" 야고보 사도라고 본다. 어쨌든, 베드로가 이 기쁜 소식을 "형제들"에게 전하고 싶었던 데에는 두 가지 이유가 있었다. 하나는 그들을 괴롭히던 근심을 덜어 주고 싶었던 것이었고, 다른 하나는 그들로 하여금 하나님의 은혜가 나타난 이 사건을 보고서 더욱 큰 확신을 가지도록 격려하고 싶었던 것이다. 베드로가 "다른 곳으로" 옮겨간 것은 그 집은 신자들이 날마다 드나드는 잘 알려진 곳이었던 까닭에, 다른 곳에 몸을 숨기는 것이 덜 위험하다고 판단하였기 때문일 것이라고 나는 생각한다. 따라서 그는 원수들의 의심을 받지 않을 만한 곳을

찾았고, 이것은 자기 자신뿐만이 아니라 집주인을 비롯한 다른 사람들의 안전까지도 고려한 것이었다.

18. 날이 새매 군인들은 … 적지 않게 소동하니. 이제 누가는 헤롯과 군인들의 상황이 어떠하였는지를 보도하면서, 그들 사이에 적지 않은 "소동"이 있었다고 말한다. 왜냐하면, 그들은 베드로가 무력이나 속임수를 써서 감옥에서 탈출하였을 것이라고는 생각할 수 없었기 때문이다. 나중에 헤롯은 재판관으로서 이 사건의 진상을 조사하지만, 베드로를 지키던 군인들에게 그 어떤 잘못도 없다는 것을 인정할 수밖에 없었기 때문에, 자신의 의도와는 상관없이 그 자신이 하나님의 이 구원 역사에 대한 증인이 될 수밖에 없었다. 헤롯은 베드로를 지키던 "파수꾼들"에게 자기 눈앞에서 사라지라고, 또는 근무지인 감옥으로 돌아가라고 명하였는데, 이것으로부터 우리는 이 파수꾼들이 자신의 직무에 충실했다는 것이 명백하게 드러났음을 알 수 있다(한글개역개정에서 "파수꾼들을 심문하고 죽이라 명하니라"로 번역된 구절을 칼빈은 "파수꾼들을 심문하고 나서 끌고 나가라고 명하니라"로 번역하였다 ― 역주). 왜냐하면, 만일 그들이 직무를 소홀히 했던 것이라면, 그들은 즉시 처벌을 받았을 것이기 때문이다. 한편, 어떤 이들은 이 구절을 다르게 해석해서, 헤롯이 파수꾼들을 끌고나가서 죽이라고 명령한 것으로 본다. 그러나 헤롯이 화가 나서 그들을 사형집행인에게 넘겨주었던 것이든, 아니면 그들을 감옥에 집어넣는 것으로 만족하였던 것이든, 그것은 헤롯이 얼마나 눈멀어 있었는지를 보여주는 두드러진 사례이다. 왜냐하면, 그는 여기서 하나님의 역사를 알아차렸어야 함에도 불구하고, 도리어 진실에 눈을 감은 채로 그 마음이 부드러워지거나 감화를 받지도 않고, 여전히 고집스러운 악의를 가지고서 하나님을 대적하고 있기 때문이다. 이와 같이, 사탄은 불경건한 자들에게서 분별력을 앗아가서, 그들로 하여금 눈으로 뻔히 보면서도 보지 못하게 만들어 버린다. 그리고 하나님께서 그들을 치셔서 이처럼 끔찍한 무지몽매함에 빠뜨리시는 것은 자기 자신과 교회를 위한 의로우신 보응이다.

20헤롯이 두로와 시돈 사람들을 대단히 노여워하니 그들의 지방이 왕국에서 나는 양식을 먹는 까닭에 한마음으로 그에게 나아와 왕의 침소 맡은 신하 블라스도를 설득하여 화목하기를 청한지라 21헤롯이 날을 택하여 왕복을 입고 단상에 앉아 백성에게 연설하니 22백성들이 크게 부르되 이것은 신의 소리요 사람의 소리가 아니라 하거늘 23헤롯이 영광을 하나님께 돌리지 아니하므로 주의 사자가 곧 치니 벌레에게 먹혀 죽으니라 ²⁴하나님의 말씀은 흥왕하여 더하더라 ²⁵바나바와 사울이 부조하는 일을 마치고 마가라 하는 요한을 데리고 예루살렘에서 돌아오니라(12:20-25).

이 단락은 교회의 원수들에게 어떠한 종말이 기다리고 있는지, 그리고 하나님께서 사람들의 교만을 얼마나 미워하시는지를 마치 거울을 보듯이 생생하게 보여주는 놀라운 이야기이다. 성경은 하나님께서는 "교만한 자를 대적하신다"(벧전 5:5)고 말하는데, 여기서는 헤롯이라는 인물을 통해서 그것이 사실임을 생생하게 보여주신다. 사람이 자신의 분수를 모르고 자기 자신을 높이는 것은 하나님을 상대로 싸움을 거는 것이다. 왜냐하면, 하나님은 홀로 높임을 받으시기 위하여, 모든 육신에게 잠잠하라고 명하시는 분이시기 때문이다. 하나님께서 자신의 형통함으로 말미암아 우쭐해진 헤롯 왕의 교만을 이처럼 혹독하게 치셨다면, 그럴 만한 이유가 아무것도 없는데도 어리석게 마음이 높아져서 우쭐대는 보통 사람들이 받을 벌은 어떠하겠는가? 또한, 우리는 이 이야기가 어떤 과정으로 전개되고 있는 것인지를 주목하여야 한다. 즉, 헤롯은 교회를 잔혹하게 핍박한 후에도, 모든 일이 순조롭게 풀렸고, 기근으로 신음하고 있던 주변 민족들이 그에게 와서 무릎을 꿇고 비굴하게 그의 호의를 구걸할 수밖에 없는 일도 벌어졌기 때문에, 그것은 마치 하나님께서 그의 불경스러운 광분에 대해서 그에게 상이라도 주시는 것처럼 보였다. 이것은 믿는 자들에게는 심각한 시험이었다. 이러한 일들을 보면서, 그들은 하나님께서 자신들에게는 아무 관심도 없으신 것이 아닌가 하는 의심을 품을 수 있었고, 헤롯의 폭정과 박해가 더욱 심해지는 것이 아닌가 하는 두려움도 갖게 되었다. 그러나 하나님의 목적은 전혀 다른 데에 있었다. 왜냐하면, 하나님의 목적은 교회를 압제하는 자를 높이 들었다가 그대로 패대기쳐서 완전히 파멸하게 하는 것이었기 때문이다. 따라서 헤롯이 그토록 의기양양해하며 즐기고 있던 그 껍데기 행복은 도살할 날을 앞두고 짐승에게 기름진 음식을 먹이는 것과 같은 것이었다. 마찬가지로, 오늘날에도 피에 굶주린 교회의 원수들이 기고만장하는 것을 보더라도, 우리는 낙심할 이유가 전혀 없고, 도리어 "교만은 패망의 선봉이요 거만한 마음은 넘어짐의 앞잡이니라"(잠 16:18)고 한 솔로몬의 말을 마음에 담아 두는 것이 마땅하다.

20. 헤롯이 두로와 시돈 사람들을 대단히 노여워하니. 여기서 누가는 적개심과 증오심을 나타내는 분사 '튀모마콘'($\theta\nu\mu\omega\mu\alpha\chi\tilde{\omega}\nu$)을 사용한다. 헤롯은 이 도시들과 공개적인 전쟁을 벌이고 있는 것은 아니었지만, 그들과의 불화가 아주 심했기 때문

에, 우회적인 전술을 통해서 그들을 조금씩 붕괴시키고자 하고 있었다 데모스테네스(Demosthenes)가 말했듯이, 자유도시들과 군주들이 서로 잘 지내는 것은 드문 일이었다. 게다가, 헤롯은 천성적으로 잔인하고 오만하며 욕심이 끝이 없는 인물이었다. 두로와 시돈은 부유한 도시였을 뿐만 아니라 멍에를 메는 데도 익숙하지 않았기 때문에 헤롯의 광분함에 제동을 거는 눈엣가시와 같은 존재였다는 것은 의심의 여지가 없다. 그들이 누렸던 옛 영광에 대한 기억도 그들로 하여금 자부심을 갖게 만들었을 것이다. 부유함으로부터 자만심이 생기는 것은 흔한 일이기 때문에, 이 두 도시가 의기양양해했던 것은 전혀 이상한 일이 아니다. 이사야는 "그 상인들은 고관들이요 그 무역자들은 세상에 존귀한 자들"(사 23:8)이라고 말하면서, "두로"를 바다의 여왕이라 지칭한다. 또한, 이사야는 다른 곳에서 시돈이 그 부유함으로 말미암아 교만하게 되었다고 말한다(사 23:2). 이 두 도시는 한 차례 이상 거의 완전히 파괴되었음에도 불구하고, 자신들이 지니고 있던 유리한 여건을 발판으로 삼아서 신속하게 이전의 상태를 회복하였다. 그렇기 때문에, 그들이 아그립바를 용납하기란 무척 어려운 일일 수밖에 없었다. 왜냐하면, 아그립바는 최근까지 멸시를 당하던 사람이고, 미천한 가문 출신인데다가, 감옥에 갇혔다가 어떻게 해서 겨우 풀려난 자였고, 특히 자기 신하들에게 무자비하고 이웃 나라들에게는 고통과 해악을 끼치는 인물이었기 때문이다.

20. 그들의 지방이 왕국에서 나는 양식을 먹는 까닭에. 아그립바는 두로 및 시돈 사람들과 공공연히 싸움을 벌여서는 득이 될 것이 없었기 때문에, 자신의 왕국에서 생산된 양식을 이 두 도시로 수출하는 것을 금지시켰다. 그는 무력을 사용하는 대신에, 이런 방식으로 그들에 대한 압력을 서서히 가중시키고 있었다. 왜냐하면, 이 두 도시는 먹여 살릴 주민은 많았던 반면에, 영토는 협소하고 땅은 척박하였기 때문이다. 따라서 그들은 먹을 양식이 없어 굶주리게 될 위기에 봉착하게 되자, 몸을 낮추어 아그립바에게 화친을 구했지만, 이제는 그 대가를 지불하여야 했다. 왜냐하면, 헤롯이 그들에게 몇 가지 조건을 내걸었을 것임은 의심의 여지가 없고, 누가가 언급한 "왕의 침소 맡은 신하 블라스도"가 맨입으로 그들을 도왔을 리는 없는 까닭에 뇌물을 받고서야 화친의 중재자 역할을 했을 것임은 쉽게 상상할 수 있는 일이기 때문이다. 나는 왜 에라스무스가 이 구절을 문자 그대로 번역하는 것을 좋게 여기지 않았는지를 알 수가 없다.

21. 헤롯이 날을 택하여. 누가는 헤롯이 두로와 시돈 백성들에게 화친을 허락하

였고, 이 일이 성사된 날에 맞춰서, 이후로 그들로 하여금 자기에게 철저히 복종하도록 하기 위하여 단상에서 연설을 하였다고 보도한다. 요세푸스의 「유대 고대사」 제19권에도 비슷한 기사가 나온다. 한 가지 차이점이 있다면, 누가는 그를 "헤롯"이라고 부르는 데 반해서, 요세푸스는 "아그립바"라는 이름을 일관되게 사용한다는 것이다. 따라서 아그립바가 그의 본래 이름이었고, 왕이 되기 전에는 늘 그 이름으로 불렸지만, 왕이 되고 난 후에는 자기 할아버지인 "헤롯" 대왕의 이름을 사용함으로써 왕족의 권위를 확보하고자 했을 가능성이 높다. 요세푸스와 누가가 실제 사건에 대하여 기록해 놓은 내용은 모든 세부적인 면에서 놀라울 정도로 일치한다. 먼저, 이 사건이 일어난 장소가 서로 일치한다. 요세푸스는 이렇게 말한다. 아그립바는 금으로 수놓은 왕복을 입고 있었기 때문에, 햇빛이 비칠 때마다 그 옷에서 광채가 났고, 이것이 그의 신하들로 하여금 그에게 신으로서의 예를 드리게 만들었다. 그런데 갑자기 그에게 상처가 생겼고, 재앙을 예고하는 수리부엉이 한 마리가 그의 머리 위에 있는 줄에 앉아 있는 것이 보였다. 요세푸스는 아그립바의 신성모독적인 오만방자함이 이런 징벌을 자초한 것임을 전혀 의심하지 않았기 때문에, 아그립바가 극심한 고통을 겪으면서, "나를 보라, 너희들이 신으로 치켜세운 내가 이렇게 가장 비참하게 생을 마칠 수밖에 없게 되었구나"라고 신하들 앞에서 말했다고 기록한다. 하지만 요세푸스는 두로 및 시돈 백성과 아그립바 간에 이루어진 화친에 대해서는 언급하지 않고, 아그립바가 가이사를 기리는 경기를 개최하였다고만 말한다. 그러나 우리는 이 경기가 화친을 기념하기 위한 것이었다고 본다. 왜냐하면, 우리는 그러한 관행이 있었다는 것을 알기 때문이다.

23. 주의 사자가 곧 치니. 천사는 베드로를 감옥에서 건져 낼 때에는 하나님의 은혜를 시행하는 종이었는데, 여기서는 하나님의 명령으로 헤롯을 응징하는 역할을 맡고 있다. 이처럼 하나님께서는 천사들을 시켜서 응징하시기도 하지만, 어떤 때는 마귀들을 자신의 집행관으로 삼아서 그들의 손으로 자신의 심판을 수행하게 하시기도 하신다. 이것은 멸망받기로 정해진 자들에게만이 아니라 믿는 자들에게도 해당되는 하나님의 역사이다. 사울은 사탄에 의해서 괴롭힘을 당했지만(삼상 16:14), 동일한 일이 거룩한 욥에게도 일어났다(욥 1:12; 2:7). 시편에서는 하나님께서 "재앙의 천사들"을 내려 보내셔서 불경건한 자들을 치셨다고 말한다(시 78:49). 또한, 우리는 출애굽기에서 교회의 안전을 관장하는 천사가 "애굽 땅에서 모든 처음 난 것들"을 치는 것을 본다(출 12:29). 성경은 "악한" 영들도 하나님의 영들이라

고 부르는데, 그들은 내키지는 않더라도 하나님의 주권에 순종해야 하기 때문이다. 하지만 여기에서처럼 "악한"이라는 형용사가 붙어 있지 않을 때에는, 하나님께 자발적으로 순종하는 천사로 보아야 하지만, 그럼에도 불구하고 요세푸스가 여기서 언급하고 있는 "수리부엉이"는 하늘의 천사보다는 마귀를 표상하고 있는 것으로 보인다.

한편, 나는 하나님께서 어떤 병으로 헤롯을 치셨는지에 대해서는 감히 단언하고자 하지 않는다. 누가가 사용한 단어를 보면, 헤롯은 "벌레들"에 의해서 갉아 먹혔다. 많은 사람들은 이것을 "이"가 들끓는 병이었을 것이라고 추측한다. 확실한 것은 그는 아직 숨을 쉬고 있는 동안에도 몸에서 악취를 풍기며 썩고 있어서 산 송장이나 다름없었다는 것이다. 따라서 그는 살아 있는 동안에도 이미 극심한 육체적 고통을 겪고 있었을 뿐만 아니라, 모든 사람에게 모욕과 조롱의 대상이 되고 있었다. 이것은 하나님께서 극도의 치욕을 주어서 교만한 자의 포악함을 분쇄하시기 위해서, 그에게 어떤 벌을 내리실지를 친히 선택하셨다는 것을 보여준다. 만일 그가 어떤 강력한 군대에 의해서 정복을 당하여 곤고한 처지에 놓여 있었더라면, 하나님의 심판이 그에게 이토록 엄중하게 임하지는 않았을 것이고, 그는 제왕에 걸맞은 명예로운 방식으로 징벌을 받았을지도 모른다. 그러나 이와 벌레들이 그의 몸에 들끓어서 그 몸을 갉아먹으면서 악취가 나고 썩어들어 간 것은 그가 한 짓에 따른 마땅한 보응을 받은 것이다.

애굽 왕 바로도 자신의 교만함을 꺾지 않고 그토록 여러 번 하나님을 거슬러 일어났기 때문에, 제왕답게 이웃 나라의 군주의 공격을 받아 전쟁을 벌이게 된 것이 아니라, 하나님의 군대가 된 메뚜기 떼와 전쟁을 치르게 된 것이었다. 왜냐하면, 교만해져서 자신을 높이는 자일수록, 하나님에 의해서 수치를 당하고 가장 깊은 나락으로 떨어질 조건을 갖추게 되기 때문이다. 이것이 하나님께서 사람들에게 떠받들려 가짜 신 노릇을 했던 헤롯으로 하여금 "벌레들"에게 먹히게 하시고, 죽어 가면서 "나를 보라, 너희가 나를 신으로 추앙하는 바람에, 내가 이렇게 비참하게 죽어가는구나"라고 고백하도록 만드신 이유였다. 왕에게 이렇게 끔찍한 징벌이 가해진 충격적인 사례를 보고서, 우리는 더욱 두려워하는 마음을 갖고, 분수를 모르고 교만해지거나, 치명적인 독약과도 같은 사람들의 거짓 찬사와 아첨에 스스로 도취되지 않도록 스스로 조심하여야 한다.

23. 헤롯이 영광을 하나님께로 돌리지 아니하므로. 그가 신성모독으로 정죄를

받은 것은 자신이 신으로 불리는 것을 용인했기 때문만이 아니라, 자신의 분수를 망각하고서 하나님의 영광을 자신에게로 돌렸기 때문이었다. 우리는 바벨론 왕에게 이와 비슷한 칭송이 주어졌다는 기록을 읽을 수는 없지만, 선지자는 바벨론 왕이 하나님과 같아지려고 했다고 책망한다(사 14:13-14). 따라서 신성모독은 모든 교만한 자들에게 공통적인 죄악이다. 왜냐하면, 그런 자들은 자신의 분수에 넘치는 영광을 자신에게 돌림으로써 하나님의 영광을 가리고, 옛 거인족들처럼 하나님을 그의 보좌로부터 끌어내리려고 안간힘을 쓰기 때문이다. 그들은 자신에게 신이라는 칭호를 사용하지 않을 수도 있고, 자신이 신이라고 공공연히 표명하지 않을 수도 있지만, 그럼에도 불구하고 오직 하나님께만 속한 것들을 자신에게 돌리는 일을 자행한다는 점에서, 하나님을 그의 보좌에서 끌어내린 후에 자신이 그 자리에 앉아 신이되고자 하는 것이고, 또한 사람들로부터 신으로 추앙받기를 바라는 것이다. 선지자는 느부갓네살이 "내가 하늘에 올라가리라"고 말했다고 지적함으로써, 이 죄악이 어디에서 비롯되었는지를 한 마디로 보여준다.

따라서 이 죄악을 막을 수 있는 단 하나의 유일한 방법은 각 사람이 자신의 위치에서 분수를 알고 자신의 본분을 지키는 것이다. 가난하고 미천한 자들은 높은 곳에 오르려고 하지 말아야 한다. 한편, 왕을 비롯해서 남들보다 지체가 높은 자들은 자신도 여전히 죽을 수밖에 없는 존재인 사람이라는 것을 기억하고서, 그들의 높은 지위가 하나님 앞에서 아무것도 아님을 깨닫고 하나님께 겸손하게 순복하여야 한다. 마지막으로, 우리가 유념해야 할 것은 하나님께서는 자신에게 속한 것들을 홀로 온전히 가지셔야 하는데도, 사람들이 하나님께 반쪽짜리 영광을 돌린다거나, 하나님께서 사람들이 온전히 낮아지기를 원하시는데, 사람들이 부분적으로만 하나님께 굴복하는 것으로는 결코 충분하지 않다는 것이다. 성경은 우리가 지혜와 미덕과 의에 있어서 자랑할 것이 아무것도 없다고 선언하고 있기 때문에, 우리 중에서 아주 작은 한 조각의 영광이라도 자신의 것이라고 주장하는 사람이 있다면, 그 사람은 하나님의 영광을 도둑질한 신성모독을 범한 것이다. 성경은 자기 자신을 높이는 자는 누구든지 하나님과 공개적으로 전쟁을 벌이는 자라고 선언하고 있고, 우리 모두는 그 전쟁의 결과가 우리의 멸망이라는 것을 알고 있는데도, 도처에서 대다수의 사람들이 겁날 정도로 대담하게 자신의 멸망을 향해 달려가고 있는 것은 정말 놀라운 일이 아닐 수 없다. 왜냐하면, 자신의 분수를 망각하지 않고서 모든 영광을 온전히 하나님께 돌리는 사람은 백 명 중 한 명도 되지 않기 때문이다.

24. 하나님의 말씀은 흥왕하여 더하더라. 폭군의 죽음으로 교회는 예기치 않게 늑대의 입에서 빠져 나올 수 있었다. 이렇게 신실한 자들은 비록 "도살할 양 같이 여김을 받았지만"(시 44:22; 롬 8:36), 교회는 언제나 원수들을 이기고 살아 남았다. 또한, 하나님의 말씀도 사악한 폭군에 의해 반복적으로 짓밟혔지만, 곧 다시 흥왕하여 되살아나곤 하였다. 여기서 누가의 목적은 단지 혜롯이 죽은 뒤에 무슨 일이 일어났는지를 보여주고자 하는 것이 아니라, 이 사례를 통해서 우리에게 힘을 주기 위한 것이다. 즉, 누가는 하나님께서는 혜롯에게 하셨던 일을 모든 세대에서 행하심으로써, 복음의 여정이 마침내 원수들의 모든 방해를 물리칠 수 있게 하실 것이기 때문에, 우리로 하여금 교회가 연약할수록 하늘의 축복으로 말미암아 더욱 창성하게 되리라는 것을 확신하고서 힘을 얻게 하기 위하여, 이 구절을 덧붙이고 있는 것이다.

25. 바나바와 사울이 부조하는 일을 마치고 마가라 하는 요한을 데리고 예루살렘에서 돌아오니라. 여기서 누가가 보도하고 있는 "바나바와 사울"의 사역은 앞에서 언급된 적이 있는 "부조하는 일"을 가리키는 것임에 틀림없다. 왜냐하면, 선지자 "아가보"가 흉년과 기근이 있을 것을 예언한 후, 안디옥의 형제들이 궁핍에 처한 예루살렘 교회를 "부조"하기 위해서 돈을 모았기 때문이다. 이 돈을 전달하는 책임은 바나바와 바울에게 맡겨졌었다. 이제 누가가 그들이 안디옥으로 돌아왔다고 말한 것은 다른 이야기로 넘어가기 위한 정지작업인 셈이다. 누가는 앞에서 크게 칭송한 바 있는 마리아를 모친으로 둔 "마가라 하는 요한"을 그들이 데려왔다는 말을 덧붙인다. 앞으로 보게 되겠지만, 마가는 나중에 바나바와 바울 간의 심각한 불화의 원인이 된다.

제13장

¹안디옥 교회에 선지자들과 교사들이 있으니 곧 바나바와 니게르라 하는 시므온과 구레네 사람 루기오와 분봉 왕 헤롯의 젖동생 마나엔과 및 사울이라 ²주를 섬겨 금식할 때에 성령이 이르시되 내가 불러 시키는 일을 위하여 바나바와 사울을 따로 세우라 하시니 ³이에 금식하며 기도하고 두 사람에게 안수하여 보내니라(13:1-3).

지금부터 시작되는 이야기는 어떻게 바울이 이방인들의 선생으로 세우심을 받게 되었는지에 관한 것으로서, 우리가 잘 기억하고 알아둘 가치가 있다. 왜냐하면, 바울의 부르심은 하나님께서 우리에게 주신 천국의 열쇠이기 때문이다. 우리는 영생의 언약이 특별히 하나님과 유대인들 간에 맺어졌기 때문에, 우리는 하나님의 유업과는 아무런 상관이 없었다는 것을 알고 있다. 왜냐하면, 우리는 외인들이었고, 하나님 나라의 권속들과 외인들 사이에는 그들을 구분하는 담이 쳐져 있었기 때문이다. 따라서 만일 그 담이 제거되어서 교회로 들어가는 문이 우리에게 열리지 않았더라면, 그리스도께서 세상에 구원을 가져다주셨다는 사실은 우리에게 아무런 유익도 되지 않았을 것이다. 사실, 사도들은 온 세상에 복음을 전파하라는 명령을 이미 받았었지만(막 16:15), 그럼에도 불구하고 그들의 사역은 지금까지 유대 땅에 국한되어 있었다. 베드로가 고넬료에게 보내심을 받은 것은 불가사의한 일로 생각될 정도로 신기한 일이었고, 나아가 그러한 일은 소수의 특별한 사람들에게만 허락된 특권으로 보일 수도 있었다. 그러나 이제 하나님께서는 바울과 바나바를 이방인의 사도로 임명하심으로써, 이방인을 유대인과 동등하게 대우하시고, 복음이 유대인과 이방인 모두에게 차별 없이 전파될 수 있게 하셨다. 이제 "중간에 막힌 담"이 허물어졌기 때문에, 멀리 있던 자나 가까이 있던 자가 동일하게 하나님과 화목할 수 있게 되었고, 하나의 머리 아래 모여서 다 함께 하나의 몸으로 자라갈 수 있게 되었다. 따라서 바울을 이방인의 사도로 부르신 것은 옛적에 아브라함과 그의 후손들에게 약속되었던 구원이 마치 우리도 아브라함의 후손인 양 오늘 우리에게도 임하게 되었다고 하나님께서 하늘로부터 공개적으로 선포하신 것과 같은 정도의 중요성을 지난 사건이었다. 그런 까닭에, 바울은 여러 곳에서 자신의 부르심을 변호하기 위한 수고를 아끼지 않았는데, 그것은 이방인들로 하여금 그가 그들에게 복음의 교훈을 전하게 된 것은 우연히 일어난 일이나 인간의 경솔한 생각에서 시작된 것이 아니라, 먼저는 하나님의 놀라운 계획에 의한 것이고, 다음으로는 하나님께서 창세 전에 작정하셨던 일을 분명한 명령을 통해서 사람들에게 알게 하셨을 때에 시작된 것임을 확신하게 하기 위한 것이었다(갈 1장).

1. 안디옥 교회에 선지자들과 교사들이 있으니. 나는 에베소서 4:11과 고린도전서 12:28을 주석할 때에, 적어도 내 생각으로는 "교사들"과 "선지자들"이 어떻게 다른지에 대해서 설명하였다. 여기서 이 두 단어는 동의어일 수 있기 때문에, 누가가 말하고자 한 것은 성령의 특별한 은혜인 가르치는 은사를 받은 사람들이 안디옥 교회에 많이 있었다는 것이다. 나는 "선지자들"을 예언하는 은사에 있어서 뛰어난 사람들을 가리키는 것으로 이해하는 것은 적절하지 않고, 탁월한 성경 해석자들(scripturae interpretes)을 의미하는 것이라고 생각한다. 이 사람들은 바울이 고린도전서 14장에서 증언하고 있듯이 가르치고 권면하는 직분을 맡고 있었다. 우리는 여기서 누가의 의도가 무엇이었는지를 주목하여야 한다. 바울과 바나바는 안디옥 교회의 사역자들이었는데, 하나님께서는 이제 그들을 다른 곳으로 불러내고자 하신다. 그렇기 때문에, 안디옥 교회의 성도들 중에는 유능하고 좋은 사역자들을 빼앗겼다거나, 하나님께서 안디옥 교회를 희생시켜서 다른 교회를 돌보려고 하신다고 생각하는 사람들이 있을 수 있었다. 따라서 누가는 이런 일이 일어나는 것을 미연에 방지하기 위해서, 안디옥 교회에는 가르치는 사람이 많이 있었기 때문에, 그들이 다른 교회들의 부족함을 도와준다고 할지라도, 그들에게는 여전히 충분한 사역자들이 남아 있었다는 것을 우리에게 보여준 것이다. 이것으로부터 안디옥 교회 위에 하나님의 은혜가 얼마나 풍성하게 부어졌는지가 극명하게 드러난다. 왜냐하면, 그들은 자신들에게 있는 물을 빼내서 다른 곳들로 흘려보낼 수 있었기 때문이다.

오늘날 우리 시대에도 하나님이 어떤 교회를 다른 교회들보다 더욱 부요하게 하시는 것은 그들로 하여금 복음의 교훈을 널리 전하는 요람이 되도록 하시기 위한 것이다. 헤롯과 함께 컸던 "마나엔"은 고귀한 가문 출신이었음이 분명하다. 누가는 그의 경건함을 우리에게 보여주기 위해서 의도적으로 이런 사실을 언급한다. 즉, 그는 세상의 부귀영화는 거들떠보지 않고, 보잘것없고 멸시받는 그리스도의 양들을 위해서 헌신하는 삶을 살았다는 것이다. 만일 그가 야심을 품었다면, 그는 분명히 고관대작이 될 수 있었을 것이지만, 그리스도께 자기 자신을 온전히 헌신하기 위해서, 그러한 헛된 영화를 멀리하고 도리어 비난과 모욕을 당하는 쪽을 선택하는 것을 마다하지 않았다. 왜냐하면, 당시의 교회가 처한 상황을 감안할 때, 대중들로부터 욕을 먹고 비난을 들을 각오가 되어 있지 않고서는 복음에 자신의 이름을 걸 수 없었을 것이기 때문이다. 따라서 하나님께서는 그의 사례를 통해서 우리에게 세상을 멸시하여야 한다는 것을 가르치고자 하신 것이다. 왜냐하면, 육신에게 보배와 같은 것들을 해로운 방해물로 여겨서 거부하지 않고서는 진정으로 그리스도인이 될 수 없는 까닭에, 그리스도인들은 담대하고 고귀한 마음을 품고서 세상을 멸시하는 법을 배워야 하기 때문이다.

2. 주를 섬겨 금식할 때에. 여기서 누가가 사용한 단어인 '레이투르군톤'(λει-τουργούντων, "섬겨")은 거룩한 일들에 복무하는 것만이 아니라, 때로는 공적인 의무를 수행하는 것을 의미하기도 했고, 또한 이방인들의 제의가 대부분 동물의 희생 제사로 이루어져 있었기 때문에, 종종 제물을 바친다는 뜻으로도 사용되었다. 교황주의자들은 사도들이 모종의 제사를 드렸다는 것을 증명하고 싶어 했기 때문에, 이 마지막 의미를 무척 마음에 들어 하였다. 하지만 설령 여기서 이 단어가 그런 의미로 사용된 것이라고 하더라도, 그들이 자신들의 미사를 옹호하기 위해서 안디옥의 교사들이 제사를 드렸다고 우기는 것은 어처구니없는 일이다. 우선, 이 단어는 복수형으로 사용되고 있기 때문에, 미사는 그들 모두에 의해서 드려졌다는 말이 된다. 그러나 이런 사소한 것은 접어두고라도, 내가 말하고 싶은 것은 우리가 그리스도께서 자신의 교회에 부탁하신 것이 어떤 종류의 제사였는지를 생각하여야 한다는 것이다. 교황주의자들은 그리스도를 제물로 드려서 하나님과의 화평을 얻게 하는 제사장 직분이 자신들에게 부여되어 있다고 생각한다. 하지만 성경에는 그런 언급이 전혀 없고, 사람들을 하나님과 화목하게 하는 이 영광스러운 직분이 오직 하나님의 아들에게만 주어져 있다고 말할 뿐이다. 따라서 "하나님의 복음의 제사장 직분"은 교황주의자들이 주장하는 것과는 완전히 다르다. 즉, 한편으로 각각의 신자는 자기 자신과 자신의 것을 하나님께 드릴 수 있고, 다른 한편으로는 바울이 로마서 15:16에서 가르치고 있는 바와 같이, 공적인 사역자들은 복음이라는 영적인 검으로 영혼들을 잡아서 하나님께 제물로 드릴 수 있다는 것이다. 또한, 모든 경건한 자들의 기도는 입술로 드리는 제물이고(호 14:2), 우리가 거룩한 제단으로부터, 즉 그리스도의 이름으로 기도를 올려드릴 때(히 13:15), 하나님께서 그 기도를 기뻐 받

462

으신다. 따라서 누가가 선지자들과 교사들이 "섬기고" 있을 때에 성령이 그들에게 말씀하셨다고 한 것은 당시에 그들이 공적인 사역을 수행하고 있을 때에 성령께서 말씀하셨다는 의미일 뿐이다. 누가가 그들이 "금식했다"는 말을 덧붙인 것은 그들의 마음이 모든 방해물로부터 자유로운 상태에서 하나님의 말씀을 받는 일에 집중할 수 있었다는 것을 우리로 하여금 알게 하기 위한 것이다. 여기서 누가가 의미하는 것이 그들이 흔히 있는 금식을 하고 있었다는 것인지, 아니면 단순히 그때에 특별히 금식하고 있었다는 것인지는 분명하지 않다. 하지만 우리로 하여금 바울의 소명에 대해서 더욱 신뢰할 수 있도록 하기 위해서 이러한 정황들이 제시되고 있다는 것에 대해서는 의문의 여지가 없다.

2. 바나바와 사울을 따로 세우라. 하나님께서는 안디옥 교회가 공적인 결정을 통해서 바울과 바나바를 자신이 정하신 곳으로 파송할 것을 명하신다. 이것으로부터 우리는 목회자가 합법적으로 세워지기 위해서는 반드시 하나님께서 주도적인 역할을 하셔야 한다는 것을 알게 된다. 왜냐하면, 하나님께서는 교회에 목사들과 감독들을 선출할 수 있는 권한을 주셨지만, 목회자를 세우는 것과 관련된 모든 것을 주관하시는 최고지휘자(summus moderator)으로서의 자신의 지위를 사람들에게 넘겨주셔서, 그들에게 무한정의 재량권을 허락하신 것이 결코 아니기 때문이다. 물론, 일반적인 목회자들을 세우는 방식이 바울과 바나바를 선택해서 세운 이 방식과 동일할 수는 없다. 왜냐하면, 그들은 장차 이방인의 사도가 될 사람들이었던 까닭에, 하나님의 직접적인 명령에 따라 세워져야 했기 때문이다. 하지만 하나님께서 바울과 바나바가 자신의 작정하심을 따라 복음을 선포하는 자로 이미 세움을 받았다는 것을 분명하게 말씀하신 것과 마찬가지로, 어떤 방식으로든 하나님에 의해서 이미 선택된 자가 아니면, 그 누구도 가르치는 직분을 맡을 수 없다는 점에서는, 그들이나 일반적인 목회자들이나 다를 바가 없다.

그렇다고 해서, 성령께서 어떤 사람이 하나님의 부르심을 받은 자라고 하늘로부터 우리에게 소리쳐 알려주실 필요는 없다. 왜냐하면, 우리는 하나님으로부터 꼭 필요한 은사들을 받은 자들을 하나님께서 자신의 손으로 잘 빚으시고 준비시키셔서 우리에게 넘겨주신 사람들이라고 생각하고 받아들이면 되기 때문이다. 그러나 누가는 여기서 바울이 교회의 결정에 의해서 세움을 받았다고 말하고 있기 때문에, 그것은 자신의 부르심이 "사람들에게서 난 것도 아니요 사람으로 말미암은 것도 아니었다"(갈 1:1)고 한 바울의 말과 부합하지 않는 것처럼 보일 수 있다. 나의 대답은 바울은 이방인들에게로 파송되기 오래 전에 사도로 세우심을 받아서 이미 수 년 동안 사도의 직분을 수행하고 있다가 하나님의 새로운 명령에 의해서 이방인들에게로 파송된 것인데, 그가 사도로 세우심을 받은 것은 사람들의 결정에 의한 것이 아니었다는 것이다. 따라서 바울이 자신의 사도직의 근원이 하나님이라는 것을 밝히기 위해서 사람들을 배제한 것은 합당하다. 하나님께서는 안디옥 교회로 하여금 과연 바울이 소명을 받았는지에 대하여 판단한 후에 이방인들에게 복음을 전하는 사도로 세우라고 하신 것이 아니라, 지금까지는 소수의 사람들에게만 알려져 있던 바울에 대한 자신의 작정하심을 이제 공적인 선포를 통해서 온 교회에 알리시고, 안디옥 교회로 하여금 자신의 작정하심을 공식적인 결정을 통해 확증하는 절차를 밟으라고 명하신 것이다. 따라서 이 구절의 의미는 유대인과 이방인을 가로막고 있던 담이 이제 허물어졌기 때문에, 바울이 이방인들 가운데서 복음을 전파해서 지금까지 하나님의 나라에 대해서 외인이었던 저 이방인들을 교회로 불러 모을 때가 왔다는 것이다. 왜냐하면, 하나님께서는 지금까지는 바울로 하여금 안디옥 등지에서 사역하게 하셨지만, 이제는 이방인들에게도 유대인들과 동일한 생명의 유업에 참여할 기회를 줄 수 있는 때가 무르익었기 때문에, 이때에 그에게 이 특별한 사명을 더하신 것이기 때문이다. 바울은 이렇게 처음부터 안디옥 교회의 "교사"로 사역을 해왔기 때문에, 이때에 또다시 사람들을 통해서 소명을 부여받을 필요가 없었던 것은 확실하다. 왜냐하면, 하나님께서 친히 그를 부르셨다고 말씀하시는데, 교회가 거기에 순종하고 동의하는 것 말고 달리 어떻게 하겠는가? 왜냐하면, 여기서는 이 일이 마치 불확실한 문제인 양 사람들의 판단이 요구되는 상황이 아니었을 뿐만 아니라, 그들에게는 이 문제를 결정할 권한이 있었던 것도 아니었기 때문이다. 우리는 바울과 바나바는 지금 막 "교사"의 반열에 들게 된 것이 아니라, 단지 하나님의 은혜를 모든 이방인들에게 전하라는 특별한 소임이 이제 그들에게 부여된 것일 뿐이라고 내가 앞에서 한 말을 기억하지 않으면 안 된다. "일을 위하여 … 따로 세우라"라는 구절의 의미는 이러한 설명에 딱 들어맞는다. 왜냐하면, 여기서 하나님께서는 그들에게 지금까지 생소했던 새로운 "일"을 언급하시는 것이 분명하기 때문이다.

그런데 어떻게 여기서 바나바가 바울의 동료이자 동역자로 함께 소개되고 있는 것일까? 우리는 바나바가 가르치는 직분을 수행했다는 내용을 읽어 본 적이 없고, 게다가 그는 무엇인가를 말해야 할 일이 있으면 그 역할을 언제나 바울에게 양보하고 자신은 침묵을 지키지 않았던가? 나의 대답은 한 사람이 언제나 모든 곳에 있을

수는 없었기 때문에, 바울이 없을 때면, 바나바가 무엇인가를 말해야 하는 상황이
계속해서 발생했을 것인 까닭에, 두 사람은 각자에게 주어진 가르치는 사역을 하여
야 했다는 것이다. 바나바가 하나님께서 자신에게 위임하신 소임을 충성되게 수행
하였고, 무언의 방관자가 아니었을 것임은 의심의 여지가 없다. 누가가 바울이 한
말들을 천분의 일도 보도하지 않고 있다는 것을 감안하면, 우리는 바나바가 한 말
들을 그가 명시적으로 소개하지 않은 것을 이상하게 여길 이유가 없다.

2. 성령이 이르시되. 마케도니우스(Macedonius)와 그 일파가 자신들의 배교를
옹호하기 위해서 그 어떤 이의를 제기한다고 할지라도, 여기서 우리는 성령의 신적
본질에 관해서 그 누구도 회피할 수 없는 명백하고 확고한 증언을 갖는다. 교회를
자신의 권위와 주권을 따라 다스리는 것보다 더 하나님에게 고유한 속성은 없다. 그
런데 성령께서 바울과 바나바를 "따로 세우라"고 명하시고, 그들이 자신의 명에 따
라서 부름을 받은 것이라고 선언하셨다는 것은 그러한 권세가 자기에게 있음을 보
여주신 것이다. 우리가 만일 하나님께서 자신의 뜻대로 교회를 세우시고, 교회 위
에 교사들을 임명하시며, 교회의 성장과 질서를 주관하신다는 것을 인정하지 않는
다면, 교회가 머리 없는 불구의 몸이라는 것도 인정하지 않으면 안 된다. 우리는 뒤
에 나오는 바울의 설교를 통해서, 모든 감독들은 교회를 보살피도록 성령에 의해서
임명된 사람들이라는 것을 알게 된다(행 20:28). 또한, 거기에서 바울은 하나님으로
부터 부르심을 받은 자가 아니면 그 누구도 교회의 합법적인 목회자로 간주될 수 없
고, 하나님께서 보여주신 거짓 선지자의 유일한 징표는 하나님이 그들을 보내시지
않았다는 것이라고 증언한다. 따라서 우리는 성령은 참 하나님이시라는 결론에 이
르게 된다. 왜냐하면, 성령의 권위만으로 목회자들을 택하기에 충분하고, 목회자들
을 세움에 있어서 성령의 주권이 가장 중요하기 때문이다. 선지자 이사야가 "이제
는 주 여호와께서 나와 그의 영을 보내셨느니라"(사 48:16)고 말한 것도 그러한 사
실을 확증해 준다. 또한, 이 구절을 통해서 우리는 성령이 하나님 안에 존재하는 하
나의 위격이시라는 것을 알아야 한다. 왜냐하면, 우리가 만일 "성령"이라는 이름이
하나의 위격(hypostasis)을 가리키는 것이 아니라 단지 하나의 별칭(epitheton)일 뿐
이라는 사벨리우스(Sabellius)의 거짓 주장을 인정한다면, "성령이 이르시되"라는
표현은 아무런 의미도 없는 부적절한 말이 될 것이고, 이사야 선지자가 자신을 파
송한 것이 성령이라고 말한 것도 어리석은 말이 될 것이다.

3. 이에 금식하며 기도하고 두 사람에게 안수하여 보내니라. 그들은 성령이 하

신 말씀에 순종하여 바울과 바나바를 파송할 뿐만 아니라, 엄숙한 의식을 통해서 그들을 이방인의 사도로 세운다. 여기에 언급된 "금식"이 공식적으로 행해진 것이었음은 의심의 여지가 없다. 누가는 앞에서도 그들이 "주를 섬겨" 금식하고 있었다고 말하였고, 그 금식은 관례에 따른 것이었을 수 있지만, 이번에는 그 이유가 달랐다. 왜냐하면, 그들은 이번에는 어려운 일이나 중요한 일이 있을 때에 행해지곤 했던 공적인 금식을 행함으로써, 그들 자신을 비롯해서 교인들이 진지하고 간절한 기도를 드릴 수 있도록 하고자 한 것이었고, 성경에서도 금식이 기도를 돕는 방편으로 종종 행해졌다고 말하기 때문이다. 사실, 이방인들 가운데 그리스도의 나라를 세우는 일은 정말 중대한 일이었기 때문에, 안디옥의 교사들이 하나님께 그의 종들로 하여금 그 짐을 감당할 수 있게 해주시라고 간절히 기도한 것은 너무도 당연한 일이었다. 그들은 이 문제를 놓고서 어떤 선택을 하여야 하는지를 놓고서, 하나님께서 지혜와 분별의 영으로 그들을 인도해 주셔서 올바른 판단을 하게 해주시라고 기도한 것이 결코 아니었다. 왜냐하면, 이 문제에 관한 것들은 이미 모든 것이 정해져 있었기 때문이다. 따라서 그들이 기도한 것은 하나님께서 이방인들을 전도하기 위하여 이미 택하여 세우신 자들에게 지혜와 담대함의 영을 주시고, 사탄과 세상의 모든 공격에 맞서 능히 이길 수 있는 힘을 주시며, 그들의 수고에 복을 주셔서 열매를 맺게 하시고, 복음을 전도할 수 있는 문을 활짝 열어 주시라는 것이었다.

　누가가 금식과 기도에 이어서 세 번째로 언급하고 있는 "안수"는 우리가 6장을 다룰 때에 설명한 바와 같이, 일종의 성별 의식이었다. 왜냐하면, 사도들은 유대인들 가운데서 대대로 전해져 내려오던 율법의 관습들, 즉 무릎을 꿇는 것을 비롯해서 경건의 훈련에 유익한 여러 의식들과 마찬가지로 안수 의식도 여전히 그대로 지키고 있었기 때문이다. 요컨대, 그들이 바울과 바나바에게 안수한 목적은 교회가 이 두 사람을 하나님께 바치기 위한 것임과 동시에, 이 직분이 하나님에 의해서 이 두 사람에게 주어졌다는 것을 만장일치로 공포하기 위한 것이었다. 왜냐하면, 부르심(vocatio)은 오로지 하나님께 속한 일이지만, 하나님의 말씀을 따라서 외적인 임직식(ordinatio)을 거행하는 것은 교회에 속한 일이기 때문이다.

⁴두 사람이 성령의 보내심을 받아 실루기아에 내려가 거기서 배 타고 구브로에 가서 ⁵살라미에 이르러 하나님의 말씀을 유대인의 여러 회당에서 전할새 요한을 수행원으로 두었더라 ⁶온 섬 가운데로 지나서 바보에 이르러 바예수라 하는 유대인 거

짓 선지자인 마술사를 만나니 7그가 총독 서기오 바울과 함께 있으니 서기오 바울은 지혜 있는 사람이라 바나바와 사울을 불러 하나님의 말씀을 듣고자 하더라 8이 마술사 엘루마는 (이 이름을 번역하면 마술사라) 그들을 대적하여 총독으로 믿지 못하게 힘쓰니 9바울이라고 하는 사울이 성령이 충만하여 그를 주목하고 10이르되 모든 거짓과 악행이 가득한 자요 마귀의 자식이요 모든 의의 원수여 주의 바른 길을 굽게 하기를 그치지 아니하겠느냐 11보라 이제 주의 손이 네 위에 있으니 네가 맹인이 되어 얼마 동안 해를 보지 못하리라 하니 즉시 안개와 어둠이 그를 덮어 인도할 사람을 두루 구하는지라 12이에 총독이 그렇게 된 것을 보고 믿으며 주의 가르치심을 놀랍게 여기니라(13:4-12).

4. 두 사람이 성령의 보내심을 받아. 여기에 이 두 사람이 교회에 의해서 선택되었다는 언급이 전혀 없는 것은 그들의 부르심은 전적으로 하나님에 의한 것이었고, 교회가 한 일은 하나님께서 친히 세우신 자들을 단지 받아들인 것뿐이었기 때문이다. 누가는 그들이 제일 먼저 수리아의 도시인 "실루기아"로 내려갔다고 보도한다. 물론, 동일한 이름을 지닌 다른 지역이 있기는 했지만, 누가가 수리아에 있던 이 도시를 언급한 것으로 보아야 하는 것은 거기에서 "구브로"로 건너가는 것이 거리가 짧았기 때문이다.

5. 살라미에 이르러. 누가는 그들이 구브로에 있는 크고 유명한 도시였던 "살라미"에서 복음 전도 사역을 시작하였다고 말한다. 하지만 그들은 이방인들에게로 보내심을 받았는데도 불구하고 "유대인들"에게 하나님의 말씀을 전하고 있기 때문에, 첫 걸음을 잘못 내디딘 것처럼 보일 수 있다. 나의 대답은 그들은 유대인들은 제쳐두고 오로지 이방인들에게로만 복음을 전해야 했던 것은 아니었다는 것이다. 왜냐하면, 하나님께서 그들을 이방인의 사도로 삼으셨지만, 그들이 지금까지 해왔던 일을 완전히 못하게 하신 것은 아니었기 때문이다. 따라서 그들이 유대인과 이방인을 가리지 않고 모든 사람에게 기회 있을 때마다 복음을 전하는 것을 그만둘 이유는 전혀 없었고, 우리가 이 장의 끝부분에서 보게 되겠지만, 도리어 그들의 사역은 유대인들로부터 시작되어야만 하였다. 또한, 누가는 그들이 "요한"의 도움을 받았다는 말을 덧붙이고 있는데, 이것은 요한이 그들을 개인적으로 섬겼다거나 그들이 살아가는 데에 필요한 것들을 공급하는 일을 맡아 그들을 섬겼다고 말하는 것이 아니라, 복음 전도의 일을 돕는 일을 맡아서 한 요한의 경건한 열심과 성실함을 칭송하고 있

는 것이다. 하지만 이것은 요한이 바울이나 바나바와 동등한 직분을 갖고 있었다는 뜻은 아니고, 단지 그들 모두가 동일한 사역에 수고하고 있었다는 뜻일 뿐이다. 그렇기 때문에, 요한이 나중에 이 거룩한 부르심을 버리고 떠났을 때, 그의 처신은 더더욱 용서받기 어려운 것이었다.

6. 온 섬 가운데로 지나서 바보에 이르러. 그들의 이 여정에 열매가 전혀 없었던 것은 아니었을 것이지만, 사람들은 대체로 복음을 받아들이려 하지 않았던 것으로 보인다. 누가는 이러한 사실에 대해서 의도적으로 침묵한 것은 아니었고, 다만 이제 곧 다루게 될 저 유명한 사건으로 서둘러 넘어가기 위해서, 그들이 여행 중에도 전도 사역을 쉬지 않았다는 사실을 보도하는 것만으로 충분하다고 생각하였다. 구브로 섬에서 "살라미"는 수리아를 마주보고 있는 동쪽 해안에 있었고, "바보"는 남쪽 해안에 있었기 때문에, 바울과 바나바는 "바보"에 가기 위해서 섬 한가운데를 가로질러 반대편 해안으로 여행을 해야 했다. 구브로 섬은 그 전체가 비너스(Venus) 신에게 바쳐진 섬이었지만, 특히 "바보"는 그 우상의 본거지였다. 하나님께서 이 부도덕하고 가증스러운 우상의 소굴을 자신의 복음의 빛으로 비추고자 하셨다는 점에서, 하나님의 선하심은 더욱 놀랍게 드러난다. 이곳 주민들이 종교를 빌미로 온갖 수치스럽고 부끄러운 일들을 거리낌 없이 자행하고 있었다는 사실로 미루어 볼 때, 우리는 이 도시에 고결함과 순결함, 정직함과 건전함 같은 것이 과연 있을 수 있었겠는지를 능히 짐작할 수 있다.

6. 바예수라 하는 유대인 거짓 선지자인 마술사를 만나니. 당시에 유대교는 철저히 타락해 있었기 때문에, 유대인들이 수많은 불경스러운 미신들에 빠져 있었다고 해도, 그것은 전혀 놀라운 일이 아니었다. 그들은 자신들이 특정한 신을 섬기고 있다고 고백하고 있었기 때문에, 자신들의 미지의 신의 이름을 마음대로 써먹을 수 있었던 것은 사람들을 속이는 데에 아주 훌륭한 수단이 될 수 있었다. 하지만 마술사 "엘루마"가 신중하고 사려 깊은 사람이었던 "총독 서기오 바울"을 자신의 마술로 미혹할 수 있었다는 것은 놀라운 일이었다. 왜냐하면, 우리는 당시에 유대인들이 온 세상 사람들, 특히 로마인들로부터 미움을 받고 있었을 뿐만 아니라 지독한 멸시까지 받고 있었다는 것을 알고 있기 때문이다.

누가가 총독 "서기오"를 "지혜 있는 사람"이라고 명시적으로 칭송한 것은 이유가 그가 어리석고 무분별해서 마술사의 사기에 쉽게 걸려든 것이라고 생각하는 사람이 없게 하는 한편, 인간의 지혜라는 것이 사탄의 어설픈 계교조차도 감당하지 못하고 속아 넘어갈 정도로 얼마나 보잘것없고 쓸데없는 것인지를 거울에 비치듯이 생생하게 보여주고 싶었기 때문이다.

　확실한 것은 하나님의 진리가 빛을 발하지 않는 곳에서는 지혜로워 보이는 사람일수록 오히려 더욱 어리석게 행한다는 것이다. 여기서 우리는 최고의 재능과 온갖 지식으로 무장한 이방인들 가운데서 어떠한 추악하고 기괴한 미신이 기승을 부리고 있는지를 보게 된다. 따라서 하나님의 성령으로부터 오지 않은 것은 진정한 분별력이나 현명함이 아니다. 모든 우상 숭배자들에게 내리시는 하나님의 의로우신 보응은 "그들을 그 상실한 마음대로 내버려 두사" 아무것도 제대로 분별하지 못하고 "합당하지 못한 일을 하게"(롬 1:28) 하시는 것이다. 그러나 서기오 바울은 이 마술사를 만난 그 순간부터 진부한 미신들에 염증을 느끼고, 하나님을 섬기는 좀 더 순전한 예배를 동경한 것이었을지도 모른다. 만약 그런 것이었다고 하더라도, 경건에 대한 열망을 품고 있던 한 사람을 사탄의 치명적인 덫에 걸리게 내버려 두신 것은 하나님의 기이한 심판이었음이 분명하다. 그러나 하나님께서는 자신의 택하신 자들로 하여금 많은 잘못된 길들을 방황한 후에 바른 길을 찾게 하시는 방식으로 그들을 훈련시키신다.

7. 그가 총독 서기오 바울과 함께 있으니. 서기오 바울은 자기가 어린 시절부터 알아 왔던 것보다 좀 더 나은 것을 찾고자 하였지만, 불행히도 여러 가지 미신들에 빠지고 말았고, 그가 가르침을 받기 위해서 바울과 바나바를 부른 이유도 거기에 있었을 것이라고 나는 생각한다. 따라서 그는 아직까지는 참 하나님을 잘 알지는 못하였지만, 하나님에 대한 어느 정도의 경외심을 품고 있었기 때문에, "바예수"라 하는 유대인의 거짓 선지자에게서 유대인들이 섬기는 하나님이 참 하나님이시라는 말을 들었을 때, 하나님의 말씀을 통해서 순수하고 확실한 경건의 법을 배우고자 했지만, 이 "거짓 선지자"가 제정신이 아니라는 것을 눈치 채고서 어찌할 바를 모르고 있었다. 그는 이 사악한 인간에게 잠시 동안 속고 있었지만, 그럼에도 불구하고 하나님께서는 그가 헛된 것에 안주하지 않도록 하시기 위해서 그의 마음을 심란하게 만드셨던 것이다.

8. 이 마술사 엘루마는 … 총독으로 믿지 못하게 힘쓰니. 사기꾼인 "마술사 엘루마"가 바울과 바나바가 전하는 빛에 의해서 자신의 어둠이 쫓겨가는 것을 보았을 때에 어떻게 해서든지 그 빛을 몰아내려고 안간힘을 쓴 것은 당연한 일이었다. 오늘날에도 우리는 순진한 사람들로 하여금 "의의 해"가 떠오른 것을 알아차리지 못

하도록 하기 위해서, 상습적으로 공허한 약속들을 남발하며, 온갖 속임수들과 술책들을 동원해서 그들의 눈과 귀를 가리는 수많은 허풍쟁이들과 똑같은 싸움을 하고 있다. 우리는 이러한 방해물들과 맞서 싸워야 한다. 왜냐하면, 비록 이런 마술사들이 언제 어디서나 복음 전도에 문제를 야기시키는 것은 아닐지라도, 사탄이 주는 많은 유혹들이 우리의 마음을 점령해서 그리스도로부터 등을 돌리게 만들고 있고, 우리의 육신은 그러한 유혹에 너무 쉽게 굴복하기 때문이다. 요컨대, 세상의 유혹들과 우리 육신의 악한 성정들이 사탄이 우리의 믿음을 파멸시키기 위해서 사용하는 마법들이라는 것이다.

9. 바울이라고 하는 사울이 성령이 충만하여 그를 주목하고. 이제 누가는 하나님께서 총독 "서기오 바울"을 옭아매고 있던 매듭을 어떻게 풀어 주셨는지를 보여준다. 왜냐하면, 마귀는 자신의 덫에 걸린 사람들의 마음을 믿기 어려울 정도로 교묘한 방법으로 자신에게 예속시켜서, 그들로 하여금 가장 명백한 진리조차 볼 수 없게 만드는 까닭에, 마술사에게 너무 깊이 빠져 있었던 총독은 자신의 독립적인 의지를 가지고서 참된 가르침을 받아들일 수 있는 상태에 있지 않았기 때문이다. 그러나 마귀가 일단 거꾸러지게 되면, 바울이 총독의 심령에 다가서는 것은 매우 쉬운 일이 될 것이었다. 한편, 우리는 사탄이 사람들의 믿음을 무너뜨리고자 할 때에는 하나님의 말씀을 공격한다고 말하고 있는 것에 주목하여야 한다. 이것으로부터 우리는 믿음이라는 것은 말씀 위에 세워지기 때문에, 말씀이라는 지지대가 없을 때에는 조금만 공격을 받아도 금방 무너질 수밖에 없고, 따라서 믿음은 하나님의 말씀으로 세워지는 영적 건물이라는 결론을 얻게 된다.

10. 이르되 모든 거짓과 악행이 가득한 자요. 바울이 이렇게 격렬한 말들을 쏟아낸 데는 그럴 만한 이유가 있었다. 즉, 그는 온유하고 절제된 태도로 일관해서는 좋은 결과를 얻을 수 없다는 것을 알았기 때문이었다. 물론, 처음에는 항상 부드러운 가르침으로 시작되어야 하지만, 끝내 완악한 길에서 돌이키지 않는 자들에게는 경고와 권면과 채찍이 주어져야 한다. 바울이 처음부터 이 마술사에게 가혹한 말들을 퍼부은 것이 아니었음은 분명하다. 하지만 이 마술사가 자신의 가르침에 악의적이고 공개적으로 시비를 거는 것을 본 후에는, 바울은 그를 사탄의 하수인으로 다루기 시작한다. 공공연히 완악함을 드러내고 사악하게도 하나님을 멸시하는 구제불능인 복음의 원수들에게는 이렇게 하는 것 말고는 다른 방법이 없다. 특히, 그들이 하나님을 찾고자 하는 다른 사람들의 길을 가로막고 있을 때는 더더욱 그러하다. 게

다가, 바울이 지나치게 격앙된 것 아니냐고 생각하는 사람이 있을 것을 우려해서, 누가는 바울이 성령의 감동으로 그렇게 한 것임을 분명히 한다.

따라서 이 심판의 말씀이 단지 한 인간의 말이 아니라 바울의 입을 통해서 성령께서 친히 하신 말씀이었다는 것을 생각할 때, 이 격정적인 선포는 하나님의 말씀에 겁 없이 반기를 들며 하나님을 멸시한 불경건한 자들에게 단순한 질책이 아니라, 가공할 만한 공포로 다가왔을 것임에 틀림없다. 어떤 이들은 "사울"이 마치 자신의 승리를 기념하기라도 하려는 듯이 총독의 이름에서 "바울"이라는 단어를 가져와서 자신의 이름으로 삼은 것이라고 주장하지만, 본문의 단어들을 살펴보면, 그런 주장이 분명한 잘못이라는 것이 드러난다. 그러한 주장을 반박할 수 있을 만큼 충분히 강력한 근거들은 셀 수 없이 많지만, 이 구절만으로도 충분한 반박이 가능한 것은 여기서 누가는 총독이 믿음을 갖게 되기 전에 이미 "사울"이 두 개의 이름을 갖고 있었다는 것을 보여주기 때문이다. 그는 유대인 혈통이었기 때문에 그에게 "사울"이라는 유대식 이름이 있었다는 것은 의심의 여지가 없다. 또한, 우리는 로마 시민권을 갖고 있던 유대인들에게는 통상적으로 별도의 로마식 이름이 있었다는 것을 알고 있다. 누가는 사울이 엘루마에 대하여 말할 때에 "악행"과 "거짓"이라는 두 단어를 사용한 것으로 보도하는데, 라틴어 역본에서 "악행"을 번역한 '베르수티아'(versutia)는 진실함과 반대되는 것으로서, 교활한 사람들이 변덕스럽게 이랬다 저랬다 마음을 바꾸어서 일관성이나 일편단심이 없는 것을 의미한다. 물론, 누가가 여기서 사용한 헬라어는 "악행"을 식은 죽 먹듯이 저지르는 담대함을 의미하기는 하지만, 실제로는 라틴어 역본의 번역이 더 적절하다. "마귀의 자식"은 멸망 받게 되어 있어서 구원의 소망이 전혀 없는 자를 뜻한다. 이런 자들은 악의적이고 의도적으로 의에 맞서는 자들이기 때문에, 바울은 이 마술사가 "모든 의의 원수"라는 말을 덧붙인다.

10. 주의 바른 길을 굽게 하기를 그치지 아니하겠느냐. 바울이 "주의 길"이라고 부른 것은 하나님께서 우리를 그에게로 인도하시는 모든 방도를 가리킨다. 그는 이 길은 곧고 바른 것이라고 단언하면서, 이 마술사가 거짓말과 속임수로 그 길을 왜곡하고 굽게 하고 있다고 책망한다. 우리는 여기서 사람들이 하나님께 나아가는 평탄한 길을 발견하지 못하는 것은 사탄의 계교 때문이라는 유익한 가르침을 얻는다. 왜냐하면, 하나님께서는 자신의 말씀을 통해서 가시밭길이 아닌 평탄한 길을 우리에게 보여주고 계시기 때문이다. 따라서 우리는 우리 앞에 함정을 놓거나 우리를

가시밭길로 이끌어서, 우리의 길을 봉쇄해 버리거나 힘들고 어렵게 만드는 협잡꾼들을 철저하게 경계하여야 한다.

여기서 내가 앞에서 이미 말했던 내용을 다시 한 번 반복하는 것이 적절할 것이다. 즉, 그리스도의 종들이 올바른 가르침을 공공연히 대적하는 자들을 격렬하게 공격하였다고 해서, 그들을 비난하는 것은 성령을 무절제하다고 비난하는 것이기 때문에 합당하지 않다는 것이다. 하지만 나는 사람들이 이것과 관련해서 잘못을 범하기가 얼마나 쉬운지를 너무 잘 알고 있다. 그렇기 때문에, 경건한 교사들일수록 다음과 같은 잘못들을 범하지 않도록 경계를 늦추지 말아야 한다. 첫 번째는 하나님에 대한 열심이라는 미명 하에 육신의 혈기를 쏟아 부어서는 안 된다는 것이고, 두 번째는 절제할 수 있는 여지가 조금이라도 있을 때에는, 성급하고 부적절하게 흥분해서는 안 된다는 것이며, 세 번째는 무익하고 온당치 않은 폭언을 삼가고 상황에 맞는 신중한 표현을 사용해야 한다는 것이다. 우리는 여기서 바울에게 나타난 격렬한 열심을 선지자들에게 나타났던 저 격렬한 열심과 성령의 격렬한 역사 속에서 찾아볼 수 있는데, 부드럽고 섬세한 성정을 지닌 사람들이 이런 것을 지나치게 거친 것이라고 생각한다면, 그들은 하나님께서 자신의 진리를 얼마나 귀하고 소중하게 여기시는지를 생각하지 않는 것이다. 그런데 오늘날 믿음을 파괴하기 위해서 일어난 "엘루마"는 한 사람이 아니라 수도 없이 많고, 나아가 그들은 "엘루마"보다 훨씬 더 사악하기까지 하다. 왜냐하면, 그들이 신성모독적인 뻔뻔스러운 일들을 자행함으로써 하나님의 영광을 탈취하고 있고, 추잡하고 부패한 행위들로 기독교 신앙 전체를 타락시키고 있으며, 불쌍한 영혼들을 잔인하게 영원한 멸망으로 내팽개치고 있고, 그리스도를 야비하게 조롱하고 있으며, 하나님에 대한 모든 예배를 끔찍할 정도로 망가뜨리고 있고, 하나님의 거룩한 진리를 갈기갈기 찢어놓고 있으며, 야만적인 폭압을 통해서 하나님의 교회를 황폐하게 만들고 있는 것을 우리가 지금 목격하고 있기 때문이다. 따라서 우리는 그들이 하나님을 발로 짓밟고 있다고 말해도 좋을 것이다. 뿐만 아니라, 이 광적인 거인족들의 환심을 사기 위해서 알랑대는 속물적인 철학자들도 부지기수이다. 그러나 그러한 자들은 "주의 집을 위하는 열성이 나를 삼켰나이다"(시 69:9)라는 말씀이 무슨 뜻인지를 결코 맛보지 못한 자들임이 분명하기 때문에, 우리는 그들의 냉랭함, 아니 그들의 나태함에 대해서는 상관하지 말고, 오로지 하나님의 영광을 수호하고자 하는 지극히 뜨거운 열망을 품고 행하여야 한다.

11. 보라 이제 주의 손이 네 위에 있으니. 여기서 "손"은 일격을 가하는 수단을 나타낸다. 바울은 이 징벌을 행하시는 이는 하나님이시고, 자신은 단순한 일꾼에 지나지 않는다는 것을 보여주기 위해서, "주의 손"이라는 표현을 쓰고 있다. 나는 바울 자신이 고린도전서 12:8에서 '뒤나미스'($\delta\acute{\upsilon}\nu\alpha\mu\iota\varsigma$)라고 부른 '힘'이 바로 이 능력이라고 생각한다. 즉, 사도들은 성령의 능력을 힘입어 이적들을 행함으로써 신자들을 도울 수 있었던 것처럼, 사도들의 손 안에는 배역하고 완악한 자들을 길들일 수 있는 채찍도 쥐어져 있었다. 베드로가 "아나니아와 삽비라"에게 내린 하나님의 징벌이 그런 것이었다(행 5:5). 하지만 이적들은 가능한 한 지극히 인자하시고 온유하시며 관대하시고 자비로우신 그리스도의 성품을 드러내는 것이어야 했기 때문에, 그리스도께서 사도들로 하여금 그의 능력을 정반대 방향으로, 즉 징벌을 위한 목적으로 사용하게 하신 것은 드문 일이었다. 우리는 사도들이 마음 내킬 때마다 언제든지 어떤 사람에게나 징벌을 내릴 수 있는 능력을 부여받은 것이라고 생각해서는 안 되고, 그들을 이러한 능력으로 무장시켜 주신 하나님의 성령께서 그들을 인도하셔서 그 능력을 적법하고 합당하게 사용할 수 있게 하셨다고 생각하여야 한다. 따라서 앞에서 살펴본 대로, 우리는 바울이 성령의 감동을 따라서 이렇게 말한 것임을 기억하여야 한다. 뿐만 아니라, 엘루마에게 내려진 징벌의 종류도 매우 적절한 것이었다. 왜냐하면, 이 마술사는 "의의 해"를 가려서 사람들로 하여금 빛으로부터 오는 은택을 받을 수 없게 만들었는데, 이제 자기 자신이 완전한 "어둠" 속에 갇히게 되었기 때문이다.

오늘날 교황주의자들 가운데는 불경건하기가 이 마술사를 능가하는 자들이 적지 않다. 그렇다면, 그들이 이렇게 오만불손하게 의기양양한데도 불구하고, 그들의 뻔뻔스러움이 아무런 징벌도 받지 않는 것은 이상해 보일 수 있다. 하나님의 손이 약해지기라도 한 것인가? 아니면, 하나님께서 자신의 영광에 별로 관심이 없으신 것인가? 아니면, 복음의 원수들에게 원수를 갚으시고자 하는 열망이 식어 버린 것인가? 나의 대답은 마술사에게 내려졌던 이 가시적인 징벌 및 그것과 유사한 것들은 복음의 순전한 교훈을 훼손하거나 타락시키는 것을 두려워하지 않거나, 복음을 중상모략하며 공공연히 대적하기를 두려워하지 않는 모든 자에게 장차 임하게 될 하나님의 영원하신 진노를 보여주는 본보기들일 뿐이라는 것이다. 왜냐하면, 우리는 초대교회에서 한동안 이적들이 행해졌던 목적은 이후 세대들이 성경에 기록된 그 이적들을 경외감을 가지고서 마치 눈 앞에서 보듯이 계속해서 생생하게 보면서, 거기에 비추어 사람들의 눈으로 분명하게 볼 수 없는 하나님의 심판들을 볼 수 있게 하기 위한 것임을 알기 때문이다. 그러나 우리가 하나님께 그의 원수들을 이렇게 벌해야 한다거나 저렇게 벌해야 한다고 주문할 수는 없다. 어린 시절부터 온갖 미신에 물들어서, 어른이 될 때까지 참된 신앙을 체험하지 못했던 "서기오 바울"은 믿음을 갖는 데에 매우 심각한 장애물들을 갖고 있었다. 게다가, 그는 마술사의 광기에 사로잡혀 있었기 때문에, 웬만한 도움으로는 믿음에 거의 도달할 수가 없었다. 그런 까닭에, 하나님께서는 하늘로부터 공개적으로 자신의 손을 뻗치셔야 했다. 하지만 이 사건을 통해서 그 권세가 확증된 복음이 오늘날 우리에게도 선포되고 있는 것이기 때문에, 하나님께서는 이 사람을 통해서 우리 모두를 도와주신 것이다. 그렇다고 해서, 지금 하나님께서 손을 놓고 계신 것은 아니다. 우리의 눈이 너무 어두워서 그의 심판들을 볼 수 없을지라도, 하나님께서는 지금도 복음의 원수들에 대해서 다양한 방식으로 자신의 엄위하신 능력을 보여주고 계신다.

12. 이에 총독이 그렇게 된 것을 보고 믿으며 주의 가르치심을 놀랍게 여기니라. 내가 앞에서 말했던 것, 즉 엘루마에 의해서 총독에게 단단하게 옭아매져 있던 올무가 이렇게 해서 끊어졌다. 왜냐하면, "주의 가르치심"에 대한 경외감은 믿음이 시작된 것이자 믿을 준비가 되었다는 것을 보여준다는 점에서, 그는 이 이적을 통해서 믿음에 이르게 되었기 때문이다. 따라서 그는 하나님의 권능을 보여주는 명백한 증거를 직접 목격했을 때, 바울이 하나님으로부터 보내심을 받은 사람인 줄을 알게 되어, 전에는 믿기를 주저하던 그의 가르침을 받아들이기 시작하였다. 복음을 믿는 많은 심령들이 마귀의 수많은 강력한 계교들에 의해서 늘 흔들리고 요동할지라도, 하나님께서 놀랍도록 그들의 믿음이 무너지지 않게 해주시고, 그들로 하여금 믿을 수 없을 정도로 경이로운 방법으로 수많은 난관들을 극복하고서 믿음의 여정을 계속하게 해주시고 계신다면, 우리는 하나님의 그러한 은혜에 만족하여야 하고, 마치 하나님께서 우리가 바라는 대로 매일같이 새로운 이적들을 베풀어 주지 않으셔서 우리의 처지가 더 비참해지기라도 한다는 듯이, 하나님께 원망과 불평을 늘어놓아서는 안 된다.

[13]바울과 및 동행하는 사람들이 바보에서 배 타고 밤빌리아에 있는 버가에 이르니 요한은 그들에게서 떠나 예루살렘으로 돌아가고 [14]그들은 버가에서 더 나아가 비시디아 안디옥에 이르러 안식일에 회당에 들어가 앉으니라 [15]율법과 선지자의 글을 읽

은 후에 회당장들이 사람을 보내어 물어 이르되 형제들아 만일 백성을 권할 말이 있
거든 말하라 하니(13:13-15).

**13-14. 바울과 및 동행하는 사람들이 바보에서 배 타고 밤빌리아에 있는 버가에
이르니 그들은 버가에서 더 나아가 비시디아 안디옥에 이르러.** 여기서 바울의 두
번째 전도 지역이 소개된다. 바울은 "바보"를 떠나서 "비시디아 안디옥"에 이르러
서 기억에 남을 만한 설교를 했고, 누가는 여기서 이 설교를 그 결과와 함께 보도한
다. 하지만 먼저 누가는 요한이 그들을 떠났다는 소식을 전한다. 왜냐하면, 나중에
이 문제는 바울과 바나바 간의 심각한 불화의 단초가 될 것이었기 때문이다. 누가
는 "바울의 일행"이 "바보"에서 출발했다고 말하는데, "바울의 일행"이란 먼저는 바
울 자신을, 다음으로는 한 사람을 제외한 나머지 다른 사람들을 뜻하는 것이었다.
누가는 이런 식으로 요한의 유약함을 지적함으로써, 끝까지 변함없이 바울을 좇았
던 다른 사람들을 칭송하고 있는 것이다.

14. 안식일에 회당에 들어가 앉으니라. 성경에서 종종 그러하듯이, 누가는 단수
대신에 복수를 사용해서 "안식일들의 날"(한글개역개정에는 "안식일")이라고 표현한
다. 왜냐하면, 그들은 안식일들이 무익하고 무료한 것이 되지 않도록 하기 위해서,
안식일들에는 함께 모이곤 하였기 때문이다. 안식일 제도의 또 다른 목적은 세상과
육신에 대해서 죽은 자들인 신자들이 자신의 뜻을 부인하고 자신들의 일을 쉬며 영
적인 안식을 갖는 것을 표상하는 것이었다. 이렇게 안식일이 표상했던 실체는 그리
스도 안에서 우리에게 이루어졌기 때문에, 우리가 그리스도와 함께 장사되었을 때,
우리는 옛 사람을 벗어 버리게 되었고, 과거의 예표나 상징은 폐하여진 것이었다.
그러나 하나님께서는 안식일의 공동체적인 용도도 염두에 두시고서, 유대인들로
하여금 세상의 근심들이나 일들로부터 벗어나서 거룩한 집회를 가짐으로써, 세상
의 수고를 그치고 천국의 삶을 훈련하는 기회로 사용하게 하시고자 하는 의도도 갖
고 계셨다. 마찬가지로, 오늘날에도 우리는 거룩한 날들을 그런 용도로 활용하는
것이 마땅하다. 왜냐하면, 우리가 좀 더 자유롭게 하나님을 섬기기 위해서는 다른
모든 것들을 제쳐놓는 것이 합당하기 때문이다.

15. 율법과 선지자의 글을 읽은 후에. 기도에 대한 언급은 여기에 없지만, 기도
를 빠뜨리거나 소홀히 하지 않았을 것임은 분명하다. 그러나 누가의 일차적인 관심
은 바울이 여기서 행한 설교를 보도하는 것이었기 때문에, 그가 가르침과 관련된 것

만을 언급한 것은 이상한 일이 아니다. 그런데 이 구절은 당시에 유대인들이 어떤 식으로 가르침을 베풀고 전하였는지를 보여준다는 점에서 주목할 만한 가치가 있다. 유대인들은 무엇보다도 최우선적으로 "율법과 선지자의 글들"을 가르쳤다. 왜 냐하면, 교회에서는 이 원천으로부터 흘러나온 것들만을 가르쳐야 하였고, 그렇지 않은 것이 교회에서 가르쳐져서는 안 되었기 때문이다. 또한, 이 구절은 성경이 소수의 사람들에게만 허용되고 그들 속에 갇혀 있었던 것이 아니라, 모든 사람이 차별 없이 회당에 와서 봉독되는 성경 말씀을 듣는 것이 허용되었다는 것을 보여준다. 성경이 봉독된 뒤에는, 가르치고 권면하는 은사를 받은 사람들이 그 봉독된 성경 말씀을 해석하는 일을 담당하였다. 마지막으로, 누가는 가르치고 권면하는 일이 모든 사람에게 허용되는 경우에는 혼란이 일어날 것이기 때문에, 그러한 직임은 "회당장"이라고 하는 일부 사람들에게 맡겨졌다는 것을 보여준다. 따라서 바울과 바나바는 급하게 서둘러서 곧장 설교로 들어감으로써 기존의 질서를 어지럽힌 것이 아니라, 회중으로부터 권위를 인정받은 자들의 허락에 의해서 말할 기회가 주어질 때까지 침착하게 기다린다. 우리는 당시에 유대인들이 얼마나 타락했는지를 알고 있고, 누가도 이 장의 끝부분에서 비시디아 안디옥에 있던 유대인들이 지극히 교만하고 완악하게 그리스도의 은혜를 거부했다는 것을 보여준다. 하지만 그들 가운데 어느 정도의 선함은 남아 있어서, 그들은 적어도 하나님을 예배하는 모임만큼은 고상하고 합당하게 행하였다. 그렇기 때문에, 오늘날 그리스도인이라고 자처하는 사람들이 추악한 짓들을 자행하여 교회의 예배를 어지럽히고 있는 모습은 더더욱 부끄러운 일이 아닐 수 없다. 교황주의자들은 교회에서 높고 우렁찬 목소리로 성경을 노래하지만, 알아들을 수 없는 언어로 노래하기 때문에, 사람들은 거기서 어떤 유익도 얻을 수가 없다. 불경건한 수다쟁이들은 하나님의 말씀 대신에 그들 자신이 지어낸 말들을 쏟아내고, 모든 거룩한 것들을 자신들의 역겨운 불경건으로 더럽히고 있어서, 신자들이 그들로부터 유익한 교훈을 얻을 수 없기 때문에, 그들은 차라리 입을 다물고 있는 것이 나을 것이다.

15. 만일 백성을 권할 말이 있거든. 이 구절은 하나님께서 사람들에게 주신 모든 은혜는 교회를 세우기 위한 것임을 보여준다. 이 구절을 직역하면, "만일 백성을 권할 말이 너희 속에 있거든"이 되지만, 헬라어 전치사 '엔'(ἐν)은 히브리식 어법을 따른 것이기 때문에 생략해도 무방하다. 따라서 이 구절의 의미는 "너희에게 백성들에게 적절하고 유익한 권면이 있다면"이라는 뜻으로 아주 명백한 까닭에, 나는 이

전치사에는 크게 신경 쓰지 않는다. 여기서 "권면"은 가르침을 포함하는데, 유대인들은 통상적으로 "권면"이라는 단어를 그러한 의미로 사용하였던 것 같다. 왜냐하면, 교사의 본연의 소임은 자신의 머리에서 무언가 새로운 것을 짜내는 것이 아니라, 경건한 자들을 위한 모든 지혜를 담고 있는 성경 말씀을 사람들의 현재의 상황에 맞게 적용하는 것이기 때문이다. 이와 같이, 그들은 가르친다고 생각한 것이 아니라, 성경에 나오는 가르침을 교회의 덕을 세우기 위하여 적용하는 것이라고 생각하였는데, 나는 "권면"이라는 말이 그러한 의미를 지니고 있었을 것이라고 본다.

16바울이 일어나 손짓하며 말하되 이스라엘 사람들과 및 하나님을 경외하는 사람들아 들으라 17이 이스라엘 백성의 하나님이 우리 조상들을 택하시고 애굽 땅에서 나그네 된 그 백성을 높여 큰 권능으로 인도하여 내사 18광야에서 약 사십 년간 그들의 소행을 참으시고 19가나안 땅 일곱 족속을 멸하사 그 땅을 기업으로 주시기까지 약 사백오십 년간이라 20그 후에 선지자 사무엘 때까지 사사를 주셨더니 21그 후에 그들이 왕을 구하거늘 하나님이 베냐민 지파 사람 기스의 아들 사울을 사십 년간 주셨다가 22폐하시고 다윗을 왕으로 세우시고 증언하여 이르시되 내가 이새의 아들 다윗을 만나니 내 마음에 맞는 사람이라 내 뜻을 다 이루리라 하시더니 23하나님이 약속하신 대로 이 사람의 후손에서 이스라엘을 위하여 구주를 세우셨으니 곧 예수라 (13:16-23).

16. 바울이 일어나 손짓하며 말하되. 바울이 사용한 단어들 중에서 무의미한 것이 하나도 없다는 것을 알기 위해서는, 우리는 무엇보다 먼저 바울이 어떤 상황 속에서 어떤 목적으로 이 설교를 한 것인지를 주목하지 않으면 안 된다. 바울은 이스라엘 민족이 태동되었던 초창기 이야기부터 시작하고 있는 것 같이 보이지만, 사실은 자신의 현재의 목적에 부합하지 않는 것은 한 마디도 하지 않는다. 왜냐하면, 그의 목적은 유대인들을 그리스도를 믿는 믿음으로 인도하는 것이었는데, 이것을 위해서는, 유대인들에게는 장차 구원자가 오셔서 그들을 다스리심으로써 그들에게 최고이자 유일한 복을 가져다주실 것이 약속되어 있다는 점에서 다른 민족들보다 우월하다는 것을 보여주어야 했기 때문이다. 따라서 바울은 유대인들은 옛적에 하나님의 특별한 백성으로 선택을 받았고, 비록 그럴 만한 자격이 없었음에도 불구하고 세대를 이어가며 계속해서 수많은 복을 받았다는 것을 말하는 것으로 자신의 설

교를 시작해서, 다음과 같은 말들을 계속해서 이어간다. 이것들은 메시아에 관한 약속에 근거한 것이고, 그 목적은 하나님께서 메시아의 손을 빌려 그들을 다스리시기 위한 것이다. 따라서 그들이 그들의 머리 되시는 메시아 아래로 모이지 않는다면, 그들에게는 자랑할 것이 하나도 없을 뿐만 아니라, 도리어 메시아가 오셨을 때 그들이 그를 영접하지 않으면, 하나님께서 그들의 조상들과 맺으셨던 생명의 언약은 무효가 되고, 양자됨은 취소될 것이다. 바울의 설교의 첫 번째 부분의 요지는 그들이 그리스도를 자신들의 지도자이자 통치자로 영접함으로써 그들 가운데서 만물을 회복하실 수 있도록 해드려야 한다는 것이 율법의 핵심이고 하나님의 언약의 토대이기 때문에, 그리스도를 받아들이지 않을 경우에는 그들의 신앙은 존속될 수 없고, 그들은 가장 비참한 자들로 전락하고 말 것이라는 것이다. 이것으로부터 바울은 자신의 설교의 두 번째 부분으로 넘어가서, 자신이 전하는 예수가 유대 백성들에게 구원을 가져다주신 그리스도라고 말하고, 그리스도께서 구속을 어떻게 이루셨는지를 얘기한 후에, 더 나아가 그들이 그리스도로부터 어떤 좋은 것들을 소망할 수 있는지를 알도록 하기 위해서 그리스도의 능력과 직분에 대해서 설명한다. 결론부는 책망의 내용을 담고 있다. 즉, 자기 자신을 자발적으로 내주신 구원의 원천이신 그리스도를 거부할 때, 그들에게는 필연적으로 두려운 심판이 임하게 될 것이라는 것이다. 왜냐하면, 그리스도는 율법과 선지자들이 유대인들에게 열심히 찾으라고 거듭해서 권면하고 촉구하였던 바로 그분이기 때문이다. 이상이 바울이 한 설교의 요지인데, 지금부터 나는 그 각각에 대해서 순서대로 살펴볼 것이다.

16. 이스라엘 사람들과 및 하나님을 경외하는 사람들아 들으라. 바울은 자신의 설교를 듣고 있는 유대인들 중에 아브라함의 진정한 후손이 아닌 사람들이 많이 있는 줄을 알고 있었기 때문에, 그들을 두 가지 이름으로 부른다. 먼저, 그는 그들이 동족임을 고려해서 그들을 "형제들"(한글개역개정에는 "이스라엘 사람들")이라고 부른다. 하지만 아울러 그는 "여호와를 경외하는 것이 지혜의 근본"이기 때문에, 그들이 하나님을 경외하여야만, 참 이스라엘 사람이 되어서, 하나님의 말씀을 제대로 듣게 될 것이라는 것도 상기시켜 준다. 이런 식으로 그는 신실한 자들의 주의를 환기시켜서, 그들을 자신의 청중으로 확보한다. 즉, 그는 이렇게 말한 것과 같다: "많은 사람들이 아브라함의 자손이라는 영광스러운 칭호로 불릴 자격이 없는데도 그런 자랑을 하고 다니는 것이 현실이기 때문에, 너희는 사생자가 아니라는 것을 보이라." 이것으로부터 우리는 정직하고 신실한 예배자들이 위선자들과 뒤섞여서, 그들과

교회라는 이름을 공유하는 것이 어느 한 세대에만 국한된 악이 아니지만, 우리는 실제로 그리스도인이라는 영광스러운 칭호에 걸맞는 자들이 되어야 하고, 그렇게 되는 것을 보증해 주는 것은 단순한 외적인 신앙 고백이 아니라 하나님을 진정으로 경외하는 것임을 유념하여야 한다.

17. 이 이스라엘 백성의 하나님이. 바울이 서두에서 한 이 말은 그가 무언가 새로운 것을 제시해서 유대 백성들로 하여금 모세의 율법을 떠나게 만들고자 하지 않았다는 것을 보여주는 증거였다. 사실, 한 분 동일하신 하나님은 모든 민족의 하나님이시지만, 하나님께서는 옛적에 이스라엘 백성을 택하셔서 자기 백성으로 삼으신 후에, 지금까지 아브라함의 후손들로부터 예배를 받아 오셨으며, 오직 그들 가운데서만 순수하고 올바른 신앙이 꽃피울 수 있었다는 점에서, 바울은 이 하나님을 "이 이스라엘 백성의 하나님"이라고 부른다. 바울이 곧이어서 그 "하나님이 우리 조상들을 택하셨다"고 한 말도 동일한 취지이다. 왜냐하면, 이 말을 통해서 그는 유대인들이 세상의 모든 민족들로부터 그들을 구별하신 참되시고 살아 계신 하나님을 떠나는 것을 결코 원하지 않는다는 것을 분명하게 선언한 것이기 때문이다. 나는 바울이 그들이 모르는 새로운 신이 아니라 옛적에 그들의 조상들에게 자기 자신을 계시하셨던 바로 그 하나님을 자신이 선포하고 있다는 것을 분명하게 밝히기 위해서, 율법과 선지자들을 모태로 하는 그들의 신앙을 재확인해 주려고, 율법에 토대를 둔 하나님을 아는 지식을 간략하게 제시하고 있는 것임을 의심하지 않는다.

이와 동시에, 여기서 바울은 이스라엘 백성을 향하신 하나님의 값없는 사랑(gratuitus Dei amor)을 칭송하고 있다. 만일 이스라엘 백성을 택하셔서 다른 민족들과 구별하신 것이 하나님을 기쁘시게 한 것이 아니라면, 어떻게 아브라함의 후손들만이 하나님의 교회와 기업이 될 수 있었겠는가? 왜냐하면, 그들에게는 그 어떤 공로나 자격도 없었던 까닭에, 그들을 택하셔서 구별하신 것은 오로지 하나님의 사랑으로부터 비롯된 것이었고, 하나님께서는 바로 그러한 사랑으로 아브라함을 껴안으신 것이었기 때문이다.

모세도 유대인들을 향해서 하나님의 이러한 값없는 은혜(gratuitus Dei favor)를 자주 환기시켜 준다(신 4, 7, 10, 14, 32장). 이런 본문들에서 하나님은 우리에게 자신의 경이로운 뜻을 거울에 비춘 것처럼 생생하게 보여주신다. 왜냐하면, 하나님께서는 미천하고 불쌍한 우상 숭배자였던 아브라함에게서 뛰어난 점을 전혀 찾을 수 없으셨음에도 불구하고, 세상의 모든 사람들 중에 그를 택하셔서 은혜를 베풀어 주셨기 때문이다. 또한, 이 선택은 할례의 경우와 마찬가지로 모든 이스라엘 백성들에게 적용되었다. 왜냐하면, 하나님께서는 아브라함을 선택하심으로써 그의 후손들을 자기 백성으로 삼으신 것이었기 때문이다. 하지만 더욱 은밀한 또 다른 선택이 있었는데, 그것은 하나님께서 아브라함의 후손 중에서 오직 소수만을 자신의 소유로 구별하시고, 아브라함의 육신에서 나온 그의 후손 모두가 영적인 후손인 것은 아니라는 것을 분명하게 선언하신 것이었다.

17. 애굽 땅에서 나그네 된 그 백성을 높여. 바울은 하나님께서 나중에 유대인들에게 부어 주신 모든 은택들이 사실은 그들의 조상들에 대하여 품고 계셨던 하나님의 값없는 사랑으로부터 흘러나온 것임을 보여준다. 왜냐하면, 어떤 땅에 원래부터 거주하던 자들을 쫓아내고 그 자리를 외지인들이 차지하는 일은 결코 작은 일이 아닌데도 불구하고, 그들이 하나님의 경이로운 권능을 힘입어서 종살이 하던 애굽 땅에서 나와서 많은 이방 민족들을 물리친 후에, 하나님의 손에 이끌려서 가나안 땅을 차지하게 된 것은 모두 하나님의 값없는 사랑으로 말미암은 것이었기 때문이다. 바울은 하나님이 우리를 위해 예비하신 만복으로 우리를 초대하고 있는 것인데, 하나님께서 이스라엘의 조상들을 선택하신 사건이 바로 그 만복의 근원이자 뿌리였다. 하나님께서 놀랄 만큼 오래 참으셔서 이 배역무도한 백성을 흩어 버리지 않으신 것도 하나님이 그들의 조상들에게 보여주셨던 값없는 사랑 때문이었다. 만일 그렇지 않았다면, 그들은 자신들의 완악함으로 말미암아 이미 천 번도 더 자멸하고 말았을 것이다. 그래서 성경은 하나님께서 그들의 죄악을 사하신 이유를 제시할 때에 하나님이 자신의 언약을 기억하셨기 때문이라고 말한다. 바울은 자신의 설교를 듣고 있는 유대인들에게 하나님이 베푸신 구원이 얼마나 굉장하고 장엄한 것이었는지를 상기시키기 위해서, 그들의 조상들이 "나그네"로 있을 때에 하나님께서 그들을 "높이셨다"고 말한다.

18. 광야에서 약 사십 년간 그들의 소행을 참으시고. 바울이 여기서 사용한 헬라어 복합동사인 '에트로포포레센'($\dot{\epsilon}\tau\rho o\pi o\phi\delta\rho\eta\sigma\epsilon\nu$, "참으시고")은 하나님께서 이스라엘 백성이 고집 세고 불순종하는 백성인 줄을 아셨으면서도 그들에게 인내하시고 관용하셨다는 것을 표현하고 있기 때문에 하나님의 은혜를 더욱 부각시키는 역할을 한다. 따라서 그는 하나님께서 이스라엘 백성을 선택하신 것은 그들의 사악함을 아셨으면서도 오로지 자신의 인자하심으로 말미암아 된 것이었음을 다시 한 번 보여주고자 한 것이다. 하지만 우리는 하나님께서 자신의 뜻을 이루시기 위하여 택

하신 백성을 긍휼히 여기시기는 하였지만, 그럼에도 불구하고 배역한 자들과 사악한 자들에 대해서는 혹독하게 벌하셨다는 것을 유념하여야 한다. 즉, 하나님께서는 죽어 마땅했던 이스라엘 백성들을 완전히 진멸하지는 않으시면서도, 그들의 죄악을 묵과하지도 않는 방법을 택하셔서, 그들이 바다의 모래 같이 많을지라도 남은 자만이 구원을 받을 것(사 10:22)이라는 이사야의 예언이 성취되게 하셨다.

20. 그 후에 선지자 사무엘 때까지 사사를 주셨더니. 성경에서 "사사"는 지휘관이나 지도자를 의미한다. 하나님께서 "사사들"의 시대에 이스라엘 백성들이 자행한 잘못들을 무수히 용서해 주신 것은 그들을 향하신 하나님의 무한하신 관용하심을 보여주는 또 다른 증거였다. 왜냐하면, 여기서 누가가 간략하게 요약해서 기록한 것들을 바울은 훨씬 상세하고 분명하게 설명했을 것이기 때문이다. 우리는 사사 시대 동안에 이스라엘 백성들의 상황이 어떠하였는지를 잘 알고 있다. 그들은 하나님이 주신 멍에를 제멋대로 끊어 버리고서 고삐 풀린 망아지처럼 오만방자하게 행하였기 때문에 극심한 재앙들을 겪곤 하였지만, 하나님께서는 그들이 일단 자기 자신을 낮추기만 하면, 그들을 곧 원수들의 압제로부터 구해내셨다. 이렇게 해서, 하나님께서는 무수히 죽을 위험을 맞았던 이스라엘 백성을 그때마다 건져내서서 사백오십 년 동안 멸망하지 않고 존속할 수 있게 하셨다. 이러한 사실로부터 분명한 것은 만일 하나님의 선택이 영속적인 것이 아니었다면, 하나님의 은혜를 수없이 멸시하고 거부한 이스라엘 백성은 그 은혜를 받을 수 없었으리라는 것이다. 하나님께서 그리스도를 생각하시고 그리스도에 토대를 둔 언약이 무효가 되는 것을 어떻게든 막고자 하신 것이 아니었다면, 자기와 맺은 언약을 무수히 깨뜨린 자들을 어떻게 지치지도 않으시고 참으시며 자신의 신의를 지키셨겠는가?

21. 그 후에 그들이 왕을 구하거늘. 이스라엘 백성의 이러한 요구는 사실상 하나님께서 정하신 통치권을 공공연히 거부한 것이나 다름없었기 때문에, 심지어 하나님께서 친히 사무엘 앞에서 그들의 이러한 요구에 대하여 탄식하신다(삼상 8:5, 7). 그러나 하나님의 선택은 영원히 견고하게 지속되어야 했기 때문에, 그들은 그렇게 정신 나간 짓을 하고도 거기에 합당한 벌을 모면할 수 있었다. 게다가, 놀랍게도 이스라엘 백성의 사악하고 부당한 욕망이 계기가 되어서 왕정이 수립되고, 그렇게 해서 생겨난 왕국으로부터 후일 그리스도께서 등장하시게 된다. 만일 이스라엘 백성이 왕정을 원하지 않았더라면, 유다 지파에서 규가 나오는(창 49:10) 일이 어떻게 있어날 수 있었겠는가? 그들이 잘못 처신한 것은 분명하지만, 악을 선으로 바꾸시는

하나님께서는 그들의 그러한 범죄조차도 구원의 도구로 사용하신 것이다. 하나님께서 사울의 왕권을 박탈하신 것은 이스라엘 백성의 죄악을 드러내시기 위한 것이었지만, 그 후에 머지않아 다윗의 가문을 통해서 왕국을 일으키시고 견고하게 하신 것은 야곱의 예언(창 49:10)을 이루시기 위한 것이었다.

22. 내가 이새의 아들 다윗을 만나니. 바울이 이 구절을 인용한 것은 한 개인을 칭송하기 위한 것이라기보다는 유대인들로 하여금 그리스도를 영접하는 데에 더욱 관심을 기울이도록 하기 위한 것이었다. 하나님께서는 자신의 마음이 다윗에게 완전히 기울어진 것이 아무런 까닭 없이 그런 것이 아니라고 선언하시고는, 그에게는 특별한 것이 있다고 칭찬하신다. 하나님께서 다윗을 이토록 크게 칭찬하신 것은 신실한 자들로 하여금 그들의 마음을 들어서 다윗이라는 인물이 표상하고 있던 그리스도를 바라보게 하고자 하셨기 때문이다. 이 구절은 시편 89:20에서 인용된 것이다. 다만, 바울은 시편에는 없는 "이새의 아들"이라는 구절을 여기에 삽입하였는데, 그것은 하나님의 은혜를 더욱 선명하게 부각시키기 위한 것이었다. 왜냐하면, "이새"가 소를 치는 목자였다는 사실을 생각하면, 하나님께서 그의 아들 중에서도 가장 어린 목동을 택하셔서 왕국의 보좌에 앉히신 것은 정말 경이로운 사건이 아닐 수 없었기 때문이다. 하나님은 자신이 원하던 사람을 "얻었다" 또는 "만났다"라는 뜻으로 여기서 "발견하였다"라는 단어를 사용하신다. 물론, 이러한 표현은 사람들의 일상적인 용례로부터 가져온 것이기는 하지만, 다윗이 자신의 노력이나 성실함에 의해서 하나님을 만나게 된 것이 아님을 보여준다.

그러나 여기에서 한 가지 질문이 생기는데, 그것은 다윗은 나중에 매우 중대한 범죄를 저지르게 될 것이었는데도, 왜 하나님께서는 그가 끝까지 순종하여서 "내 뜻을 다 이루리라"고 말씀하시는 것인가 하는 것이다. 두 가지 대답이 가능하다. 하나는 하나님은 그의 개별적인 행위들보다는 그의 삶 전체를 보셨기 때문이라는 것이고, 다른 하나는 하나님은 다윗이 아니라 다윗이 표상하고 있던 그리스도를 염두에 두시고 이런 칭찬을 하셨다는 것이다. 다윗과 그의 집안은 단 한 가지 범죄만으로도 영원한 멸망에 처해져야 마땅하였기 때문에, 만일 그가 스스로 그 책임을 감당하여야 했다면, 하나님의 복으로 나아가는 길은 그에게 차단되어 버렸을 것이고, 그가 거둘 수 있는 것이라곤 밧세바로부터 얻은 독사의 씨뿐이었을 것이다. 하지만 실제로는 "우리아"의 죽음을 초래한 이 추악한 범죄가 하나님의 놀라우신 경륜으로 말미암아 정반대의 결과를 가져왔는데, 그것은 배신으로 점철되고 수많은 오점으로 얼룩진 다윗과 밧세바의 불길한 결합으로부터 솔로몬이 태어났기 때문이다. 다윗은 이렇게 흉악한 범죄를 저지르기는 하였지만, 평생토록 하나님을 따르면서, 자기가 매사에 하나님께 순종하는 자임을 증명하였기 때문에, 하나님으로부터 아무런 단서도 붙지 않은 무조건적인 칭찬을 받는다. 오늘날 성령께서는 우리를 다윗보다 더 높은 곳으로 이끌어 올리셨다는 것은 내가 이미 앞에서 말한 바 있지만, 여기서는 머리 되신 그리스도 안에서 모든 믿는 자들을 부르시는 보편적인 부르심이 우리에게 제시되고 있다.

23. 하나님이 약속하신 대로. 이 구절도 내가 이미 여러 번 말했던 것, 즉 하나님께서 그리스도를 우리에게 보내 주신 것은 오로지 그의 신실하심과 인자하심으로 말미암은 것임을 다시 한 번 확증해 준다. 왜냐하면, 하나님께서는 자신이 약속하신 까닭에 그리스도를 보내신 것이기 때문이다. 그리스도를 보내 주시기로 하나님이 "약속하셨다"는 것은 구원이 값없이 주어진 것임을 보여주는 증거임과 동시에, 복음에 대한 특별한 확증이기도 하다. 왜냐하면, 그리스도는 예기치 않게 오신 분이거나, 이전에 한 번도 들어 본 적이 없는 분이 아니라, 처음부터 약속되었다가 때가 되어 나타나신 분이라는 것이 여기서 분명하게 드러나기 때문이다. 또한, 누가가 여기서 언급한 "약속들"은 매우 잘 알려진 유명한 것들이다. 그러나 이 약속들은 유대인들의 일상적인 대화 속에서 매우 친숙하게 등장하는 것들이었기 때문에, 일반적으로 그들은 그리스도를 다만 "다윗의 자손"이라고만 불렀다. 바울이 "이스라엘을 위하여 구주를 세우셨으니"라고 말한 것은 비록 구원이 온 세상에 속하는 것임에도 불구하고, 그리스도께서는 이스라엘의 조상들에게 주어진 약속을 성취하기 위해서 먼저 "할례의 추종자"(롬 15:8)가 되어야 했기 때문이다. 바울은 히브리식 이름인 "예수"를 헬라어 '소테르'(σωτήρ, "구주")로 옮긴다. 따라서 그는 동일한 대상을 두 번 말한 것이지만, 이것은 불필요한 반복이 아니었다. 왜냐하면, 바울은 한편으로는 예수가 그리스도라는 것을 밝히고, 다른 한편으로는 하나님이 천사를 통해서 주신 이름인 "예수"가 의미하는 것을 성취하는 것이 그리스도의 사명이라는 것을 가르치고자 한 것이기 때문이다.

²⁴그가 오시기에 앞서 요한이 먼저 회개의 세례를 이스라엘 모든 백성에게 전파하니라 ²⁵요한이 그 달려갈 길을 마칠 때에 말하되 너희가 나를 누구로 생각하느냐 나는 그리스도가 아니라 내 뒤에 오시는 이가 있으니 나는 그 발의 신발끈을 풀기도

감당하지 못하리라 하였으니 ²⁶형제들아 아브라함의 후손과 너희 중 하나님을 경외하는 사람들아 이 구원의 말씀을 우리에게 보내셨거늘(13:24-26).

24. 그가 오시기에 앞서 요한이. 우리는 세례 요한의 사명이 무엇이었는지를 알고 있는데, 그것은 "주의 길"을 예비하는 것이었다. 따라서 바울은 자신은 지금 허구적인 그리스도가 아니라, 저 유명한 전령사인 세례 요한이 이전에 이미 칭송한 바 있는 하나님의 참 그리스도를 전하고 있다는 것을 유대인들에게 증명하기 위해서 그의 증언을 인용한다. 이것은 이렇게 중요한 문제를 증명하는 데에 한 사람의 증언만으로 충분하였기 때문이 아니라, 요한은 거의 모든 유대인들이 하나님의 선지자라고 확신하고 있었던 까닭에, 요한의 증언은 다른 사람들의 증언과는 차원이 다른 것이었기 때문이다. 따라서 세례 요한이 한 증언의 권위는 사사로운 개인이 아니라 하늘로부터 보내심을 받은 전령사가 그리스도에 대해서 증언하였다는 사실로부터 온 것이었다. 이제 바울은 요한과 관련해서 두 가지를 말하는데, 하나는 그가 그리스도께서 오시기 전에 "회개의 세례"를 가르쳤다는 것이고, 다른 하나는 그가 "메시아"라는 칭호와 영광을 자발적으로 거부하고 그것들을 그리스도께 돌렸다는 것이다.

24. 회개의 세례. "세례"는 율법의 제의와 관습을 거슬러서 도입된 것이었기 때문에 위대한 변화가 시작되고 있음을 보여주는 징표였다. 왜냐하면, 그리스도께서 오시기 전에는 율법을 변개한다는 것은 결코 있을 수 없는 불법이었기 때문이다. 물론, 유대인들도 율법 속에 회개를 위한 수단들로서 그들 나름대로의 세례, 곧 씻는 예식들을 갖고 있었다. 하지만 세례 요한은 유대인들이 오랜 세월 동안 갈망하고 기대해 왔던 이스라엘 나라의 회복에 대한 소망을 불러일으키기 위하여 유례가 없는 새로운 세례를 창시하거나 베푼 인물이었다. 요한이 그것을 "회개의 세례"로 불렀다고 해서, 거기에서 죄 사함을 배제한 것은 아니었고, 다만 그가 베푼 세례는 그리스도를 믿는 믿음을 예비하기 위한 것이었다는 당시의 상황을 고려해서 그렇게 부른 것일 뿐이었다. 또한, 우리는 "그가 세례를 전파했다"고 한 표현에 주목하여야 한다. 이것은 가시적인 표징(figura)과 가르침(doctrina)이 서로 결합될 때에만 성례전들이 올바르게 행해지는 것임을 보여준다. 가르침이 없는 표징은 공허한 것이 되기 때문에, 세례를 집례하는 자의 입은 침묵해서는 안 된다.

25. 요한이 그 달려갈 길을 마칠 때에. 세례 요한과 관련된 바울의 증언의 후반

부는 요한이 자신의 사역이 끝나갈 즈음에 자기 제자들을 그리스도에게로 보냈다
는 것이다. 그는 자기 제자들을 첫 번째 단계인 세례로 준비시킨 후에, 그들을 자신
의 손에서 그리스도의 손으로 넘겼다. 한편, "너희가 나를 누구로 생각하느냐"라는
질문은 자기가 메시아일지도 모른다고 생각해서 던진 질문이 아니다. 왜냐하면, 세
례 요한은 유대인들이 자기를 가리켜 메시아라고 했을 때에 그들을 호되게 질책하
였기 때문이다. 이 구절을 "나는 너희가 생각하는 그런 사람이 아니다"로 읽는 사본
도 있기는 하지만, 사람들의 잘못을 더욱 강력하게 반박하는 현재의 읽기를 따르는
것이 타당하다. 세례 요한의 이러한 증언이 더욱 신빙성이 있는 것은 사람들이 그
를 메시아라고 환호하였을 때에 얼마든지 그러한 환호를 받아들일 수 있었는데도
불구하고 적극적으로 거부하고 다른 사람에게 넘기고 있는 까닭에, 그가 한 말의 신
뢰성을 떨어뜨릴 만한 야심이나 명예욕이 그에게 전혀 없었다는 것이 의심의 여지
가 없기 때문이다.

　헬라어 본문에는 "내 뒤에 오시는 이"라고 현재형으로 되어 있지만, 그것은 "내
뒤에 오실 이"를 뜻한다. 이런 히브리식 표현은 신약성경에 아주 흔하게 나타난다.
세례 요한은 자기는 그리스도의 "신발끈을 풀기도 감당하지 못할" 정도로 하찮은
자라고 고백하는데, 이것은 자기 자신을 최대한 낮추어서 자신의 존재로 말미암아
그리스도의 영광이 가리워지지 않게 하려는 의도에서 사용한 잠언류의 수사법이
다. 그는 자신에게 맡겨진 사명을 충성되게 행하여서, 오직 그리스도만이 높임을
받으시도록 하고자 하였기 때문에, 자기가 아무리 크다고 할지라도, 그리스도에 비
하면 아무것도 아니라고 말한다. 마치 태양의 광채 앞에서는 모든 별들이 빛을 잃
는 것과 마찬가지로, 하나님의 종들은 아무리 높은 지위에 있다고 할지라도, 그리
스도에 비하면 미미한 존재일 수밖에 없기 때문에, 그들 자신을 낮추어서 오직 그
리스도만이 홀로 높아지시게 하는 것이 마땅하다.

　26. 형제들아.　　바울은 다시 한 번 유대인들에게 그리스도를 영접할 것을 촉구한
다. 왜냐하면, 그들은 이 문제가 그들 자신의 구원이 걸린 문제이고, 바울이 그들의
구원을 위한 사자로 세움을 입었다는 말을 이미 들은 까닭에, 그들의 마음속에서는
적지 않은 열심과 관심이 생겨났을 것임에 틀림없기 때문이다. 바울이 유대인들을
"아브라함의 후손"이라고 부른 것은 그들을 높여주기 위한 것이기도 했지만, 그들
로 하여금 그들이 영원한 생명을 물려받을 자들이라는 것을 깨닫도록 하기 위한 것
이기도 하였다. 또한, 그들은 그리스도를 영접하기 위해서는 지금까지 자신들이 공

경해 왔던 제사장들 및 서기관들과 결별해야 하는데, 바울은 그들이 거기에서 어려움을 겪지 않도록 하기 위하여, 아주 간곡하게 그들을 설득한다. 또한, 우리는 내가 앞에서 했던 말, 즉 천국의 문이 이방인들에게 열렸다고 해도, 유대인들의 지위가 추락한 것은 아니고, 여전히 하나님의 권속에서 장자의 지위를 유지하고 있었다는 것을 기억하여야 한다. 따라서 바울은 하나님께서 유대인들에게 "구원의 말씀"을 보내신 것은 그들에게 우선권이 있었기 때문이라고 말한다. 하지만 육신적인 혈통은 그 자체가 중요한 것이 아니었고, 그들 중 많은 사람들이 불경건한 것으로 드러났기 때문에, 바울은 하나님을 경외하는 마음이 있지 않으면, "구원의 말씀"을 받아서 품을 수 없기 때문에, 아무리 하나님께서 그들에게 "구원의 말씀"을 보내셨다고 해도 헛일이 되고 만다고 지적하면서, 특히 하나님을 참되게 예배하는 자들을 향하여 호소한다. 우리는 여기서 복음을 "구원의 말씀"이라고 말하고 있는 것에 주목하여야 한다. 따라서 복음의 달콤함에 이끌리지 않는 자들은 그 완악함이 쇠보다 단단한 자들이라고 말하지 않을 수 없다. 한 가지 덧붙여둘 것은 구원을 가져다주는 것이 복음의 본질이라고 할지라도, 멸망할 자들에게는 복음은 "사망으로부터 사망에 이르는 냄새"(고후 2:16)가 되는 부차적인 결과를 낳는다는 것이다.

²⁷예루살렘에 사는 자들과 그들 관리들이 예수와 및 안식일마다 외우는 바 선지자들의 말을 알지 못하므로 예수를 정죄하여 선지자들의 말을 응하게 하였도다 ²⁸죽일 죄를 하나도 찾지 못하였으나 빌라도에게 죽여 달라 하였으니 ²⁹성경에 그를 가리켜 기록한 말씀을 다 응하게 한 것이라 후에 나무에서 내려다가 무덤에 두었으나 ³⁰하나님이 죽은 자 가운데서 그를 살리신지라 ³¹갈릴리로부터 예루살렘에 함께 올라간 사람들에게 여러 날 보이셨으니 그들이 이제 백성 앞에서 그의 증인이라 (13:27-31).

27. 예루살렘에 사는 자들과 그들 관리들이. 바울은 지혜롭게도 유대인들의 믿음을 갖는 데에 걸림돌이 될 수 있는 것을 때맞춰 제거하고자 한다. 왜냐하면, 예루살렘은 하나님의 성소이자 왕의 보좌이고, 진리의 원천이자 온 세상의 빛이었는데도 불구하고, 바로 거기에서 그리스도께서 죽임을 당하신 것은 걸림돌이 될 수 있었고, 하나님의 성전에서 내쳐진 사람을 받아들이는 것과 하나님께서 친히 구원이 시작될 곳으로 지명하신 곳을 제쳐두고 다른 곳에서 구원의 가르침을 찾는 것보다

더 불합리해 보일 수 있는 일은 없어 보였기 때문이다. 뿐만 아니라, 그리스도를 믿는 것은 교회와의 결별을 의미하는 것처럼 보였다. 따라서 "너는 왜 하나님의 언약을 빙자해서 거룩한 백성의 지도자들이 정죄한 사람을 우리에게 강요하는 것이냐?"는 이 한 가지 반론만으로도, 바울이 지금까지 말하고 권면한 것을 반박하기에 충분한 것처럼 생각될 수 있었다. 바울은 복음을 전파하는 데에 지장을 초래하지 않도록 하기 위해서, 이 걸림돌을 제거하고자 할 뿐만 아니라, 도리어 그 걸림돌을 자신의 권면을 더욱 강화시키는 계기로 삼는다. 즉, 그는 비시디아 안디옥의 유대인들, 특히 그들 중에서 진정으로 하나님을 경외하는 자들에게 그들이 생명의 주(vitae autor)이신 그리스도께서 예루살렘에서 멸시와 배척을 당하신 것을 알았으니, 이제는 더더욱 정신을 차리고 분발해서 열렬히 그리스도를 영접하는 것이 마땅하다고 촉구한다. 왜냐하면, "예루살렘에 사는 자들과 그들 관리들이 … 선지자들의 말을 알지 못하므로"라는 원인을 나타내는 절을 통해서, 바울은 "너희는 이제 예루살렘이 자신들에게 복이 되는 것을 알아보지 못하고 배척하였다는 것을 알았으니, 너희만이라도 더욱 각성하고 근신해서, 그들과 같은 배은망덕함과 완악함이 너희 안에서 발견되지 않도록 하여야 한다"고 말한 것과 같기 때문이다.

아울러, 바울은 이 걸림돌을 제거하기 위해서 또 다른 근거도 제시한다. 즉, 예루살렘의 종교 지도자들이 불경건하게 행한 것은 그리스도의 신성을 훼손시키기는커녕, 도리어 그 신성을 증명해 주고 확실하게 해주는 역할을 하였다는 것이다. 왜냐하면, 율법과 선지자들의 글에서 예언되었던 모든 일들이 예수 안에서 성취되었다(눅 24:25-26)는 사실보다 더 예수가 그리스도라는 것을 잘 증명해 줄 수 있는 것은 없을 것이기 때문이다. 게다가, 그리스도를 죽여서 원수들이 얻은 것이라고는 성경이 놀라울 정도로 참되다는 것이 그리스도 안에서 눈부시게 드러난 것뿐이었다. 그리스도께서 유력자들에 의해서 버림받으셔야 했던 것은 시편에 "건축자의 버린 돌이 집 모퉁이의 머릿돌이 되었나니"(시 118:22)라고 예언되었기 때문이었다. 우리의 죄가 하나님 앞에서 사함을 받도록 하기 위해서, 그리스도께서는 죄인처럼 정죄받으셔야 했다. 왜냐하면, 그가 우리의 죄를 대속하시기 위해서는, 우리의 죄를 대신 짊어지셔야 했기 때문이다. 또한, 그림자에 불과한 율법의 희생제사가 끝나려면, 그리스도께서 십자가 위에서 희생제물이 되셔야 했다. 왜냐하면, 성경에서 그렇게 말하고 있기 때문이다(사 53:4-5; 단 9:26).

따라서 이스라엘 백성의 지도자들이 그리스도를 없애려고 날뛰면 날뛸수록, 그들은 예수가 그리스도라는 것을 증명해 줄 뿐이었다. 하나님께서는 경이롭게도 그들의 의도와는 정반대의 결과가 초래되게 하셨기 때문에, 그들의 완악한 불경건은 경건한 자들의 믿음을 무너뜨리는 것이 아니라 도리어 견고히 세워 주는 결과를 낳게 되었다 연약하고 경박한 심령들로 하여금 그리스도를 떠나도록 만드는 모든 걸림돌들도 마찬가지이다. 왜냐하면, 그들이 하나님의 역사의 전체 과정을 좀 더 꼼꼼하게 살펴보기만 한다면, 그들은 자신들을 넘어지게 만드는 걸림돌이라고 여겨졌던 것들이 사실은 그들에게 복음에 대한 더 큰 확신을 가져다주는 것들이라는 것을 알게 되기 때문이다. 따라서 우리가 걸림돌이라고 생각되는 것들로 말미암아 혼란에 빠지게 되는 것은 대체로 우리의 영적 나태함(socordia)에 기인한다. 왜냐하면, 그리스도께 속한 일들을 흐리멍덩한 눈으로 바라보게 되면, 그 눈에는 흰 것도 검은 것으로 보이기 때문이다. 한편, 우리는 바울이 아무것도 숨기지 않고 사실을 있는 그대로 솔직하게 말하고 있는 것을 본다. 즉, 그는 그리스도께서 일반 백성들만이 아니라 지도자들의 미움을 사셨고, 소수의 사람들에 의해서 배척을 받으신 것이 아니라 모든 사람들의 사악한 공모에 의해서 박해를 받으신 것이라고 말한다. 비시디아 안디옥의 유대인들에게 처음으로 설교를 하는 자리에서 이런 말을 한 것은 세련되지 못하고 어설픈 것으로 여겨질 수 있을 것이었지만, 바울은 이 모든 일은 하나님께서 그들의 생각과는 반대로 자기 아들을 시험하시기 위한 시금석으로 그들을 사용하신 것이었다고 함으로써, 더 강력한 무기로 그러한 의구심을 완전히 제압해 버린다. 오늘날에도 복음은 그때와 동일한 상황에 놓여 있기 때문에, 우리는 바울과 같은 고백, 즉 세상의 교만한 임금들과 교회에서 높은 자리에 있는 자들이 그리스도의 불구대천의 원수들이라고 고백하는 것을 부끄러워하지 말아야 한다. 왜냐하면, 이것은 그리스도께 수치가 되는 것이 아니라 영광이 되는 것이기 때문이다. 성경은 이런 식으로 성취된다.

27. 예수와 및 안식일마다 외우는 바 선지자들의 말을 알지 못하므로. 그리스도를 죽음으로 몰고 간 것은 유대 민족의 지도층 인사들의 악의적인 음모에 의한 것이었지만, 바울이 그것을 그들의 무지 탓으로 돌린 것은 옳다. 그는 다른 곳에서도 그런 취지로 말한다: "이 지혜는 이 세대의 통치자들이 한 사람도 알지 못하였나니 만일 알았더라면 영광의 주를 십자가에 못 박지 아니하였으리라"(고전 2:8). 왜냐하면, 사악한 자들의 악의는 광기와 다를 바가 없고, 그들은 "보기는 보아도 알지 못하기"(마 13:14) 때문이다. 하나님을 대적하여 전쟁을 벌이는 일을 주저하지 않다가

멸망에 이른 자들이 온전한 정신과 성령의 빛을 박탈당한 자들이라는 것은 추호의 의심도 있을 수 없다. 또한, 바울은 그들이 성경에 대해서 무지하였다고 질타한다. 그러면서 혹시라도 지금까지 그들에게 알려져 있지 않았던 것들이나 알려고 해도 알 수 없었던 것들을 가지고서 그들을 질타하는 것이 아니냐고 반발하는 자가 있을 것을 우려해서, 바울은 그들이 "선지자들의 말"을 안식일마다 외우고도 그 의미에 대하여 무지한 것을 두고서 그렇게 말한 것이라고 덧붙인다. 이것은 무식한 사람들조차도 너무나 잘 알고 있는 성경 말씀을 그들만 모르고 있었다고 말한 것과 같았다. 바울이 이런 식으로 그들이 그리스도를 믿지 않은 것이 얼마나 기괴한 일이었는지를 보여주고자 한 것은 자신의 설교를 듣고 있는 사람들로 하여금 그들의 불신앙을 혐오하게 만들기 위한 것이었다. 이러한 사례를 통해서 우리는 하나님께서 성경을 통해서 자기 자신을 우리에게 계시해 주실지라도, 모든 사람이 하나님을 볼 수 있는 눈을 가지고 있는 것은 아니라는 사실을 알게 된다. 바울이 다른 곳에서 유대인들을 가리켜서, 그들의 얼굴이 수건으로 덮여 있어서, 모세가 그들의 눈 앞에 있는데도 그를 보지 못하고 있는 것(고후 3:15)이라고 말한 바와 같이, 그 후에도 유대민족의 영적인 무감각(stupiditas)은 더욱 깊어만 갔다. 또한, 우리는 지위가 높은 자들이 자신들의 권위를 이용해서 우리를 속이고 미혹시키는 것을 막기 위해서, 성경으로 돌아가야 한다는 것을 명심하여야 한다. 다른 사람들의 악하고 왜곡된 생각을 그대로 받아들여서 편견을 갖고 있으면서도, 자기 자신은 잘못이 없다고 생각하는 것은 큰 착각이기 때문이다. 따라서 바울은 비시디아 안디옥의 유대인들에게 미혹에 빠져 있는 회당의 지도자들을 거부하고 성경을 근거로 해서 판단할 것을 권면한다. 왜냐하면, 하나님께서 그들에게 성경을 주시고 읽으라고 하신 것은 괜히 그러신 것이 아니라, 모든 경건한 자들이 성경을 읽고서 유익을 얻고 무엇이 옳은지를 판단하도록 하시기 위한 것이기 때문이다.

27. 선지자들의 말을 응하게 하였도다. 여기서 우리는 분별력을 지니지 않은 피조물들만이 아니라, 마귀를 비롯해서 모든 불경건한 자들이 하나님의 섭리 아래 있어서, 하나님께서는 그들을 이용하여 자신이 작정하신 일들을 수행하시는 것임을 알게 된다. 사도행전 3장과 4장에서도 원수들이 그리스도를 파멸시키려고 혈안이 되어 광분하였지만, 자신들의 뜻을 이룬 것이 아니라, 도리어 하나님께서 영원하신 경륜을 따라 작정해 놓으셨던 일을 자신들의 손으로 이루는 결과를 가져왔다고 여기서와 동일한 취지로 말한 것을 우리는 앞에서 이미 살펴보았다. 하나님께서는 자

신이 약속하신 것들을 친히 이루시고도 남을 만큼 충분히 강력한 권능을 갖고 계실 뿐만 아니라, 하나님의 계획을 망쳐놓고자 하는 자들도 자신들의 의도와는 정반대로 도리어 하나님의 계획을 성취시키기 위해 안간힘을 쓰고 있는 것을 보면, 우리는 하나님의 진리가 얼마나 대단한 것인지를 알게 된다. 하나님의 불구대천의 원수들조차도 하나님의 진리를 이루는 일에 동원되고 있는데, 하나님의 진리가 어떻게 서지 않을 수 있겠는가?

하지만 여기서 우리는 사탄과 하나님을 혼동하지 않는 분별력을 필요로 한다. 왜냐하면, 유대인들이 성경의 예언을 성취했다고 해서 그들의 죄악이 면제될 수 없는 것은 그들은 단지 사악한 의지로 죄악을 행한 것일 뿐이고, 그들의 죄악을 이용해서 그들이 기대하지 않았던 기적적인 결과를 만들어 내신 것은 하나님이시기 때문이다. 따라서 그들의 행위만을 놓고 본다면, 그것은 하나님을 철저히 대적한 극악무도한 범죄였다. 그러나 하나님께서는 각각 제멋대로 움직여서 얼마든지 서로 부딪칠 수 있는 태양을 비롯한 모든 천체가 한 치의 오차도 없이 질서 있게 운행되도록 경이로우신 솜씨로 주관하시는 것과 마찬가지로, 불경건한 자들의 모든 사악한 시도들도 자신의 은밀한 힘으로 주관하셔서, 그들이 생각하고 기대한 것과는 전혀 다른 방향으로 흘러가도록 하시기 때문에, 그들은 하나님의 뜻에 어긋난 일은 그 어떤 것도 할 수 없다. 좀 더 정확하게 말하자면, 불경건하고 사악한 자들은 항상 하나님의 뜻을 거슬러서 행하지만, 그럼에도 불구하고 그들의 모든 행위는 하나님께서 주관하시는 모종의 불가사의한 섭리를 통해서 하나님의 뜻에 부합하는 결과를 낳는다. 그러한 섭리는 자연이나 본성의 법칙과는 모순되는 것이기 때문에, 당연히 육신적인 지혜(carnis prudentia)로는 알 수 없기 때문에, 믿음의 눈(fidei oculus)으로 분별하여야 한다. 아니, 우리는 하나님의 그러한 섭리를 못마땅해하며 짖어대는 개들을 물리치고서, 오로지 경외감을 가지고서 엎드려 경배하며 찬양하는 것이 마땅하다.

28. 죽일 죄를 하나도 찾지 못하였으나. 그리스도께서 아무 죄도 없이 죽으셨다는 것을 그들이 아는 것은 아주 중요하였다. 왜냐하면, 만일 그리스도께서 자신의 죄로 인해서 죽임을 당하신 것이었다면, 자신의 죽음을 통해서 우리에게 의를 가져다줄 수는 없었을 것이기 때문이다. 따라서 그리스도의 죽으심이 세상의 죄를 대속하는 것이 되기 위해서는, 그에게 그 어떤 죄도 없어야 했다. 여기서 바울은 빌라도가 재판장으로서의 자신의 직분에 의거해서 그리스도를 단죄한 것이 아니라, 유대

인들의 사악하고 광기 어린 요구에 못 이겨서 그리스도를 죽음에 넘겨준 것이고, 유대인들이 그리스도의 죽음을 바랐던 것은 이성적인 판단이 아니라 악한 충동에 휘둘렸기 때문이라는 것을 분명히 하고 있다는 것은 의심의 여지가 없다. 왜냐하면, 바울은 자신의 설교를 듣고 있는 유대인들이 그런 흉악한 범죄의 공범자가 되지 않도록, 그들에게 경각심을 일깨워 줄 필요가 있었기 때문이다. 그러나 누가는 늘 그렇듯이 바울이 당시에 했던 말들을 단 몇 마디로 압축해서 우리에게 전해준다.

29. 성경에 그를 가리켜 기록한 말씀을 다 응하게 한 것이라. 그들이 그리스도에게 자행한 모든 일은 하나님께서 허락하신 일이었다. 왜냐하면, 그들이 한 일들은 모두 다 성경의 예언들을 빠짐없이 성취하기 위해 필요한 일들이었기 때문이다. 이렇게 해서, 사람들이 육신적인 지각을 통해서 십자가를 이해해서 수치라고 느끼는 걸림돌이 제거된다. 왜냐하면, 하나님의 아들은 원수들의 분노와 광기에 의해서 죽임을 당하신 것이 아니라, 아버지 하나님의 작정하심에 순종하신 것이기 때문이다. 더 나아가, 성경은 그리스도께서 어떠한 일들을 겪게 되실 것인지가 이미 오래 전에 정해져 있었음을 분명하게 보여준다. 한편, 누가가 그리스도께서 그를 죽인 자들에 의해서 매장되었다고 말하는 것은 복음서에 나오는 이야기와 상충되는 것처럼 보일 수 있다. 하지만 누가는 여기서 "무덤에 두었다"는 단어를 그리스도를 죽인 자를 주어로 해서 사용한 것이 아니라, 불특정 주어와 연결해서 사용한 것일 수 있다. 또한, 누가가 동일한 자들이 그리스도를 죽이고 나서 매장하기까지 한 것으로 말한 것이라고 할지라도, 그것은 제유법(synecdoche)으로 설명될 수 있을 것이다. 왜냐하면, 그리스도께서는 빌라도의 허락을 받아서 매장되었고, 제사장들의 결정에 따라서 무덤 앞에 경비병들이 배치되었기 때문이다. 따라서 실제로는 요셉과 니고데모가 그리스도를 무덤에 안치하였다고 하더라도, 유대인들이 그리스도를 매장하였다고 말한 것은 부정확한 말이기는 하지만 틀린 말은 아니다. 왜냐하면, 여기서 바울의 의도는 그리스도를 매장해 준 그들의 선한 행동을 칭송하려는 것이 아니라, 원수들이 그리스도를 "무덤에 두고" 경비병을 배치하여 감시하였다는 것을 보여줌으로써, 그리스도의 부활의 확실성을 더욱 분명하게 증명하고자 한 것이기 때문이다. 따라서 바울이 말하고자 한 것은 그리스도의 시신은 제자들이 몰래 옮기거나 가져간 것이 아니라, 원수들이 잘 알고 있는 장소에 그 시신을 두고서 경비병까지 배치하였음에도 불구하고, 시신이 거기에서 없어졌다는 것이다. 이러한 사실로부터 도출되는 결론은 그리스도께서는 부활하신 것이 확실하다는 것이다.

30. 하나님이 죽은 자 가운데서 그를 살리신지라. 그리스도의 죽음이 경건한 자들의 구원이 된 것은 분명하지만, 거기에 그리스도의 부활이 더해지지 않으면 안 되는 것이었기 때문에, 바울은 이 두 번째를 좀 더 집중적으로 다룬다. 왜냐하면, 만일 그리스도의 부활을 통해서 하나님의 권능이 분명하게 나타나지 않았다면, 바울은 자신의 청중들에게 그리스도의 죽음 속에서 구원을 찾아야 한다는 확신을 줄 수 없을 것이었기 때문이다.

31. 그들이 이제 백성 앞에서 그의 증인이라. 바울은 그리스도께서 자신의 원수들이 고용한 자들이 지키고 있는 무덤에서 나오셨다고 말한 후에, 그를 목격한 많은 제자들이 백성들 앞에서 이 사실을 신실하게 증언하였다는 말을 덧붙인다. 바울이 그들을 "증인들"이라고 부른 것은 1:8에서 말하고 있듯이 그들이 증인이라는 직임으로 택하심을 받았다는 것을 염두에 둔 것일 수도 있고, 단순히 그들이 그리스도에 관하여 알고 있는 것들을 아무런 거리낌 없이 많은 사람들 앞에서 증언하였다는 것을 의미하는 것일 수도 있다. 바울의 이러한 말로부터 우리는 이 사건이 예루살렘에서 아주 잘 알려져 있었다는 것을 알게 된다. 하지만 이 사건이 실제로 일어난 일임을 증명하는 것은 그리 쉬운 일이 아니었다. 왜냐하면, 원수들이 온갖 수단과 방법을 총동원하고 자신들에게 주어진 막강한 권력을 앞세워서 그 사실을 은폐하기 위하여 혈안이 되어 있는 가운데, 제자들은 그리스도께서 다시 살아나셨고, 자신들이 그 일의 목격자라고 공개적으로 증언해야 했기 때문이다. 이런 상황 속에서 만일 이 사실을 반박할 증거가 있었다면, 서기관들이 결코 그 증거를 놓치지 않았을 것이다.

[32]우리도 조상들에게 주신 약속을 너희에게 전파하노니 [33]곧 하나님이 예수를 일으키사 우리 자녀들에게 이 약속을 이루게 하셨다 함이라 시편 둘째 편에 기록한 바와 같이 너는 내 아들이라 오늘 너를 낳았다 하셨고 [34]또 하나님께서 죽은 자 가운데서 그를 일으키사 다시 썩음을 당하지 않게 하실 것을 가르쳐 이르시되 내가 다윗의 거룩하고 미쁜 은사를 너희에게 주리라 하셨으며 [35]또 다른 시편에 일렀으되 주의 거룩한 자로 썩음을 당하지 않게 하시리라 하셨느니라 [36]다윗은 당시에 하나님의 뜻을 따라 섬기다가 잠들어 그 조상들과 함께 묻혀 썩음을 당하였으되 [37]하나님께서 살리신 이는 썩음을 당하지 아니하였나니(13:32-37).

32. 우리도 조상들에게 주신 약속을 너희에게 전파하노니. 여기서 바울은 청중들로 하여금 자기가 전하는 것을 하나님의 합법적인 사역자의 말로 듣게 하기 위하여, 자기가 사도의 직분을 맡은 자로서 이 일을 전하고 있는 것이라고 밝히면서, 자신에게 주어진 사도직의 핵심은 하나님께서 옛적에 약속하셨던 일들이 지금 이 시대에 성취되었다는 것을 선포하는 것이라고 말한다. 바울은 많은 중요한 내용들을 몇 마디로 짤막하게 요약한다. 먼저, 그는 자신이 새로운 것을 전하거나, 율법과 선지자들이 가르친 것과 다른 것을 소개하는 것이 아니고, 그들이 하나님에 의해서 자신들에게 전해졌다고 고백하고 확신하는 바로 그 가르침이 지금 성취되었다는 것을 보여주고 있음을 지적한다. 따라서 그들이 하나님께서 그들의 조상들과 맺었던 언약을 파기하고자 하는 것이 아니라면, 자기가 그들에게 전하고 있는 것을 거부해서는 안 된다는 것이다. 다음으로, 그는 하나님께서 옛적에 하신 약속들 중에서 경솔하거나 헛된 것이 하나도 없었다는 것이 이제 너무나 분명해졌다고 말하면서, 하나님의 신실하심을 칭송한다. 그러나 특히 그는 그리스도 안에서 마침내 계시된 하나님의 은혜의 지극히 크심을 칭송한다. 우리는 그들이 자신들의 조상들에게 약속되었던 것들을 얻게 되었다고 바울이 말할 때에 그들과 조상들을 대비시키고 있는 것임을 주목하여야 한다. 따라서 하나님의 은혜가 그들에게 풍성하게 부어질수록, 만일 그들이 측량할 수조차 없는 하나님의 이러한 선하심을 멸시하거나 능멸한다면, 그들의 배은망덕함은 더욱 수치스러운 것이 될 수밖에 없다. 왜냐하면, 그들의 조상들은 하나님께서 약속하신 보배를 멀리서 바라보며 경외심을 갖고 마음속으로만 소망하면서 평생을 살다가 죽었는데, 그들은 자신들에게 쥐어진 그 보배를 내팽개치거나 깔아뭉개 버린 것이 되기 때문이다.

그런데 여기서 율법 아래 살았던 자들도 그 약속들에 참여한 자들이 아니었느냐 하는 질문이 제기된다. 나의 대답은 우리가 동일한 은혜에 참여하였다고 해도 그 참여한 정도에 있어서는 우리 간에 서로 커다란 차이가 있다는 것이다. 그러나 여기서 바울이 말하고자 한 것은 단 한 가지, 즉 그리스도께서 나타나실 때까지는 그들의 믿음은 미완성의 믿음이고, 바울 자신이 가르치고 있듯이(고후 1:19-20), 하나님의 모든 약속은 그리스도 안에서 비로소 "예"와 "아멘"이 된다는 것이다. 따라서 그들도 우리와 마찬가지로 동일한 하나님 나라의 상속자들이고, 하나님께서 자기 자녀들에게 공급해 주시는 영적인 복들에 함께 참여한 자들이다. 또한, 하나님께서는 우리가 지금 누리고 있는 것처럼 그들에게도 이 세상에서 그의 사랑을 맛보게 하

셨다. 하지만 영생과 모든 복의 실체이신 그리스도는 우리에게는 실제로 주어진
(datus) 반면에, 그들에게는 단지 약속되었을(promissus) 뿐이다. 우리에게는 그리
스도께서 임재해 계시는 반면에, 그들은 멀리서 그리스도를 바라보며 대망하고 있
었을 뿐이다.

33. 우리 자녀들에게 이 약속을 이루게 하셨다 함이라. 바울이 여기서 거룩한 조
상들의 육신의 "자녀들"에 대하여 말하고 있다는 것은 확실하다. 우리가 이 점에 유
의해야 하는 것은 성경 구절의 모든 것 속에서 알레고리를 도출해 내는 일부 광신
자들이 이 구절은 육신의 자녀들이 아니라 오직 믿음의 자녀들에 대하여 말하고 있
는 것이라고 잘못된 주장을 하기 때문이다. 그들은 그러한 허구를 앞세워서, "내가
내 언약을 나와 너 및 네 대대 후손 사이에 세워서 영원한 언약을 삼고 너와 네 후손
의 하나님이 되리라"(창 17:7)고 하신 하나님의 거룩한 언약을 무의미한 것으로 만
들어 버린다. 그들은 오직 믿음을 가진 자만이 아브라함의 자녀라고 말한다. 그러
나 나의 견해는 그들의 주장과는 정반대로, 육신을 따라서 아브라함의 자녀로 태어
난 자들도 자신의 불신앙으로 말미암아 스스로 떨어져 나가지 않는 한, 하나님의 영
적인 자녀로 간주되어야 한다는 것이다. 왜냐하면, 그들은 "거룩한 뿌리"로부터 나
온 까닭에, 자신의 잘못으로 말미암아 더럽혀져서 속된 자가 되기 전에는, 본성적
으로 "거룩한 가지"이기 때문이다(롬 11:16). 또한, 바울의 의도도 유대인들을 그리
스도에게로 인도하려는 것임이 확실하고, 그렇게 되기 위해서는 어떤 특별한 은혜
를 통해서 일반적인 유대인들과 구별될 필요가 있다. 하지만 그렇다고 해서, 저 불
한당들이 가증스럽게 주장하듯이, 그러한 사실로부터 하나님의 은혜를 육신의 자
녀와 결부시켜서는 절대로 안 된다는 결론이 도출되는 것은 아니다. 왜냐하면, 비
록 생명의 약속이 아브라함의 육신적인 자손들에게 주어진 유업일지라도, 그들 중
많은 자들이 불신앙으로 말미암아 그 유업을 상실하게 되기 때문이다. 따라서 큰
무리 가운데서 소수만이 자녀로 여김을 받게 되는 것은 믿음 때문이다. 실제로, 하
나님께서는 믿음을 기준을 삼으셔서 자신의 자녀를 구별하신다. 이것이 내가 전에
말했던 "이중적 선택"(duplex electio)이다. 첫 번째 선택은 하나님께서 처음에 아브
라함의 모든 권속을 양자로 삼으셨기 때문에, 이스라엘 민족 전체에 동일하게 미치
는 일반적인 선택이고, 두 번째 선택은 하나님의 은밀한 경륜에 따라 궁극적으로 믿
음에 의해서 확증되고 사람들의 내면에서 확인되는 제한적인 선택이다.

따라서 바울이 하나님께서 조상들에게 약속하신 것이 유대인들에게 성취되었다

고 주장한 것은 지극히 합당하다. 왜냐하면, 사가랴가 "우리 조상을 긍휼히 여기시며 그 거룩한 언약을 기억하셨으니 곧 우리 조상 아브라함에게 하신 맹세라"(눅 1:72-73)고 노래했듯이, 그 약속은 그들에게도 주어진 것이었기 때문이다. 하지만 선민으로서의 유대 민족의 존귀함이 그리스도의 은혜가 온 세상으로 뻗어나가는 것을 방해하지는 않는다. 왜냐하면, 장자가 가장 영광스러운 자리를 차지한다고 하여도, 두 번째 자리는 형제들을 위해 남겨져 있는 법이기 때문이다. 실제로, 하나님의 옛 백성들이 자신들의 지위를 박탈당한 후에, 교회는 외인들의 몫으로 남겨졌고, 이방인들을 모아서 교회를 채울 수 있는 새로운 기회가 시작되었다. 그러나 유대 백성들이 계속해서 믿음을 지키고 있었다고 하더라도, 이방인들에게는 하나님의 영광스러운 공동체에 참여할 수 있는 기회가 반드시 주어졌을 것이다.

33. 곧 하나님이 예수를 일으키사. 여기서 사용된 "일으키셨다"는 단어는 다음 절에서 사용된 동일한 단어보다 더 넓은 뜻을 갖는다는 것이 나의 견해이다. 즉, 성경에서 하나님이 왕들과 선지자들을 "일으키셨다"고 말하는 모든 곳에서와 마찬가지로, 여기서도 바울은 이 단어를 통해서, 그리스도께서 죽은 자들로부터 살아나셨다는 사실뿐만이 아니라, 그리스도께서 하나님에 의해서 사명을 위임받으시고 하나님의 손에 이끌려서 사람들 앞에 등장하심으로써 메시아의 직분을 수행하셨다는 사실까지도 말하고 있다는 것이다. 내가 그렇게 생각하는 이유는 동사 '아나스테사이'($\dot{\alpha}\nu\alpha\sigma\tau\tilde{\eta}\sigma\alpha\iota$, "일으키다")가 그런 뜻으로 종종 사용되기 때문이기도 하지만, 하나님께서는 자기 아들을 세상으로 보내심으로써 오래 전에 자신의 종들에게 주셨던 자신의 약속을 실제로 이행하신 것이기 때문이다.

33. 시편 둘째 편에 기록한 바와 같이. 헬라어 사본들에서 이 시편은 여기에서와 마찬가지로 "둘째 편"으로 되어 있긴 하지만, 우리는 옛적의 많은 저자들이 이 시편을 "첫째 편"이라고 하였다는 에라스무스(Erasmus)의 말을 간과해서는 안 된다. 또한, 누가도 어쩌면 원래 "첫째 편"이라고 했을지도 모른다. 왜냐하면, 오늘날 "둘째 편"으로 읽히고 있는 시편은 옛적에는 "첫째 편"으로 불렸을 가능성이 있고, 거기에는 타당한 이유가 있기 때문이다. 즉, 오늘날의 시편 "첫째 편"은 시편을 하나의 책으로 편찬한 서기관들과 제사장들에 의해서 시편 전체의 서문으로 덧붙여진 것일 가능성이 있다는 것이다. 시편 "첫째 편"에는 저자의 이름을 밝힌 표제가 붙어 있지 않고, 단지 하나님의 율법을 묵상할 것을 권면하는 내용으로 되어 있다는 점이 이러한 사실을 보여주는 방증이다. 그러나 이것은 그리 중요한 문제는 아니다. 우리

가 알아야 할 중요한 것은 바울이 이 시편에서 가져온 증언을 얼마나 적절하게, 그리고 어떤 식으로 당시의 상황에 적용하고 있는가 하는 것이다. 우리는 이 시편이 다윗이 자기가 사방으로 공격을 당하고 있고, 그 원수들이 자기가 맞서기에는 너무나 강력한 것을 보고서, 자신을 왕으로 세우신 하나님의 보호하심을 전적으로 의지한 것에 대하여 말하고 있다는 것을 부인하지 않지만, 다윗은 메시아를 예표하는 인물이었기 때문에, 사실은 오직 메시아에게만 온전히 적용될 수 있는 일들을 다윗이라는 인물을 통해서 우리에게 미리 보여주고 있는 것임을 알고 있다. 이 시편이 단지 다윗이 자신의 왕국과 관련해서 하나님께 감사하는 내용을 담고 있는 것이 아니라, 좀 더 심원한 예언을 담고 있다는 것은 이 시편의 전체적인 맥락을 보면 너무나 분명해진다. 왜냐하면, 다윗이 평생 동안 누린 영광이 여기서 언급되고 있는 영광의 백분의 일도 되지 못했다는 것은 잘 알려진 사실이기 때문이다. 우리는 4장을 다룰 때에 이 문제에 대해서 이미 충분히 논의한 바 있다.

이제 이 구절을 좀 더 자세히 살펴보자. 사실, 왕들이 "하나님의 아들"이라고 불린 것은 일반적인 일이었지만(시 82:6), 여기서 하나님의 목적은 다윗을 다른 모든 왕들보다 높이고, 왕들의 반열이 아니라 그들보다 더 뛰어난 인물로 부각시키는 것이었기 때문에, 하나님께서 다윗을 "하나님의 아들"이라고 하셨을 때, 그것은 다른 모든 왕들이 감히 바랄 수 있는 호칭이 아니었다. 그렇다고 해서, 이것은 다윗이라는 인물에게 본래부터 그러한 존귀함이 있어서, 히브리서 1:4이 말하고 있듯이, 그가 천사보다 더 뛰어날 수 있었다고 말씀하신 것이 결코 아니었다. 따라서 하나님께서 다윗을 보통 사람이나 수많은 사람 중의 하나로 여기지 않으시고, 마치 자신의 독생자인 양 이토록 영광스럽게 구별하신 것은 그가 그리스도의 모형으로서 그리스도와 관련되어 있었기 때문이었다. 하나님께서 다윗의 나라를 자신의 손으로 견고하게 해주신 것 자체가 하나님이 그를 낳았다는 증거였다. 왜냐하면, 그 일은 사람의 노력으로 이루어진 일이 아니라, 하나님께서 하늘로부터 자신의 지극히 큰 능력의 손을 뻗치셔서 이루신 일이었고, 이것으로 말미암아 다윗의 통치가 하나님의 뜻에 따라 된 것임이 분명하게 드러났기 때문이다. 따라서 하나님께서 여기서 다윗을 "낳았다"고 하신 것은 다윗이 모든 사람의 예상을 뒤엎고 기적적으로 왕으로 등극했을 뿐만 아니라, 하늘의 영의 능력의 도움을 받아서 무수한 음모를 분쇄하고 주변의 모든 민족들을 굴복시켜서 천하를 평정한 것이 하나님이 그를 "낳았다"는 증거라는 것을 당시 사람들에게 알게 하고 깨닫게 하고자 하신 것이었다.

이제 그리스도에게로 눈을 돌려보자. 그리스도께서는 자기가 하나님의 아들이심을 증명할 수 있는 그 어떤 증거도 없이 이 세상에 오신 것이 결코 아니었음은 분명하다. 왜냐하면, 사도 요한은 하나님의 독생자에 합당한 영광이 그리스도에게서 가시적으로 나타났다고 말하고 있고(요 1:14), 다른 곳에서도 하나님께서 그리스도의 영광에 대한 중인이시자 변호자시라고 말하기 때문이다. 따라서 하나님께서 그리스도가 자신의 참되고 분명한 형상이자 자기 아들임을 보여주는 확실한 증표들을 그리스도께 각인시켜 주셨을 때, 하나님께서는 그리스도를 낳으신 것이었다. 하지만 이것이 그리스도는 영원하신 아버지 하나님께서 창세 전에 낳으신 "지혜"시라는 사실과 모순되는 것은 아니다. 후자는 사람들에게 감추어진 신비로운 출생(arcana generatio)이었다. 다윗은 이제 바로 그것이 사람들에게 나타났다고 선언한다. 이렇게 하나님의 마음에 감춰져 있던 것이 사람들에게 분명하게 나타나고 알려졌기 때문에, 우리가 앞에서 이미 말했듯이, 이제 관건은 하나님이 아니라 사람들이다. 이것은 기가 막힌 비유이다. 왜냐하면, 마치 하나님께서 사람들의 눈 앞에서 실제로 그리스도를 낳으신 것인 양, 이 비유는 그리스도의 신성을 생생하게 확증해 주기 때문이다. 나는 여기에 나오는 "오늘"이라는 단어가 "영원히"를 의미한다는 아우구스티누스(Augustinus)의 독창적인 해석에 아주 많은 사람들이 만족하고 있음을 안다. 그러나 하나님의 성령이 스스로 해석자가 되셔서, 전에 다윗을 통해서 말씀하셨던 것을 이제 여기서는 바울의 입술을 통해서 설명하고 계시는 것이기 때문에, 우리는 거기에 또 다른 의미를 만들어 내어서 덧붙여서는 안 된다. 뿐만 아니라, 바울은 로마서 1:4에서 그리스도께서 "죽은 자들 가운데서 부활하사 능력으로 하나님의 아들로 선포되셨으니"라고 증언하고 있기 때문에, 우리는 하나님께서 그리스도를 이 땅에 보내심으로써 자기가 그리스도를 낳았다는 것을 세상으로 하여금 알게 하신 것이 그리스도께서 지니신 하늘에 속한 탁월성, 즉 그의 신성을 보여주는 가장 중요한 증표였다는 것을 알게 된다. 따라서 그리스도께서 세상에 오신 것이 하나님이 그를 "일으키신" 사건의 시작이라고 한다면, 그리스도의 부활은 하나님이 그를 완전하고 완벽하게 "일으키신" 사건이었다. 왜냐하면, 그리스도께서 세상에 오실 때에는 "자기를 비워 종의 형체"(빌 2:7)를 갖고 오셨지만, 부활하신 후에는 사망의 정복자이자 생명의 주로 나타나심으로써 하나님의 독생자에게 합당한 위엄에 조금도 부족한 것이 없게 되셨기 때문이다.

34. 죽은 자 가운데서 그를 일으키사 다시 썩음을 당하지 않게. 바울은 이제 다

른 측면, 즉 그리스도께서 영원히 사시기 위하여 다시 살아나신 것이라는 내용을 덧붙인다. 이것은 바울이 로마서 6:9-10에서 가르치고 있는 것과 같다: "그리스도께서 죽은 자 가운데서 살아나셨으매 다시 죽지 아니하시고 사망이 다시 그를 주장하지 못할 줄을 앎이로라 … 그가 살아 계심은 하나님께 대하여 살아 계심이니." 왜냐하면, 만일 그리스도께서 또다시 죽음이나 어떤 변화를 겪으셔야 하는 것이라면, 그의 부활로 말미암은 소망과 확신은 부질없는 것이 되고 말 것이기 때문이다. 따라서 그리스도께서는 자기가 영원히 사심으로써 자기 백성에게 영원한 복락을 주시기 위하여 하나님의 나라에 들어가신 것이다. 즉, 그리스도께서는 자기 자신을 위해서가 아니라 우리를 위해서 다시 사신 것인 까닭에, 아버지 하나님께서 그에게 주신 영생은 우리 모두에게 미쳐서 우리의 것이기도 하다는 것이다. 여기에서 인용된 "내가 다윗의 거룩하고 미쁜 은사를 너희에게 주리라"(사 55:3)는 본문은 그리스도께서 다시는 죽지 않으시고 영원히 사시게 된 것을 증명하기 위한 것으로는 별로 적합해 보이지 않는 것 같지만, 사실은 그렇지 않다. 왜냐하면, 이사야는 다윗에게 약속된 구속에 관하여 말하면서, 그 구속이 견고하고 영속적인 것이 될 것이라고 말하고 있는 것인 까닭에, 우리가 그 본문이 영원한 구원의 토대가 되는 그리스도의 영원한 나라에 대하여 말하고 있는 것이라고 추론하는 것은 합당하기 때문이다. 여기서 바울이 히브리어 본문에서 "은혜로운 것들"이라고 표현한 것을 "거룩한 것들"이라고 바꾸어서 말한 것은 칠십인역을 따른 것이다. 칠십인역에서는 통상적으로 "자비로운" 또는 "인자한"을 뜻하는 히브리어를 "거룩한"이라고 번역한다. 따라서 칠십인역 번역자들은 이사야서 본문에 나오는 '하스데 다윗'을 "다윗의 거룩한 것들"이라고 번역했지만, 사실 선지자는 "다윗에게 약속된 은혜"를 말하고자 했던 것이다. 하지만 바울은 칠십인역 성경에 익숙하였던 무지하고 연약한 자들을 위해서 그러한 번역을 용인했던 것인데, 거기에는 특히 그가 인용한 본문의 강조점이 다른 데에 있었다는 점도 고려되었을 것이다. 왜냐하면, 바울이 말하고자 한 핵심은 하나님께서 자기 아들 안에서 우리에게 주시겠다고 약속하신 은혜가 영원한 것이라면, 마찬가지로 그 아들의 생명도 영원하고 그 어떠한 변화도 겪게 되지 않을 것은 당연한 일이라는 것이기 때문이다. 여기서 우리는 하나님의 모든 약속들은 그리스도 안에서 "예"와 "아멘"(고후 1:20)이 되기 때문에, 하나님께서 그리스도를 영원히 살게 하실 때에만, 그 약속들은 효력을 지닐 수 있다는 원리를 파악하지 않으면 안 된다.

35. 주의 거룩한 자로 썩음을 당하지 않게 하시리라. 이 시편 구절은 베드로의 첫 번째 설교에서 인용되었고(행 2:27), 나는 거기서 이 구절에 대해서 설명한 바 있기 때문에, 독자들은 그곳을 참조하기 바란다. 나는 다윗이 "무덤"을 뜻하는 두 개의 히브리어 단어를 사용하고 있다는 사실만을 간단하게 언급하고자 한다. 이러한 반복은 다윗의 글에서 흔히 나타나는데, 첫 번째 단어인 '쉐올'(שׁאוֹל)은 "어떠한 것을 갈망하다"라는 뜻에서 유래한 단어로서, 무덤을 모든 것을 집어삼키는 끝 모르는 심연에 비유한 것이고, 두 번째 단어인 '샤하트'(שׁחת)는 "썩음"이라는 뜻에서 유래한 단어이다. 헬라어 번역은 이러한 어원을 반영해서 다윗이 말하고자 한 것을 충실하게 표현하고 있다. 왜냐하면, 무덤이 시체를 집어삼키고, 그런 후에 그 시체가 무덤 속에서 썩어서, 결국에는 소멸되어 사라져 버린다고 말했다면, 그것은 무덤의 속성을 잘 표현한 것이 되기 때문이다. 바울은 오직 그리스도만이 "썩음"을 당하지 않으셨다고 단언한다. 왜냐하면, 그리스도의 몸은 비록 무덤에 매장되긴 하였지만, 부활의 날까지 마치 침상에 있는 것처럼 무덤 속에 아무런 훼손 없이 온전하게 뉘어져 있어야 했던 까닭에, "썩음"이 그의 몸을 주장할 수 없었기 때문이다.

36. 다윗은 당시에 … 섬기다가 … 썩음을 당하였으되. 이 시편이 다윗에 관한 것이라고 생각하는 사람이 혹시라도 있지 않도록 하기 위해서, 곧바로 바울은 다윗의 시신은 무덤에 묻혀서 "썩음"을 당하였기 때문에, 모든 점에서 이 시편은 다윗에게 적용되는 것이 아니라는 것을 보여준다. 따라서 "썩음"을 당하지 않는 것은 오직 그리스도만의 특권이기 때문에, 다윗이 성령의 감동을 따라 그리스도에 대하여 예언한 것임이 분명하게 드러난다. 또한, 우리는 머리와 지체 간의 관계를 유념해서, 이 예언은 오직 머리 되신 그리스도 안에서만 완전하고 절대적으로 성취되긴 하였지만, 모든 지체들 안에서도 성취될 것을 알아야 한다. 그리스도께서 부활하신 목적은 "우리의 낮은 몸을 자기 영광의 몸의 형체와 같이 변하게 하시는"(빌 3:21) 것이기 때문에, 경건한 자들은 "썩음"이 자신들의 몸을 궁극적으로 소멸시킬 수 없을 것이라는 조건 하에서 구덩이로 내려가는 것이다. 따라서 다윗이 장차 도래할 구원의 소망에 의거해서, 자신이 "썩음"을 보지 않을 것이라고 선언한 것은 합당하다. 믿는 자들의 몸이 썩는 것은 그들의 때가 이르렀을 때에 썩지 않는 복된 몸을 입기 위한 것이기 때문에, 우리는 장차 더 좋은 몸을 입게 되어 있는 자들의 경우에는 그들의 몸이 썩는 것을 최종적인 것으로 여겨서는 안 된다. 그렇다고 해도, 머리와 지체는 그 처지가 서로 판이하게 다르고, 우리는 멀리서 천천히 하나님의 아들을 뒤

따르고 있는 것일 뿐임은 여전히 사실이다.

이제 우리는 한편으로는 다윗을 비롯한 믿는 자들은 장차 그들의 "머리"와 같게 될 것이라는 점에서 "썩음"을 보지 않게 되리라는 것, 다른 한편으로는 그럼에도 불구하고 하나님의 아들만이 "썩음"으로부터 완벽하게 자유로울 수 있다는 것, 이 두 가지가 모두 참이고 적절한 말이라는 것을 알게 된다. 우리는 "다윗이 자신의 세대, 또는 자기 시대의 사람들을 섬기다가 하나님의 뜻을 따라 잠들었다"고 말하는 구절에 주목하여야 한다.

이와는 달리, 불가타 역본과 일부 헬라어 사본들은 "다윗이 자신의 시대에 하나님의 뜻을 섬기다가 잠들었다"로 끊어서 읽는다. 이러한 읽기가 유력한 것이라고 할지라도, 나는 현재의 읽기를 고수하고자 한다. 왜냐하면, "다윗이 하나님의 뜻 또는 계획에 따라 잠들었다"는 것은 결코 무의미하거나 군더더기가 아니라, 다윗이 죽었을지라도 하나님께서는 이 예언을 잊지 않으셨다는 의미를 내포하고 있기 때문이다. 즉, 바울은 다윗이 그리스도께서 오심으로써 이 예언이 성취되어 다시 일어나게 될 때까지, 다윗의 몸이 무덤 속에 눕혀진 것은 하나님의 계획과 무관한 일이 결코 아니었다고 말하고 있는 것이다. 나의 이러한 해석이 틀리지 않는다면, 이것으로부터 우리는 사람이 이 세상에서 어떻게 살아가야 하는지를 배우게 된다. 즉, 사람은 서로 돕고 살아야 한다는 것이다. 왜냐하면, 모든 사람은 자기 혼자 살기 위해서 태어나는 것이 아니고, 인류는 거룩한 사슬로 서로 엮여져 있기 때문이다. 따라서 우리는 순리를 거스르고자 하는 것이 아니라면, 우리 자신을 위해서가 아니라 우리의 이웃을 위해서 살아야 한다는 것을 기억하여야 한다.

그러나 여기서 우리는 후손들에 대해서 관심을 가져야 하는 것이 아닌가 하는 질문이 제기된다. 나의 대답은 죽은 다윗이 우리 곁에 살아 있는 대다수의 사람들보다 우리에게 더 큰 유익을 주고 있다는 것을 오늘날의 우리가 느끼고 있는 바와 같이, 경건한 자들이 행한 일들은 후손들에게도 큰 유익을 끼친다는 것이다. 하지만 바울이 여기서 말하고자 한 것은, 믿는 자들은 자신의 이웃을 돕기 위해서 일생 동안 그들 자신을 바치고 그들이 해야 할 일들을 해야 하고, 하나님께서 그들을 세상으로부터 부르실 때에야 그 수고가 끝나기 때문에, 죽음은 그들에게 실제로 결승점과 같은 것이라는 것이다. 요컨대, 우리는 먼저 우리 자신의 시대에 관심을 가지고서 우리와 더불어 살아가고 있는 형제들을 섬겨야 하고, 다음으로는 우리의 섬김의 열매가 후손들에게까지 미칠 수 있도록 노력을 기울여야 한다. 이러한 법칙은 하나님께서 자신의 종들에게 정해 주신 것이기 때문에, 죽은 자들이 우리를 위해서 기도하고 있을 뿐만 아니라, 살아 있을 때와 마찬가지로 죽은 후에도 교회를 섬기고 있다고 주장하는 자들의 분별없음은 변명의 여지가 전혀 없다.

36. 하나님의 뜻을 따라 … 잠들어. 바울은 간단히 "다윗이 죽었다"고 말할 수도 있었는데도, "하나님의 뜻을 따라"라는 어구를 덧붙인 것은 이 시편에 나오는 것들이 다윗 안에서 성취된 것이 아님을 우리로 하여금 알게 하기 위한 것이었다. 하지만 "주께서 사람을 티끌로 돌아가게 하시고 말씀하시기를 너희 인생들은 돌아가라 하셨사오니"(시편 90:3)라는 말씀에서도 알 수 있듯이, 우리는 하나님께서 우리의 삶과 죽음의 시기를 정해주셨다는 것을 알게 된다. 심지어 플라톤도 인간들은 하나님에 의해서 마치 정거장에 머물듯이 일시적으로 세상에 머무르는 존재이고, 하나님의 뜻이 없이는 세상을 떠날 수 없는 것이라고 지혜롭게 가르친다. 다윗의 죽음이 "하나님의 뜻"에 의한 것임을 바울이 명시적으로 언급한 것은 다윗이 썩음을 당한 것은 하나님께서 자신의 약속을 잊어버리신 가운데 우연히 일어난 것이 아니라, 믿는 자들로 하여금 이 예언이 다윗이 아니라 그리스도에게 적용되는 것임을 알 수 있게 하고자 하신 하나님의 섭리에 의해서 의도적으로 일어난 것임을 우리로 알게 하기 위한 것이었다. "잠들다"와 "조상들과 함께 묻히다"라는 어구들은 설명이 필요 없을 만큼 유명한 표현들이다.

[38]그러므로 형제들아 너희가 알 것은 이 사람을 힘입어 죄 사함을 너희에게 전하는 이것이며 [39]또 모세의 율법으로 너희가 의롭다 하심을 얻지 못하던 모든 일에도 이 사람을 힘입어 믿는 자마다 의롭다 하심을 얻는 이것이라 [40]그런즉 너희는 선지자들을 통하여 말씀하신 것이 너희에게 미칠까 삼가라 [41]일렀으되 보라 멸시하는 사람들아 너희는 놀라고 멸망하라 내가 너희 때를 당하여 한 일을 행할 것이니 사람이 너희에게 일러줄지라도 도무지 믿지 못할 일이라 하였느니라 하니라(13:38-41).

38. 그러므로 형제들아 너희가 알 것은. 앞에서 그리스도를 통한 구원이 어떻게 얻어지는가에 대해서 설명한 후에, 이제 바울은 그리스도의 직분과 능력에 대해서 설명하기 시작한다. 여기서 우리가 놓치지 말아야 할 핵심은 그리스도의 오심이 우리에게 어떤 복을 가져다주었는가 하는 것과 우리가 그리스도에게서 무엇을 소망해야 하는가 하는 것이다. 누가는 바울이 그리스도가 우리에게 가져다준 은택들

(beneficium)에 대해서 설교한 것을 단 한 문장으로 보도하고 있기는 하지만, 이러한 중요한 문제들이 그 무게감에 어울리게 진지하고 장중하게 다루어졌을 것임은 의심의 여지가 없다. 바울이 "너희가 알 것은"이라고 말한 것은 그들이 이렇게 명명백백한 일을 모르는 것은 오직 그들의 영적 둔감함(socordia)으로 인한 것인 까닭에, 믿음을 지닌 자들이 그리스도를 통해서 나타난 하나님의 이러한 은택들을 알게 되는 것은 너무나 당연한 일이라고 말한 것이다. 왜냐하면, 그는 우리에게 복음을 큰 소리로 전해서, 우리로 하여금 믿음으로 복음을 듣고서, 복음 안에서 하나님께서 예비하신 복들을 확실하게 소유하도록 하기 위하여 보내심을 받은 것이고, 우리가 하나님과 참으로 사귐을 갖기 위해서는 하나님이 어떤 분이신지를 먼저 알아야 하기 때문이다. 바울이 "죄 사함"을 가장 먼저 제시한 것은 하나님께서 "죄 사함"을 통해서 우리와 화목하게 되시기 때문이다. 하나님께서는 "죄 사함"이 자신의 모든 백성들에게 전파되기를 원하시기 때문에, 모든 사람이 "죄 사함"을 필요로 한다는 것을 보여주신다. 그래서 바울은 한두 사람이 아니라, 안디옥에 있는 모든 유대인들에게 "죄 사함"을 전파한다.

따라서 우리가 우선적으로 알아야 할 것은 우리 모두가 죄로 말미암아 하나님의 원수가 되어 있다는 것이다(골 2:13). 그렇기 때문에, 하나님께서 우리에게 값없이 "죄 사함"을 주셔서 우리를 그의 은혜 안으로 받아주실 때까지는, 모든 사람은 하나님의 나라에서 쫓겨나서 영원한 죽음에 넘겨져 있는 상태라고 말할 수 있다. 또한, 우리는 하나님께서는 중보자를 통해서 우리의 죄를 용서해 주시고 우리와 화목하신다는 것과 중보자 없이는 대속도 없고 죄 사함도 없다는 것을 유념하여야 한다. 다음과 같은 것들은 우리의 믿음의 기초들이고, 철학자들의 학교에서는 결코 배울 수 없는 것들이다: 온 인류는 죄의 정죄와 지배 아래 놓여 있고, 우리는 우리 자신을 하나님과 화목하게 만들 만한 의로움을 우리 자신 안에 갖고 있지 않으며, 구원의 유일한 소망은 아무런 대가 없이 우리를 용서해 주시는 하나님의 긍휼하심에 있고, 그리스도에게로 피하고 그의 죽음 안에서 자신의 죄의 대속을 구하는 자만이 정죄에서 벗어날 수 있다.

39. 이 사람을 힘입어 믿는 자마다 의롭다 하심을 얻는 이것이라. 바울은 율법의 가르침과 모순되는 것으로 보일 수 있는 내용을 은근슬쩍 선제적으로 거론한다. 왜냐하면, 율법 제의들이 아무리 많을지라도, 그것들도 결국에는 "죄 사함"을 얻기 위한 절차들이었기 때문이다. 따라서 유대인들은 얼마든지 이렇게 반박할 수 있었다:

"이 사람"만이 우리의 죄를 용서하고 우리를 하나님과 화해시킬 수 있다면, 우리가 율법이 정한 바에 따라서 지금까지 지켜온 수많은 결례들과 제사들은 다 쓸데없는 짓이었다는 말인가? 따라서 바울은 율법의 제의들이 유대인들의 발목을 잡지 않도록 하기 위해서, 그 제의들이 할 수 없었던 일을 그리스도께서 이루셨다고 가르친다. 유대인들은 율법으로 말미암는 의에 대한 믿음을 그렇게 쉽게 버리고 그리스도께로 돌아올 가능성이 없었기 때문에, 바울은 이 문제에 대해서 여기에서처럼 간략하게만 언급하지는 않았을 것이다. 하지만 누가로서는 그가 전한 핵심적인 내용들을 간추려서 간결하게 보여주는 것으로 충분하였다. 요컨대, 바울이 말하고자 한 것은 유대인들을 가로막고 있던 장애물들이 "중보자"에 의해서 제거되었다는 것이다. 사실, 율법의 제의들은 그들을 그리스도께로 인도하기 위한 "초등교사"였다. 즉, 하나님께서 그들에게 명하신 모든 제의들은 그들의 믿음을 돕고 성장시키기 위하여 주어진 보조수단들이었다. 하지만 사람들이 하나님께서 주신 거룩한 제도들을 잘못 사용하여 타락시켜 놓았기 때문에, 율법의 제의들은 도리어 그리스도께로 나아가는 길을 차단하고 믿음의 문을 닫아 버리는 역할을 하였다. 그들은 하나님께서 정하신 제사들을 드림으로써 의를 소유하게 되었다고 생각하였고, 결례를 행함으로써 참된 정결을 획득하였다고 생각하였으며, 자신들이 겉으로 화려하게 제사를 지내고 기도를 하였을 때에 하나님께서 그들을 기뻐하셨다고 생각하였다. 요컨대, 그들은 실체는 버리고 공허한 그림자들만 붙들고 있었다. 사실, 하나님께서는 율법에 정해 놓으신 것들 중에는 무익하거나 쓸데없는 것이 하나도 없었다. 따라서 제의들은 "죄 사함"에 대한 의심할 여지 없이 확실한 증언들이었다. 왜냐하면, 하나님께서 죄인이 제사를 드리면 그의 불의가 씻음을 받으리라고 말씀하신 것은 결코 거짓이 아니었기 때문이다. 하지만 그리스도는 "율법의 마침"(롬 10:4)이셨고 땅에 있는 성전의 원형(히 8:5)이셨기 때문에, 모든 제의들의 효력은 그리스도에게 달려 있었다. 여기서 알 수 있는 것은 그리스도가 빠진 제의들은 허망한 그림자들에 불과하다는 것이다. 그래서 바울이 의의 근거(iustitiae causa)를 율법에서 빼앗아 와서 그리스도에게로 돌린 것은 합당하였다. 이제 우리는 바울의 의도를 알게 된다. 즉, 그는 유대인들이 율법에 대한 그릇된 믿음을 가지고 교만에 빠져서 그리스도의 도움은 필요 없다고 생각하거나, 그리스도 안에서 단지 외적인 복만을 구하지 않도록 하기 위해서, 그들을 율법에 대한 맹신에서 건져내고자 한 것이었다.

39. 모세의 율법으로 너희가 의롭다 하심을 얻지 못하던 모든 일에도. 이 구절은

"의롭다 하심을 얻다"라는 말이 무슨 뜻인지를 아주 분명히 보여주는데, 그것은 구원을 받고 죄 사함을 얻는 것이다. 바울은 여기서 "죄 사함"에 대하여 언급하면서, 그리스도의 은혜로 말미암지 않고는 다른 무엇으로도 "의롭다 하심"을 얻을 수 없다고 단언한다. 율법 안에도 의를 얻을 수 있는 방법들이 있다고 이의를 제기하는 사람이 있을 것을 우려해서, 바울은 율법에 정해 놓은 것들 속에는 그 어떤 능력도 없다고 대답한다. 따라서 바울이 말하고자 한 것은 의미는 분명하다. 즉, 사람은 율법 안에서는 죄로부터 의롭다 하심을 얻을 수 없다는 것이다. 왜냐하면, 율법의 제의들은 죄를 없애줄 수 있는 정당하거나 합당한 대가(pretium)가 될 수 없고, 사람들로 하여금 의롭다 하심을 얻게 할 만한 가치를 지니고 있지 않으며, 하나님을 기쁘시게 할 만큼 합당한 보상(compensatio)이 될 수 없기 때문이다. 이렇게 의롭다 하심을 얻는 것이 죄 사함과 연결되어 있고 죄 사함을 얻는 수단과 방법이라는 것은 악의적으로 부인하는 것이 아니라면 결코 부인할 수 없다. 왜냐하면, 바울은 우리의 죄가 그리스도의 은혜로 말미암아 사함을 받는다는 것을 확증하기 위해서, 반대 견해들을 물리치고 있는 것이기 때문이다. 그는 속죄 제사나 율법의 모든 제의들이 결코 우리를 죄로부터 의롭다 하심을 얻게 해주지 않는다는 것을 증명한다. 따라서 그리스도로 말미암아 의롭게 되는 사람은 죄로부터, 그리고 영원한 사망의 심판으로부터 값없이 거저 벗어나는 사람이다. 하나님께서 우리의 죄를 우리에게 돌리지 않으시고 우리를 의롭다고 여겨 주시는 것이 믿음의 의(fidei iustitia)이다.

이 단어의 의미를 제대로 밝히는 것만으로도, 교황주의자들의 억지 주장들은 쉽게 반박된다. 왜냐하면, 그들은 하나님께서 값없이 우리의 죄를 사해 주시고 받아들여주실 때에 우리가 의롭다 하심을 얻는 것이 아니라, 경건한 행실이 습성화되어서 의가 우리에게 주입되어야만 의롭게 되는 것이라고 주장하기 때문이다. 따라서 우리는 그들이 바울의 이 본문을 부당하게 악의적으로 왜곡해서 자기들 마음대로 찢고 까부는 것을 용납할 수 없다. 왜냐하면, 바울은 우리로 하여금 "죄 사함"을 확신하도록 하기 위해서, 우리가 "모든 일에 … 의롭다 하심을 얻는다"고 말하고 있기 때문이다. 우리는 바울은 사람이 의롭다 하심을 얻는 수단이 그리스도 외에 어떤 것이 있다고 가정했을 때, 그런 수단들 중에서 가장 유력한 것은 율법일 것이라고 상정하고서, 모세의 율법을 그리스도와 대립시키고 있다는 것을 알아야 한다. 따라서 우리는 바울이 오직 율법의 제의들만을 다루고 있다고 할지라도, 사실은 사람들의 죄를 속하고 하나님의 진노를 무마시키는 수단이 될 수 있는 모든 것들을 염두에 두고서 대표적으로 율법의 제의들을 다루고 있는 것임을 유념하여야 한다. 하지만 율법의 모든 제의들 중에서 사람을 죄책감으로 족쇄를 채우지 않는 것은 하나도 없었다. 왜냐하면, 율법이라는 것은 바울이 골로새 2:14에서 가르치고 있는 바와 같이 채무증서 같은 것이었기 때문이다. 하나님께서는 오직 자기 아들의 죽음을 통해서만 사람이 의롭다 하심을 얻게 된다는 것을 알게 하고자 하셨다: "하나님이 죄를 알지도 못하신 이를 우리를 대신하여 죄로 삼으신 것은 우리로 하여금 그 안에서 하나님의 의가 되게 하려 하심이라"(고후 5:21). 이것으로부터 도출되는 결론은 사람이 하나님으로부터 죄 사함을 얻어내기 위하여 고안해 낸 모든 속죄의식들은 그리스도에게서 그의 영광을 빼앗고자 하는 시도들이라는 것이다. 히브리어 어법에 따르면, "율법 안에서"는 "율법에 의해서"를 의미하고, "그리스도 안에서"는 "그리스도에 의해서"를 의미한다.

39. 모든 일에도. 이 구절은 원죄 및 세례 전에 범한 실제적인 죄들만이 그리스도에 의해서 값없이 깨끗하게 사함을 받고, 세례 이후에 범한 죄들은 보속(satisfactio)에 의해서 속죄함을 받는다는 교황주의자들의 사악한 가르침을 반박한다. 바울은 우리가 평생토록 그리스도로 말미암아 죄로부터 의롭다 하심을 얻는다고 분명하게 선언한다. 우리는 하나님께서 율법의 제의들을 유대인들에게 맡기신 목적을 기억하여야 하는데, 그것은 제의들이 교회 안에서 날마다 행해짐으로써, 그들에게 유익을 끼치도록 하기 위한 것, 즉 속죄의식과 정결의식을 날마다 반복하는 것이 결코 헛된 일이 아니라는 것을 유대인들로 하여금 깨달을 수 있도록 하기 위한 것이었다. 그런데 그 모든 것들의 실체가 그리스도 안에서 발견되는 것이라면, 그리스도의 죽음 외에는 사람들의 죄를 멸하기 위한 다른 속죄제사는 있을 수 없다는 결론이 나온다. 만일 그렇지 않다면, 그리스도의 죽음과 율법을 통해 주어진 상징들 사이에는 그 어떤 유비(analogia)도 존재하지 않게 될 것이다. 교황주의자들은 마치 율법의 제의들이 회개를 상기시키기 위한 것이 아니고, 제사장들의 권위도 율법의 제의들과 연결되어 있는 것이 아니라는 듯이, 우리에게 회개할 것을 요구하면서 사제들에게로 가라고 한다. 그러나 참된 믿음이 있는 경건한 자들은 그러한 보조수단들의 도움을 받아서 오직 중보자이신 그리스도의 은혜로 달려간다. 따라서 우리는 그리스도 안에서 값없이 받은 의는 단 하루 동안이나 한순간만 지속되는 것이 아니라 영원한 것이기 때문에, 그리스도의 죽음의 제사가 날마다 우리를 하나님과 화목하게 만든다는 사실을 확고하게 붙들어야 한다.

39. 믿는 자마다.　바울은 사람이 어떻게 그리스도의 의를 얻게 되는지를 보여준다. 즉, 사람은 믿음으로 의롭다 하심을 얻는다는 것이다. 의롭다 하심을 얻는 것은 오직 믿음으로 말미암는 것이기 때문에, 그 어떤 공로로도 결코 얻을 수 없다. 따라서 우리가 오직 믿음으로만 의롭다 하심을 얻는다는 바울의 말에는 아무런 모호한 점이 없다. 그런데도 교황주의자들은 완강하다 못해 극렬하게 믿음으로 의롭다 하심을 얻는다는 말을 반대한다. 그렇다면, 교황주의자들은 "믿는다"는 말이 무슨 뜻인지를 알지 못해서 그 말을 싫어하기 때문에, 우리는 "믿는다"는 것이 무엇인지를 알 필요가 있다. 사실, 우리가 믿음으로 얻는 그리스도의 은택들에는 다른 것들도 있다. 즉, 그리스도께서는 자신의 영으로 우리를 거듭나게 하시고, 우리 안에 하나님의 형상을 회복시켜 주시며, 우리의 옛 사람이 십자가에 못 박힐 때에 우리를 새 생명 가운데서 다시 빚어 주신다. 그러나 누가는 죄로 말미암아 하나님으로부터 멀어진 그들이 어떻게 하나님의 은혜로 돌아갈 수 있는가 하는 이 한 가지만을 다루는 것으로 충분하다고 여겼다. 왜냐하면, 그 은택으로부터 다른 은택들로 넘어가는 것은 쉬운 일이었기 때문이다.

40. 그런즉 너희는 선지자들을 통하여 말씀하신 것이 너희에게 미칠까 삼가라. 바울은 완고한 사람들을 상대해야 했거나, 적어도 무리 중에 목이 곧은 사람들이 다수 섞여 있었기 때문에, 마치 망치로 그들의 완고함을 두들겨서 온순하게 만들겠다는 듯이, 자신의 가르침에 경책의 말을 덧붙인다. 만일 유대인들이 고분고분 순종할 것 같았다면, 두말할 필요도 없이 그는 부드러운 말로 그들을 그리스도께로 인도하려고 하였을 것이다. 그러나 그들의 영적 둔감함이나 완악함이 바울로 하여금 더욱 격렬하고 매섭게 설교하도록 만들었다. 왜냐하면, 그리스도의 은혜를 멸시하는 자들인 경우에는 그들을 하나님의 심판대 앞에 소환해서, 영원한 사망이라는 무시무시한 심판을 선고할 필요가 있기 때문이었다. 바울이 그들에게 "삼가라"고 촉구했다는 것은 아직 그들에게 회개할 여지가 있다는 것을 보여준 것이기는 하지만, 이 말 속에는 그들이 신속하게 자신을 돌아보고 주의하지 않는다면, 그들에게 하나님의 두려운 보응이 그리 멀지 않았다는 것을 말해주는 경고의 의미도 들어 있었다.

40. 선지자들을 통하여 말씀하신 것.　여기에 인용된 구절은 하박국 1:5에서 가져온 것이지만, 모든 선지자들의 글이 한 권의 책으로 묶여져 있었기 때문에, 바울은 그 말씀이 "예언서들에" 기록되어 있다고 말한 것이다.

41. 보라 멸시하는 사람들아 너희는 놀라고 멸망하라. 바울은 하박국 선지자가 한 말을 문자 그대로 인용하지는 않는다. 하박국에는 이렇게 되어 있다: "너희는 여러 나라를 보고 또 보고 놀라고 또 놀랄지어다 너희 생전에 내가 한 일을 행할 것이라 누가 너희에게 고할지라도 너희가 믿지 아니하리라"(합 1:5). 바울은 유대인들로 하여금 그들의 조상들이 일찍이 겪었던 보응이 말씀을 멸시하는 자들이 공통적으로 겪는 보응이라는 것을 알게 하기 위해서 "보라 멸시하는 사람들아"라고 말한다. 이것은 이렇게 말한 것과 같다: "전에도 자신의 말씀을 멸시하는 자들을 이처럼 가혹하게 벌하신 하나님께서는 오늘날에도 자신의 말씀을 가볍게 여기는 자들이 있다면 가만두지 않으실 것이다." 따라서 하박국 선지자의 경고는 모든 세대에 적용되기 때문에, 말씀을 멸시하는 자들은 이전의 사람들이 이미 겪었던 것과 같은 보응을 자신들은 피할 수 있을 것이라고 결코 기대할 수 없다. 유대인들은 성전을 자랑하였고, 자신들이 하나님의 선민이라고 우쭐댔으며, 불경건한 교만함으로 한껏 높아져서 모든 경고의 말씀들을 일축하였다. 그런 까닭에, 바울은 하나님께서 자신의 선지자들을 통해서 그의 말씀을 "멸시하는 자들"에게 어떤 경고를 하셨는지를 그들에게 상기시켜 준 것이다.

41. 너희 때를 당하여 한 일을 행할 것이니. 이 구절의 의미는 하나님의 말씀을 믿기를 거절하는 자들은 하나님의 징벌의 손을 느끼게 될 것이고, 마침내 징벌을 당하고 나서야, 비로소 하나님께서 진지하게 말씀하셨다는 것을 알게 되리라는 것이다. "경험은 어리석은 자들의 스승"이라는 잘 알려진 속담이 있다. 이와 같이 불경건한 자들은 재앙을 겪고 나서야 하나님의 권능을 인정하기 때문에, 하나님께서는 그들로 하여금 자신의 권능을 현실적으로 실감하도록 만드신다. 그렇다면, 하나님께서는 어떤 종류의 벌을 선언하시는가? 하나님은 "너희가 나의 말을 믿지 않기 때문에, 나는 그 누구도 믿기 어려운 일을 행하여 너희에게 본때를 보여줄 것이다"라고 말씀하신다. 하나님께서 이 말씀을 하신 뜻은 온 세상이 경악할 만한 벌을 그들에게 내리시겠다는 것이다. 왜냐하면, 하나님을 대적하는 것 자체가 경악할 만한 배역인 까닭에, 거기에 상응하는 경악할 만한 벌을 하나님께서 내리신다고 해도, 그것은 전혀 놀랄 일이 아니기 때문이다. 따라서 만일 우리가 하나님의 말씀을 믿는 믿음을 버린다면, 우리는 우리의 모든 지각을 초월하고 심지어 온 세상이 경천동지하며 우리 자신이 아연실색할 가공스러운 하나님의 징벌의 손을 느끼게 될 것을 각오하여야 한다. 하박국 선지자는 갈대아 사람들에 의해서 초래될 재앙에 대해서 예

언한 것이지만, 하나님께서 그의 복음을 멸시하는 자들에게 내리실 징벌의 강도는 그것보다 훨씬 가혹할 것이다. 그렇기 때문에, 우리에게 그런 일이 일어나지 않도록 하기 위해서는, 하나님을 두려워하고 그의 말씀을 경외하는 마음으로 받아들이는 것이 우리의 몸에 배어 있어야 한다.

⁴²그들이 나갈새 사람들이 청하되 다음 안식일에도 이 말씀을 하라 하더라 ⁴³회당의 모임이 끝난 후에 유대인과 유대교에 입교한 경건한 사람들이 많이 바울과 바나바를 따르니 두 사도가 더불어 말하고 항상 하나님의 은혜 가운데 있으라 권하니라 ⁴⁴그 다음 안식일에는 온 시민이 거의 다 하나님의 말씀을 듣고자 하여 모이니 ⁴⁵유대인들이 그 무리를 보고 시기가 가득하여 바울이 말한 것을 반박하고 비방하거늘 (13:42-45).

42. 그들이 나갈새. 이 구절은 "그들이 유대인들의 회당에서 나갈새"라고 읽는 것도 가능한데, 이런 읽기가 더 적절한 것 같다(칼빈이 사용한 본문은 "유대인들이 회당에서 나갈새"로 되어 있다 — 역주). 왜냐하면, 문맥상으로 누가는 바로 다음 절에서 "회당의 모임이 끝난 후에" 유대인들 중 일부가 바울과 바나바를 따라갔다고 보도하고 있는 것으로 보아서, 이 구절에서 "그들"은 바울과 바나바를 가리키고, "그들"은 회중들이 흩어지기 전에 먼저 나간 것으로 보이기 때문이다. 따라서 이 구절의 의미는 유대인들이 아직 모임을 갖고 있을 때에 바울과 바나바가 회당을 떠났고, 이어서 "이방인들"(한글개역개정에는 "사람들")이 그들에게 도움을 줄 것을 요청했으며, 그 후에 일부 유대인들과 개종자들이 자신들의 신앙을 고백하고 가르침을 청하기 위해서 바울에게로 왔다는 것이다. 불가타 역본과 에라스무스 역본에서 "다음 안식일에도"(칼빈이 사용한 본문에는 "안식일들 사이에," 즉 "평일에"로 되어 있다 — 역주)라고 번역한 것은 누가의 의도와 부합하지 않는다. 즉, 바울과 바나바에게 이 말을 한 사람들은 "이방인들"이었던 까닭에, 그들이 굳이 "안식일"을 택해서 바울과 바나바의 가르침을 듣고자 했을 것이라고는 생각되지 않는다. 왜냐하면, 유대인들에게는 "안식일"이 하나님의 말씀을 듣기 위해서 정해진 날이었지만, 이방인들에게는 다른 날들도 상관없었기 때문이다. 따라서 그들은 자신들이 원하는 일을 굳이 일주일 후로 연기해야 할 이유가 없었을 것이고, 도리어 바울이 유대인들과 볼 일이 없는 한가로운 평일에 그로부터 말씀을 듣고 싶어 하였다. 하나님께서는 이방인 개종자들이

기회가 주어졌는데도 다음 안식일이 돌아올 때까지 그의 말씀을 듣는 가장 중요한 일을 미루고 한 주일을 세상일들로 분주하게 보내도록 허락하지 않으셨다.

42. 이 말씀을 하라.　여기에서 사용된 관사 '타'($\tau\grave{\alpha}$)는 다른 일부 본문들에서처럼 '타 아우타'($\tau\grave{\alpha}$ $\alpha\mathring{v}\tau\alpha$, "이")를 뜻하는 것으로 볼 수도 있지만, 나는 누가의 본문을 있는 그대로 번역하였다(칼빈이 사역한 라틴어 본문에는 "이"가 빠져 있다 — 역주). 그렇다면, 그 의미는 이방인들이 바울이 방금 회당에서 다룬 것과 동일한 문제에 대해서 그 주간에 자신들에게 말해 줄 것을 그들에게 요청하였다는 것이 된다. 이렇게 이방인들은 자신들에게 주어진 최초의 기회를 놓치지 않고 꼭 붙잡았던 반면에, 반감을 잔뜩 품었던 유대인들은 바울과 바나바를 따랐던 소수의 사람들을 제외하고는 자신들에게 주어진 기회를 거들떠보지도 않았다. 누가는 여기서 율법의 가르침을 받아들여서 이스라엘의 하나님을 섬기던 이방인 개종자들을 명시적으로 언급한다. 유대인들은 유구한 세월 동안 대대로 이어져온 혈통을 자랑하며 교만으로 부풀어 있어서 복음을 받아들이는 데에 장애물이 되었던 반면에, 개종자들에게는 그런 교만이 없었다.

43. 더불어 말하고.　이 구절은 일부 유대인들과 개종자들이 바울과 바나바에게 낙심하지 말고 하나님의 은혜 안에 굳게 서라고 권하였다는 의미로 해석될 수도 있기 때문에, 그 의미가 모호하다. 하지만 실제로 그들이 바울과 바나바에게 그런 식으로 권면했을 가능성도 없지 않다. 왜냐하면, 그들은 유대인들이 바울과 바나바를 공격하기 위하여 준비하고 있는 것을 보았고, 유대인들의 공격을 막아내기 위해서는 바울과 바나바에게 불굴의 의지와 인내가 필요하다는 것을 알고 있었기 때문이다. 따라서 바울과 바나바를 돕고 싶은 열망으로 불타올랐던 그들이 이 두 사람에게 이 사역을 계속해 나가도록 격려하고자 했던 것은 아주 적절한 일이었다. 만약 우리가 이 구절의 주어를 바울과 바나바로 본다면, 그 의미는 그들은 자신들을 따라온 사람들을 물리치지 않고, 도리어 친절하고 자상하게 대하며, 그 사람들이 받은 "은혜 가운데 있으라"고 권면하였다는 것이 될 것이다. "은혜"라는 단어는 먼저 복음을 믿는 믿음을 가리키고, 다음으로는 그 믿음으로 말미암아 우리에게 오는 복들을 가리킨다. 간단히 말하자면, 은혜는 하나님께서 우리를 영원한 구원의 소망으로 부르시는 것을 의미한다.

44. 그 다음 안식일에는 온 시민이 거의 다 … 모이니.　온 시민이 거의 다 모였다는 것은 바울과 바나바가 안식일이 오기 전의 나날을 한가롭게 보내지 않았고, 그

렇게 이방인들 가운데서 행한 그들의 수고가 헛되지 않았다는 것을 보여주는 증거였다. 왜냐하면, 사람들은 이 일 전체를 좀 더 확실하게 알고자 하는 관심이 뜨거웠고, 이 일이 유대인들 사이에서 토론되기를 바라는 마음이 간절하였기 때문이다. 우리는 그들이 복음 속에 있는 어떤 달콤한 맛에 매료되긴 하였지만, 아직까지 복음의 가르침을 의심 없이 전적으로 수용할 만큼 완전히 납득한 것은 아니었고, 뭔가 있을 것 같다는 기대감에 이끌려서 회당에 온 것이라고 짐작할 수 있다.

45. 유대인들이 그 무리를 보고 시기가 가득하여. 복음의 빛이 가까이 다가왔을 때에 불경건한 자들의 분노가 활활 타오르게 되는 것은 새삼스러운 일이 아니다. 특히, 그들은 올바른 가르침이 힘을 얻어가는 것을 보면 더욱 광분하여 격렬하게 저항한다. 하지만 누가가 '젤로스'(ζῆλος, "시기")라는 단어를 어떤 뜻으로 사용한 것인지는 분명하지 않다. 즉, 그가 말하고자 한 것이 야심은 모든 다툼과 시기의 어머니인 까닭에, 유대인들이 사악한 경쟁심에 사로잡혀서 바울과 바나바를 대적하였다는 것인지, 아니면 이방인들이 하나님의 백성과 동등하게 다루어지는 것에 대하여 유대인들이 개탄하며 의분을 느꼈다는 것인지가 불분명하다는 것이다. 왜냐하면, 그들은 하나님의 가르침이라는 거룩한 보물은 아들들에게만 속한 고유한 유업인데, 바울이 그 보물을 모든 사람들의 발 아래에 두고자 하는 것을 보고서, 그런 일은 도저히 용납할 수 없는 일이라고 생각하였을 것이기 때문이다.

45. 바울이 말한 것을 반박하고 비방하거늘. 그들은 바울을 공격하고자 하는 욕망에 사로잡혀서 결국에는 신성모독까지 범하게 된다. 사탄은 대부분의 경우에 불경건한 자들을 광분하도록 몰아가기 때문에, 그들은 논쟁에서 이길 수 없게 될 때에 점점 더 강퍅해져서, 결국 하나님과 진리를 향해서 고의적으로 신성모독적인 발언들을 퍼붓게 된다. 따라서 하나님의 진리가 우리 앞에 명백하게 놓여 있을 때, 우리는 그 진리를 반박하고자 하는 욕망에 사로잡혀서, 신성모독이라는 벼랑 끝으로 달려가는 일이 생기지 않도록, 극히 조심하고 경계하지 않으면 안 된다.

⁴⁶바울과 바나바가 담대히 말하여 이르되 하나님의 말씀을 마땅히 먼저 너희에게 전할 것이로되 너희가 그것을 버리고 영생을 얻기에 합당하지 않은 자로 자처하기로 우리가 이방인에게로 향하노라 ⁴⁷주께서 이같이 우리에게 명하시되 내가 너를 이방의 빛으로 삼아 너로 땅 끝까지 구원하게 하리라 하셨느니라 하니 ⁴⁸이방인들이 듣고 기뻐하여 하나님의 말씀을 찬송하며 영생을 주시기로 작정된 자는 다 믿더라

⁴⁹주의 말씀이 그 지방에 두루 퍼지니라 ⁵⁰이에 유대인들이 경건한 귀부인들과 그 시내 유력자들을 선동하여 바울과 바나바를 박해하게 하여 그 지역에서 쫓아내니 ⁵¹두 사람이 그들을 향하여 발의 티끌을 떨어 버리고 이고니온으로 가거늘 ⁵²제자들은 기쁨과 성령이 충만하니라(13:46-52).

46. 바울과 바나바가 담대히 말하여 이르되. 누가는 그리스도의 종들이 원수들의 완악함을 보고서 낙심하기는커녕, 도리어 그런 그들을 다시 한 번 호되게 책망하는 것을 보여준다. 왜냐하면, 바울과 바나바가 이미 그들에게 따끔한 회초리의 맛을 보여주었음에도 불구하고, 그들은 그것으로는 아직 부족하였기 때문이다. 이제 바울과 바나바는 그들이 여전히 그리스도를 완고하게 거부하는 것을 보고서, 이번에는 그들을 출교시켜서 그들로 하여금 하나님의 나라를 유업으로 받지 못하게 한다. 이 사례를 통해서 우리는 도저히 가망이 없는 사람들에게만 극약 처방을 사용하여야 한다는 것을 배운다. 아울러, 멸망 받을 자들이 무모하고 오만방자하게 진리를 억압할수록, 우리는 더욱더 용기를 내야 한다. 왜냐하면, 하나님께서 예레미야에게 멸망 받을 자들을 향하여 무쇠 얼굴을 하고 맞서라고 명령하신 것처럼, 하나님의 종들은 성령이 주시는 불굴의 담대함으로 무장해서, 마귀나 그 졸개들에게 결코 굴복하지 않아야 하기 때문이다.

46. 하나님의 말씀을 마땅히 먼저 너희에게 전할 것이로되. 바울은 유대인들의 배은망덕함을 비난한다. 왜냐하면, 하나님께서는 모든 민족 가운데서 유대인들을 택하셨고, 그리스도께서도 그들에게 먼저 나타나셨음에도 불구하고, 그들은 하나님의 그러한 특별하고도 크신 은혜를 악의적으로 거부하고 있기 때문이다. 그는 먼저 하나님께서 그들에게 어떠한 영광과 존귀를 주셔서 그들을 높여주셨는지를 상기시키고, 그런 후에 그들이 스스로 원해서 그 큰 은혜를 거부하고 있다고 질책한다. 바울은 유대인들의 그러한 태도를 근거로, 이제부터는 복음이 이방인들에게 주어질 것이라는 결론을 내린다. "하나님의 말씀을 마땅히 먼저 너희에게 전할 것이로되"라는 바울의 말은 엄밀하게 말해서 그리스도의 나라가 임한 이후의 때와 관련된 말이다. 왜냐하면, 그리스도께서 나타나시기 전의 율법 시대에는, 하나님의 말씀은 유대인들에게 단지 먼저 주어진 정도가 아니라 유일하게 주어졌기 때문이다. 따라서 모세는 유대인들을 "제사장 나라"와 "하나님의 소유인 백성"이라고 불렀다(출 19:5-6). 당시에 하나님의 양자됨은 오직 유대인들만의 전유물이었고, 이방인들

은 배제되었다. 거기에는 장차 그리스도께서 오실 때에 유대인들이 이방인들보다 우선권을 갖게 될 것이라는 의미가 함축되어 있었다. 왜냐하면, 그리스도께서 온 세상을 아버지 하나님과 화목하게 만드신 것은 사실이지만, 그럼에도 불구하고 이미 하나님과 함께 하고 있었던 하나님의 권속들이 순서에 있어서 먼저였기 때문이다. 따라서 우리가 1:8을 비롯한 여러 본문들에서 보았듯이, 사도들이 먼저 유대인들을 교회로 부르고 나서, 그런 후에야 이방인들을 부른 것은 합당한 순서였다. 이와 같이, 이방인들이 교회로 들어왔다고 할지라도, 유대인들의 장자권이 박탈된 것은 아니고, 그들은 하나님의 교회에서 늘 첫째 자리에 있었다. 이러한 이치에 의거해서, 바울은 하나님의 의가 복음 안에서 먼저 유대인에게 나타났고, 다음으로 헬라인에게 나타났다고 말한다(롬 1:16). 하나님께서 유대인들에게 이렇게 큰 은혜를 값없이 베풀어 주셨기 때문에, 그들이 하나님께서 그토록 차고 넘치게 부어 주신 은혜를 거절하였을 때, 그들의 죄악은 더욱 무거워지고 가중될 수밖에 없었다. 따라서 바울은 그들이 스스로 자신들이 영생을 얻기에 합당하지 않다고 판결을 내린 것이라고 말한다. 왜냐하면, 복음을 거부하는 것은 하나님이 의로우시다는 것을 부정하는 것인 까닭에, 불신자들을 정죄하기 위한 그 밖의 다른 어떤 판결을 필요로 하지 않기 때문이다.

46. 너희가 그것을 버리고 ⋯ 자처하기로. 여기서 바울의 추론은 적절해 보이지 않는다. 왜냐하면, 먼저는 이방인들이 구원의 소망 속으로 받아들여지기 위해서 유대인들이 굳이 그 소망으로부터 배제될 필요는 없었고, 다음으로는 유대인들이 복음을 받아들인 후에 이방인들이 두 번째 자리를 차지하게 되는 것이 오히려 더욱 합당한 일이었을 것인데도, 바울은 마치 그들이 하나의 몸으로 연합될 수 없고, 복음이 유대인들에 의해서 거부되지 않는 한 이방인들에게 주어질 수 없다는 듯이 말하고 있기 때문이다. 사실, 그는 유대인들의 이러한 완악함을 겪기 전에 이미 "이방인의 사도"로 부르심을 받지 않았던가? 그런데도, 왜 그는 마치 하나님께서 자신의 선민을 그들의 불신앙으로 말미암아 버린 후에야 이방인들을 택하시고 부르실 수 있다는 듯이, 자기가 이제야 비로소 이방인들에게 향할 수 있게 된 것처럼 말하고 있는 것인가? 나의 대답은 바울이 이 말을 할 때에 강조점이 "우리가 ⋯ 향하노라"에 두어져 있었다는 것이다. 왜냐하면, 그가 말하고자 한 것은 자기가 지금까지는 유대인들에게도 복음을 전하고자 시도하였지만, 이제는 이방인들에게 복음을 전하는 일에 전적으로 헌신하기 위해서 유대인들을 떠나겠다는 것이기 때문이다. 만일 유

대인들이 복음을 받아들여서 하나님의 백성이라는 자신의 자리에 그대로 머물러 있었더라면, 바울이 그들을 떠나는 일은 일어나지 않았을 것이고, 유대인들이 교회의 품으로 받아들여진 후에, 그는 순차적으로 이방인들을 교회 속으로 이끌어서, 유대인과 이방인을 동등하게 포용했을 것이다. 그러나 이제 유대인들이 등을 돌리고 그의 사역의 범위에서 떨어져 나가게 되자, 그는 유대인들과 이방인들에게 동시에 눈길을 줄 수 없게 된 것이었다. 따라서 그는 유대인들에게 작별을 고하고, 자신의 관심을 이방인들에게로 돌릴 수밖에 없었다. 만일 유대인들이 스스로 교회를 떠나지 않았다면, 이방인들의 부르심은 선지자들이 말한 대로 다음과 같았을 것이다: "그 날에는 이방 백성 일곱 명이 유다 사람 하나의 옷을 잡고 말하기를 하나님이 너희와 함께 하시니 우리가 너희와 함께 가려 하노라 하리라"(cf. 슥 8:23). 그러나 지금 이방인들은 전혀 새로운 의외의 방식으로 부르심을 받게 되었다. 즉, 그들은 유대인들이 떠나간 빈자리를 차지하게 된 것이다. 이방인들은 원래는 유대인들에게 묻어가야 했지만, 유대인들이 실족하여 쫓겨나는 바람에, 그들의 자리를 대신하게 되었다. 따라서 바울이 말한 대로, 유대인들이 죽은 것은 이방인들이 살아나는 계기가 되었다(롬 11:12, 15, 24). 이것은 "원 가지"는 잘려나가고, "돌감람나무"가 거룩한 뿌리에 "접붙임"을 받게 된 것이다. 하지만 결국에는 하나님께서 유대인들을 다시 원래의 뿌리에 접붙이셔서 생명을 회복시켜 주심으로써, 유대인과 이방인으로 이루어진 참 이스라엘이 사방에서 모여들어 구원을 받게 될 것이다.

47. 주께서 이같이 우리에게 명하시되 내가 너를 이방의 빛으로 삼아 너로 땅 끝까지 구원하게 하리라 하셨느니라. 이 구절은 이사야 49:6에서 가져온 것이다. 여기서 하나님께서는 사도들이 아니라 자기 아들에게 말씀하신다. 하지만 우리는 성경이 그리스도에게 돌리고 있는 "많은 것들"이 그의 사역자들에게도 적용된다는 것을 유념하여야 한다. 그러나 어떤 말씀들은 오직 그리스도께만 해당되는 것들이고, 그것들을 사역자들에게 돌리는 것은 불경건한 신성모독이기 때문에, 나는 "모든 것"이 아니라 "많은 것"이라고 말한 것이다. 그리스도께서 "우리의 의"(iustitia nostra)라 불리는 것은 그가 유일하신 대속자이시고, 자신의 죽음을 통해서 우리를 아버지 하나님과 화목하게 하셨으며, 그런 후에 죽음을 이기고 다시 살아나셔서 우리에게 영원한 생명을 얻게 해주셨기 때문이다. 따라서 우리의 구원의 모든 실체(substantia)는 그리스도 안에 있다. 하지만 그리스도께서는 자신의 직임을 자기 사역자들에게 위임하시고 그들을 통해서 역사하시기 때문에, 그러한 한에서 자신과

관련된 말씀을 그들과 공유하신다. 복음 선포가 그런 부류에 속한다. 하나님께서는 오직 그리스도만을 우리의 "교사"로 세우셨다는 것은 분명하지만, 그리스도는 자신의 자리에 목회자들과 교사들을 두셔서 그들로 하여금 마치 자신의 입으로 말씀하시듯이 말하게 하신다. 모든 권위는 전적으로 그리스도께 있지만, 사람들은 사역자들을 통해서 그리스도께서 하시는 말씀을 듣는다. 따라서 바울이 복음을 선포하는 것과 관련해서 이사야의 증언을 자기 자신에게 적용한 것은 합당한 일이었다.

47. 내가 너를 이방의 빛으로 삼아. 하나님께서는 여기서 이방인들의 부르실 것을 선언하고 계시지만, 거기에는 자신의 옛 백성을 내치겠다는 의미가 담겨져 있지 않다. 왜냐하면, 하나님께서는 이전부터 자신의 권속이었던 유대인들을 그대로 두고, 거기에 이 외인들을 연합시키고자 하시는 것이기 때문이다. 하나님께서는 "내가 너를 이방인들의 빛으로 세웠으니, 너는 나의 종이 되어 이스라엘을 가르치는 것으로는 충분하지 않다"고 말씀하시는 것이다. 하나님께서는 아브라함의 자손들로부터 교회를 시작하신 후에, 이방인들에게 손을 내미셔서, 이 둘이 하나의 동일한 믿음 안에서 하나의 교회를 이루도록 하고자 하신 것이 분명해 보인다. 하지만 바울은 마치 유대인들이 내쳐진 후에만 이 예언이 성취될 수 있다는 의미로 이 예언을 인용하는 것처럼 보인다. 왜냐하면, 그는 유대인들이 죽음의 어둠 속으로 내쳐진 후에야, 그리스도의 빛이 이방인들에게 비춰지게 되었다는 것을 이 예언을 통해 보여주고자 하는 것 같기 때문이다. 바울은 과연 유대인들에게서 빛이 꺼지기 전에는 이방인들에게 빛이 비칠 수 없었다고 단언한 것일까? 나의 대답은 그 점은 문맥 속에서 반드시 증명될 수 있는 것은 아니라는 것이다. 왜냐하면, 바울이 실제로 말하고자 한 것은 "하나님께서 선지자를 통해서 메시아에게 '내가 너를 이방의 빛으로 삼아'라고 말씀하셨듯이, 메시아는 너희를 위해서만 주어진 것이 아니라, 온 세상의 구원자로 세우심을 받은 것이기 때문에, 너희가 스스로 영생을 발로 차 버려서, 우리가 너희를 제쳐두고 이방인들에게 관심을 기울인다고 하더라도, 너희는 우리가 하나님의 은혜를 엉뚱하게 왜곡하고 있다고 생각할 이유가 없다"는 것일 수 있기 때문이다. 하나님께서는 비록 이스라엘이 자기에게로 모이지 않을지라도, 자신은 그리스도의 사역을 통해서 영광과 존귀를 받으실 것이라고 선언하신 후에, 마치 보충설명이라도 하시려는 듯이, 사람들을 구원하기 위하여 그리스도의 빛이 "땅 끝까지" 이르게 될 것이기 때문에, 그리스도의 권능은 어느 한 백성에게만 머물러 있지는 않을 것이라는 말씀을 덧붙이신다. 바울이 여기서 이방인들의 부르심에 대

해서 언급한 것은 자신이 유대인들 가운데서 사역할 이유를 찾지 못하고서 이방인들을 위해서 전적으로 헌신했기 때문인 것으로 보인다. 한편, 우리가 선지자 이사야의 말 속에서 주목해야 할 것은 빛이 온 후에야 구원이 임한다는 것이다. 이것은 "영생은 곧 유일하신 참 하나님과 그가 보내신 자 예수 그리스도를 아는 것이니이다"(요 17:3)라고 하신 그리스도의 말씀과도 부합한다. 왜냐하면, 우리가 구원을 받는 유일한 길이 하나님을 아는 것이라면, 우리가 영원한 죽음으로 인한 멸망으로부터 부활하는 유일한 길은 무지의 어둠으로부터 벗어나서 그리스도를 믿는 믿음으로 말미암아 빛 속으로 들어가는 것이기 때문이다.

48. 이방인들이 듣고 기뻐하여 하나님의 말씀을 찬송하며. 하나님께서 전에는 이방인들을 전혀 생각하지도 않고 계시다가 느닷없이 구원의 소망으로 그들을 부르신 것이 아니라, 하나님에 의해서 오래 전에 작정되고 오랜 세월에 걸쳐서 선지자들을 통해 예언되었던 일이 이제 드디어 그들에게 성취되고 있는 것이라는 말이 이방인들에게 기쁨을 가져다주었다. 왜냐하면, 하나님께서 오래 전에 약속하신 이방인들의 구원을 이루시기 위하여 그리스도께서 오셨다는 사실은 그들이 더욱 큰 소망과 경외심을 품고서 복음을 받아들이게 된 이유가 되었을 뿐만 아니라, 그들의 믿음을 훨씬 더 견고하게 세워 주는 역할을 하였기 때문이다. "하나님의 말씀을 찬송하며"라는 어구는 두 가지로 설명될 수 있다. 즉, 그들이 이사야의 예언이 참되다는 것을 인정하고 고백했다는 의미일 수도 있고, 자신들에게 제시된 가르침을 믿음으로 받아들였다는 의미일 수도 있다. 그들은 바울이 승리를 거둔 것을 목격하고서 더 이상 이의를 제기하거나 반박하지 않았다는 점에서, 그들이 전적으로 하나님의 말씀에 승복하였다는 의미가 이 어구 속에 나타나 있다는 것은 분명하다. 하나님의 말씀을 믿기를 거부하는 것이야말로 그 말씀을 가장 크게 욕보이는 것임과 마찬가지로, 믿음으로 하나님의 말씀에 순종할 때에 우리는 하나님의 말씀에 합당한 영광을 돌리는 것이 된다는 것은 분명하다. 또한, 우리는 이방인들은 유대인들의 완악함을 지켜 보았지만, 그것이 그들이 그리스도께로 나아가는 데에 걸림돌이 되지 않았다는 것을 알게 된다. 불경건한 자들이 자신들의 완악함으로 우리의 길을 막고자 할 때, 우리는 바로 그러한 담대함으로 그들의 오만함을 무시하고 아무것도 아니라는 듯이 짓밟아 버려야 한다.

48. 영생을 주시기로 작정된 자는 다 믿더라. 나는 이 구절이 앞 문장에 대한 설명이라고 본다. 왜냐하면, 이 구절을 통해서 누가는 그들이 하나님의 말씀에 어떠

한 영광을 돌렸는지를 보여주고 있기 때문이다. 하지만 우리는 누가가 그들 모두가 믿은 것이 아니라, "영생을 얻도록 작정된 자들"만이 믿었다고 선을 긋고 있는 것에 주목하여야 한다. 누가가 '테타그메노이'(τεταγμένοι, "작정된 자들")라는 단어를 통해서, 하나님이 택하셔서 값없이 양자로 삼으신 자들을 가리키고 있다는 것은 의문의 여지가 없다. 왜냐하면, 이 단어를 하나님의 말씀을 믿은 자들의 심성(affectus)과 연관시켜서, 마치 올바른 성품을 지닌 자들만이 복음을 받아들인 것을 말하고 있는 것으로 해석하는 것은 어이없고 터무니없는 일이기 때문이다. 이러한 "작정하심"은 하나님의 영원하신 경륜을 생각하지 않고는 이해될 수 없다. 누가가 그들이 믿도록 작정되었다고 말하지 않고 영생을 얻도록 작정되었다고 말하는 것은 하나님께서는 영생을 유업으로 받을 자기 백성들을 미리 예정하시기 때문이다. 결국, 이 구절은 믿음이 하나님의 택하심에 달려 있다는 것을 우리에게 가르쳐 준다. 모든 사람이 눈멀고 완악하기 때문에, 우리의 본성 안에는 성령의 은혜로 "바르게 되기" 전에는 결코 없어지지 않는 병들이 확고하게 자리 잡고 있다. 하지만 그러한 "바르게 함"(correctio)은 오로지 하나님의 택하심이라는 원천으로부터만 흘러나온다. 두 사람이 동일한 가르침을 듣고도, 한 사람은 순순히 받아들이는 반면에, 다른 한 사람은 자신의 완악함을 버리지 않을 때, 이런 일이 일어나는 것은 그들의 본성이 서로 다르기 때문이 아니라, 하나님께서 한 사람에게는 빛을 비쳐 주시지만, 다른 한 사람에게는 그러한 은혜를 받을 자격이 없다고 여기시기 때문이다. 물론, 우리는 분명히 믿음으로 하나님의 자녀가 되고, 우리와 관련된 한에 있어서는, 믿음은 구원에 이르는 문이고 시발점이다. 하지만 거기에 하나님의 관점이 더해질 때, 우리는 구원의 원천이 훨씬 더 깊은 곳에 있음을 알게 된다. 왜냐하면, 하나님께서는 우리의 믿음을 보시고 나서야 비로소 우리를 택하시는 것이 아니라, 우리의 마음속에 믿음을 선물로 주심으로써, 감추어져 있던 것, 즉 자신이 오래 전에 이미 우리를 양자로 삼으셨다는 사실이 분명하고 확실하게 드러나게 하시는 것이기 때문이다. 왜냐하면, 오직 하나님의 자녀들만이 하나님의 제자가 되는 것이라면, 아담의 모든 자손이 차별 없이 다 하나님의 자녀가 되는 것은 아니라는 결론이 나오기 때문이다. 따라서 비록 하늘에 계신 아버지께서 사람들의 외적인 음성을 통해서 모든 사람을 믿음으로 부르실지라도, 자신이 구원하기로 작정한 자들만이 성령의 음성을 듣고 믿음으로 응답하기 때문에, 복음을 받아들이지 않는 자들이 있는 것은 이상한 일이 아니다. 우리에게 영생을 주시기로 작정하신 하나님의 택하심(Dei electio)이 믿음과 구원의 원인이라면, 자격이나 공로가 끼어들 여지는 전혀 없게 된다.

그러므로 우리는 누가의 말을 이렇게 이해하여야 한다. 즉, 믿음으로 말미암아 그리스도의 몸에 접붙임을 받고, 그리스도 안에서 자신이 양자되었다는 보증을 받은 자들은 이미 오래 전에 "영생을 받도록 작정된 자들"이다. 또한, 이것으로부터 우리는 복음 선포가 그 자체로 어떠한 효력이 지니고 있는지도 알게 된다. 즉, 하나님께서 자신이 이미 택하신 자들을 내적으로 부르시고, 이미 오래 전에 자기 백성으로 작정된 자들을 그리스도께로 이끌지 않으시면, 복음이 선포되었다고 해서 사람이 믿음을 갖게 되는 것은 아니라는 것이다. 또한, 이 구절 속에서 누가는 택함받은 자는 한 사람도 멸망할 수 없다는 것을 보여준다. 왜냐하면, 그는 택함받은 자들 중에서 하나 혹은 소수가 믿었다고 말하지 않고, 그들 모두가 "다" 믿었다고 말하기 때문이다. 우리는 하나님께서 우리를 양자로 삼으셨다는 것을 믿음으로 말미암아 깨닫게 될 때까지는, 거기에 대해서 아무것도 알 수 없다. 하지만 하나님의 비밀스런 경륜 속에서는, 하나님이 우리를 양자로 삼으셨다는 사실은 결코 의심스럽거나 불확실한 것이 아니다. 왜냐하면, 하나님께서는 자기 아들 그리스도께 자기 백성들을 끝날까지 신실하게 지켜 주고 보호해 주는 일을 맡기셨기 때문이다. 여기서 우리는 두 가지 측면을 알아야 한다. 택하심이 믿음에 선행하여 이루어진 것이라면, 사람은 자신의 구원의 그 어떤 부분에 대해서도 거기에 자기가 기여했다고 주장할 수 없다는 것이다. 왜냐하면, 우리의 구원은 믿음에 있고, 믿음은 하나님이 아무런 대가 없이 우리를 양자로 삼으셨음을 확증해 주는 증거이며, 믿음은 우리를 그리스도와 연합하게 하여 그의 생명을 우리의 것으로 만들어 주고, 우리는 믿음으로 하나님과 그의 의를 소유하게 되는 것은 물론이고, 성화의 은혜도 믿음으로 말미암는데, 이 믿음의 근거가 우리 밖에, 즉 하나님의 영원하신 경륜에 있는 것이라면, 우리는 우리가 갖고 있는 그런 모든 좋은 것들을 하나님께서 먼저 자원하셔서 값없이 우리에게 베푸신 은혜 덕분으로 돌리는 것이 마땅하기 때문이다. 다시 한 번 말하지만, 많은 사람들이 자신의 구원을 하나님의 감추어진 경륜 속에서 찾으려고 하다가, 길을 잃고 황당하고 골치 아픈 망상들에 빠지기 때문에, 우리는 하나님께서 우리에게 믿음을 주셔서 자신의 택하심을 확증시켜 주시는 것은 우리의 마음을 택하심의 보증이 되시는 그리스도께로 돌려놓으시기 위한 것임을 알아야 하고, 아울러 우리의 마음이 복음 안에서 우리에게 계시된 것 외에 다른 어떤 확실한 보증을 찾아서는 안 된다는 것도 알아야 한다. 하나님의 "아들을 믿는 자에게는 영생이 있고"(요

3:36)라는 말씀은 우리에게 그러한 사실들을 인쳐 주는 확인 도장으로서 충분하다.

49. 주의 말씀이 그 지방에 두루 퍼지니라. 여기서 누가는 복음이 확장되어 가는 상황을 보도한다. 이러한 사실을 통해서 하나님의 나라가 "누룩"과 같다고 하신 그리스도의 비유(눅 13:21)가 얼마나 참된 것인지가 드러난다. 우리는 앞에서 큰 무리가 안식일에 모였고, 참된 교훈의 씨앗이 도시 전체에 뿌려졌음을 보았는데, 이제 누가는 복음이 더욱 넓게, 즉 그 지방에 두루 퍼졌다고 말한다.

50. 이에 유대인들이. 누가는 여기서 복음의 확장이 땀과 고통 없이 이루어진 것이 아님을 보여준다. 이방인들의 부르심은 기분 좋게 성공적으로 시작되었고, 사탄은 하나님의 은혜의 확산을 저지할 수 없었지만, 바울과 바나바는 하나님께서 경기장 안으로 불러내신 선수들이었기 때문에 싸우지 않으면 안 되었다. 그런데 우리는 유대인들이 "경건한 귀부인들과 그 시내 유력자들을 선동하여" 그리스도의 종들을 핍박하였다는 누가의 말에 유의하여야 한다. 왜냐하면, 사람들의 눈으로 볼 때에 유명하고 유력한 모든 남녀들이 그리스도를 대적하는 것을 보는 것은 그리스도 안에서 아직 거듭나지 않았거나 신앙이 미숙한 자들에게는 중대한 걸림돌(scandalum)이 될 것이었기 때문이다. 그리스도를 영접한 자들은 큰 무리이긴 하였지만 인간 사회에서 찌끼 같은 자들에 지나지 않았던 반면에, 그런 미천한 무리들을 자신들의 영화로 쉽사리 제압할 수 있었던 도시의 유력 인사들은 그리스도를 대적하는 쪽에 서 있었다. 또한, 겉보기에 경건하고 고상한 "귀부인들"이 복음을 대적하고 있다는 사실은 아직 믿지 않은 자들이나 믿음이 연약한 자들로 하여금 복음을 의심하게 하거나, 심지어 혐오하도록 만들 수도 있었다. 만일 쓸모없고 후안무치하며 방탕한 사람들이 유곽이나 선술집으로부터 들고 일어났거나, 창녀들이 자신들의 매음굴로부터 떼지어 몰려나왔다면, 그것은 복음에 수치스러운 일이 아니었을 것이다. 아니, 오히려 그런 일로 인해서 복음의 영광이 더욱 찬란하게 빛났을 수도 있었을 것이다. 그러나 믿음이 연약한 자들은 반대자가 이렇게 많은 가르침이 하나님으로부터 온 것일 수는 없다는 생각 외에 달리 무슨 생각을 할 수 있겠는가? 따라서 하나님께서는 믿음이 연약한 초신자들을 굳건히 붙들어 주어서 그들의 믿음이 무너지지 않게 해주셔야 했을 뿐만 아니라, 바울과 바나바가 낙심하고 포기하지 않도록 그들에게도 손을 내밀어 주셔야 했다.

또한, 이 사례를 통해서 하나님께서는 우리가 이러한 걸림돌들에 담대하게 맞서 싸워야 하고, 복음 안에서 빛나는 그리스도의 영광을 볼 수 없도록 만드는 거짓 미덕의 가면들이 우리의 눈을 가리지 못하도록 경계를 늦추지 말아야 한다는 것을 우리에게 가르치고자 하셨다. 왜냐하면, 사람이 가질 수 있는 모든 미덕과 정직은 그것들이 그리스도를 대적하는 것이라면 위선에 지나지 않기 때문이다. 깊이 생각하지 않고 분별없이 일시적으로 그리스도를 대적한 자들이 나중에 제정신을 차리는 것은 가능하지만, 복음에 저항하는 자들은 제아무리 거룩한 척할지라도, 그들에게는 하나님을 경외하는 마음이 전혀 없고, 그들이 과시하는 모든 미덕은 사람을 홀리고 속이는 헛것에 불과하다. 그리스도께서 "여러 사람의 마음의 생각을 드러내신다"(눅 2:35)는 것은 괜한 말이 아니다.

52. 경건한 귀부인들과. 하나님의 말씀에 대한 경외심이 없는데, 도대체 무슨 경건이 있을 수 있다는 말인가? 우리는 네 부류의 사람이 있다는 데에 주목하여야 한다. 하나님을 진심으로 신실하게 섬기는 사람이 얼마 되지 않는 것처럼, 하나님을 멸시한다고 공공연하게 떠들고 다니는 사람도 얼마 되지 않는다. 이 두 부류의 사람들은 소수이다. 반면에, 다수의 사람들은 신앙이 완전히 없는 것도 아니고, 하나님을 예배하는 것으로부터 완전히 등을 돌린 것도 아니다. 하지만 그들을 깊이 들여다보면, 우리는 그들이 불경건한 자들보다 조금도 나을 것이 없다는 것을 알게 된다. 왜냐하면, 그런 자들은 냉랭하게 건성으로 하나님을 대하고 장난치고 있는 자들이기 때문이다. 마찬가지로, 오늘날에도 많은 사람들의 불경건은 각종 예배 의식들과 하나님을 섬긴다는 가식적인 고백 뒤에 이런저런 모습으로 숨겨져 있다. 이와 같이, 세대를 불문하고 마치 연기하듯이 하나님을 예배하는 자들이 있고, 그들의 거룩함이라는 것은 온통 연출된 몸짓들과 공허한 과시들로 도배되어 있다. 바울의 시대에도 오늘날과 마찬가지로 신앙에 대하여 특별한 열심은 아주 소수의 사람들에게서만 찾아볼 수 있었다. 비록 그들의 신앙이 순수하지 않고, 그들의 마음속에 거짓과 기만과 이중성이 있다고 하더라도, 어쨌거나 사람들은 그들의 열심을 보고서, 그들을 경건한 자들로 여겼다. 하지만 이 사건을 통해서 분명히 알 수 있는 것은 도대체 그런 경건이 무슨 소용이 있느냐는 것이다. 그런 경건은 사람들로 하여금 무분별한 열심에 사로잡혀서 하나님의 나라를 대적하고 하나님의 영광을 짓밟도록 몰아가고 있지 않은가? 한편, 이런 귀부인들은 유대교에 완전히 귀의한 것도 아니고 율법 교육을 받은 것도 아니었지만, 거의 유대 여인들이나 다름없었다는 것이다. 그녀들이 기꺼이 유대 민족의 수호자를 자처하고 나섰던 이유가 거기에 있었다. 바울의 증언에 따르면, 이 여인들은 죄의 짐에 사로잡혀서 이런 식으로 휘둘린

것이었다.

51. 두 사람이 그들을 향하여 발의 티끌을 떨어 버리고. 우리는 이런 행동이 유대인들 사이에서 저주를 나타내는 것이었음을 그리스도의 명령(마 10:14; 눅 9:5; 10:11)으로부터 추론할 수 있다. 왜냐하면, 이 본문들에서 그리스도의 의도는 자신의 가르침을 공공연히 멸시하는 자들을 응징하고자 하는 것이었던 까닭에, 그리스도께서 자기 제자들에게 이전에 전혀 알려져 있지 않던 상징적인 행동을 사용하도록 명하시지는 않으셨을 것이기 때문이다. 또한, 이런 식으로 그리스도께서는 이런 불경건한 자들은 하나님이 매우 가증스럽게 여기시는 자들이기 때문에, 우리가 그들의 부정함에 오염되지 않기 위해서, 그들과는 그 어떤 것도 함께 하지 않도록 각별히 조심해야 한다는 것을 우리에게 알게 하고자 하셨다. 사실, 모든 사악한 자들은 그들이 밟는 땅을 더럽히는 자들이기는 하지만, 하나님께서는 자신의 말씀을 멸시하는 자들 외에는 그 어떤 사람에게도 이렇게 엄청난 저주를 하라고 제자들에게 명하지는 않으셨다. 간음한 자나 음행한 자, 위증한 자, 술주정뱅이, 살인자는 출교를 해야 했지만, 그런 자들에게도 이런 상징적인 행위를 통해서 저주를 행하라고 명하지는 않으셨다. 따라서 하나님의 말씀을 멸시하는 것이 얼마나 용납될 수 없는 일인지가 분명해진다. 왜냐하면, 하나님께서 발에서 "티끌"을 떨어 버리라고 명하신 것은 그들이 사탄의 종들이고, 구원 받을 소망이 전혀 없는 멸망 받게 되어 있는 자들이며, 땅 위에서 진멸되어야 마땅한 자들이라고 선언하신 것과 같기 때문이다. 따라서 우리는 하나님을 멸시하는 것이 얼마나 엄중한 일인지를 알고, 복음을 경외하는 법을 배워야 하고, 말씀의 사역자들은 하나님의 말씀이 얼마나 위엄과 권세가 있는지를 뜨거운 열심과 열정으로 확증함으로써, 사람들이 하나님의 말씀을 멸시하거나 무관심하지 않도록 하여야 한다.

52. 제자들은 기쁨과 성령이 충만하니라. 이 문장은 두 가지로 설명될 수 있다. 하나는 "기쁨과 성령"이라는 어구에 환치법이 사용된 것으로 보고서, 이 어구를 "성령의 기쁨" 또는 "영적 기쁨"으로 해석하는 것이다. 왜냐하면, 하나님의 성령으로부터 오지 않는 양심의 평안이나 기쁨은 없기 때문이다. 바울이 하나님의 나라는 "성령 안에 있는 의와 평강과 희락"(롬 14:17)이라고 말한 이유도 거기에 있다. 다른 하나는 "성령"이라는 단어가 다른 미덕이나 은사를 가리키는 것으로 보는 것이다. 하지만 나는 그들이 기쁨으로 충만하였다고 보는 것을 더 좋아한다. 왜냐하면, 성령의 은혜가 그들 안에서 다스리고 있었고, 오직 이것만이 우리에게 지극히 참되고 완

전한 기쁨을 주어서, 우리로 하여금 온 세상을 뛰어넘게 해주기 때문이다. 우리는 누가가 어떤 의도로 이런 말을 한 것이었는지를 주목하여야 한다. 즉, 누가는 믿는 자들은 그러한 심각한 훼방들이나, 자신들의 선생들이 당하는 치욕이나, 도시의 소란이나, 위협과 협박이나, 심지어 임박한 위험에 대한 공포에 의해서도 결코 좌절하거나 동요하지 않고, 도리어 자신들의 깊은 믿음으로 말미암아 복음의 원수들의 가식적인 거룩함은 물론이고 그런 자들의 권세까지도 담대하게 무시한다는 것을 보여주고자 한 것이었다. 우리의 믿음이 하나님 위에 올바르게 터를 잡은 가운데, 하나님의 말씀 속에 깊이 뿌리를 내리고 있고, 성령의 도우심으로 든든한 반석 위에 서 있다면, 비록 온 세상이 요동한다고 할지라도, 우리의 마음속에는 믿음으로 말미암는 평안과 영적 기쁨이 자리를 잡게 되리라는 것은 의심의 여지가 없다.

제14장

¹이에 이고니온에서 두 사도가 함께 유대인의 회당에 들어가 말하니 유대와 헬라의 허다한 무리가 믿더라 ²그러나 순종하지 아니하는 유대인들이 이방인들의 마음을 선동하여 형제들에게 악감을 품게 하거늘 ³두 사도가 오래 있어 주를 힘입어 담대히 말하니 주께서 그들의 손으로 표적과 기사를 행하게 하여 주사 자기 은혜의 말씀을 증언하시니 ⁴그 시내의 무리가 나뉘어 유대인을 따르는 자도 있고 두 사도를 따르는 자도 있는지라(14:1-4).

1. 이에 이고니온에서 두 사도가 함께 유대인의 회당에 들어가 말하니. 누가는 앞 장에서 바울과 바나바가 이방인들에 대한 선교 사역을 어떻게 착수했는지를 보여주었다. 그들은 비시디아 안디옥에서 쫓겨났을 뿐만 아니라, 일부 유대인들의 끈질긴 완악함으로 말미암아 자신들의 발에서 티끌을 떨어 버릴 수밖에 없는 일도 일어났다는 점에서, 그들의 출발은 그다지 순조롭지 못한 것으로 보였다. 하지만 그들은 자신들이 사탄의 대적에 맞서서 온 세상에서 자신들의 사역을 수행하도록 하나님의 부르심을 받았다고 생각하였기 때문에, 한 곳에서 아무리 모진 대접을 받아도 결코 굴복하지 않았다. 즉, 그들은 단지 가르칠 준비만을 하고 온 것이 아니라, 담대하게 복음을 선포하기 위해서 무장을 갖추고 전쟁터의 한복판으로 뛰어든 것이었다. 예레미야에게 주어졌던 "그들이 너를 치나 이기지 못하리니"(렘 1:19)라는 말씀은 하나님의 모든 선지자들과 사역자들에게 적용된다는 것은 두말할 필요가 없다. 그들은 어디로 쫓겨 가고 어디로 내몰려도 그런 태도와 결심을 늘 유지하고 있었고, 이것은 그들이 한 번으로 끝나는 싸움이 아니라, 누가가 지금부터 계속해서 보도해 나갈 끝없는 전쟁을 치를 각오가 되어 있었음을 보여준다. 먼저, 누가는 그들이 이고니온에 왔다고 말한 후, 그들은 이제 안전한 곳에 있게 되었다고 안도하고서 그곳을 피신처로 삼아 편안하게 휴식을 취할 수도 있었지만, 그렇게 하기는커녕 마치 어떤 고생도 하지 않았다는 듯이 회당으로 직행했다고 보도한다.

나는 "함께" 또는 "동시에"를 뜻하는 헬라어 표현인 '카타 토 아우토'(κατὰ τὸ

αὐτὸ)가 "바울과 바나바"가 아니라 "유대인들"에 걸리는 것으로 보아서, 이 구절을 "두 사도가 함께 유대인들의 회당에 들어갔다"가 아니라, "두 사도가 정해진 회합 시간에 무리를 따라 유대인들의 회당에 들어갔다"로 해석한다. 이것으로부터 우리는 두 사도가 소수의 사람들에게 은밀하게 복음을 전한 것이 아니라, 큰 무리의 사람들 앞에서 전했으며, 사람들의 적대감을 회피하고자 하거나 위험을 두려워하기는커녕, 큰 열심과 담대함을 보여주었다는 것을 알게 된다.

1. 허다한 무리가 믿더라. 누가는 앞에서 바울과 바나바에게서 나타난 성령의 권능이 어떠하였는지를 보여주었던 것과 마찬가지로, 이제 여기서는 그들이 전도에 큰 성공을 거둔 것을 통해서 나타난 하나님의 또 다른 은혜를 칭송한다. 왜냐하면, 그들은 단 한 번 말씀을 전했을 뿐이었지만, 아무런 열매도 거두지 못한 것이 아니라, 유대인들과 이방인들로부터 하나님의 자녀를 많이 얻는 성과를 거두었기 때문이다. 만일 한두 명 혹은 몇 명만이 믿었다고 하더라도, 그들은 자신들의 수고에 대한 그러한 보상에 대하여 결코 불만을 갖지 않았겠지만, 하나님께서 그들의 가르침이 한순간에 그토록 풍성한 열매를 거두도록 하심으로써 그들에게 더욱 큰 확신과 담대함을 주셨다. 왜냐하면, 그들은 그토록 많은 사람들의 마음이 믿음으로 돌아서게 된 것이 그들의 말에 의한 것이 아니라, 성령의 능력에 의한 것임을 알고 있었던 까닭에, 이 일을 통해서 하나님의 펴신 손이 자신들을 보호하고 계신다는 것을 분명하게 확신할 수 있게 되었고, 이것은 그들을 더욱 담대하게 해주었기 때문이다.

2. 그러나 순종하지 아니하는 유대인들이. 새로운 박해가 두 사도에게 닥쳤는데, 그것은 유대인들에 의해 자행된 것이나 마찬가지였다. 왜냐하면, 유대인들이 이방인들의 마음을 들쑤셔놓고 선동해서 박해가 시작된 것이었기 때문이다. 만일 유대인들이 이방인들에게 복음을 거부하도록 선동하지 않았다면, 이방인들은 자신들에게 선포되는 복음을 묵묵히 들었을 것임은 의심의 여지가 없었다. 나는 여기서 사용된 '카코사이'(κακῶσαι, "악감을 품게")라는 단어를 "악의를 감염시키다" 또는 "해악을 끼치도록 다그치다"를 뜻하는 것으로 해석한다. 내 생각에는, 누가가 말한 "형제들"은 그 도시에 있던 모든 경건한 자들을 가리키는 것으로 보인다. 즉, 복음을 받아들인 모든 사람들이 불화를 조장하고 도시의 평화를 파괴하고 공공질서를 교란하기 위해서 일어난 해로운 당파처럼 공격을 받았다는 것이다. 그러나 누가가 바울과 바나바만을 가리켜서 "형제들"이라고 표현한 것으로 보는 사람이 있더라도, 나는 거기에 크게 반대하지 않는다.

3. 두 사도가 오래 있어. 여기서 누가는 바울과 바나바가 자신들에게 적대적인 사람들이 꽤 있는 것을 보고도 즉시 그 도시를 떠나지 않았다고 말한다. 왜냐하면, 그들이 "담대히" 행하였다고 한 누가의 말 속에는, 두려움을 가질 만한 사정이 그들에게 있었다는 것을 보여주기 때문이다. 이것으로부터 우리는 그들이 폭력에 의해서 부득이 다른 곳으로 옮겨가지 않을 수 없게 되기까지는, 큰 담대함으로 모든 위험을 아무것도 아닌 것으로 여기고서, 위험을 무릅쓰고 꿋꿋하게 자신들이 해야 할 일을 묵묵히 수행하였다는 것을 알게 된다. '에피 퀴리오'(ἐπὶ κυρίῳ)라는 어구는 "그들이 주의 복음을 위해서 담대히 행하였다"로 해석될 수도 있고, "그들이 주의 은혜를 힘입어 담대히 행하였다"로 해석될 수도 있다. 나는 좀 더 통상적인 해석을 따랐다. 즉, 그들은 자신들의 힘으로가 아니라 하나님의 은혜를 힘입어서 담대하고 거침없이 행하였다는 것이다. 누가는 계속해서 어떻게 그들이 하나님으로부터 담대함을 얻게 되었는지를 보여준다. 즉, 하나님께서는 "그들의 손으로 표적과 기사를 행하게" 하심으로써, 그들의 가르침이 참되다는 것을 확증해 주셨기 때문에, 그들은 더 큰 담대함을 얻을 수 있었다는 것이다. 이 일을 통해서 하나님이 자신들과 함께 계시고 그의 손이 자신들을 돕기 위해 가까이 있다는 것이 확인되었기 때문에, 그들이 담대하게 행할 수 있었던 것은 당연하였다. 하지만 누가가 이 한 가지 요인을 언급했다고 해서, 다른 요인들을 배제한 것은 아니었다. 왜냐하면, 하나님께서는 다른 방법들을 통해서도 그들에게 확신과 담대함을 주시고 그들을 견고히 세워 주셨기 때문이다. 누가가 특히 "표적들"을 거론한 이유는 하나님께서 "표적들"을 통해서 자신의 능력을 모든 사람들에게 공공연하게 보여주심으로써, 바울과 바나바의 가르침이 사람들로부터 멸시를 당하지 않게 해주신 것이 그들에게 더욱 큰 확신을 갖게 하였기 때문이었던 것으로 보인다.

또한, 우리는 누가가 하나님께서 "표적과 기사"를 통해서 복음을 증언하셨다고 말하고 있는 것에 주목하여야 한다. 왜냐하면, 이것은 이적의 진정한 용도가 무엇인지를 우리에게 보여주기 때문이다. 사실, 이적의 주된 목적은 하나님의 능력과 은혜를 우리에게 보여주는 것이지만, 우리는 악하여서 이적의 의미를 올바르게 깨닫지 못하고 잘못 해석하기 때문에, 하나님께서는 이적의 오남용을 방지하시기 위해서, 하나님의 말씀과 분리되어서 이적만이 행해지는 것을 허락하지 않으신다. 설령 하나님의 말씀과 무관하게 행해진 이적들이 있었다고 하더라도, 그런 것은 매우 드문 사례였을 뿐만 아니라, 거기서부터 오는 결과도 매우 보잘것없는 것이었다.

왜냐하면, 대부분의 경우에 있어서 하나님께서는 세상이 그의 말씀 속에서 그를 알도록 하시기 위하여 이적들을 베푸셨기 때문이다. 그런 까닭에, 누가는 여기서 사람들이 혹세무민하는 종교에 빠지지 않고 바울의 가르침을 통해서 하나님을 순전하게 예배할 수 있도록 하기 위하여, 이적들로 말미암아 복음이 견고히 서게 되었다고 말한 것이다. 이것으로부터 우리는 교황주의자들이 자행하고 있는 행태가 얼마나 어리석은 것인지를 쉽게 알 수 있다. 왜냐하면, 그들은 사람들로 하여금 하나님을 섬기는 것과 복음을 믿는 것에서 떠나게 만들려고 이적들을 사용하고 있기 때문이다. 우리가 견지해야 할 원칙은 어떤 이적이 하나님으로부터 온 것이 맞다면, 그 이적은 복음의 참되고 온전한 권위를 견고히 세우기 위한 목적 외에는 그 어떤 다른 목적도 갖지 않는다는 것이다.

이제 우리는 교황주의자들의 주장처럼, 과연 복음이 우리에게 죽은 자들을 위해서 기도하고, 우상에게 향을 피워 바치며, 그리스도께 구해야 할 은총을 성인들에게 구하게 하고, 성지 순례를 서원하며, 신성모독적인 제의들을 날조해서 만들어 내라고 명령하고 있는지를 살펴보지 않으면 안 된다. 하나님 말씀 속에는 이 모든 것들을 행하라는 언급이 단 한 마디도 없다. 이러한 미신들보다 더 비복음적인 것은 없다. 이것으로부터 우리는 교황주의자들이 사악하게도 복음을 공격하기 위해서 이 모든 비복음적인 장치들을 만들어 낸 것이라는 결론을 얻게 된다. 하나님께서 자신의 종들의 손을 통해서 이적들을 베푸셨다고 누가가 말한 것도 동일한 취지이다. 즉, 이 말을 통해서 누가는 하나님께 순종하는 자들만이 하나님의 사역자들이고, 이적들의 원천은 이 사역자들의 손과 수고를 사용하신 하나님이시라는 것을 우리에게 가르쳐 주고자 하는 것이다. 따라서 정확히 말하고자 한다면, 우리는 이 이적들을 바울 또는 바나바가 행한 이적들이라고 말해서는 안 되고, 오직 하나님께서 행하신 이적들이라고 말하여야 한다. 하나님께서는 사람들을 사용하셔서 역사하실 때, 그들의 사역으로 말미암아 자신의 영광이 가려지는 것을 원하지 않으신다.

또한, 우리는 누가가 복음을 "은혜의 말씀"이라고 표현함으로써, 우리로 하여금 복음을 더욱 사랑하도록 하고 있다는 데에 주목하여야 한다. 왜냐하면, 이러한 표현은 복음은 그리스도로 말미암은 구원을 세상에 주기 위한 것임을 강조하는 것이어서, 우리로 하여금 복음을 더 달콤하게 받아들일 수 있게 만들기 때문이다. 아울러, 이러한 표현을 통해서 누가는 복음이 우리에게 오직 저주만을 가져다주는 율법과는 정반대되는 것임을 말하고자 한 것이기도 하다. 따라서 우리는 하나님께서 복음 안에서 우리에게 말씀하시는 목적이 그가 우리의 죄를 사하셔서 우리를 그와 화목하게 하고자 하신다는 것을 증언하시기 위한 것임을 기억하여야 한다. 하지만 복음이 멸망 받을 자들에게는 "사망으로부터 사망에 이르는 냄새"(고후 2:16)가 된다는 사실에는 변함이 없다. 왜냐하면, 복음의 본질은 바뀌는 것이 아니지만, 그들의 악함으로 인해서 복음이 그들에게 사망이 되는 것이기 때문이다. "표적과 기사"에 대해서는 우리가 2장을 다룰 때에 했던 설명을 참조하라.

4. 그 시내의 무리가 나뉘어 … 두 사도를 따르는 자도 있는지라. 이제 그 도시 사람들이 두 패로 갈라지고, 마침내 바울과 바나바는 군중들의 소동으로 말미암아 어쩔 수 없이 그곳을 떠나게 되는 사태가 이어진다. 이러한 불화와 분열의 근본 원인을 찾는다면, 그것이 복음에서 비롯되었다는 것은 의심의 여지가 없다. 불화를 일으키는 것보다 더 복음과 모순되는 것은 없다. 하지만 연합의 띠(unitatis vinculum)가 되어야 할 복음이 등장하는 순간에 소동이 일어나는 것은 사람들이 타락해서 악한 까닭이기 때문에, 우리는 분열이 일어날 때마다 주동자로 보이는 자들을 정죄하기에 앞서서, 그 분열의 책임(culpa)이 누구에게 있는지를 지혜롭게 살펴보지 않으면 안 된다. 여기서 우리는 한 도시에서 일어난 분열에 대해서 듣게 되는데, 이 분열로 인해서 한 무리의 사람들은 그리스도께로 인도되었다. 하나님의 성령은 이러한 분열이 바울과 바나바에게 치욕스러운 일이 아니라 칭찬 받아야 할 일이라고 선언한다. 복음이 선포되었을 때에 모든 사람이 하나님께로 돌아오지 않고, 도리어 상당수의 사람들이 복음을 대적하여 사악한 소동을 야기한 경우에, 비난의 화살이 엉뚱하게도 복음으로 향하지 않도록 하기 위해서, 오늘날에도 우리는 그 소동이 사람들의 악함에서 온 것임을 철저히 밝혀야 하다. 사람들이 서로 갈라지고 분열되는 모습을 보는 것은 통탄할 일이다. 하지만 우리 모두가 하나님을 떠나서 하나로 똘똘 뭉치는 것은 저주이기 때문에, 비록 적은 수의 사람들일지라도 세상과 완전히 결별하고 하나님의 은혜 안에 거하는 상태를 회복하는 것이 세상 사람들이 모두 하나님을 영원히 떠나서 아무런 소동도 없이 평온하게 사는 것보다 백 배는 더 좋은 일이다.

⁵이방인과 유대인과 그 관리들이 두 사도를 모욕하며 돌로 치려고 달려드니 ⁶그들이 알고 도망하여 루가오니아의 두 성 루스드라와 더베와 그 근방으로 가서 ⁷거기서 복음을 전하니라 ⁸루스드라에 발을 쓰지 못하는 한 사람이 앉아 있는데 나면서

걷지 못하게 되어 걸어 본 적이 없는 자라 ⁹바울이 말하는 것을 듣거늘 바울이 주목하여 구원 받을 만한 믿음이 그에게 있는 것을 보고 ¹⁰큰 소리로 이르되 네 발로 바로 일어서라 하니 그 사람이 일어나 걷는지라(14:5-10).

5. 이방인과 유대인과 그 관리들이 두 사도를 모욕하며 돌로 치려고 달려드니. 그리스도의 두 전사가 얼마나 오랫동안 인내하고 견디며 복음을 전했는지를 주목하라. 그들은 원수들의 공격을 받자마자 반대가 줄행랑을 친 것이 아니었고, 폭동이 절정에 이르러서 급기야 돌에 맞아 죽게 될 위험에 처하게 되어서야, 자신들의 가르침을 받아들인 자들이 많이 있었음에도 불구하고, 더 이상 복음을 전할 수 없게 되었을 때, 믿는 자들은 어떻게든 인내하며 자신들의 목숨을 보존하여야 한다고 하신 그리스도의 말씀(눅 21:19)을 기억하고서, 광분한 원수들을 피한 것이었다. 또한, 그들이 경솔하게 목숨을 내버리지 않기 위해서 그곳에서 피신하기는 하였지만, 불굴의 담대함으로 복음을 전한 그들의 모습으로 미루어 볼 때, 죽음이 두려워서 피신한 것이 아니었다는 것은 너무나 분명하다. 왜냐하면, 누가는 그들이 그곳에서 피신해 나온 이후에도 다른 곳들에서 복음을 전하였다고 보도하기 때문이다. 그리스도의 종들은 무모하게 원수들의 손 안으로 뛰어들어 죽음을 자초하는 일을 하지도 않고, 자신들의 사명을 결코 포기하지 않지만, 하나님께서 그들을 부르실 때에는, 두려움도 그들이 하나님께 순종하는 것을 막지 못하는 까닭에, 사명을 완수하는 데에 꼭 필요한 경우에는 죽음도 불사하는 것이 진정으로 합당한 처신이다.

8. 루스드라에 발을 쓰지 못하는 한 사람이 앉아 있는데. 누가가 여기서 보도한 한 가지 이적은 두 사도가 행한 많은 이적들 중 하나였을 것이지만, 특히 기억할 만한 것이었기 때문에 유일하게 기록된 것이다. 이제 우리는 이 이적의 자초지종을 살펴볼 것이다. 누가가 이 이적과 관련된 상황을 상세하게 묘사해서, 이 사람이 나면서부터 걷지 못해서 한 번도 걸어본 적이 없었지만, 바울의 말 한 마디에 모든 사람이 보는 앞에서 한순간에 치유가 되었고, 그의 마비되었던 발이 다시 살아나서 아무런 문제 없이 벌떡 일어나 걸었다고 말한 것은 하나님의 권능을 좀 더 분명하게 보여주기 위한 것이다.

9. 바울이 말하는 것을 듣거늘. 누가가 그 사람이 바울이 전하는 말씀을 들었다는 사실을 먼저 언급한 것은 곧이어서 누가에게 칭송받은 그 사람의 믿음이 바울의 가르침으로부터 생기게 된 것임을 우리로 하여금 알게 하기 위한 것이다. 즉, 그 사

람은 바울이 전하는 말씀을 들었을 때에 자기가 고침을 받을 수 있겠다는 소망을 갖게 되었다는 것이다. 문제는 바울이 이때에 전한 구원이 특별히 그 사람에게 약속된 것이었느냐 하는 것이다. 왜냐하면, 하나님께서는 우리에게 복음 안에서 영생을 제시하시지만, 우리에게 무엇이든지 그 즉시 얻게 될 것이라는 소망을 가지라고 명하지는 않으시기 때문이다. 나의 대답은 이 앉은뱅이 안에서 성령의 특별한 역사가 있었고, 바울 안에서도 동일한 성령의 역사가 있어서, 단지 그 사람을 쳐다보는 것만으로도 그 사람에게 자신의 병을 고침 받을 만한 믿음이 있음을 알아볼 수 있었다는 것이다. 많은 사람이 복음을 받아들일 수는 있지만, 그들 모두가 자신들이 앓던 병에서 나음을 입게 되는 것은 아니다. 그러나 이 앉은뱅이의 경우에는 하나님께서 그 사람을 통해서 자신의 은혜의 증거를 보여주시기로 작정하셨기 때문에, 그의 마음을 미리 준비시키셔서, 그에게 새롭게 일어날 일을 감당할 수 있게 하신 것이다. 따라서 우리는 이것을 보편적인 원리로 받아들여서는 안 된다. 왜냐하면, 하나님께서 이 앉은뱅이로 하여금 자신의 치유의 선물을 받아들일 수 있는 믿음을 주셔서 그 마음을 준비시키신 것은 이례적이고 특별한 일이었기 때문이다. 이적이 일어날 수 있게 해주는 이런 종류의 믿음은 특별한 것이어서, 하나님의 자녀들이 비록 양자의 영을 받았다고 하여도, 그들 중 대다수에게는 그런 믿음이 없다.

9. 바울이 주목하여 구원 받을 만한 믿음이 그에게 있는 것을 보고. 우리는 사람의 얼굴 표정이 얼마나 기만적이고 믿기 어려운 것인지를 안다. 따라서 오직 하나님만이 확실히 아시는 어떤 사람의 믿음을 그 사람의 표정을 보고서 확실하게 알아내는 것은 불가능하다. 내가 이미 앞에서 말하였듯이, 바울은 성령의 비밀한 영감에 의해서 이 앉은뱅이에게 믿음이 있다는 것을 알게 된 것이었다. 왜냐하면, 사도들이 이적을 행할 때에 오직 성령만이 유일한 인도자이자 선생이었기 때문이다.

10. 큰 소리로 이르되. 다수의 오래되고 매우 신뢰할 만한 사본들에는 "내가 예수 그리스도의 이름으로 네게 말하노니"라는 구절이 있다. 우리는 사도들이 이적을 행할 때마다 그리스도의 이름에 영광을 돌리기 위해서 얼마나 주의를 기울였는지를 알고 있기 때문에, 나는 지금 우리가 갖고 있는 인쇄본들에는 이 구절이 없지만, 누가 이 구절을 기록했을 것이라고 생각한다. 이 앉은뱅이가 바울의 말을 듣고 벌떡 일어났다는 누가의 보도는 하나님의 능력을 칭송하는 것일 뿐만 아니라, 그의 이러한 즉각적인 순종은 그가 하나님에 의해서 제대로 준비되어 있었고, 그의 발이 마비되어 있을 때에도 영적으로는 이미 걷고 있었다는 것을 증언해 주는 것이기도

하다. 이 앉은뱅이가 즉시 일어남으로써 하나님의 능력이 더욱 선명하게 부각된 것이 주된 역할을 하였지만, 바울이 의도적으로 큰 소리로 말한 것도 무리들로 하여금 갑작스러운 변화에 큰 감동을 받게 하는 데에 일조하였다.

¹¹무리가 바울이 한 일을 보고 루가오니아 방언으로 소리 질러 이르되 신들이 사람의 형상으로 우리 가운데 내려오셨다 하여 ¹²바나바는 제우스라 하고 바울은 그 중에 말하는 자이므로 헤르메스라 하더라 ¹³시외 제우스 신당의 제사장이 소와 화환들을 가지고 대문 앞에 와서 무리와 함께 제사하고자 하니(14:11-13).

11. 무리가 바울이 한 일을 보고. 이 이야기는 사람들이 헛되고 허망한 것(vanitas)으로 기울어지기가 얼마나 쉬운지를 너무나 잘 증언해 준다. 바울은 아무런 말도 하지 않고 있다가 그 앉은뱅이에게 느닷없이 "일어나라"고 말한 것이 아니었고, 자신의 설교를 통해서 그리스도에 대하여 한참 동안을 전하고 나서 그렇게 한 것이었다. 그런데도 사람들은 마치 자기들은 그리스도에 대해서는 단 한 마디도 듣지 않았다는 듯이 이적의 영광을 그들이 섬기는 우상들에게로 돌린다. 사실, 갑자기 일어난 이적을 보고서, 야만인들이 자신들이 어릴 때부터 몸에 배어 있던 미신적인 생각에 빠져든 것은 이상한 일은 아니다. 이러한 악(vitium)은 도처에서 너무나 흔하게 발견되고, 우리는 그런 악을 지니고 태어나기 때문에, 하나님이 행하시는 역사들을 악하게 왜곡해서 해석할 수밖에 없다. 교황 제도 아래에서 끔찍하고 얼빠진 미신들이 생겨난 것도 이 악으로 말미암은 것이다. 왜냐하면, 그들은 이적이라고 하면 아무것이나 덥썩 붙들면서도, 하나님의 가르침에는 귀를 기울이지 않기 때문이다. 그런 까닭에, 우리는 우리의 구원을 위해서 우리에게 나타난 하나님의 능력을 우리의 몸에 배어 있는 육신적인 지각(sensus carnis)을 따라 판단함으로써 그 의미를 변질시키지 않도록 더욱더 정신을 차리고 주의하지 않으면 안 된다. 따라서 하나님께서 사람들이 육신적인 욕망(libido)으로 인해서 이적들을 정반대의 목적을 위해 악용하지 않도록 하시기 위해서, 짧은 기간 동안에 단지 몇몇 이적들만을 허락하신 것은 이상한 일이 아니다. 왜냐하면, 하나님께서는 자신의 이름이 세상에서 우롱당하는 것을 용납하지 않으시기 때문이다. 예컨대, 사람들이 오직 하나님께만 속한 것들을 우상들에게 돌리거나, 불신자들이 하나님의 말씀을 제쳐놓고 스스로 신들을 날조해 내서 부패하고 악한 제의들을 통해 숭배함으로써 하나님

이 하신 일들을 왜곡하는 것은 하나님의 이름을 우롱하는 일들이다.

11. 신들이 사람의 형상으로 우리 가운데 내려오셨다 하여. 이것은 고대 신화에서 유래한 생각이긴 하지만, 그 기원은 하나님의 진리에서 찾아볼 수 있다. 고대 시인들이 쓴 책들은 이런 허무맹랑한 이야기들로 가득 차 있다. 신들이 종종 사람의 모습을 하고서 세상에 출현했다는 것이 그 한 예이다. 하지만 이런 이야기들은 아무런 근거 없이 생겨난 것이 아니고, 도리어 거룩한 조상들이 옛적에 천사들에 대해서 후손들에게 전해준 이야기를 속된 자들이 신화로 변질시킨 것이라고 보아야 한다. 그러한 과정에서 사탄은 사람들을 얼빠지게 만들어서 갖가지 속임수로 그들을 미혹했을 것이다. 하나님께서 하신 일들이 불신자들, 즉 이교도들에게 전해졌을 때, 그들의 사악한 날조에 의해서 변질되었다는 것은 분명한 사실이다. 우리는 희생제사에 대해서도 마찬가지로 생각해야 한다. 원래 하나님께서는 처음부터 자신의 믿음의 백성들에게 경건과 예배를 훈련시키시기 위하여 희생제사라는 외적인 상징들을 제정하셨다. 그러나 불신자들은 그들 자신을 위한 낯선 신들을 고안해 내서 그 신들에게 희생제사를 드리는 신성모독적인 제의를 통해 원래의 희생제사를 변질시켜 버렸다. 루가오니아 사람들은 놀라운 능력이 나타나서 앉은뱅이가 치유되는 것을 목격하고서, 이것은 하나님의 역사라고 생각하였고, 여기까지는 아무런 문제가 없었지만, 그 이후부터 잘못되었다. 왜냐하면, 그들은 자신들의 몸에 밴 잘못을 그대로 답습해서, 이번에도 바울과 바나바를 자신들의 신들로 받들고 우상으로 섬기고자 했기 때문이다. 그들이 바나바를 바울보다 우위에 둔 유일한 이유는 그들은 오랫동안 "헤르메스"를 신들의 대변인으로 여기는 유치한 생각에 젖어 있었기 때문이었다. 이 사례를 통해서 우리는 어린 시절에 몸에 밴 오류들이 얼마나 나쁜 것인지를 배우게 된다. 왜냐하면, 그런 오류들은 우리 마음으로부터 쉽사리 발본색원되지 않고, 나중에 하나님의 역사들을 경험해도 바르게 교정되기는커녕 점점 더 견고해지기 때문이다.

13. 제우스 신당의 제사장이. 누가는 이 "제사장"이 왜 이토록 열성적이었는지에 대해서 말하고 있지 않지만, 우리는 그가 탐욕 때문에 그랬을 것이라고 짐작할 수 있다. 왜냐하면, "제우스"가 거기에 출현했다는 소문이 널리 퍼지기만 한다면, 사람들은 제우스 신이 다른 곳들보다 "루스드라"에 있는 "신당"을 기뻐한다는 것을 믿게 될 것이고, 그렇게 되었을 때, 제사장은 큰 재물을 모을 수 있을 것이었기 때문이다. 사람들의 마음에 이런 잘못된 믿음이 가득찼을 때, 그들은 돈을 아끼지 않고

값비싼 예물들을 차고 넘치게 제우스 신당에 바치게 될 것은 뻔한 일이었다. 사실, 세상은 가만히 놓아 두어도 저절로 그렇게 되기 마련이지만, 거기에 기름을 붓고 부채질하는 것이 제사장들이다. 또한, 모든 무리들이 제우스의 이름으로 바울에게 제물을 바치려고 하는 열망을 갖게 된 것이 자신들의 도시를 더욱 유명하게 만들어서 명성을 얻으려는 야심 때문이었음은 의심의 여지가 없다. 따라서 제사장들은 이득을 얻기 위해서 이때다 싶어서 자리를 마련한 것이었고, 무리들은 이 기회를 이용해서 자신들의 오류를 강화시키는 방향으로 야심을 채울 수 있게 된 것을 너무나 기뻐하고 있는 것이었기 때문에, 이렇게 사탄은 모든 사람들을 자신의 수중에서 마음대로 가지고 놀 수 있었다.

¹⁴두 사도 바나바와 바울이 듣고 옷을 찢고 무리 가운데 뛰어 들어가서 소리 질러 ¹⁵이르되 여러분이여 어찌하여 이러한 일을 하느냐 우리도 여러분과 같은 성정을 가진 사람이라 여러분에게 복음을 전하는 것은 이런 헛된 일을 버리고 천지와 바다와 그 가운데 만물을 지으시고 살아 계신 하나님께로 돌아오게 함이라 ¹⁶하나님이 지나간 세대에는 모든 민족으로 자기들의 길들을 가게 방임하셨으나 ¹⁷그러나 자기를 증언하지 아니하신 것이 아니니 곧 여러분에게 하늘로부터 비를 내리시며 결실기를 주시는 선한 일을 하사 음식과 기쁨으로 여러분의 마음에 만족하게 하셨느니라 하고 ¹⁸이렇게 말하여 겨우 무리를 말려 자기들에게 제사를 못하게 하니라(14:14-18).

14. 두 사도 바나바와 바울이 듣고. 바울과 바나바가 "옷을 찢고 무리 가운데 뛰어 들어간" 것은 하나님께 영광을 돌리고자 한 그들의 열심이 얼마나 큰 것이었는지를 분명하게 보여준다. 그들은 자신들에게 제사하려고 준비하는 사람들을 제지하기 위해서 단지 말만 하는 것이 아니라, 자신들이 할 수 있는 모든 것을 다한다. 위선자들조차도 종종 사람들이 자기에게 과도한 영광을 돌리는 것을 거부하지만, 그들은 실제로는 짐짓 가식적으로 겸손한 체하면서, 순진한 사람들로 하여금 자기에게 영광을 돌리도록 유인하는 것이다. 하지만 바울과 바나바에게는 그런 것이 전혀 없었다. 왜냐하면, 그들은 루스드라 사람들이 그들에게 제사를 바치는 것을 기뻐하기는커녕 도리어 극도로 혐오한다는 것을 말뿐만이 아니라 온 몸으로 분명하게 보여주었기 때문이다. 이것이 거룩한 분노(sancta iracundia)이다. 하나님의 종들은 사람들의 신성모독으로 인해서 하나님의 영광이 짓밟히는 것을 볼 때마다 그러

한 분노로 불타올라야 한다. 단언하건대, 그러한 질투의 감정(zelotypiae affectus)을 품지 않는 자는 누구든지 하나님을 신실하게 섬기는 자라고 할 수 없다. 고린도후서 11:2에서 바울은 하나님의 교회를 돌보도록 위임받은 자들은 하나님의 영광을 지키는 일에 남편이 자기 아내의 순결을 지키기 위해서 갖는 것보다 더 큰 열심과 관심을 가져야 한다고 말한다.

따라서 우리는 우리 자신이 영광을 받음으로써 하나님의 영광이 훼손되지 않도록 각별히 주의하여야 하는 것은 물론이고, 하나님의 영광이 가려지는 것을 볼 때에 바울과 바나바를 본받아서 거룩한 분노로써 그런 일을 저지하여야 한다. 교회의 지도자들이 특히 이런 열심을 품는 것은 당연한 일이지만, 경건한 자들이라면, 하나님의 예배가 더럽혀지거나 다른 자에게 드려지는 것을 볼 때에 거룩한 분노가 일어나는 것이 마땅하다. 왜냐하면, "주의 집을 위하는 열성이 나를 삼키고 주를 비방하는 비방이 내게 미쳤나이다"(시 69:9)라는 말씀은 모든 경건한 자들을 위하여 기록된 것이기 때문이다. 가톨릭에서 성인으로 모시는 분들이 육신을 입고 살아갈 때에도 그들을 우상으로 숭배하는 것을 혐오했다고 한다면, 그들이 죽어서 온갖 육정을 다 벗어버리게 된 지금에 있어서는, 사람들이 그들을 우상으로 섬기는 것을 더욱더 혐오할 것이 뻔하지 않겠는가? 세상이 그들의 이름과 인격을 팔아서 미신을 조장할 때, 그들이 그것을 기뻐할 것이라고 생각한다면 큰 착각이다. 왜냐하면, 그들은 그들을 숭배하는 자들에 맞서서 제일 먼저 들고 일어나서, 온전히 하나님께만 예배드리는 것보다 그들에게 더 중요했던 일은 없었다는 사실을 분명하게 밝힐 것이기 때문이다. 아울러, 하나님께만 속한 것을 성인들에게 돌림으로써 하나님의 영광을 취하여 성인들에게 부여하는 것보다 더 성인들에게 누를 끼치는 일은 없다.

누가는 바울과 바나바가 자신들의 옷을 찢었다고 보도하는데, 성경의 다른 본문들로 미루어 볼 때, 이것은 동방 사람들이 큰 슬픔이나 혐오감을 외적으로 표현하고 싶을 때에 관습적으로 사용했던 행동이었다는 것은 아주 분명하다. 누가가 바울은 물론이고 바나바도 "사도"라고 부른 것은 그리스도께서 자신의 교회에 원래 제정하셨던 것 이상으로 이 단어의 의미를 확장한 것인데, 바울도 "안드로니고와 유니아"를 "사도들 중에서 유명한 자들"(한글개역개정에는 "사도들에게 존중히 여겨지는 자")이라고 말한다(롬 16:7). 하지만 엄밀히 말해서, 복음전도자는 사도가 아니다. 바나바는 동역자로서 바울과 함께 한 것이기 때문에, 우리는 이 두 사람이 직임에 있어서 대등하다고 말할 수 있고, 그런 의미에서라면 "사도"라는 칭호가 그에게 합당할 것이다.

15. 이르되 여러분이여 어찌하여 이러한 일을 하느냐. 그들은 상황이 급박했기 때문에 먼저 책망부터 하고 나서, 자신들이 보내심을 받은 이유를 설명한 후에, 한 분 하나님에 대하여 설교하면서, 세상이 이제까지 그 분을 알지 못하였다고 말하고, 마지막으로 그들의 마음으로부터 마귀의 속임수와 간계를 좀 더 강력하게 발본색원하기 위해서, 그들의 이런 무지는 변명의 여지가 없는 것이라고 가르친다. 따라서 이 설교의 첫 부분은 책망인데, 여기서 바울과 바나바는 "우리도 여러분과 같은 성정을 가진 사람이라"고 말하면서, 루스드라 사람들이 하나님 대신에 죽을 수밖에 없는 인간을 섬기는 것은 본말이 전도된 잘못된 행동이라고 질책한다. 하지만 그들이 제시한 논거는 빈약해 보인다. 왜냐하면, 그들의 논리대로라면, 인간의 비참한 운명에서 해방된 죽은 자들을 섬기는 것은 잘못이 아니라는 결론이 쉽사리 도출되기 때문이다. 따라서 이방인들은 산 사람이 아닌 죽은 사람만을 신으로 생각하였기 때문에, 그들의 논리로는 이방인들이 믿는 모든 미신들을 단죄할 수 없었고, 살아서 숨쉬는 사람들보다는 죽은 사람들의 유골이나 나무와 돌을 섬겼던 교황주의자들의 우상 숭배에 대해서도 마찬가지였다. 나의 대답은 바울과 바나바는 자신들이 처한 구체적인 상황을 염두에 두고서, "우리도 비참한 인간이기 때문에, 당신들이 우리를 신으로 생각하고 섬기는 것은 어리석고 잘못된 일"이라고 논증한 것일 뿐이라는 것이다. 신에게 드리는 예배는 오직 하나님께만 드려져야 하기 때문에, 천사이든 사람이든 별이든 그 어떤 피조물을 신으로 예배하는 것은 신성모독이라는 것 자체만으로도 모든 우상 숭배가 단죄되어야 하는 보편적인 근거로 충분하다. 하지만 구체적인 경우로 들어가면, 다른 우상 숭배들에는 적용되지 않지만 지금 문제가 되고 있는 우상 숭배와 관련해서는 대단히 중요한 것들을 말해야 할 때가 있다. 바울과 바나바가 자신들도 온갖 고통을 겪을 수밖에 없는 인간임을 고백하는 것을 루스드라 사람들의 광란을 질책할 타당한 근거로 삼았던 것이 그 한 예이다.

15. 여러분에게 복음을 전하는 것은. 이것은 정반대의 것을 통한 논증이다. 즉, 여기서 두 사도는 자신들이 그들이 생각하고 있는 것과는 정반대의 목적, 즉 지금까지 그들을 지배하고 있던 미신들을 타파하기 위해서 왔다는 것을 보여준다. 그들은 이렇게 말한 것과 같다: "이적이 여러분을 움직였는가? 그렇다면, 우리의 말을 믿어라. 우리가 보내심을 받은 것은 지금까지 온 세상을 미혹하던 온갖 사신우상들을 박멸하고 제거하기 위한 것이다." 이러한 보편적인 가르침을 통해서 두 사도는

지금 벌어지고 있는 광기를 잠재울 뿐만 아니라, 온갖 종류의 미신을 비롯해서 참된 경건의 원리와 배치되는 모든 것들을 질책한다. 왜냐하면, 여기서 그들이 사람들이 머리를 써서 스스로 고안해 낸 모든 것들을 헛된 것이라고 단죄하고 있다는 것은 의심의 여지가 없기 때문이다. 우리는 하나님의 순전한 말씀에서 떠나서 타락하여 변질된 모든 종교가 헛된 것이라는 그들의 정의에 주목하여야 한다. 물론, 그들은 이방인들에게 설교하고 있었기 때문에, 여기서 하나님의 말씀에 대해서 명시적으로 언급하지는 않지만, 오직 하나님께서 정하신 대로 드려지는 예배만이 올바른 예배라는 점에서, 바울의 말로부터 우리는 하나님께서 명하시고 인정하시는 예배로부터 사람들이 떠나는 순간, 그들은 헛되고 쓸모없는 수고를 하느라고 그들 자신을 괴롭히고 힘을 낭비하는 것이라는 결론을 얻게 된다. 왜냐하면, 오직 하나님만을 높이는 종교가 아니라면, 거기에는 참된 것이나 올바른 것이 결코 존재할 수 없기 때문이다.

그런 까닭에, 세상의 대부분의 지역에서 온전하고 참된 종교가 융성했던 적이 없었다. 왜냐하면, 사람들은 오래된 우상 숭배 관습들을 타파하는 데는 노력을 기울였지만, 우상들을 버리고 난 후에 참 하나님께로 돌아가는 일에는 소홀하였기 때문이다. 사람들이 우상 숭배와 아울러서 거기에 붙어 있던 옛 악들을 철저히 타파하기 위하여 애를 써야 했음에도 불구하고, 우상의 이름을 하나님의 이름으로 바꾸기만 하고서, 이제는 하나님을 믿는다는 미명 하에 여전히 그 옛 악들을 끌어안는 일이 비일비재하였다. 프랑스의 교회에는 여신 키벨레(Cybele)의 사제들이 채택하고 있던 독신주의가 도입되었고, 여신 베스타(Vesta)의 여사제들이 순결을 서약한 것을 본떠서 수녀들이 생겨났으며, '판타기온'(Pantagion, "모든 성인들")이 '판테온'(Pantheon, "모든 신들" 또는 "만신전")을 계승하였고, 그밖에도 고대의 많은 이방제의들이 이름만 바꾸어서 교회 속으로 그대로 도입되었다. 또한, 사람들은 수많은 이방신들을 교회로 끌어들여서, 거기에 "성인"이라는 호칭을 갖다 붙여서 합법화하였다. 사정이 이러하였기 때문에, 사람들의 부패하고 타락한 행위들은 척결될 수 없었고, 오물로 가득 찬 세속적인 마구간들은 하나님의 성전으로 바뀔 수 없었다. 도리어, 사람들은 하나님의 이름을 속된 것들과 뒤섞어 더럽혔고, 하나님을 더러운 마구간 속으로 끌어들였다. 따라서 우리는 사도들이 이전 시대에 횡행하였던 우상 숭배를 척결하는 데에 매진하였을 뿐만 아니라, 모든 악들을 제거한 후에는, 순수한 종교(pura religio)가 꽃피게 하는 데에도 애를 썼다는 것을 유념하여야 한다.

15. 천지와 바다와 그 가운데 만물을 지으시고. 우리는 사람들을 가르칠 때에는 그들에게 잘 알려진 일들로부터 시작해야 한다는 것을 알고 있다. 바울과 바나바는 이방인들에게 설교하고 있었기 때문에, 그들을 단번에 그리스도에게로 인도하려고 시도하는 것은 소용이 없었을 것이었다. 그래서 그들은 일반적으로 잘 알려진 내용으로부터 시작할 필요가 있었고, 그렇게 해서 그것에 대한 설득이 이루어진 후에, 비로소 그리스도를 전하는 것으로 넘어갈 수 있었다. 세상에는 많은 신들이 있다는 생각이 루스드라 사람들의 마음을 사로잡고 있었지만, 바울과 바나바는 세상의 창조주가 한 분이라는 것을 보여준다. 그들은 세상에는 신들이 많다는 망상을 깨뜨리고 난 후에, 두 번째 요지로 넘어가서, 천지의 창조주이신 하나님이 어떤 분인지를 가르친다. 반면에, 오늘날 우리가 교황주의자들과 벌이는 논쟁은 이것과는 성격이 다르다. 교황주의자들은 한 분 하나님을 고백하고 성경을 인정하기 때문에, 우리가 해야 할 일은 하나님이 어떤 분이시고, 하나님께서 사람들에게 원하시는 예배가 어떤 것인지를 성경을 통해서 그들에게 증명하는 것이다.

16. 하나님이 지나간 세대에는. 루스드라 사람들은 그때까지 자신들에게는 하나님이 알려지지 않았다고 반론을 제기할 수 있었기 때문에, 바울과 바나바는 그런 반론을 예상하고서, 지금까지 모든 사람이 어둠 속에서 헤매고 있었고, 온 인류가 눈이 멀어 있었지만, 세상 사람들이 무지하였다고 해서 그들의 잘못된 선입견이 정당화되는 것은 아니라고 말한다. 불신자들에게는 커다란 장애물이 두 가지 있었는데, 하나는 그러한 선입견이 시간적으로 오래 되었다는 것이고, 다른 하나는 거의 모든 민족이 그러한 선입견을 갖고 있다는 것이었다. 바울과 바나바는 여기서 이 두가지 장애물을 모두 제거하기 위해서 이렇게 말한다: "설령 사람들이 오랫동안 오류에 빠져 있었고, 세상이 지혜와 분별력이 없어서 길을 잃었다고 하더라도, 그들의 그러한 사정이 하나님의 진리가 나타났을 때에 그 진리를 무시해도 괜찮은 근거가 될 수는 없다. 왜냐하면, 하나님의 진리는 영원불변한 까닭에, 오래된 잘못된 선입견을 내세워서 그 진리에 맞서는 것은 옳지 않기 때문이다." 두 사도는 사람들의 숫자에 매달리는 것은 아무런 도움이 안 된다고 주장한다: "세상의 모든 사람이 같은 생각을 품고 있다고 하더라도, 그것이 너희로 하여금 바른 길로 행하지 못하게 만드는 이유가 될 수는 없다. 모든 사람이 눈먼 상태에 있었지만, 이제 하나님께서 너희에게 빛을 주고 계신다. 그러므로 너희의 눈은 열려야 하기 때문에, 비록 모든 사람들이 지금까지 어둠 속에 잠겨 있었다고 하더라도, 너희까지 어둠 속에서 잠

자고 있으면 안 된다."

16. 자기들의 길들을 가게 방임하셨으나. 만일 바울이 사람들이 그때까지는 하나님의 허락하심 아래에서 미혹에 빠져 살아온 것이라고 말한 것이라고 한다면, 우리는 모든 사람은 하나님의 다스림을 받지 않는 한 오류에 빠질 수밖에 없다는 결론을 내릴 수밖에 없을 것이다. 하지만 그는 사람들이 지금까지 살아온 그러한 잘못된 삶들을 "사람들의 길들"이라고 부름으로써, 자기가 말하고자 한 것이 무엇인지를 아주 분명하게 보여준다. 왜냐하면, 그의 이러한 표현으로부터 우리는 구원의 길을 찾는 일에 있어서 사람의 지혜와 분별력이 아무런 힘도 발휘할 수 없다는 것을 분명하게 알게 되기 때문이다. 그는 "모든 민족"이 "자기들의 길들"을 걸어갔다고 말한다. 즉, 그들은 어둠과 사망 속에서 방황했다는 것이다. 이것은 온 세상에는 참된 이성의 불꽃(verae rationis scintilla)이 조금도 남아 있지 않다고 말한 것과 같다.

따라서 유일하게 참된 경건은 믿는 자들이 자신의 타고난 것들을 신뢰하거나 의지하는 것을 다 내버리고, 전적으로 하나님께 순복하는 것이다. 왜냐하면, 사람들이 지금 걷고 있는 길들은 과거에 걷던 길들과 조금도 다를 것이 없고, 모든 시대의 사례들은 자신들이 다른 사람들보다 밝은 눈을 갖고 있다고 생각하는 자들일지라도, 실제로 하나님의 말씀의 조명을 받지 않은 자들은 얼마나 비참하게 눈먼 자들인지를 가르쳐 주고 있기 때문이다. 세상이 창조된 직후부터 대다수의 사람들은 온갖 미신들과 타락한 제의들에 빠져들었다. 사람들이 스스로 생각한 것들을 따랐던 것이 아니라면, 어떻게 이런 일이 일어날 수 있었겠는가? 심지어 세상이 홍수로 깨끗하게 정화된 것처럼 보였을 때에도, 세상에는 곧바로 동일한 악들이 창궐하였다. 그러므로 우리 자신의 지혜를 의지하는 것보다 더 치명적인 일은 없다.

하지만 여기서 바울과 바나바는 하나님께서 세상으로 하여금 그렇게 오랫동안 방황하도록 내버려 두신 이유에 대해서는 아무 말도 하지 않는다. 분명한 것은 우리가 오직 하나님의 뜻(sola Dei voluntas)을 최고의 공평한 법으로 여겨야 한다는 것이다. 하나님께서 행하시는 일들 속에는 언제나 하나님께서 그렇게 행하시게 된 가장 선한 이유가 있지만, 단지 우리에게 감추어져 있는 경우가 많을 뿐이다. 따라서 우리가 해야 할 일은 경외심을 품고서 하나님의 신비한 경륜들(arcana consilia)을 찬송하는 것뿐이다. 우리는 세상이 마땅히 멸망받을 만하였지만, 하나님께서 어떤 한 세대를 다른 세대들보다 더 긍휼히 여기신 것은 하나님이 그렇게 행하시는 것을 좋게 보셨다는 것 말고는 우리가 다른 이유나 근거를 댈 수 없다는 것을 고백하지 않을 수 없다. 그런 까닭에, 바울은 사람들이 어떤 다른 좋은 기회를 기다려서는 안 된다는 것을 보여주기 위해서, 하나님께서 세상에 복음이 널리 전파될 때를 미리 정하셨다는 것을 "때가 차매"(갈 4:4)라는 표현을 통해 우리에게 알게 해준다. 또한, 우리는 1장을 다룰 때에 살펴보았던 "때와 시기는 아버지께서 자기의 권한에 두셨으니 너희가 알 바 아니요"(행 1:7)라는 말씀도 기억하여야 한다. 이것은 하나님께서 자신의 교회가 그처럼 오랫동안 오류에 빠져 있도록 방임하셨을 리가 없다고 말하는 교황주의자들의 주장이 헛소리라는 것을 보여준다. 나는 교회가 이례적으로 상당한 정도로 정결하였던 곳인 노아의 방주로부터 민족들이 나온 것이 아니고 무엇이냐고 그들에게 반문하고 싶다. 심지어 거룩한 셈의 후손들도 다른 민족들과 마찬가지로 타락하였고, 하나님께서 자기 백성으로 택하셨던 이스라엘도 오랫동안 버림받은 상태에 있었다. 그런 까닭에, 하나님께서 이전 시대와 마찬가지로 자기 아들이 다스리시는 시대에서도 자신의 말씀을 멸시한 자들을 동일한 눈멂(caecitas)의 벌로 보응하신 것은 전혀 이상한 일이 아니다.

17. 그러나 자기를 증언하지 아니하신 것이 아니니. 여기서 바울과 바나바는 이방인들로 하여금 자신들의 무지에 대해서 핑계를 대지 못하도록 만든다. 왜냐하면, 사람들은 자신들이 날조해 낸 것들을 실컷 즐기다가도 잘못했다는 것을 깨닫게 되면, 뭔가 도망칠 핑곗거리를 찾아서, 자신들에게는 잘못이 없고, 오히려 자신들이 멸망해 가는 것을 보셨으면서도 돌아오라는 신호조차 보내실 생각을 하지 않으신 하나님께서 잔인하신 것이라고 둘러대기 때문이다. 바울과 바나바는 그런 시답잖은 반론을 예상하고서, 하나님께서는 감추어져 계시는 그동안에도 자기 자신과 자신의 신성을 증언하고 계셨다고 가르친다. 하지만 우리는 이 두 가지가 어떻게 모순되지 않고 서로 조화될 수 있는지를 살펴보지 않으면 안 된다. 왜냐하면, 하나님께서 자기 자신을 증언하신 것이라면, 세상이 오류에 빠져 살아가도록 방임하신 것이 아니게 되기 때문이다. 나의 대답은 여기서 하나님이 증언하셨다고 하는 것은 사람들로 하여금 변명의 여지가 없게 만드는 것이기는 하지만 구원을 위해서 충분한 것은 아니었다는 것이다. 왜냐하면, "믿음으로 모든 세계가 하나님의 말씀으로 지어진 줄을 우리가 아나니"(히 11:3)라는 사도의 말은 참이긴 하지만, 믿음은 하늘과 땅을 바라보는 것만으로 생기는 것이 아니라, 말씀을 들음으로 말미암아 생기기 때문이다. 이것으로부터 사람은 말씀의 인도를 받지 않으면 사람에게 구원을 가져

다주는 하나님을 아는 지식(salvifica Dei notitia)에 이를 수 없다는 결론이 나온다. 하지만 말씀을 듣지 못했다고 해서, 그들이 변명할 수 있다는 것은 아니다. 왜냐하면, 비록 그들은 날 때부터 빛을 박탈당하고 있기는 하지만, 바울이 로마서 1:20에서 가르치고 있듯이, 그들이 눈먼 것은 그들 자신의 악함(malitia)으로 말미암은 것이기 때문이다.

17. 여러분에게 하늘로부터 비를 내리시며 결실기를 주시는.　하나님께서는 처음부터 자신의 말씀을 통해서 온 인류에게 자기 자신을 계시하신 것이었지만, 바울과 바나바는 하나님께서는 모든 시대에 끊임없이 복들을 내려주셔서 세상이 자신의 능력으로 다스려지고 있다는 것을 증언하셨다고 말한다. 이것은 하나님의 가르침의 빛이 오랫동안 묻혀 있었던 까닭에, 그들은 하나님께서 자연의 증거들을 통해서 자신을 나타내셨다는 말만을 한 것이었다. 그들은 여기에 언급된 것 외에도 하나님이 행하신 위대한 일들을 찬양했을 것으로 생각되지만, 누가는 핵심만을 언급하는 것으로 충분하다고 여겼다. 하지만 그들은 지식인들이 아닌 일반인들을 대상으로 설교하고 있었기 때문에, 자연의 비밀들에 대해서 철학적인 방법으로 정교한 담론을 전개해 나간 것이 아니라, 무지한 사람들도 알아들을 수 있는 내용을 평범한 말로 전하였을 것이다. 그럼에도 불구하고, 그들은 자연의 질서 속에 하나님이 확실하고 분명하게 계시되어 있다는 원칙을 견지하고서 말을 해나간다. 비가 내려서 땅을 촉촉이 적시고, 태양의 열기가 성장을 촉진시켜서, 해마다 풍성한 열매가 맺혀지는 것을 볼 때, 분명히 우리는 만물을 다스리시는 어떤 하나님이 존재한다는 것을 추론할 수 있다. 왜냐하면, 하늘과 땅은 그들 자신의 운동력으로 움직이는 것이 아니고, 우연히 그렇게 움직이는 것은 더욱 아니기 때문이다. 결론적으로 말해서, 자연의 이러한 놀라운 운행은 하나님의 섭리를 분명하게 보여주는 것이고, 세상이 영원하다고 말한 사람들은 온전한 정신에서 그렇게 말한 것이 아니고, 자신들의 악의적이고 야만적인 배은망덕한 마음을 따라 하나님의 영광을 말살하고자 한 후안무치함(impudentia)을 그대로 드러낸 것이다.

17. 음식과 기쁨으로 여러분의 마음에 만족하게 하셨느니라.　하나님께서는 자신이 행하신 일들을 통해서 자신의 영광을 사람들의 눈 앞에 보여주실 뿐만 아니라, 사람들에게 필요한 모든 것들을 늘 공급해 주시는데도 불구하고, 사람들은 하나님을 인정하지 않는 데서 사람들의 불경건함은 더욱 분명하게 드러난다. 해와 별들이 하늘에서 빛나는 것이 사람들을 섬기기 위한 것이 아니라면 무엇 때문이란 말인가?

하늘에서 비가 내리고 땅이 그 열매를 내는 것이 사람들에게 먹고 살 양식을 주기 위한 것이 아니라면 무엇 때문이란 말인가? 하나님께서 사람을 땅 위에 두신 것은 마치 연극을 구경하듯이 하나님이 행하신 일들을 멍하니 바라만 보고 있게 하시기 위한 것이 아니라, 하늘과 땅의 온갖 풍성함을 누리면서 하나님의 인자하심과 너그러우심을 찬양하게 하기 위한 것이다. 그러므로 하나님이 사람들에게 모든 것들을 차고 넘치게 베풀어 주시는 것에서 나타난 하나님의 인자하심에 감동하지 않는다면, 그것은 추악하게 타락하고 부패하였음을 보여주는 것이 아니고 무엇이겠는가? "마음을 음식으로 채워 주셨다"(한글개역개정에는 "음식으로 마음에 만족하게 하셨느니라")는 것은 별다른 의미가 있는 것이 아니고, 단지 "음식을 주셔서 사람들의 욕구를 충족시켜 주셨다"는 것을 의미할 뿐이다. 바울과 바나바가 "기쁨"이라는 말을 덧붙인 것은 하나님께서는 무한히 너그러우시고 후하셔서 사람들에게 필요한 것 이상으로 넉넉하게 주신다는 것을 보여주기 위한 것이다. 즉, 하나님께서는 사람들에게 기운을 차릴 만큼의 음식이 아니라 그들의 마음까지 기쁘게 할 만큼의 음식을 주신다.

사람들은 배가 불러서 기쁠 때보다는 배가 고파서 신음할 때가 더 많다고 반론을 제기한다면, 나의 대답은 그런 일이 일어나는 것은 자연의 질서에 어긋난다는 것이다. 즉, 하나님께서 사람들의 죄악으로 말미암아 자신의 손을 거두어들이실 때에 그런 일이 일어난다. 왜냐하면, 하나님의 관대하심(liberalitas)은 우리의 죄악으로 인해 방해를 받지만 않는다면, 바울과 바나바가 여기서 말하고 있듯이, 저절로 그리고 끊임없이 우리에게 흘러오기 때문이다. 또한, 사람을 먹이시는 하나님의 은택이 완전히 말라 버렸다고 말할 정도로 극심한 기근은 존재한 적이 없었다. 우리가 하늘의 은택을 받아들이지 않는 경우에는 우리 자신의 잘못으로 말미암아 굶주리게 되는 것임을 우리로 알게 해주기 위하여, 선지자가 "네 입을 넓게 열라 내가 채우리라"(시 81:10)고 말한 것은 정말 잘한 일이다. 우리가 아무리 보잘것없는 존재라고 할지라도, 하나님 아버지의 사랑은 그런 하찮은 자들에게까지 미친다. 특히 인류가 하나라는 사실은 우리의 아버지이신 하나님의 은택이 결코 중단되지 않을 것임을 보여주는 증거이다.

18. 이렇게 말하여 겨우. 누군가는 앞에서 바울과 바나바가 그들을 말리려고 단지 말만 했던 것이 아니라, 무리 가운데로 뛰어들기까지 했다고 보도하였었는데, 이제 여기서는 그들의 이런 노력 덕분에 무리의 흥분이 겨우 가라앉게 되었다는 말을 덧

붙인다. 이것으로부터 우상 숭배를 향한 세상의 정열이 얼마나 광적이고 저돌적인지가 분명하게 드러난다. 왜냐하면, 그들이 바울과 바나바를 신으로 믿고서 숭배하기로 했다면, 바울과 바나바가 그들이 자신들을 신으로 섬기는 것은 잘못된 것이라고 말하자마자, 즉시 그 말에 순종하는 것이 마땅한데도, 실제로 그들은 그렇게 하지 않고 고집을 부렸기 때문이다. 이렇게 모든 우상 숭배자들은 종교나 신앙이 자신들의 뜻과 맞지 않을 때에는 그 멍에를 언제라도 벗어던져 버리는 병에 걸려 있다. 따라서 선지자들이 늘 우리에게 상기시켜 준 대로, 짐승들이 자신들의 본능대로 움직이듯이, 사람들이 미신을 맹목적으로 좋아하여 빠져드는 것은 이상한 일이 아니다.

¹⁹유대인들이 안디옥과 이고니온에서 와서 무리를 충동하니 그들이 돌로 바울을 쳐서 죽은 줄로 알고 시외로 끌어 내치니라 ²⁰제자들이 둘러섰을 때에 바울이 일어나 그 성에 들어갔다가 이튿날 바나바와 함께 더베로 가서 ²¹복음을 그 성에서 전하여 많은 사람을 제자로 삼고 루스드라와 이고니온과 안디옥으로 돌아가서 ²²제자들의 마음을 굳게 하여 이 믿음에 머물러 있으라 권하고 또 우리가 하나님의 나라에 들어가려면 많은 환난을 겪어야 할 것이라 하고(14:19-22).

19. 유대인들이 안디옥과 이고니온에서 와서. 바울과 바나바가 백성들로 하여금 자신들에게 제사를 드리지 못하도록 말리는 데에는 큰 어려움을 겪었던 반면에, 몇몇 협잡꾼들이 그들을 설득해서 방금 전까지만 해도 신으로 섬기고자 했던 바울을 즉시 돌로 치도록 하는 데에는 전혀 어려움이 없었다. 이것으로부터 세상이 하나님께 진정으로 순종하기보다는 미신에 빠지기가 얼마나 쉬운지, 그리고 하나님의 예배를 늘 좌지우지하고자 하는 미신이 얼마나 교만한 것인지가 분명하게 드러난다. 하나님의 종들은 사람들을 오직 하나님께 순종하도록 만드는 것만을 추구하고, 이것만이 구원이고 복이다. 그들은 자신들이 사람들을 지배하려고 하지도 않고 이득을 좇아가지도 않지만, 세상은 그들을 용납하지 못하기 때문에, 거의 모든 사람들이 그들을 대적하여 일어나서 소란을 피울 뿐만 아니라, 때로는 폭동을 일으키기까지 한다. 하나님께는 그렇게 고집을 부리며 말을 듣지 않는 자들이 사기꾼들의 말은 잘도 믿고, 그들의 폭압에는 고분고분하게 굴복한다. 그렇기 때문에, 교황은 불쌍한 영혼들을 노예로 삼아서 가혹하게 다루며 자기 마음대로 농락할 수 있는 것

이다. 사람들은 교황이 내리는 칙령은 무엇이든 순순히 받아들여 순종하였고, 오늘날에도 그가 아무리 불가능한 법을 제정할지라도, 어느 누구도 감히 불평하는 말을 한 마디도 하지 못한다. 반면에, 그리스도의 멍에는 쉬워도(마 11:30), 그것을 메려는 사람이 별로 없다.

우리는 이 이야기 속에서 세상의 타락상을 그림처럼 생생하게 보게 된다. 바울은 세상에 강림한 제우스로 행세를 하며 모든 사람의 박수갈채 속에서 군림할 수 있었음에도 불구하고, 신으로 섬김 받기를 거부하고, 도리어 그리스도를 신실하게 섬기다가 돌에 맞는다. 그러나 누가가 바울의 이러한 불굴의 믿음과 인내를 칭송하는 것은 우리로 하여금 본받도록 하기 위한 것이다. 바울은 하나님에 의해서 기적적으로 구원받긴 하였지만, 우리는 그가 실제로 아주 끔찍한 죽음을 경험했다고 보아야한다. 따라서 바울은 고린도후서 11:25에서 "한 번 돌로 맞고"라고 말하면서, 마치 자기가 이 사건에서 진짜 죽었던 것처럼 회고한다. 이 사건에서 무리들이 바울에게 집단적으로 폭력을 행사하였음은 의심의 여지가 없다. 하지만 여기서 볼 수 있듯이, 그리스도의 종들이 불경건한 자들에게서 어떤 폭행을 당하더라도, 심문은 이루어지지 않고, 법은 침묵을 지키며, 법정은 닫혀 있고, 판사는 잠자고 있으며, 변론은 완전히 봉쇄된다.

20. 제자들이 둘러섰을 때에. 누가는 바울을 변호한 자는 아무도 없었지만, 그의 목숨을 걱정한 경건한 자들이 있었다는 것을 보여준다. 하지만 그들은 은밀하게 행하지 않으면, 바울에게 도움을 줄 수 없고, 도리어 그를 더욱 큰 위험에 빠뜨릴 수 있다는 것을 알고 있었기 때문에, 아주 조심스럽게 행동하였다. 우리는 하나님께서 어떤 일을 우리의 능력 범위 내에 두셨는지를 늘 유의해서 살펴보아야 한다. 내가 해변에 서 있다가 어떤 사람이 난파당하여 깊은 바다 가운데 있는 것을 보았더라도, 나의 손을 뻗어서 그를 도울 수 없다면, 그 사람을 하나님께 맡기는 것 외에 내가 할 수 있는 일이 무엇이 있겠는가? 그러나 내가 그를 도울 수 있는 가능성이 조금이라도 있다면, 나는 위험을 무릅쓰고라도 그를 도와야 한다. 그런 까닭에, 우리는 "제자들"이 소심해서 겁을 집어먹고 바울이 돌에 맞는 것을 보고도 내버려 두었다고 비난해서는 안 된다. 왜냐하면, 그 상황에서 그를 도울 수 있는 능력이 그들에게는 전혀 없었기 때문이다. 하지만 바울이 땅바닥에 내쳐졌을 때, 그들이 그런 그를 둘러선 것은 그에 대한 자신들의 사랑과 관심을 증명한 행동이었다.

20. 더베로 가서. 무리들이 바울이 죽은 줄로 알고 내버렸는데, 이튿날 그가 마

치 아무 일도 없었다는 듯이 멀쩡하게 다른 곳으로 길을 떠났다는 사실은 그의 구원이 이적에 의한 것이었음을 아주 분명하게 보여준다. 또한, 이것으로부터 우리는 모든 악에 맞서는 그의 불굴의 의지가 어떠한 것이었는지를 짐작하게 된다. 그는 한 걸음 뒤로 물러나서 마치 퇴역한 군인처럼 한가로운 삶을 즐길 수 있었을 텐데도 그렇게 하지 않았고, 도리어 조금 전에 험한 일을 당했던 바로 그곳들로 다시 되돌아간다. 누가는 더베에 교회가 세워졌다는 사실을 먼저 언급한 후에, 바울과 바나바가 제자들을 굳건히 하기 위해서, 자신들이 세웠던 교회들로 돌아갔다는 말을 덧붙인다. 여기서 누가는 하나님의 말씀의 용도는 사람들로 하여금 듣고서 교훈을 배우도록 하는 데에만 있는 것이 아니라, 경계와 권면과 책망을 통해서 믿음을 견고히 세우는 데에도 있다는 것을 보여주고자 한다. 사실, 그리스도께서는 자신의 사역자들에게 사람들을 가르칠 뿐만 아니라 권면할 것도 명하셨고, 바울도 성경이 교훈은 물론이고 권면에도 유익하다고 밝힌 바 있다(딤후 3:16). 따라서 목회자들은 자신에게 맡겨진 신자들에게 올바른 지식을 제대로 전하였다고 하더라도, 신자들을 권면해서 믿음을 견고히 세우는 사역을 하지 않았다면, 자신의 사명을 완수했다고 생각해서는 안 된다. 아울러, 믿는 자들 중에서 끊임없이 자신의 믿음을 견고히 할 필요가 없는 사람은 아무도 없기 때문에, 그들은 마치 하나님의 말씀을 읽고 전하는 것이 불필요하다는 듯이 하나님의 말씀을 소홀히 해서는 안 된다.

22. 제자들의 마음을 굳게 하여 이 믿음에 머물러 있으라 권하고.　이미 복음을 받아들이고 고백한 제자들에게 계속해서 믿음에 머물러 있도록 권면하는 것이 믿음을 견고히 세우는 주된 방법이었다. 왜냐하면, 우리는 스스로 자원해서 적극적으로 우리의 직분을 감당할 준비가 전혀 되어 있지 않기 때문이다. 그렇기 때문에, 우리의 나태함에는 채찍질이 필요하고, 우리의 냉랭함은 뜨겁게 달궈질 필요가 있다. 그러나 하나님께서는 자기 백성이 온갖 싸움들을 통해서 연단되기를 원하시기 때문에, 바울과 바나바는 제자들에게 환난을 겪을 각오를 하라고 경고한다. 이것은 매우 필요한 경고이다. 왜냐하면, 우리가 경건하고 거룩하게 살고자 한다면, 이 세상에서의 싸움은 불가피하기 때문이다. 만일 육신이 우리의 발목을 붙잡지 않고, 사탄이 아무런 책동도 부리지 않으며, 사악한 자들이 우리 앞에 걸림돌들을 놓아서 우리를 훼방하지 않는다면, 그 싸움은 평탄하고 즐거운 길을 기분 좋게 걷는 것과 같을 것이기 때문에, 우리에게는 쓰디쓴 인내가 필요하지 않을 것이다. 하지만 실제로는 우리를 넘어뜨리기 위하여 온갖 도발과 모욕이 늘 사방에서 난무하고, 고난

이 계속해서 이어지기 때문에, 불굴의 인내로 믿음을 지키는 사람을 찾아보기가 힘들게 된다. 그러므로 끝까지 참고 견뎌서 믿음을 지켜내기 위해서는 늘 싸울 각오를 하고 있지 않으면 안 된다.

여기서 누가가 말한 "환난"은 원수들이 칼과 불로써 우리에게 가해 오는 박해들만을 의미하는 것이 아니고, 거기에는 경건한 자들의 삶에 반드시 따라오는 모든 고통과 괴로움들도 포함된다. 바울이 이렇게 말하는 것은 오직 믿는 자들만이 비참한 삶을 살게 되어 있기 때문이 아니라, 그것이 선한 자들이나 악한 자들을 불문하고 모든 인간이 처한 보편적인 상황이기 때문이다. 이것으로부터 저 유명한 격언이 나왔다: "가장 좋은 것은 태어나지 않는 것이고, 다음으로 좋은 것은 가급적 빨리 죽는 것이다." 그러나 하나님께서는 흔히 사악한 자들을 살려 두실 뿐만 아니라 형통하게 하시는 반면에, 자기 자녀들에 대해서는 더욱 엄하고 가혹하게 다루신다. 왜냐하면, 하나님의 자녀들은 사람이면 누구나 일반적으로 겪는 고통들 이외에도 다른 많은 특별한 고난들도 겪기 때문이다. 하나님께서는 이런 고난들을 통해서 자기 자녀들을 낮추시고, 그들의 육신을 회초리로 다스리셔서 방탕에 빠지지 않게 하시며, 그들로 하여금 길바닥에서 잠들지 않고 늘 깨어 있게 하신다. 거기에 불경건한 자들로부터의 비난과 중상모략이 더해진다. 하나님의 자녀들은 이 세상에서 쓰레기 같은 인간으로 취급받는다. 그들의 순진함(simplicitas)은 비웃음거리가 된다. 하나님의 자녀들에게 무엇보다 특히 괴로운 일은 불경건한 자들이 하나님을 조롱하는 것을 지켜볼 수밖에 없다는 것이다. 또한, 사악한 자들이 지닌 욕망은 공공연한 폭력으로 분출되기 때문에, 경건한 자들은 많은 "환난"에 맞서 싸워야 하고, 수많은 원수들 틈새에서 그들의 삶 전체는 결코 평안하거나 조용할 수 없다. 이런 상황 속에서 그들의 마음에 견고하게 해주기에 충분한 최고의 위로는 이 길이 비록 힘들고 어려운 길이기는 하지만 하나님의 나라에 들어가는 길이라는 것이다. 이것으로부터 우리는 경건한 자들의 "환난"이 세상의 모든 기쁨보다 더욱 복된 것이라는 결론을 얻게 된다.

따라서 우리는 무엇보다도 먼저 우리에게 주어진 운명, 즉 믿는 자들은 "많은 환난"을 겪을 수밖에 없다는 것을 기억해야 하지만, 이러한 환난을 통과해야만 하나님의 나라에 들어갈 수 있다는 것도 아울러 기억해서, 우리가 겪는 고통을 완화시킬 필요가 있다. 한편, 이 구절로부터 인내(patientia)는 영원한 구원을 받을 만한 가치가 있는 일이라는 결론을 이끌어 내는 자들은 말도 안 되는 헛소리를 하고 있는 것이다. 왜냐하면, 이 구절은 구원의 근거가 아니라, 하나님께서 세상에서 자기 백성을 어떤 방식으로 다루시는지를 다루고 있는 것이기 때문이다. 바울이 "많은 환난을 겪어야 할 것"이라고 말하면서 "하나님의 나라에 들어가려면"이라는 위로와 힘이 되는 말을 덧붙인 것은 사람들이 환난을 견디는 행위가 그 어떤 가치나 공로가 있다고 칭송하는 것이 아니라, 단지 십자가의 짐을 이기지 못하고 쓰러지지 않도록 믿는 자들을 격려하기 위한 것이다. 앞에서도 말했듯이, 사람은 누구나 많은 "환난"을 겪을 수밖에 없다. 하지만 멸망받을 자들이 겪는 고생은 지옥의 현관(inferorum atrium)에 불과한 반면에, 성도들이 겪는 고초는 영원한 복락으로 인도하는 길이다. 더 나아가, 성도들의 고난은 그리스도의 고난에 참여하는 것이기 때문에 그들의 구원에 도움이 되는 것이기도 하다. 우리는 여기서 바울과 바나바가 단지 "환난들"이라고 복수형으로 말하는 것으로 만족하지 않고, "많은 환난들"이라고 명시적으로 "많은"이라는 형용사를 덧붙인 것에 주목하여야 하는데, 이것은 한두 번 혹은 몇 번의 환난을 겪은 후에 이제는 충분히 겪을 만큼 겪었다고 생각해서 결국 환난에 굴복하는 자들이 없게 하기 위한 것이었다. 따라서 믿는 자들은 수많은 고난들을 끊임없이 겪을 마음의 준비를 하고 있어야 하고, 더 나아가 한 종류의 박해만이 아니라 여러 가지 종류의 박해를 당할 각오를 하고 있어야 한다. 왜냐하면, 하나님께서는 자기 백성 중에서 어떤 사람들에 대해서는 좀 더 부드럽게 다루시지만, 어떤 사람들에 대해서는 그렇게 관대하게 대하시지 않고 수없이 환난들을 겪게 하시기 때문이다.

²³각 교회에서 장로들을 택하여 금식 기도 하며 그들이 믿는 주께 그들을 위탁하고 ²⁴비시디아 가운데로 지나서 밤빌리아에 이르러 ²⁵말씀을 버가에서 전하고 앗달리아로 내려가서 ²⁶거기서 배 타고 안디옥에 이르니 이 곳은 두 사도가 이룬 그 일을 위하여 전에 하나님의 은혜에 부탁하던 곳이라 ²⁷그들이 이르러 교회를 모아 하나님이 함께 행하신 모든 일과 이방인들에게 믿음의 문을 여신 것을 보고하고 ²⁸제자들과 함께 오래 있으니라(14:23-28).

23. 각 교회에서 장로들을 택하여. 이것으로부터 분명한 것은 사람이 경건의 가르침을 한 번 받아서 믿음을 갖게 된 것만으로는 충분하지 않고, 끊임없이 진보를 이루어 나가야 한다는 것이다. 그리스도께서 사도들을 보내셔서 복음을 전파하게

하셨을 뿐만 아니라, 교회에 목회자들을 세워서 신자들로 하여금 매일매일 복음을 듣고 배우며 실천하게 하라고 명하신 이유가 거기에 있다. 바울과 바나바는 그리스도께서 명하신 대로 각 교회에 목회자들을 세워서, 자신들이 떠난 후에도 가르침이 중단되지 않게 하였다. 또한, 이 구절은 교회에서는 일상적으로 사역이 행해져야 하고, 평생 동안 기꺼이 제자로 살아가고자 하는 자들만이 하나님 앞에서 그리스도인이라는 것을 우리에게 가르쳐 준다. 나는 여기에 언급된 "장로들"은 가르치는 직분을 맡은 자들이라고 본다. 왜냐하면, 바울의 글(딤후 5:17)을 보면, 일부 "장로들"은 "다스리는" 직분만을 갖고 있었던 것이 분명하기 때문이다. 여기서 누가는 "각 교회"에 "장로들"이 세워졌다고 말함으로써, 이렇게 세움 받은 "장로들"과 사도들의 직분이 서로 달랐다는 것을 분명하게 보여준다. 즉, 사도들은 특정한 임지에 얽매이지 않고 이곳저곳으로 옮겨 다니면서 새로운 교회들을 세웠던 반면에, 목회자들은 각자의 교회를 위해서, 즉 각 교회를 담임하도록 하기 위해서 세움을 받았다. "장로들"은 투표를 통해서 세워졌다. 헬라어 '케이로토네인'(χειροτονεῖν, "택하여")은 손을 드는 방식으로 투표하여 어떤 일을 결정하는 것을 의미하는데, 이것은 회합에서 통상적으로 행해지던 방식이었다. 그러나 교회사가들은 '케이로토네인'이라는 단어를 종종 다른 의미로, 즉 성경에서 안수식이라 불리는 임직 예식을 가리키는 것으로 사용하였다. 또한, 이 구절은 목회자를 세우는 합당한 방식이 무엇인지를 아주 잘 보여준다. 누가는 바울과 바나바가 장로들을 택하였다고 말하지만, 그들은 자신들의 직분에 주어진 권한을 행사해서 이 일을 단독적으로가 아니라 모든 신자들의 투표에 의해서 처리하였다. 즉, 신자들에 의한 자유로운 선거를 통해 목회자를 세웠지만, 혼란을 방지하기 위해서 바울과 바나바가 선거를 감독하는 역할을 맡았다. 우리는 평신도들에게 선거권을 부여하는 것을 금지한 라오디게아 공의회의 결정을 이런 시각에서 바라보아야 한다.

23. 금식 기도 하며. 그들의 기도에는 두 가지 목적과 이유가 있었다. 첫 번째는 하나님께서 그들을 지혜와 명철의 영으로 인도하셔서 가장 합당한 사람들을 택할 수 있도록 해주시라는 것이었다. 왜냐하면, 그들은 자신들에게는 전혀 속지 않을 정도로 온전한 지혜가 없다는 것을 알고 있었을 뿐만 아니라, 그들 자신이 아무리 치밀하고 용의주도하게 일을 처리한다고 해도 그런 것을 신뢰할 수 없다는 것을 알고 있었고, 오직 중요한 것은 하나님의 은혜를 따라 이 일을 처리하는 것임을 알고 있었기 때문이었다. 우리는 하나님의 인도하심이 없으면 사람들의 판단은 오류를

범할 수밖에 없고, 하나님의 손이 함께 하시지 않으면 사람들의 모든 수고가 허사가 된다는 것을 매일같이 보고 있지 않은가? 어떤 사람들이 하나님의 성령께서 자신들의 모든 생각과 계획을 주관해 주시도록 도우심을 간구한다면, 그것이야말로 그들이 경건한 자들임을 보여주는 진정한 증표이다. 이것은 우리가 모든 일을 처리할 때에 따라야 할 규범이기 때문에, 전적으로 하나님의 뜻에 달려 있는 교회의 치리에 관한 문제가 생길 때마다, 우리는 하나님을 인도자와 주관자로 모시는 것 외에는 그 어떤 시도도 하지 않도록 각별히 유의하여야 한다. 그들이 기도한 두 번째 목적은 하나님께서 목회자들로 택함 받은 자들에게 필요한 은사들을 공급해 주시도록 하기 위한 것이었다. 왜냐하면, 목회자로 택함 받은 자들이 자신들의 직분을 충실하게 수행하기 위해서는 그들이 지닌 인간적인 능력만으로는 부족할 것이었기 때문이다. 그런 까닭에, 바울과 바나바는 이것을 위해서도 하나님의 도우심을 간구한다.

그들은 더욱 뜨겁게 기도하기 위해서 "금식하며" 기도하였다. 왜냐하면, 우리도 잘 알고 있듯이, 평소에 우리의 신앙은 냉랭하기 때문이다. 그렇다고 해서, 우리가 기도할 때 언제나 금식을 해야 한다는 것은 아니다. 하나님께서는 배부른 자들에게도 감사 기도를 하라고 하신다. 하지만 우리가 평소보다 더욱 뜨겁게 기도해야 할 절박한 필요가 있을 때에는 금식 기도가 매우 유익하다. 교회가 건강하게 자라갈 수 있느냐 하는 것이 누구를 목회자로 세우느냐에 의해 많이 좌우되는 까닭에, 목회자를 택하는 것이 지극히 중요한 문제라는 것에 대해서는 우리가 이미 앞에서 살펴본 바 있다. 따라서 그들이 "장로들"을 세우는 문제를 놓고서 특별히 금식하며 기도를 드렸다고 누가가 보도한 것은 전혀 이상한 일이 아니다. "금식"의 이런저런 유익에 주목하는 것은 가치 있는 일이지만, 우리는 교황주의자들처럼 "금식"을 공로가 되는 행위(opus meritorium)라고 생각하거나, "금식" 자체를 하나님을 섬기는 일종의 제의라고 여겨서는 안 된다. 왜냐하면, "금식"은 다른 중요한 경건 행위에 부수적인 것인 까닭에, 그 자체로는 아무것도 아니고, 하나님께 중요한 일도 아니기 때문이다.

23. 그들이 믿는 주께 그들을 위탁하고. 이것으로부터 무엇보다 먼저 우리는 바울과 바나바가 그들 자신의 돌봄과 수고를 통해서 하나님께로 돌아 온 자들의 구원을 위해서 얼마나 큰 정성을 쏟고 있는지를 알게 된다. 또한, 그들은 사람들은 연약한 육신을 입고 있는 까닭에, 그들의 믿음이 계속해서 자라서 견고하게 서게 되기

까지, 너무나 많은 위험에 노출되어 있다는 사실을 증언하고 있다. 따라서 하나님 께 일단 받아들여진 사람들이 믿음으로 설 수 있는 유일한 방도는 하나님께서 그들을 지속적으로 보살펴 주시는 것뿐이다. 또한, 바울과 바나바가 그들을 "그들이 믿는 주께 위탁하였다"고 한 누가의 말은 우리에게 큰 확신과 힘을 준다. 왜냐하면, 누가는 참된 믿음으로 하나님의 말씀을 받아들인 모든 사람들을 구원하고 보호하는 것은 하나님이 친히 하시는 일로 돌리고 있기 때문이다.

24. 비시디아 가운데로 지나서 밤빌리아에 이르러. 우리는 바울과 바나바가 비시디아 안디옥에 왔다고 이미 앞에서 말했었는데, 이제 그들은 자신들이 파송 받았던 수리아 안디옥으로 돌아가는 길에 타우루스(Taurus) 산을 마주한 밤빌리아를 통과하게 된다. 버가와 앗달리아는 서로 인접한 도시들이었지만, 누가는 그들이 그 중 한 곳인 "버가"에서만 말씀을 전했다고 보도한다. 이것으로부터 우리는 그들이 어느 한 곳도 소홀히 하거나 그냥 지나치고자 하지 않았음에도 불구하고, 말씀을 전할 기회가 모든 곳에서 그들에게 주어진 것은 아니었음을 알게 된다.

26. 안디옥에 이르니 이 곳은 … 전에 하나님의 은혜에 부탁하던 곳이라. 누가는 "이 곳"은 그들이 이방인의 사도로 세움을 받은 곳이었다고 말할 수도 있었을 것이지만, 그렇게 말하는 대신에 완곡어법을 사용해서, "두 사도가 이룬 그 일을 위하여 전에 하나님의 은혜에 부탁하던 곳"이라고 말함으로써, 그들은 사람들로부터 파송 받은 것이 아니었고, 그들 자신의 힘을 의지해서 어떤 일을 시도하지도 않았으며, 하나님께서 그들의 선교 여행과 그 열매 전체를 주관하신 것임을 좀 더 분명하게 보여준다. 따라서 그들의 전도는 사람이 한 일이 아니라, 하나님의 "은혜"로 된 일이었다. 여기서 "은혜"라는 말은 성령의 능력과 역사 외에도 하나님의 은총을 보여주는 그 밖의 다른 징표들도 가리킨다. 왜냐하면, 하나님께서 자기 종들에게 주시는 모든 은사들은 값없이 "은혜로" 주어지기 때문이다. 따라서 이 구절은 그들이 하나님께 그의 종들에게 "은혜"를 부어 주셔서 자신들의 수고를 아끼지 않게 해주시라고 기도하였다는 의미로 해석될 수 있다.

27. 그들이 이르러 교회를 모아 … 보고하고. 파송된 대사가 소임을 마치고 돌아와서 활동상황을 보고하는 것이 통례이듯이, 바울과 바나바는 자신들이 얼마나 신실하게 사역을 수행했는지를 보여주고, 신자들로 하여금 하나님께 감사하도록 하기 위하여, 교회 앞에서 자신들의 선교여행에 관한 모든 것을 보고한다. 그들이 이렇게 할 수 있었던 것은 실제로 하나님께서 그들에게 큰 은혜를 베푸셔서 이 선교

여행에서 차고 넘치는 열매를 거두게 하셨기 때문이었다. 따라서 누가는 그들이 자신들의 손으로 이루어 낸 성과들을 자랑한 것이 아니라, 하나님께서 "그들을 통해서" 이루신 모든 일들을 찬양하였다고 말한다. 왜냐하면, 여기서 "그들과 함께"(한글개역개정에는 "함께"로 번역됨)라는 어구는 히브리어의 용례에 따르면, "그들 안에서"나 "그들에 의해서," 또는 "그들을 향해서"를 의미하기도 하고, 단순히 여격으로 "그들에게"를 의미하기도 하기 때문이다. 따라서 실제로는 누가가 '쉰 아우토이스'($\sigma\grave{\nu}\nu$ $\alpha\mathring{\nu}\tau o\widehat{\iota}\varsigma$, "그들과 함께")라고 말한 것이 아니라, '메타 아우톤'($\mu\varepsilon\tau$' $\alpha\mathring{\nu}\tau\widehat{\omega}\nu$, "그들을 통해서")이라고 말한 것이다. 내가 지금 이런 말을 하는 이유는 바울과 바나바가 행한 모든 놀라운 일들의 유일한 주관자(unicus autor)는 하나님이신데도, 무지한 자들이 마치 그들이 하나님의 동료들이 되어서 함께 사역을 한 것처럼 생각해서, 하나님께만 돌릴 찬양을 바울과 바나바에게 나누어 돌릴 것을 우려해서이다. 바울과 바나바가 이방인들에게로 파송을 받았던 까닭에 이방인들이 믿음을 갖게 된 것은 어쩌면 당연한 일이었을 텐데도, 누가가 하나님께서 "이방인들에게 믿음의 문을 열어 주셨다"는 말을 곧바로 덧붙인 것은 그들의 선교여행에서 나타난 하나님의 역사가 너무나 신기하고 놀라웠기 때문이었다. 유대인들이 놀란 것은 단지 갑작스러운 변화 때문만이 아니었고, 하나님의 나라 밖에 있던 부정한 백성들이 아브라함의 거룩한 자손들과 하나가 되어 대등한 위치에서 하나님의 한 교회(una Dei ecclesia)를 이루게 된다는 것은 유대인들에게는 도무지 상상이 가지 않는 불가사의한 일이었던 까닭에, 그들은 실제로 그런 일이 일어난 것을 보고 나서야, 하나님께서 사도들을 이방인들에게로 보내신 데에는 다 그럴 만한 이유가 있었던 것임을 비로소 깨닫게 되었기 때문이기도 하였다. 또한, 누가가 이방인들에게 "믿음의 문"이 열렸다고 말한 것은 단지 그들에게 사람의 외적인 음성을 통해서 복음이 선포되었기 때문이 아니라, 그들이 성령의 조명을 받아서 유효하게 믿음으로 부르심을 받았기 때문이었다. 복음이 외적으로 선포될 때에 하나님의 나라가 우리에게 열리는 것은 사실이지만, 하나님께서 자기 손을 뻗어 잡아주시는 사람 외에는 누구도 그리로 들어갈 수 없고, 내면에서 성령의 이끌림을 받은 사람이 아니면 누구도 거기에 가까이 갈 수 없다. 따라서 바울과 바나바는 자신들의 소명이 하나님에 의해서 승인되고 재가된 것임을 결과로써 증명한 것이다. 왜냐하면, 이방인들이 믿음을 갖게 된 것은 하나님께서 이 두 사도의 소명을 확증하시기 위해서 손으로 찍으신 도장과 같은 것이었기 때문이다(롬 16:25; 고후 3:7).

제15장

¹어떤 사람들이 유대로부터 내려와서 형제들을 가르치되 너희가 모세의 법대로 할례를 받지 아니하면 능히 구원을 받지 못하리라 하니 ²바울 및 바나바와 그들 사이에 적지 아니한 다툼과 변론이 일어난지라 형제들이 이 문제에 대하여 바울과 바나바와 및 그 중의 몇 사람을 예루살렘에 있는 사도와 장로들에게 보내기로 작정하니라 ³그들이 교회의 전송을 받고 베니게와 사마리아로 다니며 이방인들이 주께 돌아온 일을 말하여 형제들을 다 크게 기쁘게 하더라 ⁴예루살렘에 이르러 교회와 사도와 장로들에게 영접을 받고 하나님이 자기들과 함께 계셔 행하신 모든 일을 말하매 ⁵바리새파 중에 어떤 믿는 사람들이 일어나 말하되 이방인에게 할례를 행하고 모세의 율법을 지키라 명하는 것이 마땅하다 하니라(15:1-5).

이제 누가는 복음의 공공연한 원수들과의 여러 힘겨운 싸움에서 벗어난 바울과 바나바가 교회 내부의 싸움에 휘말려 고초를 겪게 된 일에 대하여 보도하기 시작한다. 이렇게 해서 그들의 가르침과 사역이 온갖 방법으로 시험을 받게 되었는데, 이것은 그들이 하나님의 도우심을 받아서 사탄과 세상의 온갖 공격을 막아내고 있다는 사실이 더욱 분명해지도록 하기 위한 것이었다. 왜냐하면, 그들의 가르침이 수많은 공격에도 흔들리지 않았고, 무수한 방해 속에서도 계속해서 이어져갔다는 것은 그 가르침이 하나님으로부터 온 것임을 강력하게 확증해 주는 것이었기 때문이다. 따라서 바울은 자기가 "사방으로 환난을 당하여 밖으로는 다툼이요 안으로는 두려움이었노라"(고후 7:5)고 자랑스럽게 말할 수 있었던 것은 그런 이유 때문이었다. 우리가 여기에 보도된 사건을 특히 주목해야 하는 까닭은 우리는 외부로부터의 십자가와 박해를 두려워하지만, 사실은 우리의 용기를 꺾거나 약화시키는 내부의 분열이 더욱 위험하기 때문이다. 외부의 폭군들이 무자비한 탄압을 가해 올 때, 우리의 몸은 두려움을 느끼고 용기가 없는 자들은 온 몸으로 공포를 느끼게 되지만, 실제로 그런 상황 속에서는 교회가 위기에 처해 있다는 것을 우리가 생생하게 느끼기 때문에, 우리의 양심이 시험에 드는 일은 생기지 않는다. 하지만 형제들 사이에 분쟁이 일어나서 교회가 내부로부터 요동치게 될 때, 연약한 심령들은 혼란에 빠지거나, 심지어 신앙을 버리는 일도 일어나게 된다. 특히, 그러한 분쟁이 형제들을 하나로 묶어 주는 유일한 거룩한 끈인 하나님의 가르침(doctrina)에 관한 것일 때에는 더더욱 그러하다. 내부의 불화(intestinae discordia)보다 더 복음을 위태롭게 만드는 것이 없는 이유는 그런 불화들은 연약한 양심에 상처를 줄 뿐만 아니라, 불경건한 자들에게 복음을 비방하는 빌미를 주기 때문이다.

따라서 우리는 이 이야기를 각별히 유념해서, 명성을 얻기 위해 혈안이 되어 있는 자들이 스스로 고안해 낸 새로운 가르침을 교회에 도입해서 이름을 얻고자 함으로써, 동일한 복음을 믿고 고백한 사람들 사이에서 교리를 둘러싼 다툼이 일어났을 때, 그런 일이 새삼스러운 일이 아니라는 것을 알고서 요동하지 말아야 한다. 분명한 것은 하나님이 한 분이신 것처럼 그의 진리도 하나라는 것이다. 그런 까닭에, 바울은 "주도 한 분이시요 믿음도 하나이요 세례도 하나이요"(엡 4:5)라고 말하면서, 믿는 자들에게 한 마음이 될 것을 권면한다. 하지만 불경건한 자들이 일어나서 파당을 만들어서 교회를 찢어놓으려고 하고, 자신들이 꾸며낸 거짓 가르침들로 복음을 변질시키거나 의심하게 만들려고 하는 것을 볼 때, 우리는 그것이 사탄의 궤계라는 것을 알아차려야 한다. 그런 까닭에, 바울은 다른 곳에서 이단들의 등장에 대하여 언급하면서, "너희 중에 파당이 있어야 너희 중에 옳다 인정함을 받은 자들이 나타나게 되리라"(고전 11:19)고 말한다. 하지만 하나님께서는 사탄의 궤계를 이용하셔서 경이로운 일을 행하심으로써 사탄의 의도를 무력화시켜 버리신다. 왜냐하면, 하나님은 그러한 시련들을 통해서 자기 백성의 믿음을 연단시키시고, 거짓 가르침에 대한 영광스러운 승리를 통해서 자신의 말씀을 영화롭게 하시며, 사악한 자들이 매장시켜 버리려고 시도하였던 진리가 더욱 밝게 빛을 발하도록 만드시기 때문이다. 이제 누가가 기록한 이 이야기의 모든 정황들을 하나하나 살펴보도록 하자.

1. 어떤 사람들이 유대로부터 내려와서. 당시의 상황에서는 이 사람들이 "유대로부터 내려왔다"는 사실은 믿음이 좋은 사람들까지도 속아 넘어가게 만들기에 충분한 것이었다. 왜냐하면, 당시에 신자들은 복음이 예루살렘이라는 근원지로부터 흘러나온 것을 소중하게 생각해서, 예루살렘 교회를 모교회로 여기고 지극히 공경하였고, 당연히 예루살렘 교회는 모든 교회들에서 최고로 존귀한 대접을 받고 있었는데, 이때에 사기꾼들이 안디옥 교회에 와서, 자신들이 사도들의 재가를 받아 온

것처럼 위장하고, 자신들은 오직 사도들로부터 배운 것만을 가르친다고 자랑하였기 때문이다. 그들은 그러한 연막으로 연약한 자들의 눈을 멀게 하였고, 안디옥 교회 내에서 경박하고 불경건했던 자들은 자신들에게 주어진 이러한 기회를 빌미로 자신들의 탐욕을 채우는 일에 십분 활용하고자 하였다. 교회의 혼란은 돌풍과 같아서 선량하고 건전한 신자들을 뒤흔들어서 쓰러지게 만든다. 그러므로 우리는 사탄이 순진한 자들을 미혹하기 위하여 성인들의 이름을 악용하는 술수를 사용하고 있다는 것에 유의하여야 한다. 왜냐하면, 순진한 자들은 성인들을 공경하는 마음에 압도되어서, 진실이 무엇인지를 따져볼 엄두조차 내지 못하기 때문이다. 누가는 이 불한당들이 무엇에 사로잡혀서 그렇게 한 것인지에 대해서는 언급하고 있지 않지만, 그들은 '카코젤리아'(χαχοζηλία, "잘못된 열심")에 사로잡혀서, 바울과 바나바에게 대적한 것으로 보인다. 왜냐하면, 오직 자기 식대로 하지 않으면 직성이 풀리지 않는 편협하고 고집 센 자들이 종종 있기 때문이다. 그들은 예루살렘 교회에서 신앙생활을 하면서, 거기에서 할례를 비롯한 율법의 의식들을 지키는 것을 보아온 데다가, 예루살렘 교회에서 행해지는 것들은 결코 변할 수 없는 확고한 법으로서 다른 모든 교회를 구속한다고 생각하였기 때문에, 자신들이 방문한 교회에서 새롭거나 다른 것이 행해지는 것을 절대로 용납할 수 없었다. 이러한 자들은 "잘못된 열심"으로 인해서 분란을 일으키는 것이기는 하지만, 그들의 내면을 들여다보면, 우리는 그들의 야심이 모종의 완악함과 결합되어 그들을 선동하고 사주하고 있는 것임을 알게 된다. 아울러, 경건한 자들은 그런 자들이 뿌려놓은 연막으로 인해서 심령이 흐려져서 검은 것과 흰 것을 거의 구분할 수 없게 되기 때문에, 사탄도 자기가 원하는 것을 얻게 된다.

따라서 우리는 먼저 몇몇 사람들이 자신들이 행하는 것을 마치 불변의 법인 양 다른 사람들에게 강요하거나, 한 교회의 사례를 보편적인 법칙이라고 주장하는 것과 같은 병폐를 경계하여야 하고, 다음으로는 어떤 것을 주장하는 사람이 유명하다거나 믿을 만하다고 해서 그 사람의 주장을 근본적으로 살펴보는 일을 그만두지 않도록 조심하여야 한다. 왜냐하면, 사탄은 자기 자신을 "광명의 천사"(고후 11:14)로 가장할 뿐만 아니라, 하나님의 거룩한 이름을 사칭하는 불경스럽고 뻔뻔스러운 짓도 서슴지 않는 까닭에, 그렇게 사악한 사탄이 성인들의 이름을 팔아서 사람들을 속이는 것은 전혀 이상한 일이 아니기 때문이다. 결국, 사도들은 이방인들의 목에 율법의 멍에를 지우고자 하는 마음이 전혀 없었고, 단지 사탄이 이러한 거짓된 술수를 사용해서 이방인 신자들 속으로 파고들어가고자 했던 것임이 분명하게 드러나게 될 것이다. 이런 식으로, 그리스도의 가르침을 대적하는 자들이 그리스도의 종들의 이름을 빌려서 신자들 속으로 은밀하게 침투하는 일은 비일비재하게 일어난다. 따라서 그런 자들에게 속아 넘어가지 않는 유일한 방법은 아무런 편견이나 선입견 없이 무엇이 진실인지를 따져보고 살펴보는 것이다. 또한, 사탄이 하나님의 신실한 종들끼리 서로 싸우는 것처럼 보이게 하기 위하여 그들의 이름을 사칭한다고 해서, 우리는 그런 속임수에 넘어가서 정말로 하나님의 종들이 서로 싸우는 것이라고 생각해서 실족하는 일이 없어야 한다.

2. 바울 및 바나바와 그들 사이에 적지 아니한 다툼과 변론이 일어난지라. 이 격렬한 논쟁에 휘말리게 된 것은 바울과 바나바에게 결코 가벼운 시험이 아니었다. 왜냐하면, 교회 내에 불화가 있다는 것 자체가 이미 나쁜 일이었지만, 논쟁이 가열되면서 상황은 더욱 악화되어서, 형제와의 싸움이 마치 원수와의 싸움과 같은 양상으로 발전하였기 때문이다. 게다가, 믿음이 약하고 순진한 신자들은 바울과 바나바가 완고하게 고집을 부려서 교회의 평화를 어지럽혀 놓고 있는 것이라고 생각해서, 그들을 좋지 않게 보고 있다는 것도 그들은 알고 있었다. 왜냐하면, 그리스도의 종들이 부당한 공격을 받고 곤욕을 당하면서도 선한 일을 위하여 신실하게 최선을 다했는데도 불구하고 욕만 먹고 비난을 받게 되는 것은 흔히 있는 일이기 때문이다. 따라서 그들이 신자들 사이에서 퍼져 있던 잘못된 소문들을 아랑곳하지 않고 꿋꿋하게 선한 일에 매진하기 위해서는, 그들에게 불굴의 담대함이 필요하였다. 그렇기 때문에, 바울은 다른 곳에서 자기가 여러 번 사람들의 "난동"에도 굴하지 않고 자신의 소임을 다했다는 사실을 자랑스럽게 언급한다(고후 6:5). 그럼에도 불구하고, 그리스도의 종들은 절도를 지키고 절제할 줄 알아야 한다. 그들은 먼저 자신이 할 수 있는 한, 모든 분쟁을 피하려고 애써야 하고, 다음으로는 설령 사탄이 난동과 싸움을 선동할 때에도, 그런 상황을 진정시키기 위해서 노력해야 하며, 마지막으로는 신자들로 하여금 하나가 되게 하기 위해서 모든 수고를 아끼지 말아야 한다. 그러나 다시 한 번 말하지만, 그들은 하나님의 진리가 공격을 받을 때에는, 진리를 지키기 위해서 어떤 싸움도 마다하지 말아야 하고, 설령 하늘과 땅이 동시에 공격을 해올지라도, 두려워하지 말고 담대하게 맞서야 한다.

우리가 이 사례를 통해서 가장 먼저 배워야 할 교훈은, 우리는 교회 안에서 분쟁이 일어날 때마다 누구의 잘못으로 인한 것인지를 지혜롭게 분별하여서, 사탄의 치

열한 공격에도 두려워하지 않고 꿋꿋이 막아낸 용기로 말미암아 칭송을 받아야 마
땅한 그리스도의 신실한 종들을 도리어 경솔하게 정죄하는 일이 일어나지 않게 하
여야 한다는 것이다. 둘째로, 우리는 사탄이 하나님의 놀라운 섭리에 의해 저지를
당해서 바울의 가르침을 무너뜨릴 수 없었다는 것을 기억하여야 한다. 왜냐하면,
만일 사탄이 자기가 마음먹은 대로 악을 행할 수 있었다면, 이방인들은 믿음을 내
팽개쳤을 것이고, 바울이 전한 복음은 무너져 내렸을 것이며, 마침내 이방인들을 부
르기 위해 열렸던 문은 닫혀 버리게 되었을 것이기 때문이다. 셋째로, 우리는 어떤
불화가 생기든지 간에 큰 싸움으로 번지지 않도록 하기 위해서 조기에 잠재우는 법
을 배워야 한다. 왜냐하면, 사탄의 책략은 교회 내에 사소한 불화가 있을 때에 거기
에 부채질을 해서 큰 싸움으로 만드는 것이기 때문이다. 하지만 우리는 심지어 초
대 교회도 소용돌이에 휩싸이고, 그리스도의 최고의 사역자들도 분쟁에 휘말릴 수
밖에 없었다는 것을 보았기 때문에, 그런 일들이 오늘날 우리에게 일어난다고 할지
라도, 마치 전례 없는 일이 일어나기라도 한 것처럼 놀라거나 경악해서는 안 되고,
도리어 이 사건에서 하나님께서 주셨던 것과 같은 해법을 구하면서, 한결같은 믿음
을 견지한 채로 혼란의 한가운데를 뚫고 지나가야 한다.

1. 너희가 모세의 법대로 할례를 받지 아니하면. 여기서 누가는 핵심적인 쟁점
을 간략하게 제시하는데, 그것은 이 사기꾼들이 사람들의 양심에 율법이라는 족쇄
를 채우고 싶어 하였다는 것이다. 누가는 여기서 "할례"만을 언급하고 있지만, 문맥
으로 미루어볼 때, 그들은 안디옥 교회에 대하여 모세의 율법 전체를 지켜야 한다
고 문제제기를 한 것임이 분명하다. "할례"는 율법의 다른 모든 의식들을 행하기 위
한 공식적인 입교식(initiatio) 같은 것이었기 때문에, 누가는 "할례"를 언급함으로써
율법 전체를 포괄하는 제유법을 사용한 것이다. 바울을 대적한 자들은 그리스도가
메시아라는 사실을 부인하지 않았고, 그리스도에 대하여 신앙 고백도 한 자들이었
지만, 율법에 따른 옛 의식들을 여전히 고수하고 있었다.

언뜻 보면, 그들의 잘못은 용인될 수 있는 수준인 것처럼 보일 수 있었다. 그렇다
면, 바울은 교회가 분쟁의 소용돌이 속으로 빠져 들어가서 뒤흔들릴 것임을 뻔히 알
았으면서도, 어째서 아주 잠깐 동안도 그들의 잘못을 묵과할 수 없었던 것인가? 왜
냐하면, 논쟁이 외형적인 일들에 관한 것일 때에는, 바울 자신이 다른 곳에서 너무
엄격하게 시시비비를 따지는 것을 금하고 있기 때문이다. 바울이 그들의 잘못을 용
납하지 않고 강력하게 항변할 수밖에 없었던 데에는 세 가지 중요한 이유가 있었

다. 첫 번째 이유는, 사람의 구원의 토대를 오직 그리스도의 은혜에 둘 때에만 온전하고 건전한 믿음이 존재할 수 있게 되는데, 만일 사람이 구원을 받기 위해서는 율법을 지키는 것이 필수적이라는 주장을 용인한다면, 사람의 구원은 행위와 결합될 수밖에 없게 되기 때문이었다. 따라서 바울은 자신의 대적들이 율법의 의식들을 행하는 것을 믿음으로 말미암아 값없이 은혜로 주어지는 의(gratuita fidei iustitia)와 대립시키는 것을 보았을 때, 그가 그리스도를 포기하고자 했다면 모르겠지만 그렇지 않는 한, 침묵을 지킨다는 것은 있을 수 없는 일이었다. 왜냐하면, "모세의 법"을 지키지 않는 사람은 누구도 구원을 받을 수 없다고 그의 대적들이 주장했을 때, 그것은 사람들을 구원하는 영광을 그리스도로부터 빼앗아서 인간의 행위에 돌린 것이었고, 신자들의 확신을 뒤흔들어놓아서 불쌍한 심령들을 불안하게 만들고 괴롭게 한 것이었기 때문이다. 두 번째 이유는, 그리스도의 보혈로 말미암아 얻게 된 자유함(libertas)을 믿는 자들로부터 박탈해 버리는 것은 결코 사소한 일이 아니었기 때문이었다. 왜냐하면, 성령이 주는 내적인 자유함은 조상들이나 우리에게 공통된 것이었지만, 바울이 말한 것처럼, 그들은 어린아이들과 같아서 율법의 후견 아래에서 살았기 때문에 종이나 다를 바가 없었던 반면에(갈 4:1-2), 우리는 그리스도께서 오신 후에 율법이 맡고 있던 후견으로부터 벗어나서, 마치 그러한 후견의 때가 끝난 것처럼, 좀 더 자유롭게 행할 수 있게 되었기 때문이다(갈 3:24). 바울의 대적들이 범한 세 번째 잘못은, 그들의 가르침은 복음의 빛을 어둠으로 덮거나, 또는 적어도 먹구름으로 가림으로써, 의의 태양(sol iustitiae)이신 그리스도께서 자신의 온전한 광채를 충분히 발하시지 못하게 만들었다는 것이다. 요컨대, 만일 바울이 처음부터 그들의 그러한 가르침에 굴복했다면, 기독교는 오래 가지 못하고 결국 끝장이 나고 말았을 것이다. 따라서 그는 단지 외형적으로 육신의 할례를 받지 않을 자유를 지키기 위한 것이 아니라, 먼저는 사람이 은혜로 말미암아 구원을 얻는다는 도리를 지키기 위한 것이었고, 다음으로는 경건한 양심을 지닌 자들로 하여금 율법의 저주와 영원한 사망의 정죄로부터 벗어나게 하기 위한 것이었으며, 마지막으로는 그리스도의 은혜의 광채를 가리는 모든 장애물들을 제거한 후에 그리스도의 은혜가 맑고 청명한 하늘에서 빛나는 햇살처럼 다시 한 번 빛을 발하도록 하기 위한 것이었다. 또한, 우리는 이 협잡꾼들이 율법의 고유한 용도를 악하게 왜곡시키고 훼손시킴으로써 율법에 치명적인 해악을 가하고 있다는 사실도 고려하지 않으면 안 된다. 율법의 고유한 기능은 "초등교사"처럼 어린아이의 손을 잡고서 그리스도에게로 이끄는 것이다. 그러므로 그리스도의 능력과 은혜를 훼손하는 방향으로 율법을 사용하는 것은 율법을 극도로 훼손하고 악용하는 것이다.

이런 식으로 우리는 어떤 문제든지 그 문제의 근원(fons)을 살펴야 한다. 그래야만, 사탄이 교묘한 술수로 하나님의 진리를 공격해서 망쳐 놓고자 하는 것을 보면서도, 침묵으로 일관해서 하나님의 진리를 배반하는 우를 범하지 않게 된다. 또한, 그 어떠한 위험이 닥치거나, 사람들로부터 모욕과 비방을 당한다고 해서, 우리의 마음이 변하거나 약해져서는 안 된다. 왜냐하면, 하늘이 두 쪽이 나도, 우리는 신앙의 순수성을 꿋꿋이 지켜나가야 하기 때문이다. 물론, 그리스도의 종들은 다투기를 좋아해서는 안 되기 때문에(딤후 2:24), 어떠한 다툼이 일어날 때마다, 곧장 거기로 뛰어들어서 주먹을 날리는 것이 아니라, 자제심을 발휘해서 다툼을 진정시키고 해결하려고 애써야 한다. 다음으로는, 불필요하고 무익한 싸움이 일어나지 않도록 경계하여야 하고, 그다지 중요하지 않은 문제를 가지고 논란을 증폭시키지 말아야 한다. 하지만 사탄의 오만방자함이 극에 이르러서, 정면대응하지 않고서는 신앙의 순수성을 더 이상 확보할 수 없는 지경에 이르게 되었다면, 각오를 단단히 하고서 담대하게 맞서야 하고, 아무리 진흙탕 같은 싸움일지라도 결연하게 싸워나가야 한다. "평화"라는 말은 물론 박수갈채를 받을 만한 말이지만, 만일 그리스도의 가르침을 포기하는 엄청난 대가를 지불하고서 얻은 평화라면, 그것은 저주받은 평화일 뿐이다. 왜냐하면, 그리스도의 가르침만이 우리로 하여금 경건하고 거룩한 연합을 이루어갈 수 있게 해주기 때문이다.

오늘날 교황주의자들은 마치 우리가 세상을 뒤흔들고 있는 파멸적인 혼란의 주범이라도 된다는 듯이 우리에 대한 적개심을 고취시키고 있지만, 우리는 하나님에 대한 그들의 신성모독이 우리가 용인하고 침묵을 지켜야 할 정도를 훨씬 넘어서서 극악무도한 것이 되어 버렸기 때문에 그들과 싸움을 벌이는 것이고, 우리가 그들과 벌이고 있는 싸움은 그러한 동기에서 비롯된 것인 까닭에, 만일 천사들이 그런 짓을 한다면 천사들과도 일전을 불사할 것이기 때문에, 우리에게는 그들로부터 비난받을 만한 이유가 전혀 없다. 그들이 자기 마음대로 소리치며 무엇이라고 떠들든지, 우리에게는 바울의 본보기만으로 충분하기 때문에, 사탄의 일꾼들이 경건의 가르침을 파괴하려고 전력을 다하는 것을 보고서, 우리가 그 가르침을 변호하는 일에 무관심하거나 주저할 이유가 없다. 왜냐하면, 그들이 아무리 광분하여 야만적이고 폭력적으로 행동한다고 해도, 하나님의 종들의 불굴의 담대함을 결코 꺾을 수는 없기 때문이다. 바울이 거짓 사도들과 격렬하게 맞섰을 때, 이러한 충돌로부터 결국 교회에 분열의 조짐이 생겨났다. 하지만 하나님의 성령께서는 바울이 그렇게 한 것에 대하여 바울을 책망한 것이 아니라, 도리어 자신이 공급해 준 불굴의 용기를 힘입어서 거짓 사도들과 맞서 싸운 것을 칭찬한다.

2. 예루살렘에 있는 사도와 장로들에게 보내기로 작정하니라. 안디옥 교회로 하여금 분란을 해결하기 위하여 이러한 해결책을 택하게 하신 것은 하나님의 성령이었다. 만일 성령의 이러한 인도하심이 없었다면, 혼란은 걷잡을 수 없을 정도로 번져서 교회에 재앙을 가져다주었을 것이다. 이것으로부터 우리는 불화가 생겼을 때에는 그 불화를 해결하기 위한 최적의 방도를 모색하여야 한다는 교훈을 얻는다. 하나님께서는 평화를 지극히 귀하게 여기시기 때문에, 믿는 자들은 교회가 평화롭지 않은 경우에 그것이 그들의 잘못 때문이 아니라는 것을 구체적으로 보여주어야 한다. 물론, 믿는 자들에게 있어서 가장 중요한 것은 진리(veritas)이기 때문에, 진리를 지키기 위해서라면 그 어떠한 분규도 두려워하지 않을 것이다. 그럼에도 불구하고, 그들은 자신의 열정을 억제하고서 적절한 방식의 화해를 수용하여야 하고, 더 나아가 적극적으로 나서서 모든 가능한 방도를 모색하여야 한다. 그러므로 우리는 이러한 중용(mediocritas)을 지켜서, 지나치게 과격한 열심에 사로잡혀 합당한 한계를 넘지 않도록 하여야 한다. 왜냐하면, 우리는 참된 가르침을 지키기 위해서 담대하여야 하지만, 지나치게 완고하거나 지나치게 경솔해서는 안 되기 때문이다. 따라서 우리는 하나님의 성령이 바울과 관련해서 칭찬한 이 두 가지 덕목을 조화시키는 법을 배워야 한다. 바울은 불경건한 자들에 의해서 부득이하게 싸움에 나서게 되었을 때에는 자신의 주장을 담대하고 조리 있게 개진하지만, 어떠한 해결책이 제시되었을 때에는 순순히 그것을 수용함으로써 자기에게는 싸울 의사가 전혀 없다는 것을 분명하게 보여준다. 왜냐하면, 바울은 얼마든지 사도들을 크게 생각해서 사도들에게 이 문제에 대한 판단을 맡기자는 해결책을 일축하고서, 자신의 주장을 끝까지 완고하게 밀어붙일 수도 있었을 것이지만, 교회의 평화를 생각해서 그러한 해결책을 받아들인 것이었기 때문이다. 또한, 만일 바울과 바나바가 그리스도의 다른 종들의 판단을 받지 않겠다고 선을 그었다면, 무지하고 연약한 자들은 잘못된 생각을 품게 되었을 것이다. 경건한 교사들은 자신들의 가르침이 교회 전체의 가르침과 다르지 않다는 것을 보여줌으로써 신자들의 믿음을 더욱 견고하게 세워 주는 것을 소홀히 해서는 안 된다.

사실, 바울은 다른 사도들의 생각이 자신의 생각과 다르다는 것이 분명하게 밝혀졌을지라도, 무조건 그들에게 순종해서 자신의 생각을 바꾸지는 않았을 것이다. 왜냐하면, 그는 "하늘로부터 온 천사라도 우리가 너희에게 전한 복음 외에 다른 복음을 전하면 저주를 받을지어다"(갈 1:8)라고 말하였듯이, 심지어 천사들이 개입한다고 하여도, 결코 자신의 생각을 양보하지 않을 것이었기 때문이다. 하지만 바울은 불경건한 자들이 자기를 폐쇄적이고, 교만하며, 모든 사람을 부당하게 경멸함으로써 자기만족을 얻는 사람이라고 오해하고 비방하지 않도록 하기 위해서, 자신의 가르침이 온 교회에 유익이 되는 합당한 가르침이라는 것을 다른 사도들로부터 판단을 받는 것에 동의하였다. 다음으로, 그는 동일한 성령의 인도하심을 받고 있는 사도들이 이 문제에 대하여 어떤 결론에 도달하게 될지를 잘 알고 있었기 때문에, 승리의 확신을 가지고서 사도들 앞에 설 수 있었다. 하지만 안디옥 교인들이 바울과 바나바를 다른 사도들에게 보낸 의도가 무엇이었는가 하는 질문은 여전히 남는다. 왜냐하면, 만일 안디옥 교인들이 예루살렘의 사도들에 대하여 지극히 공경하는 마음을 가지고 있어서, 그 사도들이 어느 쪽으로든 결론을 내려주기 전에는 그들이 아무것도 스스로 결정할 수 없다고 생각하고 있었던 것이라면, 그들의 믿음은 그때쯤 시들해지다가 완전히 사라져 버렸을 것이기 때문이다. 하지만 이 질문에 대한 대답은 쉽다. 즉, 안디옥 교인들은 모든 사도들이 똑같이 한 분 그리스도의 동일한 명령에 의해서 보내심을 받았고 동일한 성령을 수여받았다는 것을 알고 있었기 때문에 결과가 어떠할지에 대하여 확신하고 있었다는 것이다. 이러한 해결책을 주도한 사람들은 선하고 분별력이 있었고, 유대로부터 내려온 사기꾼들이 베드로와 야고보의 이름을 사칭하고 있다는 것도 알고 있었음이 분명하다. 따라서 그들이 의도한 것은 사도들이 합당한 결정을 내리게 될 것은 너무도 분명하기 때문에 그러한 공식적인 결정을 통해서 이 일이 선하게 마무리되게 하는 것이었다.

거룩한 공의회들은 처음부터 이와 동일한 목적, 즉 하나님의 말씀에 정통한 고명한 사람들이 그들 자신의 견해가 아니라 하나님의 권위에 의거해서 교회에서 논란이 되고 있는 문제들에 대한 결론을 도출해 내기 위하여 소집된 것이었다. 우리는 교황주의자들이 거짓된 것들로 큰소리를 쳐서 사람들을 겁주지 못하도록 하기 위해서 이러한 사실에 주목할 필요가 있다. 왜냐하면, 그들은 그리스도와 그의 복음을 폐하고 모든 경건의 빛을 꺼버리기 위해서, 마치 사람들의 결정(hominum definitio)이 하나님의 계시의 말씀이라도 된다는 듯이, 우리에게 공의회들의 결정

사항을 준수할 것을 강요하기 때문이다. 그러나 만일 거룩한 교부들이 오늘날 공의회를 소집한다면, 오늘날 우리의 유일한 선생이자 그들에게도 유일한 선생이셨던 그리스도께서 그들에게 최초로 주신 말씀 외에는, 그들에게는 다른 어떤 것을 제시하거나 제안할 권한도 없고 의도도 없다고 이구동성으로 선언할 것이다. 나는 교황주의자들이 그토록 의지하는 미숙한 공의회들이 무지함과 미개함의 냄새만을 풍길 뿐이라는 사실에 대해서는 거론하지 않겠다. 하지만 모든 지극히 선한 최고의 공의회들은 하나님의 말씀에 합치하는 것이 되지 않으면 안 된다. 나지안주스의 그레고리우스(Gregorius Nazianzenus)는 선한 결과를 낳은 공의회는 단 한 번도 없었다고 혹독한 평가를 내리기도 하였다. 우리는 교회 안에서 아무리 훌륭한 신앙과 덕목들이 만개하였다고 하여도, 백년을 유지할 수 없었다는 사실을 부인할 수 없다. 따라서 바울이 지금까지 살아 있었다면, 교황주의자들의 이런 기만적인 망동들을 노발대발하며 배척하였을 것이다. 왜냐하면, 그들은 소수의 명청하고 어리석은 자들을 시켜서 자신들의 마음에 꼭 드는 것들을 고안해 내도록 한 후에, 그것들로 하나님의 말씀을 대신하기 위해서, 공의회를 소집해서 가장무도회를 벌여 합법적인 것으로 위장하고도 전혀 부끄러워하지 않는 자들이기 때문이다.

3. 그들이 교회의 전송을 받고. 안디옥 교회가 몇몇 사람들을 택해서 바울과 바나바를 수행하게 하기로 결정한 것으로부터 우리는 모든 경건한 자들이 그들을 지지했고, 그들과 같은 생각을 갖고 있었다는 결론을 얻게 된다. 즉, 경건한 자들은 예루살렘의 사도들을 불순하게 들먹이며 소란을 피우는 자들을 제압하기 위해서, 바울과 바나바가 예루살렘으로 가서 사도들을 만나보는 것이 좋겠다고 결정하였고, 바울과 바나바의 생각도 그들과 다르지 않았다는 것이다. 누가가 바로 이어서 그들이 "베니게와 사마리아로 다니며 이방인들이 주께 돌아온 일"을 형제들에게 전했다고 보도한 것은 그들이 의기소침해서 풀이 죽은 채로 예루살렘에 간 것이 아니라, 이번 여정을 자신들이 지금까지 해왔던 대로 담대하게 말씀을 전하는 가르치는 기회로 삼았음을 분명하게 보여준다. 따라서 그들이 예루살렘에 간 것은 재판관들 앞에서 자신들의 입장을 탄원하기 위한 것이 아니라, 율법 의식들의 폐지와 관련해서 하나님께서 명령하신 것을 양측의 합의 아래 확고하게 결정하기 위한 것이었다. 왜냐하면, 그들은 사도들의 판단을 멸시하는 것은 아니었지만, 그들 자신이나 사도들이 이 문제에 대해서 서로 다른 결정을 내릴 수는 없다는 것을 알고 있었던 까닭에, 그들이 재판의 피고가 되는 것은 가당치 않은 일이었기 때문이다. 그들이 확신과 기

쁨에 넘칠 수 있었던 이유가 거기에 있었다. 아울러, 경건한 자들도 이 기쁨에 동참하였다. 왜냐하면, 그들은 바울의 가르침과 이방인들의 부르심에 동의하였기 때문이다.

4. 예루살렘에 이르러 교회와 사도와 장로들에게 영접을 받고. 누가가 사용한 "교회"라는 말은 교회의 구성원 전체를 포괄하는 말이지만, 그는 특히 "사도와 장로들"이 바울과 바나바를 영접하였다는 사실을 덧붙여 보도한다. "사도들"은 예루살렘에만 머물러 있었던 것이 아니라, 일이 있을 때마다 유대 지역의 이곳저곳을 수시로 다녔기 때문에, 예루살렘 교회에는 통상적인 관리와 치리를 담당하는 "장로들"이 있었다. 나는 앞에서 14:23을 다룰 때에 이미 "사도"와 "장로"의 직분이 어떻게 다른지에 대해서 설명한 바 있지만, "사도들"과 "장로들"은 함께 바울과 바나바를 정중하게 영접했을 뿐만 아니라, 그들의 성공적인 사역을 듣고 나서 하나님의 은혜를 찬송하였다는 점에서, 서로 간에 친밀한 형제애와 따뜻한 정이 있었음이 분명하다. 여기서 누가는 앞의 14:27에서 사용하였던 "하나님이 자기들과 함께 계셔 행하신 모든 일을 말하매"라는 표현을 다시 한 번 사용한다. 우리는 거기서 내가 했던 말, 즉 하나님을 그들의 동역자로 여겨서는 안 되고, 사역의 모든 영광은 하나님께만 돌려야 한다는 말을 기억하여야 한다. 따라서 하나님께서 바울 및 바나바와 함께 일을 행하셨다는 말은 하나님께서 그들을 통해서 일을 하셨다는 뜻일 뿐이다.

5. 바리새파 중에 어떤 믿는 사람들이. 예루살렘 교회 내에서조차도 바울을 방해하고 곤경에 빠뜨리고자 한 자들이 어떤 부류의 사람들이었는지를 누가가 굳이 밝힌 것은 그럴 만한 이유가 있었다. 즉, 이 문제를 일으킨 악의 근원이 바로 그들이었기 때문이었다. 이제 누가는 이 불화를 불러일으킨 주범이 예루살렘 교회 내의 바리새파 출신의 신자들이었고, 거기에서 선동자들이 나와서 안디옥 교회를 뒤흔들어 놓은 것이라는 사실을 좀 더 분명하게 지적한다. 왜냐하면, 그들은 비록 그리스도의 이름을 받아들였다고 할지라도, 그들에게는 옛 본성의 잔재들(prioris ingenii reliquiae)이 여전히 남아 있었기 때문이다. 우리는 바리새인들이 얼마나 교만하고 자신만만하며 오만한지를 알고 있다. 만일 그들이 참으로 그리스도를 옷 입었다면, 바울에게 바리새인의 잔재가 전혀 남아 있지 않은 것처럼, 그들도 바리새인의 본성을 모두 버리는 것이 마땅하였다. 그러나 대다수의 바리새인들은 오랜 습성에 의해서 그러한 완악함이 몸에 배어 있었기 때문에, 거기에서 단번에 벗어나는 것은 쉬운 일이 아니었다. 그들은 상당한 정도로 외식(hypocrisis)에 빠져서 외적인 예식들

에 지나치게 집착했고, 이것은 그들의 악들을 은폐해 주는 역할을 하였다. 또한, 그들은 교만으로 가득 차서, 다른 모든 사람들에게도 자신들의 규율에 복종하도록 끈질기게 강요하였다. 수도자들이 이 두 가지 병을 심각하게 앓고 있다는 것은 잘 알려진 사실이다. 그런 까닭에, 수도자들만큼 잔인하게 교회를 압제하는 자가 없고, 그들만큼 사악하고 후안무치하게 하나님의 말씀을 멸시하는 자도 없다. 또한, 우리는 많은 수도자들이 수도생활을 그만두고 그 소굴에서 나온 후에도, 자신들의 몸에 밴 습성들을 결코 버리지 못하는 것을 본다.

⁶사도와 장로들이 이 일을 의논하러 모여 ⁷많은 변론이 있은 후에 베드로가 일어나 말하되 형제들아 너희도 알거니와 하나님이 이방인들로 내 입에서 복음의 말씀을 들어 믿게 하시려고 오래 전부터 너희 가운데서 나를 택하시고 ⁸또 마음을 아시는 하나님이 우리에게와 같이 그들에게도 성령을 주어 증언하시고 ⁹믿음으로 그들의 마음을 깨끗이 하사 그들이나 우리나 차별하지 아니하셨느니라 ¹⁰그런데 지금 너희가 어찌하여 하나님을 시험하여 우리 조상과 우리도 능히 메지 못하던 멍에를 제자들의 목에 두려느냐 ¹¹그러나 우리는 그들이 우리와 동일하게 주 예수의 은혜로 구원 받는 줄을 믿노라 하니라(15:6-11).

6. 사도와 장로들이 이 일을 의논하러 모여. 누가는 교회 구성원 전체가 모인 것이 아니라, 말씀을 잘 알고 분별력이 있으며 직분상으로 이 문제에 대하여 합법적으로 판단하고 결정할 수 있는 권한이 있는 사람들만이 모였다고 말한다. 물론, 이 회합은 공개적으로 열렸을 것이고, 모든 신자들이 참관할 수 있었을 것이다. 하지만 누가는 이런 문제를 심리해서 결정할 권한이 일반 교인들에게도 있다고 생각하는 사람이 없도록 하기 위해서, "사도와 장로들이 이 일을 의논하러 모였다"고 명시적으로 언급한다. 또한, 우리는 여기서 하나님께서 교회 속에서 다른 방법으로는 해결할 수 없는 분쟁이 생겼을 때에 한하여 공의회를 소집하여야 한다는 것을 보여 주시고, 그런 경우에 공의회를 어떤 사람들로 구성하고 어떤 형태로 소집해야 하는지를 정해 주셨다는 것을 알아야 한다. 왜냐하면, 매일같이 많은 사람들이 바울을 대적해서 일어나고 있었지만, 이번의 다툼이 이미 치열한 분쟁과 싸움으로 번진 상태에서 교회에 엄청난 파국을 가져다줄 위험이 있었던 까닭에, 바울은 이 일을 매듭짓기 위해 예루살렘에 오지 않을 수 없게 된 것이기 때문이다.

7. 많은 변론이 있은 후에. 공의회의 구성원들로 선택된 사람들은 고명한 인사들과 교회의 공적인 교사들이었지만, 그들조차도 즉시 합의를 도출해 낼 수는 없었다. 하나님께서 자신의 교회로 하여금 지혜로워지는 법을 겸손히 배우도록 하시기 위해서, 이런 기회조차도 활용하셔서 사람들의 연약함을 통해서 교회를 훈련시키고 연단시키신다는 것이 여기서 분명하게 드러난다. 또한, 하나님께서는 자신이 주재하신 바로 그 회의에서 기독교의 핵심적인 가르침을 두고서 사람들이 설왕설래하는 것을 허락하셨다. 우리는 다른 문제들에서는 경건하고 학식 있는 사람들이 이 문제에 대해서는 제대로 알지 못하여 오류에 빠지는 일이 일어났다고 하여도 이상하게 생각하지 말아야 한다. 왜냐하면, 그들 중 일부는 이 사안의 중대성을 간파할 만한 통찰력을 지니고 있지 못했던 까닭에, 자신들의 결정이 그들 자신의 양심뿐만이 아니라 다른 사람들의 양심까지 얼마나 복잡한 미로로 몰아넣는 것인지를 헤아리지 못하고서, 율법에 대한 맹목적인 열심에 사로잡혀서 신자들이 율법을 계속해서 지켜야 한다고 주장하였기 때문이다. 그들은 할례가 하나님의 언약에 대한 영원히 변할 수 없는 표징이라고 생각하였고, 율법 전체에 대해서도 동일한 생각을 갖고 있었다. 그래서 베드로는 이 문제에 있어서 핵심적인 쟁점이 무엇인지를 보여주기 위해서 특히 이 점을 집중적으로 다룬다. 왜냐하면, 그들 중 대다수가 이 점을 간파하지 못하고 있었기 때문이었다. 베드로의 연설은 두 부분으로 되어 있다. 즉, 그는 먼저 이방인들에게 율법을 지키는 것을 강요해서는 안 된다는 것을 하나님의 권위에 의거해서 단호하게 주장하고, 그런 후에 사람들의 양심을 율법이라는 덫으로 가두어 버리면, 인간의 구원 전체가 무너지게 된다고 가르친다. 따라서 그가 이방인들에게 복음을 선포하도록 하나님으로부터 보내심을 받았고, 성령이 이방인들에게도 주어졌다는 것을 말하고 있는 전반부의 취지는, 율법의 의식들을 사람들이 제멋대로 폐지한 것이 아니라 하나님께서 친히 폐하셨다는 것이다. 베드로가 이렇게 하나님의 권위를 중심에 놓자, 모든 의문이 해소되었다. 왜냐하면, 하나님의 명령에 묵묵히 순종하고, 다른 모든 논거들보다도 하나님의 뜻을 더 존중하고 앞세우는 것이야말로 참된 지혜이기 때문이다. 이제 하나님께서 이방인들에게서 율법의 멍에를 벗겨 주셨다는 것을 증명하기 위하여 베드로가 한 말을 차례대로 살펴보도록 하자.

7. 형제들아 너희도 알거니와. 베드로는 자신이 애매하거나 미심쩍은 일에 대해서 말하려는 것이 아님을 보여주기 위해서, 거기에 모여 있는 사람들을 증인으로 호

출한다. 즉, 자기가 이제부터 말하고자 하는 것들은 그들 모두가 잘 알고 있는 이야기라는 것이다. 이것은 이 이야기를 알지 못하는 자들은 하나님의 역사에 합당한 관심을 기울이지도 않았고, 공공연히 드러난 일을 보고도 전혀 알려고 하지도 않았기 때문에, 백주대낮에 눈먼 채로 살아온 자들이라고 말한 것과 같았다. 베드로는 복음이 전파되기 시작된 때를 "옛날"이라고 부르지만, 이것은 "전에"라고 말한 것과 같다. 즉, 여기서 "옛날"은 그리스도께서 사람들을 자기에게로 모으시기 시작하시면서 교회가 처음으로 생성되던 때를 가리킨다.

7. 너희 가운데서 나를 택하시고. "택하다"라는 동사는 "작정하다" 또는 "결정하다"는 뜻이다(칼빈이 사용한 본문에는 "우리 안에서 택하시고"로 되어 있다 — 역주). 베드로는 여기서 "택하다"라는 단어를 통해서, 하나님께서 값없이 은혜로 택하셨다는 것과 이방인들을 자기 백성으로 받아주시기로 선택하셨다는 것, 이 두 가지를 동시에 표현하고 있다. 따라서 이 구절의 의미는 이런 것이다: "하나님께서 이방인들을 값없이 양자로 삼고자 하신다는 증표를 보여주시기 위하여, 이방인들로 하여금 내 입에서 복음의 말씀을 듣게 하고자 작정하셨다." "우리 안에서"라는 어구는 "우리가 보는 데서," 또는 "우리를 증인으로 삼아서," 또는 "우리 가운데서"라는 의미이다. 왜냐하면, 여기서 베드로가 말하고자 하는 것은 자기는 그들에게 잘 알려진 일, 즉 그들 자신의 눈 앞에서 이루어진 일들만을 말하고 있다는 것이기 때문이다. 이러한 표현은 헬라어만이 아니라 히브리어에서도 흔히 나타난다. 물론, 우리는 이 구절을 어떤 이들처럼 "하나님이 우리의 이 회중 가운데서 나를 택하셨다"라는 뜻으로 이해할 수도 있다.

7. 믿게 하시려고. "믿음"은 하나님께서 이방인들을 부르셨음을 확증하는 인침이었다. 베드로는 가르치는 직분을 하나님으로부터 받았지만, 그의 사역의 고상함과 참됨을 보증해 주는 것은 그의 가르침을 통해서 거둔 열매였다. 왜냐하면, 택함받은 자들은 성령의 특별한 은혜에 의해서 조명을 받아 믿음에 이르게 되는 까닭에, 하나님께서 사역자들에게 자신의 능력을 덧입혀 주지 않으시면, 즉 하나님께서 내적으로 역사하셔서 말씀을 듣는 자들의 마음을 깨우치시고 그들의 마음을 이끌어 주지 않으시면, 가르침은 아무런 열매도 거두지 못하게 되기 때문이다. 따라서 하나님께서는 사도들에게 복음의 가르침을 이방인들에게 베풀라고 명하셨기 때문에, 그들이 더 이상 부정하고 속된 백성으로 머물러 있지 않도록 하시기 위해서, 그들을 성별하셔서 자기 백성으로 삼으신 것이었다. 이러한 성별(consecratio)은 하나님

께서 그들의 믿음으로 말미암아 그들의 마음에 양자됨의 표시를 새겨 주실 때에야 비로소 모든 점에서 완전한 것이 된다. 바로 뒤에 이어지는 구절은 이 구절에 대한 보충설명으로 보아야 한다. 왜냐하면, 베드로는 성령의 가시적인 은사들을 믿음과 연결시키고 있지만, 그런 은사들은 믿음에 뒤따라오는 부수적인 것들에 불과하기 때문이다. 이렇게 해서, 베드로는 이방인들이 할례를 비롯한 율법의 의식들과 무관하게 하나님의 백성으로 접붙임을 받았는데도, 그들에게 율법을 지키는 것을 강요하는 것은 옳지 못한 일이라고 결론을 내린다. 그러나 성령이 이방인들에게 주어졌다는 사실을 하나님께서 이방인들을 택하셨다는 증거로 삼으려는 것은 설득력이 부족한 것으로 보인다. 왜냐하면, 우리는 그들에게 주어진 성령의 은사들을 보고서, 그들이 경건한 무리의 수에 들었다고 추론할 수는 없고, 하나님의 자녀들을 외인들과 구별해 주는 것은 오직 중생의 영이기 때문이다. 나의 대답은 행실이 거짓된 자들이 방언의 은사를 비롯한 여러 은사들을 받은 경우가 있음에도 불구하고, 베드로는 하나님께서 고넬료와 그의 가족 및 친척들에게 성령의 가시적인 은사를 부어주신 것은, 마치 손가락으로 가리키듯이, 그들이 자기가 값없이 양자로 삼은 자들이라는 것을 보여주시고 인쳐 주신 것임을 당연시 하고 있었다는 것이다.

8. 또 마음을 아시는 하나님이.　베드로가 현재의 맥락에서 하나님을 "마음들을 아시는 분"(cognitor cordium)이라는 부른 것 속에는 암묵적인 대비가 내포되어 있다. 즉, 사람들은 자신들의 땅에 속한 아둔한 지각을 따라 판단하기 때문에 외적인 정결에 집착하는 반면에, 하나님께서는 마음 중심을 보신다는 것이다. 따라서 베드로는 이 문제와 관련해서는 마음 중심이 순전한지의 여부만을 보아야 하는데, 그것은 우리에게 감춰져 있어서 우리가 볼 수 없는 까닭에, 이 문제를 인간적인 지각으로 접근할 때에는 잘못된 판단이 내려지게 될 수밖에 없다는 것을 경고하고 있는 것이다. 그는 우리가 분수를 모르고 우리 자신을 과신해서 하나님의 판단에 불복하여 불평하지 않도록 하기 위하여, 이런 식으로 우리의 자만심(temeritas)에 재갈을 물린다. 이것은 이렇게 말한 것과 같다: "하나님께서 그들에게 왜 그런 말씀을 주신 것인지를 네가 명확하게 알 수 없다면, 너는 너와 하나님 간에 얼마나 큰 차이가 있는지를 생각하라. 왜냐하면, 너는 너의 우매한 본성을 따라 외적으로 좋은 것들에 집착하지만, 우리가 하나님의 심판대에 설 때에는, 하나님께서는 우리의 마음을 영적으로 살피시는 까닭에, 그러한 외적으로 좋은 것들은 다 쓸데없게 되기 때문이다." 따라서 우리는 하나님의 눈이 우리가 행하는 가식적이고 과시적인 행위들은 거들

떠보지도 않으시고, 예레미야가 말하였듯이(렘 5:3), 오직 순전한 마음(cordis integritas)만을 보신다는 진리를 기억하여야 한다. 불가타 역본과 에라스무스 역본에는 "하나님께서 마음을 아신다"로 되어 있지만, 이런 번역은 누가가 헬라어를 통해 말하고자 한 것을 충분히 전달해주지 못한다. 왜냐하면, 누가는 "하나님"을 '카르디오그노스테스'(καρδιογνώστης, "마음들을 아는 분")라고 부르면서, 언제나 겉모습을 보고 판단하는 까닭에 '프로소포그노스타이'(προσωπογνώσται, "얼굴을 아는 자들")라고 불리는 것이 합당한 "사람들"과 대비시키고 있는 것이기 때문이다.

9. 그들이나 우리나 차별하지 아니하셨느니라. 이방인들은 무할례로부터 영원한 생명의 언약으로 갑자기 받아들여진 반면에, 유대인들은 할례에 의해서 믿음에 이를 준비가 되어 있었다는 점에서, 사실은 "차별"이 있었다. 그러나 베드로가 말하고자 한 것은 이방인들과 유대인들이 똑같이 하나님에 의해서 동일한 유업의 소망으로 부르심을 받았고, 동일한 수준의 영광을 입고서 똑같이 하나님의 자녀와 그리스도의 지체가 되었으며, 나아가 아브라함의 거룩한 자손과 제사장 나라의 백성과 왕의 백성이 되었다는 것이다. 이것으로부터 도출되는 결론은 하나님께서 이방인들을 자신의 소유로 택하시고 자신의 성전의 거룩한 그릇들로 성별하셨는데도, 유대인들이 그들을 부정한 백성으로 여기는 것은 신성모독이 될 수밖에 없다는 것이다. 하나님께서는 이방인들과 유대인들을 나누었던 담을 허무시고 하나가 되게 하셔서 한 몸으로 자라도록 하셨다(엡 2:14). 이렇게 표현해 보는 것도 좋을 것 같다. 즉, 하나님께서는 할례와 무할례를 하나로 섞으셔서, 자신의 집 권속들과 외인들이 그리스도 안에서 하나가 되어 하나의 교회를 이루도록 하심으로써, 더 이상 유대인이나 헬라인의 구별이 없게 하셨다는 것이다.

9. 믿음으로 그들의 마음을 깨끗이 하사. 이 구절은 베드로가 앞에서 하나님에게 적용하였던 "마음들을 아시는 분"(cognitor cordium)이라는 표현과 상응한다. 그는 이렇게 말한 것과 같다: "마음들을 아시는 분인 하나님께서는 이방인들이 자신의 양자가 될 만하다고 생각하셨을 때에, 그들의 마음을 깨끗이 하셔서, 영적으로 정결함을 얻게 하셨다." 하지만 그는 이 정결함이 믿음에 달려 있다는 말을 덧붙인다. 따라서 베드로는 먼저 이방인들은 율법의 의식들을 지키지 않고도, 하나님의 심판대 앞에서 인정받을 만한 참된 거룩함을 지니게 되었다는 것을 가르친 후에, 다음으로 이 거룩함은 믿음으로 말미암아 얻어진 것이고 믿음으로부터 흘러나오는 것이라고 가르치고 있는 것이다. 마찬가지로, 바울도 아브라함의 경우를 예로 들어

서, 할례는 의롭다 하심을 받은 후에 주어진 것이기 때문에, 사람이 하나님 앞에서 의롭고 거룩하게 여김을 받음에 있어서 무할례는 전혀 문제가 되지 않는다고 결론을 내린다(롬 4:10).

그러나 여기서 한 가지 질문이 생긴다. "옛적에 조상들이 갖고 있던 정결함은 하나님이 지금 이방인들에게 부여하신 정결함과 다른 것인가?" 왜냐하면, 베드로는 이방인들은 마음의 정결함만으로 충분하고 율법의 도움을 받을 필요가 없다는 차이점을 들어서, 이방인들을 유대인들과 구별하는 것처럼 보이기 때문이다. 나의 대답은 유대인과 이방인은 실질(substantia)이 아니라 형식(forma)에 있어서만 서로 달랐다는 것이다. 왜냐하면, 하나님께서는 언제나 마음의 내적인 정결함을 보셨고, 율법의 의식들이 옛 백성에게 주어졌던 것은 단지 그들의 믿음을 돕기 위한 것이었기 때문이다. 따라서 정결함과 관련된 예식들은 그리스도께서 오시기까지 일시적으로 통용되던 것들이었고, 오늘날 우리에게 적용될 여지는 전혀 없다. 창세로부터 세상 끝날까지 하나님께 드리는 참된 예배는 오직 영적인 예배뿐이라는 것은 동일하지만, 그럼에도 불구하고 가시적인 예배 형식에 있어서는 큰 차이가 존재한다. 이제 우리는 거룩한 조상들이 의롭다 하심을 얻은 것이나 하나님 앞에서 정결했던 것이 율법의 의식들로 말미암은 것이 아니라 마음의 정결함으로 말미암은 것임을 알게 된다. 율법의 의식들은 그 자체로 그들을 의롭게 만들어 줄 수 있는 것이 아니었고, 다만 거기에 정결한 마음이 결합되었을 경우에만 부수적으로 그러한 효과를 가져다준 보조 수단이었을 뿐이었다. 그런 까닭에, 옛 사람들에게나 우리에게나 진리는 동일하였다. 이제 그리스도의 오심으로 말미암아 부수적인 것들은 전부 폐하여졌다. 따라서 그림자들은 흩어졌고, 마음의 정결함(cordis puritas)만이 오롯이 남게 되었다.

이렇게 해서, 유대인들이 해결할 수 없다고 생각하던 난제는 쉽게 풀린다. 할례는 "영원한 언약"(창 17:13)이라고 불렸기 때문에, 유대인들은 그 언약은 폐기될 수 없다고 생각하였다. 그러나 우리가 영원한 것은 가시적인 표징(symbolum)이 아니라 그 표징이 상징하고 있는 실체(res signata)라고 말한다면, 그것은 정확한 답변이 될 것이다. 또한, 내가 앞에서 이미 말했듯이, 이 문제에 대한 다른 해결책도 있다. 즉, 그리스도의 나라는 세상을 새롭게 하는 것이기 때문에, 그가 율법의 모든 그림자를 제거하는 것은 전혀 이상한 일이 아니라는 것이다. 율법의 영속성이 그리스도 위에 토대를 두고 있다는 점을 고려한다면, 더더욱 그러하다. 이제 베드로가 이방인들이 믿음으로 말미암아 마음의 정결함을 얻었음을 확증하고 있는 "믿음으로 그들의 마음을 깨끗이 하사"라는 두 번째 구절을 살펴보기로 하자. 그가 "온전한 덕으로" 또는 "거룩한 삶으로"라고 말하지 않은 것은 의(iustitia)가 자기 자신이 아닌 다른 사람으로부터 오는 것임을 보여주기 위한 것이 아니면 무엇이겠는가? 왜냐하면, 만일 사람이 바른 삶을 통해서 스스로의 힘으로 의를 얻는 것이거나, 본성적으로 하나님 앞에서 정결한 것이라면, 베드로의 이 말은 완전히 말도 안 되는 것이기 때문이다. 따라서 이 구절을 통해서 성령께서는 먼저 모든 인류가 더러움으로 오염되었고, 다음으로 그 더러움은 그리스도의 은혜 외에는 다른 어떤 방법으로도 제거될 수 없다는 것을 분명하게 선포하신 것이다. 왜냐하면, "믿음"은 하나님께서 우리를 도우시기 위하여 값없이 주시는 치유책인 까닭에, 모든 인간의 보편적인 본성을 거스르는 것일 뿐만 아니라, 각 개인의 고유한 공로와도 대립되는 것이기 때문이다. 온 인류가 더럽혀졌다는 것은 우리가 죄에 오염된 채로 어머니의 태에서 나왔고, 우리의 본성 안에는 하나님의 은혜를 얻을 만한 그 어떠한 의로움도 없다는 것이다. 사실, 인간의 영혼은 처음에는 탁월한 은사들을 구비하고 있었지만, 죄로 말미암아 철두철미 타락해서, 결국 그 안에는 정결함이라고는 한 줌도 남아 있지 않게 되었다.

따라서 우리는 정결함을 우리의 외부에서 찾을 수밖에 없게 되었다. 왜냐하면, 만일 어떤 사람이 행위에 의한 공로로 정결함을 회복할 수 있다고 주장한다면, 그것은 원래부터 악한 본성이 선한 것을 만들어 낼 수 있다고 말하는 것인 까닭에, 그것보다 더 부조리하고 터무니없는 말은 없을 것이기 때문이다. 그런 까닭에, 사람들은 자신 안에서는 결코 찾을 수 없는 것을 다른 곳에서 찾아야만 하게 되었는데, 우리로 하여금 그리스도께 속한 것들에 값없이 거저 참여해서 그것들을 가져와서 우리의 것으로 삼을 수 있게 해주는 것이 바로 "믿음"의 역할이다. 이와 같이, "믿음"과 그리스도의 은혜 간에는 상호관계가 존재한다. 하지만 "믿음" 자체가 우리의 심령 속에 주어진 하나의 미덕이나 자질로서 우리를 깨끗하게 해주는 것이 아니고, "믿음"은 단지 그리스도 안에서 주어지는 정결함을 받는 통로가 될 뿐이다. 또한, 우리는 하나님께서 "그들의 마음을 깨끗이 하셨다"는 말에 주목하여야 한다. 이 말을 통해서 누가는 하나님이 믿음의 주시라는 것과 정결함이 하나님으로부터 온 복이라는 것을 가르쳐 준다. 요컨대, 누가는 사람들이 자신의 힘으로 얻을 수 없는 것이 하나님의 은혜로 말미암아 주어졌다는 것을 지적하고 있는 것이다. 우리는 그리스도께 속한 것들이 믿음으로 말미암아 우리에게 전가된다는 것을 살펴보았기 때문에, 이제 여기서는 하나님의 은혜가 어떻게 우리를 깨끗하게 하여서, 우리로 하여금 하나님이 기뻐하시는 자들이 되게 하는지를 살펴보아야 한다. 하나님께서 우리를 정결하게 해주시는 방식은 두 가지가 있다. 그리스도께서는 먼저 자신의 피로 단번에 대속하신 우리의 죄들을 날마다 멸하심으로써 우리를 아버지 하나님 앞에서 정결하고 의로운 자들로 만들어 주시고, 다음으로는 자신의 성령으로 우리의 육신의 욕심들(carnis cupiditas)을 죽이심으로써 우리를 거룩함으로 새롭게 해주신다. 나는 이 구절이 이 두 가지 모두를 의미하는 것이라고 본다. 왜냐하면, 누가는 여기서 어느 한 종류의 정결함만을 말하는 것이 아니고, 율법의 의식들과 상관없이 신자들이 온전한 정결함에 이를 수 있다고 가르치고 있는 것이기 때문이다.

10. 지금 너희가 어찌하여 하나님을 시험하여. 이것은 설교의 두 번째 부분이다. 여기서 베드로는 바울의 대적들이 강요하고 있는 가르침이 얼마나 치명적인 것인지를 보여준다. 즉, 그러한 가르침은 모든 경건한 영혼들을 절망과 좌절에 빠뜨리게 된다는 것이다. 그는 앞에서 말한 것들을 근거로 해서, 이방인들에게 율법을 지킬 것을 강요하는 것은 하나님을 시험하는 것이라고 결론을 내리지만, 거기에서 그치지 않고 계속해서 문제의 핵심으로 더 깊이 파고들어간다. 지금까지 그가 논증한 것들은 이방인들에게 하나님이 원하시는 것 이상을 요구하는 것은 그들을 해치는 것이고, 하나님께서 그들을 거룩한 백성과 동등하게 여기시고 양자가 될 만한 자격이 있다고 생각하셨는데도 불구하고 이방인들을 거부함으로써 하나님의 관용하심을 제약하는 것은 부끄럽고 어처구니없는 일이며, 비록 그들이 율법의 의식들을 지키지 않는다고 하더라도 그들에게는 믿음만으로 충분하다는 것이었다. 이제 그는 좀 더 근본적인 문제로 들어가서, 사람들의 구원을 율법의 행위와 결부시키는 자들은 그들에게서 모든 소망을 빼앗아 버리고 절망만을 안겨줄 뿐이고, 율법을 지키는 것 말고는 다른 어떤 방법으로도 구원을 얻을 수 없다는 가르침은 온 세상을 끔찍한 멸망 속으로 내모는 것일 뿐이라고 말한다. 우리는 그가 어떻게 이것을 증명하는지를 곧 살펴보게 될 것이다. 성경은 하나님께서 여러 가지로 "시험"을 받으신다고 말하고 있는 것을 볼 때, 여기서 베드로가 "너희가 하나님을 시험한다"고 말한 의미는 그들이 사람들에게 감당할 수 없는 무거운 짐을 지움으로써 하나님께 의도적으로 도전하고, 하나님이 친히 풀어 주신 멍에를 사람들로 하여금 도리어 더 단단히 메게 함으로써 하나님의 권능을 제약하는 것은 옛적의 저 거인족처럼 자신의 분수를 모르고 하나님을 상대로 싸우는 것과 다를 바가 없다는 것이다.

10. 멍에를 제자들의 목에 두려느냐. 이 말의 뜻은 분명하다. 즉, "하나님을 시험한다"는 것은 감당하지 못할 무거운 짐을 사람의 양심에 지우는 것이다. 이것은 영혼의 구원에 치명적인 타격을 초래해서, 사람들은 필연적으로 절망의 나락으로 떨어져서, 결국 멸망에 이를 수밖에 없게 된다. 하지만 우리가 도저히 용납할 수 없는 것은 그러한 가르침은 우리를 값없이 구원하고자 하시는 하나님의 권한을 박탈함으로써 하나님께 이루 말할 수 없이 큰 해악을 끼치기 때문이다. 우리는 여기서 베드로가 단지 율법의 의식들에 대해서만 거론하고 있는 것이 아님은 정황상으로 쉽게 짐작할 수 있다. 나는 옛 율법에 묶여서 종 노릇 하는 것이 힘들고 가혹한 일임을 부인하지 않지만, 베드로가 그것을 그 누구도 멜 수 없는 멍에라고 부른 것은 단연코 온당하지 않다고 본다. 왜냐하면, 우리는 성인(聖人)들뿐만이 아니라 수많은 위선자들도 외적인 예식들을 법도에 맞고 정확하게 준수했다는 것을 알고 있기 때문이다.

도덕 법규라는 것이 영적인 의를 요구하지 않고 단지 육신적인 순종만으로 충족되는 것이라면, 그런 법규를 준수하는 것은 그리 어려운 일이 아닐 것이다. 왜냐하면, 자신들의 손과 발에 족쇄를 채우는 일은 많은 사람들이 할 수 있지만, 모든 감정들을 다스려서 완벽한 절제와 정결함이 육체만이 아니라 영혼을 지배하게 하는 일은 극히 어렵기 때문이다.

따라서 여기서 베드로가 한 말을 마음에서 율법의 외적인 의식들에 국한시키는 자들은 어리석기 짝이 없는 자들이다. 왜냐하면, 율법의 의식들은 사람이 마음의 의를 나타내 보이는 데에 얼마나 무력한지를 보여주는 상징들에 불과하고, 마음의 의는 사람의 능력을 훨씬 벗어나 있을 뿐만 아니라, 사람의 본성과 철저히 반대되는 것이기 때문이다. 이 문제가 단지 율법의 의식들과 관련된 것일 뿐이라고 생각하는 자들은 그러한 잘못을 범할 수밖에 없다. 그렇기 때문에, 그들은 겉으로 보기에는 사소한 것 같은 이러한 오류가 어떠한 혼란과 미혹을 가져올 것인지에 대해서 베드로가 훨씬 신중하고 지혜롭게 성찰하였다는 사실을 깨닫지 못하였다. 거짓 사도들은 율법을 지키지 않는 자는 어느 누구도 구원을 얻을 수 없다고 주장했지만, 만일 인간의 구원이 행위와 결부되어 있다면, 구원은 더 이상 그리스도의 은혜 위에 토대를 두고 있는 것이 아니게 되기 때문에, 은혜로 말미암는 화해(gratuita reconciliatio)는 존재할 수 없게 된다. 그런데 하나님께서는 율법을 범하는 자에게는 저주가 임할 것이라고 율법 속에서 선언하셨고, 이제 사람의 힘으로는 율법을 지킬 수 없다는 것이 분명해졌기 때문에, 모든 사람 위에 저주가 임하게 된다. 따라서 사람들은 율법으로 말미암아 자신들이 영원한 사망의 벌에 처해지리라는 것을 알기 때문에, 절망이 모든 사람에게 엄습하게 된다. 거짓 사도들은 아마도 간교하게 이것들을 은폐했을 것이다. 하지만 베드로는 문제의 근원까지 파고들어가서 그들의 가르침의 치명적인 독성을 백일하에 드러낸다. 마찬가지로, 사탄이 우리를 불경건한 범죄로 은밀하게 유혹할 때, 우리도 그렇게 하는 것이 마땅하다.

오늘날 우리는 죽은 자를 위해서 기도를 드려서는 안 된다고 아주 강력하게 반대하고 있기 때문에, 어떤 사람들에 대해서 지나치게 대립각을 세우고 있는 것으로 보일 수 있다. 사람들은 죽은 자를 위한 기도가 비록 불필요한 것이라고 할지라도 아주 오래된 관습인데다가 거기에는 큰 위험이 따르는 것으로 보이지도 않기 때문에, 그렇게까지 반대할 필요가 없으며, 도리어 인간미가 깃들인 신앙의 모습을 보여주고 있기 때문에 괜찮은 가르침이라고 옹호하기까지 한다.

신앙에 대해서 잘 모르고 무지한 자들이 그렇게 말하는 것은 문제의 근원을 살피지 않았기 때문이다. 문제의 핵심은 만일 우리가 죽은 자들을 위해서 기도해야 한다는 것을 인정한다면, 우리는 동시에 그들이 생전에 자신들의 죄를 씻기 위한 보속을 행하지 않은 까닭에, 지금 하나님의 심판에 의해 형벌을 받고 있다는 사실도 인정해야 한다는 것에 있다. 우리가 그런 것들을 다 인정한다면, 먼저 그리스도께서 이루신 대속의 효력(vis expiationis)은 사람들의 행위로 말미암아 얻어지는 것이 되고 만다. 다음으로는, 하나님의 말씀에도 없는 기도가 허용된다면, 올바른 기도에 대한 규범이 다 무너지게 된다는 것이다. 이것은 죽은 자를 위한 기도를 인정하였을 때에 생겨나게 되는 어처구니없는 결과들을 보여주는 것인데, 우리가 가볍게 지나쳐 버리기에는 너무나 심각한 결과들이다. 요컨대, 우리는 어떤 가르침이 논란이 된 경우에는, 그 가르침의 근원을 파헤쳐서, 그 가르침이 가져올 모든 결과들을 철저하게 검토한 후에야, 제대로 된 올바른 결론을 내릴 수 있게 된다는 것이다. 따라서 거짓 사도들을 그들의 은신처에서 끄집어내기 위해서, 베드로가 율법 전체를 포괄적으로 다루고 있는 것은 이상한 일이 아니다. 왜냐하면, 그는 그리스도의 은혜를 폐기하고 사람들의 영혼을 절망의 심연에 빠뜨리는 그들의 가르침이 얼마나 파멸적인 것인지를 모든 사람들이 볼 수 있도록 하기 위해서, 평범한 사람들이 보지 못하는 이 문제의 본질 자체를 이런 식으로 드러내고 있는 것이기 때문이다.

10. 우리 조상과 우리도 능히 메지 못하던. 여기서 베드로는 사람들이 무엇을 행

하였는지에 대해서가 아니라, 무엇을 행할 수 없었는지에 대하여 말하고 있고, 그
것도 평범한 일반 사람들은 말할 것도 없고, 거룩한 조상들조차 무엇을 행할 수 없
었는지를 보여준다. 베드로가 그들이 율법의 멍에를 감당할 수 없었다고 말한 것은
율법을 지키는 것이 불가능하다고 말한 것이다. 나는 히에로니무스(Hieronymus)
가 "율법을 지키는 것이 불가능하다고 말하는 사람이 있다면, 그는 저주를 받을지
어다"라고 말한 것이 사람들 가운데서 아주 널리 받아들여져서 거의 격언처럼 되었
다는 것을 알고 있다. 하지만 우리는 하나님의 성령의 생각과 다른 말은 그 누가 말
했다고 할지라도 결코 받아들여서는 안 된다. 우리는 여기서 사람의 의지와 행위에
관한 것이 아니라 사람의 능력과 힘에 관하여 베드로의 입을 통해서 성령이 선언하
시는 말씀을 듣는다. 마찬가지로, 바울도 "율법이 육신으로 말미암아 연약하여"(롬
8:3) 우리에게 생명을 줄 수 없었다고 단언한다. 만일 사람이 율법을 온전히 지킬 수
있다면, 율법에서 약속한 생명을 얻게 될 것은 너무나 분명하다. 하지만 바울은 율
법으로부터는 생명을 얻을 수 없다고 단언하기 때문에, 그 결론은 생명을 얻기 위
해서는 사람이 자신의 힘으로 이룰 수 있는 의보다 더 큰 의가 요구된다는 것이다.
물론, 나는 히에로니무스(Hieronymus)가 사람이 전적으로 자신의 자연적인 능력
으로 율법을 온전히 지킬 수 있다고 말한 것이 아니라, 어느 정도 하나님의 은혜의
도움을 받아서 지킬 수 있다고 말한 것임을 알고 있다. 왜냐하면, 그는 믿는 자가 성
령의 은혜의 도움을 받아서 율법을 온전히 지킬 수 있는 것이라고 나중에 보충설명
을 하기 때문이다. 하지만 이러한 절충은 옳지 않다. 왜냐하면, 만일 사람의 자연적
인 능력만을 생각한다면, 사람은 율법의 멍에를 감당할 수 없는 것은 말할 필요도
없고, 율법의 가장 작은 부분을 지키는 것조차도 할 수 없기 때문이다. "사람의 마
음이 계획하는 바가 어려서부터 악함이라"(창 8:21), "육신의 생각은 하나님과 원수
가 되나니"(롬 8:7), "하나님을 찾는 자가 …하나도 없도다"(시 14:2-3) 등과 같은 말
씀들을 비롯해서 성경에서 동일한 취지로 말하고 있는 것들, 특히 바울이 로마서
3:11-12에서 열거한 내용들이 모두 사실이라면, 사람의 능력은 연약하고 부족해서,
율법을 온전히 지키는 것은 고사하고 율법을 지키는 일을 아예 시작할 수조차 없
다.

따라서 믿는 자들이 하나님의 성령으로 거듭난 후에 율법의 의를 이루기 위해서
아무리 열심히 노력한다고 할지라도, 그 전부는 고사하고 그 절반, 아니 거기에도
훨씬 못 미치는 것을 행할 수 있을 뿐이라고 하여야 한다. 왜냐하면, 베드로는 여기

서 에피쿠로스 학파에 속한 자들이나 속물적인 인간들에 대해서 말하고 있는 것이 아니라, 아브라함과 모세를 비롯한 거룩한 조상들, 즉 지금까지 세상에 살았던 사람들 중에서 가장 온전했던 사람들에 대해서 말하고 있는 것인데도 불구하고, 율법의 짐은 그들의 능력을 훨씬 넘어서는 것이었던 까닭에, 그들조차도 그 짐을 감당하지 못하고 굴복할 수밖에 없었다고 말하고 있기 때문이다. 어떤 이들은 사람이 성령의 은혜와 도우심을 힘입어서도 율법을 온전히 지킬 수 없다고 말하는 것은 하나님의 성령을 모독하는 것이라고 극렬하게 이의를 제기하고 반론을 편다. 하지만 우리는 거기에 대해서 쉽게 답변할 수 있다. 즉, 여기서는 성령의 은혜 자체가 무엇을 할 수 있는가가 아니라, 각 사람이 자신의 분량을 따라 하나님으로부터 받은 은혜를 가지고서 무엇을 할 수 있는가를 다루고 있다는 것이다. 왜냐하면, 우리는 하나님께서 무엇을 행하시겠다고 약속하고 계시는 것인지를 늘 생각하는 것이 합당하고, 하나님께서 어떤 일이 결코 일어나지 않으리라고 말씀하시고, 그런 일이 일어나는 것을 원하지 않는다고 친히 선언하시는데도, 우리가 그런 일이 과연 일어날 수 있을지 없을지를 묻는 것은 주제넘은 짓이기 때문이다. 하나님께서는 믿는 자들로 하여금 육신의 욕심들을(concupiscentia carnis)에 맞서 싸워서 이길 수 있도록 하시기 위해서 성령의 은혜와 도우심을 약속하시지만, 그들이 그 욕심들을 완벽하게 물리칠 수 있는 것은 아니다. 하나님께서는 그들로 하여금 새 생명 가운데서 행하도록 하시기 위해서 은혜를 약속하시지만, 그들이 율법이 요구하는 모든 것들을 단기간에 신속하게 행할 수 있는 것은 아니다. 왜냐하면, 하나님께서는 그들로 하여금 일생 동안 온전히 그를 의지해서 싸워나가게 하시고, 죄와 싸우다가 실패할 때마다 그에게로 와서 죄 사함을 구하게 하고자 하시기 때문이다. 그런데도 대적들은 하나님의 계획과 하나님이 정하신 질서를 도외시한 채로, 오직 하나님의 능력만을 들먹이며, 우리가 하나님의 능력을 무시하고 있다고 주장하지만, 그것은 어리석고 무익한 트집일 뿐이다. 왜냐하면, 하나님의 능력만을 거론하며, 하나님의 생각과 계획을 무시함으로써 이 둘을 분리시켜서 말하는 그들이야말로 하나님을 왜곡시키는 자들이기 때문이다.

오래 전에 펠라기우스주의자들이 아우구스티누스를 동일한 논리로 비방하였을 때, 아우구스티누스(Augustinus)는 설령 믿는 자들이 성령의 은혜와 도우심을 따라 율법을 온전히 지키는 것이 가능한 일이라고 하더라도, 자기에게는 성경이 지금까지 그런 사람이 하나도 없었고 세상 끝날까지도 그럴 것이라고 증언하고 있는 것만으로 충분하다고 답변하였다. 그는 이렇게 말함으로써 대적들의 골치 아픈 궤변으로부터 벗어났지만, 사실은 성령이 주도해서 하고자 하기만 한다면, 사람이 율법을 온전히 지키는 것은 얼마든지 가능한 일이라고 당당하고 분명하게 인정하는 것을 주저할 이유가 없었다. 왜냐하면, 하나님께서는 자신의 약속에 따라서 성령의 은혜에 제한을 가하신 것이기 때문이다. 우리는 하나님의 약속들이 모든 것을 규정하고 있다는 것을 이미 살펴본 바 있다. 하나님의 능력만을 생각한다면, 하나님께서는 얼마든지 사람을 완전하게 하실 수 있으시다는 것을 의심할 사람은 아무도 없다. 하지만 성경에 계시된 하나님의 뜻을 뻔히 알면서도, 오로지 하나님의 능력만을 들먹이며 하나님의 뜻과 반대되는 것들을 주장하는 자들은 사악하기 짝이 없는 자들이다. 하나님께서는 자신이 원하시는 것과 작정하신 것을 무수히 아주 명명백백하게 보여주셨다. 그런데도 하나님의 그런 뜻을 무시해 버리는 것은 신성모독일 뿐이다.

히에로니무스(Hieronimus)는 법이라는 것은 그 법을 지켜야 할 대상의 수준에 맞추어 제정되어야 한다는 철학적인 논리를 전개함으로써, 베드로와 바울의 가르침을 비난하고 욕하는 결과를 초래하게 되었다. 그의 그러한 주장은 인간의 법의 영역에서는 타당할 수 있지만, 하나님의 법과 관련해서는 전혀 타당하지 않다. 왜냐하면, 하나님의 법은 의와 관련해서 사람이 무엇을 할 수 있는가가 아니라 사람이 무엇을 해야 하는가를 말하기 때문이다.

그런데 여기서 더 난해한 문제가 생긴다: "율법은 사람으로 하여금 하나님께 순종하도록 하기 위해서 주어진 것이 아닌가? 따라서 만일 하나님의 성령이 믿는 자들을 인도하셔서 율법을 지킬 수 있게 해주는 것이 아니라면, 하나님께서 율법을 주신 것이 아무런 소용도 없게 되어 버리게 될 것이다. 모세도 자기가 유대인들에게 계명을 주는 것은 단지 그것들을 읽게 하기 위한 것이 아니라 행하게 하기 위한 것이라고 엄숙하게 증언함으로써(신 30:12), 그들이 율법을 지킬 수 있다는 것에 대하여 어떠한 의문도 제기하지 않는 것으로 보인다. 이것으로부터 우리는 율법이 유대인들에게 주어진 것은 그들에게 율법이라는 멍에를 두어서, 그들로 하여금 자신들의 뜻대로 살지 않고, 오직 하나님께 복종하며 살게 하기 위한 것이었다는 결론을 얻게 된다." 나의 대답은 율법을 멍에라고 했을 때에 거기에는 두 가지 측면이 있다는 것이다. 한편으로, 율법은 육신의 소욕들(carnis libido)에 재갈을 먹이고 경건하고 바른 삶을 위한 지침을 제공한다는 측면을 지니고 있고, 이런 측면에서는 하나님의 자녀들은 율법의 멍에를 기꺼이 메는 것이 옳다. 하지만 다른 한편으로는, 율법은 우리가 하나님께 무엇을 해야 하는지를 철저하게 규정해 놓고서, 거기에 온전히 순종했을 때에는 생명이 주어지고, 조금이라도 범하는 경우에는 저주가 임할 것이라고 선언한다는 점에서는, 우리가 짊어질 수 없는 멍에가 된다. 나는 이 점에 대해서 좀 더 분명하게 설명하고자 한다.

하나님께서는 선한 삶을 살아야 한다는 단순명료한 가르침으로 우리를 자기 자신에게로 초대하시는데, 이 가르침은 우리 모두가 기꺼이 메야 하는 멍에이다. 왜냐하면, 하나님께서 사람들의 삶을 다스리지 않으시고, 사람들로 하여금 아무런 제약도 없이 제멋대로 살도록 방치하시는 것보다 더 말이 안 되는 일은 없기 때문이다. 따라서 율법의 가르침만을 생각한다면, 우리는 율법의 멍에를 거부해서는 안 된다. 하지만 다음과 같은 말씀들은 율법의 다른 속성을 보여준다: "사람이 이를 행하면 그로 인하여 살리라"(레 18:5); "이 율법의 모든 말씀을 실행하지 아니하는 자는 저주를 받을 것이라"(신 27:26). 이제 여기서부터 율법은 우리가 감당할 수 없는 것으로 등장하기 시작한다. 왜냐하면, 하나님께서 사람이 율법을 온전히 지켜야만 구원을 얻을 수 있고, 조금이라도 율법을 범하는 경우에는 심판을 받게 될 것이라고 약속하셨다면, 인류는 완전히 끝장난 것이기 때문이다. 이러한 논리를 따라서, 베드로는 교만한 자들이 사람들의 양심에 율법의 짐을 지우는 것은 "하나님을 시험하는" 것이라고 말한 것이다. 왜냐하면, 그는 사람들이 율법의 가르침에 따라서 다스림을 받아야 한다는 점에서 율법의 멍에 아래 있어야 한다는 것을 부정한 것이 아니라, 율법의 역할은 단순히 선한 삶을 위한 가르침을 제공하는 데에만 있는 것이 아니라, 영원한 사망의 정죄(aeternae mortis reatus)를 통해서 사람들을 낮추는 데에도 있으므로, 경건한 자들에게 율법의 멍에를 메게 했을 경우에는, 율법의 가르침과 결합되어 있는 영원한 사망의 정죄라는 이 속성으로 말미암아 그들이 영원한 멸망에 빠질 수밖에 없게 되는 까닭에, 그들에게 이 멍에를 메게 해서는 안 된다고 한 것이기 때문이다. 단지 성령의 은혜가 임하여 우리를 다스리실 때만이 아니라, 우리가 값없이 주어지는 죄 사함으로 말미암아 율법의 저주로부터 벗어날 때에야, 모세가 "내가 오늘날 네게 명한 이 명령은 네게 어려운 것도 아니요 먼 것도 아니라"(신 30:11)고 말한 것이 우리에게 성취된다. 그랬을 때, 우리는 그리스도의 "멍에"가 얼마나 쉽고, 그의 "짐"이 얼마나 가벼운지를 깨닫게 된다(마 11:30). 왜냐하면, 우리는 육신의 연약함으로 말미암아 얻을 수 없었던 죄 사하심을 하나님의 관용하심으로 말미암아 값없이 얻게 된 것을 알고서, 하나님께서 우리에게 명하신 것들을 힘들어하거나 괴로워하지 않고 열심으로 감당하게 되기 때문이다. 따라서 이렇게 율법의 가혹함(rigor)이 제거되면, 율법의 가르침은 참을 만한 것이 될 뿐만 아니라, 도리어 유쾌하고 즐거운 것이 된다. 우리는 우리를 가혹하게 몰아가지 않고 단지 온유하게 제어할 뿐인 이 재갈을 거부해서는 안 된다.

11. 주 예수의 은혜로. 베드로는 상반되는 두 가지, 즉 그리스도의 은혜 안에서 구원의 소망을 갖는 것과 율법의 멍에 아래 있는 것을 대비시킨다. 이러한 대비를 통해서 사람이 그리스도로 말미암아 의롭다 하심을 받는다는 것이 극명하게 드러난다. 왜냐하면, 이러한 대비로부터 우리는 율법의 멍에에서 벗어나 그리스도의 은혜 안에서 구원을 찾는 자들이 믿음으로 의롭다 하심을 얻는다는 결론을 얻게 되기 때문이다. 나는 앞에서 율법을 멍에라고 했을 때에 거기에는 두 가지 측면이 있다는 것을 이미 말한 바 있는데, 하나는 "사람이 이를 행하면 그로 인하여 살리라"(레 18:5)는 것이고, 다른 하나는 "이 율법의 모든 말씀을 실행하지 아니하는 자는 저주를 받을 것이라"(신 27:26)는 것이다. 하지만 역으로 우리가 마치 율법의 멍에가 우리에게서 제거되기라도 하였다는 듯이, 그리스도의 은혜로 구원을 얻는 것이라면, 우리의 구원은 율법을 지키는 것에 좌우되지 않게 되고, 그리스도를 믿는 자들은 율법의 저주 아래 놓여 있지 않게 된다는 결론이 나온다. 왜냐하면, 사람이 여전히 율법의 멍에에 매여 있는데도 은혜로 구원을 얻을 수 있다고 한다면, "우리는 그리스도의 은혜를 의지해서 구원을 소망하는 까닭에, 율법의 멍에 아래 있지 않다"라는 정반대의 명제로 이루어진 베드로의 논증은 이치에 맞지 않게 될 것이기 때문이다. 만일 그리스도의 은혜를 의지하는 것과 율법의 멍에를 메는 것이 서로 모순되는 것이 아니라면, 베드로는 우리를 속이고 있는 것이 된다. 따라서 그리스도 안에서 생명을 얻고자 하는 사람은 누구든지 율법으로 말미암는 의에서 떠나야 한다. 왜냐하면, 이러한 모순관계는 가르침이 아니라, 의롭다 하심을 얻는 근거와 관련된 것이기 때문이다.

또한, 이것은 그리스도께서 우리를 그의 성령으로 거듭나게 하시고, 우리에게 율법을 온전히 지킬 수 있는 능력을 주시기 때문에, 우리가 그리스도의 은혜로 말미암아 의롭게 되는 것이라고 주장하는 자들의 허구성도 잘 보여준다. 그렇게 주장하는 자들은 율법의 멍에를 상당히 가볍게 해주는 것처럼 보이지만, 사실은 사람들의 심령을 계속해서 율법의 두 측면에 묶어두고 있는 것이다. 왜냐하면, 그들의 주장대로라면, "사람이 이를 행하면 그로 인하여 살리라"는 약속이 항상 유효할 것인 까닭에, 율법을 온전히 행하지 않는 모든 자들은 저주를 받을 것이라는 약속도 여전히 유효할 것이기 때문이다. 따라서 우리는 구원의 근거가 되는 그리스도의 은혜를 그들이 주장하는 것과는 완전히 다르게 정의하지 않으면 안 된다. 즉, 여기서 그리스도의 은혜라는 것은 그리스도께서 죽음의 희생제사를 통해서 우리를 하나님과 값없이 화목하게 하신 것, 또는 같은 말이기는 하지만, 그리스도께서 냉혹하고 가차 없으신 심판주이신 아버지 하나님을 흡족하게 해드리심으로써, 죄로 인하여 원수 되었던 우리에게 은총을 베푸셔서 죄를 사하여 주시게 하신 것을 가리킨다는 것이다. 물론, 나는 우리가 그리스도의 은혜로 말미암아 새 생명으로 거듭난다는 것을 인정하지만, 구원의 근거가 문제되고 있는 경우에는 속죄 및 죄 사함과 결부되어 있는 값없이 주어지는 양자됨만을 고려하여야 한다. 왜냐하면, 만일 우리가 의를 얻기 위한 근거로서 행위가 조금이라도 개입된다면, 율법의 멍에는 벗겨지지 않을 것이고, 베드로의 대비도 와해되고 말 것이기 때문이다.

11. 그들이 우리와 동일하게. 여기서 베드로는 비록 거룩한 조상들이 외견상으로만 보면 율법의 종 노릇을 한 것처럼 보일지라도, 사실은 그들의 양심은 율법에서 벗어나 자유하였다고 증언한다(이 구절에서 "그들"은 앞 절에 나온 "우리 조상"을 가리킨다 — 역주). 베드로의 이 말은 경건한 사람들로 하여금 불합리하다고 느끼게 하고 크게 곤혹스럽게 만들 수도 있었을 장애물을 제거해 준다. 왜냐하면, 하나님께서 창세로부터 세상 끝날까지 자신의 종들과 맺으신 생명의 언약은 영원히 동일한 것인 까닭에, 만일 베드로가 오늘날의 유대인들은 거룩한 조상들이 옛적에 구원 받았던 방식과는 전혀 다른 방식으로 구원을 얻는다고 가르친 것이라면, 그런 가르침은 그들에게는 도저히 용납될 수 없는 불합리한 것으로 생각될 것이었기 때문이다. 따라서 베드로는 조상들도 우리와 똑같이 그리스도의 은혜에 구원의 소망을 두었기 때문에, 조상들이나 우리나 구원을 얻는 방식이 전혀 다르지 않고 완전히 동일하다고 천명한다. 즉, 율법과 복음은 완전히 다르다고 생각한 것이 유대인들에게는 걸림돌이었는데, 베드로는 율법의 가르침이나 복음의 가르침이나 그 목적이 하나님을 보여줌으로써 그 걸림돌을 제거해 주고 있는 것이다.

이것은 율법이 조상들에게 주어진 것은 그들로 하여금 율법으로 말미암아 구원을 얻게 하기 위한 것이 아니었고, 율법의 의식들이 주어진 것도 그 의식들을 행함으로써 의를 얻게 하기 위한 것이 아니었으며, 율법 전체는 오직 하나의 목적, 즉 그들로 하여금 행위를 의지하는 것을 버리고 모든 구원의 소망을 그리스도의 은혜에 두게 하기 위한 것이었음을 분명하게 보여준다. 또한, 이것은 하나님의 옛 백성들이 땅에 속한 복들에 만족하였고 하늘의 삶에 대해서는 아무것도 몰랐다고 생각하는 자들의 주장이 얼마나 말도 되지 않는 것인지를 잘 보여준다. 그들의 주장과는 반대로, 베드로는 거룩한 조상들이 우리와 동일한 믿음을 갖고서 우리와 동일한 구원에 참여하였다고 말한다. 그런데도 저 정신 나간 인간인 세르베투스(Servetus)의 저 가증스럽기 짝이 없는 신성모독적인 주장을 기뻐하는 자들이 있다. 또한, 우리는 옛 조상들은 다른 어느 곳에서도 생명을 발견할 수 없다는 것과 사람이 하나님께로 나아갈 다른 방법이 없다는 것을 알았기 때문에, 그들의 믿음이 늘 그리스도를 토대로 하고 있었다는 베드로의 가르침을 주목하여야 한다. 따라서 이 구절은 "예수 그리스도는 어제나 오늘이나 영원토록 동일하시니라"(히 13:8)는 말씀과 일치한다.

[12]온 무리가 가만히 있어 바나바와 바울이 하나님께서 자기들로 말미암아 이방인 중에서 행하신 표적과 기사에 관하여 말하는 것을 듣더니 [13]말을 마치매 야고보가 대답하여 이르되 형제들아 내 말을 들으라 [14]하나님이 처음으로 이방인 중에서 자기 이름을 위할 백성을 취하시려고 그들을 돌보신 것을 시므온이 말하였으니 [15]선지자들의 말씀이 이와 일치하도다 기록된 바 [16]이 후에 내가 돌아와서 다윗의 무너진 장막을 다시 지으며 또 그 허물어진 것을 다시 지어 일으키리니 [17]이는 그 남은 사람들과 내 이름으로 일컬음을 받는 모든 이방인들로 주를 찾게 하려 함이라 하셨으니 [18]즉 예로부터 이것을 알게 하시는 주의 말씀이라 함과 같으니라(15:12-18).

12. 온 무리가 가만히 있어. 이 구절을 통해서 누가가 말하고자 하는 것은 하나님의 영이 "온 무리"를 지배해서 그들로 하여금 베드로의 논증에 즉시 승복하게 하였다는 것이다. 앞서 그들 사이에서는 열띤 논쟁이 벌어졌지만, 이제 베드로가 성경의 가르침을 따라서 하나님의 뜻(Dei consilium)이 무엇인지를 설명하고 쟁점이 되었던 의문점들을 해소하고 나자, 지금까지의 모든 소란이 곧바로 잦아들었고, 방금 전까지도 사려깊지 못하게 잘못된 주장을 옹호하던 자들도 입을 다물고 잠잠해졌다. 우리는 여기서 제대로 된 공의회의 생생한 모습을 본다. 거기서는 하나님의 진리가 전면에 등장하자마자 모든 논란이 종식되고, 성령께서 주관하셔서 역사하실 때에 모든 이견이 효과적으로 해소된다. 왜냐하면, 거기서는 성령께서 회의의

주관자가 되셔서, 다른 사람들을 인도해야 할 자들의 혀를 주장하실 뿐만 아니라 나머지 사람들에게는 거기에 순종하고자 하는 마음을 주심으로써, 그들로 하여금 자신의 생각에 집착하거나 자신의 고집을 내세우는 것을 버리고, 하나님께 순종할 수 있게 하시기 때문이다. 큰 무리가 모인 곳에서 흔히 그러하듯이, 소수이긴 하지만 일부 사람들이 완고한 태도를 굽히지 않았을 것임은 의심의 여지가 없다. 하지만 하나님의 진리가 회의를 압도하게 되었을 때, 누가가 언급하듯이, 침묵이 흘렀다는 것은 대다수가 순종하게 되었음을 보여주는 분명한 증거였다. 아울러, 베드로가 보여준 절제는 놀라운 것이었다. 왜냐하면, 그는 각 사람들로 하여금 회중 앞에서 자신들의 생각을 개진하도록 한 후에, 이 문제에 관한 충분하고 철저한 논의가 이루어질 때까지는, 다른 사람들에게 선입견을 주지 않기 위해서, 자신의 견해를 표명하는 것을 유보하였기 때문이다.

12. 바나바와 바울이 … 말하는 것을 듣더니. 이 구절로부터 우리는 조금 전까지만 해도 사람들은 그들의 말을 제대로 들어주려고 하지 않았다는 것을 짐작할 수 있다. 왜냐하면, 대부분의 사람들은 이 두 사람이 부정한 이방인들을 교회에 들인 것은 잘못된 일이었다고 확신하고 있었던 까닭에, 자신들의 잘못된 견해가 교정되지 않는 한, 이 두 사람이 말한 것은 하나도 그들의 귀에 제대로 들어가지 않았을 것이고, 모든 것이 비뚤어지게 받아들여졌을 것이기 때문이다. 우리는 근거 없는 반감이 얼마나 해로운 것인지를 알게 되는데, 그것은 사람의 마음을 옭아매서 진리에 이르는 모든 길을 차단하기 때문이다. 이것으로부터 우리는 "깨끗한 자들에게는 모든 것이 깨끗하나"(딛 1:15)라는 말씀이 얼마나 참된지를 배운다. 왜냐하면, 부패한 성정(affectus)은 아무리 깨끗하고 유익한 것도 더럽고 해로운 것으로 변화시킬 수 있기 때문이다. 또한, 바울과 바나바는 이방인들에 대한 자신들의 사도직이 하나님이 인정하신 것임을 보여주기 위해서, "하나님께서 자기들로 말미암아 이방인 중에서 행하신 표적과 기사에 관하여" 증언하였다.

13-14. 야고보가 대답하여 이르되. 고대의 많은 교회사가들은 이 야고보가 제자들 중 한 사람으로서 "의인" 또는 "오블리아스"(Oblias)로 불렸던 인물이었고, 요세푸스가 자신의 「유대 고대사」제20권에서 그 비참한 최후에 대해서 기록한 바로 그 인물이었다고 주장한다. 그러나 나는 저 옛 사람들이 여러 가지 일화들을 꾸며내서 정체를 잘 알지도 못하는 사람을 성인으로 만들어 추앙하려고 하기보다는, 실제로 그가 누구였는지를 알아내기 위해서 더 노력을 기울였더라면 좋았을 것이라고 생

각한다. 오직 "의인 야고보"만이 지성소에 들어갈 수 있었다고 그들이 말하는 것은 참으로 유치한 날조가 아닐 수 없다. 왜냐하면, 먼저는 만일 대제사장이 아니었던 그가 어떤 종교적인 의식의 일환으로 지성소에 들어간 것이라면, 그는 하나님의 율법을 범한 것이라는 말이 될 것이기 때문이고, 다음으로는 그림자에 불과한 성전 예배를 이런 식으로 권장한 것은 삐뚤어진 신앙에 지나지 않는 것이었기 때문이다. 나는 이와 유사한 다른 유치한 이야기들에 대해서는 더 이상 언급하지 않겠다. 어쨌든, 그들이 이 야고보가 열두 사도 중의 하나가 아니라고 한 것은 큰 잘못이다. 왜냐하면, 그들은 여기에 언급된 야고보가 바울이 갈라디아서에서 예루살렘 교회의 세 기둥을 열거하면서 가장 먼저 언급할 만큼 지극한 존경을 표했던(갈 2:9) 바로 그 인물이라고 인정할 수밖에 없을 것이기 때문이다. 만일 야고보가 낮은 서열의 신자였다면, 바울이 그를 "게바와 요한"보다 먼저 언급하지는 않았을 것이다. 바울은 그를 "사도"라는 칭호로 부른다. 한편, 갈라디아서에서 사용된 "기둥"이라는 단어가 특별한 의미를 갖는 것이 아니라고 한 히에로니무스의 주장은 경청할 가치가 없다. 왜냐하면, 그리스도께서 사도들을 교회의 다른 교사들보다 더 높이셨다는 것을 생각할 때, 우리는 바울이 거기서 의도적으로 서열을 존중해서 이름들을 언급하고 있는 것으로 보아야 하기 때문이다.

뿐만 아니라, 이 구절 속에서도 우리는 야고보가 얼마나 특별한 존경을 받고 있었는지를 쉽게 짐작할 수 있다. 왜냐하면, 그는 베드로의 말까지도 승인하고 확증해 주어서, 모든 사람들로 하여금 그의 의견을 따르도록 만들고 있기 때문이다. 또한, 우리는 21장을 다룰 때에도 그가 예루살렘에서 얼마나 큰 권위를 누리고 있었는지를 다시 살펴보게 될 것이다. 옛 저술가들은 야고보가 예루살렘 교회의 감독이었기 때문에 그런 일이 일어났을 것이라고 생각하지만, 신실한 자들이 그리스도께서 정하신 서열을 자의적으로 바꾸었을 것같지는 않다. 따라서 나는 그가 "알패오의 아들"이었고, 그리스도의 혈족이었던 까닭에 그리스도의 형제라 불렸던 야고보였다는 것을 의심하지 않는다. 나는 그가 실제로 예루살렘 교회의 감독이었는지의 여부에 대해서는 미결로 남겨 두고자 한다. 왜냐하면, 베드로가 아니라 야고보의 권위에 의해서 이 공의회의 결정이 이루어졌다는 사실은 교황의 후안무치한 주장에 대한 분명한 반박이라는 점을 제외한다면, 이것은 그리 중요한 문제가 아니기 때문이다. 에우세비우스(Eusebius)는 자신의 「교회사」 제2권 첫 부분에서 "야고보"를 사도들의 감독이라고 부르는 것을 주저하지 않는다. 에우세비우스의 말이 믿을 만한 것이라면, 베드로는 다른 사람이 자기 위에 있는 것을 용인한 것인데도, 교황주의자들은 자신들의 교황이 베드로의 후계자이기 때문에 보편 교회의 수장이라고 자랑한다.

13. 형제들아 내 말을 들으라. 야고보의 말은 크게 두 부분으로 이루어져 있다. 그는 먼저 아모스 선지자의 증언을 근거로 해서, 하나님께서 이방인들을 부르신 것이 확실함을 확증하고, 다음으로는 이방인들의 자유가 훼손되지 않으면서도, 동시에 그리스도의 은혜가 가리워지지 않도록 하려면, 어떻게 하는 것이 믿는 자들 사이에서 화평과 조화를 이루는 데에 유익한 방도인지를 제안한다. 여기서 베드로는 "시므온"이라 불리는데, 시몬 베드로라는 이름은 당시에 여러 가지로 발음되었을 것이다. 야고보가 하나님께서 이방인들 중에서 자기 백성을 취하시려고 그들을 돌아보셨다고 말한 것은 하나님이 외인들을 자신의 권속으로 취하시기 위하여 긍휼을 베푸셨다고 말한 것이다. 사실, 이것은 투박한 표현이긴 하지만, 거기에는 한 가지 유익한 교훈이 내포되어 있다. 왜냐하면, 그는 하나님께서 이방인들을 "취하셨다"고 말함으로써, 그들을 부르신 것이 하나님이시라고 못 박고 있고, 하나님이 그들을 자기 백성으로 삼기 시작하신 것은 하나님의 은택이라고 선언하고 있기 때문이다. 하지만 그는 한 걸음 더 나아가서, 하나님께서 그들을 "취하시려고 그들을 돌보셨다"고 말한다. 이것은 이방인들이 하나님으로부터 멀리 떨어져 있을 때, 하나님께서 그들을 불쌍히 여기시고 긍휼히 보셨다는 것을 의미하기 때문이다. 왜냐하면, 하나님께서 아버지의 사랑으로 우리를 바라보시고, 우리가 구하지도 않았는데, 먼저 우리에게 다가오시기 전까지는, 우리는 하나님으로부터 계속해서 멀리 멀어질 수밖에 없기 때문이다.

14. 자기 이름을 위함. 불가타 역본은 "자기 이름을 위하여"로 되어 있지만, 의미는 거의 동일하다(칼빈이 사용한 본문에는 "자기 이름으로"로 되어 있다 — 역주). 하지만 전치사 '에피'(ἐπί)는 "자기 이름으로 말미암아," 또는 "자기 이름을 걸고"로 번역될 수도 있다. 우리는 이 구절을 이방인들의 구원이 하나님의 이름 또는 권능에 토대를 두고 있다는 것을 의미하거나, 하나님께서 그들을 부르실 때에 오직 자기 이름의 영광만을 염두에 두셨다는 것을 의미하는 것으로 이해하는 것도 나쁠 것은 없지만, 나는 좀 더 일반적인 해석을 따르고자 한다. 즉, 하나님께서는 이방인들을 자기 백성 중에 포함시키실 때, 그들이 자기 이름으로 불려지기를 원하셨다는 것이다. 왜냐하면, 야고보는 조금 뒤에서 하나님께서 자기 교회로 불러모으신 모든 이방인

들이 자기 이름으로 일컬음을 받게 하셨다고 말하기 때문이다. 시간의 부사인 '프로톤'(πρῶτον, "처음으로")은 두 가지로 해석될 수 있다. 만약 우리가 불가타 역본과 에라스무스 역본처럼 이 부사를 "처음으로"라고 해석하면, 그것은 고넬료를 비롯한 이방인들이 하나님께서 "처음으로" 부르신 이방인들, 즉 첫 열매들이었다는 의미가 될 것이다. 또한, 우리는 이 부사를 비교의 의미로도 해석할 수 있다. 그렇게 해석하는 경우에는, 바나바와 바울이 이방인들에게 복음을 선포하기 전에, 고넬료와 그의 친척들을 통해서 이미 하나님께서 이방인들을 양자로 삼으신 증거가 나타났다는 뜻이 된다. 나는 이 후자의 의미가 더 마음에 든다.

15. 선지자들의 말씀이 이와 일치하도다. 이제 우리는 사도들이 자기들 마음대로 오만하게 행한 것은 하나도 없고, 하나님의 말씀 속에 이미 정해져 있던 것들을 경외하는 마음으로 따랐던 것임을 알게 된다. 그들은 자신들이 성경을 따르는 자들임을 고백하는 것이 부담스러운 일이라거나 자신들의 권위를 깎아내리는 것이라고 생각하지 않았다. 또한, 우리가 여기서 주목하여야 할 것은 비록 어떤 미친 자들이 선지자들의 가르침을 교회에서 몰아내고 싶어하지만, 그 가르침은 여전히 유효하다는 것이다. 야고보는 여러 선지자들의 증언에 호소하면서도 오직 한 구절만을 인용함으로써, 한 선지자의 증언이 모든 선지자들의 공통된 증언인 것처럼 서로 일치하고 있다는 것을 보여준다. 왜냐하면, 선지자들은 모두가 마치 한 사람인 것처럼 이구동성으로 증언한 것이었고, 아니 하나님의 성령이 모든 선지자 안에서 말씀하신 것처럼 그렇게 증언한 것이기 때문이다. 뿐만 아니라, 모든 선지자들의 예언은 하나의 몸을 이루고 있기 때문에, 예언서 중의 어느 한 부분에서 가져온 증언을 모든 선지자들에게 돌리는 것은 합당하다.

16. 이 후에 내가 돌아와서. 여기에 인용된 구절은 선지자들의 글에 나오는 것을 문자 그대로 인용한 것이 아니기 때문에, 우리는 어떤 차이점이 있는지를 살펴보아야 하지만, 그 예언의 말씀이 여기서 다루어지고 있는 문제와 잘 부합된다는 것이 분명하다면, 표현상에 어떤 차이점이 있는지를 자세하게 검토할 필요는 없다. 하나님께서는 "다윗의 무너진 장막"을 일으키시겠다고 약속하신 후에, 유대인들로 하여금 "에돔의 남은 자"를 얻게 하시겠다는 말씀을 덧붙이시는데(암 9:11-12), 이 구절들만 놓고 본다면, 하나님께서 이방인들을 부르실 것임을 말씀하고 있다는 것을 알 만한 내용은 아직 나타나지 않는다. 그러나 선지자가 바로 뒤에서 이방인들의 남은 자들이 하나님의 이름을 부를 것이라고 한 말은 당시에 유대인들에게만 속하였던

것이 이방인들에게도 주어질 것임을 말하고 있다는 점에서, 유대인과 이방인이 하나의 교회(una ecclesia)를 이루게 될 것임을 분명하게 보여준다. 왜냐하면, 하나님께서 이방인들로 하여금 자기 이름을 부르게 하시겠다는 것은 이방인들을 유대인들과 동일한 영광의 반열에 두시겠다는 것이기 때문이다. 에돔을 비롯한 이웃 나라들은 다윗 치하에서 한때 유대인들에게 복속되어서 하나님의 백성에게 조공을 바치기는 하지만, 여전히 교회 밖에 있는 외인들이었다. 따라서 하나님께서 그러한 민족들을 자신의 거룩한 백성에 더하셔서, 모든 민족들로 이스라엘과 마찬가지로 자기를 하나님으로 부르게 하심으로써, 그들 모두가 동등한 영광을 누리게 하시는 것은 유례가 없는 새로운 일이었다. 이것으로부터 아모스 선지자의 증언이 지금 여기에서 다루어지고 있는 일에 얼마나 잘 부합하는 것인지가 여실히 드러난다. 왜냐하면, 하나님께서 "다윗의 무너진 장막"을 일으키셔서 이방인들로 하여금 다윗의 나라에 복종하도록 하시겠다고 약속하시는 것은 그들로 하여금 조공을 바치게 하거나, 이스라엘 왕의 명령을 따라 무기를 들도록 하기 위한 것일 뿐만 아니라, 그들 모두가 한 하나님을 섬기고 하나님의 한 가족이 되도록 하기 위한 것이기 때문이다.

그런데 여기서 한 가지 질문이 생기는데, 그것은 현재 여기서 다루어지고 있는 문제와 관련해서 더욱 분명한 증언을 해줄 다른 예언들도 많고, 실제로 바울은 로마서 15:9-11에서 그런 예언들을 여럿 인용하고 있는데, 왜 야고보는 아모스서에 나오는 이 예언 하나만을 인용한 것인가 하는 것이다. 나의 대답은 먼저 사도들은 성경의 증거 본문들을 끌어모으는 데 관심이 있었던 것이 아니라, 자신들의 가르침이 하나님의 말씀으로부터 온 것임을 증명하는 데에만 관심이 있었기 때문에, 그것을 증명하는 것으로 충분하다고 여겼다는 것이다. 다음으로, 나는 아모스의 이 예언은 하나님께서 이방인들을 부르시리라는 것을 사람들이 흔히 생각하는 것보다 훨씬 더 분명하게 보여주고 있는 예언이라고 단언한다. 왜냐하면, 이 예언은 다윗의 무너진 집의 참상과 그 회복을 다루고 있는 까닭에, 바로 뒤에 나오는 약속, 즉 보좌가 다시 설 것이고, 거기로부터 다윗의 자손인 왕들이 이방인들을 다스릴 것이라는 약속은 정확하게 그리스도를 보여주기 때문이다. 따라서 그리스도의 나라가 세워졌을 때, 아모스 선지자가 말한 일, 즉 이방인들이 하나님의 이름을 부르게 되는 일도 필연적으로 뒤따를 수밖에 없다. 이제 우리는 야고보가 이 구절을 아무렇게나 선택한 것이 아님을 알게 된다. 왜냐하면, 온 세상에서 하나님의 이름이 불려지고, 이방인들이 유대인들과 하나가 되어 하나님의 거룩한 백성으로 연합이 될 때에만, 그리스도의 나라가 세워질 수 있는 것이라면, 그들이 구원의 소망으로부터 배제되는 것은 이치에 맞지 않는 일이고, 율법 아래서 유대인과 이방인을 갈라놓았던 중간에 막힌 담은 반드시 무너져야 하기 때문이다. 마찬가지로, 율법의 의식들은 무엇보다도 하나님의 거룩한 백성과 부정한 이방인들을 구별하기 위한 것이었는데, 이제 그러한 구별이 제거되었기 때문에, 율법의 의식들도 폐하여지는 것이 당연하다. 원래 아모스 선지자가 한 예언 속에는 "내가 돌아와서"라는 말이 없지만, 야고보는 선지자가 예언한 그러한 변화를 이 표현을 통해서 잘 드러내고 있다.

16. 다윗의 무너진 장막을. 선지자가 무너진 다윗 왕가의 참담한 현실을 우리 앞에 제시한 데에는 그럴 만한 이유가 있었다. 만일 경건한 자들이 다윗 왕국이 완전히 몰락하였음에도 불구하고, 그리스도께서 오셔서 무너진 것들을 원래대로 회복하실 뿐만 아니라, 그의 나라의 영광을 하늘 꼭대기에 닿을 정도로 높이실 것이라는 확신을 가질 수 없었다면, 그들은 하루에 백 번도 더 절망하였을 것이다. 왜냐하면, 다윗 왕가는 바벨론의 포로생활로부터 돌아왔을 때에 이미 끊임없는 재난들로 말미암아 그 세력이 쇠잔해져 있었고, 그 후에도 남아 있던 세력조차 내부 분열로 말미암아 몰락의 길을 걸어갔으며, 결국에는 마카베오 왕조가 일어나서 유다 지파로부터 왕권을 탈취해갔기 때문이다. 이러한 이유들로 인해서, 하나님의 성령은 경건한 자들이 절망적인 상황에서도 구원의 소망을 포기하지 않도록 하시기 위해서, 다윗의 나라가 소멸하고 나서야 그리스도께서 오실 것임을 아모스 선지자를 통해서 그들에게 깨우쳐 주셨다. 그런 까닭에, 이사야는 멸시 받을 만한 천하고 볼품없는 "줄기"에서 "싹"이 날 것이라고 선언한다(사 11:1). 우리는 하나님께서는 교회를 회복하실 때에 폐허더미로부터 놀랍고 기이한 방법으로 다시 세우신다는 것을 기억하여야 한다.

또한, 이 구절은 다윗의 보좌가 다시 서고, 그리스도만이 높임을 받으셔서, 모든 사람이 한 마음으로 그에게 순종할 때, 교회가 진정으로 서는 것임을 가르쳐 준다. 그런데도 교황은 신성모독적인 압제로 교회를 짓밟으면서도, 교회라는 이름을 자랑스럽게 들먹이지만, 사실은 올바른 가르침의 빛을 꺼버리기 위해서 교회라는 공허한 이름을 빌려서 사람들을 속이고 있는 것이다. 교황은 그리스도로부터 최고의 통치권을 빼앗아서 제멋대로 휘두르고 있는 것이기 때문에, 우리가 제대로 살펴보기만 한다면, 교황이 교회의 이름을 사칭해서 전횡을 일삼고 있다는 것을 아는 것은 그리 어렵지 않다. 그런데도 교황은 자신이 그리스도의 대리자(Christi vicarius)라고 큰소리를 치지만, 실제로는 그리스도를 하늘로 유배 보내 버리고, 그리스도의 모든 권능을 자신이 차지하고 있다. 왜냐하면, 그리스도께서는 오직 복음의 가르침을 통해서만 다스리시는데, 이 가증스러운 우상은 그 가르침을 사악하게 짓밟고 있기 때문이다. 우리는 모든 사람이 만왕의 왕이신 그리스도께 순복함으로써 하나의 "양 떼"와 한 "목자"가 있게 되는 것이 제대로 된 교회의 모습이라는 것을 분명하게 기억하여야 한다(요 10:16).

17. 이는 … 주를 찾게 하려 함이라 하셨으니. 야고보가 보충설명을 위해서 아모스 선지자의 글에는 없는 "주를 찾다"라는 말을 덧붙인 것은 불필요한 일이 아니었다. 왜냐하면, 우리가 하나님의 백성으로 여김을 받고, 하나님께서 우리를 자기 백성으로 받아주시기 위해서는, 우리 쪽에서도 하나님을 찾아야 하기 때문이다. 또한, 야고보가 유대인들과 자신들의 모국어로 토론한 내용을 누가가 요약해서 보도하는 과정에서, 아모스 선지자가 원래 한 말과 야고보가 보충설명을 한 말이 서로 뒤섞였을 가능성도 있다. 누가는 아모스가 사용한 "열국의 남은 자"(한글개역개정에는 "에돔의 남은 자")라는 표현을 좀 더 친숙한 헬라어 번역을 따라서 "그 남은 사람들"로 대체하지만, 의미는 동일하다. 즉, 세상의 더러움을 정화하기 전에 가지치기가 선행되리라는 것인데, 실제로 그렇게 되었다. 이 가르침은 우리 시대에도 그대로 적용된다. 왜냐하면, 세상은 너무 부패하고 악해서, 모든 사람들이 그리스도에게 순종하는 것은 아닌 까닭에, 그리스도께서는 여러 가지 환난들을 통해서 가라지와 지푸라기들을 흩어 버리시고, 그 후에야 남은 자들을 자기에게로 모으시기 때문이다.

18. 예로부터 이것을 알게 하시는 주의 말씀이라. 이것은 새로운 것에 대한 반감을 예상하고서 미리 제거하기 위한 것이다. 왜냐하면, 갑작스러운 변화는 의심을 불러일으킬 수 있고, 결과적으로 연약한 심령들의 동요를 가져올 수 있기 때문이다. 따라서 야고보는 그런 결과를 미연에 방지하기 위해서, 비록 하나님께서 이방인들을 부르신 것이 사람들에게는 갑작스럽게 일어난 일로 생각된다고 할지라도, 사실은 하나님께서 아무 말도 없으시다가 느닷없이 행하신 일이 아니라는 것을 강조한다. 왜냐하면, 하나님께서는 창세 전부터 장차 자기가 하시게 될 일들을 미리 정하셨고, 이방인들의 부르심은 하나님의 그러한 비밀한 경륜 속에 감추어져 있다가 때가 되어 이루어진 일이었기 때문이다. 그런 까닭에, 하나님께서 이방인들을

부르신 일은 사람의 지각을 따라 판단해서는 안 된다. 야고보가 아모스 선지자의 말을 인용한 이유 중의 하나는 이제 때가 되어 이방인들을 부르신 분도 하나님이시고, 전에 아모스 선지자를 통해서 자기가 그렇게 하실 것이라는 예언을 주신 분도 하나님이시라는 것을 보여주고자 한 것이다. 따라서 이 구절의 취지는 하나님께서는 아모스 선지자를 통해서 말씀하실 때에, 아니 좀 더 정확하게 말하자면, 영원 전부터, 무할례를 비롯한 그 어떤 것도 자기가 이방인들을 자신의 권속으로 택하는 것을 가로막을 수 없다는 것을 미리 아셨다는 것이다. 또한, 여기에는 하나님께서 어떤 일들을 하시는 이유는 오직 하나님만이 아시는 경우가 흔하기 때문에, 사람들이 하나님의 일들을 자신들의 지혜로 판단해서는 안 된다는 일반적인 권면이 그 바탕에 깔려 있다. 사람들은 "그의 판단은 헤아리지 못할 것이며 그의 길은 찾지 못할 것이로다"(롬 11:33)라고 경탄할 뿐이다.

¹⁹그러므로 내 의견에는 이방인 중에서 하나님께로 돌아오는 자들을 괴롭게 하지 말고 ²⁰다만 우상의 더러운 것과 음행과 목매어 죽인 것과 피를 멀리하라고 편지하는 것이 옳으니 ²¹이는 예로부터 각 성에서 모세를 전하는 자가 있어 안식일마다 회당에서 그 글을 읽음이라 하더라(15:19-21).

19. 그러므로 ⋯ 이방인 중에서 하나님께로 돌아오는 자들을 괴롭게 하지 말고. 야고보는 하나님께서 이방인들을 받아들이셨기 때문에, 율법의 의식들을 둘러싼 문제를 가지고 압박을 가해서 그들을 교회 밖으로 쫓아내는 일이 일어나서는 안 된다고 말한다. 하지만 야고보는 유대인들이 율법의 의식들을 가지고 이방인들을 괴롭혀서는 안 된다고 말하면서도, 다른 한편으로는 이방인 신자들이 지켜야 할 몇 가지 규율을 제안하고 있다는 점에서 자기모순을 범하고 있는 것처럼 보일 수 있다. 하지만 거기에 대한 답변은 쉬운데, 나는 이제 그 점에 대해서 자세하게 살펴보고자 한다. 첫 번째는, 야고보는 이방인들에게 형제의 화목을 위해 필요한 것 외에는 그 어떤 것도 강요하지 않고 있다는 것이다. 두 번째는, 이방인들은 이제 자신들이 하나님 앞에서 자유함을 얻었다는 것을 알게 된데, 거짓 교사들이 교회 안으로 끌어들이고자 했던 잘못된 신앙도 배척되었기 때문에, 야고보가 제안한 이러한 규율들은 그들의 양심에 괴로움이나 불안을 초래하는 것이 아니었다는 것이다. 이제 남은 문제는 야고보는 왜 이 네 가지만을 이방인들이 지켜야 할 것으로 제안하였느냐

는 것이다. 어떤 이들은 이것이 조상들의 옛 관습에서 유래한 것이라고 가르친다. 즉, 유대인의 조상들은 이러한 조건들을 받아들이지 않는 사람들과는 거래를 하지 않는 관행이 있었다는 것이다. 하지만 그런 주장을 하는 이들은 옛적의 믿을 만한 저술가들의 글을 단 하나도 증거로 제시하고 있지 않아서, 이 주장은 의심스럽기 때문에, 나는 결론을 내리지 않고 판단을 유보하고자 한다.

우리는 그런 주장을 떠나서, 이 공의회가 이방인들에게 "우상의 더러운 것"과 "피"와 "목매어 죽인 것"을 금하는 특별한 규율을 정한 이유가 될 만한 것을 찾아볼 수 있다. 분명히 이러한 것들은 그 자체로는 가치중립적인 것들이었지만, 율법의 다른 제의들과는 다른 특별한 점을 지니고 있었다. 우리는 하나님께서 외적인 신앙 고백에 어긋나는 일들과 우상 숭배의 모양을 조금이라도 띠고 있는 일들을 멀리할 것을 얼마나 엄히 명하고 계시는지를 잘 안다. 따라서 이방인 신자들 가운데서 미신의 더러운 흔적이 남아 있지 않게 하여서, 유대인들이 하나님에 대한 순전한 예배와 부합하지 않는 그 어떤 것도 이방인 신자들 속에서 볼 수 없도록 함으로써 걸림돌이 될 만한 것들을 미리 제거하기 위하여, 이 공의회가 이방인 신자들에게 우상에게 드려진 것들을 멀리하라고 명한 것은 전혀 이상한 일이 아니다.

여기서 누가가 사용한 '알리스게마'(ἀλίσγημα, "더러운 것")라는 단어는 신성을 더럽히는 온갖 속된 것들을 뜻하기 때문에, 나는 이 단어를 "더러운 것들"로 옮긴 전통적인 번역을 따르긴 했지만, 이 단어는 종종 "희생제물"이라는 의미로도 사용되고, 이러한 의미가 야고보의 의도에 좀 더 잘 부합하는 까닭에, 이 구절에서는 그런 의미로 사용된 것이라고 보는 것이 더 단순명료하고 실제에 더 가까울 것이다. 왜냐하면, 누가는 조금 뒤에서(29절) 이 공의회의 동일한 결정을 다시 한 번 반복해서 보도하면서, "우상에게 제물로 바쳐졌던 것들"(εἰδωλόθυτα - '에이돌로튀마,' 한글 개역개정에는 "우상의 제물")이라고 말하기 때문이다.

"피와 목매어 죽인 것"을 먹는 것을 금지한 명령은 모세의 율법(신 12:23)을 통해서 유대인들에게만 주어진 것이 아니라, 홍수 직후에 온 인류에게 주어진 것이었다(창 9:4). 그 결과, 유대인들은 물론이고, 이방인들 중에서도 완전히 타락한 사람이 아니라면 많은 사람이 피를 먹는 것을 혐오하게 되었다. 물론, 이 계명조차도 잠정적인 것이긴 했지만, 어쨌든 유대 민족을 넘어서 모든 이방인들이 지켜야 할 것이었다. 따라서 이방인 신자들이 이것을 지키지 않았을 때, 그것은 유대인 신자들에게 큰 걸림돌이 될 수 있었던 것은 이상한 일이 아니었기 때문에, 사도들이 그것을 바로잡는 것은 당연한 일이었다.

　더 어려운 문제는 "음행"을 금한 것으로부터 생겨난다. 왜냐하면, 야고보는 그 자체로는 가치중립적인 것들이지만 유대인들에게 걸림돌이 될 수 있다는 측면에서 멀리해야 한다고 정한 다른 것들과 "음행"을 동일선상에서 다루고 있는 것처럼 보이기 때문이다. 하지만 야고보가 그 자체로는 불법적인 것이 아닌 것들과 "음행"을 동일한 부류로 묶은 데에는 다른 이유가 있었다. 당시에는 도처에서 아무런 제약 없이 "음행"이 횡행하였다는 것은 잘 알려진 사실이다. 그런데 이러한 병은 정욕적인 성향이 강했던 동방 사람들 사이에서 특히 널리 퍼져 있었다. 혼인의 정절이 동방 사람들의 경우처럼 그렇게 무참하게 유린된 곳은 분명히 세상 어디에도 없었다. 그런데 나는 야고보가 말한 "음행"이 순결을 공공연하게 짓밟는 간음이나 무절제한 정욕 등 온갖 종류의 음행을 가리키는 것이라고는 생각하지 않고, 당시에 문제가 된 것은 이른바 축첩이었다고 생각한다. 왜냐하면, 이방인들 사이에서는 축첩이 거의 합법화되다시피 되어 있어서 일상적으로 일어나고 있었기 때문이다.

　따라서 야고보가 축첩이라는 이러한 보편적인 타락을, 그 자체로는 악한 것이라고 할 수 없는 것들과 나란히 열거한 것은 전혀 이상한 일이 아니다. 우리가 알아야 할 것은 그에게는 성격이 서로 아주 다른 것들을 한 부류로 묶고자 하는 생각이 전혀 없었다는 것이다. 그렇기 때문에, 우리는 음행을 일삼는 자들이 자신들의 더러운 음행을 옹호하기 위해서 이 구절을 핑곗거리로 둘러대는 것을 쉽게 반박할 수 있다. 그들은 "야고보는 피를 먹는 것과 음행을 함께 열거하고 있다"고 말한다. 그러나 야고보는 그 둘을 성격이 서로 비슷하거나 아무런 차이가 없는 일로 보고 있는 것인가? 정확히 말하자면, 그는 원래 주어진 본성을 따른 순리와, 하나님이 세우신 질서에 어긋나는 타락하고 부패한 인간의 관습들을 열거하며 금하고 있을 뿐이다. 성경은 하나님의 심판과 관련하여 이런 것들에 대해서 끊임없이 가르쳐 주고 있는데, 우리는 성경에서 그러한 지식을 구해야 한다. "음행"에 대한 성경의 가르침에는 조금도 애매한 점이 없다. "음행"은 하나님이 보시기에 저주받은 일이고, 인간의 영혼을 오염시키는 일이며, 하나님의 성전인 육체를 더럽히는 일이고, 그리스도를 찢어 놓는 일이다. 하나님께서는 "음행"하는 자들에게 날마다 벌을 주시고, 언젠가는 그들에게 무시무시한 보응을 하실 것이다. 하늘에 계신 심판주로부터 이렇듯이 엄중하게 정죄를 받고 있는 더러운 "음행"은 세상에서 가장 똑똑하고 말 잘하는 변호사의 그 어떤 그럴 듯한 변론으로도 결코 옹호할 수 없을 것이다.

21. 예로부터 각 성에서 모세를 전하는 자가 있어. 나는 지금까지 주석자들이 이 구절을 정반대의 의미로 잘못 설명해 왔다고 생각한다. 왜냐하면, 그들은 야고보가 안식일마다 회당에서 들어서 율법의 가르침을 잘 알고 있는 유대인들에게 새삼스럽게 어떤 규율들을 정해 주는 것은 불필요하다고 여겨서 이 구절을 덧붙인 것이라고 설명하기 때문이다. 즉, 그들은 야고보가 다음과 같은 취지로 이 구절을 덧붙인 것이라고 본다: "우리는 율법의 멍에를 메는 데 익숙하지 않은 이방인들에게 이 몇 가지 일을 요구하는 것으로 만족하자. 유대인들의 경우에는 모세가 있어서 얼마든지 더 많은 것들을 배울 수 있을 것이기 때문에, 유대인들에게는 더 이상 할 말이 없다." 어떤 이들은 심지어 이 구절을 통해서 야고보가 유대인들은 할례를 비롯한 모든 율법을 계속해서 지켜야 한다는 취지로 말하고 있는 것이라고 주장하기까지 한다. 설령 내가 앞에서 언급한 주석자들의 설명이 옳다고 하더라도, 그런 주장은 참으로 어리석은 것이다. 사실, 야고보의 생각은 전혀 다른 것이었다. 즉, 그는 유대인들은 오랜 세월에 걸쳐서 율법의 가르침에 익숙해져 있고, 모세를 전하는 자들이 각 성에 있어서, 율법의 의식들을 단칼에 폐지할 수는 없는 까닭에, 그리스도로 말미암아 얻게 된 자유가 점차적으로 분명하게 이해될 때까지는, 합의에 의해서 율법의 의식들을 점진적으로 폐지시켜 나가야 한다고 말한 것이다. 불가타 역본은 "모세는 예로부터 각 성에서 안식일마다 그의 글이 읽히는 회당들에서 그를 전하는 자를 가지고 있다"로 되어 있지만, 나는 "모세는 예로부터 각 성에서 그를 전하는 자가 있어서, 그의 글이 안식일마다 회당들에서 읽히고 있다"로 번역했는데, 헬라어를 잘 아는 사람들은 내가 모호함을 피하기 위해서 의도적으로 그렇게 번역한 것임을 알아차릴 것이다.

²²이에 사도와 장로와 온 교회가 그 중에서 사람들을 택하여 바울과 바나바와 함께 안디옥으로 보내기를 결정하니 곧 형제 중에 인도자인 바사바라 하는 유다와 실라더라 ²³그 편에 편지를 부쳐 이르되 사도와 장로 된 형제들은 안디옥과 수리아와 길리기아에 있는 이방인 형제들에게 문안하노라 ²⁴들은즉 우리 가운데서 어떤 사람들이 우리의 지시도 없이 나가서 말로 너희를 괴롭게 하고 마음을 혼란하게 한다 하기로 ²⁵⁻²⁶사람을 택하여 우리 주 예수 그리스도의 이름을 위하여 생명을 아끼지 아니하는 자인 우리가 사랑하는 바나바와 바울과 함께 너희에게 보내기를 만장일치로 결정하였노라 ²⁷그리하여 유다와 실라를 보내니 그들도 이 일을 말로 전하리라

²⁸성령과 우리는 이 요긴한 것들 외에는 아무 짐도 너희에게 지우지 아니하는 것이 옳은 줄 알았노니 ²⁹우상의 제물과 피와 목매어 죽인 것과 음행을 멀리할지니라 이에 스스로 삼가면 잘되리라 평안함을 원하노라 하였더라(15:22-29).

22. 이에 사도와 장로와 온 교회가. 하나님의 특별한 은혜로 태풍은 지나갔고, 문제에 대한 철저한 검토 끝에, 그들 모두는 참된 교훈에 관한 합의에 도달하였다. 우리는 회중들이 이 일에 대한 결정을 사도들과 교사들에게 위임한 바 있었고, 이제는 그들이 내린 결정에 따르고 있다는 점에서, 그들이 얼마나 겸손한 사람들이었는지를 알게 된다. 또한, 사도들은 모든 경건한 자들과 관련된 일에 대해서 반드시 회중과 협의해서 결정하는 모습을 보여줌으로써, 자신들이 공정하게 일처리를 하고 있다는 증거를 보여주었다. 왜냐하면, 교회 전체와 관련된 일을 회중을 배제한 채로 소수의 자의적인 결정에 따라 처리하는 것은 목회자들의 교만에서 비롯된 폭압이기 때문이다. 사도들과 장로들은 이 문제에 관해서 한 점의 의혹도 남기지 않도록 하기 위해서 유다와 실라를 안디옥 교회로 보내기로 사려 깊은 결정을 하였다. 우리는 불경건한 자들의 비방을 억제하고, 아주 까다로운 수많은 사람들을 만족시키며, 경박하고 무지한 사람들을 통제하고, 잘못된 생각들을 몰아내며, 증오심을 치유하고, 분쟁을 가라앉히며, 헛소문을 잠재우는 것이 얼마나 어려운 일인지를 안다. 대적들은 바울과 바나바가 사도들과 장로들에게 아부해서 공의회에서 결정한 사항들을 담은 편지를 받아낸 것이라고 중상모략을 할 수도 있었을 것이고, 무언가 새로운 트집거리를 찾아낼 수도 있었을 것이다. 만일 그런 일이 일어났다면, 신앙이 연약하고 무지한 자들은 즉시 혼란에 빠졌을 것이다. 그러나 예루살렘 교회의 두 지도자가 공의회의 서한을 들고 가서, 안디옥 교인들에게 모든 문제에 대해서 직접 진지하게 설명한다면, 모든 악의적인 의심은 제거될 수밖에 없다.

24. 우리 가운데서 어떤 사람들이. 여기서 우리는 예루살렘 교회의 사도들과 장로들이 자기 교회의 교인들이라고 해서 비호해 주는 것이 없는 것을 본다. 사람들을 비호하는 것으로부터는 올바르고 제대로 된 판단이 나올 수 없다. 사도들은 안디옥 교회를 혼란스럽게 한 자들이 자신들의 무리에서 제멋대로 나가서 분탕질을 한 무뢰배들임을 인정하면서, 그 자들에게 잘못된 관용을 베풀어서 잘못을 덮어주고자 하지 않는다. 도리어, 사도들은 그 자들을 정직하게 단죄함으로써 스스로 그 허물을 짊어지는데, 먼저 그 자들이 안디옥 교인들을 속이기 위해서 썼던 가면을 벗

겨낸다. 그 자들은 사도들의 뜻을 따라 안디옥 교회에 와서 가르치는 것이라고 자랑하였었지만, 사도들은 자신들이 그 자들에게 그러한 일을 하도록 지시한 적이 없다고 부인하면서, 그 자들의 거짓과 위선을 드러낸다. 다음으로, 사도들은 그 자들이 교회를 혼란에 빠뜨리고 영혼들을 파멸시켰다고 아주 엄중하게 비난한다. 이렇게 해서, 사도들은 모든 경건한 자들로 하여금 그 자들을 미워하고 멀리하도록 만든다. 왜냐하면, 그 자들을 교회에 받아들이는 것은 오직 파멸만을 초래하게 될 것이기 때문이었다. 즉, 사도들은 하나님의 진리는 사람들의 영혼을 세우는 반면에, 거짓 교사들은 사람들의 영혼들을 파멸시킨다고 말한 것이다. 따라서 이 말 속에는 다음과 같은 일반적인 가르침이 담겨 있다: 우리의 영혼이 거짓 교사들에게 끌려가서 더 이상 성령의 전이 되지 못하고 멸망당하는 것을 원하지 않는다면, 우리는 우리로 하여금 순수한 복음으로부터 떠나도록 만들고자 하는 자들을 극히 경계하여야 한다. 거짓 교사들이 율법을 지켜야 한다고 말할 때, 그것은 율법의 의식들을 지키는 것에 국한된 것이기는 하지만, 우리는 그들이 율법의 의식들을 지킴으로써 의와 구원에 이룰 수 있는 것처럼 말하고 있는 것임을 늘 기억하여야 한다. 왜냐하면, 거짓 사도들은 율법이 의를 가져다주고 행위를 통해서 구원을 얻을 수 있다고 여겨서, 율법을 지키라고 가르치는 것이기 때문이다.

25-26. 생명을 아끼지 아니하는 자인 우리가 사랑하는 바나바와 바울과 함께. 사도들의 이러한 찬사들은 바울과 바나바에 대한 거짓 교사들의 비방을 반박하기 위한 것이다. 먼저, 사도들은 많은 사람들이 교회가 불화에 빠졌다고 생각하여 우려하는 것을 불식시키기 위하여, 이 일을 "만장일치로 결정하였다"고 밝힌다. 다음으로, 사도들은 그리스도를 위하여 자신들의 생명을 아끼지 않은 바울과 바나바의 열심과 담대함을 칭송한다. 복음의 사역자가 가르치는 직분을 꿋꿋하고 담대하게 수행할 뿐만 아니라, 그 가르침을 지키기 위해서 죽음의 위험을 기꺼이 감수하고자 하였다면, 그것은 큰 칭송을 받아 마땅한 뛰어난 덕목이다. 하나님께서는 그러한 일들을 통해서 자신의 종들의 충성됨과 변함없는 믿음을 시험하시는 한편, 그들의 그러한 덕목에 대한 훈장으로서, 그들을 자신의 교회에서 고명하고 뛰어난 자들이 되게 해주신다. 그런 까닭에, 바울은 자신의 몸에 지닌 "그리스도의 흔적들"(stigmata Christi)을 자신의 가르침에 대하여 트집을 잡고 문제를 일으키는 무뢰배들을 물리치기 위한 방패로 사용할 수 있었다: "이후로는 누구든지 나를 괴롭게 하지 말라 내가 내 몸에 예수의 흔적을 지니고 있노라"(갈 6:17). 복음에 헌신하는 충성스러운 교

사들이라고 해서, 모두가 복음을 위해서 목숨을 걸고 싸우게 되는 것은 아니다. 왜냐하면, 모든 교사가 처한 상황이 한결같이 그렇게 하기를 요구하는 것은 아니기 때문이다. 하지만 그리스도께서는 자신의 증인들을 중요한 싸움으로 이끄실 때에는, 언제나 그들에게 권능을 부여해 주시는 것을 잊지 않으신다. 그리고 지금 당장에 싸움에 나설 필요가 없는 사람들일지라도, 하나님께서 싸우라고 명하시는 때가 오면, 언제라도 자신들의 피를 흘릴 준비가 되어 있어야 한다.

끝으로, 사도들은 바울과 바나바가 선한 일을 위하여 담대하였던 것에 대하여 그들을 칭송한다. 만일 그리스도의 증인들이 그저 위험을 무릅쓰면서 겁내지 않고 대담하게 행한 것일 뿐이라면, 그들은 소동을 일으키는 자나 미치광이, 또는 검투사와 하등 다를 바가 없었을 것이다. 따라서 바울과 바나바는 단지 위험을 무릅썼기 때문이 아니라, "그리스도의 이름을 위하여" 죽음도 불사하지 않았기 때문에 칭송을 받은 것이었다. 아마도 이것을 통해서 사도들은, 그리스도를 위하여 어떤 고난도 겪지 않고 숨어 있다가 갑자기 뛰쳐나와서, 그리스도의 용감한 군사들에 의해서 세워진 교회를 어지럽히고자 했던 자들을 간접적으로 책망하려고 했던 것 같다.

28. 성령과 우리는 … 옳은 줄 알았노니. 여기서 사도들과 장로들은 자신들을 성령과 일체로 연결시켜서, 그 어떤 것도 자신들만의 것으로 돌리지 않는다. 그들은 이렇게 말한 것과 같다: "성령은 우리의 지도자이자 대장이셨고, 우리가 너희에게 쓴 것들을 결정하게 된 것은 성령의 지시를 따른 것이었다." 하나님의 이름을 먼저 언급한 후에 곧이어서 사역자의 이름을 언급하는 이러한 표현 방식은 성경에서 흔히 나타난다. 출애굽기 14:31에는 백성들이 "여호와와 그의 종 모세를 믿었다"는 표현이 나오는데, 이것은 백성들이 부분적으로는 하나님을, 부분적으로는 모세라는 인간을 믿었다는 의미가 아니다. 그렇다면, 무슨 뜻인가? 그것은 이스라엘 백성들이 하나님을 자신들의 믿음의 유일한 원천으로 삼았기 때문에, 하나님과 불가분의 관계에 있는 그의 사역자를 신뢰하였다는 의미이다. 그들은 모세를 통해서 자신들에게 주어진 가르침을 받아들이는 것 외에 다른 방법으로는 하나님을 믿을 수 없었다. 따라서 전에 그들이 모세를 배척하고 거부한 것은 곧 하나님의 멍에를 벗어 버리고자 한 것과 같았다. 이러한 사실은 믿음이 있다고 자랑하면서도 불경건함과 오만함으로 교회의 사역을 멸시하는 자들이 얼마나 후안무치한 자들인지를 잘 보여 준다. 왜냐하면, 아주 조금이라도 사람을 의지하는 믿음이 신성모독인 것과 마찬가지로, 하나님의 말씀을 전하는 사역자들을 무시하면서 하나님을 자신의 선생으로

모시고 있는 체하는 자들은 하나님을 공개적으로 우롱하는 것이기 때문이다. 따라서 사도들은 자신들이 이방인 신자들에게 전하고 있는 이러한 결정이 그들 자신의 머리에서 만들어 낸 것이 아니라고 증언하고, 자신들은 성령의 일꾼들로서, 하나님에게서 나온 것들을 충실하게 전달함과 동시에 하나님의 권위로 그것들을 명하고 있는 것일 뿐이라고 선언한다. 그런 까닭에, 바울이 "내가 전한 복음"(갈 1:11)이라고 말했을 때, 그는 자신이 창안한 새로운 복음을 소개하는 것이 아니라, 그리스도께서 자기에게 맡기신 복음을 자기가 선포하고 있는 것임을 밝힌 것이다.

교황주의자들이 이 구절을 근거로 해서, 교회가 모종의 독자적이고 고유한 권위를 지니고 있다는 것을 증명하고자 하는 것은 정말 어처구니없는 일일 뿐만 아니라, 그들 자신을 자가당착에 빠뜨리고 있는 것이다. 왜냐하면, 그들은 교회가 오류를 범할 수 없다고 주장하는데, 그들의 주장이 성립하려면, 교회가 성령의 직접적인 다스림을 받아야 한다는 것을 인정하지 않으면 안 되기 때문이다. 그렇기 때문에, 우리가 그들이 날조해 낸 것들이라고 말하는 것들을 그들은 성령의 계시에 의한 것이라고 입에 거품을 물고 소리치면서, 어리석게도 이 구절을 그 증거로 들이밀지만, 사실은 이 구절은 우리의 주장을 입증해 주는 구절이다. 왜냐하면, 만일 사도들이 성령과 무관하게 어떤 일을 결정한 것이라고 한다면, 공의회는 성령의 지시에 의한 것들을 제외하고는 어떠한 것도 결정할 수 없다는 제1원칙이 무너지게 될 것이기 때문이다.

28. 이 요긴한 것들 외에는. 교황주의자들은 이 구절을 근거로 삼아서, 하나님께서는 사람들이 인간의 양심을 구속하는 법들을 제정하는 것을 허락하셨다고 교만하게 으스댄다. 그러면서, 사도들이 자신들이 결정한 것들을 꼭 지켜야 한다고 명하였기 때문에, 사람들은 교회가 명한 것들은 무엇이든지 반드시 행하여야 하고, 그렇지 않을 경우에는 사함 받을 수 없는 중대한 죄를 저지르게 되는 것이라고 말한다. 그러나 그들의 그러한 말이 헛소리라는 것은 쉽게 증명된다. 왜냐하면, 여기서 사도들이 말한 "이 요긴한 것들" 속에는 유대인과 이방인으로 이루어진 교회의 연합을 파괴할 위험이 있는 것들 외에 다른 것들은 단 하나도 들어가 있지 않았기 때문이다. 정확히 말한다면, 그러한 "요긴한 것들"은 부차적인 것들, 즉 본질에 관한 것이 아니라, 단지 걸림돌을 피하기 위한 것이었다. 이러한 사실은 이 결정이 즉시 폐기되었다는 점에서 더욱 분명해진다. 왜냐하면, 본질적으로 "요긴한 것들"에 관한 법들은 영속적인 것일 수밖에 없는데, 이 문제를 둘러싼 소란과 논란이 가라앉

자마자, 바울은 "스스로 속된 것이 없다"(롬 14:14)고 가르칠 뿐만 아니라, 우상에게 바쳐졌던 음식까지 포함해서 음식을 먹는 데에 아무런 제약이 없다(고전 10:25)는 것을 밝힘으로써, 이 결정을 폐기하였기 때문이다. 따라서 교황주의자들은 자신들이 사람들의 양심을 구속하기 위한 법들을 만들어 낼 목적으로 이 구절을 핑곗거리로 삼고 있는 것에 불과하다. 왜냐하면, 지금 여기서 다루어지고 있는 이 "요긴한 것들"은 단지 사람들의 외적인 행위들에만 관련된 것으로서, 그런 행위들로 인해서 교회에 걸림돌이 생겨나지 않게 하고, 그들에게 주어진 자유가 하나님 앞에서 온전할 수 있게 하기 위한 것이었기 때문이다. 또한, 교황주의자들이 이 절 전체를 근거로 삼아서, 하나님의 말씀에 어긋나는 것들을 결정할 수 있는 권세가 교회에 주어졌다고 선언한 것도 허무맹랑하다. 교황은 이런 선언을 토대로, 교회를 통치하기 위한 것이라는 명목으로 하나님의 말씀에 어긋나는 법들을 자기 마음대로, 그것도 열 개나 스무 개도 아니고 셀 수 없을 만큼 무더기로 만들었고, 결과적으로 그것들은 사람의 영혼을 압제하고 고문하는 도구가 되었다.

교황에게 고용된 악덕법률가들은 그러한 잔혹성을 은폐하기 위해서, 사도들도 하나님의 말씀이 금하고 있지 않은 것들을 이방인들에게 금하는 결정을 한 것이 아니냐는 논리를 편다. 그러나 나는 사도들이 하나님의 말씀에 다른 무엇인가를 더하였다는 주장을 인정할 수 없다. 우리가 사도들이 이러한 결정을 한 목적을 조금만 더 세심하게 주의를 기울인다면, 그 점은 아주 분명해질 것이다. 나는 사도들이 믿는 자들을 구속하기 위해서 영원한 법을 세우고자 한 것이 절대로 아니었다는 것을 방금 전에 지적했었다. 그렇다면, 사도들의 목적은 무엇이었는가? 그들은 교회 안에서 형제들 간의 평화와 일치를 증진시키기 위해서, 이방인들이 유대인들과 잘 융합할 수 있는 적절한 해법을 제시하고자 한 것이었다. 우리는 사도들에게 다른 어떤 목적이 있었다고 한다면, 그것은 가치중립적인 일들에 있어서 사랑을 따라 행하여야 한다는 하나님의 말씀을 따른 것이었다는 것, 즉 그 자체로는 아무런 제약이 없는 일들일지라도, 외부적으로 행해질 때에는, 사랑의 법(caritatis regula)을 따라 행해져야 한다는 말씀을 따른 것이었음을 인정하여야 한다.

요컨대, 사랑이 모든 일을 완전하게 해주는 띠(perfectionis vinculum)이자 율법의 완성(finis legis)이고, 믿는 자들이 서로 하나가 되고 연합하며, 각 사람이 자기 이웃들을 섬겨서 그들의 덕을 세우는 것이 하나님의 명령이라면, 사도들이 여기서 명하고 있는 것들이 하나님의 말씀 속에 포함되어 있다는 것은 아무리 무지한 자들이라도 알 수 있다. 즉, 사도들은 "사랑"이라는 보편적인 법을 자신들의 시대에 비추어 적용한 것일 뿐이다. 또한, 우리는 내가 앞에서 이미 언급했던 것, 즉 사도들의 결정은 성경 전체가 인간의 전통들 중에서 단죄하는 두 가지 악덕, 즉 양심에 걸리는 것들을 행하는 것과 악을 습관적으로 행하면서 하나님을 거룩하게 예배하는 체하는 것을 제거하고자 하는 치리와 관련된 법이었다는 것을 기억하여야 한다. 그리고 우리가 백 번 양보해서, 이 공의회에서 결정된 사항들이 하나님의 말씀에 부합하지 않는 것이었다는 근거 없는 주장을 인정한다고 할지라도, 그것이 교황주의자들의 입장을 지지해 주는 것은 결코 아니다. 왜냐하면, 공의회는 성령의 계시를 따라서 하나님의 명시적인 말씀과 상충되는 내용들을 결정할 수 있지만, 그러한 권위는 두말할 것도 없이 합법적인 공의회에만 주어져야 할 것이기 때문이다. 따라서 그들은 자신들의 공의회가 합법적이고 거룩한 것이었음을 스스로 증명하여야 하고, 그럴 때에만 우리에게 거기서 내려진 결정들을 따르기를 바랄 수 있을 것이다. 나는 이 문제를 이 장의 첫 부분에서도 이미 다루었기 때문에, 거기에 대해서는 더 이상 거론하지 않을 것이다. 독자들은 이 절을 읽을 때에, 사도들이 당시의 시대 상황에 맞춰서 교회들이 서로 화합할 수 있도록 하기 위하여 외적인 행위들을 잠정적으로 규율하는 법을 제시한 것은 하나님의 말씀의 한계를 결코 벗어난 것이 아니었다는 사실을 아는 것으로 충분하다.

³⁰그들이 작별하고 안디옥에 내려가 무리를 모은 후에 편지를 전하니 ³¹읽고 그 위로한 말을 기뻐하더라 ³²유다와 실라도 선지자라 여러 말로 형제를 권면하여 굳게 하고 ³³얼마 있다가 평안히 가라는 전송을 형제들에게 받고 자기를 보내던 사람들에게로 돌아가되 ³⁴(없음) ³⁵바울과 바나바는 안디옥에서 유하며 수다한 다른 사람들과 함께 주의 말씀을 가르치며 전파하니라(15:30-35).

30. 무리를 모은 후에 편지를 전하니. 바울과 바나바가 회중 전체를 모이게 해서 사도들의 편지를 읽어준 것은 합당한 일이었다. 왜냐하면, 신앙의 가르침과 관련된 논란이 발생했을 때, 학식과 경험이 풍부하고 성경에 정통한 사람들, 특히 적법하게 임직을 받은 목회자들에게 거기에 대한 판단을 맡기는 것은 지극히 당연한 일이지만, 모든 신자들이 자기가 어떤 입장을 취해야 하는지를 확실하게 아는 것도 똑같이 중요한 일인 까닭에, 그 결정에 참여한 선생들이 하나님의 말씀으로부터 결정

된 사항을 형제들인 교회의 회중 전체와 공유하는 것이 마땅하기 때문이다. 폭압적인 교황제도 아래에서 종종 자행되어 온 바와 같이, 평신도들을 마치 돼지 무리인 양 취급해서, 교회 전체가 공유하여야 할 가르침으로부터 많은 사람들을 배제하는 것보다 더 기독교의 거룩한 질서와 맞지 않는 것은 없다. 그런데도 이런 일이 일어나게 된 것은 교황과 주교들은 사람들이 철두철미 무식해져야 비로소 자신들에게 완전히 순종할 것이라고 생각하였고, 평신도들이 아무것도 알려고 하지 않고, 자신들이 결정한 것들을 무조건 맹목적으로 따르는 것이야말로 최고의 신앙이라고 여겼기 때문이다. 하지만 그들의 생각과는 반대로, 교회에서는 중용이 유지되어서, 한편으로는 합법적인 치리권이 방해를 받지 않아야 하고, 다른 한편으로는 평신도들이 노예처럼 압제를 받지 않고 자신들에게 주어진 자유를 누릴 수 있어야 한다.

31. 읽고 그 위로한 말을 기뻐하더라. 사도들의 "편지"는 아주 짧고 단순한 사실들만 나열하고 있었을 것인데, 안디옥 교인들이 그 편지를 읽고서 무슨 "위로"를 받을 수 있었을까? 하지만 우리는 그 편지가 그들에게 큰 위로가 된 것이 사실이라는 점을 주목하여야 한다. 왜냐하면, 사도들이 합의에 도달했다는 사실을 알게 되었을 때, 안디옥 교인들은 개인적으로 마음의 평안을 얻었을 뿐만 아니라, 교회적으로는 불화에서 벗어나 화해와 일치로 되돌아갈 수 있었기 때문이다. 모든 사도가 바울과 바나바를 반대하고 있다는 거짓 소문이 파다하게 퍼져 있었기 때문에, 남의 말에 잘 휘둘리는 일부 사람들은 동요하고 있었고, 많은 사람들이 마음속에 의심을 품고 흔들리고 있었으며, 불경건한 자들은 이 기회를 틈타서 비방에 열중하였고, 일이 어떻게 될지를 지켜보며 호기심에 몸이 근질근질하던 사람들도 있었다. 이렇게 안디옥 교회는 뿔뿔이 갈라져 있었다. 그러나 이제 바울과 바나바의 가르침과 예루살렘 교회의 판단이 서로 일치한다는 것을 알게 되면서, 하나님의 자녀들에게 가장 바람직한 일들이 그들에게 일어나게 되었다. 즉, 그들은 바른 믿음 안에 세워지고, 한 마음으로 행하며, 평안한 마음으로 서로 화평하게 지낼 수 있게 된 것이다.

32. 유다와 실라도 선지자라. 이 두 형제는 편지에 담겨있는 내용을 직접 자신들의 말로 증언하고 보충하기 위한 특별한 목적으로 파송되었다. 그렇지 않았다면, 사도들은 이렇게 중요한 문제에 대해서 그처럼 간략한 내용의 편지를 보내지 않고, 믿음의 신비들에 대해서도 언급했을 것이고, 경건에 열심을 품으라는 권면의 내용도 덧붙여서 꽤 길게 편지를 써서 보냈을 것이다. 그런데 누가는 여기서 유다와 실라가 한 다른 일에 대하여 말한다. 즉, 이 두 사람은 예언의 은사를 받은 "선지자"였

기 때문에, 신자들을 가르치고 권면하여 교회 전체의 덕을 세우는 일을 하였다는 것
이다. 그는 이 두 사람이 자신들에게 맡겨진 소임을 충실하게 수행했을 뿐만 아니
라, 교인들을 가르치고 권면함으로써 안디옥 교회에 유익을 끼쳤다고 말한 것과 같
다. 그러나 우리는 누가가 그들이 "선지자"였기 때문에 교회를 권면하였다고 말한
것에 유념하여야 한다. 왜냐하면, 그렇게 탁월한 직분이 모든 사람에게 주어지는
것은 아니기 때문이다. 따라서 각 사람은 자신이 받은 은혜의 분량을 따라 행하여
야 한다는 바울의 가르침처럼(고전 7:20; 엡 4:1), 우리는 경솔하게 자신의 분수를
벗어나서 행하지 않도록 유의하여야 한다. 누가가 가르치는 직분이 특별한 것이라
고 말한 것은 결코 쓸데없이 괜히 한 말이 아니기 때문에, 능력도 없으면서 야심에
사로잡혀서, 또는 별 생각 없이 열심 하나만으로, 또는 그밖에 어떤 어리석은 욕망
으로 말미암아 남들을 가르치는 직분을 맡아서 교회의 질서를 어지럽히는 자가 있
어는 안 된다. "선지자"라는 말은 다양한 의미를 지니고 있지만, 이 호칭이 다른 문
제를 다루는 중간에 느닷없이 부적절하게 여기에 등장하는 것으로 보아서, 여기서
는 장래의 일들을 예언할 수 있는 능력을 부여받은 자들이라는 의미로 사용되고 있
는 것은 아니다. 누가가 말하고자 한 것은 유다와 실라가 하나님의 신비한 일들에
대해서 특별한 예지력을 부여받은 사람들이었던 까닭에, 하나님에 대한 탁월한 해
석자들이었다는 것이다. 이것은 바울이 고린도전서 14:3에서 예언에 관해서 언급
하면서, 예언을 다른 모든 은사들보다 앞세우지만, 앞으로 일어날 일들을 미리 말
한다는 의미에서의 예언을 부각시키는 것이 아니라, 가르침과 권면과 위로를 통해
서 교회를 세운다는 점에서 예언을 높이 평가하고 있는 것과 일맥상통한다. 이런
식으로 누가는 권면을 "선지자들"의 주된 소임으로 본다.

33-35. 평안히 가라는 전송을 형제들에게 받고. 친구들이 서로 헤어질 때에 흔
히 그러하듯이, 안디옥 교회의 "형제들"은 유다와 실라가 돌아갈 때에 그들에게 작
별을 고하고 평안을 빌어 주었다. 그러나 유다와 실라 중에서 오직 한 사람만이 예
루살렘으로 돌아간 것이기 때문에, 누가는 이 구절에서 일부를 가지고 전체를 나타
내는 제유법을 사용하고 있다. 누가는 곧이어서 "실라는 그곳에 머무르는 것이 좋
아보였다"(34절, 한글개역개정에는 "없음"으로 되어 있다 ― 역주)는 말을 덧붙여서, 즉시
33절에서 말한 내용을 좀 더 정확하게 보도한다. 누가가 앞에서 이 두 사람이 다 떠
난 것처럼 한데 묶어서 언급한 것은 단지 안디옥 교회가 이미 평안해져서 이 두 사
람이 예루살렘으로 돌아가게 되었다는 것을 보여주기 위한 것이었을 뿐이다. 끝으

로, 누가는 바울과 바나바가 안디옥에 머무르는 동안에 하나님의 말씀을 가르치는 일에 전념하였고, "수다한 다른 사람들과 함께" 사역하였다는 말을 덧붙인다. 이것은 안디옥 교회의 교사들이 서로 질투나 시기를 하지 않고 모두 한 마음으로 헌신하였고, 효율적인 사역을 위해서 서로 힘을 합하여 일들을 해나갔다는 것을 분명하게 보여준다. 하지만 누가는 의도적으로 "수다한 다른 사람들"을 언급한 것으로 보인다. 즉, 그는 안디옥 교회에는 많은 교사들이 있다는 것을 보여줌으로써, 바울과 바나바가 선교여행을 떠난 후에도 여전히 흥왕할 수 있었는데도 불구하고, 우리가 바울과 바나바가 없을 때에 안디옥 교회가 황량해졌을 것이라고 생각하지 않도록 하고자 하였다. 더 나아가서, 누가는 안디옥 교회에 교사들이 많았다는 사실을 지적함으로써, 사탄이 최근에 자신의 수하들을 동원해서 파괴하고자 했던 안디옥 교회에 하나님의 복이 다시 차고 넘치게 된 것을 찬양하고자 한 것이기도 하였다.

[36]며칠 후에 바울이 바나바더러 말하되 우리가 주의 말씀을 전한 각 성으로 다시 가서 형제들이 어떠한가 방문하자 하고 [37]바나바는 마가라 하는 요한도 데리고 가고자 하나 [38]바울은 밤빌리아에서 자기들을 떠나 함께 일하러 가지 아니한 자를 데리고 가는 것이 옳지 않다 하여 [39]서로 심히 다투어 피차 갈라서니 바나바는 마가를 데리고 배 타고 구브로로 가고 [40]바울은 실라를 택한 후에 형제들에게 주의 은혜에 부탁함을 받고 떠나 [41]수리아와 길리기아로 다니며 교회들을 견고하게 하니라(15:36-41).

36. 우리가 주의 말씀을 전한 각 성으로 다시 가서. 우리가 이 기사에서 무엇보다 먼저 주목해야 할 것은 바울이 자기가 세운 교회들을 돌보는 일에 얼마나 세심하게 마음을 쓰고 있는가 하는 것이다. 그는 안디옥에서도 교회에 유익을 끼치는 사역을 하고 있었지만, 하나님께서 자신을 어느 한 곳의 목회자가 아니라 사도로 세우신 것을 기억하고서, 자신의 소명을 충실히 따르고자 하였다. 다음으로, 그는 자기가 어느 한 곳에 매어 있는 것이 합당하지 않다고 여겼을 뿐만 아니라, 자기가 주 안에서 낳은 모든 자들에게 빚을 지고 있다고 생각하였기 때문에, 그들을 계속해서 돌보고 싶어 하였다. 게다가, 그런 지역들에서 자기가 시작한 사역을 게을리한다면, 거기에 세워진 교회들은 머지않아 힘을 잃고 유야무야되고 말 것이었다. 하지만 우리는 바울이 안디옥 교회가 화합을 이루어서 제대로 자리를 잡는 것을 자기 눈

으로 확인할 때까지는 거기에 머물러 있었다는 것을 쉽게 짐작할 수 있다. 왜냐하면, 우리는 다른 작은 교회들을 유지하는 데 있어서 큰 교회의 역할이 얼마나 중요한지를 경험에 의해서 잘 알기 때문이다. 후미진 곳에서 일어난 소란이나 사고에 관한 소식은 멀리 퍼져나가지 않을 것이고, 주위 사람들도 별 영향을 받지 않을 것이다. 하지만 잘 알려져 있는 유명한 곳에서 그런 일이 일어나는 경우에는, 그 파급효과는 아주 멀리까지 크게 미치게 된다. 따라서 바울은 안디옥에 머무는 동안에도 다른 교회들에 대해서 관심을 기울이고 있었다. 이 사례 속에서 우리는 그의 열심만이 아니라 사려 깊은 처신에 대해서도 주목하여야 한다. 왜냐하면, 목회자들의 열정이 지나쳐서 야단법석을 피우는 것이 아무 일도 안 하는 것만큼이나 해악을 끼치는 경우가 흔히 있기 때문이다.

36. 형제들이 어떠한가 방문하자 하고. 바울은 사람이라는 것이 아주 경박하고 변덕이 심하며 본성적으로 악에 빠지기 쉽기 때문에, 비록 사람들 가운데에 어떤 것이 올바르게 제대로 세워졌다고 하더라도, 그것이 안정적으로 지속되기가 극히 어렵다는 것을 알고 있었다. 특히, 그는 지속적인 돌봄이 있지 않으면, 교회들이 얼마나 쉽게 타락하고 무너지는지를 잘 알고 있었다. 사실, 하늘 아래 있는 것들 중에서 믿음이라는 영적인 건축물(spirituale fidei aedificium)만큼 견고한 것은 없다. 왜냐하면, 믿음은 하늘 자체에 토대를 두고 있는 까닭에 견고할 수밖에 없기 때문이다. 하지만 하나님의 말씀이 영혼에 깊이 뿌리를 내리고 살아 있는 경우가 드물기 때문에, 인간 세상에서 견고함은 희귀한 일이다. 다음으로, 하나님의 진리에 견고하게 닻을 내리고 있는 사람들조차도 자신들의 믿음을 흔들어놓는 여러 가지 것들을 끊임없이 만날 수밖에 없기 때문에, 자신들의 믿음이 무너지지 않게 하려면, 끊임없이 그 믿음을 힘 있게 하고 견고히 하지 않으면 안 된다. 뿐만 아니라, 우리는 사탄이 때로는 교회 전체를, 때로는 신자 개개인을 무너뜨리기 위해서 다양한 궤계와 술책들을 은밀하게 사용해서 공격해 오는지를 안다. 따라서 바울이 자신이 세운 교회들에서 제자들이 마땅히 행해야 할 것들과는 다르게 행하고 있지는 않을까 하고 걱정하고 염려한 것은 당연한 일이었다. 또한, 그는 그 교회들에 무슨 문제가 생겼다면, 신속하게 해결할 수 있기를 바랐는데, 이것은 직접 가서 조사해 보지 않고서는 할 수 없는 일이었다.

37. 바나바는 마가라 하는 요한도 데리고 가고자 하나. 누가는 여기서 모든 경건한 자들을 경악하게 했을 것이 틀림없는 유감스러운 불화에 관한 이야기를 보도한

다. 바울과 바나바가 동역하게 된 것은 하나님의 지시에 의한 것이었다. 그들은 하나님께서 주신 멍에를 함께 메고 오랫동안 한 마음이 되어서 수고하였고, 하나님의 놀라운 은총을 보여주는 많은 일들을 함께 겪었다. 누가가 지금까지 보도한 저 놀라운 성공들은 분명히 하나님이 내려주신 복이었다. 그들은 박해의 폭풍우 속에서 죽을 뻔한 고비도 많이 넘겼고, 그들을 쉴 새 없이 가혹하게 짓밟는 원수들도 부지기수였으며, 어디를 가나 그들을 대적하는 지역 사람들의 소동이 끊이지 않았지만, 그들의 사이는 멀어지지 않았고, 도리어 그들의 굳건한 연대는 더욱 분명하게 확인되었다. 그런데 이제 그들은 쉽게 끝낼 수도 있었을 한 가지 사소한 문제로 하나님의 부르심에 의한 저 거룩한 연대를 끊어 버린다.

이것은 모든 경건한 자들에게 엄청난 당혹감을 안겨준 사건이었음이 틀림없다. 오랫동안 그 어떠한 일도 참아내고 인내하는 데 익숙해져 있던 이 두 거룩한 사람이 이렇게 격렬한 논쟁을 벌였다면, 아직 자신의 감정을 다스려서 하나님께 순종하는 것도 제대로 되지 않고, 자제심도 없이 제멋대로 굴기 일쑤인 우리의 형편은 어떠하겠는가? 대적들의 무수한 적대적인 공격들 가운데서도 거룩한 일치를 지켜왔던 이 두 사람을 사소한 사건 하나가 갈라놓았다면, 화평을 추구하는 데 별 관심도 없는 자들을 분열시키고 갈라놓는 것은 사탄에게 얼마나 쉬운 일이겠는가? 바나바는 자기가 바울의 동료가 되어 일하는 것보다 더 큰 영광이 없다고 생각해서, 아들이 아버지를 대하듯이 그렇게 바울을 대해 왔는데, 어떤 무지막지한 교만함이 그를 사로잡아서 바울의 계획을 이토록 완강하게 거부하도록 만들었던 것인가? 다른 한편으로는, 신실한 조력자의 이러한 실수를 용서하지 않은 바울에게도 너그러움이 부족했던 것은 아닌가라고 생각하는 사람들도 있다. 이 사례를 통해서 우리는 그리스도의 종들이 정신을 바짝 차리지 않으면, 사탄이 그들 내부에서 불화를 조장하기 위해서 비집고 들어올 틈새가 많이 생긴다는 교훈을 얻는다.

이제 우리는 이런 일이 일어나게 된 원인 자체를 검토해 보아야 한다. 왜냐하면, 이러한 불화의 책임을 바울이 너무 융통성이 없이 매정하게 처신한 탓으로 돌리는 자들이 있고, 얼핏 들으면 그들이 제시한 이유들이 그럴 듯해 보이기 때문이다. 바울이 마가라 하는 요한을 이번 선교여행에 데리고 가기를 거부한 것은 그가 전에 바울의 일행에서 이탈한 적이 있었기 때문이다. 그렇다고 해서, 그가 그리스도로부터 떠난 것은 아니었다. 젊은 청년이었던 마가는 아직 십자가를 지는 데 익숙하지 않아서, 중도에 선교여행을 포기하고 집으로 돌아갔던 것일 뿐이었다. 또한, 그의 나이도 어느 정도 고려가 되어야 한다. 왜냐하면, 신참병이었던 그가 첫 번째 도전에서 무릎을 꿇었다고 해서, 그것이 그가 평생 겁쟁이 병사로 살게 될 것임을 의미하는 것은 아니었기 때문이다. 그가 이제 바울에게로 돌아왔다는 것은 자신의 잘못을 뉘우치고 있음을 보여주는 분명한 증거였기 때문에, 바울이 그를 거부한 것은 매정한 것으로 보인다. 뿐만 아니라, 바울이 그를 너그럽게 대해 주었어야 할 다른 이유들도 있었다. 마가의 집은 교회 사람들을 잘 접대하기로 소문난 집이었다. 누가가 앞에서 이미 보도한 대로(행 12:12), 마가의 어머니는 혹독한 박해 속에서도 신자들을 자기 집으로 받아들여서, 헤롯을 비롯한 모든 유대인들이 기독교인들을 잡아들이는 데에 광분해 있는 동안에도, 신자들로 하여금 자기 집에서 거룩한 모임을 이어가게 한 그런 인물이었다. 바울은 이렇게 거룩하고 따뜻한 마음씨를 지닌 여자가 자신의 지나치게 매정한 태도 때문에 서운함을 느끼지 않도록 좀 더 배려했어야 했다는 것은 확실하다. 그녀는 자기 아들이 복음을 전하는 일에 헌신하기를 소원하고 있었는데, 그 아들이 전에 저지른 한 가지 사소한 잘못 때문에 그 사역을 하지 못하게 된 것을 알았다면, 얼마나 비통해했겠는가? 마가는 단지 자신의 잘못을 뉘우친 데에서 그친 것이 아니라, 실제적인 행동을 통해서 그 잘못을 바로잡으려 하고 있었기 때문에, 바나바로서는 그를 용서해 주어야 할 합당한 이유가 있었다.

하지만 본문을 통해서 우리는 안디옥 교회가 바울의 뜻을 받아들였다는 것을 알 수 있다. 왜냐하면, 바나바에 대하여 말하고 있는 본문에는 형제들에 관한 언급이 전혀 나오지 않는 것으로 보아서, 바나바는 형제들에게 작별인사도 하지 않고, 황급히 마가를 데리고 구브로로 떠나 버린 것이 확실하지만, 바울이 떠날 때에는 형제들이 그를 하나님의 은혜에 부탁하는 기도를 해주었다는 언급이 나오기 때문이다. 이것은 교회가 바울 편에 섰다는 것을 분명하게 보여주는 것이다. 다음으로, 하나님께서는 자신의 성령의 능력으로 바울에게 복을 주시고, 자신의 은혜로 바울의 수고를 형통하게 하시지만, 바나바는 마치 죽은 자처럼 내버려 두시기 때문에, 이런 사실들로부터 우리는 마가가 하나님의 일을 가볍게 본 것이 얼마나 엄중한 일인지를 본보기로 보여주시는 것이 하나님의 뜻이었다고 결론을 내리는 것도 틀리지는 않아 보인다. 따라서 마가의 죄는 사람들이 생각했던 것보다 훨씬 더 무거웠던 것이 분명하다. 사실, 그는 그리스도를 믿는 믿음을 버리고 변절한 것은 아니었다고 할지라도, 자신의 소명을 배신하고 떠나 버린 자였다. 따라서 만일 교회가 자신의 소명을 저버리고 제멋대로 떠나 버린 그를 아무렇지도 않게 순순히 받아들여 주었다면, 그것은 아주 나쁜 선례가 되었을 것이기 때문에, 교회는 그가 더 이상 제멋대로 행하거나 스스로 주인이 되어 행하지 않게 되었을 때, 그를 다시 받아들여서 그리스도를 섬기는 데 헌신하게 하는 것이 마땅한 일이었다. 아내가 자기 남편을 떠나거나 아들이 자기 아버지를 버려서는 안 되듯이, 마가도 자기가 한 약속을 어기고 신의를 저버려서는 안 되었고, 육신이 연약하다는 핑계를 대고서 하나님께서 주신 거룩한 소명을 배신한 것은 결코 용납될 수 없는 일이었다.

또한, 우리가 유의해야 할 것은 바울이 마가를 전적으로 거부한 것은 아니라는 사실이다. 바울은 그를 형제로 여겼기 때문에, 그리스도 안에서 한 형제로서의 그를 거부한 것이 아니었다. 바울이 거부한 것은 마가가 자신의 잘못으로 말미암아 박탈당한 공적인 교사의 직분으로 그를 다시 받아들이는 것이었다. 죄를 지은 사람에 대해서 그 죄를 절대로 용서하지 않겠다고 하는 것과 단지 공적인 직분을 맡길 수 없다고 하는 것은 완전히 다른 문제이다. 하지만 원만하게 처리될 수 있는 문제를 놓고서, 바울과 바나바가 절제하지 못해서, 이런 불상사가 벌어진 것일 가능성도 있다. 왜냐하면, 바울이 신뢰를 보여주지 못했던 마가를 동역자로 받아들이지 않은 것은 정당한 치리권을 행사한 것이었지만, 바나바가 이렇게 완강한 태도로 나온 것으로 보았을 때, 분명히 거기에는 바나바의 요구를 들어줄 여지가 있었을 것이기 때문이다. 우리가 온 세상으로부터 인정받는 것보다도 진리를 더 중시하여야 한다는 것은 분명하지만, 우리가 지금 다루고 있는 문제가 얼마나 중요한 것인지 그 경중을 지혜롭게 고려할 필요가 있다. 왜냐하면, 어떤 사람이 별로 중요하지도 않고 교회에 덕이 되지도 않을 일을 가지고서, 싸울 듯한 기세로 자신의 불굴의 의지를 과시하며 자신이 한 번 결정한 것을 끝까지 밀어붙인다면, 그것은 어리석고 완악한 고집이 될 것이기 때문이다. 또한, 바울에게는 진리에서 벗어나지 않으면서도, 자신의 동역자의 끈덕진 간청을 어느 정도 들어줄 수 있는 절충안도 있었다. 왜냐하면, 바울은 마가의 비위를 맞춰준다거나 그의 죄를 덮어 주는 것이 아니라, 자신의 생각을 솔직하게 표명한 후에, 올바른 교리를 손상시키거나 사람들의 구원을 위태롭게 하지 않고 신앙적인 양심에도 거리낌이 되지 않는 선에서, 자신의 입장을 양보할 수도 있었을 것이기 때문이다. 아무리 명분이 좋다고 하더라도 우리의 열심이 통제 불능에 이르지 않도록 절제하는 법을 배워야 한다고 내가 권하는 이유도 거기에 있다.

제16장

¹바울이 더베와 루스드라에도 이르매 거기 디모데라 하는 제자가 있으니 그 어머니는 믿는 유대 여자요 아버지는 헬라인이라 ²디모데는 루스드라와 이고니온에 있는 형제들에게 칭찬 받는 자니 ³바울이 그를 데리고 떠나고자 할새 그 지역에 있는 유대인으로 말미암아 그를 데려다가 할례를 행하니 이는 그 사람들이 그의 아버지는 헬라인인 줄 다 앎이러라 ⁴여러 성으로 다녀 갈 때에 예루살렘에 있는 사도와 장로들이 작정한 규례를 그들에게 주어 지키게 하니 ⁵이에 여러 교회가 믿음이 더 굳건해지고 수가 날마다 늘어가니라(16:1-5).

1. 바울이 더베와 루스드라에도 이르매 거기 디모데라 하는 제자가 있으니 그 어머니는 믿는 유대 여자요 아버지는 헬라인이라. 이제 누가는 바울이 바나바와 결별한 후에 보인 행보에 대해서 보도하기 시작하는데, 가장 먼저 언급한 것은 루스드라에서 디모데를 동역자로 선택하였다는 것이다. 그러나 누가는 바울이 깊이 생각하지 않고 경솔하게 그렇게 한 것이 아니라는 것을 우리에게 알게 하기 위하여, 디모데는 형제들로부터 "칭찬받는" 사람이었다고 말함으로써, 그의 경건함은 형제들의 증언에 의해서 입증되었다는 점을 분명히 하는데, 디모데의 이러한 특성은 바울이 다른 곳에서 사역자들을 선택할 때에 지켜야 할 점들에 대해서 디모데에게 명한 것(딤전 3:7)과 부합하는 것이었다. 따라서 여기서 바울은 자기가 말한 선택의 기준을 스스로 준수한 것이었다. 한편, 바울은 디모데전서 1:18에서 성령이 예언들을 통해서 디모데를 지도하였다고 말하는데, 이 당시에 그에게 그런 예언들이 주어졌던 것 같지는 않다. 하지만 바울은 감독의 직분을 맡을 자는 "외인에게서도 선한 증거를 얻은 자"(딤전 3:7)라고 말하는 데 반면에, 누가는 디모데가 "형제들에게 칭찬받는 자"였다고 말하였다는 점에서는, 약간의 차이가 있어 보인다. 나의 대답은 경건한 자들만이 적절한 증인이 될 수 있고, 성령의 도우심을 받아서 정확하고 지혜롭게 분별할 수 있기 때문에, 경건한 자들의 판단을 특히 존중하는 것이 합당하고, 불경건한 자들의 판단은 눈먼 맹인이 판단하는 것과 같아서 별 신경을 쓸 필요가 없

다는 것이다. 따라서 분명한 것은 경건하고 거룩한 삶을 산 사람인지에 대한 평가는 반드시 거룩한 자들의 판단과 인정을 따르는 것이 합당한 까닭에, 그들의 칭찬을 받는 자라야 감독의 자격이 있다고 보아야 한다는 것이다. 하지만 나는 감독의 직분을 맡은 자들은 부차적으로는 믿지 않는 자들, 즉 "외인"에게서도 칭송을 받아야 한다는 점을 인정한다. 왜냐하면, 하나님의 교회가 외인들로부터 비방과 험담을 듣지 않도록 하려면, 평판이 좋지 않은 사람이 하나님의 교회를 다스려서는 안 되기 때문이다.

3. 바울이 … 유대인으로 말미암아 그를 데려다가 할례를 행하니. 누가는 바울이 디모데에게 할례를 받게 한 사실을 보도하면서, 그것이 신앙에 있어서 반드시 필요한 일이었거나, 할례라는 표징이 아직도 여전히 유효하였기 때문이 아니라, 단지 복음을 전하는 데 걸림돌이 될지도 모를 위험을 피하기 위한 것이었음을 분명하게 밝힌다. 즉, 바울은 디모데가 할례를 받을 필요가 없었음에도 불구하고 사람들을 고려해서 그렇게 한 것이었다. 따라서 디모데가 받은 할례는 아브라함과 그의 자손들에게 행해졌던 것과 같은 성례전이 아니었기 때문에, 하나님을 섬기는 데 필요한 경건의 행위로 행한 것이 아니라, 단지 다른 사람들을 배려하고 유익하게 하기 위한 사랑의 행위로서 행한 가치중립적인 의식이었을 뿐이었다.

여기서 한 가지 질문이 생기는데, 그것은 바울이 그 의미와 효력이 이미 폐하여진 이 무의미한 표징을 자의적으로 행한 것이 과연 옳은 일이었느냐 하는 것이다. 왜냐하면, 할례는 그리스도께서 오실 때까지만 행하도록 하나님께서 명하신 것이었던 까닭에, 이제는 더 이상 하나님이 제정하신 것이 아닌 것이 되었고 실효된 것으로 보이기 때문이다. 이 질문에 대한 나의 대답은 할례라는 제도는 그리스도의 오심으로 원칙적으로 폐하여진 것은 사실이지만, 현실적으로는 단번에 전면적으로 중단된 것은 아니었고, 복음의 빛이 더욱 분명하게 비쳐서, 모든 사람이 그리스도가 율법의 마침이라는 것을 알게 될 때까지는, 어느 정도 융통성 있게 할례를 활용하는 것이 허용되었다는 것이다.

우리는 여기서 세 가지 측면을 구별하여야 한다. 첫 번째 측면은 율법의 의식들은 그리스도의 오심으로 폐지되었기 때문에, 이제 더 이상 하나님에 대한 예배와는 무관한 것이 되었고, 영적인 실체들의 상징도 아니며, 반드시 행할 필요도 없게 되었다는 것이다. 두 번째 측면은 율법의 의식들의 사용 여부는 복음의 진리가 좀 더 분명하게 드러날 때까지는 자유에 맡겨졌다는 것이다. 세 번째 측면은 율법의 의식들을 사용하는 것이 교회의 덕을 세우는 데 유익하거나 미신을 조장하는 것이 아닌 경우를 제외하고는, 신자들이 율법의 의식들을 계속해서 유지하는 것은 허용되지 않았다는 것이다. 하지만 율법의 어떤 의식이냐에 따라서, 내가 방금 말한 자유에는 예외가 있었다. 즉, 할례는 죄 사함을 위해서 제정되었던 희생제사들과 동일한 범주에 속하는 의식이 아니었기 때문에, 바울이 디모데에게 할례를 받게 한 것은 합법적인 일이었지만, 만일 속죄 제사를 드렸다면, 그것은 불법이 되었을 것이다. 대원칙은 율법의 모든 제의는 잠정적인 것이었기 때문에, 신앙 및 양심과 관련해서 그 효력은 그리스도의 오심과 함께 끝이 났다는 것이다. 하지만 우리는 율법의 의식들의 사용은 신앙 고백과 상충되지 않는 한에 있어서 단기적으로는 경건한 자들의 자유에 맡겨진 가치중립적인 것이었다고 생각하여야 한다. 우리는 내가 "단기적"이라고 한 말, 즉 복음이 분명하게 드러날 때까지라는 말에 유의하여야 한다. 왜냐하면, 일부 학식 있는 자들이 이 점을 크게 착각해서, 바울은 우리가 세례로 말미암아 "그리스도와 함께 장사된" 까닭에 할례가 필요 없다고 가르치고 있음에도 불구하고 (골 2:12; 갈 2:3), 유대인들 가운데서 할례가 여전히 유효한 것처럼 말하기 때문이다. 하지만 "회당은 영광스럽게 퇴장되어야 한다"는 옛 격언이 진실을 더 정확하게 보여준다.

이제 우리가 살펴보아야 할 것은 할례를 해도 되고 안 해도 되는 가치중립적인 상태가 언제까지 허용되느냐 하는 것이다. 이것은 자유라는 원칙으로부터 쉽게 드러난다. 당시에는 하나님께서 이방인들을 부르셨다는 것이 아직까지 모든 곳에서 알려져 있는 것이 아니었기 때문에, 여전히 유대인들에게 모종의 특권이 주어지는 것이 마땅하였다. 따라서 하나님의 양자됨이 아브라함의 자손들로부터 모든 민족에게로 옮겨졌다는 사실이 좀 더 잘 알려질 때까지는, 교회의 덕을 세우는 데 필요한 경우에, 유대인과 이방인을 구별하는 할례의 표징을 유지하는 것이 허용되었다. 왜냐하면, 바울이 자기가 디도에게 억지로 할례를 받게 하지 않은 것(갈 2:3)이 잘한 일이었다고 말하고 있는 것으로 보아, 우리는 할례라는 의식은 차별이나 선택과는 아무런 상관이 없는 자유로운 것이었다고 말할 수 있기 때문이다. 바울이 염두에 둔 것은 교회의 덕을 세우는 것과 교회의 공적인 유익이었다. 따라서 그는 디도의 경우에는 그에게 할례를 받게 하는 것은 복음의 순전한 가르침을 포기하고 원수들의 비방을 감수하여야 하는 것이었기 때문에 할례를 받지 못하게 한 것이었던 반면에, 디모데의 경우에는 할례를 받게 하는 것이 교회에 유익이 된다는 것을 알았기 때문에 그에게 할례를 행하였던 것이다. 이것으로부터 교황제도가 얼마나 끔찍한 혼란에 빠져 있는지가 금방 드러난다. 하나님께서는 복음의 진리가 더 밝게 빛을 발하도록 하시기 위해서, 자신이 친히 명하셨던 율법의 의식들을 폐하신 반면에, 교황제도 속에는 헤아릴 수 없이 많은 의식들이 존재한다는 사실을 생각할 때, 우리는 그들이 백 개도 넘는 다른 가림막을 마련하기 위해서 옛 성전이라는 가림막 하나를 버린 것이라고 볼 수밖에 없다. 그들은 새로운 의식들을 아무런 거리낌 없이 부지기수로 끌어들였고, 그 모든 것들이 하나님을 예배하기 위해 유익하고 가치 있는 것이라는 거짓되고 사악한 선전까지 곁들였으며, 결국에는 마귀적인 공로 사상을 도입하였다. 교황제도 속의 그러한 의식들이 그리스도를 가리는 가림막이나 무덤 정도가 아니라, 신실한 믿음과 경건을 질식시키는 악취 나는 배설물들로 이루어진 거름더미에 불과하다는 것은 너무나 분명하기 때문에, 그러한 의식들을 아무런 거리낌 없이 사용하는 자들은 하나님께서 자신의 율법에 부여하신 것보다 더 큰 권위를 교황에게 돌리는 것이다. 그들이 행하는 미사를 비롯한 갖가지 더러운 의식들 속에 우상 숭배적인 요소가 분명하게 포함되어 있다는 것은 두말할 필요조차 없다.

3. 그 사람들이 그의 아버지는 헬라인인 줄 다 앎이러라. 여기서 누가는 디모데로 하여금 유대인들에게 아무런 거리낌 없이 접근할 수 있게 해줌과 동시에, 유대인들로 하여금 디모데를 부정한 사람으로 여기지 않도록 하기 위한 것이 바울의 의도였다는 것을 보여준다. 누가는 유대인들이 디모데의 아버지가 헬라인인 줄을 다 알고 있었다고 말함으로써, 유대 사회에서는 자신의 자녀에 대한 권한이 어머니에게 없었기 때문에, 유대인들은 디모데가 할례를 받지 않았을 것이라고 확신하고 있었음을 우리에게 알게 해준다. 여기서 독자들은 당시에 하나님의 백성들이 종이나 다름없는 비참한 삶을 살고 있었다는 것을 한 번쯤 기억할 필요가 있다. 디모데의 어머니인 "유니게"는 유대인들조차도 신기하게 여겼던 소수의 남은 자 중의 하나였지만, 이방인과 결혼했던 그녀는 감히 자기 자녀들을 하나님께 드릴 엄두를 낼 수 없었기 때문에, 하나님의 은총 안에 있음을 보여주는 외면적인 징표인 할례조차 받게 하지 못하였다. 그럼에도 불구하고, 그녀는 자기 아들을 어려서부터 하나님을 경외하고 참되게 예배하도록 양육하는 것을 포기하지 않았다. 이것은 남편의 위압으로 말미암아 자기 자녀들과 가족을 참된 경건으로 순전하게 양육할 수 없는 모든 여인들의 귀감이 되어야 할 본보기이다. 여기서 사용된 "헬라인"이라는 단어는 성경의 일반적인 어법을 따른 것으로서 "이방인"을 가리킨다.

4. 예루살렘에 있는 사도와 장로들이 작정한 규례를 그들에게 주어 지키게 하니.
여기서 누가는 바울이 교회의 평안을 위해서 얼마나 애쓰고 있는지를 보여준다. 당시에 교회들 간의 화합과 결속을 도모하기 위한 최선의 방법은 사도들이 결정한 "규례"를 지키는 것이었다. 바울은 이 점을 유념해서, 자신의 잘못으로 혼란이 야기되지 않도록 하기 위하여 경계를 늦추지 않는다. 하지만 우리는 이 규례가 일시적인 것이었음을 기억하여야 한다. 왜냐하면, 나중에 바울은 그러한 것들이 교회에 걸림돌이 될 위험이 더 이상 존재하지 않게 된 것을 알게 되었을 때, 교회들로부터 그 규례의 족쇄를 벗겨 주고 사도들이 금지했던 것들을 풀어 주었기 때문이다. 바울은 자신이 나중에 그 규례들을 폐할 것임에도 불구하고, 사도들이 결정한 사항을 위반하지 않고, 그런 결정을 한 사람들을 비난하지 않는다. 왜냐하면, 이 규례를 정한 사도들과 장로들의 목적은 영원한 규례를 세우는 것이 아니라, 연약한 양심을 해칠 수 있는 요소들을 잠시 동안 억제하는 것이었기 때문이다. 이것에 대해서는 우리가 이미 앞 장에서 상세하게 살펴본 바 있다. 이것은 우리를 비난하는 교황주의자들이 얼마나 어리석은 자들인지를 더욱 극명하게 보여준다. 왜냐하면, 그들은 우리가 교회의 칙령들을 무시하는 것이 바울이 보여준 모범과 크게 다르다고 심하게 비난하지만, 우리는 경건한 자들의 양심이 사람들의 뜻에 종속되지 않고, "오직 하나님의 말씀으로만"(solo Dei verbo) 다스림 받기를 원하는 것일 뿐이기 때문이다. 내가 이미 말했듯이, 바울에게는 이 규례를 통해서 사람들의 양심을 올무에 빠지게 하고자 하는 의도가 전혀 없었다. 즉, 한편으로, 바울은 다른 곳들에서 다음과 같이 말함으로써, 자기가 늘 일관된 태도를 지니고 있었음을 보여준다: "깨끗한 자들에게는 모든 것이 깨끗하나 더럽고 믿지 아니하는 자들에게는 아무것도 깨끗한 것이 없고 오직 그들의 마음과 양심이 더러운지라"(딛 1:15); "어떤 사람은 모든 것을 먹을 만한 믿음이 있고 믿음이 연약한 자는 채소만 먹느니라"(롬 14:2); "하나님의 나라는 먹는 것과 마시는 것이 아니요"(롬 14:17); "음식은 우리를 하나님 앞에 내세우지 못하나니"(고전 8:8); "무릇 시장에서 파는 것은 양심을 위하여 묻지 말고 먹으라"(고전 10:25). 하지만 다른 한편으로, 그는 우상에게 바쳐졌던 음식은 "다른 사람의 양심을 위하여" 먹지 말라고 그 이유를 한 마디 덧붙임으로써, 서로 조화될 것 같지 않았던 두 가지 교훈을 무리 없이 잘 조화시킴과 동시에, 경건한 심령들을 사람의 법으로 속박하지 않기 위하여 세심한 주의를 기울인다.

따라서 오늘날 우리는 바울이 행한 것과 다른 것을 시도하고 있는 것이 결코 아니다. 하지만 교황주의자들이 자신들이 제정한 법들을 여기에 나오는 사도들과 장로들이 결정한 "규례"에 해당한다고 말하는 것은 정말 웃기지도 않는 일이다. 사도들은 어떤 새로운 하나님에 대한 예배를 고안해 낸 것도 아니었고, 새로운 영적인 정부를 세운 것도 아니었으며, 단지 교회의 평안을 간절히 바라는 마음으로, 이방인들에게 유대인들을 배려해서 조금만 양보해 줄 것을 권한 것일 뿐이었다. 교황이 자기가 제정한 법들도 그러한 성격의 것이라고 변명하고자 한다면, 먼저 그 법들을 모두 바꾸는 것이 선행되어야 한다. 그렇지 않는 한, 교황주의자들은 하나님을 영적으로 예배해야 함에도 불구하고 그렇게 하지 않고, 자신들이 날조해 낸 것들 위에서 하나님을 자의적으로 예배하고, 사람들의 영혼을 지배하기 위해서 오직 하나님께만 속한 권한을 자신들이 독점하고 있기 때문에, 우리가 거기에 침묵하는 것은 그리스도를 배신하고 그 보혈의 은혜를 저버리는 것이 되는 까닭에 우리로서는 그들에게 결연히 저항할 수밖에 없다. 믿음이 연약한 자들을 돕기 위해서 사도들과 장로들이 결정한 세 가지 규례와, 불쌍한 영혼들을 무겁게 짓눌러 으깰 뿐만 아니라 그 심령들의 믿음을 집어삼키는 교황주의자들이 제정한 저 무수한 법들이 도대체 어떤 점에서 서로 비슷하다는 말인가? 아우구스티누스(Augustinus)가 이미 당시의 교회가 너무나 많은 무거운 전통들에 짓눌려 있다고 야누아리우스(Ianuarius)에게 한 탄식은 유명하다. 만일 그가 다시 살아온다면, 그때보다 백배는 더 무거운 오늘날의 속박의 짐을 과연 그가 견뎌낼 수 있을지를 나는 묻고 싶다.

5. 이에 여러 교회가 믿음이 더 굳건해지고 수가 날마다 늘어가느니라.   이것으로부터 우리는 누가가 사도들과 장로들의 규례에 대하여 언급한 말들은 복음의 가르침을 더 빛나게 해주는 장식 같은 것이었음을 알게 된다. 왜냐하면, 누가는 "교회가 믿음이 더 굳건해지고"라고 말함으로써, 바울의 가르침이 가져온 대단한 결과와 열매를 칭송하고 있기 때문이다. 따라서 우리는 바울이 외적인 질서보다도 훨씬 더 중요한 복음의 가르침에 담겨 있는 하나님의 나라를 이루어가는 데에 집중할 수 있는 여건을 만들기 위한 방편으로 사도들과 장로들이 결정한 "규례"를 활용한 것이었음을 알게 된다. 즉, 그는 그 규례를 활용해서 믿는 자들을 화합과 일치로 이끌었는데, 그것은 그에게는 복음의 가르침을 전하는 데에 그러한 화합과 일치가 중요하였기 때문이었다. 하지만 화합과 일치보다 더 높은 수준에 있는 신앙과 경건의 유일한 토대는 믿음이고, 믿음은 사람들이 정한 법이 아니라 오직 하나님의 순전한 말씀으로 말미암는다. 이 사례를 통해서 누가는 우리가 믿음의 초기에 게으름이나 나

태에 빠져서 믿음으로 인한 유익을 얻지 못하는 일이 생기지 않도록 하기 위하여 믿음의 진보를 계속해서 이루어 가도록 분발하여야 한다고 강력히 촉구한다. 또한, 이 구절은 우리의 믿음이 성장하려면 어떻게 해야 하는지 그 방법도 보여준다. 즉, 하나님께서는 이때에 바울과 그의 동료들의 수고를 사용하셨던 것처럼, 오늘날에도 자신의 종들의 사역을 통해서 우리의 믿음이 진보를 이루게 하신다는 것이다. 또한, 누가는 바로 이어서 믿는 자들의 수가 날마다 늘어갔다고 말하는데, 이것은 복음 전도의 또 다른 열매였음이 분명하다. 이것은 그리스도께로 먼저 부르심을 받은 자들이 믿음의 진보를 이룰수록, 그 믿음이 새끼를 치듯이 다른 사람들에게로 널리 퍼져나가서, 더 많은 사람들을 그리스도께로 인도하게 된다는 것을 우리에게 보여준다.

⁶성령이 아시아에서 말씀을 전하지 못하게 하시거늘 그들이 브루기아와 갈라디아 땅으로 다녀가 ⁷무시아 앞에 이르러 비두니아로 가고자 애쓰되 예수의 영이 허락하지 아니하시는지라 ⁸무시아를 지나 드로아로 내려갔는데 ⁹밤에 환상이 바울에게 보이니 마게도냐 사람 하나가 서서 그에게 청하여 이르되 마게도냐로 건너와서 우리를 도우라 하거늘 ¹⁰바울이 그 환상을 보았을 때 우리가 곧 마게도냐로 떠나기를 힘쓰니 이는 하나님이 저 사람들에게 복음을 전하라고 우리를 부르신 줄로 인정함이러라(16:6-10).

6. 그들이 브루기아와 갈라디아 땅으로 다녀가. 여기서 누가는 바울과 그의 동료들이 자신들의 가르치는 직분에 얼마나 지극정성으로 헌신하였는지를 보여준다. 왜냐하면, 누가는 그들이 복음을 전파하기 위해서 소아시아 여러 지역을 두루 다녔다고 말하고 있기 때문이다. 그런데 누가가 여기서 한 가지 주목할 만한 사실을 보도하는데, 그것은 성령께서 그들에게 어떤 곳들에서는 그리스도를 전하지 못하게 하셨다는 것이다. 이것은 바울의 사도직이 얼마나 존귀한 것인지를 드러내 주는 것이었다. 또한, 바울은 하나님의 성령이 자신의 길과 행위를 인도하신다는 것을 알았을 때에 큰 담대함을 얻게 되었을 것임은 의심의 여지가 없다. 그들은 모든 이방인들에게 차별 없이 복음을 전하라고 보내심을 받았기 때문에, 자신들의 소명과 하나님의 명령을 충실히 행하기 위하여, 자신들이 가는 곳마다 말씀을 전하고자 하였지만, 하나님께서는 적절한 때를 따라서 전에는 감추어져 있던 자신의 계획을 나타

내서서, 그들의 여정을 인도하셨다.

　　그러나 한 가지 질문이 생긴다: "바울이 성령께서 인도하시지 않은 곳에서는 말씀을 전하지 않았다면, 말씀을 전할 때와 전하지 않아야 할 때를 확실하게 알려주는 계시가 주어지지 않는 오늘날의 교회 사역자들은 구체적으로 어떤 곳에서 말씀을 전할 소명이 자신에게 주어졌다는 것을 어떻게 확신할 수 있는가?" 나의 대답은 바울에게 성령의 특별한 지시가 필요했던 것은 그가 담당했던 전도 지역이 아주 넓었기 때문이라는 것이다. 그는 어느 한 지역이나 몇몇 도시를 담당하는 사도로 세움 받은 것이 아니라, 아시아와 유럽에 걸친 지역에서 복음을 전하라는 명령을 받았고, 그런 소명을 감당하기 위해서는 망망한 바다를 건너서 여행을 해야 하였다. 그런 까닭에, 하나님께서 이 광대한 지역 속에서 바울이 어느 곳으로 얼마만큼 가서 복음을 전하기를 원하시는지를 마치 자신의 손을 펴서 손가락으로 가리키시듯이 보여주신 것은 우리가 이상하게 여길 이유가 없다.

　　하지만 여기서 더 어려운 문제가 생긴다: "하나님께서는 왜 바울이 아시아에서 말씀을 전하지 못하게 하시고, 그가 비두니아로 가는 것을 허락하지 않으신 것인가?" 이 질문에 대해서 우리가 그 지역의 이방인들은 구원의 가르침을 받을 자격이 없었기 때문이라고 대답한다면, "마게도냐 사람들은 어떤 이유에서 복음을 들을 자격이 있었던 것인가?"라는 추가적인 질문이 생겨나게 된다. 이러한 질문에 대해서, 스스로 아주 지혜롭게 되고 싶어 하는 자들은 사람들 간에 이러한 구별이 생긴 이유는 하나님께서 믿음으로 순종할 준비가 되어 있는 것으로 보이는 사람들을 자신의 복음을 받을 자격이 있는 사람들이라고 생각하셨기 때문이라고 대답한다. 하지만 하나님의 말씀은 그런 대답을 하는 자들의 생각과는 판이하게 다르다. 왜냐하면, 복음의 가르침을 순순히 받아들여서 순종하는 마음은 사람들에게 원래부터 존재하는 것이 아니라, 하나님의 성령으로부터 오는 것인 까닭에, 하나님께서는 자기를 찾지 않는 사람들에게 나타나셨고, 자기에 대해서 묻지 않는 사람들에게 말씀하셨다고 밝히고 계시기 때문이다. 모든 사람은 믿음을 거스르는 본성을 지니고 있기 때문에, 어떤 사람에게 다른 사람보다 더 뛰어난 것이 존재하지 않는다는 것은 확실하다. 따라서 하나님께서는 자신의 기뻐하시는 뜻을 따라 어떤 사람은 자신의 은혜를 받을 만하다고 여기시고 어떤 사람은 그렇지 못하다고 여기실 수 있는 자유와 주권을 갖고 계신다는 것을 인정하는 것이 우리가 할 수 있는 최선의 것이다. 하나님의 영원하신 택정하심(electio)은 은혜로 말미암는 것이기 때문에, 거기서부터 비롯된 하나님의 부르심도 은혜로 말미암는 것일 수밖에 없다. 이렇게 하나님의 택정하심과 부르심에는 사람이 기여하는 것이 전혀 없는 까닭에, 그 근거가 사람에게 있는 것이 결코 아니다.

따라서 우리는 복음은 전적으로 은혜(gratia)라는 원천으로부터 우리에게 온다는 것을 알아야 한다. 그럼에도 불구하고, 하나님께서 어떤 사람에게는 자신의 복음을 주시고, 어떤 사람에게는 주시지 않는 것에는 다 그럴 만한 합당한 이유가 없는 것이 아니지만, 그 이유는 하나님의 비밀한 계획 속에 감추어져 있다는 것이 나의 지론이다. 따라서 믿는 자들은 하나님께서 다른 사람들을 제쳐놓으시고 자신들을 부르신 것은 순전히 은혜로 말미암은 것임을 알아서, 자신들의 부르심을 오직 하나님의 자비하심 덕분으로 돌리고, 그들 자신의 어떤 공로로 돌리지 않아야 한다. 또한, 그들은 하나님께서 겉으로 드러난 분명한 이유가 없는데도 어떤 사람들에게는 복음을 주시지 않는 것과 관련해서는, 사람들이 도저히 알 수 없는 하나님의 심오한 판단을 놀랍게 여기고 찬양할 줄 알아야 한다. 여기서 "아시아"는 로마의 속주인 아시아를 가리킨다. 누가는 바울과 그의 동료들이 비두니아로 가려고 애썼지만 성령께서 허락하지 않았다고 말함으로써, 하나님께서는 자신이 자기 백성들 곁에 계시다는 것을 오직 필요할 때에만 계시로써 알려 주신다는 것을 보여준다.

9. 밤에 환상이 바울에게 보이니. 하나님께서는 바울이 아시아에 더 이상 머무르지 말고 마게도냐로 가기를 원하셨다. 누가는 하나님께서 바울을 거기로 인도하신 방식에 대해서 보도하는데, 그것은 "마게도냐 사람 하나"가 밤에 환상 가운데서 그에게 나타났다는 것이다. 여기서 우리가 주목하여야 할 것은 하나님께서는 여러 가지 다양한 방식을 통해서 확증해 주는 것이 더 낫기 때문에 언제나 동일한 방식으로 계시를 주시지는 않는다는 것이다. 그런데 누가가 "환상"이 꿈속에서 나타났다고 말하지 않고, 단지 "밤에" 나타났다고만 말한 것은 어떤 환상은 밤중에 깨어 있는 사람에게 나타나기도 하기 때문이다.

9. 우리를 도우라. 이 구절은 바울에게 맡겨진 사역이 얼마나 존귀한 것인지를 보여준다. 왜냐하면, 이 구절은 복음은 "하나님의 구원의 능력"(롬 1:16)이 되는 까닭에, 하나님의 사역자들은 멸망해 가는 자들에게 도움을 베풀어서 그들을 영원한 죽음으로부터 구원해서 영생의 유업으로 인도하는 사람들이라고 말하고 있는 것이기 때문이다. 또한, 이 구절은, 복음을 전하는 자들은 비참한 처지에 놓여 있는 영혼들을 멸망으로부터 건져내고, 멸망으로 치닫는 사람들을 도와서 그들로 하여금 구

원을 얻게 하는 자들이라고 말하고 있기 때문에, 경건한 교사들의 열심과 분발을 촉구하는 데도 적지 않은 자극을 줄 것임에 틀림없다. 아울러, 이 구절은 복음을 듣는 자들은 누구든지 하나님의 은혜를 악의적으로 거부하고자 하는 것이 아니라면, 복음을 전해 주는 사역자들을 자신들을 죽음에서 건져줄 해방자들로 여기고서 공경하고 사랑하는 마음으로 대하여야 한다는 것을 가르쳐 준다. 하지만 그렇다고 해서, 사람들은 하나님께 돌려야 할 영광을 아주 작은 부분이라도 사역자들에게 돌려서는 결코 안 된다. 왜냐하면, 하나님께서는 비록 자신의 사역자들을 통해서 사람들에게 구원을 베푸시지만, 구원의 주체는 어디까지나 오직 하나님 한 분이시고, 사람들을 도우시기 위하여 자신의 사역자들을 통해서 친히 자신의 손을 뻗치시는 것이기 때문이다.

10. 바울이 그 환상을 보았을 때 … 우리를 부르신 줄로 인정함이러라. 이것으로부터 우리는 바울이 단순히 "환상"만을 보았던 것이 아니라, 성령의 증언에 의해 밑받침된 환상을 본 것이었음을 알게 된다. 사실, 사탄도 환영이나 환각 같은 속임수들을 이용해서 믿지 않는 자들을 농락하는 경우가 흔히 있다. 따라서 "환상"만 주어지는 경우에는 믿는 자들의 마음은 의심과 불안에 빠질 수밖에 없게 된다. 하지만 진정으로 하나님으로부터 온 "환상"에는 성령에 의한 확실한 증거와 인침이 수반되기 때문에, 하나님께서 자기에게 확실하게 헌신하게 하고자 하시는 사람들은 의심하거나 이럴까 저럴까 망설이게 되지 않는다. 한 예로, 로마의 장군 브루투스(Brutus)에게 나타나서 그를 저 불행한 빌립보 전투로 이끌었던 것은 악한 영이었고, 바울도 나중에 빌립보로 부르심을 받았지만, 하나님께서 자신의 종을 부르신 방식은 전혀 달랐다. 즉, 하나님께서 바울을 부르실 때에는 그에게서 모든 의심과 두려움을 제거해 주셨다. 이제 바울과 그의 동료들에게 하나님의 부르심에 대한 확신은 즉시 순종하고자 하는 열심으로 이어졌다. 왜냐하면, 그들은 하나님이 자신들을 마게도냐로 부르신 것을 깨닫자마자 여행 준비를 마치고서 거기로 가기 위해 "힘썼기" 때문이다. 이 구절에서 "인정하다"로 번역된 분사에 능동형 어미가 붙어 있는 것은 여러 가지 의미를 지니기는 하지만, 여기서 누가가 말하고자 한 것은 바울과 그의 동료들이 이 "환상"을 앞서 성령이 주신 말씀들에 비추어 본 후에, 하나님께서 자신들을 마게도냐로 부르고 계신다는 것을 온전히 확신하게 되었다는 것임은 의심의 여지가 없다.

¹¹우리가 드로아에서 배로 떠나 사모드라게로 직행하여 이튿날 네압볼리로 가고 ¹²거기서 빌립보에 이르니 이는 마게도냐 지방의 첫 성이요 또 로마의 식민지라 이 성에서 수일을 유하다가 ¹³안식일에 우리가 기도할 곳이 있을까 하여 문 밖 강가에 나가 거기 앉아서 모인 여자들에게 말하는데 ¹⁴두아디라 시에 있는 자색 옷감 장사로서 하나님을 섬기는 루디아라 하는 한 여자가 말을 듣고 있을 때 주께서 그 마음을 열어 바울의 말을 따르게 하신지라 ¹⁵그와 그 집이 다 세례를 받고 우리에게 청하여 이르되 만일 나를 주 믿는 자로 알거든 내 집에 들어와 유하라 하고 강권하여 머물게 하나라(16:11-15).

11-12. 우리가 드로아에서 배로 떠나 … 거기서 빌립보에 이르니. 이 이야기는 하나님께서는 자신의 사람들로 하여금 아주 특별한 불굴의 믿음이 없으면 결코 극복할 수 없는 난관을 겪게 하셔서 그들의 믿음과 인내를 연단하신다는 것을 마치 거울로 보듯이 생생하게 보여준다. 왜냐하면, 여기에서는 바울이 마게도냐 지방에 들어가서, 자신이 "환상"을 통해서 얻었던 확신조차 사라지게 할 정도로 극심한 어려움을 겪은 이야기가 전개되기 때문이다. 바울과 그의 동료들은 하던 일을 다 접어두고, 마치 마게도냐 지방의 사람들이 도움을 받으려는 열망을 가득 품고서 그들을 반갑게 맞으러 나오기라도 할 것 같은 그런 분위기에서 바다를 건넜다. 하지만 막상 마게도냐로 들어갔을 때, 그곳의 상황은 그들의 기대와는 너무나 거리가 멀어서, 복음 전도의 문은 그들에게 거의 봉쇄되어 있었다. 그들은 마게도냐 지방에서 첫째가는 도시인 빌립보 성에 들어갔지만, 거기에서는 복음을 전할 대상을 한 사람도 찾을 수 없었기 때문에, 할 수 없이 전도 대상을 찾아서 성 밖의 한적한 곳으로 나가게 되었다. 그러나 그들은 거기에서도 자신들의 가르침을 들어줄 남자를 한 사람도 만나지 못하고, 단지 한 이방 여인을 그리스도의 제자로 얻었을 뿐이었다. 이처럼 초라한 결과를 보고서, 이 여행이 어리석고 무모하게 감행된 것이었다고 말하지 않을 사람이 어디 있겠는가? 하지만 하나님께서는 이처럼 초라하고 미약해 보이는 일을 통해서 자신의 역사를 이루어 가심으로써, 결국에는 그의 권능이 더욱 빛이 나게 하신다. 믿는 자들로 하여금 십자가의 낮아짐(crucis humilitas)을 맛볼 수 있게 하기 위해서는, 그리스도의 나라가 초기에는 이런 식으로 미약하게 이루어져 나갈 필요가 있었다. 그러나 우리가 주목해야 할 것은 바울과 그의 동료들이 보여준 불굴의 인내(constantia)이다. 마게도냐에서의 첫 사역이 제대로 풀리지도 않고 결과도 보

잘겄없었음에도 불구하고, 그들은 낙심하기는커녕, 도리어 아주 작은 기회가 뜻밖의 결과를 가져올 수도 있다고 생각하고서는 부지런히 기회들을 찾아다녔다. 분명한 것은 그리스도의 종들은 그 어떤 어려움에도 굴하지 않고 온갖 난관을 헤쳐 나가야 하며, 비록 오늘의 수고에서 아무런 열매를 거두지 못했을지라도 내일도 그 수고를 계속해 나가야 한다는 것이다. 왜냐하면, 그들이 바울보다 더 성공적이기를 기대할 이유는 없기 때문이다. 누가는 그들이 그 성에서 "수일을 유했다"고 말하지만, 어떤 이들은 "그들이 협의했다" 또는 "그들이 논쟁을 벌였다"라는 읽기를 선호한다. 그러나 앞의 읽기가 좀 더 단순하고, 문맥도 그러한 읽기를 지지한다. 왜냐하면, 누가는 조금 뒤에서 "루디아"가 교회의 첫 열매가 되었다는 것을 보여주고 있기 때문이다. 또한, 우리는 성 안에서는 그들에게 전도의 문이 전혀 열리지 않았기 때문에, 그들이 성 밖으로 나가게 된 것임을 쉽게 짐작할 수 있다.

13. 안식일에. 당시에 유대교는 모든 곳에서 사람들의 지독한 혐오의 대상이었기 때문에, 유대인들은 기도하고 싶을 때에 한적한 곳을 찾았으리라는 것은 의심의 여지가 없다. 그들의 본보기를 통해서 하나님께서는 우리에게 신앙 고백을 지극히 소중히 여겨서, 외부의 반감이나 위험을 두려워하여 우리의 믿음을 포기해서는 안 된다는 것을 가르치고자 하셨다. 물론, 유대인들은 도처에 회당을 세웠지만, "로마의 식민지"였던 빌립보에서는 공공집회를 갖는 것이 불법이었다. 따라서 유대인들은 아무도 보는 사람이 없는 한적하고 외진 곳으로 가서 하나님께 기도하곤 하였다. 그렇게 한다고 해서, 그들이 악의적인 자들에 의한 고난이나 위험에서 완전히 벗어날 수 있었던 것은 아니었지만, 그들은 일신의 안락함보다는 하나님을 예배하는 것을 더 좋아하였다. "안식일"이라는 단어를 통해서 우리는 누가가 유대인들에 대하여 말하고 있다는 것을 짐작할 수 있다. 다음으로, 누가가 루디아의 경건을 칭송하고 있는 것으로 보아서, 그녀는 유대인이었음에 틀림없다. 이것은 길게 논증할 필요도 없는 일이다. 왜냐하면, 우리는 헬라인이나 로마인이 안식일을 지키거나 유대교의 다른 의식들을 거행하는 것은 사형에 해당하는 범죄였다는 것을 알기 때문이다. 이제 우리는 유대인들이 "강가"를 기도처로 선택한 것이 미신 때문이 아니라 사람들의 눈을 피할 수 있는 곳이었기 때문이었음을 알게 된다. 만약 어떤 사람이 "사람들이 각자 자기 집에서 은밀하게 기도하면 되지 않았겠는가?"라고 반문한다면, 거기에 대한 대답은 쉽다. 유대인들 사이에서 이러한 기도회는 하나님 앞에서 경건을 나타내기 위해서 통상적으로 행해진 의식이었고, 기도회를 통해서 그들은

이방인들의 미신을 멀리하고 한 분 하나님을 섬기도록 서로를 권면하고, 조상들로 부터 물려받은 신앙을 더욱 굳건히 할 수 있었다. 우리는 바울과 그의 동료들이 기도하기 위해서라기보다는 무엇인가 전도의 성과를 거두려는 소망을 품고서 거기에 온 것이라고 보아야 한다. 왜냐하면, 도시로부터 떨어져 있어서 조용했던 그곳이 말씀을 전하기에는 최적의 장소였고, 기도하기 위해서 거기에 모인 사람들이 하나님의 말씀에 좀 더 귀를 기울이게 될 것은 당연한 일이었기 때문이다. 누가는 "안식일"을 "안식들의 날"이라고 표현한다. 나는 "기도할 곳"으로 번역된 헬라어 어구를 에라스무스와 마찬가지로 "기도가 드려지곤 하던 곳"으로 옮겼는데, 불가타 역본은 "기도처로 보이는 곳"으로 옮겼다. 헬라어 동사 '노미제스타이'($\nu o \mu i \zeta \varepsilon \sigma \theta \alpha \iota$)는 이 두 가지 의미를 모두 지니고 있긴 하지만, 이 어구를 "관례를 따라 기도가 드려지던 곳" 이라는 의미로 해석하는 것이 현재의 문맥에서 더 잘 어울린다.

13. 모인 여자들에게 말하는데. 그곳은 여자들만 모이는 기도처였을 수도 있고, 남자들은 신앙이 시원치 않아서 늦게 오곤 하여서 먼저 온 여자들이 모여 있던 것일 수도 있다. 어느 경우이든, 우리는 바울과 그의 동료들이 기회를 놓치지 않는 것을 보게 된다. 왜냐하면, 그들은 여자들만 있는 곳에서도 아무런 거리낌 없이 기꺼이 복음을 전하는 모습을 보여주고 있기 때문이다. 한편, 내가 볼 때에는, 그 기도처에서는 남자들과 여자들이 함께 모여서 기도를 드렸던 것 같다. 하지만 남자들이 말씀을 들으려고 하지 않았거나, 말씀을 듣고도 아무런 유익을 얻지 못했기 때문에, 누가는 남자들에 대해서 언급하지 않았다는 것이 나의 생각이다.

14. 루디아라 하는 한 여자가 말을 듣고 있을 때. 바울과 그의 동료들이 전하는 말씀을 몇 명의 여자들이 들었다는 것만 생각해도, 우리는 말씀을 전하는 것이 정말 비좁은 틈새를 파고드는 것처럼 어려운 일이라고 생각할 수밖에 없다. 그런데 사실은 그 몇 명의 여자들 중에서도 단지 한 명의 여자만이 귀를 기울여서 그들의 말을 제대로 들은 것임을 생각한다면, 우리는 그리스도께서 사람들의 심령 속으로 들어가시려고 해도 그 길이 거의 다 막혀 있는 것이라고 보아야 하지 않겠는가? 하지만 이 연약한 싹으로부터 나중에 바울로부터 더할 나위 없는 찬사를 받은 한 유명한 교회가 태동되었다. "루디아"에게는 여러 명의 신앙의 동료들이 있었을 것이지만, 그녀가 워낙 뛰어났기 때문에, 그들이 여기에 언급되지 않은 것으로 보인다. 누가는 "루디아"가 바울 일행이 전한 말씀을 잘 들었던 이유가 그녀가 다른 사람들보다 더 총명했거나 그녀 자신이 말씀을 들을 준비가 더 잘 되어 있었기 때문이라

고 말하지 않고, 하나님께서 그녀의 마음을 열어서 바울이 전하는 말씀을 경청하도록 하셨기 때문이라고 말한다. 누가는 조금 전에 그녀가 "하나님을 섬기는" 경건한 여인이었다고 칭송하였었지만, 이제 여기서는 아무리 경건한 그녀였다고 할지라도, 성령의 조명이 없었다면, 복음의 가르침을 깨달을 수 없었을 것임을 보여준다. 따라서 우리는 믿음만이 아니라 영적인 일들을 분별하고 깨닫는 모든 지각 자체가 하나님의 특별한 은혜이고, 하나님의 내적인 부르심이 동시에 역사하지 않는다면, 사역자들이 말씀을 전한다고 하여도 결코 열매를 거둘 수 없다는 것을 알게 된다.

성경에서는 사람의 지적인 작용을 나타내고자 할 때에 흔히 "마음"이라는 단어를 사용한다. 모세가 "깨닫는 마음과 보는 눈과 듣는 귀는 오늘날까지 여호와께서 너희에게 주지 아니하셨느니라"(신 29:4)라고 말한 것이 그 한 예이다. 마찬가지로, 누가가 여기서 "주께서 그 마음을 열어"라고 말한 의도도 루디아가 성령의 감동을 받아서 진심으로 복음을 받아들였을 뿐만 아니라, 그녀의 지성이 성령의 조명을 받아서 복음을 깨닫게 되었다는 것이다. 이것으로부터 우리는 하나님께서 사람들에게 새로운 눈과 귀를 주시기 전에는 그들은 들어도 듣지 못하고 보아도 보지 못할 정도로 우둔하고 눈멀어 있다는 것을 배워야 한다. 우리는 누가가 루디아의 마음이 열려서 외적으로 들려오는 교사의 음성을 경청하였다고 말하고 있는 것을 주목할 필요가 있다. 왜냐하면, 우리에게 말씀이 죽은 문자(mortua litera)로 들리는 경우에는, 우리는 거짓된 망상이나 가장된 은밀한 조명에 미혹되어, 믿음의 근거이자 모든 것의 원천인 말씀을 떠나기 쉬운 까닭에, 그렇게 되지 않도록 경계하여야 하기 때문이다. 많은 사람들이 외적으로 선포되는 말씀은 도외시한 채로, 자기들 스스로 성령의 감동을 조작해 내서, 성령의 은혜를 더 많이 맛보고자 한다. 하지만 성경은 그런 식으로 말씀과 성령의 감동을 분리시키는 것을 허용하지 않는다. 왜냐하면, 말씀은 사람들의 사역과 성령의 비밀한 감동을 결합시켜 주는 매개체이기 때문이다. 만일 루디아의 마음이 열리지 않았다면, 바울이 전한 말씀은 단순히 죽은 문자에 불과하였을 것이다. 하지만 하나님께서는 자신의 영으로 그녀를 감동시키셔서, 그녀에게 단순히 계시만이 아니라 말씀에 대한 경외심도 주셨기 때문에, 만일 그렇지 않았더라면 허공으로 사라져 버렸을 사람의 음성이 하나님의 말씀이 되어 천상의 빛을 받은 그녀의 마음속으로 파고들어갈 수 있었다.

그러므로 우리는 성령을 핑계대면서 외부로부터의 가르침을 거부하는 정신 나간 자들의 말에 더 이상 귀를 기울여서는 안 된다. 왜냐하면, 우리는 누가가 여기서 제시하고 있는 말씀과 성령 간의 조화, 즉 성령의 은혜가 함께 하지 않으면 말씀을 듣는 것만으로는 우리가 아무런 유익도 얻을 수 없고, 우리에게 주어진 성령은 우리로 하여금 말씀을 멸시하게 하는 것이 아니라, 도리어 우리의 마음속에 말씀에 대한 확신을 심어 주고 우리의 마음에 그 말씀을 새겨 준다는 것을 굳게 붙드는 것이 마땅하기 때문이다.

여기서 어떤 사람이 하나님께서 유독 한 여자의 마음만을 열어 주신 이유가 무엇이냐고 묻는다면, 우리는 영원한 생명을 얻기로 예정되어 있는 사람들만이 믿게 된다(credere quotquot praeordinati sunt ad vitam)는 원칙으로 되돌아가야 한다. 왜냐하면, 그리스도를 아는 분명한 지식에 앞서서 루디아에게 먼저 존재하였던 하나님을 경외하는 마음 자체도 하나님의 값없는 택정하심의 결과였기 때문이다. 지리학자들은 루디아의 한 성이었던 "두아디라"가 헤르무스(Hermus) 강변에 위치해 있었고, 한때는 펠로피아(Pelopia)라고 불렸다고 말한다. 하지만 두아디라가 브루기아에 있었다고 하는 이들도 있고, 무시아에 있었다고 하는 이들도 있다.

15. 그와 그 집이 다 세례를 받고. 이것은 하나님께서 짧은 시간에 루디아 안에서 얼마나 강력하게 역사하셨는지를 잘 보여준다. 왜냐하면, 바울이 그녀에게 세례를 주기 전에, 그녀가 그리스도를 믿는 믿음을 진심으로 받아들였고 그리스도에게 헌신하였을 것임은 의심의 여지가 없기 때문이다. 이것은 하나님의 역사가 아주 신속하게 이루어진 사례이다. 또한, 그녀가 자기 집안을 자신과 함께 하나님께 바쳤다는 사실에서 그녀의 거룩한 열심과 경건이 분명하게 드러난다. 분명한 것은 모든 경건한 자들은 여기서 루디아가 보여준 것처럼 자신의 책임 아래 있는 사람들이 자기와 동일한 믿음을 갖게 되기를 열망하여야 한다는 것이다. 왜냐하면, 자기 집에서 자신의 아내와 자녀들과 남녀종들을 다스리고 싶어 하면서도, 그들을 그리스도에게 내주려고는 하지 않는 자는 하나님의 자녀가 될 자격이 없을 뿐만 아니라, 권세를 가지고서 다른 사람들을 다스릴 자격도 없기 때문이다. 따라서 모든 믿는 자들은 자신의 집이 교회 같은 모습이 되도록 애쓰는 것이 마땅하다. 우리는 루디아가 자신의 집안 사람들을 그리스도께로 인도하고자 했을 때에 자신의 뜻을 이룰 수 있었던 것은 그녀가 그들의 마음을 장악하고 있었기 때문이 아니라, 하나님께서 그녀의 경건한 소원에 복을 주셔서, 그녀의 집안 사람들로 하여금 순종하게 만드셨기 때문이었다는 것을 알아야 한다. 내가 이미 말했듯이, 모든 경건한 자들은 자신의 집에 어떤 종류의 미신도 발을 붙일 수 없게 하여야 할 뿐만 아니라, 자신의 가정을

세속적인 가정이 아니라 늘 하나님을 경외하는 가정이 되게 하여야 한다. 따라서 믿음의 조상인 아브라함은 자신뿐만 아니라 자신의 모든 종들에게도 할례를 시행하라는 명령을 받았고, 자신의 집을 잘 다스렸다는 칭송을 받고 있다. 이러한 의무가 한 집안의 가장에게 요구되는 것이라면, 한 나라를 통치하는 왕이 자신의 영토 안에서 하나님의 이름이 모독을 당하지 않게 하여야 한다는 것은 두말할 필요가 없다.

15. 우리에게 청하여 이르되. 루디아가 "만일 나를 주 믿는 자로 알거든"이라고 말한 것은 자신의 청을 꼭 들어주지 않으면 안 된다고 간절하게 부탁하는 의미를 지닌다. 그녀는 이렇게 말한 것과 같다: "당신이 세례로 인을 쳐 준 나의 믿음을 걸고 당신에게 간청하건대, 나의 후의를 거절하지 말아 주십시오." 더 나아가, 그녀의 이러한 간절한 열망은 자신이 얼마나 진지하고 뜨겁게 복음을 사랑하는지를 증언하는 것이었다. 또한, 하나님께서 그녀에게 이런 마음가짐을 허락하신 것은 바울로 하여금 힘을 얻어서 더욱 담대히 자신의 사역에 힘쓰게 하기 위한 것이었다. 바울이 힘을 얻을 수 있었던 것은 자신이 환대를 받는 것을 보았기 때문이 아니라, 그녀의 그런 태도를 통해서 자신의 가르침이 열매를 맺었다는 것을 알 수 있었기 때문이었다. 따라서 바울과 그의 동료들에게 "내 집에 들어와 유하라"고 초대한 것은 단순히 그녀의 초대였던 것이 아니라, 하나님 자신의 초대이기도 하였다. 또한, 이것은 루디아가 그들을 자기 집에 머물게 하기 위하여 강권한 것에도 그대로 적용된다. 즉, 겉보기에는 그들이 그녀의 강권함으로 인하여 그녀의 집에 머물게 된 것 같지만, 사실은 하나님께서 그들의 손을 붙잡으셔서 그 집에 머물도록 강권하신 것이었다.

[16]우리가 기도하는 곳에 가다가 점치는 귀신 들린 여종 하나를 만나니 점으로 그 주인들에게 큰 이익을 주는 자라 [17]그가 바울과 우리를 따라와 소리 질러 이르되 이 사람들은 지극히 높은 하나님의 종으로서 구원의 길을 너희에게 전하는 자라 하며 [18]이같이 여러 날을 하는지라 바울이 심히 괴로워하여 돌이켜 그 귀신에게 이르되 예수 그리스도의 이름으로 내가 네게 명하노니 그에게서 나오라 하니 귀신이 즉시 나오니라 [19]여종의 주인들은 자기 수익의 소망이 끊어진 것을 보고 바울과 실라를 붙잡아 장터로 관리들에게 끌어 갔다가 [20]상관들 앞에 데리고 가서 말하되 이 사람들이 유대인인데 우리 성을 심히 요란하게 하여 [21]로마 사람인 우리가 받지도 못하고

행하지도 못할 풍속을 전한다 하거늘 [22]무리가 일제히 일어나 고발하니 상관들이 옷을 찢어 벗기고 매로 치라 하여(16:16-22).

누가는 빌립보에서 교회가 성장하는 모습을 자세히 보도한다. 왜냐하면, 비록 그가 그런 사실을 명시적으로 언급하고 있지는 않지만, 우리는 믿는 자들이 많아졌다는 것, 또는 적어도 교회가 성장했다는 것을 문맥으로부터 쉽게 짐작할 수 있기 때문이다. 바울이 기도 시간에 맞추어서 사람들이 기도하는 곳으로 자주 찾아간 것은 결코 헛되지 않았던 것이다. 누가는 이 과정에서 사탄의 훼방이 있었다는 사실도 보도한다. 즉, 사도들은 매를 맞고 옥에 갇힌 후에 결국 그 도시를 떠날 수밖에 없었다. 하지만 우리는 사탄이 온갖 술책으로 방해하였음에도 불구하고, 그들이 그 도시를 떠나기 전에, 어느 정도의 교인들이 모이는 교회가 거기에 생겼다는 것을 이 장의 끝부분에서 보게 될 것이다.

16. 점치는 귀신 들린 여종 하나를 만나니. 옛 시인들은 파이톤(Python)이라는 이름으로 불리던 뱀이 포이보스(Phoebus, 그리스 신화의 태양신으로 로마 신화의 아폴로에 해당한다 — 역주)의 화살에 죽임을 당하였다는 신화를 만들어내었는데(여기서 "점치는 귀신 들린"으로 번역된 어구는 헬라어 본문이나 칼빈이 사용한 라틴어 본문에는 "파이톤의 영이 들린"으로 되어 있다 — 역주), 그러한 신화를 토대로 해서 사람들은 귀신 들린 자들을 파이톤의 영이 들린 자라고 불렀고, 그리고 아마도 아폴로 신을 기리는 의미에서 포이보스의 영이 들린 자라고도 부르게 된 것 같다. 따라서 누가가 "파이톤의 영이 들린"(한글개역개정에는 "점치는 귀신 들린")이라고 말한 것은 그 여종으로 하여금 점치도록 한 영이 어떤 영이었는지를 말하고자 한 것이 아니라, 단지 귀신 들린 자들을 지칭하는 통상적인 표현을 그대로 사용한 것일 뿐이다. 왜냐하면, 그 여종에게 들어간 마귀는 아폴로로 위장해서 온갖 우상 숭배와 속임수들을 만들어 내어 사람들을 미혹한 것이 확실하기 때문이다. 하지만 이 마귀가 그 여종을 충동질해서 바울과 실라 일행을 보고서 "이 사람들은 지극히 높은 하나님의 종으로서 구원의 길을 너희에게 전하는 자들"이라고 찬양하게 한 장본인이라는 점에 대해서 의아하게 여기는 사람들이 있을 수 있다. 그 이유는 첫 번째로 "거짓의 아비"(요 8:44)인 마귀의 입에서 그런 참된 말이 나왔다는 것은 말이 되지 않는 것처럼 보인다는 것이다. 다음으로, 마귀가 자신의 왕국을 멸망시키려고 돌아다니고 있는 그리스도의 종들에게 자발적으로 굴복해서 그들을 도와준다는 것은 말이 되지 않는다는 것이다.

복음의 철천지원수인 마귀가 어떻게 사람들로 하여금 복음을 귀 기울여 들을 수 있도록 복음이 그들을 위한 것이라고 선전하여 그들의 마음을 준비시켜 준다는 것이 말이 되는가? 세상 사람들의 마음이 복음에서 떠나도록 만드는 것보다 마귀에게 더 잘 어울리는 일은 확실히 없을 것인데, 그런 마귀가 지금 사람들로 하여금 복음의 말씀에 귀 기울이도록 돕고 있는 것이다.

그렇다면, 마귀가 이렇게 갑자기 돌변해서 평소에 하지 않던 짓을 하는 것은 무슨 까닭인가? 하지만 내막을 좀 더 유심히 들여다보면, "거짓의 아비"인 마귀가 이런 식으로 행하는 것은 자기 자신을 진리로 위장하고 정체를 숨기기 위한 것이다. 마귀는 은밀하게 잠입해서 더 많은 해악을 끼치기 위해서, 이러한 간교한 술책을 동원하여, 자신의 본성과는 정반대로 행하는 것이다. 따라서 우리는 마귀를 "거짓의 아비"라고 한다고 해서, 마귀가 늘 아무런 위장도 하지 않은 채 공공연하게 거짓말을 한다고 생각해서는 안 된다. 도리어, 우리는 마귀가 우회적이고 간교한 술책들을 사용해서, 겉보기에 참된 것으로 위장하여 우리를 기만하고 속이는 것을 경계하지 않으면 안 된다. 또한, 우리는 마귀가 늘 비슷한 술책을 구사하는 것을 본다. 왜냐하면, 마귀는 교황이라는 직함보다 더 그럴 듯한 것은 없다는 것을 아는 까닭에 늘 교황이라는 이름을 내세워서 자기는 그리스도의 대적이 아니라 그리스도의 대리자(vicarius Christi)라고 자랑하고, "주님의 이름으로, 아멘"이라는 장엄한 말을 앞에 내세우는 것보다 더 그럴 듯한 것은 없다는 것을 아는 까닭에 늘 그 말을 입에 달고 살기 때문이다. 하지만 거짓을 일삼는 사탄의 일꾼들은 이처럼 진리를 앞세우지만, 우리는 그들이 앞세우는 진리가 잘못된 것이고 치명적인 병에 감염되어 있다는 것을 안다. 사탄은 두 가지 방식으로 복음을 대적하는데, 하나는 공개적인 방식으로 하는 것이고, 다른 하나는 교묘한 거짓말로 하는 것이다. 또한, 사탄이 거짓말하는 방식에도 두 가지가 있는데, 하나는 거짓 가르침들과 조잡한 미신들로 하나님의 말씀을 무너뜨리고자 하는 것이고, 다른 하나는 자신을 말씀의 친구로 교묘하게 위장해서 은근히 자신의 목적을 이루고자 하는 것이다. 더 나아가, 사탄이 자신을 "광명의 천사로"(고후 11:14) 가장할 때보다 더 해롭고 위험한 때는 없다. 이제 우리는 마귀가 바울과 그의 동료들을 그처럼 극찬한 목적을 알게 된다. 즉, 마귀는 공개적으로 복음과 일전을 벌이는 것이 자신에게 결코 유리하지 않다는 것을 알고서는, 은밀한 방법으로 복음에 대한 신뢰를 말살하고자 한 것이었다. 왜냐하면, 만일 바울이 사탄의 그러한 증언에 동조하였다면, 그리스도의 구원에 관한 가르침과 사탄의 희롱하는 말 간에는 아무런 차이도 없는 것이 되어 버려서, 복음의 영광은 거짓의 어둠 속에 묻혀서 영영 사라지고 말았을 것이기 때문이다.

한편, 우리는 하나님께서 사탄에게 이렇게 많은 자유를 허락하셔서, 가련한 인간들을 잘 들어맞는 점으로 속이고 기만하도록 내버려 두신 이유가 무엇인지를 묻지 않을 수 없게 된다. 나는 일부 사람들 사이에서 얘기되는 장래를 꿰뚫어보는 사탄의 능력에 관한 논쟁에 개입할 생각은 없고, 단지 사탄이 은밀한 일이나 장래의 일에 대해서 예언을 할 수 있는 것은 오직 하나님께서 허락하셨기 때문이라는 점만을 분명히 밝히고자 한다. 이런 식으로 하나님께서는 별 생각 없이 살아가는 사람들을 사탄의 기만적인 예언들에 노출시키셔서 안일하게 살아갈 수 없게 만드신다. 왜냐하면, 예언들은 사람들에게 나타날 때에 신적인 능력을 보여주는 까닭에, 하나님을 멸시하는 자들이 아닌 한, 사람들의 마음은 경외심에 사로잡히게 되기 때문이다. 나의 대답은 하나님께서는 사탄에게 아주 많은 자유를 허락하신 것이 아니라, 단지 거짓들을 따르기를 너무나 좋아해서 진리에 순종하기보다는 도리어 속임수들에 넘어가는 쪽을 택하는 배은망덕한 세상을 벌하시기 위하여 사탄을 사용하시는 것일 뿐이라는 것이다. 왜냐하면, 바울이 로마서 1장에서 한탄하듯이(롬 1:21), 사람들이 하나님이 지으신 만물을 통해서 자연스럽게 하나님을 알 수 있는데도 불구하고 하나님을 영화롭게 하지 않는 것은 인간 세상에 보편적으로 퍼져 있는 악(universale malum)이기 때문이다.

하나님의 은혜를 모른 체하는 가운데 하나님의 빛으로부터 도망치는 사람들을 하나님께서 사탄으로 하여금 다양한 술책을 써서 멸망시키게 하신 것은 그들의 배은망덕에 대한 합당한 보응이다. 따라서 우리는 사탄의 예언들을 읽을 때마다 하나님의 의로우신 보응을 생각하는 것이 마땅하다. 자신들의 선생이라고는 오직 하늘과 땅뿐이었던 부정한 이방인들조차도 하나님의 빛을 멸시하였을 때에 하나님에 의해서 이렇게 가혹한 벌을 받은 것이라면, 율법과 복음을 통해서 계시된 구원의 가르침을 알면서도 고의적으로 그 진리를 받아들이지 않고 억눌러 버린 자들은 그 이방인들보다도 얼마나 더 혹독한 벌을 받겠는가? 따라서 사탄이 그렇게 오랫동안 자신의 술책으로 세상을 마음껏 농락하였다고 해도 그것은 이상한 일이 아니다. 왜냐하면, 그것은 복음의 진리가 아주 분명하게 드러났는데도 불구하고, 사람들이 그 진리를 악의적으로 멸시해 온 것에 대한 보응이기 때문이다. 여기서 거짓 예언들이 그렇게 난무할 때에는 그 위험에서 벗어날 수 있는 사람은 아무도 없다는 반론이 제기뻘 수 있다. 왜냐하면, 진리가 실종된 시대에는 악인만이 아니라 선한 자도 사탄의 덫에 걸릴 수밖에 없는 것처럼 보이기 때문이다. 그러한 반론에 대한 대답은 쉽다. 즉, 사탄이 모든 사람에게 덫을 놓는 것은 사실이지만, 경건한 자들은 하나님의 은혜로 거기에서 건짐을 받기 때문에, 악인들과는 달리 덫에 걸리지 않는다는 것이다. 성경은 하나님께서는 이런 식으로 자기 사람들의 믿음과 경건을 시험하시고 연단시키시는 반면에, 멸망 받게 될 자들은 눈멀게 하심으로써 자신들이 응당 받아야 할 멸망에 이르도록 하신다고 말함으로써, 악인과 선한 자 간의 이러한 차이를 한층 더 분명하게 보여준다. 따라서 바울은 사탄은 하나님께 순종하지 않고 진리를 받아들이기를 거부하는 자들만을 미혹할 수 있다고 분명히 말한다(살후 2:11).

또한, 이것은 "사탄은 수많은 다양한 술책들을 동원해서 우리를 속일 수 있는 능력을 지니고 있어서, 우리가 어떻게 할 도리가 없기 때문에, 신앙적인 열심을 내다가 멸망을 당하는 것보다는 차라리 신앙 없이 사는 편이 더 낫지 않는가?"라고 핑계를 대면서, 모든 진리의 가르침을 멸시하고 속된 삶을 살고자 하는 자들이 얼마나 악하고 불경건한 자들인지를 아주 분명하게 보여준다. 사실, 그들이 사탄의 술책 운운 하며, 마치 자신들이 사탄의 술책을 벗어나고 싶어 하는 체하는 것은 그들의 진심이 아니고 단지 핑곗거리에 불과하다. 왜냐하면, 그들이 진정으로 원하는 것은 하나님에 대한 두려움을 비롯해서 자신들을 속박하는 모든 것을 다 떨쳐 버리고서, 그 어떤 신앙에 의해서도 속박당하지 않는 가운데 마음 내키는 대로 짐승처럼 쏘다니는 것이기 때문이다. 물론, 나는 사탄이 수많은 다양한 방법으로 하나님의 거룩하신 이름을 사악하고 간교하게 악용한다는 것과 교황제도로 인해서 생겨난 저 격언, 즉 "모든 악은 주님의 이름으로 시작된다"(in nomine Domini incipit omne malum)는 말이 한 치도 틀림이 없는 참이라는 것을 인정한다. 하지만 하나님께서는 자신이 겸손한 자들의 선생이라고 선언하시며 마음이 올바른 자를 가까이 하시겠다고 약속하셨고, 바울은 "하나님의 말씀은 성령의 검"이라고 가르치면서(엡 6:17) 복음의 믿음 위에 견고하게 토대를 둔 자들은 더 이상 사람에게 속임을 당하지 않는다고 증언하였으며, 베드로는 성경이 "어두운 데를 비추는 등불"(벧후 1:19)이라고 말하였고, "찾으라 그리하면 찾아낼 것이요 문을 두드리라 그리하면 너희에게 열릴 것이니"(마 7:7)라는 그리스도의 자비로우신 초대가 우리를 실망시키지 않을 것이기 때문에, 우리는 사탄이 무슨 짓을 하고 거짓 선지자들이 우리 앞에 어떤 어둠을 드리울지라도, 사탄을 자신의 뜻대로 결박할 뿐만 아니라 우리로 하여금 말씀에 대한 믿음을 통해서 사탄에게 승리를 거두게 하시는 지혜와 분별의 영이 우리를 떠나지는 않을까 하고 두려워할 필요가 없다.

18. 이같이 여러 날을 하는지라 바울이 심히 괴로워하여. 바울은 처음에는 이 일을 대수롭지 않은 일로 생각하고 저절로 그치기를 바라고서 이 여종이 소리 지르는 것에 크게 신경을 쓰지 않은 것 같다. 하지만 이 여종이 계속해서 반복하여 소리를 지르고 멈추지 않자, 바울은 너무 괴로워서 견딜 수 없을 정도가 되었다. 게다가, 바울이 계속해서 인내하며 침묵으로 일관한다면, 사탄은 더욱 기고만장하여 멈출 생각을 하지 않을 것이 뻔하였다. 다음으로, 그는 자신이 하나님의 능력을 공급받은 것을 확실히 알게 되기 전에는, 그 여종이 소리 지르는 것을 막무가내로 금지시킬 수도 없었다. 왜냐하면, 바울이 그 여종에게 금지명령을 내린다고 할지라도, 하나님의 허락이 없이는 효력이 없을 것이었기 때문이다. 우리가 이 점을 유념해야 하는 것은 바울이 더러운 영을 너무 충동적이고 성급하게 상대했던 것 아니냐고 비난하는 자가 있을지도 모르기 때문이다. 하지만 실제로 바울은 자신이 사탄의 계교에 신속하게 대처하지 않으면 걷잡을 수 없게 되리라는 것을 알게 될 때까지는 괴로워하거나 분노를 품었던 것이 아니었고, 성령의 감동이 없이는 아무것도 시도하지 않았으며, 자신에게 하늘의 능력이 주어졌을 때에야 비로소 싸움에 뛰어든 것이었다. 하지만 바울의 태도에는 일관성이 결여되어 있는 것처럼 보일 수 있다. 왜냐하면, 그는 다른 곳에서는 "무슨 방도로 하든지 전파되는 것은 그리스도니 이로써 나는 기뻐하고 또한 기뻐하리라"(빌 1:18)고 말하고 있고, 이것은 심지어 사악한 자들에 의해서나 자기를 고의적으로 미워하는 자들에 의해서 복음이 전파된다고 해도, 자기는 기뻐할 것이라고 말한 것과 같기 때문이다. 하지만 나의 대답은 바울이 여기에서 이렇게 한 데에는 다른 이유가 있었다는 것이다. 즉, 만일 바울이 이렇게 하지 않았다면, 사람들은 모두 바울이 여종을 사로잡고 있던 악한 영과 결탁했다고 생각하였을 것이고, 그 결과 바울이 전한 복음의 가르침은 의심의 대상이 될 뿐만 아니라 완전히 웃음거리가 되고 말았을 것이다. 그런 까닭에, 그리스도께서도 어떤 곳에서는 악한 영에게 "잠잠하고 그 사람에게서 나오라"(막 1:25)고 명하셨던 반면에, 어떤 곳에서는 합당하지 않은 자들이 자신의 이름을 칭송하는 것을 허락하셨다(눅 4:36).

18. 예수 그리스도의 이름으로 내가 네게 명하노니. 우리가 여기서 주목하여야 할 것은 바울이 어떤 식으로 말하고 있는가 하는 것이다. 즉, 이 이적은 사람들에게

그리스도의 능력을 알게 함과 아울러, 그리스도는 사탄의 사악한 계교와는 아무런 상관이 없으시다는 것을 분명히 보여주고자 하는 두 가지 용도를 지니고 있었기 때문에, 바울은 거기에 맞춰서 한편으로는 자신은 사역자에 불과하다는 것을 밝힘으로써 오직 그리스도께만 권세와 능력을 돌리고, 다른 한편으로는 공개적으로 그리스도와 악한 영을 대결구도 속에 둠으로써 악한 영이 그리스도의 불구대천의 원수라는 것을 모든 사람으로 하여금 알게 하고자 하였다. 왜냐하면, 사탄의 그토록 추악한 속임수와 미혹에 넘어갔던 많은 사람들이 거기로부터 깨어나 온전하게 깨끗해져서 올바른 믿음에 굴복할 수 있게 된다면, 그것은 유익한 일이 될 것이었기 때문이다.

19. 여종의 주인들은 자기 수익의 소망이 끊어진 것을 보고. 방금 전에 여종의 입을 통해서 아부하고 유혹하는 말로써 바울을 사로잡고자 했던 마귀는 이제 그를 죽음으로 끌고 가기 위해서 "여종의 주인들"을 노발대발하게 만든다. 마귀는 앞서의 연극이 실패로 돌아가자, 이제 새로운 역을 맡아서 비극을 연출하고자 한다. 비록 바울이 열심에 불타올랐기 때문에, 박해의 회오리바람이 휘몰아치게 된 것이기는 하지만, 그렇다고 해서 바울이 무엇을 잘못한 것은 결코 아니었다. 바울은 자신이 이적을 행한 것을 후회하지도 않았고, 이미 일어난 일을 없었던 일로 만들어 버리기를 바라지도 않았다. 왜냐하면, 그는 자기가 어떤 능력을 힘입어서 그 여종에게서 마귀를 몰아냈는지를 너무나 잘 알고 있었기 때문이다. 이것으로부터 우리는 어떤 일이 합당하게 행해졌고, 게다가 하나님의 명령에 의해 행해진 것이라면, 비록 그 결과가 불행한 것일지라도, 그 일을 경솔하게 비난해서는 안 된다는 것을 배운다. 왜냐하면, 현재의 모든 불행한 결과들을 다 몰아낼 수 있는 좀 더 기쁘고 복된 결말이 장차 올 때까지, 하나님께서는 자기 사람들이 얼마나 오래 참고 믿음을 지키는지를 그런 식으로 시험하시기 때문이다. 누가는 "여종의 주인들"이 바울에 대하여 그처럼 분노하며 미쳐 날뛴 이유가 그들의 더러운 "수익의 소망"이 사라졌기 때문이라고 설명한다. 그들로 하여금 복음과 그 사역자들을 증오하게 만든 것은 오로지 자신들의 탐욕(avaritia)이었는데도 불구하고, 그들은 바울이 공공질서를 어지럽히고, 관습법을 위반하며, 평화를 교란한 것에 대하여 자신들이 울분을 느꼈다는 그럴 듯한 이유를 둘러댄다. 이렇게 그리스도의 원수들은 실제로는 사악하고 정직하지 못하게 행하면서도, 자신들의 죄악을 덮을 핑곗거리를 끊임없이 만들어 낸다. 그들의 더러운 탐욕이 이렇게 뻔히 보이는데도 불구하고, 그들은 얼굴에 철판을 깔

고서, 자신들의 추악한 모습을 무언가로 끊임없이 은폐한다. 따라서 오늘날 교황주의자들은 자신들이 제정한 법들을 수호하기 위하여 광분하는 것이 마치 대단한 경건인 양 행세하지만, 사실 그들에게는 자신들의 경제적 이득이나 지배권 외의 다른 것들은 안중에도 없다. 그들이 정말 오직 경건한 동기에서 그렇게 행하는 것이라면, 그들로 하여금 그들이 거룩하게 생각하는 모든 것들을 걸고 맹세하도록 시켜보는 것도 좋은 방법일 것이다. 하지만 실상을 살펴보면, 그들의 열심은 자신들의 주방이 썰렁하게 비어 있는 데서 생긴 것이고, 거기에 그들의 야심이 그 열심을 더욱 부채질한 것임이 분명하게 드러난다. 왜냐하면, 그들은 허기져서 날뛰는 굶주린 개들이거나, 오직 잔인함과 사나움밖에는 없는 사자들일 것이기 때문이다.

20. 이 사람들이 유대인인데 우리 성을 심히 요란하게 하여. 여종의 주인들의 이러한 고소는 그리스도의 종들을 더 불리한 처지로 몰아가기 위하여 간교하게 고안해 낸 것이었다. 왜냐하면, 그들은 한편으로는 자신들이 로마인임을 주장함으로써 유리한 고지를 점령한 후에, 다른 한편으로는 바울 일행에 대한 반감을 증폭시키기 위해서 그들이 당시에 평판이 좋지 않았던 유대인이라는 점을 부각시키고 있기 때문이다. 종교 문제와 관련해서, 로마인들은 유대 민족을 제외한 다른 모든 민족들과는 우호적인 관계에 있었다. 실제로 로마인들은 우상과 미신이 창궐하던 헬라 지역이나 아시아를 비롯한 모든 지역에서 다양한 종교 의식들을 행하는 것을 허용하였다. 여러 가지 다양한 형태의 종교들이 행해졌지만, 사실 그 종교들이 섬기는 것은 한결같이 사탄이었기 때문에, 그 모든 종교들이 로마인들에게 허용된 것은 어쩌면 당연한 일이었다. 따라서 당시에 세상에 있던 수많은 종교들 중에서 로마인들이 유일하게 가증스럽게 여긴 것은 오직 하나, 즉 유대교였다. 그들이 바울과 그의 동료들에게 뒤집어씌운 세 번째의 조작된 죄목은 사람들을 선동하여 공공의 안녕을 해쳤다는 것이었다. 이런 혐의를 쓰고 미움을 받은 것은 그리스도도 마찬가지였다 (눅 23:5). 오늘날에는 교황주의자들이 우리에 대한 사람들의 증오심을 부추기기 위해서 그럴 듯한 구실로 삼아서 떠들어대고 있는 것은 우리의 가르침이 혼란을 선동하기 위한 것이기 때문에 결국에는 모든 것을 엉망진창으로 만들어 버리게 될 것이라는 것이다. 하지만 우리는 그리스도와 바울의 모범을 본받아서, 하나님께서 우리의 원수들의 흉계를 백일하에 드러내시고 그들의 파렴치한 행위들을 분쇄하실 때까지, 그러한 거짓된 악평(infamia)을 담대하게 무시해 버려야 한다.

21. 로마 사람인 우리가 받지도 못하고 행하지도 못할 풍속을 전한다 하거늘. 그

들은 바울 일행을 고소한 이 사건에 대하여 이의를 제기하는 사람이 아무도 없도록 하기 위하여 기존의 관례를 근거로 제시하는데, 이것은 오늘날 교황주의자들이 우리에게 행하는 것과 조금도 다르지 않다. 교황주의자들은 "이것은 공의회에서 결정된 사항이고," "저것은 모든 사람이 인정하고 받아들인 견해이기 때문에 거기에 의문을 제기하는 것은 용납될 수 없으며," "이것은 오랜 관행에 의해서 승인된 것이고," "저것은 천 년이 넘는 세월에 걸친 협의에 의해서 확립된 것이다"라고 말한다. 하지만 그 모든 말들은 하나님의 말씀의 권위를 전혀 인정하지 않는 말들이다. 그들은 사람들의 결정을 자랑하고, 하나님의 법은 거들떠보지도 않는다. 이 구절을 통해서 우리는 이러한 기존의 관례들이 얼마나 막강한 위력을 지니고 있는지를 보게 된다. 로마인들의 법은 훌륭했지만, 신앙은 사람들의 법이 아니라 오직 하나님의 말씀을 토대로 한다. 따라서 이러한 사안을 다룰 때에 우리는 사람들에게 속한 것은 모두 다 배제시키고서 오직 하나님의 권위에만 토대를 두며, 세상에서 훌륭하고 잘난 것들을 모두 다 하나님께 복속시켜야 한다는 것을 늘 명심하여야 한다.

22. 무리가 일제히 일어나 고발하니. 누가는 천박하기로 소문난 소수의 모리배들이 소란을 피우기 시작하자 "무리가 일제히 일어나 고발하였다"고 보도함으로써, 그리스도를 대적하는 일에 있어서 세상이 얼마나 절제하지 못하고 쉽게 휩쓸려 광분하게 되는지를 보여준다. 사실, 우매함(stultitia)과 경박함(levitas)은 모든 사람에게 공통되고 거의 영속적인 악들이기는 하지만, 다른 일들에서는 겸손하고 온유했던 사람들조차도 하나님의 진리를 대적하는 일에 있어서는 아무런 이유도 없이 갑자기 흥분해서 극히 불량한 사람들과 한 패가 된다는 점에서, 사탄의 놀라운 능력이 드러난다. 재판관들이 자신들의 도리를 조금도 행하지 못하였다는 것은 그들의 의무가 무엇이었는지를 생각해 보면 금세 드러난다. 왜냐하면, 그들은 자신들의 권한으로 무리의 흥분을 가라앉히고 폭력을 철저히 차단해서, 무죄한 자들이 보호를 받을 수 있도록 도움을 주는 것이 마땅한 일이었기 때문이다. 하지만 그들은 혼란의 와중에서 바울 일행을 체포해서, 자세한 내막을 들어보지도 않은 채 옷을 벗기고 매로 치라고 명령하였다. 공의를 지키는 성역이 되어야 마땅한 세상의 거의 모든 재판정들을 복음에 대한 불경스러운 공격들로 더럽힌 인간의 사악함은 정말 개탄스럽기 짝이 없는 일이다.

여기서 한 가지 질문이 생기는데, 그것은 이미 벌을 받은 바울 일행이 왜 또 감옥에 갇히게 되었는가 하는 것이다. 왜냐하면, 감옥은 사람들을 가두어 두는 곳이기 때문이다. 빌립보의 관원들은 바울 일행을 좀 더 조사하기 위해서 이런 벌을 이용했음이 분명하다. 여기서 우리는 그리스도의 종들이 간음한 자나 강도를 비롯한 다른 온갖 죄인들보다 더 가혹한 취급을 받는다는 것을 알게 된다. 또한, 복음을 박해한 자들에 대해서는 관원들이 사법적인 조치를 취할 생각을 전혀 하지 않는 것 속에서, 우리는 그런 식으로 사람들의 마음을 움직이는 사탄의 능력을 더욱 분명하게보게 된다. 이 세상에서는 경건한 자들이 그리스도의 진리를 수호하기가 불경건한 자들이 죄악을 범하기보다 더 힘든 처지에 있을 수밖에 없다고 할지라도, 그들은 어떤 처지 속에서도 진리를 수호하는 것이 합당하다. 왜냐하면, 그들은 진리를 수호하기 위하여 온갖 환난들을 겪을지라도, 결국에는 하나님과 천사들 앞에서 영광스러운 승리를 거두게 될 것이기 때문이다. 그들은 세상으로부터 모욕과 비방을 당하지만, 하늘에서는 자신들의 몸에 지닌 그리스도의 흔적들이 세상의 헛된 영광보다더욱 값지다는 것을 알기 때문에, 세상이 그들을 사악하고 모질게 괴롭힐수록, 그들에게는 기뻐하고 즐거워할 이유가 더욱 많아지게 될 뿐이다. 세속의 작가들이 테미스토클레스를 너무나 존귀하게 여겨서 재판관들의 법정보다 그의 감옥을 더 좋아했던 것이라면, 믿는 자들이 하나님의 아들을 지극히 존귀하게 생각해서 복음을위하여 박해를 받는 것을 마땅하다고 여기는 것이 합당하지 않겠는가? 따라서 하나님께서는 바울과 실라가 사악한 재판관들에 의해 재판을 받고 옥에 갇히는 것을 허락하시기는 하셨지만, 그들로 하여금 더 큰 영광을 얻게 하고자 하신 것이 아니었다면, 그들이 그런 식으로 수치를 당하는 것을 결코 두고 보지 않으셨을 것이다. 왜냐하면, 복음을 증언하다가 우리가 겪어야 하는 모든 박해들은 "그리스도의 남은 고난"(골 1:24)인 까닭에, 우리의 머리 되시는 그리스도께서 자신의 저주받은 십자가를 승리의 병거로 바꾸셨듯이, 자기 사람들의 감옥과 교수대도 영화롭게 하셔서 그들로 하여금 거기에서 사탄과 모든 불경건한 자들을 물리치고 승리를 거두게 하시기 때문이다.

22. 상관들이 옷을 찢어 벗기고 매로 치라 하여. 불가타 역본은 이 구절을 정확하게 번역했지만, 에라스무스가 "상관들이 자신들의 옷을 찢었다"고 번역한 것은 오역이다. 왜냐하면, 누가가 여기서 말하고자 한 것은 합법적인 사법 절차가 무시된 가운데 혼란스러운 와중에서 바울 일행이 폭행을 당하고 옷이 찢겨졌다는 것이기 때문이다. 재판관들이 공공장소에서 자신들의 옷을 찢는다는 것은 로마인들의관습과는 거리가 먼 것이었다. 더욱이, 이 사건은 그들이 잘 알지도 못하고 특별하

게 관심을 갖고 있지도 않은 어떤 종교에 관한 것이었기 때문에, 격한 감정으로 다룰 만한 사건도 아니었다. 이 구절을 어떻게 번역해야 하는지는 너무나 분명하기 때문에, 나는 이 문제를 길게 다루고 싶지는 않다.

²³많이 친 후에 옥에 가두고 간수에게 명하여 든든히 지키라 하니 ²⁴그가 이러한 명령을 받아 그들을 깊은 옥에 가두고 그 발을 차꼬에 든든히 채웠더니 ²⁵한밤중에 바울과 실라가 기도하고 하나님을 찬송하매 죄수들이 듣더라 ²⁶이에 갑자기 큰 지진이 나서 옥터가 움직이고 문이 곧 다 열리며 모든 사람의 매인 것이 다 벗어진지라 ²⁷간수가 자다가 깨어 옥문들이 열린 것을 보고 죄수들이 도망한 줄 생각하고 칼을 빼어 자결하려 하거늘 ²⁸바울이 크게 소리 질러 이르되 네 몸을 상하지 말라 우리가 다 여기 있노라 하니(16:23-28).

23. 옥에 가두고 간수에게 명하여 든든히 지키라 하니. "상관들"이 바울과 실라를 옥에 가두고 단단히 지키라고 명한 것은 추후에 이 사건을 자세하게 조사하기 위한 것이었다. 왜냐하면, 그들을 매로 때린 것은 단지 소동을 가라앉히기 위한 것이었기 때문이다. 내가 이미 앞에서 말한 대로, 세상은 복음의 사역자들에 대해서는 맹목적으로 분노하고 광분하는 까닭에 정당한 법 절차와 적정한 형벌을 지키지 않는다. 이 사례를 통해서 과거에 그리스도의 증인들이 얼마나 막무가내로 다루어져서 큰 고초를 겪었는지를 아는 것이 우리에게 지극히 큰 유익이 되는 것처럼, 누가가 바로 이어서 보도하고 있듯이, 그런 와중에서도 그리스도의 증인들이 그 모든 것을 인내하며 담대하게 행한 것을 아는 것도 지극히 유익하다.

25. 한밤중에 바울과 실라가 기도하고 하나님을 찬송하매. 누가는 바울과 실라가 발이 "차꼬"에 채워진 상태에서도 하나님께 기도하고 찬송하였다고 보도한다. 이것은 사람들이 그들에게 행한 부당한 일들이나 몸에 난 상처나 깊은 옥에서 풍기는 악취나 다가오는 죽음의 위협 등과 같은 그 어떤 것도 그들이 기쁨에 넘쳐서 하나님을 찬양하는 것을 막을 수 없었다는 것을 분명하게 보여준다.

여기서 우리는 일반적으로 찬송이 수반되지 않는 기도는 제대로 된 기도가 아니라는 것을 유념하여야 한다. 왜냐하면, 우리는 환난이나 곤경에 처했을 때에 기도하고 싶은 열망이 생겨나는 까닭에 대체로 슬픔이나 근심 가운데서 기도하게 되지만, 그럼에도 불구하고 믿는 자들은 하나님을 향해서 원망과 불평을 늘어놓지 않도록 자신의 감정을 절제하는 것이 마땅하기 때문이다. 따라서 겉보기에 상반되어 보이는 두 감정, 즉 한편으로는 우리를 짓누르는 곤경에서 비롯된 근심과 슬픔이라는 감정, 다른 한편으로는 우리 자신을 하나님께 드리는 순종과, 난파를 당했을 때에도 항구가 가까웠다는 것을 보여줌으로써 우리로 하여금 새 힘을 얻게 해주는 소망에서 비롯된 기쁨의 감정이 우리 속에서 공존할 때에야, 우리가 드리는 기도가 제대로 된 기도가 될 수 있다. 바울은 빌립보서 4:6에서 "너희 구할 것을 감사함으로 하나님께 아뢰라"고 말함으로써, 그러한 형태의 기도가 무엇인지를 보여준다. 하지만 우리는 이 이야기 속에 드러나 있는 여러 정황들을 주목하여야 한다. 왜냐하면, 바울과 실라는 자신들의 상처로 인한 고통이 아주 심하였고, 감옥이 정말 견디기 어려웠으며, 위험이 지극히 컸어도, 하나님을 찬송하기를 멈추지 않았기 때문이다. 이것으로부터 우리는 그들이 얼마나 담대하게 십자가를 감당하였는지를 알게 된다. 누가는 앞에서도 사도들이 "그 이름을 위하여 능욕 받는 일에 합당한 자로 여기심을 기뻐하였다"(행 5:41)고 보도한 바 있다.

25. 죄수들이 듣더라. 우리는 바울과 실라가 큰 소리로 기도한 것은 자신들이 갖고 있는 선한 양심에 대한 확신을 감옥에 갇혀 있던 다른 죄수들에게 증언하기 위한 것이었음을 알아야 한다. 왜냐하면, 그들은 자신들이 늘 해오던 대로 마음으로 은밀하게 탄식하며 기도할 수도 있었고, 나지막한 소리로 기도할 수도 있었기 때문이다. 따라서 그들이 목소리를 높여 기도한 이유가 무엇이겠는가? 그들은 자신들이 행한 일은 선한 것이어서 거리낄 것이 없었기 때문에, 아무런 두려움 없이 담대하게 하나님께로 피하고 있다는 것을 공개적으로 표명한 것이었고, 자신들을 과시하고자 하는 의도에서 그렇게 한 것이 아님은 분명하다. 그런 까닭에, 그들의 기도에는 신앙 고백이 포함되어 있었고, 이것은 사람들에게 모범을 보여서, 죄수들과 간수로 하여금 곧 있게 될 이적을 주목하도록 준비시키는 효과를 지니고 있었다.

26. 이에 갑자기 큰 지진이 나서. 하나님께서 이 가시적인 징표를 보여주신 것은 무엇보다도 먼저 자신의 종들을 배려하셔서, 그들로 하여금 자신들의 기도가 상달되었다는 것을 좀 더 분명히 알게 하시기 위한 것이었다. 하지만 그것은 하나님께서 다른 사람들에게도 마음을 쓰셨다는 것을 보여주는 것이기도 하였다. 왜냐하면, 하나님께서는 "지진"을 일으키지 않으시고도 얼마든지 바울과 실라를 묶고 있던 "차꼬"를 풀어 주실 수 있었고, 당연히 옥문도 열어 주실 수 있으셨지만, 자기가 지진을 일으키셔서 공기와 땅을 뒤흔들어 놓았을 때에 다른 사람들이 그것을 보고서

더 큰 확신을 가지게 되는 큰 효과를 거둘 수 있게 될 것을 아셨던 까닭에 지진을 더하신 것이기 때문이다. 또한, 간수와 죄수들로 하여금 하나님의 임재를 깨닫게 하심으로써, 이 이적이 우연히 발생한 일이라고 생각하지 않게 하는 것도 꼭 필요한 일이었다. 실제로 하나님께서 이때에 자신의 권능의 증거를 보여주신 것은 모든 세대에 유익이 되게 하시기 위한 것이었다는 것, 즉 믿는 자들이 복음을 지키기 위해서 싸움과 위험을 감수해야 할 때마다 하나님이 그들과 함께 하신다는 것을 확신할 수 있도록 하기 위한 것이었다는 것에 대해서는 의심의 여지가 없다. 하지만 하나님께서는 여기에서와 동일한 방식, 즉 분명한 징표를 통해서 자신의 임재를 보여주시는 방식을 늘 고수하지는 않으신다. 따라서 우리는 하나님을 어떤 법칙으로 규정하려고 해서는 안 된다. 왜냐하면, 하나님께서 이때에 자기 사람들을 눈에 보이는 분명한 이적(manifestum miraculum)으로 도우셨던 것은 오늘날 우리가 하나님의 은밀한 은총(occulta gratia)으로 만족할 수 있도록 하시기 위한 것이기 때문이다. 이 문제에 대해서는 우리가 2장을 다룰 때에 이미 충분히 살펴본 바 있다.

27. 간수가 자다가 깨어. 간수는 "옥문들"이 저절로 열렸다고 변명해 보아야 통하지 않을 것으로 예상하고서, 처벌이 두려운 나머지 자결하려고 하였다. 하지만 여기서 다음과 같은 질문이 생긴다: 바울은 간수가 자결하면 자기가 탈출할 희망이 생긴다는 것을 알고 있었을 텐데도, 왜 그가 자결하는 것을 막은 것인가? 왜냐하면, 바울은 그렇게 행동함으로써 하나님께서 그에게 주신 구원의 기회를 거부한 것처럼 보이기 때문이다. 게다가, 하나님께서 간수가 깨어나기를 원하신 것은 도무지 이해가 되지 않는 일처럼 보인다. 왜냐하면, 간수가 깨어나게 되면, 하나님께서 베푸신 이적이 아무 소용이 없게 될 수도 있었기 때문이다. 나의 대답은 여기서 우리는 하나님의 계획(consilium)을 주목하여야 한다는 것이다. 왜냐하면, 하나님께서 바울과 실라와 나머지 사람들을 "차꼬"에서 풀어 주시고 그들을 위해 옥문을 열어 주신 것은 그들을 곧장 옥에서 내보내서 자유롭게 해주시기 위한 것이 아니라, 자신의 손의 능력을 보여주셔서, 바울과 실라의 믿음에 인을 쳐 주시고, 그리스도의 이름이 거기 있던 모든 사람들 가운데서 영광을 받게 하시기 위한 것이었기 때문이다. 따라서 하나님께서는 자신이 원하기만 한다면 언제라도 그들을 자유롭게 해줄 수 있는 능력이 자신에게 있다는 것을 보여주시고, 자기가 감옥에 들어가서 자기 사람들을 데리고 나오시는 것만이 아니라, 심지어 무덤 속으로 들어가서 자기 사람들을 죽음으로부터 이끌어내오시는 것을 막을 것은 아무것도 없다는 것을 보여주시

는 방식으로, 바울과 실라의 기도에 응답하신 것이었다. 하나님께서는 여기에서와
는 다른 목적으로 베드로를 위해 옥문을 열어 주신 적이 있으셨는데, 거기에 대해
서는 우리가 12장을 다룰 때에 이미 살펴본 바 있다. 하지만 지금은 바울과 실라를
구하기 위한 다른 방법이 있었기 때문에, 하나님께서 이번에 베푸신 이적의 직접적
인 목적은 그들을 감옥에서 구출해 내는 것이 아니라, 장래를 대비해서 그들에게 확
신을 심어주시고자 하신 것이었다. 다시 한 번 말하지만, 우리는 내가 방금 전에 말
한 것, 즉 하나님께서 옥문이 열리는 이적을 베푸신 것은 바울과 실라가 전한 가르
침이 지금 사람들의 부당한 선입견에 의해서 오명을 뒤집어쓰고 있지만, 사실은 하
나님께서 옳다고 하시는 것임을 간수와 죄수들로 알게 하고 증인들이 되게 하시기
위한 것이었음을 기억하여야 한다. 바울이 이러한 사실을 알고 있었다는 것은 의심
의 여지가 없다. 그래서 그는 사슬에서 벗어났음에도 불구하고, 그곳에서 한 걸음
도 움직이지 않고 그대로 있었다. 그는 마음만 먹으면 얼마든지 도망칠 수 있었는
데도, 왜 그렇게 하지 않은 것일까? 그가 하나님의 은혜를 가볍게 여겼기 때문인가?
아니면, 그가 게을러서 하나님의 이적을 무용지물로 만들려고 했던 것인가? 이 둘
중에서 어느 것도 사실이 아니다. 이것으로부터 우리는 다음과 같은 결론을 얻는
다. 즉, 하나님께서는 자기 사람들이 어떻게 해야 할지 모르는 상황에서 늘 그들의
마음을 인도해 주시기 때문에, 그들은 때로는 알면서, 때로는 모르는 채로, 그때그
때 꼭 필요한 일을 하게 됨으로써, 결국 자신들의 목표지점에 도달하게 되는데, 여
기서 하나님에 의해서 붙들린 바 된 바울도 마찬가지였다는 것이다.

[29]간수가 등불을 달라고 하며 뛰어 들어가 무서워 떨며 바울과 실라 앞에 엎드리고
[30]그들을 데리고 나가 이르되 선생들이여 내가 어떻게 하여야 구원을 받으리이까 하
거늘 [31]이르되 주 예수를 믿으라 그리하면 너와 네 집이 구원을 받으리라 하고 [32]주
의 말씀을 그 사람과 그 집에 있는 모든 사람에게 전하더라 [33]그 밤 그 시각에 간수
가 그들을 데려다가 그 맞은 자리를 씻어 주고 자기와 그 온 가족이 다 세례를 받은
후 [34]그들을 데리고 자기 집에 올라가서 음식을 차려 주고 그와 온 집안이 하나님을
믿으므로 크게 기뻐하니라(16:29-34).

29. 무서워 떨며 바울과 실라 앞에 엎드리고. 이 간수가 하나님께 순종하는 태도
를 보일 수밖에 없었던 것은 그 마음이 이적으로 준비되었기 때문이기도 하지만 두

러움에 압도되었기 때문이기도 하였다. 이것으로부터 사람이 하나님께 굴복하는 법을 배우기 위해서는 교만을 벗어 버리는 것이 얼마나 유익한 것인지가 분명하게 드러난다. 이 간수는 자신의 미신에 사로잡혀 있던 완악한 사람이었다. 따라서 자기에 의해서 가장 깊은 감옥에 던져져서 감금당하는 수모를 당한 바울과 실라가 그에게 어떤 말을 해도, 그는 코웃음을 치며 멸시하였을 것이지만, 지금은 두려움이 그를 유순하고 순종적인 사람으로 만들어 놓았다. 따라서 우리는 하나님께서 우리를 치시거나 대경실색하게 만드실 때마다, 이런 일이 일어난 것은 우리가 너무 우쭐해하거나 교만하지 말고 겸손하게 분수를 지키도록 하시기 위함이라는 것을 알아야 한다.

하지만 그가 그들의 발 앞에 엎드렸을 때, 그들이 그를 책망하지 않은 것이 이상하다. 왜냐하면, 누가가 앞에서 보도한 것처럼(행 10:26), 베드로의 경우에는 고넬료가 자기에게 엎드려 절하려고 하자 정색을 하며 그러한 행동을 용납하지 않았는데, 여기서 간수가 그런 행동을 취한 것이 잘못된 것임을 바울이 몰랐을 리가 없기 때문이다. 나의 대답은 바울은 간수로 하여금 이렇게 자신을 낮추도록 만든 것이 미신이 아니라 하나님의 심판에 대한 두려움이었다는 것을 알고 있었기 때문에 그의 그러한 행동을 묵인하였다는 것이다. 이런 방식으로 상대방에게 공경을 표하는 것은 보편화되어 있었다. 특히, 로마인들에게는 자기를 낮추어 겸손하게 무엇을 요청하거나 용서를 구할 때에 상대방에게 무릎을 꿇는 것은 전통적이고 관례적인 행위였다. 따라서 바울로서는 하나님으로 말미암아 스스로 자신을 낮춘 이 사람에게 화를 낼 이유가 전혀 없었다. 왜냐하면, 만일 간수의 행동에 하나님의 영광을 가릴 만한 무언가가 있었다면, 바울은 자신이 이전에 루가오니아 사람들에게 보여주었던(cf. 행 14장) 그러한 열정을 또다시 보여주었을 것이기 때문이다. 따라서 간수의 그러한 행동에 대하여 바울이 침묵을 지킨 것을 통해서 우리는 이런 식으로 사람에게 공경을 표하는 것은 하나님의 거룩함이나 영광을 가리는 것이 아니라는 결론을 얻게 된다.

30. 선생들이여 내가 어떻게 하여야 구원을 받으리이까. 간수는 그들이 시키는 대로 무엇이든 다 하겠다는 태도를 보이며 그들의 조언을 구한다. 이것으로부터 우리는 그가 큰 충격을 받아서, 불과 몇 시간 전만 해도 자기 손으로 무자비하게 포박했던 사람들이 자기에게 무엇을 명하든 다 준행할 마음의 준비가 되어 있음을 알게 된다. 불경건한 자들은 이적을 목격하고서 비록 순간적으로는 두려워 떨지만 얼마

있지 않아서 더욱 완고해지는 것이 보통인데, 애굽 왕 바로가 그러하였다. 어쨌든, 그들은 하나님에게 굴복할 정도로 유순해지지는 않는다. 하지만 이 간수는 하나님의 권능을 인정하고서는 단지 일시적으로만 두려워 떨다가 이내 이전의 잔인한 성품으로 되돌아간 것이 아니라, 하나님께 순종하는 태도를 보이고 올바른 가르침을 경청하고자 한다. 그가 구원을 얻는 방법에 대해서 질문하였다는 것은 그가 하나님에 대한 두려움에 갑자기 일시적으로 사로잡힌 것이 아니라, 진정으로 낮아져서 하나님의 사역자들의 제자가 되기를 원하였다는 것을 더욱 분명하게 보여준다. 왜냐하면, 그는 그들이 오로지 기존의 종교를 무너뜨리는 가르침을 베풀었다는 단 한 가지 이유로 인해서 옥에 갇히게 되었다는 것을 알고 있었는데도 불구하고, 지금은 자기가 이전에 멸시했던 그들의 가르침을 경청할 준비가 되어 있음을 보여주고 있기 때문이다.

31. 이르되 주 예수를 믿으라. 사람이 구원을 얻으려면 그리스도를 믿어야 한다는 이러한 정의는 짧고 빈약한 듯 보이지만, 사실은 완전하다. 왜냐하면, 그리스도는 복과 영생의 모든 요소들을 자기 안에 갖고 계시고, 복음을 통해서 그것들을 우리에게 공급해 주시는데, 내가 15장을 다룰 때에 말했듯이, 우리는 믿음으로 그것들을 받기 때문이다. 여기서 우리는 두 가지를 유념하여야 한다. 첫 번째는, 그리스도가 믿음의 유일한 대상이기 때문에, 사람들의 마음이 그리스도를 떠났을 때에는 이리저리 방황할 수밖에 없다는 것이다. 따라서 교황제도 아래에서의 모든 신학이 거대한 혼돈과 끔찍한 미로를 이루고 있다고 하여도 전혀 놀랄 일이 아닌 것은 그들이 그리스도를 무시하고 공허한 사변에만 몰두하기 때문이다. 두 번째로 우리가 유념하여야 할 것은, 사람이 구원을 얻는 데에는 그리스도를 믿음으로 영접한 것만으로 충분하다는 것이다. 그러나 누가가 곧이어서 덧붙인 두 번째 구절이 믿음의 본질을 좀 더 잘 표현해 준다. 바울과 실라는 간수에게 하나님의 아들을 믿으라고 말한다. 그렇다면, 그들은 바로 이 한 마디 말만을 한 것일까? 물론, 그렇지 않았다. 왜냐하면, 누가는 그들이 계속해서 "주의 말씀을 그 사람과 그 집에 있는 모든 사람에게" 전하였다고 보도하기 때문이다. 따라서 우리는 믿음이라는 것은 우리가 알지 못하는 일들에 대한 어렴풋하거나 무미건조한 상념이 아니라, 복음으로 말미암아 분명하고 명료하게 그리스도를 아는 것이다. 다시 한 번 말하지만, 복음의 선포가 없이는 믿음도 있을 수 없다. 요컨대, 누가는 믿음을 말씀 선포나 가르침과 연결시키고, 믿음에 대해서 간단하게 말한 후에, 어떻게 믿는 것이 제대로 참되게 믿는 것

인지를 보충적으로 설명하고 있는 것이다. 따라서 우리는 교황주의자들이 사람은 그리스도에 대하여 아무것도 모를지라도 세례를 받고 교회가 시키는 대로 행할 때에 받게 된다고 주절대는 저 날조된 잠재적 믿음(implicita fides)을 배척하고, 하나님의 말씀과 결합된 믿음(fides verbo Dei implicita)을 붙들고서, 그 믿음으로 그리스도의 능력을 나타내 보일 수 있어야 한다.

33. 자기와 그 온 가족이 다 세례를 받은 후. 누가는 이 간수가 자신의 권속 전체를 하나님께 드렸다고 말하면서, 다시 한 번 그의 경건한 열심을 칭송한다. 이 일이 갑작스러운 것이었는데도, 그의 온 가족이 세례를 받기로 경건하게 합의한 것 속에서도, 하나님의 은혜가 여실히 드러난다. 아울러, 우리는 이 간수에게 나타난 놀라운 변화도 주목하여야 한다. 그는 방금 전까지만 해도 바울과 다른 사람들이 도망쳤다고 생각하고는 자결하기로 결심했었지만, 지금은 모든 두려움을 떨쳐 버리고, 자원해서 그들을 자기 집으로 데리고 간다. 여기서 우리는 믿음은 전에는 아무런 용기도 없던 사람들로 하여금 담대하게 행할 수 있게 해준다는 것을 알게 된다. 분명한 것은 우리가 두려움과 의심으로 아무것도 할 수 없을 때, 담대하게 어떤 일을 행할 수 있는 최선의 방법은 우리의 모든 근심과 염려를 하나님께 맡기는 것이라는 사실이다. 왜냐하면, 그렇게 했을 때, 우리는 하나님께서 가장 좋은 결과를 우리에게 주시리라는 것을 확신하며 기대할 수 있게 되어서, 그 어떤 위험도 우리가 마땅히 해야 할 일을 행하는 것을 막을 수 없게 되기 때문이다.

34. 음식을 차려 주고 그와 온 집안이 하나님을 믿으므로 크게 기뻐하니라. 누가는 이미 간수의 외적인 신앙 고백을 칭찬한 바 있는데, 이제 여기서는 그의 믿음의 내적인 열매를 보도한다. 그가 처벌받는 것을 두려워하지 않고, 자신의 상관으로부터 받은 명령을 거슬러서 사도들을 자기 집으로 데리고 가서 환대한 것은 그의 믿음이 무익한 것이 아니라는 것을 증명한 것이었다. 한편, 누가가 여기에서 말하고 있는 기쁨은 신자들이 자신의 믿음으로부터 얻는 특별한 복이다. 악한 양심보다 더 지독한 고통은 없다. 왜냐하면, 불신자들이 온갖 수단을 동원해서 그들 자신을 둔감하게 만들어서 고통을 피하고자 할지라도, 그들은 하나님과 화목되어 있지 않는 까닭에 두려워 떨 수밖에 없기 때문이다. 설령 그들이 당장에는 고통을 겪지 않고, 도리어 방종과 광란의 주연(酒宴)을 즐긴다고 할지라도, 그들은 결코 평안할 수 없고, 잔잔한 기쁨을 누릴 수 없다. 따라서 우리가 오직 믿음으로 말미암아 하나님의 은혜를 누릴 때에만, 우리에게 참되고 지속적인 기쁨이 있게 된다. 그런 까닭에, 스

가랴는 "시온의 딸아 크게 기뻐할지어다 예루살렘의 딸아 즐거이 부를지어다 보라 네 왕이 네게 임하시나니"(슥 9:9)라고 말하였다. 성경은 마음을 기쁘게 만드는 것은 믿음이라고 도처에서 증언한다. 따라서 우리는 믿음이라는 것은 공허하거나 죽어 있는 상념이 아니라, 하나님의 은혜를 생생하게 아는 것이고, 그러한 믿음이 구원의 확신에서 오는 참된 기쁨을 가져다준다는 것을 알아야 한다. 불경건한 자들에게 그런 기쁨이 없는 것은 당연한 일이다. 왜냐하면, 그들은 평강의 하나님으로부터 도망칠 뿐만 아니라, 모든 의를 다 망쳐놓기 때문이다.

[35]날이 새매 상관들이 부하를 보내어 이 사람들을 놓으라 하니 [36]간수가 그 말대로 바울에게 말하되 상관들이 사람을 보내어 너희를 놓으라 하였으니 이제는 나가서 평안히 가라 하거늘 [37]바울이 이르되 로마 사람인 우리를 죄도 정하지 아니하고 공중 앞에서 때리고 옥에 가두었다가 이제는 가만히 내보내고자 하느냐 아니라 그들이 친히 와서 우리를 데리고 나가야 하리라 한대 [38]부하들이 이 말을 상관들에게 보고하니 그들이 로마 사람이라 하는 말을 듣고 두려워하여 [39]와서 권하여 데리고 나가 그 성에서 떠나기를 청하니 [40]두 사람이 옥에서 나와 루디아의 집에 들어가서 형제들을 만나 보고 위로하고 가니라(16:35-40).

35. 날이 새매 상관들이 부하를 보내어 이 사람들을 놓으라 하니. 여기서 한 가지 질문이 생긴다: 상관들은 왜 이렇게 갑자기 생각을 바꾸게 되었을까? 그들은 전날까지만 해도 바울과 실라를 엄벌에 처하려는 듯이 그들을 차꼬에 채워서 단단히 지키라고 명령했었다. 그런데 그런 그들이 이제 와서는 그들을 처벌하지 않고 놓아주려고 한다. 그들은 바울과 실라의 말을 듣고 전후사정을 다 알게 되었기 때문에 관용을 베풀기로 생각을 바꾸었을지도 모른다. 하지만 그들에게 심경의 변화를 가져오게 만들 만한 상황 변화는 없었던 것으로 보인다. 나의 대답은 누가는 무리들의 소동이 있은 후에 통상적으로 벌어지는 일들만을 보도한 것이고, 어떤 특별한 일이 일어난 것으로 보도한 것은 아니라는 것이다. 왜냐하면, 무리들의 분노가 들끓어 오르자, 그 여파가 그대로 관리들에게도 전해진 것은 분명히 잘못된 일이기는 하지만 통상적으로 있는 일이기 때문이다. 이것과 관련해서 베르길리우스(Virgilius)의 유명한 글이 있다:

"큰 무리 가운데서 소요가 일어나서, 격분한 군중들이 분노로 날뛰고,

투석과 방화가 난무하며, 광기가 무기를 제공할 때,

우연히 명망 있는 원로 인사를 찾아낸다면,

무리는 소동을 멈추고 그의 말을 경청하고,

그는 자신의 연설로 그들의 분노를 다스리고,

그들의 마음을 진정시킨다"(Aeneid, I.148f.).

따라서 무리들이 소동이나 소요를 일으킬 때, 관리들이 거기에 부화뇌동하는 것은 정말 잘못된 일이기는 하지만, 실제로는 그렇게 되는 것이 보통이다. 여기서도 "상관들"은 무리들이 들고 일어난 것을 보고는, 사도들을 매로 다스려도 좋을 만큼 충분한 이유가 있을 것이라고 예단하였다. 하지만 이제 그들은 자신들의 경솔함으로 말미암아 수치와 불명예를 감수해야 하는 응분의 대가를 치르지 않을 수 없는 처지가 되었다. 왜냐하면, 그들은 이 소동의 근원에 대해서 자세히 살펴본 후에는, 이 소동을 주도한 자들이 잘못하였다는 사실을 알게 되었을 것이기 때문이다. 따라서 그들은 바울과 실라에게 아무런 잘못이 없다는 것을 확신하고서, 비록 늦었지만 그들을 방면했던 것이다. 다스리는 지위에 있는 사람들은 이 사례를 통해서 지나치게 성급한 결정을 얼마나 경계해야 하는지에 대해서 교훈을 받아야 한다. 왜냐하면, 우리는 관리들이 어떤 일을 자신들의 과오로 인해 잘못 처리했다는 것을 너무나 잘 알게 된 후에도 자신들의 잘못을 별 것 아닌 것처럼 대수롭지 않게 처리하는 것을 비일비재하게 보고 있고, 특히 사회적인 신분이 낮고 미천한 사람들이 관련된 사안에 대해서는 더더욱 그러하다는 것을 잘 알기 때문이다. 그들은 바울과 실라를 방면할 때, 자신들이 그들에게 불법을 자행했다는 것을 모르고 있지 않았다. 그럼에도 불구하고, 그들은 자신들이 그들에게 더 이상 불법적이고 가혹한 행위를 하지 않으면 그것으로 충분한 것이라고 생각하였다. 여기서 "고위관리들"을 가리키는 라브두코이(ραβδοῦχοι, "상관들")라는 관직명은 그들이 휴대한 지팡이에서 유래한 것이었고, 고관 앞에서 권표를 들고 다니던 하급관리들이었던 '릭토르'(lictor)를 나타내는 문양은 도끼와 회초리로 이루어져 있었다.

37. 바울이 이르되 로마 사람인 우리를 죄도 정하지 아니하고 공중 앞에서 때리고. 바울은 두 가지 점을 들어서 항의하는데, 하나는 "로마 사람"에게 가혹행위를 했다는 것이고, 다른 하나는 적법절차를 따르지 않고 그렇게 하였다는 것이다. 우

리는 바울이 로마 시민이었다는 것에 대해서는 나중에 살펴볼 것이다. 국민이 아닌 어떤 개인이 로마 시민의 생사를 좌우할 수 없다는 것은 포르티우스(Portius) 법과 셈프로니우스(Sempronius) 법을 비롯한 다수의 법률들에 의해서 엄격하게 규정되어 있었다. 하지만 바울이 매를 맞기 전에 자신의 권리를 주장하지 않은 것이 이상하게 보일 수 있다. 왜냐하면, "상관들"은 그가 침묵했다는 사실을 들어서 자신들의 정당성을 주장할 수가 있을 것이었기 때문이다. 하지만 무리들이 소동하는 와중에서 바울의 항변이 묻혀 버렸을 가능성도 있다. "상관들"이 직접 와서 자기들을 데리고 나가야 한다는 바울의 요구와 관련하여, 그가 뒤늦게 어리석고 무익한 요구를 하고 있는 것이라고 반론을 제기하는 사람이 있다면, 거기에 대한 대답은 간단하다. 물론, 바울의 요구가 받아들여진다고 해도 바울의 상황이 더 나아질 것은 없었다. 하지만 우리가 주목하여야 할 것은 바울은 절대로 자신의 일신상의 유익을 위하여 그런 요구를 한 것이 아니었다는 것이다. 그가 의도한 것은 "상관들"이 죄 없는 선한 형제들을 함부로 대하지 못하도록 함으로써 장차 모든 경건한 자들에게 도움이 되게 하려는 것이었다. 바울은 그곳의 형제들을 책임지고 있는 위치에 있었기 때문에, 그들이 존립할 수 있도록 돕는 데 자신의 권리를 행사한 것이었다. 그가 항변한 이유가 거기에 있었다. 따라서 바울은 자신에게 주어진 기회를 지혜롭게 활용한 셈이다. 마찬가지로, 우리도 원수들이 자신들의 권한을 남용하여 죄없는 사람들을 압제하고 괴롭히지 못하도록 하기 위해서, 그들을 견제하는 데 활용할 수 있는 그 어떤 수단도 무시해서는 안 된다. 왜냐하면, 하나님께서 그러한 수단들을 우리의 손에 쥐어 주신 것은 그것들을 유익하게 활용하라는 뜻이기 때문이다. 하지만 우리는 사람들이 우리에게 해를 입혔다고 해서 그대로 되갚아주고자 하는 것이 아니라, 단지 그들이 다른 사람들에게 동일한 해를 끼치지 못하도록 하기 위해서 그들의 욕망(libido)을 저지하는 것임을 명심하여야 한다.

38. 그들이 로마 사람이라 하는 말을 듣고 두려워하여. 그들은 자신들이 사실관계를 조사해 보지도 않고 죄 없는 사람에게 분노를 쏟아 붓는 잘못을 저지른 것에 대해서는 아무렇지도 않게 여겼지만, 사실 그들의 그런 행위는 크게 비난받을 일이었다. 그러나 그들은 어떤 사람도 감히 자신들에게 복수할 마음을 먹을 수 있을 것이라고 생각하지 않았기 때문에, 하나님의 심판을 전혀 두려워하지 않았다. 그들이 자신들이 저지른 불의에 대해서 제기된 항변을 전혀 개의치 않았던 이유도 거기에 있었다. 그들이 유일하게 두려워한 것은 자신들이 로마 시민에게 주어진 자유를 침

해한 것을 알았을 때에 거기에 대한 벌로 자신들을 칠지도 모르는 로마의 도끼뿐이었다. 그들은 자신들이 한 짓은 총독들을 비롯한 최고 관리들이 했을 경우에도 사형에 처해질 만한 일이라는 것을 알고 있었다. 하물며, 일개 속주의 관리가 그런 짓을 하였다면, 어떤 일이 벌어질 것인지는 불을 보듯 뻔한 일이었다. 불경건한 자들이 두려워하는 것은 바로 그런 것들이다. 그들의 양심은 하나님 앞에서 무뎌져 있기 때문에, 사람들에 의해서 보응을 받게 될 때까지는 온갖 죄를 범하느라 여념이 없다.

40. 두 사람이 옥에서 나와 … 형제들을 만나 보고 위로하고 가니라. 그들은 상관들로부터 즉시 그 성에서 떠날 것을 요구받았지만, 아직도 연약한 복음의 씨앗이 말라 죽지 않도록 하기 위해서 형제들을 보살피지 않으면 안 되었다. 만일 사정이 허락되었다면, 그들이 거기에 더 오래 머물고 싶어 했으리라는 것은 의심의 여지가 없지만, 무력을 지닌 "상관들"이 강압적으로 요구하였기 때문에, 그들은 어쩔 수 없이 그 요구를 따를 수밖에 없었다. 그럼에도 불구하고, 그들은 자신들이 꼭 해야 할 일을 소홀히 하지 않고 형제들을 찾아서 격려하고 힘을 북돋워 준다. 그들이 곧장 루디아의 집으로 갔다는 것은 빌립보 교회가 성장했음에도 불구하고, 경건의 일들을 행하는 것과 관련해서는 이 여인이 많은 신자들 가운데서도 주도적인 역할을 행하고 있었음을 보여주는 증거였다. 또한, 모든 신자들이 그녀의 집에서 모였다는 사실도 그 점을 더욱 분명하게 보여준다.

제17장

¹그들이 암비볼리와 아볼로니아로 다녀가 데살로니가에 이르니 거기 유대인의 회당이 있는지라 ²바울이 자기의 관례대로 그들에게로 들어가서 세 안식일에 성경을 가지고 강론하며 ³뜻을 풀어 그리스도가 해를 받고 죽은 자 가운데서 다시 살아나야 할 것을 증언하고 이르되 내가 너희에게 전하는 이 예수가 곧 그리스도라 하니 ⁴그 중의 어떤 사람 곧 경건한 헬라인의 큰 무리와 적지 않은 귀부인도 권함을 받고 바울과 실라를 따르나(17:1-4).

1. 그들이 암비볼리와 아볼로니아로 다녀가 데살로니가에 이르니. 바울이 왜 암비볼리와 아볼로니아에서는 복음을 전하지 않았는지는 우리가 확실히 알 수 없다. 왜냐하면, 플리니우스(Plinius)가 확인해 주듯이, 이 두 곳은 결코 작은 도시가 아니었기 때문이다. 따라서 우리는 단지 바울이 하나님의 성령의 인도하심을 따랐을 것이고, 현실적으로 기회가 주어지느냐의 여부에 따라서 말씀을 전할 것인지, 아니면 침묵할 것인지를 결정하였으리라는 것만을 말할 수 있을 뿐이다. 바울은 이 두 곳에서도 복음을 전하기는 하였지만 별다른 성과를 거두지 못했기 때문에, 누가가 이 두 곳과 관련해서 특별한 언급을 하지 않은 것일 수도 있다. 바울이 빌립보에서 매를 맞고 큰 위험에서 간신히 벗어났음에도 불구하고, 데살로니가에서 또다시 그리스도를 전한 것으로부터 분명하게 드러나는 것은 그가 불굴의 인내로 자신의 소명의 길을 꿋꿋이 걸어가고 있었고, 끊임없이 새로운 위험들에 담대하게 두려움 없이 맞서고자 하였다는 것이다.

이러한 불굴의 담대함과 지칠 줄 모르고 십자가를 지는 끈기와 인내는 바울의 사역이 인간적인 힘에 의한 것이 아니라 하늘로부터 오는 성령의 능력을 힘입어 이루어진 것임을 보여주기에 부족함이 없다. 또한, 그가 결코 수그러들지 않는 유대인들의 완악함을 그처럼 자주 겪었음에도 불구하고, 계속해서 그들 가운데로 들어가서 그들을 구원받게 하기 위하여 애쓴 것은 그의 놀라운 인내심을 보여주는 것이었다. 하지만 바울은 하나님께서 유대인들을 구원하시기 위하여 그들에게 그리스도를 주셨다는 것과 자기가 먼저는 유대인들에게, 다음으로는 이방인들에게 회개와 믿음을 선포해야 한다는 조건 아래에서 사도가 되었다는 것을 알고 있었기 때문에, 비록 성공 가능성이 크지는 않았을지라도, 자신의 사역의 성공 여부는 하나님께 의탁한 채로 하나님의 명령을 준행하고 있는 것이었다. 사실, 바울은 앞에서 "하나님의 말씀을 마땅히 먼저 너희에게 전할 것이로되 너희가 그것을 버리고 영생을 얻기에 합당하지 않은 자로 자처하기로 우리가 이방인에게로 향하노라"(행 13:46)고 말했을 때, 유대인들에게 마지막 작별인사를 고한 것처럼 보였다. 하지만 우리는 이 가혹한 말이 사악하게도 자신들에게 주어진 복음을 거부하고, 스스로 하나님의 은혜를 받기에 합당치 않은 자로 자처한 자들에게만 해당되는 것으로 보아야 한다. 왜냐하면, 바울이 유대 민족을 향해서 자신에게 주어진 대사직을 수행하기를 그친 적은 없었기 때문이다. 이 사례를 통해서 우리는 하나님의 부르심은 우리에게 너무나 중요한 것이기 때문에, 하나님께서 우리를 어떤 사람들에 대한 사역자로 세우신 경우에는, 그들이 아무리 배은망덕하다고 할지라도, 그들의 구원에 끊임없이 관심을 기울이는 것이 마땅하다는 것을 배운다. 바울은 안식일에 회당에 가서 처음으로 말씀을 전했을 때에 무리들 중에는 벌써부터 올바른 가르침을 거부한 사람들이 있었지만, 그들의 그러한 완악함에도 불구하고 다른 안식일들에도 다시 회당을 찾아가서 말씀을 전하였을 것이다.

2. 바울이 … 세 안식일에 성경을 가지고 강론하며. 누가는 먼저 바울이 성경을 가지고 강론한 내용의 요지가 마리아의 아들 예수가 율법과 선지자들에 의해서 오래 전에 약속되었던 그리스도이시고, 그가 자신의 죽음의 희생제사를 통해서 세상의 죄를 대속하셨으며, 부활을 통해서 의와 생명을 가져오셨다는 것이었다고 보도한다. 다음으로, 누가는 바울이 자신이 가르친 내용을 어떤 식으로 증명하는지를 보도한다. 우리는 이 두 번째를 먼저 다루고자 한다. 누가가 바울이 "성경을 가지고 강론했"고 말한 것에서 알 수 있듯이, 우리는 신앙의 증거들을 오직 하나님의 말씀에서만 찾아야 한다. 인간사를 논하는 자리에서는 인간적인 이유들이 중요할 것이지만, 신앙의 가르침을 논하는 경우에는 오직 하나님의 권위만이 그 자리를 다스려야 하고, 우리는 거기에 따라야 한다.

사실, 모든 사람이 우리가 하나님께만 승복해야 한다는 이 사실을 인정하기는 하지만, 성경 안에서 말씀하시는 하나님의 음성을 듣는 사람은 얼마 없다는 것도 사실이다. 성경이 하나님으로부터 왔다는 명제가 우리에게 유효한 것이라면, 우리가 가르치거나 배우는 모든 것의 기준을 다른 곳에서 찾아서는 안 된다는 것은 너무나 자명하다. 이것은 교황주의자들이 성경으로부터 확실한 가르침을 얻을 수 있다는 사실을 부인하고, 인간의 견해나 학설에 의존해야 한다고 주장하는 것은 그들이 마귀적인 광기에 사로잡혀 있기 때문이라는 것을 분명하게 보여준다. 왜냐하면, 나는 바울이 여기서 채택한 논증 방식을 그들이 적법한 것으로 보는지 그렇지 않은지를 묻고 있는 것이기 때문이다. 오늘날의 교황주의자들은, 심지어 그리스도를 믿지 않는 유대 민족도 그들보다는 더 큰 공경심을 하나님의 말씀에 대하여 지니고 있다는 사실에 적어도 부끄러움을 느끼는 것이 마땅하다. 유대인들은 바울이 성경으로부터 논증하는 것을 인정하고 수용하는 반면에, 교황과 그의 모든 수하들은 마치 하나님께서 성경 안에서 뭐가 뭔지 알아듣지 못하게 애매모호하게 말씀하심으로써 사람들을 우롱하고 계신다는 듯이, 대중 앞에서 성경을 인용하는 것은 사람들을 우롱하고 조롱하는 것이라고 생각한다. 더욱이, 오늘날에는 복음 안에서 "공의로운 해"(말 4:2)이신 그리스도께서 정오의 빛처럼 찬란하게 우리를 비추어 주고 계시기 때문에, 성경은 더욱 밝은 빛을 발산하고 있고, 거기에서 하나님의 진리는 율법과 선지자의 글들에서보다 더욱 분명하게 빛나고 있다. 그렇기 때문에, 교황주의자들이 하나님의 말씀에서 확실성(certitudo)을 제거해 버린 것은 도저히 용납될 수 없는 신성모독이다. 우리가 알아야 할 것은, 믿음은 하나님의 말씀이 아닌 다른 어떤 것에도 토대를 둘 수 없기 때문에, 우리는 어떤 논쟁에 있어서도 오직 하나님의 말씀의 증거 위에만 서야 한다는 것이다.

3. 뜻을 풀어 그리스도가 해를 받고 죽은 자 가운데서 다시 살아나야 할 것을 증언하고. 여기서 바울은 쟁점의 핵심을 얘기하면서, 그리스도와 관련해서 두 가지 명제를 제시하는데, 그것은 그리스도께서는 죽으셨다가 다시 살아나셔야 했다는 것과, 십자가에 달려 돌아가신 마리아의 아들 예수가 그리스도시라는 것이다. 그리스도에 관한 논쟁이 벌어질 때, 쟁점은 다음 세 가지, 즉 그리스도는 존재하는가, 누가 그리스도인가, 그리스도는 어떤 분인가 하는 것이다. 만일 바울이 이방인들을 상대로 말씀을 전하는 것이었다면, 훨씬 기본적인 문제들로부터 시작해야 했을 것이다. 왜냐하면, 이방인들은 그리스도에 대해서 들어본 적도 없고, 세속적인 사람들은 자신들에게 어떤 중보자가 필요하다는 것을 생각하지도 않기 때문이다. 하지만 유대인들에게는 옛적부터 이미 중보자가 약속되었기 때문에, 그들은 이 점에 대해서는 아무런 의문이 없었다. 따라서 바울은 그들 모두가 전적으로 동의하는 내

용들은 불필요한 것으로 여겨 생략하고 있다. 그런데 유대인들에게는 십자가에 달려 죽은 예수를 구속주로 인정하는 것보다 더 어려운 일은 없었기 때문에, 바울은 십자가라는 걸림돌을 제거하기 위해서 그리스도가 죽으셔야 했다는 사실로부터 말씀을 전하기 시작한다. 하지만 우리는 그가 그리스도의 십자가 죽음에 관한 단순한 역사적인 사실만을 말한 것이 아니라, 그리스도께서 고난을 받으시고 다시 살아나셔야 했던 분명한 이유들이 있었다는 것을 제시하여야 한다는 확고한 원칙 위에서 그러한 사실을 말한 것이라고 생각하지 않으면 안 된다. 즉, 당연히 바울은 인류의 타락과 죄, 거기에 따른 형벌과 하나님의 심판, 우리 모두가 빠져 있는 영원한 저주에 대해서 공개적으로 선포하였다. 왜냐하면, 성경이 장차 있을 그리스도의 죽음에 대하여 예언할 때에는, 바로 그러한 내용들도 우리에게 상기시켜 주기 때문이다. 예를 들면, 이사야는 단순히 그리스도께서 죽게 되실 것이라고만 말하지 않고, "그가 찔림은 우리의 허물 때문이요 그가 상함은 우리의 죄악 때문이라 그가 징계를 받음으로 우리는 평화를 누리고 그가 채찍에 맞음으로 우리는 나음을 받았도다 우리는 다 양 같아서 그릇 행하며 각기 제 길로 갔거늘 여호와께서는 우리 모두의 죄악을 그에게 담당시키셨도다"(사 53:5-6)라고 선언함으로써 그리스도께서 죽으셔야 했던 이유도 아울러 얘기해 준다. 마찬가지로, 다니엘도 "허물이 그치며 죄가 끝나며 죄악이 용서되며 영원한 의가 드러나며"(단 9:24)라고 말함으로써, 장차 그리스도의 죽으심이 어떠한 효력과 결과를 가져오게 될 것인지를 보여준다.

분명한 것은 그리스도께서 어떤 일을 하시기로 되어 있었는지, 즉 그리스도의 직임(Christi officium)을 증명하는 데에는, 사람들이 자신의 비참한 처지를 깨달아 낮아져서 그리스도의 죽음의 희생제사에 의해서 하나님과 화목하게 되는 것 외에는 그들에게 아무런 소망도 있지 않다는 것을 아는 것보다 더 적절하고 효과적인 방법은 없다는 것이다. 사람들이 그렇게만 된다면, 그들은 교만을 버리고서, 이전에는 혐오하고 수치스러워 하던 그리스도의 십자가를 겸손하게 받아들이게 된다. 따라서 오늘날 우리도 바울이 그리스도의 죽음과 부활의 증거를 길어올렸던 바로 그 샘들(fons)로 나아가야 한다. 이제 이러한 설명이 두 번째 명제에 대해서 충분한 빛을 비추어 준다. 만일 유대인들이 어떠한 구속주를 소망해야 하는지에 대해서 미리 알고 있지 않았더라면, 바울이 마리아의 아들이 그리스도시라는 것을 증명하고 확실한 결론을 내리는 것은 그렇게 쉬운 일이 아니었을 것이다. 하지만 그 점이 분명해지고 나면, 이제 남은 일은 성경이 중보자에게 돌리고 있는 일들을 그리스도에게 적용하는 것뿐이다. 결국, 먼저 마리아의 아들이 그리스도이시자 하나님께서 처음부터 약속하셨던 바로 그 중보자시라는 것을 알고, 다음으로 그가 왜 죽으시고 다시 살아나셔야 했는지를 아는 것이 믿음의 요체이다. 그럴 때에, 우리는 우리를 위해서 모종의 세상적인 왕을 구하지 않고, 도리어 그리스도 안에서 영적인 의와 우리 구원의 모든 것을 구하게 된다. 누가는 바울이 이 두 가지 모두를 성경으로부터 증명하였다고 말하고 있다는 점에서, 우리는 유대인들이 당시에 그렇게 우둔하지 않았고, 오늘날처럼 그렇게 뻔뻔스럽지도 않았기 때문에, 당시에 바울은 희생제사와 율법의 모든 제의들을 토대로 해서 그러한 논증들을 이끌어 낼 수 있었다는 것을 알아야 한다. 하지만 오늘날의 유대인들은 부끄러운 줄도 모르고 성경의 본문들을 난도질하고 왜곡시키기 때문에, 성경을 토대로 한 우리의 논증들을 개처럼 물어뜯어서 갈기갈기 찢어 버린다. 당시의 유대인들은 어느 정도의 품격을 갖추고 있었고, 어느 정도는 성경을 경외하고 있었기 때문에, 성경에 토대를 둔 가르침을 전혀 받을 수 없는 그런 지경에 있었던 것은 아니었다. 하지만 오늘날에는 "수건이 그들의 마음을 덮고 있기"(고후 3:15) 때문에, 그들은 마치 두더지처럼 대낮에도 보지 못한다.

4. 그 중의 어떤 사람 … 권함을 받고 바울과 실라를 따르나. 여기서 우리는 바울이 성경을 토대로 해서 가르치고 권한 결과를 본다. 분명한 것은 바울은 모든 사람들에게 예수가 그리스도시고, 그가 자신의 죽음을 통해서 아버지 하나님과 우리를 화목하게 만드셨으며, 그의 부활이 세상의 생명이라는 것을 공개적으로 증명하였다는 것이다. 하지만 유대인들 중에서는 단지 일부만이 믿었고, 나머지 유대인들은 백주대낮에도 앞을 보지 못하고 듣지 못하는 귀를 갖고 있었기 때문에, 확실하고도 분명한 진리를 거부하였다. 하지만 우리가 주목해야 할 것은 유대인들 중에서는 아주 소수만이 믿은 반면에, 하나님으로부터 훨씬 멀리 떨어져 있었던 헬라인들은 많은 수가 믿게 되었다는 것이다. 유대인들은 하나님께 더욱 적대적인데, 어떻게 그들이 어려서부터 율법의 교훈으로 가르침을 받았다고 말할 수 있겠는가? 따라서 이것은 하나님께서 오래 전에 선지자들을 통해서 그토록 자주 경고하셨던 것처럼 그들이 얼마나 눈멀어 있는지를 이제 실제로 드러내기 시작하신 것이었다. 그럼에도 불구하고, 하나님께서는 자기 백성 중에서 적어도 일부를 자기에게로 모으셔서, 택하심의 불꽃이 여전히 은혜로 구원받은 남은 자들 속에서 빛나게 하실 것이기 때문에, 자신의 언약은 무효가 된 것이 아니라고 선언하신다. 또한, 누가는 이렇

게 믿은 소수의 유대인들이 형식적으로만 동의하는 수준에서 바울이 전한 말씀을
믿은 것이 아니라, 바울과 실라를 자신들의 동료로 받아들여서 하나가 되고자 함으
로써 자신들의 마음이 진실임을 증명하였다는 것을 우리에게 알려준다. 그들은 동
족으로부터 미움 받을 것을 각오하고서, 복음이 옳다는 것을 정직하게 시인하고 고
백한 자들이었다. 그들이 이렇게 바울과 실라와 함께 한 것이 바울의 가르침을 시
인하고 그의 편에 서겠다고 고백한 것이 아니라면 무슨 의미였겠는가? 왜냐하면,
우리가 하나님의 진리를 시인하고도 여전히 마음을 정하지 못하고 양 다리를 걸치
는 것보다 믿음과 더 모순되는 것은 없기 때문이다. 어떤 이가 그들에게는 배우고
자 하는 열망이 간절했던 까닭에 회당이 아니라 집에서 좀 더 많은 것들을 배우고
자 하여 바울과 실라를 따라간 것이라고 설명한다고 하더라도, 그것은 그들 속에서
믿음이 생생하게 활활 타오르고 있었음을 분명하게 보여준다. 언제나 변치 않는 원
칙은 그리스도에게 완전히 굴복해서 그의 깃발 아래 자원하여 서는 자가 아니면, 어
느 누구도 참으로 그리스도를 믿는 것이 아니라는 것이다.

4. 경건한 헬라인의 큰 무리와. 이 사람들은 경건의 기초가 닦여져 있던 사람들
이었기 때문에, 늘 추악한 미신들에 파묻혀 살아온 다른 사람들보다는 하나님의 나
라에 좀 더 가까이 있었다. 하지만 바울이 에베소서 2:12에서 지적하고 있듯이, 헬
라인들은 본래 불경건한 미혹들과 망상들에 매몰되어 하나님을 전혀 모르고 살던
사람들인데, 이 헬라인들은 어떻게 신앙을 갖게 된 것인가 하는 질문이 생긴다. 그
러나 우리는 유대인들이 본토에서 쫓겨 나서 정착한 이방 땅들에서는 어디서나 경
건의 씨앗이 어느 정도 뿌려졌고 참된 가르침의 향기가 퍼졌다는 것을 알아야 한
다. 왜냐하면, 유대인들의 비참한 유배 생활은 하나님의 놀랍고 기이한 계획에 의
해서 수많은 미혹들 속에서 방황하던 이방인들을 올바른 신앙으로 인도하는 선한
열매를 맺는 통로로 활용되었기 때문이다. 비록 유대인들의 경건이 사악하게 날조
된 많은 것들로 인해서 타락해 있었기는 했지만, 대다수의 이방인들은 자신들의 광
기 어린 삶에 염증을 느끼고 있었기 때문에, 그들 중 일부가 한 분 하나님을 섬기는
것보다 더 안전하고 확실한 것은 없다는 핵심적인 가르침에 이끌려서 유대교로 개
종하였다. 따라서 우리는 "경건한 헬라인들"이라는 말을 하나님에 대한 참되고 합
당한 예배를 맛보고서 더 이상 자신들의 조잡한 우상 숭배를 따르지 않게 된 사람
들을 가리키는 것으로 이해하여야 한다. 하지만 내가 이미 말했듯이, 그들이 맛보
았던 것은 지극히 미미한 것이었기 때문에 참된 교훈과는 거리가 멀었다. 따라서

누가가 그들을 "경건한 헬라인들"이라는 영광스러운 호칭으로 부른 것은 적절하지 않다. 하지만 하나님의 성령은 종종 믿음의 시작이나 준비 단계에 불과한 것을 "믿음"이라는 이름으로 부르시는 것처럼, 여기에서는 우상들과 결별하고 한 분 하나님을 인정하기 시작한 사람들을 "경건한" 사람들이라고 부르신 것이다.

뭐가 뭔지 잘 모르는 상태에서 애매모호하게 하나님을 예배하는 상태가 그 자체로 "신앙"이라고 할 수는 없지만, 그것은 사람들이 하나님께로 가까이 나아가는 한 단계이기 때문에, 우리는 나중에 이루어질 결과를 내다보고서 그런 상태를 "신앙"이라고 부를 수 있을 것이다. 때로는 맹목적이고 미신적으로 하나님을 섬기는 것도 신앙이라 불리는데, 그것은 그런 상태가 참된 신앙이기 때문이 아니라, 그렇게 부르는 것이 비록 부적절한 것이라고 할지라도, 어떤 종류이든 하나님을 예배하는 것과 에피쿠로스학파 사람들처럼 하나님을 대놓고 멸시하는 것 간의 차이를 나타내기 위해 그렇게 부르는 것일 뿐이다. 우리가 알아야 할 것은 하나님의 말씀 속에 담겨 있는 진리와 올바른 가르침이 "경건"의 기준이기 때문에, 명철의 참된 빛이 없이는 "경건"도 있을 수 없다는 것이다.

[5]그러나 유대인들은 시기하여 저자의 어떤 불량한 사람들을 데리고 떼를 지어 성을 소동하게 하여 야손의 집에 침입하여 그들을 백성에게 끌어내려고 찾았으나 [6]발견하지 못하매 야손과 몇 형제들을 끌고 읍장들 앞에 가서 소리 질러 이르되 천하를 어지럽게 하던 이 사람들이 여기도 이르매 [7]야손이 그들을 맞아 들였도다 이 사람들이 다 가이사의 명을 거역하여 말하되 다른 임금 곧 예수라 하는 이가 있다 하더이다 하니 [8]무리와 읍장들이 이 말을 듣고 소동하여 [9]야손과 그 나머지 사람들에게 보석금을 받고 놓아 주니라 [10]밤에 형제들이 곧 바울과 실라를 베뢰아로 보내니 그들이 이르러 유대인의 회당에 들어가니라(17:5-10).

5. 그러나 유대인들은 시기하여.   우리는 바울이 그 어디에서도 갈등 없이는 그리스도의 나라를 세울 수 없었다는 것을 본다. 즉, 복음의 가르침의 열매가 나타나자마자, 그 즉시 박해가 일어났다. 하지만 바울은 자기가 사탄 및 세상의 사악함과 맞서 싸워야만 한다는 것을 알고 있었기 때문에, 모든 공격에 결연히 대처하였을 뿐만 아니라, 더욱 분발하여 담대하게 그러한 것들을 헤쳐 나갔다. 따라서 그리스도의 종들은 바울이 여기서 보여준 것처럼, 자신들이 온갖 박해를 당한다고 하여도,

자신들의 수고가 어느 정도 열매를 거둔 것으로 보상받은 것에 만족하여야 한다. 또한, 이 절은 믿지 않는 유대인들을 사로잡아서 날뛰게 만든 열심이라는 것이 성령의 지혜나 의로움이나 공평함이 결여된 광란의 충동에 불과한 것이었음을 가르쳐 준다. 그들은 늘 자신들의 광분함을 하나님의 이름을 위한 열심이라는 미명으로 회칠하지만, 여기에 나오는 이야기는 그들의 내면을 지배하고 있던 것이 다름 아닌 위선(hypocrisis)이었다는 것과 그들의 마음이 구석구석까지 독기 어린 악의(virulenta malitia)로 가득 차 있었다는 것을 분명하게 보여준다. 바울의 대적들은 자신들이 하나님의 율법을 수호하는 자들이고, 자기들이 바울을 대적하는 것은 오직 율법을 수호하기 위한 것이라고 자랑하였다.

그렇다면, 그들은 왜 불경건한 자들을 선동하고 그들과 공모하여 폭동을 일으킨 것인가? 그들은 왜 세속적인 사람들이 "읍장들" 앞에 나타나서, 율법을 폄훼하는 것이나 다름없는 복음을 폄훼하는 짓을 한 것인가? 그들이 이런 식으로 이방인들을 선동해서 소동을 벌인 것은 그들의 동기가 하나님을 향한 열심보다는 바울에 대한 적개심에 있었다는 것을 분명하게 보여준다. 왜냐하면, 그들이 야손의 집에 침입하여 바울을 거기로부터 끌어내려고 했던 것은 사람들 앞에서 돌로 쳐서 죽이려고 한 것이 분명하기 때문이다. 따라서 우리는 미신적인 사람들이 품고 있는 사악한 열심이 늘 위선과 악의로 물들어 있는 것임을 알아야 한다. 그런 자들이 하나님을 향한 열심이라고 자처하는 것이 끝을 모르는 잔인함으로 표출되는 이유가 거기에 있다.

5. 저자의 어떤 불량한 사람들을 데리고. 여기서 누가가 사용한 헬라어 '아고라이오이'(ἀγοραῖοι, "불량한 사람들")는 할 일 없이 시장통을 떠돌아다니는 건달이나 잡배, 또는 혼란을 조장하기 위해서 위증을 하거나 청부 범죄를 일삼는 불량배를 뜻한다. 유대인들은 "불량한 사람들"을 찾아가서 도움을 요청한 자신들의 모습 속에서 자신들이 잘못되었다는 것을 알고 있었을 것임에 틀림없다. 왜냐하면, 그들은 "읍장들"이 자신들에게 호의적이라는 점을 감안해서, 무조건 소동을 일으키기만 하면 자신들의 목적을 달성할 수 있겠다고 생각해서, 이런 식으로 혼란을 야기시킨 것이기 때문이다. 누가는 그들이 어떻게 소동을 부추겼는지에 대해서도 보도한다. 즉, 그들은 무리를 지어 다니며 사람들을 선동하고, 소동을 일으키기에 충분한 수의 사람들이 모일 때까지, 이곳저곳으로 돌아다니며 독을 퍼뜨렸다. 이러한 병을 앓고 있는 도시들은 이것이 선동꾼들이 사용하는 상투적인 수법이라는 것을 경험을 통해서 잘 알고 있다.

6. 천하를 어지럽게 하던 이 사람들이. 이것은 복음이 처한 상황을 잘 보여준다. 즉, 사탄은 자기가 복음을 공격하기 위해서 소동을 일으켜 놓고서는 그 책임을 복음에 전가시킨다. 그리스도의 대적들이 얼마나 사악한지는 자신들이 일으킨 소동의 책임을 거룩하고 온건한 복음의 교사들에게 전가하는 데서도 잘 드러난다. 복음을 전하는 것은 사람들로 하여금 서로 싸우게 하려는 것이 아니라, 사람들을 하나님과 화목시켜서 서로 화평하게 지내도록 하려는 것임은 두말할 필요가 없다. 그리스도께서 이처럼 자비롭게 우리를 화평으로 초대하시기 때문에, 사탄과 불경건한 자들이 난동을 부리는 것이다. 따라서 바울과 실라는 얼마든지 자신들을 당당하게 변호할 수 있었지만, 잠시 동안 이러한 중상모략을 감수하여야 했고, 사람들이 자신들의 말을 들어주지 않았기 때문에 일단 잠자코 수모를 견딜 수밖에 없었다. 그들의 사례를 통해서 하나님께서는 우리가 중상모략이나 유언비어에 굴하지 말고, 도리어 선한 일들을 하면서도 욕을 먹고 비방을 들을 각오를 한 채로 더욱 담대하게 진리를 전하고 가르쳐야 한다는 것을 보여주고자 하셨다. 따라서 복음을 전해야 할 자들이 마치 자신들의 명성이 바울을 비롯한 다른 사도들의 명성보다 소중하고, 심지어 시도 때도 없이 신성모독을 당하시는 하나님의 거룩하신 이름보다 더 소중하기라도 하다는 듯이, 자신들이 억울하게 비방당하는 것을 피하기 위해서 그리스도와 복음을 주저 없이 배반하고서 적당히 타협하고자 하는 사악한 지혜를 발휘하는 것은 없어져야 한다.

7. 이 사람들이 다 가이사의 명을 거역하여. 바울과 실라에 대한 유대인들의 두 번째 고소 내용은 그들이 로마 제국의 존엄성을 훼손하였다는 것이다. 이것은 대단히 중대한 범죄이긴 하였지만, 유대인들이 바울과 실라에게 뒤집어씌운 혐의는 터무니없이 날조된 것이었다. 바울과 실라는 그리스도의 나라(Christi regnum)를 세우기 위해서 고군분투한 것이었고, 그 나라는 영적인 나라였다. 유대인들은 그리스도의 나라가 로마 제국에 그 어떠한 위해도 되지 않는다는 것과 바울과 실라에게 공공질서를 무너뜨리거나 가이사의 권위를 탈취하려는 의도가 결코 없었다는 것을 알고 있었지만, 이 두 사람에 대한 관리들의 증오심을 촉발시키기 위해서 악의적으로 그런 고소를 한 것이었다. 유대교는 마게도냐 사람들에게 크게 문제가 되지 않았기 때문에, 그들이 종교를 이유로 잘 알지도 못하는 사람들에게 즉시 사형을 선고할 리가 없었다. 그렇기 때문에, 유대인들은 아무 죄도 없는 바울과 실라에게 죄를 뒤집어씌우기 위해서 반역죄를 들고 나온 것이다.

오늘날에도 사탄은 사람들의 눈을 가리기 위해서 그러한 연막을 피우는 것을 그치지 않는다. 교황주의자들은 우리가 모든 정치 질서를 교란시키고 법률과 사법제도를 무력화시키며 왕권을 무너뜨리고자 하고 있다고 비난하지만, 그들 자신도 우리에 대한 그러한 고소가 전혀 근거가 없는 것임을 잘 알고 있기 때문에, 하나님이 보시기에 정작 비난받아야 할 자들은 그들 자신이다. 그런데도 그들은 온 세상으로 하여금 우리를 적대시하도록 만들기 위해서 우리가 공공의 적(publici ordinis hostis)이라고 거짓말하는 것을 부끄러워하지 않는다. 우리가 주목하여야 할 것은 유대인들은 바울과 실라가 감히 종교에 있어서 새로운 변혁을 꾀하였을 뿐만 아니라 "다른 임금"이 있다고 말하였기 때문에, 그들이 "가이사의 명을 거역한" 것이라고 거짓 고소를 하였다는 것이다. 그러한 고소는 전부 날조된 것이었다. 우리가 그리스도께 합당한 영광을 돌리고 하나님을 합당하게 예배하는 것을 금지하는 폭군의 명령을 신앙의 이름으로 거부하지 않을 수 없게 되었다고 하더라도, 그것은 결코 왕들의 권세에 반기를 든 것이 아니라고 말하는 것은 옳다. 왜냐하면, 왕들은 옛적의 거인족처럼 스스로 지극히 높아져서, 어떻게든 하나님을 보좌로부터 끌어내리려고 애쓰는 자들이 아니기 때문이다. 다니엘이 다리오 왕의 신성모독적인 명령에 복종하지 않았지만, 그럼에도 불구하고 "나는 왕에게도 해를 끼치지 아니하였나이다"(단 6:22)라고 말한 그의 해명은 진실이었다. 왜냐하면, 다니엘은 왕보다 하나님을 앞세운 것인 까닭에, 죽을 수밖에 없는 존재인 사람에게 어떤 해악을 끼친 것이 결코 아니었기 때문이다. 우리는 왕들에게 바쳐야 할 세금을 성실하게 바치고, 시민으로서의 모든 의무를 기꺼이 행하는 것이 마땅하다. 하지만 왕들이 자신의 분수에 만족하지 못하고, 사람들이 하나님을 경외하고 예배하는 것을 막으려 들 때에는, 우리가 왕들의 명령에 복종하지 않는다고 하여도, 어느 누구도 우리가 왕들을 무시하였다고 말할 근거가 없다. 왜냐하면, 우리에게는 왕들의 명령보다도 하나님의 권세와 위엄이 더 중요하기 때문이다.

8. 무리와 읍장들이 이 말을 듣고 소동하여. 우리는 이 거룩한 사람들이 얼마나 부당하게 다루어지는지를 본다. 그들에게는 자신들을 변호할 수 있는 기회조차 주어지지 않았기 때문에, 그들은 죄 없는 자들이었지만, 꼼짝없이 당할 수밖에 없었다. 또한, 우리는 무리들이 난리를 치고 소동을 부리자 "읍장들"이 거기에 맥 없이 휩쓸려서 굴복하는 것이 새삼스러운 일이 아님을 안다. 이런 일은 특히 화를 당하는 사람들이 이름 없는 외지인들이고, 그들로부터 어떤 이득도 취할 가망이 없을 때

에 특히 두드러지게 일어난다. 왜냐하면, 관리들은 이득이 생기지 않는 일에 위험을 감수하려고 하지 않기 때문이다. 이런 상황에서 관리들은 합리성이나 공평함 따위는 고려할 생각도 안 하고, 사건을 심리하려고 하지도 않으며, 오직 혐의가 씌워진 자를 사정없이 몰아붙여서 한 마디 항변도 하지 못하게 해서, 마치 큰 불이 났을 때에 아수라장이 되는 것처럼 무리들의 소동으로 모든 것이 엉망진창인 상태에서 마음대로 사건을 처결해 버린다. 하지만 하나님의 특별하신 역사에 의해서 그러한 격앙된 분위기는 곧 가라앉게 되었다. 왜냐하면, "읍장들"이 사건에 대해서 좀 더 알아보겠다고 선언하자, 무리들도 잠잠해졌고, 그 후에 "보석금"을 받고 야손 등을 풀어주는 선에서 사건이 마무리되었기 때문이다.

10. 밤에 형제들이 곧 바울과 실라를 베뢰아로 보내니. 이것은 바울의 사역이 단기간에 확실한 열매를 맺었다는 것을 분명하게 보여준다. 왜냐하면, "형제들"이 비록 바울과 실라를 다른 곳으로 보내기는 하였지만, 그들이 형제로서의 의무를 행하였다는 것은 자발적인 동역자로서 바울과 실라가 짊어져야 했던 위험과 십자가에 동참하였다는 것을 의미하기 때문이다. 한편, 바울의 불굴의 인내(constantia)는 믿기 어려울 정도이다. 왜냐하면, 그는 동족의 완악함과 악의를 계속해서 겪으면서도, 어떻게든 그들 중 일부를 그리스도께로 인도하고자 하는 시도를 결코 그친 적이 없기 때문이다. 그는 자기가 유대인과 이방인 모두에게 빚진 자라는 것을 알고 있었기 때문에, 사람들로부터의 그 어떠한 해악도 그의 소명을 포기하도록 만들 수 없었다. 그리스도의 모든 종들에게는 세상의 악의(malitia)에 맞서서 이렇게 싸우는 것은 지극히 마땅한 일이다. 따라서 그들은 세상으로부터 그 어떤 부당한 일을 당할지라도 결코 그리스도의 멍에를 벗으려고 해서는 안 된다.

[11]베뢰아에 있는 사람들은 데살로니가에 있는 사람들보다 더 너그러워서 간절한 마음으로 말씀을 받고 이것이 그러한가 하여 날마다 성경을 상고하므로 [12]그 중에 믿는 사람이 많고 또 헬라의 귀부인과 남자가 적지 아니하나 [13]데살로니가에 있는 유대인들은 바울이 하나님의 말씀을 베뢰아에서도 전하는 줄을 알고 거기도 가서 무리를 움직여 소동하게 하거늘 [14]형제들이 곧 바울을 내보내어 바다까지 가게 하되 실라와 디모데는 아직 거기 머물더라 [15]바울을 인도하는 사람들이 그를 데리고 아덴까지 이르러 그에게서 실라와 디모데를 자기에게로 속히 오게 하라는 명령을 받고 떠나니라(17:11-15).

11. 베뢰아에 있는 사람들은 데살로니가에 있는 사람들보다 더 너그러워서(칼빈이 사용한 본문은 "데살로니가에 있는 사람들 중에는 고귀한 사람들이 있어서"로 되어 있어서, 칼빈은 11절의 내용이 베뢰아에 있는 사람들이 아니라 데살로니가에 있는 사람들에 대한 것이라고 본다 — 역주). 누가는 다시 한 번 데살로니가 사람들에 대해서 언급한다. 바울이 그곳을 떠나면서, 그리스도에 대한 기억은 사람들 가운데서 완전히 사라진 것처럼 보였다. 하지만 그 미약한 빛이 가물거리면서도 완전히 꺼지지 않았고, 싹을 틔우기 위해서는 계속해서 물을 공급받는 것이 필요했던 올바른 가르침의 씨앗이 완전히 시들어 버리지 않은 것은 정말 놀라운 일이었다. 바울이 떠난 후에, 그가 말씀을 전한 것이 얼마나 큰 효과와 풍성한 열매를 맺었는지가 드러났다. 왜냐하면, 경건에 관한 기본 원리들만을 겨우 맛보았을 뿐인 사람들이, 바울이 없는데도, 신앙의 진보를 이루고 지속적으로 성경을 읽고 연구하는 일에 매진하는 모습을 보여주고 있기 때문이다. 먼저, 누가는 그들이 명문가들에 속한 사람들이었다고 말한다. 왜냐하면, 그가 여기서 언급하고 있는 "고귀한 사람들"은 정신과 관련된 것이 아니라 종족이나 혈통과 관련된 것이기 때문이다. 어떤 이들은 여기서 최상급인 '유게네스타토이'(εὐγενεστάτοι, "가장 고귀한")가 아닌 비교급 '유게네스테로이'(εὐγενεστέροι, "더 고귀한")가 사용되고 있다는 점을 들어서, 누가는 베뢰아 사람들이 데살로니가 사람들보다 더 고귀하였다고 말한 것으로 본다. 하지만 나는 이러한 어법이 라틴어를 사용하는 사람들의 귀에는 다소 거친 표현이었겠지만 헬라인들에게는 통상적이고 친숙했던 표현이었다고 생각한다. 게다가, 누가는 방금 전에 데살로니가에 적지 않은 "귀부인들"이 믿었다고 말한 바 있는 것으로 보아서, 데살로니가 사람들이 베뢰아 사람들만 못하였다고 생각할 이유는 없어 보인다. 사실, 누가가 그들의 혈통의 우월성을 언급한 데는 세 가지 이유가 있다. 우리는 사람이 높은 지위로부터 내려오는 것이 얼마나 어려운 일인지, 그리고 세상에서 잘 나가는 사람들이 교만을 버리고 십자가의 수치를 감당하며, 야고보가 명한 바와 같이 "낮아짐을 자랑하는"(약 1:10) 것이 얼마나 드문 일인지를 잘 알고 있다.

따라서 누가가 이 귀인들에게는 자신들의 높은 신분이 장애가 되지 않았고, 도리어 그들은 복음을 받아들인 후에 십자가를 짊어질 각오를 하였으며, 세상의 영광보다는 그리스도로 인하여 수치당하는 것을 택하였다고 말할 때, 그것은 하나님의 성령의 특별한 역사를 칭송하고 있는 것이다. 다음으로, 누가는 그리스도의 은혜가 모든 신분과 계층의 사람들에게 열려 있다는 것을 우리에게 알려주고자 하였다. 바울이 "하나님은 모든 사람이 구원을 받기를 원하시느니라"(딤전 2:4)고 말한 것도 그런 의미였다. 그런 까닭에, 그리스도께서는 가난한 자와 미천한 자들을 최우선적으로 생각하셨지만, 그것은 부자들에게 천국의 문이 닫혀 있다는 뜻은 아니었다. 따라서 우리는 귀인들과 범인들이 함께 모이고, 영화를 누리는 자나 천대를 받는 자나 모두가 교회라는 한 몸을 이루어 함께 자라가며, 모든 사람이 한 마음으로 겸손하게 자신을 낮추고 그리스도의 은혜를 진심으로 찬양하는 것을 본다. 셋째로, 누가는 데살로니가에서 어떻게 그렇게 "큰 무리"가 모일 수 있었고, 그리스도의 나라가 그렇게 단기간에 확장될 수 있었는지 그 이유를 제시하고 있는 것으로 보인다. 즉, 거기에는 유력 인사들과 신분이 높은 자들이 평범하고 지체가 낮은 사람들에게 길을 보여준 것이 아주 큰 역할을 하였다는 것이다. 왜냐하면, 평범한 사람들은 권세 있는 자들의 영향을 받게 되어 있기 때문이다. 물론, 그런 것이 믿음과 경건을 지지해 주는 적절한 수단인 것은 아니지만, 하나님께서 미혹 가운데서 여전히 방황하는 불신자들을 자신에게로 인도하시기 위하여 우회적인 경로들을 사용하시는 것은 결코 이상한 일이 아니다.

11. 간절한 마음으로 말씀을 받고 이것이 그러한가 하여 날마다 성경을 상고하므로. 누가가 데살로니가 사람들을 명시적으로 칭송하고 있는 것은 첫 번째는 그들이 "간절한 마음으로" 복음을 받았다는 것이고, 두 번째는 "날마다" 부지런히 "성경을 상고하여서" 자신들의 믿음을 굳건히 하였다는 것이다. 따라서 그들의 경건과 믿음이 칭송받은 것은 첫째는 그들이 기꺼이 말씀을 받았기 때문이었고, 둘째는 신앙의 진보를 나타내기 위해서 끈기와 뜨거운 열망을 보여주었기 때문이었다. 분명한 것은 우리가 기꺼이 따를 준비를 하고서, 우리 자신의 육신적인 생각을 버린 후에, 그리스도의 말씀을 순순히 받아들이고 그에게 순종하려는 태도를 갖는 것이 믿음으로 들어가는 첫걸음이라는 것이다. 또한, 바울도 친히 데살로니가 교인들에게 보낸 편지에서 그들이 "하나님의 말씀을 받을 때에 사람의 말로 받지 아니하고 하나님의 말씀으로 받았다"(살전 2:13)고 말함으로써 누가의 보도를 밑받침해주고 있다.

그들이 칭송받은 두 번째 이유와 관련하여, 그들의 그러한 열심은 결코 가볍게 볼 수 없는 덕성이다. 왜냐하면, 처음에는 뜨거운 열심을 보여주던 사람들이 머지않아 나태함에 빠져서 신앙의 진보에 관심을 기울이지 않게 되어, 처음에 가졌던 믿음의 씨앗을 잃어버리는 일이 많은데, 누가는 데살로니가 사람들은 그러한 열심을 통해서 믿음이 더욱 견고해졌다고 말하고 있기 때문이다.

　그런데 여기서 말도 안 되는 두 가지 반론이 제기될 수 있다. 첫 번째는 누가는 데 살로니가 사람들이 "이것이 그러한가 하여 날마다 성경을 상고하였다"고 보도하는 데, 그들이 판단을 내리기 위해서 행한 이러한 탐구는 교만한 것이고, 앞서 그들이 "간절한 마음으로" 말씀을 받았다는 보도와도 부합하지 않는다는 것이다. 두 번째 는 그러한 탐구는 그들에게 의심이 있었음을 보여주는 증표이고, 믿음은 언제나 확 신($\pi\lambda\eta\rho o\phi o\rho\iota\alpha$ - '플레로포리아')을 수반하는 까닭에, 그들이 이미 믿음을 지녔다 고 말할 수 없다는 것이다. 첫 번째 반론에 대한 나의 대답은, 우리는 여기서 누가의 이러한 보도를 마치 데살로니가 사람들이 스스로 바울이 전한 말씀을 판단하고자 했다거나, 하나님의 진리를 받아들여야 하는지를 둘러싸고 논쟁을 벌였다는 의미 로 읽어서는 안 된다는 것이다. 그들은 단지 마치 불을 사용해서 금을 시험하듯이, 성경이라는 잣대를 사용해서 바울의 가르침을 검토해 본 것뿐이었다. 왜냐하면, 성 경은 모든 가르침의 진위 여부를 판가름하는 참된 시금석이기 때문이다. 만약 어떤 이가 성경은 흔히 뜻이 모호하여서 여러 가지 서로 다른 의미로 해석될 수 있는 까 닭에, 성경으로 바울의 가르침을 검토해 보아야 제대로 판단할 수 있는 것이 아니 라는 반론을 제기한다면, 나는 사람들이 스스로 판단하는 것이 아니라 성령의 판단 을 구할 때에는 아무런 문제가 되지 않는다는 대답을 해주고자 한다. 성령은 아무 런 이유도 없이 괜히 분별의 영(spiritus discretionis)이라 불리는 것이 아니다. 이와 같이, 믿는 자들은 성령을 인도자와 안내자로 삼아서, 오직 성경을 근거로 모든 가 르침을 판단하여야 한다. 또한, 이러한 논거를 토대로 해서 우리는 성경으로부터는 확실한 것을 하나도 얻을 수 없기 때문에, 믿음은 오직 교회의 결정에만 의존해야 한다는 교황주의자들의 저 신성모독적인 주장을 반박할 수 있다. 왜냐하면, 하나님 의 성령께서 데살로니가 사람들을 칭송하셨다는 것은 그들의 사례를 통해서 우리 에게 기준을 제시하신 것이기 때문이다. 만일 성경 말씀들이 우리에게 가르침을 주 기에 충분한 빛을 갖고 있지 않다고 가정한다면, 그런 경우에는 우리가 말씀들을 상 고해 보아야, 그것은 우리에게 아무 소용도 없을 것이다.

　따라서 우리는 성경에 토대를 두고 있지 않은 가르침은 그 어떤 것도 믿을 가치 가 없다는 것을 확고한 공리로 지니고 있어야 한다. 교황은 자기가 마음 내키는 대 로 어떤 말을 주절거리든, 모든 사람들이 거기에 이의를 제기하지 않고 무조건 받 아들여주기를 원한다. 반면에, 바울의 가르침에 대해서는 그의 제자들이 물어보고 알아보는 것이 허용되었다. 그렇다면, 교황은 바울보다 위에 있단 말인가? 우리가 주목하여야 할 것은 이 구절은 가장무도회 같은 공의회에 대해서가 아니라 적은 무리의 사람들에 대하여 말하고 있는 것이기 때문에, 이 사실로부터 각 개인이 성경을 읽도록 부름을 받고 있다는 것이 더욱 분명해진다는 것이다. 그런 까닭에, 말씀이 정말 그러한지를 조사하고 알아보는 것은 기꺼이 믿고자 하는 것과 전혀 모순되지 않는다. 왜냐하면, 어떤 사람이 말씀을 들을 때에 진리를 배우고자 하는 열망에서 마음을 모아서 경청한다면, 비록 그가 즉시 그리고 공개적으로 말씀에 동의하지는 않는다고 할지라도, 그는 이미 기꺼이 말씀을 배울 준비가 되어 있는 것이기 때문이다. 예를 들어, 어떤 선생이 자기가 참된 가르침을 전하고 있다고 공언할 때, 내가 그에게로 달려가서 기꺼이 경청하고자 한다면, 나의 마음은 이미 진리에 순종할 각오가 되어 있는 것이다. 하지만 아울러 나는 그 선생이 가르친 것들을 잘 숙고해서, 확실한 진리라고 여겨지는 것들만을 받아들이게 될 것이다. 이 두 가지가 가장 잘 조화롭게 결합되어 있을 때, 우리는 하나님을 경외하는 마음에 사로잡힌 채로, 유순한 마음으로 기쁘게 우리 앞에 주어지는 가르침들을 경청하는 가운데, 하나님으로부터 오는 음성들을 들을 수 있게 된다. 하지만 우리는 사람들의 기만을 경계하여야 하고, 우리의 마음이 맹목적이고 경박한 충동에 사로잡혀서 아무것이나 경솔하게 믿지 않도록 하여야 한다. 따라서 누가가 말하는 성경에 대한 "상고"는 말씀을 웬만해서는 잘 믿지 않으려 하지 않는 태도인 것이 아니라, 경솔히 믿는 것이나 완고함을 둘 다 배제하고 사려 깊게 잘 분별해서 기꺼이 믿고자 하는 목적을 지니고 있는 것이다.

이제 두 번째 반론에 대해서 답변할 차례이다. 두 번째 반론의 요지는, 믿음과 의심은 상극이고, 과연 그러한가 하고 캐묻는 자는 의심하는 자이기 때문에, 바울이 전한 말씀에 대해서 캐물은 데살로니가 사람들은 아직 믿음을 갖고 있는 것이 아니라는 것이다. 하지만 믿음의 확신과 그 믿음에 대한 확증은 서로 모순되는 것이 아니다. 여기서 내가 말하는 "확증"이라는 것은 우리가 이전에도 하나님의 진리를 의심하지 않았지만, 그 진리를 깊이 상고하고 살피는 가운데, 하나님의 진리가 더욱더 우리의 마음에 인쳐지는 것을 의미한다. 예를 들면, 내가 그리스도의 은혜로 말미암아 하나님과 화목하게 되었고, 그의 거룩한 보혈로 나의 죄가 속죄함을 받았다는 복음을 들었고, 나로 하여금 그 복음을 믿게 하기 위한 증거들이 주어졌다고 하자. 그런 후에 내가 성경을 좀 더 철저하게 연구한다면, 다른 증언들이 계속해서 나타날 것이고, 그 증언들은 나의 믿음에 도움이 될 뿐만 아니라, 나의 믿음을 키워 주고 세워 주어서, 믿음의 확신도 커지게 될 것이다. 또한, "이것이 그러한가 하여" 부지런히 성경을 탐구하는 사람들은 바울의 가르침의 권위를 조금밖에 인정하지 않는 것이라는 반론을 펴는 자가 있다면, 나의 대답은 믿음을 지닌 자가 이미 어떤 말씀에 대하여 하나님이 주신 확신과 성령의 내적 증언을 갖고 있을지라도 종종 그 말씀을 성경 속에서 더욱 깊이 탐구하고자 하게 되는 것 자체가 바로 믿음의 결과라는 것이다. 그리고 누가는 데살로니가 사람들의 믿음이 모든 점에서 온전하다고 말한 것이 아니라, 단지 그들이 그리스도 안에서 어떻게 믿음을 갖기 시작하였고, 그후에 그들 안에 온전한 경건의 건물이 세워질 때까지, 어떤 식으로 믿음의 진보를 이루었는지를 언급한 것뿐이다.

12. 그 중에 믿는 사람이 많고. 이 구절을 앞 문장과 연결시켜서, 누가가 방금 언급한 데살로니가 사람들 중에서 일부 사람들이 믿기 시작한 것이라고 해석하는 것은 잘못이고 말도 안 되는 것이다. 여기서 누가가 말하고자 하는 것은 데살로니가에 사는 많은 사람들이 앞서 말한 귀인들의 모범으로 말미암아 교회에 더해져서 흥왕하게 되었다는 것이다. 따라서 누가는 바울이 갑작스럽게 데살로니가를 떠나면서 그의 수고가 전부 허사가 되었다고 생각하는 사람이 없도록 하기 위해서, 지금까지 데살로니가 교회의 초창기와 관련된 내용들을 보도한 것이다. 왜냐하면, 내가 크게 잘못 생각한 것이 아니라면, 누가는 바로 그러한 목적을 염두에 두고서, 바울이 베뢰아로 쫓겨나기 전에 그의 전도에 의해서 데살로니가에서 어떤 열매가 맺어졌는지에 대한 보도를 여기에 끼워 넣은 것이기 때문이다.

13. 데살로니가에 있는 유대인들은 … 베뢰아에서도 전하는 줄을 알고. 우리는 여기서 복음에 대한 증오심이 유대인들을 사로잡아서 얼마나 끈질기게 여기저기로 휘몰아 가는지를 본다. 왜냐하면, 그들은 그리스도께서 유대 땅에서 그들의 눈 앞에 나타나셨을 때에 그를 광적으로 몰아냈을 뿐만 아니라, 지금 다른 곳에서 그리스도가 전파되고 있다는 말을 들었을 때에 광분하여 미친 사람들처럼 쏜살같이 달려왔기 때문이다. 하지만 여기서 우리가 주목해야 할 것은 유대인들의 분노가 아니라, 그리스도의 나라를 어지럽히고, 인간의 구원을 무효로 만들기 위해서, 자신의 졸개들을 부추기고 선동해서 소란을 일으키고 있는 사탄의 필사적인 악의(malitia)이다. 따라서 우리는 오늘날 분노에 가득 찬 수많은 복음의 원수들이 그리스도의 충성된 사역자들을 대적할 때, 이런 싸움을 걸어오는 것은 사람들이 아니라, 그리

스도의 나라를 전복시키기 위해서 이 모든 일들을 배후에서 조종하고 있는 "거짓의 아비"인 사탄이라는 것을 알아야 한다. 사탄이 싸움을 걸어오는 방법이나 형태가 언제나 동일한 것은 아니지만, 사탄은 공개적인 싸움이든 흉계에 의한 은밀한 싸움이든 내부적인 분란이든 어떤 식으로라도 그리스도를 신실하게 섬긴다고 여겨지는 사람들을 괴롭히기를 결코 멈추지 않을 것이다.

¹⁶바울이 아덴에서 그들을 기다리다가 그 성에 우상이 가득한 것을 보고 마음에 격분하여 ¹⁷회당에서는 유대인과 경건한 사람들과 또 장터에서는 날마다 만나는 사람들과 변론하니 ¹⁸어떤 에피쿠로스와 스토아 철학자들도 바울과 쟁론할새 어떤 사람은 이르되 이 말쟁이가 무슨 말을 하고자 하느냐 하고 어떤 사람은 이르되 이방 신들을 전하는 사람인가보다 하니 이는 바울이 예수와 부활을 전하기 때문이러라 ¹⁹그를 붙들어 아레오바고로 가며 말하기를 네가 말하는 이 새로운 가르침이 무엇인지 우리가 알 수 있겠느냐 ²⁰네가 어떤 이상한 것을 우리 귀에 들려 주니 그 무슨 뜻인지 알고자 하노라 하니 ²¹모든 아덴 사람과 거기서 나그네 된 외국인들이 가장 새로운 것을 말하고 듣는 것 이외에는 달리 시간을 쓰지 않음이더라(17:16-21).

16. 바울이 … 우상이 가득한 것을 보고 마음에 격분하여. 바울은 어느 곳에 가든지 자신에게 부여된 가르치는 소임을 수행하기 위하여 무진 애를 쓰긴 하였지만, 누가는 그가 아덴에서는 다른 도시들보다 우상이 더욱 들끓는 것을 보고 심히 격분하였다고 보도한다. 사실, 당시에 온 세상은 우상으로 가득 차 있었다. 하나님에 대한 순전한 예배는 어디에도 없었고, 어느 곳에서나 수많은 미신들이 판을 치고 있었다. 하지만 사탄은 다른 어느 도시들보다 아덴을 심하게 미혹시켰기 때문에, 그곳 사람들은 더 큰 광기에 휩싸여서 불경건하고 사악한 제의들에 빠져들었다. 이것은 지혜의 본산이고, 모든 학문의 원천이며, 인본주의의 모체인 도시가 눈먼 것(caecitas)과 광기(dementia)에 있어서 다른 모든 도시들을 능가하였음을 보여주는 주목할 만한 사례이다. 우리는 지혜와 학식이 있는 사람들이 한 목소리로 그 도시를 어떻게 찬양해 왔는지를 알고 있다. 아덴 사람들은 자신들과 같은 교양을 갖추지 못한 모든 사람을 야만인으로 여겼다. 하지만 성령께서는 온 세상이 무지와 우매함 가운데 있다고 단죄하면서, 모든 교양과 학문의 선생들이야말로 기괴한 광기에 사로잡혀 있는 자들이라고 말씀하신다. 이것으로부터 우리는 인간의 날카로운

지성이 하나님의 일에 있어서는 아무 소용도 없다는 것을 알게 된다. 인간들이 배우고 가르치는 과정을 통해서 습득한 모든 지혜와 통찰은 하나님의 나라와 관련해서는 한낱 우매함에 불과하다는 것을 모든 세대로 하여금 알게 하시기 위해서, 하나님께서 아덴 사람들이 극도의 광기에 빠지도록 내버려 두셨다는 것은 의심의 여지가 없다. 물론, 그들은 자신들이 날조해 낸 제의들이 아무리 썩어빠진 것들이라고 할지라도, 그런 것들을 옹호할 수 있는 나름대로의 논리를 갖추고 있었다. 하지만 분명한 것은 그들은 마치 상식도 없는 우매한 자들처럼 유치한 놀이를 하고 있을 뿐만 아니라, 추악한 망상에 사로잡혀 있었다는 것이다. 우리는 인간의 지각으로부터 어떤 종류의 종교가 생겨나게 되는지를 알고 있고, 모든 미혹의 근원이 인간의 지혜에 있다는 것을 알고 있다. 아덴 사람들이 자만심에 도취되어 다른 사람들보다 더 혼돈과 미혹에 빠지게 된 이유도 거기에 있었다. 그 도시의 유구함과 쾌적함과 아름다움은 그들의 마음을 교만하게 부풀어 오르게 만들었기 때문에, 그들은 신들이 거기서 태어났다고 허풍을 떨었다. 이런 식으로 그들은 하나님을 하늘로부터 끌어내려서, 자신들의 도시에 거하는 토착신으로 만들어 버렸는데, 이것은 지옥 중에서도 가장 깊은 곳에 떨어져야 마땅한 짓이었다. 그들이 그런 식으로 행하자, 성령께서는 그들의 도시이자 인간의 지혜의 본산인 아덴에 가장 짙은 어둠이 드리우게 하시고, 우상 숭배가 극에 달하게 하시며, 사탄으로 하여금 사람들의 정신을 자기 마음대로 가지고 놀게 하심으로써, 이 도시에서 기승을 부린 인간의 허황된 지혜로 영원한 수치를 당하게 하셨다.

이제 다시 바울에게로 돌아와 보자. 누가는 바울이 "그 성에 우상이 가득한 것을 보고 마음에 격분하였다"고 말한다. 이것은 단지 바울이 그러한 광경을 보고서 화가 많이 났고 충격을 받았다고 말한 것이 아니라, 그가 전례 없이 거룩한 분노에 사로잡혀서, 그의 열심이 불타올랐고, 자신의 사역에 더욱 박차를 가하게 되었다는 것을 보여준 것이었다. 우리가 여기서 살펴보아야 할 것은 두 가지이다. 첫 번째는, 하나님의 이름이 불경스럽게 모독을 당하고, 하나님에 대한 순전한 예배가 극도로 타락해 있는 것을 바울이 목격하고 격분한 것은 자기에게는 하나님의 영광보다 더 귀한 것은 없다고 선언한 것이었다는 점이다. 이러한 열심은 "주의 집을 위하는 열성이 나를 삼키고"(시 69:9)라는 시편 기자의 말처럼, 우리 안에서도 불타오르는 것이 마땅하다. 왜냐하면, 하늘에 계신 아버지께서 모독을 당하시는 것을 볼 때에 언제든지 분연히 일어나야 하는 것은 경건한 자라면 누구나 마땅히 해야 할 일이기 때문이다. 그런 이유로, 베드로는 "의인이 그들 중에 거하여 날마다 저 불법한 행실을 보고 들음으로 그 의로운 심령이 상함이라"(벧후 2:8)고 말하였다. 바울은 자기가 교회의 정절을 지키는 일에 열심을 내고 있다고 말하였듯이(고후 11:2), 선생들은 다른 신자들보다도 더욱 뜨거운 열심을 품어야 한다. 사실, 하나님이 모독을 당하시는 것을 보거나 듣고도 아무렇지도 않은 자들은 하나님의 자녀라고 할 수 없다. 왜냐하면, 그런 자들은 육신의 아버지에게 드리는 것만큼의 공경조차도 하나님께 드리지 않는 자들이기 때문이다. 우리가 살펴보아야 할 두 번째는, 바울의 열심은 우리가 알고 있는 다른 많은 사람들이 그러는 것처럼 낙심 등으로 말미암아 중도에 식어 버리지 않았다는 것이다. 왜냐하면, 사람들은 하나님의 영광이 불경스럽게 모독당하는 것을 보아도 전혀 거룩한 분노로 불타오르지 않는 까닭에, 슬퍼하거나 근심하는 시늉을 내기는 하지만, 다른 사람들을 바로잡으려고 애쓰기는커녕, 도리어 그런 사람들과 함께 어울려서 신성모독의 대열에 합류하기 때문이다. 그런데도 그들은 자신들의 나태함에 대해서 그럴 듯한 핑계를 둘러대면서, 도무지 열심을 내려고 하지 않는다. 왜냐하면, 그들은 자신들이 사람들의 사악한 음모에 맞선다고 하여도, 그러한 시도가 아무 소용이 없을 것이라고 생각하기 때문이다. 하지만 그런 상황에서 바울은 지쳐서 낙심하거나 어려움에 굴하여, 가르치는 소임을 포기해 버리는 것이 아니라, 신앙을 수호하기 위하여 자기 자신에게 더 매서운 채찍을 가한다.

17. 회당에서는 유대인과 경건한 사람들과 … 변론하니 유대인들의 회당이 있는 지역에서는 먼저 회당에 가서 자신의 동족들에게 그리스도를 전하는 것이 바울의 관례였다. 그런 후에, 그는 율법의 가르침을 알고 있는 이방인들에게로 향하였다. 왜냐하면, 그들은 비록 참된 경건이 아직 온전히 몸에 밴 사람들은 아니었지만, 이스라엘의 하나님을 예배하고 있었고, 또 배우려는 열심도 있어서, 모세와 선지자들로부터 온 가르침이라고 생각될 때에는 그 가르침을 거부하지 않는 사람들이었기 때문이다. 그들이 이렇게 기꺼이 유순하게 가르침을 듣고자 하는 태도(docilitas)는 믿음으로 들어가는 입구였고, 사실 믿음의 시작이라고 말할 수도 있는 것이었기 때문에, 성령께서는 경건의 기초에 대한 걸음마를 이제 막 시작해서 참 하나님께로 가까이 나아가고 있던 그들을 영광스러운 호칭을 받을 만한 자들이라고 여기셔서, "경건한 사람들"이라고 부른다. 우리는 그들의 경건은 유일하게 참된 것인 까닭에, 그들의 경건에 비하면, 세상의 다른 모든 경건은 아무것도 아닌 것이 되어 버린다는

것을 기억하여야 한다. 이스라엘의 하나님께 충성을 바치는 자들은 하나님을 예배하는 자들이라고 불리는데, 경건은 오직 그들에게만 돌려질 수 있다. 따라서 나머지 사람들이 아무리 미친 듯이 미신들에 열중하고 있을지라도, 그들에게는 무신론자라는 불명예밖에는 돌아갈 것이 없다. 이렇게 말하는 것이 합당한 것은 우상 숭배자들이 자신을 어떤 식으로 자랑할지라도, 그들의 내적인 성향을 살펴보면, 거기에서는 하나님에 대한 끔찍한 멸시 말고는 다른 그 어떤 것도 발견되지 않고, 그들이 우상들을 열렬히 섬기는 척하는 것도 사실은 단지 핑계에 지나지 않는다는 것이 분명해지기 때문이다.

18. 어떤 에피쿠로스와 스토아 철학자들도 바울과 쟁론할새. 이제 누가는 바울이 철학자들과 "쟁론"을 벌였다는 말을 덧붙인다. 바울은 그들이 논쟁과 궤변을 위해서 태어난 사람들임을 알고 있었기 때문에, 의도적으로 그들에게 접근한 것이 결코 아니었고, 자신의 생각이나 의지와는 상관없이 어쩌다 보니 그러한 논쟁에 휩쓸리게 된 것이었다. 바울은 경건한 교사들에게 원수들이 진리를 대적할 경우에 담대하게 진리를 수호하기 위하여 영적인 병기들로 무장하고 있으라고 명한 바 있다(딛 1:9). 왜냐하면, 우리가 어떤 사람을 상대해야 할지는 우리 자신이 선택할 수 있는 문제가 아니기 때문이다. 하나님께서는 종종 괴팍하고 껄끄러운 사람들을 일으키셔서 우리를 당황하게 만드시지만, 그들이 제기하는 반론들을 통해서 진리는 더욱 분명하게 드러나는 법이다. 에피쿠로스 철학자들은 늘 그러했듯이 뻔뻔스럽고 무례한 언동으로 이 거룩한 사람을 괴롭혔고, 스토아 철학자들은 자신들의 궤변과 달변을 믿고 완고하게 그를 조롱하였을 것임은 의심의 여지가 없다. 하지만 결과를 보면 알겠지만, 바울은 철학적인 논쟁이나 단어들(λογομαχίας)을 둘러싼 무익한 논쟁을 벌인 것이 아니라, 자기 자신이 다른 곳에서 다른 사람들에게 명하였던 절제(modestia)를 지켰다. 이와 같이, 우리는 무익하고 헛된 논쟁을 온유와 겸손으로 물리침으로써, 참되고 확실한 것들만을 말할 수 있도록 하여야 하고, 우리의 재능을 과시하고 싶은 야심이나 열망에 사로잡혀서 쓸데없는 세속적인 논란에 휩싸이는 위험을 언제나 피하여야 한다.

누가는 두 종류의 철학 학파들에 대해서 언급하는데, 그들은 정반대의 입장에서 서로 대립하고 있었고, 정반대의 오류에 빠져 있었다. "에피쿠로스" 철학자들은 온갖 종류의 교양과 학문들을 멸시했을 뿐만 아니라, 공개적으로 적대시하기까지 하였다. 그들의 철학은 태양의 크기가 2피트이고 세상은 원자들로 이루어져 있다는 식의 논리를 펴서 사람들을 농락함으로써, 세상이라는 구조물 속에 나타나 있는 놀라운 솜씨를 깡그리 무시해 버리는 것이었다. 사람들이 그들의 잘못을 백 번이나 지적할지라도, 그들은 전혀 부끄러워 할 줄을 모르는 자들이었다. 그들이 신들의 존재를 인정했다고는 하지만, 그들은 신들이 하늘에서 빈둥거리며 오로지 쾌락을 즐기는 데에만 몰두하고 있다고 생각하였고, 그렇게 빈둥거리며 쾌락을 누리고 있기 때문에 신들이 복된 존재들이라고 생각하였다. 내가 방금 전에 말했듯이, 그들은 세상이 하나님에 의해서 창조되었다는 것을 부정하였고, 인간사의 모든 일들도 우연히 일어나는 것이지, 하늘의 섭리에 따라서 일어나는 것이 아니라고 보았다. 그들에게 있어서 최고의 선은 쾌락(voluptas)이었다. 물론, 그들이 말한 쾌락은 외설적이거나 방종한 쾌락을 가리키는 것은 아니었지만, 그들의 교설은 본성적으로 이미 육신의 욕망에 탐닉되어 있는 인간을 쾌락으로 유혹해서 점점 더 타락시키는 그러한 것이었다. 그들은 영혼의 불멸은 동화 같은 이야기라고 생각하였기 때문에, 육체의 욕망을 마음껏 즐기는 것을 좋게 생각하고, 거기에 대하여 아무런 거리낌도 느끼지 않았다.

　"스토아" 철학자들은 세상이 하나님의 섭리 아래 있다는 것을 근본원리로 삼았지만, 자신들이 고안해 낸 터무니없는 망상들로 그 근본원리를 다 망쳐 놓았다. 왜냐하면, 로마의 시인들이 운명이라는 황금 사슬로 그들의 주신이었던 유피테르를 결박해서 거기에서 벗어날 수 없게 한 것과 마찬가지로, 스토아 철학자들은 하나님께서 자신의 계획과 공평하심과 능력으로 세상을 다스리신다는 사실을 인정하지 않고, 복잡한 인과관계로 이루어진 미로를 구축함으로써, 하나님조차도 운명의 필연성을 벗어날 수 없고 천지의 운행법칙을 꼼짝없이 따라야 하는 존재로 변질시켰기 때문이다. 그들은 최고의 선을 덕성(virtus)에 두었지만, 참된 덕성이 무엇인지는 알지 못하였기 때문에, 사람들에게 교만함과 자만심을 심어주어서 하나님의 것들을 가져와서 자신들을 장식하게 만들었다. 모든 철학 학파 속에 성령의 은혜가 없는 것은 마찬가지였지만, 스토아 학파보다 더 교만한 학파는 없었다. 그들에게 있어서 용기는 철면피 같은 야만성 외에 아무것도 아니었다.

　그러나 바울 안에는 성령의 놀랍고 기이한 능력이 있었기 때문에, 그는 자신을 이리저리로 끌고 다니며 농락하고자 했던 이러한 야수들의 한가운데서도, 복음의 신실함과 순전함이라는 터 위에 굳게 서서, 에피쿠로스 철학자들의 주제넘음(petulantia)과 스토아 철학자들의 교만함이나 교묘한 궤변에 당당하게 맞섰다. 이것으로부터 우리는 육신의 지혜와 하늘의 지혜는 서로 일치하는 것이 하나도 없다는 것을 한층 더 분명하게 알게 된다. 왜냐하면, 모든 사람들이 복음을 대적하기는 하지만, 그 최선봉에 서는 자들이 철학자들인 것은 육신의 지혜는 그리스도의 십자가를 대적하는 것이라고 한 바울의 말(고전 1:21)이 특히 "철학자들" 안에서 가장 극명하게 증명되기 때문이다. 그렇기 때문에, 먼저 육신의 지혜를 버린 사람이 아니면, 어느 누구도 복음의 기본적인 가르침을 배우기에 합당한 자가 될 수 없다.

18. 어떤 사람은 이르되 … 어떤 사람은 이르되. 누가는 우리 앞에 경건과는 거리가 먼 두 부류의 인간을 제시하는데, 그들 중 하나가 다른 하나보다 더 나쁘다. 한 부류의 사람들은 자신들이 스스로 "새로운 가르침"이라고 부른 것에 대해서 듣기를 원하였다. 먼저, 그들은 배우려는 열망이 아니라 헛된 호기심에 의해서 움직였다. 다음으로, 그들은 하나님의 말씀에 합당한 영광을 돌리지 않고, 세속적인 신기한 일쯤으로 생각하였다. 하지만 그들은 들으려고 하였고, 이 일에 대해서 좀 더 잘 알게 되기까지는 열린 마음을 갖고 있었기 때문에, 완전히 절망적이지는 않다. 하지만 다른 부류의 사람들은 오만불손하게 듣기를 거부하면서, 자신들에게 열려진 구원의 문을 스스로 닫아 버린다. 왜냐하면, 그들은 바울을 시답잖은 소리나 떠벌리고 다니는 사람처럼 생각해서, 그가 하는 말을 들으려고도 하지 않고, "이 말쟁이가 무슨 말을 하고자 하느냐"라고 모욕적인 언사를 퍼붓고 있기 때문이다. 게다가, 그들은 바울의 말을 들어보고서 시답지 않다고 여겨서 더 이상 듣지 않으려고 한 것이 아니라, 바울이 전하는 종교에 관한 일을 알지도 못하면서 공개적으로 일축해 버렸다. 왜냐하면, 그들은 지금까지 자신들이 온 세상의 선생이라고 큰 소리를 쳤던 까닭에, 보잘것없는 무명의 인물에게 무언가를 배우는 것을 수치스럽게 여겼기 때문이다.

18. 이방 신들을 전하는 사람인가보다 하니. 그들은 '다이모니온'($\delta\alpha\iota\mu\sigma\nu\acute{\iota}\omega\nu$, "신들")이라는 단어를 성경에서처럼 나쁜 의미로 사용한 것이 아니었다. 그들은 최고 신과 사람들을 연결시켜 주는 역할을 하는 하급 신들이나 수호신들이 존재한다고 생각하였고, 이 단어는 그런 신들을 가리키는 데에 사용되었다. 플라톤의 글에서도 이러한 신들에 대한 언급이 종종 발견된다. 우리는 바울이 그리스도와 그의 부활에 대하여 전하는 것을 듣고서 그들이 새로운 신들(한글개역개정에서는 "이방 신들")을 전하는 것으로 생각하였다는 것을 주목하여야 한다. 이것으로부터 우리는 이방인이 믿는 미신들과 구별되는 우리의 믿음의 주된 특징들은 인간에게는 그리스도라는

유일한 중보자가 계시고, 구원은 오직 그리스도에게서만 찾을 수 있으며, 사람은 그리스도의 죽음이 가져다준 대속을 힘입어서 하나님과 화목하게 될 수 있고, 전에는 죄의 종이었던 부정한 사람이 하나님의 성령에 의해서 새사람으로 회복되어 의롭고 거룩한 삶을 살아가기 시작한다는 것이다. 마지막으로, 이러한 사실들은 하나님의 나라가 영적인 나라임을 우리에게 분명하게 보여줌으로써, 우리의 마음을 들어올려서 장차 있을 부활의 소망을 바라보게 만든다는 것이다. "철학자들"은 다른 문제들은 몰라도 영생과 영혼 불멸에 관해서는 적지 않게 거론해 왔다. 하지만 그들은 그리스도 안에서 은혜로 말미암아 하나님과 화목하게 해주는 믿음, 우리 안에서 하나님의 형상을 회복시켜 주는 성령의 중생의 역사, 하나님을 아버지라 부르는 것, 끝으로 부활과 관련해서는 끝까지 침묵을 지킨다.

19. 그를 붙들어 아레오바고로 가며. "아레오바고"는 재판이 행해진 공공장소였지만, 여기서 누가가 말하고자 한 것은 바울이 재판을 받기 위해서 아레오바고 법정으로 끌려갔다는 것이 아니라, 그곳은 언제나 많은 사람들이 모이는 곳이었기 때문에, 철학자들이 수많은 청중들 앞에서 진지한 토론이 공개적으로 이루어질 수 있는 곳으로 바울을 데리고 갔다는 것이다. 설령 바울이 법정으로 끌려간 것이라고 하더라도, 그 후에 벌어진 상황은 그가 재판관들 앞에 섰던 것이 아니라, 많은 무리들 앞에서 자유롭게 연설을 했다는 것을 보여준다. 또한, 아덴 사람들의 기질과 관습에 관한 이후의 보도도 그들이 호기심 때문에 바울의 말을 듣고 싶어했던 까닭에, 바울을 그 유명한 장소에 세워서 그리스도에 관해서 강론하도록 하였고, 수많은 사람들이 거기에 모여서 그 강론을 들었다는 것을 보여준다. 만일 다른 곳이었다면, 시장이나 공공장소에서 사람들을 모아놓고 연설하는 것은 사형에 해당하는 범죄행위가 될 것이었지만, 새로운 것들에 대한 아덴 사람들의 지독한 열성 탓에, 그곳에서는 하찮은 이야깃거리가 있는 사람조차도 마음대로 말할 수 있는 자유가 있었기 때문에, 바울은 믿음의 신비에 관해서 말하도록 요청을 받았고, 또 그렇게 하는 것이 허용되었다.

21. 모든 아덴 사람과 … 가장 새로운 것을 말하고 듣는 것 이외에는 달리 시간을 쓰지 않음이더라. 누가가 언급하고 있는 그들의 두 가지 결점은 거의 언제나 동시에 존재한다. 왜냐하면, "새로운 것"을 듣기 좋아하는 사람이 수다쟁이가 되지 않는 경우는 거의 없기 때문이다. "질문하기를 좋아하는 사람은 수다쟁이이기도 하기 때문에, 그런 사람을 피하라"고 한 호라티우스(Horatius)의 말은 지극히 옳다. 우리는

호기심이 많은 사람들은 줄줄 새는 물통과 같다는 것을 안다. 게다가, 이러한 두 가지 결점은 모두 게으름에서 비롯된 것이었다. 왜냐하면, 철학자들은 온 종일 논쟁으로 시간을 보냈을 뿐만 아니라, 보통 사람들도 새로운 것에 지나친 호기심을 갖고 있었기 때문이다. 그 도시에서는 심지어 장인들조차도 나라의 일들을 바로잡으려고 달려들지 않는 사람이 없을 정도였다. 또한, 대부분의 헬라와 라틴 작가들도 아덴 사람들보다 더 욕심이 많고 변덕스러우며 안하무인인 사람들은 없었다고 이구동성으로 증언함으로써, 누가가 여기서 한 말을 밑받침해 준다. 이 도시가 모든 학문의 본산이었음에도 불구하고, 거기에 안정된 정부가 단 한 번도 세워질 수 없었던 이유도 거기에 있었다. 그렇기 때문에, 그들은 최고의 능력을 갖고 있었으면서도 오랫동안 독립을 누리지 못했고, 계속해서 혼란을 겪다가, 마침내 헬라 전체와 함께 멸망하고 말았다. 이렇게 나라는 망했지만, 그들의 무모함과 만용은 없어지지 않았다. 그래서 키케로(Cicero)는 그들의 어리석음을 비웃었다. 왜냐하면, 그들은 키케로의 시대에도 자신들이 헬라를 지배하고 있을 때처럼 오만방자하게 영(令)들을 내리고 있었기 때문이다. 이제 이렇게 호기심 많은 사람들 속에서 복음 전도가 큰 성공을 거둘 가능성은 극히 희박했지만, 바울은 그들 중에서 얼마라도 얻어서 그리스도께로 인도할 수 있게 되기를 바랐기 때문에, 이러한 기회도 결코 소홀히 여기지 않았다. 사실, 바울이 아덴의 가장 유명한 장소에 가서, 그때까지 그곳을 지배하고 있던 모든 우상들과 제의들을 반박하고 그 허구성을 밝힌 것 자체가 복음의 영광을 크게 높인 일이었다.

²²바울이 아레오바고 가운데 서서 말하되 아덴 사람들아 너희를 보니 범사에 종교심이 많도다 ²³내가 두루 다니며 너희가 위하는 것들을 보다가 알지 못하는 신에게라고 새긴 단도 보았으니 그런즉 너희가 알지 못하고 위하는 그것을 내가 너희에게 알게 하리라 ²⁴우주와 그 가운데 있는 만물을 지으신 하나님께서는 천지의 주재시니 손으로 지은 전에 계시지 아니하시고 ²⁵또 무엇이 부족한 것처럼 사람의 손으로 섬김을 받으시는 것이 아니니 이는 만민에게 생명과 호흡과 만물을 친히 주시는 이심이라(17:22-25).

22. 바울이 아레오바고 가운데 서서 말하되 아덴 사람들아. 우리는 바울의 이 강론을 다섯 부분으로 나눌 수 있다. 누가는 바울의 강론을 간략하게 압축해서 보도

660

하고 있지만, 나는 그가 핵심적인 중요한 내용들은 하나도 빠뜨리지 않고 다 기록하였다고 확신한다. 첫 번째는 아덴 사람들의 미신을 비판한다. 즉, 그들은 자신들의 신들을 아무렇게나 되는대로 섬기고 있다는 것이다. 두 번째는 자연을 통한 논증을 통해서, 하나님이 누구시고 어떤 분이신지, 그리고 어떻게 그를 섬기는 것이 바르게 섬기는 것인지를 보여준다. 세 번째는 사람들의 어리석음을 통렬하게 책망한다. 즉, 사람들은 자신들을 지으신 창조주를 알아볼 수 있도록 창조되었음에도 불구하고, 마치 맹인처럼 어둠 속에서 길을 잃고 헤매고 있다는 것이다. 네 번째는 사람의 마음이 하나님의 참된 형상이기 때문에, 하나님을 조각이나 그림으로 나타내는 것보다 더 어리석은 일은 없다고 교훈한다. 다섯 번째는 그리스도와 죽은 자들의 부활에 대해서 언급한다. 바울이 이것을 마지막에 언급한 것은 복음을 믿는 믿음으로 가기 전에 먼저 이 네 가지를 전반적으로 살펴볼 필요가 있기 때문이었다.

22. 범사에 종교심이 많도다. 헬라어에서 '데이시다이모니아'(δεισιδαιμονία, "종교심")라는 단어는 흔히 좋은 의미로 사용되지만, 때로는 미신을 믿는 사람들이 스스로 괜한 불안감을 만들어 내어서 지나친 두려움에 사로잡혀 자기 자신을 괴롭히는 것을 가리키기도 한다. 하지만 여기서는 아덴 사람들이 신을 섬김에 있어서 지나침이 있다는 의미이거나, 그들이 신을 제대로 섬기는 것이 어떤 것인지를 깨닫지 못하고 있다는 의미인 것 같다. 바울은 그들이 길을 멀리 돌아감으로써 스스로를 피곤하게 만드는 것은 지극히 사려 깊지 못하게 행하는 것이라고 말한 것과 같다. 단어들을 살피는 것은 이 정도로 하고, 이제 구체적인 내용을 살펴보기로 하자. 바울은 "아덴 사람들"이 자신들이 어떤 신을 섬기고 있는지도 확실하게 알지 못한 채 이런저런 온갖 제의들을 되는대로 아무렇게나 행하고 있다는 단 한 가지 이유를 들어서, 그들의 모든 제의들은 부패하고 잘못된 것이라고 단정한다. 왜냐하면, 그들이 "알지 못하는 신에게"라고 새긴 단을 세웠다는 것은 그들에게는 확실하게 아는 것이 전혀 없었다는 증거였기 때문이다. 그들은 엄청나게 많은 신들을 갖고 있었고, 그 신들에 대해서 많은 이야기들을 하고 있었지만, 그럼에도 불구하고 그들이 그 신들에다가 "알지 못하는 신들"을 또다시 끼워 넣었다는 것은 그들이 참 하나님에 대해서는 아무것도 알지 못한다는 것을 스스로 인정한 것이었다는 것이 분명하다. 더욱이, 확실하게 아는 것도 없이 하나님을 예배하는 자는 참된 하나님이 아니라 자기가 스스로 고안해 낸 하나님을 섬기는 것일 뿐이다. 사람이 아무리 자신

의 믿음을 자랑한다고 할지라도, 거기에 참된 하나님을 아는 지식과 진리가 없다면, 그런 신앙은 하나님의 인정을 받을 수 없고, 거룩하고 합당한 것이 될 수도 없다. 그들이 아무리 자신의 신앙을 자랑할지라도, 그들의 양심이 계속해서 혼란스럽다면, 그들은 스스로 자신의 신앙에 대하여 잘못된 것이라고 판단하고 단죄하고 있는 것이다. 왜냐하면, 미신이라는 것은 언제나 사람을 불안하게 만들고, 계속해서 새로운 불안을 만들어 내기 때문이다.

따라서 우리는 확실한 진리의 빛을 갖고 있지 않은 사람들의 처지가 얼마나 비참한 것인지를 본다. 왜냐하면, 그런 사람들은 마음이 늘 불안하고, 하나님이 보시기에 헛된 수고만을 하고 있는 것이기 때문이다. 우리는 불신자들은 자신의 자발적인 완악함으로 인하여 눈이 멀어서 온갖 의심들 속에 갇힌 채로 자기 자신과 싸움을 벌이고 있는 것임을 유념하여야 한다. 그들은 흔히 자기 자신을 속일 뿐만 아니라, 누군가가 그들의 잘못된 것들을 지적하면, 거칠게 화를 낸다. 이런 식으로 마귀는 그들을 홀려서, 그들로 하여금 그들 자신을 기쁘게 해주는 것보다 더 좋은 것은 없다고 생각하게 만든다. 그러다가 마음에 의구심이 생기거나, 어떤 속이는 자가 일어나거나, 어떤 새롭고 기이한 일이 출현하면, 그들은 단지 의심 가운데서 요동하는 것에서 그치는 것이 아니라, 실제로 기존의 것을 버리고 새로운 것을 찾아서 이리저리로 휩쓸려 다닌다. 따라서 그들은 분별력 있고 평안한 마음으로 하나님을 예배하는 올바른 방식을 그대로 따르지 못하고, 술에 취한 자들처럼 우매해져서 이리저리 비틀거릴 수밖에 없게 된다. 한편, 불신자들이 그런 식으로 우매해져서 아무것도 모른 채 마음만 높아지는 것보다는 차라리 염려하고 근심하느라고 교만할 틈이 없는 편이 더 나을 수도 있다. 결국, 미신은 사람에게 언제나 두려움을 가져다주는 것은 아니라고 할지라도, 온갖 오류와 뒤엉켜 있기 때문에, 사람의 마음을 혼란함과 불안감으로 고문하고 괴롭힌다. "아덴 사람"들이 자신들이 직접 만들어 내어서 잘 알고 있다고 여겼던 토착신들 외에 "알지 못하는 신들"을 모시게 된 이유도 거기에 있었다. 왜냐하면, 그들이 자신들의 조상들에 의해서 전해져 온 신들이자 자신들이 수호신이자 조상신이라고 부른 신들에게 제사를 드리면서도, 아직도 미진한 부분이 있다고 생각해서 "알지 못하는 신들"을 위한 제단을 세우고 제사를 드렸다는 것은 그들이 여전히 불안에 떨고 있다는 사실을 여실히 보여주는 것이기 때문이다. 따라서 바울은 그들의 마음속에 심겨진 모든 잘못된 생각들을 뿌리뽑기 위해서, 그들은 자신들이 무엇을 섬기는지도 모르고 있을 뿐만 아니라, 자신들이 섬기는 신에 대해서 확실한 지식을 갖고 있지도 못하다고 단언한다. 만일 그들이 진정으로 신을 알고 있었다면, 그들은 그 신으로 만족하고, 결코 "알지 못하는 신들"을 끌어들여서 섬기는 일을 하지 않았을 것이다. 왜냐하면, 참된 신을 아는 지식만 갖고 있으면, 모든 우상을 박멸하는 데 충분하기 때문이다.

23. 알지 못하는 신에게라고 새긴 단도 보았으니. 나는 이 "단"이 모든 이방신들에게 바쳐진 것임을 기꺼이 인정하지만, 그 단에는 원래 "신들에게"라고 기록되어 있던 것을 바울이 거룩한 속임수를 써서 그 단을 한 분 하나님께 드려진 것으로 바꾼 것이라는 히에로니무스(Hieronymus)의 말에는 동의할 수 없다. 왜냐하면, 그런 문구는 도처에 새겨져 있던 흔한 것이었던 까닭에, 바울이 속임수를 쓸 이유가 없었기 때문이다. 그렇다면, 바울은 왜 복수형을 단수형으로 바꿔서 말한 것일까? 분명한 것은 그가 그들이 알지 못하는 "하나님"에 대해서 가르치고자 한다고 말한 것은 아덴 사람들을 속이기 위한 것이 아니라, 상황이 그것을 요구하였기 때문이라는 것이다. 즉, 그는 먼저 그들이 어떤 신을 섬기고 있는지를 알지 못할 뿐만 아니라, 수많은 신들 중에서 확실한 신을 하나도 갖고 있지 못한 것은 잘못이라고 서론적으로 말하고 나서, 이제는 본론으로 들어가서, 그 신이 누구인지를 말함으로써, 자신의 가르침에 대한 무리들의 호의를 이끌어 내고자 하였다는 것이다. 왜냐하면, 그가 그들에게 전한 "새로운 신"이 그들이 이미 섬기고 있던 저 "알지 못하는 신"이라고 한다면, 그들이 그 새로운 신과 관련해서 바울이 전한 것을 배격하거나 거부하는 것은 합당하지 못할 뿐만 아니라, 이전처럼 그 신을 알지도 못한 채로 섬기는 것보다는 그 신에 대해서 알고서 섬기는 편이 훨씬 더 좋을 것으로 그들이 생각할 수 있었기 때문이었다. 이렇게 해서, 바울은 하나님을 먼저 알기 전에는 바르고 경건하게 섬길 수 없다는 원칙으로 다시 되돌아간다.

하지만 여기서 다음과 같은 질문이 생길 수 있다: "바울은 어떻게 아덴 사람들이 하나님을 섬기고 있다고 말할 수 있었던 것일까? 하나님께서는 자신의 율법에 정하신 것과 어긋나는 모든 제의를 배척하시고, 사람들이 자신의 말씀과 상관없이 만들어낸 모든 것을 우상 숭배라고 선언하신 분이 아니신가? 하나님께서 자신의 말씀에 부합하지 않는 것을 합당한 예배로 받아주시지 않는다면, 어떻게 바울은 우매하기 짝이 없는 아덴 사람들이 하나님을 섬겼다고 말할 수 있었던 것인가? 왜냐하면, 사마리아 사람들은 자신들이 아브라함의 하나님을 섬긴다고 자랑하였지만, 그리스도께서는 그들이 하나님을 알지도 못하고 예배한다는 이 한 가지 사실로 인해서 그들을 책망하셨기 때문이다(요 4:22). 그렇다면, 우리는 참되신 하나님에 대한 기억을 깡그리 잃어버리고, 그 자리에 제우스, 헤르메스, 아테나 등과 같이 쓰레기나 다름 없는 신들을 갖다 놓고서 섬긴 아덴 사람들에 대해서는 무엇이라고 말해야 합당한 것인가?" 나의 대답은 여기서 바울은 아덴 사람들이 행한 일을 칭송한 것이 아니라, 비록 그들의 태도가 부패하고 타락한 것이라고 할지라도, 거기서부터 자신의 가르침을 시작한 것일 뿐이라는 것이다.

24. 우주와 그 가운데 있는 만물을 지으신 하나님께서는.　바울의 의도는 그들에게 하나님이 어떤 분이신지를 가르치는 것이었다. 그는 지금 지극히 세속적인 사람들을 상대로 강론을 하고 있는 것인 까닭에, 성경 본문들을 증거로 사용해서 그들을 설득하려는 것은 헛수고가 될 뿐이라고 생각해서, 자연 그 자체를 증거로 사용해서 하나님에 대하여 가르치고 있는 것이다. 앞에서 나는 이 거룩한 사도의 목적이 "아덴 사람들"을 참되신 하나님께로 인도하는 것이라고 말한 바 있다. 즉, 그들은 신의 존재에 대해서는 어느 정도 확신하고 있었기 때문에, 바울이 해야 할 일은 그들의 왜곡된 종교를 바로잡는 것이었다. 이것으로부터 우리는 하나님의 본성(natura Dei)에 관한 그릇된 견해가 판을 치는 동안에는, 세상은 미로와 같이 어지러운 길을 헤매고 방황할 수밖에 없다는 결론을 얻게 된다. 왜냐하면, 우리가 섬기는 하나님이 어떤 분이신지를 분명하게 아는 것이 경건의 진정한 척도(regula)이기 때문이다. 어떤 사람이 종교에 대해서 일반적인 고찰을 하고자 한다면, 그의 첫 번째 논점은 사람이 섬겨야 할 어떤 신이 존재한다는 사실이 될 것이다. 하지만 아덴 사람들에게는 이 점에 대해서 아무런 논란이 없었기 때문에, 바울은 두 번째 논점으로 넘어가는데, 그것은 참 하나님은 모든 날조된 신들과 다르다는 것이다. 따라서 바울은 하나님을 정의하는 것으로부터 시작해서, 그 정의를 토대로 사람들이 하나님을 어떻게 섬겨야 하는지를 증명하고자 한다. 왜냐하면, 이 둘은 동전의 양면처럼 서로 붙어 있기 때문이다. 온 세상이 수많은 타락한 우상 숭배로 가득 차게 되었고, 그것도 모자라서 지금도 쉬지 않고 우상 숭배가 늘어나고 있는 것은 바로 사람들이 자신들의 뜻대로 하나님을 만들어 내었기 때문이 아니고 무엇이겠는가? 사람들이 자신들의 성향과 이해를 기준으로 삼아서 하나님을 평가할 때, 하나님에 대한 순전한 예배는 순식간에 더럽혀지고 만다.

따라서 모든 타락한 우상 숭배를 박멸하는 데는 하나님의 본성이 어떠한 것인지를 보여주는 것으로 시작하는 것보다 더 적절한 방법은 없다. 그런 까닭에, 그리스도께서도 요한복음 4:24에서 다음과 같은 논리를 펴신다: "하나님은 영이시다. 그러므로 하나님께서는 자기를 영으로 예배하는 자들만을 인정하신다." 또한, 여기서 바울은 하나님의 신비한 본질(essentia)에 대해서 철학적인 사변을 펼치는 것이 아니라, 그가 행하신 일들을 통해서 그가 누구이신지를 아는 것이 얼마나 유익한지를 잘 보여준다. 그렇다면, 하나님이 세상의 창조주이시자 세상을 다스리시는 주시라는 사실로부터 바울이 도달한 결론은 무엇인가? 그것은 하나님은 "손으로 지은 전에 계시지 아니하신다"는 것이다. 즉, 하나님이 세상을 창조하셨다는 사실로부터 하나님의 의로우심과 지혜와 선하심과 능력이 하늘과 땅 너머에까지 미치고 있다는 것이 분명해졌기 때문에, 하나님은 그 어떤 장소나 공간에도 갇혀 계실 수 없다는 것이다.

하지만 굳이 이런 말을 한 것은 불필요했던 것으로 보일 수 있다. 왜냐하면, 아덴 사람들은 신전들 안에 놓여 있는 조각들과 그림들은 단지 하나님의 존재를 상징하는 것일 뿐이라고 쉽게 반박할 수 있었고, 사실 하나님께서 만물을 충만케 하신다는 것을 모를 만큼 어리석은 사람은 아무도 없을 것이었기 때문이다. 나의 대답은 내가 방금 전에 우상 숭배는 그 자체가 모순이라고 한 말은 사실이라는 것이다. 불신자들은 자신들이 신상들을 섬기는 것이 아니라 그 앞에서 신들에게 기도하는 것일 뿐이라고 말한다. 하지만 만일 그들이 신들의 뜻과 능력을 신상들에 묶어둔 것이 아니었다면, 과연 그들이 신들로부터 도움을 받기를 기대하거나, 그러한 신상들을 향해서 전력을 다해 기도와 간구를 드렸겠는가? 그들의 이러한 태도로부터 어느 한 신전이 다른 신전들보다 더 거룩하게 여겨지는 일이 생겨났다. 그들은 아폴로의 신탁을 받기 위해서 델피(Delphi)로 달려갔고, "아덴"에는 여신 미네르바(Minerva)의 보좌와 거처가 있었다. 이제 우리는 여기서 바울이 아덴 사람들의 잘못된 생각을 지적하면서, 신들이 육신을 지녔다고 생각하는 잘못된 관념에 의해서 그들이 속아 왔다는 것을 보여주고 있음을 알게 된다.

하나님을 아는 바른 지식으로 들어가는 첫걸음은 우리가 우리 자신을 벗어나서, 하나님을 우리 자신의 지적 능력을 따라 판단하지 않으며, 하나님에 대하여 우리 자신의 육신적인 지각을 따라서는 아무것도 상상하지 않고, 하나님을 세상 위로 높이며, 모든 피조물들과 하나님을 구별하는 것이다. 사람들은 하나님의 영광을 자신들이 날조한 것들로 더럽히려는 완악한 품성을 날 때부터 지니고 있었기 때문에, 세상은 언제나 그러한 건전한 생각과는 거리가 멀었다. 다시 말해서, 육신적이고 세상적인 사람들은 자신들의 본성(natura)에 잘 들어맞는 그러한 하나님을 원하였다는 것이다. 다음으로, 사람들은 무모하고 대담하게도 하나님을 자신들이 파악할 수 있는 그러한 존재로 바꾸어 버린다. 이러한 날조에 의해서 하나님을 아는 참되고 확실한 지식이 훼손된다. 바울이 말한 대로, 사람들은 "하나님의 진리를 거짓 것으로 바꾸어"(롬 1:25) 버리는 것이다. 왜냐하면, 세상을 뛰어넘어서 저 높은 곳으로 올라가지 않는 사람은 하나님 대신에 허상과 환영(幻影)만을 붙잡게 될 뿐이기 때문이다. 또한, 우리가 믿음의 날개를 타고 하늘 위로 올라가지 않으면, 우리는 우리 자신의 생각 속에 매몰될 수밖에 없다. 따라서 이방인들이 이렇게 어리석은 망상에 속아 넘어가서, 하나님을 하늘의 보좌로부터 끌어내려서 세상을 구성하는 요소(elementum) 중의 하나로 변질시켜 온 것은 결코 이상한 일이 아니다. 왜냐하면, 하나님께서 자신의 영적인 영광을 계시해 주셨던 유대인들에게도 동일한 일이 일어났다는 것을 생각하면, 이방인들에게 그런 일이 일어난 것은 어쩌면 당연한 일일 것이기 때문이다. 이사야가 유대인들이 하나님을 성전의 담장 안에 가두어 놓았다(사 66:1)고 책망한 데에는 다 그럴 만한 이유가 있었다. 그리고 우리는 그러한 악이 모든 세대에 걸쳐서 만연되어 있었다는 것을 누가가 7장에서 보도하고 있는 스데반의 설교를 통해서도 알 수 있다.

만일 누군가가 유대인들에게 하나님께서 그들의 성전에 갇혀 계신 것으로 생각하느냐고 질문했다면, 그들은 자신들이 그러한 어처구니없는 오류에 빠져 있다는 사실을 극구 부인하였을 것이다. 그러나 그들은 눈에 보이는 성전만을 보았을 뿐이고, 그들의 마음이 더 높은 곳을 향하지 않았고, 그 성전을 철석 같이 믿고서, 마치 하나님이 자기들에게 묶여 계신 것처럼 자랑하였기 때문에, 성령께서 그들이 하나님을 마치 죽을 수밖에 없는 존재인 사람으로 취급해서 성전에 묶어 놓았다고 책망하신 것은 지극히 합당하였다. 왜냐하면, 미신이라는 것은 그 자체로 모순인 까닭에 온갖 종류의 망상을 낳을 뿐이라고 내가 앞서 한 말은 여전히 사실이기 때문이다. 오래 전에 이방인들과 유대인들은 자신들의 잘못을 어떤 식으로든 은폐하려고 변명을 늘어놓았는데, 오늘날의 교황주의자들이 늘어놓는 변명도 그들이 했던 변명과 영락없이 똑같다. 요컨대, 미신은 하나님이 손으로 지은 집에 거하신다고 생각한다는 것이다. 하지만 그것은 하나님을 노역장 같은 곳에 가두어 둔다는 의미가 아니라, 육체가 있는 하나님을 꿈꾸면서, 우상들에게 하나님의 능력을 부여하고, 하나님의 영광을 눈에 보이는 외적인 형상들에게로 이전시킨다는 의미이다.

그러나 하나님께서 사람의 손으로 지은 성전들에 거하지 않으시는 것이라면, 왜 하나님께서는 자신이 "그룹 사이에 좌정하시고," 성전이 자기가 "영원히 쉴 곳"이라고 성경의 많은 본문들에서 증언하신 것인가(왕하 19:15; 시 80:1; 132:14)? 나의 대답은 하나님은 어느 한 곳에 묶여 계시는 분이 아닌 것과 마찬가지로, 자기 백성들을 땅에 속한 상징들에 묶어 두고자 하신 것이 결코 아니었기 때문에, 그들을 자기에게로 들어올리시기 위해서 그들에게로 내려오셨지만, 성전과 법궤는 그것들을 우상시하던 사람들에 의해서 철저하게 악용되어서, 유대인들은 하나님에 대한 영적인 예배를 버리고 계속해서 땅에 묶여 있는 신세에서 벗어날 수 없었다는 것이다. 이것으로부터 우리는 사람들이 하나님의 임재를 나타내기 위하여 무분별하게 고안해 낸 상징들과 하나님께서 정하신 상징들 간에는 큰 차이가 있다는 것을 알게 된다. 왜냐하면, 사람들은 언제나 아래로 내려가서 하나님을 육신적인 방식으로 이해하고 붙들고자 하는 반면에, 하나님께서는 자신의 말씀으로 사람들을 위로 끌어올리려고 하시기 때문이다. 하나님께서는 사람들을 한 걸음씩 하늘로 올라가게 하고자 하는 목적으로 그들에게 자기 자신을 친근하게 알려 주시기 위한 징검다리로만 상징들을 활용하실 뿐이다.

25. 또 무엇이 부족한 것처럼 사람의 손으로 섬김을 받으시는 것이 아니니. 우리는 바울이 방금 전에 신전에 대해서 제기하였던 것과 동일한 문제 제기를 이제 여기서는 제사의식들과 관련해서 제기하는 것을 본다. 또한, 바울이 이방인들의 제사의식을 정죄하는 내용들은 모세 율법의 제사의식에도 그대로 해당되는 것처럼 보일 수 있다. 하지만 이 문제에 대한 대답은 그리 어렵지 않다. 왜냐하면, 믿음이 있는 자들은 하나님을 섬기는 것이 제사의식에 있다고 생각하지 않았고, 도리어 제사의식은 자신들의 연약함을 돕고 훈련시키기 위한 도구일 뿐이라고 생각하였기 때문이다. 그들이 짐승을 잡아서 희생 제물을 바치고, 떡과 전제를 드리고, 등불을 밝히면서도, 그러한 것들이 경건의 본질이 아니라는 것을 알고 있었고, 그러한 제사의식들의 도움을 받아서 하나님을 영적으로 예배하는 것이 합당하다고 여겼으며, 오직 그렇게 예배하는 것만이 진정으로 가치 있는 것이라고 생각하였다. 또한, 하나님께서는 자기는 외적인 것들이나 눈에 보이는 것들에는 아무런 관심이 없다고 말씀하시며, 제사의식들은 그 자체로는 아무런 가치가 없고, 하나님을 올바르게 예배하는 유일한 길은 믿음과 순전한 양심과 기도와 감사뿐이라는 것을 많은 곳에서 분명하게 선언하신다. 그런데 이방인들은 어떠하였는가? 그들은 신상들을 세우고,

향을 피우며, 향연을 베풀고, 우상들을 위한 좌대를 마련해 놓고서는, 자신들이 종
교적인 의무들을 아주 훌륭하게 수행하였다고 생각하였다. 그들은 화려하고 장엄
한 제사의식들을 행하여야 신을 예배하는 것이라고 잘못 알았기 때문에, 철학자들
뿐만 아니라 시인들도 일반 사람들이 자행하는 그러한 우매한 짓들을 종종 조롱하
였다. 그러한 우상 숭배들을 증언하는 글은 무수히 많지만, 그 중에서도 페르시우
스(Persius, 네로 시대의 풍자시인 — 역주)의 글이 잘 알려져 있다.

> "대제사장들이여, 내게 말하라!
> 신전에 바치는 황금이 무슨 유익이 있을까?
> 그것은 한 처녀가 비너스 여신에게 인형들을 바치는 것과 같도다.
> 저 위대한 메살라(Messalla)의 술에 취한 자손들이
> 자신들의 황금접시로부터 줄 수 없었던 그런 것들,
> 곧 제대로 된 정의, 공평한 마음, 하늘의 비밀을 품은 영혼,
> 관용의 미덕을 가득 품은 가슴,
> 나는 그런 것들을 신전에 바치려 하노니,
> 신들은 내가 바친 그러한 제물을 기뻐 받으리."

하나님께서 세속적인 인간들을 통해서 이렇게 말씀하신 것은 사람들로 하여금
몰랐다는 핑계를 댈 수 없도록 하시기 위한 것임이 확실하다. 하지만 이렇게 말한
자들도 자기가 한 말이 무슨 의미인지를 제대로 이해하지 못했기 때문에, 사람들이
공통적으로 범하는 우매함에 그들 자신도 그대로 빠져들었다는 것도 아주 분명한
사실이다. 왜냐하면, 보통 사람들보다 분별력이 좀 더 뛰어난 자들은 제사의식들
자체가 무가치하다는 것을 인정할 수밖에 없었기는 하지만, 제사의식들이 신을 섬
기는 것의 일부라고 본 그들의 확신이 흔들린 것은 결코 아니었기 때문이다. 따라
서 그들도 자신들이 그러한 제사의식들을 더욱 행하는 것이 자신들의 종교적인 의
무를 제대로 이행하는 것이라고 철석같이 믿었다. 이런 식으로, 모든 인간은 가장
높은 자로부터 가장 낮은 자에 이르기까지 제사의식들을 비롯한 외적인 것들을 통
해서 하나님을 달랠 수 있다고 생각해서, 그들 자신의 행위들을 통해서 하나님에 대
한 자신들의 의무를 행하고자 하였고, 바로 이 점을 바울은 여기서 반박하고 있다.
또한, 바울은 그 이유도 덧붙인다. 즉, 하나님께서는 천지의 주인이시기 때문에, 그

에게는 부족한 것이 없으실 뿐만 아니라, 사람들에게 "생명과 호흡"을 주시는 분이시기 때문에, 그들로부터 어떤 것도 받으실 수 없다는 것이다. 그들은 하나님께서 은혜로 주신 것들 말고는 그 어떤 선한 것도 갖고 있지 않은데, 그들이 하나님께 무엇을 드릴 수 있겠는가? 그들은 오직 하나님의 은혜에 의해서만 존재하는 자들이기 때문에, 하나님께서 그들의 생명의 원천인 숨을 거두어가시면, 그들은 순식간에 무(nihilum)로 돌아가게 될 자들이 아니던가? 이것으로부터 도출되는 결론은 그들이 그들 자신의 손으로 만든 것들로 하나님을 예배하겠다고 억지를 부리는 것은 우매하기 짝이 없는 일일 뿐만 아니라 지독하게 교만한 생각이라는 것이다.

바울이 빌립보 교인들이 자기에게 보내준 것들과 사랑의 섬김들을 "향기로운 제물"(빌 4:18)이라고 말한 것은 지금 여기서의 문제와는 상관이 없다. 왜냐하면, 여기서 바울이 문제삼고 있는 것은 불신자들이 제사의식들을 핑계로 하나님께 나아와서 영적인 예배를 드리지 않는 것이기 때문이다. 일부 헬라어 사본들에는 25절의 마지막 어구가 '카타 판타'(κατὰ πάντα), 즉 "만물을 통해서"로 되어 있지만, 나는 불가타 역본에서 따르고 있는 '카이 타 판타'(καὶ τὰ πάντα), 즉 "그리고 만물을"이라는 읽기가 더 적절하다고 생각한다. 왜냐하면, 그렇게 읽었을 때, 그 의미가 좀 더 분명해질 뿐만 아니라, 사람들은 자신의 것이라고 말할 수 있는 것을 아무것도 가지고 있지 않다는 사실이 더욱 뚜렷하게 드러나기 때문이다. 또한, 이러한 읽기는 일부 헬라어 사본들의 지지를 받고 있기도 하다.

²⁶인류의 모든 족속을 한 혈통으로 만드사 온 땅에 살게 하시고 그들의 연대를 정하시며 거주의 경계를 한정하셨으니 ²⁷이는 사람으로 혹 하나님을 더듬어 찾아 발견하게 하려 하심이로되 그는 우리 각 사람에게서 멀리 계시지 아니하도다 ²⁸우리가 그를 힘입어 살며 기동하며 존재하느니라 너희 시인 중 어떤 사람들의 말과 같이 우리가 그의 소생이라 하니 ²⁹이와 같이 하나님의 소생이 되었은즉 하나님을 금이나 은이나 돌에다 사람의 기술과 고안으로 새긴 것들과 같이 여길 것이 아니니라 (17:26-29).

26. 인류의 모든 족속을 한 혈통으로 만드사. 이제 바울은 "아덴 사람들"에게 인생의 목적이 무엇인지를 생각하게 하기 위해서, 하나님께서 인류를 창조하신 목적을 말해 준다. 사람은 누구나 다 생명을 누리고 있는데, 하나님께서 왜 그들에게 생

명을 주신 것인지 그 목적을 생각하지 않는다면, 그것은 사람으로서 정말 부끄러운 배은망덕함이 아닐 수 없다. 하지만 대부분의 사람들이 짐승과 다를 바 없는 그러한 우매함에 빠져 있기 때문에, 그들은 천지의 창조주가 주신 좋은 것들을 실컷 누리고 살면서도, 자신들이 왜 세상에 있게 된 것인지를 성찰하지도 않고, 만물을 창조하신 이를 생각하지도 않는다. 따라서 바울은 하나님의 본성에 대해서 언급한 후에, 인간들은 하나님을 알기 위해서 지음받은 것이고 태어난 것이기 때문에, 하나님을 아는 일에 깊은 관심을 가져야 한다는 이러한 교훈을 적절한 시점에서 제시한다. 즉, 그는 하나님을 찾는 것이 인생의 목적이라고 간결하게 말하고 있는 것이다. 또한, 바울은 세상에 단 하나의 종교가 있는 것이 아니라 민족들마다 서로 다른 종교를 갖게 된 이유는 인간이 타락하였기 때문이라고 말한다. 즉, 그가 "인류의 모든 족속을 한 혈통으로 만드사"라고 말한 것은 그런 취지이다. 왜냐하면, "인류"는 "한 혈통"인 까닭에, 인류 전체가 하나로 연합되는 것이 마땅한데도, 사람들이 종교를 따라서 연합하기도 하고 분열하기도 하기 때문이다. 이것으로부터 우리는 종교와 하나님을 예배하는 일에서 하나가 되지 못하고 반목하는 사람들은 자신들의 본성을 거스르는 자들이라는 결론을 얻게 된다. 왜냐하면, 사람들이 어디서 태어나서 어느 곳에 살고 있든지, 사람이라면 누구나 한 마음으로 찾아야 하는 창조주이자 아버지이신 분은 오직 한 분이기 때문이다. 아울러, 공간적인 거리, 지역적인 경계, 관습의 차이 같이 인간들 사이에서 분열을 가져오는 그 어떤 원인도 하나님 자신에게는 전혀 중요하지 않다는 것도 분명하다. 요컨대, 바울이 가르치고자 한 것은 사람들 사이에서 종교가 무수히 생겨나서 사람들이 서로 분열하게 된 것은 순리에 어긋난 일이었기 때문에, 사람들 가운데 나타난 그러한 흩어짐(dissipatio)은 경건이 무너졌음을 보여주는 증거라는 것이다. 왜냐하면, 그것은 사람들이 "한 혈통"인 인류의 공통의 아버지이신 하나님으로부터 떨어져 나간 것이기 때문이다.

26. 그들의 연대를 정하시며 거주의 경계를 한정하셨으니. 누가는 늘 그랬던 것처럼 여기서도 바울의 강론을 요약해서 보도한다. 하지만 여기서 바울이 먼저 사람들이 이 땅에 태어나게 된 것이 마치 극장의 관객들처럼 하나님이 행하신 일들을 보고 알게 하기 위한 것임을 보여준 후에, 다음으로는 온 세상을 다스리시는 하나님의 섭리에 대해서 말하였다는 것은 의심의 여지가 없다. 왜냐하면, 그가 하나님이 "그들의 연대를 정하시며 거주의 경계를 한정하셨다"고 말한 것은 이 세상은 하나님의 손길과 계획에 의해서 다스려지는 것이고, 세상 사람들이 잘못 생각하고 있듯

이, 인간사들이 우연에 의해서 굴러가는 것이 아니라는 것을 보여주고자 한 것이기 때문이다. 따라서 누가의 짤막한 요약보도를 통해서도 우리는 바울이 여기서 가장 중요한 내용들을 다 포괄해서 다루고 있다는 것을 알게 된다. 그가 하나님께서 "그들의 연대를 정하셨다"고 말한 것은 사람들이 지음을 받아 태어나기도 전에 하나님께서 각 사람이 장차 어떻게 될지를 미리 정해 놓으셨다고 선언한 것이다. 우리는 이 세상에서 일어나는 모든 일들의 흥망성쇠들을 볼 때, 즉 왕국들의 몰락이나 영토들의 변경이나 도시들의 멸망이나 민족들의 성쇠를 볼 때, 어리석게도 그러한 사건들의 배후에는 운명(fatum)이나 운(fortuna)이 있다고 상상한다. 그러나 여기서 하나님께서는 각 "족속"으로 하여금 얼마 동안이나 존속하게 하시고, 그들의 경계를 어떤 식으로 획정하고자 하시는지를 자신의 계획에 의해서 미리 정해 놓으셨다는 것을 바울의 입을 빌려서 선언하신다. 이렇게 하나님께서 그들에게 일정한 존속 기간을 정해 주시고, 그들의 영토를 획정해 주신 것이라면, 하나님이 그들의 삶의 전체 과정도 안배하셨다는 것은 의심의 여지가 없다.

하지만 우리가 주목하여야 할 것은 바울은 하나님께서 단지 모든 일들을 미리 아시는 가운데 냉정하게 팔짱 끼고 구경만 하고 계시는 것이라고 말하는 것이 아니라(많은 사람들이 제대로 알지도 못하고 그런 식으로 잘못 생각하고 있다), 만유에서 일어나는 모든 일들이 하나님의 계획과 뜻으로 말미암는다고 말하고 있다는 것이다. 왜냐하면, 바울은 하나님께서 "연대들"을 미리 아셨다고만 말하는 것이 아니라, '프로테타그메나'(προτεταγμένα, "정하시며")라는 단어를 사용해서, 하나님이 "연대들"을 자신의 기뻐하시는 뜻을 따라 안배하셨다고 말하기 때문이다. 사실, 바울이 하나님께서 모든 것을 처음부터 정해 놓으셨다고 말한 것은 하나님은 자신의 계획을 따라 정해 놓으신 일들을 자신의 손의 능력으로 다 이루실 것이라는 의미이기 때문에, "우리 하나님은 하늘에 계셔서 원하시는 모든 것을 행하셨나이다"(시 115:3)라는 말씀과 부합한다. 이제 우리는 마치 군대의 진영에서 기병대와 십인대의 위치가 각각 정해져 있듯이, 사람들이 있을 곳이 땅 위에서 정해져 있기 때문에, 각 민족은 각자의 영역에 만족하고, 각 사람은 자기 민족 안에서 자신의 거처를 갖고 살아가야 한다는 것을 알게 된다. 또한, 비록 많은 사람들이 끊임없이 야심과 사악한 욕망에 사로잡혀서 자신들의 경계를 넘어갔지만, 하나님께서 자신의 은밀한 성소에서 모든 결과를 통제하고 계시기 때문에, 그들의 그러한 탐욕은 결코 소기의 성과를 거두지는 못하였다. 왜냐하면, 사람들은 이 땅에서 소란을 일으켜서 하늘을 공격해서 하나님의 섭리를 뒤집는 것처럼 보이지만, 사실은 그들이 원하든 원하지 않든, 결과적으로는 자신들의 의도와는 달리 그러한 행위들을 통해서 도리어 하나님의 섭리를 견고히 세우게 되기 때문이다. 따라서 우리는 세상이 온통 시끄럽고 혼란한 것은 결국에 하나님께서 모든 것을 자기가 정하신 결말로 이끄시기 위한 것임을 알아야 한다.

27. 사람으로 혹 하나님을 더듬어 찾아 발견하게 하려 하심이로되. 이 구절은 두 부분으로 되어 있다. 하나는 하나님을 찾는 것이 사람의 본분이라는 것이고, 다른 하나는 하나님께서는 친히 우리를 만나러 오시고, 우리가 몰랐다는 핑계를 댈 수 없을 정도로 분명한 징표들로 자기 자신을 우리에게 보여주신다는 것이다. 따라서 우리는 하나님을 찾기 위해서 열과 성을 다하지 않는 자들은 자신의 생명을 심각하게 악용하고 있는 자들이고, 이 세상에서 살아갈 자격이 없는 자들이라는 것을 기억하여야 한다. 그런 자들은 마치 온갖 야수들이 자신들의 타고난 본성을 이탈한 것과 같아서 괴물들이라고 불려도 할 말이 없다. 사람들에게 지성(intelligentia)이 주어진 가장 큰 이유는 자신의 창조주를 알게 하기 위한 것이기 때문에, 사람들이 자신들을 창조하신 이를 모르는 것보다 더 어처구니없는 일은 없다. 우리는 특히 하나님께서 심지어 맹인일지라도 손으로 더듬어서 그를 찾을 수 있을 만큼 아주 쉽게 그를 알게 하셨다는 점에서 하나님이 참으로 선하시다고 말하지 않을 수 없게 된다. 하나님께서 이렇게 분명하고 뚜렷하게 자기 자신을 계시하셨는데도 불구하고, 사람들이 하나님의 임재를 전혀 깨닫지 못한 것이기 때문에, 사람들의 눈멂(caecitas)은 더더욱 부끄럽고 용납할 수 없는 일이 된다. 그들은 자신의 눈길을 위로 향하든 아래로 향하든, 하나님의 능력과 지혜와 선하심을 상기시켜 주는 무수히 많은 것들을 볼 수밖에 없다. 왜냐하면, 하나님은 자기가 지으신 세상에 자신의 영광을 희미하게 남기신 것이 아니라, 맹인조차도 "더듬어 찾아 발견할" 수 있도록 하시기 위해서, 도처에 너무나 뚜렷한 징표들을 새겨 놓으셨다. 이렇게 분명한 증거들이 도와주고 있는데도 불구하고, 거기서 아무런 유익도 얻지 못한다면, 그들은 눈이 멀었을 뿐만 아니라 어리석기 짝이 없다는 말을 들어도 할 말이 없을 것이다.

하지만 여기서 한 가지 질문이 생기는데, 그것은 과연 사람들이 자연을 통해서 하나님을 아는 참되고 분명한 지식을 얻을 수 있는가 하는 것이다. 왜냐하면, 사람들이 눈을 감고도 하나님을 더듬어 찾을 수 있다고 바울이 말한 것은 사람들이 하나님의 임재를 느끼지 못하는 것은 전적으로 그들의 나태함(ignavia)이 그 원인이라고 말한 것과 같기 때문이다. 나의 대답은 그들은 무지하고 우매할 뿐만 아니라 너무나 완악해서, 하늘과 땅에서 찬란하게 빛을 발하는 하나님의 영광을 보여주는 모든 징표들을 제대로 판단하거나 이해하려고 애쓰지 않고 그냥 무시해 버린다는 것이다. 하나님을 아는 참된 지식은 하나님의 특별한 선물이고, 우리로 하여금 하나님을 제대로 알게 해주는 믿음은 오직 성령의 조명으로부터만 오기 때문에, 오직 자연만을 우리의 안내자로 삼아서는 우리의 마음이 하나님을 아는 참된 지식까지는 들어갈 수 없다는 결론이 난다. 물론, 바울은 여기서 사람들의 능력(facultas)에 대해서 말하고 있는 것은 아니고, 로마서에서도 말하고 있듯이(롬 1:20), 단지 그들이 그렇게 밝은 빛 속에 있으면서도 눈먼 상태로 있는 것에 대해서 핑계를 댈 수 없다는 것을 경고하고 있을 뿐이다. 하나님께서는 사람들로 하여금 그를 더듬어서라도 찾을 수 있도록 하여 주셨지만, 그럼에도 불구하고 그들은 여전히 얼빠지고 넋이 나간 상태에 있었다. 그렇기 때문에, 그들은 자신들의 지각(sensus)으로 하나님을 찾는 데 실패한 것에 대해서 어떠한 핑계도 댈 수 없다. 이 문제에 대해서는 내가 14장을 다룰 때에 좀 더 자세히 언급한 바 있다(cf. 14:17).

27. 그는 우리 각 사람에게서 멀리 계시지 아니하도다. 바울은 사람들의 사악함을 더욱 부각시키기 위해서, 사람들이 하나님을 찾기 위해서 먼 길을 돌아가거나 고단한 여행을 해야 하는 것은 아니라고 말한다. 왜냐하면, 사람들은 누구나 조금만 주의를 기울이면, 자기 자신 속에서 하나님을 발견할 수 있기 때문이다. 이러한 사실은 우리의 둔감함이 비록 아담의 타락으로부터 온 것이라고 할지라도 비난을 피할 수 없다는 것을 분명하게 보여준다. 왜냐하면, 하나님의 영광을 보여주는 증거들이 얼마간이라도 나타나지 않는 곳은 세상의 그 어느 구석도 없지만, 그렇다고 해서 우리가 하나님을 알기 위해서 우리 자신 밖으로 나가야 하는 것은 아니고, 우리 각자의 내면에서 그의 능력으로 역사하고 계시기 때문이다. 그런데 우리는 자신의 내면에서 하나님을 지각하면서도 자각하지 못한다. 어떤 철학자들은 인간이 다른 그 어떤 피조물보다도 하나님의 영광을 보여주는 무수한 이적들로 가득 차 있다는 것을 알고서, 인간을 소우주(μικρόκοσμος - '미크로코스모스')라고 불렀다.

28. 우리가 그를 힘입어 살며 기동하며 존재하느니라. 나는 사도들이 흔히 히브리어의 어법을 따라서 "-를 힘입어" 대신에 "안에서"라는 전치사를 사용한다는 것을 인정한다(히브리어 전치사 '브'는 이 두 가지 의미를 다 갖고 있다 — 역주). 하지만 "우리가 하나님 안에서 살고 있다"라고 번역한 불가타 역본의 표현은 더 생동감 있

고 의미심장하기 때문에, 나는 그런 번역을 수정할 필요를 느끼지 못한다(한글개역 개정에서는 "그를 힘입어"라고 옮기고 있다 — 역주). 왜냐하면, 여기서 바울이 말하고자 한 것은 하나님이 자신의 능력으로 우리 안에 거하고 계시는 까닭에, 우리가 어떤 식으로든 하나님 안에 있다는 것임이 확실하기 때문이다. 그런 까닭에, 하나님께서 자기 자신을 "여호와"라고 칭하심으로써 모든 피조물들로부터 구별하신 것은 엄밀 하게 말해서 오직 하나님만이 진정으로 존재하고, 우리는 하나님이 자신의 성령을 통해서 우리에게 생명을 불어넣어 주심으로써 존재하는 것이기 때문에 "하나님 안에서" 존재하는 것임을 알게 하시기 위한 것이다. 왜냐하면, 하나님의 성령의 힘은 온 세상의 모든 부분들에 퍼져 있어서, 그 상태를 유지시키고, 우리가 보고 있는 하늘과 땅 및 모든 생명체들의 활동에 활력을 불어넣어 주고 있기 때문이다. 정신 나간 자들은 만물이 신들로 가득 차 있고, 심지어 돌들도 신이라고 헛소리를 하는데, 방금 전에 내가 한 말은 그런 뜻이 아니라, 하나님께서는 자신이 이미 무로부터(ex nihilo) 창조하신 만물을 자신의 영의 경이로운 활력과 역사를 통해서 보존하신다는 뜻이다. 그러나 여기서 바울은 특히 사람들을 염두에 두고서 이 말을 한 것이다. 왜냐하면, 그는 앞에서 사람들이 자신 안에 하나님을 갖고 있는 까닭에, 굳이 하나님을 찾으러 멀리 갈 필요가 없다고 말했기 때문이다.

또한, 사람의 생명(vita)은 활동(motus)보다 중요하고, 활동은 존재(essentia)보다 중요하기 때문에, 바울은 가장 중요한 "생명"을 가장 먼저 언급한 후에 "활동"을 거쳐 마지막으로 "존재"를 언급한 것이고(여기서 칼빈이 사용한 생명, 활동, 존재라는 명사들은 "살며 기동하며 존재하느니라"는 구절과 연관된 것이다 — 역주), 그것은 이런 의미를 지닌다: "하나님 안에서가 아니면 우리는 살아 있을 수도 없을 뿐만 아니라, 활동하는 것도 있을 수 없으며, 이 두 가지는 차치하고라도, 심지어 존재할 수조차 없다." 내가 사람에게 있어서 생명이 가장 소중한 것이라고 말한 것은 사람은 짐승들과 마찬가지로 감각과 활동력을 갖고 있을 뿐만 아니라, 이성(ratio)과 지성(intelligentia)을 부여받았기 때문이다. 따라서 성경이 하나님께서 우리에게 주신 특별한 선물인 생명을 존귀하게 여기는 것은 당연하다. 따라서 요한복음이 만물의 창조에 대해서 언급하면서, "생명은 사람들의 빛이라"(요 1:4)는 표현을 따로 덧붙인 데에는 충분히 그럴 만한 이유가 있었던 것이다.

이제 우리는 하나님을 알지 못하는 자들은 그들 자신도 알지 못하는 것이라는 사실을 알게 된다. 왜냐하면, 하나님께서는 사람들의 마음이라는 지극히 특별한 선물

안에서만이 아니라, 그들의 존재 자체 안에서도 임재해 계시는데, 진정으로 존재하는 것(esse)은 오직 하나님 한 분뿐이시고, 다른 모든 것들은 "하나님 안에서" 존재하는 것(subsistere)이기 때문이다. 또한, 이 구절은 하나님이 세상을 창조하시고 나서는 그 일에서 완전히 손을 떼신 것이 아니라, 자신의 권능을 통해서 계속해서 일을 해나가고 계시기 때문에, 세상을 창조하신 바로 그 하나님이 세상을 영원히 다스리시는 분이기도 하다는 것을 우리에게 가르쳐 준다. 우리는 하나님께서 끊임없이 만물에 생명을 부어주고 계신다는 사실을 묵상함으로써, 우리의 생각 속에 하나님이 계시지 않는 순간이 단 한순간도 없게 하는 것이 마땅하다.

28. 너희 시인 중 어떤 사람들의 말과 같이 우리가 그의 소생이라 하니. 바울은 아라투스(Aratus, 주전 3세기에 활동했던 헬라의 교훈시인)의 글에서 반행(半行)을 인용하는데, 이것은 자기가 하는 말에 권위를 더하기 위한 것이라기보다는, 아덴 사람들로 하여금 부끄러움을 느끼도록 하기 위한 것이었다. 왜냐하면, 시인의 이러한 표현은 다름 아닌 본성과 보편적 이성이라는 근원에서부터 흘러나온 것이었기 때문이다. 사실, 참된 경건을 모르는 불신자들을 향해서 강론하고 있는 바울이 본성을 통해서 사람들의 마음에 새겨지게 된 지식을 고백하고 있는 한 시인의 증언을 사용하는 것은 결코 이상한 것이 아니다. 하지만 교황주의자들의 경우에는 사정이 판이하게 다르다. 왜냐하면, 그들은 사람들의 증언을 하나님의 말씀에 버금갈 정도로 중시하였고, 히에로니무스(Hieronymus)와 암브로시우스(Ambrosius)를 비롯한 교부들을 신앙의 스승으로 내세웠을 뿐만 아니라, 썩은 냄새 나는 현학적인 교황의 성경 해석들을 마치 하나님께서 말씀하신 것인 양 떠받들어서 그러한 것들로 우리를 결박하려고 하였기 때문이다. 게다가, 그들은 아리스토텔레스에게 엄청난 권위를 부여하면서도, 사도들과 선지자들에게는 그들의 학교들에서 말을 하지 못하게 하고서도 전혀 거리낌이 없었다.

이제 본문으로 돌아와서, 아라투스의 시가 제우스에 관한 것임은 의문의 여지가 없다. 하지만 시인이 무지해서 제우스에게 돌린 글을 바울이 참 하나님에게 돌린 것은 시인의 글을 왜곡하고 변질시킨 것이 아니었다. 왜냐하면, 사람들은 본성적으로 어느 정도 하나님을 아는 지식을 갖고 있는 까닭에, 그 샘으로부터 참된 원리들을 길어올리기 때문이다. 사람들은 비록 하나님에 대해서 생각하기를 시작하자마자, 사악하게도 허구적인 것들을 날조하는데 몰입하게 되어서, 순수한 씨앗이 썩기 시작하기는 하지만, 그럼에도 불구하고 그들이 처음으로 품었던 하나님에 관한 일반적인 지식은 여전히 그들 안에 머물러 있다. 따라서 건전한 정신을 소유한 사람이라면 누구라도 베르길리우스(Virgilius)가 허구적인 존재인 유피테르(제우스의 로마명)에 대해서 "만물이 유피테르로 충만하도다"(*Eclog.* III.60)라고 노래한 것을 참 하나님에 대하여 노래한 것이라고 말하는 것을 망설일 이유가 없다. 도리어, 베르길리우스는 실제로는 하나님의 권능을 노래하려고 한 것이었지만, 잘 몰라서 유피테르라고 이름을 잘못 쓴 것이라고 보는 것이 옳다.

여기에 인용된 구절의 의미와 관련해서, 인간의 영혼이 신으로부터 나왔다고 생각한 마니교 신자들처럼, 아라투스는 인간들의 마음속에는 무언가 신성의 극히 작은 파편이 존재한다고 생각했을 수 있다. 마찬가지로, 베르길리우스가 세상에 대하여 "영이 안에서 지탱해주고, 모든 사지관절에 퍼져 있는 정신이 전체를 움직인다"(*Aeneid* VI.726)고 말했을 때, 그것은 세상이 하나님의 신비한 영감에 의해서 유지되고 있다는 것을 뜻한 것이 아니라, 도리어 플라톤 식의 철학을 전개한 것이었다. 하지만 진리가 인간들의 이러한 우스꽝스러운 우화들에 의해서 훼손되기는 하였지만, 그러한 허구로부터 바울은 사람은 그 탁월한 본성 속에 무언가 신적인 것을 지니고 있다는 점에서 "하나님의 소생"이라는 참된 진리를 이끌어 낸다. 사람이 하나님의 "형상"(imago)과 "모양"(similitudo)을 따라 지음 받았다는 성경의 가르침이 바로 바울이 말하고 있는 바로 그것이다. 또한, 성경은 우리가 그리스도의 몸에 접붙임이 될 때, 우리는 믿음으로 말미암아 값없이 주어지는 양자됨의 은혜를 통해서 "하나님의 자녀"가 되고, 성령에 의해서 거듭난 후에 "새로운 피조물"이 되기 시작한다고 도처에서 가르친다. 성령이 사람들에게 베푸는 다양한 은혜들로 말미암아 다양한 이름으로 불리는 것과 마찬가지로, "자녀"라는 단어도 "소생" 같은 다른 이름들로 표현되는 것은 이상한 일이 아니다. 죽을 수밖에 없는 존재인 사람들이 누구나 다 "자녀"라 불리는 것은 그들이 정신과 지성에서 하나님에 가깝기 때문이다. 하지만 "하나님의 형상"(Dei imago)은 그들 속에서 거의 소멸되고 희미한 흔적들만이 조금 남아 있기 때문에, "자녀"라는 이름은 양자의 영을 수여받고서 이성과 의로움과 거룩함에 있어서 하늘의 아버지를 닮게 된 믿는 자들에게만 국한하여 사용하는 것이 합당하다.

29. 이와 같이 하나님의 소생이 되었은즉. 바울은 하나님께서 우리 안에 자신의 형상을 나타내시기를 원하셨기 때문에, 하나님을 그림이나 조각으로 나타낼 수 없다고 결론을 내린다. 왜냐하면, 하나님의 형상은 본래 우리의 영혼에 새겨져 있는

데, 우리의 영혼을 그릴 수는 없기 때문이다. 따라서 하나님을 그리려고 하는 것은 더더욱 말이 안 되는 소리이다. 이제 우리는 하나님의 무한한 영광의 불꽃을 겨우 눈곱만큼 갖고 있는 사람의 영혼을 가시적인 모습으로 나타내는 것도 불가능한데, 하물며 하나님을 그와 같은 방식으로 만들어 내는 자들은 하나님을 얼마나 모욕하고 있는 것인지를 알게 된다.

바울은 여기서 모든 이방인들의 공통적인 미신, 즉 하나님을 가시적인 형상으로 만들어서 섬기고 싶어 하는 그들의 잘못된 생각을 호되게 책망하고 있는 것이 분명하기 때문에, 우리는 바울이 로마서 1:23-25에서 가르치고 있는 바와 같이, 하나님의 위엄을 어떤 가시적인 형태로 표현하는 것은 하나님을 불경스럽고 그릇되게 변질시키고, 그의 진리를 거짓으로 바꾸어 버리는 것이라는 일반적인 가르침을 확고히 붙드는 것이 마땅하다. 모든 시대에 걸쳐서 우상 숭배자들에게는 늘 그럴 듯한 변명거리들이 없지 않았다. 하지만 여기서 바울이 그랬던 것과 마찬가지로, 옛적의 선지자들도 늘 사람들이 생명이 없고 부패할 수밖에 없는 물질로 하나님의 형상을 만드는 것은 하나님을 나무나 돌이나 금으로 취급하는 것이라고 반대한 데는 다 그럴 만한 이유가 있었다. 이방인들은 무지했기 때문에, 하나님이 자신들과 가까이 있다는 것을 좀 더 실감하기 위해서 신상들을 이용하였다. 그러나 하나님은 우리의 지각의 능력의 한계를 훨씬 뛰어넘어서 계시는 분인 까닭에, 하나님을 자신의 지각을 따라 이해하고자 하는 자는 누구나 그릇되고 거짓된 망상으로 하나님의 영광을 훼손시킬 수밖에 없다. 따라서 우리 자신의 지각을 따라서 하나님에 관해서 어떤 생각들을 만들어 내는 것은 죄악이다. 또한, 더욱 좋지 않은 것은 사람들이 하나님의 신상을 세우는 이유가 딴 데 있는 것이 아니라, 하나님을 육신적인 관점에서 생각하기 때문이라는 것은 잘 알려져 있는 사실인데, 이것은 하나님을 욕보이는 일이라는 것이다.

오늘날의 교황주의자들도 변명의 여지가 없다. 왜냐하면, 그들이 하나님을 나타내기 위하여 만든 신상들에 대해서 어떤 그럴 듯한 변명을 갖다 붙일지라도, 그들은 옛 사람들과 동일한 오류에 빠져 있는 것인 까닭에, 선지자들의 경고도 결코 피해갈 수 없기 때문이다. 오늘날 교황주의자들이 자신들을 변호하려고 늘어놓는 것과 동일한 변명을 예전에 이교도들도 늘어놓았다는 사실은 그 이교도들이 쓴 책들을 통해서 잘 알려져 있다. 따라서 선지자들은 일부 사람들의 조롱과 비웃음을 피할 수 없었다. 왜냐하면, 사람들은 선지자들이 정말 아무것도 모르면서 근거 없이 자신들을 비난한다고 욕하였고, 더 나아가 자신들을 거짓 고소들로 무고하게 정죄하고 있다고 규탄하였기 때문이다. 하지만 올바른 판단을 내리고자 하는 사람들은 모든 것을 제대로 깊이 살펴보기만 하면, 신상들을 옹호하는 똑똑하고 영악한 자들이 그 어떤 그럴 듯한 변명들을 늘어놓든지 간에, 그들은 신상들을 앞에 놓고서도 하나님께 올바른 예배를 드릴 수 있다고 하는 어리석기 짝이 없는 생각에 여전히 사로잡혀 있다는 것을 발견하게 될 것이다. 나는 누가가 사용한 중성명사 '토 테이온'(τὸ θεῖον)을 에라스무스와 마찬가지로 "하나님"으로 번역하였다(한글개역개정에서도 칼빈과 마찬가지로 "하나님"으로 번역하였다 ─ 역주). 바울은 하나님이 "금이나 은이나 돌"과 같지 않으시다고 말한 후에, 곧이어서 "사람의 기술과 고안으로 새긴 것들"이라는 말을 덧붙이고 있는데, 이것은 그가 재료와 형태만을 문제 삼은 것이 아니라, 아울러 사람들이 하나님의 참된 본성을 훼손시키기 위하여 고안해 낸 온갖 것들을 단죄하고 있는 것임을 보여준다.

[30]알지 못하던 시대에는 하나님이 간과하셨거니와 이제는 어디든지 사람에게 다 명하사 회개하라 하셨으니 [31]이는 정하신 사람으로 하여금 천하를 공의로 심판할 날을 작정하시고 이에 그를 죽은 자 가운데서 다시 살리신 것으로 모든 사람에게 믿을 만한 증거를 주셨음이니라 하니라 [32]그들이 죽은 자의 부활을 듣고 어떤 사람은 조롱도 하고 어떤 사람은 이 일에 대하여 네 말을 다시 듣겠다 하니 [33]이에 바울이 그들 가운데서 떠나매 [34]몇 사람이 그를 가까이하여 믿으니 그 중에는 아레오바고 관리 디오누시오와 다마리라 하는 여자와 또 다른 사람들도 있었더라(17:30-34).

30. 알지 못하던 시대에는 하나님이 간과하셨거니와. 사람들은 오랫동안 행해져서 관행으로 굳어지고 모든 사람에 의해서 찬성을 받은 일을 정당하다고 믿는 것이 일반적이기 때문에, 바울의 말을 이렇게 반박할 수 있었을 것이다: "당신은 왜 세상이 시작된 이래로 수많은 세대를 거치면서 계속해서 받아들여진 일을 이제 와서 뒤집으려 하는가? 당신은 온 세상이 그토록 오랫동안 속아서 살아왔던 것이라고 우리를 설득하고자 하는 것인가?" 바울은 이런 반문을 예상하고서, 사람들이 그토록 오랜 세월 동안 길을 잃었던 것은 하나님이 하늘로부터 손을 뻗어서 그들을 바른 길로 인도하지 않으셨기 때문이라고 말한다. 이성과 판단력을 갖고 있는 인간들이 지극히 중요한 문제에 있어서 이처럼 미련하고 부끄러운 잘못을 범해 왔다는 것이 이

상해 보일 수 있다. 하지만 바울이 여기서 말하고자 한 것은 하나님의 도우심이 없을 때에는 사람들은 계속해서 길을 잃고 헤맬 수밖에 없다는 것이다. 하나님이 이런 상황을 좀 더 일찍 바로잡아 주지 않으신 것에 대해서는, 바울은 그것이 이른바 하나님의 기뻐하시는 뜻이었다는 것 말고는 다른 이유를 제시하지 않는다.

　분명한 것은 하나님께서 사람들로 하여금 사천 년의 세월 동안 어둠 속을 헤매게 하시다가 왜 갑자기 자신의 가르침의 빛을 밝히셨는지에 대해서 우리는 그 이유를 알 수 없다는 것이다. 적어도 성경이 이 문제에 대해서 침묵을 지키고 있는 한, 우리로서는 어설픈 지혜를 발휘하기보다는 판단을 유보하는 편이 더 좋다. 왜냐하면, 하나님께서는 오직 자신의 뜻을 따라 침묵하시거나 말씀하시는 것인데도, 사람들은 그것을 참지 못하고 하나님을 어떻게든 강제로 법칙으로 옭아매려고 애쓰지만, 그것은 순리를 거스르는 지극히 억지스러운 것이어서 용납될 수 없는 일이기 때문이다. 다음으로, 하나님의 지혜와 비밀한 계획에 만족하려고 하지 않는 자들은 온 세상에 사람으로서는 알 수 없는 것들이 부지기수로 많이 있게 하신 것은 하나님의 뜻이라고 말하는 바울의 분명한 가르침에 필연적으로 반기를 들게 된다. 한편, 어떤 이들은 이 구절의 의미를 다르게 해석해서, 바울은 여기서 하나님께서 그들의 무지를 벌하시려는 생각이 없으셨기 때문에 그러한 무지를 용서하고 묵인하셨다는 뜻으로 이 말을 한 것이라고 주장한다. 그러나 그러한 억측은 바울의 생각과는 너무나 거리가 멀다. 왜냐하면, 바울이 이 말을 한 의도는 인간의 허물(culpa)을 덮어 주기 위한 것이 아니라, 갑자기 눈 앞에 다가온 하나님의 은혜(gratia)를 부각시키기 위한 것이기 때문이다. 또한, 그러한 해석이 잘못이라는 것은 다른 성경 본문을 통해서도 분명히 드러난다: "무릇 율법 없이 범죄한 자는 또한 율법 없이 망하고"(롬 2:12).

　요컨대, 여기서 바울이 말하고자 한 것은 하나님께서 사람들에게 자신을 계시하시기 전에 그들은 눈먼 상태에 처해 있었고, 우리는 하나님께서 그 어둠을 좀 더 일찍 몰아내 주지 않으신 이유에 대해서 지나친 호기심을 가지고 파고들어서는 안 되며, 하나님께서 기뻐하신 모든 일은 우리가 한 점의 의심도 없이 옳고 합당한 것으로 받아들여야 한다는 것이다. 하나님께서 모른 체하심으로써 사람들이 오랫동안 비참하게 속으며 살아왔다는 것이 비록 냉혹한 말처럼 들릴지라도, 우리는 하나님의 섭리를 묵묵히 받아들여야 한다. 그런데도 우리가 알아야 할 것보다 더 많은 것을 알고 싶어 하는 헛된 욕망이 우리를 엄습한다면, 우리는 그 즉시 바울이 도처에서 우리에게 가르쳐 주고 있는 것들(롬 16:24; 엡 3:9), 즉 복음의 빛이 갑자기 이방인들을 비추게 된 것은 오랫동안 감추어졌던 신비(mysterium absconditum)이고, 인간의 모든 이해와 지각을 뛰어넘는 하나님의 복잡다단한 지혜를 보여주는 증거(specimen multiplicis Dei sapientiae)라는 것을 상기하여야 한다. 다음으로, 우리가 기억하여야 할 것은 하나님께서 사람들의 잘못들을 바로잡아 주고자 하지 않으셨다고 해서, 사람들의 잘못이 가벼워지거나 줄어드는 것은 아니라는 것이다. 왜냐하면, 사람들의 양심이 언제나 그들 자신에게 유죄를 선고해 온 까닭에, 사람들은 하나님이 개입하지 않으셔서 그렇게 되었다는 핑계를 대며 자신이 저지른 잘못에 대한 합당한 정죄를 피하고자 하여도, 그것은 당연히 소용없는 일이 될 것이기 때문이다. 바울이 세상은 하나님이 못 본 척하시는 동안에 방황하며 잘못을 저질렀다고 말한 것은 하나님께 책임을 돌리기 위한 것이 아니라 호기심에서 나오는 해로운 질문을 차단하기 위한 것이었다. 이것은 어떻게 우리가 지극히 두렵고 겸손한 마음으로 하나님의 섭리를 묵상해야 하는지, 즉 인간의 교만한 본성을 따라 어느 누구도 감히 하나님께 그가 하신 일에 대해서 이유를 밝힐 것을 요구하지 않도록 해야 하는지를 보여준다.

이 교훈은 옛 사람들 못지않게 오늘날의 우리에게도 유익하다. 복음이 다시 살아났을 때, 복음의 원수들은 하나님께서 사람들을 교황의 배교 아래에서 그렇게 오랫동안 길을 잃고 헤매도록 내버려 두셨다고 생각하는 것은 도무지 이치에 맞지 않는 터무니없는 생각이라고 여겼다. 즉, 그들은 하나님께서 복음이 주어지기 전에 아주 오랫동안 사람들의 무지를 못 본 척하시고 그대로 내버려 두셨듯이(그 이유는 분명하지 않지만), 오늘날에도 사람들의 무지를 못 본 척하시더라도, 그것이 합당한 일이라는 것을 인정하지 않으려 하는 것이다. 우리가 특히 주목해야 할 것은 바울이 이 말을 한 목적이다. 즉, 바울은 사람들이 이전 시대에 무지하였던 것과는 달리 이제 하나님께서 말씀하실 때에 우리는 그 즉시 하나님께 순종할 수 있어야 한다는 것을 깨우치기 위해서 이 말을 한 것이었다. 대다수의 사람들은 자신들을 지지해 주고 도와줄 조상들이 있거나, 오래된 관습이 자신들을 변호해줄 것이라고 생각되는 경우에는, 자신들이 잘못을 범하더라도 다 무마될 것이라고 생각한다. 아니, 거기서 더 나아가, 그들은 하나님의 말씀에 순종하지 않기 위해서, 어떻게든 그런 빠져나갈 구멍들을 열심히 찾아서 꼭 붙잡는다. 하지만 바울은 하나님께서 우리에게 말씀하실 때에, 우리가 우리 조상들의 무지를 구실로 삼아서 그 말씀을 회피하고자 해서는 안 된다고 말한다. 왜냐하면, 우리 조상들도 하나님 앞에서 죄가 없는 것은 아니지만, 만약 우리가 밝은 대낮에도 눈멀어 있고, 복음의 나팔 소리가 울리는데도 귀가 멀어 있거나 잠이 들어 있다면, 우리의 게으름과 태만은 결코 용납될 수 없는 큰 죄가 될 것이기 때문이다.

30. 이제는 어디든지 사람에게 다 명하사. 이 말을 통해서 바울이 우리에게 교훈하는 것은 "너희가 오늘 그의 음성을 듣거든 … 너희 마음을 완악하게 하지 말지어다"(시 95:7-8)라는 시편 기자의 말처럼, 하나님께서 말씀하시자마자 청종하여야 한다는 것이다. 왜냐하면, 하나님께서 인자를 베푸셔서 사람들을 부르실 때, 그 기회를 소홀히 하여 흘려보내는 자들은 자신들의 완악함에 대해서 그 어떤 핑계도 댈 수 없기 때문이다. 또한, 여기서 우리는 복음이 선포되는 목적을 알게 되는데, 그것은 하나님께서 죄 많은 우리의 이전의 삶으로부터 우리를 건지셔서 자기에게로 모으시기 위한 것이다. 따라서 우리는 복음의 음성이 우리의 귓전을 때릴 때마다, 하나님께서 우리에게 회개하라고 권면하고 계시다는 것을 깨달아야 한다. 또한, 우리가 주목하여야 할 것은 하나님께서는 사람들을 통해서 말씀하시지만, 그럼에도 불구하고 바울은 하나님이 바로 말씀하시는 분(loquentis persona)이라고 선언하고 있다는 것이다. 왜냐하면, 우리의 믿음이 예언자적인 직분을 지도하시고 주재하시는 분이 하나님이시라는 것을 알고서, 그런 직분을 지닌 사람들이 전하는 말씀을 경청하고 받아들일 때에만, 복음은 하늘에 속한 진리에 합당한 온전한 권위를 확보할 수 있게 되기 때문이다.

31. 이는 정하신 사람으로 하여금 천하를 공의로 심판할 날을 작정하시고. 이제 바울은 그들로 하여금 둔감함(torpor)에서 깨어나도록 하기 위해서 최후의 심판에 관한 언급을 덧붙인다. 우리는 사람들이 자기 자신을 부인하는 것이 얼마나 어려운 일인지를 안다. 그렇기 때문에, 그들이 하나님의 심판대 앞으로 소환될 것이고, 하나님의 엄위하신 심판이 그들을 기다리고 있으며, 이것은 그들이 무시하거나 회피할 수 있는 일이 아니라는 사실을 그들로 하여금 알게 하는 것보다 그들을 회개에로 나아오게 만드는 데 더 좋은 방법은 없다. 따라서 우리는 자기에게는 좋은 일들만 있을 것이라고 생각하고 싶어 하는 것이 사람의 본성인 까닭에 하나님의 심판에 대한 두려움으로 인하여 각성이 될 때에만 회개의 가르침이 효과를 볼 수 있기 때문에, 복음을 가르치는 교사가 되기에 합당한 자는 최고 심판관의 사자 또는 보좌관으로서 죄 있는 자들을 소환하여 그들 자신을 변호하게 한 후에, 마치 판결의 권

한이 자신의 수중에 있다는 듯이, 그들에게 장차 임할 징벌을 선포하는 자여야 한다는 것을 기억하여야 한다. 또한, 우리는 "공의로"라는 어구가 덧붙여진 이유를 알아야 한다. 모든 사람이 말로는 하나님이 의로우신 심판주라고 고백하지만, 하나님께서 자신들이 알고 있거나 생각한 것과 다르게 심판하시면, 그러한 심판을 받아들이려고 하지 않기 때문에, 우리는 그들의 말이 얼마나 공허한 말인지를 잘 알고 있다. 따라서 바울이 "공의로"라는 어구를 통해서 말하고자 한 것은 사람들이 그런 헛된 말로 공염불을 외워 보아야 그런 것은 소용도 없고 유익도 없는 일이라는 것이다. 왜냐하면, 하나님께서는 죽을 수밖에 없는 존재인 사람들이 생각한 대로 심판하시는 것이 아니라 자신이 정해 놓으신 기준을 따라 심판하실 것인 까닭에, 그들은 자신이 선하고 고상하다고 생각한 것들을 하나님이 악하고 가증스러운 것들이라고 판단하시는 것을 보았을 때에 그것을 "공의"라고 여기지도 않을 것이고 받아들이지도 않을 것이기 때문이다.

31. 이는 정하신 사람으로 하여금. 바울은 누가가 요약해서 보도한 것보다 훨씬 더 자세하게 그리스도에 대해서 충분히 증언하여서, 아덴 사람들로 하여금 그리스도가 하나님의 아들이시고, 그로 말미암아 세상에 구원이 임하게 되었으며, 그에게 하늘과 땅의 모든 권세가 주어졌다는 것을 알 수 있게 하였을 것임은 의문의 여지가 없다. 왜냐하면, 누가는 바울의 강론을 요약해서 보도하는 것으로 충분하다고 여겼지만, 만일 누가가 보도한 대로만 바울이 복음을 전하였다고 한다면, 그의 그러한 강론은 그들을 설득하기에 역부족이었을 것이기 때문이다. 따라서 아마도 바울은 그리스도를 심판자로 선언하기에 앞서서, 그의 은혜와 그가 사람들의 구속주라는 사실을 언급하였을 것이다. 그러나 그리스도를 단지 구속주(redemptor)라고만 선포하면, 사람들은 흔히 그리스도를 별 것 아니라고 생각해서 멸시하기 때문에, 이제 바울은 그리스도는 장차 온 세상을 심판하시게 될 자이시고, 사람들이 사악하게도 그를 멸시한 것에 대하여 단호하게 응징하고 복수할 보복자(ultor)로 오실 것이라고 선언한다. 동사 '호리제인'(ὁρίζειν, "정하다")은 하나님의 비밀한 계획을 가리킬 수도 있고, 실제로 나타난 것을 가리킬 수도 있지만, 여기서는 전자로 설명하는 것이 좀 더 일반적이기 때문에, 나도 기꺼이 그러한 설명을 받아들인다. 즉, 하나님께서는 자신의 영원하신 뜻을 따라서 자기 아들을 세상의 심판자로 임명하셨고, 이것은 그리스도의 통치권을 거부하는 멸망 받을 자들로 하여금 하나님이 정하신 절대로 변할 수 없는 일에 대하여 반기를 드는 것이 무용지물이라는 것을 배우도록

하기 위한 것이었다. 하지만 하나님께서 그리스도라는 한 사람을 심판자로 정하셨다는 것은 사람들의 일반적인 지각으로는 도무지 이해하기 어려운 일이었기 때문에, 바울은 그리스도에게 이 존귀한 직분이 주어졌다는 것은 사람들이 믿기 어려운 일이었기 때문에, 하나님께서 그리스도를 다시 살리심으로써 자기가 정한 것을 확증하셨다는 말을 덧붙인다. 우리 모두는 하나님의 뜻이라고 하면 무조건 경외심을 가지고 받들어야 하고, 하나님이 정하신 일이라고 하면 지체 없이 거기에 따르는 것이 마땅한데도, 실제로는 무지를 핑계 대는 일이 다반사로 일어나기 때문에, 바울은 그리스도의 부활은 자기가 세상의 심판자임을 공공연하게 나타내신 사건이었고, 하나님께서 전에 그리스도에 대해서 친히 작정하셨던 일을 사람들의 눈 앞에 계시하신 사건이었다는 것을 분명하게 선언한다. 누가는 몇 마디 말로 간단하게 언급하고 있지만, 실제로 바울은 이 중요한 가르침을 상세하게 다루었다. 즉, 바울은 그리스도께서 죽은 자들 가운데서 일어나셨다고 간단하게 언급하는 데서 그치지 않고, 그리스도의 부활이 가져온 결과들에 대해서도 설명하였다는 것이다. 왜냐하면, 그리스도께서 부활하신 것은 장차 다시 살아나게 될 모든 자들의 첫 열매가 되시기 위한 것이고(고전 15:23), 우리가 다시 살아나는 것은 영생이나 영원한 사망으로 들어가기 위한 것이기 때문이다. 이것으로부터 도출되는 결론은 그리스도는 자신의 부활을 통해서 세상의 심판자로 선포되고 증명되었다는 것이다.

32. 어떤 사람은 조롱도 하고. 그들이 하나님의 심판대나 최고 재판장의 엄위하심에 관한 말을 듣고도 전혀 두려워하지 않았다는 사실로부터 우리는 그들이 얼마나 무사태평하고 안일한지를 알게 된다. 우리는 앞서 하나님의 심판을 사람들의 눈 앞에 제시하는 것이야말로 그들로 하여금 하나님을 두려워하도록 만드는 가장 매서운 채찍이라고 말한 바 있다. 하지만 그런 말을 멸시할 만큼 강심장을 갖고 있는 자들도 있는데, 그들은 장차 우리가 이 땅에서 어떻게 살았는지에 대하여 하늘의 재판장에게 직고하여야 한다는 말을 마치 동화처럼 듣고서 조롱하는 데 전혀 거리낌이 없다. 하지만 그렇다고 해서, 복음의 사역자들이 자신들이 부여받은 사명인 심판을 선포하는 일을 포기해야 할 이유는 전혀 없다. 불경건한 자들이 지금은 그런 말을 비웃을지라도, 그들이 어떻게든 빠져나가려고 발버둥치고 있는 이 가르침이 그들을 결박하게 될 것이고, 마침내 그들은 자신들이 발버둥친 것이 허사였다는 것을 깨닫게 될 것이다. 바울의 강론 중에서 "죽은 자의 부활"에 대하여 말한 이 부분이 아텐 사람들에 의해서 조롱을 받은 것은 이상한 일이 아니다. 왜냐하면, 그것은

인간의 정신으로부터 철저하게 숨겨진 신비이고, 아무리 위대한 철학자들도 생각해 낼 수 없는 신비이기 때문이다. 또한, 우리도 믿음의 눈을 들어서 하나님의 무한하신 능력을 바라볼 때에만 그 신비를 깨달을 수 있다. 하지만 바울의 강론이 전혀 열매가 없었던 것은 아니어서, 그의 말을 들은 사람들 중에는 더 알고 싶어 한 사람들도 약간 있었다. 왜냐하면, 그들이 바울의 말을 "다시 듣겠다"고 공개적으로 말했을 때, 그것은 그들이 아직 완전하게 납득한 것은 아니지만, 어느 정도 관심이 생겨나서, 더 배우고 싶다는 생각을 하게 되었다는 것을 뜻하기 때문이다. 이렇게 배우고자 하는 마음은 분명히 냉소적인 멸시와는 전혀 다른 것이었다.

34. 믿으니 그 중에는 아레오바고 관리 디오누시오와 다마리라 하는 여자와 또 다른 사람들도 있었더라. 누가가 한 남자와 한 여자의 이름만을 밝힌 것으로 보아서, 믿은 자의 수가 처음에는 많지 않았던 것으로 보인다. 왜냐하면, 누가가 언급한 "또 다른 사람들"은 바울의 가르침을 완전히 배척한 것은 아니지만, 그렇다고 해서 바울의 제자가 되기로 결단을 할 만큼 완전히 감화를 받은 것도 아니어서, 말하자면 어중간한 입장에 머물러 있었던 자들이었기 때문이다. 누가가 제일 먼저 "디오누시오"의 이름을 언급한 것은 그가 시민들 중에서 꽤 신분이 높은 "관리"였기 때문이고, 마찬가지로 "다마리"도 지체가 높은 여인이었을 것이다.

그런데 어처구니없게도 교황주의자들은 "아레오바고의 재판관"(한글개역개정에는 "아레오바고 관리")이었던 "디오누시오"를 점성술사로 둔갑시켰다. 이것은 그들의 무지 탓이기도 하고 그들의 만용 탓이기도 하다. 왜냐하면, 그들은 "아레오바고"가 무엇인지도 모르고서는, 그저 자기들이 원하는 내용을 마음대로 날조해낸 것이기 때문이다. 「천상과 교회의 위계질서」 및 「신의 이름들」에 관한 책들을 이 디오누시오(디오니시우스)의 저작으로 돌리는 자들은 참으로 어리석기 짝이 없는 자들이다. 왜냐하면, 천상의 위계질서에 관한 책들은 멍청한 수도사들의 잡다한 이야기들로 가득 차 있을 뿐만 아니라, 말도 안 되는 온갖 날조와 불경한 추측들로 넘쳐나고, 교회의 위계질서에 관한 책들에 담긴 내용들을 보면, 이 책들이 순수한 기독교가 수많은 예전들로 말미암아 더럽혀진 후인 수 세기 후의 저작임을 보여주며, 신의 이름들에 관한 책은 완전히 무시해 버릴 수 없는 내용들을 일부 담고 있기는 하지만, 여전히 건전한 경건의 향취를 풍기는 것이 아니라 교묘하게 꾸며낸 것 같은 냄새를 풍기기 때문이다.

제18장

¹그 후에 바울이 아덴을 떠나 고린도에 이르러 ²아굴라라 하는 본도에서 난 유대인 한 사람을 만나니 글라우디오가 모든 유대인을 명하여 로마에서 떠나라 한 고로 그가 그 아내 브리스길라와 함께 이달리야로부터 새로 온지라 바울이 그들에게 가매 ³생업이 같으므로 함께 살며 일을 하니 그 생업은 천막을 만드는 것이더라 ⁴안식일 마다 바울이 회당에서 강론하고 유대인과 헬라인을 권면하니라 ⁵실라와 디모데가 마게도냐로부터 내려오매 바울이 하나님의 말씀에 붙잡혀 유대인들에게 예수는 그리스도라 밝히 증언하니(18:1-5).

1. 그 후에 바울이 … 고린도에 이르러. 이 이야기는 고린도 교회의 시작을 담고 있다는 한 가지 이유만으로도 기억될 가치가 충분하다. 고린도 교회는 한편으로는 많은 교인들과 그들이 받은 뛰어난 은사들 덕분에 명성을 날렸지만, 다른 한편으로는 거기에 못지않게 추악하고 부끄러운 악행들로 인해 홍역을 치르기도 하였던 그런 교회였다. 누가는 여기서 바울이 그리스도를 위하여 그들을 얻으려고 얼마나 큰 수고를 하고, 얼마나 많은 위험과 어려움을 겪었는지를 분명하게 보여준다. 교역의 중심지로 유명했던 고린도가 얼마나 인구가 많은 도시였고, 얼마나 부유한 도시였으며, 얼마나 향락에 취해 있던 도시였는지는 우리가 익히 알고 있는 사실이다. "아무나 고린도에 살 수 있는 것은 아니다"라는 옛말이 이 도시가 얼마나 화려하고 흥청망청 대던 곳이었는지를 잘 말해준다. 바울이 고린도에 들어갈 때, 그는 과연 어떤 소망을 품을 수 있었을까? 그는 웅변을 잘하거나 화려하지도 않고, 남들이 부러워할 만한 재산이나 권력도 없는 그저 평범하고 이름 없는 사람일 뿐이었다. 하지만 저 거대한 소용돌이조차도 복음을 전파하고자 하는 그의 열심과 확신을 집어삼킬 수 없었다는 사실로부터, 우리는 그가 하나님의 성령의 놀라운 능력으로 무장하고 있었고, 하나님께서 인간적인 방식이 아니라 하늘에 속한 방식으로 바울의 손을 빌려서 역사하셨던 것이라는 결론을 얻게 된다. 따라서 그가 고린도 교인들을 향해서, "나의 사도 됨을 주 안에서 인친 것이 너희"(고전 9:2)라고 자랑한 것은 근거 없는 것이 아니었다. 실제로 이렇게 낮고 미천한 사역 속에서 하나님의 영광이 도리

어 더욱 빛난다는 사실을 알지 못하는 자는 갑절로 눈이 먼 자이다. 그는 오만한 자들에게는 경멸의 대상이었기 때문에, 세상 사람들로부터 온갖 조롱에 시달렸지만, 오직 하나님의 도우심만을 의지함으로써, 불굴의 인내(constantia)의 전형적인 모범을 보여주었다. 이제부터 누가가 보도하고 있는 세부적인 상황들을 차례로 살펴보는 수고를 하는 것은 충분히 그럴 만한 가치가 있다.

2. 아굴라라 하는 … 유대인 한 사람을 만나니. 바울이 아굴라 외에는 고린도에서 자신을 환대해 줄 사람을 아무도 만날 수 없었던 것은 가혹한 시험이었다. 아굴라는 두 번이나 자기가 살던 곳에서 쫓겨난 사람이었다. 그가 태어난 곳이 "본도"였지만, 고향을 떠나서 바다를 건너 로마에서 살았다. 하지만 그는 글라우디오 황제의 칙령에 의해서 또다시 로마에서도 쫓겨나야 했다. 고린도는 아주 크고 풍족하고 살기 좋은 도시였고, 유대인들도 많이 살고 있었지만, 자기 고향에서도 한 번 쫓겨나고 이방 땅에서도 또다시 쫓겨난 한 남자 외에는 바울을 받아주는 사람이 없었다. 우리가 그의 이러한 초라한 시작과 그의 복음 선포로부터 즉시 나타난 엄청난 성공을 비교해 본다면, 하나님의 성령의 능력이 더욱 분명하게 드러난다. 또한, 여기서 우리는 하나님께서 육신적으로 보면 아주 좋지 않고 도무지 성공을 거둘 것 같지 않은 상황들을 자신의 특별한 계획을 따라 자신의 영광과 경건한 자들의 구원을 위해서 어떻게 사용하시는지를 알 수 있다. 인간적으로 생각한다면, 추방을 당하는 것보다 더 비참한 일은 없을 것이다. 하지만 아굴라에게 있어서 바울의 동료가 된 것보다 더 좋은 일은 없었다. 그것은 그가 로마나 자신의 고향에서 고관대작이 된 것과는 비교할 수 없이 대단한 일이었다. 따라서 아굴라가 겪은 이 복된 재난(felix calamitas)은, 하나님께서 우리를 지극히 관대하게가 아니라 혹독하게 다루실 때, 그리고 우리를 하늘의 평강과 안식으로 인도하시기 위해서 우리로 하여금 추방이라는 고난을 통과하게 하실 때가 우리를 더 잘 돌보아 주고 계시는 것이라는 사실을 우리에게 가르쳐 준다.

2. 모든 유대인을 명하여 로마에서 떠나라 한 고로. 당시에 유대인들은 몹시 힘든 시간을 보내고 있었기 때문에, 그런데도 그들 대부분이 하나님에 대한 예배를 포기하지 않았다는 것은 놀라운 일이었다. 그러나 더 놀라운 일은 그들이 어렸을 때부터 교육받아온 자신들의 종교가 로마 황제의 폭압에도 불구하고 번성했다는 것과 "의의 해"이신 그리스도께서 빛을 발하셨을 때에 그에게로 돌아온 자가 거의 없었다는 것이었다. 나는 유대인들로 하여금 자신들에게 주어진 구속의 은혜를 더욱

기꺼이 그리고 더욱 열렬히 받아들일 수 있도록 하시기 위하여, 하나님께서 의도적으로 그들에게 이런저런 고난을 받게 하셨다는 것을 의심하지 않는다. 하지만 대대수의 사람들은 늘 그렇듯이 불행과 고난을 겪으면서 더욱 아둔해졌고, 다만 아굴라와 그의 아내 같은 소수의 사람들만이 하나님의 징계를 통해서 교훈을 받아 유순해질 수 있었다. 하지만 수에토니우스(Suetonius)의 말대로, 그들이 그리스도의 이름에 대한 로마 사람들의 증오심 때문에 추방된 것이었다면, 대부분의 유대인들은 자신들이 추방당하는 재난을 당한 것에 대하여 더욱 분노하였을 것이다. 왜냐하면, 그들은 자신들이 적대시하고 있던 기독교로 인해서 엉뚱하게 죄를 뒤집어쓰고서 로마에서 추방당한 것이었기 때문이다.

3. 생업이 같으므로 함께 살며 일을 하니 그 생업은 천막을 만드는 것이더라. 이 구절은 바울이 고린도에 오기 전부터 자신의 손으로 일을 하고 있었고, 그것은 소일거리가 아니라, 자신의 손으로 일을 해서 생계를 꾸려나가기 위한 것이었음을 우리에게 알려준다. 그가 어디서 이 기술을 처음으로 배웠는지는 알려져 있지 않지만, 그가 주로 고린도에서 그 일을 했다는 사실은 그 자신의 증언에 의해서 확인된다. 바울이 스스로 밝힌 바에 따르면, 그가 이렇게 자기 손으로 일해서 생계를 유지한 이유는 거짓 사도들이 교활하게도 신자들의 환심을 사기 위해서 자신들은 아무 것도 받지 않고 가르친다고 선전하고 있었기 때문이었다. 따라서 이 거룩한 사람은 "그리스도의 복음에 아무 장애가 없게"(고전 9:12) 하려고, 신자들에게 아무런 부담도 주지 않는 쪽을 택한 것이었다. 하지만 이 구절을 통해서 우리는 그가 어디에 가든지, 그리고 가르치는 일에 여념이 없을 때에라도, 따로 자신의 생업에 종사함으로써 스스로의 힘으로 생계를 유지하였다는 것을 짐작할 수 있다. 한편, 크리소스토무스(Chrysostomus)는 바울이 신발을 만드는 일을 하였다고 말하였는데, 당시에는 사람들이 가죽으로 천막을 만드는 것이 일반적이었기 때문에, 그의 말이 누가의 보도와 모순되는 것은 아니다.

4-5. 안식일마다 바울이 회당에서 강론하고. 불가타 역본을 비롯한 라틴어 사본들에는 흔히 "그리스도의 이름을 소개하며"라는 구절이 들어가 있는데, 그것은 아마도 어떤 독자가 이 절의 내용 속에 뭔가 빠진 것이 있다고 여겨서 그 내용을 보완하기 위해서 이 구절을 끼워 넣은 것일 가능성이 크다. 왜냐하면, 누가는 여기서 바울이 처음에는 유대인들과 논쟁하였지만, 실라와 디모데가 내려온 후에는 그가 더욱 공개적으로 유대인들에게 그리스도를 선포하기 시작하였다는 것, 이 두 가지를

분명히 보도하기 때문이다. 하지만 설령 바울이 하늘에 속한 가르침의 핵심을 한시도 빠뜨릴 수 없었기 때문에, 처음부터 그리스도에 관해서 무엇인가를 즉시 전하였을 가능성이 있다고 하더라도, 그러한 사실이 그가 다른 방식으로 유대인들과 토론했을 가능성을 배제하는 것은 아니다. 따라서 나는 여기서 누가가 사용한 "설득하다"를 의미하는 동사 '페이테인'(πειθεῖν, 한글개역개정에서는 "권면하다")을 "차츰차츰 끌어들이다"를 뜻하는 것으로 해석한다. 왜냐하면, 나는 누가가 이 단어를 통해서 말하고자 한 것이 유대인들은 율법을 자신들의 실제적인 삶과는 별 상관이 없이 무미건조하고 냉랭하게 다루고 있었던 까닭에, 바울은 그들의 잠든 영혼을 깨워서 그리스도를 영접할 준비를 시키기 위해서, 부패하고 타락한 인간의 본성과 은혜의 필요성과 약속된 구속주와 구원을 얻는 방법에 대해서 차근차근 가르쳤다는 것이라고 보기 때문이다. 다음으로, 누가는 바울이 "성령에 붙잡혀"(한글개역개정에는 "하나님의 말씀에 붙잡혀") "예수는 그리스도"라고 가르쳤다는 말을 덧붙이는데, 이 말은 그가 이전보다 더 강력한 성령의 감동에 이끌려서 그리스도에 대해서 아무런 거리낌 없이 "밝히" 증언하였다는 것을 의미한다. 따라서 우리는 바울이 처음부터 모든 것을 한꺼번에 선포한 것이 아니라, 상황에 따라서 자신의 가르침의 완급을 조절하였다는 것을 알게 된다.

이러한 완급 조절은 오늘날에도 유익하기 때문에, 어설프게 선후를 바꿔서 선포하고 가르침으로써, 그 가르침이 사람들에게 제대로 전달되는 것이 방해받지 않도록 하기 위해서는, 신실한 교사들은 어디서부터 시작해야 할 것인지를 지혜롭게 생각하지 않으면 안 된다. 또한, 바울에게 이미 충분한 열심이 있었다고 하더라도, 하나님으로부터 새롭게 주어진 도움을 받아서 그가 더욱 담대해질 수 있었다는 것은 얼마든지 있을 수 있는 일이다. 이것은 그가 그의 동역자들인 실라와 디모데를 의지해서 용기를 얻었다는 뜻이 아니라, 하나님께서 이러한 돕는 자들을 자기에게 보내 주신 것이라고 생각해서 더 큰 담대함을 얻게 되었다는 뜻이다. 한편, 우리는 "성령에 붙잡혀"라는 말을 마치 아폴로 신의 여사제들과 신들린 남자들이 악마적인 광기에 사로잡혀서 날뛰듯이 이른바 격렬하고 외부적인 충동에 사로잡혔다는 뜻으로 이해하여서는 안 되고, 바울 안에서 활동하고 있던 하나님의 성령의 역사에 좀 더 큰 열심이 더해져서, 자원해서 성령의 인도하심을 따르게 되었고, 그 결과 바울은 하나님의 새로운 권능에 이끌려 행하게 되었다는 뜻으로 이해하여야 한다. 또한, 나는 바울이 "예수는 그리스도"라고 증언하였다는 말을 이렇게 해석한다. 즉, 그는 유대인들에게 구속주의 직임에 대해서 철저하게 가르치고 난 후에, 성경의 증언들을 토대로 해서, 율법과 선지자들의 글이 그리스도에 관하여 말하였던 모든 것이 예수에게 정확히 들어맞는 것을 보여줌으로써, 예수가 바로 그들이 대망하였던 그리스도라는 것을 분명히 보여주었다는 것이다. 따라서 바울은 단순히 "예수가 그리스도시다"라고 선언한 것이 아니라, 마리아의 아들이신 예수가 하나님과 인간 사이의 중보자로서 세상을 멸망으로부터 생명으로 회복시키실 바로 그 그리스도라는 것을 성경을 토대로 한 엄밀한 증거들을 들어서 증명한 것이었다.

[6]그들이 대적하여 비방하거늘 바울이 옷을 털면서 이르되 너희 피가 너희 머리로 돌아갈 것이요 나는 깨끗하니라 이 후에는 이방인에게로 가리라 하고 [7]거기서 옮겨 하나님을 경외하는 디도 유스도라 하는 사람의 집에 들어가니 그 집은 회당 옆이라 [8]또 회당장 그리스보가 온 집안과 더불어 주를 믿으며 수많은 고린도 사람도 듣고 믿어 세례를 받더라 [9]밤에 주께서 환상 가운데 바울에게 말씀하시되 두려워하지 말며 침묵하지 말고 말하라 [10]내가 너와 함께 있으매 어떤 사람도 너를 대적하여 해롭게 할 자가 없을 것이니 이는 이 성중에 내 백성이 많음이라 하시더라 [11]일 년 육 개월을 머물며 그들 가운데서 하나님의 말씀을 가르치니라(18:6-11).

6. 그들이 대적하여 비방하거늘. 유대인들은 바울이 그리스도를 분명하게 선포하기 전까지는 참고 있었지만, 드디어 이 시점에 이르러서 그들의 분노가 폭발하였다. 우리는 그들이 "대적하는" 것으로 시작해서 결국 "비방"으로 나아갔다는 누가의 보도에 주목하여야 한다. 왜냐하면, 사람이 지나치게 자기 마음대로 행하게 되면, 마귀에게 사로잡혀서 점점 화를 내다가 결국 미쳐서 광분하게 되는 일은 비일비재하게 일어나기 때문이다. 부패하고 왜곡된 열정에 사로잡혀서 진리를 대적하는 일이 생기지 않도록, 우리가 더욱 조심하여야 하는 이유가 거기에 있다. 특히, 우리는 성령께서 모든 배역한 자들에게 바울의 입을 통해서 선고한 저 두려운 심판을 두려워하지 않으면 안 된다. 바울이 자기 옷을 터는 행위를 통해서 상징적으로 보여준 저주는 인간적이거나 사적인 분노(indignatio)에서 나온 것이 아니라, 하나님께서 그의 마음에 불러일으키신 열심(zelus)에서 나온 것이었다. 하나님께서는 말씀을 대적하는 자들이 자신들의 완악함으로 인하여 반드시 대가를 치르게 될 것임을 알게 하시기 위해서, 바울을 자신의 보응을 선포하는 사자와 전령으로 세워서 대

언하게 하셨다. 저주를 선포하는 이러한 상징적인 행위에 대해서는 내가 13장을 다룰 때에 이미 자세하게 설명한 바 있기 때문에(cf. 13:51), 독자들은 거기를 참조하기 바란다. 그 요지는 하나님께서는 다른 어떤 죄악보다도 자신의 말씀을 멸시하는 것에 대하여 진노하신다는 것이다. 사람들이 모든 악과 화에 대한 유일한 치유책인 말씀을 짓밟고 몰아내었을 때, 분명한 것은 그들에게서 모든 소망이 완전히 끊어진다는 것이다. 하나님의 말씀에 반기를 드는 것이 하나님께 용납될 수 없는 일인 것과 마찬가지로, 사람들의 그런 행위는 우리에게도 큰 분노를 불러일으킬 수밖에 없다. 즉, 불경건한 자들이 하나님과 싸움을 벌이려고 공개적으로 나서고, 하나님께 저항하려고 스스로 무장을 갖출 때, 우리는 하늘의 나팔소리에 의해서 그들과의 전투에로 부름을 받게 된다는 것이다. 왜냐하면, 불경건한 자들이 하나님을 공공연히 모욕하고, 아니 심지어 하나님을 훼방하며 신성을 모독하고 있는데도 불구하고, 우리가 침묵을 지키거나 수수방관하고 있는 것보다 더 수치스러운 일은 없기 때문이다.

6. 너희 피가 너희 머리로 돌아갈 것이요. 그들은 용서받을 수 없는 자들이었기 때문에, 바울은 그들에게 하나님의 보응을 선언한다. 왜냐하면, 그들은 하나님의 초대를 거부하고 생명의 빛을 꺼버리려고 한 자신들의 죄과를 어느 누구에게도 전가할 수 없기 때문이다. 따라서 그들은 그들 자신의 멸망을 자초한 죄책(culpa)을 스스로 감당하여야 했기 때문에, 바울은 그들이 거기에 상응하는 벌(poena)을 받게 될 것이라고 단호하게 선언한다. 바울이 "나는 깨끗하니라"고 말한 것은 자신의 소임을 다하였다는 뜻이다. 하나님께서 에스겔 3:18에서 자신의 모든 사역자들에게게 "만일 네가 악인들에게 돌아서라고 경고하지 않으면, 나는 그의 피 값을 네 손에서 찾으리라"고 하신 말씀은 유명하다. 바울은 유대인들이 정신을 차리도록 하기 위해서 자기가 할 수 있는 모든 것을 하였기 때문에, 모든 죄과로부터 확실하게 벗어난 것이다. 따라서 이 말씀은 교사의 직분을 맡고 있는 모든 자들에게 그들이 하나님 앞에서 죄 있는 자로 발견되기를 원하지 않는다면, 길 잃은 자들을 바른 길로 인도하고, 알지 못해서 멸망받는 자가 없도록 하기 위해서, 그들이 할 수 있는 모든 일을 하여야 한다고 경고하고 있다.

6. 이 후에는 이방인에게로 가리라. 설령 유대인들이 유순하게 가르침을 받아들였을지라도, 바울은 이방인들을 위한 사도와 사역자로 세움 받은 것이기 때문에, 이방인들을 가르치게 되어 있었는데도, 여기서 완악한 유대인들과 완전히 결별하고

이방인들에게로 가겠다고 말하는데, 이것은 그가 복음을 전하는 방식을 보여주는 것이다. 왜냐하면, 바울의 의도는 먼저 유대인들에게 복음을 전하기 시작한 후에, 다음으로 이방인들에게도 복음을 전해서 이 둘을 믿음의 공동체로 묶음으로써 이 둘이 교회의 한 몸을 이루게 하고자 한 것이었지만, 유대인들이 복음을 받아들일 소망이 사라져 버린 까닭에, 이제는 오직 이방인들에게 복음을 전하는 일만이 남게 되었기 때문이다. 따라서 바울이 말하고자 한 것은 하나님께서는 유대인들로 하여금 두려움과 당혹감에 빠져서 정신을 차리게 하심과 아울러서, 이방인들이 하나님의 복을 받는 것을 보고 시기하여 그들 자신도 회개하고자 하는 마음을 갖게 하시기 위하여, 유대인들에게 주신 기업을 빼앗으셔서 이방인들에게 주시리라는 것이었다. 하지만 유대인들은 구제불능인 자들이었기 때문에, 하나님께서 그런 선하신 목적으로 그들에게 수치와 욕을 당하게 하신 것인데도, 그들은 단지 절망으로 치달을 뿐이었다.

7. 거기서 옮겨 하나님을 경외하는 디도 유스도라 하는 사람의 집에 들어가니. 바울이 브리스길라와 아굴라의 집에서 그들과 함께 살다가 이제 다른 곳으로 거처를 옮긴 것은 그들과 함께 사는 것에 싫증을 느껴서가 아니라, 이방인들과 좀 더 가까워지기 위한 것이었다. 왜냐하면, 나는 여기서 누가가 언급한 "유스도"가 유대인이 아니라 이방인이라고 생각하기 때문이다. 유스도의 집이 회당 옆이라는 사실이 나의 추측이 틀렸음을 말해 주는 것은 아니다. 왜냐하면, 유대인들은 여기저기 흩어져서 살고 있었고, 도시의 어느 특정한 곳에 밀집해서 살고 있지 않았기 때문이다. 사실, 바울은 유대인들로 하여금 좀 더 자극을 받도록 하기 위해서 의도적으로 회당 옆에 있던 집을 택한 것으로 보인다. 유스도가 "하나님을 경외하는 자"였다는 표현도 나의 추측을 뒷받침해 준다. 왜냐하면, 유대인들 가운데서 참된 신앙이 꽃 피웠던 것은 아니었을지라도, 그들은 모두 하나님을 예배한다고 공언하고 있었던 까닭에, 민족 전체적으로는 경건이 자리 잡고 있는 것처럼 보일 수 있었던 반면에, 이방인들이 하나님을 섬기는 것은 드문 일이어서, 이방인들 중에서 어떤 사람이 참된 경건에 가까이 이르게 된 경우에는, 우상 숭배에 빠져 있던 이방인들과는 대조적으로 "하나님을 경외하는 자"라는 특별한 호칭이 주어졌기 때문이다. 또한, 나는 누가가 바로 뒤에서 언급하고 있는 "고린도 사람들"도 이방인들이었다고 생각한다. 하지만 바울이 유대인들 가운데서 행한 사역이 아무런 열매도 거두지 못했다고 생각하지 않도록 하기 위해서, 누가는 믿은 자들이 많았다고 보도하면서, 유대인이었

던 "그리스보"와 "소스데네"를 구체적으로 거명한다. 바울 자신도 고린도전서 1장에서 그들에 대해서 언급한다. 그는 고린도전서의 첫머리에 나오는 인삿말에서 "소스데네"를 자신의 동역자로 소개하고, 조금 뒤에서 "그리스보"가 자기에게 세례를 받았다고 말한다. 나는 "회당장"이란 말을 회당의 책임을 맡은 유일한 사람을 가리키는 것으로 보지 않고, 회당의 주요한 인물들 중의 하나를 가리키는 것으로 해석하는데, 그 이유는 조금 뒤에서 소스데네도 "회당장"이라 불리기 때문이다.

9. 밤에 주께서 환상 가운데 바울에게 말씀하시되. 바울은 날마다 몇몇 사람들을 얻어서 그리스도께 드리고 있었기 때문에, 그의 가르침이 거두고 있던 그러한 열매만으로도, 자신의 사역을 꿋꿋하게 수행해 나갈 수 있는 힘을 얻을 수 있었을 것이었는데도 불구하고, 그를 더욱 견고하게 세우기 위해서 하늘의 계시가 더해진다. 이것으로부터 우리는 바울이 큰 싸움들을 하고 있었고, 여러 모양으로 혹독한 시련을 겪고 있었다는 결론을 얻게 된다. 왜냐하면, 하나님께서는 결코 섣불리 계시를 주시지도 않고, 바울이라고 해서 일상적으로 환상을 본 것도 아니었으며, 단지 꼭 필요할 때에만 그런 식으로 힘을 주시기 때문이다. 따라서 우리는 실제로는 바울이 수많은 어렵고 힘든 일들에 짓눌려 있어서, 만일 그가 무엇인가 새로운 도우심을 받아서 다시 세워지고 새 힘을 얻지 않는다면, 단지 진땀을 흘리는 정도가 아니라, 거의 기절할 정도의 상황에 처해 있었음을 알게 된다. 사실, 바울이 "내가 너희 가운데 거할 때에 약하고 두려워하고 심히 떨었노라"(고전 2:3)고 말한 것은 결코 이유 없는 것이 아니었다. 나는 이때에 주어진 계시가 바울이 전에 이미 받았던 성령의 놀라운 능력을 더욱 강화시켜 주었을 것이라고 생각한다. 민수기 12:6에서 알 수 있듯이, 성경에서는 "환상"과 "꿈"을 구별하기 때문에, 누가가 "환상"이라는 말을 사용한 것은 바울이 탈혼 상태에서 하나님의 임재를 나타내는 어떤 것을 보았다는 뜻이다. 하나님께서 모종의 표징을 통해서 나타나셨다는 것은 의심의 여지가 없이 확실하다.

9. 두려워하지 말며 침묵하지 말고 말하라. 하나님의 이러한 권면은 바울에게 두려워할 만한 이유들이 있었음을 보여준다. 왜냐하면, 만일 모든 것이 잘 풀려서 의욕적이고 열성적으로 일하고 있었다면, 하나님께서 두려워하지 말라고 권면하시는 것은 불필요한 일이었을 것이기 때문이다.

이렇게 하나님께서는 자신의 종으로 하여금 그의 소임을 충성되고 끈질기게 수행하도록 하시기 위해서 그의 두려움을 잠재워 주시는 것으로부터 시작하신다. 이것으로부터 우리는 복음을 있는 그대로 기탄 없이 전하는 데 있어서 소심하고 나약한 마음보다 더 부정적인 영향을 미치는 일은 없다는 것을 알게 된다. 우리의 경험은 소심하고 나약한 마음을 지닌 사람은 결코 온 마음을 다 바쳐서 충성되게 말씀을 전하고 가르치는 사역자가 될 수 없고, 오직 어떤 위험도 극복할 수 있는 불굴의 담대함을 부여받은 사람만이 말씀을 가르치기에 적합하게 준비된 자임을 분명하게 보여준다. 바울이 디모데에게 "하나님이 우리에게 주신 것은 두려워하는 마음이 아니요 오직 능력과 사랑과 절제하는 마음이니"(딤후 1:7)라고 써서 보낸 이유도 거기에 있었다. 따라서 우리는 "두려워하지 말라"는 어구와 "말하라"는 어구가 서로 연결되어 있다는 것을 유념하여야 한다. 왜냐하면, 그것은 "너는 두려움에 사로잡혀서 말씀을 전하지 못하게 되어서는 안 된다"고 말한 것과 같기 때문이다. 두려움은 우리로 하여금 말을 전혀 못하게 만드는 것이 아니라, 우리가 마땅히 해야 할 말을 솔직담백하게 말하지 못하도록 압박하는 것이기 때문에, 환상 속에서 하나님께서는 바울에게 먼저 "말하라"고 하신 후에, "침묵하지 말라"는 말씀을 덧붙이신다. 이것은 잘 알려진 격언처럼, "너는 말을 우물우물하거나 얼버무리지 말라"는 뜻이다. 또한, 하나님이 주신 이 말씀 속에는 말씀의 사역자들이 명심해야 할 일반적인 법칙이 제시되어 있는데, 그것은 말씀 사역자들은 하나님께서 자신의 교회로 하여금 알게 하시기를 원하는 모든 것을 조금의 가감도 없이 있는 그대로 가르쳐야 한다는 것이다. 말씀을 맡은 자들은 사람들의 믿음을 세우거나 자라나게 하는 데 유익이 될 수 있는 것은 그 어떤 것도 감추어서는 안 된다.

10. 내가 너와 함께 있으매. 바울이 두려움을 극복하고서 자신의 직분을 온전히 담대하게 감당해야 하는 첫 번째 이유는 그의 곁에는 하나님이 서 계신다는 것이다. 다윗도 다음과 같이 담대하게 선언하였다: "내가 사망의 음침한 골짜기로 다닐지라도 해를 두려워하지 않을 것은 주께서 나와 함께 하심이라"(시 23:4); "군대가 나를 대적하여 진 칠지라도 내 마음이 두렵지 아니하며"(시 27:3). 여기서 궁금한 것은 바울은 여러 곳에서 하나님의 도우심을 자주 경험하였기 때문에, 다른 곳에서도 하나님이 자기와 함께 하신다는 것을 알고 있었던 것이 아닌가 하는 것이다. 왜냐하면, "내가 세상 끝날까지 너희와 항상 함께 있으리라"(마 28:20)는 말씀은 영원하고 일반적인 약속이기 때문이다. 우리는 하나님의 부르심에 순종할 때마다, 하나님이 우리와 함께 하시리라는 것을 의심해서는 안 되지만, 하나님께서 모든 일들 속에서 우리와 함께 하시겠다고 약속하셨다고 하더라도, 우리가 구체적인 상황에 부

딪쳤을 때, 다시 한 번 그 약속을 확인해 주시는 것은 드문 일이 아니다. 왜냐하면, 우리는 어떤 구체적인 상황에 부딪쳤을 때에 하나님의 도우심을 바라는 열망이 더욱 간절해지기 때문이다. 또한, "내가 너와 함께 있으매"와 "어떤 사람도 너를 대적하여 해롭게 할 자가 없을 것"이라는 두 구절이 서로 밀접하게 연결되어 있다. 왜냐하면, 하나님께서 우리를 도우실 때에도 우리를 위험에 빠뜨리시는 경우가 종종 있기 때문이다. 하나님이 바울을 버리신 것이 아닌데도 불구하고, 그를 생사의 기로에까지 몰고 가신 것이 바로 그 예이다. 여기서 하나님은 자기 손으로 바울을 원수들의 공격으로부터 특별히 보호하실 것이라고 약속하신다.

하지만 여기에서 한 가지 질문이 생기는데, 그것은 온갖 위험을 다 기꺼이 감수할 준비가 되어 있었던 것이 틀림없던 바울에게 과연 이러한 확증이 필요했느냐는 것이다. 만일 그가 어떤 일을 하다가 죽을 수밖에 없는 상황에 처해 있었다고 한다면, 과연 두려움에 굴복해서 그 일을 포기했을까? 나의 대답은 하나님께서 자신의 종들에게 당분간은 아무 탈 없이 안전할 것이라고 말씀하셨다고 해도, 그것이 그들이 담대하게 죽음을 맞이할 각오를 하지 않아도 좋다는 것을 뜻하는 것은 아니라는 것이다. 하지만 우리는 유익한 것과 필요한 것은 서로 다르기 때문에, 믿는 자들은 그들에게 기존에 주어진 약속들 중에서 어떤 것을 박탈당하게 된 경우에는 낙심하고서 무너질 수밖에 없을 것이지만, 하나님께서 그들에게 주신 기존의 어떤 약속을 거두어들이시는 대신에 다른 약속들을 추가적으로 주시는 경우에는, 하나님의 은혜는 여전히 견고하게 존재하는 까닭에, 그들의 믿음은 결코 무너지지 않는다는 것을 유의하여야 한다. 이와 같이, 하나님께서는 바울에게 원수들이 그를 손대지 못할 것이기 때문에 두려워하지 말라고 말씀하신다. 물론, 바울은 당시에 원수들의 폭력에 짓밟힐 수밖에 없었다고 할지라도, 결코 두려움에 굴복하여 무릎을 꿇지는 않았을 것이다. 그러나 하나님께서는 바울에게 더 큰 힘과 담대함을 주고자 하셨기 때문에, 그에게는 그 어떤 위험도 닥치지 않을 것임을 미리 말씀해 주신 것이다. 하나님께서 우리에게 이토록 세심하게 우리를 배려하셔서 우리의 연약함을 도와주시고 위로해 주시는데도, 우리가 하나님의 그러한 위로하심을 멸시한다면, 그것이 말이 되는 일이겠는가? 우리가 하나님의 깃발 아래에서 싸움을 하고 있는 한, 하나님께서는 우리를 버리실 수 없으시다는 이 한 가지 사실만으로도, 우리는 우리의 모든 육신적인 두려움들을 넉넉히 물리칠 수 있고, 또한 물리치는 것이 마땅하다. 하지만 하나님께서 "어떤 사람도 너를 대적하여 해롭게 할 자가 없을 것"이라고 말씀하신 것은 바울이 그 어떠한 폭력이나 소동에도 휘말리지 않을 것이라는 뜻이 아니라(이 말씀이 있은 직후에 유대인들은 그에게 치명적인 공격을 가해 왔다), 하나님께서 그를 대적들의 손으로부터 구하시기로 작정하셨기 때문에, 그를 대적하는 자들의 모든 노력이 수포로 돌아갈 것이라는 뜻이다. 따라서 우리가 승리를 쟁취하기 위해서 기꺼이 싸움에 임하여야 한다.

10. 이 성중에 내 백성이 많음이라. 하나님께서 이렇게 바울에게 나타나서서 담대하라고 명하신 두 번째 이유는 고린도에 많은 신자들이 있는 큰 교회를 세우고자 하셨기 때문이다. 이 구절이 바로 앞 구절과 연결되고 있다는 것에 대하여 의문을 제기하는 이들이 있기는 하지만, 문맥상으로는 그렇게 보는 것이 자연스럽다. 따라서 이 두 구절은 한데 연결되어서, 하나님께서 바울의 사역을 통해서 거기에 큰 교회를 세우시기로 작정하셨기 때문에, 대적들이 그의 사역을 방해하는 것을 용납하지 않으실 것임을 말하고 있다. 이것은 하나님께서 "내가 너를 도울 것이기 때문에, 너는 내 백성을 모으는 데 실패하지 않을 것이고, 나는 너를 이미 그들의 사역자로 세웠다"고 말씀하신 것과 같다. 나는 이 두 구절은 따로따로 구별되어 있기는 하지만, 별개의 이유들로 읽어서는 안 되고, 밀접하게 서로 연결시켜서 읽어야 한다는 이러한 설명을 흔쾌히 받아들인다. 또한, 하나님께서는 그들을 "내 백성"이라고 부르신다. 당시에 그들은 외인들이라고 불러야 했지만, 이미 생명책에 기록되어 있을 뿐만 아니라 곧 하나님의 권속으로 택함을 받을 것이었기 때문에, 이런 호칭으로 불린 것은 합당한 일이었다. 우리는 양 무리 가운데 많은 이리가 섞여 있는 것과 마찬가지로, 많은 양들이 한동안 무리를 떠나서 방황하고 있다는 것도 알고 있다. 따라서 하나님께서는 머지않아 자기에게로 모으시기로 작정하신 사람들을, 그들이 장차 갖게 될 믿음을 고려하셔서, 미리부터 자기 백성으로 인정하신다. 하지만 우리는 성경에서 "그들은 아버지의 것이었는데 내게 주셨으며"(요 17:6)라고 말씀하고 있는 것과 같이, 그리스도의 몸에 접붙임 된 자들은 하나님께서 영원 전부터 그들을 양자 삼으시기로 작정하신 까닭에 때가 되어 하나님의 권속에 속하게 된 것임을 알아야 한다.

11. 일 년 육 개월을 머물며. 우리는 바울이 다른 곳에서 이렇게 오랫동안 자원해서 머물렀다는 보도를 읽은 적이 없지만, 그의 두 서신(고린도전후서)을 보면, 그가 수많은 괴로움들을 견뎌야 했을 뿐만 아니라, 사람들의 교만함과 배은망덕함으로 인해서 부당한 일들을 수없이 겪어야만 했다는 것을 알게 된다. 따라서 우리는

하나님께서 바울로 하여금 영적인 싸움을 치열하게 해나가게 하시고, 그 과정에서 놀랍고 기이한 방법으로 그를 연단시키셨다는 것을 알게 된다. 또한, 가장 뛰어난 건축가가 한 교회의 기초를 놓는 데에 이렇게 많은 시간을 들여야 했다는 사실로부터, 우리는 교회를 세우는 것이 얼마나 어렵고 힘든 일인지를 알게 된다. 사실, 그는 나중에 "나는 심었고 아볼로는 물을 주었으되"(고전 3:6)라고 말했듯이, 고린도 교회를 세우는 일을 자기가 다했다고 자랑하는 것이 아니라, 자기는 기초만 놓았을 뿐이고, 다른 사람들이 그 기초 위에 교회를 세워 나갔다고 말한다.

[12]갈리오가 아가야 총독 되었을 때에 유대인이 일제히 일어나 바울을 대적하여 법정으로 데리고 가서 [13]말하되 이 사람이 율법을 어기면서 하나님을 경외하라고 사람들을 권한다 하거늘 [14]바울이 입을 열고자 할 때에 갈리오가 유대인들에게 이르되 너희 유대인들아 만일 이것이 무슨 부정한 일이나 불량한 행동이었으면 내가 너희 말을 들어 주는 것이 옳거니와 [15]만일 문제가 언어와 명칭과 너희 법에 관한 것이면 너희가 스스로 처리하라 나는 이러한 일에 재판장 되기를 원하지 아니하노라 하고 [16]그들을 법정에서 쫓아내니 [17]모든 사람이 회당장 소스데네를 잡아 법정 앞에서 때리되 갈리오가 이 일을 상관하지 아니하니라(18:12-17).

12. 갈리오가 아가야 총독 되었을 때에. 바뀐 상황을 이용해서 소란을 피우는 것은 사악하고 뻔뻔스러운 자들의 상투적인 수법이기 때문에, 새로운 총독이 부임해 오자, 유대인들은 아마도 새 총독이 자신들에게 우호적으로 이 일을 처리해 줄 것이라는 기대감에서였는지는 몰라도, 갑자기 더욱 대담하고 오만해져서 일 년 이상 지속된 평화와 침묵을 깨뜨리고 바울을 총독에게 고소하였다. 그들이 고소한 내용의 핵심은 바울이 "율법을 어기면서 하나님을 경외하라고 사람들을 권한다"는 것이었다. 문제는 그들이 말한 "법"(한글개역개정에는 "율법")이 모세의 율법을 가리키는 것이냐, 아니면 로마 제국에서 통용되던 관습법을 가리키는 것이냐 하는 것이다. 그런데 후자의 견해는 부자연스럽고 억지스러워 보이기 때문에, 나는 전자의 견해를 받아들이고자 한다. 즉, 유대인들은 바울을 하나님의 율법에 규정된 예배를 어긴 데다 새로운 것으로 변개하였다는 죄목으로 고소한 것이었다. 만일 바울이 정말로 그렇게 하려고 했던 것이라면, 그가 그러한 정죄를 받는 것은 마땅한 일이었을 것이다. 하지만 이 거룩한 사람이 비열하고 악랄하게 음해를 당하고 있다는 것은

너무나 확실하였기 때문에, 그들은 그럴 듯한 명분을 내세워서, 자신들의 불순한 동기를 위장하려고 애썼다. 우리는 하나님께서 자기 백성들이 자기를 어떻게 예배하기를 원하시는지에 대해서 율법에 얼마나 엄격하게 정해 놓으셨는지를 알고 있다. 따라서 하나님이 정해 놓으신 것에서 벗어나는 것은 신성모독이다. 하지만 하나님의 율법에 일점일획이라도 가감하고자 하는 의도는 바울에게는 추호도 없었기 때문에, 그가 그러한 죄목으로 고소를 당한 것은 천부당만부당한 일이었다. 이것으로부터 우리는 신자들이 아무리 책잡힐 일 없게 바르게 처신한다고 할지라도, 자신들의 결백이 증명될 때까지는, 억울한 누명을 벗을 수 없다는 것을 알게 된다. 어쨌든, 바울은 대적들에 의해서 부당하게 모욕과 비방을 당하였고, 바울은 그들의 파렴치한 고소를 반박하기 위해서 "입을 열고자 할 때에" 총독에 의해서 제지를 당하였기 때문에, 변론조차 하지 못하고 법정에서 물러날 수밖에 없었다. 총독 갈리오가 이 사건에 대한 재판을 거부한 것은 그가 바울을 기피했기 때문이 아니라, 각 속주의 종교에 대하여 사법적인 판단을 하는 것은 총독의 관할에 속한 일이 아니었기 때문이었다. 왜냐하면, 로마인들은 속주의 백성들에게 그들 자신의 종교를 따르도록 강요할 수는 없었지만, 자신들이 속주의 고유한 종교들을 묵인해 준 것이 공식적으로 인정해 준 것으로 보이지 않도록 하기 위해서, 총독들에게 그러한 송사에 개입하는 것을 금지하였기 때문이다.

이것으로부터 우리는 참된 경건에 대한 무지가 각 나라 혹은 제국의 국사들을 경영해 나가는 데에도 큰 영향을 미친다는 것을 알게 된다. 무릇 종교가 번성하고 꽃을 피우게 하는 것이 아주 중요한 일이라는 것은 모든 사람이 인정한다. 오늘날에는 사람들이 참 하나님을 알게 되었고, 하나님을 어떻게 예배하여야 하는지도 확실하게 깨닫고 있기 때문에, 하나님께서 자신의 율법에서 명하신 대로, 권세를 부여받고 다스리는 자들은 미신들을 타파하고 참 하나님에 대한 순전한 예배를 수호하는 것이 마땅하다. 하지만 로마인들은 비록 전적으로 그들의 교만함과 완악함에서 기인된 것이기는 하지만 어쨌든 그들 나름대로의 제의들을 지니고 있었고, 어떤 종교에 진리가 있고 어떤 종교에 진리가 없는지를 확실히 알지 못하였기 때문에, 속주에 사는 사람들에게 그들 자신의 고유한 관습대로 살아가도록 자유를 허용하는 것이 그들 자신의 이익에 가장 잘 부합하는 것이라고 생각하였다. 그러나 사람들이 자신들의 소견을 따라서 하나님을 예배하도록 내버려 두는 것은 도무지 말도 안 되는 일이었기 때문에, 하나님께서 모세를 통해서 왕에게 율법서를 한 부 등사해서 늘 곁에 두고(신 17:18) 율법을 통해서 올바르게 교훈을 받고 믿음을 더욱 견고하게 하여 무엇이 옳은 것인지를 확실히 알도록 하신 데에는 다 그럴 만한 이유가 있었다.

15. 언어와 명칭과 너희 법에 관한 것이면. 여기에 나오는 단어들은 뒤죽박죽 뒤엉켜 있고, 배열도 엉망이지만, 이런 말을 통해서 갈리오가 마치 유대교는 쓸데없는 말들과 질문들로만 구성되어 있다는 듯이, 하나님의 율법을 폄하해서 경멸적으로 말하고 있다는 것은 분명하다. 그리고 유대 민족은 다투기를 좋아하였기 때문에, 많은 사람들이 불필요하고 하찮은 일로 자기 자신과 남들을 피곤하게 만들었다는 것도 의심의 여지가 없는 사실이다. 우리는 바울이 많은 곳, 특히 디도서(1:14; 3:9)에서 유대인들을 그런 식으로 책망하고 있는 것을 본다. 하지만 갈리오가 유대인들의 호기심만이 아니라 하나님의 거룩한 율법까지 한데 묶어서 싸잡아 조롱한 것은 용서받을 수 없는 일이었다. 왜냐하면, 그가 말을 둘러싼 공허한 논쟁의 기회를 원천적으로 차단하는 것이 마땅했듯이, 우리는 하나님을 예배하는 문제가 대두되었을 때, 그것이 말에 관한 논쟁이 아니라, 모든 문제들 중에서 가장 중요한 문제가 다루어지고 있는 것임을 깨닫는 것이 마땅하기 때문이다.

17. 모든 사람이 회당장 소스데네를 잡아. "소스데네"는 바울이 고린도전서의 첫머리에서 자신의 동역자로 자랑스럽게 소개한 바로 그 인물이다. 언제 그가 신자가 되었는지에 대한 기록은 그 어디에도 없지만, 그럼에도 불구하고 고린도전서가 기록될 무렵에 그는 바울의 동료이자 조력자들 중의 한 사람이었던 것으로 보인다. "모든 헬라인들"(한글개역개정에는 "모든 사람")이 분노에 가득 차서 소스데네를 무자비하게 공격한 것은 어떤 알 수 없는 이유 때문에 세상으로부터 미움 받고 공격당하는 것이 하나님의 자녀들의 운명이라는 사실과 연관되어 있다. 따라서 우리가 오늘날 도처에서 공격당하고 있는 교회의 참담한 상황을 목격할지라도 분개하며 치를 떨 이유는 전혀 없다. 게다가, 이 장면 속에는 인간 본성의 타락상(pravitas)이 그림처럼 펼쳐져 있지 않은가? 우리는 유대인들이 어디서나 미움을 받을 만하였다는 것을 인정할 수 있다. 하지만 왜 헬라인들은 아무런 이유도 없이 바울을 공격해서 소동을 일으켰던 장본인들인 저 유대인들은 제쳐두고, 소스데네와 같은 유순한 인물에게 분노를 터뜨린 것일까? 물론, 그 이유는 사람들이 하나님의 성령의 다스림을 받지 않고서, 인간 본성의 은밀한 충동에 의해서 악에 휩쓸려 행하기 때문이다. 하지만 헬라인들이 소스데네에게 적개심을 품게 된 것은 그가 사악한 자들에게 편의를 제공해서 그들로 하여금 소동을 일으키게 하였다고 믿었기 때문일 수도 있다.

17. 갈리오가 이 일을 상관하지 아니하니라. 총독이 이 일에 개입하지 않은 이유는 직무를 태만히 한 것이라기보다는 유대교에 대한 적대감에서 비롯된 것으로 보아야 한다. 로마의 권력자들은 참 하나님에 대한 기억이 사람들 사이에서 묻혀지기를 원하였기 때문에, 로마인들에게는 아시아와 헬라에 있는 모든 우상들을 섬기고 맹세하는 것은 허용되어 있었지만, 이스라엘의 하나님을 섬기는 것은 사형에 해당하는 죄였다. 결국, 모든 미신들에는 무제한으로 자유가 허용되었지만, 오직 참된 종교(vera religio)만이 예외 취급을 받은 것이다. 갈리오가 소스데네에게 가해진 폭력에 눈을 감은 이유도 거기에 있었다. 그는 방금 전에 "무슨 부정한 일이나 불량한 행동이었으면 내가 너희 말을 들어 주는 것이 옳거니와"(14절)라고 말했지만, 지금 무죄한 사람이 자기 법정 앞에서 매를 맞고 있는데도 모르는 척하고 있는 것이다. 총독이 모든 유대인들이 서로 편을 갈라 치고 박고 싸우다가 결국 다 죽어서 그들의 종교도 더불어 사라져 버리기를 바랐던 것이 아니라면, 왜 이렇게 무관심했겠는가? 하지만 성령께서는 부당하게 핍박받는 사람에게 도움과 보호의 손길을 제공하지 않은 총독 갈리오의 무관심과 직무태만을 누가의 입을 통해서 책망하셨기 때문에, 우리 시대의 관리들은 만약 자신들이 불법과 악행에 눈을 감거나, 사악한 자들의 방종을 제어하지 않거나, 핍박받는 자에게 도움의 손길을 뻗지 않는다면, 더더욱 변명할 여지가 없다는 것을 깨달아야 한다. 무관심하고 나태하여 자신의 직무를 소홀히 한 자들에게 이처럼 공의로운 정죄가 기다리고 있는 것이라면, 하물며 사악한 자들의 주장을 옹호하고, 죄악들에 대하여 관대하며, 마치 어떤 죄이든 다 용서하겠다고 쓴 깃발을 높이 세워놓은 것처럼 행동해서, 사람들로 하여금 더욱 담대하게 악행을 하도록 부채질하는 배역무도한 자들에게는 얼마나 두려운 심판이 기다리고 있겠는가?

[18]바울은 더 여러 날 머물다가 형제들과 작별하고 배 타고 수리아로 떠나갈새 브리스길라와 아굴라도 함께 하더라 바울이 일찍이 서원이 있었으므로 겐그레아에서 머리를 깎았더라 [19]에베소에 와서 그들을 거기 머물게 하고 자기는 회당에 들어가서 유대인들과 변론하니 [20]여러 사람이 더 오래 있기를 청하되 허락하지 아니하고 [21]작별하여 이르되 만일 하나님의 뜻이면 너희에게 돌아오리라 하고 배를 타고 에베소를 떠나 [22]가이사랴에 상륙하여 올라가 교회의 안부를 물은 후에 안디옥으로 내려가서 [23]얼마 있다가 떠나 갈라디아와 브루기아 땅을 차례로 다니며 모든 제자를

굳건하게 하니라(18:18-23).

18. 바울은 더 여러 날 머물다가. 바울은 자기가 갑작스럽게 떠나게 되면 아직 연약하고 무지한 제자들이 혼란스러워 하게 될 것을 우려해서 그 어떤 두려움에도 굴하지 않고 고린도에 며칠을 더 머물기로 하는데, 여기서 바울의 담대한 믿음이 여실히 드러난다. 하지만 우리는 박해가 닥쳤을 때에 바울이 즉시 몸을 피했다는 보도를 다른 구절들에서는 종종 읽을 수 있다. 그렇다면, 그가 고린도에 며칠 더 머무른 까닭은 무엇이었을까? 나의 대답은 바울은 자신의 존재로 말미암아 대적들의 분노가 교회 전체에 미치게 될 우려가 있을 때에는 신자들의 평안과 안전을 확보하기 위해서 주저하지 않고 그곳을 떠났지만, 지금 여기서는 대적들의 악의가 꺾여서, 하나님의 양 무리가 그들로부터 어떠한 위해를 당할 위험이 없었기 때문에, 자신이 떠남으로써 대적들에게 새로운 도발의 기회를 주기보다는, 도리어 자신이 더 머물러 있음으로써 그들을 당혹스럽게 하고 어쩔 줄 모르게 하는 편이 더 낫겠다고 생각하였다는 것이다. 한편, 바울이 예루살렘으로 가는 여행길에 오른 것은 이번이 세 번째였다. 첫 번째는 그가 사도들에게 자신을 알리기 위해서 다메섹으로부터 예루살렘에 올라간 것이었고(갈 1:18), 두 번째는 율법의 의식들과 관련된 논쟁을 해결하기 위해서 바나바와 함께 예루살렘에 파송된 것이었다(행 15장). 누가는 지금 왜 바울이 다시 곧 돌아오려고 작정한 상태에서 그 멀고 고된 여정을 거쳐 예루살렘에 다녀오려고 한 것인지에 대해서는 보도하지 않는다.

18. 바울이 … 머리를 깎았더라. 이 구절이 아굴라에 관한 것인지, 아니면 바울에 관한 것인지는 확실하지 않다(한글개역개정에서는 이 구절의 주어를 "바울"로 설정하였지만, 헬라어 본문의 주어는 단지 3인칭 대명사로만 되어 있다 — 역주). 이 문제가 아주 중요한 것은 아니지만, 나는 이 구절이 바울에 관한 것이라고 본다. 내 생각에는, 바울은 자기가 예루살렘에 가서 만나게 될 유대인들 때문에 그렇게 한 것으로 보이기 때문이다. 당연히, 나는 그가 단지 하나님을 섬기기 위한 의식의 일환으로 사적으로 서원을 행한 것은 아니라고 생각한다. 그는 하나님께서 율법 아래 있던 옛적 백성들에게 명하신 것이 단지 일시적인 것임을 잘 알고 있었다. 사실, 그가 하나님의 나라는 그러한 외적인 요소들에 달려 있는 것이 아니라고 열심히 가르쳤고, 그러한 것들이 폐지되어야 한다고 강력하게 촉구하였다는 것을 우리는 알고 있다. 그런 그가 다른 모든 사람들에게는 그러한 외적인 의식들로부터 벗어나라고 가르치고, 정작

자기 자신의 양심은 거기에 결박시켰다고 보는 것은 확실히 말이 안 되는 일일 것이다.

따라서 그가 머리를 깎은 것은 아직도 제대로 된 가르침을 받지 못해서 여전히 무지한 상태에 있던 유대인들에게 자기 자신을 맞추기 위한 것일 뿐이었다. 그리고 이것은 바울 자신의 증언과 일치한다: "유대인들에게 내가 유대인과 같이 된 것은 유대인들을 얻고자 함이요 율법 아래에 있는 자들에게는 내가 율법 아래에 있지 아니하나 율법 아래 있는 자 같이 된 것은 율법 아래에 있는 자들을 얻고자 함이요"(고전 9:20). 만약 어떤 사람이 바울은 이렇게 마음에서 우러나온 것이 아닌 서원을 하는 척해서는 안 되었다고 반론을 제기한다면, 우리가 거기에 대하여 답변하는 것은 아주 쉽다. 즉, 그는 서원의 원래의 실체인 자기 자신을 정결하게 지키는 것과 관련해서 말한다면, 아무것도 속인 것이 없었을 뿐만 아니라, 마치 하나님께서 그러한 의식을 요구하신 것처럼 생각하여 그렇게 행한 것이 아니라, 이제는 해도 되고 안 해도 되는 가치중립적인 것이 된 의식을 무지한 자들을 배려해서 그들에게 걸림돌이 되지 않도록 하기 위해서 스스로 양보하여 행한 것일 뿐이었다는 것이다.

따라서 교황주의자들이 이것을 기독교인들도 서원을 행해야 한다는 것을 보여준 본보기라고 주장하는 것은 웃기는 일이다. 바울은 서원을 신앙의 한 의식으로 인식하고서 서원을 행한 것이 아니었는데도, 그들은 서원을 하나님을 예배하는 하나의 의식으로 날조해 낸다. 바울로 하여금 율법의 의식들을 행하도록 만든 것은 시대적인 상황이었던 반면에, 교황주의자들이 그러한 의식들을 도입해서 한 일이라고는 이미 오래 전에 자유(libertas) 위에 든든히 선 기독교회를 미신들로 옭아맨 것뿐이다. 왜냐하면, 어느 정도 세월이 흘러서 완전히 용도가 폐기될 때까지 기존의 의식들을 잠정적으로 용인하는 것과 이미 폐기된 낡아빠진 진부한 의식들을 다시 끄집어내어 사용하는 것은 전혀 다르기 때문이다. 나는 교황주의자들이 헛되고 어리석게도 사제들의 삭발식을 마치 하나님께서 율법 시대에 인정하셨던 정결의 표징과 동일한 것처럼 여기는 것에 대해서는 긴 말을 하지 않겠지만, 더 이상의 반박은 필요하지 않을 것이기 때문에, 바울은 연약한 자들을 그리스도께로 인도하기 위해서, 또는 최소한 그들로 하여금 시험에 들지 않도록 하기 위해서, 머리를 깎는 서원 의식이 하나님 앞에서 아무런 의미가 없다는 것을 알면서도 스스로 서원을 행한 것이었다는 사실 하나만을 지적하는 것으로 만족하고자 한다.

19-21. 에베소에 와서 … 자기는 회당에 들어가서. 이 절은 바울이 고린도에서

저주의 징표로 자신의 옷을 털었을 때, 유대 민족 전체가 아니라, 구제불능일 정도로 완악하다는 것을 자기가 몸소 겪어서 알게 된 자들에 대해서만 그렇게 한 것이었음을 보여준다. 이제 그는 에베소에 있는 유대인 가운데서 순종하는 사람들을 찾을 수 있을까 하여, 온전히 새롭게 그들에게 다가간다. 그런데 이상한 것은 누가의 보도를 보면, 이곳 회당의 유대인들은 다른 어느 곳의 유대인들보다 조용히 그의 말을 청종하였고, 심지어 그에게 더 오래 있기를 요청하기까지 하였는데도, 그가 그들의 청을 들어주지 않았다는 것이다. 하지만 이것에 대해서는 내가 이미 말했던 내용, 즉 그는 예루살렘으로 급히 올라가야 할 급박한 필요성이 있었다는 사실을 생각하면, 우리는 그 이유를 쉽게 짐작할 수 있다. 바울 자신도 "나는 다가오는 명절을 예루살렘에서 지켜야 한다"고 말함으로써, 자기가 서둘러서 거기로 가야만 하였다는 것을 분명히 밝힌다. 그리고 그가 에베소에서의 모든 일을 신실하게 잘 마무리한 후에, 그들의 따뜻한 환송을 받고 그곳을 떠났다는 것은 의심의 여지가 없다. 또한, 누가의 보도로 미루어볼 때, 에베소 사람들은 그의 입장을 이해하였기 때문에, 바울이 자신들의 청을 거절한 것에 대해서 전혀 언짢아하지 않았다. 우리가 주목해야 할 것은, 우리에게 이전보다 더 좋은 성과를 얻을 수 있는 기회가 왔을 때에라도, 하나님의 손이 우리를 다른 일들로 이끄시는 경우에는, 우리는 거기에 따름으로써, 우리 자신을 하나님의 뜻에 복종시키는 법을 배워야 한다는 것이다.

21. 나는 어떻게 해서든지 다가오는 명절을 예루살렘에서 지켜야 하지만(칼빈이 사용한 본문에는 "작별하여 이르되"와 "만일 하나님의 뜻이면" 사이에 이 구절이 들어가 있다 — 역주). 내가 앞에서 서원에 대해서 말한 내용은 명절과 관련해서도 그대로 적용된다. 왜냐하면, 바울이 명절 때에 맞춰서 예루살렘에 올라가기로 한 것은 하나님에 대한 경건의 의무를 이행하기 위한 것이 아니었고, 단지 일 년 중 어느 때보다 좋은 성과를 거둘 수 있는 기회가 더 많은 명절 기간을 택한 것일 뿐이기 때문이다. 갈라디아서는 그가 "날과 달과 절기"에 대해서 어떤 생각을 갖고 있었는지를 잘 보여준다(갈 4:10). 우리가 주목하여야 할 것은 그는 자신이 돌아오는 것과 관련해서 "만일 하나님의 뜻이면"이라는 단서를 붙여서 약속을 하고 있다는 것이다. 사실, 우리는 누구나 하나님의 인도하심이 없으면 손가락 하나도 꼼짝할 수 없다는 것을 인정하고 고백하는 것이 마땅하지만, 사람들은 모든 일을 교만에 사로잡혀 행하는 까닭에, 가까운 장래의 일만이 아니라 먼 훗날의 일까지도 감히 하나님을 제쳐놓고 스스로 모든 것을 결정하기 때문에, 우리는 바울처럼 매사에 자신을 지혜롭게 여기는 것이

아니라 스스로 낮아져서 하나님의 뜻이 무엇이든 그 뜻을 따르겠다는 마음으로 임
하고 있는지를 살펴보는 것이 마땅하다. 그렇게 할 때, 우리는 우리 자신의 계획과
목적을 하나님의 뜻(arbitrium)과 섭리(providentia)에 복종시키는 법을 배울 수 있
고, 자신의 운명을 스스로 주관할 수 있다고 생각하는 자들처럼 우리가 우리의 일
을 스스로 계획하고 도모함으로써 우리의 무분별함에 합당한 보응을 받는 일이 일
어나지 않게 할 수 있다. 물론, 마치 우리에게 그럴 능력이 있는 것처럼, 우리가 이
것을 행하거나 저것을 행하겠다고 말하는 것은 잘못된 것이기 때문에, "만일 하나
님의 뜻이면" 내가 이것도 행하고 저것도 행하리라고 말한다고 해서, 그 말 속에 능
력이 있는 것은 아니지만, 그럼에도 불구하고 우리의 모든 발걸음을 인도하시는 분
은 하나님이시라는 것을 일깨워 주는 말들을 사용하는 데에 익숙해지는 것은 유익
한 일이다.

　22. 가이사랴에 상륙하여 올라가 교회의 안부를 물은 후에. 누가는 바울이 예루
살렘 교회를 방문한 일을 간단하게 언급하고 있지만, 무언가 중요한 일이 있어서 그
가 거기에 갔다는 것은 확실하다. 하지만 우리는 문맥을 통해서 바울이 예루살렘에
오래 머무르지 않았고, 그 이유는 자기가 추진했던 일이 자신의 기대와 바람대로 진
행되지 않았기 때문이었을 것임을 짐작할 수 있다. 누가는 그가 "모든 제자를 굳건
하게" 했다고 말함으로써, 바울의 예루살렘 여행이 쓸데없는 것이었거나 소득 없는
것이 아니었음을 보여준다. 먼 길을 돌아서 여기저기를 다녀야 했던 그가 얼마나
큰 수고를 했을지는 충분히 짐작되는 일이다. 왜냐하면, '카텍세스'(καθεξῆς, "차례
로")라는 부사는 계속된 여정을 가리키기 때문이다. 한편, 나는 그리스도께 충성을
바치고 복음에 대한 믿음을 고백한 사람들이 "제자들"이라고 불리는 이유에 대해서
이미 앞에서(행 9:36) 언급한 바 있는데, 그것은 제대로 가르침을 받음이 없이는 경
건도 있을 수 없기 때문이다. 물론, 그들에게는 목회자들이 있어서, 그들은 목회자
들 밑에서 믿음의 진보를 이루어 가고 있었지만, 바울은 더욱 큰 권위와 뛰어난 영
적 능력을 지니고 있었을 뿐만 아니라, 특히 여기에 나오는 지역들에 있는 모든 교
회들의 초석을 놓은 우두머리 건축가였기 때문에, 여러 곳을 다니며 제자들을 더욱
"굳건하게" 할 수 있었다.

²⁴알렉산드리아에서 난 아볼로라 하는 유대인이 에베소에 이르니 이 사람은 언변이

좋고 성경에 능통한 자라 ²⁵그가 일찍이 주의 도를 배워 열심으로 예수에 관한 것을 자세히 말하며 가르치나 요한의 세례만 알 따름이라 ²⁶그가 회당에서 담대히 말하기 시작하거늘 브리스길라와 아굴라가 듣고 데려다가 하나님의 도를 더 정확하게 풀어 이르더라 ²⁷아볼로가 아가야로 건너가고자 함으로 형제들이 그를 격려하며 제자들에게 편지를 써 영접하라 하였더니 그가 가매 은혜로 말미암아 믿은 자들에게 많은 유익을 주니 ²⁸이는 성경으로써 예수는 그리스도라고 증언하여 공중 앞에서 힘있게 유대인의 말을 이김이러라(18:24-28).

24. 알렉산드리아에서 난 아볼로라 하는 유대인이 에베소에 이르니. 바울이 에베소를 떠나야 했을 때, 아볼로가 그의 빈자리를 메우게 된 것은 하나님의 섭리에 의한 것임에 틀림없다. 하지만 여기서 중요한 것은 그가 어떤 내력을 지닌 사람이었는지를 아는 것이다. 왜냐하면, 그는 고린도 교회에서 바울의 후계자로서 탁월한 역량을 발휘하면서 온 힘을 다해 충성되게 자신의 사역을 감당하였던 까닭에, 바울은 마치 그가 자신의 유일한 동역자라도 되는 양, 그를 높이 칭송하고 있기 때문이다. 바울은 "나는 심었고 아볼로는 물을 주었으되"(고전 3:6)라고 말하기도 하고, "이 일에 나와 아볼로를 들어서 본을 보였으니"(고전 4:6)라고 말하기도 한다. 누가는 먼저 "이 사람은 언변이 좋고 성경에 능통한 자"고 말하며 아볼로의 두 가지 뛰어난 점을 칭송한 후에, 다음으로는 이어지는 보도를 통해서 그의 열심과 믿음과 견실함을 보여준다. 물론, 바울이 하나님의 나라가 "말"에 있지 않다고 말한 것이 사실이고, 바울 자신이 언변이 뛰어나지 않은 것도 사실이지만, 누가가 여기서 칭찬하고 있는 것에서 알 수 있듯이, 자기 자신을 과시하기 위한 것이 아닌 경우에는 유창한 언변은 결코 가볍게 여길 수 없는 은사이다. 왜냐하면, 가르치는 직분을 맡은 사람들은 자신이 다루고 있는 문제에 대해서 아무런 허식이나 과시가 없고 화려하고 현학적인 수사도 없이 다만 명료하게 설명할 수 있어야 하기 때문이다. 바울은 달변가는 아니었다. 하나님께서는 서투르고 거친 그의 언변 속에서 성령의 능력이 더욱 찬란하게 빛을 발하도록 하시기 위해서, 교회의 첫째가는 사도인 그에게 그러한 은사를 허락하지 않으신 것이 분명하다. 하지만 그는 그리스도의 이름을 전하고 구원의 가르침을 선포하기에는 부족함이 없는 언변을 부여받았다. 성령의 은사들은 다양한 많은 방식으로 수여되기 때문에, 하나님께서는 바울의 눌변도 사용하시고, "언변"이 좋은 사역자들을 택하셔서 사용하시기도 하신다. 또한, 누가는 아볼로

의 "언변"이 세속적이거나 공허한 것이라고 생각하는 사람이 없도록 하게 하기 위해서, 그는 언변만 좋았던 것이 아니라 성경을 아는 것에도 탁월해서 "성경에 능통한 자"였다는 말을 덧붙인다. 나는 "성경에 능통한 자"라는 어구를 단지 성경에 능통했다는 것만이 아니라, 성경의 능력과 효과를 알고 있고 그러한 능력으로 무장되어 있어서, 모든 싸움에서 대적들을 압도할 수 있었다는 의미로 이해한다. 그러나 이것은 사람이 아니라 성경에 대한 찬사이다. 왜냐하면, 성경은 진리를 수호하고 사탄의 궤계를 분쇄하기에 충분하고도 남을 만큼 강력하기 때문이다.

25. 그가 일찍이 주의 도를 배워. 이 구절은 바로 뒤에 나오는 그가 "요한의 세례만 알 따름"이었다는 구절과 상충되는 것처럼 보이지만, 후자는 전자를 보완해서 좀 더 정확하게 알려주기 위하여 덧붙여진 것이다. 그가 구주께서 세상에 나타나셨다는 것을 알고 있었을 뿐만 아니라 하나님과의 화목의 은혜에 대해서도 제대로 배웠다는 점에서 복음의 가르침을 이해하고 있었다는 것, 그럼에도 불구하고 그는 세례 요한의 가르침이 줄 수 있는 한계인 복음의 기초 원리만을 알고 있었을 뿐이라는 것, 이 두 가지는 서로 잘 부합한다. 우리는 세례 요한이 그리스도와 선지자들을 이어주는 매개자와 같은 인물이었다는 것을 알고 있다. 그의 아버지인 사가랴는 자신의 노래 속에서, 그리고 천사는 말라기 선지자의 예언을 빌려서, 세례 요한의 직분(officium)에 관해서 말한다(눅 1:16-17, 76). 우리가 확실하게 말할 수 있는 것은 그는 그리스도보다 먼저 와서 그리스도께로 가는 길을 등불로 밝혀 주었고, 그리스도의 권능에 대해서 탁월한 증언을 한 인물이었기 때문에, 그의 제자들은 당연히 그리스도에 관한 지식을 갖고 있었다는 것이다. 게다가, 아볼로가 "요한의 세례"를 알고 있었다는 말은 우리가 주목할 만한 가치가 있다. 왜냐하면, 이 사실로부터 우리는 성례전들의 진정한 용도는 우리를 어떤 분명한 가르침으로 이끌거나, 우리가 이미 갖고 있는 믿음을 견고히 해주는 것임을 알게 되기 때문이다. 분명한 것은 성례전과 가르침을 서로 분리시키는 것은 불법이고 불경한 짓이라는 것이다. 따라서 성례전들이 올바르게 집례되기 위해서는, 거기에서 하늘에 속한 가르침이 울려 나와야 한다. "요한의 세례"가 무엇인가? 누가가 요한의 사역 전체를 "세례"라는 한 단어로 요약한 것은 가르침이 세례에 부가되어 있기 때문만이 아니라, 가르침이 세례의 기초이고 머리이기 때문이다. 가르침 없는 세례는 헛되고 죽은 예식일 뿐이다.

25. 열심으로 예수에 관한 것을 자세히 말하며 가르치나. 누가는 여기서 다시 한 번 아볼로를 칭찬하는데, 그는 말씀을 가르치고자 하는 거룩한 열심으로 불타오르

고 있었다는 것이다. 열심 없는 가르침은 미친 자의 손에 들려진 칼이거나, 냉랭하고 소용없는 것이거나, 사악한 과시에 기여할 뿐이다. 왜냐하면, 우리는 유식한 자들 중에서 어떤 자들은 게으르고 무기력하며, 좀 더 악한 자들은 야심으로 가득 차 있고, 가장 질이 안 좋은 자들은 논쟁과 시비로 교회를 어지럽히는 것을 보기 때문이다. 따라서 열심(zelus)이 수반되지 않는 가르침은 무미건조할 뿐이다. 하지만 우리는 누가가 성경을 아는 지식(scripturae scientia)이 열심을 제어해야 한다는 것을 보여주기 위해서, 아볼로가 "성경에 능통한 자"였다는 사실을 먼저 제시하였다는 것을 명심하여야 한다. 왜냐하면, 마치 유대인들이 율법에 대한 그릇된 열심(studium)으로 복음을 대적해서 미쳐 날뛰었던 것과 마찬가지로, 우리는 많은 사람들이 제대로 알지도 못한 채로 흥분하고 들떠 있다는 것을 알고 있기 때문이다. 또한, 오늘날에도 우리는 교황주의자들이 날조된 가르침들에 사로잡혀서 광분하여 폭압을 자행하고 있는 것을 본다. 한편, 사람들은 아볼로가 가르치는 일에 부지런히 헌신한 것을 보고서, 그의 열심이 그러한 부지런한 헌신의 원인이었다고 말한다. 아직까지 복음을 정확하고 온전하게 알지 못했던 아볼로가 이처럼 온 힘을 다해 부지런히 그리스도를 전하였다는 것을 생각할 때, 그가 그때에 알지 못했던 것을 분명하고 온전하게 알고 있는 사람들이 오늘날 그리스도의 나라를 확장하기 위해서 최선을 다하지 않는다면, 그들에게 과연 변명할 말이 있을 것이라고 생각하는가? 누가는 그의 열심이 희귀하고 특별한 은사였기 때문에, 그것을 성령에게로 돌린다. 왜냐하면, 나는 아볼로에 대한 누가의 보도를 그가 자신의 마음의 충동을 따라서가 아니라 성령의 감동을 따라 그렇게 한 것이라고 말한 것으로 보기 때문이다.

26. 브리스길라와 아굴라가 듣고. 브리스길라와 아굴라가 이 "언변 좋은" 사람에게 "공중 앞에서" 어떤 내용을 증언해야 하는지를 친밀하고 사적인 방식으로 가르쳐 주었다는 사실은 이 두 사람이 이기적이지 않을 뿐만 아니라 다른 사람의 능력을 질투하지도 않는 사람들이었다는 것을 분명하게 보여준다. 이 두 사람은 아볼로 같은 특별한 은사를 지니고 있지 못하였고, 어쩌면 회중 가운데서 무시를 당하고 있었을지도 모른다. 그런데 그들은 아볼로가 더 좋은 은사들로 무장해서 "언변이 좋고 성경에 능통한 자"여서, 그들은 침묵해야 하고, 오직 그만이 말씀을 전하고 가르치게 되는 상황이 올지도 모르는 일이었지만, 그런 것을 아랑곳하지 않고 그를 돕는 일에 열심을 낸다.

또한, 아볼로도 자기가 천막을 만드는 사람이었던 남자와 여자에게서 가르침을 받는 것에 대하여 아무런 거리낌이 없을 만큼 매우 겸손한 사람이었다. 그는 "성경에 능통한 자"였고 여러모로 그들보다 뛰어난 사람이었다. 하지만 사역자로 전혀 어울릴 것 같지 않은 사람들이 아볼로에게 그리스도의 나라를 완성시켜 주는 마지막 가르침을 제공하고 있다. 또한, 우리는 교회의 중요한 교사들 중 한 사람이었던 아볼로가 여자에게서 가르침을 받은 것을 보면, 교황주의자들은 여자들이 하나님의 말씀에 대하여 무지하기를 바라지만, 초대 교회 당시에 여자들이 꼭 하나님의 말씀에 무지한 것이 아니었음을 알게 된다. 하지만 내가 이미 말했듯이, 우리는 브리스길라가 하나님과 본성이 정해 준 질서를 파괴하지 않기 위해서, 그녀의 집안에서 사적으로 아볼로에게 가르침을 베풀었다는 것을 기억하여야 한다.

27. 아볼로가 아가야로 건너가고자 함으로. 누가는 아볼로가 아가야로 건너가고자 한 이유를 분명히 밝히지 않지만, 우리는 문맥을 통해서 그것이 그의 개인적인 유익을 위한 것이 아니라, 아가야에 복음을 전파함으로써 좀 더 풍성한 열매가 나타나게 하기 위한 것이었음을 알게 된다. 달리는 말에 채찍질하듯이, 에베소의 형제들이 그를 권면하고 격려하였다는 사실이 그것을 잘 보여준다. 만일 아볼로가 아가야로 가는 것이 교회 전체에 유익이 되는 일이 아니었다면, 에베소의 형제들은 결코 그를 보내려고 하지 않았을 것이다. 왜냐하면, 만일 그가 아가야로 가는 것이 무언가 더 큰 유익을 가져다주는 것이 아니었다면, 형제들이 지금까지 자신들을 위해서 온 마음을 다해 헌신하며 유익을 끼쳐 왔을 뿐만 아니라, 앞으로도 자신들에게 꼭 필요한 그런 사람을 기도해 주고 권면해 주면서까지 다른 곳으로 떠나보낸다는 것은 지극히 어리석은 일이었을 것이기 때문이다. 나는 에베소의 형제들이 아가야에 있는 형제들에게 쓴 편지에는 그를 따뜻하게 환대하라는 내용뿐만 아니라 그에게 가르치는 직분을 맡기라는 내용도 들어 있었을 것이라고 본다. 성령께서 각 개인에게 교회를 세우게 하기 위하여 수여하신 은사들이 매장되지 않도록 하기 위해서, 우리가 모든 선한 사람들에 대해서 증언하며 칭송하는 수고를 아끼지 않는 것은 참으로 거룩한 천거이다.

27. 그가 가매 은혜로 말미암아 믿은 자들에게 많은 유익을 주니. 이것은 아볼로가 계획한 여행을 실행에 옮기도록 격려해 주었던 에베소의 형제들이 예견하였던 결과였다. 왜냐하면, 그들은 이미 그러한 결과를 경험한 바 있었기 때문이다. "믿은 자들에게 많은 유익을 주니"라는 구절은 두 가지로 이해될 수 있다. 하나는 그가 준

비가 잘 되어 있지 않은 신자들을 도와서 그들로 하여금 대적들의 완악함을 분쇄하게 하였다는 의미로 해석하는 것이다. 왜냐하면, 대적들은 어쩔 수 없이 굴복할 수밖에 없는 상황이 되지 않으면 결코 굴복하지 않는 자들인 까닭에, 그런 노련한 대적들과 맞서 싸울 만큼 잘 무장된 신자가 거기에는 없었기 때문이다. 다른 하나는 연약한 자들은 대적들이 흔들어 놓으면 무너지기 십상이기 때문에, 아볼로는 신자들의 믿음이 대적들의 그럴 듯한 반박으로 말미암아 흔들리다가 무너지는 일이 일어나지 않도록 그들을 도와주었다는 의미로 해석하는 것이다. 나는 그들이 이 두 가지 면에서 모두 도움을 받았다는 것으로 이해한다. 즉, 한편으로는 그들은 노련하고 경험 많은 지도자를 갖게 됨으로써 아볼로를 중심으로 대적들과 싸워서 승리할 수 있었고, 다른 한편으로는 아볼로가 그들의 믿음을 새로운 기초 위에 든든히 세워줌으로써 그들의 믿음이 더 이상 요동하지 않게 해주었다는 것이다. 또한, 누가는 아볼로가 "공중 앞에서" 유대인들과 논쟁하였다고 말함으로써, 그의 과감하고 단호한 행동이 "형제들"에게 도움을 주었다는 사실을 시사하는 것으로 보인다. 이 절의 마지막에 나오는 "은혜로 말미암아"는 "믿은"에 걸리는 것일 수도 있고, "많은 유익을 주니"에 걸리는 것일 수도 있다. 전자의 해석에는 아무런 난점이 없다. 왜냐하면, 그 의미는 "믿은 자들"이 하나님의 은혜로 말미암아 빛을 받아서 믿게 되었다는 것이기 때문이다. 이러한 해석을 따르면, 이 구절은 하나님의 은택으로 말미암아 이미 믿음으로 부르심을 받은 형제들이 더 좋은 믿음으로 나아가게 되었다는 의미가 된다. 하지만 후자의 해석을 따라서, 아볼로가 자신이 받은 은혜를 형제들과 나눔으로써 그들을 도왔다는 의미로 보는 것이 더 적절해 보인다. 이렇게 보면, "은혜로 말미암아"라는 어구는 "자신이 받은 은혜의 분량에 따라서"라는 뜻이 된다.

28. 이는 성경으로써 예수는 그리스도라고 증언하여 … 유대인의 말을 이김이러라. 누가는 여기서 "성경에 능통한 자"였던 아볼로의 능력이 어떻게 활용되었는지를 분명하게 보여주는데, 그는 대적들을 반박하는 데 강력하고 효과적인 증거를 사용할 수 있었다는 것이다. 또한, 누가는 "예수는 그리스도"라는 것이 논쟁의 핵심적인 주제였다는 것을 간략하게 보도한다. 왜냐하면, 하나님께서 구원자이신 그리스도를 약속하셨다는 것에 대해서는 유대인들 사이에서 전혀 논란이 없었지만, 마리아의 아들 예수가 그리스도이고, 오직 그를 통해서만 구원을 받을 수 있다는 것을 그들에게 설득하는 것은 결코 쉬운 일이 아니었기 때문이다. 따라서 아볼로는 성경에 나오는 그리스도에 관한 증언들이 마리아의 아들 예수에게서 성취되었다는 것

을 증명하고, 그것을 토대로 해서 예수가 그리스도라는 결론을 도출해 내기 위해서는, 그리스도의 직임을 자세히 논증할 필요가 있었다.

또한, 이 절은 성경은 가르침을 위해서만이 아니라 자발적으로 순종하고자 하지 않는 자들의 완악함을 깨뜨리는 데에도 유용하다는 것을 보여준다. 왜냐하면, 구원을 위해서 우리가 알아야 할 것들을 분명하게 아는 지식이 우리의 믿음 안에 존재하지 않는다면, 우리의 믿음은 충분히 견고할 수 없게 되기 때문이다. 분명한 것은 율법과 선지자들의 글이 아주 풍성한 빛을 비추어 주어서, 아볼로가 그것들을 근거로 해서, 마치 자신의 손가락으로 가리키기라도 하듯이, 예수가 그리스도라는 것을 명백하게 증명하였다면, 거기에 복음이 추가된 지금에 있어서, 우리는 적어도 성경 전체로부터 그리스도를 아는 온전한 지식을 얻을 수 있어야 마땅하다는 것이다.

따라서 성경이 애매모호하다는 교황주의자들의 주장은 하나님에 대한 가증스러운 모독이다. 만일 하나님께서 하신 말씀들 속에 분명하고 확고한 진리가 드러나 있지 않다면, 하나님께서는 도대체 무슨 이유로 말씀하신 것인가? 교황주의자들이 그러한 잘못된 전제를 토대로 해서, 우리는 교회의 권위에 굴복해야 하고 이단과의 논쟁에서 성경을 사용해서는 안 된다고 하는 억지 주장은 이 절에 의해서 충분히 반박된다. 왜냐하면, 유대인들보다 더 완악한 사람들은 없는데, 아볼로가 성경의 증언이라는 무기를 의지해서 그들을 이길 수 있었다고 한다면, 우리가 모든 이단들과 맞서는 데 그 무기가 충분하지 않을 것이라고 염려할 이유가 전혀 없기 때문이다. 우리는 성경에 나오는 모든 말씀이라는 무기를 가지고서 모든 오류의 왕인 마귀를 물리치고 승리를 거둘 수 있다.

제19장

¹아볼로가 고린도에 있을 때에 바울이 윗지방으로 다녀 에베소에 와서 어떤 제자들을 만나 ²이르되 너희가 믿을 때에 성령을 받았느냐 이르되 아니라 우리는 성령이 계심도 듣지 못하였노라 ³바울이 이르되 그러면 너희가 무슨 세례를 받았느냐 대답하되 요한의 세례니라 ⁴바울이 이르되 요한이 회개의 세례를 베풀며 백성에게 말하되 내 뒤에 오시는 이를 믿으라 하였으니 이는 곧 예수라 하거늘 ⁵그들이 듣고 주 예수의 이름으로 세례를 받으니 ⁶바울이 그들에게 안수하매 성령이 그들에게 임하시므로 방언도 하고 예언도 하니 ⁷모두 열두 사람쯤 되니라(19:1-7).

    1. 바울이 … 에베소에 와서 어떤 제자들을 만나.   여기서 누가는 바울이 예루살렘에서 다시 돌아옴으로써 에베소 교회가 굳건하게 서고 성장했다는 것을 보도할 뿐만 아니라, 그곳에 있던 어떤 초신자들에게 성령의 가시적인 은사들이 주어지는 이적이 교회 안에서 일어났다는 것도 보도한다. 이 초신자들이 에베소의 원주민들이었는지, 아니면 외지에서 새로 온 사람들이었는지는 분명하지 않지만, 그런 것은 우리에게 중요한 문제가 아니다. 하지만 그들이 요한의 세례를 받은 사람들이었다는 점에서 유대인들이었음은 분명하다. 또한, 바울이 그들을 에베소에서 만났다는 점에서, 그들은 원래부터 거기에 살고 있던 사람들이었을 것이다.

    2. 너희가 믿을 때에 성령을 받았느냐.   이 이야기의 결론을 보면, 여기서 바울은 중생의 성령에 대해서가 아니라, 성령의 특별한 은사들에 대해서 말하고 있다는 것이 드러난다. 그러한 은사들은 하나님께서 복음의 초창기에 전반적으로 교회를 세우시기 위하여 자신이 기뻐하시는 자들에게 다양한 방식으로 나누어 주신 것들이었다. "너희가 믿을 때에 성령을 받았느냐"는 바울의 질문과 관련해서, 우리는 당시에 믿는 자들은 누구든지 어디에서나 공통적으로 성령을 받았던 것인지 그렇지 않았던 것인지에 대하여 의문이 생긴다. 만일 성령이 소수의 사람들에게만 주어진 것이라면, 왜 바울은 마치 믿음과 성령은 서로 분리될 수 없다는 듯이, 성령을 믿음과 결부시킨 것인가? 아마도 그들은 평범한 양 무리에 속한 사람들이 아니었거나, 아

니면 그들이 "열두 사람쯤" 되는 꽤 많은 숫자임에도 불구하고 모두 다 성령의 은사가 전혀 없었기 때문에, 바울이 이렇게 물은 것일 수도 있다. 하지만 나의 생각은 이렇게 많은 수의 유대인들, 아니 믿는 자들의 무리에 속한 제자들이 우연이 아니라 하나님의 계획에 의해서 한순간에 이방인들 앞에 나타났음에도 불구하고, 그들은 지금까지 복음의 최고의 영광이라고 할 수 있는 성령의 은사들에 대해서는 전혀 모른다고 고백하였고, 이것은 바울의 사역이 얼마나 대단한 것이었는지를 보여주며, 그 빛을 더욱 드러내 주는 역할을 하였다는 것이다. 왜냐하면, 아볼로가 에베소에 남긴 제자들이 그렇게 적었던 것 같지 않고, 자신이 브리스길라와 아굴라로부터 "하나님의 도"를 더 정확하게 배웠다는 사실(18:26)을 생각해 볼 때, 그 제자들은 그에게서 제대로 가르침을 받았을 것이기 때문이다.

또한, 누가가 앞에서 언급했던 "형제들"(18:27)과 지금 이 "제자들"은 서로 다른 사람들이었음은 분명하다. 요컨대, 바울은 이 사람들이 그리스도의 이름을 고백하는 것을 보고, 그들의 믿음을 좀 더 정확하게 시험해보기 위해서, 그들에게 성령을 받았느냐고 물은 것이다. 왜냐하면, 성령을 받은 것이야말로 하나님이 은혜를 주셔서 말씀을 믿게 하였음을 보여주는 징표였다는 것은 바울 자신이 분명하게 보여주기 때문이다: "내가 너희에게 다만 이것을 알려 하노니 너희가 성령을 받은 것이 율법의 행위로냐 혹은 듣고 믿음으로냐"(갈 3:2).

2. 우리는 성령이 계심도 듣지 못하였노라. 선지자들이 성령에 대해서 도처에서 언급하였고, 성경은 성령에 관한 말씀들로 가득 차 있는데, 어떻게 유대인이 성령에 관해서 아무것도 듣지 못하는 일이 있을 수 있단 말인가? 이것으로부터 우리는 바울이 일반적인 관점에서 성령에 대하여 물어본 것이 아니었고, 이 사람들도 바울의 질문을 그런 식으로 이해해서, 하나님께서 자기 아들의 나라에 수여하신 성령의 가시적인 은사들에 대해서는 알지 못한다고 답변한 것임을 확실하게 알게 된다. 따라서 그들은 하나님께서 그러한 종류의 은사들을 수여하시는지 아닌지에 대해서 아는 바가 없다고 고백한 것이다. "성령"이라는 단어에는 환유법이 사용되고 있다. 만일 그들이 하나님의 "성령"에 대해서 일체 아는 바가 없다고 말한 것이라면, 바울이 그러한 무지몽매함을 모른 체하고 그냥 지나쳤을 리가 없었다는 사실에서도, 우리의 해석이 옳다는 것이 확증된다. 바울이 그들에게 어떤 목적으로, 또는 어떤 방식으로 세례를 받았느냐고 물은 것은 그리스도가 올바르고 온전하게 선포되는 모든 곳에서는 성령의 가시적인 은사들도 분명하게 나타나게 되어 있기 때문에, 모든

교회에 그러한 영광이 공통적으로 주어지게 되리라는 것을 의미한다. 따라서 하나님께서 당시에 모든 곳에서 분명하게 나타내기를 원하셨던 그리스도의 이러한 영광을 믿는 자들이 모르는 것에 대해서 바울이 의아하게 여긴 것은 이상한 일이 아니다. 바울은 곧이어서 그들에게 자신들이 배운 그러한 초보 단계에만 머물러 있어서는 안 된다고 훈계한다.

4. 바울이 이르되 요한이. 바울의 훈계의 목적은 이 제자들로 하여금 자신들의 무지를 확실히 알게 해서 믿음의 진보를 이루고 싶어 하는 열망을 품도록 만드는 것이었다. 그는 세례 요한이 그리스도께서 오실 것에 대하여 선포하였다고 말한다. 따라서 요한은 자기 제자들로 하여금 아직 나타나지 않으신 그리스도를 만나게 하기 위하여, 그들을 출발선에서 보내어 정해진 경주 코스를 달리게 한 것이었다. 따라서 바울은 세례 요한의 제자들이 자기 자신에 대해서 만족하고 믿음의 진보를 이루어 나가기를 거부하지 않게 하기 위해서, 그들이 여전히 목표 지점으로부터 멀리 떨어져 있다는 것을 보여준 것이다. 왜냐하면, 사람이 자기가 무엇이 부족한지를 알게 되면, 그것을 얻기 위해서 노력하게 되기 때문이다. 요컨대, 바울은 다음과 같이 말한 것과 같다: "그리스도께서 영광을 받으시기 전에는, 그의 권능은 이 세상에서 온전히 역사하지 않았다. 하지만 그가 마침내 하늘에 오르셨을 때, 그는 자기 나라가 이렇게 흥왕하게 되기를 원하셨다. 따라서 그리스도께서 아버지 하나님의 오른편에 앉아 계시다는 것을 지금 증언하고 있는 성령의 은사들은 세례 요한이 그리스도의 전령관으로서의 역할을 수행하고 있는 동안에는 풍성하게 부어지지 않았다. 왜냐하면, 그때는 그리스도께서 구속주로서 이 세상에 공개적으로 나타나지 않으신 때였기 때문이다. 그러므로 너희는 목표 지점으로부터 아직 멀리 떨어져 있기 때문에, 너희가 계속해서 앞으로 전진해 나가야 한다는 것을 깨달아야 한다."

따라서 바울은 세례 요한에게서 배운 경건한 자들의 믿음은 자신들이 받은 가르침에만 매몰되어서는 안 되고, 얼마 후에 나타나신 그리스도를 바라보았어야 했다는 것을 분명하게 가르치고 있는 것이다. 또한, 이것으로부터 우리는 그리스도께서 이미 나타나셔서 그의 죽음과 부활을 통해서 우리의 구원이 모든 부분에서 온전히 완성되었다는 점을 제외하고는, 회개와 죄 사함의 징표였던 요한의 세례가 오늘날 우리가 받는 세례와 아무런 차이도 없었다는 것을 배운다. 세례가 이러한 효력을 지니는 이유는 "회개"는 내가 앞에서 언급한 그리스도의 죽음과 부활이라는 근원으로부터 흘러나오고, "믿음"도 은혜로 말미암는 의를 얻기 위하여 그 동일한 근원으로 돌아가기 때문이다. 요컨대, 바울은 요한의 세례가 우리가 받는 세례처럼 중생(regeneratio)과 새롭게 함(renovatio)의 세례임을 분명하게 보여준다. 하지만 깨끗하게 됨(purgatio)과 새 생명(vitae novitas)은 오직 그리스도로부터만 흘러나오는 것이기 때문에, 그는 세례가 그리스도를 믿는 믿음 위에 세워진 것이라고 말한다. 또한, 이 구절은 우리가 그리스도를 믿는 믿음을 힘입을 때에 세례가 표상하는 모든 것들을 실체로 붙들 수 있다는 것을 가르쳐 준다. 이것은 외적인 징표는 그리스도의 은혜를 훼손하거나 감소시킨다는 주장이 잘못된 것임을 보여준다.

5. 그들이 듣고 주 예수의 이름으로 세례를 받으니. 옛 사람들 사이에서는 요한의 세례와 그리스도의 세례가 서로 다른 것이라는 견해가 유력하였기 때문에, 그들은 요한의 세례만을 받은 사람들이 다시 세례를 받아야 한다는 것을 이상하게 생각하지 않았다. 하지만 요한의 세례와 우리가 오늘날 받는 세례는 둘 다 동일한 양자됨과 새 생명의 징표이자 보증이라는 사실로부터, 이 두 세례가 서로 다른 것이라는 옛 사람들의 생각이 크게 잘못된 것이었음이 분명하게 드러난다. 그렇기 때문에, 우리는 그리스도께서 요한으로부터 자기에게로 온 자들에게 다시 세례를 베푸셨다는 말씀을 찾아볼 수 없다. 게다가, 그리스도께서 친히 요한에게서 세례를 받으신 것은 그러한 가시적인 징표를 통해서 자기 자신을 우리와 연합시키시기 위한 것이었는데, 만일 요한의 세례와 우리가 받는 세례가 서로 다르다는 것을 인정되게 되면, 우리가 하나님의 아들과 동일한 세례를 받았다는 이 특별한 은혜는 무용지물이 되고 말 것이다. 사실, 우리는 이 두 세례가 서로 다르다는 주장을 길게 반박할 필요가 없다. 왜냐하면, 그들이 이 둘이 서로 다른 것이라고 우리를 설득시키려면, 먼저 이 둘이 어떻게 다른지를 보여주어야 하지만, 실제로 이 둘은 모든 부분에서 완벽하게 일치하는 까닭에, 우리는 이 둘이 동일한 세례라는 것을 인정하지 않을 수 없기 때문이다.

그렇다면, 이제 제기되는 의문은 요한의 세례와 예수의 이름으로 받는 세례가 동일한 세례라고 한다면, 전자를 받았는데도 후자를 다시 받은 것이 합당한 일이었는가 하는 것이다. 오늘날 우리 시대의 정신 나간 자들은 이 본문을 근거로 해서 "재세례"를 도입하려고 시도해 오기도 하고, 어떤 이들은 여기에 나오는 "세례"라는 단어를 "세례"가 아니라 "새로운 교훈"을 의미하는 것으로 해석하기도 하지만, 후자는 문제의 핵심을 피해나가기 위한 꼼수라는 느낌이 있고, 설명 자체도 억지스럽기 때문에, 나는 거기에 동의하지 않는다.

또한, 어떤 이들은 이 "제자들"은 진짜 세례 요한이 아니라 요한을 사칭한 자로부터 잘못 세례를 받은 것이기 때문에 두 번 반복해서 세례를 받은 것은 아니라고 주장한다. 하지만 그들의 추론은 아무런 실체가 없는데다가, 바울의 말은 그들이 요한의 진정한 제자였다는 것을 암시하고 있을 뿐만 아니라, 누가도 그들을 영광스럽게도 그리스도의 제자라고 부르고 있기 때문에, 나는 이 견해에도 동의하지 않는다. 나의 생각은 누가가 한 말은 그들이 물세례를 또다시 반복해서 받았다는 뜻이 아니라, 이번에는 "성령으로" 세례를 받게 되었다는 뜻이라는 것이다. 먼저, 우리가 사도행전 1:5와 11:16에서 보았듯이, 성경에서 세례라는 단어를 성령의 은사들과 결부시키는 것은 결코 새삼스러운 일이 아니라는 것이다. 누가는 1:5에서 그리스도께서 제자들에게 성령을 가시적인 형태로 보내주시겠다고 약속하셨을 때, 그것을 "세례"라고 부르셨다고 보도한다: "너희는 몇 날이 못되어 성령으로 세례를 받으리라."

또한, 누가는 11:16에서 성령이 고넬료에게 임했을 때, 베드로가 "요한은 물로 세례를 베풀었으나 너희는 성령으로 세례를 받으리라"고 하신 주님의 말씀을 기억했다고 보도한다. 다음으로는, 여기에 언급된 것은 분명히 그러한 가시적인 성령의 은사들이고, 그 은사들은 세례와 함께 주어지는 것들이라는 것이다. 왜냐하면, 나는 바울이 그들에게 "안수했을" 때, 성령이 그들에게 임하셨다는 바로 뒤에 나오는 구절을 보충설명을 위하여 덧붙여진 것으로 보기 때문이다. 어떤 일에 대해서 먼저 간단하게 언급한 후에, 뒤에서 그것을 좀 더 분명하게 설명하는 것은 성경에서 흔히 사용되는 방식이다. 따라서 누가는 바울의 안수에 의해서 그 제자들에게 성령이 주어졌다고 말한 후에, 너무 간략한 보도로 인해 의미가 다소 모호했던 부분을 분명히 하기 위해서 바로 뒤에서 보충설명을 덧붙인 것이다. 만약 어떤 이가 "세례"라는 단어를 성령의 은사들과 관련해서 사용하는 것은 이 단어의 단순한 의미를 벗어난 지나친 확대해석이라고 이의를 제기한다면, 나는 누가의 그러한 생각은 이 구절의 문맥으로부터 충분히 드러나고 있을 뿐만 아니라, 그가 세례에 대해서 언급한 대목에도 그러한 생각이 암시되어 있다고 대답하고자 한다. 만일 우리가 여기에 언급된 "세례"를 외적인 징표를 가리키는 것으로 본다면, 바울이 그 제자들에게 충분한 가르침을 베풀지도 않은 채로 세례를 주었다는 것은 말이 되지 않을 것이다. 반대로, 만일 우리가 여기에 언급된 "세례"를 은유적으로 이해해서 "가르침"을 주었다는 의미로 해석한다면, 이 구절은 거칠고 어색한 표현이라고 볼 수밖에 없고, 그들이 가르침을 받은 후에 성령이 그들에게 임했다는 이야기도 자연스럽지 않게 될 것이다.

한편, 나는 이 "안수"가 당시에 하나의 성례전이었다는 것을 인정하지만, 지금까지도 이 예식을 그대로 답습하고 있는 자들은 무지하기 짝이 없는 자들이라고 말하지 않을 수 없다. 왜냐하면, 당시에 "안수"라는 징표는 성령의 가시적인 은사들이라는 실체를 표상하는 것이었고, 그러한 은사들은 당시에 일시적으로 주어진 것이었음은 모든 사람이 인정하는 사실인데, 그 일시적이었던 실체가 사라져 버린 후에도, 그 실체를 표상하는 표징을 그대로 유지하고 답습하는 것은 어처구니없는 일일 뿐만 아니라 한참 잘못된 일이기 때문이다. 하지만 "세례"와 "성찬"은 "안수"와는 경우가 완전히 다르다. 왜냐하면, 하나님께서는 "세례"와 "성찬"이라는 두 성례전을 통해서 교회가 세상 끝날까지 이 두 성례전이 표상하는 은사들을 누리게 될 것이라고 증언하시기 때문이다. 따라서 우리는 영원한 성례전과 일시적인 성례전을 주의 깊게 구분해서, 쓸데없고 헛된 가짜들이 성례전들 가운데 자리 잡지 못하게 하여야 한다. 히에로니무스(Hieronymus)가 루시퍼주의자들을 반박한 것과는 달리, 나는 사람들이 "안수"를 받으면 반드시 성령을 받게 된다는 생각만 하지 않는다면, 성인이 된 사람들의 신앙 고백을 확증하기 위한 목적으로 "안수"라는 예식을 사용하는 것에 대해서는 반대하지는 않는다.

하지만 교황주의자들은 결코 용서받을 자격이 없다. 그들은 "안수"와 관련해서 옛적부터 있던 의식으로 만족하지 못하고, "기름 부음"이라는 역겨운 의식까지 도입해서, 세례를 확증하는 의식으로 그치지 않고, 더 큰 효험이 있는 성례전(sacramentum)으로 변모시킨 후에, 이 성례전을 통해서 지금까지 불완전했던 신자들이 완전해지고, 이전에 자신들의 죄 씻음을 받은 것에 머물러 있던 자들이 싸움에 나설 수 있는 무장을 갖추게 된다고 선전한다. 왜냐하면, 그들은 이러한 저주받을 신성모독적인 행위들을 전혀 주저함 없이 늘 행해온 자들이기 때문이다.

[8]바울이 회당에 들어가 석 달 동안 담대히 하나님 나라에 관하여 강론하며 권면하되 [9]어떤 사람들은 마음이 굳어 순종하지 않고 무리 앞에서 이 도를 비방하거늘 바울이 그들을 떠나 제자들을 따로 세우고 두란노 서원에서 날마다 강론하니라 [10]두 해 동안 이같이 하니 아시아에 사는 자는 유대인이나 헬라인이나 다 주의 말씀을 듣더라 [11]하나님이 바울의 손으로 놀라운 능력을 행하게 하시니 [12]심지어 사람들이 바

울의 몸에서 손수건이나 앞치마를 가져다가 병든 사람에게 얹으면 그 병이 떠나고 악귀도 나가더라(19:8-12).

8. 바울이 회당에 들어가 … 강론하며 권면하되. 이것은 바울이 이미 그리스도께 헌신을 다짐한 경건한 무리들로부터 시작한 후에, 아직 그리스도를 알지 못하거나 영접하지 않은 유대인들을 모아서 교회라는 한 몸을 이루게 하기 위해서 회당에 들어갔다는 것을 보여준다. 바울이 "담대히" 전했다고 누가가 보도한 것을 통해서, 우리는 그가 "석 달" 동안 회당에서 강론하고 권면하면서, 결코 복음의 가르침을 교묘하게 은폐하거나 이리저리 돌려서 말하지 않았다는 것을 알게 된다. 또한, 누가는 바울이 담대히 전한 것임을 보여주는 또 하나의 증거로, 그가 "하나님 나라"에 관하여 강론하며 권면하였다는 사실을 곧이어서 제시한다. 우리는 흔히 "하나님 나라"라는 단어가 하나님께서 장차 그리스도가 오심으로써 이루어질 것이라고 거룩한 조상들에게 약속하셨던 바로 저 회복(instauratio)을 의미하였다는 것을 알고 있다. 왜냐하면, 그리스도가 없는 세상에서는 모든 것이 무질서하고 엉망일 것인 까닭에, 선지자들은 이 세상에 "하나님 나라"를 세우는 일이 장차 오실 메시아의 소임이 될 것이라고 정확하게 예언하였기 때문이다. "하나님 나라"가 임할 때, 우리는 하나님께 반역한 것으로부터 돌이켜서 순종하게 되고, 하나님의 원수에서 하나님의 자녀로 변화될 것이기 때문에, "하나님 나라"는 먼저 하나님께서 우리의 죄를 값 없이 사해 주시고 우리와 화목을 이루셔서 우리를 양자로 삼으시고 자기 백성이 되게 하시는 것에 있고, 다음으로는 하나님께서 우리에게 새 생명을 주셔서 자신의 형상을 따라 우리를 새롭게 빚으시는 것에 있다. 누가는 바울이 "강론하고" "권면하였다"고 말하는데, "강론하였다"는 것은 자신이 선포하고자 한 내용을 올바른 논증을 통해서 많은 청중 앞에서 증명하였다는 뜻이고, "권면하였다"는 것은 청중들로 하여금 마음 문을 열어서 "하나님 나라"를 받아들이게 하기 위하여 경건하게 권유하는 말로 설득하였다는 뜻이다. 왜냐하면, 우리가 경건한 "권면"을 통해서 사람들을 감동시키지 못한다면, 그 어떤 교묘하고 재치있는 말솜씨로도 사람들로 하여금 하나님께 순종하게 만들 수는 없기 때문이다.

9. 어떤 사람들은 마음이 굳어 … 이 도를 비방하거늘. 바울이 에베소에 처음 왔을 때에 이곳의 유대인들은 다른 어느 곳의 유대인들보다도 그의 말을 조용히 그리고 끈기 있게 들어 주었다(18:19-20). 다른 곳의 유대인들은 모두 소란을 피우면서

그를 쫓아냈지만, 그들은 도리어 더 오래 머물기를 청하였다. 하지만 바울이 "석달 동안" 그들 가운데서 "하나님의 나라"를 세우려고 애썼을 때, 결국 많은 사람들의 불경건함과 완악함이 분명하게 드러났다. 왜냐하면, 누가는 그들의 "마음이 굳어 순종하지 않았다"고 말하고 있기 때문이다. 하늘에 속한 가르침은 멸망 받게 될 자들을 분노하게 하거나 더욱 완악하게 만드는 특별한 힘을 갖고 있다. 물론, 그것은 악인들을 그렇게 만드는 것이 이 가르침 자체가 지닌 본질적인 속성이기 때문이 아니라, 진리가 그들을 압박할 때에 그들의 숨겨져 있던 독기(virus)가 폭발하기 때문이다.

누가는 그들이 "무리 앞에서 이 도를 비방하였다"는 말을 덧붙인다. 왜냐하면, 복음을 멸시하는 자들은 결국 자신들이 받아들이고 싶지 않은 것을 다른 사람들 앞에서 적대적으로 공격하는 데까지 나아가게 되어 있고, 그들이 그렇게 하는 유일한 목적은 어떻게 해서든지 다른 모든 사람들을 자신들의 불경건함으로 끌어들이고 싶어 하기 때문이다. "길"(한글개역개정에는 "도")이라는 단어가 일반적으로 어떤 특정한 생활방식을 의미한다는 것은 잘 알려져 있지만, 여기서는 그리스도의 복음을 가리킨다. 이제 누가는 바울이 "그들을 떠나 제자들을 따로 세웠다"고 보도한다. 이 사례를 통해서 우리는 구제불능의 완악함에 봉착하게 되었을 때에는 더 이상 헛수고를 할 필요가 없다는 교훈을 얻는다. 그렇기 때문에, 바울은 디도에게 "이단에 속한 사람을 한두 번 훈계한 후에 멀리하라"(딛 3:10)고 권면한다. 왜냐하면, 하나님의 말씀을 돼지들과 개들에게 주면, 끔찍한 신성모독을 당하게 되기 때문이다. 또한, 올바른 가르침에 대한 사악한 비방과 왜곡으로 말미암아 연약한 형제들의 믿음이 흔들리는 일이 생기지 않도록 배려하는 것도 중요하다. 따라서 바울이 "제자들을 따로 세운" 것은 염소들이 양 무리를 악취로 오염시키지 못하도록 하기 위한 것인 동시에, 하나님을 순수하게 섬기는 자들이 자유롭게 신앙 고백을 할 수 있도록 하기 위한 것이었다.

9. 두란노 서원에서 날마다 강론하니라. 이 절은 바울이 얼마나 꾸준히 끈기 있게 큰 열심으로 가르치는 일을 행하였는지를 보여줌과 동시에, 배우는 자들은 변덕이 죽 끓듯 하고 쾌락을 좋아하여서 배우기를 지겨워하기 쉽다는 것을 보여준다. 왜냐하면, 우리는 날마다 성심을 다해서 가르침을 들으려는 사람이 얼마나 적은지를 잘 알고 있기 때문이다. 바울은 자신이 양 우리 안으로 불러 모은 자신의 양 떼에 대해서 특별한 관심을 갖고 있었지만, 그렇다고 해서 양 우리 밖에 있는 양 떼에 대한

관심을 접은 것은 아니었다. 즉, 그는 "두란노 서원에서 날마다" 강론을 행함으로써, 복음으로 가르침 받기를 진정으로 원하는 사람들을 찾아내고자 하였다. 누가는 바울이 강론한 곳을 "두란노 서원"이라고 부른다. 당시 로마는 아시아 전역을 지배하고 있었지만, 여기에 나오는 "두란노"라는 단어는 "통치자"를 뜻하는 것은 아니고 ("두란노"로 번역된 헬라어는 "통치자"를 의미하는 라틴어 tyrannus를 음역한 것과 동일한 단어이다 — 역주), 예전에 "두란노"라는 사람이 세워서 그 도시에 기부한 "체육관"을 가리키는 것이었을 가능성이 높다. 따라서 바울과 신자들은 그 설립자의 이름을 딴 이 공공장소를 자신들의 회합을 위한 장소로 이용했던 것이다.

10. 두 해 동안 이같이 하니 아시아에 사는 자는 … 다 주의 말씀을 듣더라. 누가가 이렇게 말한 것은 아시아에 사는 모든 사람들이 바울의 강론을 들으러 그에게로 왔다는 뜻이 아니라, 그의 강론의 향기가 온 아시아에 퍼지고 그 씨앗이 광범위하게 흩뿌려져서, 그의 수고가 한 도시에서만이 아니라 더 먼 곳에서도 결실을 거두게 되었다는 뜻이다. 사실, 하나님의 진리가 어느 한 곳에서 선포될 때, 그것이 광범위하게 퍼져서, 심지어 사역자 자신의 음성이 들려지지 않는 곳에서도 반향이 있는 것은 흔한 일이다. 왜냐하면, 진리의 말씀은 사람에서 사람으로 전해지고, 한 사람이 다른 사람에게 가르쳐 주기 때문이다. 각 사람이 자신의 믿음의 분량을 따라 복음을 전파하는 일에 헌신하지 않는다면, 한 사람이 복음을 전하는 것만으로는 충분하지 않을 것이다.

11-12. 하나님이 바울의 손으로 놀라운 능력을 행하게 하시니. 누가는 성경의 통상적인 용례를 따라 이적을 "능력"이라고 부른다. 왜냐하면, 이적은 하나님의 놀라운 능력을 보여주는 증거였기 때문이다. 여기서 누가는 하나님께서 바울의 가르침에 더 큰 권위를 부여해 주시기 위하여, 그러한 표적들을 통해서 그의 사도직을 확증해 주셨다고 보도한다. 왜냐하면, 표적들은 사람들의 손에 의해서 행해지지만, 표적들로 인한 영광은 그 원천이신 하나님께로 귀속되고, 사람은 사역자이자 일꾼이라는 본래의 자리로 돌아가게 되기 때문이다. 누가는 이적들이 얼마나 대단했는지를 보여주기 위해서, "사람들이 바울의 몸에서 손수건이나 앞치마를 가져다가 병든 사람에게 얹으면 그 병이 떠나고 악귀도 나갔다"고 보도한다. 바울에게 이러한 능력이 주어진 이유는 분명하다. 즉, 하나님께서는 바울로 하여금 이러한 능력을 행하게 하심으로써 그가 그리스도의 진정한 사도임을 증명하고, 사람들을 복음을 믿는 믿음으로 인도하며, 그의 사역을 확증할 수 있게 하고자 하신 것이었다. 여기

서 우리는 앞에서 이미 언급했던 이적의 합당한 용도를 다시 한 번 상기할 필요가 있다. 하나님께서 바울의 "손수건"으로 병든 자들을 치유하신 목적은 사람들로 하여금 바울을 한 번도 본 적이 없고 그가 그들 곁에 있지 않을지라도 경외심을 품고 그의 가르침을 받아들이게 하시기 위한 것이었다. 그런데 교황주의자들이 마치 바울이 실제로 자신의 "손수건들"을 보내서 사람들이 그에게 경의를 표하는 의미에서 그 손수건에 입을 맞추게 하기라도 한 것처럼, 이 구절을 왜곡해서 자신들의 잘못된 미신을 밑받침해 주는 근거로 삼고 있는 것은 참으로 어처구니없고 한심한 일이 아닐 수 없다. 그들은 프란체스코(Francesco)의 신발과 바지, 로사(Rosa)의 허리띠, 마르가리타(Margaret)의 빗과 같은 것들을 숭배한다. 하지만 사실은 어떠한가? 바울이 가장 하찮은 물건을 택한 것은 그 물건의 가치나 화려함으로 말미암아 미신이 생겨날 수 있는 소지를 없애기 위한 것이었다. 거듭해서 말하지만, 바울의 의도는 그리스도께 전적인 영광을 돌리는 것이었다.

[13]이에 돌아다니며 마술하는 어떤 유대인들이 시험삼아 악귀 들린 자들에게 주 예수의 이름을 불러 말하되 내가 바울이 전파하는 예수를 의지하여 너희에게 명하노라 하더라 [14]유대의 한 제사장 스게와의 일곱 아들도 이 일을 행하더니 [15]악귀가 대답하여 이르되 내가 예수도 알고 바울도 알거니와 너희는 누구냐 하며 [16]악귀 들린 사람이 그들에게 뛰어올라 눌러 이기니 그들이 상하여 벗은 몸으로 그 집에서 도망하는지라 [17]에베소에 사는 유대인과 헬라인들이 다 이 일을 알고 두려워하며 주 예수의 이름을 높이고(19:13-17).

13. 돌아다니며 마술하는 어떤 유대인들이 … 주 예수의 이름을 불러 말하되. 누가는 방금 전에 언급했던 그러한 이적들로 말미암아 바울의 사도직이 더욱 확고하게 되었다는 것을 좀 더 분명하게 보여주기 위해서, 이제 여기서는 어떤 사람들이 그리스도의 이름을 거짓으로 팔고 다녔을 때에 그리스도의 이름을 그런 식으로 악용한 것에 대해서 가혹한 징벌이 가해졌다는 것을 보여준다. 이것으로부터 우리는 바울의 손을 통해서 능력이 행해진 유일한 목적은 오로지 그리스도가 하나님의 능력이 되신다는 것을 바울이 충성스럽게 선포하고 있다는 증거를 모든 사람에게 보여주기 위한 것임을 알게 된다. 왜냐하면, 하나님께서는 그러한 능력들이 순수한 복음의 가르침과 분리되어 행해지는 것을 허용하지 않으셨을 뿐만 아니라, 자신들

의 마법이나 마술을 위해서 그 능력들을 부당하게 악용하고자 하는 자들을 가혹하게 응징하셨기 때문이다. 또한, 우리는 그리스도의 이름을 가리는 이적은 그것이 어떤 것이든 마귀의 눈속임이자 협잡이라는 것과 참된 신앙을 견고히 세우기 위한 것이 아닌 다른 목적을 위해서 하나님의 이적들을 악용하고자 하는 자들은 다 사기꾼들이라는 결론을 얻게 된다. 나는 "마술"이 인간들의 어리석은 모방에서 비롯된 것임을 의심하지 않는다. 하나님께서는 다양한 방식으로 유대인들 가운데서 자신의 능력을 보여주셨는데, 그 중 하나는 옛적에 선지자들을 통해서 귀신들을 몰아내신 것이었다. 그러자 유대인들은 이것을 모방해서 스스로 귀신들을 쫓아내는 술법을 고안해 냈고, 이렇게 해서 하나님의 명령 없이 귀신들을 쫓아내는 자들이 생겨나게 되었다. 물론, 그런 자들이 성과를 거둘 수 있었던 것은 하나님께서 허락하셨기 때문이다. 하지만 하나님께서 그것을 허락하신 것은 그러한 비정상적인 상태를 기뻐하셨기 때문이 아니라, 유대인들로 하여금 그리스도께서 오실 때까지 조상들의 종교를 더욱 기쁘게 섬길 수 있도록 하시기 위한 것이었다. 퇴마사는 사람들이 자기 마음대로 날조해 낸 직업이었기 때문에, 그리스도의 통치가 시작되자, 그들의 사악한 야심으로 말미암아 그리스도인들과 유대인들 사이에는 갈등이 초래되었다. 그리고 미신은 언제나 점점 더 타락하고 악화되는 경향이 있기 때문에, 나중에 교황은 자신의 모든 성직자들에게 퇴마사의 지위를 부여하고 싶어 하였고, 실제로 교황에게 속한 모든 성직자는 아무리 최하위 성직자로 서품된다고 할지라도 그 즉시 귀신들을 쫓아낼 수 있는 지위가 부여된다. 하지만 실상을 알면, 실소만이 나올 뿐이다. 왜냐하면, 그들은 자신들이 아무런 효력도 없는 헛된 직함만을 남발하고 있다는 것을 고백하지 않을 수 없기 때문이다. 도대체 그들에게 "악귀"를 불러내는 능력이 어디에 있다는 말인가? 퇴마사들은 자신들이 결코 수행할 수 없는 직임을 떠맡고서는 스스로 사람들의 조롱거리로 전락할 뿐이다. 그들이 결코 귀신들을 쫓아낼 수 없는 것은 하나님의 말씀을 떠난 데 대한 합당한 보응이라는 것은 두말할 필요도 없다. 우리는 여기에 등장하는 작자들이 이리저리 떠돌아다니며 시장통을 기웃거리는 그러한 자들임을 짐작할 수 있고, 그런 부류의 인간들을 교황제도 속에서 무수히 본다.

13. 주 예수의 이름을 불러 말하되 내가 … 너희에게 명하노라.   이 사기꾼들은 자신들이 전에 거짓으로 허풍쳤던 능력을 새롭게 얻기 위해서, 또는 자신들이 갖고 있던 능력이 더 이상 통하지 않게 된 것을 보고서 복음을 훼손시키기 위해서 그리

스도의 이름을 빙자하고자 했던 것으로 보인다. 하지만 그들이 그리스도의 이름을 부른 것은 두 가지 점에서 잘못된 일이었다. 첫 번째는 바울의 가르침이나 믿음에 대하여 아는 것이 전혀 없었는데도, 그리스도의 이름을 마치 마술의 주문처럼 악용하고자 했다는 것이고, 두 번째는 하나님의 부르심이 없었는데도 불구하고, 사람이 주관하도록 되어 있지 않았던 것을 자기들의 것으로 만들고자 했다는 것이다. 하나님과 그리스도의 이름을 부르는 것은 믿음에서 우러나온 것임과 동시에, 그 사람에 대한 부르심의 한계를 벗어나지 않은 것일 때에만 비로소 합법적인 것이 된다. 따라서 이 사례를 통해서 우리는 여기에서와 같은 신성모독의 죄를 범하지 않기 위해서는, 먼저 하나님의 말씀의 빛을 받은 경우가 아니면, 그 어떠한 것도 시도하지 말아야 한다는 것을 배우게 된다. 하나님께서는 우리에게 기도하라고 명하신다. 이적을 행하는 은사를 부여받지 않은 사람들은 자신의 분수를 알아서 그러한 한계를 벗어나서는 안 된다. 왜냐하면, 사도들은 더러운 영들에게 사람에게서 나오라고 명했을 때, 그러한 명령을 하시는 분은 하나님이시고, 자신들은 단지 하나님이 맡기신 사역을 충성되게 수행하고 있는 것일 뿐임을 알고 있었기 때문이다.

16. 악귀 들린 사람이 그들에게 뛰어올라 눌러 이기니. 이것은 "악귀"가 그 사람을 통해서 한 짓이다. 왜냐하면, "악귀 들린 사람" 자신에게는 건장한 "스게와의 일곱 아들"을 상하게 하고 발가벗겨서 내쫓을 수 있는 힘이 없었기 때문이다. 우리는 하나님의 영과 사탄의 영이 맞서고 있다는 사실까지는 확인할 수 있지만, "악귀"가 어떻게 사람들 속에 거하게 되는지는 확실하게 알 수 없다. 물론, 바울은 우리가 "하나님의 성전"(고전 3:16)이고, 우리 안에 "하나님의 성령"이 계시는 것처럼, 사탄은 모든 불신자들 속에서 활발하게 역사하고 있다고 가르친다. 하지만 우리는 누가가 여기서 사탄의 특별한 역사, 즉 사탄이 어떤 사람을 완전히 장악해서 자기 마음대로 움직이고 조종하는 경우에 대하여 말하고 있다는 것을 알아야 한다.

또한, 이 일을 통해서 하나님께서는 그리스도의 이름 자체 속에 그의 능력이 내재되어 있는 것이 아니라는 것과 자기 아들의 이름을 미신에 악용하는 것을 결코 용납하지 않으신다는 것을 보여주고자 하셨다. 한편, 우리는 하나님께서 사탄으로 하여금 우리를 가지고 놀도록 내버려 두실 때, 우리의 육신을 치시는 벌보다 더 지독한 벌을 우리에게 내리고 계신다는 것을 알아야 한다. 왜냐하면, 거짓 이적들은 하나님의 빛을 거부한 불신자들을 미혹시켜서 더 깊은 어둠 속으로 떨어지게 하기 위한 소름끼치는 주문이기 때문이다.

17. 에베소에 사는 유대인과 헬라인들이 다 이 일을 알고 두려워하며. 하나님께서 그리스도의 이름을 불경스럽게 악용한 것에 대해서 이러한 징벌을 내리셔서, 가르침을 멸시하는 자들을 가차 없이 응징하신다는 것을 보여주신 결과는 모든 사람들이 하나님을 두려워하여 복음의 가르침을 멸시하지 않게 되었고, 그리스도를 경외하게 되었다는 것이다. 왜냐하면, 하나님께서 행하시는 모든 심판들의 용도는 우리로 하여금 두려워하여 범죄하지 않도록 하기 위한 것일 뿐만 아니라, 이 사례에서처럼 그리스도의 위엄을 드러내고 복음의 능력을 확증하기 위한 것이기도 하기 때문이다. 그리스도의 이름을 마법의 주문처럼 사용하는 신성모독을 거리낌 없이 행한 사기꾼들에게는 끔찍한 징벌이 기다리고 있기 때문에, 그들은 자신들의 그러한 신성모독이 사함 받을 것이라고 꿈도 꾸지 말아야 한다. 누가가 모든 사람들이 이 일을 알게 되었다고 말한 것은 이 일이 "일반적으로" 또는 "모든 곳에서" 알려지게 되었다는 의미이다. 왜냐하면, 여기서 누가가 말하고자 한 것은 이 일이 사람들의 입에 자주 오르내림으로써 그리스도의 이름이 더 많은 사람들에게 알려지게 되었다는 것이기 때문이다.

¹⁸믿은 사람들이 많이 와서 자복하여 행한 일을 알리며 ¹⁹또 마술을 행하던 많은 사람이 그 책을 모아 가지고 와서 모든 사람 앞에서 불사르니 그 책 값을 계산한즉 은 오만이나 되더라 ²⁰이와 같이 주의 말씀이 힘이 있어 흥왕하여 세력을 얻으니라 ²¹이 일이 있은 후에 바울이 마게도냐와 아가야를 거쳐 예루살렘에 가기로 작정하여 이르되 내가 거기 갔다가 후에 로마도 보아야 하리라 하고 ²²자기를 돕는 사람 중에서 디모데와 에라스도 두 사람을 마게도냐로 보내고 자기는 아시아에 얼마 동안 더 있으니라(19:18-22).

18. 믿은 사람들이 많이 와서 자복하여 행한 일을 알리며. 누가는 앞서 "사람들이 두려워했다"고 보도하였는데, 이제 여기서는 그 증거를 제시한다. 왜냐하면, 사람들이 지난날에 저지른 죄와 잘못들을 숨기면 하나님의 진노를 사게 될 것을 염려해서 자원하여 "자복하였다"는 것은 그들이 하나님에 대한 두려움에 완전히 사로잡혔음을 보여주는 증거였기 때문이다. 우리는 죄인들을 진심으로 "자복하게" 만드는 것이 얼마나 어려운 일인지를 안다. 사람들은 자신들의 평판을 무엇보다도 소중하게 여기기 때문에, 진실을 밝히기보다는 수치를 가리는 것에 열중하고, 할 수만

있으면 자신들의 부끄러운 행실을 감추려고 한다. 따라서 여기에서와 같은 이러한 자발적인 "자복"은 회개와 두려움을 보여주는 증거였다. 왜냐하면, 하나님의 심판을 철저하게 깨닫지 못한 사람은 어느 누구도 사람들의 모욕과 비난을 감수하려고 하지 않을 것이고, 하늘에서 죄사함을 받기 위하여 땅 위에서 자원하여 자수하려 하지 않을 것이기 때문이다. 누가가 사용한 "많이"라는 단어를 통해서 우리는 모든 사람이 동일한 이유로 "자복하게" 된 것은 아니었을 것이라고 짐작하게 된다. 왜냐하면, 많은 사람들이 흔히 내면에 감추어져 있는 죄악들로 감염되어 있듯이, 이 사람들도 오랫동안 부패한 양심을 갖고 있었을 수 있기 때문이다. 따라서 누가는 여기서 모든 사람에게 적용되는 보편적인 법칙을 제시하고 있는 것은 아니고, 여기에 나오는 자들과 비슷한 약이 필요한 사람들이 따를 수 있는 하나의 본보기를 제시하고 있는 것이다. 왜냐하면, 그들이 자신들의 행실을 고백한 것은 회개의 증거를 보여주고, 바울에게서 조언과 위로를 받고자 한 것이기 때문이다. 요한에게 세례를 받기 위해서 나아온 사람들이 자신들의 죄를 "자복한" 것은 경우가 다르다(마 3:6). 왜냐하면, 거기에서 그들은 자신들이 참된 회개의 길로 들어섰다는 것을 그런 식으로 고백한 것이기 때문이다.

하지만 누가가 이 사례를 통해서 보여주고 있는 것은 하나님께서 구체적인 본보기를 통해서 자신의 엄하심을 보여주셨을 때에 신자들이 하나님에 대한 경외심으로 말미암아 어떻게 변화되었는가 하는 것이다. 교황주의자들이 자신들의 폭압을 정당화하는 구실로 여기에 나오는 사례를 들고 있는 것이 더욱 뻔뻔스러운 이유도 거기에 있다. 왜냐하면, 그들이 날조해 낸 고해성사는 이 사례와는 아무 상관이 없기 때문이다. 여기에서는 신자들은 먼저 자신이 믿음을 갖기 전에 얼마나 비참하게 사탄에게 속아 살아왔는지를 고백하였고, 다음으로 회중 앞에서 그 몇 가지 사례를 밝혔던 것인 반면에, 교황의 법은 신자들이 고해성사를 통해서 자신의 모든 행위와 말과 생각까지 낱낱이 다 고백할 것을 요구한다. 또한, 당시의 신자들은 오직 한 차례 고백한 것이었지만, 교황의 법은 적어도 일 년에 한 번은 고백할 것을 요구하고, 그 신자들은 자원하여 나아와서 고백한 것이었지만, 교황은 모든 사람에게 고백을 강요한다. 누가는 모든 사람이 아니라 "많은" 사람이 왔다고 말하지만, 교황의 법에는 예외 없이 모든 신자가 나아와서 고해성사를 받아야 한다. 당시의 사람들은 신자들의 회중 앞에 나아와서 겸손하게 고백하였지만, 교황의 명령은 판이하게 달라서, 죄인들은 교황의 사제의 귀에 대고 은밀하게 고백하여야 한다고 말한다. 교황주의자들이 자신들의 속임수를 증명하기 위해서 성경을 얼마나 교묘하게 사용하는 지를 보라.

19. 또 마술을 행하던 많은 사람이. 누가는 여기서 마술만이 아니라, 대다수의 사람들이 지나친 관심과 흥미를 갖고 있는 온갖 쓸데없고 무익한 잡학들에 대해서도 거론한다. 왜냐하면, 그가 사용한 '페리에르가'(περίεργα, "마술")라는 단어는 헬라인들이 그 자체로는 아무런 유익도 없으면서 사람들의 마음과 관심을 여러 가지 잡다한 것들에 쏠리게 만드는 잡술들을 지칭하는 데 사용한 단어이기 때문이다. 그러한 것들 중에는 이른바 재판을 위한 점성술을 비롯해서, 어리석은 인간들이 장래 일을 대비하기 위해서 스스로 고안해 낸 온갖 종류의 예언과 점술들이 있었다. 그러나 그들은 자신은 물론이고 다른 사람들이 앞으로 그런 잘못된 것들에 빠지는 것을 원천적으로 차단하기 위해서 자신들의 책을 모두 불살랐다. 또한, 그 책들이 매우 고가였음에도 불구하고 주저하지 않고 포기한 것은 그들의 신앙심이 얼마나 뜨거웠는지를 더욱 분명하게 보여준다. 따라서 누가가 방금 전에 보도한 것이 말에 의한 "자복"이었다면, 이번에 보도한 것은 행위에 의한 "자복"이었다. 한편, 헬라인들은 모든 종류의 돈을 가리킬 때에 '아르귀리온'(ἀργύριον, "은")이라는 단어를 사용하기 때문에, 여기서 누가가 언급한 것이 로마의 고대 주화들 중에서 '세스테르티우스'(sestertius)이었는지, 아니면 '데나리온'(denarius)이었는지는 확실하지 않다. 하지만 누가가 굳이 금액을 명시한 것은 신자들이 재물과 이익을 헌신짝처럼 버렸다는 것을 우리로 하여금 알게 하기 위한 것이 확실하기 때문에, 나는 그가 말한 주화가 '데나리온'이나 그것보다 더 가치가 큰 종류의 주화였을 것임을 의심하지 않는다. 그리고 50,000데나리온이라고 했을 때, 그 가치는 프랑스 돈으로 9,000 리브르에 해당한다.

20. 이와 같이 주의 말씀이 힘이 있어 흥왕하여 세력을 얻으니라. '카타 크라토스'(κατὰ κράτος, "힘이 있어")라는 표현은 "주의 말씀"이 통상적인 방식이 아니라 아주 이례적으로 "흥왕한" 것이었음을 시사해 준다. 즉, 누가는 말씀이 이렇게 "흥왕하는" 과정에서 통상적인 것을 뛰어넘는 보기 드문 효과가 나타났다고 말한 것과 같다. 나는 "흥왕하다"라는 단어가 신자의 수를 가리키는 것으로 이해한다. 따라서 누가는 "주의 말씀"이 널리 퍼져나감에 따라서 새로운 제자들이 날마다 교회로 모여들어 신자의 수가 크게 증가하였다고 말한 것과 같다. 하지만 나는 하나님의 말씀이 "세력을 얻었다"라는 말은 신자 개개인에게 적용되는 것으로 본다. 즉, 신자들

각자는 복음에 대한 순종과 경건에 있어서 날마다 진보를 이루었고, 그들의 믿음이 더욱 깊이 뿌리를 내리게 되었다는 것이다.

21. 바울이 … 예루살렘에 가기로 작정하여. 누가는 우리로 하여금 바울의 전 생애가 하나님의 뜻에 따라서 진행되고 있다는 것을 알게 하기 위하여, 그가 예루살렘을 다녀오기로 결심한 것이 성령의 감동으로 말미암아 된 것이라고 보도한다(칼빈이 사용한 본문에는 "바울이 … 성령 안에서 작정하여"로 되어 있다 — 역주). 바울이 성령을 자신의 모든 행위를 주관하시고 감독하시는 분으로 삼은 이유는 하나님의 다스리심에 굴복할 뿐만 아니라 하나님의 인도하심에 의지하는 삶을 살고자 하였기 때문이었다. 그런 까닭에, 조금 뒤에 밝혀지겠지만, 그의 여행 계획이 자신의 희망대로 되지는 않았을지라도, 그에게는 그런 것이 전혀 문제가 되지 않았다. 하나님께서는 흔히 결과를 숨겨두신 채로 자신의 신실한 종들을 지휘하신다. 왜냐하면, 하나님께서는 그들이 비록 한 치 앞도 내다볼 수 없을 만큼 상황이 불확실한 때에도, 하나님이 자신의 성령을 통해서 그들에게 보여주신 것을 무조건적으로 따를 정도로 전적으로 하나님을 의지하기를 원하시기 때문이다. 또한, 바울이 가장 선하고 신실하며 가장 친근하고 자기와 가장 잘 맞는 동료인 디모데를 자기 곁에 두기를 포기하고 마게도냐로 보내는 것을 보면서, 우리는 바울은 자신의 유익은 전혀 생각하지 않고 오로지 교회를 위해서 자신의 모든 것을 바친 사람이었다는 것을 알게 된다.

[23]그 때쯤 되어 이 도로 말미암아 적지 않은 소동이 있었으니 [24]즉 데메드리오라 하는 어떤 은장색이 은으로 아데미의 신상 모형을 만들어 직공들에게 적지 않은 벌이를 하게 하더니 [25]그가 그 직공들과 그러한 영업하는 자들을 모아 이르되 여러분도 알거니와 우리의 풍족한 생활이 이 생업에 있는데 [26]이 바울이 에베소뿐 아니라 거의 전 아시아를 통하여 수많은 사람을 권유하여 말하되 사람의 손으로 만든 것들은 신이 아니라 하니 이는 그대들도 보고 들은 것이라 [27]우리의 이 영업이 천하여질 위험이 있을 뿐 아니라 큰 여신 아데미의 신전도 무시 당하게 되고 온 아시아와 천하가 위하는 그의 위엄도 떨어질까 하노라 하더라 [28]그들이 이 말을 듣고 분노가 가득하여 외쳐 이르되 크다 에베소 사람의 아데미여 하니(19:23-28).

23-24. 이 도로 말미암아 적지 않은 소동이 있었으니 즉 데메드리오라 하는 어떤

은장색이. 독자들은 여기서 사용된 "도"라는 단어가 라틴 철학자들이 말하는 '섹타'(secta, "분파" 또는 "종파")나 헬라 철학자들이 말하는 '하이레시스'(αἵρεσις, "학파")를 뜻하는 것임을 기억하여야 한다. 하지만 믿음으로 하나가 되어야 하는 하나님의 교회에서는 각 개인이 자기가 무엇을 따를 것인지를 자기 마음대로 정하는 것보다 더 가증스럽고 저주받을 만한 일은 없다. 그렇기 때문에, 나는 누가가 경건한 자들에게 혐오감을 줄 단어를 피해서 "종파"라는 단어 대신에 히브리어의 용법을 따라 "도"라는 단어를 사용한 것이라고 생각한다. 본론으로 돌아와서, 우리는 하나님께서 얼마나 경이롭게 자기 종을 연단시키시는지를 보게 된다. 바울은 예루살렘으로의 여행을 준비하면서, 자신이 떠난 후에 교회가 평안하기를 바라고 있었지만, 보라, 소동이 일어나리라고는 전혀 생각지도 않았던 곳에서 갑자기 소동이 일어났다. 우리는 "데메드리오"라는 인물 속에서 탐욕이 얼마나 해로운 전염병(pestis)인지를 분명히 보게 된다. 왜냐하면, 사리사욕에 눈이 먼 한 인간이 추호도 망설임 없이 사람들을 선동해서 큰 도시 전체를 온통 혼란에 빠뜨리고 있기 때문이다. 또한, 데메드리오에 의해서 점화된 횃불과 같은 존재로서 도처에 불을 퍼뜨린 자들이었던 "직공들"을 통해서 우리는 오직 배만을 위할 줄 아는 천박한 자들을 선동해서 어떤 종류의 범죄이든 저지르게 만드는 것이 얼마나 쉬운 일인지, 특히 그런 자들이 넉넉하지 않은 벌이로 하루하루 먹고 사는 사람들이고, 그들이 벌이를 할 수 있는 기회가 사라지게 될 위험에 놓여 있을 때에는 더더욱 그러하다는 것을 알게 된다.

뿐만 아니라, 우리는 이 이야기에서 우리 시대의 생생한 자화상을 볼 수 있다. 데메드리오와 그의 무리들이 소동을 일으킨 이유는 그들은 미신 덕분에 먹고 살았는데, 미신이 사라지면, 그들의 생업도 없어질 판이었기 때문이었다. 따라서 그들이 목숨을 걸고 악착같이 싸우고 있는 것은 데메드리오는 자신의 풍성한 노략물을, 나머지 사람들은 자신들의 일당을 빼앗기지 않기 위한 것이었다. 그렇다면, 오늘날 교황과 주교들과 수도사들, 그리고 교황의 모든 쓰레기 같은 성직자들은 무엇을 위해서 이렇게 열을 내고 있는 것이겠는가? 왜 그들은 미친 듯이 광분하여 복음을 대적하는가? 물론, 그들은 자신들이 가톨릭 신앙을 위해서 싸우고 있다고 자랑한다. 하지만 데메드리오도 자신이 섬기는 "아데미"를 위하여 나선 것이라고 그럴 듯한 핑계를 내세웠다. 하지만 실상을 알고 보면, 그들은 제단을 위해서 싸우고 있는 것이 아니라, 벽난로, 즉 자신들의 주방에 훈훈한 온기가 사라지지 않도록 하기 위해서 싸우고 있는 것이다. 그들은 자신들의 수입이 사라지거나 줄어들지 않게 하기 위하여, 하나님을 대적하여 끔찍한 신성모독적인 행위들을 눈 하나 꿈쩍하지 않고 행하고 있는 것이다. 그들은 자신들의 곳간에 양식을 가져다주는 미신들을 보존하는 데에만 온 힘을 쏟고 있다.

따라서 우리는 이러한 사례들을 반면교사로 삼아서, 늘 그리스도의 가르침에 부합하는 삶을 선택하고, 이익을 탐하는 충동이 우리를 불경건하고 사악한 싸움으로 밀어 넣지 못하도록 하여야 하고, 혹시 무지나 실수로 말미암아 옳지 않은 일에 종사하게 되었거나 어떤 불경건한 삶에 빠지게 된 사람들이 있다면, 그들이 그러한 신성모독을 범하지 않도록 단단히 주의를 시켜야 한다. 또한, 경건한 교사들은 온 세상에 자기 부인을 통한 평화가 정착될 때까지는(하지만 그러한 일은 결코 일어나지 않으리라는 것을 우리는 알고 있다), 결코 대적들이 그치지 않을 것임을 이 사례로부터 배워야 한다. 바울의 가르침은 데메드리오를 비롯한 모든 "은장색"들에게서 생계수단을 박탈하는 것이었기 때문에, 그들은 그러한 가르침을 없애 버리려고 분노하며 날뛴다. 하지만 육체의 모든 소욕들은 하나님을 거스르고 대적하기 때문에, 복음의 가르침을 대적하여 싸우지 않는 사람은 아무도 없다. 따라서 세상을 지배하는 육체의 욕망들이 많은 것만큼이나 그리스도를 대적하는 자들이 많은 것은 피할 수 없는 일이다. 사실, 하나님께서 사악한 자들에게 재갈을 물리셔서 소동을 피우거나 분노를 표출하지 못하게 하시는 일이 흔히 있다. 하지만 그리스도의 멍에를 메지 않으려는 자들은 복음을 항상 미워할 것이다. 그렇기 때문에, 경건하고 신실한 교사들은 언제나 수많은 원수들을 상대해야 한다는 사실을 똑똑히 기억하여야 한다. 데메드리오의 탐욕은 분명하게 드러났지만, 우리는 그가 사탄의 도구 역할을 하고 있다는 사실도 알아야 한다. 즉, 사탄은 바울의 가르침을 쓸어 버리기 위해서 온갖 수단을 모색하다가 이 유용한 도구를 찾아낸 것이다. 우리는 사탄이 그리스도와 진리를 대적하는 불구대천의 원수라는 것을 알고 있기 때문에, 사탄이 자기 밑에 하수인들을 두지 않을 것이라고 생각해서는 절대 안 된다. 그 하수인들은 사탄의 사주를 받아서 공공연히 폭력을 휘두르면서 날뛰거나, 은밀한 궤계로 복음을 말살하려고 하거나, 증오의 독기를 내뿜거나, 하다못해 최소한 불평과 불만을 늘어놓으면서 모종의 적개심을 표출한다.

25. 우리의 풍족한 생활이 이 생업에 있는데. 여기서 데메드리오는 자신의 추악한 본심을 드러낸다. 사람이 자신의 개인적인 수입원에 대해서 어느 정도 관심을 갖는 것은 당연한 일이다. 하지만 자신의 사적인 이익을 위해서 공공의 안녕을 위

협하거나, 타인의 정당한 권리를 침해하거나, 폭력과 살인을 자행하거나, 정당하고 올바른 것들을 붕괴시키려고 시도하는 것은 지극히 파렴치한 행위이다. 데메드리오는 문제의 핵심이 "사람의 손으로 만든 것들은 신이 아니라"는 바울의 말에 있다는 것을 인정하지만, 그 말이 참인지 거짓인지는 묻지 않고, 오로지 돈벌이에만 눈이 멀어서 참된 진리를 말살하려고 광분한다. 이러한 맹목성이 폭력적인 해법에 의지하도록 그를 몰아간다. 또한, "직공들"은 자신들이 빈곤과 기아에 빠질 것을 두려워하여 폭력으로 치닫는다. 왜냐하면, 배(venter)는 귀 먹고 눈멀어 있는 까닭에, 공평무사함(aequitas)과는 거리가 멀기 때문이다. 그렇기 때문에, 우리 자신의 이익이 걸려 있는 문제가 발생했을 때에는, 우리 각자는 우리 자신을 좀 더 조심스럽게 돌아보아서, 데메드리오 일당을 광분하게 만들었던 그러한 탐욕이 우리로 하여금 의와 불의, 추악한 짓과 존귀한 행위를 분별하지 못하게 하여, 불의하고 추악한 짓을 닥치는 대로 행하게 하지 못하도록 하여야 한다.

27. 우리의 이 영업이 천하여질 위험이 있을 뿐 아니라. 무엇보다도 먼저, 데메드리오가 신앙을 이차적인 것으로 치부해 버린 것은 본말이 전도된 것이다. 왜냐하면, 신보다 배를 앞세우는 것만큼 어리석은 일은 없기 때문이다. 하지만 아데미 여신에 대한 예배가 위태로워질 것이라는 그의 항의도 공허하기는 마찬가지이다. 왜냐하면, 만일 바울의 가르침으로 말미암아 그가 아무런 손해도 입지 않았다면, 그는 조용히 집에 들어앉아 있었을 것이기 때문이다. 그는 아데미 여신에 대한 예배 문제로 골머리를 앓지도 않았을 것이고, 다른 사람들을 성가시게 하지도 않았을 것이다. 결국 그가 이렇게 분노하며 소동을 일으키고 있는 것은 자기 사업이 타격을 받았기 때문이었다. 사실, 그는 자신과 동료들이 바울의 가르침에 맞서 싸울 정당한 명분을 갖고 있지 못한 것을 알았기 때문에, 엉뚱한 명분과 이유를 끌어다 대려고 부산을 떨고 있는 것일 뿐이다. 따라서 그는 신앙라는 미명 하에 자신의 수치스러운 악을 은폐하고 있는 것이다. 이렇게 불경건한 자들은 자신들이 하나님을 대적해서 들고 일어난 것이 아무리 명분이 없고 가당치 않은 짓이라고 할지라도, 후안무치하게도 허울 좋은 구실을 찾으려고 분주히 움직인다. 그러나 하나님께서는 그들이 자신을 조롱하는 것을 용납하지 않으시고, 도리어 그들의 허울뿐인 핑계와 구실을 백일하에 드러내신다. 데메드리오의 위선을 밝히기 위해서 군이 다른 증거는 필요하지 않다. 왜냐하면, 그는 자기가 입을 사적인 손실을 염려하는 말을 자기 입으로 함으로써 스스로를 단죄하고 있기 때문이다. 오늘날 교황주의자들의 행태도

이것과 조금도 다르지 않다. 그들은 후안무치하게도 자신들이 가톨릭 신앙과 거룩한 어머니인 교회의 수호자라고 자랑을 늘어놓는다. 하지만, 실상은 어떠한가? 그들은 말로는 하나님에 대한 자신들의 열심에 대해서 입에 거품을 물고 얘기하지만, 실제로 그들의 벌린 입에서는 주방의 진수성찬 냄새만 풍겨날 뿐이다. 하지만 우리에게 확고하게 진정으로 신앙을 수호할 생각이 있다면, 우리는 오로지 하나님의 영광만이 드러나도록 하기 위하여 우리 자신의 이익 따위는 잊어버려야 한다.

27. 온 아시아와 천하가 위하는. 이 말만을 놓고 보면, 온 천하가 공경하고 숭배하는 아데미 여신의 위엄이 땅에 떨어지는 것은 데메드리오에게는 참을 수 없는 일로 보인다. 미신을 숭배하는 자들이 대다수의 사람들이 자신들에게 동조하고 있다고 주장하는 것은 아주 흔한 강변이지만, 대다수의 사람들이 지지한다고 해서 그것이 참된 신앙이 되는 것은 아니다. 오늘날 단순하고 무지한 자들은 많은 사람들을 기쁘게 하는 것은 비록 그것이 아무리 어리석고 분별 없는 것일지라도 적법한 것으로 받아들여져야 한다고 생각하기 때문에, 모든 곳에서 관행적으로 받아들여져 행해지고 있는 잘못된 것들을 내버릴 엄두를 내지 못한다. 그렇기 때문에, 그들은 단지 관습(consuetudo)이라는 명분을 들이대면서 하나님을 압박하고 대적하기를 주저하지 않는다. 그러나 하나님께서는 우리에게 그것과는 전혀 다른 척도(regula)를 제시하시는데, 그것은 우리가 오직 하나님의 권위만으로 만족하고, 사람들의 의견이나 우리의 이익이나 많은 민족들의 관습 같은 것들을 돌아보지 않아야 한다는 것이다.

²⁹온 시내가 요란하여 바울과 같이 다니는 마게도냐 사람 가이오와 아리스다고를 붙들어 일제히 연극장으로 달려 들어가는지라 ³⁰바울이 백성 가운데로 들어가고자 하나 제자들이 말리고 ³¹또 아시아 관리 중에 바울의 친구된 어떤 이들이 그에게 통지하여 연극장에 들어가지 말라 권하더라 ³²사람들이 외쳐 어떤 이는 이런 말을, 어떤 이는 저런 말을 하니 모인 무리가 분란하여 태반이나 어찌하여 모였는지 알지 못하더라 ³³유대인들이 무리 가운데서 알렉산더를 권하여 앞으로 밀어내니 알렉산더가 손짓하며 백성에게 변명하려 하나 ³⁴그들은 그가 유대인인 줄 알고 다 한 소리로 외쳐 이르되 크다 에베소 사람의 아데미여 하기를 두 시간이나 하더니(19:29-34).

29. 온 시내가 요란하여. 여기서 누가는 사람들의 본성을 마치 한 폭의 그림처럼

생생하게 보여준다. 마치 수천 채의 가옥에 불이 난 것처럼, 순식간에 온 시내가 한 바탕 소동에 휩싸였다. 하지만 이러한 폭풍이 한 번 발생하면, 그것을 잠재우는 것은 쉬운 일이 아니다. 하지만 그리스도의 종들은 이러한 재난을 피할 수 없기 때문에, 불굴의 의지로 군건하게 무장하고, 무리들의 소동에 담대하게 대처하여야 하며, 무리들이 술렁대며 동요하는 것을 볼 때에도 마치 새롭고 기이한 일을 당한 양 허둥대지 말아야 한다. 따라서 바울은 다른 곳에서 자신이 "난동" 가운데서도 의연하게 대처한 것을 자랑한다(고후 6:5). 사람들이 이와 같이 거센 풍랑으로 말씀 사역자들을 심하게 뒤흔들 때, 하나님께서는 자신의 교회를 주관하실 뿐만 아니라 모든 풍랑과 파도도 통제하고 있고, 필요한 경우에는 즉시 그 풍랑을 잔잔하게 하실 것이라는 확신을 그들에게 주심으로써 그들을 최고의 위로로 붙들어 주시고 최상의 확신으로 견고하게 해주신다. 따라서 우리는 우리가 풍랑이 이는 바다 위를 항해하여야 한다는 것, 우리 자신이 그러한 분난을 일으킨 장본인이라는 비방도 감수해야 한다는 것, 그 어떤 것도 우리로 하여금 우리의 본분과 의무를 포기하게 만들 수 없다는 것을 알아야 한다. 우리는 그러한 길을 헤쳐 나가면서 적지 않은 곤욕을 치러야 하지만, 그럼에도 불구하고 하나님께서는 적어도 우리가 난파당해서 가라앉도록 내버려 두지는 않으신다. 한편, 소동이라는 것이 원래 혼란스러운 것이기는 하지만, 우리는 사람들이 항상 상황을 더 악화시키는 방향으로 치닫는 것을 보는데, 지금 에베소 사람들이 가이오와 아리스다고를 붙잡아 끌고 가고, 알렉산더가 말하고자 하는 것을 미친 듯이 고함을 지르며 훼방한 것이 바로 그런 것이다. 만일 사탄이 그들의 마음을 장악하고 지배해서 이렇게 악한 생각에만 몰두하게 만든 것이 아니라면, 어떻게 이런 일들이 일어날 수 있겠는가? 이것 말고도 또 다른 이유가 있었다. 즉, 거짓 고소에서 야기된 선입견이 사람들의 마음을 사로잡아 버렸기 때문에, 사람들은 이 사건에 대해서 더 이상 알아볼 생각도 하지 않았다는 것이다.

30. 바울이 백성 가운데로 들어가고자 하나 제자들이 말리고. 우리는 여기서 겸손함에서 나온 바울의 불굴의 담대함을 보게 된다. 그는 안전하게 몸을 숨길 수도 있었지만, 기꺼이 위험에 몸을 맡긴다. 하지만 사태의 심각성을 좀 더 잘 파악하고 있던 "제자들"이 만류했을 때, 그는 그들의 조언을 거부하지 않았다. 만일 그가 제자들의 만류를 뿌리치고 앞으로 나섰다고 하더라도, 우리는 그의 그러한 행동을 경솔한 것으로 치부해서는 안 된다. 어떠한 소동도 바울이 잘못해서 일어난 적은 없었다. 그렇다면, 특히 자기가 나섰을 때에 결과가 더 좋아질 가능성도 없지 않은 상

황에서, 그가 자신의 목숨을 걸지 못할 이유가 어디 있겠는가? 그러나 당시의 사정을 아주 잘 알고 있던 형제들과 친구들이 만류했을 때, 자신의 뜻을 고집하지 않은 그의 겸손함은 칭찬 받을 만하다.

33. 유대인들이 무리 가운데서 알렉산더를 권하여 앞으로 밀어내니. 유대인들이 "알렉산더"를 앞으로 밀어낸 것은 그로 하여금 유대 민족을 위하여 변론하게 하려는 것이 아니라, 그를 무리들에게 넘겨주어 죽임을 당하게 하려는 것이었다고 생각된다. 무리들은 그가 유대인이라는 것을 알고는, 그가 사건의 전말에 대하여 말하고자 했을 때, 아우성을 쳐서 그의 말을 가로막으며 귀를 기울이는 것조차 거부한다. 여기에 나오는 알렉산더가 바울이 자신의 서신들에서 언급하고 있는 알렉산더와 동일 인물인지는 확실하지 않지만, 나는 충분히 그럴 가능성이 있다고 생각한다(딤전 1:20; 딤후 4:14). 만약 이 둘이 동일 인물이라면, "알렉산더"라는 인물과 관련된 이 끔찍한 사례를 통해서 우리는 사탄이 우리를 알렉산더처럼 배교로 이끌어 가지 못하도록 조심하여야 한다는 것을 배우는 것이 마땅하다. 왜냐하면, 여기서 순교자가 될 뻔하였던 알렉산더는 나중에 양심을 다 팔아 먹고 사악한 배교자가 되었기 때문이다.

34. 외쳐 이르되 크다 에베소 사람의 아데미여. 진실성이 결여된 고백, 즉 마음에 있는 진정한 신앙으로부터 우러나오지 않은 고백은 사실 소음에 불과하다. 그들이 아데미 여신이 위대하다고 소리 높여 외치고 있지만, 실제로 아데미는 신이 아니고, 그들은 단지 자신들이 물려받은 악습을 옹호하기 위하여 광분하고 있는 것이 아닌가? 하지만 참된 신앙은 그런 것과는 판이하게 다르다: "사람이 마음으로 믿어 의에 이르고 입으로 시인하여 구원에 이르느니라"(롬 10:10). 바로 이 점에서 순교자들의 한결같은 신앙과 열심은 마시고 떠들어대는 자들(bacchantes, "바쿠스 축제를 거행하는 자들"), 즉 우상 숭배자들의 무절제함과 모든 정신 나간 자들의 완악함과 다르다. 우상을 숭배하는 자들은 이렇게 소리 높여 자신들의 신을 찬양하고 고백하는데, 확실한 믿음을 지닌 자들이 그 믿음을 솔직하고 담대하게 고백하지 못한다면, 우리의 무기력함과 비겁함은 정말 부끄러운 것이 아닐 수 없다. 왜냐하면, 우리는 하나님의 성령께서 다윗의 입을 빌려서 우리에게 주신 말씀을 듣고 있기 때문이다: "내가 믿는고로 말하리라"(시 116:10).

[35]서기장이 무리를 진정시키고 이르되 에베소 사람들아 에베소 시가 큰 아데미와 제

우스에서 내려온 우상의 신전지기가 된 줄을 누가 알지 못하겠느냐 [36]이 일이 그 렇지 않다 할 수 없으니 너희가 가만히 있어서 무엇이든지 경솔히 아니하여야 하리 라 [37]신전의 물건을 도둑질하지도 아니하였고 우리 여신을 비방하지도 아니한 이 사 람들을 너희가 붙잡아 왔으니 [38]만일 데메드리오와 그와 함께 있는 직공들이 누구 에게 고발할 것이 있으면 재판 날도 있고 총독들도 있으니 피차 고소할 것이요 [39]만 일 그 외에 무엇을 원하면 정식으로 민회에서 결정할지라 [40]오늘 아무 까닭도 없는 이 일에 우리가 소요 사건으로 책망 받을 위험이 있고 우리는 이 불법 집회에 관하 여 보고할 자료가 없다 하고 [41]이에 그 모임을 흩어지게 하니라(19:35-41).

35. 서기장이 무리를 진정시키고 이르되.   여기서 누가는 소동은 진정되었지만, 그럼에도 불구하고 지각없는 무리들 가운데서 미신이 여전히 창궐하고 있었고, 하 나님의 진리에 귀를 기울이는 사람이 없었다는 것을 보여준다. 관리들이 늘 그렇듯 이, 이곳의 "서기장"도 사건의 진상에 대해서는 알려고 하지도 않고, 무슨 수를 써 서라도 흥분한 군중들을 진정시키기만 하면 그것으로 충분하다고 생각하였기 때문 에, 이 사건의 진상은 수면 밑으로 가라앉아 버리게 되었다. 두말할 필요도 없이 서 기장은 데메드리오의 악의를 간파하였고, 그가 자신의 사리사욕을 채우기 위해서 종교를 빌미로 온 도시를 소란에 빠뜨렸다는 것도 알고 있었지만, 무지몽매한 백성 들은 그러한 환부를 모르고 있기 때문에, 괜히 건드렸다가는 말썽만 나겠다고 생각 해서 그것을 건드리려고 하지는 않고, 대신에 이 분규를 수습하기 위한 목적으로 참 신도 아닌 아데미 여신을 칭송하고, 미신적인 아데미 숭배를 옹호하고 나선다. 만 일 바울이 당시에 "연극장"에 있었다면, 그는 목숨을 부지하기 위하여 이런 상황을 묵인하기보다는 차라리 백 번 죽는 한이 있더라도 진실을 말하였을 것이다. 왜냐하 면, "서기장"은 아데미 여신의 명령을 받고 그렇게 말한 것은 아니었지만, 사악하게 도 공공장소에서 자기가 마치 하늘로부터 주어진 교훈의 증인이자 선포자인 양 위 장한 것이기 때문이다. 서기장은 에베소 사람들이 섬기고 있는 우상이 "하늘로부 터" 내려온 것이고, 바울과 그의 동료들이 이 여신을 비방한 것도 아니라고 단언한 다. 이때 만일 바울이 침묵을 지킨다면, 그것은 서기장의 날조된 변명을 인정하는 셈이 될 것인데, 그런데도 그가 아무 말도 안 하고 있을 수 있었을까? 그렇게 침묵하 는 것은 "우상"에게 굴복하는 것이 될 것이었다. 따라서 형제들의 만류로 바울이 "연극장"에 들어가지 않았다는 누가의 보도는 이런 상황과 연관이 있었음이 분명하

다.

37-38. 신전의 물건을 도둑질하지도 아니하였고 … 재판 날도 있고 총독들도 있으니. 바울과 그의 형제들이 "신전의 물건을 도둑질하지도 아니하였다"는 서기장의 말은 정확한 사실이지만, "여신을 비방하지도 않았다"는 말은 신성모독에 관한 그의 잘못된 견해에서 비롯된 것이다. 왜냐하면, 모든 미신은 속되고 부패한 것인 까닭에, 오직 하나님께만 합당한 영광을 우상들에게 돌리는 것이 신성모독이기 때문이다. 여기서 두드러지는 것은 그의 경건이 아니라 그의 육신적인 지혜이다. 왜냐하면, 그의 관심은 오로지 소요를 진정시키는 데에만 있었기 때문이다. 따라서 그는 데메드리오가 개인적으로 고발할 일이 있으면, 법정과 총독을 이용하면 될 것이고, 공적인 사안들은 개인이 자신의 사사로운 소견을 따라 사람들을 선동해서 끌어 모은 소란스러운 집회에서가 아니라, "총독"의 명으로 소집된 합법적인 민회에서 다루어져야 한다는 해법을 결론적으로 제시한다. 누가가 여기서 "총독들"이라는 복수형을 사용한 것은 아시아 지역에 여러 명의 "총독"이 있었기 때문이 아니라, 총독의 대리인들이 법정을 주재하는 경우가 종종 있었기 때문이다. 또한, 서기장은 에베소 사람들이 "불법 집회"를 연 것에 대하여, 그들이 총독으로부터 벌을 받을 수도 있다고 겁을 주어서, 그들로 하여금 순순히 자신의 말을 듣게 하는 수법도 사용한다.

제20장

¹소요가 그치매 바울은 제자들을 불러 권한 후에 작별하고 떠나 마게도냐로 가니라 ²그 지방으로 다녀가며 여러 말로 제자들에게 권하고 헬라에 이르러 ³거기 석 달 동안 있다가 배 타고 수리아로 가고자 할 그 때에 유대인들이 자기를 해하려고 공모하므로 마게도냐를 거쳐 돌아가기로 작정하니 ⁴아시아까지 함께 가는 자는 베뢰아 사람 부로의 아들 소바더와 데살로니가 사람 아리스다고와 세군도와 더베 사람 가이오와 및 디모데와 아시아 사람 두기고와 드로비모라 ⁵그들은 먼저 가서 드로아에서 우리를 기다리더라 ⁶우리는 무교절 후에 빌립보에서 배로 떠나 닷새 만에 드로아에 있는 그들에게 가서 이레를 머무니라(20:1-6).

1-2. 소요가 그치매 바울은 제자들을 불러 권한 후에 작별하고 떠나 마게도냐로 가니라 그 지방으로 다녀가며 여러 말로 제자들에게 권하고. 이 장에서 누가는 바울이 예루살렘으로 올라가기 위해서 어떻게 아시아를 떠나서 바다를 건너게 되었는지를 보도한다. 이 기사 속에 기술된 모든 내용을 하나하나 깊이 묵상하는 것이 마땅하겠지만, 이 기사가 말하고자 하는 것은 긴 설명을 필요로 하지는 않는다. 즉, 교회는 폭풍과 격랑 속에서 하나님의 놀라운 능력으로 말미암아 온전하게 보전되었다는 것이다. 에베소 교회는 그때까지도 일천하고 연약하였다. 따라서 예기치 않은 소동을 한 차례 겪고 난 신자들이 그러한 격랑이 수시로 몰려오지는 않을까 하고 두려워하였던 것은 어쩌면 당연한 일이었다. 바울도 그들을 떠나고 싶어 하지 않았다는 것은 의심의 여지가 없다. 그럼에도 불구하고, 다른 곳으로 가야 할 더 큰 필요가 있었기 때문에, 그는 부득이하게 갓 태어난 자녀들, 그것도 난파될 위기를 한 고비 겨우 넘긴 자녀들을 물결이 출렁대는 바다 한가운데에 두고 떠날 수밖에 없었다. 바울이 떠나는 것은 그들로서도 슬프고 가슴 아픈 일이었지만, 자신들로 말미암아 다른 교회들에 해가 돌아가지 않게 하기 위해서, 그들은 그를 붙잡거나 만류하지 않았다. 이것을 통해서 우리는 그들이 자신들만 위하는 사람들이 아니라, 그리스도의 나라를 사랑하여 늘 노심초사하는 사람들이었기 때문에, 다른 형제들

을 그들 자신들과 똑같이 생각하여 공동의 유익을 도모하였음을 알게 된다. 우리는 이러한 모범을 각별히 유념해서, 오늘날 같은 이 통탄스러운 분열의 시기에 서로를 돕는 일에 힘써야 한다. 하지만 우리가 유익한 도움을 받지 못하는 일이 생기더라도, 우리는 하나님께서 우리가 타고 있는 배의 키를 쥐고 계시다는 것을 알고 흔들리지 말아야 한다. 한편, 우리는 바울이 아무 말 없이 형제들을 떠난 것이 아니라, 그들을 위로하고 권면한 후에 떠났다는 사실을 주목하여야 한다. 마찬가지로, 누가는 곧이어서 바울이 마게도냐 지방의 교인들을 "여러 말로" 길게 권면한 사실을 보도한다. 즉, 바울은 그들에게 자신들이 해야 할 일들이 무엇인지를 한 번 상기시켜 주는 것으로 충분하다는 듯이 건성으로 권면한 것이 아니라, 다른 곳에서 디모데에게 하라고 했던 것과 똑같이(딤후 4:2), 그들로 하여금 자신들이 명심해야 할 일들을 결코 잊어버리지 않도록 하기 위해서 무례하게 생각될 정도까지 철저하게 주지시켰다.

3-6. 유대인들이 자기를 해하려고 공모하므로. 하나님께서는 자신의 종 바울을 통해서 우리에게 불굴의 담대한 신앙이 무엇인지 그 본보기를 보여주시려는 듯이, 그로 하여금 다양한 방식으로 끊임없이 믿음의 싸움을 하셔서 그를 연단시키신다. 그가 길고도 힘든 여행을 통해서 고생하고 수고하여 녹초가 된 것만으로는 충분하지 않다는 듯이, 그의 목숨을 노리는 음모가 그를 기다리고 있었다. 그리스도의 모든 종들은 바울이 당한 이 일을 늘 자신의 거울로 삼아서, 어떠한 괴롭고 힘든 일이 닥쳐도 좌절하는 일이 없어야 한다. 하지만 바울이 자신을 기다리고 있는 음모를 피하기 위해서 다른 곳으로 발길을 돌렸다는 사실은 우리가 우리 자신의 목숨을 보살펴야 하며 경솔하게 위험 속으로 뛰어들어서는 안 된다는 것도 우리에게 아울러 보여준다. 한편, 바울과 함께 동행한 사람들은 그들이 그렇게 동행하였다는 사실 자체만으로도 그들의 경건이 어떠하였는지를 그대로 증언해 준다. 또한, 여러 민족들 가운데서 선택된 몇 사람이 바울을 위해서 큰 희생을 마다하지 않고 고되고 힘든 여행길을 함께 하였다는 사실 속에서, 우리는 바울의 목숨이 믿는 자들에게 얼마나 소중했는지를 새삼 알게 된다. 누가는 바울이 "무교절" 기간 동안 빌립보에 머물렀다고 보도한다. 이것은 이때가 가르침을 베풀기에 좋은 기회였기 때문이기도 하였고, 율법이 폐하여졌다는 것이 아직까지는 널리 알려져 있지 않았던 까닭에, 바울이 무교절을 무시한다면, 무지한 자들이 바울을 하나님을 멸시하는 자라고 생각할 우려가 있었기 때문이기도 하였다. 하지만 나는 바울이 가르침을 베풀 좋은 기

회를 놓치려 하지 않은 것이라고 본다. 왜냐하면, 통상적으로 유대인들은 절기 때에 가르침을 받는 일에 더 큰 관심을 가졌기 때문이다.

⁷그 주간의 첫날에 우리가 떡을 떼려 하여 모였더니 바울이 이튿날 떠나고자 하여 그들에게 강론할새 말을 밤중까지 계속하매 ⁸우리가 모인 윗다락에 등불을 많이 켰는데 ⁹유두고라 하는 청년이 창에 걸터 앉아 있다가 깊이 졸더니 바울이 강론하기를 더 오래 하매 졸음을 이기지 못하여 삼 층에서 떨어지거늘 일으켜보니 죽었는지라 ¹⁰바울이 내려가서 그 위에 엎드려 그 몸을 안고 말하되 떠들지 말라 생명이 그에게 있다 하고 ¹¹올라가 떡을 떼어 먹고 오랫동안 곧 날이 새기까지 이야기하고 떠나니라 ¹²사람들이 살아난 청년을 데리고 가서 적지 않게 위로를 받았더라 ¹³우리는 앞서 배를 타고 앗소에서 바울을 태우려고 그리로 가니 이는 바울이 걸어서 가고자 하여 그렇게 정하여 준 것이라(20:7-13).

7. 그 주간의 첫날에 우리가 떡을 떼려 하여 모였더니. 누가가 말한 "안식일들의 한 날"(한글개역개정에는 "그 주간의 첫날")은 안식일이 지나고 바로 다음 날인 한 주간의 첫날, 또는 어느 특정한 안식일이었을 것이다. 오랜 관습으로 인해서 안식일이 모임을 갖기에 더 적절한 날이었을 것이라는 이유에서, 나는 후자의 가능성이 더 크다고 본다. 그러나 복음서 기자들이 히브리어의 어법을 따라서 "첫날"이라는 표현 대신에 "한 날"이라는 표현을 쓴 것(마 28:1; 눅 24:1; 요 20:1)은 드문 일이 아니었기 때문에, 믿는 자들이 안식일이 지나고 바로 다음 날에 모임을 가졌다고 보는 것도 전혀 무리가 없다. 한편, "안식일들의 한 날"이 단순히 "어느 한 날"을 의미하는 것일 가능성은 거의 없어 보인다. 왜냐하면, 누가가 "안식일들"이라고 말한 이유는 가장 적절한 때가 선택되었다는 것을 보여주기 위한 것이었다고 해야 하기 때문이다. 또한, 바울은 자신이 떠나기에 앞서 모든 제자들을 좀 더 수월하게 한 곳에 모으기 위해서 안식일을 기다린 것일 가능성이 매우 높다. 하지만 우리가 여기서 주목해야 할 것은 그들 모두의 열정(fervor)이다. 왜냐하면, 바울은 긴 여행을 떠날 시간이 임박했음에도 불구하고 밤늦게까지 가르치는 일을 마다하지 않았고, 믿는 자들도 바울로부터 가르침 받는 것에 전혀 싫증을 내지 않았기 때문이다. 또한, 바울이 밤늦게까지 강론을 계속한 이유도 오직 청중들의 열심과 관심 때문이었다.

7. 우리가 떡을 떼려. 히브리어에서 "떡을 떼다"라는 표현은 종종 가정에서의 만

찬을 의미하지만, 나는 다음과 같은 두 가지 이유로 여기서 이 표현은 성찬을 가리키는 것이라고 본다. 먼저, 우리는 뒤에 나오는 내용으로부터 거기에 많은 사람들이 모여 있었다는 사실을 쉽게 추정할 수 있는데, 이러한 사실은 만찬은 가정집에서만 준비될 수 있었다는 것과 부합하지 않는다는 것이다. 다음으로, 누가가 조금 후에 말하듯이, 바울은 저녁 식사 시간이 아니라 한밤중에 떡을 떼어 먹었다. 게다가, 누가는 바울이 식사를 하기 위해서 떡을 떼었다고 말하는 것이 아니라, 단지 맛보기 위해서 떡을 떼었다고 말한다(11절의 "떡을 떼어 먹고"에서 "먹고"로 번역된 헬라어는 문자적으로는 "맛보다"의 뜻이고, 칼빈도 자신의 사역에서 이 헬라어를 동일한 의미를 지닌 라틴어 '구스타레'[gustare]로 옮긴다 — 역주). 따라서 나의 결론은 이렇다. 즉, 그들은 그들 모두가 좀 더 편하게 참여할 수 있는 날을 주의 성찬을 거행하기 위한 거룩한 날로 정했고, 바울은 자신의 장기간의 부재로 말미암아 말씀을 전할 수 없게 된 것을 다소나마 보충하기 위해서, 그 날은 평소보다 좀 더 길게 강론하였다는 것이다. 내가 앞에서 거기에는 상당히 많은 사람들이 모였다고 말한 것은 누가가 사람들이 "윗다락에 등불을 많이 켰다"(8절)고 말한 사실에 근거를 둔 것이다. 왜냐하면, 아무런 필요가 없는데도 그렇게 하는 것은 쓸데 없는 낭비이고 허영인 까닭에, 사람들이 그렇게 한 것은 장식용이나 과시용이 아니라, 실제적인 필요에 의한 것이었음이 분명하기 때문이다. 또한, 집안 전체를 환히 밝히는 것은 이 거룩한 집회가 행여 부끄럽거나 사악한 모임으로 의심받지 않도록 하기 위해서도 적절한 것이었다. 또 한 가지 가능한 추론은 만일 "윗다락"이 꽉 차지 않았다면 거기에 앉아 있던 사람들이 "유두고라 하는 청년"이 창에 걸터앉는 것을 내버려 두지 않았으리라는 것이다. 왜냐하면, 방에 빈자리가 있는데도 불구하고 따로 떨어져서 창에 걸터앉아서 강론을 듣는 것은 하늘의 가르침을 무시하고 배척하고자 하는 의도가 담긴 방자한 태도를 보이는 것이기 때문이다.

9. 유두고라 하는 청년이 … 졸음을 이기지 못하여. 나는 일부 주석자들이 이 청년이 졸은 것을 그렇게 신랄하게 정죄하며 비난하면서, 그가 영적으로 무감각해서 그 벌로 죽은 것이라고 말하는 이유를 모르겠다. 한밤중에 잠과 씨름하다가 결국 거기에 지고 만 것이 무엇이 이상한 일인가? 또한, 그가 자신의 의지 및 기대와는 달리 잠에 져서 깊은 잠에 빠져들었다는 사실로부터, 우리는 그가 일부러 잠을 청한 것이 아니라는 것을 알 수 있다. 만일 그가 잠자기에 좋은 자리를 찾고자 한 것이라면, 그것은 그의 영적 나태함을 보여주는 증표가 될 수 있을 것이다. 하지만 창에 걸

터앉아 있던 그가 잠에 빠져든 것은 그의 잘못이라기보다는 순전히 본성의 연약함에 굴복한 것이 아니고 무엇이겠는가? 그것은 굶주림이나 과로로 정신을 잃은 것과 다를 것이 없지 않은가? 세상적인 염려에 빠져서 말씀으로 나아오는 것을 시큰둥하게 여기는 자들, 음식과 포도주를 실컷 먹어서 잠이 몰려오는 그런 자들, 다른 일들에는 바짝 신경을 쓰지만 말씀은 건성으로 듣는 자들 — 이런 자들이 비몽사몽간에 헤매는 것은 비난받아 마땅하다. 하지만 유두고가 자정을 넘긴 시간에 깊은 잠에 빠져 삼 층에서 떨어진 것이라고 누가가 말한 것은 그에게는 잘못이 전혀 없다는 것을 분명하게 보여준 것이다.

한편, 하나님께서는 이 "청년"이 잠든 것과 죽은 것을 통해서 자기 백성의 믿음을 일깨우셔서, 그들이 바울의 가르침을 더욱 열심으로 받아서 마음속 깊은 곳에 철저히 새기게 되기를 원하셨다. 하지만 여기까지만 놓고 보면, 이 사건은 결코 만만한 시험이 아니었고, 심지어 믿음이 아주 견고한 사람조차도 흔들어 놓을 수 있는 그러한 시험이었다. 왜냐하면, 이 모임에 왔던 한 가엾은 "청년"이 사고로 떨어져 죽었다면, 그리스도께서 이 모임을 주관하신다고 생각할 사람이 아무도 없을 것이었고, 한 걸음 더 나아가 이 사건이 하나님의 저주를 보여주는 증표라고 생각하지 않을 사람이 없었을 것이기 때문이다. 하지만 하나님께서는 즉시 국면을 반전시키셔서, 그러한 염려들을 일거에 불식시키신다.

10. 바울이 내려가서 그 위에 엎드려 그 몸을 안고 말하되. 우리는 사도들이 이 적들을 행할 때에 그 이적들의 근원이 되시는 하나님께 영광을 돌리기 위해서 모종의 외적인 의식들을 종종 행하였다는 것을 알고 있다. 하지만 바울이 여기서 이 "청년"의 몸 위에 "엎드린 것"은 단지 기도에 더욱 집중하기 위한 것이었다고 나는 생각한다. 그는 마치 그 시신과 한 몸이 되려는 듯이 행동한다. 이것은 엘리사를 모방한 행동이었을 수도 있다. 왜냐하면, 성경의 거룩한 역사는 엘리사가 이와 비슷한 일을 행하였다고 보도하기 때문이다(왕하 4:34). 하지만 바울은 이 선지자를 흉내 내기 위해서 그렇게 한 것이 아니었고, 도리어 이 청년을 불쌍히 여기는 뜨거운 마음에서 그런 행동이 나온 것이었다. 왜냐하면, 그는 이 청년의 목숨을 위해서 하나님께 전심전력으로 기도할 수 있는 더욱 큰 동력을 얻기 위해서 그렇게 이 청년의 시신과 하나가 되고자 한 것이기 때문이다. 마찬가지로, 그는 이 청년의 시신을 안는 행위를 통해서, 자기가 이 청년을 살려 주시도록 하나님께 바치고 있음을 보여준다. 또한, 문맥을 통해서 우리는 그가 이 청년의 목숨이 돌아온 것을 알게 될 때까

지 계속해서 안고 있었을 것임을 알게 된다.

10. 떠들지 말라 생명이 그에게 있다. 우리가 주목해야 할 것은 이 서글픈 사건으로 말미암아 경건한 자들의 믿음이 흔들리거나 그들의 마음이 혼란에 빠지지 않도록 하는 것이 바울의 최대 관심사였고, 하나님께서는 바울이 드로아에서 행한 이 마지막 "강론"을 마치 인을 치시듯이 그들 가운데서 확고하게 인준하셨다는 것이다. 바울이 "생명이 그에게 있다"고 말한 것은 이 청년이 죽었다는 사실을 부인한 것이 아니라, 하나님의 은혜로 말미암아 생명이 이 청년에게로 다시 돌아왔다는 것을 뜻한다. 왜냐하면, 만일 바울이 이 청년이 죽지 않았다고 생각한 것이었다면, 그는 이 이적의 영광을 제거해 버린 것이 될 것이기 때문이다. 나는 "사람들이 … 적지 않게 위로를 받았더라"는 누가의 보도 속에는 거기에 모여 있던 신자들이 이 "청년"이 살아난 것에 대하여 안도의 한숨을 쉬며 크게 기뻐하였다는 뜻만이 아니라, 하나님께서 그들을 사랑하신다는 놀라운 증거를 그들에게 보여주신 까닭에, 그들의 믿음이 더욱 견고해졌다는 뜻도 포함되어 있다고 본다.

13. 우리는 앞서 배를 타고 … 바울이 걸어서 가고자 하여. 바울이 앗소까지 "걸어서" 가는 쪽을 택한 이유가 바다 여행이 그에게 힘들었기 때문이었는지, 아니면 가는 도중에 형제들을 방문하기 위한 것이었는지는 확실하지 않지만, 나는 당시에 그가 건강상의 이유 때문에 바다 여행을 피한 것이라고 생각한다. 하지만 그가 자신의 동료들을 배려한 것은 칭찬 받을 만한 일이었다. 왜냐하면, 그가 그들을 따로 보낸 것은 오로지 그들로 하여금 자신으로 말미암아 고생하지 않도록 하기 위한 것이었기 때문이다. 우리는 이렇게 그들이 경쟁하듯 서로가 서로에게 호의와 친절을 베풀고 있는 것을 보게 된다. 그들은 언제라도 기꺼이 바울을 섬길 준비가 되어 있었고, 바울은 결코 가혹한 감독관이 아니었던 까닭에 그들을 득달하는 것이 아니라, 도리어 그들이 기꺼이 수행하고자 한 의무들을 먼저 나서서 너그럽게 면제해 준다. 바울은 자신의 유익은 구하지 않고, 그들로 하여금 그들 자신에게 좋고 편리한 것을 하게 하였다. 지리학자들이 앗소를 트로이 지방에 있는 도시로 보는 것은 잘 알려진 사실이다. 플리니우스(Plynius)의 증언에 따르면, 이 도시는 아폴로니아(Apollonia)라고도 불렸다고 한다. 이 도시는 아이톨리아(Aetolia)의 식민지였다.

[14]바울이 앗소에서 우리를 만나니 우리가 배에 태우고 미둘레네로 가서 [15]거기서 떠나 이튿날 기오 앞에 오고 그 이튿날 사모에 들르고 또 그 다음 날 밀레도에 이르니

라 ¹⁶바울이 아시아에서 지체하지 않기 위하여 에베소를 지나 배 타고 가기로 작정하였으니 이는 될 수 있는 대로 오순절 안에 예루살렘에 이르려고 급히 감이러라 ¹⁷바울이 밀레도에서 사람을 에베소로 보내어 교회 장로들을 청하니 ¹⁸오매 그들에게 말하되 아시아에 들어온 첫날부터 지금까지 내가 항상 여러분 가운데서 어떻게 행하였는지를 여러분도 아는 바니 ¹⁹곧 모든 겸손과 눈물이며 유대인의 간계로 말미암아 당한 시험을 참고 주를 섬긴 것과 ²⁰유익한 것은 무엇이든지 공중 앞에서나 각 집에서나 거리낌이 없이 여러분에게 전하여 가르치고 ²¹유대인과 헬라인들에게 하나님께 대한 회개와 우리 주 예수 그리스도께 대한 믿음을 증언한 것이라(20:14-21).

16-17. 바울이 … 작정하였으니. 바울이 오순절에 맞춰 예루살렘에 올라가려고 서둘렀던 데에는 매우 중요한 이유가 있었다는 것은 의심의 여지가 없고, 그것은 그가 그 날을 특별히 거룩한 날로 여겼기 때문이 아니라, 많은 사람들이 명절을 맞이하여 사방에서 예루살렘으로 모여들었기 때문이었다. 그는 수많은 인파가 몰리는 때를 이용해서 어느 정도 열매를 거두고자 했기 때문에 그러한 기회를 결코 놓치고 싶지 않았던 것이다. 따라서 우리는 그가 율법을 따라 드려지는 예배에 참석하기 위해서 그처럼 서두른 것이 아니었고, 그의 마음속에는 오직 교회를 세우고자 하는 생각만이 자리 잡고 있었다는 것을 알아야 한다. 그의 의도는 그리스도의 나라가 확장되고 있다는 사실을 신자들에게 알려주고, 아직 그리스도를 모르는 사람들 중에서 몇 사람이라도 얻으며, 악한 자들의 비방을 물리침으로써, 예루살렘 교회를 세우고자 하는 것이었다. 하지만 우리는 그가 다른 교회들에 대해서도 관심을 쏟고 있었다는 것을 주목하여야 한다. 왜냐하면, 그가 에베소 교회의 장로들을 밀레도로 청한 것은 아시아 지역을 경시하지 않고 있음을 보여주는 것이기 때문이다. 한편, 그들이 바울의 부름을 받고 밀레도에 온 것은 화목과 겸손의 징표였다. 왜냐하면, 그들은 다수였음에도 불구하고, 그리스도의 사도 중 한 명인 바울에게 순종하는 것을 껄끄러워하지 않았기 때문이다. 물론, 그들은 바울이 하나님으로부터 특별한 은사들을 수여받은 뛰어난 인물임을 알고 있었다. 또한, 여기서 "장로"로 불린 사람들이 연장자들이 아니라 교회의 지도자들이었다는 것은 문맥 속에서 분명하게 드러난다. 그러나 다른 사람들을 다스리는 지위에 있는 사람들이 나이와 상관없이 "어르신"이나 "영감"이라 불리는 것은 거의 모든 언어에서 공통된 일이다.

18. 여러분도 아는 바니. 여기서 바울은 주로 자신이 행해온 것들을 본보기로 들어서, 자신이 세운 에베소의 목회자들에게 그들의 직분을 신실하게 수행할 것을 권면한다. 왜냐하면, 선생이 자기 스스로 실제로 해보지 않은 것들은 다른 사람들에게 요구하지 않는 것이야말로 제대로 책망을 하는 길이고 자신의 교훈의 권위를 확보하는 길이기 때문이다. 바울이 자신이 행한 미덕들을 모범으로 든 것은 결코 부적절한 행동이 아니었다. 물론, 그리스도의 종에게 있어서 야심(ambitio)이나 헛된 자랑(vanitas)보다 더 용납되어서는 안 되는 것은 없지만, 바울의 겸손(modestia)과 겸비(humilitas)는 이미 모든 사람에게 알려져 있었고, 특히 다른 사람들을 위한 본보기로서 부득이하게 자신의 신실함과 성실함을 말하고 있는 것이었기 때문에, 그가 자기 자랑을 늘어놓고 있다는 오해를 받게 될 것을 염려할 필요가 없었다. 바울이 자신이 수고한 것들과 오래 참은 것과 담대하게 행한 것을 포함해서 여러 미덕들을 근사하게 얘기한 것은 분명히 사실이다. 하지만 그가 그렇게 한 의도는 무엇이었는가? 청중들로부터 칭송을 받기 위한 것이었는가? 결코 그렇지 않았다. 그것은 오직 그의 거룩한 권면이 그들에게 따끔한 자극제가 되어서, 그들의 마음속에 단단히 각인되도록 하기 위한 것이었을 뿐이다. 또한, 그에게는 또 다른 목적도 있었는데, 그것은 자신이 흠 없이 온전하게 행한 것을 그들로 하여금 확신하게 하여서 자신이 그들에게 전한 가르침을 장래에도 믿고 따르도록 하기 위한 것이었다. 아울러, 그는 사람들이 알지도 못하는 일들에 대해서 자기가 말하고 있는 것이 아니라는 것을 분명하게 하기 위하여, 그들이 바로 목격자들이라고 말한다. 내가 말하는 "목격자들"이라는 것은 모든 일을 훤히 알고 있을 뿐만 아니라, 어떠한 사적인 감정에 의해서도 훼손되지 않는 명철한 판단력을 갖고 있는 사람들을 의미한다.

19. 곧 모든 겸손과 눈물이며 유대인의 간계로 말미암아 당한 시험을 참고 주를 섬긴 것과. 먼저, 바울은 자신이 겪은 환난들, 특히 세상의 멸시와 모욕과 핍박들로 말미암아 자신이 비천에 처했다는 사실을 상기시킨다. 이것은 자기는 사람들로부터 환영이나 대접 같은 것은 전혀 받지 못했고, 도리어 멸시받는 십자가를 진 자로서 사람들 가운데서 행하였다고 말한 것과 같다. 세상의 무자비한 멸시와 오만함에 의해서 자신이 짓밟히는 것을 볼지라도 넘어지지 않는다는 것은 결코 가벼운 시험이 아니다.

이제 여기에 언급된 것들을 하나씩 좀 더 구체적으로 살펴보자. 먼저, "주를 섬겼다"는 것은 거룩함과 의로움으로 하나님을 예배했다는 뜻이 아니라(이것은 모든 경건한 자들에게 공통으로 해당되는 것이다), 공적인 직분을 수행했다는 뜻이다. 바울은 여기서 한 개인이 아니라 교회의 사역자라는 자격으로 말하고 있는 것인 까닭에, 이것은 자신에게 위임된 사도직을 모든 겸손함과 겸비함으로써 수행하였다고 증언한 것이다. 왜냐하면, 그는 자신의 연약함을 너무나 잘 알고 있었으므로 자기 자신을 의뢰하지 않았고, 자신에게 주어진 직분의 존엄함을 생각할 때에 자신은 그 직분에 합당하지 않다고 생각했으며, 자기 자신을 복종시켜서 그리스도의 십자가의 수치를 기꺼이 감당하였기 때문이다. 그러니까 바울은 여기서 교회의 지도자들에게 자신의 이러한 겸비함을 헛된 자만심이나 오만함과 대비시켜서 보여주고 있는 것이다. 다음으로, 그는 거기에 "눈물"을 덧붙인다. 왜냐하면, 교회 속에서의 분쟁들과 사탄의 다양한 공격들과 불경건한 자들의 잔혹성과 교회 내부의 병들과 걸림돌들이 그로 하여금 눈물을 흘리지 않을 수 없도록 만들었기 때문이다. 마지막으로, 그는 "유대인의 간계들"로 말미암아 자신이 불안한 삶을 살아 왔다는 사실을 덧붙인다. 즉, 그는 유대인들의 술책에 넘어가지는 않았지만, 자신도 무쇠 인간이 아니었기 때문에, 그런 것들로 말미암아 시험에 들 뻔하였다는 사실을 고백한다. 이처럼 바울은 자신의 연약함을 고백하기를 부끄러워하지 않았다.

그러나 바울의 의도는 자신의 권면을 듣는 사람들이 그러한 환난들에 굴복하지 않고, 야심에서 벗어나 자신들의 본분을 아무런 사심 없이 성심성의껏 수행하며, 사람들의 멸시를 태연하게 받아들임으로써 그들을 멸시한 사람들이 도리어 기가 죽게 하기 위한 것이었다. 왜냐하면, 기고만장하거나 교만한 자를 그리스도께 복종할 수 있게 만드는 것은 도저히 불가능하기 때문이다. 그리고 가식적인 미덕은 오래 지속될 수 없는 것이기 때문에, 자신이 신실하고 진실하게 그렇게 행해 왔다는 것을 분명히 하기 위해서, 바울은 자기가 지난 3년간 일관되고 변함없이 그렇게 해왔다는 사실을 명시적으로 언급한다. 그는 "첫날부터 지금까지 내가 항상 여러분 가운데서 어떻게 행하였는지를 여러분도 아는 바니"라고 말한다. 이렇게 시류에 따라 흔들리지 않고 늘 변함없이 초지일관 자신의 신앙을 지켜 앞만 보고 나아가는 것이야말로 그리스도의 종임을 보여주는 참된 증거이다.

20. 유익한 것은 무엇이든지 … 거리낌이 없이 여러분에게 전하여 가르치고. 바울은 가르치는 일을 행함에 있어서 자신이 보여주었던 신실함과 성실함을 세 가지로 요약한다. 첫 번째는 제자들에게 바르고 온전한 교훈을 전해주어서, 그들의 구원을 이루는 데에 필요하고 "유익한 것"은 하나도 빠뜨리지 않았다는 것이다. 두 번

째는 "공중 앞에서" 가르치는 것으로 만족하지 않고, "각 집에서" 개인적으로 가르치는 일에도 수고를 아끼지 않았다는 것이다. 세 번째는 자신이 그들에게 "하나님께 대한 회개"와 "그리스도께 대한 믿음"을 권면하였다는 것인데, 이 두 가지는 그의 가르침 전체를 요약한 것이다. 그러므로 그는 여기서 우리에게 선하고 신실한 교사의 본을 제시하고 있는 것이다. 즉, 자신의 수고가 하나님께 인정받기를 원하는 교사는 누구든지 교회의 덕을 세우고자 하는 일념으로 수고하여야 한다는 것이다. 그래서 바울은 다른 곳에서 디모데에게 어떤 것들이 교회에 유익할지를 늘 생각해서 그런 것들을 가르치는 데에 힘쓰라고 명한다(딤전 4:7). 온갖 가르침을 검증하는 잣대, 아니 한 걸음 더 나아가서 유일하게 올바른 가르침을 담고 있는 성경 속에는 사람들이 편안하게 그늘에 앉아서 즐길 수 있는 재미있는 내용들이 들어 있지 않다는 것은 분명하다. 바울이라는 증인에 따르면, "모든 성경"은 "하나님의 사람"을 온전하게 만드는 데에 "유익하다"(딤후 3:16-17).

바울은 교회의 지도자들에게 교회의 덕을 세우고자 하는 열심(aedificandi studium)이 있어야 한다고 권면한다. 적어도 목회자라면, 교회에 유익한 것은 하나도 빠뜨리지 않고 알고 있어야 한다는 것이다. 왜냐하면, 자신의 가르침을 받는 제자들을 초보적인 원리들에만 붙들어 두어서 그들로 하여금 끝내 "진리의 지식"(딤후 3:7)에 이르지 못하게 하는 교사들은 나쁜 교사들이기 때문이다. 하나님께서는 그의 말씀 속에서 우리에게 불완전한 교훈을 주시지 않고, 모든 점에서 완전한 지혜를 가르쳐 주신다는 것은 확실하다. 이것은 침묵을 지킴으로써 사람들의 무지를 덮어 버리거나 조장하고, 더 나아가 끔찍한 오류들과 사악한 미신들에 눈을 감아 버리는 자들이 말씀의 사역자를 자처하고 있는 것이 얼마나 후안무치한 짓인지를 분명하게 보여준다. 오늘날 교황 제도 속에서 그런 일이 일어나고 있다. 대다수의 사람들이 어느 정도는 건전한 교훈의 불꽃들을 방출하는 것은 사실이지만, 그들은 무지의 어둠을 몰아내려고 감히 시도조차 하지 못하고, 악한 육신적인 두려움에 사로잡힌 채, 사람들이 좀 더 제대로 된 교훈을 감당할 수 없다는 구실을 둘러댄다.

물론, 나도 우리가 사람들에게 모든 것을 한 번에 가르칠 수 없고, 무지한 자들의 능력에 눈높이를 맞춘 바울의 지혜를 본받아야 한다는 것을 인정한다. 하지만 소경이 구덩이에 빠지도록 방치하고, 불쌍한 영혼들을 적그리스도의 폭압 하에 버려두며, 우상 숭배가 창궐하고 하나님에 대한 예배가 타락하고 하나님의 법이 짓밟혀서 결국 모든 거룩한 것들이 참람하게 유린되는 것을 지켜보면서도, 침묵으로 일관해서 그러한 가증스런 혼란을 묵과하거나, 아니면 마치 책임이나 모면하려는 듯이 마지못해 건성으로 슬며시 가르쳐 준다면, 그런 것이 무슨 절제요 중용(moderatio)이란 말인가? 그러므로 우리는 바울이 자기가 사람들에게 "유익한 것은 무엇이든지" 다 전하고 가르쳤다고 말한 것을 주목하여야 한다. 왜냐하면, 바울의 이 말로부터 우리는 건전한 교훈을 순전하고 솔직하게 그리고 단도직입적으로 전하는 것이야말로 그리스도의 종들에게 요구되는 것이고, 반면에 교묘하게 위장해서 에둘러 넌지시 말하는 것보다 그들에게 합당하지 않은 일은 없다는 결론을 얻게 되기 때문이다.

20. 공중 앞에서나 각 집에서나. 바울이 교회의 지도자들에게 제시한 자신의 모범 중에서 두 번째는 자기가 "공중 앞에서" 가르쳤을 뿐만 아니라, 각 사람의 필요를 따라 "각 집에서"도 가르쳤다는 것이다. 그리스도께서는 회중 전체를 대상으로 공적인 강단에서만 교회를 가르치라고 목회자들을 세우신 것이 아니었다. 거기에는 양 무리 하나하나를 개별적으로 돌보라는 의미도 담겨 있었다. 즉, 목회자들에게는 길을 잃고 방황하는 양은 우리 안으로 모아들이고, 다치고 상한 양은 싸매어 주고, 병든 양은 고쳐 주며, 연약한 양은 강하게 해주어야 할 책무가 있다는 것이다(겔 34:4). 왜냐하면, 개인적인 권면이 밑받침되지 않는 경우에는, 전체를 대상으로 한 가르침은 냉랭한 것으로 그쳐 버리는 경우가 흔하기 때문이다.

그러므로 예배를 집례하고 설교를 마친 후에는, 마치 자신의 소임을 완수하기라도 한 듯이, 나머지 시간들을 태평하게 보내는 자들의 직무 태만은 변명의 여지가 전혀 없다. 왜냐하면, 그것은 그들이 성전을 나서자마자 완전히 입을 다물어 버림으로써, 하나님의 말씀을 오직 성전 안에만 가두어두는 것과 다름이 없기 때문이다. 또한, 바울의 이 두 번째 모범은 배우는 자들에게도 자신이 그리스도의 양 무리로 여김을 받고자 한다면, 목회자들이 자신의 집을 찾아올 때마다 그들을 영접해서, 그들의 개인적인 훈계를 물리치지 말아야 한다는 교훈을 준다. 왜냐하면, 목자의 음성은 예배당 안에서만 듣는 것이 합당하다고 생각하고서, 자기 집에서는 교훈과 훈계를 받는 것을 인정하지 않고, 목자라면 꼭 수행해야 하는 그런 일을 완강하게 거부하는 자들은 양이 아니라 곰이라고 해야 하기 때문이다.

21. 유대인과 헬라인들에게 … 증언한 것이라. 이제 바울은 자신의 세 번째 모범으로 옮겨가서, 자기가 이제까지 가르친 것을 짤막하게 요약해서 제시한다. 즉, 자기는 모든 사람에게 "믿음"과 "회개"를 권했다는 것이다. 앞에서도 말했듯이, 이 두

가지는 복음을 구성하는 핵심적인 요소들이었다. 이러한 사실로부터 우리는 진정으로 교회의 덕을 세우는 것이 무엇에 있는 것이고, 교회의 덕을 세울 책무가 목회자들에게 지워져 있으며, 하나님의 학교(schola Dei)에서 유익한 열매를 거두고자 한다면, 모든 열정을 거기에 쏟아야 한다는 결론을 얻게 된다. 하나님의 말씀을 읽는 자들이 하찮은 문제들에만 몰두할 때, 그것은 하나님의 말씀을 욕되게 하는 것임은 우리가 이미 지적한 바 있다. 하나님의 말씀을 올바르게 읽고자 한다면, 우리는 바울 사도가 우리에게 제시하고 있는 이 두 가지 목적을 유념하여야 한다. 왜냐하면, 그러한 목적에서 벗어난 사람은 아무리 요란을 떨어보았자 헛수고만 할 뿐이기 때문이다. 바울은 자기에게서 가르침을 받은 사람들이 자신들은 알지 못해서 그런 것이라고 변명할 여지를 조금도 남겨두지 않기 위해서, 마치 자기가 법적인 "증언"이라는 형식을 통해서 그들에게 말한 것이라는 듯이, "증언하다"라는 표현을 강조적으로 사용한다. 왜냐하면, 여기서 그는 증인들의 "증언"을 통해서 해당 사안의 온갖 의문을 제거하는 법정의 관행을 염두에 두고서 이 표현을 사용한 것이기 때문이다. 즉, 바울은 사람들이 그리스도 안에 있는 구원을 받아들여서 하나님께 순복하여 새 생명을 얻어야 한다는 것을 단지 가르침만 받을 것이 아니라 실제로 그렇게 행하여야 한다고 강조하고 있는 것이다. 한편, 바울은 아무도 차별하지 않는다고 단언하고 있기는 하지만, 그럼에도 불구하고 "유대인"을 앞자리에 놓는다. 왜냐하면, 하나님께서 "이방인들"을 제쳐두고서 유대인들을 택하셔서 영광을 수여하셨던 까닭에, 유대인들이 하나님에게서 완전히 떨어져나가기 전에는, 그리스도와 그의 은혜도 유대인들에게 먼저 주어지는 것이 합당한 일이었기 때문이다.

21. 하나님께 대한 회개. 먼저, 우리는 "믿음"과 "회개"가 서로 다르다는 것에 유의하여야 한다. 왜냐하면, 사람들 중에는 무지하게도 이 둘을 혼동하는 잘못을 범하여, "회개"가 "믿음"의 한 부분이라고 말하는 자들이 있기 때문이다. 물론, 하나님께서는 누구든지 새 생명으로 거듭나게 하심과 동시에 "믿음"의 영을 부어 주시기 때문에, 나는 이 둘이 서로 분리될 수 없다는 것을 인정한다. 그렇지만 바울이 여기서 그렇게 하고 있듯이, 이 둘은 구별될 필요가 있다. 왜냐하면, "회개"는 우리가 우리 자신과 우리의 모든 삶을 드러서 하나님께 순종하기 위하여 하나님께로 돌아서는 것(conversio)인 반면에, "믿음"은 그리스도 안에서 우리에게 주어진 은혜를 받아들이는 것(receptio)이기 때문이다. 신앙이라는 것은 먼저는 우리 자신을 거룩함과 의로움에 드러서 순전하게 하나님을 섬기는 것이고, 다음으로는 하나님이 아닌

다른 어떤 존재로부터, 그리고 하나님 안에서가 아닌 다른 어느 곳에서 우리의 구원의 그 어떤 부분도 구하지 않는 것이다. 그러므로 회개에 대한 가르침은 경건한 삶의 원리를 포함한다. 회개는 자기 자신을 부인하는 것, 우리의 육신을 죽이는 것, 천국의 삶에 대한 묵상을 요구한다. 하지만 우리는 모두 본성적으로 타락해서 의로움으로부터 멀어졌고 하나님으로부터 돌아섰기 때문에, 다시 말하자면, 우리가 하나님이 우리에게 진노하고 계신다는 것을 알고서 하나님을 피하기 때문에, 새 생명을 얻기 위한 길이자 값없이 거저 주어지는 화해를 얻기 위한 길이 우리 앞에 반드시 마련되어 있지 않으면 안 된다.

따라서 믿음이 더해지지 않는다면, 회개에 관해서 말해 보아야, 아무런 소용이 없게 된다. 그런 까닭에, 믿음을 소홀히 여기고서 오직 삶을 규율하는 일에 힘쓰고 선행에 관한 교훈만을 역설하는 회개의 교사들은 세속적인 철학자들과 별반 다를 것이 없다. 그런 교사들은 사람이 어떻게 사는 것이 마땅한지를 가르치지만, 사람들을 인간의 본성 안에 그대로 놓아두기 때문에, 그들의 본성을 선한 것으로 회복시키는 것은 꿈도 꿀 수 없는 일이 되어 버린다. 왜냐하면, 잃어버린 자들을 구원의 소망으로 초대하고, 약속된 죄 사함을 통해서 죽은 자들을 생명으로 회복시키며, 전에 사탄에게 종살이 하던 자들을 하나님이 값없이 양자로 삼으셔서 자신의 자녀들로 받아주신다는 것을 보여주고, 하늘에 계신 아버지 하나님께 중생의 성령을 구해야 한다는 것을 알게 해주며, 경건함과 의로움과 올바름을 모든 선한 것들의 근원이신 하나님으로부터 길어올려야 한다는 것을 알게 해줄 때에만, 비로소 사람들은 하나님의 이름을 부르며 도우심을 구할 수 있게 되고, 이렇게 하나님을 부르는 것(invocatio)은 하나님을 합당하게 섬기고 예배하고자 할 때에 가장 중요한 요소이기 때문이다.

이제 우리는 "회개"와 "믿음"이 떼려야 뗄 수 없는 불가분의 관계임을 알게 되었다. 왜냐하면, 우리가 하나님과 화목하게 되는 것은 "믿음"으로 말미암는 것이고, 그 결과로 하나님께서 우리에게 은혜를 베푸셔서, 우리의 죄악을 우리에게 돌리지 않으심으로써 우리를 죽음의 죄책으로부터 벗어나게 해주실 뿐만 아니라, 우리 육신의 더러움을 그의 성령으로 깨끗하게 씻으시고 우리를 그의 형상으로 회복시키시는 것이기 때문이다. 바울이 "회개"를 먼저 언급하는 것은 회개가 믿음보다 모든 점에서 앞서기 때문이 아니라("회개"는 "믿음"으로부터 비롯되는 것임과 동시에 "믿음"의 결과이다), "회개"의 시작이 "믿음"을 향한 준비 단계이기 때문이다. 여기서 내가 말한 "시작"이라는 것은 우리로 하여금 하나님의 진노하심에 대한 두려움에 잔뜩 질려서 무언가 해법을 찾도록 우리를 내모는 것, 곧 우리 자신을 못마땅하게 여기는 것(displicentia)을 의미한다.

21. 우리 주 예수 그리스도께 대한 믿음. 성경이 도처에서 우리에게 그리스도를 믿음의 과녁(scopus)으로, 그리고 좀 더 일반적인 표현을 빌리자면, 믿음의 대상(obiectum)으로 제시하는 데는 그럴 만한 이유가 있다. 첫 번째는 하나님의 엄위하심은 사람들이 오르기에는 너무 높아서, 만일 그리스도께서 하나님과 우리 사이에서 중보자가 되어 주시지 않는다면, 하나님을 찾으려는 우리의 모든 지각들은 아무런 쓸모가 없게 된다는 것이다. 두 번째는 하나님은 세상의 심판주이시기 때문에, 우리가 그리스도를 통하지 않고 하나님을 본다면, 두려움에 질려서 죽어 자빠질 수밖에 없게 된다는 것이다. 하지만 하나님께서는 자신의 형상이신 그리스도 안에서(in Christo) 자기 자신을 우리에게 계시하실 뿐만 아니라, 아버지로서의 사랑으로 우리를 새롭게 만드시고, 모든 방법을 다 동원하셔서 우리를 생명으로 회복시켜 주신다. 왜냐하면, 우리의 구원을 이루는 것들 중에서 그리스도 안에서 발견되지 않는 것은 단 하나도 없기 때문이다. 그리스도께서는 자신의 죽음의 제사를 통해서 우리의 죄를 대속해 주셨고, 우리가 받아야 할 벌을 대신 받으심으로써 우리를 무죄로 만들어 주셨으며, 자신의 피로 우리를 깨끗하게 만들어 주셨고, 자신의 순종하심으로 아버지 하나님의 진노를 누그러뜨리셨으며, 자신의 부활하심으로 우리로 의롭다 함을 얻게 해주셨다. 그러므로 우리가 믿음은 오직 그리스도만을 전적으로 바라보는 것이라고 말한 것은 결코 이상한 일이 아니다.

²²보라 이제 나는 성령에 매여 예루살렘으로 가는데 거기서 무슨 일을 당할는지 알지 못하노라 ²³오직 성령이 각 성에서 내게 증언하여 결박과 환난이 나를 기다린다 하시나 ²⁴내가 달려갈 길과 주 예수께 받은 사명 곧 하나님의 은혜의 복음을 증언하는 일을 마치려 함에는 나의 생명조차 조금도 귀한 것으로 여기지 아니하노라 ²⁵보라 내가 여러분 중에 왕래하며 하나님의 나라를 전파하였으나 이제는 여러분이 다 내 얼굴을 다시 보지 못할 줄 아노라 ²⁶그러므로 오늘 여러분에게 증언하거니와 모든 사람의 피에 대하여 내가 깨끗하니 ²⁷이는 내가 꺼리지 않고 하나님의 뜻을 다 여러분에게 전하였음이라(20:22-27).

22. 보라 이제 나는 … 예루살렘으로 가는데. 이제 바울은 자기가 흠 없이 온전하게 행해 온 것에 대해서 이처럼 역설하는 이유를 좀 더 분명하게 밝힌다. 그 이유라는 것은 그들이 다시는 그를 보지 못하게 되리라는 것이다. 그래서 바울에게는 하나님이 그들에게 주셔서 따르도록 한 모범(exemplar)이 늘 그들의 눈 앞에 있게 하고, 자기가 죽은 후에도 그들의 뇌리에서 잊혀지지 않게 하는 것은 매우 중요한 일이었다. 왜냐하면, 사람들이 본래의 순전한 가르침으로부터 떠나는 것은 너무나 쉬운 일이기 때문이다. 바울은 처음에는 자기가 예루살렘에서 "무슨 일을 당하는지 알지 못하노라"고 말하고 있지만, 거기서 "결박과 환난"이 그를 기다리고 있다는 예언을 지금까지 여러 차례 들었기 때문에, 조금 후에는 마치 이미 죽을 각오가 되어 있기라도 한 듯이, 자기가 다시 돌아오지 못할 것이라고 아예 못 박아 말한다. 하지만 그가 처음에는 "무슨 일을 당하는지 알지 못하노라"고 말하고 나서, 나중에는 자기가 다시는 돌아오지 못할 것이라고 말했다고 해서, 그의 생각이 왔다 갔다 한 것은 결코 아니었고, 단지 앞으로 있을 좀 더 가혹한 일들을 누그러뜨려서 표현하기 위해 말머리에서는 단정적으로 말하지 않은 것뿐이었다. 하지만 앞으로 일어날 일의 전체적인 과정에 관한 명확하고 구체적인 계시가 그에게 주어져 있지 않았기 때문에, 그가 앞으로 자기에게 무슨 일이 일어날지를 모르겠다고 말한 것은 합당한 일이다.

22. 성령에 매여. 어떤 이들은 바울이 소아시아의 교회들이 예루살렘 교회를 위한 구제 헌금을 전달하는 소임을 자신에게 맡긴 일에 대하여 자기가 매어 있게 된 것을 "성령에 매였다"고 표현한 것이라고 설명한다. 하지만 나는 바울이 성령의 내적인 힘과 충동에 매여 있었다는 의미로 이런 말을 한 것이라고 본다. 하지만 이것은 그가 열정에 사로잡혀서 평정심을 잃고 자신의 마음을 어떻게 할 수 없었다는 것이 아니라, 하나님의 뜻을 좀 더 확실하게 알게 되어서 성령의 은밀한 인도하심 또는 감동하심에 자발적으로 순종하지 않을 수 없게 되었다는 것이다. 그러므로 그는 이렇게 말한 것과 같다: "하나님께서 나를 자신의 성령으로 단단히 묶어서 거기로 끌어가고자 하시기 때문에, 내가 내 고집을 내세워서 하나님께 반기를 들고자 하는 것이 아니라면, 내게는 그렇게 끌려가는 것 말고 달리 어쩔 도리가 없다." 바울은 여기서 자기가 임의적으로 행하고 있는 것이 아님을 증명하기 위해서, 성령이 자신의 이번 여정의 주관자이자 인도자라고 말하는 것이다. 그러나 자신의 상상(phantasia) 속에서 만들어 낸 것을 성령께서 자신에게 말씀해 주신 것이라고 자랑하는 광신자

들이 너무나 많다. 나는 제발 그들이 바울만큼 성령을 친밀하게 잘 알았으면 좋겠다. 바울은 자신의 모든 행동이나 충동이 다 성령으로부터 비롯된 것이라고 말하지 않고, 어떤 특정한 일과 관련된 일련의 상황이 성령의 특별한 역사에 의해서 일어난 것이라고 말한다. 사람들은 어리석고 무분별하게 많은 일들을 떠맡고 나서는, 변덕을 부린다는 말을 듣기 싫어서 그 일들에 고집스럽게 집착하는 것이 비일비재하다. 하지만 바울의 경우에는, 그가 여기서 말하고자 하는 것은 성령이 명하신 여행을 떠나는 것은 합당한 일일 뿐만 아니라, 거기에 저항하는 것은 죄악이기 때문에, 자기는 이 여행을 피할 수 없다는 것이다. 바울의 이러한 모범은 우리가 하나님의 성령을 거부하지 말고, 우리 자신을 고분고분 그에게 맡겨서, 마치 우리가 그에게 매여 있는 것처럼, 우리가 억지로 끌려가는 것이 아니라, 그가 자신의 뜻대로 우리를 이끌어 가시게 하여야 한다는 것을 우리에게 보여준다. 사탄의 종들인 멸망받을 자들은 사탄이 시키는 일들을 자발적이고 열성적으로 해내는데, 하물며 하나님의 자녀들은 그렇게 자원해서 종 노릇 하는 것에 더 큰 열심을 내는 것이 마땅하지 않겠는가?

23. 오직 성령이 각 성에서 내게 증언하여. 나는 이 구절이 바울이 비밀한 계시들을 받았다는 것을 의미하는 것이 아니라, 그가 여러 곳을 돌아다니며 선지자들로부터 들었던 예언들에 대하여 말하고 있는 것이라고 본다. 그러나 바울은 여기서 선지자들을 증인으로 내세운 것이 아니라, 성령께서 친히 증언하신 것이라고 말함으로써, 예언의 권위를 더욱 높인다. 왜냐하면, 비록 사역자들이 하나님의 말씀을 전한 것일지라도, 그 말씀이 하나님의 성령으로부터 온 것임을 우리가 인정할 때, 하나님의 말씀의 권위는 더욱 확고해지기 때문이다. 바울에게 "결박과 환난"이 있을 것을 경고했던 바로 그 성령이 이제는 그를 꽁꽁 묶어서 그로 하여금 성령에 복종하는 것을 거부할 수 없도록 만들고 있다. 이 사실로부터 우리는 어떤 위험이 우리를 기다리고 있다고 할지라도, 그것 때문에 우리가 하나님의 명령에 순종하지 않고 그의 부르심을 따르지 않아도 되는 것은 아니라는 것을 배우게 된다. 따라서 아무런 고난이 없을 때에만 올바르게 행하려는 자들이나 불편과 손해와 생명의 위험을 핑곗거리로 내세우는 자들은 스스로를 기만하는 자들이다.

24. 내가 달려갈 길과 … 나의 생명조차 조금도 귀한 것으로 여기지 아니하노라. 모든 경건한 자들, 특히 말씀 사역자들은 바울이 여기서 고백한 것과 같은 마음가짐을 가짐으로써, 만사를 제쳐놓고 하나님께 순종하여 올바른 길로 매진할 수 있어

야 한다. 우리에게 "생명"이 있는 까닭에, 우리가 하나님의 형상으로 지음을 받아서 우리를 위해 하늘에 예비된 복된 영생을 묵상할 수 있고, 하나님께서 다양한 증거들을 통해서 자신이 우리의 아버지시라는 것을 보여주실 수 있으신 것이기 때문에, "생명"은 우리가 결코 가볍게 여기거나 멸시해서는 안 되는 아주 고귀한 하나님의 선물이라는 것은 확실하다.

하지만 우리에게 생명은 우리가 달려갈 길로 주어져 있는 것이기 때문에, 우리는 늘 결승점을 향해서 길을 재촉하고, 모든 장애물을 극복해서, 그 어떤 것도 우리가 달려가는 것을 방해하거나 지체시키지 못하도록 하는 것이 마땅하다. 왜냐하면, 살아야 한다는 것에 대한 맹목적인 집착에 사로잡혀서 오직 살아 남아야 한다는 것을 구실로, 우리가 살아가는 진정한 이유들(vivendi causas)을 포기해 버리는 것은 부끄러운 일이기 때문이다. 바울의 말은 이러한 사실을 잘 보여준다. 그는 자신의 생명을 가볍게 여긴 것이 아니라, 자신이 달려갈 길을 완주하고 그리스도로부터 받은 사명을 완수하기 위해서 생명을 돌보지 않은 것뿐이다. 그는 이렇게 말한 것과 같다: "나는 오직 하나님의 부르심을 이루기 위해서 살았을 뿐이고, 단지 살고자 하는 욕망에 사로잡혀서 산 적이 없기 때문에, 나의 죽음으로 하나님께서 내게 명하신 사명을 완수할 수만 있다면, 나의 생명을 바치는 것(vitae dispendium)은 하찮은 일일 뿐이다."

한편, 우리는 바울이 "기쁨으로"(cum gaudio, 한글개역개정에는 번역되지 않음 — 역주)라고 말한 것에 주목할 필요가 있다. 이것은 신자들에게는 생명을 잃는 것이 슬퍼하거나 애통해할 일이 아니고, 신자들은 하나님에 대하여 기쁨으로 살다가 기쁨으로 죽을 뿐이라는 것을 의미한다. 왜냐하면, 선한 양심의 기쁨(bonae conscientiae gaudium)은 그 어떤 외적인 고통이나 육체적인 괴로움에 의해서도 박탈될 수 없을 만큼 깊고 깊은 곳에 숨겨져 있기 때문이다. 그것은 무엇으로도 억누를 수 없는 기쁨이다. 또한, 우리는 "달려갈 길"(cursus)이란 말이 하나님으로부터 받은 "사명"(ministerium)을 뜻한다는 데에도 주목하여야 한다. 물론, 바울은 여기서 자기 자신에 대해서 말하고 있는 것이기는 하지만, 하나님을 자신의 "달려갈 길"의 감독하시는 이로 모시지 않는 모든 사람들은 길을 잃고 헤맬 수밖에 없다는 것을 자신의 본을 통해서 가르치고 있다. 이러한 사실로부터 우리는 바울의 소명은 우리 각자에게도 바른 삶을 위한 규범(recte vivendi norma)이라는 결론을 얻는다. 우리가 행하는 것들이 하나님으로부터 인정받고 있다고 확신할 수 있는 유일한 길은 우리의 삶이 하나님의 뜻을 따라서 영위되고 있다는 것을 아는 것이다. 특히, 말씀 사역자들에게는 그리스도로부터 나오지 않은 그 어떠한 일도 행하지 않기 위해서 이러한 확신이 더욱 요구된다. 다른 곳들에서도 흔히 그러하였듯이, 바울은 여기서도 자신의 사도직의 진정성을 그러한 표지를 통해서 확증하고 있는 것임은 의심의 여지가 없다. 그는 복음의 결과 또는 목적이라는 관점에서 복음을 "하나님의 은혜의 복음"이라고 부른다. 하지만 복음이 우리에게 하나님의 은혜와 구원을 가져다준다고 말하는 것은 복음을 지극히 칭송하는 표현이다. 왜냐하면, 복음 가운데서 하나님이 은혜로우신 분으로 발견된다는 것을 아는 것은 우리에게 대단히 중요하기 때문이다.

25. 보라 내가 여러분 중에 왕래하며 … 이제는 여러분이 다 내 얼굴을 다시 보지 못할 줄 아노라. 바울은 지금까지는 조심스럽게 암시만 하던 내용을 이제 여기서는 분명하게 말한다. 앞에서 우리는 그가 자신이 다시 돌아와서 그들을 만날 희망이 없다고 말한 의도는 자신의 권면이 그들의 뇌리에 좀 더 분명하게 각인되도록 하기 위한 것이었음을 이미 언급한 바 있다. 사람이 다시는 못 만날 길을 떠나거나 죽으면서 하는 말이 얼마나 큰 힘을 갖는지를 우리는 잘 안다. 아울러, 바울은 그들이 자기가 오기를 기다리다가 지쳐서 그들의 믿음이 무너지는 일이 일어나지 않도록 하기 위해서 이런 말을 한 것이기도 하였다. 그는 여기서 복음의 가르침을 "하나님의 나라"라고 부른다. 왜냐하면, 복음은 사람들을 하나님의 형상으로 새롭게 함으로써, 마지막 부활의 때에 최종적으로 완성될 "하나님의 나라"를 이 세상에서 태동시키는 것이기 때문이다.

26-27. 그러므로 오늘 여러분에게 증언하거니와. 이것은 "나는 여러분을 증인들로 부른다," 또는 "나는 하나님과 그의 천사들 앞에서 증언하라고 여러분을 부른다"라고 말한 것과 같다. 그러나 바울이 이렇게 말한 것은 자기 자신을 위한 것이라기보다는, 더 큰 권위로써 그들에게 자신들의 직분을 다할 것을 주문하기 위한 것이었다. 또한, 이 절은 올바르게 제대로 가르치는 것이 무엇인지를 간단하게 요약해서 말해 주면서, 교사들 자신에게 엄격한 상벌을 제시하며 자신들의 본분을 부지런히 수행하라고 권면한다. 그렇다면, 목회자들이 준수해야 할 가르침의 원리는 무엇인가? 첫째, 그들은 공중 앞에서 무엇을 말하고 무엇을 말하지 않는 것이 유익한지를 그들 자신의 뜻대로 판단해서는 안 되고, 그 결정을 전적으로 하나님께 맡겨야 한다. 그렇게 해야만, 사람들이 날조한 것들이 하나님의 교회 안으로 들어올 수 없게 된다. 둘째, 죽을 수밖에 없는 존재인 인간은 성경을 찢어발겨서 자기 마음대로

이런저런 것을 취하고, 또 어떤 부분은 대충 넘기고, 또 많은 부분을 무시하고 넘어가서는 안 된다. 목회자들은 성경에 계시되어 있는 모든 것을 가르치되, 비록 자신이 사람들의 덕을 세우기 위해서 지혜롭고 시의적절하게 가르칠 수 있을지라도, 하나님의 신실하고 참된 해석자에 합당하도록 아무런 가식 없이 있는 그대로를 가르쳐야 한다. 우리에게는 하나님의 말씀에 대한 분별력(prudentia)이 필요하다고 내가 말한 이유는 우리가 언제나 유익성(utilitas)을 고려해야 하기 때문이다. 하지만 거기에 간교함(vafrities)이 개입되어서는 안 된다. 많은 사람들이 간교함을 너무나 좋아해서, 하나님의 말씀을 자신의 방식대로 변개하여, 자신의 구미에 맞춰서 복음과 그들 자신의 상상력이 혼합된 이런저런 철학을 날조해서 우리 앞에 내놓는다. 거기로부터 자유의지라는 말이 생겨났고, 거기로부터 행위로 인한 공로 사상이 생겨났으며, 거기로부터 하나님의 섭리와 은혜로 말미암은 선택을 부인하는 사상이 생겨났다.

하지만 우리는 내가 방금 전에 한 말, 즉 바울이 여기서 언급하고 있는 "하나님의 뜻"은 하나님의 말씀 속에 다 들어 있기 때문에, 우리가 그것을 다른 곳에서 찾으면 안 된다는 것을 명심하여야 한다. 왜냐하면, 많은 것들이 이 세상에서는 우리에게 감추어져 있고, 그것들이 완전하게 드러나는 것(plena manifestatio)은 우리가 새로운 눈으로 하나님을 대면하여 보게 될 그날까지 미루어져 있기 때문이다. 그러므로 "하나님의 뜻"을 전하는 자들이란 성경을 충실하게 해석해서 사람들을 가르쳐 믿음과 하나님을 경외함과 모든 경건한 행실들로 견고하게 세우는 자들을 말한다. 나는 방금 이 구절이 인간의 보편적인 지각과는 거리가 먼 것들을 가르치지 않기 위해서 철학적 담론을 전개함으로써 성경에 나오는 순전한 하나님의 말씀을 자신들의 누룩으로 오염시키는 자들을 단죄하고 있다고 말했던 것과 마찬가지로, 바울은 여기서 십자가와 박해가 두려워서 수수께끼 같은 애매모호한 말만을 전하는 자들을 향해서 크게 호통을 치고 있다.

26. 모든 사람의 피에 대하여 내가 깨끗하니. 바울이 에스겔서에 나오는 말씀을 염두에 두고서 이 말을 했다는 것은 의심의 여지가 없다. 거기에서 하나님께서는 선지자 에스겔에게 그가 악인에게 회개할 것을 권면하지 않으면, 죄악 중에 죽은 그 악인의 피에 대한 책임을 그에게 물을 것이라고 말씀하신다(겔 3:18-20). 왜냐하면, 하나님께서 목회자들을 교회 위에 세우시는 것은 그들의 태만으로 말미암아 한 사람이라도 멸망하게 될 때에는 그들에게 책임을 물으시겠다는 것을 조건으로 세우

시는 것이기 때문이다. 그러므로 목회자들이 그 어떤 속임수나 모호함도 없이 구원의 길을 제대로 전하지 않았다면, 그들은 길을 잃고 멸망당한 자들에 대해서 책임을 져야 한다. 하나님께서 이토록 엄중하게 경고하시는데도, 영적 혼수상태(torpor)에서 헤어 나오지 못하는 자들은 지극히 어리석은 자들이라고 하지 않을 수 없다. 그러므로 교황의 성직자들은 자신들의 영광스러운 지위는 자랑하면서도, 마치 하늘 위에 그 어떤 심판자도 계시지 않는다는 듯이, 죽어가는 수많은 영혼들의 구원 문제에 대해서는 아무런 관심도 갖지 않는다는 점에서, 그들의 쾌락주의적인 불경건은 더더욱 분명하게 드러난다. 뿐만 아니라, 그들은 양들을 잡아먹는 데에만 정신이 팔려 있고, 목회자라는 이름은 강탈한 것에 불과하기 때문에, 그들의 사악함은 온 세상이 볼 때에도 역겨운 것이 아닐 수 없다. 또한, 주님은 영혼들의 멸망에 대한 책임을 물어서 목회자들의 나태함을 엄벌에 처하시는데, 이것을 통해서 주님은 그가 영혼들을 얼마나 소중하게 여기시는지를 보여주신다. 그러나 우리는 많은 사람들이 하나님께서도 친히 관심을 갖고 계신 그들 자신의 구원을 얼마나 경시하는지 본다.

²⁸여러분은 자기를 위하여 또는 온 양 떼를 위하여 삼가라 성령이 그들 가운데 여러분을 감독자로 삼고 하나님이 자기 피로 사신 교회를 보살피게 하셨느니라 ²⁹내가 떠난 후에 사나운 이리가 여러분에게 들어와서 그 양 떼를 아끼지 아니하며 ³⁰또한 여러분 중에서도 제자들을 끌어 자기를 따르게 하려고 어그러진 말을 하는 사람들이 일어날 줄 내가 아노라 ³¹그러므로 여러분이 일깨어 내가 삼 년이나 밤낮 쉬지 않고 눈물로 각 사람을 훈계하던 것을 기억하라 ³²지금 내가 여러분을 주와 및 그 은혜의 말씀에 부탁하노니 그 말씀이 여러분을 능히 든든히 세우사 거룩하게 하심을 입은 모든 자 가운데 기업이 있게 하시리라(20:28-32).

28. 여러분은 … 삼가라. 바울은 이제 자신의 권면을 듣고 있는 교회의 지도자들을 향하여 말머리를 돌려서, 여러 가지 이유들을 들어가며, 그들이 늘 깨어 경계하고 조심하여야 한다는 것과 자신이 이렇게 노심초사할 수밖에 없다는 것을 보여준다. 그가 든 이유들 중 첫 번째는 그들은 자신들이 보살펴야 할 양 떼에 매여 있다는 것이고, 두 번째는 그들은 죽을 수밖에 없는 존재인 사람으로부터가 아니라 성령으로부터 이 직분으로 부르심을 받았다는 것이고, 세 번째는 하나님의 교회를 다스리

는 것은 지극한 영광이라는 것이고, 네 번째는 주님께서는 "자기 피"로 교회를 속량하심으로써 자신이 교회를 얼마나 귀하게 여기시는지를 분명한 증거로 보여주셨다는 것이다. 첫 번째 이유와 관련해서, 바울은 그들이 "양 떼"뿐만이 아니라, 무엇보다도 먼저 그들 자신에 유의해야 한다고 명한다. 왜냐하면, 자기 자신의 구원을 소홀히 여기는 사람은 결코 다른 사람들의 구원에 관심을 기울일 수 없고, 자기 자신의 경건에 대한 열망이 없는 사람이 다른 사람들에게 경건한 삶을 살도록 촉구하는 것은 헛일이기 때문이다. 아니, 자기 자신에 대하여 아무 생각이 없는 사람은 비록 자신이 "양 떼"의 일원이라고 할지라도 양 떼에 대하여 헌신하고 수고하지 않을 것이다. 그러므로 바울은 교회의 지도자들에게 하나님이 그들에게 맡기신 "양 떼"에 제대로 관심을 기울일 수 있기 위해서는 그들 각자가 자기 자신을 돌아보아 하나님을 경외하기에 늘 힘써야 한다고 경고한다. 그럴 때에 그들은 "양 떼"를 제대로 돌볼 수 있게 될 것이다. 왜냐하면, 우리가 앞에서 이미 말했듯이, 바울은 그들의 부르심을 근거로 해서, 그들이 자신에게 맡겨진 하나님의 교회를 위해서 헌신하고 모든 수고를 아끼지 말아야 한다는 결론을 이끌어 내고 있는 것이기 때문이다. 이것은 그들이 목회자로 부르심을 받은 후로는, 그들은 "온 양 떼를 위하여" 공적으로 매인 몸이 되었기 때문에, 그들에게는 그들 자신을 마음대로 할 수 있는 권리가 없다고 말한 것과 같다.

28. 성령이 그들 가운데 여러분을 감독자로 삼고. "감독자"라는 단어를 통해서 바울은 하나님께서 그들을 모든 사람들의 안전을 두루 살피도록 망루에 세우신 것임을 일깨워 준다. 하지만 여기서 그가 강조하는 것은 사람들이 그들을 임명한 것이 아니라, 하나님께서 그들에게 교회를 보살피는 소임을 맡기셨다는 것이다. 그들 앞에는 하나님의 저 지엄한 심판대 앞에서 자신들의 소임과 관련해서 결산해야 하는 힘든 일이 놓여 있기 때문에, 그들에게는 더욱 큰 신앙심이 요구된다. 왜냐하면, 우리가 하나님의 권세와 위엄을 더 많이 위임받았을수록, 더욱 큰 경외심을 가지고서 하나님을 섬기는 것이 마땅한 일이고, 그럴 때에 경외심 자체가 우리의 열심(studium)을 더욱 강화시키기 때문이다.

그런데 하나님께서 처음부터 사람들의 투표에 의해서 말씀 사역자들이 선출되기를 원하신 것은 사실이지만, 그럼에도 불구하고 교회를 다스리는 권한을 늘 하나님 자신이 갖고 계시는 것은 우리로 하여금 교회의 유일한 감독자는 하나님 자신뿐이라는 것을 고백하도록 하기 위한 것일 뿐만 아니라, 이루 말할 수 없이 귀한 보배인 구원은 오직 하나님으로부터만 주어지는 것임을 알도록 하기 위한 것이기도 하다. 따라서 우리가 복음은 우리에게 우연히, 또는 인간의 뜻이나 노력을 통해서 주어지는 것이라고 생각한다면, 그것은 하나님의 영광을 속여 빼앗는 것이다. 그러나 바울은 이 모든 일을 성령에게로 돌린다. 즉, 하나님께서는 성령을 통해서 자신의 교회를 다스리시고, 하나님의 부르심을 우리 각자의 양심 속에서 증언해 주시는 은밀한 증인(arcanus testis)도 바로 성령이시다.

"감독자들"(이 단어는 "주교들"로 번역될 수도 있다 — 역주)이라는 호칭과 관련해서, 우리가 주목해야 할 것은 바울이 에베소 교회의 모든 "장로들"을 이 호칭으로 부르고 있다는 사실이다. 이 사실로부터 우리는 성경의 용례에 따르면 "감독자"는 "장로"와 전혀 다르지 않다는 결론을 얻게 된다. 그러나 악습과 부패로 말미암아, 각 도시에서 지도적인 위치를 차지한 자들이 "감독자"로 불리기 시작했다. 내가 "악습"이라고 말한 것은 어느 한 사람이 단체의 수장이 되는 것이 나쁜 일이기 때문이 아니라, 사람들이 성경의 어휘를 자신들의 관습에 꿰어 맞춰서 성령의 언어를 변개하는 것을 서슴지 않는 것은 도저히 용납될 수 없는 만용(audacia)이기 때문이다.

28. 교회를 보살피게 하셨느니라. "보살피다"로 번역된 헬라어 '포이마이네인'(ποιμαίνειν)은 "먹이다"를 뜻하지만, 비유적인 의미로 사용될 때에는 모든 종류의 "다스림"을 가리킨다. 하지만 이것은 바울이 감독자라는 직분이 지닌 지극한 존귀함을 근거로 해서, 그들이 자신의 직분에 온전히 헌신해야 하는 세 번째 이유로 제시하고 있는 것임을 우리는 앞에서 이미 말한 바 있다. 그런 까닭에, 바울은 다른 곳에서도 디모데에게 "살아 계신 하나님의 교회요 진리의 기둥과 터"인 "하나님의 집"이라는 것을 먼저 말한 후에, 거기에서 그가 어떻게 처신해야 마땅한지를 한 번 생각해 보라고 훈계한다(딤전 3:15). 이것은 그들이 자신의 직분에 온전히 헌신하지 않음으로써 이토록 존귀한 직분에 합당하지 않게 행한다면, 그 직분의 존귀함과 영광이 크면 클수록, 그 존귀한 직분을 받은 자들에게 있어서 태만은 용납될 수 없기 때문에, 하나님께서 자기 집의 청지기로 세우신 자들에게는 그 어떠한 변명도 통하지 않는다고 말한 것과 같다. "감독자" 직분이 하나님께서 오직 교회를 먹이실 목적으로 성령을 통해 제정하신 것이라면, 교황의 성직위계 제도는 가소롭기 짝이 없는 것이다. 왜냐하면, 거기에서 주교들은 "감독자"라는 공허한 호칭만을 자랑하고 거들먹거릴 뿐이고, 교회를 먹이는 소임을 감당하려는 시늉조차 하지 않기 때문이다.

28. 하나님이 자기 피로 사신. 바울이 목회자들에게 그들의 직분을 온 힘을 다해 부지런히 수행하라고 촉구하는 네 번째 이유로 제시하는 것은 주님께서 교회를 위하여 자신의 피를 쏟으심으로써 교회를 향한 자신의 지극한 사랑의 증거를 보여주셨다는 것이다. 이것은 교회가 주님께 얼마나 소중한 것인지를 보여준다. 분명한 것은 목회자들에게 자신들의 소임에 더욱 큰 열심으로 매진하도록 촉구하고자 할 때, 그리스도께서 자신의 피로 사신 것(sanguinis Christi pretium)을 그들에게 맡기셨다는 사실을 묵상하는 것보다 더 강력한 자극제는 없다는 것이다. 왜냐하면, 그들이 교회를 위하여 충성되게 수고하지 않는다면, 그들은 영혼들을 멸망받게 한 것에 대한 책임을 저야 할 뿐만 아니라, 하나님의 아들의 거룩한 피를 더럽힌 것은 물론이고, 그가 이루신 대속을 무용지물로 만들었다는 불경죄를 뒤집어쓸 수밖에 없게 되기 때문이다. 우리의 나태함으로 말미암아 그리스도의 죽음이 쓸모없게 되어 버리고, 더 나아가 그 대속으로 인한 열매가 말라죽게 되어 버린다면, 그것은 얼마나 끔찍하고 가공할 죄악을 저지른 것이 되겠는가? 하지만 바울이 하나님께서 교회를 사셨다고 말한 것은 우리로 하여금 하나님이 자기를 위하여 교회를 온전하게 보존하시리라는 것을 알게 하기 위한 것이었다. 왜냐하면, 하나님께서 속량하신 자들은 하나님 자신이 소유하는 것이 공평하기 때문이다.

하지만 우리는 그리스도께서 장차 우리를 사탄의 폭정으로부터 자유롭게 해주시고 모으셔서 아버지 하나님의 기업이 되게 하실 때까지는, 온 인류가 사탄에게 넘겨져 있다는 사실을 아울러 명심하여야 한다.

한편, 바울이 사용한 표현은 거칠어서 이해하기 어려운 측면이 없지 않기 때문에, 우리는 그가 어떤 의미로 "하나님이 자기 피로 사신 교회"라고 했는지를 살펴보아야 한다. 왜냐하면, 하나님을 육신을 갖고 있거나 죽을 수밖에 없는 존재라고 생각하는 것은 정말 터무니없는 일이기 때문이다. 하지만 바울이 이렇게 말한 것은 그리스도의 인격의 단일성(personae unitas)을 보여주기 위한 것이다. 왜냐하면, 그리스도 안에는 명확하게 구분되는 두 본성이 있는 까닭에, 성경은 각각의 본성에 특유한 것만을 따로 언급하는 경우가 종종 있기 때문이다. 성경이 육신으로 나타나신 하나님을 우리 앞에 제시할 때에 그의 인성과 신성을 분리하는 것이 아니다. 하지만 그리스도 안에서는 두 본성이 결합되어 하나의 인격을 이루고 있기 때문에, 어느 한 본성에 고유한 것을 다른 본성으로 돌리는 경우가 종종 일어나는데, 여기서 바울이 예수 그리스도는 우리를 위해서 자신의 피를 흘리신 사람이셨지만, 아울러 하나님이기도 하셨다는 것을 강조하기 위하여, "피"를 하나님에게 돌려서 하나님이 "자기 피"를 흘리신 것으로 표현한 것이 바로 그런 경우이다. 교부들은 어느 한 본성의 속성이 다른 본성에 적용되었다는 의미에서, 이러한 수사법을 속성 간의 교류(communicatio idiomatum)라고 불렀다. 하지만 나는 여기서 바울이 이런 식으로 그리스도의 인격의 단일성을 분명하게 표현한 것이라고 이미 말한 바 있다. 따라서 우리는 옛적에 네스토리우스(Nestorius)가 그랬던 것처럼 그리스도를 두 개의 인격을 지니신 분이라고 생각해서는 안 된다. 네스토리우스는 그리스도의 두 본성을 명시적으로 인정하긴 하였지만, 하나님이신 그리스도와 사람이신 그리스도, 이렇게 두 그리스도를 상정하였던 반면에, 유티케스(Eutyches)는 한 분 그리스도가 하나님의 아들이신 동시에 사람의 아들이시라는 것을 인정하면서도, 두 본성이 그대로 유지되고 있었던 것이 아니라 서로 뒤섞여서 혼합되어 있었다고 주장하였다. 오늘날에는 세르베투스(Servetus)와 재세례파가 두 본성이 서로 뒤섞여 혼합되어 있는 신적인 인간(homo divinus)으로서의 그리스도를 만들어 내고 있다. 세르베투스는 그리스도가 하나님이시라는 것을 말로는 인정하지만, 우리가 그의 망상을 받아들이는 순간, 어떤 때는 그리스도의 신성이 인성으로 바뀌기도 하고, 어떤 때는 인성이 신성에 흡수되기도 하는 일이 벌어지게 된다. 우리는 유티케스(Eutyches)가 도입하려고 시도했고, 스페인의 개(犬)인 세르베투스(Servetus)가 오늘날 날조해 낸 것처럼, 그리스도 안에서 두 본성이 혼합되어 있는 것이라고 생각해서는 안 된다. 세르베투스에게 있어서, 그리스도의 신성은 인성의 희미한 형상(spectrum)에 지나지 않는 것이었고, 그는 바로 그러한 형상이 하나님 안에서 늘 빛나고 있었던 것이라고 상상하였다.

29. 내가 떠난 후에 사나운 이리가 여러분에게 들어와서 그 양 떼를 아끼지 아니하며. 이제 바울은 에베소 교인들에게 조심하고 경계할 것을 권면한다. 왜냐하면, "사나운 이리들"의 공격이 있을 것이었던 까닭에, 이렇게 가시채로 찌르듯이 따끔하게 권면하는 것은 불가피한 일이었기 때문이다. 사실, 이리 떼에 시달리는 것은 교회의 영원한 운명 같은 것이다. 그러므로 교회가 잠들어 있을 시간은 없다. 침입하는 자들이 많을수록, 그리고 그런 자들이 해악을 더 많이 끼칠수록, 목회자들은 더욱 깨어서 경계를 늦추지 말아야 하는 것은 당연한 일이다. 하나님은 때로는 양 떼들이 평안하고 평화롭게 풀을 뜯을 수 있도록 난관들을 어느 정도 걷어 주신다. 날씨가 맑고 화창한 때는 양들이 들판에서 좀 더 안전하게 풀을 뜯을 수 있는 반면

에, 날씨가 구름이 끼고 흐려지고 어두워지면 더 많은 위험이 찾아오는 것과 마찬가지로, 하나님의 교회에도 때로는 청명한 날씨가 허락되는 것처럼 보이지만, 그 후에는 이리가 흉계를 꾸미기에 알맞은 비바람 부는 궂은 날씨가 찾아오기 마련이다. 따라서 바울이 여기서 말하고자 하는 것은 더욱 큰 위험이 다가오고 있기 때문에 지금까지보다 더 깨어 경계해야 한다는 것이다. 그러나 그가 어떻게 이것을 알게 되었을까 하는 의문이 생긴다. 무엇보다도 먼저, 그의 존재가 이리들이 접근하지 못하게 하거나 이리들을 물리치는 데에 큰 힘을 발휘하였다는 것은 의심의 여지가 없다. 그리고 그리스도의 사역자들 안에서 빛을 발하는 성령의 능력이 악한 자들을 옴짝달싹하지 못하게 만들어서, 그들이 감히 독을 내뿜을 엄두를 내지 못하게 되는 것은 전혀 놀라운 일이 아니다. 왜냐하면, 하늘의 지극히 밝은 빛이 사탄의 깊은 어둠을 흩어 버리기 때문이다. 그러므로 바울은 자신의 수고에 의해서 사탄의 악의가 일시적으로 억제되어 온 것임을 알고 있었기 때문에, 자기가 떠난 후에 무슨 일이 일어나게 될 것인지를 예견하는 것은 결코 어려운 일이 아니었다. 하지만 우리는 바울이 경고한 일이 실제로 벌어졌다는 것을 생각할 때, 그가 예언의 영을 통해서 하나님으로부터 더욱 확신을 얻고서, 다른 사람들에게 경고해 줄 수 있었던 것일 가능성도 높다. 바울이 그러한 일을 어떻게 미리 알게 되었는지와는 상관없이, 여기서 우리는 정직하고 신실한 목회자들이 떠날 때마다, 그들이 아무리 주의를 기울여도 양의 우리로부터 몰아내는 것이 쉽지 않았던 저 이리들이 더욱 심하게 공격해올 것에 대비해서 깨어 경계하지 않으면 안 된다는 것을 배워야 한다.

30. 또한 여러분 중에서도 … 어그러진 말을 하는 사람들이 일어날 줄을.　그들 안에도 이리들이 있고, 더욱이 이리들이 목회자라는 이름 아래 정체를 숨기고서 교회를 해칠 기회를 엿보고 있다는 사실이 사태를 더욱 심각하게 만든다. 바울은 이리들에 의해서 그들에게 어떤 위험이 초래될 수 있는지를 설명한다. 즉, 한 믿음으로 하나가 되어 있던 교회가 여러 분파로 나뉘고 갈라짐으로써 양 떼가 흩어지게 되리라는 것이다. 사실, 자신의 직분을 제대로 감당하지 못하는 목회자들이 모두 다 "이리"인 것은 아니고, 그리 큰 해를 끼치지 않는 "삯군" 부류일 때가 흔하다. 하지만 가르침의 타락(doctrinae corruptio)은 양들에게 치명적인 재앙이다. 이제 이러한 재앙의 근원이 언급되는데, 그것은 "제자들을 끌어" 자신을 따르게 만들려는 자들이 일어날 것이기 때문이라는 것이다. 따라서 야심(ambitio)이 모든 이단의 어머니이다. 왜냐하면, 목회자들이 합심하여 제자들을 그리스도에게로 인도하는 일에 열

심을 낼 때에 하나님의 순전한 말씀이 교회 안에서 흥왕하게 되고, 한 분 주님의 말씀이 선포될 때에만 교회는 건강한 상태를 유지할 수 있기 때문이다. 따라서 교회의 주도권을 장악하고자 하는 욕망이 지배할 때, 구원의 가르침이 타락하게 되고 양떼의 안전이 위기에 처하는 것은 필연적인 일이다. 이 구절에서는 거의 대부분의 경우에 가르침의 타락은 각 사람이 다른 사람보다 더 높아지고자 하는 교만으로부터 초래된다는 것을 가르쳐 준다. 또한, 이 구절로부터 우리는 야심에 찬 인간들이 하나님의 순전한 말씀에서 떠나지 않거나 하나님의 말씀을 더럽히지 않는 것은 거의 있을 수 없는 일이라는 결론을 얻는다. 왜냐하면, 오직 그리스도만을 높일 때에만 성경을 순전하게 다룰 수 있고, 사람은 그리스도의 영광을 그만큼 깎아내리지 않고서는 아무것도 자신의 것이라고 자부할 수 없는 까닭에, 그리스도는 안중에도 없고 오직 자기 자신만을 위하며 자신의 영광만을 추구하는 자들이야말로 건전한 가르침을 훼손하고 타락시키는 자들이라는 결론이 나온다. 그리스도께서는 요한복음 7:18에서 이러한 사실을 친히 확증해 주신다: "스스로 말하는 자는 자기 영광만 구하되 보내신 이의 영광을 구하는 자는 참되니 그 속에 불의가 없느니라." 또한, 바울은 이러한 "이리들"이 들고 일어날 기회가 올 때를 기다리면서 지금도 은밀하게 신자들을 멸망시킬 궁리를 하고 있다는 것을 보여주기 위해서 "일어나다"라는 단어를 사용한다.

아울러, 이 구절은 사탄이 연약한 양심들을 흔들어 놓기 위해서 모든 세대 앞에 던져놓은 끔찍한 걸림돌을 아주 효과적으로 제거해 준다. 만일 교회의 한가운데로부터 내부의 적이 등장해서 갑자기 나팔을 불어대거나 거짓 교훈으로 사람들을 흔들어서 믿음에서 떨어져 나가도록 만드는 일이 벌어지지 않고, 단지 외부의 공공연한 원수들이 복음을 대적하기만 한다면, 경건한 자들은 그리 놀라지 않을 것이다. 하지만 하나님께서는 처음부터 자신의 교회를 이러한 시험으로 연단하셨고, 그것은 오늘날에도 마찬가지이다. 그러므로 우리는 언제라도 목회자들이 "이리"가 되어 날뛰기 시작할 때를 대비해서, 바울의 이러한 경고를 우리의 요새로 삼아서, 우리의 믿음이 무너지지 않고 견고해질 수 있도록 하여야 한다. 바울은 먼저 그들이 얼마나 두려워해야 할 존재인지를 알려주기 위해서 그들을 "사나운 이리"라고 지칭한 후에, 그들이 야심만으로는 복음의 순전함을 더럽히는 것이 거의 불가능하기 때문에, 자신을 추종하는 제자들을 얻기 위하여 악한 교훈의 창시자들이 될 것이라고 말해준다.

이것은 연속적인 계승(continua successio)을 주장하는 교황주의자들의 자랑이 얼마나 터무니없는 것인지를 잘 보여준다. 왜냐하면, 이 뿔 달린 짐승들은 그것이 사실이 아니고 그저 그들 스스로가 그렇게 인정받고 싶을 뿐이라는 것을 우리가 너무나 쉽게 증명할 수 있다는 것을 아는 까닭에, 어떤 식으로든 반박을 당하기만 하면, 자신들은 연속적인 계승을 통해서 사도들을 계승한 것이라는 이른바 "사도적 계승"이라는 도피처로 도망가서 거기에 몸을 숨겨 버리기 때문이다. 교황주의자들이 사도들을 계승하지 않은 것은 바울이 에베소 교인들에게 경계하라고 한 "이리들"이 사도들을 계승한 것이 아닌 것과 같다. 하나님께서 자기 백성들의 믿음을 연단하시기 위하여, 자신의 의로우신 심판에 의해서, 목회자의 탈을 쓴 "이리들"이 교회 속에서 활보하는 것을 허용하시는 일이 종종 있는 것은 사실이다. 하지만 하나님이 주신 권세는 오직 호칭이나 지위에 있는 것이 아니고, "사도적 계승"을 아무리 소리 높여 외친다고 하여도, 거기에 순전한 믿음이 수반되어 있지 않다면, 그런 목소리는 공허한 것이 될 수밖에 없다. 그런데도 교황주의자들이 "이리"라는 이름을 자신들에게 적용하는 것은 합당하지 않다고 반론을 제기한다면, "제자들을 끌어 자기를 따르게 하려고 어그러진 말을 하는 사람들"이라는 바울의 말이 그들의 반론이 옳은지 그른지를 결정해 줄 시금석이 될 것이다. 교황의 종교라는 것은 하나님의 말씀(verbum Dei) 대신에 인간의 욕망(hominum libido)이 다스릴 수 있게 하기 위한 것일 뿐이다. 하지만 그리스도께서는 자기를 유일한 선생으로 인정하지 않는 자들을 제자로 두신 적이 없다.

31. 그러므로 … 눈물로 각 사람을 훈계하던 것을 기억하라. 바울은 여기서 다시 한 번 자기 자신을 본보기로 들어서, 그들에게 장차 닥쳐올 위험에 대비해서 깨어 근신할 것을 권면한다. 이것은 자기가 삼 년 동안이나 그들을 인내하며 끊임없이 훈계한 것을 그들이 무시해 버리는 것은 도저히 용납될 수 없는 일이라는 것을 명심하고서, 깨어 근신하는 데에 온 힘을 다하라고 말한 것과 같다. 또한, 그가 "눈물로" 훈계하였던 것을 상기시킨 것도 그의 권면에 더 큰 힘을 실어 주었다. 바울이 자기가 "각 사람"을 훈계하였다고 말한 것은 "장로들"만이 아니라 평신도들도 염두에 두고 있었기 때문일 수 있다. 왜냐하면, 그는 교회 전체를 위한 권면을 하고자 한 것인 까닭에, 마치 모든 교인이 자기 앞에 있는 것처럼 지금 말하고 있는 것이기 때문이다. 하지만 바울이 목회자들에게만 국한해서 이 말을 한 것이라고 본다면, 그 요지는 그들은 지금 바울이 하는 권면을 듣고 열심을 내는 것이 마땅할 뿐만 아니라,

그가 "삼 년"이나 쉬지 않고 "눈물로" 권면하였던 많은 것들을 명심하여야 한다는 것이 된다. 그러나 나는 바울이 모든 교인들을 향하여 이러한 권면을 한 것이라고 보는 것이 더 적절하다고 생각한다.

32. 지금 내가 여러분을 주와 및 그 은혜의 말씀에 부탁하노니. 바울은 권면 중간에 기도를 삽입하는데, 우리는 기도가 격정적인 권면 속에 들어가 있는 것이 어색하다고 생각해서는 안 된다. 왜냐하면, 바울은 자신 속에서 격렬하게 타오르는 감정들을 표현하기에는 그 어떤 말로도 충분하지 않았던 까닭에, 수사학자들처럼 자신의 권면의 말씀을 체계적으로 구성하는 데는 전혀 관심이 없었기 때문이다. 그래서 그는 자신의 권면을 잠시 멈추고 기도를 시작한다. 하지만 이것은 본격적인 기도라기보다는 자신의 바람을 표현한 것이다. 그는 이렇게 말한 것과 같다: "너희가 이 큰 짐을 감당하기 어려운 것은 분명하지만, 하늘로부터 새로운 도우심이 너희에게 임하고, 너희가 그 도우심을 의지함으로써 모든 시험을 이기고 승리할 수 있게 되기를 기원한다." 그가 비록 목회자들에게만 권면하고 있는 것이라고 할지라도, 그의 기도가 교회 전체를 위한 것임은 의심의 여지가 없다. 그는 먼저 그들을 하나님께 부탁한 후에, 다음으로 그들을 하나님의 "은혜의 말씀"에 부탁한다. 하지만 이것은 하나의 동일한 "부탁"이다. 즉, 그는 여기서 하나님께서 자기 백성의 구원을 지키시는 데에 늘 사용해 오셨던 방법을 기술하고자 한 것일 뿐이다. 마찬가지로, 베드로도 "믿음"(벧전 1:5)으로 말미암아 성도들의 구원이 하나님의 지속적인 보호하심을 얻을 수 있다고 말한다. 그리고 하나님께서 믿음으로 말미암아 성도들의 구원을 지키실 때에 사용하시는 수단은 "말씀"이다. 성도들은 "말씀"을 믿고 의지할 때에만 수많은 위험 속에서도 자신들의 구원을 위태롭게 하지 않을 수 있다. 따라서 하나님께서 우리를 어떤 방식으로 지켜 주시기를 원하는지를 아는 것은 매우 중요하다. 왜냐하면, 하나님의 위엄(maiestas)은 우리에게 감추어져 있는 까닭에, 하나님이 자신의 말씀을 통해서 우리에게 찾아오실 때까지, 우리는 의심 속에서 두리번거리고 있을 수밖에 없기 때문이다.

그러므로 하나님께서는 우리를 구원하시기 시작하신 후에는 즉시 우리의 구원을 지키시기 위한 도구로 자신의 "말씀"을 보내 주신다. 그런 의미에서 바울은 "은혜의"라는 수식어를 덧붙인다(히브리어의 어법에서 속격은 효과 또는 효력을 나타내기 때문이다). 즉, 하나님은 말씀 속에서 자신의 은혜를 베풀어 주시는 까닭에, 믿는 자들은 더욱 큰 확신을 갖고 말씀을 의지해야 한다는 것이다. "은혜의 말씀"이라는 어구는 이런 식으로 설명하는 것이 간단명료하고 적절하다. 어떤 이들은 이 "은혜"를 그리스도와 관련된 것으로 이해하지만, 그런 설명은 너무 억지스럽다.

32. 여러분을 능히 든든히 세우사. 여기서 바울이 사용한 '뒤나메노스'(δυνάμενος)라는 분사는 하나님의 "말씀"이 아니고 "하나님"과 연결된다. 그런데 이 위로의 말씀이 덧붙여진 것은 그들로 하여금 자신들이 연약하다고 생각해서 낙심하는 일이 없게 하기 위한 것이다. 왜냐하면, 우리가 육신의 연약함에 둘러싸여 있는 동안에는, 우리는 터만 닦아놓고는 미완성인 건물과 같기 때문이다. 모든 경건한 자들은 그리스도 위에 터를 세운 것은 틀림없지만, 그들의 믿음은 결코 온전한 것이 아니다. 비록 터가 계속해서 견고하고 튼튼하다고 할지라도, 건물의 일부가 흔들리거나 무너지는 경우가 종종 있다. 그렇기 때문에, 건물을 지속적으로 세워나감과 동시에 수시로 건물을 보강해 주는 것이 필요하다. 아울러, 바울은 하나님께서 자신이 시작하신 일을 미완성으로 버려 두시지 않을 것이기 때문에, 그들이 낙심하지 않아야 한다고 말한다. 그는 빌립보서 1:6에서도 "너희 안에서 착한 일을 시작하신 이가 그리스도 예수의 날까지 이루실 줄을 우리는 확신하노라"고 말한다. "주께서는 자신의 손으로 하신 일을 포기하지 않으시리이다"(시 38:8 KJV, 한글개역개정에는 "주의 손으로 지으신 것을 버리지 마옵소서")라는 말씀도 동일한 취지이다. 바로 이어서, 바울은 생명의 "기업"에 대해서 언급하는데, 이것은 말 그대로 생명을 실제로 향유하는 것을 가리킨다. 그리스도께서 우리에게 빛을 비춰주시자마자, 우리는 실제로 사망에서 생명으로 옮겨진다. 믿음은 하나님의 나라로 들어가는 통로이고, 양자의 영은 우리에게 헛되이 주어진 것이 아니다. 여기서 바울은 믿는 자들은 지금 하늘에 그들을 위해 예비되어 있는 "기업"으로 부르심을 받은 것인데, 그들이 장차 이 "기업"을 실제로 소유하게 될 때까지, 그들에게 주어지는 은혜는 계속해서 커져갈 것이라고 약속한다. 그가 언급한 "하나님의 능력"은 우리가 흔히 생각하는 것처럼 효력이 없는 명목상의 능력이 아니라, 일반적으로 "실제적"이라고 말해지는 그런 능력이다. 왜냐하면, 믿는 자들은 이 하나님의 능력을 붙들고서, 사탄의 모든 공격을 막아내기 위한 방패로 사용하는 법을 아는 것이 마땅하기 때문이다. 성경은 우리가 하나님의 능력 안에서 충분한 보호하심을 받고 있다고 가르친다. 그러므로 우리는 자신의 자유 의지를 믿는 것을 버리고 하나님을 믿고 의지하는 자만이 하나님 안에서 강하고 힘 있는 자라는 것을 기억하여야 한다. 바울이 하나님만이 우리를 "능히 든든히" 세우실 수 있으시다고 증언하는 것은 지극히 옳다.

[33]내가 아무의 은이나 금이나 의복을 탐하지 아니하였고 [34]여러분이 아는 바와 같이 이 손으로 나와 내 동행들이 쓰는 것을 충당하여 [35]범사에 여러분에게 모본을 보여 준 바와 같이 수고하여 약한 사람들을 돕고 또 주 예수께서 친히 말씀하신 바 주는 것이 받는 것보다 복이 있다 하심을 기억하여야 할지니라 [36]이 말을 한 후 무릎을 꿇고 그 모든 사람들과 함께 기도하니 [37]다 크게 울며 바울의 목을 안고 입을 맞추고 [38]다시 그 얼굴을 보지 못하리라 한 말로 말미암아 더욱 근심하고 배에까지 그를 전송하니라(20:33-38).

33. 내가 아무의 은이나 금이나 … 탐하지 아니하였고. 바울은 방금 전에 병적인 야심이 얼마나 해로운 것인지를 설파했듯이, 이제 여기서는 그들에게 탐심을 조심할 것을 경고한다. 여기서도 그는 또다시 자기 자신을 본보기로 제시한다. 즉, 그는 자기가 교회들에서 사례금을 받지 않아도 충분히 살아갈 수 있었기 때문이 아니라, 자신의 손으로 일을 하게 되면, 교회들에 될 수 있는 대로 부담을 지우지 않을 수 있을 것이었기 때문에, 손수 일을 해서 생계를 꾸려나갔고, 어느 누구의 재물을 탐한 적도 없었다는 것이다. 우리는 그가 마치 굶주린 사람들이 흔히 약탈을 자행하듯이 그런 식으로 남의 것을 빼앗은 적이 없었음은 물론이고, 그 어떤 악한 욕심도 부린 적이 없었다고 말한 것을 주목하여야 한다. 이것으로부터 우리는 돈을 경시하지 않는 사람은 어느 누구도 좋은 말씀 사역자가 될 수 없다는 결론을 얻는다. 우리는 이득을 얻는 데에 부끄러울 정도로 집착하는 자들은 사람들로부터 호감을 얻기 위해서 하나님의 말씀을 부패시킬 수밖에 없다는 것을 확실히 알고 있다. 바울은 다른 곳에서 "감독들"의 그러한 악을 엄하게 단죄한다(딤전 3:3).

34. 여러분이 아는 바와 같이 이 손으로 … 충당하여. 바울은 여기서 하나님께서 자신의 종들에게 허락하신 것을 자의적으로 박탈하고자 한 것이 아니기 때문에, 모든 말씀 사역자들이 항상 지켜야 할 절대적인 법을 제시하기 위해서 이 말을 하고 있는 것이 아니다. 도리어, 그는 말씀 사역자들이 자신들의 수고에 대해서 공적으로 사례를 받을 수 있는 권리가 있다는 것을 많은 곳에서 인정했고(마 10:10; 고전 9:14; 갈 6:6; 딤전 5:17; 빌 4:10, 16; 고후 11:8 등), 뿐만 아니라 자신도 많은 교회들이 음식과 의복으로 자신을 섬기는 것을 막지 않았다. 사실, 그는 자신이 한 일에 대해서 거리낌 없이 품삯을 받았을 뿐만 아니라, 고린도에서 곤궁에 처했을 때에 자신의 궁핍을 해결하기 위해 돈을 받은 것을 "다른 교회들에서 탈취한 것"(고후 11:8)

이라고 말한다. 그러므로 그는 무조건적으로 목회자들에게 자신의 손으로 일을 해서 생활을 하라고 명한 것이 아니었다. 즉, 그는 곧바로 뒤이어서 자기가 그들에게 그렇게 권면하는 이유가 무엇인지를 밝히는데, 그것은 믿음이 연약한 사람들이 실족하지 않게 하기 위한 것이라고 말한다. 고린도 교인들은 바울에게 합당한 사례를 하지 않은 것이 아니었다. 그러나 거짓 사도들이 자신들은 사례를 받지 않는다는 것을 자랑하면서, 그것을 빌미로 사람들로부터 호감을 얻으려고 했기 때문에, 바울은 이 일로 인해서 그들로 하여금 득세할 수 있게 하거나 자신을 비방할 기회를 얻을 수 있게 하고 싶지 않아서, 자기가 교회로부터 사례를 받지 않은 것이었다고 스스로 밝힌다(고전 9:15; 고후 11:11). 따라서 그는 목회자들의 사례 문제가 연약한 자들에게 걸림돌이 되거나 그들을 믿음에서 실족하게 만드는 빌미가 되지 않도록 조심해야 한다고 그들에게 경고한 것이다. 왜냐하면, "믿음이 연약한 자를 너희가 받되 그의 의견을 비판하지 말라"(롬 14:1)는 말씀처럼, 여기서도 "약한 자를 받는다"(한글개역개정에는 "약한 자를 돕고")는 것은 관용함으로 그들의 무지와 미숙함을 용납한다는 뜻이기 때문이다.

35. 주는 것이 받는 것보다 복이 있다 하심을 기억하여야 할지니라. 우리는 이 구절과 문자적으로 일치하는 내용을 성경의 다른 곳에서 발견할 수 없다. 하지만 복음서 기자들이 이러한 내용을 담은 예수의 말씀들을 기록하여 두었고, 바울은 거기로부터 이 구절을 택해서 인용한 것일 가능성이 크다. 또한, 우리는 그리스도의 모든 말씀이 기록으로 남겨진 것이 아님을 알고 있다. 한편, 그리스도께서는 돈을 멸시하라는 일반적인 가르침을 반복하시는데, 받는 것보다 주고자 하는 것은 돈을 멸시하고 있음을 보여주는 진정한 증거이다. 여기서 그리스도께서는 후히 주는 자들은 은혜를 베풀어서 다른 사람들을 자신에게 예속시키는 것이고, 어떤 것을 빚지고 있는 자들은 일종의 종 된 상태에 있는 것이기 때문에, 받는 것보다 주는 것이 더 복되다고 말씀하신 것이 아니라, 좀 더 심오한 진리, 즉 가난한 자들에게 베푸는 것은 "여호와께 꾸어 드리는 것"(잠 19:17)이고, 신실하고 정직한 하나님의 청지기들은 자신들에게 맡겨진 풍족한 것을 형제들과 나누는 자들이며, 후히 베푸는 선행보다 사람으로 하여금 하나님께 더 가까이 나아갈 수 있게 해주는 것은 없다는 것을 보여주신 것이다. 우리는 세상의 작가들의 글에서도 후히 베풀기를 권하는 말들을 읽을 수 있고, 대부분의 세상 사람들은 그들의 말이 옳다고 인정한다. 하지만 속담에서 말하고 있는 대로, 그것은 쇠귀에 경 읽기에 불과하다. 왜냐하면, 세상 사람들

이 살아가는 모습을 보면, 자신의 것을 나누어서 형제들을 돕는 일이야말로 가장 바람직한 선행이라는 것을 확신하는 사람은 거의 없다는 것이 적나라하게 드러나기 때문이다. 그런 까닭에, 그리스도의 제자들은 이러한 "복"을 더욱더 큰 열심으로 사모함으로써, 다른 사람들의 소유에 대해서는 초연한 채 주는 일에 익숙해질 수 있어야 한다. 하지만 자기가 늘 주는 일에 익숙해진 삶을 산다고 해서, 다른 사람들에게 빚을 지고 살아가는 사람들을 한심하게 여기는 듯한 교만한 마음을 갖거나, 다른 사람들을 자신에게 붙들어 두고자 하는 불순한 야심을 가져서는 안 되고, 오직 사랑으로 말미암아 마땅히 해야 할 일들을 기쁜 마음으로 행함으로써, 자신이 하나님의 자녀가 되는 은혜를 받았음을 드러내는 것이 마땅하다.

36. 이 말을 한 후 무릎을 꿇고. 기도에 있어서 내적인 태도가 가장 중요하다는 것은 분명하다. 하지만 무릎을 꿇거나 모자를 벗거나 손을 드는 것과 같은 외적인 상징들도 두 가지로 유익하다. 첫 번째 유익은 우리로 하여금 우리의 모든 지체를 사용해서 하나님께 영광과 예배를 드릴 수 있게 해준다는 것이고, 두 번째 유익은 이러한 외적인 상징들의 도움을 받을 때에 우리의 나태함을 일깨울 수 있다는 것이다. 또한, 엄숙한 공적인 기도의 경우에는 세 번째 유익이 있는데, 그것은 이러한 외적인 상징들을 사용해서 하나님의 자녀들은 자신들의 신앙을 고백하고 서로가 서로에게 하나님에 대한 경외심을 일깨워 줄 수 있다는 것이다. 손을 드는 것은 하나님에 대한 신뢰와 강렬한 열망을 상징하고, 무릎을 꿇는 것은 우리의 겸손을 보여주기 위한 것이다. 마지막으로, 바울은 자신의 권면을 기도로 마무리하는데, 그 이유는 하나님이 복을 주셔야만 우리의 가르침이 열매 맺기를 기대할 수 있기 때문이다. 그러므로 우리가 가르치고 경계하며 권면하느라 수고한 것에 상응하는 성과를 얻고자 한다면, 늘 기도로 마무리하여야 한다.

37-38. 다 크게 울며. 모든 경건한 자들이 이 거룩한 사도에게 각별한 사랑을 쏟은 것은 결코 놀라운 일이 아니다. 왜냐하면, 하나님께서 그토록 많은 탁월한 은사들을 수여하신 사도를 홀대한다면, 그것은 배은망덕의 극치일 수밖에 없을 것이었기 때문이다. 하지만 그들이 운 주된 이유는, 누가 언급했듯이, 그들이 다시는 그를 보지 못할 것이었기 때문이다. 왜냐하면, 그들은 값으로 따질 수 없는 보물을 잃고 나서, 그 후에 그들 자신과 아시아에 있는 온 교회의 상황이 어떠할지를 생각할 때에 통탄할 수밖에 없었기 때문이다. 성령이 누가의 입을 통해서 참 경건의 증인인 그들이 눈물 흘린 것을 칭송한 것은 신자들에게서 냉혹하고 비정한 꿋꿋한 태도

만을 요구하는 자들의 사려 없음과 만용을 단죄하고 있는 것이다. 그들이 하나님께서 우리의 본성 속에 심어 주신 감정들(affectus)은 모두가 악한 것이라고 생각하는 것은 잘못이다. 따라서 신자들이 온전해지는 것은 모든 감정을 떨쳐 버리는 데에 달려 있는 것이 아니라, 오직 합당한 용도에 감정들을 나타내고 절제하는 데에 달려 있다.

제21장

¹우리가 그들을 작별하고 배를 타고 바로 고스로 가서 이튿날 로도에 이르러 거기서부터 바다라로 가서 ²베니게로 건너가는 배를 만나서 타고 가다가 ³구브로를 바라보고 이를 왼편에 두고 수리아로 항해하여 두로에서 상륙하니 거기서 배의 짐을 풀려 함이러라 ⁴제자들을 찾아 거기서 이레를 머물더니 그 제자들이 성령의 감동으로 바울더러 예루살렘에 들어가지 말라 하더라 ⁵이 여러 날을 지낸 후 우리가 떠나갈새 그들이 다 그 처자와 함께 성문 밖까지 전송하거늘 우리가 바닷가에서 무릎을 꿇어 기도하고 ⁶서로 작별한 후 우리는 배에 오르고 그들은 집으로 돌아가니라 (21:1-6).

1. 우리가 그들을 작별하고 배를 타고. 누가는 바울의 항해 여정을 간략하게 보도한다. 이것은 각각의 장소에서 무슨 일이 일어났는지를 우리에게 충실하게 전해 주기 위한 것이기도 하지만, 일신의 안락함을 추구하기보다는 그리스도를 위해 헌신할 목적으로 길고도 힘든 여행의 고통을 스스로 선택한 바울의 영웅적인 불굴의 용기(fortitudo)를 독자들로 하여금 자신과 함께 곰곰이 되짚어 보게 하기 위한 것이기도 하였다. 누가가 그들이 "작별했다"고 한 것은 그들이 단지 공간적으로 헤어졌다는 것을 가리키는 것이 아니라, 바울과 그의 일행이 탄 배가 시야에서 사라질 때까지 형제들이 바닷가에 서 있었다는 것을 가리킨다. 누가는 배가 들렀던 항구들의 이름을 열거함으로써, 바울의 항해가 평탄하게 진행되고 있었음을 우리에게 보여 준다. 누가가 열거한 도시들의 사정이 어떠하였는지에 대해서는 지리학자들의 저서를 참조하면 될 것이기 때문에, 나는 누가의 의도가 무엇이었는지를 지적한 것으로 만족하고자 한다.

4. 제자들을 찾아 거기서 이레를 머물더니. 믿는 자들의 수가 많지는 않았지만, 선지자들의 예언대로(사 23:18) 거기에도 복음의 씨가 뿌려져서, 두로 땅에도 하나님의 복이 전혀 임하지 않은 것이 아니었다. 앞에서 언급되었던 다른 곳들에서와 마찬가지로, 누가는 여기서도 그리스도인들을 "제자들"이라고 부른다. 따라서 우

리는 그리스도의 가르침을 믿음으로 받아들인 자들만이 그리스도의 양이라는 것을 알게 된다. 그리스도의 말씀 또는 교훈을 깨닫지 못하였는데도, 자기가 그리스도인 이라고 고백해 보아야, 그것은 헛되고 거짓된 고백이 될 뿐이다. 독자들이 주목하여야 할 것은 바울이 두로에 "이레"를 머물렀던 것은 오직 "제자들"을 견고히 세우기 위한 것이었다는 사실이다. 여기서 우리는 그가 어디에 가든지 이처럼 기회를 선용하는 데에 게으르지 않았음을 본다.

4. 그 제자들이 성령의 감동으로 바울더러 예루살렘에 들어가지 말라 하더라. 이것은 "제자들"이 성령의 말하게 하심을 따라 말을 했다는 뜻이다. 그래서 바울은 그들이 "예언의 영"으로 말하고 있다는 것을 알 수 있었다. 하지만 이미 시작한 여행을 성령의 만류하심을 이유로 중단하는 것은 확실히 그에게는 큰 시험이 아닐 수 없었다. 사실, 만일 그가 자신의 안전만을 생각하였다면, 그는 성령의 이러한 만류를 핑계로 하나님의 손에 이끌려서 마지못해 물러서는 것처럼 해서, 얼마든지 십자가로부터 도망칠 수 있었다.

그런데도 그는 하나님께서 자기를 예루살렘으로 부르셨다는 것을 알고 있었기 때문에 이 여행을 중단하지 않았다. 그러나 여기서 한 가지 의문이 생긴다. 바울은 자신이 "성령에 매여" 예루살렘으로 간다고 증언하였는데(20:22), 어떻게 "제자들"은 동일한 성령을 의탁해서 그에게 예루살렘으로 가지 말라는 권유를 한 것인가? 혹시, 성령이 자가당착에 빠져서, 전에는 내적인 감동을 따라 그를 붙들었다가 이제는 제자들의 예언을 통해 그를 풀어준 것인가? 나의 대답은 성령의 은사는 다양하기 때문에, 예언의 은사를 강하게 받은 사람들이 종종 판단력이나 담대함을 결여하고 있는 것은 전혀 이상한 일이 아니라는 것이다. 하나님께서는 누가가 언급하고 있는 이 "제자들"에게 예루살렘에서 무슨 일이 일어날지를 보여주셨다. 하지만 그들은 바울이 예루살렘에 가는 것과 가지 않는 것 중에서 어느 쪽이 좋은 일인지, 그리고 바울의 소명이 어느 쪽을 요구하고 있는지에 대해서는 알지 못하였다. 왜냐하면, 그들의 은사의 분량은 거기까지는 미치지 못하였기 때문이다. 하지만 이것은 하나님께서 자신의 종 바울에게 의도적으로 경고를 주시고자 하신 것이기도 하였다. 왜냐하면, 하나님께서는 한편으로는 그가 장차 자기에게 있을 일들을 깊이 숙고하는 시간을 가짐으로써 좀 더 잘 대비한 후에 그 일들을 맞을 수 있도록 하고자 하셨고, 다른 한편으로는 이러한 예언들을 통해서 힘든 일들이 있을 것이 확실시되는데도 불구하고, 그가 이 모든 것을 다 아는 가운데서도 망설임 없이 기꺼이 무슨 일이든 다 감당하고자 함으로써 자신의 불굴의 담대한 믿음을 좀 더 분명하게 증거할 수 있도록 하고자 하셨기 때문이다.

5. 그들이 다 그 처자와 함께 성문 밖까지 전송하거늘. 제자들이 다 처자를 데리고 성문 밖까지 나와서 배웅한 것은 바울에 대한 그들의 사랑이 얼마나 지극했는지를 보여주는 증거였다. 누가가 이 사실을 기록한 것은 그들의 진심 어린 환대를 칭송하기 위한 것임과 동시에, 바울이 합당한 예우를 받았다는 것을 보여주기 위한 것이다. 한편, 바울이 그들의 따뜻한 환대를 받았을 때에 거기에 더 머물러 있고 싶은 마음이 들었을 텐데도 그렇게 하지 않은 것을 보면서, 그러한 사실로부터 우리는 자신의 편안함을 구하려는 생각이 그에게는 추호도 없었다는 결론을 얻게 된다. 또한, 우리는 더 중요한 문제들을 놓고 기도했던 초대 교회 신자들의 경건한 습관에 주목해야 한다. 특히, 그들은 하나님으로부터 바울이 장차 겪게 될 위험을 예고받은 후에 더욱 열심으로 기도하였다.

[7]두로를 떠나 항해를 다 마치고 돌레마이에 이르러 형제들에게 안부를 묻고 그들과 함께 하루를 있다가 [8]이튿날 떠나 가이사랴에 이르러 일곱 집사 중 하나인 전도자 빌립의 집에 들어가서 머무르니라 [9]그에게 딸 넷이 있으니 처녀로 예언하는 자라 [10] 여러 날 머물러 있더니 아가보라 하는 한 선지자가 유대로부터 내려와 [11]우리에게 와서 바울의 띠를 가져다가 자기 수족을 잡아매고 말하기를 성령이 말씀하시되 예루살렘에서 유대인들이 이같이 이 띠 임자를 결박하여 이방인의 손에 넘겨 주리라 하거늘 [12]우리가 그 말을 듣고 그 곳 사람들과 더불어 바울에게 예루살렘으로 올라가지 말라 권하니 [13]바울이 대답하되 여러분이 어찌하여 울어 내 마음을 상하게 하느냐 나는 주 예수의 이름을 위하여 결박 당할 뿐 아니라 예루살렘에서 죽을 것도 각오하였노라 하니 [14]그가 권함을 받지 아니하므로 우리가 주의 뜻대로 이루어지이다 하고 그쳤노라(21:7-14).

7-8. 두로를 떠나 항해를 다 마치고 돌레마이에 이르러 … 이튿날 떠나 가이사랴에 이르러 일곱 집사 중 하나인 전도자 빌립의 집에 들어가서 머무르니라. 누가는 바울이 돌레마이에서도 "형제들"의 영접을 받았다고 간단히 언급한다. 돌레마이는 페니키아 해안에 위치한 도시로 유대 접경으로부터 그리 멀지 않은 곳에 있었기 때문에, 여기서부터 가이사랴에 이르는 바울과 그 일행의 여정은 길지 않은 것이었

다. 여기에 나오는 지역들과 도시들에 대해서 더 알고자 하는 독자들은 지리학자들의 글을 참조하기 바란다. 누가는 그들이 가이사랴에서 빌립의 환대를 받았다고 말한다. 6:5에서 분명하게 알 수 있듯이, 빌립은 "일곱 집사" 중의 하나인데도, 누가는 그를 "전도자"라고 부른다. 이것으로부터 우리는 집사 직분이 일시적인 것이었음을 쉽게 추론할 수 있다. 만일 그렇지 않았다면, 빌립이 자유롭게 예루살렘을 떠나서 가이사랴로 옮겨올 수는 없었을 것이다. 따라서 누가는 여기서 빌립은 자신의 직분을 자발적으로 버린 사람이 아니라 좀 더 중요한 소임이 맡겨진 사람으로 우리에게 제시하고 있는 것이다. "전도자"는 사도와 교사의 중간에 위치한 직분이었다는 것이 나의 판단이다. 왜냐하면, 그들은 모든 곳에서 복음을 전하였다는 점과 어떤 고정된 입지를 갖고 있지 않았다는 점에서 사도들과 매우 비슷한 역할을 수행하였기 때문이다. 유일한 차이는 그들의 지위가 위계상 사도 아래에 있었다는 것뿐이었다. 바울은 교회의 서열을 언급하면서, "복음 전하는 자"를 "사도" 뒤에, 그리고 "목사"와 "교사" 앞에 위치시킨다(엡 4:11). 이것은 특정한 지역으로 사역이 한정된 "목사"에 비해서 전도자들은 더욱 넓은 지역에서 가르침을 수행할 수 있었음을 우리에게 보여주기 위한 것이다. 따라서 빌립은 한동안 예루살렘에서 집사의 직분을 수행하였고, 그후에 교회는 그를 복음이라는 보배를 맡기기에 적합한 인물이라고 생각해서 "전도자"로 세운 것이었다.

9. 그에게 딸 넷이 있으니. 이것은 빌립을 칭송하기 위해 덧붙여진 것이다. 우리는 여기서 그의 집이 규모 있게 매우 잘 다스려지고 있었고, 하나님이 베풀어 주신 복으로 말미암아 이름 있는 가문이 되었다는 것을 알게 된다. 왜냐하면, "딸 넷"이 모두 다 예언의 영을 받은 것은 하나님이 주신 선물로서는 결코 작은 것이 아니었기 때문이다.

하지만 하나님의 의도는 남자들과 여자들을 일으키셔서 앞으로 일어날 일들을 예언하게 하심으로써 이제 막 전파되기 시작한 복음에 광채를 더하셔서, 유대인들 가운데서 아주 오랫동안 예언이 끊어져 있던 상황 속에서 이렇게 예언자들이 일어나는 것을 보고서, 유대인들이 복음의 새로운 음성에 더욱 큰 관심과 주의를 기울일 수 있게 하기 위한 것이었다. 따라서 오랫동안 끊어졌던 예언이 다시 회복된 것은 좀 더 완전한 것이 도래했음을 보여주는 징표였다. 하지만 얼마 지나지 않아서 예언이 다시 끊어진 것도 동일한 이유로 말미암은 것으로 보인다. 왜냐하면, 하나님은 그리스도께서 자신의 강림에 의해서 모든 예언들을 끝낼 때까지만 여러 예언들을 통해 옛 백성에게 말씀하신 것이기 때문이다. 그러므로 하나님께서 자신이 약속하신 그리스도의 강림이 지금은 현실이 되었다는 것을 모든 사람으로 알게 하시기 위하여, 그리스도의 새로운 통치에 이런 식으로 광채를 더하셔서 구별하신 것은 합당한 일이었다. 그렇지만 다른 한편으로는, 신자들이 항상 불확실한 상태에 있지 않게 하고, 혹은 호기심 많은 인간의 본성에 무언가 새로운 것을 계속해서 찾거나 꾸며내도록 만들 기회를 주지 않기 위하여, 그러한 광채는 단지 잠시 동안만 반짝하고 마는 것이 합당한 일이었다. 왜냐하면, 우리는 그러한 능력이 이미 다 사라졌음에도 불구하고, 자신이 선지자라고 자랑하는 광신자들이 많이 있었다는 것을 알고 있기 때문이다. 또한, 하나님께서는 인간의 사악함을 생각하셔서, 교회로부터 그러한 은사를 박탈하신 것일 수도 있다. 하지만 하나님께서는 예언들을 없애 버리심으로써, 예언들이 그리스도 안에서 완성되고 성취되었다는 것을 증언하셨다는 것 ― 이 한 가지만으로도 예언이 왜 소멸되었는지가 충분히 설명될 수 있다는 것은 분명하다. 한편, 하나님께서 자신이 정하신 질서를 스스로 교란시키는 일이 없도록 하나님의 영이 지배했다는 사실 외에는, 빌립의 딸들이 어떤 식으로 예언 사역을 수행했는지는 확실하지 않다. 하지만 하나님께서는 여자들이 교회 안에서 공적인 직분을 맡는 것을 허락하지 않으셨기 때문에, 그들은 공적인 모임이 아니라 가정이나 사적인 장소에서 예언 사역을 하였을 것이다.

10. 아가보라 하는 한 선지자가. 누가는 분명하게 말하고 있지 않지만, 나는 이 "아가보"가 앞의 11:28에서 언급된 아가보, 즉 글라우디오 황제 때에 "큰 흉년"이 있을 것을 예언했던 바로 그 사람이라고 본다. 누가가 앞에서 언급했던 빌립의 네 딸처럼 이 아가보를 "선지자"로 호칭한 것은 그에게 범상치 않은 특별한 은사가 있었음을 보여준다. 이제 우리는 바울에게 임박한 박해에 관한 경고가 다시 한 번 아가보를 통해서 주어지고 있는 이유를 살펴보아야 한다. 바울에 관한 한, 그는 이미 충분하고도 남을 정도로 경고를 받았다. 그러므로 나는 하나님께서 아가보를 통해서 그러한 경고를 재확인해 주신 것은 다른 사람들을 위한 것이었음이 분명하다고 생각한다. 왜냐하면, 하나님께서는 한편으로는 자신의 종 바울이 자원해서 싸움에 뛰어들었다는 것, 그리고 다른 한편으로는 하나님이 그를 복음을 위해서 싸우는 투사로 세우셨다는 것을 모든 사람들이 알 수 있도록 하기 위하여, 바울이 장차 결박당하게 될 것이 모든 곳에 알려지기를 원하셨기 때문이다. 바울이 자원해서 원수들의 폭력에 자신을 넘겨준 것은 불굴의 담대한 신앙이 어떤 것임을 보여준 유익한 모범

이었다는 것은 분명하다. 바울은 자신이 복음을 전하는 일에 자원해서 늘 변함없이 담대하게 자신의 생명을 아끼지 않는 모습을 보여줌으로써 자신의 사도직을 확증하였다는 사실은 오늘날 우리에게도 의미심장하다.

11. 바울의 띠를 가져다가 자기 수족을 잡아매고. 선지자들이 자신이 말하고자 하는 내용을 상징 행위로써 보여준 것은 드문 일이 아니었다. 그러나 그들은 자신의 충동이 아니라 하나님의 명령에 의해서 자신의 예언을 확증하기 위해 상징 행위들을 사용하였다. 예컨대, 이사야는 "벗은 발"로 다니라는 명령을 받았고(사 20:2), 예레미야는 "목에 멍에를 얹고," "밭을 팔고 사라"는 명령을 받았으며(렘 27:2; 32:7), 에스겔은 "자기 집의 담을 뚫고 밤에 짐을 옮기라"는 명령을 받았다(겔 12:5, 7). 이와 같은 행위들은 일반 대중들에게는 장난처럼 보였겠지만, 선지자가 상징 행위를 통해 말씀을 전하였을 때, 그 동일한 성령은 경건한 자들의 마음에 내적인 감동을 주었기 때문에, 그들은 자신들이 이미 그 일을 실제로 겪고 있는 것처럼 느꼈다. 따라서 누가가 언급한 이 광경을 보았을 때, 일행들은 실제로 바울이 묶여 있는 것을 목격하는 듯한 느낌을 받았을 것이다. 나중에, 거짓 선지자들은 이러한 상징 행위를 거짓으로 흉내 내서 사술(詐術)로 순박한 사람들을 속이고자 하였다. 사실, 사탄이 하나님을 흉내 내고, 그의 졸개들이 하나님의 종들을 열심히 따라하는 것은 흔한 일이다. 시드기야는 스스로 "뿔들"을 만들어서 아람이 격퇴될 것이라고 약속했고(왕상 22:11), 하나냐는 예레미야에게 씌운 멍에를 꺾으면서, 백성들에게 그들이 해방될 것이라는 허황된 희망을 심어 주었다(렘 28:10-11). 그리고 하나님께서는 멸망받을 자들의 불신앙을 벌하시기 위해서 그들로 하여금 이러한 사술에 넘어가도록 허락하셨다.

그러나 그들에게는 성령의 능력이 함께 하지 않았기 때문에, 그들의 사술(詐術)은 믿는 자들에게 아무런 해도 끼칠 수 없었다. 또한, 우리는 아가보가 아무 말도 하지 않고 장차 있을 일을 보여준 것이 아니라, 그 상징 행위를 말씀과 연결시켜서, 믿는 자들에게 그러한 상징 행위의 유용성과 목적을 가르쳐 주었다는 사실도 주목할 필요가 있다.

12-13. 우리가 그 말을 듣고 그 곳 사람들과 더불어 … 권하니. 그들 모두가 동일한 계시를 받은 것은 아니었기 때문에, 그들 간에 서로 다른 생각들이 존재했다는 것은 놀라운 일이 아니다. 이 거룩한 사람들은 바울 한 사람의 생사에 많은 일들이 걸려 있다는 것을 알고 있었기 때문에, 그가 선불리 위험 속으로 뛰어들지 않기를

바랐다. 그들은 바울이 예루살렘에 올라가는 것을 만류함으로써 교회 전체의 안전을 도모하고자 한 것이었기 때문에, 그들의 바람과 열심은 칭송 받을 만한 것이었다. 하지만 하나님의 부르심을 흔들림 없이 끝까지 따른 바울의 불굴의 의지는 더더욱 칭송받아 마땅하다. 왜냐하면, 그는 자신의 "결박"이 어떠한 고난을 자기에게 가져다줄지를 잘 알고 있었음에도 불구하고, 결정을 내리는데 있어서 유일한 기준인 하나님의 뜻이 어디에 있는지를 이미 알고 있었던 까닭에, 그 뜻을 따르기 위해서 다른 모든 것은 하찮은 것으로 여겨졌기 때문이다. 그 어떤 이익이나 어떤 종류의 이유도 우리로 하여금 하나님을 일편단심으로 따르는 데서 돌이키지 못하도록 하기 위해서는 우리의 모든 것을 하나님의 뜻에 고정시키는 것이 마땅하다는 것은 두말할 필요도 없다. 바울이 "여러분이 어찌하여 울어 내 마음을 상하게 하느냐"고 형제들을 나무란 것은 그가 쇠로 된 심장을 가진 사람이 아니라 사랑에 공감하고 감동하는 감정을 지닌 사람임을 아주 분명하게 보여준다. 그래서 경건한 자들의 눈물이 그의 "마음을 상하게" 한 것이다. 하지만 그의 이러한 부드러움에도 불구하고, 하나님을 따르고자 하는 그의 뜻은 전혀 흔들리지 않는다. 그러므로 우리는 형제를 대할 때에 하나님의 뜻보다 인정(humanitas)을 앞세워서는 안 된다. 바울은 그들의 권유에 대한 답변에서, 그리스도의 종들은 "죽을 것도 각오할" 때에만 자신의 사명을 제대로 감당할 수 있고, 진리를 증언하기 위해 자신의 목숨을 기꺼이 내놓고자 하는 자들만이 하나님을 위하여 살고자 하는 합당한 마음을 갖고 있는 것임을 다시 한 번 분명하게 밝힌다.

14. 우리가 주의 뜻대로 이루어지이다 하고 그쳤노라. 바울이 죽음을 향해서 무모하게 돌진하는 것이라고 생각했다면, 이런 식으로 그들은 권유하는 것을 그치지는 않았을 것이다. 하지만 그들은 바울이 성령의 인도하심을 받고 있는 것을 깨달았기 때문에, 성령을 거역하지 않기 위해서 권유하는 것을 그쳤다. 그들은 마음이 슬프고 괴로워서, 방금 전에 바울에게서 들은 것, 즉 그가 성령에 매여서 끌려가고 있다는 사실을 잠시 잊고 있었지만, 그렇게 하는 것이 하나님을 기쁘시게 하는 것임을 다시 한 번 지적받았을 때, 더 이상 그를 만류하는 것은 합당하지 않다고 생각하게 된 것이다. 어떤 일이 하나님의 뜻일 경우에는, 그 일이 아무리 비통하거나 서글프거나 가슴 아픈 일이라고 할지라도, 우리의 마음은 넉넉히 진정될 수 있다는 것을 알아서, 우리는 이러한 사실을 마음에 새겨서 우리의 모든 감정을 절제하는 것이 마땅하다. 왜냐하면, 어렵고 힘든 일을 만날 때마다, 하나님께 순종하여야 한다

는 생각이 우리의 마음을 지배하지 않는다면, 우리는 하나님에게 영광을 돌리지 않는 것이 되기 때문이다.

15이 여러 날 후에 여장을 꾸려 예루살렘으로 올라갈새 16가이사랴의 몇 제자가 함께 가며 한 오랜 제자 구브로 사람 나손을 데리고 가니 이는 우리가 그의 집에 머물려 함이라 17예루살렘에 이르니 형제들이 우리를 기꺼이 영접하거늘 18그 이튿날 바울이 우리와 함께 야고보에게로 들어가니 장로들도 다 있더라 19바울이 문안하고 하나님이 자기의 사역으로 말미암아 이방 가운데서 하신 일을 낱낱이 말하니 20그들이 듣고 하나님께 영광을 돌리고 바울더러 이르되 형제여 그대도 보는 바에 유대인 중에 믿는 자 수만 명이 있으니 다 율법에 열성을 가진 자라 21네가 이방에 있는 모든 유대인을 가르치되 모세를 배반하고 아들들에게 할례를 행하지 말고 또 관습을 지키지 말라 한다 함을 그들이 들었도다 22그러면 어찌할고 그들이 필연 그대가 온 것을 들으리니 23우리가 말하는 이대로 하라 서원한 네 사람이 우리에게 있으니 24그들을 데리고 함께 결례를 행하고 그들을 위하여 비용을 내어 머리를 깎게 하라 그러면 모든 사람이 그대에 대하여 들은 것이 사실이 아니고 그대도 율법을 지켜 행하는 줄로 알 것이라 25주를 믿는 이방인에게는 우리가 우상의 제물과 피와 목매어 죽인 것과 음행을 피할 것을 결의하고 편지하였느니라 하니(21:15-25).

15. 이 여러 날 후에 여장을 꾸려. 바울의 동료들은 자신들이 바울에게 굳이 위험 속으로 뛰어들 필요가 있겠느냐며 예루살렘으로 가는 것을 만류한 것이 교회 전체의 안전을 생각한 것이었지, 그들 개개인의 목숨이 아까워서가 아니었음을 보여준다. 왜냐하면, 그들은 바울이 자신들의 권유를 거절했을 때, 한 사람의 고집으로 인해서 자신들이 죽음으로 내몰려야 할 이유는 없다고 항변하며 그와 함께 위험 속으로 뛰어드는 것을 얼마든지 거부할 수 있었음에도 불구하고 그렇게 하지 않고 순순히 길을 따라 나섰기 때문이다. 이렇게 우리 각 사람은 그 어떤 두려운 일에도 겁을 먹지 않고, 우리의 감정을 진정으로 하나님께 맡기는 가운데, 하나님이 기뻐하시는 일이라고 생각되는 것을 행하려고 있는 힘을 다해 애쓰고 힘쓰는 것이 마땅하다. 바울의 동료들은 힘들고 괴로운 일들이 있을 것이 예상되기 때문에 당연히 두려움이 생길 수밖에 없음에도 불구하고, 자원해서 기꺼이 그의 편이 되어 주었고, 그를 수행하는 일을 마다하지 않았다는 점에서, 경건으로 인한 그들의 열심이 얼마

나 뜨거운 것인지가 더욱 분명하게 드러난다.

17. 예루살렘에 이르니 형제들이 우리를 기꺼이 영접하거늘. 누가가 예루살렘의 형제들이 바울과 그 일행을 "기꺼이 영접하였다"고 보도한 것은 나쁜 소문들과 비방들에 귀를 기울이지 않고 의롭고 공정한 태도를 보인 이 "형제들"을 칭송하기 위한 것이다. 많은 고약하고 사악한 자들이 하루도 거르지 않고 바울을 시기하고 비방하였지만, 그럼에도 불구하고 야고보와 그의 동료들은 바울의 깨끗함과 정직함에 대해서 충분히 신뢰하고 있었기 때문에, 그를 경계하거나 멀리하지 않았다. 이제 그들은 바울을 그리스도의 종으로서 정중하고 우애 있게 영접하고, 그가 온 것을 진심으로 기뻐한다. 우리도 이러한 태도를 본받아서 악의적인 소문들을 너무 성급하게 믿지 않도록 주의해야 하고, 특히 자신의 의로움에 대한 증거를 전에 우리에게 어느 정도 보여주었던 사람들, 그리고 하나님을 신실하게 섬기는 것으로 우리가 알고 있던 사람들이 근거 없고 검증되지 않은 혐의를 받고 있을 때는 더더욱 그러하다. 사탄은 그리스도의 나라를 무너뜨리고자 할 때에 믿는 자들 간에 분란과 시기를 불러일으키는 것이 가장 좋은 방법이라는 것을 알기 때문에, 상호불신을 조장하는 유언비어를 퍼뜨리기를 멈추지 않는다. 그러므로 우리는 근거 없는 풍문에 귀를 닫고, 확실한 근거 없이는 그리스도의 신실한 사역자들에 관한 어떤 소문도 믿지 말아야 한다.

18. 바울이 … 야고보에게로 들어가니 장로들도 다 있더라. 이 구절로부터 우리는 앞에서 15장을 다룰 때에 이미 살펴본 바와 같이 중요한 사안이 있을 때마다 소수가 모여 그 사안을 심도 있게 다루기 위해 "장로들"이 회합을 갖곤 하였다는 사실을 알게 된다. 조금 뒤에 살펴보겠지만, 이렇게 장로들 사이에서 충분한 숙의가 이루어진 후에는, 일반 백성들도 그 모임에 참여하는 것이 허용되었다.

19. 바울이 문안하고. 바울이 여기서 그동안 일어났던 일들을 자신의 공으로 돌리지 않고, 하나님께 영광을 돌리며, 자신을 단지 하나님이 사용하신 일꾼라고 부른 것은 그의 겸손을 보여주는 것이다. 마찬가지로, 우리도 칭송을 받을 만한 온갖 대단한 일들, 특히 교회의 덕을 세우는 일들은 우리의 힘으로 된 것이 아니라, 하나님께서 우리 안에서 역사하심을 따라서 된 것이라고 고백하는 것이 마땅하다. 하나님의 놀라운 역사에 대한 바울의 간증을 듣고서 "장로들"이 하나님께 영광을 돌린 것은 그들이 시기나 질시와는 얼마나 거리가 멀었는지를 다시 한 번 보여준다. 한편, 여기서 야고보 외에는 다른 사도들이 언급되고 있지 않은 것을 볼 때, 우리는 이

때에 다른 사도들은 복음을 전하기 위해서 각자가 맡은 소임을 따라서 여러 지역들에 나가 있었을 것이라고 추측해 볼 수 있다. 왜냐하면, 주님께서는 그들에게 예루살렘을 임지로 정해 주신 것이 아니라, 거기서부터 시작해서, 다음으로는 유대 땅, 그리고 마지막에는 세상 끝까지 가라고 명하셨기 때문이다. 한편, 우리는 앞에서 15장을 다룰 때, 예루살렘에서 바울이 만났던 이 "야고보"를 사도 야고보가 아니라 일반 제자들 중의 한 사람이었고, 바울이 교회의 세 기둥 중의 한 사람으로 꼽았던 사람도 바로 이 야고보라고 생각하는 자들의 오류를 반박한 바 있다. 주님께서는 다른 사도들에게 주신 명령을 야고보에게도 주셨지만, 나는 사도들이 서로 협의해서 야고보를 예루살렘에 머물러 있게 하기로 결정했던 것임을 의심하지 않는다. 왜냐하면, 예루살렘에는 매일같이 천하 각국에서 많은 외인들이 모여들곤 했던 까닭에, 야고보가 예루살렘에 머물며 사역하는 것은 그가 멀리 떨어진 지역에 나가서 복음을 전하는 것과 조금도 다르지 않았기 때문이다.

20. 그대도 보는 바에 유대인 중에 믿는 자 수만 명이 있으니. "장로들"이 한 말은 두 부분으로 되어 있다. 먼저, 그들은 수많은 "유대인들"이 회심하여 그리스도에게로 돌아왔다고 말하면서, 율법에 "열성"을 가진 이 유대인들은 바울이 율법을 폐기하는 일에 몰두하고 있다고 생각하기 때문에, 바울에게 좋지 않은 감정을 갖고 있다고 말한다. 다음으로, 그들은 바울에게 그가 그러한 혐의로부터 깨끗하다는 것을 엄숙히 맹세함으로써 그에 대한 혐의를 다 털어내고 그를 둘러싼 의혹이 더 이상 계속되지 않게 하라고 권면한다. 그들은 바울이 자신들의 권면을 흔쾌히 받아들이도록 만들기 위해서, 유대인으로서 "믿는 자"가 "수만 명"이라는 사실을 강조한다. 왜냐하면, 바울에 대하여 완강한 태도를 지닌 자들이 얼마 되지 않았다면, 바울은 그처럼 크게 동요하지는 않았을 것이기 때문이다. 이제 바울도 이 많은 사람들과 교회 전체를 생각하지 않을 수 없었던 것이 확실하다.

율법에 대한 "열성"이 잘못된 것이었음은 의심의 여지가 없다. 또한, "장로들" 자신도 그것이 마음에 들지 않는다는 점을 충분히 밝힌다. 왜냐하면, 장로들은 자신들의 입장이 그러한 사람과 다르다는 것을 밝힘으로써, 그 사람들이 틀렸다는 것을 암묵적으로 인정하고 있기 때문이다. 만일 이 사람들의 그러한 "열성"이 하나님을 아는 올바른 지식에 근거한 것이었다면, 장로들은 그들보다 먼저 그런 열성을 보였을 것이다. 하지만 그들은 율법 자체를 위해서 싸우고 있지도 않았고, 율법을 숭배하는 척하지도 않았으며, 율법에 열심인 자들을 지지하지도 않았다. 그러므로 장로들은 단도직입적으로 말하지는 않았지만, 사실은 자신들이 그런 사람들과 생각이 같지도 않고 그런 사람들의 잘못된 신앙을 인정하는 것도 아님을 보여준 것이었다.

하지만 장로들이 바울에게 한 말은 우리에게 정반대의 인상을 준다. 왜냐하면, 장로들이 먼저, 믿는 유대인들이 바울을 지금까지 오해해서 비방을 해 온 것이라고 말한 후에, 다음으로 바울에게 그러한 오해를 풀 수 있도록 모종의 조치를 취할 것을 요구한 것은 도리어 그들의 "열성"을 조장하는 것처럼 보이기 때문이다. 나의 대답은 유대인들을 화나게 만든 소문이 어떤 점에서는 사실이었다고 할지라도, 거기에는 상당 부분 비방과 중상모략이 뒤섞여 있었다는 것이다. 바울이 율법의 폐기를 가르쳐 온 것은 사실이지만, 그것은 율법의 권위를 계속해서 온전하게 보존하고 율법을 더욱 거룩한 것이 되게 하기 위한 것이었다. 왜냐하면, 우리가 7장을 다룰 때에 말했듯이, 율법의 의식들이 지닌 효력(effectus)이 그리스도 안에서 성취되지 않는다면, 그 의식들은 공허한 것들이 되고 말기 때문이다. 따라서 그리스도께서 오심으로써 율법의 의식들이 폐기되었다고 가르치는 사람들은 결코 율법을 욕되게 하는 것이 아니라, 도리어 율법의 참됨을 확증하는 것이다. 우리는 율법의 의식들과 관련해서 두 가지를 세심하게 구별하지 않으면 안 된다. 하나는 율법의 의식들이 지닌 효력이 참되다는 것이고, 다른 하나는 그 의식들의 외적인 용도이다. 율법 의식들의 외적인 용도가 그리스도의 오심으로 말미암아 폐기되었다는 것은 그리스도 자신이 참된 실체(solidum corpus)시라는 것과 옛적에 예언되었던 것들 중에서 그리스도 안에서 성취되지 않은 것이 하나도 없다는 사실에 근거를 둔 것이다. 율법의 본래의 목적은 실체이신 그리스도와 거기에 따른 영적 진리를 표상하는 것이었다. 따라서 율법이 표상하고 있던 실체가 도래하고 거기에 따른 영적인 진리가 세상에 늘 있게 되었기 때문에, 율법의 상징들이 폐기되었다고 말하는 것은 율법을 배신한 것도 아니고 율법에서 떠난 것도 결코 아니었다. 따라서 우리는 바울은 율법을 외적으로 숭배하는 자들로부터 진정으로 믿는 자들을 불러내고 있는 것이었기 때문에, 그러한 그에게 배교(apostasia)의 낙인을 찍는 자들은 결국 율법을 악의적이고 부당하게 해석하는 자들이라는 것을 알게 된다. 장로들이 바울에게 맹세를 통해서 자신이 율법을 지키는 자임을 증명하라고 요구한 것은 그가 사악한 배교자처럼 율법을 혐오하여 하나님의 멍에를 스스로 벗어던질 뿐만 아니라 다른 사람들에게도 자신과 똑같이 그런 패역한 짓을 하라고 권하는 자가 결코 아니라는 것을 직접 나서서 증언하도록 하기 위한 것일 뿐이었다.

21. 할례를 행하지 말고.   이것은 사실이었다. 왜냐하면, 바울은 유대인이나 이방인이나 모두 차별 없이 자유함을 얻었다고 가르쳤고, 다음과 같은 말들이 모든 사람에게 적용된다고 가르쳤기 때문이다: "할례 받는 것도 아무것도 아니요 할례 받지 아니하는 것도 아무것도 아니로되"(고전 7:19). "그 안에서 너희가 손으로 하지 아니한 할례를 받았으니 곧 육의 몸을 벗는 것이요 그리스도의 할례니라"(골 2:11). "그러므로 먹고 마시는 것과 절기나 초하루나 안식일을 이유로 누구든지 너희를 비판하지 못하게 하라 이것들은 장래 일의 그림자이나 몸은 그리스도의 것이니라"(골 2:16-17). "무릇 시장에서 파는 것은 양심을 위하여 묻지 말고 먹으라 불신자 중 누가 너희를 청할 때 너희가 가고자 하거든 너희 앞에 차려 놓은 것은 무엇이든지 양심을 위하여 묻지 말고 먹으라"(고전 10:25, 27). "그리스도께서 우리를 자유롭게 하려고 자유를 주셨으니 그러므로 굳건하게 서서 다시는 종의 멍에를 메지 말라"(갈 5:1). 바울은 어디를 가든 예외 없이 이렇게 말하고 가르침으로써, 율법을 지켜야 할 의무로부터 유대인들을 해방시켰다.

우리는 이 문제를 가지고서 더 이상 시간을 끌 필요 없이, 바울이 "율법"을 "초등교사"에 비유한 하나의 본문을 제시하는 것으로 충분할 것이다: "율법이 우리를 그리스도께로 인도하는 초등교사가 되어 우리로 하여금 믿음으로 말미암아 의롭다 함을 얻게 하려 함이라 믿음이 온 후로는 우리가 초등교사 아래 있지 아니하도다"(갈 3:24-25). 여기서 그는 옛 교회는 어렸기 때문에 "초등교사"인 율법의 보호 아래 있었지만, 지금은 그리스도께서 오시고 그 은혜가 알려지게 되면서, 이제 성년이 된 교회는 율법의 의식들로부터 벗어났고, 유대인이나 이방인이나 모두 "믿음으로 의롭다 함을 얻게" 되었다고 말한다. 또한, 바울은 "우리를 거스르고 불리하게 하는 법조문으로 쓴 증서를 지우시고 제하여 버리사 십자가에 못 박으시고"(골 2:14)라고 말함으로써, 이방인들은 물론이고 유대인들까지 자신이 "법조문"이라고 부른 율법의 의식들로부터 해방시킨다. 바울이 그리스도의 오심으로 옛 의식들이 끝났다고 가르친 것은 율법의 의식들을 무조건적으로 거부한 것이 아니었기 때문에, 그를 비방하는 자들이 생각하듯이, 그는 율법을 배반한 것이 결코 아니었다.

그리고 "장로들"도 바울이 말한 율법으로부터의 이러한 자유(libertas)를 몰랐던 것이 아님은 분명하다. 따라서 그들은 이 문제를 정확하게 파악하고 있었기 때문에, 그들이 원한 것은 단지 유대인들에게 율법을 무시하도록 설득하는 것이 바울의 의도가 아니었다는 것을 무지하고 미숙한 자들로 하여금 깨닫게 만드는 것이었다. 장로들은 악의적인 비방들로 말미암아 사람들이 바울에 대해서 어떻게 판단하고 있는지를 알고 있었기 때문에, 단순히 진상이 어떤 것인지를 알고자 한 것이 아니라, 그러한 잘못된 판단을 바로잡고자 한 것이다. 하지만 나는 그들이 바울에게 이러한 요구를 한 것이 적절한 것이었는지, 아니면 무례하고 가혹한 것이었는지에 대해서는 알지 못한다. 하지만 우리가 여기서 분명하게 알 수 있는 것은 어처구니없게도 사람들은 비방하는 말들을 너무나 쉽게 믿는다는 것과 일단 그들이 경솔하게 그런 말들을 믿게 되면, 왜곡된 견해가 그들을 끈질기게 따라다닌다는 것이다. 야고보와 그의 동료들이 바울로 하여금 좋은 평판을 얻게 하고 그의 평판에 악영향을 미치는 거짓말들을 제거하기 위해서 노력하였다는 것은 의심의 여지가 없다. 하지만 그들이 바울에 대한 평판이 나빠지는 것을 막을 수 없었던 것은 아마도 자기 동족의 비위를 건드리지 않으려고 처음에 너무 느슨하게 대처하다가 결국에는 그들도 어쩔 도리가 없을 정도로 상황이 악화되었기 때문인 것으로 보인다.

22. 그들이 필연 그대가 온 것을 들으리니. 장로들은 "그대가 온 것을 들으면 무리가 몰려올 것이 분명하다"고 말한다. 왜냐하면, 바울과 같이 유명한 사도가 전체 신자들 앞에 모습을 나타내지 않는다는 것은 말이 안 되는 일이었을 것이고, 그런데도 만일 그가 신자들의 눈을 피해 몸을 숨긴다면, 악의적인 의혹은 더욱 증폭될 것이었기 때문이다. 아울러, 우리는 여기서 사람들이 바울을 보면 격앙되리라는 것을 미리 알아차린 "장로들"이 화합(concordia)을 유도하기 위해 절제하며 신중하게 처신하고 있음을 알 수 있다. 다만, 그들이 바울에게 맹세까지 요구한 것은 유대인 신자들의 연약함을 너무 받아준 것은 아닌가 싶다. 이러한 절제(moderatio)는 교회 안에서 늘 유지되어야 한다. 그래야만 목회자들은 강력한 권위를 지니면서도, 주인처럼 교만하게 군림하거나 교회의 다른 지체들을 멸시하지 않게 된다. 왜냐하면, 교회의 평화를 유지하기 위해 존재하는 직분의 구별(ordinum distinctio)이 불화의 원인이 되어서는 안 되기 때문이다.

23. 우리가 말하는 이대로 하라. 내가 방금 말했듯이, "장로들"은 자신의 동족을 지나치게 사랑한 나머지, 어리석게도 그들을 지나치게 너그럽게 대했던 것으로 보인다. 하지만 당시의 상황은 오직 그들만이 분명하게 알고 있었고, 오늘날의 우리는 제대로 알 수가 없기 때문에, 이 문제에 대하여 분명한 판단을 할 수 있는 입장에 있지 않다. 예루살렘에서 믿는 자들은 거의 전부가 유대인들이었기 때문에, 이방인

들에게 걸림돌이 될 위험성은 존재하지 않았다. 왜냐하면, 다른 지역들에서는 각각의 신자가 자신의 관습을 고수함과 아울러 다른 신자들에게도 그 관습을 지키도록 강요한 것이 교회 분열의 원인이 되었기 때문이다. 또한, 예루살렘에는 율법의 의식들을 지키도록 유인하는 요소들이 많이 있었기 때문에, 설령 그들이 율법을 폐기하는 데에 시간을 지체하고 있었을지라도, 그들에게는 충분한 변명거리가 있었다. 그들의 "열성"에 잘못이 없었던 것은 아니지만, 그러한 잘못을 고치는 것은 쉬운 일이 아니었기 때문에 갑자기 고쳐질 수는 없었다. 우리는 벌써 꽤 오랜 시간이 지난 당시에도 사도들이 그러한 잘못된 미신(superstitio)을 뿌리뽑을 수 없었다는 것을 본다. 그리고 새로운 제자들이 날마다 교회 안으로 들어왔기 때문에, 그러한 연약함은 모든 신자들 안에서도 힘을 잃지 않았다. 하지만 교회 내에 완악함과 결부된 무지함이 득세하고 있었는데도 불구하고, 장로들은 과격한 조치를 했을 때에 더욱 심각한 사태가 초래될 것을 염려해서 그러한 것을 용인했다는 것은 부인할 수 없다. 그들의 관용이 지나친 것이었는지의 여부에 대해서는 나는 결론을 보류하고자 한다.

23. 서원한 네 사람이 우리에게 있으니. 이 "네 사람"은 신자들의 수에 들어 있기는 하였지만, 그들의 "서원"은 미신적인 것이었다. 이것은 사도들이 동족인 유대인들을 상대할 때에 애로가 아주 많았다는 것을 분명하게 보여준다. 왜냐하면, 유대인들은 오랫동안 율법을 지켜온 까닭에 그런 삶에 굳어져 있었을 뿐만 아니라, 본성적으로도 매우 완고하여 말을 거의 듣지 않았기 때문이다. 하지만 이 네 사람은 아직은 초신자들이었기 때문에, 그들의 믿음이 연약하고 제대로 형성되지 않은 가운데, 잘 몰라서 경솔하게 공개적으로 서원한 것이었고, 교회의 지도자들은 그런 그들에게 자신들이 한 서원을 이행하도록 한 것일 수도 있다. 그러나 바울의 경우에는 사정이 달랐다. 왜냐하면, 그는 자신의 양심으로 인해서가 아니라, 이 네 사람의 잘못을 너그럽게 관용하여 그들을 위해서 그들의 서원을 받아들인 것이기 때문이다. 다만, 우리는 이 의식이 신자들이 지켜도 되고 안 지켜도 되는 그러한 중립적인 의식들 중 하나였는지를 살펴보아야 한다. 사실, 거기에는 신앙 고백과 부합하기 힘든 모종의 요소들이 혼합되어 있었던 것으로 보인다. 그러나 우리가 18장을 다룰 때에 말했듯이, 이 의식의 목적은 감사를 드리는 데에 있었고, 이 의식 자체가 그리스도를 믿는 믿음과 충돌하는 것은 아니었기 때문에, 바울은 자신이 전하는 신앙이 방해를 받지 않도록 하기 위하여, 자신을 낮추어서 직접 그런 의식을 행하는 데까

지 주저하지 않고 나아간다. 그러므로 바울은 다른 곳에서 자기 자신에 대해서 말했던 것을 여기에서 행동으로 보여주고 있는 것이다: "율법 아래에 있는 자들에게는 내가 율법 아래에 있지 아니하나 율법 아래 있는 자 같이 된 것은 율법 아래에 있는 자들을 얻고자 함이요"(고전 9:20). 요컨대 그는 모든 사람을 얻기 위해서 사람에 따라서 여러 "모습"이 되어 행하였고(고전 9:22), 다른 사람을 사랑하고 배려한다는 핑계로 자기 자신을 신성모독으로 더럽히지 않는 한에서는 심지어 제단에 대해서도 마찬가지로 행하였다는 것이다. 만일 공식적인 속죄 제사에 참여하는 것이었다면, 그것은 바울이 할 수 있는 일이 아니었을 것이다. 그러나 하나님에 대한 예배 중에서 "서원"과 관련된 의식은 바울이 신앙 행위로 행하는 것이 아니라 단지 연약한 자를 돕기 위한 것인 경우에는 거리낌 없이 행할 수 있었다. 바울이 이 서원 의식에 참여한 것은 하나님을 예배하고자 한 것이 아니었고, 그의 양심에 거리끼는 일도 아니었기 때문에, 그는 아무런 거리낌 없이 연약한 형제들을 위해서 기꺼이 자신을 내어줄 수 있었다.

24. 모든 사람이 그대에 대하여 들은 것이 사실이 아니고. 이것은 그들이 바울에게 위선을 행하라고 부추기는 것처럼 보일 수 있다. 왜냐하면, 바울이 유대인들에게 율법의 의식들을 지키지 말라고 하였고, 자기 자신도 율법을 지키지 않는다는 소문은 전혀 근거 없는 것이 아니었기 때문이다 그러나 우리는 내가 이미 앞에서 말했던 것, 즉 장로들의 의도는 오직 바울로 하여금 율법의 배교자라는 부당한 누명을 벗게 해주는 것이었다는 점을 명심하여야 한다. 또한, 바울이 "결례"를 행하게 된다면, 그들의 잘못된 미신을 점차 깨우쳐줄 수 있는 좀 더 좋은 기회가 그에게 곧 찾아올 수도 있었다. 하지만 당시의 일반적인 유대인 제자들처럼 바울도 율법을 섬기는 자라는 인식이 사람들 가운데서 오랫동안 지속되는 것은 결코 유익한 일이 아님은 분명하였다. 왜냐하면, 그런 잘못된 인식이 퍼지는 것은 그리스도의 빛을 차단하는 좀 더 두터운 휘장을 그들의 눈 앞에 걸어놓는 것이 될 것이었기 때문이다.

그러므로 우리가 알아야 할 것은 바울은 율법을 증오하지 않는 것처럼 위장한 것이 아니라, 진실로 그런 고백을 했던 것이고, 한 걸음 더 나아가서 율법에 대한 경외심을 갖고 있었다는 것이다. 유대인들은 공동으로 "비용"을 모아서 함께 제사를 드리는 관습이 있었기 때문에, 장로들은 바울에게 그 네 사람과 함께 "비용"을 부담하라고 요구한다.

25. 주를 믿는 이방인에게는. 그들이 이 말을 덧붙인 것은 자신들이 전에 이방인

들에게 주었던 자유를 이제는 철회하려고 한다거나, 자신들이 전에 했던 결정을 지금 와서 그들에게 따를 것을 요구하는 것이라는 의구심이 생겨나지 않게 하기 위한 것이다. 하지만 그들은 유대인들을 여전히 종의 멍에로 묶어두고, 단지 이방인들만을 그 멍에로부터 명시적으로 풀어 주고 있는 것처럼 보일 수 있다. 나의 대답은 모든 사람은 동등한 조건 속에 있었고, 이방인이나 유대인 모두에게 동일한 권리가 허용되어 있었지만, 유대인들은 아직도 율법을 지키는 데에 너무 깊이 물들어 있어서, 자신들에게 주어진 자유를 달가워하지 않았기 때문에, 그들에게는 그러한 자유를 명시적으로 거론하지 않은 것뿐이고, 다만 유대인들이 할례를 받지 않은 자들과 율법으로 양육되지 않은 자들을 자신들의 관습대로 부정한 자들이라 여겨 배격하는 일이 일어나지 않게 하기 위해서, 이방인들에게 명시적으로 몇 가지를 금지하는 서신을 보냈다는 것이다. 불필요한 반복으로 인하여 지면을 낭비하는 것은 바람직하지 않기 때문에, 독자들은 사도들이 이방 교회에 보낸 이 서신에 대해서는 15장에 대한 설명을 참조하기 바란다.

²⁶바울이 이 사람들을 데리고 이튿날 그들과 함께 결례를 행하고 성전에 들어가서 각 사람을 위하여 제사 드릴 때까지의 결례 기간이 만기된 것을 신고하니라 ²⁷그 이레가 거의 차매 아시아로부터 온 유대인들이 성전에서 바울을 보고 모든 무리를 충동하여 그를 붙들고 ²⁸외치되 이스라엘 사람들아 도우라 이 사람은 각처에서 우리 백성과 율법과 이 곳을 비방하여 모든 사람을 가르치는 그 자인데 또 헬라인을 데리고 성전에 들어가서 이 거룩한 곳을 더럽혔다 하니 ²⁹이는 그들이 전에 에베소 사람 드로비모가 바울과 함께 시내에 있음을 보고 바울이 그를 성전에 데리고 들어간 줄로 생각함이러라 ³⁰온 성이 소동하여 백성이 달려와 모여 바울을 잡아 성전 밖으로 끌고 나가니 문들이 곧 닫히더라(21:26-30).

26. 바울이 … 이튿날 그들과 함께 결례를 행하고. 나는 바울이 겉과 속이 다르게 행동한다는 어떤 사람들의 비방에 대해서는 이미 반박한 바 있지만, 그가 형제들의 간청에 못 이겨서 어쩔 수 없이 이렇게 행할 수밖에 없었다는 것은 부인할 수 없다. 따라서 이것은 그가 너무 쉽게 그들의 요구에 응한 것일 수도 있고, 사람들이 말하듯이 논란의 소지가 있을 수 있기는 하다. 그럼에도 불구하고, 나는 그가 이전과는 판이하게 다른 사람처럼 행하고, 평소와는 달리 그리스도로 말미암아 얻은 자

유를 강력하게 관철하지 않은 것은 그에게는 좋지 않은 일이었다고 주장하는 자들의 견해에 동의하지 않는다. 물론, 나도 하나님께서는 때로 결과를 좋지 않게 하심으로써 사람들의 어리석은 도모(stulta consilia)를 응징하신다는 것을 인정한다. 하지만, 무지한 자들과 올바르게 가르침을 받지 못한 자들에게 유익을 끼치기 위하여 자신을 낮추고 그들에게 눈높이를 맞추고자 한 바울에게 왜 그런 원리를 적용해야 하는 것인지, 나는 그 이유를 알 수 없다. 분명한 것은 그는 자원해서 그렇게 하려고 한 것이 아니었고, 자신의 생각을 고수하기보다는 자기를 낮추어서 형제들의 생각을 따라주고자 했다는 것이다. 또한, 바울은 일단 유대인들로 하여금 자신에 대한 오해를 풀고 자기를 받아들이게 하고 나서, 그런 후에 율법에 대한 그들의 "열성"을 누그러뜨리려는 시도를 하는 편이 더 적절할 것이라고 생각한 것일 수도 있다. 따라서 그가 이렇게 사려깊게 행동한 것은 도리어 칭송을 받는 것이 마땅하다. 왜냐하면, 그는 무지한 자들을 위해서 자신을 낮추었을 뿐만 아니라, 아무런 근거도 없이 쓸데없는 의혹을 제기했던 어리석은 자들을 용납하고 배려하는 행동을 한 것이기 때문이다. 그들은 바울의 명성에 먹칠을 하는 풍문들을 너무 쉽게 믿은 것이었기 때문에, 설령 그가 그들을 꾸짖고 훈계했다고 해도, 그것은 정당한 일이었을 것이다. 그런데도 그가 그렇게 하지 않은 것은 그의 놀라운 관용(tolerantia)을 보여주는 것이었고, 그들을 얻기 위해서 지극히 조심스럽게 행한 것은 그의 대단한 절제(modestia)를 보여준 것이었다.

더 나아가, 그가 야고보와 그의 동료들이 유대인 신자들의 잘못을 바로잡으려고 좀 더 열심히 노력하지 않은 것에 대해서 엄중하게 따지고자 하였다면, 얼마든지 그럴 수도 있었을 것이다. 왜냐하면, 그들이 신실하게 가르친 것이 확실할지라도, 성전과 율법이 유대인들의 삶에 여전히 깊이 뿌리를 내리고 있는 상황에서, 신자들에게 그리스도로 말미암은 자유를 단호하고 철저하게 가르치는 것에 대해서는 주저했을 것이기 때문이다. 하지만 바울은 자신의 그러한 권리들을 자발적으로 다 포기하고서, 이 상황에서 어떻게 하는 것이 더 적절한지를 그들이 더 잘 알고 있다고 생각하여, 그들이 제안한 계획을 순순히 따른다. 한편, 교황 제도에 속한 온갖 추악한 것들로 자신들을 더럽히고 있으면서도, 바울의 이 모범을 근거로 삼아서 자신들의 속임수를 위장하고자 하는 저 가증스러운 니코데무스(Nicodemus)의 추종자들의 사기 행각을 반박하는 데에는 우리가 많은 말을 할 필요가 없다. 그들은 마치 바울이 연약한 형제들에게 무엇이든지 다 허락하기라도 했다는 듯이, 자신들도 그의 모범을 따라서 형제들의 연약함을 배려해서 형제들에게 그렇게 하는 것이라고 자랑한다. 만일 그들이 유대인으로서 율법의 규례를 따라서 유대인들 가운데서 하나님께 우상 숭배에 의해서 물들지 않은 서원을 이행하고 있는 것이라면, 그들은 자신들이 바울의 모범을 따라 행하고 있다고 자랑스럽게 말할 수 있을 것이다. 하지만 지금 그들은 노골적인 불경건한 지독한 미신들에 빠져 있고, 그것도 십자가를 회피하기 위해서 그렇게 하고 있는 것인데, 그런 그들이 도대체 어떤 점에서 자신들이 바울과 비슷하다고 생각할 수 있단 말인가?

27. 그 이레가 거의 차매 아시아로부터 온 유대인들이. 이 유대인들이 그리스도인이라는 이름에 대하여 적대적인 자들이었음은 분명하다. 따라서 성전에서 신자들을 달래는 데에 여념이 없던 바울의 모습은 그들의 증오심에 불을 붙였다. 아시아로부터 온 유대인들이 이 소란을 선동한 장본인임은 확실하지만, 백성들도 바울을 증오하고 있었기 때문에, 모든 사람들이 쉽사리 광란에 휩싸이게 되었다. 이 구절은 우리가 바라던 것이 좌절되고, 올바르고 경건한 마음으로 수행해 온 우리의 계획이 물거품이 되어서 결과적으로 좋은 성과를 거두지 못한다고 할지라도, 우리가 조급해서는 안 된다는 것을 가르쳐 준다. 우리는 선한 양심을 따라 성령이 지시하시는 일들 외에는 그 어떤 것도 시도하지 말아야 한다. 그러나 상황이 우리가 기대한 대로 흘러가지 않더라도, 우리는 우리의 수고와 열심이 사람들에게는 모욕과 조롱을 당할지라도 하나님께서는 인정해 주고 계신다는 것을 우리의 내면에서 알고 있는 것을 버팀목으로 삼아 참고 인내하여야 한다. 또한, 우리가 불경건한 자들을 온유하게 대하는데도, 그들이 우리를 부당하게 되갚아준다고 해도, 우리는 그들에게 온유했던 것을 후회하지 않아야 한다.

28. 외치되 이스라엘 사람들아 도우라. 그들은 마치 극도의 위험에 처하기라도 한 듯이 소리를 지르며, 마치 자신들의 종교 전체가 위기에 처하기라도 한 듯이 모든 사람들에게 도와 달라고 외친다. 이것은 그들이 바울에 대해서 얼마나 지독한 증오심을 품고 있었는지를 여실히 보여준다. 바울에 대한 그들의 증오심은 단 한 가지 이유 때문이었는데, 그것은 바울이 온전한 진리는 그리스도 안에서 발견된다고 설파하면서, 따라서 이제 율법의 그림자들은 폐기되었다고 가르친다는 것이었다. 그들은 "드로비모"가 예루살렘 시내에서 바울과 함께 있는 모습을 발견하고서 잘못된 추측을 한다. 이렇게 확실하지도 않은 일을 가지고서 성급하게 추측하여 사실로 믿어 버리는 그들의 행태는 그들이 얼마나 악독한 자들인지를 더욱 여실히 보

여준다. 그들은 바울이 할례 받지 않은 헬라인을 데리고 성전에 들어갔다고 해서, 그가 신성모독죄를 지었다고 비난하지만, 사실은 잘못된 추측을 근거로 이 무죄한 사람에게 극악무도한 죄를 뒤집어씌우고 있는 것이다. 선입견에 사로잡힌 사람들의 무모한 대담함은 이처럼 본말이 전도되어 있는 경우가 비일비재하다. 하지만 우리가 이러한 사례들을 통해서 배워야 할 것은 확실한 근거도 없는 선입견에 사로잡혀서 감정을 절제하지 못하고 맹목적으로 광분하다가 무죄한 자들을 공격하지 않도록 조심해야 한다는 것이다.

30. 온 성이 소동하여 백성이 달려와 모여 바울을 잡아.   우리는 여기서 바울의 말을 들어보기도 전에 벌써 그를 죄인으로 단정해 버리는 사람들의 경박함(levitas)을 본다. 종교 문제를 둘러싸고 "온 성"이 "소동한" 것은 별로 이상한 일은 아니지만, 사람들이 바울의 혐의에 대해 알아보지도 않고서 그를 붙잡으려고 달려든 것은 그들의 왜곡되고 잘못된 열심과 제정신이 아닌 무모함을 보여주는 것이었다. 왜냐하면, 사람의 부패한 본성 속에는 어그러진 것(pravitas)과 어리석은 것(stultitia)이 결합되어 있어서, 많은 권면으로도 바른 길로 인도하기 힘든 이러한 자들은 아무런 거리낌도 없이 자발적으로 재빨리 악한 주장에 동조하기 때문이다. 몇몇 사람들의 선동으로 온 세상이 느닷없이 우리를 대적하여 일어날 수도 있다는 것은 확실히 가혹한 현실이기는 하지만, 그러한 현실조차도 하나님께서 허락하신 것이기 때문에, 우리는 여기에 나오는 것과 같은 사례들을 보고서, 어떠한 소란이나 소동이 일어나도 감당할 수 있도록 스스로 마음의 각오를 해두어야 한다.

[31]그들이 그를 죽이려 할 때에 온 예루살렘이 요란하다는 소문이 군대의 천부장에게 들리매 [32]그가 급히 군인들과 백부장들을 거느리고 달려 내려가니 그들이 천부장과 군인들을 보고 바울 치기를 그치는지라 [33]이에 천부장이 가까이 가서 바울을 잡아 두 쇠사슬로 결박하라 명하고 그가 누구이며 그가 무슨 일을 하였느냐 물으니 [34]무리 가운데서 어떤 이는 이런 말로, 어떤 이는 저런 말로 소리 치거늘 천부장이 소동으로 말미암아 진상을 알 수 없어 그를 영내로 데려가라 명하니라 [35]바울이 층대에 이를 때에 무리의 폭행으로 말미암아 군사들에게 들려가니 [36]이는 백성의 무리가 그를 없이하자고 외치며 따라 감이러라 [37]바울을 데리고 영내로 들어가려 할 그 때에 바울이 천부장에게 이르되 내가 당신에게 말할 수 있느냐 이르되 네가 헬라 말을 아느냐 [38]그러면 네가 이전에 소요를 일으켜 자객 사천 명을 거느리고 광야

로 가던 애굽인이 아니냐 ³⁹바울이 이르되 나는 유대인이라 소읍이 아닌 길리기아 다소 시의 시민이니 청건대 백성에게 말하기를 허락하라 하니 ⁴⁰천부장이 허락하거늘 바울이 층대 위에 서서 백성에게 손짓하여 매우 조용히 한 후에 히브리 말로 말하니라(21:31-40).

31. 그들이 그를 죽이려 할 때에. 백성들이 극도의 분노로 치달아서 성전의 문들을 다 닫은 후에 바울을 적당한 선에서 처벌하는 것으로 만족하지 않고 함께 공모하여 죽이려 한 것은 사탄의 힘이 개입되어 있었음이 분명하다. 따라서 우리는 경건의 원수들이 사탄의 충동을 따라 행하고 있다는 사실을 늘 명심하고 있어야만, 그들이 아무리 격렬하게 광분하며 소동을 일으킬지라도, 그런 모습을 보고 당혹하거나 혼란스러워 하지 않고, 도리어 하나님께서 바울의 목숨을 구하기 위해서 갑자기 "천부장"을 일으키시는 것을 보고서, 하나님의 놀라우신 선하심이 빛을 발하고 있음을 깨닫게 된다. 사실, "천부장"은 그런 생각을 전혀 하지 않고, 다만 백성들의 소동을 진압하기 위해서 달려온 것일 뿐이었지만, 하나님께서는 사람의 계획이나 의도와는 상관없이 그런 식으로 목숨이 위태로웠던 바울을 위급한 상황에서 순식간에 끄집어내심으로써, 자신의 섭리를 분명하게 증거하셨다. 이렇게 하나님이 믿는 자들로 하여금 고난을 당하게 하실 뿐만 아니라 거의 죽음 직전에 이르게 하시는 것은 더욱 크고 놀라운 이적으로 그들을 죽음의 한복판에서 건져 주시기 위한 것이다. 누가가 이 "천부장"을 600명으로 이루어진 부대의 지휘관을 뜻하는 '트리부누스 코호르티스'(tribunus cohortis, "선임 백부장" 정도로 번역될 수 있음 — 역주)라고 부른 것은 적절하지 않다. 왜냐하면, 이 "천부장"은 천 명의 군사를 지휘하는 사람이었고, 이러한 사실은 그가 "백부장들"을 인솔하고 왔다고 말하고 있는 본문으로부터도 분명히 알 수 있기 때문이다.

32. 그들이 천부장과 군인들을 보고. 백성들은 하나님의 엄위하심이나 성전의 거룩함은 아랑곳하지 않고 광분하였지만, 이제 한 명의 속된 사람이 나타나자, 그를 두려워하여 자신들의 광분을 멈춘다. 이것은 그들이 하나님에 대한 열심이 아니라 야만적인 잔인성으로 불타올랐다는 것을 분명하게 보여준다. "천부장"이 바울을 "쇠사슬로 결박하라"고 명령한 것은 그가 바울을 구하러 온 것이 아님을 분명히 보여준다. 불신자들은 이것을 운으로 돌렸을 것이지만, 사실 이것은 성령께서 사람들의 소동까지도 지배하고 계시는 하나님의 섭리를 마치 한 폭의 그림처럼 우

리에게 보여주신 것이다. 하나님의 거룩한 일꾼이 이처럼 불명예스러운 대우를 받은 것은 안타까운 일이기는 하지만, 유대인들의 처사와 비교해 보았을 때, "천부장"의 공정함은 칭송을 받는 것이 마땅하다. 그는 바울이 흉악한 범죄자라도 되는 양 그를 "쇠사슬"로 결박하긴 하였지만, 유대인들이 때려죽이려고 했던 바울이 쇠사슬에 묶인 채로 하는 말을 인내심을 갖고 들어 주었고, 전후사정을 파악하지도 않은 채로 바울을 가혹하게 다루고자 하지도 않았다. 유대인들은 바울이 현장에서 즉시 처단되기를 바라고 있었기 때문에, 천부장이 그렇게 한 것은 그들의 분노를 가라앉힐 수 있는 최선의 방법이기도 하였다.

34. 무리 가운데서 어떤 이는 이런 말로, 어떤 이는 저런 말로 소리 치거늘. 분노에 사로잡혀 제정신이 아니었던 백성들은 여기저기서 소리를 지르며 자신들의 광기를 드러내었고, 그들이 중구난방으로 고함을 치는 소리들이 그 자리를 꽉 채웠지만, 그들의 요구는 단 한 가지, 즉 아무 죄도 없이 단죄되어 결박당한 사람을 죽이라는 것이었다. 그들이 모종의 영적인 열심에 완전히 눈이 멀어 있었다는 것은 의심의 여지가 없다. 그러나 진리를 아는 올바른 지식은 순교자들의 경우처럼 하나님에 대한 참된 열심을 낳는 반면에, 광분하여 날뛰는 것은 그 열심이 마귀적인 광기임을 보여주는 것이다. 여기서 "영내"라는 말이 언급되고 있는 점으로 보아서, 우리는 예루살렘을 지키는 임무를 띤 군인들이 사방으로 요새화된 병영(兵營)에 주둔하고 있어서, 그 곳을 요새로 삼아 자신들을 방어할 수 있었고, 유대인들의 폭동이 일어났을 때에는 그 곳을 거점으로 삼아 어떤 공격도 막아낼 수 있었다는 것을 알 수 있다. 주민들의 충성도가 낮고 소란이 끊이지 않는 도시에서, 만일 그들이 여기저기에 흩어져서 주둔하였더라면, 그들의 안전은 보장될 수 없었을 것이다. 또한, 누가는 "층대"에 이르렀을 때에 바울이 "군사들"에게 들려갔다고 말하고 있는 점으로 미루어 보아서, 우리는 예루살렘에 주둔한 로마 군대의 병영이 높은 곳에 있었을 것이라고 추론할 수 있다. 군인들이 바울을 "영내"로 안전하게 데리고 가려고 둘러메고 올라간 것이든, 아니면 바울이 군중들에 의해서 떠밀려 올라간 것이든, 그것은 정중한 대접은 아니었다. 그러나 박해자들의 잔혹함이 심해질수록, 하나님께서는 바울의 목숨을 구해 주심으로써, 자신의 은혜를 그의 종에게 더욱 분명하게 보여주셨다. 만일 바울이 소동 가운데서 죽임을 당했다면, 그의 죽음은 합당한 열매를 맺지 못했을 것이다.

37-40. 내가 당신에게 말할 수 있느냐. 바울은 자신을 변론할 수 있는 기회를 달

라고 요청하는데, 이것은 모든 하나님의 종들이 반드시 행해야 하는 일이다. 왜냐하면, 우리의 오명(infamia)으로 인해서 하나님의 이름에 누를 끼치지 않기 위해서는 우리에게 잘못이 없다는 것을 최선을 다해 모든 사람들에게 알리는 것이 마땅하기 때문이다. 하지만 우리는 "천부장"이 바울에게 "이전에 소요를 일으켜 자객 사천 명을 거느리고 광야로 가던 애굽인이 아니냐"고 반문하는 것을 보고서, 그리스도의 사역자들은 아무리 겸손하고 조용하게 처신하며, 아무런 잘못을 하지 않을지라도, 세상으로부터 멸시와 모욕을 피할 수 없다는 것을 배워야 한다. 그러므로 우리는 이 점을 명심함으로써, 좋은 일을 하고서도 욕을 먹고 비방을 받는 것에 익숙해져서 그런 일을 아무렇지도 않게 여길 수 있어야 한다. 많은 이들은 천부장이 언급한 "애굽인"이 가말리엘이 5:36에서 언급한 바 있고 요세푸스가 「유대 고대사」 제20권에서 상세하게 기록한 주술사 "드다"를 가리키는 것이라고 생각하지만, 그런 추측은 잘못된 것이다. 왜냐하면, 5:36은 "사백 명"이 드다를 따랐다고 보도하는 반면에, 여기서 "천부장"은 "사천 명"을 언급하면서, 그들 모두가 "자객"이었다고 말하고 있을 뿐만 아니라, 아울러 드다가 반란을 일으킨 것은 티베리우스 황제 또는 아우구스투스 황제의 치세였고, 이 일에 대해서는 기병대가 그들을 추격해서 궤멸시켰다는 확인되지 않은 소문만이 남아 있다는 사실도 고려되어야 하기 때문이다.

나는 요세푸스가 클라우디우스 황제가 쿠스피우스 파두스(Cuspius Fadus)를 보냈다고 먼저 기록하고 나서, 그런 후에 드다가 그에게 패하였다고 덧붙이고 있는 것은 뭔가를 혼동한 것이라고 생각한다. 왜냐하면, 내가 이미 앞에서 보여주었듯이, 드다의 반란이 일어난 것은 클라우디우스 황제가 등극하기 이전의 일이었기 때문이다. 또한, 요세푸스는 이 반란에 가담한 자가 약 삼만 명이라고 말하고 있다는 점에서도, 우리가 본문의 내용이 벨릭스 총독에게 쫓긴 드다가 "사천 명"과 함께 광야로 도주했던 사실을 말하고 있는 것이라고 해석하지 않는다면, 요세푸스의 기록은 드다를 따른 사람들의 수에 있어서도 누가의 보도와 큰 차이를 보여준다. 하지만 추종자의 수가 열 배나 차이가 난다는 것과 전쟁 경험이 없는 오합지졸들을 "자객"이라고 부른다는 것은 전혀 이치에 맞지 않아 보인다. 왜냐하면, 요세푸스의 증언에 따르면, 그 선동가는 자신이 백성들로 하여금 요단 강을 마른 땅처럼 건너게 해줄 하나님의 선지자라고 자랑하면서, 남의 말을 잘 믿는 순진한 대중들을 거짓된 약속으로 속였던 인물이기 때문이다.

반면에, 요세푸스가 기록한 또 다른 사건은 모든 의혹을 일거에 제거해 준다. 그 사건은 벨릭스가 총독이었을 때, "애굽인" 선지자가 한 무리의 추종자들을 모아서 감람 산으로 이끌고 갔는데, 그들 중에서 사백 명은 죽임을 당했고, 이백 명은 체포되었으며, 나머지는 뿔뿔이 흩어진 사건이었다. 당시에 이것은 기억에도 생생한 최근의 사건이었다. 끝으로, 폭동의 주모자는 도망쳤고, 그 지역에는 강도들이 들끓고 있었기 때문에, 모든 사람들이 바울을 향해서 분노를 퍼붓고 있는 것을 보았을 때, "천부장"이 바울에게 "그 애굽인"이 아니냐고 물은 것은 당연한 일이었다. 누가는 "천부장"과 바울 사이에 오고 간 대화에 대해서는 길게 말하고 있지 않지만, 두 사람은 모두 헬라어를 알고 있었기 때문에 더 많은 이야기를 나누었을 가능성은 충분히 있다. 따라서 바울은 천부장과의 대화를 통해서 자신이 법에서 정한 그 어떤 죄도 짓지 않았다는 것을 충분히 해명한 후에야, 백성들에게 직접 말하는 것을 허락받을 수 있었을 것이다. 왜냐하면, 만일 그렇지 않았는데도, "천부장"이 이 소란한 도시에서 범죄 용의자에게 직접 대중을 향해 연설을 하도록 허락한다는 것은 있을 수 없는 일이었을 것이기 때문이다.

제22장

¹부형들아 내가 지금 여러분 앞에서 변명하는 말을 들으라 ²그들이 그가 히브리 말로 말함을 듣고 더욱 조용한지라 이어 이르되 ³나는 유대인으로 길리기아 다소에서 났고 이 성에서 자라 가말리엘의 문하에서 우리 조상들의 율법의 엄한 교훈을 받았고 오늘 너희 모든 사람처럼 하나님께 대하여 열심이 있는 자라 ⁴내가 이 도를 박해하여 사람을 죽이기까지 하고 남녀를 결박하여 옥에 넘겼노니 ⁵이에 대제사장과 모든 장로들이 내 증인이라 또 내가 그들에게서 다메섹 형제들에게 가는 공문을 받아 가지고 거기 있는 자들도 결박하여 예루살렘으로 끌어다가 형벌 받게 하려고 가더니(22:1-5).

이 서두를 통해서 우리는 바울의 의도가 무엇이었는지를 짐작할 수는 있지만, 얼마 후에 무리들의 소란으로 말미암아 그의 말이 중단되었기 때문에, 그가 구체적으로 무슨 말을 하고자 한 것인지를 확실히 알 수는 없다. 하지만 여기에 기록된 그의 말은 다음과 같이 요약해 볼 수 있다. 첫 번째는, 자신은 율법에 대한 교육을 정통으로 받았기 때문에, 세상의 눈으로 볼 때에 경건하고 독실하게 하나님을 섬기는 자였다는 것이다. 두 번째는, 자기는 그리스도의 복음을 대적하는 자였고, 제사장들에게서 율법을 수호하는 일에 열심인 자들 중 한 사람으로 인정받았다는 것이다. 세 번째는, 자신은 아무 생각 없이 경솔하게 새로운 종파에 합류한 것이 아니라, 하늘의 계시를 받아 꼼짝 못하고 굴복하게 되어서 그리스도에게 충성을 바치게 되었다는 것이다. 네 번째는, 자기는 스스로도 모르는 것들을 받아들인 것이 아니라, 하나님께서 자기에게 믿을 만한 선생을 정해주셔서, 그를 통해서 모든 것을 정확하게 배웠다는 것이다. 마지막으로, 자신이 예루살렘으로 돌아와서 자신의 동족을 섬기고자 했을 때, 하나님께서는 그것을 허락하지 않으셨기 때문에, 자기가 구원의 가르침을 이방 민족들에게 전파하게 된 것은 우연히 그렇게 된 것도 아니었고 자신의 동족을 미워해서도 아니었으며, 오직 하나님의 명령에 의한 것이었다는 것이다.

1. 부형들아. 바울이 여기서 복음의 원수들에게 여전히 지나칠 정도로 경의를

표하고 있는 것은 이상해 보일 수 있다. 왜냐하면, 그들은 이미 형제로서의 모든 유대를 깨뜨린 자들이었을 뿐만 아니라, 하나님의 영광을 짓밟음으로써 그 어떤 존귀한 호칭으로도 불릴 자격을 상실한 자들이었기 때문이다. 하지만 바울은 여기서 유대 백성의 한 사람으로서 말을 하고 있는 것이었기 때문에, 아무런 가식 없이 백성들에게는 자애롭게, 그리고 지도자들에게는 공손하게 예를 갖추어 말을 하기 시작한 것이다. 그리고 그들은 그 어떤 영광이나 존귀를 받을 자격도 없었지만, 하나님과 그들 간의 양자 관계의 단절이 공식적으로 선언된 것은 아니었기 때문에, 아직은 하나님의 양자됨의 은혜를 누릴 자격이 있었고, 그러한 사실을 바울은 정중하게 인정한 것이었다. 따라서 그가 그들을 "부형들"이라고 불렀을 때, 그것은 그들이 그렇게 불리기에 합당한 자들이었기 때문이 아니라, 하나님께서 그들에게 공식적으로 부여하신 지위에 대하여 합당한 경의를 표한 것이었다. 그리고 전체적으로 그는 그들에게 아부하는 것이 아니라 솔직담백하게, 그러면서도 겸손하고 온유하게 말해 나가면서, 어떻게든 그들의 마음을 얻고자 애를 쓴다. 그러므로 우리도 사람들을 공경하여 합당한 예를 갖추어 대함으로써 하나님의 권리가 손상되지 않게 하는 법을 배워야 한다. 교황의 교만이 더더욱 가증스러운 이유가 거기에 있다. 교황은 하나님의 명령과 교회의 동의 없이 스스로 대제사장이 되어서, 모든 영광스럽고 존귀한 칭호들을 가로챘을 뿐만 아니라, 마치 하나님께서 사람들을 높이시고 자신의 권리를 그들에게 넘겨 주시고는 그들 앞에 엎드리기라도 하셨다는 듯이, 심지어 그리스도까지 자신의 통제 아래 두는 폭압을 자행하고 있다.

2. 그들이 그가 히브리 말로 말함을 듣고. 다양한 언어를 사용하는 사람들이 뒤섞여 있을 때, 자신의 모국어로 말하는 사람을 반가워하게 되는 것은 인지상정이다. 하지만 이 유대인들에게는 또 다른 특별한 이유가 있었다. 왜냐하면, 그들은 바울이 자신의 동족을 공공연히 적대시한 인물이어서, 그가 자신의 모국어를 좋아하지 않거나, 아니면 자신의 모국이라고 말은 하지만 그 언어는 아예 배우지도 않은 부랑자일 것이라고 생각했는데, 이제 그의 입에서 자신들의 모국어가 들려오자, 무언가 좋은 일이 있을 것이라는 희망을 품기 시작한 것이기 때문이다. 한편, 바울이 히브리어로 말한 것인지, 아니면 아람어로 말한 것인지는 확실하지 않다. 우리는 포로기 이후에 유대인들의 언어가 갈대아어와 아람어로부터 많은 영향을 받아서 많이 변질되어 있었다는 것을 알고 있다. 나는 여기서 바울은 장로들뿐만 아니라 일반 백성들을 향해서 말을 한 것이기 때문에, 당시에 통용되던 말을 사용했을 것

이라고 생각한다.

3. 나는 유대인으로 … 가말리엘의 문하에서. 당시에 유대인들이 처한 상황은 전반적으로 혼란스러웠기 때문에, 자신들의 악행을 은폐하기 위해서 유대인 행세를 하는 부랑자들이 많이 있었다. 그래서 바울은 거기에 모인 유대인들에게 자신이 그런 부류의 사람이 아니라는 확신을 주기 위해서 가장 먼저 자신의 출신 배경에 관한 것부터 말하기 시작한다. 그런 후에, 자신은 어려서부터 예루살렘에서 교육을 받으며 자랐기 때문에, 이곳에서 자기는 잘 알려져 있는 사람이라고 말한다. 하지만 그가 어떤 교육을 받고 자랐는가 하는 것은 매우 중요한 일이었기 때문에, 그의 이 진술은 자신의 출신 배경이 확실하다는 것을 보여주기 위하여 단지 보충적으로 한 말인 것 같지는 않다.

무지한 자들만큼 소란을 피우고 문제를 일으키는 데에 용감한 자들은 없다. 당시에 유대교의 정치는 매우 타락해 있었고, 그들의 종교는 여러 분파들로 갈라져 있었던 것은 말할 것도 없고 처참할 정도로 갈기갈기 찢겨져 있었다. 따라서 바울은 어느 누구도 자기가 제대로 훈육을 받지 못해서 조상들의 종교를 포기한 것이라고 생각하지 못하도록 하기 위하여 자신의 스승이 누구였는지 그 이름을 구체적으로 밝힌 것이었다. 특히, 바울이 자기가 "율법의 엄한 교훈"을 받았다고 말한 것은 자신이 분란을 야기하고 그들에게 이상하게 생각되는 일들을 하는 것이 흔히 그런 것처럼 자기가 무지해서 그런 것이 아님을 유대인들로 하여금 알게 하기 위한 것이었다.

바울이 여기서 언급한 "가말리엘"이 5:34에 나왔던 가말리엘인지는 의심스럽다. "발치에서"(한글개역개정에는 "문하에서")는 제자들이 자신들의 스승의 발치에 앉는다는 표현에서 나온 말이다. 왜냐하면, 제자들은 아직 제대로 된 판단력을 갖추고 있지 못한 까닭에, 온 마음을 다해서 스승의 말을 경청하기 위하여 겸손하게 가르침 받고자 하는 태도로 있는 것이 마땅하기 때문이다. 그래서 마리아도 "주의 발치에 앉아" 예수의 가르침을 경청하였다(눅 10:39). 세상의 스승들에게도 이러한 공경을 드리는 것이 마땅하다면, 하늘 보좌로부터 말씀하시는 분에게 가르침 받을 준비가 되어 있다는 것을 보여드리기 위해서, 우리가 그리스도의 발치에(ad Christi pedes) 앉아야 하는 것은 얼마나 더 마땅한 일이겠는가?

3. 우리 조상들의 율법의 엄한 교훈을 받았고. 불가타 역본은 이 구절을 직역해서, "우리 조상들의 율법의 진리를 따라 교육을 받았고"로 옮겼지만, '아크리베이

아'(ἀκρίβεια, 한글개역개정에서는 "엄한"으로 번역함 — 역주)는 "진리"라기보다는 "정확한 방식"을 의미한다. 따라서 한 가지 질문이 생긴다. 즉, 유대인들에게나 바울에게나 하나의 동일한 "율법"이 있었을 뿐인데, 바울이 그저 "율법"이라고 하지 않고 "율법의 정확한 방식 또는 탁월한 방식"이라고 한 의도는 무엇이었는가 하는 것이다. 내 생각에는 바울은 자신이 가르침 받은 좀 더 순수한 형태의 율법 지식을 율법의 본래적인 의미에서 한참 벗어난 일반적인 가르침과 구별하고 있는 것으로 보인다. 당시에 하나님의 "율법"은 많은 것들이 거기에 첨가되어서 최고의 스승들 사이에서도 변질되어 있었고, 종교는 백성들 가운데서 철저히 타락되어 있었기 때문에, 바울은 자신이 "조상들의 율법"을 정확하고 꼼꼼하게(또는 같은 말이지만, 엄격하게) 교육 받았다는 사실에 긍지를 갖고 있었다. 따라서 그는 그 누구도 자기가 일반 사람들처럼 수박 겉핥기식의 교육을 받은 것이라고 생각해서는 안 된다고 말하고 있는 것이다.

하지만 제대로 교육을 받은 자들 중에서도 에피쿠로스 학파에 속한 자들처럼 하나님을 멸시하는 자들이 많이 있었기 때문에, 그는 자기가 "하나님께 대하여 열심이 있는 자"라고 분명하게 선언한다. 이것은 경건에 대한 자신의 진지한 열심은 자신이 가르침 받은 것에서 나온 것이기 때문에, 모든 것을 의도적으로 뒤섞어 버리는 속된 자들과는 달리, 자기에게는 하나님께 속한 거룩한 일들을 갖고 장난치려는 의도가 전혀 없다고 말한 것과 같다.

그는 그때에 자신의 "열심"은 사려 깊지 못한 것이었다는 점에서, 자신은 당시의 다른 유대인들과 다를 바가 없었다고 말한다. 어쨌든 자기도 예전에는 지금의 그들처럼 그런 식으로 하나님을 전심으로 섬겼었다고 한 것은 그들에게 좋은 쪽으로 받아들여질 수 있었을 것이다.

4-5. 내가 이 도를 박해하여. 바울이 말하고자 한 두 번째 요지는 자기가 그리스도의 가르침을 적대시하였고, 실제로 그 가르침을 공격하는 일에서 다른 누구보다도 앞장서서 과격하게 행하였으며, 자신의 그런 행동은 하나님의 손이 자기를 제지할 때까지 계속되었다는 것이다. 그는 자신의 그러한 행적에 대한 증인으로 "대제사장"과 "장로들"을 거론한다. 따라서 바울이 갑작스럽게 변화된 것이라는 사실은 그 누구도 의심할 수 없는 일이었다. 그가 "형제들에게 가는 공문을 받았다"고 말했을 때, "형제들"은 유대인들을 가리키는 것임에 틀림없다. 그는 "동족들"이라고 말할 수도 있었지만, 좀 더 존귀한 호칭을 사용해서 그들을 달래고자 하였다. 왜냐하

면, 그는 지금 자기가 진정으로 유대인으로서의 합법적인 출신 배경을 지니고 있는 까닭에, 그들과 한 형제라는 것을 설득하기 위하여 온 힘을 기울이고 있는 것이기 때문이다.

6가는 중 다메섹에 가까이 갔을 때에 오정쯤 되어 홀연히 하늘로부터 큰 빛이 나를 둘러 비치매 7내가 땅에 엎드러져 들으니 소리 있어 이르되 사울아 사울아 네가 왜 나를 박해하느냐 하시거늘 8내가 대답하되 주님 누구시니이까 하니 이르시되 나는 네가 박해하는 나사렛 예수라 하시더라 9나와 함께 있는 사람들이 빛은 보면서도 나에게 말씀하시는 이의 소리는 듣지 못하더라 10내가 이르되 주님 무엇을 하리이까 주께서 이르시되 일어나 다메섹으로 들어가라 네가 해야 할 모든 것을 거기서 누가 이르리라 하시거늘 11나는 그 빛의 광채로 말미암아 볼 수 없게 되었으므로 나와 함께 있는 사람들의 손에 끌려 다메섹에 들어갔노라(22:6-11).

6. 가는 중 다메섹에 가까이 갔을 때에. 이 이야기에 대해서는 앞에서 9장을 다룰 때에 충분히 설명했기 때문에, 여기서 나는 앞에서 설명했던 내용을 간단하게만 언급하고 넘어가고자 한다. 앞에 나왔던 이야기와 특별히 차이가 나는 점이 있다면, 그것은 바울이 여기서 이 이야기를 하는 의도가 자신의 회심이 하나님에 의하여 이루어진 것임을 증명하는 데에 있다는 것이다. 이 대목은 바울이 유대인들을 향하여 한 설교의 세 번째 부분을 이룬다. 만일 이 부분이 없었다면, 그는 자신의 갑작스러운 변화로 인해서 사람들로부터 변덕스럽다거나 경솔하다거나, 그 밖의 다른 어떤 욕을 먹어도 할 말이 없었을 것이다. 왜냐하면, 일단 들어섰던 신앙의 길에서 후퇴하거나, 그 신앙의 의무들을 이행하지 않는 것보다 더 용서받기 어려운 일은 없기 때문이다. 그래서 바울은 그 누구도 자신의 회심에 대해서 의심을 품지 않게 하기 위하여, 그들에게 많은 이적들을 제시해 가며, 자신의 회심을 이끄신 분이 하나님이시라는 것을 보여준다. 땅에서 올라간 뜨거운 수증기로 말미암아 밤중에 번개가 치는 일은 종종 있다. 하지만 다메섹 도상에서 바울에게 일어난 일은 훨씬 더 특이한 일이었다. "오정쯤" 되었을 때, 갑자기 밝은 빛이 나타나서 그를 둘러쌌고, 두려움에 사로잡힌 그는 말에서 떨어져 땅바닥에 엎드러졌다. 하늘로부터 들려온 음성이 있었다는 것이 또 다른 이적이었고, 그 음성을 바울은 들었지만 그의 동료들은 듣지 못했다는 것도 역시 이적이었다. 또한, 계속해서 다른 이적들이 이어

졌다. 그가 다메섹에 들어갔을 때에 아나니아가 그를 영접한 것은 하늘에서 들려온 말씀대로 된 이적이었고, 그 순간 그가 다시 앞을 보게 된 것도 이적이었다.

7. 내가 땅에 엎드러져 들으니. 바울은 바리새인으로서의 교만으로 가득 차 있었기 때문에, 땅바닥에 팽개쳐지고 엎드러져야만 비로소 그리스도의 음성을 들을 수 있었다. 물론, 바울은 하나님을 공공연하게 멸시하거나 하나님의 말씀을 무시하고자 했던 것은 아니었지만, 만일 그에게 이런 일이 일어나지 않았더라면, 그의 마음은 결코 그리스도를 믿음으로 말미암아 하나님께 순종하고자 하지 않았을 것이다. 그래서 하나님께서는 그로 하여금 자원해서 낮아지는 법을 배우도록 하시기 위하여, 불가항력적인 힘을 통해서 그를 땅바닥에 내팽개치신 것이다. 한편, 그리스도께서 그에게 하신 말씀은 "네가 왜 나를 박해하느냐"라는 짤막한 책망의 말씀뿐이었고, 이것은 그의 잔혹함과 광분함을 가라앉히시기 위한 것이었다. 하지만 여기서 그리스도께서 모든 경건한 자들에게 가해진 온갖 해악을 자기 자신에게 가해진 해악으로 여기시고서 책망하셨다는 사실 자체가 우리에게는 놀라운 위로가 된다. 우리가 겪는 박해의 괴로움을 참고 달래는 데에는, 하나님의 아들이 우리와 함께 고통 받고 계실 뿐만 아니라, 우리 안에서 고통 받고 계신다는 말씀을 듣는 것보다 더 좋은 약은 있을 수 없다. 또한, 어리석은 교만에 사로잡혀서 불쌍한 교회를 조롱하는 피에 굶주린 복음의 원수들은 장차 그들이 누구를 괴롭혀 온 것인지를 깨닫게 될 것이다.

9. 나와 함께 있는 사람들이 빛은 보면서도 나에게 말씀하시는 이의 소리는 듣지 못하더라. 나는 바울이 여기서 말한 내용이 9:7에서 말한 것과 불일치하는 것처럼 보이지만, 사실은 그렇지 않다는 것을 이미 앞에서 그 절을 다룰 때에 설명한 바 있다. 9:7에서는 "같이 가던 사람들은 소리만 듣고 아무도 보지 못하여 말을 못하고 서 있더라"고 말한 반면에, 여기서는 그들이 빛은 보았지만 바울에게 말씀하시는 그리스도의 음성은 듣지 못했다고 말한다. 그들은 어떤 소리를 듣긴 들었지만, 다만 그것이 무슨 말인지는 바울 외에는 알아듣지 못했다는 것은 전혀 이상한 일이 아니다. 왜냐하면, 그리스도께서는 오직 바울만을 책망해서 복종시키려고 하신 것이기 때문이다. 따라서 그들은 자신들의 귓전을 울리는 어떤 음성을 듣고, 누군가가 하늘로부터 말씀하고 있다는 것을 알았다. 그것은 그리스도께서 바울에게 말씀하고 계신 것이었지만, 그들은 바울과 말씀하시는 분이 무슨 말씀을 하시는지를 알지 못하였기 때문에, 바울은 그들이 "나에게 말씀하시는 이의 소리는 듣지 못하였다"고

말한 것이다. 또한, 그들은 바울을 감싸고 있는 밝은 빛을 보았지만, 하늘로부터 말씀하시는 분은 전혀 보지 못하였다.

10. 내가 이르되 주님 무엇을 하리이까. 이것은 기가 꺾여서 유순해진 사람의 말이다. 자신의 모든 사나움(ferocia)을 내려놓고, 하나님이 메어 주시는 멍에를 메려고 기꺼이 목을 내밀며, 하나님이 명하시는 것은 무엇이든지 따를 준비가 되었을 때, 이것이 하나님을 향한 참된 회심이다. 아울러, 하나님께서 무엇을 원하시는지를 묻는 것이 올바르게 행하기 위한 첫걸음이다. 왜냐하면, 하나님의 말씀과는 아무 상관없는 회개를 생각하는 자들은 헛되이 소란만 피우는 자들이기 때문이다. 한편, 그리스도께서 아나니아를 바울을 가르칠 선생으로 정하신 것은 바울에게 모욕을 주기 위한 것도 아니었고, 친히 바울을 가르치고 싶지 않아서도 아니었으며, 단지 이런 방식으로 교회의 외적인 사역에 존귀함을 더하시기를 원하신 것일 뿐이었다. 또한, 여기서 그리스도께서는 한 사람의 사례를 통해서, 그가 사람들의 혀를 빌려서 말씀하실 때, 우리가 그의 말씀을 듣지 않으려고 해서는 안 된다는 경고를 우리 모두에게 주신 것이다. 마찬가지로, 그리스도께서 바울이 스스로 낮아져서 복음의 교훈을 배워 믿음을 갖게 될 때까지 그의 눈을 멀게 하셔서 앞을 보지 못하게 하신 것도 바로 그런 의도에서 그렇게 하신 것이었다. 물론, 하나님께서 빛을 비춰 주시고자 하시는 모든 자의 눈을 멀게 하시는 것은 아니다. 하지만 여기서 우리는 하나님에 대하여 지혜롭고자 하는 자는 자기 자신에게 어리석은 자가 되어야 한다는 보편적인 원리를 배운다.

¹²율법에 따라 경건한 사람으로 거기 사는 모든 유대인들에게 칭찬을 듣는 아나니아라 하는 이가 ¹³내게 와 곁에 서서 말하되 형제 사울아 다시 보라 하거늘 즉시 그를 쳐다보았노라 ¹⁴그가 또 이르되 우리 조상들의 하나님이 너를 택하여 너로 하여금 자기 뜻을 알게 하시며 그 의인을 보게 하시고 그 입에서 나오는 음성을 듣게 하셨으니 ¹⁵네가 그를 위하여 모든 사람 앞에서 네가 보고 들은 것에 증인이 되리라 ¹⁶이제는 왜 주저하느냐 일어나 주의 이름을 불러 세례를 받고 너의 죄를 씻으라 하더라(22:12-16).

12. 아나니아라 하는 이가. 이제 바울은 네 번째 요지로 넘어가서, 자기가 이적들을 체험하고 놀라서 그리스도에게 충성을 바치게 되었을 뿐만 아니라, 복음의 가

796

르침에 대해서도 제대로 된 철저한 가르침을 받았다고 증언한다. 나는 아나니아가 바울을 만난 것은 우연히 된 일이 아니라 그리스도의 인도하심에 의한 것이라고 이미 말한 바 있다. 그런데 여기서 바울이 아나니아를 "율법에 따라 경건한 사람으로 거기 사는 모든 유대인들에게 칭찬을 듣는" 사람이라고 소개한 것은 그들이 아나니아를 부정적으로 바라볼 것을 예상하고서 미리 그런 부정적인 견해를 막기 위하여 선수를 친 것이었다. 그들은 이방인들을 혐오하였기 때문에, 이방인들 중 누군가가 유대인들을 가르치는 선생이 된다는 것은 그들이 결코 용납할 수 없는 일이었다. 게다가, 특히 율법을 배반한 자들에 대한 그들의 증오심은 상상을 초월하는 것이었다. 따라서 바울은 아나니아가 "율법에 따라" 하나님을 섬겼고, 그의 "경건"은 "모든 유대인들"에게 "칭찬"을 들은 사람이었기 때문에, 그를 의심의 눈초리로 바라볼 필요가 없다고 증언한 것이다. 어떤 이들은 "율법에 따라"라는 어구를 그 뒤에 나오는 구절과 연결해서 "그가 율법에 따라 칭찬을 들었다"는 의미로 이해하지만, 그런 해석은 어색하다. 왜냐하면, 아나니아의 신앙은 "율법을 따른" 것이었다는 바로 이 특징으로 말미암아 이방인들이 믿는 미신들과 구별되었기 때문이다. 하지만 우리는 여기서 율법이 언급된 것은 하나님의 은혜(Dei gratia)와 대립되는 행위의 공로(operum meritum)를 말하기 위한 것이 아니라, 아나니아의 경건이 유대인들의 온갖 의혹을 말끔히 제거해 주는 것이었다는 사실을 확증하기 위한 것이었음을 유의하여야 한다. 내가 이미 말했듯이, 아나니아가 "다시 보라"는 한 마디 말로 바울의 시력을 회복시켜 주었다는 사실만으로도, 그는 하나님으로부터 보내심을 받은 사람이었음이 분명하다.

14. 우리 조상들의 하나님이 너를 택하여 … 자기 뜻을 알게 하시며. 하나님께서 우리를 멸망에서 건지셔서 생명으로 부르시기 위하여, 자신의 값없이 베풀어 주시는 인자하심을 따라 우리를 만나 주신다는 것을 아는 지식만큼 우리로 하여금 기쁜 마음으로 하나님께로 나아가도록 만드는 것은 없기 때문에, 아나니아는 바로 그러한 사실을 말하는 것으로부터 시작한다. 그는 "하나님이 너를 택하여 너로 하여금 자기 뜻을 알게 하시며"라고 말함으로써, 바울에게 그가 길을 잃고 잘못된 길에서 방황하면서 그의 구원과는 완전히 정반대로 행하고 있을 때에도 하나님께서는 그를 지켜보고 계셨다는 것을 가르친다. 하나님의 예정(Dei praedestinatio)에 관한 이러한 가르침 앞에서, 사람이 자신의 자유의지로(libero suo arbitrio) 하나님의 은혜를 얻을 수 있는 어떤 일들을 할 수 있다고 말하는 철학자들의 모든 궤변은 여지없

이 무너지고 만다. 바울이 아나니아가 하나님을 "우리 조상들의 하나님"이라고 불렀다고 말한 것은 유대인들에게 하나님의 약속들에 대한 기억을 새롭게 환기시켜서, 그들로 하여금 하나님께서 새롭게 자기를 부르신 것이 그러한 약속들과 연관되어 있다는 것과 그리스도에게로 간 자들이 율법으로부터 떨어져 나간 자들이 아니라는 것을 알게 하기 위한 것이었다. 따라서 바울은 아나니아가 한 이 말을 인용함으로써, 자기가 앞서 했던 주장, 즉 자신은 유대인들이 옛적부터 섬겨 왔던 아브라함의 하나님을 배반한 것이 아니라, 자신이 율법에서 배운 조상들의 옛적의 예배를 이어나가고 있는 것임을 확증한다.

그러므로 바울의 이러한 모범으로부터 우리는 신앙이 문제가 될 때에는, 교황주의자들과 이슬람교도들과 모든 이단들이 그랬던 것과는 달리, 어떤 새로운 신(deus)을 생각해 내서는 안 되고, 옛적에 율법을 비롯해서 여러 예언의 말씀들로 조상들에게 자신을 계시하셨던 바로 그 하나님(Deus)을 굳게 붙들어야 한다는 것을 배워야 한다. 우리가 고수해야 하는 진정한 유구함(vetustas)은 이런 것이지, 교황주의자들이 헛되이 자랑하는 그런 것이 아니다. 왜냐하면, 그들은 정통적인 조상들을 버리고, 자신들을 위해서 풋내기 신(novitius deus)을 새롭게 만든 자들이기 때문이다.

우리는 오늘날의 유대인들에 대해서도 똑같은 말을 할 수 있다. 즉, 그들의 종교는 율법과 선지자들로부터 동떨어져 있고, 그들의 하나님도 허구적이고 변질된 하나님이다. 왜냐하면, 옛적에 "아브라함의 하나님, 조상들의 하나님"으로 불리기를 원하셨던 하나님은 마침내 자신의 아들 안에서 나타나셨고, 그 결과 지금은 그리스도의 아버지(pater Christi)라는 호칭으로 불리는 것이 합당하고, 성부 하나님과 성자 하나님은 분리될 수 없는 까닭에, 성자 하나님을 배척하는 자에게는 성부 하나님도 없기 때문이다. 아나니아는 복음의 진리가 지금 바울 안에서 빛나는 것이 하나님의 은혜로 말미암은 선택에 의한 것이라고 말한다. 아나니아가 한 이 말과 이 일이 있게 된 과정은 이 일이 바울의 노력으로 된 일이 아니라는 것을 잘 보여준다. 왜냐하면, 그리스도에게 굴복당할 때까지 바울만큼 완악한 사람은 없었기 때문이다. 그러나 우리가 이 일의 원인과 기원을 묻는다면, 아나니아는 우리에게 바울을 택하기로 하신 하나님의 계획(Dei consilium)이 존재했음을 상기시켜 준다. 분명한 것은 사람들이 자신의 노력으로 거기에 이르는 것보다 하나님의 뜻을 아는 것이 더 값진 일이라는 것이다. 아나니아가 바울에 관해서 한 말은 모든 사람에게 적용되어야 한다. 즉, 믿음이라는 보화는 모든 사람에게 차별 없이 주어지는 것이 아니라, 택함 받은 자들에게만 특별히 주어진다는 것이다. 그 다음에 나오는 구절을 보면, 여기서 말한 하나님의 뜻이 무엇인지가 좀 더 분명해진다. 즉, 그것은 "선지자들을 통하여 여러 부분과 여러 모양으로 말씀하신 하나님이 마지막에는 그의 아들을 통하여 그의 뜻과 그 자신을 계시하셨다"(히 1:1)는 것이다.

14. 그 의인을 보게 하시고. "의인"으로 번역된 단어는 거의 모든 헬라어 사본들에서 남성으로 되어 있기 때문에, 나는 왜 에라스무스(Erasmus)가 이 단어를 중성으로 보고서 "의로운 것"이라고 번역했는지가 의아하다. 왜냐하면, 에라스무스의 번역이 문맥에 맞지 않고 억지스럽다는 것은 독자들도 알 수 있을 것이기 때문이다. 따라서 나는 여기서 "의로운"이라는 단어가 "의로우신 분"이신 그리스도를 가리킨다는 것을 의심하지 않는다. 그리고 "그 입에서 나오는 음성을 듣게 하셨으니"라는 구절이 바로 이어지고 있기 때문에, 이렇게 이해할 때에 글의 연결이 매끄러워진다. 그리스도를 볼 수 있게 되는 것이 모든 경건한 자들의 최대의 소망이었다는 것은 잘 알려져 있는 사실이었다. 그래서 시므온은 "주재여 이제는 말씀하신 대로 종을 평안히 놓아 주시는도다 내 눈이 주의 구원을 보았사오니"(눅 2:29-30)라고 고백하였고, 그리스도께서도 "많은 선지자와 임금이 너희가 보는 바를 보고자"(눅 10:24) 하였다고 친히 증언하신다. 따라서 그리스도를 보는 것을 하나님의 지극히 특별한 복으로 송축한 것은 지극히 마땅한 일이었다. 하지만 우리가 많은 사람들이 눈으로 보고도 멸망에 처한 것을 알고 있듯이, 눈으로 보는 것만으로는 유익이 거의 또는 아예 없을 것이었기 때문에, 아나니아는 "그 입에서 나오는 음성을 듣게 하셨으니"라는 구절을 덧붙인다. 또한, 아나니아는 하나님께서 바울이 그러한 영광을 받을 만하다고 생각하신 이유를 이렇게 말한다: "네가 그를 위하여 모든 사람 앞에서 네가 보고 들은 것에 증인이 되리라"(15절). 아나니아는 바울이 장차 그리스도의 교회 전체의 선생이 될 사람이라는 사실을 염두에 두고서, 그가 개인적으로 자기 자신을 위해서 배울 뿐만 아니라, 많은 사람들에게 유익을 끼치는 데에도 관심을 갖도록 그를 준비시키기 위하여, 이렇게 말하고 있는 것이다.

16. 이제는 왜 주저하느냐. 아나니아가 바울에게 신앙의 기본 원리들을 충실하게 가르쳤을 것임은 의심의 여지가 없다. 왜냐하면, 바울이 참 신앙을 갖게 되지 않았다면, 아나니아는 그에게 세례를 주지 않았을 것이기 때문이다. 누가는 여기서 많은 것들을 생략하고 단지 요점만을 간략하게 제시한다. 따라서 아나니아가 바울

이 하나님께서 약속하셨던 속량하심이 이제 그리스도 안에서 이루어졌다는 것을 깨달은 것을 보고, 세례 받는 것을 지체할 이유가 없다고 말한 것은 지극히 합당하다. 하지만 그가 "왜 주저하느냐"라고 말한 것은 세례 받는 것을 주저한다고 바울을 책망하거나 비난한 것이 아니라, 세례를 받게 되면 하나님의 은혜가 더욱 커질 것이라는 의미로 그렇게 말한 것이었다. 우리는 10장에서도 이와 비슷한 말을 볼 수 있다: "이에 베드로가 이르되 이 사람들이 우리와 같이 성령을 받았으니 누가 능히 물로 세례 베품을 금하리요"(행 10:47). 아나니아가 "너의 죄를 씻으라"는 말을 덧붙인 것은 세례의 효과와 열매를 표현한 것이다. 이것은 "세례로 너의 죄를 씻으라"고 말한 것과 같다. 그러나 우리가 이런 식으로 해석하게 되면, 아나니아가 외적이고 부패하기 쉬운 요소인 세례에 너무 많은 것들을 돌리는 것으로 보이기 때문에, 과연 세례가 우리를 깨끗하게 하는 원인(causa)이냐는 질문이 제기된다. 우리의 죄를 씻는 유일한 수단이 그리스도의 피라는 것은 확실하다. 이런 목적을 위해서 그리스도의 피는 단 한 번 흘려졌고, 그 후로는 성령이 믿음으로 말미암아 그 피를 우리에게 뿌리심으로써 우리를 계속해서 깨끗하게 하고 계신다. 그러므로 세례에서 사용되는 물이라는 상징에 그러한 영광을 돌리는 것은 그리스도와 성령에게 해가 될 수밖에 없다. 그리고 사람들이 이러한 미신에 얼마나 잘 빠지는지는 경험이 말해준다. 그래서 많은 경건한 자들은 사람들이 외적인 상징을 의지하는 일이 없게 하기 위해서 세례의 효력을 지나치게 약화시킨다. 그러나 성례전들(sacramenta)은 그리스도의 영광을 가리는 일이 없게 적정하게 행해져야 하지만, 성례전들의 효력과 용도가 무시되어서도 안 되기 때문에, 우리는 이 둘 사이에서 적절한 균형을 유지하여야 한다.

따라서 우리가 가장 우선적으로 붙잡아야 할 것은, 오직 하나님만이 자신의 아들의 피를 통해서 우리의 죄를 씻어 주신다는 것과 이러한 씻음이 우리 안에서 그 효력을 유지할 수 있도록 성령의 은밀한 능력을 통해서 역사하신다는 것이다. 그러므로 죄 사함이 문제가 되었을 때, 우리는 하늘에 계신 아버지가 아닌 다른 어디에서 그 근원을 찾아서는 안 되고, 그리스도의 피가 아닌 다른 어떤 물질적인 원인을 생각해서도 안 된다. 하지만 실제적인 원인(causa formalis)을 얘기할 때는, 성령이 주도적인 역할을 수행하는 가운데, 복음 선포와 세례 같은 수단들이 사용된다고 말할 수 있다. 하나님께서는 자신의 성령의 내적 능력을 통해서 역사하시지만, 그렇다고해서 자신의 기뻐하시는 뜻을 따라 적절하다고 생각하시는 도구들과 수단들을 사용하실 수 없는 것은 아니다. 물론, 이것은 하나님께서 성령으로부터, 또는 그리스도의 보혈로부터 어떤 것을 취하셔서 성례전의 요소 속에 집어넣으시기 때문이 아니라, 성례전의 상징 자체가 우리의 연약함을 돕는 지지대가 되기를 원하시기 때문이다.

그런 까닭에, 세례는 우리가 믿음을 통해서 오직 그리스도의 보혈로 말미암아 죄사함을 받도록 도와준다는 의미에서 영혼의 목욕(lavacrum animae)이라 불린다. 따라서 누가가 세례와 관련해서 "너의 죄를 씻으라"고 말한 것은 세례가 죄 씻음을 받게 해주는 원인(causa)이라고 말한 것이 아니라, 바울로 하여금 세례라는 상징에 참여함으로써 자신의 죄가 씻음 받았다는 것을 좀 더 잘 깨닫게 하기 위한 목적으로 그렇게 말한 것이다. 하지만 우리가 유념해야 할 것은, 세례는 우리에게 단지 상징으로만 제시되어 있는 것이 아니라, 세례를 통해서 우리에게 실제로 실체가 주어진다는 것이다. 왜냐하면, 하나님께서는 그 어떤 것도 거짓으로 약속하시는 분이 아니신 까닭에, 우리가 성례전이라는 상징에 참여할 때에, 그 상징이 표상하고 있는 실체가 우리에게 진정으로 이루어지게 하시기 때문이다. 그러나 다른 한편으로 우리가 유념해야 할 것은 하나님의 은혜가 성례전들에 묶여 있지는 않다는 것이다. 왜냐하면, 사람이 외형적으로 세례를 베푼다고 할지라도, 하나님께서 그 세례를 기뻐하지 않으시는 경우에는, 그 세례는 아무런 유익도 없기 때문이다. 이것은 우리가 제기할 수 있는 또 다른 질문에 대한 답변도 된다. 즉, 바울은 이미 하나님의 은혜를 입고서, 그의 죄가 이미 사함을 받은 상태였기 때문에, 세례는 그의 죄를 씻어주는 것이었을 뿐만 아니라, 그가 이미 받은 은혜를 다시 한 번 새롭게 확증해 주는 것이기도 하였다는 것이다.

16. 주의 이름을 불러. "주의 이름"이 그리스도를 의미한다는 것은 의심의 여지가 없다. 아나니아가 이렇게 말한 것은 세례를 받을 때에 그리스도의 이름만을 불렀기 때문이 아니라, 하나님 아버지께서 세례가 표상하고 있는 모든 것을 그리스도로부터 구하라고 우리에게 명하셨고, 성령께서 세례를 통해 역사하시는 유일한 목적은 우리로 하여금 그리스도의 죽음과 부활에 참여하게 하는 것이기 때문이다. 이렇게 하나님 아버지께서 그리스도를 우리에게 주셨고, 성령은 그리스도께서 우리에게 가져다주신 은혜들을 부어 주신다는 점에서, 세례에서 그리스도는 삼위일체 하나님 가운데서 주역으로 세우심을 받았다. 그러므로 그리스도의 이름을 부르는 것은 하나님 아버지와 성령을 부르는 것이기도 하다.

따라서 아나니아는 세례에서 오직 그리스도의 이름만을 불러야 한다고 말한 것이 아니라, 신자들이 세례라는 외적인 상징의 효력이 오직 그리스도의 능력 안에 있음을 증언하는 수단인 기도(precatio)를 이렇게 표현한 것이다. 왜냐하면, 성례전들은 그 자체 속에 구원의 능력을 지니고 있지 않은 것은 물론이고, 그 자체로는 그 어떤 효력도 지니고 있지 않기 때문이다. 그러므로 아나니아는 여기서 바울에게 세례라는 외적인 요소(elementum)를 의지하는 것이 아니라 그리스도를 바라보아야 한다는 것을 분명하게 보여주고 있는 것이기 때문에, 이 구절은 그가 앞에서 한 말을 수정한 것이라고 할 수 있다.

교황주의자들이 행하는 것들이 아나니아가 말한 이러한 원리에서 얼마나 벗어나 있는지는 잘 알려져 있다. 그들은 자신들이 귀신을 쫓아내 주기 때문에 사람들에게 은혜가 임하는 것이라고 은혜의 원인(causa)을 그들 자신의 축귀(exorcismus)와 결부시킨다. 그들은 저 수많은 불쌍한 사람들로 하여금 그리스도를 바라보게 하는 데에는 전혀 관심이 없기 때문에, 세례에서 그리스도를 몰아내 버리고서, 그의 거룩한 이름을 자신들의 축귀로 더럽힐 뿐이다.

[17]후에 내가 예루살렘으로 돌아와서 성전에서 기도할 때에 황홀한 중에 [18]보매 주께서 내게 말씀하시되 속히 예루살렘에서 나가라 그들은 네가 내게 대하여 증언하는 말을 듣지 아니하리라 하시거늘 [19]내가 말하기를 주님 내가 주를 믿는 사람들을 가두고 또 각 회당에서 때리고 [20]또 주의 증인 스데반이 피를 흘릴 때에 내가 곁에 서서 찬성하고 그 죽이는 사람들의 옷을 지킨 줄 그들도 아나이다 [21]나더러 또 이르시되 떠나가라 내가 너를 멀리 이방인에게로 보내리라 하셨느니라 [22]이 말하는 것까지 그들이 듣다가 소리 질러 이르되 이러한 자는 세상에서 없애 버리자 살려 둘 자가 아니라 하여(22:17-22).

17. 후에 내가 예루살렘으로 돌아와서. 만일 바울의 설교가 그들의 아우성으로 중단되지 않았다면, 이것이 마지막 단락이 되지는 않았을 것이다. 그러나 지금까지의 설교의 흐름으로 볼 때, 그가 여기서 무엇을 말하고자 한 것이었는지를 헤아리는 것은 그리 어렵지 않다. 그는 자기가 자기 동족에게 앙심을 품고 있어서 유대인들을 섬기기를 거부하고 자발적으로 유대인들에게서 떠난 것이 아니라, 자신의 기대나 의도와는 달리, 하나님의 명령에 의해서 이방인들에게로 갔던 것임을 보여주

기 위해서 자신의 사역에 대하여 말하는 것으로 시작한다. 즉, 자기는 하나님으로부터 받은 은혜를 자신의 동족들과 나누기 위해서 일부러 예루살렘으로 올라왔지만, 하나님께서는 자신의 그러한 소망을 꺾으시고 자기를 거기서 몰아내셨다는 것이다. 바울에게는 제거하고 싶은 두 가지 걸림돌이 있었다. 한 가지는 유대인들은 이방인들이 자신들과 함께 교회에 들어오는 것이 허용되는 것은 하나님의 언약을 모독하는 것이라고 생각했다는 것이고, 다른 한 가지는 자부심으로 유달리 강했던 유대 민족에게는 다른 민족이 자신들보다 우월하게 생각되는 것은 말할 것도 없고, 심지어 자신들과 동등하다고 여겨지는 것조차 견딜 수 없는 일이었다는 것이다. 따라서 바울이 변론하고자 한 것은 자신은 진정으로 유대인들을 위해 헌신하고자 하였지만, 하나님께서는 그가 예루살렘에서 허송세월하는 것을 원하지 않으셨기 때문에, 자기는 하나님의 명령으로 이방인들에게로 갈 수밖에 없었다는 것이다. "황홀한 중에"로 번역된 헬라어는 에라스무스(Erasmus)는 "내가 나의 밖으로 옮겨졌다"라고 번역하였지만, 헬라어를 문자적으로 직역하면 "나는 황홀경 속에 있었다"가 된다. 이런 표현을 통해서 바울은 자신이 받은 것이 하나님의 계시임에 분명하다는 것을 보여주고자 하였다. 시간 및 공간과 결부된 상황도 이 계시의 확실성을 뒷받침해 준다. 왜냐하면, 하나님께서는 그가 성전에서 기도하고 있을 때에 나타나셨고, 기도하는 시간은 하나님의 음성을 들을 수 있는 최적의 시간이기 때문이다. 환상이 어떤 식으로 주어지는 것인지에 대해서는 우리가 7장 끝부분을 다룰 때에 설명했던 내용을 참조하라.

18. 그들은 네가 내게 대하여 증언하는 말을 듣지 아니하리라 하시거늘. 우리에게는 하나님의 명령이라는 것만으로도 거기에 순종해야 할 충분한 이유가 되는 것은 틀림없지만, 그리스도께서는 바울로 하여금 좀 더 기꺼이 순종하도록 하시기 위해서, 그를 예루살렘에서 떠나보내시려고 하는 이유를 말씀해 주시는데, 그것은 그가 거기에서는 그 어떤 가치 있는 일도 할 수 없을 것이기 때문이라는 것이었다. 바울은 아무런 열매도 거두지 못하는데도 헛되이 가르침만을 베풀거나, 빈둥거리며 지내라고 택함을 받은 것이 결코 아니었다. 하지만 이것은 가혹한 시험이었고, 우리는 이 시험이 이 거룩한 사람에게 큰 좌절을 안겨 주었을 것임을 충분히 짐작할 수 있다. 얼마 전에 바울은 복음을 널리 전파하는 사명을 받았기 때문에, 당연히 그의 목소리는 온 세상에 울려 퍼져야 하였다. 그런데 그는 지금 자신의 사역을 시작하자마자 벽에 부딪힌 것이다. 게다가, 사람들이 말하듯이, 복음에 대한 그의 "증

언"이 자신에 대한 사람들의 사적인 적개심으로 말미암아 배척당한 것이라면, 자신의 사역으로 인해 그가 느낀 모욕감은 특히 심했을 것으로 보인다. 하지만 하나님의 이 거룩한 종은 이처럼 낮아져야 했다. 왜냐하면, 모든 복음의 교사들로 하여금 그리스도께 전적으로 순종하는 법을 배워서, 어느 한 곳에서 배척을 당할 때에는 지체 없이 다른 곳으로 갈 수 있는 자세를 갖게 하고, 정당한 이유 없이 미움을 받을지라도 낙심하거나 자신의 소임을 포기하지 않는 법을 배우도록 하기 위해서는, 여기서 바울이 겪은 본보기가 필요하였기 때문이다.

19. 내가 말하기를 주님 내가 주를 믿는 사람들을 가두고 … 그들도 아나이다. 이 말을 통해서 바울은 자기가 정신적으로 이상해지거나 혼란 속에 빠진 것이 아니라, 도리어 하나님의 계시의 말씀을 온전히 신뢰하고 믿었다는 것을 분명하게 보여준다. 왜냐하면, 그는 "주님"이라고 부름으로써, 자기가 말하는 대상이 그리스도시라는 것을 한 점의 의심도 없이 인정하였기 때문이다. 그러나 바울은 자기가 갑자기 변화된 것을 유대인들이 보았을 때에, 그들의 마음이 흔들리지 않을 수 없을 것임을 근거로 제시하며, 자신의 사역이 성공을 거둘 수 있을 것이라고 반론을 제기한다. 사실, 이것이 바울 자신이 품고 있던 생각이었다. 하지만 그리스도께서는 자신이 그를 세운 것은 다른 일을 하게 하기 위한 것이라고 단호하게 대답하심으로써, 그가 유대인들에 관해서 품고 있던 헛된 희망을 일거에 날려 버리신다. 그러나 바울이 그러한 근거들을 들어서 그리스도께 반론을 제기한 것이 과연 합당한 것이었느냐는 문제가 생긴다. 왜냐하면, 그는 그리스도께서 말씀하신 대로 될 수도 있지만 그렇지 않을 수도 있다고 주장한 것이나 다름없기 때문이다. 나의 대답은 하나님께서는 자신의 성도들이 속에 품고 있는 생각을 자기에게 친근하게 털어놓는 것을 허락하시는데, 특히 그들이 구하는 것이 자신들의 믿음을 확증받고자 하는 것일 때에는 더더욱 그렇다는 것이다.

만일 어떤 사람이 자신의 지혜를 의지한다거나, 하나님께서 명하신 것을 완고하게 거부한다면, 그의 교만은 정죄를 받는 것이 마땅할 것이다. 하지만 하나님께서는 믿는 자들에게 그들 자신은 진심으로 순종하고자 하는데도 그렇게 하는 것을 주저하게 만드는 것들을 자기 앞에 겸손한 마음으로 다 털어놓을 수 있는 특권을 허락하심으로써, 그들의 발목을 붙잡고 있던 것들을 다 떨쳐 버리고 좀 더 기꺼이 자기에게 온전히 헌신할 수 있게 하신다. 우리는 그러한 예를 여기 바울에게서 본다. 왜냐하면, 바울은 이런 반론을 통해서 자기가 어떻게 하는 것이 주님을 기쁘시게 하는 것인지를 알게 된 후에는, 더 이상 반박이나 자기주장을 늘어놓지 않고, 단 한 번의 이의를 제기하고 나서는, 즉시 자신의 헛된 희망을 단념하고, 자기가 피하고 싶어 했던 길을 떠날 채비를 하기 때문이다. 한편, 유대인들이 그토록 많은 이적들을 보고서도 전혀 흔들림이 없었다는 사실은 그들의 완악함이 불치병임을 극명하게 보여주는 것이었다. 이런 상황 속에서 그들에 대한 책망은 그들을 광분함으로 몰아 갔다는 것은 의심의 여지가 없다.

22. 이러한 자는 세상에서 없애 버리자. 여기서 누가는 바울의 설교가 얼마나 소란스럽게 중단되었는지를 보여준다. 그들은 고함과 아우성으로 바울의 말을 중간에서 끊었을 뿐만 아니라, 그를 죽여 없애자고 소리를 질렀다. 이것은 그들의 교만이 광적인 지경에 이르렀음을 극명하게 보여준다. 유대인들의 자부심은 정말 대단한 것이어서, 그들은 자신들을 제외한 온 세상을 멸시했을 뿐만 아니라, 마치 자신들의 종교 전체가, 아브라함의 후손이 나머지 모든 사람들보다 더 소중하다는 이 한가지 사실을 축으로 하여 돌아간다고 생각한다는 듯이, 율법 자체가 아니라 그들 자신의 위신을 지키기 위해서 더욱 격렬하게 싸웠다. 따라서 바울이 마치 하나님께서 다른 어느 민족보다도 특별한 은혜를 주셔서 높이신 유대 민족이 악하고 배은망덕하여 여호와 하나님을 멸시하였지만, 하나님께서는 자신의 관용하심으로 말미암아 그들을 참으실 수밖에 없으셨다는 듯이 말하자, 이제 그들은 바울에 대한 분노를 주체하지 못하고 광분하기 시작한 것이다. 오늘날 유대인들이 온갖 멸시와 모욕을 밥먹듯이 당하며 살아가면서도 자존심이 세서 다른 사람들을 우습게 여기는 노예 근성을 여전히 지니고 있는 것을 볼 때, 당시의 유대인들에게 그러한 사나움과 난폭함이 있었던 것은 전혀 이상한 일이 아니다. 그러나 이러한 일들은 바울의 예언(롬 11:5)대로 하나님께서 "남은 자"를 모으실 때까지 유대인들을 버려 두신 결과이다.

²³떠들며 옷을 벗어 던지고 티끌을 공중에 날리니 ²⁴천부장이 바울을 영내로 데려가라 명하고 그들이 무슨 일로 그에 대하여 떠드는지 알고자 하여 채찍질하며 심문하라 한대 ²⁵가죽 줄로 바울을 매니 바울이 곁에 서 있는 백부장더러 이르되 너희가 로마 시민 된 자를 죄도 정하지 아니하고 채찍질할 수 있느냐 하니 ²⁶백부장이 듣고 가서 천부장에게 전하여 이르되 어찌하려 하느냐 이는 로마 시민이라 하니 ²⁷천부장이 와서 바울에게 말하되 네가 로마 시민이냐 내게 말하라 이르되 그러하다 ²⁸천부장이 대답하되 나는 돈을 많이 들여 이 시민권을 얻었노라 바울이 이르되 나는 나

면서부터라 하니 ²⁹심문하려던 사람들이 곧 그에게서 물러가고 천부장도 그가 로마 시민인 줄 알고 또 그 결박한 것 때문에 두려워하니라 ³⁰이튿날 천부장은 유대인들이 무슨 일로 그를 고발하는지 진상을 알고자 하여 그 결박을 풀고 명하여 제사장들과 온 공회를 모으고 바울을 데리고 내려가서 그들 앞에 세우니라(22:23-30).

24. 천부장이 바울을 영내로 데려가라 명하고. 천부장이 바울을 "영내로 데려가라"고 명령한 것은 현명하게 제대로 일을 처리한 것이었다. 왜냐하면, 바울이 그 자리에 있으면, 그의 말을 듣고서 이미 흥분할 대로 흥분한 유대인들은 더욱더 자극을 받게 될 것이었는데, 천부장은 이런 식으로 명령해서 이 거룩한 사람의 목숨을 보살피는 한편, 백성들의 광기도 어느 정도 누그러뜨릴 수 있었기 때문이다. 반면에, 그가 바울이 무슨 죄로 고소당한 것인지를 분명하게 들어보지도 않고 "채찍질하며 심문하라"고 명령한 것은 정당한 처사라고 할 수 없다. 하지만 그가 그렇게 한데에는 그럴 만한 근거가 전혀 없었던 것은 아니었다. 왜냐하면, 모든 사람이 한 사람을 죽이려고 뜻을 같이하여 행동한 데에는 그럴 만한 이유가 있다고 볼 수 있었기 때문이다. 그러므로 "천부장"이 바울에 대하여 이렇게 가혹한 "심문"을 하게 된 배경에는 그런 강력한 추정이 자리 잡고 있었다. 하지만 우리가 유의해야 할 것은 이처럼 약삭빠르고 정치적인 자들은 자신들에게 이익이 될 때에만 공정한 재판관으로 행세하고자 한다는 것이다. 그런 자들은 어떻게 처신하는 것이 자신들에게 이익이 되는지를 따져서 어떤 모습으로도 변신할 수 있다. 게다가, 이런 자들은 정의(iustitia)를 내세워야만 통한다는 것을 너무도 잘 알고 있어서, 세상의 그런 일반적인 원리를 고수하는 모습을 보이기 때문에, 자신들의 잘못된 처신을 지혜롭고 분별 있는 행동이라고 포장해서 얼버무리는 데에 아주 능숙하다. 하지만 개별적인 사안에서 자신들이 구체적으로 어떤 행동을 해야 할지를 결정해야 하는 경우에는, 내가 앞에서 말했듯이, 교활한 정치적 계산을 앞세우기 때문에, 무엇이 공평하고 정의로운 것이냐 하는 것보다는 어떻게 처신하는 것이 자신들에게 더 이득이 되는 것이냐 하는 것이 더 중요한 요인이 된다.

25. 너희가 로마 시민 된 자를 죄도 정하지 아니하고 채찍질할 수 있느냐 하니. 바울은 먼저 로마 시민으로서의 권리를 주장하고 나서, 그런 후에 인간의 보편적인 권리를 들어 항변한다. 심문 절차도 거치지 않고 "채찍질하는" 것은 합법적이 아니라는 두 번째 주장이 더 중요한 것이기는 하였지만, 만일 바울이 로마 제국의 존엄

에 호소한 것을 듣고 "백부장"이 당혹해하지 않았다면, 그런 주장은 무용지물이 되었을 것이다. 왜냐하면, 당시에 "로마 시민"의 자유를 침해하는 것보다 더 큰 범죄는 없었기 때문이다. 발레리우스(Valerius) 법이나 포르키우스(Porcius) 법, 그리고 셈프로니우스(Sempronius) 법 같은 법률에 따르면, 국가의 명령 없이는 어느 누구도 로마 시민의 신체에 형벌이 금지되어 있었다. 이러한 특권은 신성불가침의 것이었기 때문에, "로마 시민"을 때리는 것은 중범죄일 뿐만 아니라 용서받을 수도 없는 범죄로 간주되었다.

그래서 바울은 보편적 정의보다는 "로마 시민"으로서의 특권에 호소해서 위기를 모면하였다. 하지만 그가 자신에게 가해질 위해를 막기 위해서 이러한 시민으로서의 권리를 방패막이로 사용하는 것을 주저하지 않은 데에는 그럴 만한 이유가 있었다. 왜냐하면, 바울은 "천부장"이 심문도 하지 않고 자신의 말을 믿어줄 만큼 경솔한 사람이 아니라는 것을 알고서, 천부장으로 하여금 자신의 말을 믿도록 하기 위해서 이런 식으로 로마 시민으로서의 자신의 권리를 주장한 것이었기 때문이다. 게다가, 유명한 사람이라면 자신이 로마 시민임을 증언해 줄 증인들을 세우는 것은 어렵지 않은 일이었다. 우리는 바울이 지금은 로마 시민으로서의 자신의 권리를 주장해서 채찍질당하는 것을 미리 막고 있지만, 빌립보에서는 매를 많이 맞으면서도 아무 말도 하지 않았던 이유를 16장에서 살펴본 바 있다. 즉, 그때에는 바울이 변론할 기회를 얻는다고 해도, 백성들의 소란으로 인해서 사람들이 그의 말을 들을 수 없는 상황이었던 반면에, 지금은 좀 더 절제하며 신중하게 처신하는 로마 군인들을 상대로 하는 것이었기 때문에, 바울은 이 기회를 활용하고자 한 것이다.

26. 이는 로마 시민이라 하니. 바울의 심문을 담당했던 백부장이 이렇게 단정적으로 말하는 것을 보고서는, 그가 남의 말을 쉽게 믿는 사람이어서, 아무런 확인도 하지 않은 채 바울의 말을 덮어놓고 믿은 것이 아닌가 하고 생각하는 이들도 있겠지만, 만일 그가 바울의 말을 무조건 믿어 버린 것이라면, 그 어떤 범죄 혐의자라도 이런 식의 술책을 써서 처벌을 모면할 수 있었을 것이다. 하지만 "로마 시민"임을 주장한 자가 그 사실을 증언해 줄 증인을 세우지 못하거나, 자신이 "로마 시민"임을 법적으로 증명하지 못하는 경우에는 처벌을 받게 되어 있는 것이 로마인들의 법이었다. 즉, 로마 시민으로서의 권리를 허위로 주장하는 것은 사형에 해당하는 범죄로 다루어졌다. 따라서 "백부장"은 바울의 주장을 의심하면서도 이 사실을 천부장에게 보고하였고, 우리가 앞에서 말했듯이, "천부장"은 즉시 서둘러서 진상을 알아

보러 나선다. 바울이 "로마 시민"임을 입증하기 위해서 어떤 증거를 사용했는지에 대해서는 누가가 전혀 언급하고 있지 않지만, 천부장이 바울을 풀어주기 전에 그의 주장의 진위 여부를 충분히 확인했으리라는 것은 의심의 여지가 없다.

28. 천부장이 대답하되 나는 돈을 많이 들여 이 시민권을 얻었노라. 천부장은 바울의 주장을 반박하기 위해서, 로마 시민권은 아무나 쉽게 얻을 수 있는 만만한 것이 아니라는 의미로 이 말을 한 것이다. 즉, 그는 "내가 거금을 들여서 얻은 이 영광스러운 신분을 너 같은 길리기아의 촌놈이 어떻게 얻을 수 있었겠느냐?"고 말한 것이다. 바울은 로마를 구경도 하지 못했고, 그의 아버지도 그 근처에도 가보지 못했을 것이지만, 그런 바울이 "나는 나면서부터" 로마 시민이라고 대답한 것은 전혀 황당한 것이 아니었다. 왜냐하면, 로마 역사를 잘 알고 있는 이들은 속주들에 살고 있는 사람들도 전쟁이나 다른 중요한 일에서 공화국에 공을 세웠을 경우에는 시민권을 부여받았고, 해당 속주의 총독에게 그러한 보상을 요구하였다는 사실을 알고 있기 때문이다. 따라서 어떤 사람이 로마에서 멀리 떨어진 속주에서 태어나서 이탈리아 땅이라곤 밟아보지 못했을지라도, 그가 나면서부터 로마 시민이 되는 것은 결코 터무니없는 일이 아니었다. 그런데 천부장이 "로마 시민"을 "결박한" 것 때문에 두려워하였으면서도, 그럼에도 불구하고 "이튿날"까지 그의 "결박"을 풀어 주지 않았다는 것이 모순이 아니냐는 질문이 제기될 수 있다. 천부장은 자신이 두려워서 풀어 주는 것이라는 말을 듣지 않으려고, 일부러 "이튿날"까지 기다렸다가 풀어 준 것일지도 모른다. 하지만 내 생각은 천부장은 자신이 바울을 채찍질하기 위해서 결박하라고 명령한 것은 "로마 시민"의 신체 및 보편적인 자유를 침해한 것이었기 때문에 두려워하기는 하였지만, 반면에 감옥에 감금하는 것은 허용되는 일이었다는 것이다.

제23장

¹바울이 공회를 주목하여 이르되 여러분 형제들아 오늘까지 나는 범사에 양심을 따라 하나님을 섬겼노라 하거늘 ²대제사장 아나니아가 바울 곁에 서 있는 사람들에게 그 입을 치라 명하니 ³바울이 이르되 회칠한 담이여 하나님이 너를 치시리로다 네가 나를 율법대로 심판한다고 앉아서 율법을 어기고 나를 치라 하느냐 하니 ⁴곁에 선 사람들이 말하되 하나님의 대제사장을 네가 욕하느냐 ⁵바울이 이르되 형제들아 나는 그가 대제사장인 줄 알지 못하였노라 기록하였으되 너의 백성의 관리를 비방하지 말라 하였느니라 하더라(23:1-5).

1. 바울이 공회를 주목하여 이르되 … 나는 범사에 양심을 따라 하나님을 섬겼노라. 바울은 거기에 모여 있던 많은 사람들로 하여금 마치 자기가 하나님에 대한 예배를 폐하고자 하는 극악무도한 범죄를 저지른 사람인 것처럼 고소하는 것이 부당하다는 것을 알게 하기 위해서, 자신의 선한 양심을 증언하는 것으로 시작한다. 물론, 평소에는 하나님이나 신앙을 결코 멸시하지 않던 사람이 무지로 말미암아 범죄하는 경우도 얼마든지 있을 수 있지만, 바울이 서두에 이런 말로 호소한 것은 단지 그들의 격앙된 마음을 진정시켜서, 심문 과정에서 자기가 하는 말을 그들이 제대로 들어주기를 바랐기 때문이었다. 왜냐하면, 제사장들의 마음에 그가 사악한 배교자라는 인식이 박혀 있는 한, 그가 자신을 변호하는 것은 도저히 불가능한 일이 될 것이었기 때문이다. 그래서 바울은 본론에 들어가기에 앞서, 먼저 자신에 대한 혐의가 부당함을 호소한다. 이것은 자기가 경건하게 살고자 애써 온 사람이라는 것을 밝혀서 그들로부터 호감을 사고자 한 것이기도 하고, 거기에 모인 무리 전체가 자신에 대한 부당한 선입견에 사로잡혀 있는 것을 보고서, 그러한 선입견이 부당함을 알리고 자신에 대한 비방을 미리 차단하기 위한 것이기도 하였다. 우리는 그가 무슨 말을 더 하려고 했는지를 알 수 없다. 하지만 바울의 이 모두 발언은 하나님을 경외하는 것이 철두철미 몸에 배어 있는 사람이 아니면, 어느 누구도 경건의 가르침을 제대로 취급할 수 없다는 것을 보여준다. 조금 전에 "영내"에 발을 들여놓았을

때에는 "부형들"이라는 영광스러운 호칭을 사용했던 그가 지금은 제사장들에게 그런 영광스러운 호칭을 사용하고 있지는 않지만, 그럼에도 불구하고 여전히 그들을 "형제들"이라고 부르는 것은 그들이 그런 호칭으로 불릴 만한 자격이 있어서가 아니라, 자신과 그들이 소원해진 원인이 자신의 잘못으로 인한 것이 아님을 보여주기 위한 것이었다.

2. 대제사장 아나니아가. 누가의 보도는 일반적으로 인정되고 있는 역사와 일치하지 않는 것으로 보일 수 있다. 왜냐하면, 요세푸스는 당시의 대제사장들에 대해서 다음과 같이 기술하고 있기 때문이다. 수리아 총독 쿠아드라투스(Quadratus)는 유대 총독으로 있던 쿠마누스(Cumanus)를 해임한 후에 그에게 가이사 앞에서 스스로를 변론하라고 명령하고서는, 대제사장 아나니아를 그와 함께 가게 하였다. 요세푸스는 아나니아의 후임에 대해서는 언급하고 있지 않지만, 요나단이 그 뒤를 이었을 가능성이 큰데, 그는 후일 쿠마누스의 뒤를 이어 유대 총독이 된 벨릭스(Felix)의 계략에 속아 넘어가서 죽임을 당하였다. 즉, 벨릭스는 요나단에게 여러 번 협조를 부탁했지만, 요나단이 요지부동으로 말을 듣지 않자, 도라라는 사람을 시켜서 자객들을 보내 요나단을 암살하게 하였다는 것이다. 또한, 요세푸스의 증언에 의하면, 아그립바 왕은 파비우스의 아들인 이스마엘을 대제사장으로 임명하였다. 그런데 백성들에 의해서 어떤 송사와 관련해서 로마로 보내진 이스마엘은 거기서 네로의 아내인 포피아에 의해 감금당한다. 그러자 아그립바는 그의 자리에 시몬의 아들인 카부스 요세푸스를 앉혔지만, 얼마 지나지 않아서 그를 못마땅하게 여기고서는, 아나누스(Ananus)를 대제사장으로 임명한다.

요세푸스는 이 마지막 사건이 베스도(Festus) 총독이 죽고, 알비누스(Albinus)가 신임 총독으로 부임하기 위해 예루살렘으로 오고 있을 때에 일어났다고 말한다. 하지만 나는 어떤 이들이 이 아나누스를 본문에 나오는 대제사장 "아나니아"로 보는 이유를 이해할 수 없다. 물론, 그렇게 볼 만한 이유가 전혀 없는 것은 아니다. 왜냐하면, 아나누스는 사두개인이었다고 하고, 주의 형제인 야고보를 아무런 합법적 권한도 없이 돌에 맞아 죽게 할 만큼 대담무쌍하고 오만방자했기 때문이다. 그러나 요세푸스의 기록이 신빙성이 있는 것이라면, 아나누스는 누가가 여기서 언급한 아나니아일 수 없다. 왜냐하면, 아나누스는 벨릭스 총독이 유대를 떠나고 나서 몇 년이 지난 후에야 대제사장이 되었던 인물이기 때문이다.

따라서 나는 다음과 같은 추정이 가능하다고 본다. 즉, 이 시대 전체에 걸쳐서 또한 사람의 아나니아라는 이름을 지닌 대제사장이 큰 세도를 누렸고, 그는 공식적인 직함과는 무관하게 거의 유대 민족의 지도자 역할을 수행하였다는 것이다. 요세푸스의 기록에 따르면, 첫 번째 아나니아가 로마로 간 때와 이스마엘이 새롭게 대제사장으로 취임한 때 사이에는 공백 기간이 있었기 때문에, 두 번째 아나니아가 그 동안에 대제사장 직분을 차지했을 가능성이 있다. 그러나 그런 것이 아니라고 할지라도, 예루살렘이 포위되었을 때에 죽은 "아니니아"라는 인물이 클라우디우스 황제와 네로 황제 시대에 대제사장들이었던 자들과 맞먹는 권세를 누렸다는 사실은 요세푸스의 기록으로부터 분명하게 확인된다.

다른 대제사장들도 상당한 권세를 누리기는 했지만, 이 "아나니아"의 권세는 마치 최고의 권력이 그의 수중에 있는 것처럼 보일 만큼 대단하였다. 또한, 그는 역대 대제사장들과 마찬가지로 언제나 '아르키에류스'(ἀρχιερεύς)로 불렸다. 따라서 독자들은 이 '아르키에류스'라는 호칭이 다른 본문들에서 종종 그러하듯이 여기서도 "대제사장"이라는 뜻이라기보다는 "고위 제사장"이라는 뜻을 갖는 것은 아닌지를 따져 보아야 한다. 왜냐하면, 복음서 기자들은 하위직 제사장들인 레위인 제사장들과 구별하기 위해서 아론의 반차를 따른 제사장들만을 '아르키에류스'라고 부르기 때문이다. 또한, 용기 있고 사려 깊은 인물로 여겨졌던 아나니아가 대제사장직이 공석으로 있는 동안에 대제사장의 직무를 대신 수행했을 가능성도 있다. 우리가 지금까지 요세푸스로부터 인용한 내용은 일부는 「유대 고대사」 제20권의 제3~8장에, 일부는 「유대 전쟁사」 제2권에 나온다.

2. 그 입을 치라 명하니. 우리는 엄청난 광기가 이 무리 전체를 휩쓸고 있는 것을 본다. 왜냐하면, 대제사장이 격분해서 합당한 이유도 없이 바울을 치라고 명령한 것은 이 미치광이들 전체의 동의 아래 그렇게 한 것이고, 더 나아가 이 미치광이들의 호의를 얻어내기 위해서 그렇게 한 것임은 의심의 여지가 없기 때문이다. 이런 식으로 하나님께서는 사탄으로 하여금 불경건한 자들을 격동시켜서 그들로 모든 평정심과 자제력을 상실하게 만드신다. 반면에, 위선자들은 자신에게 무언가 절제심이 있다는 것을 보여주고 싶어 한다. 여기서도 이 대제사장이 자신의 직함에 걸맞은 위엄을 보여주려 애썼을 것임은 의심의 여지가 없다. 하지만 하나님께서 그의 가면을 벗겨 버리시자, 그는 평범한 사람들만큼도 절제심을 발휘하지 못하고 짐승처럼 난폭하게 굴고 있는 것이다.

아울러, 우리는 당시의 교회가 얼마나 끔찍할 정도로 방종하고 혼탁한 상태에 있었는지도 알게 된다. 공회의 의장이었던 아나니아는 자신의 위엄을 통해서 다른 사람들을 통제했어야 마땅하지만, 도리어 절제심을 완전히 잃어버리고 다른 사람들의 폭력성과 잔혹성을 부추기는 역할을 하였기 때문에, 이런 상황에서는 치리라는 것은 있을 수 없었고, 혼탁한 야만성만이 판칠 수밖에 없었다. 그리고 이것은 전혀 이상한 일이 아니었다. 왜냐하면, 그들은 스스로 하나님으로부터 멀어졌고, 그리스도를 최고의 웃음거리(summum ludibrium)로 만들어 배척했으며, 신앙이라는 것은 그들에게 한낱 장사를 위한 명분에 불과했기 때문이다. 따라서 그들이 세상 사람들조차도 가증스러워 할 수밖에 없는 그런 엄청난 광기에 빠져들어서, 결국 자신들의 불경건에 대한 징벌로 수치를 당하게 된 것은 합당한 일이었다.

3. 바울이 이르되 회칠한 담이여 하나님이 너를 치시리로다. 바울은 그런 부당한 처사를 침묵으로 넘길 수 없었기 때문에, 대제사장에게 따끔한 말로 훈계하고, 나아가서 하나님께서 그에게 보응하시리라고 경고한다. 헬라어 본문의 문맥이 잘 보여주듯이, 이것은 저주가 아니라, 하나님의 보응에 대한 선언이 곁들여진 책망이다. 어떤 이들은 그리스도께서는 자기 백성들에게 "누구든지 네 오른편 뺨을 치거든 왼편도 돌려 대라"(마 5:39)고 말씀하시며 겸손을 명하셨는데도, 바울은 그러한 명령을 지키지 않은 것이라고 반론을 제기하지만, 거기에 대한 대답은 어렵지 않다. 즉, 그리스도께서는 악한 자들로 하여금 더욱 대담해지고 뻔뻔스러워지게 하기 위해서가 아니라, 단지 자기 백성들이 남들로부터 해악을 당한 후에 분을 참지 못하는 일이 생기지 않도록 그들의 마음에 재갈을 물리시기 위해서 그들에게 침묵을 명하셨다는 것이다. 그리스도께서는 자기 백성들이 이미 받은 한 번의 해악뿐만이 아니라 두 번째 해악도 감수하기를 원하신다는 자신의 뜻을 분명히 하심으로써, 앙갚음을 하고자 하는 모든 열망을 잠재우신다. 이것은 모든 신자들에게 합당한 진정한 인내(tolerantia)에 대한 간결한 정의이다. 그런 까닭에, 신자들은 분노로 들끓어서도 안 되고, 해악을 해악으로 갚아서도 안 되며, 오직 선으로 악을 이기려고 애써야 한다. 하지만 그렇다고 해서, 신자들이 자신에게 가해진 해악에 대해서 항변하거나, 악한 자들의 죄를 입증하거나, 하나님의 법정에 악한 자들을 고소하는 것이 금지되어 있는 것은 아니다. 그들이 평정심을 유지하고 있고, 악의와 증오심이 없는 상태에서는, 얼마든지 그렇게 할 수 있다. 그래서 바울도 여기에서 대제사장이 폭압을 행하고도 아무렇지도 않게 오만방자한 태도로 일관하지 못하도록 그를 하나님의 심판대 앞으로 호출해서는, 그가 자신의 권세가 "율법"으로부터 나온다고

주장하면서도 실제로는 "율법"을 어기고 있다고 고소하면서, 그런 이유로 하나님의 징벌을 피할 수 없을 것이라고 결론을 내린다.

만약 어떤 사람이 단지 자신에게 가해진 해악을 참을 수 없어서 불평하고 쏘아붙이는 것이라면, 그것은 잘못된 것이다. 그러나 평정심에서 나온 분명하고 진지한 고소는 그리스도께서 정해 주신 한계를 벗어나는 것이 아니다. 만약 어떤 사람이 그런 경우에도 거기에 남을 면박주고 욕보이는 내용이 섞여 있다면, 그것은 분명히 잘못된 것이 아니냐고 반론을 편다면, 나의 대답은 그런 말이 어떤 마음 상태에서 나온 것인지를 항상 살펴야 한다는 것이다. 그리스도께서는 "형제를 대하여 라가라 하는 자는 공회에 잡혀가게 되고 미련한 놈이라 하는 자는 지옥 불에 들어가게 되리라"(마 5:22)고 선언하신다. 그러나 책망할 일이 분명하게 드러난 경우에는, 우리는 때로는 아주 엄하게 꾸짖는 것도 마다하지 않아야 한다. 이러한 사실로부터 우리는 여기서 그리스도께서 이 말씀을 하신 의도가 자기 백성들로 하여금 먼저는 모든 격분(indignatio)을, 다음으로는 폭언(contumelia)을 피하도록 하시기 위한 것임을 알게 된다. 그러므로 우리에게는 상대방을 헐뜯고 비방하고자 하는 마음이 없어야 한다. 그리고 그럴 때에는, 형제들의 어리석음을 지적해 주는 것뿐만 아니라, 필요한 경우에는 그들을 위하는 마음으로 그들의 죄악이나 잘못을 말해 주는 것도 합당한 일이 된다. 따라서 바울은 폭언을 퍼부음으로써 자신에 대한 대제사장의 부당한 처사에 앙갚음하려고 이 말을 한 것이 결코 아니었고, 단지 하나님의 말씀의 사역자로서 호된 책망을 받아 마땅한 악행을 눈 앞에서 보고 묵과하기를 원하지 않은 것뿐이었다. 특히, 아나니아의 가증스러운 위선을 그 은신처로부터 밝은 빛 속으로 끌어내는 것은 유익한 일이 될 것이었다는 점도 한 요인으로 작용하였다. 그러므로 우리가 오만불손한 자들을 상대해서 일이 잘 처리되기를 바란다면, 우리 안에서 분노의 충동(irae motus)이 일어나지 않도록 조심해야 하고, 앙갚음을 하고자 하는 마음이 우리를 자극해서 비방과 욕설을 퍼붓는 일이 일어나지 않도록 각별히 유의해야 한다. 하지만 온유함의 영(spiritus mansuetudinis)이 우리를 지배하게 되면, 우리는 하나님의 입에서 나오는 말씀을 하는 자들로서 악한 자들의 잘잘못을 따져서 그들을 합당하게 다스릴 수 있게 되고, 우리의 그러한 모습은 우리가 생각 없이 아무 말이나 내뱉는 사람들이 아니라 선지자들임을 분명하게 증거해 주는 증표가 될 것이다.

4. 곁에 선 사람들이 말하되 하나님의 대제사장을 네가 욕하느냐. 이것은 그들

이 모두 한결같이 정신착란 상태에 있음을 보여준다. 왜냐하면, 그들은 아나니아가 자제심을 완전히 잃어버리고 야만인처럼 날뛰면서 폭언을 퍼붓는 것을 똑똑히 보았으면서도, 아나니아를 비난하는 것이 아니라, 도리어 한통속이 되어 바울을 질책하고 있기 때문이다. 남을 비난할 때에는 지나치다 싶을 만큼 엄격하면서도 정작 자신들의 잘못에는 눈을 감아 버리는 것은 위선자들에게는 늘 있는 일이다. 이러한 교만함은 폭압과 결합되어서, 다스리는 자들은 자신들의 다스림을 받는 자들에게는 그 어떠한 자유도 주고 싶어 하지 않아 하면서도, 자신들은 하고 싶은 대로 다 하는 것이다. 그래서 오늘날 교황 제도 아래에서 저 불순한 사제들은 자신들이 방종(licentia)에 빠져서 제멋대로 날뛰며 온 세상을 자신들의 죄악으로 더럽힐수록, 더욱 가혹하게 사람들을 억압하고 사람들의 입에 재갈을 먹이는 일이 벌어진다. 그러므로 어떤 사람이 입을 한 번 벙긋하기라도 했다고 하면, 그런 별 것 아닌 자유에도 그들은 그 일이 마치 가증스럽기 짝이 없는 신성모독이라도 된다는 듯이 길길이 뛰는 것이다.

5. 바울이 이르되 ⋯ 대제사장인 줄 알지 못하였노라. 바울의 이러한 변명이 아무런 수사도 사용하지 않은 직설적인 말이라고 생각하는 자들은 자신들의 생각이 잘못이라는 것을 보여주는 정반대의 증거들에 대해 충분한 주의를 기울이지 않고 있는 것이다. 그런 사람들은 바울이 오랫동안 멀리 떠나 있었기 때문에 대제사장을 알아보지 못한 것이라고 말한다. 게다가, 이것은 아나니아가 대제사장이라는 공식적인 지위에서 이 공회를 주관하고 있다는 것을 바울이 알지 못하고 있었다고 말하는 것과 같다. 또한, 아나니아는 바울이 그의 지위를 알아차리지 못할 만큼 그렇게 미미하고 하찮은 인물이 아니었다. 하지만 바울은 아나니아가 율법에 의거해서 심판자의 자리에 앉아 있는데도 불구하고, 자제심을 잃고서 율법에 어긋난 행동을 하였기 때문에, 그를 책망하는 것이라고 말했는데, 이것은 모든 논쟁의 소지를 말끔히 없애준다. 즉, 바울이 아나니아가 자신의 권한을 남용했다고 말한 것 자체가 이미 그의 지위를 알고 있었음을 보여주는 분명한 증거라는 것이다. 어떤 이들은 이 문제를 해결하기 위해서 직분 자체와 그 직분을 맡고 있는 사람을 구별하는 좀 더 교묘한 접근방법을 사용해서, 여기서 바울은 대제사장이라는 사람이 아니라 대제사장이라는 직분 자체에 대하여 경의를 표하고 있는 것이라고 주장한다. 하지만 그런 해석은 우선 억지스럽다. 왜냐하면, 만일 바울이 대제사장이라는 직분에 대해서 경의를 품고 있었다면, 그 직분을 맡고 있는 사람에게도 경의를 표하는 것이 마땅

한 일이었을 것이기 때문이다. 하지만 대제사장 직분이 지닌 권위는 그리스도의 오심으로 인해서 폐지되었고, 추악한 세속화로 인하여 계속해서 더럽혀져 왔기 때문에, 바울이 마치 그들의 권위가 아직도 완전하고 합법적으로 유지되고 있다는 듯이, 당시에 아무런 정당한 권한도 없이 대제사장이라는 직함을 차지하고 있던 사람들에게 경의를 표했을 것이라고는 아무도 믿을 수 없다.

따라서 나는 아우구스티누스(Augustinus)의 견해에 동의해서, 바울의 이 변명이 반어법적이라는 것을 의심하지 않는다. 또한, 진리의 사역자들은 진솔하게 말하는 것이 합당하다는 사실도 이러한 해석에 걸림돌이 되지 않는다. 왜냐하면, 좀 더 예리하게 정곡을 찌르기 위하여 사용하는 반어법에는 두 종류가 있어서, 첫 번째 부류는 교묘하고 기만적인 기교를 통해서 본래의 진정한 뜻을 은폐하는 것이고, 두 번째 부류는 본래 말하고자 하는 것을 비유적으로 표현하는 것인데, 두 번째 부류의 반어법에는 그리스도의 종들에게 합당하지 않은 것은 전혀 없기 때문이다. 따라서 이 반어법적 발언을 통해서 바울이 진정으로 말하고자 한 것은 "형제들아, 나는 이 사람에게서 대제사장다운 점이라고는 눈을 씻고 찾아보아도 전혀 찾아볼 수 없다"는 것이다. 또한, 바울은 출애굽기 22:28을 증거본문으로 덧붙인다. 거기에서 모세는 원래 "재판장"에 대해서 말하고 있는 것이지만, 그 취지는 모든 종류의 법적 질서에 확대되어 적용된다. 그러므로 세상의 질서를 지키기 위해 제정된 모든 권세 있는 직분은 철저하게 존중받는 것이 마땅하다. 왜냐하면, 재판관을 비롯해서 공적인 권위를 갖고 있는 사람에게 반기를 드는 자는 무정부상태(anarchia)를 추구하는 자이기 때문이다. 권위에 대적하고자 하는 욕망은 질서를 파괴하고자 하는 것일 뿐만 아니라, 한 걸음 더 나아가서 인간 사회를 무너뜨리고자 하는 것이다. 그러므로 바울은 교회 질서 전체를 타락시키고 망가뜨린 아나니아가 하나님의 제사장으로 인정받을 수 없다고 주장함으로써, 자기가 결코 권위에 대적한 것이 아님을 분명히 한다.

하지만 여기서 한 가지 질문이 생기는데, 그것은 우리가 폭정을 일삼는 지도자에게도 복종해야 하느냐 하는 것이다. 왜냐하면, 자신의 직분을 남용하는 자라고 해도 그 지위가 박탈당하는 것이 아니라면, 바울은 대제사장의 지위를 박탈하는 죄를 범한 것이 되기 때문이다. 나의 대답은 세상의 지도자와 교회의 지도자 사이에는 분명한 차이가 있다는 것이다. 세상의 정치나 통치가 문란하고 타락했다고 할지라도, 하나님께서는 사람들이 여전히 거기에 복종하기를 원하신다. 하지만 영적인 통

치가 타락했을 때, 특히 거룩함을 대적하는 악하고 속된 무리들이 제사장 직분으로
자신들을 위장하여 구원의 가르침을 파괴하고, 자신들에게는 하나님과 동등한 통
치권이 부여되어 있다고 주장하며 오만방자하게 행할 때, 경건한 자들의 양심은 이
러한 불의한 통치에 순종해야 할 의무가 없다. 따라서 오늘날 신자들은 하나님을
떠나지 않고는 교황이 제정한 법들에 순종할 수 없는 까닭에, 교황의 멍에(papae
iugum)를 벗어 버리는 것은 허용되어 있을 뿐만 아니라 반드시 그래야 한다.

[6]바울이 그 중 일부는 사두개인이요 다른 일부는 바리새인 줄 알고 공회에서 외
쳐 이르되 여러분 형제들아 나는 바리새인이요 또 바리새인의 아들이라 죽은 자의
소망 곧 부활로 말미암아 내가 심문을 받노라 [7]그 말을 한즉 바리새인과 사두개인
사이에 다툼이 생겨 무리가 나누어지니 [8]이는 사두개인은 부활도 없고 천사도 없고
영도 없다 하고 바리새인은 다 있다 함이라 [9]크게 떠들새 바리새인 편에서 몇 서기
관이 일어나 다투어 이르되 우리가 이 사람을 보니 악한 것이 없도다 혹 영이나 혹
천사가 그에게 말하였으면 어찌 하겠느냐 하여(23:6-9).

6. 바울이 그 중 일부는 사두개인이요 다른 일부는 바리새인 줄 알고. 누가가
여기서 보도하고 있는 바울의 전략은 그리스도의 종에게는 어울리지 않는 것으로
보일 수 있다. 왜냐하면, 바울이 사용한 교묘한 술책은 거짓말과 크게 다를 바 없는
기만술이었기 때문이다. 즉, 바울은 자기가 심문을 받고 있는 것이 죽은 자들의 부
활을 주장했기 때문이라고 말하였지만, 우리는 문제의 핵심이 바울이 율법의 의식
들이 폐하여졌다고 주장하고, 이방인들을 구원의 언약 속으로 받아들인 것에 있었
다는 것을 안다. 나의 대답은 그런 지적들이 다 사실이라고 할지라도, 바울이 거짓
말을 한 것은 아니라는 것이다. 왜냐하면, 바울은 자신이 다른 일들로 고소당했다
는 것을 부인한 것도 아니고, 문제가 된 것이 "죽은 자의 부활"에 관한 것 하나뿐이
라고 주장한 것도 아니며, 다만 자기가 "죽은 자의 부활"을 주장한 까닭에, "사두개
인"이 자기를 적대시하고 있다는 사실을 지적한 것이기 때문이다. 바울은 자신을
없애려고 공모한 자들이 내부적으로는 불화를 겪고 있다는 것을 알고 있었다. 바울
은 양심에 거리낄 것이 하나도 없었기 때문에, 공정한 재판관들 앞에서라면 자신의
무죄를 소명하여 밝히는 것은 어려운 일이 아니었을 것이다. 하지만 그는 그들이
그를 죽이라고 아우성치며 소란을 피우는 바람에 자기 자신을 제대로 변호할 수 있

는 기회가 주어지지 않는 것을 보았기 때문에, 원수들로 하여금 자중지란에 빠지게 만든 것이다. 이것으로부터 그들이 무지와 맹목적인 열심에 휘둘리고 있었다는 것이 분명하게 드러난다. 그러므로 우리가 유념해야 할 것은 바울은 처음부터 자신의 사건에 관한 전모를 진실되고 정직하게 설명하려는 생각을 갖고 있었고, 그리스도의 종에게 합당한 진술한 고백을 교활한 수법으로 회피하고자 한 것이 아니었다는 것이다. 또한, 우리는 바울이 정상적인 심문 절차를 따라 자신을 변호하는 길이 처음부터 막혀 있었고, 아무도 자신의 말을 들으려 하지 않았기 때문에, 자신의 대적들이 맹목적인 증오심에 휘둘려서 일을 처리하고 있다는 것을 밝히기 위해서, 이런 극단적인 해법을 사용한 것임을 주목하여야 한다. 왜냐하면, 파벌을 이루어서 이리저리 휩쓸리는 자들은 이성이나 사려분별에 의해서 움직이는 자들이 아니라는 것은 결과가 잘 보여주기 때문이다.

오늘날 자신의 언행으로 올바른 가르침의 빛을 가로막고 있으면서도, 여기서의 바울의 본보기를 들어서 자신의 교활함을 은폐하는 방패막이로 사용하고자 하는 자가 있다면, 우리는 그런 자의 주장을 쉽게 반박할 수 있다. 왜냐하면, 진리를 희생시켜서 개인적인 이득을 얻고자 하는 것과 어떤 사실을 지적함으로써 그리스도를 공공연하게 공격하는 원수들끼리 서로 싸우게 만드는 것은 전혀 다른 일이기 때문이다.

한편, 우리는 불경건한 자들은 서로 갈라져서 반목하다가도, 복음에 대항해서 싸움을 해야 하는 상황이 오면, 그들끼리의 싸움은 다 잊어버리는 것을 본다. 왜냐하면, 분열의 아비인 사탄이 경건을 소멸시키는 이 한 가지 일에서만은 자신의 추종자들로 하여금 한 마음 한 뜻이 되도록 만들기 때문이다. 그래서 오늘날에도 교황제도 아래에서 만연되어 있는 파벌들은 복음을 짓밟기 위해서 한 마음이 될 때에만 서로 다른 소리를 내지 않는다. 따라서 그리스도의 제자들은 더욱 결연한 각오로 일치단결함으로써, 진리를 수호하고 보존하기 위한 싸움을 더 잘 수행해 나갈 수 있게 되어야 한다. 이것으로부터 우리는 성경에서 권하고 있는 "화평"이 어떠한 종류의 것인지를 알게 된다. 그리스도께서는 "화평하게 하는 자는 하나님의 아들이라 일컬음을 받을 것"(마 5:9)이라고 말씀하셨는데, 이 말씀은 모든 사람들이 하나님 아래에서 형제로 연합될 수 있도록 자신이 할 수 있는 일을 하는 정도만큼 현실로 이루어진다. 하지만 그렇다고 해서, 우리가 동일한 하나님의 보살피심 아래에서 순전한 열심과 성령의 지혜를 따라 나팔을 불어 악한 자들을 격동시켜서, 저 옛날 미디안 사람들처럼 그들끼리 서로 죽고 죽이게 할 수 없는 것이 아니다(삿 7:22).

바울은 그들 중 일부는 "사두개인"이고 다른 일부는 "바리새인"인 줄 알았다. 여기서 우리는 새삼 당시의 교회가 얼마나 기형적이고 혼란스러웠는지를 마치 거울로 보듯 분명히 보게 된다. 믿음은 교회의 영혼(ecclesiae anima)이고, 믿음에 있어서 하나 됨(consensus)보다 더 본질적인 것은 없고, 분파(secta)보다 더 이질적인 것은 없다. 그러나 교회의 지도자들이 하나님의 말씀을 제쳐두고 자신의 생각대로 제자들을 이끌 때, 분파는 필연적으로 생겨날 수밖에 없게 된다. 왜냐하면, 하나님의 순전한 진리보다 더 거룩한 연합의 끈은 없기 때문이다. 따라서 사람들이 하나님의 말씀으로부터 떠나자마자 갈기갈기 찢어져서 사방으로 흩어지는 것은 결코 이상한 일이 아니다.

그러므로 유대인들 가운데서 분파가 생기게 된 발단은 율법의 타락이었다. 마찬가지로, 교황제도 안에서 사람들이 각양각색으로 날조해 낸 것들로 말미암아 하나님의 말씀이 타락하게 되었을 때, 하나님께서는 그들이 자신의 말씀을 더럽힌 것에 대하여 유대인들의 경우와 비슷한 징벌로 보응하셨다. 따라서 우리는 교황제도 안에 존재하는 것보다 더 끔찍하고 개탄스러운 분열이 복음을 내세우는 우리 진영도 위협하고 있고, 그러한 징후가 이미 어느 정도 가시화되고 있는 것에 대하여 더욱 염려하고 두려워하지 않으면 안 된다. 우리의 배은망덕함이 무수히 하나님의 진노를 불러일으켜 왔다는 것을 생각하면, 이런 일이 일어나고 있는 것은 이상한 일이 아니다. 하지만 교회의 모습에 아무리 많은 흠집이 있고, 장차 교회가 어떤 식으로 기형적이 되며 망가질지라도, 하나님께서 당시에 기적적인 방법으로 교회를 멸망으로부터 구해 주셨듯이, 앞으로도 하나님의 은혜로 말미암아 얼마간의 남은 자는 항상 있을 것이라는 사실이 우리에게 힘과 위로가 될 수 있을 것이다. 물론, 교회가 이렇게 혼란 가운데 있는 것을 바라볼 때에, 경건한 자들의 마음에 종종 절망적인 생각이 들게 되는 것은 어쩔 수 없는 일이지만, 우리는 유대인들 가운데에서 오류가 범람하고 미신들이 들끓으며 분파들이 기승을 부리는 상황 속에서도 자신의 교회를 보존하셨던 하나님께서는 앞으로도 자신의 교회가 세상에서 완전히 멸망하도록 결코 방치하지 않으실 것이라는 사실을 우리의 방패로 삼는 법을 신속하게 배워야 한다.

유대교에서 일어났던 것과 동일한 일이 교황제도 아래에서도 일어났다. 왜냐하면, 거기에서 하나님에 대한 예배가 무너지고, 구원의 가르침이 짓밟히며, 그리스

도의 나라가 추방당하고, 불경건이 공공연히 지배하고 있는 상황 속에서도, 하나님
께서는 감추어져 있던 남은 자들을 구원하셨고, 쭉정이 밑에 항상 알곡을 숨겨 놓
으셨기 때문이다. 이 두 사례를 비교해 보는 것은 대단히 유익하다. 오늘날 우리가
교황제도를 규탄하면, 거기에 고용된 교황 옹호자들은 하나님의 교회가 오랜 세월
동안 완전히 사멸되어 있었다고 생각하는 것보다 더 어리석은 일은 없다고 호통을
친다. 하지만 우리는 하나님에 대한 순전한 예배를 보존했어야 할 사람들이 도리어
하나님을 배신하고 떠나 버렸기 때문에, 하나님의 백성이 한 사람도 남지 않고 완
전히 사라져 버렸다고 말하는 것이 결코 아니다. 사실, 하나님께서는 여기저기 뿔
뿔이 흩어진 택함 받은 자들을 여전히 자신의 날개 아래에 은밀히 품어 주고 계신
다. 하지만 우리가 개탄하는 것은 눈에 보이는 교회가 저 폭군들에 의해서 타락되
었고, 하나님의 성전이 더럽혀져서 돼지우리와 거의 다를 바 없게 되었으며, 그리
스도의 양 떼가 흩어졌고, 양의 우리는 파괴된 결과, 결국 참된 교회가 사람들의 눈
에서 감추어졌다는 것이다. 오래 전에 분파들을 형성해서 유대 교회를 결정적으로
갈라놓고 찢어놓은 것이 일반 백성들이나 소수의 개인이 아니라 제사장들 자신이
었다는 사실은 자신들의 영광스러운 직분을 자랑하고 우쭐대는 교황주의자들이 얼
마나 어리석은 자들인지를 분명하게 보여준다.

그러므로 우리가 교황과 그의 모든 수하들의 교만에 맞서 당당하게 맞서는 것을
망설일 이유는 전혀 없다. 선지자들과 사도들이 자신들의 시대에 제사장들과 맞서
싸웠던 것과 동일한 싸움을 우리는 교황주의자들을 상대로 싸우고 있는 것이다. 거
룩한 자들에게 교회를 공경하는 마음이 있었다고 할지라도, 악한 제사장들의 불경
건한 폭정을 공격하는 것을 주저하지 않았던 것과 마찬가지로, 우리는 교황주의자
들이 쓰고 있는 명목뿐인 가면에 겁을 먹어서는 안 된다. 왜냐하면, 그들은 경건의
가르침은 내팽개친 채로, 그 가면 뒤에 숨어서 헛된 자랑을 늘어놓느라 여념이 없
는 자들이기 때문이다. 당시에 유대인들이 세 개의 분파로 나뉘어 있었다는 것은
분명한 사실이지만, 누가가 그 중에서 에세네파는 생략하고 "바리새인"과 "사두개
인"만을 언급한 것은 그렇게 하는 것이 자신의 목적에 더 잘 부합했기 때문이다. 이
분파들의 명칭과 관련해서 일반적으로 인정되고 있는 견해는 "구별"이라는 단어에
서 유래한 "바리새파"라는 명칭은 그들이 자신들을 거룩하다고 여겨서 다른 무리들
로부터 구별된 자들이라고 생각했기 때문에 붙여진 것이었고, "의로움"이라는 단어
에서 유래한 "사두개파"라는 명칭은 그들이 자신들을 의인들로 자처했기 때문에 붙

여진 것이었다는 것이다. 하지만 내가 다른 곳에서 이미 설명했듯이, 나는 "바리새파"라는 명칭은 "해석하다"라는 단어에서 유래한 것이라고 설명하는 자들의 견해에 동의한다. 왜냐하면, '페루쉬'(פרוש)는 "해석"을 의미하고, 거기에서 '페루쉼'(פרושים, "해석자들")이라는 단어가 나왔기 때문이다. 우리는 "바리새파"가 율법과 선지자의 본래의 가르침에 만족하지 못하고, 조상들로부터 물려받은 것이라고 자랑하며 그들 자신이 날조한 견해들을 거기에 끼워 넣었다는 것을 알고 있다.

8. 이는 사두개인은 부활도 없고 천사도 없고 영도 없다 하고. 누가가 여기서는 이 두 분파의 차이점으로 세 가지를 지적하면서도, 조금 뒤에서는 두 가지만을 제시하는 이유는 "영"에 대한 견해와 "천사"에 대한 견해는 한 가지로 취급될 수 있기 때문이다. 따라서 누가는 "바리새인들"이 두 가지, 즉 죽은 자들의 부활 및 인간과 천사의 "영"의 불멸성을 인정했다고 말하고 있는 것이다. 그리고 여기서 누가는 바울 사도가 어떤 의미에서 자신이 "바리새인"이라고 고백했는지를 분명히 밝힌다. 즉, 바울은 바리새인들이 날조해 낸 모든 견해들이 아니라 오직 죽은 자의 부활만을 인정했다는 것이다. 우리는 그리스도께서 바리새인들의 지독한 오류들을 얼마나 준엄하게 책망하셨는지를 알고 있다. 따라서 바울이 모든 점에서 그들과 동일했다고 생각하는 사람이 없도록 하기 위하여, 누가는 "죽은 자의 부활"이라는 이 한 가지 문제와 관련해서만 바울이 바리새인과 의견을 같이했다는 단서를 덧붙여야 했다. 한편, "사두개파"가 죽은 자의 부활을 부정했다고 해서, 그들이 에피쿠로스 학파와 완전히 동일한 견해를 지니고 있었던 것은 아니었다. 왜냐하면, 그들은 세상이 하나님의 섭리에 의해서 다스려지고 있고, 각 사람은 각자의 행위에 의해서 상을 받는다고 고백했기 때문이다. 그러므로 그런 점에서는 사두개파의 가르침은 에피쿠로스 학파보다는 다소 건전했던 셈이다. 그러나 사두개파가 바로 이 세상에서 의를 행하면 상이 주어지고, 죄를 범하면 벌이 주어진다고 생각한 것은 참으로 어리석고 정신 나간 짓이었다. 왜냐하면, 굳이 성경을 거론하지 않더라도, 선인과 악인이 차별 없이 고통을 받기도 하고 차별 없이 복을 받기도 한다는 것은 경험이 분명히 보여주기 때문이다. 시편 73:4이 보여주듯이, 불경건한 자들이 흔히 복락을 누리며 사는 반면에, 하나님을 섬기는 자들은 비참하게 고통을 겪는다. 따라서 이 세상에서 어떤 사람이 처한 상황만을 보고서 하나님이 그 사람을 어떻게 평가하시고 판단하시는지를 헤아려 보고자 하는 자들은 결국 에피쿠로스 학파에 속한 자들처럼 믿음을 버리고 하나님을 멸시하게 될 수밖에 없다.

덧없이 흘러가 버릴 인생에 만족해서 이 세상 너머에 있는 것에는 아무런 관심도 기울이지 않는 것은 짐승에게나 어울리는 어리석은 일이다. 그런 까닭에, 우리는 마치 소름끼치는 괴물에게서 도망치듯이 그러한 오류로부터 벗어나야 한다. 왜냐하면, 경건에는 현세의 삶에 대한 약속들도 들어 있기는 하지만, 만일 우리의 소망이 이 세상에만 국한된 것이라면, 우리는 가장 불쌍한 자들이 될 것인 까닭에, 하나님의 자녀들은 신참병처럼 눈을 들어 하늘을 보고 최종 목적지인 마지막 부활의 영광을 끊임없이 묵상하면서 행군을 시작하는 것이 마땅하기 때문이다.

"천사도 없고 영도 없다"는 구절은 두 가지로 설명된다. 많은 사람들은 이것을 성령과 연관 짓지만, 그런 견해가 옳을 가능성은 거의 없어 보인다. 왜냐하면, 사두개인들이 다른 오류들과 관련해서는 변명할 말이 있을 수 있겠지만, 성경은 하나님의 영이라는 이름을 우리에게 무수히 각인시켜 주고 있는 까닭에, 비록 "바리새인들"이 성령의 존재를 단지 희미하게 믿었다고 할지라도, 사두개인들이 성령을 부인했다는 것을 나는 거의 믿을 수 없기 때문이다. 성령에 대한 "바리새인들"의 믿음은 그리 분명하지 않기는 하지만, 어쨌든 그들은 하나님의 본체 안에서 성령의 독특한 위격을 인정하였다. 어떤 이들은 "천사"와 "영"을 동의어라고 생각해서, 한 가지 대상이 두 번 언급된 것으로 본다. 그러나 전혀 애매모호하지도 않은 대상을 반복해서 언급할 이유가 과연 있었을까? 따라서 이 견해는 누가가 그 뒤에 오는 구절에서 이 둘을 구별하지 않은 이유를 오해한 데서 비롯된 것임에 분명하다. 하지만 그 이유는 우리가 이미 앞에서 살펴보았다. 즉, 누가는 "천사"와 인간의 "영"이 본성이나 본질에 있어서 동일하다고 보아서, 이 둘을 따로 다루지 않고 한 묶음으로 처리하였다는 것이다. 따라서 나는 누가가 "천사"와 "영"이라는 표현을 통해서 말하고자 한 것은 사두개인들이 천사를 비롯해서 모든 종류의 영들의 존재를 부정했다는 것임을 의심하지 않는다.

바울이 이러한 가르침과 관련해서 자기가 바리새인이라고 선언한 것은 오늘날에도 사두개인들과 동일한 오류에 빠져 있는 정신 나간 자들을 공공연하게 단죄하는 것이다. 왜냐하면, 천사와 마귀는 선한 영감(bona inspiratio)과 악한 영감(mala inspiratio)에 불과한 것이라고 잠꼬대 같은 소리를 늘어놓는 무지하고 속된 자들이 있기 때문이다. 그런 자들은 선한 천사와 악한 천사에 관해서 성경이 가르치는 것들은 모두 이교도들로부터 유래한 것이라고 말한다. 그러나 사실인 즉은 세상의 모든 곳에서 받아들여지고 있는 견해는 원래 하늘의 가르침으로부터 유래한 것이었지만, 이교도들이 자신의 조상들로부터 받은 그 가르침에 자신들이 날조해 낸 거짓 말들을 덧붙여서 훼손시킨 것이다. 사람들의 영혼과 관련하여 어떤 멍청이들은 심지어 오늘날에도 사람이 죽으면 그 영혼이 부활의 날까지 소멸한다고 생각하지만, 그들의 그런 망상도 누가의 증언으로 동일하게 반박된다.

9. 크게 떠들새. 누가는 자신이 조금 전에 언급한 소란에 대해서 이제 여기서 좀 더 분명하게 설명한다. 즉, 그들은 단지 의견이 갈렸을 뿐만 아니라, 크게 떠들며 다투고 있었다는 것이다. 따라서 7절에서 사용된 '스타시스'(στάσις, "다툼")는 단순한 의견 대립 그 이상의 것을 의미한다. 또한, 이 절은 불순한 다툼이 어떤 결과를 초래하는지를 보여준다. 그러한 다툼은 대체로 야심으로부터 비롯되기 때문에, 사람들은 쉽게 충돌을 일으키게 되고, 오래지 않아 완고함이 전면에 등장하게 된다. 상황이 이런 지경에 이르게 되면, 어떤 결정이나 조정을 할 수 있는 여지가 사라지기 때문에, 사안에 대한 결정 자체가 불가능해진다. 바울에게 욕설을 퍼부어대던 자들이 갑자기 돌변하여 그를 옹호하기 시작한다. 만약 그들이 정당한 판단에 근거해서 그렇게 한 것이었다면, 그것은 정말 옳은 일이었을 것이다. 하지만 그들과 "사두개인들"은 서로에 대한 증오심에 불타서 다투고 있는 것이었기 때문에, 바울에 관한 사건은 그들의 안중에 없었다. 그러므로 우리는 열띤 논쟁을 하지 않도록 각별히 주의하여야 한다. 왜냐하면, 논쟁이 과열되다 보면, 모든 것이 엉망진창이 되어 버리고 말기 때문이다.

9. 혹 영이 … 그에게 말하였으면 어찌 하겠느냐. 이 구절이 성령을 가리키는 것으로 해석되어야 한다는 점에는 의심의 여지가 없다. 그리고 이 말보다 더 경건하거나 겸손한 말은 찾아보기 힘들 것이다. 왜냐하면, 이 말은 어떤 가르침이 하늘로부터 온 것임이 밝혀졌는데도, 즉시 그 가르침을 받아들이지 않는 자는 누구든지 불경스럽게도 하나님을 대적하는 것이라고 말하고 있기 때문이다. 그런데 "서기관들"은 "사두개인들"과의 "다툼"이 일어나기 전까지는 바울을 자신들의 손으로 죽이려고 작정하고 있었고, 자신들의 선입견을 근거로 해서 그를 정죄했었는데, 어떻게 이렇게 갑자기 돌변해서 바울을 선지자로 여기게 된 것인가? 게다가, 그들은 이렇게 말함으로써 자신들의 목에 스스로 칼을 들이댄 셈이 아니었는가? 하지만 이것은 하나님께서 우리로 하여금 그들을 반면교사로 삼아서 하늘로부터 온 계시의 말씀을 멸시하지 못하게 하신 것이었다. 우리는 여기서 하나님의 말씀을 진지하게 경청하는 데에 힘을 쏟지 않는 자들은 늘 의심에서 벗어나지 못할 뿐만 아니라, 어떤 일이

일어날 때마다 좌충우돌할 수밖에 없다는 것을 다시 한 번 보게 된다. 왜냐하면, 그러한 자들은 확실한 진리를 깨달을 자격이 없는 자들이기 때문이다. 따라서 하나님에 대한 우리의 열심이 분별의 영(spiritus discretionis)에 의해 지배받기를 원한다면, 우리는 배우는 일에 힘을 쏟아야 한다.

[10]큰 분쟁이 생기니 천부장은 바울이 그들에게 찢겨질까 하여 군인을 명하여 내려가 무리 가운데서 빼앗아 가지고 영내로 들어가라 하니라 [11]그 날 밤에 주께서 바울 곁에 서서 이르시되 담대하라 네가 예루살렘에서 나의 일을 증언한 것 같이 로마에서도 증언하여야 하리라 하시니라 [12]날이 새매 유대인들이 당을 지어 맹세하되 바울을 죽이기 전에는 먹지도 아니하고 마시지도 아니하겠다 하고 [13]이같이 동맹한 자가 사십여 명이더라 [14]대제사장들과 장로들에게 가서 말하되 우리가 바울을 죽이기 전에는 아무것도 먹지 않기로 굳게 맹세하였으니 [15]이제 너희는 그의 사실을 더 자세히 물어보려는 척하면서 공회와 함께 천부장에게 청하여 바울을 너희에게로 데리고 내려오게 하라 우리는 그가 가까이 오기 전에 죽이기로 준비하였노라 하더니 [16]바울의 생질이 그들이 매복하여 있다 함을 듣고 와서 영내에 들어가 바울에게 알린지라(23:10-16).

10. 큰 분쟁이 생기니. 우리는 다툼이 얼마나 잔인하고 지독한 것인지를 다시 한 번 본다. 일단 다툼이 가열되면, 사람들의 감정이 격할 대로 격해져서, 아무리 지혜로운 자라도 자제심을 유지할 수 없을 정도가 되어 버린다. 그러므로 우리는 다툼의 조짐이 나타나자마자, 조기에 신속하게 그 불씨를 진화함으로써, 때가 늦어서 결국에는 중도에 차단하고자 하는 온갖 시도가 다 무용지물이 되지 않도록 해야 한다. 왜냐하면, 다툼은 그 어떤 불보다도 더 급속하게 번지기 때문이다. "천부장"이 군사들을 동원해서 다시 한 번 바울을 죽음의 문턱에서 구해 낸 것은 그가 바울의 목숨을 건지시려는 하나님의 섭리의 도구로 예정되어 있었기 때문이다. 즉, 비록 "천부장"은 오로지 소요와 살육을 방지하고자 하는 의도로 바울을 열심히 도와주었던 것이라고 할지라도, 하나님께서는 하늘로부터 자신의 종에게 도움을 베푸시기 위해서 천부장의 눈먼 손길을 그 종에게로 이끄신 것이기 때문이다.

11. 그 날 밤에 주께서. 누가는 하나님께서 바울로 하여금 최악의 상황 속에서 대적들의 지독한 공격에 담대하게 맞설 수 있도록 하시기 위해서 계시의 말씀으로

그에게 힘을 더하여 주셨다고 말한다. 실제로 바울은 많은 염려들과 장래에 대한 걱정으로 짓눌려 있었을 것임에 틀림없다. 따라서 계시의 말씀은 불필요한 것이 결코 아니었다. 사실, 그는 지금까지 일어난 일들을 통해서도 하나님께서 자기를 돌보고 계신다는 것을 확인할 수 있었던 까닭에, 소망을 더욱 견고히 하기에 부족함이 없었고, 그 결과 넘어지지 않을 수 있었다. 하지만 사탄은 큰 위험들을 보내서 지체하지 않고 경건한 자들의 마음속에 새로운 두려움을 조성해서, 그들의 마음속에 각인되어 있는 하나님의 약속들을 비록 완전히 없애 버릴 수는 없더라도, 마치 구름이 태양을 가리듯이 희미하고 모호한 것으로 만들어 버린다. 그런 까닭에, 하나님의 약속들에 대한 기억을 경건한 자들에게 새롭게 상기시켜줌으로써, 그들의 믿음이 새로운 버팀목들을 공급받아 굳건히 설 수 있게 하는 것이 꼭 필요하다. 하지만 하나님께서 하신 말씀의 핵심은 바울이 로마에서도 그리스도의 증인이 되어야 하기 때문에 담대하여야 한다는 것이었다. 이것은 냉정하고 공허한 위로처럼 보일 수 있다. 왜냐하면, 하나님께서는 "네 앞에는 훨씬 힘든 상황이 놓여 있지만 두려워하지 말아라"고 말씀하신 것과 같은데, 사실 육신적으로만 보자면, 오랜 세월을 쇠사슬에 매여 지내는 것보다는 차라리 단번에 죽는 편이 더 나을 수 있었기 때문이다. 하나님께서는 바울에게 자유를 약속하지도 않으셨고, 행복한 결말을 보장하지도 않으셨으며, 다만 그가 지금도 충분히 겪고 있는 그러한 고통들이 더 오랜 시간 동안 연장될 것이라고 말씀하실 뿐이었다. 하지만, 이것으로부터 우리는 우리가 고난 가운데 있을 때, 우리를 도우시려고 하나님이 즉시 손을 내밀지는 않으실지라도, 그가 우리를 돌보아 주고 계신다는 확신 자체가 얼마나 중요한 것인지를 더 잘 알게 된다.

그러므로 우리는 극심한 고난 가운데서도 하나님의 말씀만을 의지하는 법을 배워야 한다. 그리고 하나님께서 우리에 대하여 아버지로서의 사랑을 지니고 계신다고 증언하시는 말씀을 통해서 우리에게 새 힘을 주시는 한, 우리는 결코 낙심하지 말아야 한다. 그러나 오늘날에는 그러한 계시의 말씀이 하늘로부터 내려오지도 않고, 하나님께서 환상으로 나타나지도 않으시기 때문에, 우리는 하나님이 주신 무수한 약속들, 즉 우리와 항상 함께 하시겠다고 분명하게 밝히시는 약속의 말씀들을 붙들고 묵상하지 않으면 안 된다. 만약 천사가 우리에게 내려오는 것이 우리에게 유익이 된다면, 오늘날에도 하나님께서는 그런 방법으로 우리에게 힘을 더하여 주시는 것도 결코 마다하지 않으실 것이지만, 우리로서는 말씀에 그러한 영광과 존귀를 돌리는 것이 마땅하다. 즉, 우리는 말씀만으로 만족하는 가운데, 말씀이 우리에게 약속한 도우심을 인내심을 갖고 기다려야 한다.

게다가, 어떤 사람들은 하늘로부터 내려온 천사들에게 듣고도 아무런 유익을 얻지 못하였던 반면에, 하나님께서 자신의 약속을 자신의 영으로 말미암아 신자들의 마음에 인쳐 주신 것은 결코 헛된 일이 아니다. 이처럼 하나님께서 자신의 약속들을 우리의 마음속에 각인시켜 주신 것은 헛된 것이 아닌 까닭에, 우리는 그 약속들을 끊임없이 상기함으로써 우리의 믿음이 늘 제대로 발휘될 수 있게 하여야 한다. 왜냐하면, 바울이 지닌 믿음조차도 하나님의 새로운 도우심을 받아서 힘을 얻고 견고해질 필요가 있었다면, 우리의 믿음을 유지하고 견고히 하기 위하여 훨씬 더 큰 도우심을 필요로 하지 않는 사람은 우리 중 아무도 없기 때문이다. 아울러, 우리의 마음이 기나긴 고난의 터널을 통과할 수 있으려면 반드시 인내로 무장되어 있지 않으면 안 된다.

12. 날이 새매 유대인들이 당을 지어 맹세하되. 여기에 기술된 상황을 통해서 누가는 바울이 갑작스러운 큰 위험 앞에서 흔들리지 않기 위해서 자신의 믿음을 새롭게 하고 다잡는 것이 얼마나 꼭 필요한 일이었는지를 보여준다. 왜냐하면, 바울은 자신의 원수들이 이렇게 광분하여 자기를 죽이려고 결사적으로 나섰다는 말을 들었을 때, 자신의 목숨이 경각에 달려 있다는 것 외에 달리 생각할 수 없었을 것이기 때문이다. 누가가 언급한 이러한 "맹세"는 일종의 저주였다. "맹세"를 하는 이유는 맹세에 참여한 자들이 당초의 생각을 바꾸거나 합의한 내용을 철회하지 못하게 하기 위한 것이었다. 만약 어떤 사람이 거짓으로 맹세하거나 위증을 한다면, 그러한 "맹세"에는 언제나 무언의 저주가 내재되어 있었다. 그러나 사람들은 스스로를 좀 더 속박하기 위해서, 종종 특정한 형태의 저주를 사용하기도 했는데, 심지어 자신의 목숨까지라도 바치겠다고 엄숙하게 선언하였다. 또한, 이 이야기는 위선자들의 열심이 얼마나 피에 굶주려 있는 것인지를 보여준다. 왜냐하면, 그들은 어떻게 하는 것이 합당한 것인지는 생각하지도 않고, 자신들의 욕망이 이끄는 대로 앞뒤 가리지 않고 돌진하고 있기 때문이다. 설령 바울이 죽어 마땅한 불경건한 사람이었다고 하더라도, 누가 그들에게 그를 처벌할 수 있는 권한을 허락하였단 말인가? 만약 어떤 사람이 그들에게 왜 바울을 그토록 미워하느냐고 물어 보았다면, 그들은 틀림없이 그가 배교자이고 분열주의자이기 때문이라고 대답하였을 것이다. 그러나 그런 생각은 근거 없는 소문에 의거해서 바울의 문제를 어리석게 판단한 것일 뿐이었

고, 그러한 판단에 너무 성급하게 마음을 빼앗겨서 생겨난 선입견일 뿐이었다.

오늘날 교황주의자들로 하여금 우리를 파멸시키기 위해서는 못할 짓이 없다고 생각하게 만든 것도 이와 동일한 맹목성과 우매함이다. 위선이 그들을 눈멀게 만들었고, 그들의 맹목적인 열심이 때로는 배신행위로, 때로는 기만행위로, 때로는 잔혹한 행위로 그들을 몰고 가고, 결국 그들이 하고 싶은 대로 하게끔 몰고 간다. 그들은 하나님의 법과 인간의 법에 전혀 구속받지 않는 사람들처럼 행동한다. 또한, 이 이야기에서 우리는 불경건한 자들이 얼마나 성급하고 경솔한지를 보게 된다. 그들은 마치 바울의 목숨이 자신들의 손아귀에 있기라도 한다는 듯이, 저주까지 동원해서 "바울을 죽이기 전에는 먹지도 아니하고 마시지도 아니하겠다"고 맹세한다. 그러니까 이 미친 자들은 하나님께서 성경에서 늘 하셨던 말씀, "나는 내가 지은 인간의 생사를 주관하는 자"(신 32:39)라고 하신 말씀을 마치 그 주체가 하나님이 아니라 그들 자신인 양 말하고 있는 것이다.

또한, 우리는 이렇게 미친 자들의 무리가 두세 명도 아니고 무려 사십여 명이나 되는 것을 보게 된다. 이것으로부터 우리는 이런 자들이 무리를 이룰 때에 얼마나 악한 짓을 하기가 쉬운지를 알게 된다.

사탄은 이 사람들을 멸망시키기 위해서 이렇게 광분하고 있는데, 우리는 하나님의 영광을 지키기 위해서 손가락 하나 까딱 하지 않는다면, 우리의 그러한 나태함은 얼마나 수치스러운 것이겠는가? 물론, 우리는 스스로 절제해서, 하나님의 명령 없이는 그 어떤 일도 시도하지 말아야 한다. 그러나 하나님이 우리를 부르시는 것이 분명한데도, 우리가 아무것도 하지 않는다면, 그때에는 그 어떤 핑계도 통할 수 없을 것이다.

14. 대제사장들과 장로들에게 가서 말하되. 대제사장들이 이렇게 극악무도한 음모에 동조하고 있는 것은 그들이 하나님을 경외하지 않을 뿐만 아니라 인간성도 저버리고 있다는 것을 보여주는 증거이다. 그들은 "매복"을 통해서 바울을 죽이자는 제안을 승인할 뿐만 아니라, 무슨 수를 써서라도 없애고 싶었던 바울을 살인자들의 손에 넘겨주기 위해서 강도짓을 할 각오까지 하고 있다. 왜냐하면, 사람을 재판관의 손에서 빼내어 죽음에 넘겨 주는 것은 결국 재판정에서 강도짓을 자행하는 것과 마찬가지이기 때문이다. 만일 대제사장들에게 일말의 양심이나 경건함이 있었다면, 이런 극악무도한 흉계를 결코 승인하지 않았을 것이다. 그러나 하나님께서는 이런 일을 통해서 사회적 신분 아래 감추어져 있던 그들의 구제불능의 불경건을

적나라하게 드러내셨다.

16. 바울의 생질이. 여기서 우리는 하나님이 불경건한 자들의 음모를 어떻게 분쇄하시는지를 본다. 사실, 하나님은 그들이 많은 꾀를 내고 심지어 사악한 음모를 도모하는 것을 허락하신다. 하지만 결국 때가 되면, 하나님께서는 사람들이 땅 위에서 분주하게 벌이고 있는 모든 일들을 자기가 하늘에서 비웃고 계신다는 것을 보여주신다. 솔로몬은 "지혜로도 못하고, 명철로도 못하고 모략으로도 여호와를 당하지 못하느니라"(잠 21:30)고 말하였고, 이사야도 "너희는 함께 계획하라 그러나 끝내 이루지 못하리라 말을 해 보아라 끝내 시행되지 못하리라 이는 하나님이 우리와 함께 계심이니라"(사 8:10)고 말하였다. 누가는 사건의 전개 과정을 우리에게 마치 거울로 보듯이 생생하게 보여주면서, 우리로 하여금 이 사건을 깊이 생각하게 만든다. 사건은 거의 끝나가고 있었고, 바울은 하루만 지나면 희생제물이 될 처지에 놓여 있었다. 그러나 하나님께서는 그의 목숨이 안전하게 보호될 것이고, 사람들이 지금 시도하고 있는 모든 일들이 다 허사로 돌아가게 될 것임을 보여주신다. 우리는 하나님이 이 사건 속에서 자신의 섭리를 보여주셨다는 것과 바로 그 섭리가 하나님이 우리를 지키시는 데에도 그대로 적용된다는 것을 의심하지 말아야 한다. 왜냐하면, "너희 머리털 하나도 상하지 아니하리라"(눅 21:18)는 말씀은 결코 변할 수 없는 약속이기 때문이다. 더 나아가, 우리가 주목해야 할 것은 하나님은 우리의 믿음을 더 잘 연단시키시기 위해서 종종 예기치 못한 방법으로 자기 백성을 구원하신다는 것이다. 음모를 꾸민 자들은 자신들의 "매복" 계획을 자기들 외에는 아무도 모를 것이라고 생각했지만, 그 계획이 한 청년에 의해서 발각되리라는 것을 누가 생각이나 했겠는가? 그러므로 구원을 얻을 통상적인 방법이 우리 눈 앞에 보이지 않을지라도, 우리는 "길이 없는 곳에서 길을 발견하시는"(qui viam per invia inveniet) 하나님을 의지하는 법을 배워야 한다.

[17]바울이 한 백부장을 청하여 이르되 이 청년을 천부장에게로 인도하라 그에게 무슨 할 말이 있다 하니 [18]천부장에게로 데리고 가서 이르되 죄수 바울이 나를 불러 이 청년이 당신께 할 말이 있다 하여 데리고 가기를 청하더이다 하매 [19]천부장이 그의 손을 잡고 물러가서 조용히 묻되 내게 할 말이 무엇이냐 [20]대답하되 유대인들이 공모하기를 그들이 바울에 대하여 더 자세한 것을 묻기 위함이라 하고 내일 그를 데리고 공회로 내려오기를 당신께 청하자 하였으니 [21]당신은 그들의 청함을 따르지 마

옵소서 그들 중에서 바울을 죽이기 전에는 먹지도 않고 마시지도 않기로 맹세한 자 사십여 명이 그를 죽이려고 숨어서 지금 다 준비하고 당신의 허락만 기다리나이다 하니 ²²이에 천부장이 청년을 보내며 경계하되 이 일을 내게 알렸다고 아무에게도 이르지 말라 하고 ²³백부장 둘을 불러 이르되 밤 제 삼 시에 가이사랴까지 갈 보병 이백 명과 기병 칠십 명과 창병 이백 명을 준비하라 하고 ²⁴또 바울을 태워 총독 벨릭스에게로 무사히 보내기 위하여 짐승을 준비하라 명하며(23:17-24).

17. 바울이 한 백부장을 청하여 이르되. 사실, 바울은 자기 목숨에 큰 애착을 갖고 있지 않았기 때문에, 만일 주님이 원하셨다면, 목숨을 기꺼이 내놓았을 것이다. 하지만 그는 자기가 그리스도를 섬기는 것은 죽어도 그를 위해 죽고, 살아도 그를 위해 살기 위한 것임을 알고 있었기 때문에, 자신이 알게 된 위험을 그냥 방치하지 않았다. 바울은 하나님이 자기 생명의 보호자시라는 것을 충분히 알고 있었지만, 그럼에도 불구하고 하나님께서 하늘로부터 손을 내밀어서 이적을 행하실 때까지 기다린 것이 아니라, 도리어 자신에게 주어진 해결책이 하나님이 준비하신 것임을 추호도 의심하지 않고, 그 해결책을 활용한다.

그리스도의 모든 사역자들은 그런 식으로 행하여야 한다. 그들은 불굴의 인내심으로 무장하고 자신의 소명에 따르는 위험을 두려워하지 말아야 하지만, 그렇다고 해서 경솔하고 무모하게 자신의 목숨을 내던져서도 안 된다. 그들은 시련의 한가운데서도 차분하게 하나님의 이름을 불러야 하지만, 그와 동시에 도움의 손길을 뿌리치지도 말아야 한다. 만일 그렇게 하지 않는다면, 그것은 하나님의 약속들에 귀를 막고서 하나님께서 그들에게 마련해 주신 구원의 수단들을 거부함으로써 하나님을 모욕하는 것이 되고 말 것이다.

19. 천부장이 그의 손을 잡고 물러가서. 천부장은 이 "청년"의 손을 잡고 조용한 곳으로 물러가서 그의 말을 끝까지 들어준다. 우리는 천부장이 이처럼 친절하게 행동한 것이 하나님의 은혜로 말미암은 것이라고 생각하지 않을 수 없다. 왜냐하면, 하나님은 자기 백성이 애굽 사람들로부터 은혜를 입게 될 것이라고 약속하셨던 분이기 때문이다(출 3:21). 하나님께서는 사람들의 굳은 마음을 부드럽게 하시고, 사나운 기질을 길들이시며, 자기 백성을 돕는 도구로 쓰일 사람들을 인정이 많은 사람들로 변화시키신다. 만일 그렇지 않았다면, 이 군인은 바울의 요청을 거절할 수도 있었고, 자기가 알지도 못하는 이 "청년"의 요청을 거절할 수도 있었을 것이다.

따라서 사람의 마음을 주관하시는 하나님께서 이 세속적인 사람의 마음을 움직여서 청년의 말에 귀를 기울이게 만드신 것이었다. 또한, 유대인들이 바울에게 얼마나 험악하게 굴었는지를 천부장이 이미 알고 있었다는 점도 그가, 유대인들로부터 버림받은 불쌍한 사람이었던 바울을 좀 더 기꺼이 도울 수 있도록 만드는 데에 유리하게 작용하였다. 다른 사람을 다스리는 위치에 있는 사람들은 이 사례를 통해서 인정(humanitas)이 얼마나 큰 덕목인지를 배워야 한다. 만일 천부장이 다가가기 까다로운 사람이었다면, 그는 아무것도 모른 채로 바울을 유대인들에게 넘겨 주었을 것이고, 결국 바울은 죽임을 당했을 것이다. 이처럼 관리들은 다른 사람들의 충고를 듣지 않는 교만으로 말미암아 큰 잘못을 저지르게 되는 경우가 종종 있다.

23. 백부장 둘을 불러 이르되. 여기서 하나님의 섭리가 좀 더 뚜렷하게 드러난다. 왜냐하면, 설령 천부장의 의도가 소요 사태를 방지하는 것이었다고 치더라도 (그는 이 사건을 이미 총독에게 보고했을 것이다), 그는 바울을 구원하시려는 하나님의 계획을 수행하고 있는 것이었기 때문이다. 천부장이 군인들을 소집한 것은 도시의 치안에 공백을 초래하는 일이었고, 군인들의 출동에는 경비도 소요되기 마련이었다. 그러므로 우리는 믿음의 눈을 들어올려 하늘을 바라보는 가운데, 이 천부장의 사려 깊은 행동을 잘 묵상해서, 하나님께서 이 세속적인 사람의 마음에 은밀한 감동을 주셔서 그의 마음을 이끌고 계시다는 것과, 바울과 군인들이 가이사랴에 안전하게 도착할 수 있도록 하나님이 그 여정의 인도자도 되어 주고 계신다는 것을 깨달아야 한다. "밤 제 삼 시"는 일경의 끝 시간이기 때문에, 천부장은 이경에 군인들을 대기시켰다는 말이 된다. 누가가 "창병"이라고 부른 창을 든 군인들은 비교적 가벼운 무장을 하고 양 날개 쪽에 진을 치고서 본진을 보호하는 임무를 맡았던 반면에, 본진에 속한 "보병"과 "기병"은 적군과 정면으로 대치하여 전투하는 임무를 맡았다.

[25]또 이 아래와 같이 편지하니 일렀으되 [26]글라우디오 루시아는 총독 벨릭스 각하께 문안하나이다 [27]이 사람이 유대인들에게 잡혀 죽게 된 것을 내가 로마 사람인 줄 들어 알고 군대를 거느리고 가서 구원하여다가 [28]유대인들이 무슨 일로 그를 고발하는지 알고자 하여 그들의 공회로 데리고 내려갔더니 [29]고발하는 것이 그들의 율법 문제에 관한 것뿐이요 한 가지도 죽이거나 결박할 사유가 없음을 발견하였나이다 [30]그러나 이 사람을 해하려는 간계가 있다고 누가 내게 알려 주기로 곧 당신께로 보

내며 또 고발하는 사람들도 당신 앞에서 그에 대하여 말하라 하였나이다 하였더라 [31] 보병이 명을 받은 대로 밤에 바울을 데리고 안디바드리에 이르러 [32]이튿날 기병으로 바울을 호송하게 하고 영내로 돌아가니라 [33]그들이 가이사랴에 들어가서 편지를 총독에게 드리고 바울을 그 앞에 세우니 [34]총독이 읽고 바울더러 어느 영지 사람이냐 물어 길리기아 사람인 줄 알고 [35]이르되 너를 고발하는 사람들이 오거든 네 말을 들으리라 하고 헤롯 궁에 그를 지키라 명하니라(23:25-35).

25. 또 이 아래와 같이 편지하니.　역사를 잘 모르는 독자들은 먼저 간략하게나마 다음과 같은 사실을 알아둘 필요가 있다. 여기에 나오는 "벨릭스"는 가이사로부터 자유를 얻은 자로서 로마의 최고 권력자들에 필적하는 부와 권력을 누렸던 팔라스(Pallas)의 형제였다. 로마의 원로원은 부끄럽게도 팔라스에게 잘 보이려고 그에게 집정관이라는 직위까지 수여하기도 하였다. 클라우디우스 황제의 자유민들, 특히 나르키수스(Narcissus)와 팔라스는 황제의 우매함을 이용해서 로마 제국을 좌지우지했기 때문에, 팔라스가 자신의 형제인 벨릭스를 유대 총독으로 임명한 것은 놀라운 일이 아니었다. 이 "편지"의 내용을 보면, 우리는 "천부장"이 자기 나름대로의 판단에 입각해서 바울을 돕기 위해서 쓴 것임을 알 수 있다. 즉, 이 편지 속에는 유대인들이 바울에게 가한 행악을 벨릭스에게 보고하면서, 천부장은 잘못이 그들에게 있다는 자신의 소견을 개진해서, 유대인들이 더 이상 바울에게 해를 끼치지 못하게 하고자 하는 의도가 담겨 있다.

27. 이 사람이 유대인들에게 잡혀 죽게 된 것을.　천부장은 유대인들에 대한 혐오감과 바울에 대한 호의를 표현하려고, "로마 사람"인 바울이 유대인들에게 모진 폭행을 당하고 거의 죽게 되었다고 말한다. 또한, 그는 바울이 좀 더 정중한 대우를 받을 수 있도록 하기 위하여, 그가 로마의 시민권자라는 사실을 부각시킨다. 하지만 바울은 이러한 호의를 받으려고 천부장에게 간청을 하거나 아부를 한 적이 없었고, 뇌물을 준 적은 더더욱 없었다. 모든 사람이 증오하는 평범한 한 인물에게 "천부장"이 아무런 조건 없이 이처럼 호의를 베풀고 있는 사실을 우리는 어떻게 설명할 수 있을까? 우리는 하나님께서 천부장을 자신의 종을 지켜줄 자로 세우셨기 때문이라는 것 말고는 다른 이유를 찾을 수 없다. 따라서 우리는 여기서 하나님께서는 자기 백성을 위해서 불신자들의 혀와 손까지도 주관하시는 것을 본다.

29. 죽이거나 결박할 사유가 없음을 발견하였나이다.　천부장은 자신이 판단하

건대 바울은 무죄라고 말한다. 하지만 우리는 이 말을 한 사람이 세속적인 사람이라는 점을 유의하여야 한다. 왜냐하면, 하나님의 백성들 가운데서 사악하고 불경건한 교설들(dogma)로 경건의 "교훈"(doctrina)을 훼손하고 타락시키는 죄는 사람들 가운데서 불의와 악행으로 공평과 정의를 짓밟는 것 못지않게 엄중한 벌을 받는 것이 마땅하기 때문이다. 로마인들은 자신들이 지닌 미신들이나 자신들의 신을 섬기기 위해 인위적으로 고안해 낸 종교 의식들이 폐기되어야 한다는 주장은 결코 용납하지 않았을 것이지만, 하나님의 율법에 대해서는 중요하게 여기지도 않았을 뿐만 아니라, 도리어 그런 것이 폐기되는 것을 원하였기 때문에, 모세와 선지자들이 전한 신앙을 폐기하는 것이나 교회를 거짓 교훈들로 어지럽히는 것은 그들에게는 아무런 죄가 되지 않았다. 따라서 이러한 사건에 관해서는 속주의 총독들이 조사하지 않는 것이 당시의 법이었지만, 속주민들은 여전히 자신들의 고유한 신앙을 유지하고자 했기 때문에, 총독들은 그러한 신앙에 대한 침해가 있더라도 그것을 처벌하는 데에는 관여하지 않으려 했다. "천부장"이 율법에 관한 문제 제기를 범죄나 위법행위라고 생각하지 않은 이유가 거기에 있었다. 무지한 자들은 이런 상황을 악용해서, 자신들이나 다른 사람들의 방종(licentia)이 용납되기를 바라지만, 그들의 그런 생각은 하나님의 뜻과는 거리가 멀다. 왜냐하면, 하나님께서는 자기에 대한 예배를 범하는 죄를 사람들에게 행해진 그 어떤 악행보다도 더욱 엄격하게 징벌하시기 때문이다. 도둑질도 벌을 받는데, 하물며 신성모독의 죄가 벌을 받지 않는다면, 그것보다 더 어처구니없는 일은 없을 것이다. 따라서 "천부장"은 유대인들의 종교에는 아무런 관심이 없었기 때문에, 유대인들이 바울에게 광분하여 퍼부은 온갖 비방과 참소가 다 근거 없는 거짓 고소라고 일거에 기각해 버린 것이었다.

30. 그러나 이 사람을 해하려는 간계가 있다고 누가 내게 알려 주기로. 편지의 후반부에서 "천부장"이 바울의 대적들에게로 증오와 반감의 화살을 돌린 것은 그들이 "매복"을 통해서 바울을 살해하려고 기도하였기 때문이다. 이러한 사실로부터도 우리는 그들이 부당하게 바울을 괴롭히고 그의 목숨에 심각한 위협을 가하고 있는 것임을 알게 된다. 왜냐하면, 만일 그들이 정당하게 바울을 고발했던 것이고, 그 고발의 이유가 악의에 의한 것이 아님을 확신하고 있었다면, 그들은 그를 재판에 회부하려고 했을 것이기 때문이다. 따라서 그들이 암살이라는 수단을 꺼내든 것은 그들에게 정당한 근거가 없었다는 것을 보여주는 반증인 셈이다.

32. 이튿날. 누가는 군인들이 끝까지 바울을 호송하지 않고 도중에 귀환하라는

명령을 받았다는 것을 앞에서 보도하지는 않았지만, 군인들이 바울을 "안디바드리"(31절)까지만 호송한 것은 확실하다. 천부장은 바울에 대한 호송이 밤중에 은밀하게 이루어졌기 때문에, "안디바드리"에서 군인들이 귀환하더라도 바울이 안전할 것이라고 생각했을 것이다. 즉, 천부장은 어느 정도의 거리까지 안전하게 호송이 이루어지면, 대적들이 더 이상 바울을 따라붙을 위험성이 없다는 것도 알고 있었던 것이다. 또한, 그는 소수의 병력을 너무 먼 곳까지 보내게 되면 군인들의 신변안전에도 문제가 생길 수 있다는 사실을 알고 있었다.

제24장

¹닷새 후에 대제사장 아나니아가 어떤 장로들과 한 변호사 더둘로와 함께 내려와서 총독 앞에서 바울을 고발하니라 ²바울을 부르매 더둘로가 고발하여 이르되 ³벨릭스 각하여 우리가 당신을 힘입어 태평을 누리고 또 이 민족이 당신의 선견으로 말미암 아 여러 가지로 개선된 것을 우리가 어느 모양으로나 어느 곳에서나 크게 감사하나 이다 ⁴당신을 더 괴롭게 아니하려 하여 우리가 대강 여짜옵나니 관용하여 들으시기 를 원하나이다 ⁵우리가 보니 이 사람은 전염병 같은 자라 천하에 흩어진 유대인을 다 소요하게 하는 자요 나사렛 이단의 우두머리라 ⁶그가 또 성전을 더럽게 하려 하 므로 우리가 잡았사오니 ⁷(6절 하반부터 8절 상반까지 없음) ⁸당신이 친히 그를 심 문하시면 우리가 고발하는 이 모든 일을 아실 수 있나이다 하니 ⁹유대인들도 이에 참가하여 이 말이 옳다 주장하니라(24:1-9).

1. 닷새 후에 대제사장 아나니아가. 아나니아가 바울을 고발하러 가이사랴까지 내려왔다는 사실은 내가 앞에서 그의 대제사장직과 관련하여 추론한 내용이 옳을 가능성을 더욱 높여준다. 왜냐하면, 아나니아가 한 개인을 고발하러 가이사랴까지 내려온 것은 대제사장의 권위와는 어울리지 않는 것이었기 때문이다. 따라서 당시 의 대제사장은 다른 인물이었고, 아나니아는 최고위 제사장들 중 한 명이었음이 분 명하다. 아나니아는 실권을 쥐고서 실무를 총괄하고 있던 인물이었기 때문에, 이 일을 처리하는 데에 적임자였던 것이다. 그는 많은 수행원들을 대동하고 나타났는 데, 그들 중에는 백성들의 존경을 받는 "장로들"도 있었다. 아나니아 일행이 보여준 이러한 기세등등한 모습은 총독으로 하여금 바울에게 유죄선고를 내리도록 무언의 압력을 가하고자 하는 것이었음에 틀림없다. 그러나 바울은 웅변술을 사용하지 않 았기 때문에, 그들이 웅변으로 바울과 맞서기 위해 "변호사"를 고용할 필요까지는 없었다. 게다가, 그들은 권세에 있어서나 머릿수에 있어서나 압도적으로 우세하였 기 때문에, 어떤 도움도 기대할 수 없는 초라한 한 개인을 제압하는 것은 그들로서 는 어려운 일이 아니었다. 따라서 다방면으로 경험이 풍부하고, 공적인 일들에도

밝고, 재판 실무에도 익숙한 자들이 "변호사"까지 대동한 것은 그들의 양심이 악함을 증명해 주는 증표였다. 물론, 나는 웅변이 하나님의 은사라는 것을 인정하지만, 이 경우에 그들은 웅변이라는 은사를 재판관을 기만하기 위한 수단으로 써먹고자 했을 뿐이었다. 누가가 이런 사실을 보도한 것은 유대인들이 바울을 박해하기 위하여 온갖 수단과 방법을 다 동원해서 바울의 유죄를 악착같이 입증하고자 했을 뿐만 아니라, 그를 심하게 몰아붙여서 제대로 변호조차 할 수 없도록 만들고자 하였다는 것을 우리에게 알게 하기 위한 것이었다. 따라서 우리는 바울이 그러한 무차별적인 공격에 위축되지 않고 당당하게 대처한 것은 하나님의 놀라운 은혜 덕분이라고 해야 한다. 그러므로 경건한 자가 혈혈단신으로 수많은 원수들을 상대해야 할 경우에는 이 이야기를 상기하며 새롭게 용기를 얻어 담대해져야 한다. 다윗은 자신의 사례를 통해서 우리에게 용기와 위로를 준다: "군대가 나를 대적하여 진 칠지라도 내 마음이 두렵지 아니하며 전쟁이 일어나 나를 치려 할지라도 나는 여전히 태연하리로다"(시 27:3).

2. 우리가 당신을 힘입어 태평을 누리고.　변호사 더둘로는 총독의 환심을 사기 위해서 그의 지혜와 덕을 칭송하는 것으로 말문을 여는데, 이것은 본 사건과는 아무런 상관이 없는 말이다. 따라서 첫 부분은 낯 뜨거운 아부의 말에 불과하다. 어떤 이들은 여기서 더둘로가 재판관의 환심을 사기 위해서 아부한 것이라고 무조건적으로 비난하지만, 나의 생각은 좀 다르다. 왜냐하면, 변론에 앞서 재판관을 칭송하는 것은 경우에 따라 적절하고 적법한 것일 수도 있고 그렇지 않을 수도 있기 때문이다. 따라서 나는 여기서 더둘로가 분명하게 잘못한 것만을 지적한 것일 뿐이다. 즉, 이 변호사는 문제의 진상을 은폐하기 위해서 거짓 칭찬으로 일관하고 있다는 것이다. 왜냐하면, 그는 벨릭스로 하여금 바울을 유죄로 단죄해야만 유대가 안전하고 평화로울 수 있다는 것을 넌지시 내비쳐서 압력을 가하고, 그렇게 함으로써 사건을 정확하게 조사하지 못하도록 하기 위한 의도로, 총독 덕분에 "여러 가지"가 "개선되어" 유대 민족이 "태평"을 누리고 있다고 말한 것이기 때문이다. 벨릭스가 자신의 관할 구역에서 얼마나 탐욕스럽고 잔인하며 변덕스럽게 행하였는지는 요세푸스의 글에서도 분명하게 드러난다. 그는 자신의 방종과 폭정을 비난했다는 이유로 대제사장 요나단을 수치스럽고 비참하게 죽인 적도 있었다. 그래서 클라우디우스 황제는 유대 전역으로부터 쏟아지는 원성으로 말미암아 결국 총독을 벨릭스에서 베스도로 경질하고, 그를 로마로 소환할 수밖에 없었는데, 이것은 거의 이 무렵에 일어

난 일이었다.

따라서 우리는 변호사 더둘로가 얼마나 후안무치한 거짓말을 한 것인지를 알게 된다. 그러나 모두가 한통속이었던 바울의 대적들은 증오심과 악의에 눈이 멀어서 자신들의 조국의 상황을 정반대로 말하고 있는 것이다. 사실, 그들의 관심은 오로지 바울을 죽이는 데에 있었기 때문에, 그들은 자기 나라가 어떤 상황에 있는지에 대해서는 관심조차 없었다. 에라스무스(Erasmus)가 "많은 일들이 제대로 행해졌다"로 번역한 구절은 불가타 역본에서는 "많은 일들에서 개혁, 또는 개선이 이루어졌다"로 번역되어 있는데, 이 후자의 번역이 누가의 의도와 더 잘 부합하는 것 같다(한글개역개정에는 "여러 가지로 개선된"으로 되어 있다 — 역주). 더둘로는 벨릭스가 유대 땅에서 많은 폐단을 제거했을 뿐만 아니라, 악화되어 가고만 있던 많은 일들을 개선하였다고 칭송한다. 더둘로가 이런 말을 한 목적은 벨릭스로 하여금 한 사람 바울을 죽여주기만 한다면 지금까지 그에게 적대적이었던 유대 민족의 환심을 살 수 있다는 것을 알려주기 위한 것이었다.

5. 우리가 보니 이 사람은. 여기서 더둘로는 두 가지 목적을 염두에 두고 변론을 해나간다. 먼저, 그는 하나님에 대한 예배 및 모세의 율법과 관련된 사건에 대해서는 심문할 권리가 유대인들에게 주어져 있다는 것을 이유로 들어서, 총독으로 하여금 바울을 유대인들에게 넘기게 하고자 하였다. 다음으로, 이러한 주장이 받아들여지지 않는 경우에는, 대중을 선동했다는 죄목을 씌워서 바울에 대한 사형 판결을 받아내고자 하였다. 그들은 대중을 선동하여 소요를 일으키게 하는 것보다 로마인들에게 있어서 더 엄중한 죄는 없다는 것을 알고 있었기 때문에, 바울에게 특히 그러한 혐의를 뒤집어씌우려고 했던 것이다. 바울이 "천하에 흩어진 유대인을 다 소요하게 하는 자"라는 더둘로의 말은 이 점을 부각시키기 위한 것이었다. 그런데 이상한 점은 더둘로는 왜 바울이 여기서 "나사렛 이단의 우두머리"(이 어구를 직역하면, "나사렛 사람들의 분파의 우두머리"가 될 수도 있고, "나실인들의 분파의 우두머리가 될 수도 있다 — 역주)로 번역된 어구를 덧붙였느냐 하는 것이다. 왜냐하면, 우리는 유대인들 사이에서 이 호칭은 비난보다는 칭송의 의미를 지니고 있었다는 것을 알기 때문이다. 나는 더둘로가 이 말을 했을 때에 염두에 둔 사람들이 율법의 오래된 전통에 따라 하나님께 봉헌된 사람들을("나실인들" — 역주)이 아니라, 당시에 "열심당"이라는 이름을 자랑스럽게 내걸고서 선민으로서의 자존심을 지키기 위해 암살을 자행하고 다니면서 그런 활동에 자긍심을 갖고 있던 자들이었다고 본다. 요세푸스의 글에 따르

면, 열심당은 당시에 이미 활발하게 활동하고 있었다는 것이 확인된다. 어떤 이들은 여기서 더둘로가 사용한 이 표현을 "나사렛 사람들"을 나타내는 것으로 보고서 그리스도인들을 가리키는 것이라고 생각하는데, 나도 그러한 견해에 전적으로 동의한다. 그러나 내가 앞에서 말한 해석을 받아들인다면, 더둘로는 바울이 로마인들이 눈엣가시처럼 여기는 당파의 일원이라는 사실을 교묘하게 암시한 셈이 된다. 왜냐하면, 열심당원들은 율법을 지키는 일에 있어서 자신들이 다른 어느 사람들보다도 우월하다는 평가를 받고자 했고, 자신들의 이러한 열심을 명분으로 내걸고서는 백성들의 마음에 투쟁의 불길을 붙이려고 깃발을 든 자들이었기 때문이다. 더둘로를 비롯한 유대인들은 평소 같으면 열심당원들을 율법 수호에 열심이 있는 자들이라고 칭송하며 적극적으로 옹호하였을 것이지만, 지금 더둘로는 바울을 중죄인으로 몰아갈 목적으로, 열심당원들을 마치 온 세상을 어지럽히는 "전염병" 같은 자들인 양 가차 없이 비난하며, 바울이 그들과 한통속이라고 말하고 있는 것이다. 바울에게 그러한 혐의가 있다고 의심한 사람은 아무도 없었던 까닭에, 그들의 중상모략은 뻔뻔스럽고 몰염치한 짓이었지만, 그들은 못된 것은 말할 것도 없고 사악하기 짝이 없는 자들이었기 때문에, 아무런 근거도 없이 되는대로 바울에게 혐의를 뒤집어씌우고 있는 것이다. 그러나 우리가 다른 곳에서 이미 말했듯이, 하나님에 대한 열심으로 가장하기만 하면, 자기들이 하고 싶은 모든 것을 할 수 있다고 생각하고서 이렇게 제멋대로 행하는 것이 위선자들의 속성이다.

6-7. 그가 또 성전을 더럽게 하려 하므로 우리가 잡았사오니. [일부 헬라어 사본들과 칼빈의 라틴어 본문은 "그가 또 성전을 더럽게 하려 하므로 우리가 잡아서 우리의 율법대로 재판하려고 했으나 천부장 루시아가 와서 그를 우리 손에서 강제로 빼앗아 갔나이다 그리고는 그를 고발하는 사람들에게 각하께 가라고 명하였나이다"로 되어 있다 — 역주] 바울이 "성전을 더럽게 하려" 하였다는 것은 유대인들의 성전이 아예 완전히 없어졌기를 바라고 있던 로마 총독이 보기에 사소하고 하찮은 고발 내용이었다. 그러나 소동이 일어나게 된 요인으로는 바울이 성전을 더럽히고자 했던 것보다 더 적절한 것은 없었기 때문에, 더둘로는 교활하게도 바울에게 성전을 더럽게 하려 했다는 누명을 뒤집어씌우고 있다. 이것은 "예루살렘 성이 소요가 일어나게 된 것은 전적으로 바울로 인한 것이기 때문에, 만일 우리가 그를 막지 않았더라면, 그의 선동으로 엄청난 소요사태가 발생했을 것"이라고 말한 것과 같았다. 아울러, 더둘로는 바울은 종교 범죄를 저지른 자이기 때문에, 이 사건을 심문하고 재판하는 것은 유대인들의 고유한 권한이

라는 말도 덧붙인다. 그리고 이 시점에서 그는 천부장 루시아가 자신들의 권한을 강제로 박탈했다고 항의한다. 따라서 그가 여기서 노리고 있는 것은 총독으로 하여 금 천부장이 박탈한 자신들의 권한을 되돌려주도록 만드는 것이었다. 이것도 역시 교활한 수작이었다. 왜냐하면, 더둘로는 제사장들이 원했던 것보다 훨씬 더 우호적 으로 바울을 다루었던 천부장을 감히 공개적으로 비난하지 못하고, 다만 우회적으 로 천부장에 대한 의구심을 제기하고 있기 때문이다. 그러나 여기서 한 가지 제기 되는 질문은 그들은 과연 총독이 자신들에게 바울을 넘겨줄 것이라고 기대했겠느 냐는 것이다. 왜냐하면, 당시에 사형에 해당하는 사건들을 심문하고 재판할 권한은 오직 로마 총독만이 가지고 있었기 때문이다. 나의 대답은 그들은 바울이 사형에 처해져야 한다고 생각하기는 했지만, 자신들은 그에게 자비를 베풀어서 가볍게 다 루고자 했다는 듯이, 자신들의 공명정대함을 가장하고 있다는 것이다. 왜냐하면, 그들은 사람에게 사형을 선고할 수는 없었지만, 매질과 같이 가벼운 처벌을 가할 수 는 있었기 때문이다. 아울러, 더둘로는 바울에게 사형 선고가 내려지도록 하기 위 해서 총독 앞에서 그를 고소하기를 멈추지 않는다.

8. 당신이 친히 그를 심문하시면. 재판관이 이 사건에 대해서 직접 조사하기 전 에는 판결을 선고하지 않고, 바울이 법적으로 유죄로 확인되기 전까지는 그를 단죄 하지 않는 것은 당연한 일이다. 그런데도, 자신들이 부당한 고소를 하고 있다는 것 을 너무나 잘 알고 있던 그들이 어떻게 이렇게 자신만만하게 재판관에게 직접 심문 을 해보라고 하고 있는 것일까? 나의 대답은 그들은 자신들이 동원할 수 있는 증인 들을 이미 마련해 두고 있었던 까닭에, 그들을 심문에 내보내는 일만 남아 있었기 때문이었다는 것이다. 하지만 그들이 이렇게 말한 데는 다른 목적도 있었다. 즉, 그 들은 이런 허풍 치는 말로 벨릭스를 설득한다면, 그로 하여금 자신들이 고소한 사 람을 마치 유죄가 확정된 사람처럼 자신들에게 넘겨주도록 만드는 것이 어려운 일 이 아닐 것이라고 기대하고 있었던 것이다. 요컨대, 그들은 자신들이 허풍을 쳐서 상대방을 계속해서 몰아붙이고, 자신들의 말이 이미 다 기정사실인 것처럼 의기양 양하게 확신에 찬 행동을 보여주어서, 고소당한 사람이 자신을 방어할 수 있는 모 든 길목을 다 차단해 버리기만 하면, 판세는 자신들 편으로 기울게 되어, 자신들이 기대했던 소기의 목적을 더욱 쉽사리 이루게 될 것이라고 생각했던 것이다. 이처럼 부당하게 사람을 고소하는 자들은 재판관의 눈을 가리기 위해서 자신들이 고소한 사건은 명명백백한 것이라면서 확신에 찬 듯이 허풍을 떠는 것이다.

¹⁰총독이 바울에게 머리로 표시하여 말하라 하니 그가 대답하되 당신이 여러 해 전부터 이 민족의 재판장 된 것을 내가 알고 내 사건에 대하여 기꺼이 변명하나이다 ¹¹당신이 아실 수 있는 바와 같이 내가 예루살렘에 예배하러 올라간 지 열이틀밖에 안 되었고 ¹²그들은 내가 성전에서 누구와 변론하는 것이나 회당 또는 시중에서 무리를 소동하게 하는 것을 보지 못하였으니 ¹³이제 나를 고발하는 모든 일에 대하여 그들이 능히 당신 앞에 내세울 것이 없나이다 ¹⁴그러나 이것을 당신께 고백하리이다 나는 그들이 이단이라 하는 도를 따라 조상의 하나님을 섬기고 율법과 선지자들의 글에 기록된 것을 다 믿으며 ¹⁵그들이 기다리는 바 하나님께 향한 소망을 나도 가졌으니 곧 의인과 악인의 부활이 있으리라 함이니이다 ¹⁶이것으로 말미암아 나도 하나님과 사람에 대하여 항상 양심에 거리낌이 없기를 힘쓰나이다 ¹⁷여러 해 만에 내가 내 민족을 구제할 것과 제물을 가지고 와서 ¹⁸드리는 중에 내가 결례를 행하였고 모임도 없고 소동도 없이 성전에 있는 것을 그들이 보았나이다 그러나 아시아로부터 온 어떤 유대인들이 있었으니 ¹⁹그들이 만일 나를 반대할 사건이 있으면 마땅히 당신 앞에 와서 고발하였을 것이요 ²⁰그렇지 않으면 이 사람들이 내가 공회 앞에 섰을 때에 무슨 옳지 않은 것을 보았는가 말하라 하소서 ²¹오직 내가 그들 가운데 서서 외치기를 내가 죽은 자의 부활에 대하여 오늘 너희 앞에 심문을 받는다고 한 이 한 소리만 있을 따름이니이다 하니(24:10-21).

10. 그가 대답하되 당신이 여러 해 전부터 이 민족의 재판장 된 것을 내가 알고 내 사건에 대하여 기꺼이 변명하나이다. 여기서 바울의 변론은 복음을 변증하기 위한 것이 아니라, 자신에 대한 고소 내용을 부인하기 위한 것이라는 성격을 띠고 있다. 이것은 그가 복음을 부끄러워하거나 십자가를 회피하고자 한 것이 아니고, 이 때에 자신의 신앙에 대해서 제대로 고백할 기회가 없었기 때문이었다. 바울을 고소한 자들이 복음에 대해서는 전혀 언급하지 않았기 때문에, 바울도 그 문제에 대해서는 언급하지 않은 채, 자신에 대한 부당한 고소에 대해서만 답변하고 있다. 그런데 그가 본론으로 들어가기 전에 자기가 벨릭스 앞에서 자신의 사건에 대해 변론하게 된 것을 기쁘게 생각한다고 말한 이유는 벨릭스가 유대 지방에 총독으로 부임한지 오래 되었기 때문이었다. 왜냐하면, 현지 사정을 잘 모르는 신임 총독 같았으면, 이 어마어마한 고소 사건에 아마도 무척 당혹스러워 했을 것이기 때문이다. 따라서 바울은 총독의 덕을 칭송한 것이 아니라, 경험이 풍부한 벨릭스가 좀 더 냉정하고

공정하게 판단할 것이라고 생각해서 기쁘다고 말한 것이었다. 사실 자체를 들어서
현란한 말을 반박하는 것은 분명히 진솔한 변론 태도이다. 하지만 바울이 벨릭스가
총독으로 부임한 지 오래 되었기 때문에 이 사건의 정황을 알고 있을 것이라고 생
각한 것은 옳지 않아 보일 수 있다. 나의 대답은 바울이 이런 말을 한 것은 벨릭스
총독이 이 사건을 좀 더 냉정하고 침착하게 다룰 수 있을 것이라고 생각했기 때문
이라는 것이다. 바울은 "당신은 이곳에 부임해 온 지 오래 되어서 유대인들의 관습
에 익숙해져 있기 때문에, 나는 그들이 당신을 쉽게 기만할 수 없을 것이라고 안도
하고 있다"고 말한 것과 같았다. 왜냐하면, 경험이 일천한 재판관은 사람들의 말을
너무 쉽사리 믿고서 서둘러 판결을 내리는 경향이 있기 때문이다.

11. 내가 예루살렘에 예배하러. 먼저, 그가 예루살렘에 올라온 것이 다른 이유들
때문임은 확실하고, 나중에 그는 궁핍한 형제들을 부조하기 위하여 구제금을 전달
하는 것이 주된 이유였다고 밝히지만, 여기서는 자기가 예루살렘에 온 주된 이유를
굳이 밝힐 필요가 없었기 때문에, "예배하러" 예루살렘에 올라온 것이라고 말함으
로써, 자기에게는 신앙이나 종교를 훼방할 목적이 전혀 없었다는 것을 해명하고자
하였다. 따라서 그가 예루살렘에 올라온 다른 목적이 있었다고 할지라도, 자신이
하나님을 예배하는 자임을 고백하고, 그러한 예배를 통해서 성전의 거룩함을 인정
하고자 하는 마음이 그에게 있었다는 것은 언제나 사실이다. 또한, 한 가지 질문이
더 제기될 수 있는데, 이것은 좀 더 당혹스러운 질문이다. 즉, 성전 종교는 이미 폐
지되어서, 성전의 온갖 특권은 모두 사라졌는데, 왜 바울은 예루살렘에 "예배하러"
온 것이라고 말한 것일까? 이 질문에 대한 나의 대답은 앞의 경우와 동일하다. 즉,
바울은 비록 자신의 목적이나 의도를 밝히고 있지는 않지만, 거짓된 것을 사실처럼
위장해서 말하고 있는 것은 아니라는 것이다. 왜냐하면, 그리스도인들이 오직 성전
만을 특별히 거룩한 장소로 여기지 않고, 다른 곳에서처럼 "거룩한 손을 들어 기도
하는"(딤전 2:8) 것이라면, 그들이 성전에서 예배하는 것이 금지된 것은 아니었기
때문이다. 바울이 예루살렘에 와서 자신의 신앙을 나타내기 위해서 성전에 들어갔
고, 거기에서 하나님을 예배하는 통상적인 거룩한 예식들에 참여한 것은 그가 복음
을 배척한 가운데 그 대신 속죄 의식들의 효력을 믿고서 그렇게 함으로써 잘못된 미
신으로 자신을 더럽힌 것이 결코 아니었기 때문에 전혀 문제될 것이 없었다. 그러
므로 바울은 과거에 그랬던 것처럼 율법의 명령을 따라서 하나님의 면전에 나아오
기 위하여 예루살렘에 온 것은 아니었지만, 사람들이 신앙과 경건의 증거라고 여겼

던 외적인 예배를 굳이 기피한 것도 아니었다.

12. 내가 성전에서 누구와 변론하는 것이나. 만일 바울이 이런 일들을 했더라면, 굳이 부인할 필요가 없었을 것이다. 왜냐하면, 그는 그러한 일들이 정당한 행위라는 것을 충분히 해명할 수 있었을 것이기 때문이다. 그는 한때 서기관으로서 날마다 토론을 벌인 적이 있었다. 서기관들에게 교육을 목적으로 한 집회는 율법이나 관습에 의해서 금지되지 않았던 것이 확실하다. 예루살렘에 있던 여러 회당들도 동일한 목적으로 세워져 있었고, 유대인들은 거기에서 모임을 가졌다. 또한, 바울은 그리스도와 사도들도 그렇게 했다는 것을 알고 있었다. 이처럼 성전이나 회당에서 모임을 갖는 것은 그들의 일상적인 관습이었기 때문에, 바울로서는 자신의 대적들이 제기한 고소의 내용을 반박하는 것이 그리 어려운 일이 아니었다. 하지만 바울에게는 악랄한 사람들이 자신에 대해서 제기한 왜곡된 고소들을 해명하고 반박하는 것이 급선무였기 때문에, 그는 합법성 여부에 관한 논쟁은 생략한 채로 사실 관계에 대해서만 언급하고, 특히 자신이 "무리를 소동하게" 했다는 주장이 거짓된 것임을 밝히는 데에 주력한다. 이렇게 해서, 그는 자신을 고소한 자들이 자신들의 고소 내용을 결코 입증할 수 없을 것이라는 이유를 들어서, 자신이 부당하고 무고하게 고소당했다고 결론을 제시한다. 그에게는 어떠한 혐의도 없고, 다만 대적들이 그에 대해서 흉악한 거짓말을 늘어놓은 것이라는 사실만으로도, 그는 무죄로 풀려났어야 마땅하였다.

14. 그러나 이것을 당신께 고백하리이다. 그들이 고소한 죄목에는 불경죄와 성전을 더럽힌 죄가 포함되어 있었기 때문에, 바울은 자기가 이 두 가지 일에서 아무런 잘못이 없었다는 것을 해명한다. 이것은 그의 대적들이 순전히 악의적으로 그를 고소했다는 것을 벨릭스에게 이해시키기 위한 것이었다. 왜냐하면, 신앙 자체가 거짓되고 잘못된 것이라고 할지라도, 어떤 사람이 그러한 신앙에 대한 열심을 보이면, 그 열심은 종교에 특별한 관심이 없는 사람들로부터 호감을 얻는 경우가 종종 있기 때문이다. 따라서 바울은 벨릭스가 제사장들의 잘못된 열심에 대하여 호감을 갖게 되고, 그 결과 자신을 의심의 눈초리로 바라보게 되어서, 그들의 요구사항까지도 수용하게 되는 상황이 벌어지게 될 가능성을 염려하지 않을 수 없었기 때문에, 종교 문제에 관한 고소 내용에 대해서도 분명하게 해명하지 않을 수 없었다. 다만, 우리가 앞에서 이미 말했듯이, 복음에 대한 신앙을 고백하는 것은 아직 시기상조였기 때문에, 거기에 대해서는 언급하지 않는다. 하지만 바울은 왜 "그들이 이단이라 하는

도"를 따라서 하나님을 섬기고 있다고 말한 것일까? 어떤 이들은 이 어구는 바울이 양보(concessio)의 의미로 덧붙인 것이라고 본다. 즉, 복음 신앙은 개개인의 판단과 선택의 문제임에도 불구하고, 대적들은 복음 신앙을 일방적으로 악한 것으로 몰아 갔기 때문에, 바울은 "내가 따르고 있는 신앙은 이단이라고 불리고 있지만, 그렇게 부르는 것은 옳지 않다"고 말하기 위하여 이렇게 말하였다는 것이다. 그러나 당시에 유대인들 사이에서나 이방인들 사이에서 "이단"이라는 용어는 그다지 나쁜 뜻으로 받아들여지지 않았다는 점을 고려하면, 도처에서 사람들로부터 비난받을 만한 것이 아니라 칭송받을 만한 것으로 여겨지고 있었던 것에 대해서, 바울이 종교에 대하여 잘 알지 못하였던 세속적인 인간 앞에서 자신을 변호했을 가능성은 별로 없어 보인다. 오늘날 그리스도인들이 대화를 나눌 때에는, 하나님의 성령은 이단들을 가증스러운 존재로 여겨야 한다고 명하시고, 그리스도인들은 이단들을 경계하여야 한다고 가르치신다. 왜냐하면, 이단들은 교회를 분열시키고 파괴시키기 때문이다. 하나님의 백성의 안전은 믿음의 하나 됨에 있기 때문에, 이단은 하나님의 백성 속에서 결코 용납되어서는 안 되는 일이다. 그러나 당시의 유대인들은 자신들의 당파를 공공연히 자랑하는 분위기 속에서 살아가고 있었기 때문에, 우리가 방금 언급한 것과 같은 변명은 불필요한 것이었다. 그러므로 이제 우리가 생각해 볼 수 있는 것은 바울은 자신이 바리새인이라는 뜻으로 그런 말을 한 것이거나, 아니면 유대교나 복음 신앙은 이방인들의 모든 관습과는 확연히 구별된다는 의미에서 부정적인 의미에서가 아니라 하나의 "분파"라는 일반적인 의미에서 "이단"이라고 말했을 가능성이 있다는 것이다. 바울은 전에도 자기가 바리새인이라는 사실을 고백한 적이 있었기 때문에, 그가 지금 그런 의미로 이 말을 한 것이라고 해도, 이상할 것은 전혀 없다. 특히, 바로 뒤에서 그가 죽은 자의 부활을 언급하고 있다는 점을 생각하면, 더욱 그렇다. 그러나 이러한 설명을 따른다면, 이 어구는 자기가 "조상의 하나님"을 섬기고 있다고 고백한 것에 지나지 않기 때문에, 바울은 자신이 넓은 의미에서의 유대교, 또는 거기에서 파생된 기독교 신앙을 따르고 있음을 나타내기 위하여 이 말을 한 것으로 보인다. 바울은 로마 시민이었지만 유대인 혈통이기도 했기 때문에, 자신이 조상들로부터 물려받은 신앙을 따르고 있다고 고백한다. "— 를 따라"라는 부사도 그러한 사실을 뒷받침한다. 왜냐하면, 이 부사는 어떤 잘 알려진 것, 즉 유대인들이 고수해 왔던 예배와 동일한 종류라는 것을 나타내기 때문이다. 바울이 "조상의 하나님"이라는 말을 명시적으로 언급한 것은 유대인 혈통이 아닌 로마 시민이 율법의 종교로 개종하는 것은 허용되지 않았기 때문이었다. 또한, 이 말 속에는 자신을 잔인하게 박해하는 대적들에 대한 비난의 의미도 담겨 있다. 왜냐하면, 이 말을 통해서 그는 그들이나 자신이나 한 분 유일하신 하나님을 섬기는 점에 있어서는 아무런 차이가 없다고 항변하고 있는 것이기 때문이다. 즉, 바울은 "나는 우리 조상들이 물려준 관습을 따라 하나님을 섬기고 있고, 이 점에 있어서 나는 그들과 다를 것이 전혀 없다"고 말한 것이다. 또한, 이것은 그가 율법의 의식들을 버리고 하나님을 영적으로 예배하는 것으로 만족하였다는 사실과 전혀 모순되지 않는다. 도리어, 바울은 자신의 대적들이 자신에게 부당하게 뒤집어씌운 불경건이라는 오점을 자신의 영적인 예배로 충분히 씻어낼 수 있다고 생각하였다. 그러므로 교황주의자들이 바울은 오랜 역사와 전통을 지닌 모든 것을 다 동의하고 인정하였다고 생각하는 것은 참으로 어리석기 짝이 없는 일이다. 그들은 "우리는 관습과 관례를 대대로 물려받은 자들이기 때문에, 바울처럼 조상들의 하나님을 섬기고 있는 것"이라고 말한다. 그들의 논리를 따른다면, 그들은 이슬람교도들이나 유대인들도 동일한 논리를 앞세워서 기독교 신앙을 배척하는 것이 가능하다는 것을 인정해야 하지 않겠는가? 그러나 사도의 의도는 이방인들의 모든 미신들이 그러하듯이, 신앙의 근거를 단지 조상들의 권위에 두고, 그런 사실을 방패막이로 삼아서 자신의 신앙을 옹호하고자 한 것이 결코 아니었다. 다만, 이 말을 통해서 그는 자신의 대적들로 하여금 입을 다물 수밖에 없도록 하고 싶었을 뿐이었다. 아울러, 바울은 유대교의 뿌리인 조상들은 하나님을 신실하고 참되게 예배한 자들이었기 때문에, 참된 유대인들은 자신들이 섬기는 조상들의 하나님이 천지의 유일한 창조자이신 반면에, 세상의 다른 모든 민족신들은 허황되게 날조된 것들에 지나지 않는다는 것을 자랑할 수 있었다는 사실을 당연한 것으로 여겼다.

14. 율법과 선지자들의 글에 기록된 것을 다 믿으며. 이것은 앞 구절에 대한 간단한 설명이다. 즉, 바울은 앞에서 단순히 하나님을 섬긴다고 말하지 않고, "이렇게"(헬라어로는 οὕτως − '후토스', 한글개역개정에는 번역되지 않음 — 역주)라는 부사를 덧붙였던 까닭에, 이제 여기서 자기가 하나님을 어떻게 섬겨 왔는지를 설명하고 있는 것이다. 이것으로부터 분명한 것은 그가 유대인들 사이에 널리 퍼져 있던 미신적 신앙과 자기 자신을 결부시키지 않기 위해서 고심하였다는 것이다. 이것은 오늘날 우리 중 어떤 사람이 교황주의자들에게 이렇게 답변한 것과 같다: "나는 당신들이 고백하는 하나님을 섬기기는 하지만, 우리가 율법과 복음으로부터 배운 방식

대로 섬긴다." 이러한 사실로부터 우리는 경건의 유일무이한 토대인 믿음이 없이는 하나님을 올바르게 섬길 수 없기 때문에 우리의 순종이 하나님을 기쁘시게 해드리지 못한다는 것을 배워야 한다. 바울은 자신이 하나님의 종이라는 것을 증명하기 위해서, 자기가 율법의 의식들을 행하고 있다고 주장하는 것이 아니라, 도리어 자신이 율법과 선지자들의 글에 기록된 것을 다 "믿는다"고 분명하게 선언한다. 또한, 이 구절은 정확하고 올바른 신앙의 유일한 토대는 자신을 쳐서 성경에 복종시키고서 경외하는 마음으로 그 가르침을 받는 것뿐이라는 유익한 가르침을 담고 있다. 뿐만 아니라, 바울은 자신이 교회의 보편적인 합의에서 조금도 벗어나 있지 않다는 것을 증명하기 위해서, 여기서 성경을 "율법과 선지자들의 글"로 세분하여 제시한다.

15. 하나님께 향한 소망을 나도 가졌으니. 우리는 이 변론의 흐름에 유의하여야 한다. 왜냐하면, 바울이 앞에서 성경을 믿는다고 고백한 후에, 이제 여기서는 장래의 부활에 관한 소망을 덧붙이고 있는 것은 부활에 대한 소망을 육신적인 이해나 인간적인 견해에 비추어서 판단하여서는 안 되고, 하나님의 말씀을 근거로 삼아서 판단하여야 한다는 것을 분명히 하기 위한 것이기 때문이다. 따라서 우리가 무엇보다도 가장 먼저 성경에 대한 경외심을 가지고서 그 권위에 복종하는 것이 믿음의 출발점이 된다. 그런 후에, 우리는 하나님께서 성경 안에서 계시하신 일들을 아는 지식을 통해서 확실하고 참된 소망을 갖게 된다. 바울이 "그들이 기다리는 바 하나님께 향한 소망을 나도 가졌으니"라고 말하면서, 그들과 자기 자신을 연결시키고 있는 것은 의심할 여지 없이 그들을 숨어 있는 은신처에서 끌어내어 밝은 빛 아래로 데려와서 벨릭스 앞에 세우기 위한 것이었다. 그리고 이 점은 그의 변론의 결론 부분에서 다시 한 번 분명하게 드러날 것이다. 마지막으로, 바울이 여기서 보편적인 부활을 선언하고 있는 것은 부활이 그리스도의 지체들에게만 국한된다는 정신 나간 자들의 주장을 정면으로 반박하는 것이다. 바울은 이 구절에서 모든 사람이 다시 살아나게 될 것이라고 말하고 있고, 그리스도께서도 모든 사람의 부활에 대해서 분명하게 말씀하신 바 있다: "선한 일을 행한 자는 생명의 부활로, 악한 일을 행한 자는 심판의 부활로 나오리라"(요 5:29).

16. 이것으로 말미암아 나도 … 항상 양심에 거리낌이 없기를 힘쓰나이다. 성경이 많은 곳에서 우리에게 상기시켜 주듯이, 사람들로 하여금 바르고 경건한 삶을 살도록 하기 위한 자극제들 중에서 마지막 부활의 소망보다 더 따끔하고 효과적인 것은 없다. 그런 까닭에, 바울도 다른 곳에서 신자들로 하여금 반드시 자신의 권면대

로 행하여야 한다는 것을 강조하고자 할 때면 언제나 마지막 부활을 그들에게 상기시킨다(빌 3:20). 따라서 여기서 그가 마지막 부활에 대한 믿음 위에서 하나님 앞에 정결한 삶을 살고 사람들 가운데서 의롭게 살려고 힘썼다고 말한 것은 지극히 당연한 일이다. 사람들의 우매함을 깨우쳐서, 자신들이 영생을 간절하게 원하지도 않고 영생의 진리를 진지하게 믿지도 않는다고 스스로 인정하도록 만드는 데에는, 양심의 거리낌이 천 명의 증인과 맞먹는다는 것은 분명한 사실이다. 여기서 바울은 양심에 거리낌이 없기를 힘쓴다고 할 때에, '아프로스코포스'(ἀπρόσκοπος), 즉 양심에 "걸림돌이나 장애물이 없게" 하기 위하여 힘쓴다는 표현을 사용한다. 이것은 하나님의 종들이 자신들의 경주를 방해하는 장애물들을 제거하기 위해서 힘쓴다고 말한 것과 같다. 그는 양심의 두 가지 측면을 제시한다. 왜냐하면, 양심에는 오직 하나님과만 관련된 내적인 지각(sensus)이라는 측면이 있고, 이것으로부터 사람들과의 관계 속에서 표현되는 신실함(fides)과 고결함(integritas)이라는 측면이 생겨나기 때문이다. 끝으로, 바울이 "하나님과 사람에 대하여 항상 양심에 거리낌이 없기를 힘쓰나이다"라고 말한 것은 마지막 부활을 소망하는 자는 선을 행하다가 결코 지치는 일이 없다는 것을 지적하고 있는 것이다. 왜냐하면, "항상"이라는 부사는 장거리 경주에서 백절불굴의 인내(perseverantia)를 가리키기 때문이다.

17-18. 여러 해만에. 이 말의 의미는 바울이 오랫동안 예루살렘에서 멀리 떨어진 다른 나라들에서 살다가, 여러 해가 지난 지금에야 자기 민족을 구제하기 위해 준비한 것과 하나님께 드릴 감사 예물을 가지고 예루살렘에 왔다는 것이다. 또한, 이러한 사실은 그들의 비정함과 배은망덕함을 분명하게 보여준다. 왜냐하면, 바울은 어느 모로 보나 온 민족의 환영을 받는 것이 마땅한 일이었는데도, 도리어 그들은 바울의 선의를 악으로 갚고 있기 때문이다. 사실, 이 대목은 바울이 앞에서 예배에 관해서 언급하였던 부분을 설명해 준다. 왜냐하면, 바울은 처음부터 성전에 예물을 바치려는 분명한 의도를 가지고 온 것이 아니라, 예루살렘에 도착한 후에야 그런 생각을 하게 된 것이 확실하기 때문이다. 그런 까닭에, 그는 예배에 대해서는 언급하지 않고, 다만 이 사건에서 아주 중요한 발단이 되었던 일, 즉 자신이 성전에서 무슨 일을 했는지를 유대인들이 보았다는 사실만을 지적한다. 바울은 "내가 결례를 행하였고 모임도 없고 소동도 없이 성전에 있는 것을 그들이 보았나이다"라고 말함으로써, 여기서 다시 한 번 자신에 대한 두 가지 혐의를 모두 부인한다. 왜냐하면, 그가 "결례"를 행하였다는 것은 성전을 모독하지 않았다는 명백한 증거였고, "모임"

이나 "소동"이 없었다는 것은 그에게 선동의 혐의가 없었다는 반증이었기 때문이다.

19-21. 그들이 만일 나를 반대한 사건이 있으면 마땅히 당신 앞에 와서 고발하였을 것이요. 이 문장은 불완전하긴 하지만, 그 의미는 분명하다. 즉, "아시아로부터 온 어떤 유대인들"이 아무런 까닭도 없이 소란을 피운 장본인들인데, 그들이 지금 여기에 없는 것이 유감이라는 것이다. 바울은 이렇게 말한 것과 같다: "나에게 많은 혐의를 씌운 당신들은 사건의 진상을 확증할 수 없다. 그런데도 당신들은 소문을 경솔하게 믿고, 총독의 재판 자리에서 고하고 있는 것이다." 이 모든 사태를 촉발하고 거기에 부채질을 해대던 사람들은 바울을 고발하러 나타나지 않았다. 바울은 이 모든 책임이 다른 사람들에게 있다고 말한 후에, 이제 마치 자신감을 회복한 듯이, 자신과 함께 그 자리에 있는 대적들을 향해서 자신이 한 일들에 대해서 알고 있는 것이 있으면 마음껏 말해 보라고 당당하게 요구한다. 에라스무스와 불가타 역본은 분사인 '스탄토스'(στάντος, "섰을 때에")를 현재로 보고서 "서 있을 때에"로 번역하고, '쉬네드리온'(συνέδριον, "공회")이라는 단어를 총독의 재판정으로 번역하지만, 이런 번역은 바울의 의도와 부합하지 않는 것으로 생각되기 때문에, 나는 거기에 동의할 수 없다. 내 생각에는, 바울이 여기서 말하고자 한 것은 유대인들의 공회(συνεδρίῳ)에서 모든 것을 해명할 준비가 되어 있었지만, 그때에 그들은 자기를 어떤 죄로 고소할지에 대하여 아무것도 알지 못했다는 것이다. 왜냐하면, 그들은 "내가 죽은 자의 부활에 대하여 오늘 너희 앞에 심문을 받는다"고 한 바울의 말에 격앙되어 공회가 난장판이 되었고, 심문은 제대로 진행되지도 못하였기 때문이다. 즉, 바울은 자기가 이 모든 고초를 겪게 된 것은 자신이 부활을 소망했다는 단 한 가지 이유 말고는 다른 이유가 전혀 없었다고 말하는 것이다. 이러한 사실로부터 분명한 것은 그들이 지금 아무 근거도 없는 새로운 고소거리를 준비하고 있다는 것이다. 왜냐하면, 만일 바울이 어떤 죄악이나 잘못을 저지른 것이었다면, 그들이 그때까지 거기에 대해서 침묵하고 있었을 리가 만무하였기 때문이다. 당시에 공회에서 바리새파와 사두개파 간에 한바탕 부활 논쟁이 있은 후에, 아마도 다른 문제들을 놓고도 격론이 벌어졌을 가능성이 있다. 왜냐하면, 우리가 다른 곳(25:19)에서 보게 되겠지만, 그들은 그리스도와 관련해서도 논쟁을 벌인 사실이 있기 때문이다. 그러나 여기서 누가의 의도는 단지 바울이 자신의 변론을 통해서 대적들의 거짓 비방으로부터 벗어났음을 보여주는 것이었다.

²²벨릭스가 이 도에 관한 것을 더 자세히 아는 고로 연기하여 이르되 천부장 루시아가 내려오거든 너희 일을 처결하리라 하고 ²³백부장에게 명하여 바울을 지키되 자유를 주고 그의 친구들이 그를 돌보아 주는 것을 금하지 말라 하니라 ²⁴수일 후에 벨릭스가 그 아내 유대 여자 드루실라와 함께 와서 바울을 불러 그리스도 예수 믿는 도를 듣거늘 ²⁵바울이 의와 절제와 장차 오는 심판을 강론하니 벨릭스가 두려워하여 대답하되 지금은 가라 내가 틈이 있으면 너를 부르리라 하고 ²⁶동시에 또 바울에게서 돈을 받을까 바라는 고로 더 자주 불러 같이 이야기하더라 ²⁷이태가 지난 후 보르기오 베스도가 벨릭스의 소임을 이어받으니 벨릭스가 유대인의 마음을 얻고자 하여 바울을 구류하여 두니라(24:22-27).

22. 벨릭스가 이 도에 관한 것을 더 자세히 아는 고로 연기하여 이르되. 벨릭스는 이 사건에 대하여 아무런 선고도 하지 않았지만, 바울이 고소를 당한 것은 자신의 위법행위 때문이 아니라 제사장들의 악의로 말미암은 것임을 간파하고 있었음이 분명하다. 왜냐하면, 누가는 이 사건에 대한 처결이 천부장 루시아가 올 때까지 연기되었다고 보도하면서, "벨릭스가 이 도에 관한 것을 더 자세히 아는 고로"라는 구절을 마치 이러한 연기에 대한 이유인 양 여기에 삽입하고 있기 때문이다. 누가가 이렇게 말한 것은 벨릭스는 오랜 경험을 통해서 제사장들의 행동방식에 익숙해져 있어서 그들이 어떤 식으로 행동하는지를 잘 알고 있었다는 뜻이거나, 그가 양측의 진술 내용을 듣고서 이 고소가 얼마나 경솔하게 이루어진 것인지를 알게 되었다는 뜻인데, 후자는 그가 바울을 매우 관대하게 다루고 있다는 사실에서 확인된다. 왜냐하면, 벨릭스는 백부장에게 바울을 지키기는 하되 최대한 자유를 주라고 명하고 있기 때문이다. 어떤 이들은 "이 도에 관한 것을 더 자세히 아는 고로"라는 구절도 벨릭스가 직접 한 말로 보고서, "천부장 루시아가 내려오거든 너희 일을 처결하리라"는 구절과 연결시켜서, "이 사건에 대해서 더 잘 알고 있는 루시아가 오면, 그때 내가 판결을 내리겠다"라는 뜻으로 해석한다. 하지만 그런 해석은 근거가 희박하고 억지스럽다. 그렇게 해석하는 이들은 아무런 수식어가 붙지 않은 "도"라는 단어는 율법의 가르침을 가리키는 데에 사용된 적이 없다고 주장한다. 그러나 나는 여기서 "도"는 율법이 아니라 이방인들도 잘 알고 있던 종파를 가리키는 것이라고 본다. 바리새인들이 영혼의 불멸을 주장한다는 사실은 모르는 사람이 없을 정도로 잘 알려져 있었다. 따라서 그러한 사실이 이처럼 널리 알려져 있었다는 것을 감안

하면, 벨릭스가 바울에게 죄를 묻지 않는 것은 결코 이상한 일이 아니다. 게다가, "도"라는 단어를 특정 사건에 대한 정보를 의미하는 것으로 보는 것도 어렵다. 또한, 과연 벨릭스 총독이 율법에 대해서 자신보다 천부장인 루시아가 더 잘 알고 있다고 말했을지도 의심스럽다. 바울의 무죄는 세속적인 인간인 벨릭스가 그의 무죄를 예단하고 있었다는 사실에서 좀 더 분명하게 드러난다. 왜냐하면, 벨릭스가 바울의 "친구들"이 찾아와서 돌보아 주는 것을 허용한 것은 바울을 차꼬에 매인 죄수들과는 다른 부류로 간주하고 있음을 보여주는 것이기 때문이다. 또한, 이 구절로부터 우리는 바울의 "친구들"과 교회의 나머지 신자들이 그를 저버리지 않았다는 사실도 알 수 있다. 만일 실제로 바울의 "친구들"이 가까이에 있어서 관심을 갖고 그를 돌보아주고자 하는 행동을 보이지 않았다면, 벨릭스는 바울에게 친구들과 지인들의 방문을 허용하는 쓸데없는 짓을 결코 하지 않았을 것이다. 그러므로 이 사례 속에서 우리는 우리에게 자유가 있고 기회가 주어져 있는 한에 있어서는, 복음을 위하여 자신을 희생하는 그리스도의 순교자들에게 온갖 종류의 위로를 아끼지 말아야 한다는 것을 배워야 한다.

24. 수일 후에 벨릭스가 그 아내 유대 여자 드루실라와 함께. 나는 벨릭스의 탐욕과 타락상에 대해서는 이미 앞에서 어느 정도 언급한 바 있다. 독자들은 여기에 나오는 벨릭스의 아내 드루실라가 아그립바 1세(누가는 12장에서 그의 끔찍한 죽음에 대해서 보도한 바 있다)의 딸이라는 사실을 상기할 필요가 있다. 그녀는 안디옥 왕의 아들인 에피파누스와 약혼했었지만, 에피파누스가 유대교의 예식들을 따르겠다고 약속했다가 나중에 그 약속을 파기하자, 그녀의 오빠인 아그립바 2세(이 인물은 다음 장에 등장한다)가 부왕이 죽은 후에 그녀를 에메세네의 왕인 아지주스(Azizus)의 아내로 주어버렸다. 그녀는 그와 살던 중 벨릭스의 감언이설에 유혹당했다. 그녀의 빼어난 미모에 반한 벨릭스는 시몬이라는 구브로 출신의 유대인을 사주하여 그녀를 꾀도록 하였다. 결국, 이 음란한 여인은 율법을 어기면서까지 전 남편과의 결혼 서약을 파기하고 할례 받지 않은 이방 남자와 재혼하였다. 그녀는 이렇게 부정한 결혼에 의해서 자신의 몸을 더럽힌 여인이었음에도 불구하고, 유년 시절부터 몸에 배었던 종교심을 완전히 잃어버린 것은 아니었음을 우리는 이 구절로부터 쉽게 짐작할 수 있다. 사실, 벨릭스는 자기 아내가 원하지 않았다면, 바울의 말을 듣고 싶지도 않았을 것이고, 그와 이야기를 나누고 싶은 생각도 없었을 것이다. 누가가 명시적으로 분명하게 말하고 있는 것은 아니지만, "드루실라"라는 이름을

군이 밝히고 있는데서, 우리는 그녀가 복음에 대해 듣고 싶어서 바울을 불렀다는 사실을 충분히 짐작할 수 있다. 물론, 그녀의 이러한 변덕은 배우고 싶은 진지한 열망에 의해서라기보다는 일종의 호기심에서 비롯된 것이기는 하지만 말이다.

24. 바울을 불러 그리스도 예수 믿는 도를 듣거늘. 바울이 벨릭스 앞에서 자신의 신앙을 고백했다는 것은 그가 지금까지 그리스도에 대해서 침묵을 지킨 것이 자기 목숨을 걱정하거나 십자가를 지기 싫어서가 아니라 아직 말할 때가 이르지 않았기 때문이었다는 것을 보여주는 증거이다. 바울이 죄수의 신분으로 재판정에 소환되었을 때, 그는 자신에 대해서 제기된 혐의에 대해서 답변을 하여야 했다. 왜냐하면, 그래야 그는 나중에 그리스도를 믿는 신앙에 대해서도 허심탄회하게 고백할 수 있을 것이었기 때문이다. 이제 자신이 말할 수 있는 기회의 문이 열린 것을 직감한 바울은 총독의 비위를 거스르게 될 것을 두려워하거나 자신에게 닥칠 위험을 겁내지 않고, 자신이 그리스도인임을 감추지 않는다. 여기서 우리는 바울이 분별력과 판단력뿐만 아니라 오래 참고 기다릴 줄 아는 인내심도 갖춘 인물이었음을 알게 된다. 그는 복음의 빛을 고의적으로 은폐하려고 한 것이 아니라, 최적의 시점을 기다리고 있었던 것이다.

이제 이쯤에서 우리는 하나님의 놀라우신 목적을 주목할 필요가 있다. 하나님께서는 때때로 멸망받을 자들에게도 복음을 제시하시는데, 그것은 그들이 거기에서 유익을 얻을 것이라고 기대해서가 아니라, 그들로 하여금 더 이상 핑계를 댈 수 없도록 하기 위한 것이다. 사실, 벨릭스와 드루실라는 그리스도에 대해서 한 마디도 듣지 않았다면 더 좋았을 것이다. 왜냐하면, 이제 그들은 자신들에게 제시된 구원의 은혜를 거부했거나 멸시했다는 죄책을 면할 길이 없게 되었기 때문이다. 우리가 유의해야 할 한 가지 사실은 어떤 사람들은 태어날 때부터 그들 안에 심겨진 경건의 씨앗(pietatis semen)으로 말미암아 복음을 듣기 원하지만, 막상 듣게 되면, 혐오하거나 참을 수 없어 한다는 것이다. 또 하나는 복음의 선포가 어떤 결과를 가져오든지, 즉 그것이 사람들을 살리든지 죽이든지, 복음은 하나님을 기쁘시게 해드리는 "향기"(고후 2:15)라는 것이다.

25. 바울이 의와 절제와 장차 오는 심판을 강론하니. 뭔가 새로운 것에 관해서 듣고 싶어 하는 자들이 재치 있는 입담에 귀를 곤두세우듯이, 벨릭스는 한편으로는 바울의 강론에서 즐거움을 얻게 되기를 기대하고 있었고, 다른 한편으로는 자기가 수고하지 않고도 자기 아내의 소원을 풀어줄 수 있기를 원하였다. 벨릭스는 지금까

지 하나님의 말씀의 능력에 대해서는 한 번도 생각해 본 적이 없었고, 하나님의 말씀은 자신의 모든 즐거움에 찬물을 끼얹는 것이었지만, 이제 그 능력을 인정하지 않을 수 없게 되었다. 사슬에 묶여 있는 바울은 하나님의 심판에 대해서 강론하고 있는데, 바울의 생사여탈권을 쥐고 있는 벨릭스는 마치 심판자 앞에 서 있는 것처럼 두려워 떨고 있다. 그가 두려움에서 벗어날 수 있는 유일한 해결책은 바울을 그의 눈 앞에서 사라지게 하는 것뿐이었다. 이것으로부터 우리가 무엇보다도 먼저 알 수 있는 것은 하나님의 성령의 능력이 바울의 심령뿐만 아니라 그의 혀에도 강력하게 역사하고 있었다는 것이다. 바울은 자기가 그리스도의 이름으로 말해야 한다는 것을 알고 있었기 때문에 결코 비굴한 태도를 취하지 않았고, 마치 자신이 총독보다 더 높은 지위에 있기라도 하다는 듯이 자신에게 부여된 임무를 당당하게 수행하였으며, 자신이 갇혀 있는 신분이라는 것도 잊은 채 그리스도의 이름으로 하늘의 심판을 선포하였다. 옥에 갇혀 있는 사람인 바울의 말을 듣고 벨릭스의 마음이 큰 찔림을 받았다는 사실은 성령의 권능이 어떠한 것인지를 잘 보여준다. 그리스도께서는 성령의 권능에 대해서 "그가 와서 죄에 대하여, 의에 대하여, 심판에 대하여 세상을 책망하시리라"(요 16:8)고 말씀하셨고, 바울도 고린도전서 14:24에서 "믿지 아니하는 자들이나 알지 못하는 자들이 들어와서 모든 사람에게 책망을 들으며 모든 사람에게 판단을 받고"라고 말함으로써 예언이 지닌 그러한 권능을 보여준다. 또한, 바울은 다른 곳에서 자신은 복음으로 말미암아 매인 몸이 되었으나 "하나님의 말씀"은 매이지 않았다고 말한다(딤후 2:9). 그런 까닭에, 그는 거리낌 없이 단호하게 복음을 선포하였고, 그렇게 선포된 복음은 자신들의 능력에 대한 교만에 빠져 있던 자들의 심령을 마치 하늘에서 내려치는 번개처럼 뚫고 들어갈 수 있었다.

우리가 다시 한 번 주목해야 할 사실은 하나님의 심판은 멸망 받을 자들에게도 선포되지만, 그들은 심판의 두려움만으로는 결코 회개에 이르지 못한다는 것이다. 실제로, 벨릭스는 하나님께서 세상의 심판자가 되실 것이라는 말을 듣고 충격을 받고 두려워하지만, 동시에 바울에게 돌아가라고 말함으로써 그 두려운 심판 자리를 피해 버린다. 벨릭스의 근심은 구원에 이르게 하지 못하는 거짓된 세상 근심(ficta tristitia)일 뿐이다("하나님의 뜻대로 하는 근심은 후회할 것이 없는 구원에 이르게 하는 회개를 이루는 것이요 세상 근심은 사망을 이루는 것이니라," 고후 7:10). 따라서 회개에 이르게 하는 데에 필요한 두려움은 저절로 죄를 미워하는 마음이 일어나서 하나님 앞에 서게 만들고, 자원해서 하나님의 말씀에 의한 판단을 받고자 하는 마음을 갖게 만드는 두려움이다. 죄인이 자신을 망하게 만든 죄를 직시하고, 거기 서부터 치유책을 모색할 때에 참된 회개가 이루어질 수 있다. 또한, 이 구절은 하나 님의 말씀이 어떤 사람의 악덕들을 백일하에 드러내고 그의 양심을 "장차 오는 심 판" 앞에 불러 세울 때에야 그 사람이 어떤 사람인지가 철저하게 드러난다는 것을 가르쳐준다. 왜냐하면, 바울은 "의와 절제"에 대해서 강론함으로써, 쾌락과 방종과 불의에 빠져서 살고 있던 벨릭스의 아픈 곳을 날카롭게 건드린 것이었기 때문이다.

26. 동시에 또 바울에게서 돈을 받을까 바라는 고로. 벨릭스는 바울에게 아무런 죄가 없다는 것을 명백하게 알았기 때문에, 유대인들에게서 돈을 받고 그를 단죄하 는 것을 부끄럽게 생각했지만, 그럼에도 불구하고 탐욕스럽고 부패한 인간이었던 그는 아무런 대가 없이 바울을 풀어주려고 하지는 않았다. 그래서 벨릭스는 뇌물을 바치면 석방될 수 있다는 사실을 바울에게 암시하기 위해서 그를 더 자주 소환하였 다. 돈을 밝히는 재판관들은 부정한 돈을 받고 사람들을 풀어 주고자 할 때에 이런 방식으로 자신의 속셈을 내비친다. 벨릭스가 오로지 이득을 취하고자 하여 바울을 자주 불렀다는 사실로 미루어 볼 때, 우리는 바울의 강론을 듣고 그가 가졌던 두려 움은 흔적도 없이 사라졌다는 것을 알게 된다. 그는 바울의 강론을 듣고 두려워서 바울을 자신의 눈 앞에서 쫓아낸 사람이 아니었던가? 그런데 벨릭스는 어째서 빈털 터리인 바울 같은 사람에게서 돈을 받아낼 수 있을 것이라고 기대했던 것일까? 본 래 이런 아귀 같은 인간은 먹어도 먹어도 배가 부르지 않는다. 또한, 법과 정의를 돈 으로 사고파는 인간들은 영악하고 상황 판단이 빠른 법이다. 그래서 벨릭스는 유대 인들이 바울을 없애려고 줄기차게 달려드는 것을 보고서, 바울이 보통 사람이 아니 고 대단히 중요한 인물이라고 여겼고, 바울의 많은 친구들이 그를 석방시키기 위해 서 분명히 뇌물을 바칠 것이라고 확신하였음이 틀림없다.

27. 이태가 지난 후. 바울은 돈을 좋아하는 이 재판관에게 돈을 건네면 그가 자 신을 풀어줄 것임을 알고 있었고, 그러한 돈을 마련할 수 있는 시간도 충분했지만, 그러한 부정한 거래를 함으로써 형제들에게 폐를 끼치고 신성한 사법 질서를 혼탁 하게 만드는 것을 혐오해서 그렇게 하지 않은 것같다. 총독들은 임지를 떠날 때에 죄가 없는 것으로 생각되는 죄수들을 풀어 주는 것이 관례였음에도 불구하고, 벨릭 스는 유대인들의 환심을 사기 위해서 정반대로 행동하였다. 사실, 유대인들은 벨릭 스의 부정한 뇌물수수와 방약무인한 통치 방식에 대해서 줄곧 민원을 제기해왔던 터였고, 계속된 민원에 짜증이 난 클라우디우스 황제는 결국 그를 유대 총독직에서

해임하고 로마로 소환했던 것이다. 이런 상황에서 벨릭스는 자신에 대한 유대인들의 반감을 누그러뜨리기 위해서 바울을 "구류하여" 두기로 결정하였다. 그는 아무 죄도 없는 하나님의 종을 자신의 비행에 대한 희생양으로 삼아서 제사장들의 환심을 사려고 했던 것이다.

제25장

¹베스도가 부임한 지 삼 일 후에 가이사랴에서 예루살렘으로 올라가니 ²대제사장들과 유대인 중 높은 사람들이 바울을 고소할새 ³베스도의 호의로 바울을 예루살렘으로 옮기기를 청하니 이는 길에 매복하였다가 그를 죽이고자 함이더라 ⁴베스도가 대답하여 바울이 가이사랴에 구류된 것과 자기도 멀지 않아 떠나갈 것을 말하고 ⁵또 이르되 너희 중 유력한 자들은 나와 함께 내려가서 그 사람에게 만일 옳지 아니한 일이 있거든 고발하라 하니라 ⁶베스도가 그들 가운데서 팔 일 혹은 십 일을 지낸 후 가이사랴로 내려가서 이튿날 재판 자리에 앉고 바울을 데려오라 명하니 ⁷그가 나오매 예루살렘에서 내려온 유대인들이 둘러서서 여러 가지 중대한 사건으로 고발하되 능히 증거를 대지 못한지라 ⁸바울이 변명하여 이르되 유대인의 율법이나 성전이나 가이사에게나 내가 도무지 죄를 범하지 아니하였노라 하니(25:1-8).

1-4. 베스도가 부임한 지 삼 일 후에 가이사랴에서 예루살렘으로 올라가니. 이제 바울에 대한 재판과 관련해서 제2막이 펼쳐지는데, 여기서도 바울은 제1막에 못지않은 힘겨운 싸움을 벌이게 된다. 바울이 계속해서 옥에 갇혀 있었다는 사실 하나만으로도, 베스도는 이 사건을 복잡한 미제 사건으로 생각하고서, 이 사건에 대해 왜곡된 편견을 가질 수 있었다. 그러나 바울에게 더 큰 위험을 초래하게 된 원인은 따로 있었다. 우리는 새로 부임한 총독들이 속주민들의 민심을 얻기 위해서 여러 가지 조치를 취하는 관행이 있었다는 것을 안다. 따라서 베스도는 유대인들의 민심을 얻기 위한 일차적인 조치로 바울을 죽이는 것도 얼마든지 가능한 일이었다. 이제 이 거룩한 사람의 믿음은 다시 한 번 시험대에 오르게 되고, 그가 지금까지 의지해 온 하나님의 약속은 무용지물이 되는 듯이 보였다. 하지만 이번에도 하나님의 은혜가 크게 나타나서, 그는 사람들의 예상과는 달리 죽음의 문턱에서 구출된다. 유대인들은 선수를 쳐서 총독에게 다시 한 번 거짓 고소를 제기한다. 하지만 그들은 아직 바울의 처벌을 요구하지는 않고, 다만 이 재판이 예루살렘에서 열릴 수 있도록 그를 예루살렘으로 옮겨줄 것을 요청한다. 이것은 당연한 요청인데도 불구하

고, 그들이 총독에게 하해와 같은 은혜를 베풀어 달라고 하면서까지 간청한 것은 길에 매복하였다가 바울을 죽이고자 하는 계획이 그들에게 있었기 때문이었다. 하지만 베스도가 그들의 요청을 거부함으로써, 그들의 계획은 좌절되고 만다. 어차피 나중에 들어줄 청을 베스도가 지금은 이렇게 단호하게 거부한 데에는 하나님께서 그의 마음을 주관하셨기 때문이 아니라면 다른 어떤 이유가 있었겠는가? 하나님께서는 이때에 자신의 은밀하신 섭리로 베스도의 마음에 재갈을 물려두셨고, 나중에 그로 하여금 자신의 뜻대로 행하도록 허용하신 후에는, 그가 자신의 의도대로 행하지 못하도록 그의 양손을 묶어 두셨다. 우리는 위험에 처했을 때에 이러한 확신을 붙들고서 하나님의 이름을 부르며 기도하여야 한다. 또한, 우리는 하나님께서 손을 들어 이렇게 강력한 음모를 분쇄하심으로써 믿는 자들을 지켜 주시는 자신의 권능에 대한 영원한 증거를 보여주셨다는 기억하고서 늘 평안한 마음을 지녀야 한다.

5-6. 너희 중 유력한 자들은. 이 어구의 헬라어 본문을 직역하면 "능력 있는 자들"이 되지만, 여기서 이 어구는 단지 가이사랴로 내려가는 것이 "가능한 자들"을 의미한다. 또한, 우리는 그들이 총독에게 많은 유력자들, 특히 나이가 많은 유력자들로 하여금 불필요한 여행을 하게 하여 고생시키지 말고, 그가 몇 명의 군인을 가이사랴로 보내어 바울을 호송해 오는 일은 쉬운 일일 것이니 그렇게 해 달라고 간청했을 것임을 쉽게 짐작할 수 있다. 그래서 벨릭스는 그러한 고생에 대해서 그들이 불평하지 못하게 하려고, 그들 중에서 가이사랴로 내려가기를 원하는 사람들을 아무나 선택해도 좋다고 허락한다. 동시에, 그는 자신이 그들의 고소 내용을 신뢰하지 않는다는 점을 분명하게 밝히고, 자신은 진실한 사실 관계에 입각해서 사건을 처리하는 불편부당한 재판관이 될 것이라고 선언한다. 6절의 헬라어 본문에 대해서는 다른 읽기들이 있다. 즉, 어떤 사본들은 불가타 역본과 마찬가지로 "팔 일 혹은 십 일을 넘기지 않고"로 되어 있다. 이러한 읽기를 따른다면, 이 구절은 베스도가 예루살렘에 오래 머물러 있으면, 유대인들이 그에게 계속해서 압력을 넣을 수 있는 빌미를 주게 될 것이기 때문에, 그렇게 하지 못하도록 하기 위해서 서둘러 가이사랴로 내려왔다는 뜻이 된다. 하지만 우리가 헬라어 사본들에서 좀 더 자주 등장하는 "열흘을 넘겨서"라는 읽기(칼빈의 라틴어 본문은 이것을 따르고 있다 — 역주)를 따른다면, 의미가 달라진다. 즉, 베스도는 예루살렘에서 이 사건을 조사하느라고 꽤 오랫동안 머무르긴 했지만, 바울을 강제로 그곳으로 끌어오고 싶어 하는 유대인들

의 요청을 수용하지 않은 것이 된다. 이것은 베스도가 그들의 매복 계획을 이미 알고 있었을 가능성이 높았음을 보여준다.

7-8. 여러 가지 중대한 사건으로 고발하되. 바울이 율법 아래에서 사는 동안에 그에게 아무런 흠이 없었다는 것은 잘 알려진 유명한 사실이었다. 또한, 그는 기독교로 개종한 이후에도 흠 없는 삶을 산 모범적인 인물이었다. 그럼에도 불구하고, 우리는 그가 무수한 모욕과 비방에 시달리는 것을 본다. 하지만 그리스도의 종들이 직면하는 현실은 거의 언제나 이와 같은 것이다. 그러므로 그리스도의 종들은 좋은 평판이든 나쁜 평판이든 개의치 않고 앞으로 전진해 나아갈 수 있을 만큼 더욱 담대해야 하고, 좋은 일을 하고도 욕을 먹는 것을 이상한 일로 여기지 말아야 한다.

한 걸음 더 나아가서, 하나님의 종들은 하나님 앞에서는 깨끗한 양심을 갖고, 사람들 앞에서는 적절한 때가 오면 스스로를 제대로 변호할 수 있도록 만반의 준비를 하고 있어야 한다. 왜냐하면, 바울은 될 대로 되라는 식으로 자신에 대한 고소를 방치하고 있는 것이 아니라, 자신의 무죄를 변론하며 지혜롭게 거짓 고소에 대처하고 있기 때문이다. 하지만 우리는 사악한 자들이 선한 자들에게 악담을 퍼붓고 뻔뻔스러운 중상모략을 하는 것을 완전히 막을 수는 없다는 것을 유념하여야 한다. 왜냐하면, 그들의 본성은 사탄의 본성과 다르지 않고, 그들은 사탄의 영에 의해서 움직이기 때문이다. 그러므로 우리는 하나님께서 우리에게 사악한 자들로 하여금 할 말이 없게 만들라고 명령하신 것을 의롭게 행하는 모든 자들이 부당한 중상모략으로부터 완전히 벗어날 것이라는 뜻으로 받아들여서는 안 되고, 우리의 삶이 우리가 의롭다는 것을 대신 대답해 줄 수 있고 우리에 대한 모든 비방이 거짓되다는 것을 밝혀줄 수 있는 그런 삶을 우리가 살아야 한다는 뜻으로 받아들여야 한다. 따라서 우리는 바울의 대적들이 자신들에게 우호적인 재판관을 갖고 있었음에도 불구하고, 그들의 중상모략이 무위로 돌아간 것은 바울이 자신의 행실로 자신의 무죄를 확증하였기 때문이라는 것을 보게 된다. 그들에게는 돈으로 매수한 거짓 증인들도 있었고, 그 증인들을 증언대에 세우는 데에도 아무런 주저함이 없었을 것이다. 하지만 하나님께서 자신의 종에게 불굴의 담대함을 부어 주셨기 때문에, 바울은 그들의 중상모략이라는 헛된 구름을 자신의 의로운 삶이라는 빛으로 몰아내었고, 그들은 수치를 당한 후에 결국에는 거짓 고소를 한 자들이라는 오명을 쓴 채 법정을 떠나게 된다. 한편, 바울의 변론 내용은 유대인들이 그를 공격하기 위해서 사용한 거짓 고소의 내용들이 어떤 것들이었는지를 보여준다. 첫 번째 죄목은 하나님에 대한 불경죄로서, 바울이 율법을 버리고 성전을 더럽혔다는 것이었다. 두 번째 죄목은 가이사와 로마 제국에 대한 반역죄로서, 바울이 도처에서 소요를 선동하였다는 것이다.

[9]베스도가 유대인의 마음을 얻고자 하여 바울더러 묻되 네가 예루살렘에 올라가서 이 사건에 대하여 내 앞에서 심문을 받으려느냐 [10]바울이 이르되 내가 가이사의 재판 자리 앞에 섰으니 마땅히 거기서 심문을 받을 것이라 당신도 잘 아시는 바와 같이 내가 유대인들에게 불의를 행한 일이 없나이다 [11]만일 내가 불의를 행하여 무슨 죽을 죄를 지었으면 죽기를 사양하지 아니할 것이나 만일 이 사람들이 나를 고발하는 것이 다 사실이 아니면 아무도 나를 그들에게 내줄 수 없나이다 내가 가이사께 상소하노라 한대 [12]베스도가 배석자들과 상의하고 이르되 네가 가이사에게 상소하였으니 가이사에게 갈 것이라 하니라(25:9-12).

9. 베스도가 유대인의 마음을 얻고자 하여. 베스도가 유대인들의 "매복" 계획을 알고 있었든(이렇게 추론하는 것은 그리 어렵지 않다) 전혀 모르고 있었든, 그는 바울을 부당하게 다루고 있다. 여기서 우리는 하나님의 성령의 인도하심을 받지 않는 자들이 얼마나 쉽게 온갖 부패하고 타락한 행위로 이끌릴 수 있는지를 본다. 왜냐하면, 베스도에게는 바울을 의도적으로 멸시하거나 미워할 이유가 있었던 것이 아니었는데도, 야심과 더불어서 금전적 이득을 얻고자 하는 욕심이 그를 지배해서, 뇌물로 유혹하는 제사장들에게 돈도 얻고 환심도 사기 위하여 그들의 요구를 고분고분 들어줌으로써, 결국 바울의 대적들의 "마음을 얻고자" 부당하게 그를 죽음의 위험으로 내몰고 있기 때문이다. 하지만 베스도가 바울의 의사를 무시한 채로 자신의 직권으로 그를 예루살렘으로 호송하라고 명령하지 않고 바울에게 선택권을 준 것은 이상한 일로 보일 수 있지만, 그는 로마 시민의 권리를 침해하는 것은 중대한 범죄라는 것을 알고 있었기 때문에 바울의 의사를 물은 것임에 틀림없다. 그런데도 베스도는 바울이 예루살렘에서 심문받는 것을 거부하지 않도록 교묘하게 설득하고 있다. 왜냐하면, 로마 시민인 바울에게는 가이사에게 상소할 권리가 있는 까닭에, 그가 더 이상의 소송 절차를 거부할 수 있다는 것을 벨릭스는 아주 잘 알고 있었기 때문이다. 어쨌든, 바울이 자신을 죽이고자 하는 자들의 손에 넘겨지지 않은 것은 베스도의 덕분이 아니었다.

10. 바울이 이르되 내가 가이사의 재판 자리 앞에 섰으니. 바울은 총독이 야심을

채우기 위해서 자기를 유대인들의 손에 넘기려 한다는 것을 알아차리고서, 로마 시민으로서의 자신의 권리를 행사한다. 만일 그가 정당하고 공평한 재판 절차를 기대할 수 있었다면, 당연히 그는 총독의 제안에 응하였을 것이다. 하지만 이제 재판관이 자신의 직무를 정당하게 집행하고자 하지 않는 상황에 직면하게 되자, 바울은 부득이하게 법의 힘을 빌려서 자신을 지킬 수밖에 없게 되었다. 이런 식으로 하나님께서는 원수들의 손에 넘겨지기 일보 직전에 있던 바울을 다시 한 번 건져내신다. 따라서 바울이 "가이사의 재판 자리"에서 자신의 사건을 다루어 달라고 요구한 것은 복음의 가르침을 불경건한 불신자들의 판단에 맡긴 것이 아니라, 도리어 자신의 믿음을 만천하에 해명하고 논증하고자 하는 마음으로, 더 이상 공정함을 기대하기 어려운 법정을 거절한 것이었다. 로마 시민들은 자신들의 종래의 특권을 여전히 보유하고 있었지만, 당시에는 그 권리를 행사하는 절차에 있어서 변화가 있었다. 즉, 로마의 황제들은 시민들의 자유를 지켜주는 최고의 호민관이자 수호자를 자처하고서, 시민들에 대한 재판을 자신들이 직접 관장하겠다고 나선 것이었다.

10. 당신도 잘 아시는 바와 같이 내가 유대인들에게 불의를 행한 일이 없나이다. 양심이 찔리는 자들과 자신의 사건에 자신이 없는 자들은 책임을 모면하기 위해서 엉뚱한 핑계를 둘러대는 것이 일반적이기 때문에, 여기서 바울은 단도직입적으로 자신의 무죄를 주장함으로써, 자신이 그런 자들과는 다르다는 것을 분명하게 보여준다. 이와 같이, 그리스도의 사역자들은 자신의 목숨을 구하는 것 못지않게 자신의 무죄를 증명하는 데에도 관심을 기울이는 것이 마땅하다. 만일 바울이 자기 자신에 대한 변론을 포기하겠다고 말하였다면, 그의 대적들이 재판에서 이겼을 것이고, 사람들은 바울이 죄를 짓고 양심에 찔림을 받아서 변론을 포기한 것이라고 조롱하였을 것이며, 이것은 결과적으로 복음에 누를 끼치는 일이 되었을 것이다. 하지만 지금 바울은 총독을 증인으로 내세워서("당신도 잘 아시는 바와 같이") 자신의 무죄를 주장하고, 만일 자기가 불의를 행한 것으로 밝혀지면 기꺼이 처벌을 받겠다고 단호하게 말함으로써, 구구한 억측이나 중상모략이 생길 수 있는 가능성과 기회를 차단한다. 따라서 이것은 바울이 적당한 핑곗거리를 둘러댐으로써 빠져나갈 구멍을 찾고 있었던 것이 아니라, 자기를 고소한 자들이 지금까지 악질적이고 몰염치한 행태를 보여준 것도 모자라서 이제는 아예 재판 절차 자체를 무시하고 자기를 암살하려고 기를 쓰고 있는 것을 보고서, 자기 자신을 정당하게 변론할 수 있고 자신에게 가해질지도 모를 위해를 막을 수 있는 피난처(asylum)를 구하고 있었던 것임

을 보여준다. 또한, 바울은 자기를 고소한 자들과 총독이 야합하는 것은 불의한 처사라는 사실을 굳이 숨기지 않고 있고, 동시에 총독이 더 이상 무모하게 일처리를 하지 못하도록 그의 탐욕에 제동을 걸고 있다.

11. 내가 가이사께 상소하노라. 바울은 자신이 "죽을 죄를 지었으면 죽기를 사양하지 아니할 것"이라고 선언한 후에, 주저하지 않고 가이사의 도움을 요청한다. 따라서 우리도 바울과 같은 상황에 처해서 꼭 필요한 경우에는 법률이나 정치 제도의 도움을 받는 것을 꺼려할 이유가 전혀 없다. 왜냐하면, 성경은 하나님께서 관리들을 세우신 것은 그들로 하여금 선한 자들을 칭찬하게 하기 위한 것이라고 말씀하고 있기 때문이다. 바울이 믿지 않는 재판관에게 재판 받는 것을 주저하지 않은 것은 상소하는 자는 새로운 소송을 제기하는 것이었기 때문이었다. 그러므로 우리는 재판 제도를 제정하신 하나님께서 자기 백성들이 그 제도를 합법적으로 활용하는 것을 허락하신다는 것을 깨달아야 한다. 따라서 바울이 고린도 교인들을 심하게 책망한 것은 그들이 자신들의 권리를 지키기 위해서 세상 관리들의 도움을 요청하였기 때문이었다고 해석하는 것은 잘못이다. 왜냐하면, 바울은 고린도 교인들이 어떤 손해도 참지 못하고 툭 하면 법정으로 달려감으로써 복음을 욕되게 하는 명백한 잘못을 저질렀던 까닭에 그들을 호되게 책망한 것이었기 때문이다.

12. 베스도가 배석자들과 상의하고 이르되. 총독들은 사건을 심리할 때에 유력한 시민들을 배석시켜서 도움을 얻고, 그들 간에 합의가 이루어졌을 때에만 판결을 선고하는 것이 관행이었다. 한편, 베스도는 아마도 자신이 원하는 대로 유대인들의 환심을 살 수 있는 기회가 없어졌기 때문에 화가 나서, "네가 가이사에게 상소하였느냐"라고 짜증을 내며 반문하는 형태로 말한 것으로 보인다. 하지만 이것은 그리 중요한 문제도 아니고, 단순한 추측에 불과한 것이기 때문에, 더 이상 거론할 필요는 없을 것이다.

¹³수일 후에 아그립바 왕과 버니게가 베스도에게 문안하러 가이사랴에 와서 ¹⁴여러 날을 있더니 베스도가 바울의 일로 왕에게 고하여 이르되 벨릭스가 한 사람을 구류하여 두었는데 ¹⁵내가 예루살렘에 있을 때에 유대인의 대제사장들과 장로들이 그를 고소하여 정죄하기를 청하기에 ¹⁶내가 대답하되 무릇 피고가 원고들 앞에서 고소 사건에 대하여 변명할 기회가 있기 전에 내주는 것은 로마 사람의 법이 아니라 하였노라 ¹⁷그러므로 그들이 나와 함께 여기 오매 내가 지체하지 아니하고 이튿날 재판

자리에 앉아 명하여 그 사람을 데려왔으나 ¹⁸원고들이 서서 내가 짐작하던 것 같은 악행의 혐의는 하나도 제시하지 아니하고 ¹⁹오직 자기들의 종교와 또는 예수라 하는 이가 죽은 것을 살아 있다고 바울이 주장하는 그 일에 관한 문제로 고발하는 것뿐이라 ²⁰내가 이 일에 대하여 어떻게 심리할는지 몰라서 바울에게 묻되 예루살렘에 올라가서 이 일에 심문을 받으려느냐 한즉 ²¹바울은 황제의 판결을 받도록 자기를 지켜 주기를 호소하므로 내가 그를 가이사에게 보내기까지 지켜 두라 명하였노라 하니(25:13-21).

13. 수일 후에. 누가가 이 긴 이야기를 기록한 목적은 비록 심리 절차는 중단되었지만 바울의 감금 생활이 빛나는 삶이었고, 감금되어 있는 동안에도 감옥에서 불러나가서 저명한 청중들 앞에서 자신의 신앙을 고백하고 복음에 대해서 변론할 기회를 얻게 되었다는 것을 우리로 하여금 알게 하고, 더 나아가서 그는 거기에서 홀대를 받기는 했지만 죄인으로 취급되지는 않았기 때문에, 그에 대한 악평으로 말미암아 그리스도의 영광이 손상된 것이 아니었고, 밖에서 자유롭게 살 때보다 도리어 감옥에 갇혀 있을 때에 복음을 전파할 수 있는 더욱 큰 자유를 누렸다는 것을 알게 하기 위한 것이다.

13. 아그립바 왕과 버니게가. 여기에 등장하는 아그립바가 아그립바 1세(그의 가증스럽고 혐오스러운 죽음에 대한 기사는 12장에 나온다)의 아들이라는 것은 확실하다. 그는 아버지가 죽은 후에 자신의 삼촌 대신 칼키스(Chalcis)의 왕이 되었고, 나중에는 더 넓은 영토를 다스리는 분봉왕이 되었다. "버니게"는 그의 친누이였다. 그녀는 처음에 자신의 삼촌인 칼키스 왕 헤롯(Herod)과 결혼하였고, 그가 죽은 후에는 한동안 미망인으로 살았는데, 그동안에도 자기 오빠인 아그립바와 너무 가깝게 지낸다는 의심을 사는 등 정숙하게 살지는 못하였다. 그녀는 근친상간의 비난을 피하기 위해서 길리기아 왕인 폴레몬(Polemon)과 결혼했지만, 정숙함과는 거리가 멀었던 그녀는 다시 한 번 욕정에 빠지게 되고, 결국 그와 이혼하였다. 그녀가 자기 오빠의 아내였다고 기록한 역사가는 없다. 그리고 요세푸스는 자신의 전기에서 갈릴리의 일부가 그녀의 영토였다고 말한다. 그러므로 이 오누이는 점점 더 부정한 관계로 발전해서, 결국 사람들의 소문을 개의치 않고 함께 살게 되었지만, 다른 한편으로는 근친 간의 결혼으로 말미암아 자신들의 근친상간의 죄가 드러나서 자신들의 죄가 더욱 무거워질 것을 우려해서 결혼은 하지 않았던 것일 가능성이 크다.

한편, 분봉왕은 전적으로 로마 황제의 허락에 의해서만 통치권을 보유할 수 있었고, 분봉왕의 책봉은 로마 황제의 대리인인 총독의 천거와 평가에 좌우되었기 때문에, 아그립바가 베스도에게 인사하기 위해서 온 것은 결코 이상한 일이 아니었다.

14-16. 여러 날을 있더니. 그들은 어느 정도 시간이 흐른 후 더 이상 할 말이 없게 되자, 할 일 없는 사람들이 흔히 그러하듯이, 이런저런 화젯거리를 찾다가, 마침내 바울에 관한 얘기를 하게 되었다. 왜냐하면, 누가가 "여러 날"이 그냥 흘러갔다고 말한 것은 베스도 감옥에 갇혀 있던 어떤 죄수에 관한 이야기를 우연한 기회에 아그립바에게 하게 되었다는 것을 보여주는 것이기 때문이다. 여기서 베스도는 제사장들의 악의를 비난하는 한편, 자신의 공명정대함을 과시하지만, 조금 뒤에는 고소당한 자에게는 혐의가 없었는데도, 자기가 예루살렘으로 데려가서 재판을 하려고 하자, 그 자가 예루살렘으로 이송되지 않으려고 가이사에게 상소하게 되었다고 말하며, 부지불식간에 자신의 불찰을 인정한다. 한편, 베스도는 로마인들의 위대함을 칭송하면서, 로마법에서 정한 재판관들의 행동 지침에 대하여 말한다. 이렇게 세속적인 사람들조차도 재판관들은 무죄한 자를 압제해서는 안 된다는 것을 본성적으로 알고 있었다고 한다면, 하물며 하나님의 말씀의 빛을 받은 재판관들이 온갖 종류의 부패하고 타락한 일들에 대하여 극도로 경계하고 조심해야 한다는 것은 두말할 필요도 없지 않겠는가.

18-19. 원고들이 … 악행의 혐의는 하나도 제시하지 아니하고. 바울이 소요를 선동한 죄로 고소되었다는 점을 생각하면, 여기서 베스도가 자신의 생각과는 달리 원고들이 바울에 대한 혐의를 하나도 제시하지 못하였다고 말한 것은 이상해 보일 수 있지만, 이것으로부터 우리는 그들이 제기한 고소는 실체가 전혀 없는 거짓된 것으로서, 어떤 사람이 홧김에 막말을 내뱉은 그런 것과 같아서, 법정에 가져올 성질의 것이 아니었다는 것을 분명하게 알게 된다. 그래서 베스도는 이 사건의 핵심은 율법을 둘러싼 갈등이라고 말한다. 따라서 우리는 베스도가 바울과 유대인들 사이에서 벌어진 논쟁을 로마의 법률에 의해서 처벌되는 범죄들과 분명하게 구별하고 있다는 것을 알게 된다. 그가 이렇게 말한 것은 종교를 침해하는 행위는 처벌될 수 없다거나, 하나님에 대한 예배를 자신들이 날조한 것들로 더럽히는 자들의 후안무치한 행위가 용인되어야 한다는 뜻이 아니라, 로마인은 모세의 율법에는 아무런 관심이 없다는 뜻이다. 그렇기 때문에, 베스도는 그들이 자기들의 미신($\delta\varepsilon\iota\sigma\iota\delta\alpha\iota\mu\text{o}\nu\acute{\iota}\alpha$ – '데이시다이모니아,' 한글개역개정에는 "종교") 문제로 다투고 있는 것이라고 매우 경

멸적으로 말하고 있다. 그러나 헬라인들은 자신들이 택한 거짓 신들을 섬기는 것은 어느 곳에서나 인정되는 일이었기 때문에, '데이시다이모니아'라는 단어를 나쁜 의미로만이 아니라 좋은 의미로도 사용하였다. 결국, 베스도가 한 말의 의미는 자기는 유대인들의 종교를 둘러싼 논쟁에는 상관하지 않겠다는 것이다. 참된 신앙을 구별하는 잣대는 하나님의 말씀에서 찾아야 한다는 것을 배우지 않은 이교도가 하나님에 대한 순전한 예배와 미신을 구별하지 못하는 것은 결코 이상한 일이 아니다.

따라서 우리가 어둠 속에서 헤매지 않기 위해서는, 믿음의 지식(fidei scientia)에 토대를 두지 않은 것은 참된 신앙(pietas)이 아니라는 이 분명한 진리를 더욱더 견고히 붙들 필요가 있다. 한 마디 더 해두자면, 오늘날 이슬람교도들이 승승장구하면서 그리스도의 가르침을 멸시하는 것과 마찬가지로, 당시의 로마인들도 하는 일들마다 잘되고 승승장구하였기 때문에 거기에 도취되어서, 자신들은 다른 어느 민족보다도 신의 가호 아래 있는 민족이라고 생각하였다. 불신자이자 우상 숭배자인 사람이 유대인들의 중재자와 재판관으로 앉아서, 자신의 무지를 따라서 하나님의 거룩하신 말씀에 대하여 판결을 내리고 있는 것은 참으로 개탄스럽고 수치스러운 일이었다. 하지만 모든 잘못은, 하나님의 위엄은 안중에도 없고 오로지 자신들의 광기를 발산하는 데에만 몰두했던 바울의 대적들에게 있었다. 이제 바울에게 남은 일은 자신에 대해서 부당하게 제기된 비난을 종'!시키는 것이었다. 이처럼 오늘날에도 그리스도인들끼리의 내부적인 다툼은 이슬람교도들이나 유대인들의 눈에는 그리스도의 거룩하신 이름과 그의 복음을 욕되게 하는 일이기는 하지만, 부득이하게 싸움터로 나서야 하는 거룩한 가르침의 수호자들에게 비난의 화살을 돌리는 것은 합당한 일이 아니다.

19. 예수라 하는 이가 죽은 것을 살아 있다고. 바울이 그리스도의 부활에 대해서 진지하게 전하였으리라는 것은 의심의 여지가 없는 사실이지만, 교만했던 베스도는 그런 이야기는 자기가 마음을 쓸 만한 일이 아니라고 생각하였다. 물론, 그는 바울을 대놓고 조롱한 것은 아니지만, 그의 이러한 발언은 그가 바울이 그리스도에 관하여 한 말을 얼마나 건성으로 들었는지를 여실히 보여준다. 이러한 사실로부터 우리는 하나님의 성령이 사람들의 심령에 감동을 주지 않으면, 말씀을 전해 보아야 별 효과를 거둘 수 없거나 아예 효과가 없게 된다는 것을 알게 된다. 왜냐하면, 불경건한 자들은 복음에 대하여 들을 때에 마치 옛날 이야기를 듣듯이 한 귀로 듣고 한 귀로 흘려 버리기 때문이다. 따라서 바울이 베스도를 상대로 아무런 성과를 거두지

못했다는 것을 생각할 때, 우리는 오늘날 많은 사람들이 우리가 전하는 복음에 무관심한 것에 대해서 심란해할 이유가 전혀 없다. 한 가지 덧붙이자면, 이 구절은 바울에 관한 사건을 심문하는 과정에서 누가가 기록하지 않은 많은 말들이 양측 간에 오갔다는 것을 분명하게 보여준다는 것이다. 왜냐하면, 누가의 기사 속에서는 바울은 지금까지 그리스도에 관해서 말한 바가 없었는데도 불구하고, 베스도의 후반부 발언은 바울이 그리스도의 죽음과 부활을 놓고서 유대인들과 치열한 논쟁을 벌였다는 것을 보여주고 있기 때문이다. 사실, 바울은 복음의 핵심적인 주제들을 거론함이 없이 유대인들과 논쟁할 수는 없었을 것이다. 따라서 우리는 바울은 유대인들이 자신에게 뒤집어 씌우려고 했던 거짓 비방들에 대해서 총독 앞에서 반론을 제기할 때가 오자, 그것을 절호의 기회라고 생각하고, 그리스도에 관해서 거침없이 말하기 시작했을 것이라고 충분히 짐작해 볼 수 있다.

²²아그립바가 베스도에게 이르되 나도 이 사람의 말을 듣고자 하노라 베스도가 이르되 내일 들으시리이다 하더라 ²³이튿날 아그립바와 버니게가 크게 위엄을 갖추고 와서 천부장들과 시중의 높은 사람들과 함께 접견 장소에 들어오고 베스도의 명으로 바울을 데려오니 ²⁴베스도가 말하되 아그립바 왕과 여기 같이 있는 여러분이여 당신들이 보는 이 사람은 유대의 모든 무리가 크게 외치되 살려 두지 못할 사람이라고 하여 예루살렘에서와 여기서도 내게 청원하였으나 ²⁵내가 살피건대 죽일 죄를 범한 일이 없더이다 그러나 그가 황제에게 상소한 고로 보내기로 결정하였나이다 ²⁶그에 대하여 황제께 확실한 사실을 아뢸 것이 없으므로 심문한 후 상소할 자료가 있을까 하여 당신들 앞 특히 아그립바 왕 당신 앞에 그를 내세웠나이다 ²⁷그 죄목도 밝히지 아니하고 죄수를 보내는 것이 무리한 일인 줄 아나이다 하였더라(25:22-27).

22. 아그립바가 … 나도 이 사람의 말을 듣고자 하노라. 아그립바의 말로부터 우리는 사실은 그가 진작부터 바울이 무슨 말을 하는지를 듣고 싶어 했지만, 자기가 총독을 문안인사차 예방하고자 한 것이 아니라 다른 목적이 있어서 방문한 것이라고 베스도가 생각할 것을 우려해서, 자신의 그러한 속내를 숨기고 있었던 것이라고 짐작할 수 있다. 그리고 아그립바가 바울의 말을 듣고 싶어 한 것은 단순한 호기심 때문이 아니라, 그 말을 통해서 뭔가 유익을 얻고자 원하였기 때문일 수도 있다. 하지만 그가 자신의 그러한 속내를 전혀 드러내지 않고 "여러 날"을 흘려보냈고, 그렇

게 한 이유가 그가 세속적인 이익을 더 좋아하여 거기에 빠져 있었기 때문이라는 사실을 생각할 때, 우리는 바울의 말을 듣고자 한 그의 소원이 얼마나 미지근한 것이었는지를 쉽게 짐작할 수 있다. 그는 베스도가 먼저 말을 꺼내기 전에는 자신의 속내를 말할 엄두도 내지 않았고, 말하고 싶어 하지도 않았다. 이렇게 해서 그리스도의 거룩한 사역자는 무대로 끌려나오게 되었는데, 이것은 베스도가 아그립바와 그의 일행으로부터 이 사건에 대한 조언을 진지하게 청취하는 것 같은 모양새를 갖추어서 가이사에 대한 자신의 충성심을 증명해 보임과 아울러서, 좋은 구경거리로 자신의 손님을 즐겁게 해주기 위한 것이었다. 그러나 이 일은 하나님의 비밀한 섭리에 의해서 다른 목적을 위한 것으로 바뀌었다. 왜냐하면, 이 일에 관한 소문은 광범위하게 전파되어서, 경건한 자들에게 적지 않은 위로와 힘이 되었을 것이 분명하기 때문이다. 또한, 이 현장에 있었던 사람들 중에는 바울이 전한 말을 듣고서 마음이 감동되고 믿음의 씨앗이 심겨져서 나중에 때가 되어 열매를 맺은 사람들도 있었을 것이다. 설령 그들 가운데서 그리스도를 진심으로 영접한 사람이 한 사람도 없었을지라도, 한편으로는 바울의 대적들의 악의가 들통이 나서, 무지한 자들이 입을 다물게 되고, 복음에 대해서 지금까지와 같은 적개심을 불사르지 않게 된 것, 그리고 다른 한편으로는 불경건한 자들이 수치를 당하고 믿는 자들은 새로운 활기를 얻어서 점점 더 복음에 대한 확신을 갖게 된 것은 대단한 성과였다.

23. 이튿날 아그립바와 버니게가 크게 위엄을 갖추고 와서. 아그립바와 그의 누이는 그리스도를 배우기 위하여 겸손한 제자의 모습으로 온 것이 아니라, 한껏 위세를 과시하며 화려하게 행차하였고, 이것은 그들의 귀와 눈을 멀게 만들었을 것이다. 이렇게 위세를 과시하는 모습 속에 교만한 마음이 깃들어 있지 않다면, 그것이 도리어 이상한 일일 것이다. 따라서 그들이 그리스도에게 순종하지 않은 것은 결코 이상한 일이 아니다. 그럼에도 불구하고, 누가가 그들이 "크게 위엄을 갖추고" 왔다고 말한 것은 바울이 큰 무리 앞에서, 그리고 영향력이 막강한 "시중의 높은 사람들" 앞에서 자신의 사건에 대해서 변론할 뿐만 아니라, 마음껏 복음을 선포할 수 있는 기회를 얻었다는 것을 우리로 하여금 알게 하기 위한 것으로 보인다. 바울은 그리스도의 이름을 빛내기 위해서 세움 받은 교사였기 때문에, 그의 갇힘으로 말미암아 하나님의 진리는 도리어 분출되어 나와서 머지않아 모든 곳으로 막힘없이 흘러가게 되었고, 결국 우리에게까지 이르게 된 것이었다. 누가가 사용한 '판타시아'(φαντασία, 한글개역개정에는 "위엄")라는 단어는 "외적인 화려함"을 의미하지만,

우리가 그리스도의 영적인 혼인 잔치에 가려면, 반드시 그런 것과는 다른 옷을 차려입어야 한다.

26. 심문한 후 상소할 자료가 있을까 하여. 베스도 총독이 바울을 수많은 유력인사들 앞에서 무죄임을 밝혀서 그로 하여금 가이사에 대한 상소를 포기하도록 유도하려고 했던 것인지는 확실하지 않다. 왜냐하면, 베스도는 유력인사들, 특히 아그립바의 우호적인 판단이 더해진다면, 바울이 유대 땅에서도 공정한 재판을 받을 수 있겠다고 생각하여, 두려움을 떨쳐 버리고 자신의 심문에 응하겠다고 할 가능성이 클 것이라는 생각을 얼마든지 할 수 있었을 것이기 때문이다. 어쨌든 베스도가 이렇게 말한 의도가 무엇이었든지 간에, 그는 자신의 부당함을 자기 입으로 인정한 셈이다. 왜냐하면, 그가 지금 확실한 죄목도 밝히지 못한 채 바울을 황제에게로 보내야 하는 자신의 처지를 난감해하고 있다는 것은 자기가 죄도 없는 사람을 석방하지도 않고 붙잡아 놓고 있었다는 뜻이 되기 때문이다. 바울이 먼저 유대인들에게서 유리한 판단을 받게 된 것도 하나님의 놀라운 섭리에 의한 것이었다. 아마도 베스도 총독은 교활하게도 아그립바 왕과 가이사랴의 유력인사들의 생각이 무엇인지를 알아내고자 했던 것같다. 만약 그들의 생각이 바울을 무죄로 방면하는 것이었다면, 베스도는 바울을 방면한 경우에도, 그 책임을 그들에게 돌릴 수 있을 것이었다. 왜냐하면, 그는 대다수의 예루살렘 주민들에게 절대적인 영향력을 행사하고 있는 제사장들이 자신의 적대 세력이 되는 것을 원하지 않았기 때문이다. 가장 좋은 방법은 황제에게 보내는 상소장에 아그립바의 판단을 첨부하는 것이었다. 하지만 사람들의 기대와는 정반대 방향으로 일들을 주관해 나가시는 하나님의 생각은 그들의 생각과 달랐다. 왜냐하면, 이 모든 것은 하나님께서 바울로 하여금 자신에 대한 거짓 고소들을 반박함과 아울러서, 참된 교훈을 더욱 거침없이 선포할 수 있도록 하기 위한 것이었기 때문이다.

제26장

¹아그립바가 바울에게 이르되 너를 위하여 말하기를 네게 허락하노라 하니 이에 바울이 손을 들어 변명하되 ²아그립바 왕이여 유대인이 고발하는 모든 일을 오늘 당신 앞에서 변명하게 된 것을 다행히 여기나이다 ³특히 당신이 유대인의 모든 풍속과 문제를 아심이니이다 그러므로 내 말을 너그러이 들으시기를 바라나이다 ⁴내가 처음부터 내 민족과 더불어 예루살렘에서 젊었을 때 생활한 상황을 유대인이 다 아는 바라 ⁵일찍부터 나를 알았으니 그들이 증언하려 하면 내가 우리 종교의 가장 엄한 파를 따라 바리새인의 생활을 하였다고 할 것이라 ⁶이제도 여기 서서 심문 받는 것은 하나님이 우리 조상에게 약속하신 것을 바라는 까닭이니 ⁷이 약속은 우리 열두 지파가 밤낮으로 간절히 하나님을 받들어 섬김으로 얻기를 바라는 바인데 아그립바 왕이여 이 소망으로 말미암아 내가 유대인들에게 고소를 당하는 것이니이다 ⁸당신들은 하나님이 죽은 사람을 살리심을 어찌하여 못 믿을 것으로 여기나이까 (26:1-8).

2-3. 아그립바 왕이여. 우리가 앞서 말한 대로, 바울이 이 사람들 앞에 세워진 목적은 베스도가 아그립바를 비롯한 유력인사들의 조언에 따라서 황제에게 보낼 상소장을 작성하기 위한 것이었다. 그래서 바울은 통상적인 변론 형식을 취하지 않고, 도리어 강의하듯이 말하고 있다. 누가가 "변론"(한글개역개정에는 "변명")이라는 단어를 사용한 것은 사실이지만, "변론"은 신앙의 가르침을 설명하는 데에 결코 부적절한 것이 아니었다. 바울은 베스도가 율법과 선지자들에 관한 일에는 관심이 없다는 것을 경험을 통해 알고 있었기 때문에, 이제 아그립바 왕에게로 시선을 돌리는데, 그것은 아그립바 왕이 유대교에 대해서 문외한이 아니었던 까닭에, 이런 문제에 대해 좀 더 관심을 가져줄 것이라고 기대했기 때문일 것이다. 바울은 지금까지 베스도에게 많은 말들을 하기는 했지만, 그것은 쇠귀에 경 읽는 격이었기 때문에, 이제 전문적인 지식과 경험을 갖추고 자신의 사건을 올바르게 판단해 줄 사람을 만나게 된 것을 기뻐한다. 바울은 아그립바 왕이야말로 관련된 쟁점들에 정통한

제대로 된 심판관이라고 그의 경륜을 칭송하는 한편, 자신의 말을 인내심을 갖고 들어줄 것을 그에게 요청한다. 여기서 바울이 말한 "문제들"은 유대교와 관련된 문제들을 미주알고주알 따지는 사람들인 서기관들 사이에서 늘 논쟁이 되곤 했던 교리적인 쟁점들을 가리키고, "풍속들"은 유대 민족 전체와 관련된 종교 의식들을 의미한다. 따라서 바울의 요지는 아그립바 왕이 율법의 교리만이 아니라 율법의 의식들에 대해서도 정통하다는 것이다. 내가 이미 언급한 것처럼, 바울이 결론적으로 자기가 지금부터 하는 말을 인내심을 가지고 잘 들어 주기를 바란다고 말한 취지는 성경에 대한 지식에 정통한 사람일수록 신앙과 관련된 문제를 다룰 때에 더욱 정신을 집중해야 한다는 것이다. 왜냐하면, 우리가 잘 듣고 이해할수록, 우리의 수고도 덜어지기 때문이다. 우리가 하나님에 대한 예배에 큰 관심을 갖고 있다면, 거기에 대한 설명이 주어질 때, 그것을 듣기를 꺼려하지 않는 것이 우리가 가져야 할 합당한 태도이다. 특히 우리가 이미 기본원리들을 숙지하고 있어서, 그 설명을 경청할 것인지 말 것인지를 판단하기가 쉬울 때에는 더욱 그러하다.

4-5. 내가 … 젊었을 때 생활한 상황을 유대인이 다 아는 바라. 바울은 사건의 전말을 설명하기 전에, 먼저 자신의 무죄를 주장하는 것으로 시작한다. 왜냐하면, 우리가 잘 알다시피, 사람의 마음이 일단 어떤 의구심에 사로잡히게 되면, 다른 어떤 말도 귀에 들어오지 않는 법인데, 바울은 지금까지 오해를 받아서 이리저리 끌려다니며 욕을 당해 왔고, 수많은 죄목으로 거짓 고소를 당해 온 까닭에, 아그립바 왕이 바울이라는 사람 자체에 대한 선입견으로 인해서 이 사건 자체에 대해서도 편견을 갖게 될 것을 우려하였기 때문이다. 따라서 바울은 잘못된 소문들로 말미암아 눈덩이처럼 불어난 왜곡된 생각들의 구름을 걷어내는 일부터 착수한다. 그래야만 그의 말을 듣는 사람들의 귀가 깨끗하게 청소가 될 것이었기 때문이다. 이러한 사실로부터 우리는 바울이 지금까지의 자신의 삶에 대해서 자화자찬을 한 것이 부득이한 사정에 의한 것이었음을 알게 된다. 하지만 바울은 이 문제로 시간을 오래 끌지 않고, 자기가 "바리새인"이었음을 상기시킴으로써, 곧장 죽은 자의 부활에 관한 문제로 넘어간다. 나는 바리새파가 가장 엄격한 분파로 알려지게 것은 그들의 거룩한 삶과 관련된 것이 아니라, 그들이 성경의 가르침을 정말 진지하게 연구하고 열심으로 지키고자 했기 때문이라고 생각한다. 실제로, 그들은 자신들이 성경에 대한 신비하고 은밀한 지식(arcana scripturae intelligentia)를 갖고 있다고 자랑하곤 하였다. 사두개인들은 자신들이 문자주의자들(literales)이라고 자랑했지만, 사실 그들은 성경의 빛

을 꺼버리고서 수치스럽고 끔찍한 무지의 세계로 들어간 자들임이 분명하다. 엄격한 금욕생활에 만족했던 에세네파 사람들은 교리 연구에 큰 관심을 기울이지는 않았다. 그리스도께서 특히 바리새인들을 성경에 등장하는 사람들 중에서 가장 사악한 무리라고 통렬하게 비난하셨다는 것은 잘 알려져 있는 사실이다(마 23:13). 바리새인들은 성경에 감추어진 신비한 의미를 해석할 수 있는 권한이 자신들에게 있다고 주장했고, 그런 주장을 근거로 삼아서 성경의 의미를 수정하고 변개했는데, 이것이 하나님을 진노하시게 만든 것이었다. 그러나 여기서 바울이 바리새인들이 제멋대로 만들어 내서 사람들에게 지킬 것을 폭압적으로 요구한 날조된 가르침들에 대해서는 아무런 언급도 하지 않는 이유는 오로지 죽은 자의 부활에 관해서 말하는 것이 자신의 목적이었을 뿐만 아니라, 바리새인들이 율법의 많은 부분들을 훼손하였음에도 불구하고, 참된 신앙을 수호함에 있어서 이 분파가 기여한 것은 본래의 순수한 가르침에서 훨씬 멀리 떠나버린 다른 종파들보다 높이 평가하는 것이 옳은 일이었고, 게다가 성경에 대한 외적으로 그럴 듯하고 정교한 지식을 갖춘 바리새파에 대한 대중들의 높은 평가에 대해서만 말하고 있는 것이었기 때문이다.

6. 하나님이 우리 조상에게 약속하신 것을 바라는 까닭이니. 바울은 이제 본론으로 들어가서, 자기는 하나님에 대한 신앙 전체의 핵심이라고 할 수 있는 것으로 말미암아 고난을 받고 있는 것이라고 말한다. 누가의 기사를 보면, 바울은 부활이라는 주제에 대해서만 개괄적으로 말한 것으로 보이지만, 전체적인 문맥으로부터 우리는 바울이 좀 더 기본적인 원리로부터 시작해서, 복음을 신앙에 필수적인 내용들까지 포괄적으로 말한 것이었음을 알게 된다. 바울은 자신이 유대인들에게 고소를 당한 것이 "하나님이 우리 조상에게 약속하신 것을 바라는 까닭"이라고 하소연한다. 따라서 바울의 변론의 출발점이자 핵심은 하나님께서 조상들과 맺으신 언약이 이제 영원한 구원으로 나타났다는 것이다. 즉, 유대인들이 하늘을 올려다보고서 새 생명의 원천이신 그리스도를 응시하지 않는다면, 그들의 종교는 아무런 가치도 없는 것이 되고 만다는 것이 바울의 논지였다. 유대인들은 하나님께서 세상의 모든 민족 가운데에서 자기 민족만을 선택하셨다고 자랑하였지만, 만약 그들이 하나님께서 약속하신 중보자를 믿고서 하나님 나라의 유업을 바라보지 않는다면, 그들의 양자됨은 무용지물이 될 수밖에 없었다. 그러므로 우리는 누가가 여기에 명시적으로 기록한 내용보다 훨씬 더 많은 것들을 생각하지 않으면 안 된다. 누가의 기사는 우리로 하여금 바울이 어떤 주제들을 다루었는지를 알게 하고자 하는 오직 한 가지

목적만을 가지고 있는 것이 분명하지만, 우리는 바울이 구체적으로 어떤 주제들을 다루었고, 어떤 단어들을 사용했는지를 정확히 알 수는 없다. 그럼에도 불구하고, "약속하신 것"이라는 짤막한 누가의 요약문으로부터 우리는 바울이 이제 자기에게 주어진 기회를 활용해서 아그립바 왕 앞에서 기탄없이 펼쳐나갔던 이 변론의 구체적인 주제들이 무엇이었는지를 알 수 있다.

7. 이 약속은 우리 열두 지파가 … 얻기를 바라는 바인데. 바울은 제사장들이 모든 신실한 자들의 공통된 소망과는 정반대로 몰아가는 바람에 유대 교회의 상황이 난관에 봉착해 있는 것이라고 아그립바 앞에서 하소연한다. 이것은 이렇게 말한 것과 같다: "하나님을 지극정성으로 섬기고 밤낮으로 신앙의 의무를 행하느라 여념이 없는 우리 민족이 간절히 기도하는 것은 결국 영생을 얻기 위한 것이 아니면 무엇이겠는가? 그리고 내가 대속의 은혜가 나타났고, 천국 문이 열렸다고 가르치는 것도 바로 우리 민족으로 하여금 영생을 얻게 하기 위한 것이다. 왜냐하면, 내가 구원의 주께서 죽은 자들 가운데에서 다시 살아나셨다고 전하는 것은 그분 안에서 복된 영생의 첫 열매들이 되라고 권유하는 것이기 때문이다." 이렇게 바울은 무엇보다도 먼저 조상들에게 주어진 약속을 인용함으로써, 하나님의 말씀을 근거로 해서 자신의 가르침이 옳다는 것을 확증한다. 다음으로, 바울은 교회의 합의(ecclesiae consensus)에 관한 말을 덧붙인다. 신앙의 가르침들을 확증할 때에는, 이처럼 먼저 하나님의 권위를 앞세우고, 다음으로 교회의 승인을 말하는 것이 합당한 순서이다. 하지만 여기서 바울이 자신의 모범을 통해서 우리에게 가르쳐 주고 있듯이, 우리는 어떤 교회가 참된 교회인지를 지혜롭게 분별할 수 있어야 한다. 바울은 제사장들이 교회라는 가면을 쓰고 자신에 맞서고 있다는 것을 알고 있었지만, 하나님을 진실로 섬기는 자들은 자기편에 서 있다고 담대하게 선언하고, 그들로부터 자기가 지지 받고 있는 것에 만족한다. 즉, 바울이 "열두 지파"라고 했을 때, 그것은 야곱의 육신적인 후손들 전체를 의미한 것이 아니라, 그 중에서 참된 신앙에 열심이 있는 자들만을 의미한 것이었다. 왜냐하면, 참된 신앙을 지닌 자들은 소수에 불과한 까닭에, 유대 민족 전체를 하나님을 경외하는 자들이라고 칭송하는 것은 합당하지 않았기 때문이다.

교황주의자들은 이 두 가지 모두에서 잘못되었다. 먼저, 그들은 인간의 생각과 판단들로 하나님의 말씀을 매장해 버리고, 후안무치하게도 무지하거나 불순한 자들의 오만가지 쓰레기 같은 잡설들을 가톨릭교회라는 이름으로 마치 경건한 교훈인 양 포장해서 내놓는다. 그러나 참된 교회(vera ecclesia)라는 것을 증명하려면, 먼저 선지자들과 사도들로부터 시작해야 하고, 다음으로는 경건한 신앙으로 널리 알려지고 증명된 사람들이 거기에 덧붙여져야 한다. 교황과 그의 사제들이 우리와 사이가 벌어진다고 할지라도, 우리는 그런 것에 크게 신경 쓸 필요가 없다. 사도 바울은 불굴의 인내와 열정으로 자신의 참된 신앙을 증명했고, 이것은 특히 유대인들이 비참한 상황에 놓여 있던 당시에 더욱 특별한 덕목이었다.

8. 당신들은 하나님이 죽은 사람을 살리심을 어찌하여 못 믿을 것으로 여기나이까. 바울은 성경의 증언들을 사용해서 이치에 맞게 부활과 내세의 삶을 논증하였을 것임에 틀림없지만, 여기서 청중들에게 하나님의 능력을 상기시킴으로써, 그들로 하여금 자신들의 알량한 지각과 이성으로 이 문제를 섣불리 판단하지 못하도록 한 것은 합당한 일이었다. 왜냐하면, 사람이 완전히 죽은 후에 새로운 몸으로 다시 살게 될 것이라는 사실보다 사람들을 납득시키기에 더 어려운 일은 없기 때문이다. 이 문제는 인간의 지각으로는 이해할 수 없는 불가사의한 것이기 때문에, 이 문제를 다룰 때에 신자들은 하나님의 무한하신 능력을 생각하여야 하고, 그들 자신의 이해력이나 지각을 의지해서는 안 된다는 것을 기억하여야 한다. 마찬가지로, 바울도 빌립보서 3:21에서 "우리의 낮은 몸"이 "그리스도의 영광의 몸의 형체"로 변할 것이라고 말하고 나서, "만물을 자기에게 복종하게 하실 수 있는 자의 역사로" 그 일이 이루어질 것임을 분명히 밝힘으로써, 우리에게 동일한 교훈을 주고 있다. 그러나 하나님에 대하여 악감을 품고 있고 하나님을 해치고자 하는 자들은 하나님의 능력이 자신들의 지각을 뛰어넘는 곳까지 미치는 것을 원하지 않는다. 따라서 그들은 할 수만 있다면 하늘과 땅을 넘나드는 하나님의 광대무변한 역사를 자신들의 좁은 마음으로 생각하는 범위 내로 국한시키고 싶어 한다. 반면에, 바울은 우리로 하여금 우리가 지닌 보잘것없고 하찮은 지각을 의지하지 말고 하나님의 전능하심을 묵상함으로써 이 세상에 붙어 있는 우리의 마음을 들어올려서 부활의 신앙을 깨달을 수 있도록 하기 위하여, 우리에게 하나님의 능력이 어떠한지를 생각해 보라고 권한다.

⁹나도 나사렛 예수의 이름을 대적하여 많은 일을 행하여야 될 줄 스스로 생각하고 ¹⁰ 예루살렘에서 이런 일을 행하여 대제사장들에게서 권한을 받아 가지고 많은 성도를 옥에 가두며 또 죽일 때에 내가 찬성 투표를 하였고 ¹¹또 모든 회당에서 여러 번

형벌하여 강제로 모독하는 말을 하게 하고 그들에 대하여 심히 격분하여 외국 성에
까지 가서 박해하였고 ¹²그 일로 대제사장들의 권한과 위임을 받고 다메섹으로 갔
나이다 ¹³왕이여 정오가 되어 길에서 보니 하늘로부터 해보다 더 밝은 빛이 나와 내
동행들을 둘러 비추는지라 ¹⁴우리가 다 땅에 엎드러지매 내가 소리를 들으니 히브
리 말로 이르되 사울아 사울아 네가 어찌하여 나를 박해하느냐 가시채를 뒷발질하
기가 네게 고생이니라 ¹⁵내가 대답하되 주님 누구시니이까 주께서 이르시되 나는 네
가 박해하는 예수라 ¹⁶일어나 너의 발로 서라 내가 네게 나타난 것은 곧 네가 나를
본 일과 장차 내가 네게 나타날 일에 너로 종과 증인을 삼으려 함이니 ¹⁷이스라엘과
이방인들에게서 내가 너를 구원하여 그들에게 보내어 ¹⁸그 눈을 뜨게 하여 어둠에
서 빛으로, 사탄의 권세에서 하나님께로 돌아오게 하고 죄 사함과 나를 믿어 거룩
하게 된 무리 가운데서 기업을 얻게 하리라 하더이다(26:9-18).

9. 나도 나사렛 예수의 이름을 대적하여. 만일 누가 지금까지 기록한 것 외에
바울이 더 말한 것이 없었다면, 바울의 강론은 앞뒤가 서로 매끄럽게 연결되지 않
는 그런 것이었을 것이다. 이러한 사실은 내가 앞에서 한 말, 즉 바울은 하나님의 언
약에 대해서 언급한 후에, 그리스도의 직임과 은혜에 대해서도 설명하였을 것이라
고 한 말이 옳다는 것을 증명해 준다. 한편, 바울이 자신의 회심과 관련된 이야기를
다시 한 번 들려주는 것은 단지 자신에게서 변덕스럽고 경망스러운 인간이라는 오
명을 씻어내기 위한 것이 아니라, 자기가 하나님의 부르심을 받았을 때에 하늘로부
터 들려온 명령으로 말미암아 그리스도를 따를 수밖에 없었다는 것을 증언하기 위
한 것이었다. 왜냐하면, 바울이 자신의 의지와는 반대로 갑자기 늑대에서 양으로
백팔십도 돌변하였다는 사실을 증언하는 것은 자신의 가르침에 대한 사람들의 신
뢰를 이끌어 내는 데에 매우 효과적일 것이었기 때문이다.

그래서 바울은 자신이 그리스도인들을 박해하는 데에 얼마나 열심이었고 얼마나
지독하게 완강했었는지를 아주 상세하게 설명한다. 만일 그가 어려서부터 그리스
도를 믿는 믿음 안에서 성장했거나, 누군가로부터 가르침을 받은 것이었다면, 그는
자신의 의지로 아무런 저항 없이 그 믿음을 받아들였을 것이고, 그의 부르심은 다
른 사람들의 주목을 끌지 못하는 지극히 개인적인 것이 되었을 것이다. 그러나 그
어떤 상황에서도 자신의 뜻을 굽히지 않고, 다른 사람들의 설득에도 아랑곳하지 않
는 가운데, 오직 억제할 수 없는 강한 분노로 불타오르고 있던 바울이 지금 완전히

새사람이 된 것이라면, 그가 하나님의 손에 의해서 굴복당한 것이 분명하지 않은 가?

따라서 이러한 극적인 변화는 매우 중요하였다. 왜냐하면, 그는 비뚤어진 자부심 으로 기고만장해서 그리스도를 무찌르는 일에 앞장서야 할 자는 바로 자기라고 생 각했던 사람임을 상기시킴으로써, 자신이 그리스도의 제자가 된 것은 결코 자신의 의지나 생각으로 말미암은 것이 아님을 보여주고자 한 것이었기 때문이다. 바울이 여기서 사용한 "나사렛 예수의 이름"이라는 표현은 그가 어리석게도 하나님과의 일 전을 불사하며 진멸하려고 결심했던 복음 신앙을 가리킨다.

10. 예루살렘에서 이런 일을 행하여. 바울은 어떤 강력한 힘이 자신을 낚아채서 자신의 발걸음을 정반대 방향으로 돌려놓기 전까지는, 그리스도를 대적하고자 했 던 자신의 열심이 얼마나 뜨거운 것이었는지를 당시에 자신이 행하였던 실제 행동 들을 통해서 보여준다. 게다가, 그가 그리스도를 믿는 자들을 얼마나 과격하게 박 해하였는지에 대해서는 그의 대적들조차도 증언할 수 있는 것이었기 때문에, 그가 갑작스럽게 변화되었다는 것은 의심의 여지가 없는 사실로 받아들여질 수 있었다. 만일 바울이 그리스도인들을 잔인하게 박해하는 행동을 서슴없이 하지 않았다면, "대제사장들"이 그에게 그러한 임무를 맡겼을 리가 없었을 것이다. 또한, 바울도 대 제사장들의 진노를 만족시키기 위해서 아주 대담하게 행동할 수밖에 없었다. 그러 나 우리는 바울이 그리스도께 영광을 돌릴 수만 있다면, 자신이 하나님에 대하여 그 러한 중대한 죄를 범하였다는 사실을 고백하는 것조차도 전혀 부끄러워하지 않았 다는 사실을 주목하여야 한다. 그가 맹목적인 열심의 포로가 되어서, 하나님을 섬 기고자 하는 사람들에게 불경스럽고 신성모독적인 말을 하도록 강요하였고, 선량 하고 소박한 사람들에게 온갖 고통을 가했으며, 죄 없는 사람들의 피를 흘리는 일 에 "찬성 투표"를 하였고, 땅바닥에 내팽개쳐질 때까지 하늘에 대항해서 각을 세웠 었다는 것은 그에게는 덮어두고 싶은 부끄러운 과거였을 것이 분명하다. 하지만 그 는 자신의 평판 따위는 아랑곳하지 않고, 오직 하나님의 은혜가 더욱 분명하게 드 러나도록 하기 위해서, 자신의 모든 치부를 기꺼이 드러낸다.

바울은 자신으로 하여금 온 백성의 찬사와 갈채를 받게 해주었던 바로 그러한 일 들이 자신을 극악무도한 죄인으로 만들었다는 사실을 자신의 체면은 전혀 상관하 지 않고 자발적으로 실토하고 있는 것이기 때문에, 그의 발언의 진정성에는 한 점 의 의혹도 있을 수가 없었다. 또한, 이것은 바울이 다른 사람들로부터 칭송을 받았던 자신의 열심이 사실은 미친 짓이었다고 자기 자신을 단죄한 것이기도 하였다. 이 것은 무지나 실수로 죄를 저지르고도 솔직하게 고백하는 것을 수치스러워 하는 자 들의 헛된 공명심이 얼마나 역겹고 추한 일인지를 분명하게 보여준다. 왜냐하면, 그런 자들은 자신의 죄에 대해서 슬피 울며 용서를 구해야 함에도 불구하고, 도리 어 자신의 죄를 어떻게든 별 것 아닌 것으로 만들려고 하거나 은폐하려고 시도하는 자들이기 때문이다. 그러나 바울은 사려가 깊고 현명한 사람이라는 자신에 대한 명 성을 유지할 수 있었음에도 불구하고, 자신이 미치광이였다고 증언한다. 한편, 누 가가 여기서 사용한 분사는 바울이 많은 사람들에게 "강제로 모독하는 말을 하 게"(11절) 했다는 것을 뜻한다. 이것으로부터 우리는 그리스도의 제자임을 고백했 던 초대 교회 신자들 중에는 나중에 두려움이나 채찍질에 굴복하여 그리스도를 부 인할 뿐만 아니라 그의 거룩한 이름을 저주하기까지 했던 사람들이 많이 있었다는 것을 알게 된다. 물론, 그리스도를 부인하는 것 자체가 끔찍한 신성모독이긴 하 지만 말이다.

13. 왕이여 정오가 되어. 바울이 이 말을 한 목적은 아그립바 왕으로 하여금 자 신이 경험한 것이 단순한 환상도 아니고, 정상적인 지각과 판단력이 상실된 상태에 서 경험한 황홀경도 아니었음을 알게 하기 위한 것이다. 왜냐하면, 그가 큰 두려움 에 압도되어 땅에 엎드러진 것은 사실이었지만, 그럼에도 불구하고 목소리를 분명 하게 알아들었고, 누가 말씀하시는 것이냐고 물어보았으며, 대답하는 음성도 제대 로 이해한 것이 그가 정상적인 정신 상태에 있었음을 보여주는 증표들이었기 때문 이다. 이런 사실로부터 바울의 변화가 결코 우연히 일어난 일이 아니었고, 그는 더 이상 하나님께 고의적으로 대항하지 않기 위해서 하늘의 명령에 경건한 마음으로 순종했던 것이라는 결론이 도출된다.

16. 일어나 너의 발로 서라. 그리스도께서는 바울을 땅에 엎드러지게 하셔서 그 를 낮추셨는데, 이제는 그를 일으켜 세우시고 정신을 차리라고 명하신다. 우리도 매일같이 그의 음성에 엎드러지는 것은 낮아지는 법을 배우기 위한 것이다. 하지만 그리스도께서는 자신이 엎드러지게 하신 자들을 머지않아 자애롭게 일으켜 주신 다. 그리스도께서 바울이 광기에 사로잡혀서, 성도들을 부당하고 잔인하게 매질하 였고, 그들에게 피비린내 나는 판결들을 내리고 수많은 고통들을 가하였으며, 복음 을 사악하게 공격한 것에 대해서, 그를 징벌할 보복자(ultor)가 아니라, 그를 영광스 러운 사역에 합당한 자로 여기시고서 그의 수고를 사용하고자 하시는 자비로운 주

님(propitius Dominus)으로 나타난 것이라고 말씀하신 것은 바울에게 큰 위로가 되었다. 그리스도께서는 바울을 자신이 목격해 온 모든 일들과 나중에 목격하게 될 모든 일들의 증인으로 삼으셨다. 이 환상은 그에게 이미 영원히 잊을 수 없는 일이 되었다. 왜냐하면, 이 환상은 하늘에서 다스리시는 그리스도를 더 이상 교만하게 멸시해서는 안 된다는 것과 그리스도가 바로 하나님의 아들이시자 약속된 구주이심을 깨달아야 한다는 것을 그에게 가르쳐 주었기 때문이다. 바울은 자신이 고린도후서 12:1에서 언급하고 있듯이, 나중에 다른 계시들도 받았다.

17. 이스라엘과 이방인들에게서 내가 너를 구원하여. 그리스도께서는 여기서 바울로 하여금 앞으로 그에게 닥칠 모든 두려움에 맞설 수 있도록 무장시키시는 한편, 십자가를 질 각오를 하게 하시고, 바로 이어서 바울이 눈먼 자들을 보게 할 것이며, 하나님에게서 멀어진 자들을 하나님과 화목하게 만들고, 멸망에 빠진 자들에게 구원을 회복시켜 주는 일을 하게 될 것이라는 말씀을 덧붙이신다. 그럼에도 불구하고, 그리스도께서 바울로 말미암아 하나님으로부터 이처럼 놀라운 은택을 입은 자들이 거기에 대한 보답으로 바울을 기쁘게 맞아줄 것이라는 약속을 주지 않으신 것은 이상한 일이다. 하지만 여기에서 암시되고 있는 것은 세상의 배은망덕(ingratitudo)이다. 왜냐하면, 마치 미치광이가 자신을 고쳐준 의사에게 적대적으로 나오듯이, 영생을 전파하는 사역자들도 자신들의 기대와는 정반대로 사람들로부터 그런 대우를 받게 될 것이었기 때문이었다. 따라서 이것은 그리스도께서 바울이 어디로 가든지, 그가 많은 사람들에게 유익을 끼치기 위해서 수고했을 때, 그들 중 대다수는 그를 미워하고 죽이고자 할 것이라고 경고하신 것이다. 또한, 바울이 자신이 유대인들을 위한 증인일 뿐만 아니라 이방인들을 위한 증인으로도 세우심을 입었다는 사실을 분명하게 밝힌 것은 자기가 모든 사람들에게 차별 없이 복음을 전파하는 것에 대해서 자기에게 돌아올 비난을 차단하기 위한 것이다. 왜냐하면, 유대인들은 바울이 이방인들을 자신들과 동등하게 대우한 것에 대하여 분개해서 그에게 지독한 적개심을 품고 있었기 때문이다. 그들은 하나님께서 아브라함의 자손들과 맺으신 언약이 외인들에게 확대 적용됨으로써 더럽혀지고 훼손되는 것을 막기 위한 열심에서 그렇게 행동하는 체하였지만, 사실은 순전히 야심(ambitio)이 그들을 그렇게 몰고 간 것이었다. 왜냐하면, 그들은 유대 민족 외의 다른 나머지 모든 사람들은 자신들 밑에 있어야 하고, 자신들은 모든 민족 위에 우뚝 서서 그들을 다스리는 위치에 있어야 한다고 여겼기 때문이다. 그러나 바울이라는 한 인물이 보여준

모범은 모든 경건한 교사들에게 자신의 본분을 다할 수 있는 용기를 얻게 해주기 때문에, 사람들의 악의는 그들로 하여금 불쌍하고 비참한 사람들에게 — 비록 그들이 아무리 비천하고 무가치한 사람들일지라도 — 하나님의 은혜를 전하는 것을 막을 수 없다.

18. 그 눈을 뜨게 하여. 바울은 여기서 오만방자하게도 오직 하나님께만 속한 일을 자신에게 맡겨진 일이라고 자처하는 과대망상에 빠져 있는 것처럼 보일 수 있다. 왜냐하면, 우리는 심령의 눈을 뜨게 하는 것은 오직 성령이시라는 것을 알고, 우리를 사탄의 폭압으로부터 건져 주시는 유일한 해방자가 그리스도이시라는 것을 알며, 우리의 죄를 없애 주시고 우리로 하여금 성도들 가운데에서 기업을 얻게 하시는 분이 오직 하나님뿐이시라는 것을 알기 때문이다. 그러나 하나님께서 오직 자기 자신에게만 합당한 영광을 자신의 사역자들에게 허락하시는 것은 통상적인 일이고, 하나님이 그렇게 하시는 것은 자신의 영광을 줄여서 그 영광을 그들에게 주시기 위한 것이 아니라, 그들에게 부어 주신 성령의 역사에 영광을 더하시기 위한 것이다. 왜냐하면, 하나님께서 자신의 사역자들을 일터로 보내시는 것은 그들을 죽은 허수아비나 연극배우처럼 사용하시기 위한 것이 아니라, 그들의 손을 빌려서 강력한 역사를 이루시기 위한 것이기 때문이다. 하지만 그들의 복음 전도가 효력을 발휘하는 것은 전적으로 하나님의 비밀한 능력에 달려 있다. 왜냐하면, "모든 것을 모든 사람 가운데서 이루시는" 것은 "하나님"이시고(고전 12:6), "오직 자라게 하시는 이는 하나님뿐"(고전 3:7)이시기 때문이다.

그러므로 하나님께서 교사들을 파송하시는 것은 아무 소용도 없는 말들을 허공에 대고 말하게 하거나, 사람들의 귀에다 공허한 말들을 해대게 하기 위한 것이 아니라, 눈먼 자들에게 생명을 주는 빛을 가져다주게 하고, 사람들의 마음을 하나님의 의로우심으로 변화시키게 하며, 그리스도의 죽으심으로 완성된 구원의 은혜를 확증하게 하기 위한 것이지만, 만일 하나님께서 그들을 통해서 역사하셔서, 그들의 수고가 헛되지 않도록 하시지 않는다면, 그들은 그 어떤 일도 이룰 수 없고, 전도의 모든 열매는 오직 하나님으로부터 오는 것이기 때문에, 모든 영광은 오직 하나님께 돌아가는 것이 합당하다.

따라서 우리는 성경이 외적인 사역에 영광을 돌리며 칭송할 때마다, 그러한 영광과 칭송은 언제나 성령에게 돌리고 있는 것임을 유념하여야 한다. 왜냐하면, 영혼이 육체에 생명을 주듯이, 외적인 사역에 생명을 불어넣어 주는 것은 성령이기 때문이다. 성경은 다른 곳들에서 사람의 수고와 노력만으로는 아무것도 이룰 수 없다고 가르친다. 왜냐하면, "심는 것"과 "물 주는 것"은 사람들이 해야 할 일들이지만, "자라게 하시는 이"는 오직 하나님 한 분뿐이시기 때문이다(고전 3:6-7). 그러나 자신들의 무지와 악의로 말미암아 복음으로부터 마땅히 얻어야 할 열매를 얻지 못하는 사람들이 많기 때문에, 우리는 무엇과도 비교할 수 없는 저 귀한 보화를 간단명료하게 우리 눈 앞에 제시하고 있는 이 설명에 주목하여야 한다. 따라서 복음의 목적은 우리로 하여금 마음눈이 먼 상태를 벗어나서 하늘의 빛에 참여하는 자가 되게 하고, 사탄의 지배로부터 놓여나서 하나님에게로 돌아서게 하며, 값없이 주어지는 죄 사함을 받아 성도에게 주어지는 영원한 기업에 참여하는 자가 되게 하는 것이다. 복음에서 제대로 유익을 얻고자 하는 모든 자들은 복음의 이러한 목적에 모든 촉각을 곤두세워야 한다. 만일 우리가 복음의 참된 용도를 알지 못한다면, 끊임없이 복음을 듣는 것이 우리에게 무슨 유익이 있겠는가? 또한, 바울은 여기서 우리에게 구원에 이르기 위한 온전한 방법을 제시한다. 모든 사람들이 자기는 구원 받고자 한다고 말하지만, 하나님께서 어떤 방법으로 사람들을 구원하고자 하시는지에 대해서 관심을 갖고 있는 사람은 매우 적다.

그러므로 구원 받는 방법을 훌륭하게 제시하고 있는 이 구절은 천국의 문을 여는 열쇠와 같다. 아울러, 우리는 그리스도께서 그의 복음을 믿을 때에 얻게 된다고 선언하시는 복들을 온 인류는 나면서부터 박탈당한 상태에 있다는 것도 알아야 한다. 이러한 사실로부터 우리는 모든 사람은 눈이 멀어 있고 오직 믿음으로 말미암아서만 빛을 볼 수 있으며, 모든 사람은 사탄의 종이고 오직 믿음으로 말미암아서만 사탄의 폭압에서 벗어날 수 있으며, 모든 사람은 하나님의 원수로서 사망에 이를 수밖에 없고 오직 믿음으로 말미암아서만 죄 사함을 받아 사망에서 생명으로 옮겨질 수 있다는 결론을 얻는다. 따라서 우리에게 있어서 그리스도와 그리스도를 믿는 믿음이 없는 것보다 더 비참한 일은 없다. 또한, 이것으로부터 인간의 자유의지와 공로가 끼어들 여지가 전혀 없다는 것도 분명하게 드러난다. 이제 좀 더 세부적으로 살펴보기로 하자. 먼저, "그 눈을 뜨게" 한다는 것은 하나님을 아는 지식(notitia Dei)을 얻게 한다는 뜻이다. 왜냐하면, 하나님께서 우리를 자신의 진리의 빛으로 비추어 주실 때까지는, 우리의 눈으로 보는 것은 아무리 날카롭고 예리할지라도 다 헛것이자 캄캄한 어둠일 뿐이기 때문이다. 그 다음에 나오는 구절인 "어둠에서 빛으로"는 앞의 단계에서 한 걸음 더 나아간 것을 표현한 것이다. 왜냐하면, 우리가 "어둠에서 빛으로" 옮겨지는 것은 우리의 "심령이 새롭게" 될 때(엡 4:23) 일어나는 일이기 때문이다.

따라서 이 구절과 그 뒤에 나오는 "사탄의 권세에서 하나님께로 돌아오게 하고"라는 구절은 긴밀하게 연결되어 있다는 것이 나의 생각이다. 왜냐하면, 바울은 에베소서 2:10과 4:23에서 좀 더 상세하게 설명하고 있는 새로워짐(renovatio)을 여기서 두 가지 다른 방식들로 표현하고 있는 것이기 때문이다. 다음으로는, "죄 사함"이 나온다. 이것은 하나님께서는 우리에게 "죄 사함"을 값없이 베풀어 주셔서 우리를 자기와 화목하게 하신 것이기 때문에, 우리는 하나님께서 우리에게 인자하심과 긍휼하심을 베푸실 것임을 의심할 필요가 없다는 것이다. 마지막으로, 바울은 모든 일의 완성, 즉 우리가 영생을 기업으로 얻게 될 것임을 말한다. 어떤 이들은 "믿음으로"라는 어구가 "거룩하게 된"에만 걸리는 것으로 읽지만, 그것은 잘못이다. 왜냐하면, "믿음으로"는 이 절에 나오는 모든 구절들에 다 걸리기 때문이다. 따라서 복음에 의해서 주어지는 모든 복들을 우리가 "믿음으로" 향유하게 된다는 것이 이 절의 의미이다. 하지만 우리의 구원에 속한 모든 것들이 다 그리스도 안에 있기 때문에, 그 믿음은 정확하게 그리스도를 향한 것이어야 한다. 복음은 우리에게 그리스도가 아닌 다른 어떤 곳에서 그 복들을 찾아서는 안 된다고 명한다.

¹⁹아그립바 왕이여 그러므로 하늘에서 보이신 것을 내가 거스르지 아니하고 ²⁰먼저 다메섹과 예루살렘에 있는 사람과 유대 온 땅과 이방인에게까지 회개하고 하나님께로 돌아와서 회개에 합당한 일을 하라 전하므로 ²¹유대인들이 성전에서 나를 잡아 죽이고자 하였으나 ²²하나님의 도우심을 받아 내가 오늘까지 서서 높고 낮은 사람 앞에서 증언하는 것은 선지자들과 모세가 반드시 되리라고 말한 것밖에 없으니 ²³곧 그리스도가 고난을 받으실 것과 죽은 자 가운데서 먼저 다시 살아나사 이스라엘과 이방인들에게 빛을 전하시리라 함이니이다 하니라(26:19-23).

19-20. 아그립바 왕이여 그러므로 하늘에서 보이신 것을 내가 거스르지 아니하고. 이제 바울은 지금까지 자기가 자신의 회심에 관한 이야기를 한 목적을 간단하게 밝힌다. 즉, 그의 목적은 유대인들이 신성모독과 배교라고 비난하는 자신의 모든 행위들의 배후에는 하나님이 계신다는 것을 아그립바와 유력인사들에게 증언하는 것이었다. 바울은 베스도를 비롯한 로마인들은 하늘의 환상(coelestis visio, "하

늘에서 보이신 것")이 무엇을 뜻하는지를 전혀 이해할 수 없다는 것을 알고 있었기 때문에, 자기가 한 말을 이해할 수 있었던 "아그립바 왕"을 구체적으로 지명하여 부른다. 이제 그의 가르침의 핵심적인 내용 중에서 율법과 선지자들의 교훈과 불일치하거나 상이한 것은 하나도 없다는 것이 분명해졌기 때문에, 바울에게 오직 성경에 부합하는 것들만을 가르치라고 명하였다고 하는 환상 중의 계시는 더욱 큰 신빙성을 확보하게 되었다. "회개"라는 말에 "하나님께로 돌아와서"라는 말이 덧붙여져 있는 것은 그 둘이 별개의 것이기 때문이 아니라, 우리로 하여금 "회개"가 무엇을 뜻하는지를 알게 하기 위한 것이다. 즉, 인간의 부패와 타락은 하나님으로부터 멀어지는 것을 뜻하는 것과 마찬가지로, "회개"는 하나님께로 돌아오는 것이라는 의미이다. 또한, 회개는 내면에서 일어나는 일이고 마음의 성향과 관련된 것이기 때문에, 바울이 회개를 증명할 수 있는 "합당한 일들"을 요구한 것은 "회개에 합당한 열매를 맺으라"(마 3:8)는 세례 요한의 권면과 부합한다. 그리스도의 복음은 모든 사람을 회개로 부르기 때문에, 우리는 모든 사람이 본성적으로 악하고 부패했으며 변화를 받을 필요가 있다는 결론을 얻는다. 또한, 이 구절은 그리스도의 은혜와 회개를 구별하는 자들은 복음을 왜곡시키는 우매한 자들이라는 것도 가르쳐 준다.

21. 유대인들이 성전에서 나를 잡아 죽이고자 하였으나. 바울이 여기서 자신의 대적들의 불의함에 대해 하소연하는 것은 그러한 사실로부터 그들이 악한 의도를 가지고 부당한 고소를 제기한 것임이 분명하다는 것이 드러나도록 하기 위한 것이다. 왜냐하면, 만일 바울이 실제로 어떤 범죄라도 저지른 것이었다면, 그들은 그에 대해서 얼마든지 법적인 조치를 할 수 있었을 것이고, 영향력이나 권세에 있어서 압도적으로 우세한 위치에 있었던 까닭에, 그들이 그렇게 하는 것은 쉬운 일이었을 것이기 때문이다. 따라서 바울이 여기서 말한 대로, 그들이 광분하여 폭력에 호소하였다는 것은 그들에게 정당한 이유가 없었다는 것을 보여주는 반증이 된다.

22. 하나님의 도우심을 받아. 바울이 자기가 "하나님의 도우심을 받아" 무사히 지금 여기에 설 수 있게 된 것이라고 말한 것은 그의 가르침이 옳음을 확증해 주는 데에 일조한다. 왜냐하면, 만일 하나님께서 자신의 종 바울이나 그가 전한 가르침을 인정하지 않으셨다면, 손을 뻗으셔서 그를 도와 주셨을 리가 만무하기 때문이다. 한편, "하나님의 도우심"은 그에게 큰 힘을 주어서 더욱 담대하게 자신의 사명을 계속해서 감당할 수 있게 해주었을 것임에 틀림없다. 왜냐하면, 도움을 준 사람을 못 본 체하고 피하는 것은 배은망덕한 인간이나 하는 짓이기 때문이다. 또한, 이

사례를 통해서 우리는 하나님께서 우리를 위험에서 벗어나게 하셔서 우리의 목숨을 연장시켜 주실 때마다, 그것은 우리로 하여금 무위도식하게 하시기 위한 것이 아니라, 우리를 건지시고 보호하신 하나님의 영광을 위하여 자원하는 마음으로 우리에게 맡겨 주신 사명을 수행하게 하시기 위한 것임을 배운다. 바울은 자신이 천부장에게 신세를 졌다는 사실을 잊은 것은 아니었지만, 비록 사람의 손과 일을 통해서 행하신 것일지라도 자신을 구원하신 하나님을 위해서 자신의 남은 여생을 헌신할 수밖에 없다는 것을 보여주기 위하여, 여기서 "하나님의 도우심"을 칭송한다.

22. 높고 낮은 사람 앞에서 증언하는 것은. "증언하는 것"은 복음의 지극한 존귀함을 확증하기 위해서 마치 하나님과 사람들 간에 엄숙한 쟁론을 벌이는 것과 같기 때문에 "가르치는 것"과는 격이 다른 것이라고 우리는 다른 곳에서 이미 말한 바 있다. 한편, 바울이 자기가 "높고 낮은 사람들"에게 복음을 증언한 증인이라고 말한 것은 아그립바 왕으로 하여금 이 "증언"이 그에게도 해당된다는 것과 구원의 가르침은 가장 낮은 자들에게도 주어지는 것이지만, 지체 높은 왕들이라고 해서 이 가르침이 상관없는 것이 아니라는 것을 깨닫게 하기 위한 것이다. 왜냐하면, 그리스도께서는 모든 사람을 차별 없이 자신의 품으로 모으셔서, 전에 진흙탕에서 뒹굴다가 하나님의 자녀라는 존귀한 자리로 높임을 받게 된 자들에게는 자신들에게 값없이 주어진 하나님의 인자하심을 기뻐하게 하고, 세상에서 높은 지위를 누려 왔던 자들에게는 기꺼이 자신을 낮추어서 지극히 미천한 자들과 형제가 되는 것을 꺼려하지 않게 하심으로써, 모든 사람이 하나님의 자녀가 될 수 있게 하시기 때문이다. 마찬가지로, 바울은 로마인들이 자신들을 지혜롭다고 여기는 자부심(sapientiae fiducia)이 걸림돌이 되어서 그의 가르침을 받아들이지 못하는 일이 생기지 않도록 하기 위해서, 로마서 1:14에서 "지혜 있는 자나 어리석은 자에게 다 내가 빚진 자"라고 말한다. 이것으로부터 우리는 교사들에게는 자신의 청중을 선택할 권한이 없다는 것을 배워야 하고, 교사들이 큰 자들만을 상대로 사역하는 것은 작은 자들의 권리를 박탈하는 죄를 범하는 동시에, 큰 자들과 작은 자들이 서로 어우러져 하나가 되게 하고자 하시는 하나님의 뜻을 거스르고 모욕하는 죄를 범하는 것임을 배워야 한다. 그러므로 나는 고귀한 자들과 비천한 자들 사이에 존재해 왔던 배타적인 차별(exceptio)이 바울에 의해서 제거된 것임을 의심하지 않는다. 왜냐하면, 바울은 고귀한 자라고 해서 높이지도 않았고, 비천한 자라고 해서 멸시하지도 않았으며, 자신이 이 둘 모두에게 신실한 교사라는 것을 스스로 입증해 보였기 때문이다.

22. 선지자들과 모세가 반드시 되리라고 말한 것밖에 없으니. 먼저, 우리는 바울이 자신의 가르침에 대한 유력한 증인들을 세우고자 했을 때에, 사람들이 아니라, 하나님께서 확실한 권위를 부여하신 모세와 선지자들을 증인들로 세워서 그들이 한 말들을 인용하고 있다는 것을 주목하여야 한다. 그리고 하나님의 입으로부터 나온 것만을 전하는 것이 올바른 가르침의 기본원리들 중의 하나라는 것도 분명한 사실이다. 다음으로, 우리가 주목해야 할 것은 누가가 지금 간단하게 언급하고 있는 내용, 즉 자신의 죽음을 통해서 세상의 죄를 대속하고 자신의 부활을 통해서 사람들에게 의와 생명을 얻게 해주는 것이 그리스도의 고유한 소임이었다는 것과 그리스도의 죽음과 부활로 말미암은 결과들은 유대인들만이 아니라 이방인들에게도 적용된다는 것이 바울의 변론의 핵심이었다는 것이다. 그러나 율법 안에는 그리스도의 죽음과 부활에 관한 명백한 증거, 즉 그들의 표현에 의하면, 문자적인 증거가 존재하지 않기 때문에, 그들이 조상들로부터 물려받은 가르침을 통해서 율법의 모든 예표들(figura)이 그리스도를 지시한다는 것을 알고 있었다는 것은 의심의 여지가 없다. 한편, 그리스도에 대해서 좀 더 분명하게 예언했던 선지자들도 자신들은 단지 율법과 동일한 원천에서 예언하는 것일 뿐이고, 새로운 것이나 모세의 가르침과 어긋나는 것을 전하는 것이 아님을 동시대의 사람들에게 확신시켰다. 하지만 지금 바울은 그리스도에 대한 자신의 변증(apologia)을 완성하지도 않고, 그리스도와 관련된 모든 것들에 대한 좀 더 분명한 증거들을 제시하지도 않은 채, 다만 모세와 선지자들이 자신이 말한 것들의 원천이었다고만 고백한다.

23. 죽은 자 가운데서 먼저 다시 살아나사. 우리가 그리스도의 부활에 앞서서 "무덤들이 열리며 자던 성도의 몸이 많이 일어났다"(마 27:52)는 복음서 기자의 보도를 받아들여서, 에녹과 엘리야가 하늘로 들려올라간 것(창 5:24; 왕하 2:11)과 동일한 성격의 이런 사건이 일어났다고 본다면, 시간적으로 그리스도보다 먼저 부활한 사람들이 있었던 것이 된다. 그러나 바울은 다른 곳에서 그리스도를 부활의 "첫 열매"(고전 15:23)라고 불렀듯이, 여기서도 첫 번째로 부활하신 분이라고 소개한다. 따라서 바울이 사용한 "먼저"라는 단어는 시간적인 순서보다는 원인(causa)을 나타내는 것이라고 할 수 있다. 왜냐하면, 그리스도께서는 다시 살아나심으로써 사망의 정복자와 생명의 주로 나타나셔서, 영원히 다스리시며, 자기 백성을 자신의 복된 영생에 참여하는 자들로 만드시기 때문이다. "빛"은 완전한 복락을 구성하는 모든 것들을 포괄하는 단어이다. 이것은 성경에서 사망과 온갖 불행을 나타내기 위해서

"어둠"이라는 단어를 사용하는 것과 마찬가지이다. 바울은 다음과 같은 선지자들의 말을 염두에 두고 있었음에 틀림없다: "흑암에 행하던 백성이 큰 빛을 보고 사망의 그늘진 땅에 거주하던 자에게 빛이 비치도다"(사 9:2); "보라 어둠이 땅을 덮을 것이며 캄캄함이 만민을 가리려니와 오직 여호와께서 네 위에 임하실 것이며 그의 영광이 네 위에 나타나리니"(사 60:2); "내가 맹인들을 그들이 알지 못하는 길로 이끌며 그들의 알지 못하는 지름길로 인도하며 암흑이 그 앞에서 광명이 되게 하며"(사 42:16); "내가 네 손을 잡아 너를 보호하며 너를 세워 백성의 언약과 이방의 빛이 되게 하리니"(사 42:6); "내가 또 너를 이방의 빛으로 삼아 나의 구원을 베풀어서 땅 끝까지 이르게 하리라"(사 49:6). 생명의 빛이 유대 땅으로부터 이방인들에게로 더욱 넓게 확산되어야 한다는 것은 하나님의 많은 말씀들 속에서 아주 분명하게 드러난다.

²⁴바울이 이같이 변명하매 베스도가 크게 소리 내어 이르되 바울아 네가 미쳤도다 네 많은 학문이 너를 미치게 한다 하니 ²⁵바울이 이르되 베스도 각하여 내가 미친 것이 아니요 참되고 온전한 말을 하나이다 ²⁶왕께서는 이 일을 아시기로 내가 왕께 담대히 말하노니 이 일에 하나라도 아시지 못함이 없는 줄 믿나이다 이 일은 한쪽 구석에서 행한 것이 아니니이다 ²⁷아그립바 왕이여 선지자를 믿으시나이까 믿으시는 줄 아나이다 ²⁸아그립바가 바울에게 이르되 네가 적은 말로 나를 권하여 그리스도인이 되게 하려 하는도다 ²⁹바울이 이르되 말이 적으나 많으나 당신뿐만 아니라 오늘 내 말을 듣는 모든 사람도 다 이렇게 결박된 것 외에는 나와 같이 되기를 하나님께 원하나이다 하니라 ³⁰왕과 총독과 버니게와 그 함께 앉은 사람들이 다 일어나서 ³¹물러가 서로 말하되 이 사람은 사형이나 결박을 당할 만한 행위가 없다 하더라 ³² 이에 아그립바가 베스도에게 이르되 이 사람이 만일 가이사에게 상소하지 아니하였더라면 석방될 수 있을 뻔하였다 하니라(26:24-32).

24. 베스도가 크게 소리 내어 이르되 바울아 … 네 많은 학문이 너를 미치게 한다 하니. 베스도가 이렇게 버럭 고함을 친 것은 멸망 받을 자들에게는 하나님의 진리가 조금도 들어갈 수 없다는 것을 잘 보여준다. 즉, 하나님의 진리가 아무리 제대로 분명하게 증언될지라도, 그 진리는 그들의 오만불손함에 의해서 짓밟히고 만다는 것이다. 바울이 율법과 선지자들이 한 말들을 인용해서 변론한 내용은 사람을 미치

게 만드는 것이기는커녕 도리어 건전한 이성에 근거를 두고 있는 것인데도 불구하고, 베스도가 성경에 대한 지식이 바울을 미치게 만들었다고 단정한 이유는 그가 바울이 말한 것들 중에서 이치에 맞지 않는 것을 보았기 때문이 아니라, 자신이 이해하지 못하는 것은 무조건 거부하고 배척하는 것이 그의 속성이었기 때문이다. 이방인의 미신들보다 더 어리석고 황당무계한 것은 없기 때문에, 그러한 미신들을 섬기는 제사장들은 신들로부터 계시를 받았다고 하면서 지극히 어리석다 못해 너무나 어이없는 말들을 쏟아내는 까닭에 수치를 당하는 것이 당연한 일이었다.

베스도는 바울이 하는 말 속에 심오한 학식이 들어 있다는 것을 인정한다. 그런데도, 그가 바울이 사리를 분별하지 못하는 미친 자라고 생각한 것은 복음이 믿지 않는 자들에게 가려져 있고 사탄이 그들의 마음을 혼미하게 만들기 때문이다(고후 4:3-4). 따라서 베스도는 바울을 대놓고 조롱하고 멸시할 수는 없었지만, 그의 말에 감동을 받기는커녕, 그가 정신이 나간 자이고 비정상적으로 쓸데없는 것들을 깊이 파고든 자라고 단정한 것이다. 그런 까닭에, 베스도는 자신도 미칠까봐 더 이상 그의 말을 듣고 있을 수 없었다. 오늘날도 많은 사람들이 하나님의 말씀으로부터 도망치는 것은 자신들이 미궁에 빠지게 되지는 않을까 두려워하기 때문이다. 그들은 우리가 정신 나간 자들이고, 신비하고 은밀한 일들을 놓고서 논란을 일으켜서 우리 자신과 남들을 짜증나게 하는 자들이라고 생각한다. 그러므로 우리는 이 사례를 통해서 경고를 받아, 하나님의 가르침의 빛이 우리에게 나타났을 때, 우리로 하여금 그 빛을 맛보게 해주심으로써, 그 가르침이 우리에게 모호하게 느껴져서, 우리가 아무 맛도 알지 못하고 무미건조하게 여겨서, 결국 우리의 교만한 마음이 그 가르침에 진절머리를 치며 하나님을 모독하는 불경스러운 언동으로 폭발하지 않도록 해주시라고 하나님께 구하여야 한다.

25. 바울이 이르되 베스도 각하여 내가 미친 것이 아니요. 바울은 화를 내지도 않고, 베스도의 불경한 발언을 신랄하게 비난하지도 않고, 도리어 예의를 갖추어 그를 향하여 말한다. 왜냐하면, 베스도는 모든 것을 다 알면서도 고의적으로 하나님께 대적한 것은 아니었던 까닭에, 그의 언동은 엄중하게 책망할 성질의 것이 아니었고, 사람의 무지는 용서될 수 있는 것이었기 때문이다. 또한, 바울이 그에게 예의를 갖춘 것은 그가 비록 존경 받을 만한 인물은 아니었지만, 어쨌거나 권세를 맡은 총독이었기 때문이다. 하지만 그렇다고 해서, 바울이 베스도의 불경을 그냥 못 들은 체하고 넘겨 버린 것은 아니었고, 도리어 하나님의 말씀의 영광을 적극적으로 지

키기 위하여 다시 한 번 진실을 얘기한다. 이것으로부터 우리는 바울이 자신의 일신은 생각하지 않고, 오직 자신의 교훈을 온전히 지키는 데에만 몰두하고 있다는 것을 알게 된다. 왜냐하면, 그는 자신의 똑똑함을 자랑하지도 않고, 자신의 지혜를 드러내기 위해서 노력하지도 않으며, 단지 자신이 가르친 것이 오직 "참되고 온전하다"는 사실을 증명하는 것만으로 만족하고 있기 때문이다.

"참됨"은 온갖 종류의 기만 및 오류와 반대되는 것이고, "온전함"은 모든 분쟁과 다툼의 씨앗일 뿐인 헛된 사변들이나 까다로운 궤변들과 반대되는 것이다. 분명히 바울의 이 말은 베스도의 잘못된 생각을 반박하기 위한 것이지만, 이 말을 통해서 우리는 어떤 것이 올바르고 참된 가르침인지를 알게 된다. 즉, 참된 가르침은 어떠한 오류도 없을 뿐만 아니라, 사람들의 마음에 헛된 질문들이 일어나게 하지 않으며, 어리석은 호기심을 유발하지도 않고, 응당 알아야 할 것보다 더 알고 싶게 만드는 쓸데없는 욕망을 부추기지도 않고, 진정으로 덕을 세우는 데에 필요하고 적절한 가르침이라는 것이다.

26-27. 왕께서는 이 일을 아시기로. 바울은 아그립바에게서는 그래도 뭔가 좀 기대할 것이 있다고 생각해서, 그에게로 말을 돌린다. 먼저, 바울은 아그립바가 "이 일"을 알고 있다고 말하면서도, 바로 이어서 율법과 선지자들을 그에게 상기시킨다. 왜냐하면, 아그립바가 그리스도를 둘러싸고 지금까지 일어났던 일들을 알고 있다고 해도, 만일 그리스도에 관해서 예언되었던 것들이 십자가에 달리신 예수라는 인물에게서 성취되었다는 것을 깨닫지 못한다면, 별 소용이 없을 것이었기 때문이다. 바울이 아그립바가 선지자들을 믿는다는 것을 자기가 의심하지 않는다고 말한 것은 그의 믿음을 칭송하기 위한 것이 아니라, 성경은 논란의 대상이 될 수 없다는 것을 재확인함으로써, 기본적인 원리들에서 발목이 잡혀 쓸데없이 시간을 낭비하는 일이 없도록 하기 위한 것이었다. 따라서 그가 한 말의 요지는 성경은 자명한 진리(αὐτόπιστον - '아우토피스톤')이기 때문에, 유대인이라면 어느 누구도 성경의 권위를 조금이라도 훼손시키는 일은 용납될 수 없다는 것이었다. 바울이 아그립바 왕에게 한 말은 결코 아부가 아니었다. 왜냐하면, 아그립바는 경건한 사람이라고 불릴 만큼 성경을 경외한 것은 아니었지만, 그럼에도 불구하고 유년 시절부터 성경의 기본원리들을 배우며 자랐던 까닭에, 성경 안에 들어 있는 것들은 모두 하나님의 말씀이라는 것을 확신하고 있었기 때문이다. 하나님의 말씀에 대해서 큰 관심을 갖지 않는 보통 사람들도 대개는 어렴풋이나마 성경이 하나님의 말씀이라는 것을 알고

있어서, 조금이라도 신앙심이 있는 사람이라면, 적어도 성경을 거부하거나 멸시하지는 않는다.

28. 아그립바가 바울에게 이르되 … 그리스도인이 되게 하려 하는도다. 진리를 더 이상 거부할 수 없게 된 사람들이 마침내 승복하거나, 아니면 적어도 동의한다는 모종의 신호를 보내듯이, 비록 자발적인 것은 아니었을지라도, 바울은 아그립바 왕으로부터 고백을 이끌어 내는 데에 성공하였다. 아그립바가 한 말의 취지는 자기는 혼쾌히 그리스도인이 되지는 않을 것이고, 그렇게 되기를 결코 원하지도 않지만, 바울의 말을 반박할 수도 없고, 왠지 모르게 거기에 이끌리고 있다는 것이다. 이것은 사람의 본성은 하나님의 성령에 의해서 강권적으로 순종하게 되기 전까지는 얼마나 완악한 것인지를 잘 보여준다.

'엔 올리고'(ἐν ὀλίγῳ, "적은 말로")라는 어구에 대해서는 해석이 갈린다. 발라(Valla)는 "너는 나를 거의 그리스도인으로 만들고 있구나"라는 의미로 번역되어야 한다고 생각했고, 에라스무스(Erasmus)는 "어느 정도"라고 번역하였다. 불가타 역본에서는 아주 단순하게 "조금"이라고 축자적으로 번역해서, 독자들로 하여금 자신들의 마음대로 생각할 수 있는 여지를 남긴다. 또한, 이 어구는 시간을 나타내는 것으로 해석될 수도 있다. 그런 경우에는, 아그립바가 "네가 짧은 시간 동안에 나를 그리스도인으로 만들려고 하는구나"라고 말한 것이 된다. 만약 누군가가 이 어구를 시간에 관한 것으로 본다면 바울의 답변이 거기에 잘 어울리지 않는다고 이의를 제기한다면, 그 문제를 해결하는 것은 쉽다. 왜냐하면, 우리는 바울이 아그립바가 애매하게 말하는 것을 듣고서 재치를 발휘하여, 시간(tempus)을 나타낸 그의 말을 상태(res)에 관한 말로 해석해서 답변한 것이라고 생각하면 되기 때문이다. 따라서 아그립바는 자기가 짧은 시간 동안에 거의 그리스도인이 되었다는 뜻으로 말한 것이고, 거기에 대해서 바울은 아그립바와 그의 일행이 모두 시작이 미미하더라도 점점 더 크게 발전하게 되기를 바란다는 말을 덧붙인 것이다. 하지만, '엔 올리고'(ἐν ὀλίγῳ)라는 어구를 "거의"라는 뜻으로 이해하는 것도 괜찮다고 본다. 한편, 바울의 대답은 이 거룩한 사람의 가슴이 그리스도의 영광을 높이기 위해서 얼마나 뜨거운 열심으로 불타고 있는지를 보여주는 증거이다. 왜냐하면, 그는 총독에 의해 채워진 쇠사슬을 인내로써 견뎌내고 있는 가운데서도, 총독이 마귀의 치명적인 덫으로부터 벗어나서, 총독을 비롯한 많은 사람들이 자신이 누리고 있는 것과 동일한 은혜에 참여하고 누리는 자들이 되기를 바랄 뿐이고, 자신의 고단하고 수치스러운 처지에 대해서는 전혀 개의치 않고 있기 때문이다. 우리가 주목해야 할 것은 바울은 단순히 그렇게 되었으면 좋겠다고 생각한 것이 아니라, 하나님께서 그렇게 해주시기를 바라고 있다는 것이다. 왜냐하면, 하나님의 성령이 사람들의 내면에서 가르쳐 주지 않으면, 외적인 가르침은 언제나 냉랭할 수밖에 없는 까닭에, 사람들을 성자에게로 인도하시는 것은 하나님의 몫이기 때문이다.

29. 이렇게 결박된 것 외에는. "결박된 것"이 바울에게 괴롭거나 슬픈 일이 아니었던 것은 확실하다. 왜냐하면, 그는 자주 자신의 그런 모습을 자랑스럽게 여겼고, 자기가 그리스도의 대사임을 보여주는 증표로 제시하기 때문이다(갈 6:17; 빌 1:7, 13-14, 16). 도리어, 그는 다른 사람들을 걱정해서, 그들이 고통이나 십자가 없이 믿음을 갖게 되기를 기도하였다. 왜냐하면, 그것은 아직 그리스도를 믿지 않는 사람들은 복음을 위해서 싸울 수 있는 마음의 준비가 되어 있지 않기 때문이었다. 이러한 온유함(mansuetudo)은 모든 경건한 자들이 갖추어야 할 덕목이다. 즉, 경건한 자들은 자신의 십자가를 순순히 짊어지기는 하지만, 다른 한편으로는 남들에 대해서는 너그럽고 인자하게 대해 주고자 하며, 남들의 편안함과 즐거움을 시기하지 않고, 할 수만 있다면 남들의 수고를 덜어주기 위해서 애써야 한다는 것이다. 이러한 사려 깊은 인정과 극기(humanitas et moderatio)는 자신의 괴로움이나 고통을 남들에게 떠넘김으로써 자신의 안위를 구하고자 하는 자들의 냉혹한 태도와 상극을 이룬다.

31-32. 물러가 서로 말하되. 그들은 바울에게 죄가 없다고 만장일치로 결론을 내렸고, 이것은 복음에 큰 영광이 되는 결과를 가져왔다. 베스도가 다른 사람들의 생각에 동의한 것은 자신의 잘못을 인정한 것이었다. 왜냐하면, 그는 유대인들의 환심을 사고자 바울을 예루살렘으로 옮긴다는 명목으로 그의 생명을 대적들의 음모 속으로 밀어넣었고, 이런 부당한 처사로 말미암아 바울을 곤경에 빠뜨린 장본인이 바로 그였기 때문이다. 가이사에게 "상소한" 것이 이 거룩한 사람에게 해로운 일이 될 수도 있었지만, 그 방법만이 그가 죽음에서 벗어날 수 있는 유일한 길이었기 때문에, 그는 결과에 만족하고, 그 덫을 피하려고 몸부림치지 않는다. 그 이유는 그것이 이미 결론이 난 사안이기 때문이기도 하였지만, 하나님께서 그를 로마로 부르고 계신다는 환상을 그가 받았기 때문이기도 하였다.

제27장

¹우리가 배를 타고 이달리야에 가기로 작정되매 바울과 다른 죄수 몇 사람을 아구스도대의 백부장 율리오란 사람에게 맡기니 ²아시아 해변 각처로 가려 하는 아드라뭇데노 배에 우리가 올라 항해할새 마게도냐의 데살로니가 사람 아리스다고도 함께 하니라 ³이튿날 시돈에 대니 율리오가 바울을 친절히 대하여 친구들에게 가서 대접 받기를 허락하더니 ⁴또 거기서 우리가 떠나가다가 맞바람을 피하여 구브로 해안을 의지하고 항해하여 ⁵길리기아와 밤빌리아 바다를 건너 루기아의 무라 시에 이르러 ⁶거기서 백부장이 이달리야로 가려 하는 알렉산드리아 배를 만나 우리를 오르게 하니 ⁷배가 더디 가 여러 날 만에 간신히 니도 맞은편에 이르러 풍세가 더 허락하지 아니하므로 살모네 앞을 지나 그레데 해안을 바람막이로 항해하여 ⁸간신히 그 연안을 지나 미항이라는 곳에 이르니 라새아 시에서 가깝더라(27:1-8).

1-2. 우리가 배를 타고 이달리야에 가기로 작정되매. 누가가 바울의 항해에 관해서 상세하게 전해 주는 목적은 그가 하나님의 손에 의해서 경이로운 방법으로 로마로 이송되었다는 것과 그 여정에서 하나님의 영광이 그의 말과 행동들을 통해서 다양한 방식으로 더욱 분명하게 드러나서 그의 사도직이 더욱 견고하게 되었다는 것을 우리로 하여금 알게 하기 위한 것이다. 바울은 다른 "죄수들"과 함께 이송길에 올랐지만, 하나님께서는 그 후로는 바울을 함께 사슬에 매여 이송되고 있던 다른 죄수들과는 전혀 판이하게 취급하셨다. 조금 뒤에 우리는 백부장이 바울을 사슬에서 풀어주고, 다른 죄수들과는 달리 자유인으로 다루고 있는 것을 보게 될 것이다. 나는 누가가 "아구스도대"라고 부른 부대가 어떤 부대인지를 정확히 알지는 못하지만, 아마도 제정 로마 이전 시대에 총사령관 직속의 보병대를 가리키는 것이 아닌가 싶다. 누가는 그들이 "아드라뭇데노 배"에 승선했다고 분명하게 말한다. 왜냐하면, 그들은 아시아 해안을 따라서 항해할 예정이었기 때문이다. "아드라뭇데노"는 에올리아(Aeolia, 소아시아 북서부에 있던 고대 지방 이름 — 역주)의 한 성읍이었다. 하지만 그들이 어디서 출항했는지는 확실하지 않다. 왜냐하면, 고대 지도가 크게 잘못

된 것이 아니라면, 시돈 방향으로 가는 것이 직항 항로는 아니었던 것 같기 때문이다. 그런데도 그들이 그 방향으로 간 것은 다른 곳에서는 배를 발견할 수가 없었거나, 아니면 앞에서 언급된 "죄수"들을 그곳에서 승선시켜야 했기 때문일지도 모른다.

2. 마게도냐의 데살로니가 사람 아리스다고도 함께 하니라. 누가는 여기서 간접적으로 다른 사람들을 책망하기 위해서 한 사람의 변함없는 헌신을 칭송하고 있는 것같다. 왜냐하면, 바울을 따라서 예루살렘에 올라간 사람들은 많았지만, 지금 우리는 그들 중에서 단 두 사람만이 그와 함께 남아 있는 것을 보기 때문이다. 그러나 다른 사람들은 타당한 이유가 있어서 뒤에 처졌거나, 아니면 바울 자신이 그들의 동행을 만류한 것일 수도 있기 때문에, 나는 이 점에 대한 판단은 유보한다. 하지만 누가가 다른 모든 사람들보다 이 사람을 칭송한 데는 특별한 이유가 있었을 것이라고 생각하는 것은 결코 불합리한 일은 아닐 것이다. 아리스다고는 자신의 집을 떠나 있는 삼 년 동안에 걸친 모든 여행 경비를 감당할 수 있을 만큼 부유한 사람이었던 것이 거의 확실하다. 왜냐하면, 우리는 앞에서 데살로니가에 있는 많은 유력한 가정들이 그리스도를 영접하였다는 기사를 읽은 바 있고(17:11), 누가의 보도에 의하면, "데살로니가 사람 아리스다고와 세군도"가 바울을 위하여 아시아까지 동행한 사람들 중에 끼어 있기(20:4) 때문이다. 따라서 우리는 누가가 거룩한 인내의 본보기(exemplum sanctae patientiae)를 제시하고 있다는 것을 확실한 사실로 받아들여도 좋을 것이다. 즉, "아리스다고"는 그 어떤 고생도 마다하지 않고, 자원해서 바울과 고난을 함께하고자 하여, 바울이 구금되어 있던 2년 동안을 그와 함께 하였고, 이제 로마에서 가서 그를 섬기기 위하여 바다를 건너고 있는 등, 가산을 소모한 것은 차치하고라도, 많은 사람들의 악의에 찬 비난이 있었음에도 불구하고, 많은 돈을 들여가면서까지 고생을 사서 하고 있는 것이었다.

3-4. 율리오가 바울을 친절히 대하여 친구들에게 가서 대접 받기를 허락하더니. 바울은 바닷가에 위치한 이 큰 도시에서 도주할 수도 있었을 것이다. 하지만 그는 하나님의 말씀에 매여 있었기 때문에, 하나님의 부르심으로부터 도망칠 수 없었다. 다른 한편으로는, 백부장은 악취가 진동하는 배 안에 바울을 감금해 둘 수도 있었지만, 그에게 호의를 베풀어서 친구들에게 가서 대접 받기를 허락했는데, 바울이 자신의 목숨을 건지려고 배은망덕하게도 백부장을 위험에 빠뜨리는 것은 있어서도 안 되는 일이었고 있을 수도 없는 일이었다. 우리는 우리에게 호의를 베푼 사람에

게 은혜를 원수로 갚아서는 안 된다. 독자들은 누가가 보도하고 있는 항해 여정에 대해서는 지도에서 확인해 보면 될 것이기 때문에, 나는 누가가 이 기사를 보도한 목적만을 독자들에게 상기시켜 주고자 한다. 즉, 이 기사는 그들이 시돈 항을 떠난 후에 멜리데 섬에 이르기까지의 여정이 폭풍우 속을 뚫고 가는 험난한 것이었고, 선원들은 장시간 동안 역풍과 싸우다가 마침내 결정적인 폭풍을 맞아서 결국 배가 난 파되는 지경까지 이르게 되었음을 우리에게 보여주기 위한 것이다.

⁹여러 날이 걸려 금식하는 절기가 이미 지났으므로 항해하기가 위태한지라 바울이 그들을 권하여 ¹⁰말하되 여러분이여 내가 보니 이번 항해가 하물과 배만 아니라 우리 생명에도 타격과 많은 손해를 끼치리라 하되 ¹¹백부장이 선장과 선주의 말을 바울의 말보다 더 믿더라 ¹²그 항구가 겨울을 지내기에 불편하므로 거기서 떠나 아무쪼록 뵈닉스에 가서 겨울을 지내자 하는 자가 더 많으니 뵈닉스는 그레데 항구라 한쪽은 서남을, 한쪽은 서북을 향하였더라 ¹³남풍이 순하게 불매 그들이 뜻을 이룬 줄 알고 닻을 감아 그레데 해변을 끼고 항해하더니 ¹⁴얼마 안 되어 섬 가운데로부터 유라굴로라는 광풍이 크게 일어나니 ¹⁵배가 밀려 바람을 맞추어 갈 수 없어 가는 대로 두고 쫓겨가다가 ¹⁶가우다라는 작은 섬 아래로 지나 간신히 거루를 잡아 ¹⁷끌어 올리고 줄을 가지고 선체를 둘러 감고 스르디스에 걸릴까 두려워하여 연장을 내리고 그냥 쫓겨가더니 ¹⁸우리가 풍랑으로 심히 애쓰다가 이튿날 사공들이 짐을 바다에 풀어 버리고 ¹⁹사흘째 되는 날에 배의 기구를 그들의 손으로 내버리니라 ²⁰여러 날 동안 해도 별도 보이지 아니하고 큰 풍랑이 그대로 있으매 구원의 여망마저 없어졌더라(27:9-20).

9. 금식하는 절기가 이미 지났으므로 항해하기가 위태한지라. 누가가 "항해하기가 위태한지라"고 말한 것은 당시에 역풍이 불고 있었고, 시기적으로도 항해에 적절하지 않았기 때문이었다. 누가는 "금식하는 절기가 이미 지났다"고 말함으로써, 이 점을 좀 더 분명히 한다. 왜냐하면, 나는 가을이 끝났다는 것을 보여주기 위해서 누가가 덧붙인 것이라고 생각하기 때문이다. 누가는 유대인들의 관습을 따라 계절을 설명하고 있는 것이기 때문에, 백부장이나 다른 승객들과 선원들이 누가가 말한 "금식하는 절기"에 대해서 아무것도 알고 있지 못했다는 사실은 아무런 문제가 되지 않는다. 또한, 누가가 말한 것이 가을의 금식 절기였다는 것은 의심의 여지

가 없지만, 나는 이것이 바벨론 포로 이후에 유대인들이 제정한 네 번의 금식 절기 중 하나(슥 8:19)였다고 보는 이들의 견해에는 동의하지 않는다. 왜냐하면, 만일 이 것이 "일곱째 달"에 들어 있는 세 번째의 금식 절기를 가리키는 것이었다면, 세 번 째 금식 절기가 일곱째 달에 일어난 그달리야를 비롯한 백성들의 죽음(왕하 25:25) 을 기리기 위해서 제정된 것이었기는 하지만, 그렇다고 해서 다른 금식 절기보다 더 유명했던 것은 아니었던 까닭에, 누가가 아무런 구별도 되지 않게 단순히 "금식 절 기"라고만 표현하지는 않았을 것이기 때문이다. 더 나아가서, 과연 그러한 관습이 포로기 이후까지 백성들에 의해서 유지되었는지도 알 수 없다. 따라서 누가가 말한 금식 절기는 여호와께서 백성들에게 칠 일 동안 스스로 괴롭게 하라고 명하신 대속 죄일이었을 가능성이 높다. 대속죄일은 일곱째 달 십일에 시작되었는데(레 16:29), 이 시기는 오늘날의 9월 하순과 10월 초순에 해당된다. 따라서 그들은 10월에 접어 들어서 항해를 시작한 것이기 때문에, 누가가 그러한 시기에 "항해하는 것"이 "위태 롭다"고 한 것은 일리가 있었다. 그러나 어떤 이들이 주장하는 것처럼, 만약 당신이 누가가 말한 "금식 절기"를 식량 부족으로 인한 굶주림과 연관시켜서 해석하고자 한다면("금식하는 절기"로 번역된 헬라어 '네스테이아'[νηστεία]는 "금식"이라는 뜻 외에 "굶주 림, 배고픔"의 뜻도 지닌다 — 역주), 나는 그런 해석이 여기서 어떤 의미를 가질 수 있는 지를 알지 못하겠다. 왜냐하면, 배에는 밀이 넉넉하게 있어서(27:38), 그들은 굶주 림을 걱정할 필요가 없었기 때문이다. 또한, 만일 그런 의미였다면, 누가는 그런 것 이 "이미 지났다"고 말할 이유가 없지 않았겠는가? 게다가, 그 뒤의 내용을 보면, 우 리는 그들이 바울로부터 겨울이 다가오기 때문에 항해를 중단해야 한다는 경고를 받았다는 사실을 분명하게 알 수 있다. 겨울의 혹독한 기상은 바닷길을 끊어 놓기 가 일쑤였던 까닭이다. 바울은 하나님께서 자기가 탄 배를 주관해 주실 것으로 믿 고 있었지만, 경솔하게 서두름으로써 하나님을 시험하고 싶지는 않았던 것이다.

11. 백부장이. "백부장"이 바울의 말보다 "선장"과 "선주"의 말에 더 귀를 기울인 것은 비난 받을 일은 아니다. 사실, 그가 달리 무엇을 할 수 있었겠는가? 왜냐하면, 그는 다른 문제들에 있어서는 대체로 바울의 조언을 존중하고 따랐지만, 그럼에도 불구하고 바울이 항해에 있어서는 전문가가 아니라는 것을 알고 있었기 때문이다. 따라서 사려 깊고 신중했던 백부장은 경험이 많은 전문가들의 견해를 받아들였다. 또한, 그가 그런 결정을 내리게 된 데에는 "그 항구가 겨울을 지내기에 불편하다"는 현실적인 필요성도 작용하였다. 선장은 배를 먼 바다로 몰고나가지는 말고, 거기에

서 빨히 보이는 곳에 위치한 인근 항구로 가자는 의견을 제시하였다. 이렇게 해서, 그들은 겨울을 편안하게 보낼 수 있는 곳을 힘들이지 않고 확보할 수 있을 것 같았다. 누가는 쓸데없이 이런 내용을 기록한 것이 아니라, 바울에게는 처음부터 성령의 도우심(praesentia spiritus)이 함께 했기 때문에, 어떻게 해야 유익한지를 전문가들보다 더 잘 알고 있었다는 것을 우리로 하여금 알게 하기 위하여 기록한 것이다. 우리는 바울이 이러한 의견을 낼 수 있었던 것이 하나님의 계시에 의한 것이었는지, 아니면 은밀한 감동에 의한 것인지는 알지 못하지만, 분명한 것은 이 일이 나중에 바울이 사람들로부터 신뢰를 얻는 데에 큰 영향을 미쳤다는 것이다. 한편, 누가는 그들이 그레데 해변을 "끼고" 항해하다가 광풍에 배가 밀렸다고 말한다. 우리의 친구인 베자(Beza)가 옛 번역자들이 부사인 '앗손'(ἆσσον, "가까이," 한글개역개정에서는 "끼고")을 도시의 이름으로 오역하였다고 지적한 것은 옳다.

15. 배가 밀려. 여기서 누가는 극한 위기 속에서 흔히 벌어지는 일이 그들에게도 일어났다고 말한다. 즉, 그들은 바람이 부는 대로 밀려갈 수밖에 없었다는 것이다. 처음에 그들은 얼마 동안 순조롭게 항해를 했기 때문에, 모든 것이 자신들의 뜻대로 이루어지는 줄로 생각하였다. 경망스러운 인간들이 행운의 여신(fortuna)이 미소를 짓는 동안에는 교만을 떠는 것이 상례이듯이, 분명히 그들은 바울의 경고를 비웃었을 것이다. 이제 배가 표류하게 되어서, 그들은 자신들의 무모함에 대한 대가를 톡톡히 치르게 되었지만, 때는 이미 늦었다. 그들은 앞서 배가 전복될 위기를 겪었는데, 이제는 배가 섬 가까이로 밀려가면서 난파를 걱정해야 하는 처지가 되었다. 누가는 이 모든 일들을 상세하게 기록한다. 이 기사로부터 우리는 "광풍"이 지독하게 격렬했고 오랫동안 지속되었다는 것과 그들이 계속해서 죽음의 위협 앞에 놓여 있었다는 것을 알게 된다. 아울러, 누가는 그들이 파선을 모면하기 위해서 갖은 수단을 다 강구했고, 심지어 "짐"과 "배의 기구"들까지 아낌없이 바다에 내던졌다는 것을 생생하게 보여준다. 이것으로부터 우리는 그들이 생명의 위협을 직감하고 필사적인 노력을 기울였음을 알게 된다. 누가는 그들이 모든 수단을 다 써본 후에, 결국 자신들이 살아날 가망성이 없다고 여겨서 자포자기에 빠지게 되었다는 말을 덧붙인다. 먹구름이 드리운 하늘은 그들에게 무덤처럼 보였을 것임에 틀림없다. 하나님께서는 이런 식으로 조만간에 있게 될 구원의 은혜를 더욱 귀중하고 빛나게 하시기를 원하셨다는 것은 의심의 여지가 없다. 그러는 동안에는, 자신의 종도 다른 사람들과 마찬가지로 고난을 겪도록 내버려 두셨기 때문에, 바울은 결국 꼼짝없

이 죽게 되었다고 생각하였다. 왜냐하면, 하나님께서는 자신의 종의 목숨이 끝난 것처럼 보이게 될 때까지는, 자신의 "사자"를 통해서 자기 종에게 나타나지 않으셨기 때문이다. 그래서 폭풍우 속에서 그의 육체가 요동쳤을 뿐만 아니라, 그의 영혼도 극심한 시험을 겪으며 요동칠 수밖에 없었다. 그럼에도 불구하고, 마지막 결말은 그가 믿음으로 굳게 섰고 결코 절망하지 않았다는 것을 보여준다. 누가는 바울의 기도에 대해서는 아무런 언급도 하지 않고 있지만, 나중에 바울 자신이 자기가 섬기는 하나님의 "사자"가 자기에게 나타났다고 말한 것으로 보아서, 다른 사람들이 하늘과 땅을 원망하고 있을 때, 그는 하늘을 향해서 기도하며, 평정심을 유지하고 침착하게 하나님의 역사를 기다리고 있었던 것 같다. 누가가 "구원의 여망마저 없어졌더라"(20절)고 말한 것은 바울의 마음 상태가 아니라 인간적인 구조수단들(humana media)에 대한 것으로 이해되어야 한다. 즉, 누가는 상황이 극도로 좋지 않았기 때문에, 그들이 인간적인 수단으로는 목숨을 건질 가능성이 없었다고 말한 것과 같다.

[21]여러 사람이 오래 먹지 못하였으매 바울이 가운데 서서 말하되 여러분이여 내 말을 듣고 그레데에서 떠나지 아니하여 이 타격과 손상을 면하였더라면 좋을 뻔하였느니라 [22]내가 너희를 권하노니 이제는 안심하라 너희 중 아무도 생명에는 아무런 손상이 없겠고 오직 배뿐이리라 [23]내가 속한 바 곧 내가 섬기는 하나님의 사자가 어제 밤에 내 곁에 서서 말하되 [24]바울아 두려워하지 말라 네가 가이사 앞에 서야 하겠고 또 하나님께서 너와 함께 항해하는 자를 다 네게 주셨다 하였으니 [25]그러므로 여러분이여 안심하라 나는 내게 말씀하신 그대로 되리라고 하나님을 믿노라 [26]그런즉 우리가 반드시 한 섬에 걸리리라 하더라 [27]열나흘째 되는 날 밤에 우리가 아드리아 바다에서 이리 저리 쫓겨가다가 자정쯤 되어 사공들이 어느 육지에 가까워지는 줄을 짐작하고 [28]물을 재어 보니 스무 길이 되고 조금 가다가 다시 재니 열다섯 길이라 [29]암초에 걸릴까 하여 고물로 닻 넷을 내리고 날이 새기를 고대하니라 [30]사공들이 도망하고자 하여 이물에서 닻을 내리는 체하고 거룻배를 바다에 내려 놓거늘 [31]바울이 백부장과 군인들에게 이르되 이 사람들이 배에 있지 아니하면 너희가 구원을 얻지 못하리라 하니 [32]이에 군인들이 거룻줄을 끊어 떼어 버리니라(27:21-32).

21-22. 여러 사람이 오래 먹지 못하였으매. 누가는 선원들과 군인들이 어떻게 행

동했는지에 대해서는 상세하게 기술하지 않고, 바울의 행동만을 구별해서 부각시키고 있다. 그는 바울이 그들의 용기를 북돋우기 위해서 그들 가운데서 섰다고 말한다. 사실, 불굴의 의지와 용기에 있어서 본보기가 될 수 없는 사람은 다른 사람들에게 용기를 줄 수 없는 법이다. 바울은 그들이 죽음 일보 직전에 이르기까지는 이러한 권면을 미루고 있었다. 우리는 불신자들이 통상적으로 행동하는 방식에 비추어서, 그 배에 탄 사람들이 처음에는 자제력을 잃고 아우성을 치며 심하게 동요하였을 것이고, 그들이 그렇게 아우성을 치고 울부짖는 와중에는, 바울의 침착하고 냉정한 목소리를 들을 수 있는 여건이 전혀 조성되지 않았으리라는 것을 충분히 짐작할 수 있다. 이제 그런 상황이 지나가고, 그들이 우왕좌왕하느라 기진맥진하게 되어서 마치 벼락 맞은 사람처럼 주저앉아 있게 된 지금, 비로소 바울은 자기가 하고자 한 말을 시작한다. 그러므로 그들이 자신들에게 좋은 조언을 해주는 사람의 말에 잠자코 귀를 기울일 수 있기 위해서는, 기력이 다 떨어져서 반쯤 죽은 사람들처럼 되어 잠잠하게 되는 것이 꼭 필요한 일이었다. 하지만 바울이 그들의 어리석음을 책망한 것은 시기적으로 적절하지 않은 것처럼 보일 수 있다. 왜냐하면, 그들은 그가 항해에는 문외한이라는 것을 알고 있었고, 바울 자신도 자신의 무지를 모르는 바가 아니었던 까닭에, 모든 일이 잘되고 있을 때에도, 그의 충고를 듣지 않으려고 했기 때문이다.

그러나 사람을 설득해서 정신을 차리게 만드는 것이 얼마나 어려운 일인지를 생각해 본다면, 이러한 책망은 매우 유익한 것이었다. 왜냐하면, 만약 그들이 불행에 처하게 된 것이 처음부터 그의 말을 듣지 않은 까닭임을 분명하게 납득하고 받아들이지 않는다면, 바울의 그 어떠한 권위로도 그들을 움직일 수 없을 것이었기 때문이다. 책망은 그 어떤 위로도 가져다주지 않는 것일 때에는 잔인한 짓이지만, 확실한 치료책이 수반되는 경우에는 치유의 일환이 된다. 그래서 바울은 먼저 선원들로 하여금 자신의 말에 주의를 기울이게 해서, 지금까지 일어난 일들을 근거로 제시하며, 그들이 자기를 믿어 주어야 한다고 설득한 후에, 그들에게 "안심하라"고 말하면서 그들의 안전을 약속한다. 바울이 그들에게 자신의 말을 따라야 한다고 말한 것은 그가 대단한 확신을 갖고 있음을 보여주는 증표였다. 따라서 이러한 발언을 통해서 그는 자신은 한 마디도 자의적으로 말한 것이 없고, 하나님께서 자기에게 명하신 것만을 그들에게 전하고 있다는 것을 보여주고 있는 것이다. 왜냐하면, 우리는 그가 특별한 계시를 받았다는 것을 아직 읽은 적이 없음에도 불구하고, 그에게는 성령의 은밀한 지시하심이 있었던 까닭에, 성령의 인도하심을 받고 있던 그는 아무런 두려움 없이 조언자의 역할을 자처할 수 있었기 때문이다. 내가 방금 전에 말한 대로, 그 배에 있던 사람들은 바울의 이러한 태도로 말미암아, 그가 하고자 하는 말을 좀 더 주목해서 들을 수 있게 되었다. 만일 그렇지 않았더라면, 자신도 남들과 동일하게 난파의 위기에 처해 있던 사람이 다른 사람들에게 안전을 약속한다는 것은 참으로 어이없는 일이 되었을 것이다.

23. 내가 섬기는 하나님의 사자가 어제 밤에 내 곁에 서서 말하되. 바울은 모든 사람들이 무사할 것이라고 이처럼 담대하게 약속했기 때문에, 자신이 실없이 그런 약속을 한 것이 아니라는 것을 증명하기 위해서, 자기로 하여금 그렇게 말하도록 하신 하나님을 증인으로 내세운다. 그는 자신이 본 환상에 대하여 절대적인 확신을 갖고 있었기 때문에, 사탄의 농간을 전혀 두려워하지 않았다. 왜냐하면, "거짓의 아비"인 사탄은 종종 계시를 가장해서 사람들을 현혹시키는 까닭에, 하나님께서는 친히 나타나시거나 자신의 사자들을 통해서 나타나실 때에, 분명한 증표를 통해서 그 나타나심이 참된 것임을 보여주셔서 자신의 종들로부터 모든 의심을 제거해 주시고, 더 나아가 그들이 마귀의 농간에 넘어가지 않도록 그들에게 분별의 영을 부어 주셔서 분별할 수 있게 해주시기 때문이다. 또한, 바울이 불경건한 자들 앞에서 자기가 섬기는 하나님의 이름을 분명하게 칭송하는 것은 그들로 하여금 유대 땅에서는 참 하나님을 섬긴다는 것과 자기가 바로 그 하나님을 섬긴다는 것을 알게 하기 위한 것이었다. 왜냐하면, 그들은 모두 그가 왜 구금되었는지를 알고 있었던 까닭에, 하나님의 사자가 하늘로부터 그에게 내려왔다는 사실로부터, 하나님이 그를 옳다고 하신다는 것을 충분히 수긍할 수 있을 것이었기 때문이다. 따라서 이 말 속에는 복음에 대한 칭송이 담겨 있다. 아울러, 우리는 바울이 그 많은 사람들 앞에서 구원의 일꾼과 하나님의 해석자가 되어 있는 것 속에서, 그가 비록 묶여 있는 몸이었지만, 승리를 거두고 있는 것을 본다.

24. 바울아 두려워하지 말라. 바울은 여기서 이 미신적인 사람들이 그들 자신의 우상들에게 영광을 돌리는 잘못을 범하지 않도록 하기 위하여, 오직 하나님께만 구원의 영광이 돌려져야 한다는 것을 보여주는 데에 심혈을 기울이고, 그런 방식으로 그들을 올바른 신앙으로 초대한다. 그러나 그들이 건전하고 유익한 조언에 귀를 막아 버리고, 하나님의 은혜로 된 일이라는 것을 생생하게 체험하고서도 그 은혜를 금방 잊어버린다는 사실에서, 사람들의 완악함이 얼마나 심각한 것인지가 여실히 드

러난다. 게다가, 더욱 나쁜 것은 하나님께서 그들의 눈 앞에서 은혜를 베푸실지라
도, 그들은 그 은혜를 보려고 하지도 않고 깨달으려고 하지도 않는다는 것이다. 하
지만 대다수의 사람들이 아무리 배은망덕하였을지라도, 하나님의 계시의 말씀을
전한 것은 전혀 성과가 없는 일은 아니었다. 왜냐하면, 철저하게 거짓된 것들에 물
들어 살아 왔던 사람들이 이제는 더 이상 변명을 할 수 없게 된 것 자체가 하나의 성
과였기 때문이다. 한편, 바울이 자기가 "가이사 앞에 서야 할 것"이라고 말한 것은
경건한 자들의 믿음을 더욱 견고하게 하기 위한 것이었다. 왜냐하면, 경건한 자들
은 바울의 이 말을 통해서, 그가 복음의 가르침을 확증하기 위하여 하나님으로부터
확실하게 택함 받은 증인이라는 것과 하나님께서 그로 하여금 그러한 사명을 수행
하도록 하시기 위하여 그를 이 위기에서 건지셨다는 것을 확신할 수 있을 것이었기
때문이다.

24. 하나님께서 너와 함께 항해하는 자를 다 네게 주셨다 하였으니. 여기서 누가
는 바울이 자기 자신만이 아니라 그 배에 탄 모든 사람들을 파선으로부터 구해 주
시기를 하나님께 기도했다는 사실을 보여주는 것 같다. 바울은 다른 사람들도 자신
처럼 위험에 처해 있다는 것을 잘 알고 있었기 때문에, 다른 사람들은 어떻게 되든
상관하지 않고 오직 자신의 목숨을 건지는 일에만 몰두했을 리가 없었을 것이다. 하
지만 하나님께서는 바울의 기도를 들으시기 전에 이미 그렇게 하시기로 정하셨을
것이다. 사실, 하나님의 은혜가 믿는 자들과 관계된 무가치한 자들에게까지 확대되
는 것은 새삼스러운 일이 아니다. 하나님께서 소돔에서 의인 열 명을 찾을 수 있으
면 나머지 사람들도 모두 살려 주시겠다고 말씀하신 것도 그런 맥락에서 이해될 수
있다.

여기에서 다음과 같은 한 가지 질문이 제기된다: 거룩한 사람들의 온전한 신앙은
불경건한 자들에게 어느 정도나 유익을 끼치는 것인가? 우선, 우리는 교황주의자들
의 잘못된 미신을 배제하여야 한다. 그들은 악한 자들이 경건한 자들로 말미암아
유익을 얻는다고 말하면서, 경건한 자들이 자신들의 공로(meritum)를 통해서 세상
에 구원을 가져다주는 중보자(mediator)가 되는 것이라고 생각한다. 또한, 그들은
살아 있는 사람들에게나 적용하여야 할 이 원리를 죽은 사람들에게도 적용해서, 하
나님께서 자기 앞에 죽은 자들 있는 것을 보고 계신다는 이유만으로 그 죽은 자들
과 관계된 살아 있는 자들에게도 자비를 베푸실 것으로 기대하고서 죽은 자들을 자
신들의 수호자(patronus)로 삼는다는 점에서 어이없게도 이중의 어리석음을 범하

고 있다. 나는 그들이 성인들의 공로를 칭송함으로써 사람들에게 값없이 주어지는 하나님의 은혜를 가리고 있다는 것에 대해서는 긴 말을 하고 싶다. 이제 앞에서 제기된 질문에 대해서 우리는 다음과 같이 간단하게 대답할 수 있다. 먼저, 선한 자들과 악한 자들은 서로 뒤섞여 살고 있어서, 역경이든 순탄함이든 이 두 부류의 사람들에게 차별 없이 공통적으로 임하기 때문에, 하나님께서는 자기 백성을 역경으로부터 건져주고자 하실 때에, 불경건한 자들을 함께 건져주시는 일이 종종 있다는 것이다. 다음으로, 하나님께서 믿는 자들로 말미암아 멸망 받을 악한 자들에게도 복을 주시는 이유는 많다. 하나님이 "요셉을 위하여" 보디발의 집에 복을 내리신 것(창 39:5)은 그의 마음을 움직여서 요셉에게 잘해 주도록 하게 하기 위한 것이었다. 하나님이 많은 사람들의 목숨을 안전하게 건져 주셔서 바울을 향한 자신의 은총을 보여주신 것은 그의 경건함을 증언하시고, 그로 인하여 복음의 지극히 큰 존귀함이 빛을 발하게 하기 위한 것이었다. 끝으로, 우리가 유념해야 할 것은 하나님께서 불경건한 자들에게 후하게 베풀어 주시는 모든 은택들(beneficium)은 결국에는 그들의 멸망을 촉진시키는 것들이 되는 반면에, 믿는 자들이 멸망 받을 자들과 공통적으로 겪는 징벌들(poena)은 그들에게 유익한 보약이 된다는 것이다. 하나님께서 자신의 인자하심을 우리로부터 다른 사람들에게로 조금 흘러가게 하시는 것은 우리를 향한 하나님의 사랑을 확증해 주는 확실한 보증(pignus)이다.

25. 그러므로 여러분이여 안심하라 나는 내게 말씀하신 그대로 되리라고 하나님을 믿노라. 바울은 폭풍우가 몰아치는 바다 한가운데 있는 사람들에게 그들이 모두 무사히 항구에 당도할 것이라고 단정적으로 담대하게 말하는 자신의 이러한 자신감은 하나님께서 그렇게 약속하신 것에서 비롯된 것임을 다시 한 번 그들에게 역설한다. 바울의 이 말은 믿음의 본질을 잘 보여준다. 즉, 하나님의 말씀에 의해서 확증된 믿음은 사람의 심령을 견고하게 붙들어 주어서 그를 공격해 오는 모든 시험을 막아 준다는 것이다. 바울은 자신의 모범을 통해서 배 위에 있는 사람들에게 믿음을 권유할 뿐만 아니라, 그들로 하여금 하나님의 말씀을 신뢰하도록 하기 위하여 하나님의 말씀을 보증하는 역할까지 담당한다. 바로 뒤에 나오는 섬에 관한 언급, 즉 "그런즉 우리가 반드시 한 섬에 걸리리라"는 말은 하나님의 말씀을 보증하는 자로서의 바울의 역할을 분명하게 보여준다. 즉, 그들은 위험 상황이 다 끝나고 무사히 목숨을 건진 후에, 바울이 앞서 보증한 말을 기억하고서, 모든 일이 하나님의 말씀대로 된 것임을 좀 더 분명하게 알 수 있게 될 것이었다. 만일 바울이 이렇게 보증인

으로서의 역할을 담당하지 않았다면, 목숨을 건진 후에 그들은 자신들이 어떻게 해서 그 위기를 벗어나게 되었는지에 대해서는 전혀 관심을 두지 않을 것이 뻔한 노릇이었다. 따라서 우리는 하나님께서 자신이 약속하신 구원이 우연히 일어난 일이 아니라는 것을 알게 하시기 위하여, 이렇게 상황을 이끌어가고 계시는 것임을 알게 된다. 하지만 아울러 우리가 주목해야 할 것은 하나님께서는 한편으로는 자신의 종의 믿음을 연단시키시고, 다른 한편으로는 사람의 지각에 의해서는 알 수 없었던 장래의 일을 바울이 성령을 통해 알게 되었다는 것을 모든 사람으로 알게 하시기 위하여, 그들을 여전히 미심쩍어하는 상태로 두고 계신다는 것이다. 누가의 기사는 그들이 여전히 바울의 말을 믿지 않았음을 보여준다. 왜냐하면, 선원들은 자신들이 "어느 육지"에 가까워지는 것으로 짐작했고, 이것은 "한 섬"에 걸릴 것이라는 바울의 약속과 부합하지 않는 것이었기 때문이다. 따라서 우리는 그들이 결국에는 바울의 말을 진실이라고 생각하지 않고, 자신들의 경험을 더 믿었다는 것을 알 수 있다.

30. 사공들이 도망하고자 하여. 바울이 "사공들"이 배에서 탈출하도록 내버려두어서는 안 된다고 지혜롭게 경고한 것은 성령의 은혜가 바울 안에서 빛을 발하고 있었음을 다시 한 번 보여준다. 백부장이나 다른 사람들이 사공들의 계략을 눈치채지 못한 이유는 오로지 바울이 끝까지 구원의 일꾼이 되어야 했기 때문이었다. 하지만 "사공들"이 도망쳐서 "배에 있지 아니하면" 나머지 사람들이 구원을 얻을 수 없다는 바울의 말은 이상하게 들릴 수 있다. 왜냐하면, 바울의 이 말은 마치 사공들이 하나님의 약속을 무력화시킬 수도 있다는 말처럼 들리기 때문이다. 나의 대답은 바울은 여기서 하나님의 능력에 대해서 말하고 있는 것이 아니라, 하나님께서 자신의 뜻을 이루시기 위하여 어떤 수단을 사용하고자 하시는지를 말하고 있다는 것이다. 하나님께서 믿는 자들을 위해서 자신의 능력을 베푸신다는 것은 그들이 하나님께서 정하신 수단들을 외면하고 나태함과 안일함에 빠져서 아무것도 하지 않거나, 피할 방법이 확실히 있는데도 불구하고 무모하게 위험을 자초해도 좋다는 뜻이 결코 아니다. 하나님께서는 히스기야에게 앗수르인들에게 포위된 예루살렘 성을 구원해 주실 것이라고 약속하셨다(사 37:35). 그런데 만일 히스기야가 적군에게 성문을 열어 주었다면, 이사야는 즉시 "네가 네 자신과 성을 모두 망하게 하고 있다"고 말하지 않았겠는가? 하지만 이것은 하나님의 손이 자신이 사용하고자 하시는 수단들이나 방법들에 묶여서 제한을 받는다는 뜻이 아니라, 하나님께서는 이런저런 수단이나 방법을 정해 주심으로써, 사람들의 마음과 생각을 억제하셔서, 그들에게 주

어진 한계를 벗어나지 않게 하신다는 뜻이다.

[33]날이 새어 가매 바울이 여러 사람에게 음식 먹기를 권하여 이르되 너희가 기다리고 기다리며 먹지 못하고 주린 지가 오늘까지 열나흘인즉 [34]음식 먹기를 권하노니 이것이 너희의 구원을 위하는 것이요 너희 중 머리카락 하나도 잃을 자가 없으리라 하고 [35]떡을 가져다가 모든 사람 앞에서 하나님께 축사하고 떼어 먹기를 시작하매 [36]그들도 다 안심하고 받아 먹으니 [37]배에 있는 우리의 수는 전부 이백칠십육 명이더라 [38]배부르게 먹고 밀을 바다에 버려 배를 가볍게 하였더니 [39]날이 새매 어느 땅인지 알지 못하나 경사진 해안으로 된 항만이 눈에 띄거늘 배를 거기에 들여다 댈 수 있는가 의논한 후 [40]닻을 끊어 바다에 버리는 동시에 키를 풀어 늦추고 돛을 달고 바람에 맞추어 해안을 향하여 들어가다가 [41]두 물이 합하여 흐르는 곳을 만나 배를 걸매 이물은 부딪쳐 움직일 수 없이 붙고 고물은 큰 물결에 깨어져 가니 [42]군인들은 죄수가 헤엄쳐서 도망할까 하여 그들을 죽이는 것이 좋다 하였으나 [43]백부장이 바울을 구원하려 하여 그들의 뜻을 막고 헤엄칠 줄 아는 사람들을 명하여 물에 뛰어내려 먼저 육지에 나가게 하고 [44]그 남은 사람들은 널조각 혹은 배 물건에 의지하여 나가게 하니 마침내 사람들이 다 상륙하여 구조되니라(27:33-44).

33-34. 날이 새어 가매. 선원들이 무슨 생각을 하든, 바울의 믿음은 흔들리지 않았고, 그는 자신에게 주어진 약속을 단단히 붙들고 있었다. 어떤 지휘관은 완전히 절망적인 상황에서 "병사들이여, 우리가 다음 식사는 저 세상에서 하게 될 터이니 굶지 말고 먹으라"고 말했다는 일화가 있지만, 바울은 그들에게 음식 먹기를 권할 뿐만 아니라, 자신에게 주어진 예언의 말씀을 굳게 붙들고서, 그들이 터럭 하나도 다치지 않고 무사히 구출될 것이니 걱정하지 말라고 격려하기까지 한다. 믿음이 우리를 무장시켜서 인내할 수 있게 해줄 때, 믿음의 능력이 나타나서, 우리는 우리의 믿음을 흔들어 놓고자 하는 사탄의 공격들을 담대하게 물리칠 수 있게 된다. 하지만 그들이 "열나흘"을 꼬박 굶었다는 바울의 말은 이상하게 들릴 수 있다. 물론, 개인으로서 더 오랜 기간 동안 굶은 사람은 있겠지만, 이렇게 많은 무리가 다 그랬다는 것은 거의 믿기지 않는 일이다. 그러나 이 문제에 대한 대답은 그리 어렵지 않다. 즉, 바울이 "먹지 못하고 주렸다"고 한 것은 슬픔과 괴로움 속에 있는 사람들이 거의 음식을 입에 대지 못하듯이, 그들이 제정신이 아니어서 그 기간 내내 제대로 된

식사를 한 번도 하지 못한 것을 가리키는 것이었기 때문에, 음식이 없어서 먹지 못한 것을 뜻하는 "굶주림"은 아니었다는 것이다. 그들은 절망감 때문에 음식을 먹지 않은 것이기 때문에, 여기서 바울은 그들이 이제라도 음식을 먹고 기운을 차리기만 하면 결코 죽지 않을 것이니 용기를 내라고 다시 한 번 격려한 것이다. 신실한 말씀 사역자는 사람들로 하여금 수수방관하거나 빈둥거리지 않고 하나님의 부르심을 따르게 하기 위하여, 하나님이 하신 약속들을 그들에게 알게 해야 할 뿐만 아니라, 아울러 현명한 조언과 권면도 할 줄 알아야 한다. 따라서 여기서 바울이 한 말의 요지는 이런 것이다: "하나님께서 너희를 구원하시기로 작정하셨으니, 너희는 그러한 확신을 가지고서 힘을 내어, 자포자기하지 않도록 힘써야 한다."

35. 떡을 가져다가. 바울은 자신이 솔선수범해서 그들을 격려하기 위하여, 자기가 직접 떡을 가져다가 먼저 떼어 먹는다. 누가는 그가 떡을 떼기에 앞서 "하나님께 축사하였다"고 말한다. 그가 그렇게 한 것은 그것이 그의 생활습관이기 때문이기도 했지만, 사람들 앞에서 그의 확신을 증명하는 데에 매우 중요한 행동이었기 때문이었다. 바울이 떡을 뗀 것은 자기가 다른 사람들에게 권한 것을 솔선수범해서 행한 것임은 의심의 여지가 없다. 바울은 지금 하나님께 감사 기도를 드리면서, 자신이 먹을 떡에 복을 내려 달라고 빌 뿐만 아니라, 절망의 늪에 빠져 있는 이 가련한 사람들이 밝은 희망을 품을 수 있게 해 달라고 생명의 근원(vitae autor)이신 하나님께 담대하게 간구한다. 두려움으로 인해 자포자기에 빠져 있던 사람들이 용기를 얻어서 떡을 먹었다는 사실에서, 우리는 바울의 기도가 응답되었음을 알게 된다.

37. 배에 있는 우리의 수는 전부 이백칠십육 명이더라. 먼저, 우리는 누가가 해안까지 헤엄쳐 나온 사람들의 수가 아니라, 배에 있던 사람들의 수를 먼저 말하고 있다는 사실로부터, 배에 탄 무리들 중 한 사람도 죽지 않았다는 것을 좀 더 분명하게 알게 된다. 다음으로, 이 숫자는 이 이적이 얼마나 놀라운 것이었는지를 한층 더 선명하게 부각시켜 준다. 왜냐하면, 난파된 배에 타고 있던 "이백칠십육 명"의 사람들이 단 한 사람도 빠짐없이 탈출해서 육지에 상륙했다는 것은 인간적으로는 거의 일어날 수 없는 일이었기 때문이다. 게다가, 선원들을 제외하고는 헤엄을 칠 줄 아는 사람이 거의 없었을 것을 감안하면, 더더욱 그러하다. 비록 그들이 음식을 먹고 다소 원기를 회복했다고는 하지만, 그들은 오랜 동안의 근심과 절망으로 여전히 쇠약해진 상태에 있었기 때문에, 그들이 가볍게 팔을 놀려 헤엄을 칠 수 있었다는 것은 놀라운 일이었다. 또한, 우리는 이삼십 명의 사람들이 이처럼 위험한 상황에서

서로 부딪치거나 물에 빠지지 않고 헤엄을 치는 것은 거의 불가능한 일인데, 그런 상황 속에서 그들이 얼마나 당혹스럽고 혼란스러운 상태에 있었을 지를 생각해 보아야 한다. 그러므로 바다 속에 뛰어든 사람들이 단 한 사람도 빠짐없이 모두 다 무사히 해안까지 당도한 것은 하나님께서 팔을 뻗어 그들을 붙들어 주신 것이 분명하였다.

38. 배부르게 먹고 밀을 바다에 버려 배를 가볍게 하였더니. 이러한 모습은 그들이 마침내 바울의 말을 믿고 거기에 따라 움직였음을 보여준다. 아직 날이 새기 전이라서, 그들은 근처에 항구가 있는지의 여부를 확인할 수 없었다. 하지만 그들은 배를 가볍게 하기 위해서 남은 "밀"을 바다에 던져 버렸다. 만일 바울이 그들 가운데서 이전보다 더 큰 권위를 지니고 있지 않았다면, 그들은 결코 그렇게 하지 않았을 것이다. 그러나 불신자들의 마음은 쉽게 변하기 때문에, 바울에 대한 신뢰는 그들의 마음에서 이내 사라졌다.

41. 두 물이 합하여 흐르는 곳을 만나 배를 걸매. 배가 좌초되었을 때, 하나님은 지금까지 바울을 가지고 장난치신 것처럼 보일 수 있었고, 바울도 난파당한 배에 있던 사람들에게 허튼소리로 헛된 희망이나 심어준 것처럼 보일 수 있었다. 하지만 하나님께서는 이내 전화위복의 결과를 통해서 그런 잘못된 생각을 말끔히 씻어 주셨다. 배가 깨져갈 때, 모든 사람의 마음이 부서지고 녹아질 수밖에 없었고, 그들의 이러한 절망감은 하나님이 베푸신 이적의 놀라움을 배가시켰다. 이렇게 하나님께서는 우리로 하여금 수많은 난관과 장애들을 겪게 하시는 방식으로 자신의 역사를 이루어 가시는 것이 보통이다. 왜냐하면, 그랬을 때, 우리의 지각이 더욱 예민하게 깨어서 하나님의 역사에 집중할 수 있게 되어서, 우리는 온 세상이 전면적으로 극렬하게 저항할지라도, 하나님께서 최후의 승리자로 우뚝 서시는 것을 절대로 막을 수 없다는 것을 배울 수 있게 되기 때문이다. 이것이 하나님께서 배가 그냥 무사히 해안에 닿게 하지 않으시고, 배를 좌초시키신 후에, 바울과 모든 사람을 난파된 배로부터 해안으로 무사히 이끄신 이유였다.

42. 군인들은 죄수가 헤엄쳐서 도망할까 하여 그들을 죽이는 것이 좋다 하였으나. 군인들의 배은망덕함은 도를 지나쳐서 잔악하기까지 하였다. 그들은 바울 덕분에 두세 번이나 목숨을 건졌지만, 그를 죽이고자 하였다. 그들은 바울을 보아서라도 다른 죄수들까지 살려주고자 하는 것이 마땅한 일이었다. 바울은 하나님의 사자로서 그들의 안전을 확보해 주었고, 그들에게 구원을 위한 지혜를 주었으며, 그

들이 자포자기했을 때에 그들에게 용기를 주었다. 바울은 이처럼 여러 가지 방법으로 여러 차례 그들을 구해 주었지만, 이제 그들은 주저하지 않고 그를 잔인하게 죽이려고 하였다. 따라서 우리는 선을 행하고서도 부당한 대우를 받을지라도, 사람들의 그러한 배은망덕함은 너무나 흔한 병이기 때문에, 거기에 당혹해야 할 이유는 전혀 없다. 하지만 그들은 자신들의 목숨을 구해 준 하나님의 일꾼에 대하여 배은망덕하게 행하고 있을 뿐만 아니라, 언제 그랬냐는 듯이 하나님의 은혜를 잊어버리고 하나님에 대하여 가증스러운 불신앙을 나타내 보이고 있다. 자신들의 목숨이 바울에게 맡겨졌다는 하나님의 말씀(24절)을 방금 전에 들은 그들이 지금은 바울을 죽이고 나서 자신들의 목숨만을 건지겠다고 나선 것은 하나님을 정면으로 거역하려고 한 것이 아니고 무엇이겠는가? 그들이 그렇게 하고자 한 것은 그들은 하나님의 뜻은 안중에도 없었고 오직 자신들의 목숨만을 건지고자 한 것뿐이었던 까닭에, 항구가 가까이 보이게 되었을 때, 자신들이 극도의 절망 속에서 맛보았던 하나님의 은혜를 까마득히 잊어버리고 더 이상 기억하지 않았기 때문이었다. 그러나 우리는 자신의 약속을 무효로 만들어 버리기 위한 짓을 서슴없이 행하고자 한 바로 그 사람들을 육지로 무사히 데려다주심으로써, 바울을 구원하심과 아울러 그 사람들에 대한 자신의 약속을 성취하시는 것이 하나님의 놀라우신 뜻이었다는 것을 알아야 한다. 이렇게 하나님의 선하심(bonitas)과 인간들의 악의(malitia)가 충돌하는 것은 비일비재하다. 하나님께서는 이처럼 불경건한 자들에게도 긍휼을 베푸시기는 하시지만, 그렇다고 해서 그들의 죄악을 용서하신 것은 아니며, 적당한 때가 이르기까지 그들에 대한 처벌을 유예하신 것일 뿐이다. 하나님께서 이렇게 오래 참으시는데도, 사람들이 회개하지 않을 때, 그 벌이 더욱 무거워지는 것은 당연한 일이다.

제28장

¹우리가 구조된 후에 안즉 그 섬은 멜리데라 하더라 ²비가 오고 날이 차매 원주민들이 우리에게 특별한 동정을 하여 불을 피워 우리를 다 영접하더라 ³바울이 나무 한 묶음을 거두어 불에 넣으니 뜨거움으로 말미암아 독사가 나와 그 손을 물고 있는지라 ⁴원주민들이 이 짐승이 그 손에 매달려 있음을 보고 서로 말하되 진실로 이 사람은 살인한 자로다 바다에서는 구조를 받았으나 공의가 그를 살지 못하게 함이로다 하더니 ⁵바울이 그 짐승을 불에 떨어 버리매 조금도 상함이 없더라 ⁶그들은 그가 붓든지 혹은 갑자기 쓰러져 죽을 줄로 기다렸다가 오래 기다려도 그에게 아무 이상이 없음을 보고 돌이켜 생각하여 말하되 그를 신이라 하더라(28:1-6).

1-2. 우리가 구조된 후에 안즉 그 섬은 멜리데라 하더라 비가 오고 날이 차매 원주민들이 우리에게 특별한 동정을 하여 불을 피워 우리를 다 영접하더라. 이 장의 첫 부분은 많은 사람들이 처해 있던 서글픈 광경을 묘사하는 것으로 시작된다. 물에 흠뻑 젖어 있는 채로 바다의 온갖 오물과 거품을 뒤집어쓰고 천신만고 끝에 해안으로 기어올라와서 추위로 온 몸이 오그라붙어 있던 그들은 바다에서는 겨우 살아나왔지만, 곧 다른 종류의 죽음을 맞이할 사람들처럼 보였다. 누가는 이어서 "원주민들"이 그들을 따뜻하게 맞아주었다고 보도한다. 원주민들은 불을 피워서 그들의 옷을 말리게 해주었고, 추위로 얼어붙은 몸을 따뜻하게 할 수 있게 해주었으며, 비를 피할 거처도 제공해 주었다. 그래서 바울은 그들의 이러한 호의를 칭송하며 감사를 표한다. 낯선 사람들을 이렇게 따뜻하게 맞아주는 것은 세상에서 찾아 보기 어려운 일로서 칭송을 받아 마땅한 일이다. 하지만 야만인이었던 "원주민들"이 곤경에 처한 사람들을 보고서, 인간이 지닌 보편적인 본성으로 말미암아 그들을 동정하고 따뜻하게 대해 주었다는 것이 사실이라고 할지라도, 만일 난파로 말미암아 배에 탄 사람들 중에서 단 한 사람이라도 목숨을 잃는다면, 그것은 하나님의 약속이 심각하게 어긋난 것으로 비쳐질 수 있었기 때문에, 하나님께서 자신의 약속이 온전히 성취되게 하시려고, 멜리데 "원주민들"의 마음을 움직이셔서 그렇게 행하도록 하셨다는

것은 의심의 여지가 없다.

3. 뜨거움으로 말미암아 독사가 나와 그 손을 물고 있는지라. 이 사건은 바울이 의심할 여지 없는 하나님의 참 선지자라는 것을 증명해 주었다. 하나님께서는 방금 전에 바다 위에서 그러하셨던 것처럼 육지에서도 그를 존귀하게 하시기 위해서 이제 새로운 이적을 일으키셔서 자신이 앞서 하신 말씀들을 인치심과 아울러, 그가 자신의 사도라는 것을 멜리데 사람들 가운데서 확증하신다. 이 이적으로부터 유익을 얻은 사람이 많지는 않았지만, 불신자들 가운데에서 복음의 위엄은 찬란하게 빛이 났다. 또한, 이 이적은 그때까지도 하나님이 하신 말씀들을 그다지 경외하지 않고 있던 선원들을 비롯해서 배에 탔던 모든 사람들에게, 하나님의 말씀이 어떠한 것인지를 확증해 주었다. 나뭇단 속에서 "독사"가 튀어 나온 것은 우연이 아니었다. 하나님께서는 이 사건이 자신의 복음을 높여줄 것임을 아시고서, 자신의 비밀스러운 계획에 따라 "독사"로 하여금 바울의 손을 물도록 하셨던 것이다.

4. 원주민들이 이 짐승이 그 손에 매달려 있음을 보고. 재앙을 당한 사람은 무언가 큰 죄를 지은 사람이라고 생각하는 것은 동서고금을 막론하고 보편적인 일이었다. 그리고 사람들은 괜히 그러한 생각을 하게 된 것이 아니다. 그것은 하나님에 대한 올바른 경건에서 비롯된 것이라고 보아야 한다. 왜냐하면, 하나님께서는 이 세상으로 하여금 변명하지 못하게 하시기 위해서, 모든 고통과 역경, 특히 중대한 재앙은 죄악에 대한 자신의 진노와 공의로운 보응을 보여주는 증거라는 사실을 모든 사람들의 마음에 새겨 두기를 원하셨기 때문이다. 따라서 무언가 중대한 재앙이 닥칠 때마다, 사람들은 하나님께서 진노하셔서 그처럼 가혹한 심판을 내리신 것이라고 생각하게 되었다. 그리고 세상에서 불경건이 판을 치게 되었다고 할지라도, 하나님께서 자신이 세상의 심판자이심을 보여주시려고 악인들에게 특별한 벌을 내리신다는 이 원리를 모든 사람이 다 망각해 버린 것은 결코 아니었다.

하지만 이 원리 속에 한 가지 오류가 거의 언제나 개입되어 왔는데, 그것은 모진 시련을 겪는 사람을 볼 때마다 예외 없이 그 사람을 악인이라고 정죄하게 되었다는 것이다. 이것이 오류인 것은 하나님께서 사람들의 죄악을 언제나 역경으로써 벌하시는 것이 사실이기는 하지만, 그렇다고 해서 각 사람이 마땅히 받아야 할 분량의 벌을 꼭 현세에서 내리시는 것은 아니고, 경건한 자들이 당하는 고난은 벌이라기보다는 믿음을 시험하고 인내하도록 훈련시키시기 위한 경우가 종종 있기 때문이다. 따라서 세상에서 잘되고 있는지, 아니면 어려움에 처해 있는지를 기준으로 각 사람을 판단하는 것을 보편적인 원리로 삼는 것은 잘못이다. 욥과 그의 친구들 간에 벌어진 논쟁의 핵심도 거기에 있었다. 욥의 친구들은 하나님으로부터 온 고통과 괴로움을 받는 사람은 하나님이 저주하고 미워하는 사람이라고 주장한 반면에, 욥은 하나님께서는 때로는 경건한 자들을 낮추시기 위하여 환난을 주신다는 반론을 폈다. 따라서 우리가 이 문제와 관련해서 미혹되지 않으려면, 다음과 같은 두 가지를 조심하여야 한다.

첫 번째는 우리가 잘 알지 못하는 사람들을 오직 결과만을 보고서(ex solo eventu) 맹목적이고 경솔하게 판단해서는 안 된다는 것이다. 왜냐하면, 하나님께서는 선한 자든 악한 자든 모든 사람에게 똑같이 괴로움을 주실 뿐만 아니라, 심지어 멸망 받을 사람에게는 재앙을 면해 주시고 자기 백성에게는 재앙을 주시기도 하시는 까닭에, 우리가 올바른 판단을 하려면, 각 사람에게 임한 고통이나 징벌이 아닌 다른 것, 즉 각 사람의 삶과 행실들(vita et factum)을 살펴보아야 하기 때문이다. 만약 음행한 자나 신성을 모독한 자나 위증한 자나 강도나 쾌락을 탐닉하는 자나 사기꾼이나 피에 굶주린 자가 벌을 받는다면, 하나님께서는 마치 자신의 손가락으로 가리키시며 저것을 보라고 하시는 듯이 우리에게 그의 심판을 보여주신 것이다. 하지만 환난을 당하는 자에게서 우리가 그 어떤 악행도 분명하게 볼 수 없는 경우라면, 성급하게 그 사람이 하나님에게서 벌을 받고 있다고 판단하지 말고, 그러한 판단 자체를 유보하는 것이 최선이다.

우리가 조심해야 할 두 번째는 최종적인 결과가 나올 때까지 기다려야 한다는 것이다. 왜냐하면, 하나님께서 어떤 사람을 치기 시작하실 때에는, 우리가 하나님의 계획이나 목적이 무엇인지를 분명하게 알 수 없지만, 인간의 눈으로 볼 때에는 동일한 징벌을 받고 있는 것처럼 보였던 두 사람이 사실은 하나님이 보시기에는 판이하게 다른 부류의 사람들이었다는 것이 두 사람의 판이하게 다른 최종적인 결말을 통해서 분명하게 드러나게 되기 때문이다. 공적인 것이든 사적인 것이든 모든 고난은 하나님의 채찍이라고 율법이 그토록 반복해서 강조하고 있는 것은 결코 무의미한 것이 아니라는 반론을 제기하는 사람이 있다면, 나는 그 말이 맞다는 것을 인정하긴 하지만, 하나님께서는 지독하게 악한 자들을 한동안 벌하지 않으시는 채로 내버려 두시는 반면에, 도리어 사소한 잘못을 범한 자들에 대해서는 아주 가혹하게 벌하기도 하신다는 것은 여전히 사실이다. 게다가, 우리 주변에서 흔히 일어난다고 해서, 그것을 영속적인 원리라고 주장하는 것은 우리가 할 일이 아니다.

이제 우리는 멜리데 "원주민들"이 어떤 점들에서 잘못을 범한 것이었는지를 알게 되었다. 첫 번째는 "독사"가 바울을 물었다는 이유만으로, 바울이 어떤 삶을 살아 왔는지에 대해서는 알아보지도 않은 채로, 그를 "살인한 자"라고 판단한 것이었고, 두 번째는 최종적인 결말을 기다려 보지도 않고서 성급한 결론을 내린 것이었다. 또한, 우리는 하나님의 심판에 대한 지각(divini iudicii sensus)을 사람들의 마음에서 제거하려고 하는 자들은 가증스러운 괴물들이라는 것을 유념하여야 한다. 왜냐하면, 그러한 지각은 우리가 천성적으로 타고 나는 것이고, 무지한 자들이나 미개한 자들 안에도 깃들어 있는 것이기 때문이다. 그들이 바울에게 다른 어떤 죄가 아니라 "살인"의 죄가 있을 것이라고 생각한 것은 "살인"을 언제나 가장 흉악한 죄악으로 여겼던 옛 사람들의 인식을 그대로 물려받은 것이었다.

4. 공의가 그를 살지 못하게 함이로다. "원주민들"은 바울이 바다로부터 살아나 왔으면서도 보응을 받게 된 것을 보고서, 그가 죄인이라고 결론을 내린다. 그들은 '디케'(Δίκη)라고 불리는 복수의 여신이 제우스 신의 보좌 옆에 앉아 있다고 생각하였다. 그들은 참된 종교를 모르는 사람들이었기 때문에 그렇게 조잡한 생각을 한 것이었지만, 그들의 그런 생각 속에는 결국 하나님을 세상의 심판자로 보는 인식이 들어 있는 것이었기 때문에, 그들의 생각은 전혀 터무니없는 것은 아니었다고 할 수 있다. 또한, 그들이 한 말을 살펴보면, 우리는 그들이 신의 진노(ira numinis)를 운(fortuna)과 구별해서, 모든 사건을 맹목적이고 우연한 운으로 돌린 것이 아니라 하나님의 심판과 결부시키고 있음을 알게 된다. 왜냐하면, 바울이 방금 바다로부터 구원을 받았음에도 불구하고 더 이상 안전할 수 없게 된 것을 멜리데 "원주민들"은 하나님의 심판에 의한 벌로 이해하고 있기 때문이다.

5. 바울이 그 짐승을 불에 떨어 버리매. 바울이 "독사"를 불에 떨어 버린 것은 그의 마음이 침착하고 평온했음을 보여주는 증표였다. 우리는 사람이 두려움에 사로잡히게 되면 얼마나 혼비백산하는지를 잘 안다. 그렇다고 해서, 우리는 바울이 전혀 두려움을 느낄 수 없는 사람이었다고 생각해서는 안 된다. 왜냐하면, 광신자들이 상상하듯이, 믿음은 우리를 둔감하게 만들어서 그 어떤 위험 상황에서도 마치 전혀 위험이 없는 것처럼 태평할 수 있게 해주는 것이 결코 아니기 때문이다. 믿음은 위험에 대한 지각을 완전히 둔감하게 만들어 버려서 위험을 전혀 느끼지 못하게 해주는 것은 아니지만, 그 지각을 상당히 완화해 주기 때문에, 경건한 자들은 경악스러운 상황 속에서도 마음의 평정을 상당 부분 유지하고서 담대함을 잃어버리지 않

게 된다. 따라서 바울은 "독사"가 목숨을 위협할 수 있다는 것을 알고 있었지만, 하나님께서 그에게 주신 약속을 신뢰하고 있었고, 필요한 경우에는 얼마든지 죽을 각오가 되어 있었기 때문에, 독사에 물렸는데도 겁을 먹고 놀라서 혼비백산하지 않았던 것이다.

6. 돌이켜 생각하여 말하되 그를 신이라 하더라. 이 갑작스럽고 놀라운 변화가 멜리데 사람들의 마음을 움직여서, 그들이 앞에서는 "신"의 보복에 영광을 돌렸듯이, 이제는 "신"의 자비에 영광을 돌리게 된 것이 틀림없다. 그러나 인간의 판단(humana ratio)이라는 것은 늘 잘못된 극단으로 치우치는 까닭에, 그들은 갑자기 돌변해서 사악한 "살인자"로 여겼던 바울을 이제는 "신"으로 여긴다. 하지만 둘 중의 어느 하나로 여김을 받을 수밖에 없는 상황이라면, "신"보다는 "살인자"로 여김을 받는 편이 더 좋았을 것이다. 바울은 자신이 "신"의 영광을 차지하는 것보다는 차라리 한 가지 죄목으로 정죄를 받아서 온갖 종류의 오명을 뒤집어쓴 채로 지옥 구덩이에 떨어지는 것을 더 원했을 것이 분명하다. 폭풍우 속에서 바울이 했던 설교를 들었던 사람들은 그러한 사실을 너무나 잘 알고 있었다. 하지만 멜리데 원주민들도 나중에는 바울의 가르침을 받아서, 그 이적의 주인공이 하나님이시라는 것을 깨달았을 것이다.

바울이 겪은 이 사건으로부터 우리가 배워야 할 것은 처음에는 하나님의 영광을 훼손시키는 것처럼 보이는 서글픈 일들이 일어난 경우에는 마침내 복된 결말로 귀결될 때까지 차분하게 기다려야 한다는 것이다. 만일 우리가 바울이 독사에 물려서, 불경건한 자들에게 온갖 비방과 모욕의 말들로 복음의 영광을 훼손하고 욕되게 만들 수 있는 빌미를 준 이 광경을 보았다면, 우리 중에서 경악하지 않을 자가 누가 있었겠는가? 하지만 우리는 하나님께서 신속하게 모든 것을 바로잡으시는 것을 본다. 따라서 우리는 하나님께서 자신의 영광이 여러 가지 걸림돌들로 말미암아 가려지는 것을 잠시 허락하신 후에는, 적절한 때에 다시 모든 것을 회복시키셔서, 걸림돌들로 말미암아 드리워졌던 어둠을 밝은 빛으로 바꾸어 놓으신다는 것을 의심하지 말아야 한다. 또한, 우리는 육신적인 판단(carnis iudicium)을 경계하고 조심하여야 한다는 것을 명심할 필요가 있다. 그리고 인간은 늘 어느 한 쪽으로 치우쳐서 극단으로 나아가기가 너무나 쉽기 때문에, 우리는 하나님께 절제의 영(spiritus moderationis)을 우리에게 주셔서 우리로 하여금 좌로나 우로나 치우치지 않게 해주시라고 간구하여야 한다. 더 나아가, 이러한 사실로부터 우리는 세상이 미신에 얼마나 빠지기 쉬운지를 배워야 한다. 우리는 오직 하나님께만 속한 것들을 빼앗아서 그것들로 피조물들을 미화하기를 좋아하는 그러한 부패하고 악한 심성을 갖고 태어난다.

우리가 모두 어머니의 태에 있을 때부터 우상들을 만들어 내는 데에 놀라운 재주꾼(mirus artifex)이라는 사실을 감안하면, 모든 세대마다 새로운 오류들을 계속해서 생산해 내는 것은 결코 이상한 일이 아니다. 하지만 사람들로 하여금 이러한 사실을 핑곗거리로 삼지 못하도록 하기 위해서, 이 이야기는 사람들이 하나님의 은혜를 망각하여 하나님께 감사하지 않고, 도리어 하나님의 영광을 다른 피조물에게 돌리는 데에 미신들의 원천(superstitionum fons)이 있다는 것을 증언한다.

⁷이 섬에서 가장 높은 사람 보블리오라 하는 이가 그 근처에 토지가 있는지라 그가 우리를 영접하여 사흘이나 친절히 머물게 하더니 ⁸보블리오의 부친이 열병과 이질에 걸려 누워 있거늘 바울이 들어가서 기도하고 그에게 안수하여 낫게 하매 ⁹이러므로 섬 가운데 다른 병든 사람들이 와서 고침을 받고 ¹⁰후한 예로 우리를 대접하고 떠날 때에 우리 쓸 것을 배에 실었더라 ¹¹석 달 후에 우리가 그 섬에서 겨울을 난 알렉산드리아 배를 타고 떠나니 그 배의 머리 장식은 디오스구로라 ¹²수라구사에 대고 사흘을 있다가 ¹³거기서 둘러가서 레기온에 이르러 하루를 지낸 후 남풍이 일어나므로 이튿날 보디올에 이르러 ¹⁴거기서 형제들을 만나 그들의 청함을 받아 이레를 함께 머무니라 그래서 우리는 이와 같이 로마로 가니라(28:7-14).

7. 이 섬에서 가장 높은 사람 보블리오라 하는 이가. "보블리오"는 로마식 이름이기 때문에, 나는 여기에 언급된 사람이 멜리데 섬의 원주민이 아니라 로마 시민이었을 것이라고 생각한다. 왜냐하면, 헬라인들이나 다른 외국인들은 평민을 제외하고는 라틴어로 된 이름을 사용하지 않는 것이 관례였기 때문이다. 따라서 로마의 한 귀족이 이때에 자기 소유의 "토지"를 방문했었고, 그는 거기에 거주하였기 때문이 아니라, 그 섬에서 어느 누구도 그만한 재산과 부를 소유한 사람이 없었기 때문에, "가장 높은 사람"으로 불렸던 것일 수 있다. 그러나 모든 헬라인의 무리가 "사흘이나" 대접을 받았을 가능성은 별로 없어 보인다. 내 생각으로는, 원래 그는 백부장을 대접하고자 했던 것이었지만, 바울에게 일어난 이적을 전해 듣고, 그를 하나님의 사랑을 받는 사람이라고 믿고서, 바울과 그의 일행에게도 예를 갖추어 환대했던

것 같다. 아무튼 일이 어떻게 된 것이든지 간에, 바울과 그 일행에 대한 그의 환대는 아무런 보상도 받지 못한 것이 아니었다. 왜냐하면, 하나님께서는 바울의 손을 빌려서 중병을 앓고 있던 그의 아버지를 고쳐 주셨기 때문이다. 이런 식으로 하나님께서는 곤경에 처한 불쌍한 사람들에게 인정(humanitas)을 베푸는 것이 얼마나 그를 기쁘시게 하는 일인지를 보여주고자 하셨다. 비록 도움을 받은 사람들 중에는 배은망덕한 사람도 있을 수 있고, 보답을 할 수 있는 힘이 없는 사람도 있을 것이지만, 하나님께서는 자신의 명령을 따라 사람들에게 도움을 베푼 것에 대하여 친히 차고 넘치게 갚아주시고, 사람들에게 자비와 후의를 베푼 자들에게 자신의 종들을 보내서서 복을 내려 주시는 경우도 종종 있다. 보블리오가 바울이라는 사람을 통해서 그리스도를 손님으로 영접한 것은 그 자체가 이미 큰 영광이었지만, 하나님께서는 바울로 하여금 치유의 은사를 가지고 나아가서 그에게 보답을 할 수 있게 하셨을 뿐만 아니라, 바울 자신이 받은 것보다 훨씬 더 많은 것을 줄 수 있게 하심으로써 그로 하여금 더 큰 영광을 얻게 하신 것이었다.

대부분의 경우에 있어서 이적은 무지한 불신자들로 하여금 고분고분하게 순종하도록 만드는 것이기는 하지만, 우리는 보블리오가 이 사건을 통해서 신앙의 기본원리들을 받아들이게 되었던 것인지는 알지 못한다. 누가가 "보블리오의 부친"이 어떤 병을 앓고 있었는지에 대하여 상세하게 보도한 것은 하나님의 은혜가 얼마나 깊은 것이었는지를 보여주기 위한 것이었다. 왜냐하면, "이질," 특히 "열병"이 수반되는 "이질"은 잘 낫지 않는 까다로운 병이었던 까닭에, 다 죽어가던 노인이 그렇게 한순간에 그 병에서 나음을 입어 건강을 회복하게 된 것은 하나님의 놀라우신 능력이 역사함이 없이는 "안수"와 "기도"만으로 될 일이 아니었기 때문이다.

8-10. 바울이 들어가서 기도하고 그에게 안수하여 낫게 하매. 바울이 "기도한" 것은 자기가 이적의 주체가 아니라 단지 일꾼일 뿐이라는 것을 분명히 선언함으로써 하나님의 영광을 자신이 가로채는 일이 벌어지지 않게 하기 위한 것이었다. 또한, 그는 "안수"라는 외적인 징표를 통해서 그러한 사실을 재확인한다. 왜냐하면, 우리가 앞의 다른 구절들에서 보았듯이, "안수"는 안수받는 사람을 하나님께 바친다는 것을 나타내는 의식에 다름 아니기 때문이다. 따라서 바울이 보블리오의 부친에게 안수하여 자신의 손으로 그를 하나님께 바친 것은 그의 목숨을 살려 주시라고 하나님께 간절하게 구한 것이었다. 이 사례를 통해서 우리는 하나님의 놀라운 은혜를 받은 자들이 자기 자신을 높임으로써 하나님의 영광을 가려서는 안 된다는 경고

를 받을 뿐만 아니라, 오직 하나님께만 영광을 돌리고 부차적으로만 하나님의 일꾼들에게 감사를 표하는 것이 마땅하다는 가르침을 받는다. 누가는 분명히 바울이 "이질"을 앓고 있는 사람을 고쳐 주었다고 말하고 있지만, 이 기사의 전체적인 맥락은 하나님께서 바울을 통해서 그 사람에게 그러한 복을 베풀어 주셨다는 것을 분명하게 보여준다. 누가는 이 일이 있고 난 후에 그 섬에 있는 "다른 병든 사람들"도 "고침을 받았다"고 보도하지만, 그 섬의 모든 사람들이 다 고침을 받았다고 말하지는 않는다. 따라서 누가가 여기서 말하고자 한 것은 두 번의 이적을 통해서 이미 충분하게 드러난 하나님의 권능이 그 후에도 많은 사례들에 의해서 거듭 증명됨으로써, 바울의 사도직이 확증될 수 있었다는 것이다. 바울은 그들의 육신뿐만 아니라 영혼을 치유하기 위해서도 애를 썼을 것은 의심의 여지가 없지만, 누가는 그가 그들의 영혼을 위해 어떤 일들을 했는지에 대해서는 기록하지 않고, 다만 바울과 그의 일행이 항구를 떠날 때, "원주민들"이 그들에게 항해에 필요한 물품들을 챙겨 주었다는 사실만을 기록한다. 이러한 과정에서 우리가 주목해야 할 것은 바울은 마음만 먹으면 얼마든지 탈출할 수 있었다는 것이다. 하지만 그는 그리스도의 증인으로서 네로의 심판석 앞에 서야 할 것이라는 계시를 여러 차례 받은 바 있었기 때문에, 하나님의 뜻이 그에게 자발적인 족쇄 역할을 하였다. 또한, 그는 자기가 여기서 도망을 친다면, 앞으로는 평생을 아무 쓸모없이 외진 곳에 숨어 살 수밖에 없기 때문에, 자신에게 복음 전도의 길(propagandi evangelii via)이 영원히 막힐 것임을 알고 있었다.

11. 그 섬에서 겨울을 난 알렉산드리아 배를 타고 떠나니. 누가는 여기서 그들이 타고 왔던 배가 침몰했거나, 더 이상 항해할 수 없을 정도로 파손되었다는 것을 보여준다. 이것으로부터 우리는 난파의 정도가 얼마나 심했었는지를 알게 된다. 누가는 그들을 로마까지 데려다 줄 "알렉산드리아 배"의 "머리 장식"이 카스토르(Castor)와 폴룩스(Pullux)였다고 분명히 말한다(한글개역개정에는 "디오스구로"로 되어 있다 — 역주). 이것은 바울에게는 자신이 원하는 사람들과 함께 항해할 수 있는 선택권이 주어져 있지 않았기 때문에, 어쩔 수 없이 그는 두 우상에게 바쳐진 배에 승선할 수밖에 없었다는 것을 보여준다. 고대의 시인들은 카스토르와 폴룩스가 제우스(Jupiter)와 레다(Laeda)의 아들들이라고 생각해서, 그들을 헬라어로 '디오스쿠로이'(Διόσκουροι)라고도 불렀는데, 누가는 여기서 "제우스의 아들들"을 가리키는 이 명칭을 사용하고 있다. 또한, 고대의 시인들은 이 두 아들들이 황도12궁 중에서 쌍

둥이자리를 관장하는 신들이라고도 말하였다. 선원들 사이에서는 또 다른 미신이 퍼져 있었는데, 폭풍우를 불러오는 산들바람이 바로 그들이라는 것이었다. 그래서 오래 전부터 선원들은 그들을 오늘날의 니콜라우스(Nicolaus)와 클레멘스 (Clemens) 등과 같은 바다의 수호신들로 생각해서, 무사히 항해할 수 있게 해 달라고 그들에게 제사를 드려 왔었다. 고대의 이러한 잘못된 생각은 오늘날에도 교황 제도 속에서 단지 이름만 바꾼 채 여전히 그대로 존재하고 있다. 즉, 오늘날 교황주의자들은 폭풍우를 불러오는 산들바람을 성 헤르메스(Hermes) 또는 성 에르무스 (Ermus)가 나타난 것이라고 말하며, 이 성자를 숭배한다. 플리니우스(Plinius)에 따르면, 제우스의 아들들 중 한 명만이 나타나는 것은 불길한 징조였고, 반면에 둘 모두가 나타나는 것은 상서로운 징조로서 순조로운 항해를 보장하는 증표였기 때문에, 알렉산드리아 선원들은 카스토르와 폴룩스를 둘 다 수호신으로 삼기 위해서 자신들의 배에 그 둘의 형상을 조각해 "머리장식"으로 붙인 것이었다. 따라서 이 점만을 생각해 보더라도, 이 배는 불경스러운 신성모독으로 더럽혀진 것이었다는 것은 분명한 사실이지만, 바울은 자신의 뜻을 따라 선택한 것이 아니었기 때문에, 그가 더럽혀진 것은 아니었다.

물론, 우상은 아무것도 아니기 때문에 하나님의 피조물을 더럽힐 수는 없다. 따라서 신자들은 얼마든지 우상들을 순전한 마음으로 합당하게 이용할 수 있다. 그리고 이것과 관련해서 우리는 깨끗한 양심(pura conscientia)은 사탄이 궤계를 써서 하나님의 피조물들을 타락시키려고 이용하는 모든 더러운 것들을 깨끗하게 씻어내는 반면에, 사악하고 불경건한 자들은 본래는 깨끗한 것들까지도 자신들의 부정한 손으로 더럽힌다는 것을 똑똑히 알아야 한다. 요컨대, 아테네에서 우상의 제단을 본 것이 바울을 더럽힐 수 없었던 것처럼, 이 배에 승선한 것이 바울을 더럽힐 수 없었다는 것이다. 왜냐하면, 모든 미신에서 벗어난 깨끗한 양심의 소유자인 바울은 이교도들의 모든 종교적인 의식들이 헛것에 불과하다는 것을 알고 있었기 때문이다. 또한, 바울은 자신이 이러한 오류에 부화뇌동한다는 생각을 꿈에도 할 수가 없었다. 왜냐하면, 만일 그가 카스토르와 폴룩스를 경배한다는 시늉이라도 해야 했더라면, 그는 차라리 백번이라도 죽음을 택했을 것이었기 때문이다.

따라서 그는 어떠한 걸림돌도 두려워하지 않기 때문에, 아무런 거리낌 없이 배에 올랐다. 하지만 사람들이 하나님께 돌려야 할 영광을 헛된 우상에게 돌리는 것을 보고서, 그는 슬프고 괴로웠을 것임에 틀림없다. 따라서 우상들이 배를 안전하게 지켜 준다고 생각했던 사람들이 키를 잡은 배에 타고서 여행하여야 했던 것이 바울에게는 여러 가지 힘든 일들 중의 하나였을 것이다.

12-14. 수라구사에 대고 사흘을 있다가. 이제 누가는 마지막 항해 일정을 보도한다. 그들은 처음에 "수라구사"에 정박했고, 바다에 폭풍이 불고 풍랑이 거세서 거기에서 사흘 동안 머물렀다가, 우회하여 이탈리아로 향하였다. 누가가 여기서 언급한 항구인 "수라구사"는 시칠리아에서 가장 유명한 항구로서, "레기온" 맞은편의 메시나 항구보다 이탈리아 해안으로부터 더 멀리 떨어진 곳이었다. 그리고 "레기온"은 브루티나 지방에 있었고, "보디올"은 캄파니아 지방의 한 도시였다. 보디올에서 바울은 "형제들"의 청함을 받아 "이레"를 함께 머물렀다. 이러한 사실로부터 우리는 백부장이 바울을 얼마나 호의적으로, 그리고 예를 다해 대하고 있었는지를 짐작하게 된다. 나는 이 거룩한 사람이 항상 백부장에게 정해진 시각에 돌아오겠다고 약속했고, 그 약속을 지켰을 것임을 의심하지 않는다. 한편, 백부장은 바울이 믿을 만한 사람이라는 것을 확신하고 있었기 때문에, 그가 자신을 속일 것이라고는 조금도 의심하지 않았다. 마지막으로, 보디올에서조차 하나님의 교회가 어느 정도 형태를 갖추고 있었다는 사실로부터 우리는 복음의 씨앗이 당시에 이미 매우 넓은 지역에 뿌려져 있었다는 결론을 얻는다.

¹⁵그 곳 형제들이 우리 소식을 듣고 압비오 광장과 트레이스 타베르네까지 맞으러 오니 바울이 그들을 보고 하나님께 감사하고 담대한 마음을 얻으니라 ¹⁶우리가 로마에 들어가니 바울에게는 자기를 지키는 한 군인과 함께 따로 있게 허락하더라 ¹⁷사흘 후에 바울이 유대인 중 높은 사람들을 청하여 그들이 모인 후에 이르되 여러분 형제들아 내가 이스라엘 백성이나 우리 조상의 관습을 배척한 일이 없는데 예루살렘에서 로마인의 손에 죄수로 내준 바 되었으니 ¹⁸로마인은 나를 심문하여 죽일 죄목이 없으므로 석방하려 하였으나 ¹⁹유대인들이 반대하기로 내가 마지 못하여 가이사에게 상소함이요 내 민족을 고발하려는 것이 아니니라 ²⁰이러므로 너희를 보고 함께 이야기하려고 청하였으니 이스라엘의 소망으로 말미암아 내가 이 쇠사슬에 매인 바 되었노라(28:15-20).

15. 그 곳 형제들이 우리 소식을 듣고. 하나님께서는 바울로 하여금 "형제들"과의 만남을 통해서 복음을 전하고 지키는 일에 더욱 열심을 내도록 자극을 주신다.

한편, "형제들"이 바울의 도착 소식을 듣고 그를 맞으러 나왔다는 사실에서, 그들의 열심과 경건한 관심이 잘 드러난다. 사실, 당시에 기독교 신앙을 고백하는 것은 사람들의 미움을 사는 것만이 아니라 심지어 목숨까지 위태롭게 할 수 있었다. 또한, 그들이 바울을 영접하고 나온 것은 소수의 사람들에게만 위험을 초래하는 일이 아니라, 교회 전체에 대한 적개심을 불러올 수도 있는 일이었다. 하지만 그들에게는 그 어떤 일도 자신들의 본분을 다하는 것보다 더 중요한 일은 없었다. 따라서 만일 그 본분을 다하지 않는다면, 그들은 비겁하고 배은망덕한 자들이라는 수치스러운 낙인이 자신들에게 찍힌다고 해도 할 말이 없을 것이었다. 왜냐하면, 그리스도의 사도, 특히 만민의 구원을 위해서 그처럼 고생하고 있는 그리스도의 위대한 사도를 홀대한다는 것은 정말 있어서는 안 되는 두려운 일이었기 때문이다.

사실, 바울은 이미 그들에게 서신을 보내는 등 자원해서 그들에게 도움을 주고 있었기 때문에, 이번에는 그들이 그에게 보답할 차례인데도 만일 그렇게 하지 않는다면, 그것은 형제애를 배신하는 일이 될 것이었다. 따라서 보디올의 "형제들"은 자신들이 해야 할 본분을 다함으로써 그리스도에 대한 자신들의 신앙심(pietas)을 증명한 것이었고, 바울은 자신의 헌신이 열매를 맺어가는 것을 보고서, 그의 열심은 더욱 뜨겁게 달아올랐다. 바울이 비록 불굴의 담대함을 갖추고 있어서, 사람들의 도움에 의지할 필요가 없었을지라도, 사람들을 통해서 자신의 종을 견고하게 세우시곤 하셨던 하나님께서는 이런 방법으로 그에게 새로운 힘을 불어넣어 주셨다. 다른 곳에서 언급되고 있듯이(딤후 4:16), 나중에 사람들이 그를 버려서 홀로 감옥에 갇혀 있을 때에도, 그는 절망하지 않았고, 도리어 그리스도의 돌보심 아래에서, 마치 대군을 이끌고 전쟁터에 나아간 사람처럼, 용맹하고 담대하게 싸움에 임하였다. 하지만 그럴 때에도 형제들과의 이러한 만남에 관한 회상은 그의 힘을 북돋워 주는 데에 적지 않은 도움이 되었다. 왜냐하면, 그는 로마에 있는 많은 형제들이 경건하지만 연약하였고, 자신은 그들을 붙들어 주기 위해서 보내심을 받았다는 사실을 상기할 때에 힘을 얻을 수 있었기 때문이다. 다시 본문으로 돌아와서, 바울은 자신의 복음 전도가 많은 열매를 맺게 되기를 소망하고 있었기 때문에, 그가 "형제들"을 보고서 "담대한 마음을 얻은 것"은 전혀 이상한 일이 아니다. 왜냐하면, 하나님께서 자신의 종들에게 그들의 수고가 어떤 열매를 맺었는지를 보여주시는 것은 그들로 하여금 그들의 사역에 더욱 열심을 내도록 채찍질하시는 것과 같기 때문이다.

16. 바울에게는 … 한 군인과 함께 따로 있게 허락하더라. 누가는 로마에서 바울

이 특별한 대접을 받으며 다른 사람들보다 더 많은 자유를 누렸다는 것을 보여준다. 다른 사람들이 감옥에 구금된 것과는 달리, 바울이 한 명의 군인이 지키는 개인 집에 머무르는 것이 허용된 것은 경비대장이 베스도 총독의 공문을 통해서 바울에게 어떠한 범죄 혐의도 없다는 것을 알았기 때문이었다. 또한, 백부장도 바울에게 관대한 조치가 내려지도록 성실하게 보고를 했을 것이다. 하지만 우리는 하나님께서 바울로 하여금 고생을 덜 하게 해주시기 위해서만이 아니라, 믿는 자들이 그와 좀 더 자유롭게 접촉할 수 있게 하시기 위해서, 하늘로부터 자기 종의 사슬을 헐겁게 해주셨다는 것을 깨달아야 한다. 왜냐하면, 하나님께서는 바울이 지닌 믿음의 보화(fidei thesaurus)가 감옥의 담장 안에 숨겨져 있지 않고 모든 사람들에게 드러나서 많은 사람들에게 널리 유익을 끼칠 수 있게 되기를 원하셨기 때문이다. 하지만 바울이 언제나 사슬에 묶이지 않은 채로 집 안에 연금되어 있었던 것은 아니었다. 누가는 경비대장을 '스트라토페다르케스'(στρατοπεδάρχης)라고 부르고 있는데, 그가 이러한 임무를 맡고 있었다는 사실은 역사 기록으로부터 잘 알려져 있다 (칼빈이 사용한 본문에는 한글개역개정에는 없는 "백부장이 죄수들을 경비대장에게 넘겨주었지만"이라는 구절이 덧붙여져 있다 — 역주).

17. 사흘 후에 바울이 유대인 중 높은 사람들을 청하여. 바울의 온유함 (mansuetudo)은 정말 놀라운 것이었다. 그는 자기 동족들로부터 그처럼 혹독한 공격을 당했는데도 불구하고, 로마에 있는 유대인들을 무마하고 그들에게 자신을 해명하려고 애쓴다. 그가 이렇게 한 것은 제사장들이 그를 미워한다는 소식을 로마의 유대인들도 듣고서 알고 있었기 때문에, 그런 이유로 그들이 그가 전하는 복음에 대하여 반감을 품지 않게 하기 위한 것이었다. 만일 그가 유대인들을 아예 무시해 버리고 이방인들에게로 가서 복음을 전한다고 할지라도, 그의 그러한 행동은 사람들 앞에서 전혀 부끄러움이 없는 당당한 일이었을 것임에 틀림없다. 왜냐하면, 그는 유대인들을 그리스도에게로 돌아오게 하려고 수 년 동안 장소를 가리지 않고 쉬지 않고 노력했지만, 그럼에도 불구하고 유대인들은 갈수록 광포해졌기 때문이다. 그래도 바울은 그들의 광포를 가라앉히기 위해서 아시아와 헬라, 그리고 마지막으로는 예루살렘에 가서까지 자신이 할 수 있는 모든 것을 다했었다. 따라서 바울이 개탄스러울 정도로 완악한 그들에게서 마침내 손을 뗀다고 할지라도, 그의 그러한 처신을 나무랄 사람은 아무도 없었다. 그러나 바울은 아버지 하나님께서 아브라함에게 하신 약속들을 이루시기 위하여 아브라함의 자손들을 자신의 백성으로 삼으셨

을 뿐만 아니라 유대인들을 자기에게로 부르시기 위하여 예수 그리스도를 보내셨다는 것을 알고 있었기 때문에, 하나님의 그러한 부르심을 생각할 때마다, 아무리 지치고 힘들어도 유대인들을 설득하는 일을 결코 그만둘 수 없었다. 그는 자기가 로마에 머물러 있어야 한다는 것을 알았다. 왜냐하면, 자신에게 가르칠 수 있는 자유가 주어져 있는데도, 로마의 유대인들이 그의 수고의 열매를 맛보지 못하게 되는 것은 그가 원치 않는 결과였기 때문이었다. 또한, 작은 일을 방치했다가 큰 재난이 닥칠 수도 있었기 때문에, 그들이 자신에 대한 적개심으로 말미암아 로마에 있는 교회 전체를 큰 어려움에 빠뜨리는 일이 벌어지는 것도 그가 원치 않는 결과였다. 따라서 바울이 로마의 유력한 유대인들과 만난 의도는 그들이 평소대로 광기에 사로잡혀서 최악의 불로 번질 수 있는 불씨가 되는 것을 미리 막아보고자 하는 것이었다.

17. 내가 이스라엘 백성이나 우리 조상의 관습을 배척한 일이 없는데. 유대인들이 바울에 대해서 반감을 품게 된 것은 그가 마치 변절자처럼 동족을 배신해서 기만적인 술책으로 동족의 이익을 해쳤고, 그렇지 않아도 힘든 그들의 노예 같은 삶을 더욱 고달픈 삶으로 만들었기 때문이었을 수도 있고, 하나님에 대한 예배를 폄하하며 해악을 끼쳤기 때문이었을 수도 있다. 왜냐하면, 유대인들은 조상들의 규범으로부터는 많이 멀어졌고, 그들의 종교는 많은 오류들로 인해서 망가지고 타락한 것은 사실이었지만, 그럼에도 불구하고 그들은 율법과 성전 예배에 대하여 큰 공경심을 지니고 있었기 때문이다. 바울은 유대인들이 미신적으로 집착하고 있던 율법 의식들을 자신이 서슴없이 무시해 버렸다는 사실을 부인하지 않으면서도, 자신에게 돌아올 수 있는 변절의 혐의에 대해서는 전면적으로 부인한다. 따라서 우리는 유대인들이 아브라함의 자손들과 모세의 제자들을 모든 이방인들과 구별되게 해주는 것이라고 믿었던 "조상의 관습"이 과연 무엇이었는지를 알아야 한다. 그리고 확실한 것은 바울이 율법의 혼(anima)이자 완성(perfectio)이셨던 그리스도를 철저하게 붙들고 있었다는 점에서, 그는 "조상의 관습"을 결코 배척한 것이 아니었고, 도리어 다른 그 어떤 유대인보다도 더 철저하게 그 관습을 지켰다는 것이다.

19. 내가 마지 못하여 가이사에게 상소함이요. 바울이 상소한 것은 유대인들의 지독한 원망과 반감을 샀다. 왜냐하면, 먼저 이 상소는 자신들의 율법을 따라 살기를 원했던 유대 민족의 정의와 자유를 짓밟아 버린 것처럼 보였고, 다음으로 그의 변론은 유대 민족 전체에 불명예를 안겨주고 타격을 주었기 때문이었다. 따라서 그

러한 비난을 잠재우기 위해서, 바울은 자기가 대적들의 완악함으로 말미암아 이러한 도피처를 찾을 수밖에 없었다고 말한다. 즉, 죽음을 피할 수 있는 다른 방법이 남아 있지 않았기 때문에, 어쩔 수 없이 그렇게 할 수밖에 없었다는 것이다. 하지만 바울은 이미 이루어진 일에 대해서 변명을 한 후에는, 앞으로 이 사건에 대한 재판과정에서 자기가 유대인들에게 해가 돌아가지 않는 방향으로 자신을 변호해 나가겠다고 약속한다.

20. 이스라엘의 소망으로 말미암아 내가 이 쇠사슬에 매인 바 되었노라. 우리는 이 구절 속에서 누가가 명시적으로 말한 것보다 훨씬 더 많은 것을 파악할 필요가 있다. 왜냐하면, 유대인들의 답변 속에 "파"(22절)에 대한 언급이 나오는 것으로 보아서, 우리는 바울이 한 말들 중에서 누가가 생략한 내용을 유대인들이 언급하고 있는 것이라고 추론할 수 있기 때문이다. 따라서 바울은 양자됨의 언약과 구원의 약속이 그리스도 안에서 이루어졌기 때문에, 그리스도 없이는 율법이나 성전이 유대인들에게 아무런 유익이 되지 않는다는 것을 분명히 하기 위하여, 그들에게 그리스도에 관하여 강론했음이 분명하다. 사실, 유대인들은 이스라엘 나라의 회복이 메시아의 오심에 달려 있다는 것을 의심하지 않고 있었고, 당시에 무너질 대로 무너져 있던 그들의 절망적인 상황은 그들의 그러한 대망을 더욱 강화시켰다. 따라서 "이스라엘의 소망으로 말미암아 내가 이 쇠사슬에 매인 바 되었노라"고 한 바울의 말은 정당한 것이었다. 이것으로부터 우리는 그리스도와 그의 영적인 나라를 바라보는 자들만이 올바른 소망을 갖고 있는 자들이라는 사실을 배우게 된다. 왜냐하면, 바울은 경건한 자들의 소망이 오직 그리스도 안에 있다고 말함으로써 그밖의 다른 모든 소망을 배제하고 있기 때문이다.

²¹그들이 이르되 우리가 유대에서 네게 대한 편지도 받은 일이 없고 또 형제 중 누가 와서 네게 대하여 좋지 못한 것을 전하든지 이야기한 일도 없느니라 ²²이에 우리가 너의 사상이 어떠한가 듣고자 하니 이 파에 대하여는 어디서든지 반대를 받는 줄 알기 때문이라 하더라 ²³그들이 날짜를 정하고 그가 유숙하는 집에 많이 오니 바울이 아침부터 저녁까지 강론하여 하나님의 나라를 증언하고 모세의 율법과 선지자의 말을 가지고 예수에 대하여 권하더라 ²⁴그 말을 믿는 사람도 있고 믿지 아니하는 사람도 있어(28:21-24).

21-22. 그들이 이르되 우리가 유대에서 네게 대한 편지도 받은 일이 없고. 예루살렘의 제사장들과 서기관들이 로마의 유대인들에게 아무런 통보도 하지 않은 것은 바울에 대해서 우호적이 되었거나 그의 행동을 눈감아주기로 작정했기 때문이 아니었다. 그들의 침묵은 이 사건을 애써 무시하고자 했거나, 허탈한 심정에서 비롯된 것이었다. 왜냐하면, 유대 땅에서라면 굳이 그들에게 시비를 걸고자 나서는 사람만 없다면, 얼마든지 그들 마음대로 거침없이 어떻게든 해볼 수 있었을 것이지만, 이미 로마로 멀리 떠나가 버린 바울을 어떻게 할 수 있는 손쉬운 방법이 그들에게는 없었고, 게다가 그들이 이탈리아로 직접 오는 것은 스스로 무덤을 파는 일처럼 보였기 때문이었다. 한편, 로마의 유대인들이 오로지 바울의 말을 경청하기 위해 온 것은 아니었을지라도, "어디서든지 반대를 받는" 바울의 가르침을 듣기를 거절하지 않은 것은 배우고자 하는 마음이 어느 정도는 있다는 것을 보여준 것이다. 왜냐하면, 대체로 사람들에게 어떤 자에 대한 선입견이 있을 때에는, 그 사람을 자신들이 전혀 알지 못할지라도, 대다수의 사람들의 견해를 따라 그를 단죄하고, 아예 처음부터 귀를 막아 버리고서, 사람들에 의해서 전체적으로 거부된 자의 말을 듣는 것을 참지 못하는 것이 일반적이기 때문이다. 하지만 그들에게 잘못이 없었던 것은 아니었다. 왜냐하면, 내가 이미 말했듯이, 그들은 마치 하나님이 "이스라엘의 두 집"에 "걸림돌"이 되실 것이라는 이사야의 예언을 들은 적이 없었다는 듯이(사 8:14), 아예 그런 예언에 귀를 막고서, 그런 예언이 무엇을 의미하는지를 깊이 생각해 보려고 하지도 않은 채로, 바울에게 적개심이나 반감을 표출할 기회만을 호시탐탐 엿보고 있었기 때문이다.

23. 하나님의 나라를 증언하고 모세의 율법과 선지자의 말을 가지고 예수에 대하여 권하더라. 정해진 날짜에 바울이 쉬지 않고 강론을 하였던 것인지, 아니면 강론을 하다가 중간중간 서로 토론도 한 것인지는 확실하지 않다. 다만 시간적으로 보았을 때, 바울이 "아침부터 저녁까지" 계속해서 강론을 하는 것은 거의 불가능한 일이었을 것이기 때문에, 우리는 그가 쉬지 않고 계속해서 강론을 한 것은 아니었을 것이라고 짐작할 수 있을 뿐이다. 따라서 바울이 복음의 핵심적인 내용을 먼저 짤막하게 설명하고 나서, 그 후에 청중들에게 질문할 시간이 주어졌고, 제기된 질문들에 대한 그의 답변이 이어지는 식으로 강론이 이루어졌을 것이다.

우리가 주목해야 할 것은 누가가 말하고 있는 바울의 강론의 두 가지 핵심적인 내용이다. 먼저, 바울은 그들에게 "하나님 나라"에 대해서, 특히 선지자들이 도처에서 그토록 소리 높여 말하였던 것, 즉 하나님께서 유대인들에게 약속하셨던 저 지극한 복락과 영광(summa felicitas et gloria)에 대해서 가르쳤다. 왜냐하면, 그들 중 대다수가 꿈꾸고 있던 "하나님 나라"는 언제라도 무너질 수 있는 덧없는 이 세상에 속한 것이었고, 그들은 현세에서 좋은 것들을 풍성하게 누리며 편안하고 즐겁게 살아가는 것이 바로 "하나님 나라"라고 생각하고 있었던 까닭에, 그들로 하여금 "하나님 나라"는 영적인 나라이고, 그 나라는 새 생명이 주어지는 것으로 시작되어서, 복된 영생을 누리고 하늘의 영광을 입는 것으로 완성된다는 것을 알게 하기 위해서, 바울은 "하나님 나라"에 대한 올바른 정의를 내려줄 필요가 있었기 때문이다.

바울의 강론 중에서 두 번째 핵심적인 내용은 두 부분으로 나뉜다. 왜냐하면, 먼저 하나님께서 약속하신 구속주의 직임을 설명하고, 다음으로는 그 구속주께서 이미 이 세상에 나타나셨는데, 마리아의 아들이 바로 이스라엘의 조상들이 지금까지 소망해 왔던 바로 그 구속주시라는 것을 설명함이 없이는, 이 두 번째 핵심적인 내용은 유익하고 철저하게 다루어질 수 없었기 때문이다. 사실, 메시아가 오셔서 만물을 완전하게 회복하리라는 것은 모든 유대인들 사이에서는 하나의 공리였다. 따라서 바울은 유대인들에게 아직 잘 알려지지 않은 다른 측면, 즉 하나님께서 메시아를 약속하신 것은 메시아로 하여금 죽음의 희생제사를 통해 세상의 죄를 대속하게 하시고, 사람들을 하나님과 화목하게 하시며, 사람들로 하여금 영원한 의를 얻게 해주시고, 사람들을 자신의 영으로 거듭나게 해서 하나님의 형상을 따라 자라게 하시며, 자신을 믿는 자들을 자신과 더불어서 하늘에 속한 영원한 생명의 상속자로 만들게 하시기 위함이었고, 이 모든 일들은 십자가에 달리신 예수 그리스도 안에서 이미 성취되었다는 것에 초점을 맞추었다. 그가 이러한 것들을 다루기 위해서, 먼저 유대인들의 생각을 세상적인 것으로부터 천상적인 것으로 바꾸고, 아울러 십자가라는 걸림돌을 제거해야만 했다. 왜냐하면, 그는 우리가 하나님과 화목하게 될 수 있는 길이 십자가 외에는 없다고 가르쳤기 때문이다.

아울러, 우리는 누가가 보도하고 있듯이, 바울은 그리스도에 관한 모든 가르침을 "율법과 선지자"로부터 가져왔다는 사실에 주목하여야 한다. 왜냐하면, 참된 신앙이 다른 모든 거짓 신앙들과 다른 것은 오직 하나님의 말씀을 척도(regula)로 삼는 것이기 때문이다. 또한, 하나님의 교회가 다른 모든 세속적인 종교들과 다른 것은 오직 하나님께서 말씀하신 것에만 귀를 기울이고 그의 명령에만 순종한다는 것에 있다. 이러한 사실로부터 우리는 이제 구약 성경이 그리스도를 믿는 믿음을 견고히 세우는 일에서 복음과 마찬가지로 한 목소리를 낸다는 것을 알게 된다. 다음으로, 우리는 바울이 다른 곳(딤후 3:16; 딛 1:9)에서 말한 성경의 이중적 용도(duplex scripturae utilitas)를 알게 된다. 즉, 성경은 기꺼이 배우고자 하는 자들을 "교훈"하기에 유익함과 아울러, 진리를 거스르는 사람들의 완악함을 "책망"하기에 유익하다는 것이다. 따라서 온전히 지혜롭고자 하는 자들과 남들을 올바르게 가르치고자 하는 자들은 성경이라는 깨끗한 샘에서 길어올린 것 말고는 다른 어떤 것도 사용하지 않는다는 제한을 스스로 설정하는 것이 마땅하다. 이것은 철학자들이 자신들 가운데는 참된 권위가 존재하지 않기 때문에 오직 이성(ratio)만을 갖고 논쟁하는 것과는 완전히 다르다. 그런데도 교황주의자들이 하나님의 말씀은 제쳐놓고서 오직 사람의 머리에서 고안해 낸 헛되고 어리석은 사상들에만 의지함으로써 철학자들을 지나치게 흉내 내고 있는 것은 잘못된 것이다.

24. 그 말을 믿는 사람도 있고 믿지 아니하는 사람도 있어. 누가는 논쟁에 참여한 모든 사람이 동일한 가르침으로부터 똑같은 유익을 얻지는 못했다고 보도한다. 우리는 사도 바울이 돌들도 감동시킬 수 있을 정도로 성령의 은혜를 받은 사람이라는 것을 알고 있다. 하지만 그런 바울로부터 가르침을 받고 장시간의 치열한 논쟁과 증언을 거쳤음에도 불구하고, 모든 사람들이 그리스도를 영접하게 된 것은 아니었다. 따라서 우리는 오늘날 많은 사람들이 복음의 가르침이 너무나 분명한데도 불신앙으로 거부하는 것과 그리스도의 진리가 정오에 빛나는 태양처럼 그들에게 밝게 나타나는데도 여전히 완악한 것을 이상하게 생각하지 말아야 한다. 게다가, 바울에게 올 때는 마치 배우려는 열망이 있는 듯했던 사람들이 여전히 눈이 멀고 어리석은 상태로 돌아가고 있다. 자발적으로 와서 가르침을 들은 자들에게도 이러한 완고함(contumacia)이 있었다고 한다면, 교만함과 독기로 가득 찬 사람들과 빛으로부터 의도적으로 도망치는 사람들이 악의적인 마음으로 그리스도를 거부한다고 해도, 그것은 전혀 이상한 일이 아니지 않겠는가?

²⁵서로 맞지 아니하여 흩어질 때에 바울이 한 말로 이르되 성령이 선지자 이사야를 통하여 너희 조상들에게 말씀하신 것이 옳도다 ²⁶일렀으되 이 백성에게 가서 말하기를 너희가 듣기는 들어도 도무지 깨닫지 못하며 보기는 보아도 도무지 알지 못하는도다 ²⁷이 백성들의 마음이 우둔하여져서 그 귀로는 둔하게 듣고 그 눈은 감았으니 이는 눈으로 보고 귀로 듣고 마음으로 깨달아 돌아오면 내가 고쳐 줄까 함이라

하였으니 ²⁸그런즉 하나님의 이 구원이 이방인에게로 보내어진 줄 알라 그들은 그 것을 들으리라 하더라 ²⁹[없음] ³⁰바울이 온 이태를 자기 셋집에 머물면서 자기에게 오는 사람을 다 영접하고 ³¹하나님의 나라를 전파하며 주 예수 그리스도에 관한 모 든 것을 담대하게 거침없이 가르치더라(28:25-31).

25. 서로 맞지 아니하여 흩어질 때에. 우리의 평화이시자 거룩한 연합의 유일한 끈이신 그리스도께서 불화의 계기가 되어서, 지금까지 사이좋게 지내던 자들이 서 로 싸우게 되는 것은 모두 불신자들의 악함 때문이다. 사실, 처음에 유대인들이 바 울의 말을 듣기 위해서 모였을 때에는 모두 같은 생각을 하고 같은 말을 하고 있었 다. 즉, 그들은 모두 모세의 율법에 대한 충성심을 공유하고 있었다. 하지만 그들이 화해(reconciliatio)에 관한 바울의 가르침을 들었을 때, 그들 가운데에서 의견 대립 이 생겼고, 결국 두 패로 나뉘게 되었다. 우리는 복음이 선포되었기 때문에 그러한 불화(discordia)가 생겨난 것이라고 생각해서는 안 된다. 그러한 불화는 그들의 사 악한 마음 속에 이전부터 잠복해 있던 알력이 복음의 선포를 계기로 터져나온 것이 었다. 이것은 해가 빛을 발할 때에 그 빛이 새로운 색깔들을 만들어 내는 것이 아니 라, 어둠 속에 감춰져 있던 서로 다른 색깔들을 분명하게 드러내는 것과 같다. 이처 럼 하나님께서는 자신이 택하신 자들에게만 특별히 빛을 비추어 주시고, 믿음이 모 든 사람에게 주어지는 것이 아니기 때문에, 그리스도께서 사람들 가운데에 나타나 셨을 때에, 그들이 서로 나뉘는 것은 불가피한 일임을 우리는 기억하여야 한다. 또 한, 우리는 그리스도에 관한 시므온의 예언, 즉 그리스도께서 "비방을 받는 표적"이 되셔서 "여러 사람의 마음의 생각을 드러내실 것"(눅 2:34-35)이라고 한 예언이 성 취되고 있다는 것과 하나님을 대적하는 불신앙이 불화의 어머니라는 것을 기억하 여야 한다.

25. 바울이 한 말로 이르되 성령이 선지자 이사야를 통하여. 처음에 바울은 온유 하고 차분하게 그들을 설득하려고 노력하였지만, 이제 그들의 완악함이 분명하게 드러나자, 그들을 호되게 책망하며 그들에게 하나님의 엄중한 심판을 선포한다. 왜 냐하면, 교만하여서 너무나 분명한 가르침조차 받아들이지 않는 패역한 무리들은 이런 식으로 다루어져야 하기 때문이다. 우리도 사람들을 가르칠 때에 바울과 동일 한 태도를 견지해서, 가르침을 잘 받아들여서 순종하는 자들은 온유하게 인도해야 하지만, 고집불통인 사람들은 하나님의 심판대 앞으로 불러내는 것이 마땅하다. 바

울이 여기서 "성령"이 "선지자"를 통해서 말씀하였다고 한 것은 지금부터 그가 전하는 하나님의 말씀을 그들로 하여금 신뢰하고 받아들이게 하기 위한 것이다. 왜냐하면, 하나님께서는 사람들이 오직 자신의 말씀만을 들을 것을 요구하시고, 어떤 가르침이 사람의 머리로부터 나온 것이 아니라 하나님으로부터 온 것임을 그들이 알 때에만, 그 가르침이 그들에게 권위를 지닐 수 있기 때문이다. 다음으로, 바울은 사람들의 완악함에 대하여 성령이 이사야를 통해서 예언한 말씀은 그 세대에만 적용되는 것이 아니라 장래의 세대들에도 그대로 적용된다는 것을 보여준다.

26. 이 백성에게 가서 말하기를 너희가 듣기는 들어도. 이 구절은 신약에서 모두 여섯 번 인용된 유명한 본문이지만(마 13:14; 막 4:12; 눅 8:10; 요 12:40; 롬 11:8), 서로 다른 맥락에서 상이한 목적으로 인용되었기 때문에, 우리는 바울이 여기서 이 본문을 인용한 목적이 무엇인지를 살펴보아야 한다. 즉, 그는 한편으로는 이 구절을 망치처럼 사용해서 불경건한 자들의 완고함을 부수고자 한 것이었고, 다른 한편으로는 아직 연약한 신자들로 하여금 다른 사람들의 불신앙에 흔들리지 않도록 붙들어 주고자 한 것이었다.

따라서 바울이 말하고자 한 요지는 유대인들의 불신앙은 이사야 선지자가 예언했던 것이 그대로 성취되고 있는 것이기 때문에, 멸망 받게 될 자들이 의기양양해할 이유도 없고, 믿는 자들이 마치 전에 없던 새로운 일이라도 겪고 있는 양 당혹스러워할 이유도 없다는 것이다. 선지자가 예언한 이러한 눈멂(excaecatio)은 선지자 당대에 이미 시작된 것이 분명하긴 하지만, 사도 요한은 그 예언이 본래부터 그리스도의 나라를 염두에 둔 것이었음을 우리에게 상기시켜 준다(요 12:40). 따라서 바울이 유대인들이 복음을 멸시하는 것을 보고서 이 예언들을 그들에게 적용한 것은 적절하다. 그는 이렇게 말한 것과 같다: "오래 전에 성령께서 선지자 이사야의 입을 통해서 이미 예언한 것이 지금 그대로 일어나고 있는 것일 뿐이다." 복음서 기자들과 바울은 이 구절을 서로 다른 맥락 속에서 인용하고 있어서 겉보기에는 서로 모순되어 보이지만, 그러한 문제는 쉽게 해결된다. 마태와 마가와 누가는 그리스도께서 백성들에게 "비유"로 말씀하시고 "하나님 나라의 비밀"을 그들에게 계시해 주지 않으신 것을 이 예언이 성취된 것이라고 말한다(마 13:11; 막 4:11; 눅 8:10). 왜냐하면, 그리스도께서 그런 식으로 하나님의 음성을 불신자들의 귀에 들려 주셨지만, 그들은 아무런 유익도 얻지 못하였기 때문이다. 또한, 요한이 예수께서 행하신 많은 이적들을 보고도 유대인들이 믿지 않은 것을 이 예언이 성취된 것이라고 말한 것(요

12:37)도 그 취지가 거의 동일하다.

따라서 멸망 받게 될 자들이 "보아도 알지 못하며 듣기는 들어도 깨닫지 못하게" 된 것이 하나님의 의로우신 심판 때문이라고 말한다는 점에서 이 네 본문은 서로 일치한다. 한편, 바울은 유대인들이 눈먼 것에 대해서 이상하게 여기는 사람이 없도록 하기 위하여, 선지자 이사야가 유대인들에 대해서 예언한 것을 상기시키고 있는 것이다. 한 걸음 더 나아가서, 그는 로마서 11:5-8에서 유대인들이 이렇게 눈멀게 된 이유가 하나님께서 자신이 은혜로 택하신 남은 자들에게만 믿음의 빛을 주시기 때문이라고 말한다. 멸망 받게 될 자들이 구원의 가르침을 거부하는 것은 그들의 악성(malitia)으로 인한 것이기 때문에, 그 책임이 전적으로 그들 자신에게 있다는 것은 분명하다. 그러나 그런 이유가 하나님의 은밀한 택하심으로 인해서, 생명으로 나아오게 되어 있는 자들은 믿게 되고, 그렇지 않은 자들은 계속해서 우둔하게 되는 것을 방해하는 것은 아니다. 나는 다른 곳에서 이미 이사야 선지자의 이 예언을 설명했기 때문에 여기서는 길게 다루지 않겠다. 사실, 바울은 이사야가 예언한 말씀을 문자 그대로 정확하게 인용한 것이 아니고, 자신의 목적에 맞게 다소 수정해서 인용하였다. 그래서 이사야는 그들이 눈먼 이유를 하나님의 은밀한 심판에 돌리고 있는 반면에, 바울은 그들의 악성에 돌리고 있다. 달리 말하면, 이사야는 하나님으로부터 청중들의 눈이 "감기게 하라"는 명령을 받고 있지만(사 6:10), 여기서 바울은 자기 시대의 불신자들이 스스로 눈을 감았다고 책망하고 있는 것이다. 바울이 하나님께서 그들을 눈멀게 하셨다는 것과 그들이 자신들의 눈을 감아 버려서 자발적으로 눈멀게 되었다는 것을 둘 다 분명하게 말하고 있는 것은, 내가 이미 다른 곳에서 말한 바 있듯이, 이 둘은 서로 모순되는 것이 아니기 때문이다. "눈으로 보고 귀로 듣고 마음으로 깨달아 돌아오면"이라는 마지막 구절 속에서 하나님께서는 사람들이 악의적으로 눈을 감고 귀를 닫지만 않는다면, 자신의 교훈은 그들의 모든 지각을 일깨우는 데 충분하다는 것을 보여주신다. 또한, 바울도 다른 곳에서 자신이 전하는 복음은 가려져 있지 않고 아주 분명하고 명백하기 때문에, 멸망 받게 되어 있는 자들이 사탄에 의해서 눈이 멀어 빛을 볼 수 없게 된 경우 외에는, 누구나 다 그 복음 속에서 빛을 볼 수 있다고 가르친다(고후 4:3).

27. 돌아오면 내가 고쳐 줄까 함이라. 이것으로부터 우리는 하나님의 말씀을 전하여도 모든 사람이 제정신으로 돌아오게 되는 것은 아니고, 성령의 역사가 효력을 발휘하지 못하는 경우에는 하나님의 말씀이 단지 많은 사람의 귓전을 울려서, 그들

로 하여금 핑계할 수 없게 할 뿐임을 알게 된다. 하지만 이 문제와 관련해서 육신의 교만(carnis superbia)이 갑자기 발끈해서 머리를 쳐들고서 하나님을 대적하여 이렇게 소리를 지른다. 즉, 만일 순종할 수 있는 능력이 사람에게 있지 않다면, 하나님의 부르심이라는 것은 헛된 일이 될 뿐만 아니라, 심지어 어처구니없는 일이 되고 만다는 것이다. 우리는 많은 사람들이 이렇게 주장하는 것을 본다. 하지만 우리는 하나님께서 왜 눈먼 자에게 나타나시고, 귀 먹은 자에게 말씀하시는지를 도무지 알 수 없다고 할지라도, 그것이 하나님의 뜻(voluntas)이라는 것이 우리에게는 충분한 이유가 되는 것이 마땅하다. 왜냐하면, 오직 하나님의 뜻만이 모든 의로움의 척도이기 때문이다. 결론적으로 말해서, 치유(sanitas)의 시작일 뿐만 아니라 죽음으로부터 생명으로 옮겨지는 일종의 부활(resurrectio)인 사람들의 회심은 전적으로 하나님의 말씀이 지닌 구원의 능력에 의해서 이루어진다는 것을 유념하여야 한다.

28. 그런즉 하나님의 이 구원이 이방인에게로 보내어진 줄 알라. 바울은 자기가 아브라함의 거룩한 자손들을 버리고 부정한 이방인들에게로 향하는 것에 대해서 유대인들이 나중에 트집을 잡지 못하게 하려고, 선지자들이 그처럼 자주 예언했던 것, 즉 유대인들이 본래는 구원의 일차적인 상속자들이었지만, 그 구원이 이방인들에게로 넘어가게 될 것이라고 예언했던 것을 이제 그대로 이루어질 것임을 여기서 분명하게 선언한다. 하지만 "구원이 이방인에게로 보내어졌다"는 바울의 말은 유대인들이 구원을 거부했기 때문에 이차적으로 그렇게 되었다는 것을 의미한다는 것에 대해서는 우리가 앞에서 13:46을 다룰 때에 이미 자세하게 살펴본 바 있다. 따라서 바울이 말하고자 한 취지는 유대인들이 포기한 구원이 마치 임자 없는 물건처럼 되어 이방인들에게 허락된 것이기 때문에 유대인들로서는 불평할 이유가 전혀 없다는 것이다. 한편, "이방인들이 그것을 들으리라"고 말한 것은 이방인들이 한 사람도 빠짐없이 믿음을 받아들일 것이라는 뜻은 아니다. 왜냐하면, 그는 얼마나 많은 이방인들이 불경건하게 하나님을 거부하였는지를 이미 충분히 경험한 바 있었기 때문이다. 따라서 모세의 노래에서 말하고 있듯이, 유대인들로 하여금 "시기가 나게 하려고"(신 32:21), 그는 유대인들은 복음을 들으려고 하지도 않고 믿으려고 하지도 않고 있지만, 앞으로 이방인들의 많은 수가 복음을 듣고 믿게 될 것이라고 말하고 있는 것이다. 또한, 그는 유대인들이 거부한 복음의 가르침이 이방인들에게는 큰 유익이 될 것임을 지적하고 있는 것이기도 하다.

29. 그가 이 말을 마칠 때에 유대인들이 서로 큰 쟁론을 하며 물러가더라(한글개역

개정에는 29절이 없음 — 역주). 바울이 유대인들에게 불리한 예언을 인용한 것이 그들을 자극했음은 의심의 여지가 없다. 왜냐하면, 그들은 이러한 책망에 유순해지기는 커녕, 도리어 더욱 크게 분노했기 때문이다. 그들이 바울을 떠나면서 "큰 쟁론"을 한 이유는 그들 중 다수가 바울의 말에 침묵하기를 원하지 않았기 때문이었다. 하지만 그들 사이에 "쟁론"이 있었다는 사실로 미루어 볼 때, 우리는 일부 유대인들은 바울이 한 말을 받아들여서, 자신들이 이제 믿고 확신하게 된 것을 담대하고 적극적으로 옹호하기를 망설이지 않았다는 것을 알 수 있다. 다시 한 번 말하지만, 그리스도의 복음이 "쟁론"의 화근이 된 것이라고 주장하는 것은 헛된 짓이다. 왜냐하면, "쟁론"은 전적으로 사람들의 완악함과 고집스러움(pervicacia)에서 비롯된 것임이 분명하기 때문이다. 우리가 하나님과 화평을 누리기 위해서는 하나님을 멸시하는 자들과 싸움을 벌이는 것은 불가피한 일이다.

30. 바울이 … 자기에게 오는 사람을 다 영접하고. 이 거룩한 사도가 자신의 말을 듣기 원하는 모든 사람을 아무런 조건 없이 "영접하였다"는 것은 그의 담대함(constantia)을 보여주는 주목할 만한 예이다. 그는 자신이 유대인들로부터 얼마나 큰 반감을 사고 있는지도 잘 알고 있었고, 그럴 때에는 침묵을 지킴으로써 반대파들의 적개심을 잠재우는 것이 상책이라는 것도 모르는 바가 아니었기 때문에, 만일 그가 자기 자신만을 돌보는 사람이었다면, 결코 이렇게 행동하지 않았을 것이다. 그러나 바울은 자유로운 몸이었을 때는 물론이고 옥에 갇혀 있을 때에도 자신이 그리스도의 사도이자 복음의 사자라는 사실을 늘 기억하고 있었기 때문에, 기꺼이 복음을 듣고 배울 준비가 되어 있는 사람들이 자기에게 와서 듣는 것을 물리치는 것은 하나님께서 자신에게 주신 기회를 무시하는 것으로서 옳지 않다고 생각했다. 즉, 그는 자신의 목숨보다도 하나님의 거룩한 부르심을 훨씬 더 소중하게 여겼던 것이다. 누가는 조금 후에 바울의 담대함을 명시적으로 칭송한 것은 우리로 하여금 그가 자발적으로 위험을 감수했다는 것을 알게 하기 위한 것이다. 즉, 이것은 바울이 두려움을 개의치 않고 하나님의 명령에 충성스럽게 복종해서, 어떠한 난관에도 굴하지 않고, 자신을 찾아온 모든 사람들을 가르치는 데에 계속해서 열심(studium)을 내었다고 말한 것과 같다.

31. 하나님의 나라를 전파하며 주 예수 그리스도에 관한 모든 것을 담대하게 거침없이 가르치더라. 누가가 "하나님의 나라"와 "그리스도에 관한 모든 것"을 별개의 것으로 구별해서 말하지 않고 후자를 전자에 대한 설명으로서 덧붙이고 있는 것

은 "하나님의 나라"가 그리스도로 말미암은 구속에 관한 지식에 있고, 또한 거기에 토대를 두고 있다는 것을 우리로 하여금 알게 하기 위한 것이다. 따라서 바울은 사람들이 속죄함을 받고서, 하나님과 화목하게 되고, 성령으로 새롭게 되어 거룩한 생명에 들어갈 때까지는, "하나님의 나라" 밖에 있는 외인들이자 유배당한 자들이라는 것을 가르쳤고, 중보자이신 그리스도께서 사람들로 하여금 값없이 죄 사함을 받게 하여, 의로움으로 거듭나게 해서, 아버지 하나님과 연합시키심으로써, 그들이 이 땅에서 천국의 삶을 시작하고, 그들이 온전하고 충만한 영광을 누리게 될 천국에 이르기를 늘 대망할 수 있게 될 때, "하나님의 나라"가 그들 가운데 세워져서 흥왕하게 된다는 것을 가르쳤다. 또한, 누가는 하나님께서 바울에게 베풀어 주신 특별한 복을 보도한다. 즉, 바울은 죄인의 신분이었는데도 아주 큰 자유를 누리고 있었다는 것이다. 사실, 이런 일이 가능했던 것은, 종교를 증오해서 얼마든지 바울을 제지할 수도 있었던 사람들의 무관심이나 묵인 때문이 아니라, 하나님께서 그들의 눈을 감기셨기 때문이었다. 그러므로 바울이 자신은 죄인과 같이 매였으나 "하나님의 말씀"은 매이지 않았다고 자랑스럽게 말한 것은 마땅한 일이었다(딤후 2:9).

● **독자 여러분들께 알립니다!**
'**CH북스**'는 기존 '**크리스천다이제스트**'의 영문명 앞 2글자와
도서를 의미하는 '**북스**'를 결합한 출판사의 새로운 이름입니다.

칼빈주석 19

사도행전

1판 1쇄 발행 2014년 1월 15일
1판 중쇄 발행 2020년 4월 6일

발행인 박명곤
사업총괄 박지성
편집 신안나, 임여진, 이은빈
디자인 구경표, 한승주
마케팅 김민지, 유진선
재무 김영은
펴낸곳 CH북스
출판등록 제406-1999-000038호
대표전화 070-4917-2074 **팩스** 031-944-9820
주소 경기도 파주시 회동길 37-20
홈페이지 www.hdjisung.com **이메일** main@hdjisung.com
제작처 영신사 월드페이퍼

© CH북스 2014

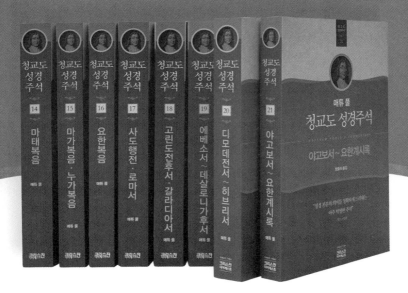

교회사의 대가 '필립 샤프'
그가 34년간 집필한 일생일대의 대작!

필 립 샤 프

교회사전집
세트 이벤트

(전8권)

전8권 낱권 정가 합계 **229,000원** ⇒ 세트 정가 **180,000원**
⇒ 온라인 서점 판매가 **162,000원** + 적립금 **9,000원**

CH북스